Schäfer-Vogel

Gewalttätige Jugendkulturen

Schriftenreihe des Max-Planck-Instituts für
ausländisches und internationales Strafrecht

Kriminologische Forschungsberichte

Herausgegeben von Hans-Jörg Albrecht
und Günther Kaiser

Band K 134

Max-Planck-Institut für ausländisches
und internationales Strafrecht

Gewalttätige Jugendkulturen – Symptom der Erosion kommunikativer Strukturen

Gundula Schäfer-Vogel

Duncker & Humblot · Berlin

Bibliografische Information der Deutschen Bibliothek

Die Deutsche Bibliothek verzeichnet diese Publikation in der Deutschen Nationalbibliografie; detaillierte bibliografische Daten sind im Internet über http://dnb.ddb.de abrufbar.

Redaktion: Michael Knecht

c/o Max-Planck-Institut für ausländisches und internationales Strafrecht
Günterstalstraße 73, 79100 Freiburg i.Br.
http://www.mpicc.de
Vertrieb in Gemeinschaft mit Duncker & Humblot GmbH, Berlin
http://www.duncker-humblot.de

Umschlagbild: SV-Bilderdienst / Eriksson K.
Druck: Stückle Druck und Verlag, Stückle-Straße 1, 77955 Ettenheim
Printed in Germany

ISSN 1861-5937
ISBN 978-3-86113-083-3 (Max-Planck-Institut)
ISBN 978-3-428-12475-6 (Duncker & Humblot)

Gedruckt auf alterungsbeständigem (säurefreiem) Papier
entsprechend ISO 9706 ♾

Meinen Eltern

Vorwort

Die folgende Untersuchung zu gewalttätigen Jugendkulturen ist von der Rechtswissenschaftlichen Fakultät der Albert-Ludwigs-Universität Freiburg im Breisgau im Wintersemester 2003/2004 als Dissertation angenommen und mit dem Carl-von-Rotteck-Preis 2004 ausgezeichnet worden. Sie versteht sich als Beitrag zur theoretischen Kriminologie. Die Idee, jugendliche Gewalt gestützt auf die Kolonialisierungsthese von Habermas als Symptom der Erosion kommunikativer Strukturen zu interpretieren, entwickelte sich während meines Masterstudiums im Fach Criminology an der London School of Economics and Political Science. Mein Doktorvater, Prof. Dr. Hans-Jörg Albrecht, hat mich nach meiner Rückkehr nach Deutschland ermutigt, diese Idee im Rahmen eines Promotionsvorhabens zu entfalten, und er hat angeregt, den Erklärungsansatz auf gewalttätige Jugendkulturen zu beziehen. Im Laufe der Arbeit zeigte sich, dass sich der explikative Gehalt der Kernthesen der Arbeit anhand der zu den gewalttätigen Jugendkulturen der Hooligans, Skinheads und Autonomen vorliegenden empirischen Materialien besonders gut entfalten ließ: Die von den Jugendlichen verübte Gewalt stellt sich als Negation von Kommunikation dar und fungiert gleichzeitig als universelle Ersatzsprache. Das gewalttätige Verhalten der Jugendlichen ist ein Symptom der Erosion kommunikativer, lebensweltlicher Strukturen, nämlich ein Symptom defizitärer Sozialisation, sozialer Integration und kultureller Reproduktion. Erosionsbetroffene Jugendliche schließen sich daher verstärkt gewalttätigen Jugendkulturen an, die zu Auffanglebenswelten werden und Sozialisations-, Integrations- und Enkulturationsdefizite vor allem dadurch kompensieren, daß sie den Jugendlichen die Teilnahme an kollektiven Gewaltritualen ermöglichen.

Prof. Dr. Hans-Jörg Albrecht gebührt mein besonderer Dank für seine Unterstützung eines unkonventionellen Vorhabens, seine konzeptionellen Anregungen und die mir gewährte wissenschaftliche Freiheit. Ebenfalls danken möchte ich Prof. Dr. Josef Kürzinger für die zügige Erstellung des Zweitgutachtens und für seine Aufgeschlossenheit gegenüber meinem methodischen Ansatz sowie Michael Knecht für die umsichtige Lektorierung der Arbeit. Für die finanzielle Unterstützung danke ich der Albert-Ludwigs-Universität Freiburg im Breisgau, die mich mit einem Promotionsstipendium nach dem Landesgraduiertenförderungsgesetz unterstützt hat, und der Max-Planck-Gesellschaft, die die Anschlußfinanzierung gesichert hat.

Mein Dank gilt schließlich meinen Eltern für ihre Anteilnahme, ihre steten Ermutigungen, ihr inhaltliches Interesse und die Korrektur des Manuskripts; meinem Vater für seinen fachlichen Rat; meinem Mann für seine Bereitschaft, neue Ideen kritisch zu würdigen, und für seine unentbehrliche praktisch-formale Unterstützung; sowie Prof. Dr. Winfried Hassemer für seinen inhaltlichen Zuspruch in einem höchst anregenden Gespräch in der Endphase meiner Arbeit, der mir half, das Projekt zu vollenden.

Tübingen, im Oktober 2006 *Gundula Schäfer-Vogel*

Inhaltsverzeichnis

Einleitung

I. Konzeption und Ziele der Untersuchung

Seit über einem Jahrzehnt sieht sich Deutschland mit den Gewalttaten von Skinheads, Hooligans und Autonomen konfrontiert. Mit der folgenden Untersuchung über gewalttätige Jugendkulturen soll ein Modell zur Erklärung der Entstehung gewalttätiger Jugendkulturen entwickelt werden, das

1. in der Lage ist, von den Lebensbedingungen, den Weltanschauungen und dem Selbstverständnis jugendlicher Gewalttäter zu abstrahieren und sein Erklärungspotential gerade auch aus dem Charakter und der psychosozialen Funktion der Gewalthandlungen zu schöpfen,

2. in eine gesellschaftliche Entwicklungstheorie integriert ist, mit der sich das interaktive, gruppendynamische Gewaltgeschehen analytisch präzise auf gesellschaftliche Strukturveränderungen zurückführen läßt,

3. dank seiner gesellschaftstheoretischen Einbettung neue Handlungsperspektiven im Umgang mit gewalttätigen Jugendlichen erschließt.

Als Erklärungsrahmen wird die „Theorie des kommunikativen Handelns" von Jürgen Habermas dienen, eine gesellschaftliche Entwicklungstheorie, die als „Theorie der Moderne" darauf angelegt ist, die immer sichtbarer hervortretenden Sozialpathologien in modernen Industriegesellschaften wohlfahrtsstaatlicher Prägung zu erklären. HABERMAS diagnostiziert, daß das Übergreifen von Formen der ökonomischen und der administrativen Rationalität auf kommunikativ strukturierte Lebensbereiche zu einer Art „Kolonialisierung der Lebenswelt" führt. Damit meint HABERMAS „die Verarmung an Ausdrucks- und Kommunikationsmöglichkeiten, ... die auch in komplexen Gesellschaften nötig bleiben, damit Individuen lernen können, sich selbst zu finden, mit ihren eigenen Konflikten umzugehen und gemeinsame Konflikte gemeinsam, also auf dem Wege kollektiver Willensbildung zu lösen."[1] Die „Kolonialisierung der Lebenswelt" ist ein theoretisches Konzept, das nach Abstraktionsgrad und heuristischem Anspruch darauf angelegt ist, mannigfache Krisenerscheinungen moderner Gesellschaften zu erklären. HABERMAS selbst nennt neben aktiven Formen des Protests ins Private und Psychische verschobene Konflikte, wie epidemisch um sich greifende Verhaltensstörungen, Alkoholismus, Suchtphänomene und steigende Raten von Selbstmord und – ausdrücklich – Jugendkriminalität, Jugendkrawalle und gewaltsame Provokationen.[2] Anliegen dieser

---

[1] *Habermas, J.* (Hrsg.)*:* Stichworte zur geistigen Situation der Zeit, Band I. Frankfurt/M. 1979, 28.

[2] *Habermas, J.:* Theorie des kommunikativen Handelns, Band II. 4. durchgesehene Aufl. Frankfurt/M. 1987, 581; *Habermas, J. 1979* (Fn. 1), 25.

Arbeit ist es, zu zeigen, daß die Entstehung gewalttätiger Jugendkulturen ein besonders sinnfälliges Symptom der Kolonialisierung der Lebenswelt und der mit ihr einhergehenden Erosion kommunikativer Strukturen ist: Gewalt ist der eklatanteste Ausdruck der Unfähigkeit zur Kommunikation, sie kann als Negation von Kommunikation begriffen werden. Jugendliche und Heranwachsende sind in besonderem Maße von den Kolonialisierungsfolgen betroffen, weil die Kolonialisierung die Voraussetzungen für eine gelingende Sozialisation und die Ausbildung stabiler Identitäten nachhaltig beschädigt. Schließlich lassen sich Jugendkulturen strukturell als Regressionsphänomene begreifen. Junge Menschen können sich aus einer kolonialisierten Lebenswelt in Jugendkulturen zurückziehen, um Kolonialisierungsfolgen zu kompensieren.

II. Theorie des kommunikativen Handelns – ein Integrationsmodell

Im folgenden soll die Entstehung gewalttätiger Jugendkulturen im Kontext einer *Gesellschaftstheorie* erklärt werden. Dank der handlungstheoretischen Grundlegung der gesellschaftlichen Strukturanalyse läßt sich nachvollziehen, wie gesellschaftliche Strukturveränderungen im sozialen Nahfeld wirksam werden und Sozialisation und Interaktion beeinflussen.[3] Dabei bringt ein sinnverstehender Zugriff auf die soziale Wirklichkeit, der soziale Phänomene aus dem Horizont der Lebenswelt und nicht wie ein positivistisch-naturwissenschaftlicher Ansatz aus der Beobachterperspektive interpretiert, insbesondere die Binnenperspektive der Betroffenen zur Geltung.[4] Da ein auf HABERMAS gegründeter gesellschaftstheoretischer Ansatz eine substantielle, nicht nur additive Integration von Mikro- und Makroebene leistet, hebt er sich überzeugend von klassischen, monokausalen Erklärungsmodellen ab. Das integrative Potential der Theorie des kommunikativen Handelns geht aber auch über klassische kriminologische „Mehrfaktorenansätze" hinaus (1.). Darum könnte diese Theorie gerade Kriminologen, die an der Möglichkeit der Integration kriminologischer Erklärungsansätze zweifeln, zu neuerlichen Abstraktionsanstrengungen ermutigen (2.). Sie bietet überdies einen Rahmen, in dem neuere sozialtheoretisch ambitionierte Kriminalitätstheorien (3.) kritisch gewürdigt werden können.

---

[3] Dieses methodische Potential sehen auch *Fay, U.A.:* Kriminologie im Rahmen kritischer Gesellschaftstheorie. Kriminologisches Journal 17 (1985), 3-18, 16 und *Groves, B.W./Sampson, R.J.:* Critical Theory and Criminology. Social Problems (33) 1986, 58-80, 65. Letztere beziehen sich insbesondere auf ein frühes Werk von *Habermas,* Erkenntnis und Interesse, erschienen 1968, und wollen *Habermas'* Unterscheidung zwischen drei verschiedenen erkenntnisleitenden Interessen, dem technischen, dem praktischen und dem emanzipatorischen für ein ätiologisches Erklärungsmodell fruchtbar machen, das strukturelle, kulturelle und kritische Erklärungsansätze verknüpft.

[4] *Habermas, J.:* Theorie des kommunikativen Handelns, Band I, 4. durchgesehene Aufl. Frankfurt/M. 1987, 9 und *Ders.* 1987 Band II. (Fn. 2), 586ff.

1. Mehrfaktorenansätze

Mehrfaktorenansätze versuchen, die Einseitigkeit der mannigfaltigen kriminologischen Kausalerklärungsmodelle durch Integration der vielfältigen empirischen Einzelbefunde zu vermeiden.[5] Sie gehen von der Annahme aus, daß es verschiedene Ursachen für kriminelles Verhalten gibt und wollen daher die verschiedenartigen Umwelteinflüsse und Anlagefaktoren ebenso wie spezielle Persönlichkeitsmerkmale des Straftäters erfassen.[6] Empirisch legt ein multifaktorieller Ansatz eine induktive Vorgehensweise nahe. Es wird eine Vielfalt von Fakten aus verschiedenen Quellen gesammelt, aus denen erst in einer abschließenden Analyse theoretische Schlüsse gezogen werden.[7] Von sozialwissenschaftlicher Seite, aber auch innerhalb der Kriminologie wird gegen diese Vorgehensweise der Vorwurf der „Theoriefeindlichkeit" erhoben.[8] Es werde versucht, die „Komplexität der Verbrechenserscheinungen und -ursachen auf einen einfachen naturwissenschaftlichen Ursachen-Wirkungszusammenhang zu reduzieren." Dies sei verfehlt, weil es „auf die Beziehungen unter den Faktoren (Strukturen) und auf das Zusammenwirken der

---

[5] Als erstes integratives Konzept wird die „Vereinigungstheorie" von *von Liszt, F.* angesehen, der in dem Bemühen um eine Synthese von Italienischer und Französischer Schule bereits 1905 formulierte: „Das Verbrechen ist das Produkt der Eigenart des Täters im Augenblick der Tat und aus den ihn in diesem Augenblick umgebenden äußeren Verhältnissen." *Ders.:* Die gesellschaftlichen Faktoren der Kriminalität. Strafrechtliche Aufsätze und Vorträge, Band II. Berlin 1905, 433-447, 438. Als „zweite Generation" mulitvarianter Erklärungsansätze mag man die vielfältigen Versuche ansehen, sogenannte Prognosetafeln zu erstellen, anhand derer sich die Wahrscheinlichkeit künftiger Straffälligkeit feststellen läßt: Zwischen 1939 und 1948 hat das Ehepaar *Glueck* Faktoren zu ermitteln versucht, aufgrund derer eine Voraussage über das künftige Sozialverhalten von (männlichen) Kindern möglich sein sollte, insbesondere *Glueck, Sh./Glueck, E.:* Unraveling Juvenile Delinquency. Cambridge/Mass. 1950. Dem Ansatz der *Gluecks* folgend hat *Göppinger, H.* in seiner „Tübinger Jungtäter-Vergleichsuntersuchung den „Täter in seinen sozialen Bezügen" untersucht, um kriminovalente von kriminoresistenten Konstellationen zu unterscheiden, *Ders.:* Der Täter in seinen sozialen Bezügen. Heidelberg 1983. In jüngerer Zeit hat schließlich *West, D. J.* in seiner prospektiven Kohortenuntersuchung fünf Schlüsselfaktoren mit besonderer Vorhersagekraft ermittelt: niedriges Familieneinkommen, große Familie, mangelhafte elterliche Erziehung, niedrige Intelligenz des Jungen sowie ein Elternteil mit strafrechtlicher Vorbelastung, *Ders.:* Applied Criminology in England. In: Angewandte Kriminologie, hrsg. von H. Göppinger. Bonn 1988, 21-29.

[6] *Kaiser, G.,* Kriminologie. Ein Lehrbuch. 3. völlig neubearbeitete und erweiterte Aufl. Heidelberg 1996, § 5 Rdnr. 32; *Schwind, H.-D.:* Kriminologie. Eine praxisorientierte Einführung mit Beispielen. 11. neubearbeitete und erweiterte Aufl. Heidelberg 2001, § 8 Rdnr. 21.

[7] So etwa *Wolfgang* und *Ferracuti*, 1967, 41, zit. bei *Göppinger*, H.: Kriminologie. München 1980, 76.

[8] So von *Sack, F.*: Probleme der Kriminalsoziologie. In: Handbuch der empirischen Sozialforschung, Band XII, hrsg. v. R. König. 2. Aufl. Stuttgart 1978, 192-392, 207f., 212f. Nach *Schneider, H.J.* steht die Empirie auf Kosten der Theorie im Vordergrund. *Ders.:* Kriminologie. Standpunkte und Probleme. 2. überarbeitete Aufl. Berlin 1977, 38.

Faktoren (Dynamik)" ankomme.[9] Die Verteidiger des Mehrfaktorenansatzes, in der deutschen Kriminologie insbesondere KAISER, anerkennen, daß eine additive „Wanderschau von Theorieansätzen" nicht sinnvoll ist. Sie betonen aber, daß der Mehrfaktorenansatz eine „wichtige Funktion im Prozeß der Theorieentwicklung" erfüllen kann.[10] Sie sind bestrebt, eine „multifaktorielle Kriminalitäts*theorie*" zu entwickeln,[11] die „die verschiedenen Verbrechensfaktoren in einen theoretischen Erklärungszusammenhang" stellt. Als Erklärungsrahmen biete sich eine „allgemeine Theorie menschlichen Verhaltens" an.[12]

QUENSEL hat bereits 1970 das Modell einer kriminellen Karriere vorgestellt, in dem „die delinquente Entwicklung als Folge eines sich wechselseitig hochschaukelnden Interaktionsprozesses zwischen dem Jugendlichen und seiner sozialen Umwelt unter Einfluß der staatlichen Sanktionsinstanzen" aufgefaßt wird.[13] KAISER favorisiert das Erklärungsmodell des „Lebensstils". Lebensstile werden von den normativen Orientierungen und Handlungsmustern geprägt, die im Verlauf des Lebens in Auseinandersetzungen mit der Umwelt entwickelt werden. Insoweit legt dieser Ansatz die Analyse derjenigen Träger und Mechanismen nahe, welche die Normen der herrschenden Rechts- und Sozialordnung auf die junge Generation übertragen sollen. Erkenntnisziel ist es, verbrechensfördernde verbrechenshindernden Merkmalsverbindungen gegenüberzustellen, auch um valide Prognoseentscheidungen über die Wahrscheinlichkeit der Straffälligkeit treffen zu können.[14] BUIKUISEN versucht, kriminelles Verhalten deliktspezifisch durch Verknüpfung biologischer mit psychosozialen Ursachen zu erklären.[15] Als integrative Konzepte werden schließlich auch die Kontrolltheorie von HIRSCHI und die „General Theory of Crime" von GOTTFREDSON und HIRSCHI eingeordnet.[16] Deren „core concept" zur Erklärung von Kriminalität ist die Kategorie „low self control", eine individuelle Größe, die als Resultante von „ineffective child rearing" und der „absence of effec-

---

[9] *Schneider, H.J.:* Die gegenwärtige Lage der deutschsprachigen Kriminologie. Juristische Zeitung 28 (1973), 569-583, 576; ähnlich kritisch, insbesondere zur Prognoseforschung, *Bock, M.:* Addition, Theorie, Typus. Möglichkeiten und Grenzen kriminologischer Integrationsbemühungen. Monatsschrift für Kriminologie und Strafrechtsreform (77) 1994, 238-251, 240.

[10] *Kaiser, G. 1996 (*Fn. 6), *§* 5, Rdnr. 32, 34.

[11] *Schwind, H.D. 2001 (*Fn. 6), § 8, Rndr. 28.

[12] *Kaiser, G. 1996 (*Fn. 6), § 5, Rdnr. 34.

[13] *Quensel, St.:* Wie wird man kriminell? Kritische Justiz 3 (1970), 375-382.

[14] *Kaiser, G. 1996 (*Fn. 6), § 44, Rdnr. 2.; *Ders.:* „Lebensstil". Entwicklung und kriminologische Bedeutung eines Konzepts. In: Kriminalität, Persönlichkeit, Lebensgeschichte und Verhalten. Festschrift für Göppinger, hrsg. von H.-J. Kerner u.a. Berlin 1990, 27-40, 30.

[15] *Buikhuisen, W.:* Kriminalitätstheorien, soziobiologische. In: Kleines Kriminologisches Wörterbuch, hrsg. v. G. Kaiser u.a. 3. Aufl. Heidelberg 1993, 267-271.

[16] So bei *Schwind, H.-D.* 2001 (Fn. 6), § 8, Rdnr. 28; ähnlich *Kaiser, G.* 1996 (Fn. 6), § 5, Rdnr. 35.

tive social controls" vorgestellt wird.[17] Als integrative Leistung wird angesehen, daß bei der Analyse der Ursachen kriminellen Verhaltens sowohl der Einfluß primärer Sozialisiationsagenturen als auch anderer sozialer Institutionen berücksichtigt wird.

Konzepte wie „Kriminelle Karriere", „Lebensstil" oder „low self conrol", aber auch soziobiologische Ansätze vermögen das beklagte „Theoriedefizit" nur scheinbar zu kompensieren, auch wenn ihre Vertreter dies ausdrücklich bestreiten.[18] Gemessen an der Integrationskraft einer Gesellschaftstheorie ermöglichen sie allenfalls die additive Zusammenschau von Kriminalitätsursachen. Zwar nehmen sie gesellschaftliche Institutionen in den Blick und beschreiben deren Wirkungen auf die Sozialisation der Täter. Ihre Argumentationen entbehren auch teilweise nicht einer gewissen Plausibilität.[19] Mangels Einbettung in eine Gesellschaftstheorie vermitteln sie jedoch keine Einsichten in die Entstehungsbedingungen moderner Gesellschaften. Wie gesellschaftliche Strukturveränderungen auf die Sozialisationsagenturen zurückwirken, bleibt folglich ebenso im Dunkeln wie die Wirkung gesellschaftlicher Institutionen auf den Einzelnen und sein soziales Umfeld. Darüber hinaus vernachlässigen Mehrfaktorenansätze den Sinngehalt kriminellen Verhaltens, weil sie darauf ausgehen, jede Form kriminellen Verhaltens zu erklären und sich allenfalls implizit mit der Erklärung von Jugendkriminalität befassen.[20]

Diese Arbeit beschäftigt sich trotz des weiterreichenden heuristischen Potentials des Konzepts der Kolonialisierung der Lebenswelt ausschließlich mit gewalttätigen Jugendkulturen, weil sich ein theoretischer Ansatz, der trotz der Abstraktheit der Begrifflichkeit den Sinngehalt menschlicher Verhaltensweisen theoretisch fruchtbar machen will, nur plausibel *explizieren* läßt, wenn der erklärungsbedürftige Ausschnitt aus der sozialen Wirklichkeit phänomenologisch umfassend erschlossen wird.

2. Theoretische Selbstbescheidung?

DIETRICH/MEYER/RÖSSNER sowie BOCK und SCHUHMANN/REIN/SEUS beurteilen die Möglichkeit, verschiedene Kausalerklärungsmodelle zu integrieren, von vornherein skeptischer. DIETRICH/MEYER/RÖSSNER betreiben qualitative *Biographieforschung* und weisen anhand ihrer biographischen Studien nach, daß in vielen Fällen weder die Kontrolltheorie von GOTTFREDSON/HIRSCHI noch die Desintegrationstheorie von HEITMEYER, zwei kriminologische „Masterkonzepte", die Bedeu-

[17] *Hirschi, T.:* Causes of Delinquency. Berkley 1969; *Gottfredson, M.R./Hirschi, T.:* A General Theory of Crime. Stanford 1990, 85ff., 97ff.

[18] So etwa *Kaiser, G.* 1990 (Fn. 14), 27-40, 39.

[19] Ähnlich *Bock, M.* 1994 (Fn. 9), 243.

[20] Obwohl *Buikuisen* deliktspezifische Erklärungsmodelle entwickelt (Fn. 15), verfehlt auch er den Sinn strafrechtlich relevanten Verhaltens, weil er dem naturwissenschaftlichen Denken verpflichtet bleibt.

tung zu erfassen vermögen, die die Täter selbst ihren Gewalttaten im Kontext der eigenen Lebensgeschichte zuschreiben.[21] BOCK besinnt sich auf das von GÖPPINGER eingeführte Konzept des „Täters in seinen sozialen Bezügen". Den „überhöhten Anspruch auf 'Theorie' suspendierend, beschränkt er sich darauf, aus den empirischen Erkenntnissen idealtypische kriminovalente Konstellationen und Idealtypen herauszuarbeiten. Diese können als Leitlinien bei der Beantwortung der Frage dienen, „ob sich die Delinquenz als eine passende, stimmige, sinnvolle Konsequenz aus der allgemeinen Lebensentwicklung des Täters in seinen sozialen Bezügen ergibt oder nicht." Sie beschreiben „logische Grenzfälle der Erwartbarkeit von Straffälligkeit" und können als „Prüfkriterien bei der Erfassung von Einzelfällen" fungieren. Eine Grundlage für Prognoseentscheidungen bieten sie dagegen nicht.[22] SCHUHMANN/REIN/SEUS analysieren in der Bremer Längsschnittuntersuchung Kriminalität im Kontext des *Lebenslaufes* und stellen fest, daß Institutionen der Bildung und Ausbildung, aber auch Partnerschaften und peer groups sowie Instanzen der jugendstrafrechtlichen Kontrolle in unterschiedlichen Lebensphasen unterschiedliche statistische Relevanz haben: Die Zusammenhänge zwischen „einzelnen Aspekten des Lebens Jugendlicher und ihrer Delinquenz" erweisen sich als dynamisch. „Die Enge und möglicherweise auch die Richtung der Zusammenhänge ändern sich im Lebensverlauf" und erweisen sich als „abhängig von den Kontexten der jeweiligen Statuspassage."[23] Die Komplexität der Ergebnisse läßt SCHUHMANN/REIN/ SEUS zu dem Schluß kommen, daß sie sich einer schlichten Integration in multifaktorielle Erklärungsansätze von Jugenddelinquenz widersetzen.[24]

Die theoretische Zurückhaltung, ja Verzagtheit dieser drei Ansätze ist aus HABERMASSCHER Perspektive nicht angebracht. Bei SCHUMANN/REIN/SEUS erklärt sie sich daraus, daß die positivistisch arbeitende Kriminologie an ihre methodischen Grenzen kommt: Der Sinn, den individuelle Erfahrungen mit unterschiedlichen Sozialisationsinstanzen im Kontext einer Lebensgeschichte erhalten, widersetzt sich einer Erfassung in Korrelationen. BOCK muß an den Möglichkeiten der Integration verschiedener Erklärungsansätze nur deshalb zweifeln, weil er die Erkenntnisgewinne seiner idealtypisierenden Betrachtungsweise an Theorieansprüchen mißt, die er zu Recht suspendieren wollte, insbesondere an dem Anspruch einer einem positivistischen Wissenschafts- und Methodenverständnis verpflichteten Kriminologie, die Grundlagen für valide Prognoseentscheidungen über die zukünf-

---

[21] *Diedrich, I./Meyer, A./Rössner, D.:* Der Kampf um den Limes der Gesellschaft. Eine Kritik der Kontrolltheorie und des Desintegrationsansatzes. Kriminologisches Journal (31) 1999, 82-106, 104.

[22] *Bock, M.* 1994 (Fn. 9), 246-248.

[23] *Schumann, K.F./Prein, G./Seus, L.:* Lebenslauf und Delinquenz in der Jugendphase. Ergebnisse der Bremer Längsschnittstudie über AbgängerInnen an Haupt- und Sonderschulen. DVJJ-Journal 165 (1999), 300-311, 309.

[24] *Schumann, K.F./Prein, G./Seus, L. 1999 (*Fn. 23), 309.

tige Straffälligkeit zu liefern.[25] Der Skeptizismus von DIETRICH/MEYER/RÖSSNER gegenüber theoretischen Verallgemeinerungen geht dagegen auf die in narrativen Interviews gewonnene Einsicht zurück, daß zwei prominente, auf Abstraktion ausgehende Erklärungsmodelle die soziale Wirklichkeit zumindest partiell verfehlen. Ihnen ist entgegenzuhalten, daß diese Einsicht keine theoretische Selbstbescheidung rechtfertigt, sondern Ansporn zur Verstärkung der theoretischen Bemühungen sein sollte. Denn eine Theorie bewährt sich, wenn sie nach Komplexität und Abstraktionsgrad der Begrifflichkeit vielfältige, auch auf den ersten Blick divergente phänomenologische Erkenntnisse zu verarbeiten vermag.[26] Gerade die Biographieforschung liefert wertvolle Grundlagen für die Anwendung einer hinreichend abstrakten Theorie wie der von HABERMAS.

3. Sozialtheoretische Kriminalitätstheorien

Dem theoretischen Anspruch, den kriminologische Erklärungsmodelle nach hier vertretener Ansicht einlösen sollten, versuchen in jüngerer Zeit BUSSMANN und HESS/SCHEERER zu genügen. BUSSMANN hat eine Kriminalitätstheorie skizziert, die ihre Elemente aus der modernen Evolutionstheorie und der Systemtheorie bezieht.[27] Sein Hauptanliegen ist es, einen theoretischen Rahmen zu schaffen, in dem sich die Spannung zwischen ätiologischen und etikettierungstheoretischen Ansätzen auflösen läßt.[28] Kriminalität versteht BUSSMANN – in inhaltlicher, wenn auch nicht begrifflicher Übereinstimmung mit DURKHEIM – als eine Form des allgemeinen gesellschaftlichen Variationsspiels, die durch Strukturveränderungen in psychischen und sozialen Systemen stimuliert wird. Kriminelles Verhalten ist jedoch keine spezifische Variationsform allgemeinen Verhaltens. Vielmehr ist Kriminalität nichts anderes als „Definition als Folge einer Selektion". Die Selektionsmuster werden ihrerseits durch informelle Sozialkontrolle und Institutionen wie Justiz und Polizei stabilisiert. Die Vielzahl von Kriminalitätsursachen, insbesondere soweit sie auf sozialstruktureller Ebene angesiedelt sind, sollen als „Limitierung oder Ausweitung von Variations-, Selektions- und Stabilisierungsmöglichkeiten" Berücksichtigung finden.[29] Die Einordnung bereits vorhandener Kriminalitätstheorien in diesen Theorieentwurf ist jedoch bisher nur in Aussicht gestellt.[30]

HESS/SCHEERER haben eine konstruktivistische allgemeine Kriminalitätstheorie skizziert, mit der sie „die übliche Trennung makro- und mikroperspektivischer De-

---

[25] *Bock, M.* 1994 (Fn. 9), 248, 250.

[26] Ähnlich *Hess, H./scheerer, S.:* Was ist Kriminalität? Skizze einer konstruktivistischen Kriminalitätstheorie. Kriminologisches Journal 29 (1997), 83-155, 85.

[27] *Bussmann, K.-D.:* Diskussion. Evolution und Kriminalität. Kriminalität als notwendiger Teil gesellschaftlicher Entwicklung. Monatsschrift für Kriminologie und Strafrechtsreform 83 (2000), 233-246.

[28] *Bussmann, K.-D. 2000* (Fn. 27), 233.

[29] *Bussmann, K.-D. 2000* (Fn. 27), 236, 239.

[30] *Bussmann, K.-D. 2000* (Fn. 27), 244.

vianztheorien" überwinden wollen. In ihrem Makro-Mikro-Makro-Modell sollen im ersten Schritt die gesellschaftlichen Strukturen identifiziert werden, die „zur Entstehung von bestimmten Risiken und zu deren Kategorisierung als Kriminalität führen". Nach der herrschaftskritischen Auffassung von HESS/SCHEERER war zwar mit der Emergenz sozialer Ordnungen auch die Möglichkeit von Normüberschreitungen gegeben (Widerspruch zwischen Individuum und Gesellschaft), erst der Widerspruch zwischen Herrschenden und Beherrschten führte jedoch zur zunehmenden Kriminalisierung von Verhaltensweisen.[31] Auf der zweiten Ebene soll geklärt werden, wie Bedingungen der Makro-Ebene in Situationsdefinitionen transformiert werden, die das Handeln auf der Mikro-Ebene bestimmen.[32] HESS/SCHEERER wollen Antwort auf die Frage geben, „warum verbotene Handlungen trotz der negativen Sanktionen begangen und warum und wie sie selektiv aufgedeckt, verfolgt und sanktioniert werden."[33] Um „die Zusammenhänge zwischen prozeßhaften Abläufen auf verschiedenen Ebenen der sozialen Realität" zu verdeutlichen, wählen sie das „Karriere-Modell", über das sie vielfältige ätiologische Ansätze meinen produktiv integrieren zu können.[34] Der „Weg in die Kriminalität", die Motivation des Täters und seine Bereitschaft, verbotene Mittel zur Zielerreichung einzusetzen, sollen unter Rekurs auf die Anomie-Theorie, die Theorie der differentiellen Assoziation und andere Subkultur- sowie Sozialisationstheorien begründet werden.[35] Warum das Hindernis der „inhibierenden Wirkung antizipierter sozialer Kontrollen" überwunden wird, sollen die Kontrolltheorien erhellen.[36] Warum der Täter sich für das inkriminierte Verhalten entscheidet, soll verstehbar werden, indem man ihn als zweckrational Handelnden konzipiert (rational choice).[37] Nachdem „Kriminalität als Ereignis" beleuchtet worden ist, werden auf der Mikro-Ebene abschließend Erkenntnisse des labeling-approach fruchtbar gemacht, um zu erklären, wie der Aktor krimineller Handlungen zum Kriminellen wird.[38] In einem dritten Schritt werden, wiederum auf der Makro-Ebene, die gesamtgesellschaftlichen Folgen analysiert, die sich „aus dem Ensemble der so produzierten Kriminalität in ideologischer und materieller Hinsicht ergeben", die ihrerseits das Verhalten potentieller Täter beeinflussen. Als solche gesamtgesellschaftlichen Folgen nennen HESS/SCHEERER die Entstehung von Szenen, Banden und Märkten, des Konstrukts

---

[31] *Hess, H./Scheerer, S.* 1997 (Fn. 26), 92, 96-102.

[32] *Hess, H./Scheerer, S.* 1997 (Fn. 26), 86.

[33] *Hess, H./Scheerer, S.* 1997 (Fn. 26), 86.

[34] *Hess, H./Scheerer, S.* 1997 (Fn. 26), 87, 105

[35] *Hess, H./Scheerer, S.* 1997 (Fn. 26), 106f.

[36] *Hess, H./Scheerer, S.* 1997 (Fn. 26), 107.

[37] *Hess, H./Scheerer, S.* 1997 (Fn. 26), 110f.

[38] *Hess, H./Scheerer, S.* 1997 (Fn. 26), 117 ff.

Kriminalstatistik, die Kriminalitätsdiskurse und die Verwendung der Kriminalität als Alltagsmythos.[39]

Die theoretischen Ambitionen von BUSSMANN und HESS/SCHEERER, insbesondere ihr Bemühen, die kritische Kriminologie an die Ätiologie anzuschließen, sind zu begrüßen. Gemessen an der Theorie des kommunikativen Handelns legt BUSSMANN seiner Analyse kriminellen Verhaltens jedoch ein systemtheoretisch verengtes Gesellschaftskonzept zugrunde. Anders als ein zweistufiges, Lebenswelt und System verknüpfendes Gesellschaftsmodell erlaubt es ihm nicht, neben der „Beobachterperspektive" auch die Binnenperspektive der Betroffenen einzunehmen und den sozialen Handlungssinn strafrechtlich relevanten Verhaltens zu berücksichtigen. HESS/SCHEERER intendieren zwar einen *verstehenden* Zugang zum „Sinnbereich" Kriminalität,[40] durch die Konzeption des Kriminellen als rationalem Aktor desavouieren sie jedoch ihren eigenen methodischen Anspruch bereits im Ansatz. Weil HABERMAS in seiner Theorie des *kommunikativen Handelns* darlegt, daß die Einzelnen ihre Handlungen im Wege der Verständigung koordinieren und sich dabei niemals nur zweck*rational* auf eine objektive Welt, sondern gleichzeitig auf die geteilte soziale Welt und die eigene Innenwelt beziehen,[41] ist sein Blick auf die soziale Wirklichkeit, anders als der von BUSSMANN und im Ergebnis auch der von HESS/SCHEERER, nicht verkürzt. Darüber hinaus gelingt HESS/SCHEERER, gemessen an HABERMAS, keine gesellschaftstheoretische Grundlegung ihrer konstruktivistischen Kriminalitätstheorie, weil sie sich auf der Makro-Ebene darauf beschränken, den Gründen für die Entstehung des Strafrechts nachzugehen. Auf gesamtgesellschaftliche Strukturveränderungen gehen sie dagegen nur höchst selektiv ein. Sie weisen etwa ohne raum-zeitliche Spezifizierung auf die Konsequenzen des Übergangs von akephalen zu hierarchischen Gesellschaften hin.[42] Die avisierte „genetische Erklärung"[43] von Kriminalität kann ihnen ohne gesellschaftstheoretische Grundlegung jedoch nicht gelingen. An das von ihnen favorisierte „Karriere-Modell" lassen sich klassische ätiologische Ansätze, insbesondere soweit sie sich den strukturellen Ursachen von Kriminalität widmen, daher allenfalls plausibel anschließen. Auch das verkürzte Verständnis von Subkulturen als Meso- respektive Makrophänomenen, die aus dem „Zusammenhandeln von Tätern und Kontrolleuren entstehen",[44] ist Folge der unzureichenden Strukturanalyse.

---

39 *Hess, H./Scheerer, S.* 1997 (Fn. 26), 124 ff., 128 ff., 134 ff., 138 ff.

40 *Hess, H./Scheerer, S.* 1997 (Fn. 26), 88, 93.

41 *Habermas, J. 1987* Band I (Fn. 4), 107, 198.

42 *Hess, H./Scheerer, S.* 1997 (Fn. 26), 97-99.

43 *Hess, H./Scheerer, S.* 1997 (Fn. 26), 106.

44 *Hess, H./Scheerer, S.* 1997 (Fn. 26), 124f.

III. Gliederung

Im 1. Kapitel der Untersuchung sollen in Form historisch interessierter Kurzprofile Entstehung, Entwicklung und Wandel der Hooligans, Skinheads und Autonomen in der Bundesrepublik Deutschland und, parallel dazu, in der DDR nachgezeichnet werden (§§ 1-3). Grundlage der Darstellung bilden neuere empirische Untersuchungen und phänomenologische Darstellungen von Beobachtern und Kennern der Szenen, die vom Bundesminister des Inneren seit 1969 herausgegebenen Verfassungsschutzberichte, die vom Landeskriminalamt Düsseldorf zusammengestellten Jahresberichte Fußball und Publikationen von bekennenden Autonomen. Die zeitgeschichtliche Verortung ist notwendige Voraussetzung der sich im 2. Kapitel anschließenden gesellschaftlichen Strukturanalyse. Dort wird zunächst ein kommunikationstheoretisch fundierter Gewaltbegriff eingeführt und vor dem Hintergrund der Begriffsdiskussionen in verschiedenen wissenschaftlichen Disziplinen gerechtfertigt (§ 4). Danach soll der materiale Gehalt der von HABERMAS zur Erklärung von Krisenerscheinungen in spätkapitalistischen aber auch realsozialistischen Gesellschaften vorgelegten Theorie der Moderne für die Erklärung der Entstehung gewalttätiger Jugendkulturen fruchtbar gemacht werden. Sie wird als Symptom der Erosion kommunikativer Strukturen und damit als Symptom von Integrations-, Sozialisations- und Orientierungsdefiziten interpretiert (§§ 5 und 6). Der Erklärungsansatz erweist sich als substantielles Integrationsmodell, weil makro- und mikrosoziologische Zusammenhänge nicht nur gleichermaßen berücksichtigt, sondern pathologische Entwicklungen auf beiden Ebenen auch analytisch präzise auf das strukturelle Problem der Erosion kommunikativer Strukturen zurückgeführt werden. Die Theorie differenziert zwischen Jugendkulturen, die die Erosionsfolgen in erster Linie kompensieren und die Funktion von „Auffanglebenswelten" erfüllen, und solchen, die daneben anomischen Charakter haben. In ihnen finden sich Jugendliche ein, deren frustrierte Vergemeinschaftungs-, Entfaltungs- und Orientierungsbedürfnisse sich in aggressiv-kämpferischem Protest gegen die bestehenden politisch-gesellschaftlichen Verhältnisse entladen. Daß das eingeführte Erklärungsmodell in eine gesellschaftliche Entwicklungstheorie eingebettet ist, macht es schließlich möglich, vorangegangene Jugendgewaltdiskussionen von der aktuellen Auseinandersetzung zu unterscheiden und ein Licht auf die spezifischen strukturellen Ursachen der Entstehung gewalttätiger Jugendkulturen etwa in der Wilhelminischen oder der Weimarer Zeit zu werfen. Im 3. Kapitel soll das heuristische Potential der entwickelten Theorie getestet werden, indem geprüft wird, ob sie sich in der Interpretation umfangreicher phänomenologischer Erkenntnisse zu Hooligans, Skinheads und Autonomen bewährt (§ 7), bevor abschließend einige Leitlinien für angemessene und notwendige Reaktionen auf die Entstehung gewalttätiger Jugendkulturen aufgezeigt werden (§ 8).

1. Kapitel
Gewalttätige Jugendkulturen – Bestandsaufnahme

Der Gegenstand der Untersuchung gehört zum Themenkreis „Jugend und Gewalt", einem weiten Problemfeld, das seit Beginn der achtziger Jahre des zwanzigsten Jahrhunderts wissenschaftlich bearbeitet und in Presse, Funk und Fernsehen diskutiert wird. Solange in den Medien von immer neuen, spektakulären Gewalttaten junger Schläger berichtet wird, scheint die Wahl des Themas durch seine Aktualität gerechtfertigt. Stimmen, die den Befassungseifer dämpfen und das Phänomen gewalttätiger Jugendkulturen zu entdramatisieren und zu relativieren suchen, verweisen dagegen darauf, daß es sich um ein zyklisch wiederkehrendes Problem handelt. Nicht ohne Grund, denn es gibt „Vorläuferdiskussionen": In der Wilhelminischen Zeit beunruhigte eine „verwahrloste männliche Großstadtjugend";[1] in der Weimarer Zeit konzentrierte man sich auf „schwererziehbare oder verwahrloste" Jugendliche,[2] deren „Verwilderung und Verrohung" beklagt wurde; in den fünfziger Jahren schockierten die „Halbstarken", auch „randalierende Jugend" genannt, durch ihre „Krawalle";[3] in den siebziger Jahren die „revoltierende", „protestierende" Jugend im „Widerstand".[4]

Das Interesse an der Problematisierung des Verhaltens junger Menschen ist ganz offensichtlich nicht neu.[5] Seit sich die Jugend zu einer eigenständigen Lebensphase entwickelt hat und das Kind nicht mehr unvermittelt in den Erwachsenenstatus wechselt, sind die Jugend und die spezifischen Probleme dieser Phase des Erwach-

---

[1] *Gruhle, H.W.:* Die Ursachen der jugendlichen Verwahrlosung und Kriminalität. Berlin 1912; *Gregor, A./Voigtländer, E.:* Die Verwahrlosung, ihre klinisch-psychologische Bewertung und ihre Bekämpfung: für Pädagogen, Ärzte, Richter. Berlin 1981; *Hafeneger, B.:* Jugend-Gewalt. Zwischen Erziehung, Kontrolle und Repression. Ein historischer Abriss. Opladen 1994, 16ff.

[2] *Runge, W./Rehm, O.:* Über die Verwahrlosung der Jugendlichen. Berlin 1926; *Többen, H.:* Die Jugendverwahrlosung und ihre Bekämpfung. 2. Aufl. Münster 1927; *Hafeneger, B.* 1994 (Fn. 1), 58ff.

[3] *Kaiser, G.:* Randalierende Jugend. Eine soziologische und kriminologische Studie über die sogenannten „Halbstarken." Heidelberg 1959; *Hafeneger, B.* 1994 (Fn. 1), 109ff.

[4] Noch 1983 gab *Breyvogel, W.* einen Sammelband mit dem Titel „Autonomie und Widerstand. Zur Theorie und Geschichte des Jugendprotestes" heraus, der sich mit den „Jugendrevolten" auseinandersetzt, die sich in den Jahren 1980/81 in den Metropolen westeuropäischer Industrienationen ereigneten. Darin: *Breyvogel, W.:* Einleitung. 7-11; *Hirsch, J.:* Jugendprotest und die Theorie neuer sozialer Bewegungen, 84-97; *Breyvogel, W.:* Die Jugendrevolte als städtische Revolte. Zur Bedeutung der Stadt als Erfahrungsraum, 98-105; *Parin, P./Ziehe, Th.:* Kulturkrise und Revolte. Ethnologische und kulturtheoretische Beiträge zur Jugendrevolte, 106-117.

[5] *Albrecht, H.-J.:* Wird die Jugend immer gewalttätiger? In: Das Jugendkriminalrecht als Erfüllungsgehilfe gesellschaftlicher Erwartungen? 3. Kölner Symposium, hrsg. v. Bundesministerium der Justiz. 1. Aufl. Bonn 1995, 2000, 160-170, 160f. *Ders.* wirft zu Recht die Frage nach den Gründen für dieses Interesse auf. In: Jugend und Gewalt. Monatsschrift für Kriminologie und Strafrechtsreform 81 (1998), 381-398, 385.

senwerdens thematisiert worden.[6] Dabei haben immer auch die Cliquen, Banden und Gangs, d.h. jugendliche Gruppen im Zentrum des Interesses gestanden. Dies mag man auf ihre Präsenz im öffentlichen Raum zurückführen oder dem ihnen zugeschriebenen, besonderen Verführungs- und Gefährdungspotential für Gleichaltrige zuschreiben.[7] Die Gründe für das Interesse an der Problematisierung des Verhaltens junger Menschen liegen auf der Hand. Die Verfaßtheit junger Menschen ist ein Spiegel der Verfaßtheit der Gesellschaft, in der sie leben. Dem Elternhaus entwachsend, müssen Jugendliche und Heranwachsende ihr eigenes Leben selbstverantwortlich zu gestalten beginnen. Sie dazu zu befähigen, ist Aufgabe der Eltern, sekundärer Sozialisationsinstanzen und der sozialen Gemeinschaft, in die sie hineingeboren werden. Erziehung, Sozialisation und die Unterstützung der kindlichen Persönlichkeitsentwicklung sind seit der Entdeckung der Kindheit Aufgabe und Auftrag der Erwachsenengeneration; ein naturhaftes Verhältnis zum „Aufziehen" der eigenen Kinder ist verwehrt, die Elterngeneration ist mit dem Risiko des Scheiterns, des Versagens belastet. In der Jugendphase, in der junge Menschen mehr und mehr Verantwortung für ihr eigenes Leben übernehmen, zeigt sich, ob sie stabile Identitäten ausgebildet haben, enkulturiert und integriert sind.[8] Jugendkriminalität, insbesondere Jugendgewalt und die Tatsache, daß Jugendliche und Heranwachsende zu aggressiv abweichenden oder gar gewalttätigen Jugendkulturen Zuflucht nehmen, sind Indizien dafür, daß deren Sozialisation und Integration nur bedingt gelungen oder gar gescheitert sind. Diese Erkenntnis trübt die Aussicht auf ein geglücktes Zusammenleben der Generationen und wirft Schatten auf die Zukunft des Gemeinwesens, in dem wir leben.

---

[6] Berichte über jugendliche Halbstarke, die „uf der gaßen schreyen, ... umblaufen und rumoren" und insbesondere über Räuberbanden, studentische Banden und Banden von Arbeiterjugendlichen gibt es gar aus dem Altertum über das Mittelalter bis zur frühen Neuzeit. Vgl. dazu die kurze Abhandlung von *Novak, M.:* Hooligans und Skinheads. Wien 1994, 6-8, mit Nachweisen zum Schrifttum. Zur jüngeren Geschichte, *Simon, T.:* Raufhändel und Randale. Eine Sozialgeschichte aggressiver Jugendkulturen und pädagogischer Bemühungen von 1880 bis 1995. Wiesbaden 1995. Zur Geschichte gewalttätiger jugendlicher Gruppierungen im westlichen Nachkriegsdeutschland, *Ohder, C.:* Gewalt durch Gruppen Jugendlicher. Eine empirische Untersuchung am Beispiel Berlins. Berlin 1992, 17-35.

[7] *Albrecht, H.-J.* weist darauf hin, daß es heute „vor allem die Zusammenhänge mit Rechtsextremismus und der Verwendung faschistischer Symbole" sind, die „der Jugendgewalt besondere Aufmerksamkeit zuteil werden lassen. *Ders.* 2000 (Fn. 5), 161.

[8] Schon *Albrecht, H.-J.* 2000 (Fn. 5), 162f. hat die Frage nach den *Gründen* für das Interesse an der Problematisierung des Verhaltens junger Menschen aufgeworfen. Er hat dieses Interesse vor allem darauf zurückgeführt, daß die Jugend- und die Gewaltkriminalität „Gradmesser für die Integrationsleistungen einer Gesellschaft" sind, und darauf verwiesen, daß ihr Ansteigen deshalb beunruhigt, weil es sich als Folge des „Versagens der Erziehungsinstitutionen" darstellt.

Die Frage, ob die Jugendkulturen, die in den letzten zehn bis fünfzehn Jahren das öffentliche Interesse auf sich gezogen haben, die Beachtung wegen zunehmender Gewalttätigkeit verdienen, ist statistisch umstritten und kann auch im Rahmen dieser theoretisch interessierten Arbeit nicht beantwortet werden. ALBRECHT weist darauf hin, daß sich heute – wie schon in den sechziger und siebziger Jahren – zwei konkurrierende Annahmen gegenüberstehen.[9] Während die eine Seite die Auffassung vertritt, es handele sich bei der aktuellen Gewaltdiskussion nur um eine Neuauflage der zyklisch wiederkehrenden Klagen über die unbotmäßige, randalierende und gewalttätige Jugend,[10] ist von anderer Seite immer wieder versucht worden, eine tatsächliche Zunahme der Jugendgewalt nachzuweisen und zu belegen, daß sich auch ihre Qualität verändert habe.[11] In dieser Überzeugung sind in den achtziger und neunziger Jahren eine Vielzahl empirischer Studien zu Entwicklung und Ausmaß von Jugendgewalt durchgeführt worden. Die Polizeiliche Kriminalstatistik (PKS) und die Strafverfolgungsstatistik wurden analysiert,[12] es wurde Dunkelfeldforschung betrieben,[13] und es wurden zahllose Schulklassen,[14] aber auch Lehrer

---

[9] *Albrecht, H.-J.* 2000 (Fn. 5), 163.

[10] *Albrecht, H.-J.* 2000 (Fn. 5), 176 kommt nach einer Analyse der empirischen Befunde zu dem Ergebnis, daß sich keine spektakulären Entwicklungen nachweisen lassen. Ebenso auch *Albrecht, H.-J. 1998* (Fn. 5). Ende der siebziger Jahre lösten *Albrecht, P.-A./Lamnek, S.* mit ihrer Veröffentlichung „Jugendkriminalität im Zerrbild der Statistik." München 1978, eine heftige Kontroverse aus.

[11] Vgl. etwa *Kreuzer, A.:* Anstieg der Jugendkriminalität - ein Mythos? Kriminalistik 34 (1980), 67-73, 67ff.

[12] *Bundesministerium des Inneren und der Justiz* (Hrsg.): 5. Jugendliche als Opfer und Täter: Wissenschaftliche Befunde unter besonderer Berücksichtigung der KFN-Schülerbefragungen zur Jugendgewalt. In: Erster Periodischer Sicherheitsbericht. Berlin 2001, 473-596; *Heinz, W.:* Kriminalität von Deutschen nach Alter und Geschlecht, Konstanz 1999 (Internet-Publikation); *Heinz, W.:* Jugendkriminalität zwischen Verharmlosung und Dramatisierung, oder: (Jugend-)Kriminalpolitik auf lückenhafter und unzulänglicher Tatsachengrundlage. DVJJ-Journal 157 (1997), 270-293; *Pfeifer, Ch.:* The structure and development of juvenile violence in Germany. Kriminologisches Forschungsinstitut Niedersachsen e.V. Hannover 1999; *Pfeiffer, Ch./Delzer, I.* u.a.: Ausgrenzung, Gewalt und Kriminalität im Leben junger Menschen. DVJJ, Hannover 1998; *Pfeifer, Ch.:* Kriminalität junger Menschen im vereinigten Deutschland. Eine Analyse auf der Basis der Polizeilichen Kriminalstatistik 1984-1994. Kriminologisches Forschungsinstitut Niedersachsen e.V. Hannover 1995. Zu den methodischen Problemen und zentralen Erkenntnissen derartiger Analysen *Albrecht, H.-J.* 2000 (Fn. 5), 165ff.

[13] *Albrecht, G./Howe, C.-W./Wolterhoff-Neetix, C.:* Neue Ergebnisse zum Dunkelfeld der Jugenddelinquenz: Selbstberichtete Delinquenz von Jugendlichen in zwei westdeutschen Großstädten: In: Kriminologische Forschung in den 80er Jahren. Projektberichte aus der Bundesrepublik Deutschland, hrsg. v. G. Kaiser u.a. Freiburg 1988, 661-696; *Mansel, J./Hurrelmann, K.:* Aggressives und delinquentes Verhalten Jugendlicher im Zeitvergleich. Befunde zur Dunkelfeldforschung aus den Jahren 1988, 1990 und 1996. Kölner Zeitschrift für Soziologie 50 (1998), 78-109; *Sutterer, P./ Karger, Th.:* Self-Reported Juvenile Delinquency in Mannheim, Germany. In: Delinquent Behaviour Among Young People in the Western World. First Results of the International Self-Report Delinquency Study, hrsg. v. J. Junger-Tas u.a. Amsterdam 1994, 156-185.

befragt.[15] Nach ALBRECHT zeigt sich jedoch bei kritischer Durchsicht der empirischen Arbeiten, „daß konsistente Befunde zur Jugendgewalt im Längsschnitt und im Querschnitt nicht vorliegen."[16] Die Schulbefragungen kommen trotz der Verwendung ähnlicher Items und trotz der Untersuchung vergleichbarer Zeiträume zu höchst unterschiedlichen Ergebnissen.[17] Im Vergleich mit dem Bild, das nicht schulzentrierte Selbstberichtstudien ergeben, erscheinen die Befragungsergebnisse jedoch in vielen Fällen deutlich überhöht.[18] Seit Ende der achtziger Jahre des letzten Jahrhunderts läßt sich immerhin auch nach der Polizeilichen Kriminalstatistik eine erhebliche Zunahme bei Raubdelikten junger Menschen, aber auch bei gefährlicher und schwerer Körperverletzung sowie Sachbeschädigung beobachten.[19] Allerdings ist die Interpretation des Längsschnittes erschwert, weil es nach der Wiedervereinigung bis zur Angleichung der Registrierungssysteme in West- und Ostdeutschland Probleme bei der Erfassung gab.[20] Außerdem bleibt ungeklärt, inwieweit der Anstieg nur ein verändertes Anzeige- und Registrierungsverhalten

---

14 *Funk, W.:* Gewaltbilligung, Gewaltbereitschaft und gewalttätige Handlungen Nürnberger Schüler. In: Nürnberger Schüler Studie 1994. Gewalt an Schulen, hrsg. v. W. Funk. Regensburg 1995, 40-46; *Holtappel, H.G.:* Schulprobleme und abweichendes Verhalten aus der Schülerperspektive. Bochum 1987; *Ders.:* Schülerprobleme und abweichendes Schülerverhalten aus der Schülerperspektive. Zeitschrift für Sozialisationsforschung und Erziehungssoziologie 5 (1985) 291-323; *Schubarth, W.* u.a.: Im Gewaltausmaß vereint? Eine vergleichende Schülerbefragung in Sachsen und Hessen. In: Forschung über Gewalt an Schulen. Erscheinungsformen, Ursachen, Konzepte und Prävention, hrsg. v. H. G. Holtappel u.a. Weinheim 1997, 101-136.

15 *Zöpf, H.:* Gewalt in der Schule aus der Sicht der Lehrer. In: Gewalt in unserer Gesellschaft. Gutachten für das Bayrische Staatsministerium des Inneren, hrsg. v. K. Rolinski u.a. Berlin 1990, 153-166. Zu den methodischen Problemen der Untersuchung der Gewalt an Schulen, *Albrecht, H.-J.* 2000 (Fn. 5), 172ff.

16 *Albrecht, H.-J. 1998 (*Fn. 5), 381, 386f., der insbesondere darauf hinweist, daß es an Längsschnittuntersuchungen fehlt, die an verschiedenen Geburtenkohorten ansetzen und differenzierte Aussagen über Veränderungen ermöglichen, und in denen Alters-, Generationen- und Periodeneffekte isoliert werden. Er konstatiert, daß überwiegend relativ kurze Zeiträume untersucht werden, in denen sich Anstieg und Abfallen wegen der bei der Gewaltkriminalität immer noch kleinen absoluten Zahlen verfälschend dramatisch ausnehmen und weist darauf hin, daß es in Deutschland, wo keine amtlichen Opferbefragungen durchgeführt werden, an Möglichkeiten fehlt, die offiziell produzierten Daten zur Jugendkriminalität zu kontrollieren – sieht man von den wenigen Studien mit zwei Meßzeitpunkten ab (Nachweise Anm. 39). Zu den methodischen Problemen auch *Albrecht, H.-J.* 2000 (Fn. 5), 163-165.

17 *Albrecht, H.-J. 1998 (*Fn. 5), 393-397.

18 *Albrecht, H.-J. 1998 (*Fn. 5), 391, 398.

19 *Albrecht, H.-J. 1998 (*Fn. 5), 387-389; *Bundesministerien der Justiz und des inneren 2001 (*Fn. 12). 521f.; siehe auch *Eisenberg, U.:* Kriminologie. 5. Aufl. München 2000, § 45, Rdnr. 43 und § 48, Rdnr. 17.

20 Polizeiliche Kriminalstatistik 1991, 30; 1992, 14; 1993, 14.

wiederspiegelt[21] oder etwa darauf zurückzuführen ist, daß gerade Gewalttaten vermehrt in größeren Gruppen begangen werden.[22]

Noch prekärer ist die Datenlage zu den hier untersuchten Jugendkulturen. Die meisten empirischen Arbeiten zu Hooligans sind qualitativer Natur und erhalten keinerlei Angaben zur Anzahl der verübten Gewalttaten. Nur die Zentralstelle Fußball beim Landeskriminalamt Nordrhein-Westfalen stellt seit Anfang der 90er Jahre des letzten Jahrhunderts Zahlenmaterial zusammen. Die Zahlenangaben zu gewaltbereiten und bei Gelegenheit gewaltgeneigten Fußballfans sind jedoch gar nicht und die Zahlen zu den von ihnen verübten Straftaten nur unzureichend nach Altersgruppen aufgeschlüsselt.[23] Die zahlreichen Veröffentlichungen zu Skinheads und rechten Schlägern vermitteln im Regelfall nur ein punktuelles Bild. Sie erlauben daher keine Aussagen darüber, ob Skinheads vermehrt gewalttätig werden.[24] Auch die Verfassungsschutzberichte schließen diese Lücke nicht, weil sie nur Zahlenmaterial zu rechtsextremistisch motivierten Gewalttaten veröffentlichen ohne aufzuschlüsseln, wieviele dieser Straftaten den Skinheads angelastet werden.[25] Am wenigsten erforscht sind schließlich die Autonomen. Ihr Anteil an den linksextremistisch motivierten Gewalttaten wird in den Verfassungsschutzberichten nur vage geschätzt.[26]

Die „jüngste" Jugenddiskussion hat aber, unabhängig von einer statistischen Rechtfertigung, ihre Berechtigung. Sie darf schon deshalb nicht als Neuauflage des vermeintlich wohlbekannten Generationenkonflikts abgetan werden, weil sie sich als erste der „*gewalttätigen* Jugend" widmet und als solche offensichtlich von vorangegangenen Diskussionen unterscheidet.[27] Diese wurden nicht als „Gewaltdis-

---

[21] *Albrecht, H.-J. 1998 (*Fn. 5), 389; *Bundesministerien der Justiz und des Inneren 2001 (*Fn. 12), 591.

[22] *Albrecht, H.-J. 1998 (*Fn. 5), 389.

[23] *Landeskriminalamt Nordrhein-Westfalen* veröffentlicht seit der Saison 1995/96 im Internet die Jahresberichte Fußball. Dort jeweils unter 3. zur Störerlage und in Anlage 4: Gesamtzahl der in den Austragungsorten beider Profiligen und der durch den BGS angeordneten freiheitsentziehenden Maßnahmen (strafprozessual und polizeilich), einzig letztere aufgeschlüsselt nach Altersgruppen.

[24] Etwa die Erhebungen von *Heitmeyer, W./Müller J.:* Fremdenfeindliche Gewalt junger Menschen. Biographische Hintergründe, soziale Situationskontexte und die Bedeutung strafrechtlicher Sanktionen, hrsg. v. Bundesministerium der Justiz. Bonn 1992 und *Willems, H.:* Fremdenfeindliche Gewalt. Einstellungen, Täter, Konflikteskalation. Opladen 1993, der 1.398 polizeilichen Ermittlungsakten zu fremdenfeindlichen Straftaten analysiert hat, die zwischen Januar 1991 und April 1992 registriert wurden, 105-207.

[25] *Bundesminister des Innern*: Verfassungsschutzberichte 1990-2001, dort jeweils unter Rechtsextremistische Bestrebungen: II. Übersicht in Zahlen 2. Straftaten/Gewalttaten.

[26] *Bundesminister des Innern*: Verfassungsschutzberichte 1999-2001, dort jeweils unter Linksextremistische Bestrebungen: III. Gewalttätiger Linksextremismus 1.1. Autonome.

[27] Es verwundert daher, daß *Hafeneger, B.* 1994 (Fn. 1) seinen historischen Abriß unter der Überschrift Jugend-Gewalt veröffentlicht, obwohl die von ihm so akribisch zusammengetragenen Quellen vieles, aber am wenigsten die Gewalttätigkeit der Jugend belegen.

kussionen“ geführt und werden heute allenfalls als solche vereinnahmt. Dies erhellt schon aus einer kursorischen Durchsicht der Quellen: In der Wilhelminischen Zeit beunruhigte an der „unbotmäßigen“, „verwahrlosten“ Jugend gewalttätiges Verhalten nur u.a.. So heißt es etwa über einen Jugendlichen, „der wächst heran zu einem niederträchtigen Schlingel; trotzig, faul, frech. Er lügt, schwänzt die Schule, zündet in der Kirche Zigarren an, holt Äpfel aus dem Ewer. In Straßenschlachten tritt er knüppelschwingend als Anführer auf.“[28] Über einen anderen wird berichtet: „Da steht er an der Straßenecke, auf dem Kopf möglichst keck und frech eine verbogene Mütze, manchmal darunter hervorlugend eine widerlich Haarlocke, ... Er ist selten allein und hat neuestens seinesgleichen bei sich, mit denen er sich oft in albernster, kindischer Weise herum balgt. Die Unterhaltung, die sie führen, ist durchsetzt mit den greulichsten Schimpfwörtern. Er hat eine bewundernste Kunstfertigkeit im Spucken.“[29] Auch noch in den zwanziger Jahren wird die Entstehung „wilder Cliquen“ als Zeichen der „Verwahrlosung“ bewertet.[30] „Verwilderung scheint die Signatur dieser Jugend zu sein.“[31] Es wird neben der auffallenden Kostümierung auch über aggressives Auftreten und Handgreiflichkeiten berichtet:[32] „Die Sportmütze auf dem Kopf, die Zigarette im Mundwinkel, die Hände in den Hosentaschen vergraben, ... Ist irgendwo etwas los, ein Krawall oder Auflauf, dann sind sie da. In der Tasche haben sie Steine, gelegentlich ein Schießwerkzeug, mit den Fingern bringen sie gellende, durch Mark und Bein dringende Pfiffe hervor, vom Hinterhalt her wird so Revolution gemacht, mit Geschrei und Gejohle.“[33] Halbstarke und „wilde Cliquen“ wurden in der Wilhelminischen wie in der Weimarer Zeit vor allem als „Feinde der Ordnung“,[34] „der Gesellschaft, der Konvention, des sozialen Lebens, des Gesetzes“[35] angesehen, deren Wesen man mit reformpädagogischem Impetus „domestizieren,“ „zähmen“, deren Kräfte man in sinnvolle Bahnen lenken

---

[28] *Classen, W.:* Großstadtheimat. Beobachtungen zur Naturgeschichte des Großstadtvolks. Hamburg 1906, 15, abgedruckt bei *Hafeneger, B.* 1994 (Fn. 1), 41.

[29] *Schultz, C.:* Die Halbstarken. Leipzig 1912, 30, abgedruckt bei *Hafeneger, B.* 1994 (Fn. 1), 50.

[30] *Aichorn, A.:* Verwahrloste Jugend. Leipzig, 1925, 13f., abgedruckt bei *Hafeneger, B.* 1994 (Fn. 1), 79; *Ehrhardt, J.:* Die Lage der gefährdeten und verwahrlosten Großstadtjugend in Deutschland nach dem Kriege. Genf 1929, 16f., abgedruckt bei *Hafeneger, B.* 1994 (Fn. 1), 65f.

[31] *Bernfeld, S.:* Das akademische Comité für Schulreform. In: Sämtliche Werke, Band II, Jugendbewegung und Jugendforschung, hrsg. v. U. Herrmann. Weinheim 1994 (*1928), 248*f., abgedruckt bei *Hafeneger, B.* 1994 (Fn. 1), 77.

[32] *Hafeneger, B.* 1994 (Fn. 1), 59.

[33] *Dehn, G.:* Großstadtjugend. Berlin *1922,* 86f., abgedruckt bei *Hafeneger, B.* 1994 (Fn. 1), 63f.

[34] *Schultz, C.:* Die Halbstarken. Leipzig 1912, 8f., 32ff., abgedruckt bei *Hafeneger, B.* 1994 (Fn. 1), 44, 49.

[35] *Schultz, C.:* Die Halbstarken. Leipzig 1912, 32ff., abgedruckt bei *Hafeneger, B.* 1994 (Fn. 1), 44.

wollte, um sie zu „brauchbaren Menschen" zu machen.[36] Während im Kaiserreich eine „Zucht- und Rettungspädagogik" verfochten wurde, zielten die pädagogischen Anstrengungen in den zwanziger Jahren verstärkt „auf die helfende, begleitende und möglichst reibungslose Integration einer von Kontinuitätsbrüchen gebeutelten proletarischen Jugend in den kulturellen Werte- und Normenhorizont der bürgerlichen Gesellschaft."[37] Erst in den fünfziger Jahren wird verstärkt über „Krawalle", Schlägereien und Zerstörungen berichtet.[38] Daneben werden weiterhin das „Herumstrolchen", „Roheiten, Frechheiten, Nichteinfügen in eine Gemeinschaft, Auflehnung gegen die Erwachsenen, Eltern, Lehrer, Dienstgeber usw." beklagt.[39] Die Kritik an den jugendlichen Verhaltensweisen bleibt an traditionelle bürgerliche Ordnungs- und Moralvorstellungen gebunden, die geprägt sind von Werten wie Arbeit, Fleiß, Ordnung, Gehorsam, Disziplin und sexueller Enthaltsamkeit.[40] Immerhin wird die Jugend erstmalig als „randalierend",[41] also mit einem Adjektiv charakterisiert, das nach seiner Semantik zumindest auf die Gewalt gegen Sachen verweist. Die verübten Gewalttaten geraten erstmalig verstärkt ins wissenschaftliche Blickfeld,[42] noch wird aber relativierend von einer „Mode der Gewalt" gesprochen.[43] In den Beschreibungen[44] taucht der Begriff Gewalt ebenso selten auf wie in

---

36 *Hafeneger, B.* 1994 (Fn. 1), 25, 41.

37 *Hafeneger, B.* 1994 (Fn. 1), 79.

38 Ausschnitte aus der zeitgenössischen Berichterstattung über die Halbstarken-Krawalle finden sich bei *Bondy, C./Braden, J.*/Cohen, R./Eyferth, K.: Jugendliche stören die Ordnung. Bericht und Stellungnahme zu den Halbstarkenkrawallen. München 1957, teilweise abgedruckt bei *Hafeneger, B.* 1994 (Fn. 1), 118-126.

39 *Tumlirz, O.:* Die Jugendverwahrlosung. Graz 1952, 45, abgedruckt bei *Hafeneger, B.* 1994 (Fn. 1), 104.

40 *Hafeneger, B.* 1994 (Fn. 1), 101; *Muchow, H. H.:* Zur Psychologie und Pädagogik der 'Halbstarken.' Unsere Jugend 1956, 392ff., abgedruckt bei *Kaiser, G. 1959* (Fn. 3), 119 und *Seelmann, K.:* Die Halbstarkenprobleme in München, unveröffentlicht 1957, 14f., abgedruckt bei *Kaiser, G. 1959* (Fn. 3), 121f. *Kaiser* weist in seinem Abschnitt über „Das Bild der randalierenden Jugend" abschließend darauf hin, daß die Jugendlichen randalieren, „dabei jedoch mehr gegen 'zivilisierte' Verhaltensnormen von 'Sitte und Anstand' als gegen Verbotsnormen des Strafrechts" verstoßen, *Ders. 1959* (Fn. 3), 123. Daß auch die Rocker als Angriff auf die bürgerliche Ordnung zu bewerten sind, vertritt *Weißbach, W.:* Rocker. Stiefkinder unserer Gesellschaft. Erfahrungen eines Großstadtpfarrers. Hamburg 1971, 28f., 94f.

41 *Kaiser, G. 1959* (Fn. 3), insbesondere 23ff.

42 *Kaiser, G. 1959* (Fn. 3), 35ff., wo Delikte, die heute unter der Rubrik Gewaltkriminalität diskutiert würden, als „Angriffs- und Schädigungskriminalität" erfaßt werden.

43 *Eisenberg, U.* beschäftigte sich sogar noch 1979 unter dem Gliederungspunkt „Banden Jugendlicher und Heranwachsender" fast ausschließlich mit der amerikanischen Diskussion und widmet den Rockern magere 10 Zeilen, *Ders.:* Kriminologie. Köln *1979,* § 49 III.

44 Nach *Kaiser, G. 1959* (Fn. 3), 111-114, wurde der Begriff „halbstark" in der zeitgenössischen Presse entweder als Oberbegriff für alle auffällig erscheinenden jugendlichen Verhaltensweisen oder als sinnverwandtes Wort für jugendkriminell verwendet. Unter den von *Kaiser* zusammengetragenen, in der Presse verwendeten Adjektiven treten die Beschreibungen „aggressiv" und „brutal" hinter „übermütig, mutwillig, respektlos, aufsäs-

den fachwissenschaftlichen Diskursen.[45] Das Stichwort Gewaltkriminalität findet erst allmählich Eingang in die Lehrbücher der Kriminologie,[46] und auch unter der Rubrik „Jugendkriminalität" findet man bis dahin nichts oder wenig zum Thema Gewalt.[47] In der Polizeilichen Kriminalstatistik wird die Deliktgruppe Gewaltkriminalität sogar erst 1983 eingeführt.

---

sig, herausfordern, frech" und „abenteuerlustig und erlebnishungrig, aber zügellos, antriebsunmittelbar, hemmungs- und rücksichtslos, gefühlsroh" eher in den Hintergrund. Das Wort gewalttätig ist in der Aufzählung von *Kaiser* noch nicht enthalten. Auch in den Stellungnahmen von Volksvertretern und Regierungen werden nur höchst vereinzelt die Brutalität und ein „Mangel an Achtung von Wehrlosen, Frauen, Kindern und eine bedenkliche Mißachtung des Staates" beklagt. Im Vordergrund stehen auch hier „Bandenüberfälle, Belästigungen in Parkanlagen, Zusammenrottungen auf Rummelplätzen und ähnliche Vorkommnisse", die als Indiz für die „wachsende Verwahrlosung bestimmter jugendlicher Kreise" gewertet werden. *Ders. 1959* (Fn. 3), 115f.

[45] *Kaisers* Sekundäranalyse des „neueren Schrifttums" zur randalierenden Jugend der fünfziger Jahren ergibt, daß die Gewalttätigkeit in der wissenschaftlichen Auseinandersetzung kein Thema war, *Ders. 1959* (Fn. 3), 119-123. Noch bei *Brückner, G.:* Die Jugendkriminalität. 2. Aufl. Hamburg 1961 wird weder bei der Charakterisierung jugendlicher Raubtaten, noch unter den Rubriken Körperverletzung und Sachbeschädigung der Begriff Gewalt verwendet. Beide Straftaten werden als Zeichen von „Tatendrang", als Ausdruck „überschäumenden Kraftgefühls" und „überschüssiger Kraft" aufgefaßt, 70ff., 78ff., 90f.

[46] Bei *Eisenberg, U.* 1979 (Fn. 43) ist unter „§ 47 Einzelne Tatgruppierungen" neben allgemeiner nur Straßenverkehrs- und Wirtschaftskriminalität gesondert aufgeführt. Eine Gruppierung Gewaltkriminalität findet sich erst in der 2. Aufl. aus dem Jahre 1985. *Kaiser, G.* erörtert in „Kriminologie. Eine Einführung in die Grundlagen," erschienen 1971 in Karlsruhe, im „Zweiten Teil: Kriminalität und ihre Erklärung" nur „Jugendkriminalität" und „Gastarbeiterkriminalität." In seinem 1980 erscheinenden Werk „Kriminologie. Ein Lehrbuch" hat *Kaiser* der „Gewaltkriminalität" immerhin schon in der 1. Aufl. einen eigenen Paragraphen, § 24, gewidmet.

[47] Der Literaturbericht von *Albrecht, H.-J.:* Jugendkriminalität im Spiegel neuerer kriminologischer Literatur. Zeitschrift für Pädagogik 29 (1983), 117-137, belegt dies eindrücklich. *Albrecht* weist zunächst darauf hin, daß in dem von ihm untersuchten Zeitraum von 1978-1983 im deutschsprachigen Raum Lehrbücher oder Monographien zur Kinder- und Jugendkriminalität noch recht selten sind. Aus seinem Bericht ergibt sich sodann, daß weder in der ausgewählten deutschsprachigen, noch in der internationalen Literatur ein besonderes Augenmerk auf die Gewaltkriminalität gerichtet wird. Nur in einigen wenigen Veröffentlichungen wird immerhin darauf hingewiesen, daß ein Anstieg insbesondere bei der Gewaltkriminalität von Kindern und Jugendlichen zu verzeichnen ist, 118, 120, 122. Darauf weist auch *Wollenweber*, H. (Hrsg.): Kinderdelinquenz und Jugendkriminalität. Paderborn 1980, hin, abgedruckt bei *Albrecht, H.-J.,* ebenda, 128. Bei *Niggenmeyer, B./Gallus, H.* u.a.: Kriminologie – Leitfaden für Kriminalbeamte, hrsg. v. Bundeskriminalamt Wiesbaden 1967/1-3, 357 wird Gewaltkriminalität von Jugendlichen nur ein siebenzeiliger Absatz gewidmet, in dem Gewalt als Symptom körperlicher Unterforderung interpretiert wird, in dem sich angestaute Vitalität Bahn breche. Bei *Kaiser, G. 1971* (Fn. 46) werden in „§ 5 Jugendkriminalität und die Ansätze zu ihrer Erklärung" unter „3.3. Typische Deliktsformen der Jugendkriminalität" Gewaltdelikte anders als Eigentums- und Verkehrsdelikte nicht erwähnt. Nur unter den Delikten, die „am kräftigsten zugenommen haben", werden Raub und Erpressung, Gewaltunzucht, und Sachbeschädigung neben Verkehrsvergehen, Hausfriedensbruch und Beleidigung genannt. Ebenda, 69f.. Unter „4. Besondere Erscheinungsformen" werden neben „4.1. Tatgenossenschaft und Gruppendelinquenz" und „4.3. Rauschgiftdelinquenz" unter „4.2. Krawalle, Vandalismus und Ro-

Wenn uns erst in jüngster Zeit vor allem die *Gewalttätigkeit* der Jugend, die Brutalität des körperlichen Krafteinsatzes und dessen schwere Verletzungsfolgen schockieren und beunruhigen, sind die Gründe für das Interesse an der Problematisierung des Verhaltens junger Menschen offensichtlich andere als in vorangegangenen „Jugenddiskussionen". Dies verwundert nicht. Wenn nämlich Gesellschaften einem fortlaufenden sozialen und politischen Wandel unterliegen, werden ähnliche Phänomene zu unterschiedlichen Zeiten auch unterschiedlich wahrgenommen und interpretiert werden. Nur vor dem jeweiligen zeit-, insbesondere sozialgeschichtlichen Hintergrund erhellt, warum verhaltensauffällige Jugendliche lange Zeit vor allem als *verwahrlost* oder *verwildert* und erst in jüngster Zeit primär als *gewalttätig* wahrgenommen werden. Daß Gesellschaften einem fortlaufenden Strukturwandel unterliegen, spricht aber auch dafür, daß die strukturellen Ursachen für die Entstehung von mehr oder minder gewalttätigen Jugendkulturen, von mehr oder minder heftigen Generationenkonflikten zu unterschiedlichen Zeiten – je nach gesellschaftlichem Entwicklungsstand – nicht unbedingt die gleichen sind.[48] Die Rhetorik von der Wiederkehr des ewig Gleichen verdankt sich einer kurzsichtigen, auf oberflächliche phänomenologische Entsprechungen abhebenden Analyse. Die jüngste „Jugenddiskussion" um die *„gewalttätigen"* Jugendkulturen der achtziger, neunziger Jahre sollte also geführt werden, um die spezifischen strukturellen Ursachen von deren Entstehung zu identifizieren.[49] Alle kriminellen Gruppierungen Jugendlicher, die seit Beginn des 20. Jahrhunderts in Erscheinung getreten sind, „als typische Folge der modernen Industrie- und Leistungsgesellschaft", der „Zerschlagung überkommener Wertsysteme und Verhaltensstile", als „Verkümmerung sozialer Kontakte und informeller Kontrolle" zu interpretieren,[50] vereinfacht demgegenüber die Zusammenhänge zu stark.[51]

Im Folgenden sollen drei prominente, als gewalttätig eingestufte Jugendkulturen in Form historischer Kurzprofile vorgestellt werden: Durch ihre Gewalttaten sind in den achtziger Jahren zunächst vor allem *Hooligans*, zu Beginn der neunziger Jahre verstärkt rechtsextremistisch und fremdenfeindlich orientierte *Skinheads*, daneben, gerade im Kampf gegen Faschismus, die *Autonomen* aufgefallen, die in

---

ckertum" vorgestellt. Ebenda, 76-78. In Bezug auf Rocker fällt das Wort gewalttätig nicht, lediglich aus *Großbritannien* wird von den gewalttätigen Ausschreitungen der „Kahlköpfe" (Skinheads) berichtet. Ebenda, 77. Lediglich dem zunehmenden Vandalismus widmet *Kaiser* immerhin einen eigenen Abschnitt. Ebenda, 77.

48 Ebenso für Zuschauerausschreitungen anläßlich von Fußballspielen, *Pilz, A.G.:* Gewalt im Umfeld von Fußballspielen – Ursachen und Möglichkeiten der Prävention. In: Aggression und Gewalt. Phänomene, Ursachen und Interventionen, hrsg. v. H. W. Bierhoff u.a. Stuttgart 1998, 128-144, 130; *John, M.:* Kriege im Stadion. Bemerkungen zu Fußball und Nationalismus. In: Der gezähmte Fußball. Zur Geschichte eines subversiven Sports, hrsg. v. D. Schulze-Marmeling. 4. Aufl. Göttingen 1995, 257-268, 257ff.

49 Soweit für heutige Jugendkulturen Traditionalismen kennzeichnend sind, wird dieser Tatbestand in die Analyse einbezogen werden. Dazu unten § 6 III. 2., dort insbesondere c).

50 *Novak, M.* 1994 (Fn. 6), 6f., mit Nachweisen zum psychologischen Schrifttum.

51 *Novak, M.* 1994 (Fn. 6), 8f.

den frühen achtziger Jahren bereits als Hausbesetzer Schlagzeilen gemacht hatten. Alle drei Jugendkulturen sind kein deutsches, sondern ein europäisches, zum Teil ein internationales Phänomen, typisch für moderne, wohlfahrtsstaatliche Industriegesellschaften, aber auch für aufstrebende Entwicklungsländer, kommunistische Ostblockstaaten und postsozialistische Gesellschaften.[52] In manchen Staaten, wie etwa in Großbritannien, entstanden sie schon früher, in anderen, wie in einigen Staaten der ehemaligen Sowjetunion, erst später. Dies hat mit Ungleichzeitigkeiten in der gesellschaftlichen Entwicklung zu tun, die im einzelnen zu identifizieren wären. Diese Arbeit beschränkt sich auf die Charakterisierung der deutschen Jugendszenen.[53] Zunächst werden die Mitglieder typologisch erfaßt und etwaige ausländische Vorbilder der Jugendkulturen vorgestellt. Daran schließt sich eine zeitgeschichtlich interessierte Darstellung ihrer Entstehung und Entwicklung seit Ende der siebziger, Anfang der achtziger Jahre an, bei der auch auf die jugendkulturellen Pendants bzw. Vorläufern in der ehemaligen DDR, auf ihr Verhältnis zu anderen Jugendkulturen und insbesondere auf ihre Aktionsformen eingegangen wird (§§ 1-3). Gerade daß sich die drei Jugendkulturen historisch in der bundesrepublikanischen Ordnung bzw. in der ehemaligen DDR präzise verorten lassen, gibt Anlaß zu einer gesellschaftlichen Strukturanalyse, die den spezifischen strukturellen Ursachen der Entstehung dieser gewaltzentrierten Jugendkulturen nachgeht.

---

[52] Zu Hooligans, vgl. *Weis, K./Alt, Ch./Gingeleit, F.:* Probleme der Fanausschreitungen und ihrer Eindämmung. In: Ursachen, Prävention und Kontrolle von Gewalt. Analysen und Vorschläge der Unabhängigen Regierungskommission zur Verhinderung und Bekämpfung von Gewalt, Band III Sondergutachten, hrsg. v. H.-D. Schwind u.a. Berlin 1990, 582; *Ek, R.:* Hooligans. Fakten Hintergründe Analysen. Worms 1996, 12, 102. Zur Skinheadszene in Osteuropa *Menhorn, Ch.:* Skinheads: Portrait einer Jugendkultur. Baden-Baden 2001, 124-129.

53 Auf eine Auseinandersetzung mit ethnischen Banden, deren Gewalttaten gleichermaßen beunruhigen, muß dagegen verzichtet werden, weil es den Rahmen der Untersuchung sprengen würde, die Entstehungsbedingungen dieser Gruppen vor dem Hintergrund des Kulturkonflikts junger Ausländer der zweiten, dritten oder gar vierten Generation sozialtheoretisch zu rekonstruieren.

§ 1 Hooligans

Im öffentlichen Bewußtsein werden Hooligans mit Bildern von wilden Straßenschlachten zwischen Fans verschiedener Fußballmannschaften und der Polizei, mit verwüsteten Innenstadtbereichen und grölenden Horden junger Männer – mit Gewalt identifiziert. Dies entspricht durchaus dem Selbstverständnis bestimmter Fußballfans, die sich in Deutschland seit Mitte der achtziger Jahre den „Ehrentitel“ Hooligan verliehen haben und sich durch ihr Bekenntnis zur Gewalt von den „normalen“ Fans abgrenzen.[54] Diese Hooligans sind Gegenstand der Arbeit und werden in Anlehnung an den Sprachgebrauch in der Szene und in der öffentlichen Diskussion[55] als gewaltzentrierte Fußballfans definiert.[56] Fans aus dem jugendkulturellen Umfeld der Gewalttäter geraten nur in den Blick, soweit sie sich spontan den prügelnden und randalierenden Hooligans anschließen.

I. Typologie

Da die Hooligans innerhalb der außerordentlich vielgestaltigen Fußballfanszene nur eine Minderheit darstellen,[57] soll das Umfeld, von dem sich die Gewalttäter durch ihre schockierenden Aktionen abheben, zumindest typisierend vorgestellt werden. Die POLIZEI unterteilt die Zuschauerschaft, ihrer ordnungssichernden Funktion entsprechend, unter Sicherheitsaspekten in friedliche Fans (Kategorie A), bei Gelegenheit gewaltgeneigte Fans (Kategorie B) und zur Gewalt entschlossene Fans (Kategorie C).[58] HEITMEYER differenziert ganz anders, nach der „Bedeutung

---

[54] *Ek, R. 1996* (Fn. 52), 32; *Gehrmann, Th.:* Fußballrandale. Hooligans in Deutschland. 2. Aufl. Essen 1990, 99; *Matthesius, B.:* Anti-Sozial-Front. Vom Fußballfan zum Hooligan. Opladen 1992, 111.

[55] In Deutschland setzte sich die Bezeichnung Hooligan zur Beschreibung gewalttätiger Fußballzuschauer in den achtziger Jahren gegenüber der Bezeichnung „Fußballrowdy“ durch. *Ek, R. 1996* (Fn. 52), 31.

[56] Ähnlich *Ek, R. 1996* (Fn. 52), 31f., der in Anlehnung an die Definition im Oxford English Dictionary. 2. Aufl. Oxford 1989, diejenigen Fans als Fußball-Hooligans bezeichnet, „die sich an gewalttätigen Ausschreitungen und Vandalismus anläßlich eines Fußballspieles beteiligen.“

[57] Nach *Simon, T.* 1995 (Fn. 6), 116, machen Hooligans nur etwa fünf Prozent der Fans aus.

[58] Zu dieser nationalen und internationalen Sprachpraxis der Polizei, *EK, R. 1996* (Fn. 52), 27. Auch das *Landeskriminalamt Düsseldorf* verwendet diese Differenzierung in seinen Jahresberichten Fußball. Sie wurde in Deutschland anläßlich der Fußball-Europameisterschaft 1988 in Anlehnung an die Sprachregelung der *Trevi*-Korrespondenten eingeführt. Ähnlich, nämlich nach abnehmender zahlenmäßiger Stärke und zunehmender „Gefährlichkeit“ differenzieren *Weis, K./Alt, Ch./Gingeleit, F.* zwischen „normalen“, unauffälligen Jugendlichen, Jugendlichen in Fan-Kleidung (sogenannten Kuttenfans), früher in Farben, heute wieder in „zivil“ gehenden Fans, die unerkannt bleiben wollen – aus Angst, oder auch um unkontrolliert ihr Unwesen treiben zu können – und schließlich klei-

des Fußballs, speziell des Profifußballs für die Gestaltung des Alltags, der Freizeit und die Entwicklung von Identität in sozialen Gruppen" zwischen konsumorientierten, fußballzentrierten und erlebnisorientierten Fans.[59] Wie gewaltbereit oder gewalttätig die Fans sind, bleibt zunächst weitgehend ausgeblendet. Die *konsumorientierten* Fans sind sportinteressiert und erwarten eine überzeugende sportliche Leistung der Spieler. Der Besuch eines Fußballspiels ist jedoch eine austauschbare Freizeitbeschäftigung neben anderen. Man geht in wechselnden Kleingruppen ins Stadion und plaziert sich auf der Gegengeraden oder auch im Sitzplatzbereich. Fanclubs werden nur unter Servicegesichtspunkten genutzt. Für die *fußballzentrierten* Fans hat der Besuch der Fußballspiele des eigenen Vereins höchste Priorität im Leben. Dem eigenen Verein hält man unabhängig von dessen Erfolgen und Mißerfolgen die Treue. Allwöchentlich finden sich fußballzentrierte Fans mit ihrem Fanclub oder ihrer Clique im Fanblock ein. Man identifiziert sich über bestimmte Stile,[60] z.B. das Tragen der sogenannten „Kutte".[61] Bezugnehmend auf diesen Bekleidungsstil werden fußballzentrierte Fans z.T. auch als „Kuttenfans" bezeichnet.[62] Die *erlebnisorientierten* Fans suchen im Fußballstadion nach Spannungssituationen, die sie notfalls selbst erzeugen. Die sportliche Bedeutung des Fußballspiels ist eher gering, vielmehr haben die z.T. gewaltförmigen Auseinandersetzungen den gleichen, wenn nicht oft sogar einen höheren Stellenwert als die Aktionen

---

neren Gruppen von Rockern, Bomberjacken, Skinheads und Hooligans, die anläßlich von Fußballspielen auftreten, um sich mit anderen brutalen Fangruppen zu verbrüdern oder diese zu bekämpfen. *Dies.* 1990 (Fn. 52), 585. Die Teilnehmer der von *Lösel, F./Bliesener, T./Fischer, T./Pabts, M.* an insgesamt 24 Bundesligastandorten zur Diskussion gebetenen „Expertenrunden" äußerten sich überwiegend kritisch zu der polizeitaktischen Einteilung der Fans in Kategorie A, B und C. Diese sei wenig prägnant und die Trennung zwischen B- und C-Fans sei im Einzelfall oft schwierig. *Dies.:* Hooliganismus in Deutschland: Ursachen, Entwicklung, Prävention und Intervention. Abschlußbericht eines Forschungsprojektes für das Bundesministerium des Innern, hrsg. v. Bundesministerium des Innern. Schweinfurt 2001, 61.

[59] *Heitmeyer, W./Peter, J.-I.:* Jugendliche Fußballfans. Soziale und politische Orientierungen, Gesellungsformen, Gewalt. 2. Aufl. Weinheim 1992, 32f.

[60] *Heitmeyer, W./Peter, J.-I. 1992* (Fn. 59), 32f.

[61] Bei der Kutte handelt es sich um eine Jeansjacke, der typischerweise die Ärmel abgeschnitten worden sind. Man trägt sie bevorzugt über einem Vereinstrikot, das mit der Nummer und dem Namen des Lieblingsspielers und diversen Autogrammen versehen ist. Auf der Rückseite der „Kutte" befindet sich ein Aufnäher des Vereins und darüber ein Aufnäher, der den bevorzugten Standort im Stadion angibt. Die restlichen freien Plätze der Kutte sind mit Aufnähern von Fanfreundschaften, von bestimmten Ereignissen, an denen man teilgenommen hat, z.B. Pokalendspielen, Europa- oder Weltmeisterschaften, und mit Stickern versehen, die den größten Rivalen verhöhnen. *Kirsch, A.:* Gewalt bei sportlichen Großveranstaltungen. Frankfurt/M. 2000, 86 und *Krauss, M.:* Fussball und Gewalt. Über „Normalos", „Kutten" und „Hools" In: Der gezähmte Fußball. Zur Geschichte eines subversiven Sports, hrsg. v. D. Schulze-Marmeling. 4. Aufl. Göttingen 1995, 243-256, 244. *Matthesius, B. 1992* (Fn. 54), 217 weist darauf hin, daß im Laufe der 80er Jahre viele „Kuttenfans" die selbstgemachte „Kutte" durch das kommerziell hergestellte Vereinstrikot *ersetzt* haben, um nicht mehr als asozial zu gelten.

[62] Zu diesen vgl. auch *Kirsch, A. 2000 (*Fn. 61), 85-89.

auf dem Spielfeld. Der Besuch eines Fußballspiels ist gegen andere „Spektakel" austauschbar. Man präsentiert sich gerne im Stadion – „Hier sind wir eine Macht" – , doch wenn sich andere Felder auftun, wechselt man weitgehend unabhängig vom Spielverlauf. Sozialräumlich plaziert man sich nicht notwendig im Stadion, sondern dort, „wo was los ist". Die Identifikation mit dem Fan-Club ist weniger wichtig, Priorität hat die Zugehörigkeit zu einer Gruppe, „die sich absetzt" und „was los macht".[63] Auch KRAUSS schlägt eine Dreiteilung der Fanszene in „Normalos", „Kutten" und „Hools" vor. „Normalos" wollen seiner Ansicht nach aber nicht nur das Spiel sehen, sondern zeigen durchaus eine hohe emotionale Anteilnahme am Spiel. „Kutten" sind die traditionellen Fußballfans, Relikte einer proletarischen Öffentlichkeit, die in der heutigen Darstellung häufig folklorisiert werden und deren Fußballgefühle sich durchaus in Gewalt entladen und schon immer entladen haben. „Hools", anders als die „Kutten" äußerlich kaum mehr zu identifizieren, sind die neueste „Fan-Variante". Sie suchen nach ihrem Selbstverständnis den Kampf Mann gegen Mann und veranstalten ihren eigenen Wettkampf, der mit dem Fußballspiel nur noch die Orts- und Terminwahl gemein hat. KRAUSS weist allerdings darauf hin, daß sich die Fanwirklichkeit letztlich einer derartigen Einteilung entzieht, weil es den Fan im Allgemeinen und den Hool im Besonderen gar nicht gebe. [64]

Gegenstand der vorliegenden Untersuchung sind die zur Gewalt entschlossenen Fans der polizeilichen Kategorie C, die, wie offenbar werden wird, nach der Typologie von HEITMEYER als erlebnisorientiert einzuordnen sind. Sie sind innerhalb der Fußballszene zunehmend isoliert, weil friedliche, konsumorientierte Fußballfans und viele fußballzentrierte „Kuttenfans" sich von ihnen distanzieren.[65] Die Zuordnung von „Kuttenfans" kann allerdings im Einzelfall schwierig sein. Unter ihnen gibt es etliche der polizeilichen Kategorie B, die als gewaltgeneigt eingestuft werden müssen. Sie beteiligen sich immer wieder spontan an Gewaltaktionen, aus Frustration über den Spielausgang, aus Ärger über Schiedsrichterentscheidungen oder weil sie provoziert worden sind.[66] Sie unterscheiden sich dann für Außenstehende nur durch ihre „Kutte" von programmatisch gewaltbereiten Hooligans.[67]

---

[63] *Heitmeyer, W./Peter, J.-I. 1992* (Fn. 59), 32f., 63.

[64] *Krauss, M.* 1995 (Fn. 61), 244-248, 251.

[65] *Kirsch, A. 2000* (Fn. 61), 96. A.A. allerdings für die achziger Jahre, *Weis, K.:* Sport und Gewalt. In: Jugend und Gewalt. Devianz und Kriminalität in Ost und West, hrsg. von S. Lamnek. Opladen 1995, 207-224, 216.

[66] *Heck, Ch.:* Szenenkundige Beamte für Fußballfans. Spannungsfelder zwischen Prävention und Repression. Der Kriminalist 34 (1999), 383-392, 384.

[67] *Kirsch, A. 2000* (Fn. 61), 89.

II. Vorbild England

In London und Liverpool haben sich die Fußballfans bereits seit Mitte der sechziger Jahre in Stehplatzbereichen gesammelt. Sie fielen durch ähnliche Kleidung, die besagte „Kutte", gemeinsames Auftreten und exzessiven Bierkonsum auf und scheuten sich nicht, die Fans des gegnerischen Vereins verbal, aber auch körperlich zu attackieren.[68] Als Mitte der siebziger Jahre die Skinheads das Stadion als Darstellungsbühne entdeckten, stimmten viele Fußballfans gerne in deren rassistische Gesänge ein und trugen rechtsradikale Embleme, wie die Bulldogge der Jugendorganisation der „National Front" zur Schau. Es handelte sich jedoch nach allgemeiner Einschätzung mehrheitlich um Provokationen ohne ernstzunehmenden politischen Hintergrund.[69] Die nazistischen Symbole erwiesen sich schlichtweg als besonders geeignet. Im Laufe der siebziger Jahre nahmen die Gewalttätigkeiten in und um die Stadien zu.[70] Die negative Berichterstattung, „das schlechte Bild in der Öffentlichkeit wurde Teil der eigenen Selbstdarstellung." Man war stolz, zumindest an den Wochenenden „außerhalb aller gesellschaftlichen Normen zu stehen."[71] Ende der siebziger, Anfang der achtziger Jahre wurde die Hooliganszene zu einer Modebewegung, die von den sogenannten „casuals" dominiert wurde. Diese fielen durch einheitliche, exklusive Kleidung auf, die die Herkunft der meisten Skins aus der Arbeiterklasse verschleierte, und bekannten sich offen zu ihrer Gewaltbereitschaft. Die „casuals" verbrachten auch ihre Freizeit fernab der Stadien teilweise gemeinsam. Es mehrten sich Auseinandersetzungen mit anderen Gruppierungen, die des zeitlichen Bezuges zu Fußballspielen des eigenen Vereins entbehrten.[72] Die Verschärfung der ordnungsstaatlichen Maßnahmen im Nachgang zu der von englischen Fans ausgelösten Katastrophe im Brüsseler Heyselstadion im Jahre 1985 begünstigte diese Entwicklung.[73] Die nun vermehrt konspirativ agierenden Hooligangruppen verlagerten ihre Auseinandersetzungen aus dem Umfeld der Stadien in Innenstädte und Kneipen. Mittlerweile ist der Spielbezug fast völlig verloren gegangen. Die Schlägereien finden fernab der Stadien, manchmal schon am Vorabend des Spiels statt und sind oftmals vorab zwischen den Gruppen vereinbart worden, um die polizeiliche Kontrollen zu umgehen.[74] Daß den Hooligans von den Medien weniger Beachtung geschenkt wird als noch in den achtziger Jahren, mag auch dar-

---

[68] *Ek, R. 1996* (Fn. 52), 34; *Heck, Ch.* 1999 (Fn. 66), 383; *Matthesius, B. 1*992 (Fn. 54), 84ff. zum Fanclub Bieber der Offenbacher Kickers; für die österreichische Szene *Novak, M.* 1994 (Fn. 6), 15.

[69] *Ek, R. 1996* (Fn. 52), 35-38, mit Nachweisen zum englischsprachigen Schrifttum.

[70] *Ek, R. 1996* (Fn. 52), 38.

[71] *Ek, R. 1996* (Fn. 52), 39.

[72] *Ek, R. 1996* (Fn. 52), 40.

[73] Ausführlich zur Verschärfung strafrechtlicher Bestimmungen und zu Maßnahmen von Polizei und Gerichten, *Ek, R. 1996* (Fn. 52), 50-54.

[74] *Ek, R. 1996* (Fn. 52), 59.

auf zurückzuführen sein, daß sich das Hooliganproblem von großen zu mittelgroßen Vereinen verlagert hat.

III. Profifußball und Fankultur

Die Tatsache, daß sich gewalttätige Fußballfans in Deutschland erst seit anderthalb Jahrzehnten selbst als Hooligans bezeichnen und in der öffentlichen Diskussion als solche bezeichnet werden – bis dahin wurde der Begriff zur generellen Beschreibung rowdyhaften Verhaltens verwendet[75] –, darf nicht darüber hinwegtäuschen, daß Zuschauerausschreitungen auch in Deutschland eine weitaus längere Tradition haben. Sie reicht zumindest in die zwanziger Jahre des zwanzigsten Jahrhunderts zurück.[76] Dennoch hat sich der Typ des programmatisch gewaltbereiten Fans hierzulande erst allmählich herausgebildet. Die Entstehung einer *gewaltzentrierten* Fußballfankultur, deren Anhänger sich seit ihren Anfängen stark an ihren britischen Vorbildern orientierten, ist vor dem Hintergrund der Entwicklung des modernen Profifußballs zu sehen. Während sich in Italien, Spanien und England der Fußball schon längst zum Profisport entwickelt hatte, hielt man in Deutschland vergleichsweise lange am Amateurstatus des deutschen Fußballs fest. Zwar war bereits 1949 ein Vertragsspielersystem eingeführt worden, aber erst im Jahre 1962 erlaubte der DFB das bezahlte Athletentum.[77] Kennzeichnend für die nun auch in Deutschland einsetzende Entwicklung war eine zunehmende Kommerzialisierung und Medialisierung der Sportereignisse, die zutreffend als „Verkapitalisierung“[78] und Enttraditionalisierung[79] beschrieben worden ist.[80] In deren Verlauf wandelte sich der Fußball zur Show- und Unterhaltungsbranche,[81] während sich die lebendi-

---

75 Die Bezeichnung Hooligan geht wahrscheinlich auf eine gleichnamige irischstämmige Arbeiterfamilie namens Houligan oder Houlihan zurück, deren Mitglieder Ende des 19. Jahrhunderts trunksüchtig und rauflustig durch London zogen. *Kirsch, A. 2000 (*Fn. 61), 89. Der Begriff könnte aber auch aus „Hooley's gang“ entstanden sein, oder gar aus dem Slawischen stammen, denn er wurde nicht nur in Großbritannien, sondern seit 1900 auch in Rußland gebraucht. *Ek, R. 1996* (Fn. 52), 31, mit lexikalischen Nachweisen.

76 *Weis*, K. u.a.: Zuschauerausschreitungen und das Bild vom Fußballfan. In: Sport und Gewalt. Bericht der Projektgruppe „Sport und Gewalt“ des Bundesinstituts für Sportwissenschaft, hrsg. v. G. Pilz u.a. Schorndorf 1982, 61-96, 60f.

77 *Schulze-Marmeling, D.:* Schalke bricht die Regeln. Die Einführung des Profitums in Deutschland: In: Der gezähmte Fußball. Zur Geschichte eines subversiven Sports, hrsg. v. D. Schulze-Marmeling. 4. Aufl. Göttingen 1995, 52-59.

78 *Heitmeyer, W./Peter, J.-I. 1992* (Fn. 59), 34ff.

79 *Schulze-Marmeling, D.:* Die heutige Fußballweltordnung. In: Der gezähmte Fußball. Zur Geschichte eines subversiven Sports, hrsg. v. D. Schulze-Marmeling. 4. Aufl. Göttingen 1995, 187-196, 193.

80 *Matthesius, B. 1*992 (Fn. 54), 81.

81 *Schulze-Marmeling, D.:* „Ich spiele um Geld zu verdienen.“ Vermarktung und Typenwandel. In: Der gezähmte Fußball. Zur Geschichte eines subversiven Sports, hrsg. v. D. Schulze-Marmeling. 4. Aufl. Göttingen 1995, 157-179, 160.

ge, ursprünglich stark von Werten und Gesellungsvorstellungen der Unterschicht geprägte, selbstregulierte Fußballfankultur unter zunehmendem „Normalisierungsdruck" aufzulösen begann.[82] In Deutschland sind die Vereine zwar immer noch – mit ersten Ausnahmen – gemeinnützige Vereine. Sie müssen sich aber im „Fußballkapitalismus" um immer neue Einnahmequellen, um Sponsorengelder bemühen.[83] Der Charakter des Spiels hat sich dabei ebenso gewandelt wie das Verhältnis der Spieler zum Sport und zu ihrem Verein und das Verhältnis der Spieler und des Vereins zu „seinen" Fans. Der faire sportliche Wettkampf ist zum Leistungssport geworden, in dem um des geldwerten (Spiel-)Erfolges der Mannschaft und der Spieler willen Regelverletzungen, sogenannte faire Fouls, nicht nur üblich sind, sondern erwartet werden.[84] Aus Spielern sind gemanagte Stars geworden, Einzelkämpfer im Mannschaftssport, die ihrem Verein nicht mehr aus Treue oder wegen ihrer soziokulturellen, lokalen Verwurzelung, sondern wegen der Höhe der gezahlten Gehälter verbunden sind und sich auch den Fans immer weniger verpflichtet fühlen.[85] Für die Fans sind sie wegen häufiger Vereinswechsel als „greifbare subkulturelle Repräsentanten"[86] verloren. Die Distanz zwischen dem Verein und den Fans hat ebenfalls beständig zugenommen.[87] Der Verein braucht seine Fans zwar noch als für den Profisport unentbehrliche Kulisse, aber als Gewalttäter werden sie ihm zum Problem.[88] Letztlich sind sie zu einem unwesentlichen Wirtschaftsfaktor degradiert.[89]

IV. Die 70er Jahre

In den siebziger Jahren, als sich jugendliche Fußballfans von den übrigen Stadionbesuchern in „Fanblöcken" abzusondern und durch Krawalle aufzufallen began-

---

[82] *Matthesius, B. 1*992 (Fn. 54), 27-31, 161-170, zu den „Roten Füchsen" und den „Wolverins" aus Offenbach. Während die „Roten Füchse" sich soweit angepaßt haben, daß alles fantypische verlorengegangen ist, sind die „Wolverins" eine der wenigen Fangruppen, die an traditionellen Werten und an der traditionellen „Kutte" festgehalten haben.

[83] *Schulze-Marmeling, D.:* Fans, Vip´s und Finanzhaie. Wem gehören die Stadien? In: Der gezähmte Fußball. Zur Geschichte eines subversiven Sports, hrsg. v. D. Schulze-Marmeling. 4. Aufl. Göttingen 1995, 219-242, 233.

[84] Zur Veränderung des Spielcharakters und der Spieltaktik, *Schulze-Marmeling, D.* 1995 (Fn.79).

[85] *Pilz, G.A.* 1998 (Fn. 48), 131f.; *Schulze-Marmeling, D.* 1995 (Fn. 81), 162f., 167.

[86] *Lindner & Breuer,* 1982, zit. bei *Pilz, G.A.* 1998 (Fn. 48), 131.

[87] *Senatsverwaltung für Inneres (*Hrsg.): Endbericht der Unabhängigen Kommission zur Verhinderung und Bekämpfung von Gewalt in Berlin. Berlin 1994, 131.

[88] *Krauss, M.* 1995 (Fn. 61), 243.

[89] *Pilz, G.A.* 1998 (Fn. 48), 131, bezugnehmend auf ein bei *Löffelholz, 1993, 3* zit. Interview mit dem HSV-Präsidenten Hunke*; Schulze-Marmeling, D. 1995 (*Fn. 83), 233, der darauf verweist, daß sich mit dem traditionellen Zuschauermilieu keine Profimannschaft mehr finanzieren läßt.

nen, wurden Zuschauerausschreitungen erstmalig von einer breiteren Öffentlichkeit als Problem wahrgenommen. Die neuartige Fangeneration hob sich durch ähnliche Kleidung, die besagte „Kutte", gemeinsames Auftreten und exzessiven Bierkonsum vom restlichen Publikum ab und begann, die Fans des gegnerischen Vereins verbal, aber auch körperlich zu attackieren.[90] Die Fanclubaktivitäten waren vielfältig und kreativ, den jugendlichen Fans gelang es noch weitgehend, sich kulturindustriell produzierten Moden zu entziehen.[91] Seine Manneskraft bewies man zu dieser Zeit nur, wenn sie in Frage gestellt wurde. Gewalt wurde nur zur Verteidigung gebraucht, bedurfte stets einer entsprechenden Rechtfertigung.[92] Etwaige Exzesse wurden noch gruppenintern, durch ältere Szenemitglieder geahndet, mit Geschädigten suchte man den Ausgleich, die Polizei wurde nicht eingeschaltet.[93] Ziel kämpferischer Auseinandersetzungen war es, einem gegnerischen Fan die „Kutte" abzunehmen und diese als Trophäe nach Hause zu tragen.[94] Das Verhalten dieser Fußballfangeneration knüpfte durchaus noch an die Tradition der Väter an, wenn diese ihre Fußballbegeisterung auch nicht so öffentlichkeitswirksam inszeniert hatten.[95]

Als 1982 der Fußballfan Adrian Maleike bei einer Straßenschlacht unter Fußballfans tödlich von einem Ziegelstein getroffen wurde, reagierte die Öffentlichkeit entsetzt. Die trinkenden, grölenden, randalierenden Fans wurden zu Gewalttätern erklärt, zunehmend polizeilich überwacht und auch strafrechtlich verfolgt.[96] Das Werfen von Leuchtkugeln wurde nunmehr als Landfriedensbruch, das Abnehmen der „Kutte" als Raub geahndet.[97] Diese Entwicklung polarisierte die Szene und führte letztlich zu ihrer Spaltung. Die Mehrheit der vereinsgebundenen Fans distanzierte sich von Formen exzessiver Gewalt und versuchte, sich dem öffentlichen Leitbild des sich wohlverhaltenden Fußballfans anzupassen. Damit begann der Niedergang der milieugebundenen Fußballfankultur.[98] Diejenigen, die sich durch die Medienberichterstattung diskreditiert sahen, die öffentlichen Zuschreibungen als ungerecht empfanden und sich wehren wollten, distanzierten sich von ihren

---

[90] *Heck, Ch.* 1999 (Fn. 66), 383; *Matthesius, B. 1*992 (Fn. 54), 84ff. zum Fanclub „Bieber" der Offenbacher Kickers; für die österreichische Szene *Novak, M.* 1994 (Fn. 6), 15.

[91] *Heitmeyer, W./Peter, J.-I. 1992* (Fn. 59), *30.*

[92] *Ek, R. 1996* (Fn. 52), 74; *Matthesius, B. 1*992 (Fn. 54), 79, 81, 90ff. zum Anhängerfanclub der Offenbacher Kickers.

[93] *Matthesius, B. 1*992 (Fn. 54), 87, 99ff. zum Fanclub „Bieber" und zum Anhängerfanclub der Offenbacher Kickers, auch 56, 192.

[94] *Matthesius, B. 1*992 (Fn. 54), 91, 216.

[95] *Matthesius, B. 1*992 (Fn. 54), 60, 87.

[96] *Matthesius, B. 1*992 (Fn. 54), 192.

[97] Zur zunehmenden Verfolgung von Hooligans wegen Landfriedensbruchs, *Matthesius, B. 1*992 (Fn. 54), 142.

[98] *Matthesius, B. 1*992 (Fn. 54), 100ff., 107 zu den Reaktionen der Fans auf die Überanpassung des Anhängerclubs der Offenbacher Kickers; zur Trennung der Szene in friedliche und sich zur Gewalt bekennende Fans auch *Ek, R.* 1996 (Fn. 52), 69.

Fanclubs. Sie schlossen sich vorübergehend Straßenbanden des eigenen Quartiers an, suchten Zuflucht bei rechtsextremen Parteien oder mischten sich unter die Skinheadbewegung, deren Bekleidungsstil sie vorübergehend übernahmen und zur Provokation instrumentalisierten.[99] Diese trotzigen „Altfans" waren es, die in Westdeutschland durch rechtsextremistische und ausländerfeindliche Parolen schockierten.[100] Anläßlich des EM-Qualifikationsspiels der Bundesrepublik Deutschland gegen die Türkei im Herbst 1983 hieß es auf einem Flugblatt: „am 26. Oktober 1983 steht dem deutschen Volke der Kampf gegen das stinkende Türkenpack bevor ..." Insbesondere die rechtsradikale „Borussenfront" aus Dortmund, geführt von Mitgliedern der rechtsextremen freiheitlich-demokratischen Arbeiterpartei (FAP), erschien als Vorreiter einer Bewegung nach rechts. Sie wurde zum Vorbild für andere Fanclubs.[101] Versprengte „Alt-Fans", die mit den Skinheads sympathisierten, trugen Bomberjacken, Springerstiefel und Aufnäher mit der Aufschrift „Unsere Ehre heißt Treue".[102] Die befürchtete Unterwanderung der Fußballfanszene blieb jedoch aus. Die „Borussenfront" verschwand sogar nach zahlreichen Verurteilungen und freiwilligen Austritten ihrer Mitglieder aus den Stadien.[103]

V. Hooligans in der DDR

Auch in der ehemaligen DDR hatten sich seit Mitte der siebziger Jahre unabhängige Fangruppen gebildet, die sich nicht mehr bei der FDJ registrieren ließen und durch gewalttätige Aktionen auffielen.[104] Die offiziellen Fan-Clubs waren zu dieser Zeit über ihre Vereine fest in die sozialistische Gesellschaft eingegliedert. Die Vereine repräsentierten entweder Industriezweige (Carl Zeiss Jena, Chemie Leipzig) oder staatliche Einrichtungen wie Polizei oder Armee.[105] In den achtziger Jahren waren neben den unabhängigen Fans aus Leipzig, Rostock und Magdeburg insbesondere die Fans des „Stasiclubs" BFC Dynamo Berlin für ihr großes, rabiates Gefolge berüchtigt.[106] Letztere orientierten sich an Westberliner Hooligans und Skinheads und provozierten im „Verein Erich Mielkes" mit rechtsextremen Paro-

---

99 *Matthesius, B. 1992* (Fn. 54), 77, 81ff., 102, 104ff., mit Verweis auf ähnliche Entwicklungen bei anderen Jugendkulturen, wie z.B. den Punks, 111, 217; Nach *Ek, R. 1996* (Fn. 52), 82, traten z.B. bei der Europameisterschaft 1984 in Frankreich Hooligans gemeinsam mit Skinheads auf.

100 *Matthesius, B. 1992* (Fn. 54), 82.

101 *Matthesius, B. 1992* (Fn. 54), 114.

102 *Matthesius, B. 1992* (Fn. 54), 82; *Weber-Klüver, K.:* Neger Raus gegen Zeugen Yeboahs. Fußball und Rassismus in Deutschland. In: Fußball und Rassismus, mit Beiträgen von Dietmar Beiersdorfer u.a. Göttingen 1993, 37-40; *Ek, R.* 1996 (Fn. 52), 67ff.

103 *Weber-Klüver, K.* 1993 (Fn. 102), 37-39.

104 *Ek, R. 1996* (Fn. 52), 103.

105 *Ek, R. 1996* (Fn. 52), 105.

106 *Ek, R. 1996* (Fn. 52), 103.

len. Obwohl die Fans des Stasiclubs in der ehemaligen DDR ein besonders verhaßter Gegner waren, nahmen sie nicht zuletzt wegen ihrer „rechten“ Parolen in der Hooliganszene eine gewisse Vorreiterrolle ein.[107] In der ehemaligen DDR waren die Motivationen, sich den Hooligans anzuschließen, selbstverständlich andere als in der BRD. Immer mehr Jugendliche wollten sich dem Klammergriff der FDJ entziehen, von den staatlichen Organen und sozialen Institutionen der DDR distanzieren und nicht mehr ideologisch vereinnahmen, ein- und unterordnen lassen. Anläßlich sportlicher Großveranstaltungen ließ sich das sozialistische System mit einer aggressiv vorgetragenen „rechten“ Gesinnung besonders öffentlichkeitswirksam provozieren. Auch ostdeutsche Skinheads sammelten sich zunehmend in der Hooliganszene. Man genoß in gewalttätigen Auseinandersetzungen die Konfrontation mit der Volkspolizei. Zur politischen Bewegung formierte sich der expressive Protest jedoch nicht.[108]

VI. Die achtziger Jahre

Die Katastrophe im Heysel-Stadion im Mai 1985 hatte in Westdeutschland neuerlich das Interesse der Medien geweckt und zur weiteren Intensivierung der polizeilichen Kontrolle geführt.[109] Beides hatte Rückwirkungen auf die Fußballfankultur und den Charakter der Ausschreitungen: „Alt-Fans“, die sich Anfang der achtziger Jahre von den „gezähmten“ Fanclubs abgewandt hatten, aber weder bei rechtsextremen Parteien wie der NPD noch bei den Skinheads ein Äquivalent für die verlorene Gemeinschaft der Fans gefunden hatten – insbesondere weil die hierarchischen Organisationsstrukturen ihnen zuwider waren –, waren in ihr angestammtes Fußballmilieu zurückgekehrt und gründeten dort die ersten gewaltzentrierten Hooligangruppierungen.[110] Diese waren nicht mehr in die gewachsene, mehrere Generationen einschließende Fußballfanszene eingebunden und profitierten auch nicht mehr von deren Selbstregulierungspotential.[111] Durch Intensivierung der Ordnungsmaßnahmen im Stadion und Stadionverbote, aber auch durch die Ausweitung der Sitzplatzbereiche auf Kosten der beliebten Stehplätze wurden die ritualisierten Auseinandersetzungen zunehmend auf die Straße gedrängt.[112] Die starke Polizeipräsenz ließ die Situation nicht selten eskalieren. Es entwickelte sich

---

[107] Zur Vorreiterrolle des „Stasi Clubs“, *Ek, R. 1996* (Fn. 52), 105-107.

[108] *Ek, R. 1996* (Fn. 52), 103f.; *Weber-Klüver, K.* 1993 (Fn. 102), 49f.; *Korfes, G.*: Zur Entwicklung des Rechtsextremismus in der DDR. Kriminologisches Journal 24 (1992), 50-64, 51f.

[109] Zur extensiven Medienberichterstattung bereits im Vorfeld der Europameisterschaft 1988 in der Bundesrepublik Deutschland, *Ek, R. 1996* (Fn. 52), 84, zu den Vorfeldmaßnahmen der Polizei, 88.

[110] *Matthesius, B. 1*992 (Fn. 54), 111.

[111] *Matthesius, B. 1*992 (Fn. 54), 192.

[112] *Krauss, M.* 1995 (Fn. 61), 248; *Matthesius, B. 1*992 (Fn. 54), 192.

ein regelrechter „Randaletourismus“, Hooligans reisten auf der Suche nach randaleträchtigen Spielen durch Deutschland.[113] In der Sensationsberichterstattung und von den Ordnungshütern wurden die Hooligans nicht mehr nur als *asoziale* Gewalttäter diskriminiert, sondern wegen ihrer vorübergehenden Kontakte zur rechten Szene und den dort aufgegriffenen Symbolen gar zu *politisch* gefährlichen Gewalttätern stilisiert. Dabei war die Gründung vieler Hooligangruppierungen nicht mehr als eine trotzige Geste, mit der viele „Alt-Fans“ versuchten, ihrem schlechten Ruf gerecht zu werden. Provozierend stellte man sich dem zugeschriebenen Image und gestaltete dieses aus.[114] Für viele gewaltbereite Jugendliche wurde die Szene erst jetzt attraktiv. Der heutige Charakter der Hooligans wurde also wesentlich auch durch Außeneinflüsse geprägt; die Hooligans können daher auch als eine „von außen geformte“ Jugendkultur beschrieben werden.[115]

VII. Politisierungstendenzen in der Wendezeit

Ende der achtziger Jahre und auch noch in der Zeit unmittelbar nach der Wiedervereinigung mehrten sich in West- wie in Ostdeutschland neuerlich Anzeichen, die eine Politisierung der Hooliganszene besorgen ließen:[116] In Westdeutschland suchten z.B. Hamburger Hooligans, die sich z.T. aus der Skinheadbewegung rekrutierten,[117] unterstützt von Skin-Gruppen, die Konfrontation mit Gewerkschaftlern und mit den fußballbegeisterten Autonomen der Hamburger Hafenstraße.[118] Anläßlich eines Länderspiels zwischen den Niederlanden und der Bundesrepublik Deutschland in Rotterdam im Jahre 1989 traten deutsche Hooligans *und* Fans mit Hitlergruß auf und sangen die erste Strophe des Deutschland-Liedes.[119] In der ehemaligen DDR wurde etwa zur gleichen Zeit eine nachhaltigere Ideologisierung der Osthooligans durch repressive Kontrollstrategien der Staatssicherheit und der Volkspolizei vorangetrieben.[120] Es ist davon auszugehen, daß zumindest radikale

---

[113] Dazu *Ek, R. 1996* (Fn. 52), 87; *Matthesius, B. 1*992 (Fn. 54), 141.

[114] *Matthesius, B. 1*992 (Fn. 54), 106ff., 191.

[115] *Novak, M.* 1994 (Fn. 6), 16f., 71, 130.

[116] Zur Politisierung der Jugendbewegung in der ehemaligen DDR, *Korfes, G.* 1992 (Fn. 108), 53ff.

[117] *Ek, R. 1996* (Fn. 52), 143.

[118] *Bredthauer, R.:* Probleme der Analyse, Prognose und Reduzierung von Gewalt im Zusammenhang mit Sportereignissen, insbesondere Fußballspielen. In: Schriftenreihe der Polizei-Führungsakademie, Band III., hrsg. v. Polizei-Führungsakademie. Mainz 1991, 84-103, 96f.; zum Sturm auf die Hafenstraße nach dem Ausscheiden der deutschen Nationalmannschaft im Spiel gegen Holland in Hamburg im Rahmen der Europameisterschaft 1988 in der BRD, *Ek, R. 1996* (Fn. 52), 85f.

[119] *Ek, R.* 1996 (Fn. 52), 93.

[120] *Farin, K./Hauswald, H.:* Die dritte Halbzeit. Fußballfans und Hooligans. Berlin 1993, 6-8; zur doppelten Überwachung durch Volkspolizei und Staatssicherheitsdienst, *Ek, R. 1996* (Fn. 52), 105, zur systematischen Observierung und Verfolgung von Jens-Uwe

Osthooligans ebenso wie Skinheads und Faschos mit Mitgliedern einer sich seit 1986/87 entwickelnden politisch motivierten rechtsextremen Bewegung in persönlichem Kontakt standen. Man traf sich insbesondere anläßlich von Fußballspielen, um Informationen auszutauschen und sich zu organisieren.[121] Die Aufnahmepraxis der Osthooligans war im Vergleich zur westdeutschen Szene sehr restriktiv, nicht zuletzt weil man befürchtete, durch die von der Staatssicherheit eingeschleusten Personen infiltriert zu werden.[122] Nach der Wiedervereinigung nahmen einige Hooligans, insbesondere aus den neuen Bundesländern, Partei für die deutsche Wiedervereinigung und brachten sich in Stellung gegen sogenannte Antifa-Fußballfans aus Berlin und Göttingen, die sich mit Slogans wie „Nie wieder Deutschland" positionierten.[123] Insbesondere im Osten kam es zu gewalttätigen Auseinandersetzungen zwischen Hooligans und Ausländern oder linksextremen Jugendlichen.[124] Gemeinsam mit Skinheads machte man dort auch gegen im Stadion anwesende Autonome Front, die ihrerseits zur Unterstützung der angereisten Fans der Hamburger Hafenstraße auftraten.[125] In Greifswald überfielen Berliner BFC Fans gemeinsam mit Hamburger Skins nach einem Fußballspiel ein Asylbewerberheim[126] – um nur einige Bespiele zu nennen. Wie wenig klar die Fronten verliefen, zeigte sich jedoch schon bald: Die Hamburger Hooligans distanzierten sich bereits im April 1990 von im Stadion anwesenden Skinheads und prügelten diese unter „Nazis-raus"-Rufen aus dem Stadion.[127] Und auch Ostberliner Hooligans schlugen bei Gelegenheit Skinheads zusammen, wenn diese sich in unfairer Weise an wehrlosen Opfern vergriffen[128] oder konterkarierten ihr Medienimage mit Sprechchören wie „Wer soll unser Führer sein? – Erich Mielke".[129] Zu einer ideologischen Verfestigung oder einer weiterreichenden parteipolitischen Verein-

---

Vogt, eines der Führungsmitglieder der Hooligans des Vereins Dynamo Berlin, der schließlich 1988 in die Bundesrepublik übersiedelte, ebenda, 106f.

121 *Korfes, G.* 1992 (Fn. 108), 53f., allerdings allgemein zu Jugendkulturen in der ehemaligen DDR. Zur Überwachung von Hooligans durch die Staatssicherheit, *Ek, R. 1996* (Fn. 52), 106f.

122 *Ek, R. 1996* (Fn. 52), 107.

123 *Bredthauer, R. (*Fn. 118), 96f.

124 *Kramer, J.:* Deutsche Hooligans. Bereitschaftspolizei - heute 21 (1992), 44-47., zit. bei *Ek, R. 1996* (Fn. 52), 144; ebenso K*orfes, G.* 1992 (Fn. 108), 58.

125 *Ek, R. 1996* (Fn. 52), 109 und 144f., dort bezugnehmend auf den unveröffentlichten Jahresbericht Fußball des Landeskriminalamtes Nordrhein-Westfalen, Saison 1993/94.

126 Interview mit Oliver, Schüler, „Ich hab ja nichts gegen Linke, aber die haben was gegen mich." In: *Farin, K./ Hauswald, H.:* 1993 (Fn. 120), 38f.; dazu auch *Ek, R. 1996* (Fn. 52), 114f.

127 *Ek, R. 1996* (Fn. 52), 144.

128 „Da kam einer mit dem Fahrrad über'n Platz gefahren und zehn Glatzköpfe sind auf dieses völlig unbeteiligte Opfer raufgegangen ... die haben den da vorne so richtig schön zusammengestiefelt. Ich weiß nicht, ob da so was wie'n Gerechtigkeitsgefühl hochkam – jedenfalls sind wir dann auf die raufgegangen," Winter, 21, Technikstudent: „Den Killerinstinkt habe ich noch nicht." In: *Farin, K./ Hauswald, H.:* 1993 (Fn. 120), 32f.

129 *Ek, R. 1996* (Fn. 52), 115.

nahmung der Hooliganszene kam es entgegen manchen Befürchtungen weder in Ost- noch in Westdeutschland.[130] Mittlerweile finden die meisten Auseinandersetzungen zwischen verschiedenen Hooligangruppierungen und zwischen Hooligans und der Polizei statt.[131] Mag es auch in den neuen Bundesländern noch eher zu gezielt ausländerfeindlichen Übergriffen kommen, wie am 12. Mai 1994 in Magdeburg, als deutsche Jugendliche mit dem Schlachtruf „Hooligan" Ausländer angriffen.[132]

VIII. Hooligans nach der Wiedervereinigung

1990 und nach der Wiedervereinigung kam es zu besonders heftigen Auseinandersetzungen. Innerhalb Deutschland hatte sich nach der Fußballeuropameisterschaft 1988 ein regelrechter „Randaletourismus" entwickelt, eindeutiges Zeichen der zunehmenden Auflösung der fußball- und vereinsbezogenen Fankultur. Auch ostdeutsche Hooligans begannen, die neu gewonnene Reisefreiheit entsprechend zu nutzten.[133] Die deutsche Hooliganszene war stärker zusammengewachsen. Es bestanden vielfältige Kontakte zwischen Hooligans verschiedener Vereine, und man unterstützte befreundete Hooligans bei Spielen ihres Vereins.[134] Bei der Fußballeuropameisterschaft 1990 in Italien traten bis zu 1000 westdeutsche Hooligans auf,[135] um die Nummer 1 unter den europäischen Hooligans zu werden und Briten und Niederländern den Rang abzulaufen. Aufgrund des massiven italienischen Polizeiaufgebots wurden Schlägereien mit gegnerischen Hooligans zwar weitgehend unterbunden. Dafür kam es zu umso heftigeren Straßenschlachten zwischen deutschen Hooligans und der Polizei.[136] Im Jahr 1991 ereigneten sich ähnliche Ausschreitun-

---

[130] Zu Ostdeutschland und den dortigen Bestrebungen rechtsextremer Parteien, sich von gewalttätigen Hooligans, die sich nicht unterordnen, zu distanzieren, *Korfes, G.* 1992 (Fn. 108), 58; auch *Ek, R. 1996* (Fn. 52), 114f. Zur Situation in Westdeutschland, insbesondere zur Bewertung der Konfrontation zwischen Hooligans und Bewohnern der Hafenstraße im Jahre 1988, *Weis, K. /Alt, Ch./Gingeleit, F. 1990* (Fn. 52), 589-591. Andere Akzente setzt *Weis, K.* dagegen 1995 (Fn. 65), 218ff. Dort wertet er die Tatsache, daß Asylbewerber und Ausländer Opfer von Hooligans werden, als Zeichen einer Politisierung der Szene; keine Vereinnahmung durch Neonazis erkennt *Krauss, M.* 1995 (Fn. 61), 250.

[131] Anders in der österreichischen Szene *Novak, M.* 1994 (Fn. 6), 44, 131, wo sich die Hooligans zu einer Art Straßenbande entwickelt haben.

[132] *Ek, R. 1996* (Fn. 52), 145. Zu den Vorfällen in Magdeburg: Mit dem Schlachtruf „Hooligan" durch den breiten Weg. Die vorläufige Sachdarstellung der Polizeidirektion Magdeburg über die Ereignisse am Himmelfahrtstag im Wortlaut. Polizei – heute 23 (1994) 390-394.

[133] Detailliert zum „Gewalttourismus" zwischen Ost und West, *Ek, R. 1996* (Fn. 52), 108; *Heck, Ch.* 1999 (Fn. 66), 383.

[134] Dazu *Ek, R. 1996* (Fn. 52), 87.

[135] Ostdeutsche Hooligans waren insbesondere aus finanziellen Gründen noch nicht nach Italien gereist.

[136] Zur Fußballweltmeisterschaft 1990 in Italien, *Ek, R. 1996* (Fn. 52), 94-101.

gen bei zwei Länderspielen gegen Belgien. Beim Hinspiel in Hannover und beim Rückspiel in Brüssel traten sogar 1500 deutsche Hooligans auf. Sie gingen wiederum auf die Polizei los und richteten enormen Sachschaden an.[137] In der ehemaligen DDR entlud sich unmittelbar nach der Wende in Angriffen auf die Volkspolizei auch der Haß auf das frühere System.[138] Am 3. November 1990 wurde bei den Auseinandersetzungen zwischen ostdeutschen Hooligans und der Polizei anläßlich eines Spieles Sachsen Leipzig gegen FC Berlin erstmalig ein Hooligan durch den Schuß eines Polizeibeamten getötet.[139] Auch diese Entwicklung sollte sich als symptomatisch erweisen: Die Polizei ist mittlerweile zwar nicht zum Wunschgegner, aber doch faktisch zum Hauptgegner der randalierenden Hooligans geworden.

In Westdeutschland hatte sich – wie oben angedeutet – bereits im Laufe der achtziger Jahre der Typus des Hooligans durchzusetzen begonnen, für den die das Spiel umrahmenden und begleitenden, z.T. sogar geplanten, verabredeten, in jedem Fall inszenierten Gewaltaktionen Selbstzweck und Ziel eines Spielbesuches, nicht mehr bloße Begleiterscheinung sind.[140] Diese erlebnis-, man könnte auch sagen gewaltzentrierten Gruppen suchten die räumliche Trennung von anderen Fangruppierungen, wanderten aus dem Fanblock ab und entwickelten ein durchaus elitäres Selbstverständnis, das auch den vereinsunabhängigen dresscode prägte.[141] Sie orientierten sich an englischen Vorbildern, den oben bereits erwähnten sogenannten „casuals", die seit Ende der siebziger Jahre die englische Hooliganszene dominierten.[142] Sie begannen wie diese, exklusive Kleidung zu tragen, betonten nicht mehr eine etwaige Herkunft aus der Arbeiterklasse, legten großen Wert auf die Selbstdarstellung in der Öffentlichkeit und bekannten sich zu ihrer Gewaltbereitschaft.[143] Diesem Leitbild des programmatisch gewaltbereiten Fußballfans hat sich im Laufe der neunziger Jahre auch die Mehrheit der „Ost-Hooligans" angepaßt.[144]

IX. Staatliche Repression und ihre Folgen

Auf die Ausschreitungen im wiedervereinigten Deutschland und im europäischen Ausland reagierten die Innenminister und -senatoren der Länder mit vielfäl-

---

137 *Ek, R. 1996* (Fn. 52), 130.

138 *Ek, R. 1996* (Fn. 52), 109.

139 Siehe die ausführliche Schilderung der Ereignisse und ihrer justiziellen Aufarbeitung bei *Ek, R. 1996* (Fn. 52), 110ff.

140 *Ek, R. 1996* (Fn. 52), 70; *Heck, Ch.* 1999 (Fn. 66), 385; *Matthesius, B. 1*992 (Fn. 54), 191f.

141 *Ek, R. 1996* (Fn. 52), 70f.; *Novak, M.* 1994 (Fn. 6), 16.

142 *Ek, R. 1996* (Fn. 52), 71.

143 *Ek, R. 1996* (Fn. 52), 39f.; *Matthesius, B. 1*992 (Fn. 54), 191.

144 *Ek, R. 1996* (Fn. 52), 116, 145. Einen Anpassungsprozeß im Zeitraffer beschreibt auch *Weis, K.* 1995 (Fn. 65), 220f.

tigen Maßnahmen zur Eindämmung der Gewalt – für die Ursachenbekämpfung fühlte man sich nicht zuständig:[145] 1992 wurde die „Zentrale Informationsstelle Sporteinsätze" (ZIS) beim Landeskriminalamt Nordrhein-Westfalen in Düsseldorf geschaffen, die von den Polizeibehörden der Länder vor relevanten Spielen über standardisierte Formulare mit Informationen über Anzahl der anreisenden Zuschauer, aufgeteilt nach den Kategorien A, B und C, deren voraussichtliche Anfahrtswege und bekannt gewordene Absprachen informiert wird und diese Daten auswertet, um unmittelbar vor den Spieltagen eine Zusammenfassung aller Erkenntnisse an alle beteiligten Polizeibehörden weiterzuleiten. Außerdem werden jährliche Saisonberichte herausgegeben.[146] Daneben werden verstärkt szenekundige Polizeibeamte eingesetzt, die die Hooligans aufgrund der permanenten Begleitung mit Name und Anschrift kennen. Sie vermitteln zwischen den Hooligans und den zur Sicherung eingesetzten Polizeibeamten und tragen aufgrund ihrer differenzierten Lageeinschätzung dazu bei, daß anbahnende Auseinandersetzungen bereits im Keim erstickt werden.[147] Schließlich werden seit der Saison 1994/95 verstärkt bundesweite Stadionverbote verhängt. Sie sollen abschreckend wirken, Hooligans aus der Szene drängen und die Gewalt im Stadion vermindern.[148]

Nicht zuletzt weil es in Folge der staatlichen Maßnahmen anläßlich überregional bedeutsamer Spiele immer seltener zu Großkrawallen kam, ist das Interesse der Medien an Ausschreitungen von Hooligans seit Mitte der neunziger Jahre etwas abgeflaut. Erst der schockierende Anschlag deutscher Hooligans auf den französischen Gendarmen Daniel Nivel anläßlich eines Spieles der Fußballweltmeisterschaft in Lens im Jahre 1998 hat die Gewalt der Hooligans wieder ins öffentliche Bewußtsein gerückt. Die Jahresberichte Fußball, herausgegeben vom Landeskriminalamt Nordrhein-Westfalen, dokumentieren jedoch, daß der Hooliganismus immer noch ein ungelöstes, wenn auch durch Optimierung polizeilicher Strategien ein immer effektiver kontrolliertes und verwaltetes soziales Problem ist. Die Maßnahmen reichen mittlerweile, insbesondere bei Auslandsspielen deutscher Fußballvereine, von „Gefährdungsansprachen" in den Wochen vor einem „Risikospiel" – Polizeibeamte suchen polizeibekannte Hooligans persönlich zu Hause auf – über Maßnahmen nach dem Paß- bzw. Meldegesetz, z.B. Ausreiseuntersagungen im Vorfeld eines Auslandsspiels bis zu Meldeauflagen, Ingewahrsamnahmen und Ausreiseuntersagungen durch den Bundesgrenzschutz an den Grenzen (sogenannte „vorbeugende Sicherheitsarbeit am Herkunftsort").[149] Vor Ort werden die Hooli-

---

145 *Ek, R. 1996* (Fn. 52), 125.

146 *Ek, R. 1996* (Fn. 52), 117-119.

147 *Ek, R. 1996* (Fn. 52), 121-123.

148 *Ek, R. 1996* (Fn. 52), 123-125.

149 Zum Stand der aktuellen Diskussion über neue Sicherheitsstrategien: *Greiner, A.:* Eine neue Dimension der Hooligan-Gewalt: Lens und die erforderlichen Konsequenzen – Das „Anti-Hooligan"-Konzept des Bundesinnenministers geriet in den Bundestagswahlkampf/ An der „vorbeugenden Sicherheitsarbeit am Herkunftsort" führt kein Weg vorbei.

gans von der Polizei an szenetypischen Treffpunkten aufgesucht und von dort zum Stadion begleitet. Die Abreise der Fans wird ebenfalls polizeilich überwacht. Regelmäßig müssen die Fans der einen Mannschaft nach Spielende im Stadion ausharren, bis die Fans der anderen Mannschaft abgereist sind, um dann selbst zu Bussen und Bahnen begleitet zu werden. Es wundert nicht, daß niederländisch/deutsche sowie englisch/deutsche Begegnungen im Rahmen der europäischen Pokalwettbewerbe, ein Freundschaftsspiel Niederlande – Deutschland im Februar 2000 in Amsterdam und auch die Spiele der deutschen Mannschaft in Belgien und den Niederlanden bei der Fußballeuropameisterschaft 2000 ohne erheblich gewalttätige Ausschreitungen verliefen.[150]

Die Hooliganszene hat daher für gewaltbereite junge Männer an Attraktivität verloren; die Zahl der Hooligans ist nach den in den „Jahresberichten Fußball" veröffentlichten Schätzungen rückläufig.[151] Hooligangruppierungen begannen zu zerfallen, nicht zuletzt wegen des immer weiter verbreiteten Drogenkonsums ihrer Mitglieder, mit dem insbesondere jüngere Hooligans, aber auch frustrierte „Alt-Hooligans" Erlebnis- und Gestaltungsverluste zu kompensieren versuchten.[152] Daß sich diese Tendenzen fortgeschrieben haben, ist empirisch nicht belegt, jedoch mehr als wahrscheinlich. Daß dennoch weiterhin mit gewalttätigen Ausschreitungen zu rechnen ist, beweisen die exzessiven Krawalle anläßlich eines drittklassigen Fußballspiels zwischen den Offenbacher Kickers und Waldhof Mannheim im Mai 1999, bei dem rund 500 Polizeibeamte zum Einsatz kamen, erheblich mehr als regelmäßig bei erstklassigen Fußballspielen – 27 wurden verletzt.[153] Derartige Vorfälle finden jedoch wegen der untergeordneten Bedeutung des Spiels regelmäßig keine Beachtung in der überregionalen Presse. Nach dem Bonner Generalanzeiger

---

*Die Polizei 89 (*1998) 248-250; *Ders.:* Nachgefragt: Lens und die erforderlichen Konsequenzen bzw. Initiativen des Freistaates Sachsen gegen den Mißbrauch des Versammlungsrechts, *Die Polizei 89 (*1998), 338; *Ders.:* Nochmals nachgefragt: Lens und die Konsequenzen, *Die Polizei 90 (*1999), 108-111.

150 *Landeskriminalamt Nordrhein-Westfalen,* Jahresbericht Fußball 1999/00, 6. Spiele deutscher Mannschaften im Ausland, 14-22; zur Fußballeuropameisterschaft 2000, insbesondere zur Wirksamkeit verbeugender Sicherheitsarbeit, *Greiner, A.:* Fußballeuropameisterschaft 2000: Deutsches Polizeikonzept gegen Hooligans erfolgreich. *Die Polizei 91 (*2000), 265.

151 Von ersten Auflösungserscheinungen der Szene wird für Westdeutschland sogar bereits seit Ende der achtziger Jahre berichtet, *Matthesius, B. 1*992 (Fn. 54), 112. Widersprüchliche Befunde haben sich bei Expertenbefragungen und Gruppendiskussionen mit Schlüsselpersonen ergeben: Die Hälfte der schriftlich Befragten gab an, daß die Zahl von Hooligans gestiegen sei, während die Zahl sogenannter Problemfans gleich geblieben sie, *Lösel, F./Bliesener, T./Fischer, T.//Pabts, M. 2001 (*Fn. 56), 73f.

152 *Matthesius, B. 1*992 (Fn. 54), 67, 78, 130, 132.

153 Dazu der Bericht „Gewalttaten als Randerscheinung von Fußballspielen – Elf Monate nach den folgenschweren Krawallen deutscher Hooligans in Lens auch schwerste Ausschreitungen in Offenbach." *Die Polizei* 90 (1999), 234. Sinnigerweise waren es gerade die Hooligans der Offenbacher Kickers deren Auflösung sich für *Matthesius, B.* 1992 (Fn. 54) Ende der achtziger Jahre abzeichnete.

vom 13.8.1999 dürfte dies für die jüngste Entwicklung symptomatisch sein. Danach ist zu beobachten, daß viele Hooligans von der ersten in die zweite Bundesliga abwandern, sei es wegen der verstärkten polizeilichen Kontrollen bei Spielen der ersten Liga, sei es, weil Vereine mit besonders vielen Hooligans in die zweite Liga abgestiegen sind.[154] Darüber hinaus dürfte von Interesse sein, daß in jüngerer Zeit z.B. aus Berlin vermehrt von Gewalthandlungen jugendlicher Fangruppen bei Eishockeyspielen berichtet wird.[155] Außerdem wandern wieder vermehrt Hooligans in die gewaltbereite Skinheadszene ab oder schließen sich wegen der Intensivierung der staatlichen Kontrolle der autonomen Bewegung an.[156]

X. Gemeinschaftliche Aktionen

Hooligans treffen sich immer noch hauptsächlich anläßlich von Heim- und Auswärtsspielen des lokalen Vereins, z.T. treten sie auch bei Spielen verbündeter Vereine auf,[157] einige reisen einfach zu Spielen, wo voraussichtlich „was abgeht" (Randaletourismus).[158] Ein besonders wichtiges und von den Medien beachtetes Aktionsfeld sind allen staatlichen Maßnahmen zum Trotz immer noch Freundschafts- und Länderspiele im Inland und europäischen Ausland, besonders in Ländern mit einer ausgeprägten Hooliganszene, wie England, den Niederlanden oder Belgien,[159] zu denen z.T. mehrere Hundert Fans anreisen.[160] Zur Fußballweltmeisterschaft 1998 in Frankreich wurde sogar im Vorfeld mit Webmeldungen aufgerufen: „Grüße an alle Jungs der dritten Halbzeit" und „Freuen uns auf gepflegte games anläßlich des Frankreich-Überfalls".[161] Im gemeinsamen Kampf wollen Hooligans den Arbeitsfrust der Woche abreagieren. Während früher viele Hooligans gemeinsam anreisten, mit Bussen oder mit der Bahn, bevorzugen Hooligans

---

[154] Auch nach *Lösel, F./Bliesener, T./Fischer, T./Pabts, M . 2001* (Fn. 56), 161, wird als Reaktion auf verstärkte Polizeimaßnahmen teilweise eine Verlagerung der Gewalt in niedrigere Ligen beobachtet; dazu auch *Lehmann, A.:* Randale rund um den Fußball. Fußball-Hooligans – Beschreibung, Ursachensuche, Auswirkungen. Kriminalistik 54 (2000), 299-303, 299.

[155] *Senatsverwaltung für Inneres* (Hrsg.) 1994 (Fn. 87), 126.

[156] *Matthesius, B. 1*992 (Fn. 54), 74f.

[157] *Matthesius, B. 1*992 (Fn. 54), 130; für die österreichische Szene *Novak, M.* 1994 (Fn. 6), 41.

[158] Nach *Ek, R. 1996* (Fn. 52), 87, ist dieser Randaletourismus eine Folge der während der Europameisterschaft 1988 geknüpften bzw. vertieften Kontakte zwischen den Hooligans verschiedener Vereine; auch *Matthesius, B. 1*992 (Fn. 54), 141.

[159] *Kirsch, A. 2000 (*Fn. 61), 91.

[160] Nach *Ek, R. 1996* (Fn. 52), 12, 13, 16, reisten etwa 800 Hooligans im August 1995 nach Belgien, 1500 im April 1996 in die Niederlande und ca. 500 im September 1996 nach Polen.

[161] Homepage des „Siegener Bärensturms" zit. bei *Kirsch, A. 2000 (*Fn. 61), 91; *Heck, Ch.* 1999 (Fn. 66), 384. Auch e-mail und Fax werden benutzt.

heute die Anfahrt mit privaten PKWs und treffen sich erst vor Ort, um von der Polizei zunächst unbemerkt zu bleiben.[162] Man sammelt sich an vorher bestimmten Orten, an Autobahnraststätten, in Kneipen oder, trotz gewisser Risiken, am Bahnhof, immer auf der Suche nach dem Gegner, auf den man spätestens im Umfeld des Stadions trifft. Nicht alle Hooligans besuchen dann auch tatsächlich das Spiel, einige haben wegen eines Stadionverbotes gar keinen Zutritt, andere verzichten auf die Anwesenheit im Stadion, um unbemerkt zu bleiben,[163] wieder andere bleiben fern, weil die Polizei ihr Überwachungssystem derart perfektioniert hat, daß im Stadion ohnehin keine gewalttätigen Aktionen mehr zu erwarten sind.[164] Einigkeit besteht allerdings darüber, daß Hooligans, die noch ins Stadion gehen, die Tribüne gerne als Bühne zur Selbstdarstellung nutzen[165] und sich durch die eigene Präsenz in der Medienberichterstattung aufgewertet fühlen.[166] Durch rhythmisches Klatschen, Sprechchöre und -gesänge und riesige Transparente in Vereinsfarben macht man auf sich aufmerksam.[167] Seit Beginn der neunziger Jahre wird auch vermehrt mit Distanzwaffen, z.B. Leuchtkugeln geschossen.[168] Nach dem Spiel suchen die Hooligans dann die direkte körperliche Auseinandersetzung in den Innenstädten, auf Straßen und Plätzen.[169] Ob es überhaupt zu heftigen Schlägereien kommt, ob die Situation eskaliert, hängt heute aber maßgeblich von der Einsatzstärke und Strategie der Polizeieinheiten ab. Durch Begleitung der Hooligangruppen auf ihren Streifzügen durch die Innenstädte, auf An- und Abmarschwegen, gelingt es der Polizei häufig, gewalttätige Auseinandersetzungen fast vollständig zu unterbinden. Manchmal führt ihr Einsatz aber auch zu besonders heftigen Kämpfen – nicht zwischen den eigentlichen Gegnern, sondern zwischen Hooligans und der Polizei.[170]

---

162 *Matthesius, B. 1*992 (Fn. 54), 129, 197.

163 *Ek, R. 1996* (Fn. 52), 148f.

164 *Ek, R. 1996* (Fn. 52), 148. Dies bestätigt Thomas (23), Speditionskaufmann in Berlin, seit seinem 10. Lebensjahr Hertha BSC-Fan und Hooligan: „Hooligan ist ein Versuch, die Jugend hinauszuzögern." In: *Farin, K./Seidel-Pielen, E.*: „Ohne Gewalt läuft nichts!" Jugend und Gewalt in Deutschland. Köln 1993, 181.

165 *Bohnsack, R./Loos, P./Schäffer, B./Städtler, K./Wild, B.:* Die Suche nach Gemeinsamkeit und die Gewalt in der Gruppe. Hooligans, Musikgruppen und andere Jugendcliquen. Opladen 1995, 28f.; *Heck, Ch.* 1999 (Fn. 66), 383.

166 Dies bestätigt auch das Interview mit Thomas (23), Speditionskaufmann in Berlin, seit seinem 10. Lebensjahr Hertha BSC-Fan und Hooligan: „Hooligan ist ein Versuch, die Jugend hinauszuzögern." In: *Farin, K./Seidel-Pielen, E. 1993 (*Fn. 164), 183.

167 *Kirsch, A. 2000 (*Fn. 61), 85, 90.

168 Interview mit Thomas (23), Speditionskaufmann in Berlin, seit seinem 10. Lebensjahr Hertha BSC-Fan und Hooligan: „Hooligan ist ein Versuch, die Jugend hinauszuzögern." In: *Farin, K./Seidel-Pielen, E. 1993 (*Fn. 164), 179.

169 Schilderungen des Länderspiels der deutschen Mannschaft in Rotterdam im April 1996, zur ruhiger als erwartet verlaufenden Europameisterschaft in England im Juni 1996 und zum Länderspiel in Polen im September 1996 bei *Ek, R. 1996* (Fn. 52), 12-17; auch *Heck, Ch.* 1999 (Fn. 66), 384f.

170 Bereits seit Ende der achtziger Jahre wird in der Szene beklagt, „daß wegen der Polizei kaum noch was ist." Interview mit Tina, *Matthesius, B. 1*992 (Fn. 54), 157, siehe auch

Die Polizei setzt dann Schlagstöcke ein und hetzt manchmal Hunde in die Menge.[171] Zu Schlägereien unter Hooligans kommt es letztlich nur noch, wenn entweder die Polizei einsatztaktische Fehler begeht oder die Hooligans sich mit einer überraschenden und konsequenten Umgehungstaktik dem polizeilichen Zugriff entziehen.[172] Insgesamt hat sich die Gewalt aus den Stadien in die Innenstädte verlagert und raumzeitlich vom Fußballspiel entfernt.[173] Die Rituale im Stadion und das ritualisierte Katz-und-Maus-Spiel mit der Polizei – Sprints durch die Innenstädte begleitet von Vandalismus – prägen den Hooliganalltag daher heute mehr als exzessive Schlägereien, auf die es den Hooligans eigentlich ankommt.[174] Allerdings wird von Mitgliedern der Szene seit Beginn der neunziger Jahre konstatiert, von Ostberliner „Alt-Hooligans" auch beklagt, daß die Auseinandersetzungen brutaler geworden sind und immer häufiger unter Einsatz von Waffen ausgetragen werden.

XI. Gruppentypische Straftaten

Die Hooligans beginnen ihre Fußballwochenenden typischerweise mit Sachbeschädigungen (§ 303 StGB):[175] Autos werden demoliert, Fensterscheiben eingeschlagen, Busse und Eisenbahnwagen beschädigt, manchmal ganze Geschäftsstra-

---

193. Eine plastische Schilderung der Auseinandersetzung zwischen Hooligans und der Polizei anläßlich eines Spiels des FC Sachsen Leipzig gegen den FC Berlin im November 1990 in Leipzig, bei dem sogar ein Hooligan von der Polizei erschossen wurde, findet sich bei *Farin, K./Seidel-Pielen, E.:* Krieg in den Städten. Jugendgangs in Deutschland. 3. Aufl. Berlin 1991, 92-94. Zu den Schlachten zwischen italienischer Polizei und deutschen Hooligans in Mailand im Rahmen der Fußballweltmeisterschaft 1990 in Italien, *Ek, R.* 1996 (Fn. 52), 96f.

171 *Matthesius, B. 1*992 (Fn. 54), 140.

172 Zur polizeilichen Fehleinschätzung der Lage anläßlich von Spielen der deutschen Nationalmannschaft in Düsseldorf und Hamburg im Rahmen der Europameisterschaft 1988 in der BRD, *Ek, R. 1996* (Fn. 52), 89.

173 *Schwind, H.-D./Baumann, J.* u.a. (Hrsg.): Ursachen, Prävention und Kontrolle von Gewalt. Analysen und Vorschläge der Unabhängigen Regierungskommission zur Verhinderung und Bekämpfung von Gewalt, Band I, Endgutachten. Berlin 1990, Rdnr. 141; *Ek, R.* 1996 (Fn. 52), 147f., mit Beispielen aus der Saison 1994/95; *Farin, K./Seidel-Pielen, E.* 1991 (Fn. 170), 95; Skizze eines typischen Hooliganwochenendes bei *Matthesius, B. 1*992 (Fn. 54), 121, 192, 199, 223; *Novak, M.* 1994 (Fn. 6), 44, 131 aus dessen Schilderung sich ergibt, daß die Entwicklung der Hooligans zu einer fußballunabhängigen Schlägerbande, die sich unter der Woche trifft und Gelegenheiten zu Auseinandersetzungen mit Vertretern anderen Jugendkulturen sucht, in Österreich noch weiter vorangeschritten ist als in Deutschland.

174 *Ek, R. 1996* (Fn. 52), 76, 138 unten, 148*;* *Matthesius, B. 1*992 (Fn. 54), 200, 207.

175 Anders für die österreichische Szene *Novak, M.* 1994 (Fn. 6), 81 wonach Sachbeschädigungen mehr zufällig passieren oder in aufgeheizter Stimmung aus Frust an verhinderten Konfrontationen.

ßen verwüstet.[176] Im Zuge der kämpferischen Auseinandersetzungen kommt es zu einfachen und gefährlichen Körperverletzungen (§§ 223, 224 StGB)[177], zum Widerstand gegen Vollstreckungsbeamte (§ 113 StGB), z.T. auch zum Landfriedensbruch (§ 125 StGB).[178] Es wird mit herausgerissenen Brettern, Stühlen, Steinen und Flaschen geworfen.[179] Im Nahkampf schlägt man sich mit der Faust ins Gesicht, tritt sich in den Magen, schubst sich um, tritt mit Stiefeln auf den Gegner ein, durchaus auch, wenn er schon wehrlos am Boden liegt.[180] Die tätlichen Angriffe auf Personen werden durch sächliche Gewalt, Beleidigungen (§ 185 StGB) und Drohungen begleitet. Gullydeckel werden herausgerissen, Müllcontainer auf die Straße gerollt und angezündet, Schmähgesänge angestimmt und Hetzparolen skandiert.[181] Immer wieder wird auch gegen das Waffengesetz verstoßen. Kommt es nicht zu der erhofften oder verabredeten Schlägerei, dann verschafft man sich den „Kick“ unter Umständen auch auf andere Art, z.B. durch einen Einbruchsdiebstahl (§§ 242, 243 StGB). Geschäfte werden geplündert: „dann ist auch mal´ne Schaufensterscheibe kaputtgegangen, dann hatte man auch mal einen Videorecorder unter dem Arm oder so (lacht)“.[182] Mit Ladendiebstählen verschafft man sich die unerschwinglichen „Markenklamotten“. Überzählige Stücke werden weiterverkauft.[183]

---

[176] Zu den Krawallen deutscher Hooligans in Mailand anläßlich eines Spiels der deutschen Nationalmannschaft im Rahmen der Fußballweltmeisterschaft 1990 in Italien, *Ek, R. 1996* (Fn. 52), 96f.

[177] Für die österreichische Szene berichtet *Novak, M.* 1994 (Fn. 6), 81, daß überwiegend Straftaten gegen Leib und Leben begangen werden.

[178] *Farin, K./ Hauswald, H.:* 1993 (Fn. 120), 5; *Kirsch, A. 2000 (*Fn. 61), 83.

[179] *Heck, Ch.* 1999 (Fn. 66), 384.

[180] So ein Hooligan in einem von *Böttger, A.* geführten Interview. *Ders.:* Die Gewalt der Hooligans – eine Folge moderner gesellschaftlicher Entwicklungsprozesse? Ergebnisse einer qualitativen Studie zu Biographien gewalttätiger Jugendlicher. Kriminologisches Forschungsinstitut Niedersachsen, Hannover 1998, 10; für die österreichische Szene *Novak, M.* 1994 (Fn. 6), 82.

[181] Vgl. aus neuerer Zeit den Bericht über schwere Ausschreitungen in Offenbach anläßlich eines drittklassigen Regionalligaspiels: Gewalttaten als Randerscheinung von Fußballspielen. *Die Polizei 90 (*1999), 234.

[182] Interview 059, 17, zit. bei *Böttger*, A. 1998 (Fn. 180), 14.

[183] *Matthesius, B. 1*992 (Fn. 54), 126ff.

§ 2 Skinheads

Die Öffentlichkeit denkt bei Skinheads an kahlrasierte, martialisch aussehende Jugendliche, die mit rechtsextremistischen Parolen und blutigen Gewaltakten gegen Ausländer, Außenseiter und Andersdenkende schockieren. Begriffe wie „Rechte Schläger" und „Faschos" werden synonym verwandt.[1] Daß die Skinheads ursprünglich eine gänzlich unpolitische Jugendkultur waren, die erst im Laufe der achtziger Jahre z.T. politisiert und in Ansätzen von rechtsextremen Parteien vereinnahmt wurde und eher bemüht war, sich von diesen abzugrenzen, ist den wenigsten bekannt. Daß Skinheads in der öffentlichen Meinung mit Gewalt identifiziert werden, entspricht dagegen durchaus ihrem Selbstverständnis.

I. Typologie

Will man nicht alle Skinheads wegen ihrer Glatzen über einen Kamm scheren und der Vielfalt der Szene gerecht werden, so muß man zwischen unpolitischen Oi-Skins, zwischen Nazi- oder Fascho-Skins und schließlich zwischen Red- und SHARP-Skins unterscheiden. Gemeinsam ist ihnen nur ihr outfit und ihre Gewaltzentriertheit: Der Schädel ist kahlrasiert, man trägt bevorzugt Jeans, Bomberjacken und Doc Martens[2] und nutzt jede Gelegenheit, um gewalttätig zu werden. Oi!-Skins waren in Deutschland lange Zeit die größte Gruppierung innerhalb der Skinszene. Sie haben sich nach ihrem „Kampfruf" Oi! benannt.[3] Der Skinheadkult beinhaltet für sie: Spaß haben, Musik hören, gemeinsam feiern und gewalttätig werden. Politik soll in der Szene dagegen keine Rolle spielen, politischen Organisationen beizutreten, kommt für sie grundsätzlich nicht in Betracht.[4] Dennoch sind Oi!-Skins nicht gänzlich unpolitisch, sondern mehrheitlich national ori-

---

[1] Zur Gleichsetzung von Nazis, Rassisten und Skinheads in den Medien, etwa im Spiegel, *Farin, K./Seidel-Pielen, E.:* Skinheads. München 1993, 205; *Breymann, K.:* Gewalttaten rechtsorientierter Skinheads in Ostdeutschland. In: Rechtsradikale Gewalt im vereinigten Deutschland. Jugend im gesellschaftlichen Umbruch, hrsg. v. H.-U. Otto u.a. Opladen 1993, 294-300, 294; *Menhorn, Ch.:* Skinheads: Portrait einer Subkultur. Baden-Baden 2001, 161.

[2] *Bredel, H.:* Skinheads - Gefahr von rechts? Berlin 2002, 58f. Dazu, daß Boneheads nur den Look haben, „Skintonic" 8, zit. bei *Farin, K./Seidel-Pielen, E.* 1993 (Fn. 1),121.

[3] Worauf ihr Name zurückgeht ist umstritten. Während einige Autoren behaupten, der Ausruf sei von der Streetpunkband „Cockney Rejects" geprägt worden, die ihre Lieder mit Oi! Oi! Oi! anzustimmen begann, behaupten andere, er gehe auf den in England geprägten Skinspruch „Strength thru joi!" („Kraft durch Freude", Name der Freizeitorganisation des Dritten Reiches) zurück. Wieder andere vertreten die Auffassung, das Wort Oi! sei von englischen Arbeitern im Sinne von hey! verwendet worden und bereits Mitte der 70er Jahre von der englischen Punkband „The Clash" aufgegriffen worden. Dazu ausführlich mit Nachweisen *Bredel, H.* 2002 (Fn. 2), 86.

[4] *Bredel, H.* 2002 (Fn. 2), 85f.

entiert.[5] Fascho- oder Nazi-Skins vertreten dagegen offen rechtsextreme bis neonazistische Einstellungen und sind häufig auf die eine oder andere Weise an rechtsextreme Parteien oder Neonazigruppen angebunden. Die Zahl der rechtsextremistischen Skinheads nimmt nach Einschätzung des Verfassungsschutzes stetig zu.[6] Von echten Neonazis unterscheiden sich Fascho- oder Naziskins durch die Undifferenziertheit ihrer politischen Auffassungen und das Fehlen eines ideologischen Programms. So kann es durchaus vorkommen, daß Schriften und Propagandamaterial unterschiedlicher und sich z.T. sogar feindlich gegenüberstehender Organisationen gesammelt werden.[7] Als „radikal rechts" ist auch die Untergruppierung der Boneheads einzustufen.[8] Sie gehören zum harten, militanten Kern der rechten Skinheadszene und häufig zum engeren Sympathisantenkreis von Neonaziorganisationen. Sie tragen Vollglatze, *schwarze* Bomberjacken und riesige Schnürstiefel, genannt Boots.[9] In Deutschland erklärten sie Anfang der 80er Jahre in Hamburg, Frankfurt und Berlin türkische Einwanderer zu ihren Feinden.[10] Ebenfalls als rechtsextrem sind schließlich White-Power-Skins und Hammerskins einzustufen, die sich den Zusammenschluß aller weißen Skins zum Ziel gesetzt haben. Die White-Power-Skins tragen an der Bomberjacke als Emblem eine weiße Faust und in ihren Doc Martens weiße Schnürsenkel; das Symbol der Hammerskins sind zwei gekreuzte Hämmer, die auf die weiße Arbeiterklasse verweisen sollen.[11] Redskins sind dagegen ausgesprochen links, geben sich betont politisch und gehören zu den Aktivisten in der Szene. Skinheadsein bedeutet für sie mehr als nur „Spaßhaben". Sie bekennen sich nicht nur zu ihrer Herkunft aus der Arbeiterklasse, sondern wollen auch aktiv für mehr Klassenbewußtsein kämpfen, allerdings ohne sich von irgendwelchen Parteien vereinnahmen zu lassen. Quantitativ stellen sie in Deutschland nur eine kleine Minderheit dar.[12] SHARP-Skins (Skinheads Against Racial Prejudice) sind in Deutschland etwas stärker vertreten. Sie entstanden 1988 in den Vereinigten Staaten von Amerika, als Reaktion auf das Abdriften der Szene in militant-rassistische Organisationen wie den Ku-Klux-Klan. Eigentlich eher unpolitisch, wehren sie sich gegen das in den Medien verbreitete Bild des rassistischen und faschistischen Skinheads. Sie versuchen, sich klar von denjenigen abzugrenzen, die sich als Skinheads bezeichnen, aber nach ihrer Auffassung keine Skin-

---

[5] *Bredel, H.* 2002 (Fn. 2), 86.

[6] *Bundesminister des Innern:* Verfassungsschutzberichte 1999-2001 Rechtsextremistische Bestrebungen II. Übersicht in Zahlen 1. Organisation und Personenpotential.

[7] *Bredel, H.* 2002 (Fn. 2), 87.

[8] *Farin, K./Seidel-Pielen, E.* 1993 (Fn. 1), 184.

[9] *Bredel, H.* 2002 (Fn. 2), 88.

[10] *Farin, K./Seidel-Pielen, E.* 1993 (Fn. 1), 208. Danach erlebten die „Boneheads" ihre Blütezeit bereits Mitte der achtziger Jahre. Ebenda, 65.

[11] *Bredel, H.* 2002 (Fn. 2), 88.

[12] Bezugnehmend auf ein Zitat aus der Red-Skin-Fanzine „Revolution Times" Nr. 1 Lübeck 1995, zit. nach *Menhorn, Ch.* 2001 (Fn. 1), 263f.; *Farin, K./Seidel-Pielen, E.* 1993 (Fn. 1), 136.

heads sind. Zur Begründung ihrer antirassistischen Einstellung verweisen sie auf die Anfänge der Skinheadbewegung in Großbritannien: Skinheads könnten schon deshalb keine Rassisten sein, weil sie zu jener Zeit vor allem die Begeisterung für schwarze Musik aus Jamaika verband.[13] In dieser Arbeit werden Skinheads vor diesem Hintergrund als äußerlich homogene, politisch heterogene, ideologisch überwiegend diffuse, gewaltzentrierte Jugendkultur definiert.[14]

II. Vorbild England

In Großbritannien waren Skinheads bereits Ende der sechziger, Anfang der siebziger Jahre, insbesondere im Londoner East End, einem heruntergekommenen Einwandererviertel[15] und vor allem in den Stadien, als leidenschaftliche Fußballfans aufgetreten.[16] Die britische Skinheadszene war damals ein Sammelbecken für Angehörige der unterprivilegierten Arbeiterschicht. Ihre brutalen Übergriffe auf Einwanderer und Mitglieder gesellschaftlicher Minderheiten wie Juden, Homosexuelle und Hippies wurden als unideologische Reaktion auf die soziale und wirtschaftliche Deklassierung der Arbeiterklasse im Zuge der wirtschaftlichen Rezession und den Ausschluß aus der gesellschaftlichen Aufbruchstimmung der Mittel- und Oberschichtjugend interpretiert.[17] Diese Arbeiterjugendlichen kultivierten ein working-class-image. Sie wollten die traditionellen Werte der Unterschicht, z.B. Männlichkeit, Kameradschaft, Sauberkeit, Disziplin, wiederbeleben und ihr „Revier" aggressiv gegen die ausländischen „Eindringlinge" schützen.[18] Gerade mit ihrem äußeren Erscheinungsbild, durch das Tragen von Arbeiterhosen, Hosenträgern, grobschlächtigen Lederstiefeln, betonten sie ihre Verwurzelung im proletarischen Milieu.[19] Gleichzeitig opponierten die britischen Skins zu jener Zeit gegen die Hippie-Kultur der Langhaarigen, die nicht nur als unmännlich und schwach, sondern auch wegen ihrer Herkunft aus wohlsituierten Bürgerfamilien und ihrer besseren Ausbildung abgelehnt wurden.[20] Wegen der sich mehrenden gewalttätigen Übergriffe auf Ausländer, konkret auf Pakistaner (Paki-Bashing), wurden sie von der Öffentlichkeit und den Medien schon bald als „Schläger" und „Ausländerfeinde" identifi-

---

[13] *Farin, K./Seidel-Pielen, E.* 1993 (Fn. 1), 118f. Dort findet sich auch der Abdruck eines Flyers der *Sharp* Section Germany; *Bredel, H.* 2002 (Fn. 2), 89f.

[14] Auch das Bundesamt für Verfassungsschutz spricht davon, daß die rechtsextremen Skinheads ein „diffuses politisches Weltbild" haben, und daß sich eine „ausgeprägte Gewaltbereitschaft" beobachten läßt. *Bundesminister des Innern:* Verfassungsschutz 1999, Pressefassung, 30.

[15] *Bredel, H.* 2002 (Fn. 2), 21.

[16] *Farin, K.:* generation kick.de. Jugendkulturen heute. München 2001, 108.

[17] *Bredel, H.* 2002 (Fn. 2), 21f.

[18] *Bredel, H.* 2002 (Fn. 2), 22.

[19] *Bredel, H.* 2002 (Fn. 2), 22f.

[20] *Bredel, H.* 2002 (Fn. 2), 23.

ziert.[21] Etliche Skinheads zogen sich sogar wegen des schlechten Rufs der Szene vorübergehend zurück.[22] Einen neuen Aufschwung erlebten die Skinheads jedoch 1976 mit dem Niedergang des Punk und der zunehmenden Kommerzialisierung der Punkmusik, die vielen Punks nun nicht mehr hart genug war und ihren rebellischen Charakter zu verlieren begann.[23] Viele Punks veränderten ihr outfit und schlossen sich den Skinheads an. Die neu erstarkte Skinheadszene begeisterte sich für die härteren Spielarten des „Streetpunk", des „Real-Punk" oder auch „Working-Class-Punk".[24] Daneben erlebte sogar der Skinhead-Reggae, eine bezeichnenderweise fast ausschließlich von jamaikanischen Musikern geprägte Musik, ein unerwartetes Comeback – nicht unbedingt zur Freude des rechten Flügels der Szene, dessen Vertreter in den Konzertsälen immer häufiger gewalttätige Konfrontationen zu suchen begannen.[25]

Die Anfangszeit der Skins war in England, allen gewalttätigen Übergriffen auf Einwanderer zum Trotz, noch vor allem von der Fußballbegeisterung, die späten siebziger Jahre von der Begeisterung für bestimmte Musikrichtungen geprägt.[26] Zu einer ernster zu nehmenden Politisierung der Szene kam es erst in einem dritten Schritt: Geleitet von der Überzeugung, Skinhead zu sein, sei etwas Beinhartes, und Nazi zu sein, eben das Härteste,[27] hatten sich Teile der Skinheadszene von der rechtsradikalen "National Front", ihrer Jugendorganisation, der „Young National Front" und dem „British Movement" vereinnahmen lassen.[28] Zu einer verstärkten Vernetzung kam es jedoch erst in den Jahren nach den schweren Krawallen in Southhall, einem überwiegend von asiatischen Einwanderern bewohnten Londoner Vorort. Dort war im Jahre 1981 ein ausgerechnet in diesem Viertel veranstaltetes und sicherlich zur Hälfte von Skinheads besuchtes Oi!-Musikfestival von asiatischen Jugendlichen gestürmt worden, nachdem es bereits im Vorfeld zu Übergriffen auf Asiaten gekommen war. Im Nachgang zu diesem zum Nazi-Treffen gestempelten Festival fanden Skinbands vorübergehend keine Konzertveranstalter mehr, ihre Musik wurde von Plattengeschäften und Radiostationen boykottiert, wichtige Bands lösten sich auf und viele Skins wandten sich ab.[29] Das entstehende Vakuum wußte die National Front zu nutzen. Sie bemühte sich um die Skinheads und ihre Musik, organisierte „Rock against communism"-Konzerte, bei denen Skinbands auftraten, gründete den Plattenverlag „White Noise Records" sowie die

---

[21] *Bredel, H.* 2002 (Fn. 2), 28.

[22] *Bredel, H.* 2002 (Fn. 2), 29.

[23] *Bredel, H.* 2002 (Fn. 2), 33f.

[24] *Farin, K./Seidel-Pielen, E.* 1993 (Fn. 1), 45f.

[25] *Farin, K./Seidel-Pielen, E.* 1993 (Fn. 1), 47ff.

[26] *Bredel, H.* 2002 (Fn. 2), 26f., 29ff.

[27] So Matty Vinlow, Bassits der Londoner Oi!/Hardcore-Heroen „The Blaggers" in einem Interview in der „Skintonic", zit. bei *Farin, K./Seidel-Pielen, E.* 1993 (Fn. 1), 127.

[28] *Bredel, H.* 2002 (Fn. 2), 36f., 40ff.

[29] *Bredel, H.* 2002 (Fn. 2), 43.

rechte Musikorganisation „White Noise Club“, an deren Stelle später Vereinigungen wie „Blood and Honour“ und „Unity“ traten.[30] So stellte die National Front sich intelligent auf die Bedürfnisse und Interessen der Skinheads ein. In der Skinheadszene fanden sich nun zunehmend Jugendliche ein, für die die Szene gerade wegen des Rechtsrucks attraktiv geworden war.[31] Nur ein kleinerer Teil, die sogenannten Redskins, formierte sich gegen Rassismus und Neonazi-Organisationen. Allerdings fand immerhin die antirassistische Sharp-Bewegung seit Ende der achtziger Jahre vermehrt Anhänger.[32]

III. Die erste Generation

In Deutschland tauchten Skinheads erstmalig Ende der siebziger, Anfang der achtziger Jahre auf.[33] Zu einer Zeit, als auch hierzulande die Punk-Szene zur Modeszene geworden war, an Authentizität und damit auch an Anziehungskraft verloren hatte und in der ihr harter Kern zunehmend nach links rückte, schlossen sich zahlreiche Punks den Skinheads an.[34] Daneben fanden sich vor allem Fußballfans und Hooligans bei den Skinheads ein: Man teilte die Begeisterung für Alkohol, Randale und Fußball und verehrte z.T. dieselben Bands.[35] Die Skinheads gaben sich zu dieser Zeit unpolitisch oppositionell, kultivierten ein working class-Image und distanzierten sich von der erfolgsorientierten Mittelstandsjugend.[36] Im Unterschied zu vielen Jugendlichen, die ähnlichen sozialen Verhältnissen entstammen, waren Skinheads immer stolz auf ihre Herkunft und bekannten sich zu ihrer Klasse.[37] Sie wollten nicht die Welt verändern, sondern provozieren und sich amüsieren.[38] Ihr Hauptaktionsfeld waren die Fußballstadien – nicht zuletzt, weil ihnen wegen der Ausschreitungen in der „Dritten Halbzeit” in den achtziger Jahren im-

---

[30] *Bredel, H.* 2002 (Fn. 2), 43f.

[31] *Menhorn, Ch.* 2001 (Fn. 1), 148.

[32] Dazu ausführlich *Farin, K./Seidel-Pielen, E.* 1993 (Fn. 1), 119ff.

[33] *Farin, K./Seidel-Pielen, E.* 1993 (Fn. 1), 99 und 137.

[34] *Menhorn, Ch.* 2001 (Fn. 1), 137ff. mit Schilderungen von Matthias Walz, Mitglied der Oi!-Band „Boots & Braces“ und von einem Skinhead aus Freiburg, die beide von der Punk- zur Skinszene wechselten; ferner *Farin, K./Seidel-Pielen, E.* 1993 (Fn. 1), 91, 99. Auch die Sänger der Kultband „Böhse Onkelz“ waren Punks bevor sie Skinheads wurden, nicht zuletzt weil mit dem Eintritt in eine Lehre, das extreme Outfit der Punks schwer durchzuhalten war. „Um zu zeigen, daß wir dennoch anders waren, haben wir dann halt auf Skinhead gemacht. Das harte Image noch ein bißchen mehr betont. ... .“ *Dies.* 1993 (Fn. 1), 82.

[35] *Bredel, H.* 2002 (Fn. 2), 54. Insbesondere zur Fußballbegeisterung auch Matthias Walz, Mitglied der Band „Boots & Braces“, zit. bei *Menhorn, Ch. 2001* (Fn. 1), 138.

[36] *Farin, K.* 2001 (Fn. 16), 119.

[37] *Bredel, H.* 2002 (Fn. 2), 74.

[38] *Farin, K./Seidel-Pielen, E.* 1993 (Fn. 1), 100; *Farin, K./Seidel-Pielen, E.* 1993 (Fn. 1), 137.

mer eine Schlagzeile sicher war.[39] Die deutschen Skinheads orientierten sich in dieser Anfangsphase stark an ihren britischen Vorbildern, die einen regelrechten Kultstatus genossen. Man reiste nach England, kopierte das Outfit der englischen Skins und hörte ihre Musik. Die Skinheadszene avancierte in Deutschland bald selbst zur Modeszene. Dies hatte zur Folge, daß sich „Alt-Skins" von der nachwachsenden Generation der „Mode-Skins" zu distanzieren begannen, die sich allwöchentlich in den Stadien einfanden und dort Randale suchten, ohne das Lebensgefühl der Skinheads wirklich zu teilen.[40]

Auch wenn die Skinheads sich in den frühen achtziger Jahren unideologisch gaben, schlossen sich doch eher "rechts" eingestellte Jugendliche der Szene an. Für dezidiert „links" orientierte Jugendliche waren die Skinheads, auch wegen des „rechten", gar „rechtsextremistischen" Images ihrer englischen Vorbilder, keine attraktive Alternative zum Punk.[41] Zusammengehalten wurde die Szene jedoch durch Kameradschafts- und Actiongeist. Parolen wie "Ausländer raus!" und gewalttätige Übergriffe auf Ausländer entbehrten noch weitgehend des ideologischen Überbaus, sie sollten vielmehr potentielle Prügelgegner herausfordern und dienten der Abgrenzung und Konfrontation.[42] Die Aggressionen richteten sich vielfach gegen Personen, die die Politik als Sündenböcke benannte und die auch an den Stammtischen verdächtigt wurden.[43] Mit Punks prügelte man sich zu dieser Zeit dagegen noch um die Vorherrschaft der Subkulturen.[44] Auch wenn bei weitem nicht nur Ausländer Opfer der von Skinheads verübten Gewalttaten wurden, wurden die Skinheads doch in der Öffentlichkeit bald gerade mit ihren ausländer- oder fremdenfeindlichen Straftaten, mit ihren in erster Linie provokativ gemeinten nazistischen Parolen identifiziert.

IV. Die zweite Generation

Im Laufe der achtziger Jahre rückte die Szene immer weiter nach rechts.[45] Worauf dies zurückzuführen ist, bleibt umstritten. Eiferten deutsche Skins neonazistisch eingestellten Protagonisten der englischen Szene nach? Waren es die im Bemühen um Abgrenzung von den Punks propagierten „spießbürgerlichen" Werte wie Ar-

---

39 *Farin, K./Seidel-Pielen, E.* 1993 (Fn. 1), 101. Zur Fußballbegeisterung der Skinheads der achtziger auch *Bredel, H.* 2002 (Fn. 2), 55 und *Menhorn, Ch. 2001* (Fn. 1), 137, 139, speziell zur Hamburger Szene, ebenda, 146.

40 *Farin, K./Seidel-Pielen, E.* 1993 (Fn. 1), 101f.

41 *Farin, K./Seidel-Pielen, E.* 1993 (Fn. 1), 100; ähnlich *Bredel, H.* 2002 (Fn. 2), 54f.

42 *Farin, K./Seidel-Pielen, E.* 1993 (Fn. 1), 64. *Bundesminister des Innern:* Verfassungsschutzbericht 1984, 157.

43 *Farin, K./Seidel-Pielen, E.* 1993 (Fn. 1), 100f.

44 *Farin, K./Seidel-Pielen, E.* 1993 (Fn. 1), 147.

45 *Farin, K./Seidel-Pielen, E.* 1993 (Fn. 1), 150.

beit, Sauberkeit, Disziplin und Ordnungsliebe, die, zunehmend zu „deutschen Tugenden“ stilisiert, ein ideologisches Gefälle schufen und für nationalistische und rassistische Gedanken empfänglich machten? Oder begannen die Skins der zweiten Generation einfach die Provokationen der ersten Generation ernst zu nehmen?[46] Nach Ansicht einiger Beobachter der Szene war es zumindest auch die Stigmatisierung der Skinheads als rechtsextremistisch oder neonazistisch, die es der Mehrheit der Bevölkerung erlaubte, die Skinheads als Rassisten zu brandmarken und die Frage nach der Verbreitung rassistischer Überzeugungen in breiteren Schichten der Gesellschaft zu verdrängen, die zur (Pseudo-)Politisierung und partiellen Radikalisierung der Skinheads beitrug.[47] Zunächst lehnten sich die Skinheads noch gegen die öffentlichen Zuschreibungen auf. So etwa mit dem Kultsong „Häßlich, Brutal und Gewalttätig” der Kultband „Böhse Onkelz” aus dem Jahre 1985. Dort heißt es: „Wir tragen alle Hakenkreuze, wir haben nur Gewalt im Sinn, ist es das, was ihr hören wollt, daß wir hirnlose Schläger sind ... In den Medien steht es immer wieder, daß wir die Schlägertrupps und Neonazis sind, doch wir haben uns nichts vorzuwerfen, denn es ist ihr Gerede, das stinkt. Lüge, alles Lüge, Lüge, Lüge ...”[48] In der folgenden Zeit anverwandelte sich jedoch eine neue Skinheadgeneration zunehmend dem Medienbild[49] und begann die eigenen Provokationen ernst zu nehmen:[50] Dies zeichnet sich bereits in einem Lied der Oi!-Band „Endstufe“ ab, in dem bereits das Einschüchterungspotential, das Image des gewalttätigen, neonazistischen Skinheads ausgekostet wird: „Skinheads sind ja alles Nazis, schlagen jeden Ausländer tot, essen kleine Kinder gern, bei Juden sehen sie alle rot, kriminell und asozial, möchten KZ-Aufseher sein, pissen in die Briefkästen, schmeißen jede Scheibe ein! Skinheads, tätowiert, kahl, brutal! Laß dich nicht mit Skinheads ein, denn dann bist du verlor’n, unsere Eltern wünschen sich, wir wär’n nie gebor’n, Skinheads sind die bösen Buben, kann man ja in der Zeitung sehen, Punks und Türken, die sind lieb, weil sie gegen Skinheads stehen!“[51] Nicht zuletzt die sich mehrenden Auseinandersetzungen mit Autonomen, mit Punkern und mit türkischen Jugendlichen, die insbesondere in Berlin und Hamburg regelrecht Jagd auf Skin-

---

[46] Diese beiden Erklärungsansätze führen *Farin, K./Seidel-Pielen, E.* 1993 (Fn. 1), 149f. ins Feld.

[47] *Farin, K./Seidel-Pielen, E.* 1993 (Fn. 1), 213ff. A.A. *Menhorn, Ch.* (Fn. 1), 149, der behauptet, daß die Ausländerfeindlichkeit der Skinheads und ihr Hang zu extremistischen Verhaltensweisen bis Mitte der achtziger Jahre in der Presse kaum thematisiert worden seien.

[48] Zit. nach *Farin, K./Seidel-Pielen, E.* 1993 (Fn. 1), 213.

[49] *Farin, K./Seidel-Pielen, E.* 1993 (Fn. 1), 213, so auch Hacki (23) Skinhead und Nationalsozialist, zit. ebenda, 64. Auch *Jaschke, G.-H.:* Rechtsextremismus und Fremdenfeindlichkeit. 2. Aufl. Wiesbaden 2001, 83 ist der Auffassung, daß die Skinheads zu einem „von den Medien sorgsam gepflegten innenpolitischen Feindbild“ geworden sind, und daß das „Skin-Phänomen“ ohne die „breite Zuwendung von Justiz, Medien und Sozialarbeit“ kaum denkbar wäre.

[50] Dies die Interpretation von *Menhorn, Ch.* 2001 (Fn. 1), 149f.

[51] Zit. bei *Farin, K./Seidel-Pielen, E.* 1993 (Fn. 1), 63.

heads machten, forderten die rechten Skins heraus und trugen zur Festigung ihres rechten Selbstverständnisses bei.[52] Es wundert daher nicht, daß zu dieser Zeit auch der „Englandkult" der deutschen Skinheads szeneintern zunehmend in die Kritik geriet. Einige begannen einen regelrechten „Englandhaß" zu kultivieren, andere mahnten an, sich auf die eigene Szene sowie darauf zu besinnen, daß man deutsch sei.[53] Neben den Kultbands „Skrewdriver" und „Brutal Attack" wurden jetzt auch verstärkt deutsche Bands, wie eben die „Böhsen Onkelz" oder auch „Kraft durch Freude" gefeiert.

V. Verhältnis zu rechtsextremistischen Parteien

In der Folgezeit wurde „rechts sein" zunehmend zur Mode,[54] es entwickelten sich Kontakte zu rechtsextremen Kreisen, und ein Teil der Skinheads engagierte sich sogar bei Parteien oder Organisationen wie Michael Kühnens „Aktionsfront Nationaler Sozialisten/Nationaler Aktivisten" (ANS/NA), der FAP oder dem „Stahlhelm", von denen die Skinheads wegen ihrer Bereitschaft zur Gewaltanwendung von Anfang an heftig umworben worden waren.[55] Man war sich einig in der Abneigung gegen „Linke," Ausländer und Asylbewerber.[56] Rechte Skins fungierten als Ordner bei Neonaziveranstaltungen, nahmen an Wehrsportübungen teil, verteilten Werbematerial, führten Schmier- und Klebaktionen aus und nutzten neonazistische Veranstaltungen und Demonstrationen als Gelegenheiten zur „Randale".[57] Spektakuläre Aktionen wie der Aufruf der „Aktionsfront nationaler Sozialisten" zum „Kampf gegen die Kanaken" anläßlich des Länderspiels BRD – Türkei im Oktober 1983 in Berlin sollten den Schulterschluß zwischen Subkultur und Na-

---

52 Zur Entwicklung in Berlin *Menhorn, Ch.* 2001 (Fn. 1), 143. Nach *Bundesminister des Innern:* Verfassungsschutzbericht 1986, 183f.; 1987, 120; 1988, 117; 1989, 111; waren im Jahr 1986 etwa 200 Skins und in den drei darauffolgenden Jahren etwa 250 als Rechtsextremisten anzusehen. Daß der Schwerpunkt dieser rechtsextremen Skinszene in Berlin lag, wird in den Verfassungsschutzberichten von 1986, 184; 1987, 120 ebenfalls bestätigt.

53 *Menhorn, Ch.* 2001 (Fn. 1), 140ff.

54 So ein Skinhead aus Freiburg, zit. bei *Menhorn, Ch.* 2001 (Fn. 1), 139.

55 *Farin, K./Seidel-Pielen, E.* 1993 (Fn. 1), 102f. So etwa von Michael Kühnen und der von ihm aufgebauten „Aktionsfront Nationaler Sozialisten," die Hooligans wie Skinheads für ihre Kameradschaften anzuwerben versuchten. Dazu ausführlicher *Bredel, H.* 2002 (Fn. 2), 95. Von den Versuchen rechtsextremer Parteien, Skinheads anzuwerben, berichtet auch Matthias Walz, Mitglied der Oi!-Band „Boots & Braces," zit. bei *Menhorn, Ch.* 2001 (Fn. 1), 137. Zum Verhältnis der Berliner Skins zu rechtsextremistischen Parteien auch ebenda, 143f., 151ff.; *Bundesminister des Innern:* Verfassungsschutzbericht 1984, 157.

56 *Farin, K./Seidel-Pielen, E.* 1993 (Fn. 1), 103; *Bredel, H.* 2002 (Fn. 2), 93.

57 *Bredel, H.* 2002 (Fn. 2), 93f. Daß Skinheads sich etwa als Ordner betätigten, bestätigt auch Matthias Walz, Mitglied der Oi!-Band „Boots & Braces", zit. bei *Menhorn, Ch.* 2001 (Fn. 1), 137f., 151ff.; *Bundesminister des Innern:* Verfassungsschutzbericht 1984, 157; 1987, 120.

zi-Parteien demonstrieren.[58] Wegen tatsächlicher und vermeintlicher Verflechtungen mit der rechtsextremen Szene wurden rechtsextremistische Skinheads auch seit 1983 vom Verfassungsschutz observiert.[59] Viele Skinheads gingen jedoch bald wieder auf Distanz.[60] Sie hatten bemerkt, daß sie als „Schlägertruppe" mißbraucht wurden und gewannen den Eindruck, daß viele Nazis „Schwätzer" sind und „nichts drauf haben".[61] Allenfalls die FAP, die mehr Wert auf Aktionen auf der Straße legte und deren Funktionär Siegfried Borchardt sich etwa als Mitglied der Hooligan-Truppe „Borussenfront" gerne selbst an tätlichen Auseinandersetzungen beteiligte, vermittelten den Skinheads das Gefühl, akzeptiert zu sein.[62] Skinheads wollten sich auf jeden Fall nicht in eine festgefügte Parteiordnung pressen lassen und in ihrer Freizeit mit Parteiprogrammen befassen.[63] Viele verstanden sich zwar als "Rassisten", wollten aber kein „Adolf Hitler-Fanclub" sein.[64] Beim avisierten „Kampf gegen die Kanaken" in Berlin wurden Skins sogar nicht, wie geplant, gegen Türken gewalttätig, sondern versuchten, eine Parteiveranstaltung der ANS/NA zu stürmen.[65] Dies wiederum hatte zur Folge, daß sich etwa Michael Kühnen mit drastischen Worten von den Skinheads distanzierte: „(Die Skinheads) sind verrückt und dumm. Sie denken nicht mit den Köpfen, sondern mit dem Bauch. (...) Uns nützen sie gar nichts. Wir werden sie nicht bei uns aufnehmen, sie schaden nur, was die gemacht haben, wird uns zugeschrieben."[66] Viele Rechtsextremisten hatten erkennen müssen, daß die undisziplinierten Skins für rechtsextremistische Indoktrinationen meist ungeeignet waren.[67] Auch NPD und DVU taten sich schwer mit den Skins: An der Basis waren sie willkommene Beitragszahler, die sich leichter für Aktionen begeistern ließen als Parteimitglieder im Rentenalter. Die Parteispitze befürchtete jedoch, sie könnten mit ihren Gewalttaten Wähler aus dem bürgerlichen

---

[58] *Farin, K./Seidel-Pielen, E.* 1993 (Fn. 1), 103; *Bredel, H.* 2002 (Fn. 2), 94.

[59] *Bundesminister des Innern:* Verfassungsschutzbericht 1983, 141f.

[60] *Menhorn, Ch.* 2001 (Fn. 1), 153.

[61] *Farin, K./Seidel-Pielen, E.* 1993 (Fn. 1), 103f.; dazu auch Hacki (23) Skinhead und Nationalsozialist, zit. bei *Farin, K./Seidel-Pielen, E.* 1993 (Fn. 1), 64; *Bredel, H.* 2002 (Fn. 2), 94. Insbesondere zur Distanzierung von Michael Kühnens ANS/NA, *Menhorn, Ch.* 2001 (Fn. 1), 151f.

[62] *Menhorn, Ch.* 2001 (Fn. 1), 152. Zu der Gruppe um Borchardt auch *Bundesminister des Innern:* Verfassungsschutzbericht 1984, 158.

[63] *Bredel, H.* 2002 (Fn. 2), 95; *Menhorn, Ch.* 2001 (Fn. 1), 153f. Auch der *Bundesminister des Innern:* Verfassungsschutzbericht 1983, 142 hält die Vorstellungswelt und die Lebensweise der Skins mit rechtsextremistischen Grundhaltungen nur schwer für vereinbar.

[64] *Bredel, H.* 2002 (Fn. 2), 106. So auch die „Böhsen Onkelz", zit. bei *Bredel, H.* 2002 (Fn. 2), 81.

[65] Dies aus Wut darüber, daß im Vorfeld des Spiels bei der ANS/NA von der Polizei eine Adressenliste von potentiellen Sympathisanten der ANS/NA beschlagnahmt worden war, die zur Festnahme von Skins vor und während des Spiels genutzt werden konnte. *Menhorn, Ch.* 2001 (Fn. 1), 151; auch *Bredel, H.* 2002 (Fn. 2), 94.

[66] Zit. nach *Menhorn, Ch.* 2001 (Fn.), 151.

[67] *Bundesminister des Innern:* Verfassungsschutzbericht 1985, 171; 1986, 183.

Spektrum verschrecken.[68] Vor dem Hintergrund dieses problematischen Verhältnisses wundert es nicht, daß die Sicherheitsbehörden den Anteil der rechtsextremen Skins an der gesamten bundesdeutschen Skinszene bis Ende der achtziger Jahre „allenfalls auf 10%" schätzen.[69] Dennoch traf man fortan in der Skinheadszene auch auf Neonazis, einige Skinbands hatten sogar Neonazis unter ihren Mitgliedern[70] und die „neue Rechte", die sich in Deutschland bis heute nicht als Partei formiert hat, sondern aus verschiedenen kleinen Zirkeln hochqualifizierter Intellektueller besteht,[71] begann die Skinheads durch Werbung, insbesondere für Rechtsrock-Bands zu unterstützen.[72]

VI. Ausdifferenzierung der Szene und Konfrontation

Während die „rechte" Fraktion der Skinheads in den achtziger Jahren das Rassisten- und Naziimage zu bestätigen begann,[73] distanzierte sich nur ein „linker" Flügel vehementer von den öffentlichen Zuschreibungen. Mitte der achtziger Jahre traten in Deutschland die ersten „linken" Skins auf den Plan. Einige verstanden sich als Redskins, die meisten orientierten sich aber an der aus den USA stammenden Bewegung SHARP.[74] Zu ihrem Sprachrohr wurde 1989 das von zwei Berliner Skinheads im Jahre 1987 erstmalig herausgegebene Magazin „Skintonic". Dieses gab sich, wie auch die SHARP-Skins, betont antirassistisch – Skinhead und Rassismus haben nichts miteinander zu tun – ansonsten jedoch unpolitisch.[75] SHARP-Skins sollten jedoch in Deutschland eine Minderheit bleiben. Bei den rechten Skins gehörten dagegen spontane Überfälle auf Ausländer zum „Glatzenalltag."[76] Im Juli 1985 erschlugen zwei Skinheads nach einem Streit in einer Kneipe den 29jährigen Mehmet Kaynakci mit einer Gehwegplatte, im Dezember desselben Jahres wurde der 26-jährige Ramazan Avci von einer Gruppe Skinheads zu Tode getreten.[77] Während daraufhin zahlreiche Altskinheads der Szene den Rücken kehrten,[78] bes-

---

68 *Menhorn, Ch.* 2001 (Fn. 1), 152f.

69 *Bundesminister des Innern:* Verfassungsschutzbericht 1988, 136; *Bredel, H.* 2002 (Fn. 2), 55.

70 *Farin, K./Seidel-Pielen, E.* 1993 (Fn. 1), 104; *Bredel, H.* 2002 (Fn. 2), 95f.; *Menhorn, Ch.* 2001 (Fn. 1), 154.

71 Ausführlich zur „neuen Rechten," *Bredel, H.* 2002 (Fn. 2), 183-199, 189.

72 *Bredel, H.* 2002 (Fn. 2), 185, m.w.N.

73 Zur nach rechts driftenden Hannoveraner Szene, *Menhorn, Ch.* 2001 (Fn. 1), 145.

74 *Bredel, H.* 2002 (Fn. 2), 57.

75 *Farin, K./Seidel-Pielen, E.* 1993 (Fn. 1), 126f.

76 *Farin, K./Seidel-Pielen, E.* 1993 (Fn. 1), 104; *Menhorn, Ch.* 2001 (Fn. 1), 147. Zu gewalttätigen Übergriffen auf Türken, *Bundesminister des Innern:* Verfassungsschutzbericht 1985, 171.

77 *Farin, K./Seidel-Pielen, E.* 1993 (Fn. 1), 105.

78 *Bredel, H.* 2002 (Fn. 2),56.

tätigten andere mit Nazisymbolen, Hitlergrüßen und „Jude raus“-Rufen in den Stadien und bei Übergriffen auf Ausländer trotzig das Bild des Ausländerhassers, das die Öffentlichkeit nicht ohne Grund gewann.[79] Gerade durch die ausländerfeindlichen Gewalttaten und die faschistischen Sprüche und Symbole wurden jetzt sogar immer mehr Jugendliche angezogen, die tatsächlich einen Jugendkult suchten, der klar „rechts” einzuordnen war: „In Wirklichkeit waren es nicht so viele Skinheads, die Nazis wurden, sondern Nazis, die zu Skinheads wurden.”[80] Diese zweite Skinheadgeneration hatte nach Einschätzung von Altskins mit den Urskins kaum mehr als die Glatze gemein. Für die Mehrheit der Skinheads schien die politische Ideologie wichtiger geworden zu sein als der Kult.”[81]

Innerhalb der Skinheadszene, insbesondere zwischen SHARP-Skins und Vertretern des rechtsextremen Flügels, und auch im Verhältnis zu anderen Jugendkulturen kam es jetzt immer häufiger zu tätlichen Auseinandersetzungen – auch und gerade wegen ideologischer Differenzen.[82] Unpolitischen Altskins und Alt-Hooligans mißfiel, daß „Jungglatzen” die Tribünen der Stadien für ihre Politpropaganda mißbrauchten: „Die machen uns doch unmöglich. Die brüllen irgendwelchen ewiggestrigen Nazi-Scheiß und wir werden anschließend damit fertiggemacht. Wir sind doch keine Nazis.”[83] Ein Höhepunkt der szeneinternen Konfrontation ereignete sich im März 1989 während des Hamburger Derbys im Volksparkstadion, als Hooligans und Alt-Skins in der Halbzeitpause eine Glatzenschar aus „ihrer” Kurve prügelten.[84] Diese Ereignisse können jedoch nicht darüber hinwegtäuschen, daß die Skinheadszene bereits von Mode-Rechten, Ausländerhassern und echten Nazi-Skins dominiert wurde.[85] FAP und NF, Nationale Liste und selbst Republikaner und die Deutsche Volksunion konnten sich mit Skinheads in ihren Reihen schmücken.[86] Dies blieb nicht ohne Rückwirkungen auf das Verhältnis zur Punk-Szene,

---

[79] *Farin, K./Seidel-Pielen, E.* 1993 (Fn. 1), 106; *Bredel, H.* 2002 (Fn. 2), 56; *Menhorn, Ch.* 2001 (Fn. 1), 147.

[80] Zit. bei *Farin, K./Seidel-Pielen, E.* 1993 (Fn. 1), 106. Dazu, daß sich vermehrt Jugendliche anschlossen, die das „gewaltbehaftete und rechtsradikale Image“ der Skinheads faszinierte auch *Bredel, H.* 2002 (Fn. 2), 56; *Menhorn, Ch.* 2001 (Fn. 1), 148.

[81] *Farin, K./Seidel-Pielen, E.* 1993 (Fn. 1), 108.

[82] Zur friedlichen Koexistenz von rechten, unpolitischen und linken Skins in Berlin zu Anfang der achtziger Jahre, *Menhorn, Ch.* 2001 (Fn. 1), 143.

[83] *Farin, K./Seidel-Pielen, E.* 1993 (Fn. 1), 109.

[84] *Farin, K./Seidel-Pielen, E.* 1993 (Fn. 1), 108ff. mit einer näheren Schilderung des Vorfalls.

[85] *Farin, K./Seidel-Pielen, E.* 1993 (Fn. 1), 108; *Bredel, H.* 2002 (Fn. 2), 56; *Menhorn, Ch.* 2001 (Fn. 1), 147.

[86] *Farin, K./Seidel-Pielen, E.* 1993 (Fn. 1), 108; *Bredel, H.* 2002 (Fn. 2), 96. So existierte in Berlin eine Skingruppe um den Neonazi und Skinhead Andreas Pohl, der sich der „Nationalistischen Front“ (NF) angeschlossen hat, *Bundesminister des Innern:* Verfassungsschutzbericht 1985, 171.

aus der sich die Skinheads in ihrer Anfangsphase rekrutiert hatten.[87] Während zu Beginn der achtziger Jahre beide Szenen noch friedlich koexistierten und sich z.T. durchmischten,[88] kam es seit Mitte der achtziger Jahre zunehmend zu Streitereien und gegenseitigen Attacken auf Treffen und Konzerten. Während die Skins die Punks wegen ihres schmuddeligen outfits und ihrer linken Ideen anfeindeten, griffen die Punks die Skins wegen ihrer faschistischen Tendenzen an.[89] Nachdem die „Chaostage" in Hannover 1983 noch weitgehend friedlich verliefen, lieferten sich die angereisten Skins und Punks bereits 1984 heftige Straßenschlachten. Es kam zum Bruch zwischen Punk- und Skin-Szene.[90] Insbesondere in Hamburg und in Berlin nahmen auch die Auseinandersetzungen zwischen Skins und ausländischen, insbesondere türkischen Banden, die ihre „Reviere" noch fest im Griff hatten, zu,[91] und sie verschärften sich in Hamburg nach der Ermordung der beiden Türken im Jahr 1985.

VII. Skinheads in der DDR

Auch in der ehemaligen DDR gab es bereits Skinheadgruppierungen. Seit 1980/81 traten, insbesondere in den Fußballstadien, kahlgeschorene Jugendliche auf, die Nazi-Parolen skandierten und durch ihre Gewaltbereitschaft auffielen. Während sich diese zunächst eher spontan gegenüber Mitgliedern anderer Jugendkulturen entlud, wurden im Laufe der achtziger Jahre zunehmend Angehörige gesellschaftlicher Minderheiten, insbesondere Ausländer, Opfer der Gewalt. Auch antisemitische Aktionen mehrten sich.[92] Hochburgen der ostdeutschen Skinheadszene waren Ost-Berlin, Potsdam, Frankfurt (Oder), Weimar, Leipzig und Erfurt.[93] Viele waren Punks oder Fußballfans gewesen, bevor sie sich den Skinheads anschlossen.[94] Es fanden sich aber auch frustrierte Normaljugendliche, ganz überwiegend aus intakten Familien, ehemalige Wehrpflichtige mit Vorliebe fürs Militäri-

---

[87] Zur Verschlechterung der Verhältnisses von Skins zu Punks und Autonomen äußert sich ein Skinhead aus Freiburg, zit. bei *Menhorn, Ch.* 2001 (Fn. 1), 139.

[88] Ausführlich zur Situation in Hannover, *Menhorn, Ch.* 2001 (Fn. 1), 145.

[89] *Menhorn, Ch.* 2001 (Fn. 1), 139.

[90] *Menhorn, Ch.* 2001 (Fn. 1), 140. Von einem Skin, der auf einen Punk einstach berichtet auch *Bundesminister des Innern:* Verfassungsschutzbericht 1988, 136.

[91] Zur Situation in Berlin, *Menhorn, Ch.* 2001 (Fn. 1), 2001, 143f., in Hamburg, 146. Zu einer entsprechenden Auseinandersetzung in Hannover, *Bundesminister des Innern:* Verfassungsschutzbericht 1989, 133.

[92] *Brück, W.:* Skinheads vor und nach der Wende in der DDR. In: Minderheiten – Störpotential oder Chance für eine friedliche Gesellschaft? hrsg. v. W. Gessenharter u.a. Baden-Baden *1991, 163-173, 164, 168; Bredel, H.* 2002 (Fn. 2), 106f.

[93] *Bredel, H.* 2002 (Fn. 2), 105.

[94] *Menhorn, Ch.* 2001 (Fn. 1), 154.

sche und gewaltbereite Vorbestrafte ein.[95] Sie verband die Vorliebe für Alkohol und der Haß auf den DDR-Staat.[96] Zwar wußten die Skinheads wenig über die Ursprünge des Skinheadkultes, er schien ihnen jedoch bestens geeignet, den antifaschistischen Staat auf deutschem Boden zu provozieren.[97] Auf rechtsextremistische Ideologiemuster griffen sie zurück, um sich vom sozialistischen Staat und seiner tristen Gesellschaftsordnung zu distanzieren, in der die Jugend vor allem ein Objekt vielfältiger Kontrollen war:[98] „Der DDR-Staat hat keine echte Beziehung zu seiner Jugend, er weiß nicht, was unter jungen Menschen vorgeht.“[99]

Die ostdeutsche Skinszene war schon in den achtziger Jahren stark von der westlichen Szene beeinflußt. Man traf sich bei Fußballspielen oder bei Skinkonzerten in anderen realsozialistischen Staaten. Bei der Gelegenheit erstanden die Ostskins szenetypische Kleidungsstücke und Tonträger, die in der DDR nur zu horrenden Preisen zu erwerben waren.[100] Im Laufe der achtziger Jahre rückte die ostdeutsche Skinheadszene ebenso wie die westdeutsche zunehmend nach rechts, in Entsprechung zu dem Bild, das das Westfernsehn von den Skinheads der Bundesrepublik Deutschland vermittelte.[101] Über Kontakte zu neonazistischen Organisationen sowie Einzelpersonen in West-Berlin und in Ungarn gelangten Ostskins auch an Propagandamaterial.[102] Einige Skinheads gehörten sogar konspirativen neonazistischen Zirkeln der DDR an.[103] Dennoch verfügten die meisten, anders als die Faschos, die sich seit 1987 formierten und überwiegend konspirativ agierten, über kein festgefügtes ideologisches Weltbild.[104]

Die politische Führung versuchte zunächst totzuschweigen, daß es auch in der DDR Skinheads gab. Ihre Gewalttaten wurden entweder zu „unpolitischem Rowdytum” oder zu einem „Westimport” erklärt. Strafrechtlich verfolgt wurden die Taten selten.[105] Man ließ die Skins vielmehr lange Zeit unbehelligt agieren. Daß sie Punks, Alternative und Oppositionelle einschüchterten, kam dem System entge-

---

[95] *Bredel, H.* 2002 (Fn. 2), 105,118, 122. Auch *Menhorn, Ch.* 2001 (Fn. 1), 155 weist darauf hin, daß ein Großteil der ostdeutschen Skins aus gutsituierten Familien stammte, überwiegend einer Erwerbstätigkeit nachging und sogar z.T. in den Arbeitszeugnissen als fleißig und arbeitsam beschrieben wurde.

[96] *Bredel, H.* 2002 (Fn. 2), 105; *Menhorn, Ch.* 2001 (Fn. 1), 155.

[97] *Farin, K./Seidel-Pielen, E.* 1993 (Fn. 1), 110; *Bredel, H.* 2002 (Fn. 2), 106f.

[98] *Brück, W.* 1991 (Fn. 92), 163-173, 164f., 169; *Bredel, H.* 2002 (Fn. 2), 107; *Menhorn, Ch.* 2001 (Fn. 1), 155.

[99] Zitat eines Skinheads, nachgewiesen bei *Brück, W. 1991* (Fn. 92), *169.*

[100] *Bredel, H.* 2002 (Fn. 2), 106; *Menhorn, Ch.* 2001 (Fn. 1), 156f.

[101] *Bredel, H.* 2002 (Fn. 2), 107; *Menhorn, Ch.* 2001 (Fn. 1), 156f.

[102] *Bredel, H.* 2002 (Fn. 2), 107.

[103] *Menhorn, Ch.* 2001 (Fn. 1), 156.

[104] Ausführlich zu den Faschos, *Bredel, H.* 2002 (Fn. 2), 107f.

[105] *Farin, K./Seidel-Pielen, E.* 1993 (Fn. 1), 110, 114; *Bredel, H.* 2002 (Fn. 2), 109, 112, ausführlich zur „Westimportthese“, 117f.; *Menhorn, Ch.* 2001 (Fn. 1), 157.

gen, und die Volkspolizei griff sogar zum Teil sehenden Auges nicht ein.[106] Schwerere Strafen wurden erstmalig 1987 ausgesprochen, in Prozessen gegen Skins, die ein Punkkonzert in der Zionskirche in Ostberlin überfallen hatten,[107] gegen eine Gruppe junger Ost-Skins aus Oranienburg und gegen jungendliche Friedhofschänder aus Ostberlin – wohl auch deswegen so verzögert, weil man Imageschäden im Ausland befürchtete.[108] Die nun einsetzende staatliche Repression und die verstärkte Bespitzelung durch die Staatssicherheit führten dazu, daß ein Großteil der Skinheads abtauchte, sein Aussehen änderte und sich zunehmend konspirativ verhielt.[109] Als sich der Zusammenbruch des sozialistischen Staates abzuzeichnen begann, wurden die Skinheads jedoch einerseits weniger wichtig, andererseits auch nützlich: Übergriffe auf Punks, Hippies und Linke kamen jetzt politisch nicht ungelegen und wurden wieder geduldet oder gar unterstützt: Skinheads wurden zum Alexanderplatz transportiert, wo sie oppositionelle Demonstranten zusammenprügeln durften; vereinzelt wurden sie auch von Stasi-Leuten trainiert.[110] Eine nicht unbeträchtliche Zahl arbeitete sogar als Spitzel für das Ministerium für Staatssicherheit.[111]

Nach dem Zusammenbruch der DDR hatte die Skinhead- wie auch die Hooliganszene enormen Zulauf.[112] In der Öffentlichkeit traten die Skinheads seit Anfang 1990 zunehmend bei den Leipziger Montagsdemonstrationen, häufig zusammen mit Rechtsradikalen und Faschos in Erscheinung.[113] Nachdem seit Dezember 1989 aus dem Ruf „Wir sind das Volk" der Ruf „Wir sind ein Volk" geworden war, hörte man jetzt auch „Deutschland, Deutschland!" und Sprechchöre wie „Rotfront verrecke!" oder „Modrow, Gysi an die Wand – Deutschland einig Vaterland!"[114] Von Republikanern, NPD und DVU verteilte Handzettel und Propagandamaterialien fanden reißenden Absatz.[115] Von rechten Westskins wurden die Ostskins mit Szeneartikeln, Fanzinen und Tapes versorgt.[116] Im Jahr der Einheit mehrten sich die rechtsextremistisch motivierten Übergriffe; fast immer waren Skinheads betei-

---

[106] *Bredel, H.* 2002 (Fn. 2), 112f.

[107] *Bredel, H.* 2002 (Fn. 2), 112f.; ausführlich *Menhorn, Ch.* 2001 (Fn. 1), 157f.

[108] *Farin, K./Seidel-Pielen, E.* 1993 (Fn. 1), 111; *Menhorn, Ch.* 2001 (Fn. 1), 158.

[109] *Farin, K./Seidel-Pielen, E.* 1993 (Fn. 1), 114f.; *Bredel, H.* 2002 (Fn. 2), 114, 116. Daß die verhängten strafrechtlichen Sanktionen überzogen waren, konstatiert auch *Brück, W. 1991* (Fn. 98), *168.*

[110] *Farin, K./Seidel-Pielen, E.* 1993 (Fn. 1), 115.

[111] *Menhorn, Ch.* 2001 (Fn. 1), 159.

[112] *Menhorn, Ch.* 2001 (Fn. 1), 144; 159f.

[113] *Menhorn, Ch.* 2001 (Fn. 1), 161.

[114] *Bredel, H.* 2002 (Fn. 2), 134f.

[115] *Bredel, H.* 2002 (Fn. 2), 134. Daß westdeutsche Neonazis auch ostdeutsche Skinheads umwarben, um Nachwuchs zu rekrutieren, bestätigt auch *Menhorn, Ch.* 2001 (Fn. 1), 144.

[116] *Menhorn, Ch.* 2001 (Fn. 1), 160, dort ausführlich zu einem Spendenaufruf des Herausgebers von „Clockwork Orange", Ullrich Großmann.

ligt: Ausländerheime wurden überfallen, in den Innenstädten machten Skins und Faschos Hatz auf Ausländer und Passanten. Anläßlich von Fußballspielen kam es zu Straßenschlachten mit der Volkspolizei, es flogen Steine und Flaschen, der rechte Mob grölte Parolen wie „Sieg Heil“ und „Türken und Rote aufklatschen“.[117] Im Juni 1990 wurde in Erfurt ein arbeitsloser Maurer von Skinheads zu Tode getreten, im Juli wurde in der Kleinstadt Eberswalde der erste Ausländer von Fascho-Skins und Heavy-Metals ermordet, im November der Angolaner Antonio Amadeu zu Tode geprügelt.[118] Die Volkspolizei schritt nicht immer ein, sah manchmal tatenlos zu; die Bereitschaftspolizei war bereits ersatzlos aufgelöst worden, viele Volkspolizisten bangten in den Monaten vor der Wiedervereinigung um ihren Arbeitsplatz.[119] Z.T. beteiligten sich auch Einheimische an den Ausschreitungen oder feuerten den rechten Mob an.[120] Man konnte sich des Eindrucks einer beklemmenden Desintegration gesellschaftlicher Lebenszusammenhänge nur schwer erwehren.[121] Daß alle an diesen fremdenfeindlichen Straftaten beteiligten Skinheads über ein festgefügtes rechtsextremistisches ideologisches Weltbild verfügten, darf bezweifelt werden.[122] Allerdings haben Untersuchungen aus dem Jahre 1990 ergeben, daß unter Skinheads und Jugendlichen, die mit ihnen sympathisierten, rechtsextremistische Einstellungen noch deutlich weiter verbreitet waren als allgemein unter ostdeutschen Jugendlichen.[123] Insbesondere waren fast 90 % der ostdeutschen Skins und ihrer Sympathisanten der Auffassung, daß es in den neuen Bundesländern zu viele Ausländer gebe und daß der Ausländeranteil verringert werden sollte.[124] Da der Anteil der ausländischen Arbeitnehmer in Ostdeutschland im Dezember 1989 mit 91.000 schon nicht sehr hoch war und innerhalb des folgenden Jahres auf 28.000 zurückging, grenzt dies beinahe an Paranoia.[125] Für viele (Mode?)-Skins war aber viel eher die Lust auf Randale bestimmend. Sie reduzierten das Skinhead-Sein auf eine „anti-linke Männerbewegung im Military-Look.”[126] Gerade weil die

---

[117] *Bredel, H.* 2002 (Fn. 2), 135ff. *Bundesminister des Innern:* Verfassungsschutzbericht 1990, 119.

[118] *Bredel, H.* 2002 (Fn. 2), 137f.

[119] *Bredel, H.* 2002 (Fn. 2), 137f. Zum Wegfall der staatlichen Ordnungsmacht in der DDR auch *Menhorn, Ch.* 2001 (Fn. 1), 161, 163.

[120] Dazu, daß der in der DDR nur mühsam unter Verschluß gehaltene rechtsextremistische Bodensatz in der Öffentlichkeit in Erscheinung trat, auch *Menhorn, Ch.* 2001 (Fn. 1), 161, ausführlicher zu den Ausschreitungen in Hoyerswerda im September 1991 und in Rostock-Lichtenhagen im August 1992 und zur Beteiligung der Bevölkerung, 164.

[121] Diesen Eindruck vermitteln die Schilderungen von *Menhorn, Ch.* 2001 (Fn. 1), 164.

[122] So auch *Menhorn, Ch.* 2001 (Fn. 1), 161.

[123] Siehe die Zusammenstellung der Ergebnisse einer Studie des Zentralinstituts für Jugendforschung Leipzig vom Dezember 1990 bei *Bredel, H.* 2002 (Fn. 2), 142-150.

[124] Siehe die Zusammenstellung der Ergebnisse einer Studie des Zentralinstituts für Jugendforschung, Leipzig, vom Dezember 1990 bei *Bredel, H.* 2002 (Fn. 2), 145.

[125] *Bredel, H.* 2002 (Fn. 2), 128.

[126] *Farin, K./Seidel-Pielen, E.* 1993 (Fn. 1), 117., 115f.

Öffentlichkeit vor dem Hintergrund der brutalen Übergriffe auf Ausländer vorschnell alle ostdeutschen Skinheads als Nazis abstempelte, verdient es, erwähnt zu werden, daß schon bald nach der Wende auch in den neuen Bundesländern SHARP-Skinheads Fuß faßten, und zwar als skininterne Oppositionsbewegung, die zu dieser Zeit im Westen der Republik ihren Zenit bereits überschritten hatte.[127]

VIII. Nach der Wiedervereinigung

Bis Ende der achtziger Jahre war es in Westdeutschland eher ruhig um die Skinheads geworden.[128] Die Hooligans hatten sich zwischenzeitlich in die Schlagzeilen geprügelt und nicht wenige Skinheads hatten sich dieser „aufstrebenden" In-Kultur angeschlossen. Mit der Wende erlebte die Skinhead-Bewegung im vereinigten Deutschland einen neuen Aufschwung. Insbesondere in Berlin wurden Dutzende von Bands und Fanzinen[129] verschiedener politischer Couleur gegründet. In allen Regionen Deutschlands hatten die Konzerte von Skinbands enormen Zulauf.[130] Vor allem mehrten sich insbesondere in Ostdeutschland schwere Übergriffe von Skinheads auf Ausländer, Asylbewerber, aber auch auf Linke und Punks.[131] Erschreckend war, daß seit der Wiedervereinigung bis etwa 1993 im Osten, aber auch im Westen Deutschlands neben diesen brutalen Attacken gegen Einzelpersonen zahllose Brandanschläge auf Asylbewerber- und Ausländerwohnheime verübt wurden und daß die Täter, zu denen häufig auch Skinheads gehörten, von der Bevölkerung angefeuert, wenn nicht gar unterstützt wurden.[132] So beteiligten sich im September 1991 in der sächsischen Kleinstadt Hoyerswerda neben jugendlichen Rechtsextremisten auch Skinheads an schweren ausländerfeindlichen Ausschreitungen: Die jugendlichen Rechtsextremisten versuchten, mit Molotow-Cocktails ein Ausländerwohnheim anzuzünden, und die Anwohner der umliegenden Häuser

---

127 *Farin, K./Seidel-Pielen, E.* 1993 (Fn. 1), 117.

128 Etwa zum vorübergehenden Niedergang der Hannoveraner Szene, *Menhorn, Ch.* 2001 (Fn. 1), 146. Auch in den Verfassungsschutzberichten seit 1983 wird den rechtsextremistischen Skins kaum mehr als ein kleiner Absatz gewidmet.

129 Szeneausdruck für Zeitschriften und Magazine, die von Szenemitgliedern herausgegeben werden. Er wird von Hooligans wie von Skinheads verwendet.

130 *Menhorn, Ch.* 2001 (Fn. 1), 163.

131 *Bundesminister des Innern:* Verfassungsschutzbericht 1990, 114; 1992, 77ff. Zu Straftaten gegen Fremde, insbesondere Asylbewerber, gegen politische Gegner, Polizeibeamte und „Undeutsche" Personen.

132 *Menhorn, Ch.* 2001 (Fn. 1), 164f.; zu Tötungsdelikten unter Beteiligung von Skinheads ausführlich *Bundesminister des Innern:* Verfassungsschutzbericht 1992, 72ff., dort auch zu dem Brandanschlag von Mölln auf zwei von Türken bewohnte Mehrfamilienhäuser, zu Ausschreitungen gegen Asylbewerberunterkünfte, ebenda, 77f., dort auch zu den Ausschreitungen in Rostock Lichtenhagen.

solidarisierten sich, indem sie die Polizei bei Festnahmen behinderten.[133] Auch wenn das linke Spektrum der Skin-Bewegung mit einzelnen Aktionen, etwa mit der 1991 von SHARP-Aktivisten organisierten Demonstration gegen Rassismus für Aufmerksamkeit sorgte,[134] so rückte die Szene doch eindeutig weiter nach rechts.[135] Nach Einschätzung des Verfassungsschutzes tendierten rechtsextreme Skins zunehmend zum Neonationalsozialismus.[136] Die Verbindungen zwischen rechten Skins und Neonazis wurden enger. In Berlin Lichtenberg hatten bereits 1990 Neonazis zusammen mit Skinheads und anderen Jugendlichen aus der Nachbarschaft in der Weitlingstraße 122 gemeinsam ein Haus besetzt und dort die Nationale Alternative (NA), die erste Neonazipartei der neuen Bundesländer gegründet.[137] „Trotz ständiger hausinterner Konflikte zwischen den eher anarchischen, zumeist alkoholisierten Skinheads und den auf Disziplin und Ordnung bestehenden Nazi-Führern, gelang vorübergehend der „Schulterschluß“ zwischen Subkultur und Nazi-Kadern.[138] Die Bewohner beteiligten sich an gewalttätigen Überfällen auf Ausländer, insbesondere auf vietnamesische Zigarettenhändler und Rumänen, und „verteidigten“ die Ehre angeblich von Türken belästigter deutscher Frauen.[139] Ideologische Orientierungsgrößen waren neben der „Nationalen Alternative“ auch die „Nationalistische Front“ und die „Freiheitliche Deutsche Arbeiterpartei.“[140] Nicht zuletzt, weil sich viele Neonazigruppen als Reaktion auf zahlreiche Verbote seit 1992 zunehmend nur noch lose zu Kameradschaften zusammenschlossen, waren die Strukturen der Neonazi- und der Skinheadszene kompatibler geworden.[141] Es entwickelten sich jedoch nicht nur Kontakte zu neonazistischen Gruppierungen, sondern auch verstärkt zu rechtsextremen Parteien, vor allem zur NPD und ihrer Jugendorganisation, den „Jungen Nationaldemokraten“, kurz JN, und sogar zur DVU.[142] NPD und JN zogen die Skinheads mit radikal vereinfachenden Slogans wie „Stopp der Einwanderung“, „Arbeit zuerst für Deutsche“ oder „Arbeit für Mil-

---

133 *Bredel, H.* 2002 (Fn. 2), 57; *Menhorn, Ch.* 2001 (Fn. 1), 144, zum Aufschwung der rechten Skinszene nach der Wiedervereinigung, 159-163; zu Hoyerswerda, 164; *Bundesminister des Innern:* Verfassungsschutzbericht 1991, 80.

134 *Menhorn, Ch.* 2001 (Fn. 1), 172.

135 *Menhorn, Ch.* 2001 (Fn. 1), 160f.

136 Diese Auffassung wurde in den Verfassungsschutzberichten von 1990 und 1991 vertreten, *Bundesminister des Innern:* Verfassungsschutzbericht 1990, 91, 113 (ca. 500); 1991, 73, 90f. (sogar ca. 4200, davon 1200 in Westdeutschland). Der sprunghafte Anstieg wird mit der Einbeziehung der neuen Bundesländer erklärt.

137 *Farin, K./Seidel-Pielen, E.* 1993 (Fn. 1), 71f; ausführlich *Bredel, H.* 2002 (Fn. 2), 139-142, auch 163.

138 *Farin, K./Seidel-Pielen, E.* 1993 (Fn. 1), 72f.

139 *Farin, K./Seidel-Pielen, E.* 1993 (Fn. 1), 73; *Menhorn, Ch.* 2001 (Fn. 1), 163.

140 *Wagner, B.:* Rechtsextremismus und Jugend. In: Rechtsextremismus in der Bundesrepublik Deutschland. Eine Bilanz, hrsg. v. W. Schubarth u.a. Opladen 2001, 155-165, 163.

141 *Bredel, H.* 2002 (Fn. 2), 96.

142 *Bredel, H.* 2002 (Fn. 2), 97.

lionen statt Profit für Millionäre!" an und umwarben sie mit Veranstaltungen, auf denen bekannte Rechtsrock- und Skinheadbands auftraten.[143] Daß die NPD ihre Ziele auf „revolutionärem" Wege durch den „Kampf um die Straße" verwirklichen will, kommt den zum Aktionismus neigenden Skinheads entgegen; ihre antikapitalistische Haltung und ihr Eintreten für eine „nationale und solidarische Volkswirtschaft" kommt insbesondere bei den Ost-Skins gut an.[144] Skinheads werden gerne bei Plakataktionen eingespannt oder als Saalordner eingesetzt. Bei Aufmärschen, Demonstrationen und Kundgebungen sind sie gern gesehene Gäste.[145] Wie bereits in den achtziger Jahren werden sie daher einerseits umworben, andererseits aber auch, zumindest nach außen, wegen ihres schlechten öffentlichen Images diskriminiert und distanziert.[146]

Es läßt sich daher nicht mehr leugnen, daß die deutschen Skinheads mittlerweile eine zu großen Teilen rechts bzw. rechtsextrem oder neonazistisch orientierte oder zumindest auftretende Jugendkultur sind[147] – wie substantiell diese politischen Überzeugungen im Einzelfall sind, ist eine andere Frage.[148] Heimliche Hauptstadt der rechtsextremistischen Szene war bis 1992 Dresden.[149] Schwerpunkte der ostdeutschen Szene waren daneben, wie auch schon vor der Wende, Ost-Berlin, insbesondere die Bezirke, Hellersdorf, Marzahn, Pankow und Lichtenberg, aber auch Leipzig,[150] Rostock, Magdeburg, Greifswald, Fürstenwalde, Wurzen und Hoyerswerda. In Westdeutschland finden sich größere Skinhead-Szenen meistens in Großstädten, traditionell in Berlin, Hamburg und Hannover und in Ballungsgebieten, insbesondere in Niedersachsen, Bayern und Baden-Württemberg.[151] Nach den Annahmen der Landesverfassungsschutzämter ist die Anzahl der rechtsextremen Skinheads bis 1993 deutlich gestiegen, in Westdeutschland sogar stärker als in Ostdeutschland. In den neuen Ländern ging man bereits in den Jahren nach der

---

143 *Bredel, H.* 2002 (Fn. 2), 98f.

144 *Bredel, H.* 2002 (Fn. 2), 99. Zum „aktionsorientierten Kurs" der NPD, *Bundesminister des Innern:* Verfassungsschutzbericht 2000, 26; 2001, 25, 82.

145 *Bredel, H.* 2002 (Fn. 2), 97.

146 Zu entsprechenden Distanzierungsversuchen der DVU, *Bredel, H.* 2002 (Fn. 2), 97.

147 Zum Boom der rechten Skin-Fraktion nach der Wiedervereinigung, insbesondere in den neuen Bundesländern, *Menhorn, Ch.* 2001 (Fn. 1), 160. *Wagner, B.* 2001 (Fn. 140), 155-165, 155, bezeichnet die Skinheads sogar als „Prototyp für die Verbindung von Jugendkultur und Rechtsextremismus." Ebenda auch 163. Eine Radikalisierung der von ihnen untersuchten Skinheadgruppe zwischen 1995 und 1999 beobachteten auch *Eckert, R./Reis, Ch./Wetzstein, Th. A.:* „Ich will halt anders sein wie die andern." Abgrenzung, Gewalt und Kreativität bei Gruppen Jugendlicher. Opladen 2000, 289.

148 Dazu, daß bei einer nicht unbeträchtlichen Zahl der Skins die rechtsextremistischen Verhaltensweisen nicht unbedingt von entsprechenden Überzeugungen getragen waren, sondern „in Mode" waren, *Menhorn, Ch.* 2001 (Fn. 1), 161.

149 Ausführlich zur Situation in Dresden nach der Wende, *Menhorn, Ch.* 2001 (Fn. 1), 162

150 Zu Leipzig *Menhorn, Ch.* 2001 (Fn. 1), 162f.

151 *Bredel, H.* 2002 (Fn. 2), 71, 73.

Wende von deutlich höheren Zahlen aus.[152] In den alten Bundesländern wird der z.T. sprunghafte Anstieg hauptsächlich auf eine genauere Zählung durch Polizei und Verfassungsschutz zurückgeführt;[153] so als habe man erst allmählich realisiert, daß rechte Skinheads nicht nur ein Problem des Ostens sind. 1993 schätzt der Verfassungsschutz 4200 der ca. 6400 Skinheads in Deutschland als rechtsextremistisch bzw. neofaschistisch ein. Bis 1997 soll die Zahl der rechtsextremistischen Skinheads bereits auf 6000 angestiegen sein und seit 2000 gar bei 8245 liegen.[154] Die Skinheads stellten im Jahre 2000 wie auch in den Jahren davor in Deutschland immerhin 85% der vom Verfassungsschutz observierten Rechtsextremisten;[155] die Hälfte von ihnen lebte in den neuen Bundesländern. Dort sollen auch fast 50% der rechtsextremistisch motivierten Straftaten begangen worden sein. Dies sind, gemessen an der Einwohnerzahl, dreimal so viele wie in den alten Bundesländern.[156]

IX. Krise der rechten Skinszene nach 1993

Der Aufschwung, den die rechte Skinszene seit der Wiedervereinigung erlebt hat, war jedoch nicht ungebrochen. Als 1993 bei einem Brandanschlag von vier Jugendlichen aus dem Umfeld der Neonaziszene auf das Haus einer türkischen Familie in Solingen fünf Menschen verbrannten,[157] gingen in vielen deutschen Großstädten Hunderttausende gegen Ausländerfeindlichkeit auf die Straße. Eine Welle der staatlichen Repression traf auch die rechte Skinszene in Form von hohen Haftstrafen und Exekutivmaßnahmen gegen Herausgeber von Fanzinen, Inhaber von Musikvertrieben und Veranstalter von Konzerten. Auch Skins wanderten hin-

---

[152] *Bredel, H.* 2002 (Fn. 2), 71 hat die Zahlen aus den Jahren 1991, 1992, 1993, 1994 (je nach Verfügbarkeit) mit den Zahlen aus dem Jahr 2000 für die einzelnen Bundesländer gegenübergestellt. Er weist jedoch darauf hin, daß es sich nur um grobe Richtwerte handelt, weil einige Verfassungsschutzämter Skinheads gar nicht als eigenständige Rubrik führen, sondern pauschale Angaben zum militanten Rechtsextremismus oder, im Falle Brandenburgs, zu rechtsextremistischen Jugendcliquen machen oder, wie Rheinland-Pfalz, nur neonazistisch ausgerichtete, aber nicht sonstige rechtsextreme Skinheads ausweisen. Die Verfassungsschutzämter selbst verweisen auf die Schwierigkeiten bei der Erfassung der Skinheads. Die Skins seien von anderen Jugendlichen nur noch bedingt zu unterscheiden, weil das „outfit“ der Skinheads zu einer allgemeinen Modeerscheinung geworden sei. Nachweise ebenda, 71f.

[153] So ausdrücklich der Verfassungsschutzbericht des Landes Niedersachsen aus dem Jahre 1998, zit. bei *Bredel, H.* 2002 (Fn. 2), 70, dort Fn. 221.

[154] *Bundesminister des Innern:* Verfassungsschutzbericht 2000, 27; zum Stand im Jahre 1999, *Bredel, H.* 2002 (Fn. 2), 57.

[155] *Bundesminister des Innern:* Verfassungsschutzbericht 2000, 39; 1999, 25.

[156] Nachweise bei *Bredel, H.* 2002 (Fn. 2), 72. Dazu, daß die ostdeutsche Skinheadszene eindeutig rechts orientiert ist, auch *Menhorn, Ch.* 2001 (Fn. 1), 154-159. Zum Schwerpunkt Ostdeutschland, *Bundesminister des Innern:* Verfassungsschutzbericht 1997, 84; 1998, 26; 1999, 25; 2000, 25, 39; 2001, 45f.

[157] Ausführlich zum Brandanschlag von Solingen, *Bundesminister des Innern:* Verfassungsschutzbericht 1993, 85.

ter Gitter, viele zogen sich daraufhin aus der aktiven Szene zurück und wurden deswegen von früheren Kameraden als Verräter verdächtigt. Vorübergehend schlossen sich immer weniger Jugendliche rechtsgerichteten Skinhead-Cliquen an.[158] Die Zahl der rechtsextremistischen Gewalttaten, von denen ein nicht unerheblicher Teil von Skinheads verübt wurde,[159] war bereits von 2639 im Jahre 1992 auf 2232 im Jahre 1993 zurückgegangen und fiel bis zum Jahre 1996 auf 781.[160] Viele Szeneangehörige waren selbst über das Ausmaß der Gewalt erschrocken, die jahrelang propagiert und ausgeübt worden war, und sprachen sich gegen Anschläge auf Unbeteiligte aus,[161] und auch in rechten deutschen Fanzinen wurden Brandanschläge nach Solingen nicht mehr als legitimes Mittel propagiert. Dies hieß nicht, daß man gewalttätigen Auseinandersetzungen mit Linken oder Ausländern abgeschworen hätte. Es wurde jedoch, wie in der Anfangszeit der Skins, wieder der Kampf Mann gegen Mann propagiert.[162] In dieser Zeit der „Selbstfindung“ der rechten Szene gewann die unpolitische Oi!-Szene an Boden. Bereits seit Mitte der neunziger Jahre gewann jedoch der rechte Teil der Szene wieder an Gewicht.[163] Das Potential der rechtsextremistischen Szene konzentriert sich, wie zu Beginn der neunziger Jahre, auch weiterhin in Ostdeutschland.[164] Waren es zu Beginn der neunziger Jahre Brandanschläge auf Asylbewerberheime und Wohnungen von Ausländern, die den Hauptanteil der Gewalttaten stellten, so herrschten in der zweiten Hälfte der neunziger Jahre eher Gruppengewalttaten gegen Einzelpersonen vor, die – mit skrupelloser Brutalität ausgeführt – auch Todesopfer forderten.[165] Die Zahl der rechtsextremistischen Gewalttaten, die zu einem Großteil auf das Konto der Skinheads gingen, ist seit 1996 bis ins Jahr 2000 neuerlich angestiegen. Ein Rückgang war erst im Jahr 2002 zu beobachten.[166] Gewalt wird dabei, zumindest nach Einschätzung des Verfassungsschutzes, sogar verstärkt als Mittel zur Durchsetzung politischer Ziele popagiert.[167] Wie stark nicht nur der subkulturelle Zusammenhalt, sondern auch die ideologische Geschlossenheit der rechten Szene mittlerweile ist, zeigte sich im Jahre 2000. Als nach dem Anschlag auf eine Düs-

---

158 *Menhorn, Ch.* 2001 (Fn. 1), 165.

159 Nach *Bundesminister des Innern:* Verfassungsschutzbericht 1994, 96, 30%.

160 *Bundesminister des Innern:* Verfassungsschutzbericht 1996, 93 mit einer Übersicht über die Jahre 1987-1996.

161 *Menhorn, Ch.* 2001 (Fn. 1), 166.

162 *Menhorn, Ch.* 2001 (Fn. 1), 166f. Zur Reaktion der Skinszene auf die Repression im Nachgang zu Solingen, *Bundesminister des Innern:* Verfassungsschutzbericht 1993, 95f.

163 *Menhorn, Ch.* 2001 (Fn. 1), 167.

164 *Bundesminister des Innern:* Verfassungsschutzbericht 1999, 14.

165 *Menhorn, Ch.* 2001 (Fn. 1), 170.

166 *Bundesminister des Innern:* Verfassungsschutzbericht 1997, 75 (1996 noch 624 (nach dem Verfassungsschutzbericht 1996 allerdings abweichend 781) 1997 bereits 790); 1998, 20 (vorrübergehender Rückgang auf 708); 1999, 19 (Anstieg auf 746); 2000, 30 (weiterer Anstieg auf 998); 2001, 36 (deutlicher Rückgang auf 709).

167 *Bundesminister des Innern:* Verfassungsschutzbericht 1999, 15.

seldorfer S-Bahnhaltestelle mit neun Schwerverletzten, darunter sechs Juden, eine staatliche Repressionswelle gegen rechte und neonazistische Parteien, Kameradschaften und auch gegen Angehörige der Skinheadszene einsetzte, weil man in ihren Kreisen die Täter vermutete, – was bis heute nicht erwiesen ist – ließen sich die Skinheads, die insbesondere in Gestalt von Konzertverboten betroffen waren, nicht mehr wie 1993 in die Defensive treiben. Mittlerweile versuchen sie vielmehr, sich auf die staatlichen Strategien einzustellen, um sich langfristig zu behaupten.[168] Das neuerliche Erstarken der rechten Skinszene geht allerdings nicht mehr zu Lasten der unpolitischen Skins. Die unpolitische Szene hat, gemessen an der Zahl der Konzerte und auch an den Besucherzahlen, bis heute weit größeres Gewicht als die rechte Szene.[169] Und auch wenn die rechtextremistische Fraktion im Osten noch immer eine beherrschende Stellung hat, so hat doch die Oi!-Szene auch in den neuen Ländern Fuß gefaßt.[170] Einige lokale Szenen sind, insbesondere in Westdeutschland und West-Berlin, mittlerweile fest in der Hand unpolitischer Oi!-Skins.[171] Die linke Skinszene hat demgegenüber auch in den neunziger Jahren nicht an Gewicht gewonnen. Sie tritt vor allem bei Demonstrationen, etwa am 1. Mai, im Verbund mit Antifa-Leuten, Angehörigen von PDS-Untergliederungen und sogar mit Gewerkschaftern in Erscheinung. Die Fixierung linker Aktivisten auf organisierte linksextremistische Politik hat das linke Spektrum allerdings eher geschwächt als gestärkt.[172] Die Skin-Szene ist demnach gespalten. Konflikte zwischen den politischen, praktisch ausschließlich rechtsextremistischen und den unpolitischen Skins werden mit physischer Gewalt ausgetragen.[173]

X. Einordnung der Skinheads in das rechtsextreme Spektrum

Daß die Skinheadszene nach rechts gerückt ist, gibt Anlaß, sie in das rechtsextreme Spektrum einzuordnen. Der Verfassungsschutz unterscheidet im Bereich rechtsextremistischer Bestrebungen seit 1996 zwischen gewaltbereiten Rechtsextremisten, Neonazismus und Parteien, zu denen die DVU, die Republikaner und die NPD zählen.[174] Die rechtsextremistischen Skinheads wurden von 1983 – 1986 noch als jugendliche, seit 1989 als rechtsextremistische Randgruppe vorgestellt. Im Jahr 1991 wurden sie einmalig als neonationalsozialistischer Personenzusammenschluß behandelt, bis 1994 wurden sie als militante, seitdem werden sie als

---

168 *Menhorn, Ch.* 2001 (Fn. 1), 170.

169 *Menhorn, Ch.* 2001 (Fn. 1), 175.

170 *Menhorn, Ch.* 2001 (Fn. 1), 176; *Bundesminister des Innern:* Verfassungsschutzbericht 1996, 102.

171 *Menhorn, Ch.* 2001 (Fn. 1), 166, 176.

172 *Menhorn, Ch.* 2001 (Fn. 1), 173f.

173 *Menhorn, Ch.* 2001 (Fn. 1), 176.

174 *Bundesminister des Innern:* Verfassungsschutzbericht 1996.

gewaltbereite Rechtsextremisten geführt.[175] Ihr Anteil an diesen wird seit 1999 auf 85% Prozent geschätzt.[176] Die Skinheads werden also klar von neonazistischen Gruppierungen und Kameradschaften einerseits und rechtsextremen Parteien andererseits unterschieden. Gleichzeitig sind sie aber mit diesen vernetzt: Ebenso wie Mitglieder der Neonazi-Szene vermehrt Positionen in der NPD bekleiden,[177] so sind auch Skinheads auf Kameradschaftstreffen oder NPD Parteiveranstaltungen und insbesondere bei Aufmärschen und bei den von den JN veranstalteten Rechtsrockkonzerten anzutreffen.[178] Das rechtsextreme Spektrum bleibt jedoch zersplittert, nicht zuletzt wegen der Rivalitäten zwischen den Führungspersönlichkeiten.[179] Alle Seiten wollen autonom bleiben, versuchen aber gleichzeitig, die anderen oder ihre Organisationsstrukturen respektive Aktionsformen für eigene politische Zwecke zu nutzen.[180] Für den organisierten Rechtsextremismus ist die Skinheadszene ein Art „Drehscheibe", sind Skinheads eine interessante „Manövriermasse", aus der man Mitglieder zu rekrutieren hofft.[181] Auch über Skinheads hofft man kommunale Nahräume zu erobern, um dezentral-vernetzt Einfluß zu erlangen, der langfristig auch politikrelevant werden könnte.[182] Insgesamt stellen sich rechtsextreme und neonazistische Parteien in ihrem Bemühen, Skinheads zu werben oder zumindest anzubinden, stärker als noch in den achtziger und frühen neunziger Jahren auf die Interessen der Skinheads und ihre Vorliebe für politisierten Aktionismus ein. Außerdem unterstützen sie Skinheads durch die Organisation der Anreise zu Demos oder die Zurverfügungstellung von Räumlichkeiten.[183] Nicht ohne Erfolg: Die Skinheads nehmen das Angebot an Konzerten und Demos gerne wahr und versorgen sich aus den Broschuren mit griffigen Parolen, die ihnen einen notdürftigen ideologischen Überbau liefern. Von der NPD organisierte Aufmärsche und Großveranstaltungen haben mittlerweile für rechtsextremistische Skins nahezu einen ebenso hohen Stellenwert wie szeneinterne Konzerte: Man muß dabeigewesen sein,

---

175 *Bundesminister des Innern:* Verfassungsschutzberichte, 1983, 1986, 1989, 1991, 1994, 1995.

176 *Bundesminister des Innern:* Verfassungsschutzberichte, 1999, 24; 1999, 39. Der Bericht aus dem Jahre 2001 enthält zu dieser Frage keine Angaben.

177 *Bundesminister des Innern:* Verfassungsschutzbericht 1998, 33; *Menhorn, Ch.* 2001 (Fn. 1), 169.

178 *Menhorn, Ch.* 2001 (Fn. 1), 168f,

179 Darauf verweist auch *Brück, W. 1991 (*Fn. 92), *173.*

180 So nutzen etwa Neonazis Parteiveranstaltungen der NPD, um sich öffentlichkeitswirksam in Szene zu setzen oder um unter dem Dach der Partei neonazistisch zu agitieren, *Bundesminister des Innern:* Verfassungsschutz 1998, 33; *Menhorn, Ch.* 2001 (Fn. 1), 168.

181 *Brück, W.* 1991 *(*Fn. 92), 164. Zum Mobilisierungspotential der Skinheads für die NPD *Bundesminister des Innern:* Verfassungsschutzbericht 1997, 84; 2001, 84.

182 *Wagner, B.* 2001 (Fn. 140), 164, über NPD und JN.

183 *Bundesminister des Innern:* Verfassungsschutzbericht 1999, 26. So auch *Menhorn, Ch.* 2001 (Fn. 1), 168, 170.

um mitreden zu können.[184] Die Skins erweisen sich jedoch wie schon in den achtziger Jahren als schwierig zu vereinnahmen, weil sie sich ungern in Parteihierarchien einordnen und in ihrem unberechenbaren und wenig steuerbaren gewalttätigen Aktionismus nur bedingt instrumentalisierbar sind.[185] Dennoch meint der Verfassungsschutz, seit 1999 zu beobachten, daß die Zahl der Personen, die sowohl der Skinhead-Szene, als auch neonazistischen Kameradschaften oder rechtsextremistischen Parteien, insbesondere der NPD und den „Jungen Nationaldemokraten" angehören, gestiegen ist.[186] Ein verläßlicher Partner sind die Skinheads aber immer noch nicht.

XI. Gemeinschaftliche Aktionen

Treffen mit Freunden, Partys und der Besuch von Konzerten und Fußballspielen sind Kernelemente der Skinheadkultur.[187] In dem Kultsong „Singen und Tanzen" der „Böhsen Onkelz" heißt es: „Wir singen und tanzen die ganze Nacht, Schlägereien und Romanzen, viel getrunken, viel gelacht, wir singen und tanzen die ganze Nacht!"[188] Skinheads treffen sich bevorzugt am Wochenende, da etliche sich bereits in der Ausbildung befinden oder einem Beruf nachgehen und daher unter der Woche keine Zeit haben.[189] Sie kommen gerne regelmäßig an einem festen Treffpunkt, privat, in einer Stammkneipe oder auf öffentlichen Plätzen zusammen. Dabei sind die Gesellungsformen der Skins überwiegend eigentümlich ereignisarm.[190] Skinheads nutzen auch durchaus Jugendclubs und sonstige Freizeittreffs. Gerade rechte Skins versuchen immer wieder, diese Einrichtungen in ihrem Sinne zu beeinflussen und etwa Rechtsrockkonzerte zu veranstalten. Dies geschieht zum Teil mit Erfolg und geduldet von Jugendarbeitern, die entweder die Konfrontation scheuen oder politisch sympathisieren.[191] Kritisch wird die Situation erst dann, wenn Skinheadlokale oder -treffpunkte ins Fadenkreuz einer kritischen Öffentlich-

---

[184] *Menhorn, Ch.* 2001 (Fn. 1), 169. Zur Teilnahme von Skins an NPD-Demonstrationen, *Bundesminister des Innern:* Verfassungsschutzbericht 2001,46f., 82; zur Organisation von Treffen und Konzerten durch dei NL und FAP, 1996, 103.

[185] *Menhorn, Ch.* 2001 (Fn. 1), 154. Auch *Brück, W. 1991(*Fn. 92), *173* spricht vom „unberechenbaren, destruktiven Aktionspotential" der Ostskinheads.

[186] *Bundesminister des Innern:* Verfassungsschutzbericht 1999, 26; 2000, 40; 2001, 25, 46f., 56.

[187] *Bredel, H.* 2002 (Fn. 2), 74. Dies bestätigt auch Ewald, Skinhead aus Ostdeutschland, *Heitmeyer, W./Müller, J.:* Fremdenfeindliche Gewalt junger Menschen. Biographische Hintergründe, soziale Situationskontexte und die Bedeutung strafrechtlicher Sanktionen, hrsg. v. Bundesministerium der Justiz. Bonn 1995, 77f.

[188] Zit. bei *Farin, K./Seidel-Pielen, E.* 1993 (Fn. 1), 85.

[189] *Bredel, H.* 2002 (Fn. 2), 75; *Heitmeyer, W./Müller, J.* 1995 (Fn. 187), 77.

[190] Vom „rumhängen" und Biertrinken berichten auch *Eckert, R./Reis, Ch./Wetzstein, Th.A. 2*000 (Fn. 147), 294, 310.

[191] *Bredel, H.* 2002 (Fn. 2), 76f.

keit oder gar der Justiz geraten.[192] Es gibt aber auch Beispiele für die gelungene Kooperation mit örtlichen Einrichtungen durch die Oi!-Szene. So sind etwa im Brennhaus in Leipzig in Zusammenarbeit mit den dort angestellten Sozialarbeitern seit 1994 zahlreiche Oi!-Konzerte veranstaltet worden.[193]

Höhepunkte des Szenelebens sind Soul- oder Ska-Allnighter (Disco, eventuell mit Live-Band, die ganze Nacht hindurch), Konzerte oder Motorrollertreffen („Scooterrun"). Ein wichtiges Aktionsfeld der Skinheads sind aber auch Fußballspiele geblieben.[194] Die Spielbesuche werden gemeinsam geplant. Nach dem Spiel kommt es dann zu gewalttätigen Auseinandersetzungen mit gegnerischen Fans, Passanten oder der Polizei. Häufig sind auch Hooligans und in Hamburg auch Autonome aus der Hamburger Hafenstraße[195] mit von der Partie.[196] Schließlich finden sich rechte Skinheads gerne bei Neonazi-Aufmärschen und Demonstrationen, in jüngster Zeit etwa gegen die „Wehrmachtsausstellung" ein, oder sie beteiligen sich an Aktionen mit rechtsextremistischem Hintergrund, etwa dem Kleben von Plakaten oder dem Sprühen von Parolen.[197] Insbesondere zu den Konzerten reisen Skinheads auch aus Hunderte von Kilometern entfernten Wohnorten an, um ein Wochenende mit Gleichgesinnten und -gestylten zu verbringen, zu trinken, zu tanzen, den neuesten Szene-Klatsch auszutauschen und Zines mitzunehmen.[198] Bei den Konzerten finden sich meistens zwischen 200 und 500 Personen ein, in selteneren Fällen kommen sogar mehrere tausend Fans zusammen.[199] Am Rande stößt man auch auf Punks, Mods, Psychobillys, bei den Rechten natürlich auch auf „Scheitel-Nazis".[200] Die Zahl der Skinkonzerte, die jährlich in Deutschland stattfinden, ist seit 1994 kontinuierlich gestiegen und geht erst seit 1998 wieder zurück,[201] nach 2000 nicht zuletzt wegen des Verbots der Organisation „Blood-and-Honour", die

---

[192] *Bredel, H.* 2002 (Fn. 2), 75. Die Nutzung von Jugendtreffs bestätigen auch *Eckert, R./Reis, Ch./Wetzstein, Th.A. 20*00 (Fn. 147), 294.

[193] *Menhorn, Ch.* 2001 (Fn. 1), 236f.

[194] So für Hacki (23) Skinhead und Nationalsozialist, zit. bei *Farin, K./Seidel-Pielen, E.* 1993 (Fn. 1), 61; *Bredel, H.* 2002 (Fn. 2), 76. Auch die rechtsextreme bis neonazistische Gruppe von Jakob, Skinhead aus Westdeutschland, fuhr zu Fußballspielen und die Clique von Tobias, ebenfalls aus Westdeutschland, verlagerte sogar den Schwerpunkt ihrer gewalttätigen Auseinandersetzungen rings um den Fußball des heimischen Bundesligisten, *Heitmeyer, W./Müller, J. (*Fn. 187) 1995, 89, 102.

[195] *Kirsch, A.:* Gewalt bei sportlichen Großveranstaltungen. Frankfurt/M. 2000, 94.

[196] *Bredel, H.* 2002 (Fn. 2), 76; *Böttger, A.:* Gewalt und Biographie. Eine qualitative Analyse rekonstruierter Lebensgeschichten von 100 Jungendlichen. Baden-Baden 1998, 259, 267.

[197] Dies berichtet Ewald, Skinhead aus Ostdeutschland, *Heitmeyer, W./Müller, J. (*Fn. 187) 1995, 78.

[198] *Farin, K./Seidel-Pielen, E.* 1993 (Fn. 1), 188f.; *Bredel, H.* 2002 (Fn. 2), 75.

[199] *Bredel, H.* 2002 (Fn. 2), 317.

[200] *Farin, K./Seidel-Pielen, E.* 1993 (Fn. 1), 189.

[201] *Bredel, H.* 2002 (Fn. 2), 319f. Vgl. auch die Aufstellung der Zahlen bei *Bundesminister der Innern,* Verfassungsschutzbericht 1999, Presseausgabe des Bundes 1999, 29.

sich insbesondere als Konzertveranstalterin betätigte.[202] Gleichzeitig hat sich die Zahl der Konzerte rechter Liedermacher, die auf rechtsextremistischen Veranstaltungen, vor allem der NPD und der Jungen Nationaldemokraten auftreten, deutlich erhöht.[203] Überproportional viele Skinkonzerte werden mittlerweile in den neuen Bundesländern veranstaltet, wobei der Schwerpunkt seit 1996 in Sachsen liegt.[204]

Wie gewaltzentriert die Skins sind, zeigt sich daran, daß es bei allen Treffen zu Gewalttätigkeiten kommt. Bei Konzerten, im Stadion, in Kneipen und auf den Straßen im eigenen Viertel, einer Schlägerei gehen Skinheads nicht aus dem Weg.[205] In den meisten Fällen werden die Skinheads als Gruppe gewalttätig.[206] Es gibt aber auch Skins, die zu zweit oder dritt etwa auf Obdachlose oder Penner losgehen – wobei ihnen häufig eine Pöbelei oder eine beleidigende Bemerkung des Opfers als Tatauslöser genügt.[207] Die meisten Taten sind situativ bedingte Spontantaten. Häufig behaupten Skinheads etwa, durch andere Jugendliche, bzw. Gruppen von Jugendlichen provoziert worden zu sein. Typisch ist auch der Entschluß, „etwas zu unternehmen," womit bei rechten Skins die regelrechte Suche nach Konfrontationen mit linken Gruppierungen und Gruppen von Ausländern gemeint ist.[208] In manchen Städten, in denen es ausländische Banden gibt, fühlen sich die Skins von diesen aber auch verfolgt und bedroht, weil diese angeblich schärfer bewaffnet sind.[209] Bei rechten Skins steht die gewalttätige Auseinandersetzung mit ausländischen Jugendlichen, Asylbewerbern, aber auch Punkern und Linken im Vordergrund.[210] Auch wenn die rechten Skinheads ihre Feinde häufig gezielt an deren bekannten Treffpunkten aufsuchen, sind die Auseinandersetzungen in den seltensten Fällen substantiell politisch-ideologisch eingelenkt. Es geht ihnen eher darum, verfeindete Gruppen, etwa Antifas, aus ihrem Wirkungsbereich zu vertreiben,[211] also um die Besetzung öffentlicher Räume, die dann erst von den Medien

---

[202] *Bredel, H.* 2002 (Fn. 2), 320.

[203] Lag sie 1999 noch bei 27, so stieg sie im Jahr 2000 auf 44. *Bredel, H.* 2002 (Fn. 2), 320.

[204] *Bredel, H.* 2002 (Fn. 2), 321; *Menhorn, Ch.* 2001 (Fn. 1), 227.

[205] *Farin, K./Seidel-Pielen, E.* 1993 (Fn. 1), 73. Die Auffassung, daß die Gewaltbereitschaft bei Konzerten durch Alkoholkonsum gefördert wird, vertritt auch *Menhorn, Ch.* 2001 (Fn. 1), 205; *Eckert, R./Reis, Ch./Wetzstein, Th.A. 20*00 (Fn. 147), 302.

[206] *Heitmeyer, W./Müller, J. (*Fn. 187) 1995, 161-172.

[207] Dazu die Schilderung von Jakob aus Westdeutschland, der zusammen mit einem Kumpel einen Penner so zusammengeschlagen und -getreten hat, daß dieser an den Folgen der Tat verstarb, *Heitmeyer, W./Müller, J. (*Fn. 187) 1995, 94.f, 97.

[208] *Heitmeyer, W./Müller, J. (*Fn. 187) 1995, 85.

[209] *Eckert, R./Reis, Ch./Wetzstein, Th.A. 20*00 (Fn. 147), 304f.

[210] *Bredel, H.* 2002 (Fn. 2), 65. Dies bestätigen auch die Schilderungen von Ewald, Skinhead aus Ostdeutschland, dessen Gruppe sich mit Linken und Ausländern schlug, und von Jakob, der links-autonome als die Hauptgegner seiner rechten bis neonazistischen Skingruppe bezeichnet, *Heitmeyer, W./Müller, J. (*Fn. 187) 1995, 81f., 93.

[211] *Eckert, R./Reis, Ch./Wetzstein, Th.A. 20*00 (Fn. 147), 307ff. Der befragten Skingruppe ist dies auch bedingt gelungen. Ein hohes Maß an Professionalisierung kennzeichnet

als „national-befreite Zonen“ bezeichnet werden.[212] Seit es in Deutschland die SHARP-Skins gibt, kommt es auch immer wieder zu Schlägereien zwischen „linken” und „rechten” Glatzen. Häufig wird etwa anläßlich von Konzertveranstaltungen um das Recht gekämpft, die von Linken wie Rechten verehrten Kultbands der 70er und 80er Jahre für sich zu vereinnahmen.[213]

XII. Gruppentypische Straftaten

Skinheads treten vor allem als Täter von Körperverletzungsdelikten (§§ 223ff. StGB), auch von Körperverletzungen mit Todesfolge (§ 227 StGB)[214] und immer wieder auch als Totschläger (§ 212 StGB) und Mörder (§ 211 StGB) in Erscheinung.[215] Etliche Skins erklären auf Nachfrage sogar unumwunden, daß sie den Tod ihrer Opfer in Kauf nehmen, gerade wenn sie Feinde, etwa Ausländer, attackieren. Bei Großveranstaltungen, vor allem bei Konzerten, beschädigen die randalierenden Skinheads auch wahllos fremdes Eigentum (§ 303 StGB). Rechtsextremistische Skins machen sich darüber hinaus wegen Propagandadelikten, insbesondere wegen Volksverhetzung (§ 130 StGB), wegen der Verwendung von Kennzeichen verfassungswidriger Organisationen (§ 86a StGB) oder wegen Verbreitung oder Handels mit indizierten Texten und Songs strafbar.[216] Anfang der neunziger Jahre wurden vermehrt Fälle von Brandstiftung (§ 306 StGB) registriert.[217] Bei Demonstrationen oder anderen Großveranstaltungen leisten Skins auch Widerstand gegen die Staatsgewalt (§ 113 StGB) und verwirklichen den Tatbestand des einfachen oder schwe-

---

auch die „Skinheads Sächsische Schweiz“ (SSS). Dazu *Fromm, R.:* Rechtsextremismus im Internet: Die neue Gefahr. München 2001, 133f.

[212] Zu „national befreiten Zonen“, *Bundesminister des Innern:* Verfassungsschutzbericht 1999, 26: Der Begriff ist einem Strategiepapier des „Nationaldemokratischen Hochschulbundes“ aus den frühen neunziger Jahren entnommen, er wurde in der rechtsextremen Szene jedoch bisher kaum aufgegriffen. Allgemein zu rechtsextrem orientierten Gruppen und Gewalt, *Wagner, B.* 2001 (Fn. 140), 155-165, 161. Daß man nach Lust und Laune zuschlägt, bestätigen auch die von *Eckert, R./Reis, Ch./Wetzstein, Th.A. 20*00 (Fn. 147), 2000, 302 befragten Skins. Eine plastische Schilderung einer Auseinandersetzung zwischen einer rechten Jugendgruppierung und einer Gruppe von Ausländern in einem Park gibt der frühere Skinhead Hermann, zit. bei *Heitmeyer, W./Müller, J. (*Fn. 187) 1995, 68.

[213] *Farin, K./Seidel-Pielen, E.* 1993 (Fn. 1), 124f.

[214] *Eckert, R./Reis, Ch./Wetzstein, Th.A. 20*00 (Fn. 147), 302. Dies bestätigt auch die Untersuchung von *Heitmeyer, W./Müller, J. (*Fn. 187) 1995, 161-172.

[215] Vier der siebzehn von *Heitmeyer, W./Müller, J,* befragten Westskins sind wegen Totschlags, einer wegen versuchten Totschlags verurteilt worden, *Dies. 1995 (*Fn. 187), 161-172.

[216] Zwei der von *Heitmeyer, W./Müller, J.* befragten Westskins wurden wegen Verwendung von Kennzeichen verfassungswidriger Organisationen verurteilt, *Dies.* 1995 *(*Fn. 187), 161-172.

[217] *Menhorn, Ch.* 2001 (Fn. 1), 164.

ren Landfriedensbruchs (§§ 125, 125a StGB).[218] Daneben treten Skinheads auch als Täter von Raubüberfällen (§§ 249ff. StGB) in Erscheinung.[219]

---

218 Beinahe die Hälfte der von *Heitmeyer, W./Müller, J.* befragten Ostskins wurde sogar wegen einfachen oder besonders schweren Landfriedensbruchs, ein Westskin wegen Widerstandes gegen Vollstreckungsbeamte verurteilt, *Dies.* 1995 (Fn. 187), 161-172.

219 *Heitmeyer, W./Müller, J. 1995* (Fn. 187), 161-172.

§ 3 Autonome

Die Autonomen begegnen uns in den Medien als „schwarzer Block", vermummt mit Haßkappen, als steinewerfende Randalierer im Kampf gegen Rechte und mit der Polizei. Daneben treten sie als Atomkraftgegner, in jüngerer Zeit insbesondere bei der Behinderung von Castortransporten in Erscheinung. Die von ihnen mitverursachten Sachschäden gehen in die Millionenhöhe. Daß einige von ihnen sich auch unter die „Globalisierungsgegner" mischen und an den gewaltförmig eskalierenden Protestaktionen in Davos, Göteborg, Salzburg und Genua beteiligt waren, wird von vielen vermutet, ist aber ungeklärt. Über ihre Überzeugungen, ihre politischen Ziele und ihr Verhältnis zur Gewalt erfährt die Öffentlichkeit wenig. Vom Verfassungsschutz werden Autonome als eine Bewegung vorgestellt, die ohne einheitliches ideologisches Konzept diffusen anarchistischen, bisweilen nihilistischen Vorstellungen folgt, die ein ausgeprägter Haß auf Staat und Gesellschaft und die Bereitschaft verbindet, im Kampf gegen das System und für ein freies, selbstbestimmtes, kollektives Leben Gewalt anzuwenden.[1] Ehemalige Szenemitglieder wollen die Autonomen als „militante Systemoppositionelle" verstanden wissen, die aus den Theorie- und Strategiediskussionen in der Revolte hervorgegangen sind.[2] Hier werden sie als ideologisch-thematisch vagabundierende, gewaltzentrierte Radikale anarchistischer Prägung definiert.[3]

I. Einordnung in das linksextreme Spektrum

Eingeordnet werden müssen die Autonomen in das linksextreme Spektrum und in die neuen sozialen Bewegungen (NSB), die seit Ende der 60er Jahre des letzten Jahrhunderts entstanden sind.[4] Der Verfassungsschutz unterscheidet heute nach der inhaltlichen Ausrichtung zwischen Linksextremisten, die durch *revolutionär-marxistische,* und solchen, die durch *anarchistische* Ideologien bestimmt sind und rechnet zu letzteren auch die Autonomen. Während erstere versuchen, die beste-

---

[1] *Bundesminister des Innern:* Verfassungsschutzbericht 1988, 67.

[2] *Schultze, Th./Gross, A.:* Die Autonomen. Ursprünge, Entwicklung und Profil der Autonomen Bewegung. Hamburg 1997, 69.

[3] Auf den ideologisch amorphen Charakter des gesamten Spektrums neuer sozialer Bewegungen spielen auch *Hirsch, J./Roth, R.:* Das neue Gesicht des Kapitalismus - Vom Fordismus zum Post-Fordismus. Hamburg 1986, 203, an, wenn es dort heißt: „Das ideologische Spektrum ist ebenso heterogen, wie für den einzelnen unverbindlich geblieben....", zit. bei *Schultz, Th./Gross, A.* 1997 (Fn. 2), 18. Ebenda, 171 wird auch „die Nichtbestimmung politischer Ziele" und eine „gewisse Beliebigkeit" oder gar „apolitische Haltung" beklagt. *Lecorte, Th.:* Wir tanzen bis zum Ende. Die Geschichte eines Autonomen, Hamburg 1992, 82 bestätigt die Gewaltzentriertheit: „Die Bewegung war von der Gewalt nicht zu trennen, denn ohne Gewalt wäre sie nicht entstanden und die Bewegung war uns alles."

[4] Zu den Anfängen der autonomen Szene, siehe auch den kurzen Abriß bei *Moreau, P./Lang, J. P.:* Linksextremismus. Eine unterschätzte Gefahr. Bonn 1996, 366f.

hende Staats- und Gesellschaftsordnung durch eine totalitäre, sozialistische oder kommunistische Ordnung zu ersetzen, streben letztere eine herrschaftsfreie Ordnung an. Diese Einordnung entspricht durchaus dem Selbstverständnis der Autonomen, die sich insbesondere seit 1993 von marxistischen Gruppierungen abzugrenzen suchen. Weiterhin differenziert der Verfassungsschutz zwischen gewalttätigen Linksextremisten einerseits – darunter die Autonomen – und Parteien und sonstigen Gruppierungen, wie der DKP, der Marxistisch-Leninistischen Partei Deutschlands (MLPD) und Trotzkistischen Gruppen andererseits.[5] Im Verfassungsschutzbericht 1999 wird sieben Jahre, nachdem die Rote Armee Fraktion (RAF) eine Waffenstillstandserklärung abgegeben hat, und ein Jahr nach ihrer Auflösung im Frühjahr 1998 die weitere Unterscheidung zwischen *linksextremistisch-terroristischen* Gruppen und *militanten* Linksextremisten aufgegeben, weil diese mangels handlungsfähiger linksextremistisch-terroristischer Strukturen die innere Sicherheit nicht mehr bedrohen.[6] Allerdings wird bereits seit 1996 im Abschnitt Autonome unter 1.4. über „Autonome Strukturen mit terroristischen Ansätzen" berichtet.[7] Die gewalttätige linksextremistische Szene wird heute von den Autonomen, einer heterogenen Bewegung ohne einheitliches ideologisch/strategisches Konzept dominiert.[8] Unter der Kategorie „gewalttätige Linksextremisten" werden neben den Autonomen auch sonstige militante Linksextremisten mit internationalistischer Orientierung, vornehmlich Aktivisten aus ehemals der RAF nahestehenden Strukturen und traditionelle Anarchisten geführt.[9] Zu letzteren werden anarcho-syndikalistische und anarcho-kommunistische Gruppen einerseits und anarchistische, nach dem Verfassungsschutz nur angeblich „gewaltfreie Aktionsgruppen" andererseits gezählt.[10] Beide Gruppierungen machten in den neunziger Jahren zunehmend weniger von sich reden. Im Jahr 2000 konnten ihnen nur noch je

[5] *Bundesminister des Innern:* Verfassungsschutzbericht 2000, 139ff., 157f. Der Verfassungsschutz führt und überwacht auch die PDS als linksextremistische Partei, 147-156.

[6] *Bundesminister des Innern:* Verfassungsschutzbericht, 1999, 98.

[7] *Bundesminister des Innern:* Verfassungsschutzbericht, 1996, 42. Tendenzen zur Annäherung an Kampfmodelle der RAF, insbesondere zur Militarisierung sehen auch *Moreau, P./Lang, J.P. 1996* (Fn. 4), 403.

[8] *Bundesminister des Innern:* Verfassungsschutzbericht 2000, 127f.

[9] *Bundesminister des Innern:* Verfassungsschutzbericht 2000, 136ff., 138ff.

[10] *Bundesminister des Innern:* Verfassungsschutzbericht 2000, 138. Erstere sind zu einem Großteil in der „Freien ArbeiterInnen-Union (FAU) organisiert und sehen in den Betrieben die zentralen Orte des Widerstandes gegen das kapitalistische Ausbeutungssystem. Durch eine 'soziale Revolution' und den Aufbau einer 'direkt-demokratischen' Gewerkschaft soll eine 'herrschaftslose' Gesellschaft herbeigeführt werden. Letztere verstehen sich als anarchistische 'Graswurzelbewegungen'. Sie haben sich in der Föderation Gewaltfreier Aktionsgruppen (FöGA) zusammengeschlossen und wollen durch eine 'gewaltfreie Revolution' durch Macht von Unter den 'staatlichen Herrschafts- und Gewaltapparat' zurückdrängen und schließlich zerstören. Ziel ist die Errichtung einer freiheitlich basisdemokratischen Gesellschaft mit einer selbstverwalteten Wirtschaftsordnung." In: „graswurzelrevolution" Sonderheft „Zur Kritik der parlamentarischen Demokratie", Nr. 146/47/48, 1990, 52, zit. bei. *Bundesminister des Innern:* Verfassungsschutzbericht, 1990, 45.

ca. 180 Personen zugerechnet werden,[11] während die Zahl der Autonomen seit 1997 bei 6000 liegen soll.[12]

II. Neue Linke

Die Autonomen werden vom Verfassungsschutz zur „neuen Linken" gerechnet, die nach dem Scheitern der APO neben der DKP, den orthodoxen Kommunisten, zunehmend an Bedeutung gewonnen hat. Die „neue Linke" wurde zunächst zu einem Oberbegriff für kommunistische und anarchistische Gruppen, die nicht für einen Kommunismus sowjetischer Prägung eintraten.[13] Sie wurde seit 1972 auch klar vom Linksterrorismus abgegrenzt.[14] Bis 1973 haben die „Kommunistische Partei Deutschlands (KPD), die Fraktion „Roter Morgen" der „Kommunistischen Partei Deutschlands/Marxisten-Leninisten" (KPD/ML) und der erst im Sommer 1973 gegründete „Kommunistische Bund Westdeutschlands (KBW) an Profil gewonnen.[15] Erst 1974 weist der Verfassungsschutz erstmalig die „organisatorisch und ideologisch überwiegend diffusen anarchistischen, 'spontaneistischen' und 'undogmatischen'" Richtungen innerhalb der „Neuen Linken" aus, die an die „antiautoritäre Phase" der Protestbewegung anknüpfen.[16] Wie andere Untergruppierungen der „Neuen Linken" wollten sie die bestehende politische und gesellschaftliche Ordnung revolutionär beseitigen. Sie lehnten aber, anders als die von ihnen kritisierten „dogmatischen Linksextremisten", genannt „Dogmis", marxistisch-leninistische Konzeptionen ab[17] und traten für Autonomie, Spontaneität und Selbstorganisation der „Unterdrückten" ein.[18] 1980 werden als undogmatische Untergruppierung erstmals „Autonome Gruppen" erwähnt, die, häufig mit anarchistischer Zielsetzung, die offene Auseinandersetzung mit dem „staatlichen Gewaltap-

---

[11] *Bundesminister des Innern:* Verfassungsschutzbericht 2000, 138.

[12] *Bundesminister des Innern:* Verfassungsschutzbericht 1997, 22f.; 1998, 84f.; 1999, 92f.; 2000, 121f., jeweils unter Hinweis darauf, daß in die Statistik nicht nur tatsächlich als Täter/Tatverdächtige festgestellte Personen einbezogen werden, sondern auch solche Linksextremisten, bei denen lediglich Anhaltspunkte für Gewaltbereitschaft gegeben sind. Andererseits sind nur Gruppen erfaßt, die feste Strukturen aufweisen und über eine längeren Zeitraum aktiv waren. Das Mobilisierungspotential der „Szene" soll daher zusätzlich mehrere tausend Personen umfassen.

[13] *Bundesminister des Innern:* Verfassungsschutz 1973, 40.

[14] Siehe *Bundesminister des Innern:* Verfassungsschutz 1972, wo „Terror und sonstige Ausschreitungen" und „Neue Linke" erstmalig in getrennten Abschnitten abgehandelt werden.

[15] *Bundesminister des Innern:* Verfassungsschutz 1973, 72.

[16] *Bundesminister des Innern:* Verfassungsschutz 1974, 90, 92; Verfassungsschutzbericht 1997, 33.

[17] *Bundesminister des Innern:* Verfassungsschutz 1974, 92.

[18] *Bundesminister des Innern:* Verfassungsschutz 1976, 106; 1978,105.

parat“ suchen.[19] Seit 1984 werden sie als die wichtigste Strömung der neuen Linken eingeschätzt.[20] Der Verfassungsschutz betrachtet sie, seiner Aufgabenstellung entsprechend, vornehmlich im Kontext anderer staatsfeindlicher Bestrebungen.[21]

III. Autonome: „Entmischungsprodukt“ der neuen sozialen Bewegungen

Erweitert man den Blick, stellen sich die Autonomen als „Entmischungsprodukt“ der Neuen Sozialen Bewegungen (NSB) dar.[22] Diese bildeten eine neuartige außerinstitutionelle und außerparlamentarische Systemopposition, die Mitte der 70er Jahre entstand, zu einer Zeit, als das sozialdemokratische „Modell Deutschland“ in seine erste große Krise geraten war und sich zu restrukturieren suchte. Diese Bewegungen ließen sich keiner Partei mehr zuordnen, waren nicht aus der klassischen Arbeiterbewegung hervorgegangen und entstammten auch nicht einem geschlossenen Sozialmilieu, einer gemeinsamen Erfahrungswelt.[23] In diesem Zusammenhang zu nennen sind Stadtteil-, Knast-, Universitäts- oder Schülergruppen, Anarchos, Spontis und die frühe Hausbesetzerszene.[24] Die ersten Hausbesetzungen wurden Anfang der siebziger Jahre von Aktivisten aus dem antiautoritären Flügel der Studentenbewegung in Göttingen, Frankfurt/M. und Hamburg organisiert. Sie wandten sich gegen Kahlschlagsanierung, Wohnraumspekulation und Luxussanierung von Altbauten[25] und sahen im Besetzen der Häuser und in Mietstreiks einen „Angelpunkt für den Kampf gegen das Kapital außerhalb der Fabriken.“[26] Auch die Spontis gehörten zur undogmatischen Linken; sie wollten sich von marxistisch-leninistischen Gruppen an den Universitäten abgrenzen, traten für Autonomie, die Selbstorganisation der Unterdrückten ein und fielen durch phantasievolle, teils provozierende Aktionen auf, die Militanz gegen Sachen einschlossen. In Bezug auf Auftreten, Aktionen und Organisation sind sie die klarsten Vorläufer der Autonomen.[27] Auch wenn sich der Begriff Autonome erst später durchsetzte, so gab es doch bereits autonome Gruppierungen in der frühen Anti-AKW-Bewegung, die

---

[19] *Bundesminister des Innern:* Verfassungsschutz 1980, 100.

[20] *Bundesminister des Innern:* Verfassungsschutzbericht 1984, 98; 1985, 105.

[21] In *Bundesminister des Innern:* Verfassungsschutz 1976, 106 ist sogar in den Text die Anmerkung eingerückt: Neben dieser undogmatischen extremistischen Linken gibt es Gruppen, die auf den gleichen Aktionsfeldern – häufig mit ähnlichen Namen (Initiativen, Basisgruppen usw.) Aktions- und Organisationsformen – wirken, ohne dabei verfassungsfeindliche Ziele zu verfolgen.

[22] *Schultze, Th./Gross, A.* 1997 (Fn. 2), 38.

[23] *Schultze, Th./Gross, A.* 1997 (Fn. 2), 12.

[24] *Schultze, Th./Gross, A.* 1997 (Fn. 2), 38.

[25] *Schultze, Th./Gross, A.* 1997 (Fn. 2), 25.

[26] *Geronimo:* Feuer und Flamme – Zur Geschichte und Gegenwart der Autonomen. 4. Aufl. Berlin 1995, 39, zit. bei *Schultze, Th./Gross, A.* 1997 (Fn. 2), 25.

[27] *Schultze, Th./Gross, A.* 1997 (Fn. 2), 26-28.

sich von reformistischen bis staatstragenden ebenso wie von reaktionär-wertkonservativen Gruppen in der Initiativbewegung abgrenzen wollten und sich gleichzeitig gegen Bevormundungs- und Vereinnahmungstendenzen einflußreicher kommunistischer und marxistisch-leninistischer Gruppen verwahrten. Sie propagierten, daß sich der einzelne selbstbestimmt in den praktischen Widerstand einbringen solle, „unter Brechung bürgerlicher Moralvorstellungen und außerhalb des legalen Rahmens des bürgerlichen Rechtsstaats."[28] Formen von Massenmilitanz an den Baugeländen von Kernkraftwerken und Anschläge von „klandestinen" Kleingruppen auf am Bau von Kraftwerken beteiligte Firmen nahmen autonome Aktionsformen vorweg (dazu unten XIV.).[29]

Die Autonomen sind also aus Zerfallsprodukten des antiautoritären Flügels der Studentenbewegung (SDS), aus der Hausbesetzer- und der Anti-AKW-Bewegung der frühen siebziger Jahre, vor allem aber aus der Bewegung der Spontis hervorgegangen.[30] Dabei haben sich tendenziell die radikalsten Kräfte aus den jeweiligen Gruppen und Bewegungen eingefunden;[31] diejenigen, die nicht zuletzt durch staatliche Repression, insbesondere im „Deutschen Herbst" 1977 radikalisiert worden waren und nicht auf die Integrationsbemühungen der SPD eingegangen waren, jenen Bemühungen, die auf der gemäßigten Seite des Spektrums neuer sozialer Bewegungen zur Entstehung der Friedensbewegung und auch der Grünen Partei führten.[32] Während sich hier diejenigen einfanden, die sich für Gewaltfreiheit entschieden hatten und ein parlamentarisches System befürworteten, sammelten sich bei den Autonomen die Verfechter einer außerparlamentarischen Bewegung, die auf Militanz setzte.[33] Die politische Strategie, die staatskritische Bewegung zu spalten, ging insoweit auf. Die Autonomen sind damit auch eine Reaktion auf die zumindest teilweise gescheiterte linke Politik der 70er Jahre in der BRD.[34]

---

28 *Schultze, Th./Gross, A.* 1997 (Fn. 2), 28, bezugnehmend auf *Gernonimo* 1990 (Fn. 26), 84f. Nach *Moreau, P./Lang, J.P. 1996* (Fn. 4), 366 entstanden mit der Ökologie- bzw. Anti-Atomkraft-Bewegung erstmals undogmatische Gruppen mit ausschließlich 'autonomer' Ausrichtung.

29 *Schultze, Th./Gross, A.* 1997 (Fn. 2), 29.

30 Ein wichtiger Meilenstein in der Entwicklung militanter linksextremistischer Strömungen und insbesondere der Autonomen war der „Nationale Widerstandkongreß: Reise nach TUNIX" Anfang 1978 in Berlin. *Moreau, P./Lang, J.P. 1996* (Fn. 4), 366.

31 *Schultze, Th./Gross, A.* 1997 (Fn. 2), 38, 212.

32 *Schultze, Th./Gross, A.* 1997 (Fn. 2), 27f.

33 *Schultze, Th./Gross, A.* 1997 (Fn. 2), 42f.

34 *Schultze, Th./Gross, A.* 1997 (Fn. 2), 211, nach denen die linke Politik sogar weitgehend gescheitert ist.

IV. Italienische Vorbilder

Die deutschen Autonomen sind stark von der italienischen Autonomie-Bewegung inspiriert. Im Anschluß an ein Treffen autonomer Gruppen in Padua, zu dem auch Autonome der Westberliner Hausbesetzerszene angereist waren, wurde in acht Thesen ein erstes Grundsatzpapier veröffentlicht, das in einer überarbeiteten Fassung wenig später in der Szenezeitschrift „radikal" erschien und von einigen Alt-Autonomen Anfang 1994 noch einmal neu bearbeitet wurde.[35] In Italien hatten sich bereits in den Jahren 1968/69 vor allem Studenten der neuen italienischen Massenuniversitäten mit – hauptsächlich ungelernten – Arbeitern in den Fabriken des Nordwesten Italiens verbunden und autonom und militant, in Abgrenzung zu der als verbürgerlicht diskreditierten Kommunistischen Partei und den Gewerkschaften, organisiert.[36] Diese „Autonomia Operaia" rückte die „*Arbeitersubjektivität* ins Zentrum,[37] agierte, ganz in der Tradition der klassischen Arbeiterbewegung aus den Betrieben heraus, setzte aber neben Streiks auch auf neue Mittel, wie militante Demonstrationen und Sabotage. Während die „Autonomia Operaia" im Laufe der 70er Jahre bereits zunehmend an Einfluß verlor, weil fast alle erkämpften Rechte durch Repression und Massenentlassungen, Diversifikation der Produktion und Restrukturierung der Wirtschaft wieder verloren gegangen waren,[38] entstanden in ihrem Umfeld die nicht im *Produktions*-, sondern im *Reproduktions*bereich angesiedelten „Autonomi". Diese setzten sich aus Randgruppen wie Obdachlosen, Arbeitslosen und Stadtindianern zusammen und erlebten ihren Höhepunkt 1977/78 mit den Kämpfen in Bologna. Der Begriff Autonome setzte sich durch.[39] Für eine kurze Zeit verschmolzen die Kämpfe der Jobber in den Fabriken mit dem Widerstand autonomer Bewegungen außerhalb. „Die Verschärfung der sozialen Konflikte durch massenhaft erwerbslose Jugendliche und entgarantierte Jobber radikalisierte die politischen Auseinandersetzungen: Bewaffnete Demonstranten waren keine Seltenheit, die Guerilla (namentlich die roten Brigaden) griff durch die Entführung von Fabrikdirektoren in die Arbeitskämpfe ein."[40] Der massenmilitante Widerstand wurde jedoch durch massive Repression, eine Verhaftungswelle und die Ab-

---

[35] *Kongreßlesebuch-Gruppe:* Der Stand der Bewegung. 18 Gespräche über linksradikale Politik. Lesebuch zum Autonomie-Kongreß 1995. Berlin 1995, 21f. Eine Synopse dieser Thesen ist abgedruckt ebenda, 274ff. Auf die unterschiedlichen Fassungen der Autonomiethesen wird auch bei *Moreau, P./Lang, J.P. 1996* (Fn. 4), 366 Bezug genommen. Zur Orientierung der Hausbesetzer an der italienischen Autonomiebewegung und ihrem Programm unter Ausklammerung des Produktionsbereichs, *Schultze, Th./Gross, A.* 1997 (Fn. 2), 157.

[36] *Schultze, Th./Gross, A.* 1997 (Fn. 2), 29f.

[37] *Schultze, Th./Gross, A.* 1997 (Fn. 2), 212. Diese soll sich in konkreten Kämpfen der Massenarbeiter ausdrücken und erst den Zugang zur Geschichte der sozialen Bewegungen und zur Bestimmung sozialrevolutionärer Politik ermöglichen.

[38] Autonomie NF 1982 Heft 9, 13, zit. bei *Schultze, Th./Gross, A.* 1997 (Fn. 2), 30.

[39] *Schultze, Th./Gross, A.* 1997 (Fn. 2), 30.

[40] *Schultze, Th./Gross, A.* 1997 (Fn. 2), 30.

urteilung von mehreren tausend Menschen wegen Verwicklungen in den bewaffneten Kampf jäh gebrochen.[41]

In Deutschland lösten die Ereignisse in Italien in der NSB Diskussionen über Guerillia-Konzepte, Probleme von Massenbewegungen und Militanz aus. Die spontanen Kämpfe und die Herausbildung der Stadtindianer in Italien hatten eine faszinierende Wirkung und wurden als Chance zum Widerstand begriffen.[42] Weil die aktiven Träger des autonomen Widerstandes in der BRD jedoch kaum in den Produktionsbereich eingebunden waren, sich vielmehr ausdrücklich von der Arbeiterbewegung abgrenzten,[43] mußte der operaistische Autonomiebegriff von der deutschen autonomen Bewegung adaptiert werden.[44] Der Kern der autonomen Bewegung hat Autonomie daher abgekoppelt vom Produktionsbereich bestimmt: „Autonomie bedeutete neben der Unabhängigkeit von Institutionen und Hierarchien auch die Selbstbestimmung der Aktionsformen."[45] In dem im Jahre 1981 in Berlin veröffentlichten Thesenpapier „Anarchie als Minimalforderung" heißt es etwa: Man kämpfe „nicht für ideologien, nicht fürs proletariat, nicht fürs volk", man führe „keine stellvertreterkriege", alles laufe „über eigene teilnahme", „politik der ersten person."[46]

V. Die Hausbesetzer der frühen 80er Jahre

Als ideologisch amorphe Bewegung hangeln sich die Autonomen von einem Aktionsfeld zum nächsten. Von anderen politischen Bewegungen grenzen sie sich vor allem durch ihre Gewaltzentriertheit ab. Ihre Hochzeit haben die Autonomen in den Jahren 1980/81, der Zeit der Hausbesetzungen, erlebt.[47] Getragen wurde die Revolte zu dieser Zeit von jungen Leuten um die zwanzig Jahre. Sie bauten auf den

---

[41] *Schultze, Th./Gross, A.* 1997 (Fn. 2), 30.

[42] *Schultze, Th./Gross, A.* 1997 (Fn. 2), 31.

[43] Autonomiethesen aus dem Jahre 1981, abgedruckt bei *Kongreßlesebuch-Gruppe 1995* (Fn. 35), 275.

[44] *Schultze, Th./Gross, A.* 1997 (Fn. 2), 30.

[45] *Schultze, Th./Gross, A.* 1997 (Fn. 2), 31.

[46] „Radikal", 1981, Nr. 97, zit. bei *Bundesminister des Innern:* Verfassungsschutz 1981, 111. Versuche der „Autonomie" (Neue Folge), eines Karlsruher Szeneorgans, die theoretischen Berührungspunkte verschiedener linksradikaler Teilbewegungen herauszuarbeiten, um der Autonomiebewegung eine breitere gesellschaftliche Basis unter Einschluß der Arbeiterbewegung zu erschließen, schlugen fehl. Auch der Jobber-Bewegung gelang es nicht, die betrieblichen Kämpfe im Produktionsbereich mit sozialen Kämpfen im Reproduktionsbereich zu verknüpfen, und die Marginalisierten mit den außerhalb des Produktionsprozesses stehenden Menschen in einer neuen politischen Klasse zusammenzuführen und einen neuen Zyklus des Klassenkampfes zu eröffnen. Dazu ausführlich *Schultze, Th./Gross, A.* 1997 (Fn. 2), 122-134, 212; dazu auch *Bundesminister des Innern:* Verfassungsschutzbericht, 1987, 60.

[47] *Schultze, Th./Gross, A.* 1997 (Fn. 2), 8.

hauptsächlich in Altbauvierteln der Groß- und Universitätsstädte entstandenen alternativen Sozialmilieus der vorangegangenen „Politgeneration" der 68er auf, verbanden sich jedoch nicht mit dieser, weil deren Theorielastigkeit mit einer Bewegung, die vom Ausbruch der Triebe und Gefühle geprägt war und auf die subjektive und spontane Befreiung setzte, schwer vermittelbar war.[48] Inspiriert von den Züricher Krawallen um ein autonomes Jugendzentrum, entlud sich in Freiburg im Breisgau die Empörung über die gewaltsame Räumung des Dreisamecks. In Berlin eskalierte der Häuserkampf. Die Auseinandersetzungen mit der Polizei wurden gewalttätiger. Gegen Steine werfende Autonome ging die Polizei mit Schlagstöcken, Wasserwerfern und Tränengas vor. Am 22. September geriet ein Hausbesetzer bei Auseinandersetzungen mit der Polizei unter ein Einsatzfahrzeug und starb.[49] 1982 wurden erstmals Häuser in der Hamburger Hafenstraße besetzt.[50] Die Hausbesetzer verband das gemeinsame Anliegen, gegen die Zwänge von Staat und Kapital und für ein selbstbestimmtes Leben zu kämpfen. Besetzte Häuser sollten die Ausgangsbasis sein, um den Staat und das System zu stürzen. Bereits früh grenzte man sich daher von den Alternativen ab, die ebenfalls in besetzten Häusern Freiräume suchten, aber nach Legalisierung strebten und sich also mit dem System arrangieren wollten.[51] Die Szene entstand letztlich aus gemeinschaftlichen Aktionen, aus Besetzergemeinschaften und aus der Solidarität im Straßenkampf. Noch rang man nicht um theoretischen Überbau und die Abstimmung persönlicher Gesellschaftsvorstellungen und Utopien.[52] Allerdings wurde bereits auf dem „Tu-wat-Kongreß" im August/September 1981 in Berlin intensiv der Autonomie-Gedanke diskutiert.[53] Im selben Jahr veröffentlichten anonyme Verfasser die oben bereits erwähnten „Thesen zur Autonomie in unserer Bewegung" und die Zeitschrift Radikal das überarbeitete Thesenpapier „Anarchie als Minimalkonsens".[54]

---

[48] *Schultze, Th./Gross, A.* 1997 (Fn. 2), 36f.; auch *Bundesminister des Innern:* Verfassungsschutz 1981, 111.

[49] *Schultze, Th./Gross, A.* 1997 (Fn. 2), 44f.

[50] *Schultze, Th./Gross, A.* 1997 (Fn. 2), 45.

[51] Autonomiethesen 1981, abgedruckt bei *Kongreßlesebuch-Gruppe 1*995 (Fn. 35), 278; *Schultze, Th./Gross, A.* 1997 (Fn. 2), 155ff.; zum Verhältnis zur Alternativszene auch *Moreau, P./Lang, J.P.* 1996 (Fn. 4), 370ff.

[52] *Schultze, Th./Gross, A.* 1997 (Fn. 2), 33. So nach *Bundesminister des Innern:* Verfassungsschutzbericht 1985, 104.

[53] *Schultze, Th./Gross, A.* 1997 (Fn. 2), 45.

[54] Eine Synopse dieser Thesen ist abgedruckt bei *Kongreßlesebuch-Gruppe 1*995 (Fn. 35), 274ff. Erwähnt werden diese auch bei *Bundesminister des Innern:* Verfassungsschutz 1981, 111.

VI. „Friedenskampf"

Innenpolitisch haben die Erfahrung staatlicher Repression im Häuserkampf,[55] Überwachung und Kontrolle im Nachgang zum „Deutschen Herbst", Einsparungen im Bildungswesen, schwindende Berufs- und Ausbildungsperspektiven für Auszubildende und Studenten und die Kanzlerkandidatur des als Inkarnation des reaktionären Politikers wahrgenommenen Franz Josef Strauß der Revolte den Boden bereitet.[56] Daneben haben aber zunehmend auch Ereignisse von weltpolitischer Bedeutung, wie der Reaktorunfall in Harrisburg/USA im Jahre 1979, der NATO-Doppelbeschluß und der Wahlsieg des „Kalten Kriegers" Ronald Reagan, der Einmarsch der Sowjetunion in Afghanistan und Hungersnöte im Trikont zur Politisierung der jungen Generation beigetragen.[57] Es verwundert daher nicht, daß neben dem Häuserkampf, der bis 1983 weitgehend erlahmt war,[58] seit 1982 der „Friedenskampf" gegen die „NATO-Nachrüstung" an Bedeutung gewann. Innerhalb der Friedensbewegung formierte sich ein „autonomer Flügel".[59] Schon bald traten jedoch Differenzen in der Gewaltfrage immer deutlicher zutage; militante Autonome wandten sich gegen den „Raketenpazifismus" der Friedensbewegung[60] und beklagten, daß die erhoffte Radikalisierung des Protestes ausblieb.[61] Seit 1984, mit dem Abklingen der Kampagne gegen die NATO-Nachrüstung, ließ das Engagement der Autonomen in der Friedensbewegung nach.[62]

VII. Anti-AKW-Bewegung

Die Autonomen intensivierten nun ihr Engagement in der Umweltschutzbewegung. Bereits 1980 hatte man sich in Brockdorf an der Errichtung eines Hüttendorfs auf dem geplanten Bohrloch 1004 beteiligt.[63] In den Aktionen gegen Kernenergieanlangen und andere technische Großprojekte sah man vorrangig eine Gelegenheit zum Kampf gegen das „System" und nutzte die Besorgnis in der Bevölkerung auch taktisch.[64] So sollte der Einsatz in Gorleben im Jahre 1982 auch als

---

55 *Schultze, Th./Gross, A.* 1997 (Fn. 2), 156f.

56 *Schultze, Th./Gross, A.* 1997 (Fn. 2), 32ff.

57 *Schultze, Th./Gross, A.* 1997 (Fn. 2), 31f.

58 *Bundesminister des Innern:* Verfassungsschutz 1983, 92. Die Szenezeitschrift „radikal" sieht die Häuserkämpfer schon 1981 zunehmend in der Defensive, zit. bei *Schultze, Th./Gross, A.* 1997 (Fn. 2), 78f.

59 *Bundesminister des Innern:* Verfassungsschutz 1982, 94.

60 *Bundesminister des Innern:* Verfassungsschutz 1983, 95. Zu den Problemen der Autonomen mit der Friedensbewegung auch *Schultze, Th./Gross, A.* 1997 (Fn. 2), 147f.

61 *Bundesminister des Innern:* Verfassungsschutz 1983, 94f.

62 *Bundesminister des Innern:* Verfassungsschutzbericht 1984, 102; 1988, 76.

63 *Schultze, Th./Gross, A.* 1997 (Fn. 2), 44.

64 *Bundesminister des Innern:* Verfassungsschutzbericht 1989, 73.

„Lernprozeß" zum „bewußt illegalen" Handeln fungieren.[65] Wie in der Anti-Raketen-Bewegung, so war auch innerhalb der Anti-AKW-Bewegung das „militant-offensive" Vorgehen der Autonomen nicht ohne Weiteres mehrheitsfähig. „Während autonome und linksradikale Gruppen, die Massenmilitanz befürworteten, für die gesamte Bewegung ein integriertes Widerstandskonzept propagierten, wonach sowohl gewalttätige als auch gewaltfreie Aktionsformen zulässig sein sollten, lehnten die reformerischen, gewaltfreien Kräfte dieses Konzept ab."[66] Dennoch war das Standbein der Autonomen in der Anti-AKW-Bewegung gefestigter als in der Friedensbewegung. Das Engagement der Autonomen und der direkte menschliche Kontakt an den AKW/Standorten, in Camps und Hüttendörfern führte dazu, daß die Autonomen als Teil der Bewegung akzeptiert wurden.[67]

VIII. Krise und Remobilisierung

Auch wenn Autonome in verschiedenen Aktionsfeldern aktiv blieben, war die Bewegung bis Mitte der 80er Jahre doch abgeflacht.[68] Gerade die Ausgrenzung und Kriminalisierung durch staatliche Repression, Versuche des Verfassungsschutzes, in der Hausbesetzerszene, insbesondere in Hamburg und Frankfurt/M., RAF-Strukturen auszumachen, aber auch die anhaltende Diskussion der Gewaltfrage innerhalb der „Anti-Raketen- und der Anti-Kriegsbewegung" haben die Autonomen innerhalb des breiten Spektrums systemkritischer Bewegungen und nicht zuletzt innerhalb der Friedensbewegung zunehmend isoliert und die „Selbstghettoisierung" der autonomen Szene begünstigt.[69] Autonome Gruppen verlegten sich jetzt zunehmend auf „klandestine" Anschläge auf Banken, Militäreinrichtungen und Baufirmen. Ab 1983 wird die Kleingruppenstrategie zum gängigen autonomen Aktionsmuster.[70] Erfahrungsberichte Autonomer bestätigen, daß insbesondere die massive staatliche Verfolgung, die persönliche Erfahrung von Polizeigewahrsam, Untersuchungshaft und Prozessen diese Entwicklung begünstigt haben.[71] Subversi-

---

[65] *Bundesminister des Innern:* Verfassungsschutz 1982, 96.

[66] *Schultze, Th./Gross, A.* 1997 (Fn. 2), 76, ausführlich zur Gewaltdiskussion auch 148f., *Bundesminister des Innern:* Verfassungsschutz 1982, 96.

[67] *Schultze, Th./Gross, A.* 1997 (Fn. 2), 148f.

[68] *Schultze, Th./Gross, A.* 1997 (Fn. 2), 44.

[69] *Schultze, Th./Gross, A.* 1997 (Fn. 2), 19, 47, ausführlich zur Gewaltdiskussion, 76f., zum Verhältnis zur Friedensbewegung, 147f. Zur Gewaltdiskussion innerhalb der „Anti-Raketen-Bewegung" auch, *Bundesminister des Innern:* Verfassungsschutz 1983, 94f.

[70] Für den Häuserkampf *Schultze, Th./Gross, A.* 1997 (Fn. 2), 46, 64, 79; ähnlich bereits *Bundesminister des Innern:* Verfassungsschutz 1982, 93; 1983, 91; 1986, 113 mit weiteren Nachweisen zu Szenepublikationen. Daß man sich zunehmend auf „klandestine" Aktionen verlegte, bestätigt auch *Lecorte, Th.* 1992 (Fn. 3), 130f.: „weil mit Massenmilitanz nicht mehr viel ist" und der Widerstand ja irgendwie weitergehen muß. „Ja, du siehst einfach, mit Randale schaffst du es nicht, oder es wird immer schwieriger und immer riskanter."

[71] So der autobiographische Text von *Lecorte, Th.* 1992 (Fn. 3).

ve Strategien wurden denn auch auf dem ersten Bundestreffen autonomer Gruppen im Februar 1983 in Hannover intensiv diskutiert.[72] Zu einer Remobilisierung der Szene kam es erst seit 1985. Auch wenn die autonome Bewegung nicht mehr eine so breite Basis hatte wie Anfang der achtziger Jahre, so konnte sie doch, zumindest in den Großstädten, auf eine autonome Infrastruktur, bestehend aus alternativen Projekten, Kneipen, Zeitungen, Druckereien, Cafés und Kinos zurückgreifen. Erfahrungen des Protests und Vorstellungen von Widerstand konnten daher auch in Zeiten der relativen Schwäche der Bewegung weitergegeben und konserviert werden.[73] Die Szene meldete sich mit Aktionen gegen „Atommülltransporte", gegen den Weltwirtschaftsgipfel in Bonn und mit massenmilitanten Kampagnen gegen eine Wiederaufbereitungsanlage in Wackersdorf zurück.[74] Die Katastrophe von Tschernobyl brachte einen weiteren Mobilisierungsschub.[75] 1986 erklären Autonome, der „Zustand von Frust, Ohnmacht und Perspektivenlosigkeit" der letzten Jahre sei endlich „aufgebrochen."[76] Bereits „Gegen Ende der achtziger Jahre verloren die Autonomen jedoch zunehmend das Interesse an Bürgerprotesten gegen Kernkraftwerke, weil diese sich als Ansatzpunkte für revolutionäre Umwälzungen nicht wirklich bewährt hatten.[77]

IX. Antifaschistischer Kampf

Seit 1985 wandten sich autonome „Antifa-Gruppen" verstärkt dem antifaschistischen Kampf zu.[78] Es wurde eine „Faschisierung" der Bundesrepublik Deutschland behauptet. Der Faschismus habe sich „weiterentwickelt und perfektioniert", sei im deutschen „Staatsschutzstaat" und auch in „der NATO integriert" und könne nicht allein durch die Bekämpfung der „faschistischen Organisationen", sondern „nur durch den Umsturz der kapitalistischen Gesellschaftsordnung" beseitigt werden.[79]

---

72 *Moreau, P./Lang, J.P. 1996* (Fn. 4), 367.

73 *Schultze, Th./Gross, A.* 1997 (Fn. 2), 24.

74 *Bundesminister des Innern:* Verfassungsschutzbericht 1985, 105; 86, 112; *Moreau, P./Lang, J.P. 1996* (Fn. 4), 374f.

75 *Bundesminister des Innern:* Verfassungsschutzbericht 1986, 117; *Moreau, P./Lang, J.P. 1996* (Fn. 4), 374f.

76 Flugblatt Autonomer aus Hessen, Herbst 1986, zit. bei *Bundesminister des Innern:* Verfassungsschutzbericht 1986, 112, Anm. 262.

77 *Bundesminister des Innern:* Verfassungsschutzbericht 1987, 66; 1988, 76. Ein Szenemitglied ist der Auffassung, die Anti-AKW-Bewegung habe ihren Endpunkt vielleicht schon in Brokdorf '86 erreicht, *Kongreßlesebuch-Gruppe 1995* (Fn. 35), 11. Dort wird Martin zitiert: „Wir hatten recht, aber wir haben trotzdem verloren."

78 *Bundesminister des Innern:* Verfassungsschutzbericht 1985, 112; auch 1987, 68f.; 1989, 65f.; *Moreau, P./Lang, J.P. 1996* (Fn. 4), 375.

79 „Thesenpapier" der „Antifaschistischen Initiative Hannover" Januar 1986; „*Sabot*-Hamburger Info Sammlung" Nr. 7, Januar 1986, zit. bei *Bundesminister des Innern:* Verfassungsschutzbericht 1986, 120f., Anm. 275.

Dabei traten die Antifa-Gruppen für eine „militante Praxis" ein: „Gegen Faschismus hilft nur Gewalt".[80] Nachdem im September bei einer anti-faschistischen Demonstration in Frankfurt ein Demonstrant von einem Wasserwerfer überrollt und getötet worden war, kam es bundesweit zu zahlreichen Anschlägen.[81] Es mehrten sich Schlägereien zwischen Links- und Rechtsextremisten.[82] Anfang 1986 fand in Frankfurt/M. der Kongreß „antiimperialistischer und antikapitalistischer Widerstand in Westeuropa – Internationale Diskussions- und Informationstage" mit dem Ziel statt, die Kräfte verschiedener Teilbewegungen zu bündeln. Dies scheiterte jedoch an Meinungsverschiedenheiten in der Frage der revolutionären Strategie. Insbesondere die Vertreter der deutschen autonomen Bewegung distanzierten sich von den Kampfformen der RAF und ähnlicher Gruppierungen in anderen Ländern.[83]

X. Autonomer Aktionismus: die späten achtziger Jahre

1987 wurde gegen den Besuch von Ronald Reagan in Berlin demonstriert, und seit dem 1. Mai 1987 fanden in Berlin die mittlerweile ritualisierten, sogenannten 1. Mai-Revolten statt.[84] Am 2. November 1987 wurden aus einer Demonstration an der Startbahn-West in Frankfurt/M. tödliche Schüsse auf zwei Polizisten abgegeben. Diese Eskalation der Gewalt sorgte allerdings in der autonomen Szene bundesweit für Irritationen: Nur wenige befürworteten den Anschlag – „Zwei voll Blei – bleibts dabei?"[85] Die meisten verurteilten die Tat oder bezeichneten sie als taktisch respektive politisch falsch.[86] Wieder andere sprachen von Verrat.[87] Die Ereignisse an der Startbahn West lösten szeneinterne Grundsatzdebatten aus.[88] In

---

[80] *„Der Exterminator"* Nr. 4, Sommer 1986, Flugblatt autonomer „Antifaschisten", zit. bei *Bundesminister des Innern:* Verfassungsschutzbericht 1986, 121, Anm. 126; auch 1989, 71 mit weiteren Nachweisen.

[81] *Schultze, Th./Gross, A.* 1997 (Fn. 2), 47.

[82] *Bundesminister des Innern:* Verfassungsschutzbericht 1988, 78; 1989, 72.

[83] *Moreau, P./Lang, J.P. 1996* (Fn. 4), 367.

[84] Zur ersten Demonstration und dazu, daß die Demonstrationen mittlerweile zum Ritual verkommen sind, *Geronimo:* Glut und Asche. Reflexionen zur Politik der Autonomen Bewegung. Münster 1997, 133f.; für 1989, *Bundesminister des Innern:* Verfassungsschutzbericht 1989, 67; ferner *Senatsverwaltung für Inneres (*Hrsg.): Endbericht der Unabhängigen Kommission zur Verhinderung und Bekämpfung von Gewalt in Berlin. Berlin 1994, 177.

[85] Wandparole in Bonn gegenüber dem Polizeipräsidium, November 1987, zit. bei *Bundesminister des Innern:* Verfassungsschutzbericht 1987, 62, Anm. 105.

[86] *Bundesminister des Innern:* Verfassungsschutzbericht 1987, 62; *Schultze, Th./Gross, A.* 1997 (Fn. 2), 49.

[87] *Schultze, Th./Gross, A.* 1997 (Fn. 2), 49.

[88] Dazu ausführlich *Schultze, Th./Gross, A.* 1997 (Fn. 2), 82-84, mit einem Überblick über das autonome Meinungsspektrum.

einer kritischen Bestandsaufnahme autonomer Politik wurde beklagt, daß militantes Vorgehen für viele zum Selbstzweck geworden sei. Aktionismus täusche politisches Bewußtsein vor.[89] Dem „Widerstand gegen den Drecksstaat" fehle ein theoretisches Fundament; letztlich „hangele" man sich von einer „Schlacht" zur nächsten.[90] 1988 scharte man sich jedoch bereits wieder um einige sozialrevolutionäre Gruppen, die zum Kampf gegen IWF und Weltbank aufgerufen hatten, einem neuen Betätigungsfeld, das heute Teil der Anti-Globalisierungskampagnen ist.[91] Die seit Jahren andauernden Diskussionen über gemeinsame Strukturen und Strategien blieben dagegen ohne konkrete Ergebnisse, zu einer kontinuierlichen Arbeit der autonomen Szene kam es nicht.[92]

XI. Punks: Vorläufer der Autonomen in der DDR

In der ehemaligen DDR gab es keine Gruppierungen, die sich als Autonome bezeichneten. Es gibt jedoch gute Gründe, linke Punks als Vorläufer der ostdeutschen Autonomen und Antifas zu betrachten. Sie entstanden, wie auch die Skinheads in den achtziger Jahren, aus Enttäuschung über den DDR-Staat, der seine Verheißung einer neuen sozialistischen Gesellschaft nicht eingelöst hatte, und auch aus Enttäuschung über die eigenen Eltern, die sich angepaßt und arrangiert hatten. Es handelte sich um offensive Protest- und Alternativkulturen vergleichsweise unpolitischer Prägung.[93] Weil das System mit seinem Ausschließlichkeitsanspruch neben der FDJ keine Alternativen duldete,[94] hatten die Punks, wie auch andere Jugendbewegungen, unter den Bedingungen des sozialistischen Systems so gut wie keine Gelegenheit gehabt, sich als politische Gruppierung zu definieren.[95] Wie die westdeutschen Autonomen verband die ostdeutschen Punks ein Haß auf den Staat, die Ablehnung gesellschaftlicher Zustände und „das Bedürfnis nach Anarchie als Counterkonzept zur vormundschaftlichen Behandlung mündiger Bürger und festgefahrener Lenkungs- und Leitungsprozesse bis in den Bereich der privaten Lebens-

---

89 *Bundesminister des Innern:* Verfassungsschutzbericht 1988, 68f.

90 „*Sabot*-Hamburger Info Sammlung" Nr. 11, September 1986, zit. bei *Bundesminister des Innern:* Verfassungsschutzbericht 1986, 112, Anm. 264.

91 *Bundesminister des Innern:* Verfassungsschutzbericht 1988, 70, 71ff.; 1989, 69ff.; *Moreau, P./Lang, J.P. 1996* (Fn. 4), 375.

92 *Bundesminister des Innern:* Verfassungsschutzbericht 1989, 65.

93 *Wagner, B.:* Jugend-Gewalt-Szenen. Zu kriminologischen und historischen Aspekten in Ostdeutschland. Die achtziger und neunziger Jahre. Berlin 1995, 43. So wollte etwa Peter, zit. bei *Stock, M.:* Jugendliche Subkulturen in Ostdeutschland. In: Aufwachsen hüben und drüben. Deutsch-Deutsche Kindheit und Jugend vor und nach der Vereinigung, hrsg. v. P. Büchner u.a. Opladen 1991, 257-266, 259, daß man erkennen sollte, daß er „mit manchen Sachen nicht einverstanden" ist.

94 Antifa-Arbeit war der FDJ vorbehalten, *Wagner, B.* 1995 (Fn. 93), 46.

95 *Senatsverwaltung für Inneres* 1994 (Fn. 84), 176.

planung.“[96] Eine zunehmende Ideologisierung der Punk-Szene ließ sich seit Mitte der 80er Jahre beobachten, vor allem als Reaktion auf die Herausbildung rechtsextremer Skingruppierungen. Von deren Seite war man zunehmend gewalttätigen Übergriffen ausgesetzt, die von den staatlichen Sicherheitskräften wohlwollend geduldet wurden.[97] Im Rahmen der „Kirche von Unten“ entwickelte sich in Ost-Berlin eine erste Antifa-Gruppe. Sie organisierte im Juni 1989 den ersten Antifa-Tag, der vor allem der Zusammenführung verschiedener Anti-Skinhead-Gruppen diente. In den letzten DDR-Jahren, die von sozialer Agonie und Erstarrung geprägt waren, verstärkten die Punks ihr politisches Engagement. Die Szene blühte auch kulturell auf: Punks besetzten, wie Westautonome, Häuser und richteten Cafés ein; ihre Kneipen wurden einem breiteren Publikum bekannt. Schließlich wehrte man sich gegen den damals schon unvermeidlichen Anschluß der DDR an die Bundesrepublik Deutschland.[98] Hervorzuheben ist, daß die Punks, anders als die Westautonomen der 80er Jahre, nicht so sehr durch ihre Gewalttaten auffielen, sondern durch ihre gegenkulturellen Entwürfe und ihre Einbindung in oppositionelle antistaatliche Diskurse in Erscheinung traten[99] – und dies, obwohl sie sowohl Übergriffen von Rechts als auch dem repressiven Vorgehen der Sicherheitsapparate ausgesetzt waren. Gewalt wendete man nur zur Verteidigung des eigenen Lebensraums und in Notwehrsituationen an.[100] Unter dem Eindruck der Erfahrungen der Wendejahre wandelte sich die ostdeutsche *Punkszene* zunehmend zur *Autonomen-Szene*, eine Entwicklung, die sicherlich auch durch eine entsprechende Etikettierung durch staatliche Stellen begünstigt wurde.[101] Die Hoffnungen, die sich mit dem Systemwechsel verbunden hatten, waren herb enttäuscht worden. Nachdem sich 1990 staatliche Stellen zunächst kooperativ gezeigt hatten, Sicherheitspartnerschaft zwischen der Polizei und den besetzten Häusern zustande gekommen waren und erstmalig alternative Lebens- und Artikulationsformen ohne staatliche Repression ausgestaltet werden konnten, fuhren die häufig aus dem Westen abgeordneten Administratoren schon bald eine unflexible bürokratische Linie; die Eigentumsrechte wurden durchgesetzt.[102] Die gewaltsame Räumung der in der Mainzer Straße in Ostberlin besetzten Häuser, die ersten ausländischen Todesopfer rechter Gewalt und die sich im Jahre 1990 häufenden Angriffe von Rechten auf Linke und ihre Lebensräume begünstigten eine Radikalisierung der Szene.[103] Gleichzeitig

---

[96] *Wagner, B.* 1995 (Fn. 93), 44, 45.

[97] *Wagner, B.* 1995 (Fn. 93), 45, 121.

[98] *Wagner, B.* 1995 (Fn. 93), 47.

[99] *Wagner, B.* 1995 (Fn. 93), 48.

[100] *Wagner, B.* 1995 (Fn. 93), 50, 57.

[101] *Wagner, B.* 1995 (Fn. 93), 123.

[102] *Wagner, B.* 1995 (Fn. 93), 56, 122. Die *Kongreßlesebuch-Gruppe 1*995 (Fn. 35), 23, spricht in Bezug auf die Ostberliner Hausbesetzungen von einer zweiten Hochzeit der Hausbesetzerbewegung nach 1981.

[103] *Wagner, B.* 1995 (Fn. 93), 122.

wurde die ostdeutsche Szene, insbesondere in Berlin,[104] zunehmend von militant anarchistischen westlichen Gruppierungen vereinnahmt. Diese warnten davor, sich in der Auseinandersetzung mit dem Rechtsextremismus auf den Staat einzulassen, den sie als prä- oder postfaschistisch verdächtigten.[105] Unter diesen Einflüssen wurden die ostdeutschen Antifagruppen militanter. Ein tatsächliches Versagen staatlicher Stellen bei der Verhinderung und Verfolgung rechtsextremer Gewalt begünstigte diese Entwicklung. Dennoch sind die ostdeutschen autonomen Strukturen von den westdeutschen verschieden. In der lebendigen Hausbesetzerszene in Potsdam und in Leipzig[106] dominieren „Peacer, Grüne und so." Die Autonomen sind in der Minderheit und können die Szene daher nicht so dominieren. Unterschiedliche Auffassungen in der Gewaltfrage führen vielfach zu Konflikten unter den Besetzern.[107] Gleichzeitig sind ostdeutsche Autonome gegenüber „Faschos", die sie noch von früher kennen, manchmal weniger unversöhnlich und gesprächsbereit.[108] Daß die ausländerfeindlichen Anschläge insbesondere junge Menschen mobilisiert haben, von denen sich viele der Antifa-Szene angeschlossen haben,[109] daß es zu militanten Auseinandersetzungen mit Rechtsextremisten, Anschlägen auf rechte Jugendclubs und Straßenkrawallen kommt[110] und daß 1992 die Straßenschlachten am 1. Mai erstmalig nicht nur in Kreuzberg, sondern auch im Bezirk Prenzlauer Berg tobten, was Autonome aus dem Ostteil der Stadt ausdrücklich begrüßten,[111] belegt jedoch, daß sich autonome Strukturen auch in der ostdeutschen Jugendszene verankert haben.

---

104 *Senatsverwaltung für Inneres* 1994 (Fn. 84), 176. Auch nach *Bundesminister des Innern:* Verfassungsschutzbericht 1989, 68 nahmen Autonome aus Berlin West frühzeitig Verbindungen zu Gleichgesinnten aus der DDR auf. Siehe auch *Moreau, P./Lang, J.P. 1996* (Fn. 4), 403. Nach *Förster,P./Friedrich, W.* u.a.: Jugend Ost: Zwischen Hoffnung und Gewalt. Opladen 1993, 98f. haben sich im Jahr 1992 1% der ostdeutschen Schüler und Lehrlinge und 2 % der männlichen befragten den Autonomen Linken angeschlossen. Jeweils 1 % haben sich den Republikanern, Skinheads und Faschos angeschlossen. 2 % gehörten den Punks an.

105 *Wagner, B.* 1995 (Fn. 93), 122.

106 Zur „Connewitzer Alternative, Leipzig," *Farin, K./Seidel-Pielen, E.:* Krieg in den Städten. Jugendgangs in Deutschland. 3. Aufl. Berlin 1991, 117f.

107 *Farin, K./Seidel-Pielen, E.* 1991 (Fn. 106), 118.

108 *Wagner, B.* 1995 (Fn. 93), 122.

109 *Moreau, P./Lang, J.P. 1996* (Fn. 4), 373.

110 *Bundesminister des Innern:* Verfassungsschutzbericht 1991, 38; 1992, 36; zu den Anschlägen, *Wagner, B.* 1995 (Fn. 93), 59f.

111 *„Interim"* vom 14. Mai 1992, zit. bei *Horchem, H. J.:* Die Grenzen „Autonomer Gewalt." Eine Bilanz nach der Wiedervereinigung. In: Terror und Extremismus in Deutschland, hrsg. v. C. Löw. Berlin 1994, 115. Allerdings weist die *Senatsverwaltung für Inneres* 1994 (Fn. 84), 176, darauf hin, daß die autonome Szene in Ost-Berlin seit der Räumung der Mainzer Straße nur noch selten mit militanten Gewaltaktionen in Erscheinung tritt.

XII. Die deutsche Wiedervereinigung

1989/90 wurden die Autonomen von der deutschen Wiedervereinigung praktisch überrollt[112] und gerieten in eine tiefgreifendere ideologische Krise,[113] von der sie sich nach Einschätzung einiger ehemaliger Szeneangehöriger bis heute nicht vollständig erholt haben. Der Wandel des Widerstandes der DDR-Bürger zur Einheitsbewegung, der sich im Wechsel der Parolen von „Wir sind das Volk" zu „Wir sind ein Volk" manifestierte, ließ die Autonomen wie große Teile der Linken anfänglich sprachlos.[114] Das erhoffte Widerstandspotential wurde in der ehemaligen DDR nicht freigesetzt. Viele Autonome zogen sich daraufhin in ideologische Ghettos oder gar ins „Private, in den Beruf ... und die Beschäftigung mit persönlichen Krisensituationen zurück." Man betrieb „Nischenbildung".[115] Manche Autonome nahmen die Wiedervereinigung aber auch zum Anlaß, sich neu zu formieren: „Wir haben jetzt Gelegenheit, unsere Ziele neu zu stecken und mit neuer Kraft den ganzen nationalistischen, sexistischen und rassistischen Rotz zu bekämpfen."[116] Auf jeden Fall entlud sich die Empörung darüber, daß 45 Jahre nach Kriegsende aus der Sicht der Autonomen wieder einmal deutsche Truppen ein Nachbarland zur uneingeschränkten Ausschlachtung und Verwertung der Bevölkerung besetzten,[117] auch in militanten Aktionen: So beteiligten sich Autonome an Demonstrationen am 12. Mai 1990 in Frankfurt/M. oder am 29. September 1990 in Berlin, wo unter dem Motto „Gegen die Einverleibung der DDR – Für ein selbstbestimmtes Leben" nicht nur gegen die Wiedervereinigung, sondern auch – gegen § 218 StGB protestiert wurde. Zu weiteren Protest- und Störaktionen unter Beteiligung von Autonomen kam es am „Tag der Einheit" und am 3. November 1990, wiederum in Berlin.[118] Erst rechtsextremistische Gewalttaten und das Erstarken faschistischer Gruppierungen trugen zur Remobilisierung der autonomen Szene bei. Bereits seit Anfang 1991 haben die Autonomen verstärkt mit antifaschistischen Gewalttaten auf die Ausschreitungen von Skinheads reagiert. Nach dem Anschlag auf das Asylbewerberheim in Hoyerswerda im September 1991, nach den Ausschreitungen in Rostock Ende August 1992 und nach den Brandanschlägen am 23. November 1992 auf

---

[112] *Schultze, Th./Gross, A.* 1997 (Fn. 2), 51; *Kongreßlesebuch-Gruppe 1*995 (Fn. 35), 23.

[113] *Senatsverwaltung für Inneres* 1994 (Fn. 84), 177.

[114] *Schultze, Th./Gross, A.* 1997 (Fn. 2), 214. *Geronimo* 1997 (Fn. 84), 23f. wirft einige Schlaglichter auf „autonome Politik" in den frühen 90er Jahren und illustriert damit sinnfällig, wie wenig sich die Autonomen auf die veränderten politischen Verhältnisse einzustellen vermochten.

[115] *Schultze, Th./Gross, A.* 1997 (Fn. 2), 214.

[116] Aufruf zur Demonstration gegen die Wiedervereinigung am 3.10.1990 in Bremen, zit. bei *Bundesminister des Innern:* Verfassungsschutzbericht 1990, 43, Anm. 76.

[117] *„Interim"* Nr. 116 vom 20. 9.1990, zit. bei *Bundesminister des Innern:* Verfassungsschutzbericht 1990, 42, Anm. 74.

[118] *Bundesminister des Innern:* Verfassungsschutzbericht 1990, 47f.

zwei von Ausländern bewohnte Häuser in Mölln, bei denen drei türkische Staatsangehörige ums Leben kamen, kam es zu bundesweiten Aktionen.[119] Die Zahl der linksextremistischen Straftaten, von denen bis zu neunzig Prozent den Autonomen zugeschrieben werden,[120] stieg jeweils sprunghaft an.[121] Diskutiert wurde das Konstrukt einer einheitlichen nationalen Linken, „die den Nationalbegriff negiert, d.h. anti-nationale Positionen vertritt, und sich weigert, die teils rassistischen Wendeverlierer zu absolutieren und als Bündnispartner anzusehen."[122]

Daß die Autonomen entgegen allen Unkenrufen innerhalb der Szene nach der Wiedervereinigung keineswegs gänzlich bedeutungslos geworden sind, scheinen die vom Verfassungsschutz vorgelegten Zahlen zu belegen. Noch in den achtziger Jahren spielten die Anarchisten und sonstigen Sozialrevolutionäre, zu denen auch die Autonomen zählen, gegenüber anderen linksextremistischen Organisationen eine untergeordnete Rolle.[123] Nach dem Fall der Berliner Mauer konnten sie jedoch einen wenn auch marginalen Anstieg verzeichnen (von 4000 im Jahre 1989 auf 4100 „Mitglieder" im Jahre 1990), während die DKP und auch die Kern- und Nebenorganisationen der Marxisten-Leninisten und anderer revolutionärer Marxisten dramatische Mitgliederverluste hinnehmen mußten (von 22.000 auf 11.000 bzw. von 37.000 auf 25.400).[124] Dieser Anstieg setzt sich auch in den folgenden Jahren fort, und bereits seit 1993 gibt es mehr Anarchisten und sonstige Sozialrevolutionäre als DKP-Mitglieder.[125] Seit 1997 geht der Verfassungsschutz von bundesweit 6000 Autonomen aus.[126] Dazu kommt ein Mobilisierungspotential von mehreren Tausend.[127] Aussteiger werden durch Neueinsteiger kompensiert.[128]

---

[119] *Schultze, Th./Gross, A.* 1997 (Fn. 2), 52.

[120] *Bundesminister des Innern:* Verfassungsschutzbericht 1991, 35.

[121] *Bundesminister des Innern:* Verfassungsschutzbericht 1992, 40f.

[122] *Schultze, Th./Gross, A.* 1997 (Fn. 2), 52.

[123] 1988 registrierte der Verfassungsschutz nur 3500 Anarchisten und sonstige Sozialrevolutionäre, aber 35.000 Mitglieder der DKP und 52.500 Mitglieder in den Kern-/Nebenorganisationen der Marxisten-Leninisten und anderer revolutionärer Marxisten, *Bundesminister des Innern:* Verfassungsschutzbericht 1990, 21, Graphik; für 1990 Zahlen nur für das alte Bundesgebiet.

[124] *Bundesminister des Innern:* Verfassungsschutzbericht 1990, 21. Erst in der entsprechenden Graphik in Verfassungsschutzbericht 1994, 21, wird die Mitgliederzahl der Marxistisch/Leninistischen Parteien und sonstiger revolutionär marxistischer Organisationen für das Jahr 1990 auf 30.400 korrigiert.

[125] *Bundesminister des Innern:* Verfassungsschutzbericht 1993, 21, Graphik: Mitglieder linksextremistischer und linksextremistisch beeinflußter Organisationen - nach Abzug von Mehrfachmitgliedschaften.

[126] Die Mitgliederzahl Marxistisch-Leninistischer Parteien und sonstiger revolutionärer marxistischer Organisationen liegt demgegenüber seit 1991 bei etwa 27.000. *Bundesminister des Innern:* Verfassungsschutzbericht 1991, 20; 1994, 21; 1996, 23; 1998, 85; 2000, 122. Dazu daß die Bewegung zahlenmäßig stagniert, *Moreau, P./Lang, J.P. 1996* (Fn. 4), 403.

[127] *Bundesminister des Innern:* Verfassungsschutzbericht 1997, 22f.

XIII. Die neunziger Jahre: kurzatmiger Aktionismus

Wie in den 80er Jahren waren auch in den 90er Jahren die thematischen Schwerpunkte stark vom aktuellen politischen Geschehen bestimmt. 1991 wurde gegen den Golfkrieg, einen „imperialistischen Krieg," agitiert. Der Protest richtete sich gegen das Amerika der Bosse und Banker, der Konzerne und Kriegstreiber, der Imperialisten und weltweiten Ausbeuter, aber auch gegen die Herrschenden hier und die deutschen Konzerne, die angeblich Rüstungsgüter und Giftgas in den Irak exportieren:[129] „Die Schuldigen des Krieges sitzen auch in der BRD, ziehen wir sie zur Rechenschaft.!"[130] 1992 kam es, wiederum anlaßbezogen, zu Aktionen gegen den Münchner Weltwirtschaftsgipfel in Genua.[131] Insbesondere 1993, aber auch in den darauffolgenden Jahren protestierten die Autonomen gegen die Asylpraxis und die faktische Abschaffung des Grundrechts auf Asyl.[132] Daneben wurde auch gegen die Bewerbung der Stadt Berlin um die Olympischen Spiele agitiert.[133] 1994 legten die Autonomen einen Schwerpunkt auf die Vorbereitung von Protestaktionen gegen den EU-Gipfel im Dezember 1994. 1995 entdeckten sie das Aktionsfeld Kernenergie wieder. Insbesondere militante Proteste gegen den Castortransport am 24./25. April '95 verursachten Millionenschäden.[134] Ein szeneinternes Schlüsselereignis der neunziger Jahre war der im Oktober 1995 in Berlin abgehaltene Autonomiekongreß unter dem Motto „Autonome auf dem Weg ins 21. Jahrhundert", der in den Räumen der TU Berlin abgehalten wurde und an dem etwa 2000 Personen teilnahmen.[135] Er wurde in der Szenezeitung INTERIM als „voller Erfolg" gewertet. Es sei „ein tolles Gefühl, wieder einmal zu sehen, daß es noch sehr viele sind, die am Projekt einer herrschaftsfreien Gesellschaft arbeiten."[136] Zum „Angriffs-

---

[128] *Moreau, P./Lang, J.P.* 1996 (Fn. 4), 373.

[129] *Bundesminister des Innern:* Verfassungsschutzbericht 1991, 35, 40; *Schultze, Th./Gross, A.* 1997 (Fn. 2), 52.

[130] *„Interim"* Nr. 131 vom 24.1.1991, zit. bei *Bundesminister des Innern:* Verfassungsschutzbericht 1991, 49, Anm. 15.; *Moreau, P./Lang, J.P. 1996* (Fn. 4), 375.

[131] *Moreau, P./Lang, J.P. 1996* (Fn. 4), 375.

[132] *Moreau, P./Lang, J.P. 1996* (Fn. 4), 376; *Bundesminister des Innern:* Verfassungsschutzbericht 1993, 42-47; 1994, 44; 1995, 52f.; 1997. 41f.; 1998, 102f. Sie beteiligten sich in diesem Zusammenhang auch an der Aktion „Etwas Besseres als die Nation". Mit dieser Tour durch Ostdeutschland sollte den Rechten der öffentliche Raum streitig gemacht werden. Daneben war es auch ein Versuch, die ostdeutsche Linke zu koordinieren. *Schultze, Th./Gross, A.* 1997 (Fn. 2), 51, 53.

[133] *Moreau, P./Lang, J.P. 1996* (Fn. 4), 376; *Bundesminister des Innern:* Verfassungsschutzbericht 1993, 45-37; *Geronimo* 1997 (Fn. 84), 31-60, hält die „NOlympics-Kampagne" für die letzte große Bewegungskampagne der Westberliner Autonomen.

[134] *Bundesminister des Innern:* Verfassungsschutzbericht 1995, 53-55.

[135] *Bundesminister des Innern:* Verfassungsschutzbericht 1994, 38 (zu den Vorbereitungstreffen); 1995, 44.

[136] *„Interim"* Nr. 328 vom 20. April 1995, zit. bei *Bundesminister des Innern:* Verfassungsschutzbericht 1995, 88, Anm. 4. Skeptischer äußern sich *Schultze, Th./Gross, A.* 1997 (Fn. 2), 53; vorsichtige Zuversicht bei *Geronimo* 1997 (Fn. 84), *193.*

punkt eines linksradikalen antiimperialistischen Widerstands" wurde in den Jahren 1998/1999/2000 die EXPO 2000 in Hannover. Nach Ansicht der Autonomen fungierte sie als „breitenwirksame Akzeptanzbeschafferin" für die imperialistische Politik von IWF, Weltbank und WTO.[137] Im Vorfeld und in der Eröffnungsphase verübten Autonome daher vereinzelt Brandanschläge, zahlreiche Sachbeschädigungen und Sabotageakte, die vom Unbrauchbarmachen von Fahrscheinautomaten mit Sekundenkleber bis zu Hakenkrallenangriffen auf Oberleitungen der deutschen Bundesbahn reichten. Mit anderen Personen aus dem linksextremen Spektrum wurde im Mai 2000 unter dem Motto "Die Beherrschung verlieren – EXPO – NO!" demonstriert.[138] Die Gewalttaten richteten sich dabei vornehmlich gegen Institutionen und Firmen, die sich an der Planung und Durchführung der Weltausstellung beteiligten oder das Projekt auf andere Weise, z.B. als Welt- oder Produktpartner unterstützten.[139]

XIV. Gemeinschaftliche Aktionen

Die Aktionen der Autonomen reichen über die Teilnahme an Demonstrationen und die Organisation politischer Kampagnen, also legaler politischer Arbeit, über nächtliche Aktionen wie das Verkleben von Schlössern und „klandestine", gemeint sind heimlich vorbereitete und durchgeführte militante Aktionen, wie das Deponieren von Brandsätzen, bis zu offenen Straßenschlachten, sogenannter Massenmilitanz.[140] Schwerpunktmäßig werden Autonome in den Ballungszentren, in ihren angestammten Milieus in Berlin, Hamburg, Frankfurt/M sowie in Städten des Ruhrgebiets aktiv. Es gibt aber auch autonome Gruppierungen in kleineren Universitätsstädten wie Göttingen und Freiburg.[141] Anlaßbezogen reisen Autonome auch zu auswärtigen militanten Aktionen.[142] Ein beliebter Ausschreitungstag, insbesondere in Berlin, ist der 1. Mai. Es werden Schaufenster zertrümmert, Geschäfte geplündert und Fahrzeuge beschädigt. Mit Steinen, Flaschen und Brandsätzen werden

---

137 *Bundesminister des Innern:* Verfassungsschutzbericht 2000, 175; auch 1998, 107f.

138 *Bundesminister des Innern:* Verfassungsschutzbericht 1999, 140f.; 2000, 173-175.

139 *Bundesminister des Innern:* Verfassungsschutzbericht 1999, 141.

140 Nach Aussage eines Autonomen in „radikal", Nr. 144/Oktober 1991, zit. bei *Bundesminister des Innern:* Verfassungsschutzbericht 1991, 38, Anm. 6; ebenso „wie weiter", Nr. 39/1991, zit. bei *Horchem, H.-J.* 1994 (Fn. 111), 113-128, 113; auch *Bundesminister des Innern:* Verfassungsschutzbericht 1994, 38f.; 1995, 45; 1996, 40; 1998, 94, (bezugnehmend auf die Auflistung der „militanten Klassiker" – gemeint sind Aktionsformen militanter Gewalt – in der Szenezeitschrift „*Interim*"); 1999, 100f. Schilderung eines Straßenkrawalls, allerdings für die achtziger Jahre, bei *Lecorte, Th.* 1992 (Fn. 3), 56f.; auch 91f. und 108: *Moreau, P./Lang, J.P. 1996* (Fn. 4), 377f.

141 *Bundesminister des Innern:* Verfassungsschutzbericht 1990, 42; 1991, 38; 1992, 36; 1993, 34; 1994, 35; 1995, 43; 1997, 33; *Moreau, P./Lang, J.P. 1996* (Fn. 4), 373.

142 *Senatsverwaltung für Inneres* 1994 (Fn. 84), 177.

Polizeibeamte, aber auch Unbeteiligte angegriffen.[143] 1994 wurden nach zehnjähriger Unterbrechung die Chaostage in Hannover wiederbelebt, zum Bedauern einiger Alt-Autonomer jedoch in entpolitisierter Form.[144] Überregionale Bedeutung haben schließlich auch massenmilitante Aktionen anläßlich der Weltwirtschaftsgipfel, Weltwirtschaftsforen und Ratstagungen der Europäischen Union.[145]

Im Kampf gegen Faschismus und Rassismus[146] veranstalten Autonome "antifaschistische Straßenkrawalle"[147] oder suchen bei rechtsextremen Demonstrationen oder Veranstaltungen die direkte Konfrontation mit den „Stiefelfaschisten".[148] Ziel ist es stets, die Aufmärsche der Faschisten zu verhindern.[149] Die Militanz der politischen Extremisten hat sich rechts und links gegenseitig hochgeschaukelt.[150] Es kommt daher zu immer brutaleren, medienwirksamen Straßenschlachten,[151] die sogar z.T. mittels „Infozentralen" und Mobiltelephonen lageangepaßt gesteuert werden.[152] Im Vorfeld größerer militanter Demonstrationen tragen Autonome zunehmend auch der Einschätzung des „Kräfteverhältnisses" gegenüber der Polizei Rechnung:[153] Wenn wegen des hohen Polizeiaufgebots keine Möglichkeit besteht, „Naziaufmärsche" zu verhindern, verlegt man sich auf dezentrale Aktionskonzepte. Angegriffen wird nur *vor* oder *nach* den Aufmärschen, bei der *An-* und *Ab*reise der Teilnehmer. Insbesondere durch Anschläge auf Busse und Privatautos versucht man, die „Nazis" zumindest materiell empfindlich zu schädigen.[154] Bevorzugt werden Versammlungsstätten von Rechtsextremisten, Transportmittel und auch Reiseunternehmen attackiert, die Rechtsextremisten zu ihren Veranstaltungen fah-

---

143 *Bundesminister des Innern:* Verfassungsschutzbericht 1990, 44; 1995, 45; 1998, 95; 2000, 130; zur 1. Mai Demo in Berlin 1992, *Horchem, H.-J.* 1994 (Fn. 111), 114f. Zu einem 1. Mai Krawall auch *Lecorte, Th.* 1992 (Fn. 3), 150.

144 *Schultze, Th./Gross, A.* 1997 (Fn. 2), 53.

145 Zum „Doppelgipfel" in Köln, im Juni 1999 (Ratstagung und G 8), *Bundesminister des Innern:* Verfassungsschutzbericht 1999, 132-133.

146 *Bundesminister des Innern:* Verfassungsschutzbericht 1991, 41-44; *Moreau, P./Lang, J.P. 1996* (Fn. 4), 379ff.

147 So am 24. November 1992 in Berlin Kreuzberg, *Bundesminister des Innern:* Verfassungsschutzbericht 1992, 58, Anm. 9.; 2000, 130.

148 *Bundesminister des Innern:* Verfassungsschutzbericht 1999, 137; 1997, 44; 1998, 102.

149 *Bundesminister des Innern:* Verfassungsschutzbericht 1997, 44; 1998, 102.

150 *Bundesminister des Innern:* Verfassungsschutzbericht 1992, 40.

151 *Bundesminister des Innern:* Verfassungsschutzbericht 2000, 166f.

152 Zu Protestaktionen gegen eine von den „Jungen Nationaldemokraten" (JN) organisierte Demonstration im Zusammenhang mit der sog. Wehrmachtsausstellung am 30. Januar 1999 in Kiel, *Bundesminister des Innern:* Verfassungsschutzbericht 1999, 102; auch 1993, 37.

153 *Bundesminister des Innern:* Verfassungsschutzbericht 1999, 101; 2000, 130. Zur Kleingruppentaktik auch *Schultze, Th./Gross, A.* 1997 (Fn. 2), 26.

154 *Bundesminister des Innern:* Verfassungsschutzbericht 1999, 101 (mit Zitaten aus „*Interim*", Nr. 467 vom 14. Januar 1999); 2000, 130.

ren („Kampf den faschisten und ihren unterstützern ... , weg mit dem scheiss system.").[155] Es wird aber auch aufgefordert, während der Demonstrationen die Privatwohnungen der „Faschos" aufzusuchen und dort Schaden anzurichten.[156] Das Spektrum reicht von Farbschmierereien über Sachbeschädigungen bis zu schweren Brandanschlägen.[157]

Daneben gibt es noch subtilere Formen sogenannter „antifaschistischer Selbsthilfe",[158] gemeint sind Angriffe auf Faschisten und ihr Eigentum. In autonomen Broschüren werden, z.T. in Form von Steckbriefen, Bilder und Adressen veröffentlicht, damit Faschisten erkennbar, beobachtbar und angreifbar werden. Diese Steckbriefe sind z.T. verbunden mit der unverhohlenen Aufforderung zu Gewalttätigkeiten.[159] Überdies wird dazu aufgerufen, Verbindungen, Treffpunkte, Wohnungen, Druckereien und Autos von Faschisten auszukundschaften, um ihnen die Ruhe zu rauben.[160] Es kommt dann auch tatsächlich zu Brandanschlägen[161] und gewalttätigen Überfällen.[162] Autonome Antifaschisten suchen Neonazis an ihren Treffpunkten, etwa an Bahnhöfen auf,[163] reißen ihnen die Aufnäher ab oder schlagen sie brutal zusammen. Am 4. April 1992 wurde Gerhard Kaidl, Funktionär der rechtsextremistischen „Deutschen Liga" bei einem solchen Überfall getötet; der erste Tote einer „selbstbestimmten antifaschistischen Aktion", deren Täter allerdings nicht zum Kern der autonomen Szene, sondern zu einer Kreuzberger MigrantInnengruppierung gehörten, die im Austausch mit Autonomen stand und mit der man z.T. ge-

---

155 *„Interim"* Nr. 501 vom 4. Mai 2000, zit. bei *Bundesminister des Innern:* Verfassungsschutzbericht 2000, 165, siehe auch *Bundesminister des Innern:* Verfassungsschutzbericht 1999, 137.

156 *„Interim"* Nr. 467, 14. Januar 1999, zit. bei *Bundesminister des Innern:* Verfassungsschutzbericht 1999, 102.

157 *Bundesminister des Innern:* Verfassungsschutzbericht 2000, 165.

158 Ausführlich zur „antifaschistischen Selbsthilfe" *Horchem, H.-J.* 1994 (Fn. 111), 117f.; *Moreau, P./Lang, J.P. 1996* (Fn. 4), 379ff.

159 So in „Land unter" Nr. 6, März 1992, zit. bei *Bundesminister des Innern:* Verfassungsschutzbericht 1992, 39, Anm. 12., siehe auch *Bundesminister des Innern:* Verfassungsschutzbericht 1993, 39f.; 1999, 137; zur Veröffentlichung der Mitgliederliste der REPs des Ortsverbandes Köln im Szeneblatt „Agitare Bene" (Köln), 1994, 42f.; ferner 1997, 43.

160 *Bundesminister des Innern:* Verfassungsschutzbericht 1991, 42; 1993, 39f.; 1998, 100.

161 Zum Brandanschlag auf das Haus des ehemaligen Landesvorsitzenden der - verbotenen - „Freiheitlichen Deutschen Arbeiterpartei" (FAP), Thorsten Heise, *Bundesminister des Innern:* Verfassungsschutzbericht 1999, 138. Weitere Beispiele, *Bundesminister des Innern:* Verfassungsschutzbericht 1994, 43; 1995, 51f.; 1996, 46; 1997, 43.

162 Beispiele *Bundesminister des Innern:* Verfassungsschutzbericht 1993, 40; 1995, 52; 1997, 43; eine beklemmende Auflistung von Angriffen auf Personen in 1998, 101.

163 *Farin, K./Seidel-Pielen, E.* 1991 (Fn. 106), 112, 120.

meinsam gegen rassistische Übergriffe agitierte.[164] Nach Beobachtungen des Verfassungsschutzes nimmt die Brutalität „antifaschistisch" motivierter Überfälle zu. Die Angreifer sind häufig in der Überzahl, es werden Schlaginstrumente wie Baseballschläger, Eisenstangen und Knüppel und Steine als Wurfgeschosse eingesetzt.[165] Dies belegen auch autonome Sprachspiele wie „Schlagt die Faschisten, wo ihr sie trefft!", „Trefft die Faschisten, wenn ihr sie schlagt!" oder „Schlagt die Glatzen, bis sie platzen!".[166] Da die Sprache der Nazis Gewalt sei – so die Auffassung der Autonomen –, müsse man ihnen in derselben Sprache antworten.[167]

Im Kampf gegen Rassismus, Imperialismus und Kolonialismus werden insbesondere „klandestine" Anschläge verübt. Die antirassistischen Aktionen, mit denen die Autonomen gegen die Asylpraxis der Bundesrepublik Deutschland und gegen die massive Einschränkung des Grundrechts auf Asyl durch die Änderung des Art. 16 GG agitieren, richten sich häufig gegen die Schreibtischtäter, gegen den Staat und seine Repräsentanten.[168] So geschah es am 19. November 1991, als die Wohnhäuser von Wuppertaler Kommunalbeamten mit Steinen und gefüllten Farbbeuteln beworfen wurden.[169] Daneben werden auch „Erfüllungsgehilfen" der „rassistischen" staatlichen „Abschiebungsmaschinerie" Opfer von Anschlägen. Am 17. Oktober 1991 wurden in Berlin Reisebusse in Brand gesetzt, mit denen Asylbewerber in die neuen Bundesländer verlegt werden sollten[170], und in der Nacht zum 10. März 2000 wurde das Fahrzeug einer Amtsärztin in Brand gesetzt, die die Abschiebefähigkeit von Asylbewerbern begutachtet.[171] Darüber hinaus beteiligen Autonome sich auch an Kampagnen wie „Deportation class – gegen das Geschäft mit Abschiebungen", mit der die Beteiligung der Lufthansa bei der Abschiebung abge-

---

164 *Bundesminister des Innern:* Verfassungsschutzbericht 1992, 39, zu weiteren brutalen Einzelaktionen im Jahr 2000, Verfassungschutzbericht 2000, 166. Dazu und zur nachfolgenden szeneinternen Debatte, *Moreau, P./Lang, J.P. 1996* (Fn. 4), 379f.

165 Vgl. die ausgewählten Beispiele aus dem Monat September 1998, nachgewiesen in *Bundesamt für Verfassungsschutz:* Militante Linksextremisten rekrutieren Nachwuchs. Schauplatz Schule und Jugendtreff. Internetpublikation Mai 1999, 1f.; Beispiele aus dem Jahre 1992 bei *Horchem, H.-J.* 1994 (Fn. 111), 119. Zu zwei brutalen Angriffen im Jahre 1993, *Bundesminister des Innern:* Verfassungsschutzbericht, 1993, 40.

166 *Horchem, H.-J.* 1994 (Fn. 111), 19, mit einer Zusammenstellung antifaschistischer Anschläge aus dem Jahr 1992.

167 „INTERIM" vom 10. Oktober 1991, zit. bei *Horchem, H.-J.* 1994 (Fn. 111), 120.

168 *Bundesminister des Innern:* Verfassungsschutzbericht, 1993, 42; 1997, 41; 1998, 102; *Moreau, P./Lang, J.P. 1996* (Fn. 4), 372.

169 *Bundesminister des Innern:* Verfassungsschutzbericht 1991, 43.

170 *Bundesminister des Innern:* Verfassungsschutzbericht 1991, 44. Zu einem ähnlichen Anschlag im Jahre 1997, *Bundesminister des Innern:* Verfassungsschutzbericht 1997, 41. Zu Brandanschlägen auf das Regierungspräsidium Tübingen wegen der „menschenverachtenden praxis" der Bezirksstelle für Asyl, *Bundesminister des Innern:* Verfassungsschutzbericht 1997, 42.

171 *Bundesminister des Innern:* Verfassungsschutzbericht 2000, 136. Zu weiteren Brandanschlägen auf Kraftfahrzeuge auch *Bundesminister des Innern:* Verfassungsschutzbericht 1998, 103.

lehnter Asylbewerber angeprangert wird.[172] Weil auf dem Frankfurter Flughafen Menschen in „Internierungslagern und Abschiebeknästen“ auf ihren Rücktransport warten, durchtrennten unbekannte Täter mehrere Glasfaserkabel, unterbrachen so die Fernmeldeverbindungen und Datenleitungen des Frankfurter Flughafens und verursachten Schäden in Millionenhöhe. Zu dem Anschlag bekannte sich die zum gewaltbereiten linksextremen Spektrum gehörende Gruppe „Keine Verbindung e.V.“[173] Im Rahmen antiimperialistischer und antikolonialistischer Kampagnen werden, insbesondere anläßlich von Wirtschaftsgipfeln, kapitalistische Institutionen und Einrichtungen, etwa Banken, große Warenhäuser und Automobilfirmen angegriffen. Es werden Brandanschläge verübt und Gebäude „entglast”. Der Sachschaden geht oft in die Hunderttausende.[174] Mitte der neunziger Jahre entdeckten die Autonomen das Thema deutsche „Großmachtpolitik“. Es wurde 1995 bei Protestaktionen gegen die Feierlichkeiten zum „Tag der deutschen Einheit“ und anläßlich des vierzigjährigen Bestehens der Bundeswehr aufgegriffen.[175] Nachdem die Autonomen ihren Widerstand gegen einen Einsatz der Bundeswehr im ehemaligen Jugoslawien zunächst nur mit einem Plakat der „Unabhängigen Antifa Bielefeld“ und der AA/BO zum Ausdruck gebracht hatten, auf dem unter der Schlagzeile „Mobilmachung – Der Deutsche Bundestag beschließt den Kriegseintritt“ die Namen derjenigen Bundestagsabgeordneten abgedruckt waren, die für den Einsatz deutscher Soldaten im ehemaligen Jugoslawien gestimmt hatten,[176] kam es immerhin 1996 anläßlich der Tagung des NATO-Rats in Berlin bei einer Protestdemonstration „Wenn sie von Frieden reden, meinen sie den Krieg – Kein Friede mit dem Imperialismus“ zu gewalttätigen Attacken gegen die Polizei und einige Gäste.[177] Insgesamt gelang es der autonomen Szene jedoch nur bedingt, sich gegen den ersten Einsatz der Bundeswehr im ehemaligen Jugoslawien im Jahre 1995 zu positionieren.[178] Erst 1999 gewann der Kampf gegen den Imperialismus, anläßlich des Kosovo-Krieges der Nato, unter dem Banner des Antimilitarismus an Dynamik. Die Autonomen agitierten hauptsächlich mit verschiedenen gewalttätigen Aktionen gegen Veranstaltungen und Büros der Regierungspartei Bündnis 90/Die Grünen. Die militärische Beteiligung der Bundesrepublik am Einsatz der NATO wurde als Großmachtpolitik gebrandmarkt.

---

172 *Bundesminister des Innern:* Verfassungsschutzbericht 2000, 168. Zu früheren Anschlägen, *Bundesminister des Innern:* Verfassungsschutzbericht 1993, 42f.; 1994, 44f.

173 *Bundesminister des Innern:* Verfassungsschutzbericht 1995, 53. Zu einem entsprechenden Anschlag auch *Bundesminister des Innern:* Verfassungsschutzbericht 1996, 44f.

174 *Bundesminister des Innern:* Verfassungsschutzbericht 1992, 42f. *Horchem, H.-J.* 1994 (Fn. 111), 122-124 hat eindrücklich die Anschläge zusammengestellt, die aus Anlaß des West-Ost-Wirtschaftsgipfels in Münster und des Münchener Wirtschaftsgipfels im Jahr 1992 verübt wurden.

175 *Bundesminister des Innern:* Verfassungsschutzbericht 1995, 49f.

176 *Bundesminister des Innern:* Verfassungsschutzbericht 1995, 50f.

177 *Bundesminister des Innern:* Verfassungsschutzbericht 1996, 47f.

178 *Geronomio,* 1997 (Fn. 84), 204.

Im Kampf gegen „Umstrukturierung" großstädtischer Lebensräume versuchten Autonome, mit Anschlägen auf hochwertige Kraftfahrzeuge, „Nobelkarossen" und „Bonzenschlitten" die „widerlichen Investoren, Bonzen, Yuppies, Chefs und Ausbeuter" zu verschrecken und möglichst große Schäden anzurichten.[179] Insbesondere Berlin solle eine lebenswerte Stadt für und mit Menschen „von unten" werden.[180] Die Aktionen wurden als „Volxsport" dargestellt. Über den „Stand" der Schäden wurde – wie im Sport – eine Tabelle geführt: „Im heimischen Stadion am Paul Lincke Ufer kam es in der Nacht zum 13. Juli zum spannenden Vergleich zwischen dem verhaßten Auswärtsteam USK Porsche Carrera aus München und den LokalmatadorInnen von Schwarz-Rot Kreuzberg 36."[181] Es wurden auch Villen beschädigt[182] und „Schickimicki-Läden" „entglast", die überteuerte Preise und das „falsche" Publikum hatten.[183] Am 18. Oktober 1993 wurde auf ein angebliches Yuppierestaurant in Berlin-Kreuzberg sogar ein Handgranatenanschlag verübt.[184]

XV. Gruppentypische Straftaten

Autonome begehen Sachbeschädigungen (§ 303 StGB), gemeingefährliche Straftaten (§§ 306ff. StGB), Straftaten gegen die körperliche Unversehrtheit (§§ 223ff. StGB) – vereinzelt auch Tötungsdelikte (§ 212 StGB) –, Straftaten gegen die öffentliche Ordnung (§§ 123ff. StGB) und Delikte des Widerstands gegen die Staatsgewalt (§ 113 StGB). „Klandestin", in Kleingruppen werden vor allem Brandanschläge verübt und Sachbeschädigungen begangen. Bevorzugte Objekte sind öffentliche und militärische Einrichtungen,[185] aber auch Banken, Kaufhäuser sowie Wirtschafts- und Mineralölunternehmen. Bei Straßenkrawallen werden insbesondere Schaufenster zertrümmert und Kraftfahrzeuge demoliert oder in Brand ge-

---

179 *Bundesminister des Innern:* Verfassungsschutzbericht 1992, 41f.; 1993, 44; 1994, 47; 1995, 55f.; 1996, 50; 1997, 44; dazu auch *Horchem, H.-J.* 1994 (Fn. 111), 124-126. Zur Gewalt gegen Sachen im Kampf gegen Umstrukturierung auch *Moreau, P./Lang, J.P. 1996* (Fn. 4), 378.

180 *Horchem, H.-J.* 1994 (Fn. 111), 126, zitierend aus einem in der Nähe eines Tatorts hinterlassenen Handzettels.

181 *Horchem, H.-J.* 1994 (Fn. 111), 125, zitierend aus einem Selbstbezichtigungsschreiben aus dem Jahre 1992.

182 *Bundesminister des Innern:* Verfassungsschutzbericht 1994, 46.

183 Nigül (21), in Berlin geboren und aufgewachsen, lebt heute in Kreuzberg. Sie versteht sich als Kommunistin und Teil der autonomen Bewegung: „Kreuzberg ist ein Ghetto." In: *Farin, K./Seidel-Pielen, E.:* „Ohne Gewalt läuft nichts!" Jugend und Gewalt in Deutschland. Berlin 1993, 171.

184 *Moreau, P./Lang, J.P. 1996* (Fn. 4), 378.

185 Zu einem Brandanschlag auf die Stromversorgung einer Einrichtung des Bundesgrenzschutzes in Berlin Grunewald am 17. Januar 2000, *Bundesminister des Innern:* Verfassungsschutzbericht 2000, 131.

setzt,[186] aber auch immer wieder Geschäfte geplündert.[187] Während der Straßenschlachten, die sich Autonome mit der Polizei und mit Rechtsextremen liefern und bei denen regelmäßig mit Brandflaschen, Feuerwerkskörpern und Steinen geworfen wird, kommt es zu z.T. erheblichen Körperverletzungen. Die Aktionen der Autonomen erfüllen darüber hinaus häufig den Tatbestand des Landfriedensbruchs (§§ 125, 125a StGB). Es werden Widerstandsdelikte und gefährliche Eingriffe in den Bahn-, Luft-, Schiffs- und Straßenverkehr (§§ 315ff. StGB), Nötigungen (§ 240 StGB) und Bedrohungen (§ 241 StGB) begangen, vereinzelt wird auch der Tatbestand des Herbeiführens einer Sprengstoffexplosion (§ 308 StGB) verwirklicht.[188]

---

186 *Bundesminister des Innern:* Verfassungsschutzbericht 1991, 40, zu den Anschlägen während der Zeit des Golfkrieges.

187 *Bundesminister des Innern:* Verfassungsschutzbericht 1999, 103.

188 *Bundesminister des Innern:* Verfassungsschutzbericht 2000, 123, Übersicht über Gewalttaten und sonstige Straftaten mit erwiesenem oder zu vermutendem linksextremistischen Hintergrund.

2. Kapitel
Gewalttätige Jugendkulturen – Symptom der Erosion kommunikativer Strukturen

Im ersten Kapitel sind Hooligans, Skinheads und Autonome, drei verschiedene und sich doch in vielem entsprechende Jugendkulturen vorgestellt worden. Die allen gemeinsame Gewaltbereitschaft gibt Anlaß, nach den Gründen für die Entstehung gewalttätiger Jugendkulturen zu fragen. Warum werden insbesondere junge Menschen vermehrt gewalttätig, warum entstehen Jugendkulturen, die sich auch und gerade über gemeinschaftlich begangene Gewalttaten integrieren? Die Erklärungsansätze, die in der Kriminologie, der Psychologie und der Soziologie entwickelt worden sind, sind kaum mehr überschaubar. In diesem Kapitel sollen gewalttätige Jugendkulturen als Symptom der Erosion kommunikativer Strukturen interpretiert werden. Als Erklärungsmodell dient das Konzept der „Kolonialisierung der Lebenswelt", das Jürgen Habermas in seinem Schlüsselwerk „Theorie des kommunikativen Handelns. Zur Kritik der funktionalistischen Vernunft" zur Erklärung von Sozialpathologien spätkapitalistischer Gesellschaften entwickelt hat. Habermas selbst legt diese Interpretation nahe, da er zu den Kolonialisierungsfolgen ausdrücklich gewaltsame Provokationen, Jugendkrawalle und die Entstehung mannigfaltiger Protestkulturen rechnet.[1] Es ist daher verwunderlich, daß das heuristische Potential der Kolonialisierungsthese in der *Kriminalitätsursachenforschung* bisher überhaupt nicht ausgelotet worden ist.[2] Lediglich einige Abolitionisten haben sich auf Habermas bezogen, um ihre Forderung nach Entkriminalisierung und Abschaffung des Strafrechts zu untermauern.

Zunächst soll ein Gewaltbegriff formuliert werden, der die gegenwärtige Diskussion als *Gewalt*diskussion ernstnimmt und die Körperlichkeit von Gewaltanwendung ins Zentrum stellt. Die enge, phänomenologische Gewaltdefinition wird im Vorgriff auf die Erklärung von Gewalt als Symptom der Erosion kommunikativer Strukturen, *kommunikationstheoretisch* fundiert werden (§ 4). Um Habermas gesellschaftstheoretisches Schlüsselwerk für die *Ätiologie*, konkret für die Erklärung der Gewaltkriminalität junger Täter fruchtbar zu machen, wird sodann die Theorie

---

1 *Habermas, J.:* Theorie des kommunikativen Handelns, Band II. 2. Aufl. Frankfurt/M. 1987, 581. Auch in seiner Einleitung zu dem Sammelband Stichworte zur >Geistigen Situation der Zeit< Band I: Nation und Republik, hrsg. v. J. Habermas. Frankfurt/M. 1979, 7-35, in der *Habermas* seine Kolonialisierungsthese erstmalig skizziert, erwähnt er die steigenden Raten von Jugendkriminalität. Ebenda, 25.

2 Lediglich *Groves, W.B./Sampson, R.J.:* Critical Theory an Criminology. Social Problems 33 (1986), 58-80 haben *Habermas* für die Ätiologie entdeckt. Ihre Habermasrezeption schließt jeoch die Theorie des kommunikativen Handelns nicht ein. Sie sehen Kriminalität als eine „measure of social 'irrationality'" und machen die von *Habermas 1968* in „Erkenntnis und Interesse" eingeführte Unterscheidung zwischen theoretischem, praktischem und emanzipatorischem Erkenntnisinteresse für eine methodische und inhaltliche Neuorientierung der Kriminologie fruchtbar. Ebenda, 65.

des kommunikativen Handelns vorgestellt und das Konzept der Kolonialisierung eingeführt. (§ 5). Auf der Grundlage der HABERMASSCHEN Theorie soll anschließend dargetan werden, warum gewalttätiges Verhalten sich in modernen Gesellschaften als Erosionssymptom darstellt und warum junge Menschen in einer kolonialisierten Lebenswelt vermehrt bei gewalttätigen Jugendkulturen Zuflucht suchen, deren Entstehung ebenfalls als Symptom der Erosion kommunikativer Strukturen und eines Verlustes von Verständigungskompetenzen und damit als Folge von Integrations-, Sozialisations- und Orientierungsdefiziten zu interpretieren ist (§ 6).

§ 4 Gewalt – Negation von Kommunikation

Um die Klärung des Gewaltbegriffes haben sich verschiedene Erkenntnisdisziplinen unter unterschiedlichen Gesichtpunkten bemüht. Phänomene *körperlicher* Gewalt sind dabei erst in jüngerer Zeit ins Zentrum des definitorischen Interesses gerückt. In der Philosophie ist vor allem über die Gewalt im Staat, in der Strafrechtswissenschaft über das Verhältnis von Gewalt und Freiheit nachgedacht worden. Die Psychologie hat Gewaltphänomene lange Zeit nur unter dem allgemeineren Begriff der *Aggression* diskutiert. Die Friedens- und Konfliktforschung, bestrebt, den Blick auf Formen *struktureller* Gewalt zu lenken, hat das destruktive Potential *personaler*, körperlicher Gewalt relativiert. Erst die jüngere soziologische Diskussion widmet sich einer Phänomenologie der Gewalt und macht die *Körperlichkeit* von Gewaltanwendung zum Ausgangspunkt der Begriffsklärung. Ein derartig enger Gewaltbegriff empfiehlt sich auch als Leitbegriff für eine Untersuchung, die nach den Ursachen für die Entstehung *gewalttätiger* Jugendkulturen fragt und zu erhellen versucht, warum die aktuelle Jugenddiskussion als *Gewalt*diskussion geführt wird und warum gerade Formen manifester *personaler* Gewalt verstärkt das öffentliche Interesse auf sich ziehen.

Weil sich die hier prospektierte Ursachenanalyse auf die Theorie des kommunikativen Handelns stützen wird, soll ein enger, phänomenologischer Gewaltbegriff zudem kommunikationstheoretisch fundiert werden. Dies liegt nicht nur aus analytischen, sondern auch aus inhaltlichen Gründen nahe: Nach HABERMAS erfüllt kommunikatives Handeln wichtige gesellschaftliche Funktionen, es gewährleistet insbesondere Sozialisation und gesellschaftliche Integration. Die *Verarmung* an Ausdrucks- und Kommunikationsmöglichkeiten hat dagegen sozialpathologische Folgen, führt zu Sozialisationsstörungen und Erscheinungen von Anomie. Vor diesem theoretischen Hintergrund erscheint es plausibel, daß in der öffentlichen Diskussion die Gewalt von Hooligans, Skinheads und Autonomen als Symptom einer defizitären Sozialisation und als Anzeichen gesellschaftlicher Desintegration gedeutet wird, und es liegt nahe, einen direkten Zusammenhang zwischen Störungen kommunikativer Prozesse und gewalttätigem Handeln zu stiften. Hier wird daher zunächst ein enger, kommunikationstheoretisch fundierter Gewaltbegriff formuliert und expliziert (I.) und anschließend in die von verschiedenen Erkenntnisdisziplinen geführten Begriffsdiskussionen eingeordnet und vor deren Hintergrund gerechtfertigt (II.)

I. Gewalt als universelle Ersatzsprache

1. Definition

Gewalt ist ein *soziales Verhalten*,[3] das durch den Einsatz *körperlicher* Kraft und durch seine *körperliche* Wirkung gekennzeichnet ist und instrumentellen, feindse-

---

[3] Auch die *Gewaltkommission* betont den interaktiven Charakter von Gewalt, *Schwind, H.-D./Baumann, J.* u.a. (Hrsg.): Ursachen, Prävention und Kontrolle von Gewalt. Analysen und Vorschläge der Unabhängigen Regierungskommission zur Verhinderung und Bekämpfung von Gewalt, Band II. Wien 1990, 11.

ligen, aber auch expressiven Charakter haben kann.[4] Wer Gewalt anwendet, versagt Anerkennung oder Zustimmung,[5] bringt Protest, Ablehnung, Haß, Geringschätzung oder Frustration zum Ausdruck oder setzt Handlungsziele unter Mißachtung des Willens und der Leiden des Gewaltopfers durch. Obwohl Gewalt häufig als sinnlos erlebt wird, stellt sie sich bei genauerer Betrachtung durchaus als *sinnhaltig* dar.[6] Gewalttätiges Verhalten kann sich gegen *Personen* und gegen *Sachen* richten und hat stets *schädigende, zerstörerische, destruktive* Wirkungen. Es ist kein Ausdruck von *Macht*, sondern von *Ohnmacht*, und tritt regelmäßig dort auf, wo die Möglichkeit zu handeln und zu gestalten nicht mehr besteht,[7] bzw. nicht mehr zu bestehen scheint, wo – um mit HABERMAS zu sprechen – die Fähigkeit zu *kommunikativem Handeln,* zur einvernehmlichen Abstimmung individueller Handlungspläne und zur diskursiven Bewältigung von auftretenden Konflikten eingeschränkt oder gar verloren gegangen ist. Gewalt erweist sich damit als „Universalsprache“[8], noch präziser formuliert, als universelle *Ersatz*sprache, die Ausdruck des Scheiterns von Kommunikation ist. Bei genauer Betrachtung stellt sie sich als *Negation* von Kommunikation dar, die gerade aufgrund ihrer *Körperlichkeit* allgemein verstanden wird.[9]

2. Explikation

Gewalt wird als soziales Verhalten, das Kommunikation negiert, als konsequent *intersubjektiv* konstituiert gedacht. Damit legt schon die Definition nahe, bei der Interpretation gewalttätigen Verhaltens den sozialen Kontext und den prozeßhaften Charakter von Gewalt zu berücksichtigen. Da der kommunikationstheoretische Gewaltbegriff über den Begriff des kommunikativen Handelns an die reformorien-

---

[4] So auch *Schwind, H.-D./Baumann, J.* u.a. (Hrsg.) *1990,* Band II (Fn. 3), 10.

[5] Dies in Anlehnung an *Arendt, H.:* Macht und Gewalt. 13. Aufl. München 1998, 42, 45.

[6] Auf die „Sinnstruktur“ von Aggression hat *Kessler, A.:* Vorwort. In: Aggression und Gewalt. Anthropologisch-sozialwissenschaftliche Beiträge, hrsg. v. A. Schöpf. Würzburg 1985, 7-11, 9, ausdrücklich hingewiesen.

[7] *Arendt*, H. 1998 (Fn. 5) bezugnehmend auf *Pareto,* 81f.

[8] *Neidhardt, F.:* Gewalt - Soziale Bedeutung und sozialwissenschaftliche Bestimmung des Begriffs. In: Was ist Gewalt? – Auseinandersetzungen mit einem Begriff – Band I, Strafrechtliche und Sozialwissenschaftliche Darlegung, hrsg. v. V. Krey u.a. Wiesbaden 1986, 109-147, 134f.

[9] Wohl nur im metaphorischen Sinne apostrophiert die *Gewaltkommission* Gewalt als „Sprache“ derer, mit denen kein ausreichender Dialog geführt worden ist oder werden konnte. Die Vorgeschichte von gewalttätiger Aktion ließe oft langsam wachsende Konflikte und Kommunikationsbarrieren erkennen. *Schwind, H.-D./Baumann, J.* u.a. (Hrsg.) 1990, Band II (Fn. 3), 11. Entgegen der hier vertretenen Ansicht faßt *Kessler* Aggression allerdings als ambivalentes „*kommunikatives* Phänomen“ auf: „als Versuch, etwas Verweigertes zu erzwingen, versteinerte Verhältnisse aufzusprengen, Kommunikationsverweigerung, das Schweigen des Gegenübers wie der Verhältnisse zu sprengen.“ Die Aggression erschreckt, „weil an ihr für den Angegriffenen seine Voraussetzung sichtbar wird, die sie, die Aggression, infrage stellt: daß da doch noch Kommunikation sei, daß da doch noch Handlungsmöglichkeiten offen seien.“ *Ders. 1985 (*Fn. 6), 10. Insoweit hat Aggression für *kessler* offenbar auch in ihrer destruktiven Gestalt noch eine positive Funktion.

tierte gesellschaftstheoretische *Strukturanalyse* von HABERMAS angeschlossen ist, ist die kommunikationsbezogene Definition trotz ihrer relativen Enge auch geeignet, Wirkungszusammenhänge zwischen Sozialstruktur und Verhalten aufzudecken. Wegen des gesellschaftskritischen Ansatzes von HABERMAS, der den emanzipatorischen Gehalt der gesellschaftlichen Rationalisierung freigesetzt sehen möchte und wegen des Verlustes lebensweltlicher Ressourcen und kommunikativer Kompetenzen Enkulturation, Sozialisation und gesellschaftliche Integration gefährdet sieht, droht auch nicht die Gefahr, daß über ein enges, sich durchaus mit herrschenden sozialen Bewertungen deckendes Gewaltverständnis der gesellschaftliche status quo zementiert wird.

Der kommunikationstheoretische Ansatz gebietet eine handlungs- und damit subjektbezogene Gewaltdefinition und schließt daher die Einbeziehung aller Typen sogenannter struktureller, unpersönlicher Gewalt aus: Denn da nur Subjekte kommunizieren, können auch nur sie Kommunikation negieren. Da jeder Kommunikationsteilnehmer nicht nur seine kommunikativen Beiträge, sondern grundsätzlich auch jeden Akt der Negation von Kommunikation, sprich der Gewalt verantwortet, bringt eine subjektbezogene Definition im Unterschied zu Definitionen, die Formen unpersönlicher, struktureller Gewalt einschließen, den Aspekt der *Verantwortung* besonders zur Geltung. Dies ist angemessen, weil personale Gewalt die Menschen gerade deshalb so bewegt, weil sie nach ihrem Selbstverständnis frei sind, auf Gewaltanwendung zu verzichten. Der empirische Einwand, es gebe genügend Gewaltakte, in denen die Verantwortlichkeit, oder juristisch gesprochen, die Schuldfähigkeit zu verneinen ist, ist demgegenüber zwar tatsächlich zutreffend, aber theoretisch nicht stichhaltig. Denn ebenso wie sich Kommunikationsteilnehmer wechselseitig positiv unterstellen, die Diskursregeln einhalten zu wollen und zu können, weil andernfalls jeder Verständigungsversuch ein absurdes Unterfangen wäre (siehe unten § 5 I.), unterstellen sie sich wechselseitig, zu *verantwortlichem* Handeln fähig zu sein. Diese Selbsteinschätzung teilt regelmäßig auch derjenige, der, statt zu kommunizieren, Kommunikation negiert. Dafür spricht im Sinne eines „Beweises-des-ersten-Anscheins" schon die Tatsache, daß Täter regelmäßig nach der Tat versuchen, diese mit den von DAVID MATZA beschriebenen „Neutralisierungstechniken" zu rechtfertigen.[10] Und noch dort, wo Täter sich gar zu exkulpieren suchen, sind sie bestrebt, einen Ausnahmefall zum Normalfall des verantworteten, vorwerfbaren Verhaltens zu konstruieren.

Es ist auch kein Widerspruch, Gewalt als grundsätzlich verantwortetes Verhalten aufzufassen und gleichzeitig als Symptom der eingeschränkten Fähigkeit zu kommunikativem Handeln zu charakterisieren. Denn Einschränkung meint hier nicht eingeschränkte Verantwortlichkeit, nicht verminderte Schuldfähigkeit im juristischen Sinne. Eingeschränkt ist die Fähigkeit vielmehr im Hinblick darauf, welche

---

10 *Sykes, M.G./Matza, D.:* Techniques of neutralization. In: Criminological Perspectives. A Reader, hrsg. v. J. Muncie u.a. London 1996, *206-213*.

Funktion kommunikatives Handeln im alltäglichen Miteinander erfüllen könnte, nachdem sie in einer „rationalisierten Lebenswelt“ Aufgaben der Verständigung, der Handlungskoordinierung und der Vergesellschaftung von Individuen und neben sozialintegrativen auch expressive Funktionen übernommen hatte (siehe § 5 II. 3.).[11]

Wenn Gewalt körperliche Kraftentfaltung voraussetzt und körperliche Wirkungen hat, die schädigend oder zerstörerisch sind, wird der Gewaltbegriff radikal eingeengt. Seine Verwendung ist damit auf grundsätzlich *negativ* zu bewertende Handlungen beschränkt. Da *physische* Gewalt im Laufe des Zivilisationsprozesses als Mittel der Konfliktbewältigung diskreditiert worden ist, sind *produktive* Äußerungsformen von Gewalt im hier definierten Sinne nicht mehr denkbar. Daß Gewalt im Einzelfall durchaus ambivalent erlebt wird, soll damit nicht geleugnet werden. Die hier vorgelegte Definition orientiert sich jedoch in ihrer normativen Ausrichtung daran, wie Gewalt nach Auffassung der meisten Menschen grundsätzlich bewertet werden *soll*. Dabei wird unterstellt, daß auch Täter sich jenseits konkreter Taten zum Gewalttabu bekennen und dies nur im Hinblick auf bestimmte Tatsituationen oder Opfer relativieren oder suspendieren. In Bezug auf *zwischenmenschliche* Gewalt stellt sich daher auf der Grundlage der hier vorgelegten Definition allenfalls in Notwehrsituationen die *Rechtfertigungsfrage*; in Bezug auf die im Einzelfall vom *Staat*, genauer von seinen Amtsträgern gegenüber Bürgern ausgeübte physische Gewalt – vor dem Hintergrund des staatlichen Gewaltmonopols – die Frage der Legitimität. Auch diese ist im Rechtsstaat letztlich nur unter der Voraussetzung der *Legalität* staatlichen Handelns gegeben. Allein auf internationaler Ebene, in Bezug auf kollektive, kriegerische Gewalt wird die Legitimationsfrage mangels hinreichender Verrechtlichung der internationalen Beziehungen immer noch nicht konsequent mit der Legalitätsfrage identifiziert.[12] Ob Gewalt im Einzelfall *Unrecht* bewirkt, läßt sich also an der Struktur physischer Gewalt *nicht* ablesen.

Jenseits dieser *rechtlichen* Neutralität ist der Gewaltbegriff dagegen weder *wertneutral* noch *abstrakt*. Vielmehr wird versucht, den sozialen Bedeutungsgehalt von gewalttätigem Verhalten definitorisch zu integrieren, wenn es in einem notwendig unvollständigen und damit angreifbaren Annäherungsversuch an den Handlungssinn von Gewalt heißt: wer Gewalt anwendet, versagt Anerkennung oder Zustimmung, bringt Protest, Ablehnung, Haß, Geringschätzung oder Frustration zum Ausdruck oder setzt Handlungsziele unter Mißachtung des Willens des Gewaltopfers durch. Auf diesem Wege wird auch der Erfahrungshorizont von Tätern und Opfern im Ansatz berücksichtigt.

---

[11] Letztere wurden ursprünglich von der rituellen Praxis erfüllt. *Habermas, J. 1987,* Band II (Fn. 1), 118, 163f., 427. Dazu näher in § 5 II. 3.

[12] Der Kosovokrieg ist nur das jüngste Beispiel. In ihm wurde geltendes Völkerrecht, nämlich Art. 1 der Resolution 3314 (XXIX) von 1974 verletzt, in dem jede „bewaffnete Gewalt, die ein Staat gegen die Souveränität, territoriale Integrität oder politische Unabhängigkeit eines anderen Staates anwendet“, als Aggression definiert wird.

Mit der *Körperlichkeit* von Gewalt betont die vorgeschlagene Gewaltdefinition den Aspekt der *Integritätsverletzung* vor dem der *Freiheitsbeschränkung*. Dies geschieht gewiß nicht im Bemühen um Verharmlosung mannigfacher Zwangsphänomene, sondern deshalb, weil – zumindest real-utopisch – ein in diesem Sinne *gewaltfreies* Zusammenleben, nicht aber ein Leben frei von wechselseitigen Freiheitsbeeinträchtigungen denkbar ist. Durch die Anerkennung von Formen feindseliger und expressiver neben solchen instrumenteller Gewalt, wird der Blick stärker auf den Charakter der Gewalthandlung selbst, gerade in ihrer Körperlichkeit, gelenkt. Ein derart unmittelbarer Zugang zu Gewaltphänomenen ist verstellt, solange die potentielle Instrumentalität von Gewalt, ihre Funktion als Mittel zur Erreichung von Zwecken, insbesondere zur Stabilisierung von Macht und Herrschaft, ins Zentrum des wissenschaftlichen Interesses gerückt wird.

Wenn Gewalt als Anzeichen einer eingeschränkten Fähigkeit zu kommunikativem Handeln interpretiert wird, so wird implizit die Fähigkeit zu kommunikativem Handeln als spezifisch humane Fähigkeit hypostasiert. Der Mensch ist „von Natur" eben nicht nur „verletzungsmächtig"[13] und zivilisierungsbedürftig, er ist als sprachbegabtes Wesen gleichermaßen fähig zu kommunikativem Handeln. Damit verliert die einseitige Anthropologisierung von gewalttätigem Handeln ihr fatalistisches Hobbessches Gefälle. Der Mensch kann Gewalt anwenden, er kann aber grundsätzlich auch kommunikativ handeln. Die Förderung kommunikativer Kompetenzen erscheint damit mindestens ebenso dringend wie die bloße Unterdrückung gewalttätigen Handelns.

Gewalt als Negation von Kommunikation oder als Ausdruck des Scheiterns von Kommunikation zu verstehen, steht der Einbeziehung von Gewalt gegen Sachen nicht entgegen. Zwar ist Vandalismus häufig ohne klar bestimmbaren Adressatenkreis. Im Regelfall ist jedoch eine nonverbale Mitteilung auszumachen. Die hier vorgelegte Definition schließt allerdings *psychische* Zwangswirkung ebenso wie *verbale* „Gewalt" und die *Drohung* mit Gewalt aus dem Gewaltbegriff *aus*, weil es diesen Verhaltensweisen an der Körperlichkeit fehlt. Dies geschieht nicht im Bestreben einer Gewichtung und Bewertung, sondern nur im Bemühen um eine Unterscheidung offenkundig verschiedener Verhaltensweisen. Denn sowohl psychischer Zwang als auch Drohung und „verbale Gewalt" sind *noch* Formen der Kommunikation, wenn auch unter Verletzung ihrer gemeinhin respektierten Regeln. Sie sind, anders als die körperlich wirkende *Gewalt*, keine *Negation* von Kommunikation. Dies hindert freilich nicht, sie *metaphorisch* als „Gewalt" zu apostrophieren. In die Analyse bleiben sie ohnehin insoweit einbezogen, als es sich bei diesen Verhaltensformen häufig um Vorstufen von Gewalt im eben definierten

---

[13] So etwa *Popitz, H.:* Gewalt. In: Phänomene der Macht, hrsg. v. H. Popitz. 2. Aufl. Tübingen 1992, 43-78, 43f.

Sinne handelt. Die Einengung des Gewaltbegriffs erfolgt hier also nicht aus *strategischen* Erwägungen,[14] sie ist vielmehr aus *analytischen* Gründen geboten.

Wenn man Gewalt als ein Zeichen von Ohn*macht* interpretiert, die aus der Unfähigkeit zu kommunikativem Handeln resultiert, gelingt auch die klare Abgrenzung von Phänomenen der Macht, die in der Vergangenheit schwer gefallen ist. Da nur derjenige Macht hat, der „von einer bestimmten Anzahl von Menschen ermächtigt (ist), in ihrem Namen zu handeln,“[15] derjenige also, dessen Möglichkeit der Einflußnahme auf andere auf Anerkennung beruht,[16] basiert Macht letztlich immer auf Zustimmung. Da Zustimmung aber nur im Wege produktiver Verständigung erlangt und gesichert werden kann, ist Gewalt als Negation von Kommunikation, außerstande, Macht zu erzeugen.[17] Sie kann Macht nur zum Verschwinden bringen[18], erweist sich also als diametraler Gegenspieler jeder Form von Macht, kann aber mit ihr nie verwechselt werden.[19]

Schließlich bleibt die vorgeschlagene enge Gewaltdefinition, mit der alle *metaphorischen* Bedeutungen ausgegrenzt bleiben, der Sprache von Tätern und Opfern

---

[14] Auch *Neidhardt* plädiert für eine Einengung des Gewaltbegriffes auf körperlich wirkendes Verhalten. Er führt in Auseinandersetzung mit *Luhmann* als theoretisches Argument die „Besonderheit physischer Gewalt“ ins Feld, die darin bestehe, daß Gewalt „sicherer, unbedingter und allgemeiner als andere Zwangsmittel Wirkung zeitigt und daß sie ein im Ernstfall allen anderen überlegenes soziales Kontrollwerkzeug und politisches Machtinstrument ist.“ Er argumentiert aber auch strategisch: Denn er verweist auf die Gefahr, daß eine zunehmende Ausweitung des Gewaltbegriffes das Tabu verblassen läßt, das der Begriff fixieren soll und so seine Ausgrenzungskraft verringert. Außerdem betont er die bessere Operationalisierbarkeit eines engen Gewaltbegriffes und macht schließlich eine „semantische Gewinn- und Verlustrechnung“ auf. *Ders.* 1986 (Fn. 8), 131, 134f., 137f., 140. Auch die *Gewaltkommission* plädiert für eine Umschreibung, die weder zu weit noch zu eng ist, damit sie die *Funktion* (Hervorhebung Schäfer-Vogel) einer Verständigungshilfe erfülle. Sie geht davon aus, daß Begriffe Werkzeuge seien, die in Richtung auf größere Brauchbarkeit und Nützlichkeit modifizierbar sein müßten. *Schwind, H.-D./Baumann, J.* u.a. (Hrsg.) 1990, Band II (Fn. 3), 8f. Daß damit die Begriffsbildung letztlich beliebig wird, wird den Kommissionsmitgliedern nicht zum Problem.

[15] Hier wird der Machtbegriff von *Arendt, H. 1988* (Fn. 5), 45 zugrundegelegt.

[16] So schon *Hegel,* für den Macht „Anerkanntsein“ bedeutete. Dazu die Darstellung und Nachweise bei *Lichtblau, K.:* Stichwort Macht (II. Machttheorien vom deutschen Idealismus bis zur Gegenwart). In: Historisches Wörterbuch der Philosophie, Band V: l – Mn, hrsg. v. J. Ritter. Darmstadt 1980, 604-617, 605, aber auch *Spranger, E.* für den das Wesen der Macht in der „Herrschaft einer fremden Seele in der eigenen Seele, gleichsam in einer Fremdgestaltung unter Druck der Autorität“ besteht, zit. bei *Lichtblau, K.* ebenda, 611, oder *Tarde,* für den die Autorität von Machthabern vor allem auf Anerkennung beruht, dazu *Lichtblau, K.* ebenda , 611.

[17] *Arendt, H. 1988* (Fn. 5), 57.

[18] *Arendt, H. 1988* (Fn. 5), 57.

[19] Nach *Arendt* darf auch die Tatsache, daß staatliche Macht sich im Einzelfall auch der Gewalt bedient, nicht zu dem Fehlschluß führen, Gewalt sei nur die „eklatanteste Manifestation der Macht“. Denn Macht bleibt auch in Grenzsituationen auf die Akzeptanz durch die Mehrzahl angewiesen und ist verloren, sobald Gewalt an ihre Stelle tritt. *Arendt, H. 1988* (Fn. 5), 57f.

und damit dem *alltagssprachlichen* Sinn verhaftet, ohne sich an die Deutung der Akteure zu versklaven.[20] Damit wird ein bei wissenschaftlicher Befassung gebotenes Maß an Objektivität mit der Binnenperspektive der Akteure vermittelt, die bei der Analyse eines *lebensweltlichen* Phänomens aus methodischen Gründen ebenfalls berücksichtigt werden sollte.

II. Begriffsgeschichtliche Einordnung

1. Philosophie und Strafrechtswissenschaft

Gewalt im Sinne von *violentia,* als Angriff auf die körperliche Unversehrtheit, war über Jahrhunderte nur in sehr beschränktem Umfang Gegenstand der philosophischen Begriffsdiskussion.[21] Intensiver als um die Klärung des *Gewalt*begriffes haben sich die Philosophen ursprünglich um die Klärung des *Macht*begriffes bemüht. Als Eigenschaft alles Seienden schlechthin, Seiendes hervorzubringen,[22] war Macht zunächst Gegenstand der griechischen Metaphysik, bevor sie als Grundbedingung alles politischen Handelns[23] zu einem der Schlüsselprobleme der politischen Philosophie avancierte. In der philosophischen Gewaltdiskussion wurden zunächst vor allem Rechtfertigungsfragen, Probleme des Notwehr- und Widerstandsrechts,[24] später auch das Verhältnis von Gewalt, Recht und Freiheit[25] disku-

---

20 Vgl. zum Gewaltverständnis von Tätern und Opfern die Untersuchung von *Honig,* Verhäuslichte Gewalt, zit. bei *Neidhardt, F. 1986 (*Fn. 8), 114f.

21 Mit *Forschner, M.* kann man dies damit begründen, daß die „Philosophie ... keine Erfahrungswissenschaft, jedenfalls nicht im heute gängigen Sinn dieses Wortes" ist. Er reklamiert jedoch, daß die Philosophie dort, „wo sie elementare *anthropologische* Sachverhalte zu formulieren versucht, ...ihre (traditionell gewordene) Berührungsangst gegenüber empirischen Wissenschaften abstreifen" muß, um über Formen, Ziele und Mittel menschlicher Praxis sinnvolle normative Aussagen machen zu können. *Ders.:* Gewalt und politische Gesellschaft. In: Aggression und Gewalt. Antropologisch-sozialwissenschaftliche Beiträge, hrsg. v. A. Schöpf. Würzburg, 1985, 13-36, 14. Wenn aber ein phänomenologisches Interesse sogar methodisch indiziert ist, dann werden hier nicht Erkenntnisanspruch und -interesse der Philosophie verkannt, wenn nach den Aussagen der Philosophie zur Realität zwischenmenschlicher Gewalt gefragt wird.

22 Vgl. die Nachweise zu *Platon* und *Aristoteles* bei *Gerhardt, V.:* Stichwort Macht. In: Metzler-Philosophie-Lexikon. Begriffe und Definitionen, hrsg. von P. Prechtl u.a. 2. Aufl. Stuttgart, 1999, 340-343, 340f.

23 Darauf weisen auch *Ulfig, A.:* Stichwort Macht. In: Lexikon der Philosophischen Begriffe, hrsg. v. A. Ulfig, Wiesbaden 1997, 254 und *Lichtblau, K. 1980 (*Fn. 16), 606 hin.

24 Zum Notwehrrecht bei *Grotius* siehe Darstellung und Nachweise bei *Röttgers, K.:* Stichwort Gewalt. In: Historisches Wörterbuch der Philosophie, Band III, hrsg. v. J. Ritter. Darmstadt 1974, 562-569, 563. Zum Widerstandsrecht, insbesondere bei *Augustinus* siehe die Darstellung bei *Klenner, H.:* Stichwort Macht/Herrschaft/Gewalt. In: Europäische Enzyklopädie zu Philosophie und Wissenschaft, hrsg. v. H. J. Sandkühler, Band III L-Q. Hamburg 1990, 114-121, 115f. Zu *von Aquin,* aber auch zu den Rechtspositivisten der frühen Neuzeit, *Forschner, M. 1985 (*Fn. 21), 32f., 29f.

tiert. Mit der Entstehung von Staaten im neuzeitlichen Sinne begann sich die Gewaltdiskussion auf die grundsätzlich positiv bewertete *Staats*gewalt zu konzentrieren.[26] Aus dieser *staatstheoretischen* Tradition sind erst diejenigen wieder herausgetreten, die sich im Gefolge von KARL MARX mit Phänomenen *ökonomischer* und *gesellschaftlicher* Gewalt auseinandersetzten.[27]

Gerade die staatstheoretische Ausrichtung der philosophischen Gewaltdiskussion, die auch für die an philosophische Traditionen anknüpfende soziologische Diskussion prägend blieb, hatte jedoch zur Folge, daß die Begriffe Gewalt, Macht und Herrschaft vielfach keineswegs klar gegeneinander abgegrenzt wurden, daß die Begriffe Macht und Gewalt vielmehr dauerhaft amalgamiert wurden und daß Gewalt im Verhältnis zu Macht und Herrschaft vor allem als *Mittel* zur Erreichung von Zwecken, also in ihrer *Instrumentalität* beschäftigte. Die unzureichende Abgrenzung von Gewalt, Macht und Herrschaft beruht letztlich darauf, daß das staatlich geregelte Zusammenleben als eine Herrschaft verstanden wird, die sich auf Mittel der Gewalt stützt.[28] Dieses Staatsverständnis wurde nicht zuletzt von MAX WEBER zementiert, der den Staat als „ein auf das Mittel der legitimen Gewaltsamkeit gestütztes Herrschaftsverhältnis von Menschen über Menschen“[29] definierte und damit Gewalt zum konstitutiven Merkmal staatlicher Macht erhoben hat. Eine noch ausgeprägtere Verzahnung, ja beinahe eine theoretische Vereinnahmung physischer Gewalt für den Staat, findet sich bei NIKLAS LUHMANN. Nach seiner Analyse ist im Teilsystem Politik der Code Macht mit überlegener physischer Gewalt assoziiert, die damit der freien Disposition der Gesellschaft entzogen ist und nur noch unter den im Recht definierten Bedingungen eingesetzt werden darf.[30] Recht, das LUHMANN als kongruente Generalisierung von Erwartungen definiert,[31] kann seine Funktion letztlich nur erfüllen, weil als letztes Mittel zur Durchsetzung einer

---

[25] Zu *Kant* siehe Darstellung und Nachweise bei *Röttgers, K. 1974 (*Fn. 24) 563f.; zu *Locke*, *Forschner, M. 1985* (Fn. 21), 26, mit Zitaten aus dem Second Treatise.

[26] Zu *Fichte* siehe Darstellung und Nachweise bei *Röttgers, K. 1974* (Fn. 24), 564; zu den Vertragsmodellen von *Hobbes* und *Locke,* siehe die zusammenfassende Darstellung bei *Forschner, M. 1985 (*Fn. 21), 19f.; zu *Hobbes, Locke, Rousseau, Diderot* und *D'Alembert* siehe *Klenner, H. 1990* (Fn. 24), 116f.; zu *Hegels* Philosophie des Rechts, *Klenner, H.,* ebenda, *117.*

[27] Zu *Marx, Lenin, Sorel, Marcuse* und *Sartre* siehe Darstellung und Nachweise bei *Röttgers, K. 1974 (*Fn. 24), 565-569; zusammenfassend *Gerhardt, V.: S*tichwort Gewalt. In: Metzler-Philosophie-Lexikon. Begriffe und Definitionen, hrsg. von P. Prechtl u.a. 2. Aufl. Stuttgart 1999, 211-212.

[28] *Arendt, H. 1988 (*Fn. 5), 36, 54.

[29] *Weber, M.:* Wirtschaft und Gesellschaft, 1. Halbband. 5. revidierte Aufl. Tübingen 1976, 822.

[30] *Luhmann, N.:* Symbiotische Mechanismen. In: Gewaltverhältnisse und die Ohnmacht der Kritik, hrsg. v. K. Horn u.a. Frankfurt/M. 1974, 107-131, 109f., 113f., 118.

[31] *Luhmann, N .:* Rechtssoziologie, Band I. Reinek 1972, 107.

Erwartung physische *Gewalt* zur Verfügung steht.[32] Gewalt kommt also als Mittel zur Erhaltung von Herrschaft, als Mittel zur Durchsetzung des Rechts in den Blick.

Gerade dieses Nachdenken über Gewalt in Zweck-Mittel-Relationen begünstigt jedoch eine Vernachlässigung der realen Erscheinungsformen von Gewalt. Soweit die Funktion von Gewalt im modernen Staat erörtert wird, hängt dies ganz offensichtlich damit zusammen, daß im Normalfall die *Möglichkeit* des Einsatzes physischer Gewalt zur Aufrechterhaltung moderner (Rechts-)Staatlichkeit genügt.[33] Bei der Durchsetzung des Rechts erfüllt Gewalt ihre Funktion eben regelmäßig durch ihre bloße Erwartbarkeit. Weil die Darstellungsfunktion, die der Anwendung physischer Gewalt in archaischen Gesellschaften bei der Neutralisierung des Rechtsbruchs zukam, in modernen Gesellschaften die richterliche Entscheidung übernommen hat, tritt Gewalt aus dem Erscheinungsbild der Gesellschaft zurück.[34]

Vor diesem theoretischen Hintergrund verwundert daher nicht, daß philosophische Gewaltdefinitionen, die sich um eine *phänomenologische* Erfassung bemühen, rar sind.[35] Immerhin hat schon kein geringerer als ARISTOTELES festgehalten, daß bei unfreiwillig-gewaltsam bestimmtem Verhalten immer eine *direkte physische Einwirkung von außen* gegeben ist. Seine Begriffsbestimmung erfolgt jedoch – und dies sollte typisch bleiben für den philosophischen *Gewalt*diskurs – im Kontext der Frage, welche Bedingungen erfüllt sein müssen, um ein Verhalten als ‚freiwillig (...)' oder ‚unfreiwillig (...)' bezeichnen zu können."[36] So betont etwa auch die Gewaltdefinition in einem führenden zeitgenössischen philosophischen Lexikon, neben dem physischen Charakter von Gewalt, Aspekte von Fremdbestimmung und

---

[32] *Luhmann, N. 1972 (*Fn. 31), 106-115, insbesondere 107, 114f.

[33] Nach *Rammstedt, O.,* der in seiner Untersuchung das Verhältnis von Gewalt und Hierarchie analysiert und die gewonnen Einsichten auf den modernen Staat überträgt, um dessen hierarchische Struktur offenzulegen, wird Gewalt nur noch dann eingesetzt, wenn diese hierarchische Struktur, die ihrerseits auf *Nichtanwendung* von Gewalt fußt, gefährdet ist. *Ders.:* Gewalt und Hierarchie. In: Gewaltverhältnisse und die Ohnmacht der Kritik, hrsg. v. K. Horn u.a. Frankfurt/M. 1974, 132-156.

[34] *Luhmann, N. 1974 (*Fn. 30), 106-115.

[35] Gar keine Definitionen von Gewalt (nur Definitionen von Macht) finden sich in folgenden Lexika: Philosophisches Wörterbuch, hrsg. v. W. Brugger. 15. Aufl. Freiburg 1978; Kröners Philosophisches Wörterbuch, hrsg. v. H. Schmidt. 22. Aufl. Stuttgart 1991; Lexikon der Philosophischen Grundbegriffe, hrsg. v. A. Ulfig. Wiesbaden 1997. In einer Europäischen Enzyklopädie zu Philosophie und Wissenschaften aus dem Jahre 1990 unter dem Stichwort Macht/Herrschaft/Gewalt heißt es resümierend nur, Gewalt verweise „auf das Zwangsinstrumentarium und dessen Anwendung zur Interessendurchsetzung des einen zu Lasten des anderen", *Klenner, H. 1990 (*Fn. 24), 115. Auch die Definition von *Röttgers, K. 1974 (*Fn. 24) ist insoweit nicht ergiebig.

[36] „Unfreiwillig qua durch Gewalt bestimmtes Verhalten liegt ... dann vor, wenn einmal das betroffene Wesen nicht anders sich verhalten kann, als es tatsächlich sich verhält, wenn zum anderen ... die relevanten Ursachen seines Verhaltens in Faktoren außerhalb seiner selbst liegen und wenn drittens sein derart bewirktes Verhalten seiner eigenen Inklination entgegen gesetzt ist." *Forschner, M. 1985 (*Fn. 21), 16f., 19, mit detaillierten Nachweisen zu den Fundstellen in der Nikomachischen Ethik von *Aristoteles.*

Zwangswirkung, wenn es dort heißt: „Gewalt ist die von Menschen gegenüber Personen oder Sachen eingesetzte Kraft, ohne Rücksicht auf die Eigenart des Gegenübers. Sie ist jene Form der Macht, die den Willen des anderen nötigt oder bricht. Im Einsatz gegen Sachen führt sie zu Beschädigung oder Zerstörung.“[37]

Das besondere Interesse an *staatlicher* Gewalt und ein weitgehendes Desinteresse an *zwischenmenschlicher* Gewalt lassen sich am ehesten damit begründen, daß zwischenmenschliche Gewalt als zur menschlichen Natur gehörig und damit als „normal“ angesehen wurde. Auch wenn Gewalttätigkeiten grundsätzlich verboten waren, als verwerflich bewertet und als Zufügung von Leid erlebt worden sind und sicherlich in ihrer konkreten Gestalt Entsetzen ausgelöst haben, so gibt der reflexionsgeschichtliche Befund doch Anlaß zu vermuten, daß die Menschen sich lange Zeit nicht in einem Maße darüber gewundert haben, daß Menschen einander überhaupt Gewalt antun, das der heute greifbaren Beunruhigung darüber vergleichbar ist.[38] Solange Gewalt als nicht eliminierbares Charakteristikum menschlichen Zusammenlebens erlebt und interpretiert wurde, war es naheliegend, nach Wegen zu suchen, Gewalt durch äußeren Zwang erfolgreich zu unterbinden; die Befassung mit Ordnungskonzeptionen, mit der Staatsidee drängte sich auf.[39]

Parallelen zur philosophischen weist die strafrechtswissenschaftliche Diskussion auf. Schon lange bevor der Gewaltbegriff Eingang in die Gesetzbücher fand und sich eine Dogmatik des Gewaltbegriffes entwickeln konnte, wurde ein Zusammenhang zwischen Gewalt und Freiheit gestiftet. Schon im römischen Recht bezeichnete vis als vis atrox oder vis corporalis die „Gewalt“ und „insonderheit die Überge-

---

[37] *Gerhardt, V. 1999 (*Fn. 27), 211. Auch *Schwartländer, J.* spürt dem anthropologischen Gehalt von Gewalt nach. Er identifiziert jedoch als allgemeine Bedeutung von Gewalt das Verfügenkönnen. Damit deckt sich der Kern seiner Gewaltdefinition mit klassischen Machtdefinitionen. Gewalt wird für ihn erst dann negativ, als zwischenmenschliches Verhältnis inhuman, wenn „sie den anderen Menschen als selbst handelndes Wesen nicht anerkennt, ja zerstört.“ *Ders.:* Stichwort Macht. In: Handbuch Philosophischer Grundbegriffe, Studienausgabe, Band III, hrsg. v. H. Krings u.a. München 1973 , 869-877, 869f.

[38] Diese Annahme wird durch das pessimistische Menschenbild, das sich z.B. in den anthropologischen Präsumptionen von *Hobbes* wiederspiegelt, bestätigt: Nach ihm trachten die Menschen nach Selbsterhaltung und Bedürfnisbefriedigung. *Hobbes, Th.:* De homine XI, 6, zit. bei *Forschner, M. 1985 (*Fn. 21), 22. Von Natur sind sie nicht für ein friedliches Zusammenleben in Gruppen disponiert. *Hobbes, Th.:* De cive, I, 2, zit. bei *Forschner*, M., ebenda, 24. Eine instinktive Tötungshemmung gegenüber Artgenossen kennen sie nicht. Zu dieser Schlußfolgerung *Forschner, M.*, ebenda, *24,* der sich auf *Hobbes, Th.:* De Cive, I, 3 und 6 bezieht. Aufgrund ihrer Sprachfähigkeit können sie die Zukunft und damit auch künftige Verteilungskämpfe gedanklich antizipieren; ebenfalls aufgrund ihrer Sprachkompetenz sind sie zu Täuschung und Verstellung fähig, was ihr Mißtrauen gegenüber den Mitmenschen steigert. *Hobbes, Th.:* De homine X, 3, zit. bei *Forschner, M.*, ebenda, 23. All diese Eigenschaften prädisponieren den Menschen nach *Hobbes* für gewalttätiges Verhalten.

[39] Das Bedürfnis nach einer ordnungsstiftenden Macht hatte sich schon in den Landfrieden des 12., 13. und 14. Jahrhunderts manifestiert; die Notwendigkeit ihrer Instituierung wurde in der Zeit der Hugenottenkriege in Frankreich und des Dreißig Jährigen Krieges in deutschen Landen immer dringender.

walt, den *Zwang*, durch welchen eine Person die andere entweder physisch nötigt, gegen ihren *Willen* eine Handlung geschehen zu lassen oder auch sie dem *Willen* nach vergewaltigt, durch Androhung eines Übels, also durch die Furcht, sie zur Vornahme oder zur Unterlassung einer Handlung bestimmend."[40] Daß die Lex plautia de vi, das älteste „Gewaltgesetz" aus römischer Zeit, noch in erster Linie *Staatsschutzdelikte* erfaßte, macht deutlich, daß auch im Strafrecht über Gewalt als Gefährdung des politischen Gemeinwesens nachgedacht wurde.[41] Die Bewertung von gewalttätigen Freiheitsbeeinträchtigungen als gegen eine verfaßte Ordnung gerichteten Aktivitäten der Rechtsunterworfenen blieb – zumindest teilweise – auch für die weitere Entwicklung, nämlich die Leges barbarorum der fränkischen Zeit und auch die Glossatoren und Postglossatoren, paradigmatisch. In den nordischen, den schwedischen und den west- und gotländischen Rechten wurden immerhin Notzucht und Frauenraub als Verletzungen der patria potestas des Vaters,[42]

---

[40] *Mommsen, Th.:* Römisches Strafrecht. Berlin 1955, 652 unter Berufung auf Ulpian, Digesten 4, 2, 1; auch Digesten 43, 16, 1, 29 sowie 43, 24, 1, 5 (Hervorhebungen im Text Schäfer-Vogel).

[41] Auch wenn bereits die julischen Gewaltgesetze auch „Straftaten gegen die persönliche Freiheit" enthielten, „die des [*unmittelbaren*] staatspolitischen Bezugs entbehrten" *(Hofmann, J.:* Anmerkungen zur Begriffsgeschichtlichen Entwicklung des Gewaltbegriffs. In: Aggression und Gewalt, hrsg. v. A. Schöpf. Würzburg 1985, 262-265) - wie etwa gewalttätige Freiheitsberaubung, die Entführung gegen den Willen des Entführten [und] die Notzucht (*Mommsen, Th. 1955* (Fn. 40), 664f.) - wurden doch auch diese Rechtsverstöße dadurch als „Schädigungen der Gemeinde" qualifiziert, daß sie nicht nur als vis privata den privaten, sondern als vis publica, *auch* den *öffentlichen* Geschworenengerichten unterstellt und mit *öffentlichen* Strafen geahndet wurden (*Mommsen, Th.,* ebenda, *655).* Zum diesbezüglichen „Wesen des öffentlichen Strafrechts" im römischen Recht, *Mommsen, Th.,* ebenda, 59-64, insbesondere 60. *Mommsen* selbst mißt der Zuordnung zum privaten oder öffentlichen Strafrecht keine Bedeutung zu und plädiert für eine zusammenfassende Betrachtung: „Das fundamentale Moment des verletzten Sittengesetztes und der dadurch geforderten staatlichen Vergeltung schliesst beide Gebiete innerlich zusammen und die Unterscheidung, ob diese Vergeltung im staatlichen oder im privatrechtlichen Verfahren bewirkt wird, erscheint daneben als äusserlich und zufällig"; (*Mommsen, Th.,* ebenda, 5). Auch wenn sich die Zuordnung von bestimmten Vergehen zur einen oder anderen Verfahrensart nicht immer begründen läßt und also zufällig ist oder erscheint, so ist es doch nicht ohne Interesse, daß bestimmte Delikte, wie etwa Mord, schon in der frühen römischen Zeit dem öffentlichen Strafrecht unterstellt waren (*Mommsen, Th.,* ebenda, 614), während wegen anderer Delikte nur im Privatprozeß eine Bestrafung erwirkt werden konnte, wie etwa bei den verschiedenen Formen der iniurie - allerdings mit Ausnahme des Schmähliedes, das als öffentliches Verbrechen geahndet wurde (*Mommsen, Th.,* ebenda, *800*ff.). Vor diesem Hintergrund erscheint es nicht mehr ohne jede Bedeutung, daß durch das plotische Gewaltgesetz das öffentliche Strafverfahren gegen bestimmte Formen des Gewaltgebrauchs eröffnet wurde und später, durch die julischen Gesetze, in noch weitergehendem tatbestandlichen Umfang, eben nicht nur die private sondern *auch* die öffentliche Strafklage gegeben war. Für eine besondere Gewichtung des Ordnungsverstoßes spricht darüber hinaus, daß Gewaltgebrauch im Gesetz für öffentliche Gerichte mit schwererer, im Gesetz für Privatgerichte aber mit leichterer krimineller Bestrafung belegt war *(Mommsen, Th.,* ebenda, 654f.)

[42] Vgl. *Wilda, W.E.:* Geschichte des deutschen Strafrechts, Band I: Das Strafrecht der Germanen. Halle 1842, 829f. sowie *His, R.:* Das Strafrecht des deutschen Mittelalters, Band II: Die einzelnen Verbrechen. Weimar 1935, 144 ff., 157ff.

und damit auch als Infragestellung einer Autorität aufgefaßt, die in den vorstaatlichen Stammesgesellschaften des Mittelalters eine der zentralen gesellschaftlichen Institutionen war.[43]

Im Zentrum der gegenwärtigen strafrechtlichen Gewaltdiskussion steht der Gewaltbegriff des Nötigungstatbestandes (§ 240 StGB). Die Geschichte seiner Dogmatik ist noch jung, weil das Tatbestandsmerkmal Gewalt erst im Laufe des 19. Jahrhunderts Eingang in die Gesetzbücher gefunden hat.[44] Da die Nötigung zu den Straftaten gegen die persönliche Freiheit gehört, wird heute schon durch die Gesetzessystematik ein Zusammenhang zwischen Gewalt und Freiheit gestiftet. Straftatbestände wie Mord, Totschlag und Körperverletzung, die zwar regelmäßig durch ein im alltagssprachlichen Sinne gewalttätiges Verhalten verwirklicht werden, tatbestandlich aber keine Gewalt im Sinne eines Angriffs auf die Willensfreiheit voraussetzen, bleiben dagegen aus der strafrechtsdogmatischen Begriffsdiskussion ausgeblendet.[45] Damit wird die Dimension der Körperlichkeit von Gewaltanwendung hier schon im Ansatz vernachlässigt. Die Entwicklung des Gewaltbegriffes des RStGB und des StGB ist durch eine zunehmende „Vergeistigung" gekennzeichnet, die sich als Durchbruch eines konsequent *freiheitstheoretischen* Gewaltverständnisses individualrechtlicher Prägung interpretieren läßt. Die Dimension des *Ordnungsverstoßes* hat demgegenüber dogmatisch an Bedeutung verloren. Die „Vergeistigung" vollzog sich im Wesentlichen in drei Stufen. Das Kriterium der Körperlichkeit geriet dabei zunächst durchaus in den Blick, wurde jedoch schon bald wieder vernachlässigt: Vom Reichsgericht wurde Gewalt als körperliche Kraftentfaltung zur Beseitigung eines tatsächlich geleisteten oder erwarteten Widerstandes, die vom Opfer körperlich empfunden werde, definiert.[46] In einem ersten Schritt wurde vom Bundesgerichtshof das Erfordernis einer Kraftentfaltung auf

---

[43] Ferner wurden diese Straftaten nicht „nur" mit Bußen belegt, sondern den *Friedensbrüchen* im engeren Sinne, d.h. den unsühnbaren Königseidbrüchen zugeordnet (vgl. *Wilda, W.E.* 1842 (Fn. 42), 832), während andere Verbrechen gegen die Freiheit, wie die Einsperrung und das unrechtmäßige Binden, vielleicht eben deshalb, weil sie die Stammesgesellschaft nicht in dem Maße in Frage stellten, nur mit Bußen geahndet wurden (*Wilda, W.E.,* ebenda, 794f.).

[44] Noch das Allgemeine Landrecht für die Preußischen Staaten von 1838 Teil II. Dreizehnter Abschnitt. Von Beleidigungen der Freiheit, kennt kein Tatbestandsmerkmal „Gewalt".

[45] Selbst eine einheitliche Begriffsbildung für alle Straftatbestände des StGB mit einem Tatbestandsmerkmal Gewalt, von Hoch- und Landesverrat, über Landfriedensbruch bis zu Raub und Erpressung ist nur selten versucht worden. Einer der wenigen, die sich um eine umfassende Definition bemüht haben war *Callies,* R.-P. Er versteht Gewalt „als die Herstellung einer primär auf aggressiv-physischer Vermittlung beruhenden sozialen Interaktionssituation, die als *Gewalttätigkeit* oder als *Bedrohung mit Gewalttätigkeit* beschrieben werden muß. *Ders.:* Der Begriff der Gewalt im Systemzusammenhang der Straftatbestände. Tübingen 1974, 33. Einen ersten Überblick über die verschiedenen Auslegungen der Gewaltbegriffe des StGB bieten *Wessels, J./Hettinger, M.:* Strafrecht. Besonderer Teil - 1. Heidelberg 1999, § 8 Rdnrn. 387-390.

[46] So RGSt 45, 354; 56, 87; 58, 97.

Seiten des Täters weitgehend suspendiert.[47] In einem zweiten Schritt erklärte der Bundesgerichtshof es für verzichtbar, daß der Betroffene die Gewalt als solche empfinde. Danach sollte auch von Gewalt gesprochen werden können, wenn ein Bewußtloser umgedreht wird, um ihm etwas aus der Tasche zu ziehen.[48] Schließlich wurde die *Zwangswirkung* zum entscheidenden Kriterium erhoben, was in der Konsequenz zu einer Gleichstellung zwischen *körperlich* und rein *psychisch* wirkendem Zwang führte.[49] Dieser weite Gewaltbegriff der Strafgerichte wurde im Falle einer Straßenblockade in einer 4:4-Entscheidung des Bundesverfassungsgerichts aus dem Jahre 1987 als verfassungsgemäß anerkannt.[50] In der strafrechtlichen Literatur ist diese Ausweitung des Gewaltbegriffes durch die Rechtsprechung vielfältig begrüßt worden, u.a. mit der Begründung, heute sei es Aufgabe des Staates, die persönliche Freiheit weitergehend vor Angriffen zu schützen, mehr „als dies früher unter anderen Wertmaßstäben der Fall war".[51] Die Ausweitung des Gewaltbegriffs ist, zumindest grundsätzlich, als „Folge einer allgemein anerkannten notwendigen Modernisierung" interpretiert worden.[52] JAKOBS hat den freiheitstheoretischen Ansatz sogar noch radikalisiert und die Entgrenzung des Gewaltbegriffes vorangetrieben, indem er Gewalt im Rechtssinne ganz allgemein als „Verletzung garantierter Rechte" definierte, worunter er jede Beeinträchtigung der garantierten Organisationsmittel einer Person verstand.[53] Die Ausweitung des Gewaltbegriffs ist jedoch ebenso heftig kritisiert worden: Sie gefährde die Rechtssicherheit, sei zu unbestimmt (Art. 103 II GG)[54] und verstoße gegen das Analogie-

---

47 BGHSt 1, 145. Danach soll auch das heimliche Beibringen von Betäubungsmitteln Gewalt sein.

48 BGHSt 4, 210; 16, 341; 25, 237.

49 BGHSt 23, 46, 54. Hier wurde das Blockieren des Straßenverkehrs durch Sitzstreik an einem Verkehrsknotenpunkt als strafbare Nötigung gewertet.

50 BVerfGE 73, 206.

51 So *Knodel, K.-D.:* Der Begriff der Gewalt im Strafrecht. München/Berlin 1962, 70f. Gebilligt wurde die Ausdehnung des Gewaltbegriffes des weiteren u.a. von *Schäfer*: § 240 In: Strafgesetzbuch. Leipziger Kommentar, hrsg. v. H.-H. Jescheck u.a. 10. Aufl. Berlin 1989, Rdnrn. 22 ff.; *Maurach, R./Schroeder, F.-Ch./Maiwald, M.:* Strafrecht. Besonderer Teil. Teilband I. Straftaten gegen Persönlichkeits- und Vermögenswerte. Ein Lehrbuch. 8. neubearbeitete Aufl. Heidelberg 1995, § 13 II Rdnr. 15f. und von *Eser, A.: § 240* In: Strafgesetzbuch. Kommentar, bearb. v. Th. Lenckner u.a. 24. Aufl. München 1991, Rdnr. 6 ff. In der 25. Aufl. (1997) wurden die von BVerfGE 92, 1, 14 ff. gemachten Vorgaben aufgegriffen (siehe weiter unten im Text).

52 *Schroeder, Ch.:* Schreien als Gewalt und Schuldspruchberichtigung durch Beschluß – BGH, NJW 1982, 189. Juristische Schulung 22 (1982), 491-596, 491 und 493.

53 *Jakobs, G.:* Nötigung durch Gewalt. In: Gedächtnisschrift für Hilde Kaufmann, hrsg. v. H.-J. Hirsch u.a. Berlin 1986, 791-811, 791.

54 *Callies, R.-P.:* Der strafrechtliche Nötigungstatbestand und das Verfassungsrecht. Gebot der Tatbestandsbestimmtheit. Neue Juristische Wochenschrift 38 (1985), 1506-1513.

verbot.[55] Durch eine Entscheidung des Bundesverfassungsgerichts aus dem Jahre 1995, in der wieder die Strafbarkeit einer Straßenblockade zur Entscheidung stand, ist die Ausweitung schließlich teilweise rückgängig gemacht worden. Diese Entscheidung verneint die Verfassungsmäßigkeit der weiten Auslegung des Gewaltbegriffes mit der Begründung, sie verstoße gegen das Gebot der Tatbestandsbestimmtheit.[56] Danach darf Gewalt nicht mehr mit dem durch sie bewirkten Zwang zusammenfallen, was z.B. beim bloßen Sitzen auf der Fahrbahn der Fall ist. Ferner darf Gewalt nicht mehr in der bloßen Anwesenheit bestehen und die Zwangswirkung auf den Genötigten nicht nur psychischer Natur sein. Die körperliche Zwangswirkung ist damit wieder zum notwendigen Merkmal des Gewaltbegriffes erhoben worden.[57] Daß diese Einschränkungen sich nur schwer haben halten können, vom BGH unterlaufen wurden[58] und bereits in einer neuerlichen Entscheidung vom BVerfG auf den Anwendungsfall einer „bloßen Sitzblockade" beschränkt worden sind,[59] kann jedoch letztlich nicht verwundern. Denn in einem freiheitstheoretischen Argumentationsrahmen läßt sich die Notwendigkeit, am Kriterium der Körperlichkeit festzuhalten, schwerlich logisch zwingend begründen.

Die hier vorgeschlagene Gewaltdefinition rückt die Körperlichkeit zwischenmenschlicher Gewalt ins Zentrum des Gewaltbegriffes. Damit dies begriffsstrategisch auch zum Tragen kommt, muß der Gewaltbegriff aus der staatstheoretischen Verstrickung und damit aus dem Denken in Zweck-Mittel-Relationen befreit, aber auch aus dem freiheitstheoretischen Kontext gelöst werden. Denn die theoretische Vereinnahmung physischer Gewalt für den Staat, um mit LUHMANN zu sprechen, ihre Funktionalisierung, führt, wie dargelegt, dazu, daß Phänomene zwischenmenschlicher Gewalt analytisch aus dem Blick geraten, gewissermaßen theoretisch neutralisiert werden. Daß das Kriterium der Körperlichkeit auch unter freiheitstheoretischen Gesichtspunkten nur unzulänglich handhabbar ist, illustriert die strafrechtsdogmatische Diskussion. Der gedankliche Weg zur Körperlichkeit von Gewalt läßt sich daher nur über die Emanzipation von staatsphilosophischen und freiheitstheoretischen Traditionen bahnen.

---

[55] *Krey, V.:* Probleme der Nötigung mit Gewalt – dargelegt am Beispiel des Fluglotsenstreiks. Juristische Schulung 14 (1974), 418-424, 418, 421.

[56] BVerfGE 92, 1, 14 ff.

[57] Zu den Stellungnahmen im Schrifttum vgl. die umfangreichen Nachweise bei *Wessels, J./Hettinger*, M. 1999 (Fn. 45), Rdnr. 392; kritisch *Maurach, R./Schroeder, F.C./Maiwald, M.:* Strafrecht Besonderer Teil. Teilband I: Straftaten gegen Persönlichkeits- und Vermögenswerte. 9. Aufl. Heidelberg 2003, § 13 Rdnr. 17.

[58] BGH 41, 182, 185 f. Hier hat der BGH entschieden, daß die Grenze zur Gewalt überschritten sei, wo der Täter außer seiner eigenen Person auch noch durch Vorrichtungen oder sperrige Gegenstände wie Autos das Opfer am Betreten, Verlassen oder Passieren hindert. Als Hindernis soll dabei auch das erste durch eine Sitzblockade aufgehaltene Auto in Bezug auf die nachfolgenden in Betracht kommen.

[59] BVerfG Neue Juristische Wochenschrift 55 (2002), 1031-1033, mit abl. Anm. *Sinn, A.* Neue Juristische Wochenschrift 55 (2002), 1024-1026.

Es ist jedoch kein Selbstzweck, den Gewaltbegriff radikal einzuengen und reine Machtphänomene begrifflich ebenso auszugrenzen wie nicht körperlich wirkenden Zwang. Vielmehr kann nur ein auf die Körperlichkeit der Gewaltwirkung fokussierter Gewaltbegriff Leitbegriff für eine Untersuchung sein, die nach den Ursachen gewalttätigen Verhaltens in der theoretischen Überzeugung fragt, daß sich zwar bei jeder Form der Vergesellschaftung notwendig *Macht*strukturen ausbilden und daß ein Leben ohne wechselseitige *Freiheits*beeinträchtigungen nicht denkbar ist, daß jedoch menschliche Gemeinschaften als Kommunikationsgemeinschaften zumindest in real-utopischer Sicht ohne zwischenmenschliche *Gewalt* auskommen müßten, weil sie Konflikte im Wege der Verständigung bewältigen könnten.

Weil diese Überzeugung auch die öffentliche Diskussion trägt, ist auch nur ein enger Gewaltbegriff der aktuellen Gewaltdiskussion angemessen. Denn daß physisch gewalttätiges Verhalten entsetzt und damit die Frage nach dessen Ursachen aufgeworfen wird, belegt, daß die Menschen ein gewaltfreies Miteinander für erstrebenswert und möglich halten und Gewalt gerade nicht als zur menschlichen Natur gehörig hinnehmen. Die Konzentration auf Verhaltensweisen, die durch den Einsatz körperlicher Kraft und durch ihre körperliche Wirkung gekennzeichnet sind, entspricht der aktuellen Diskussion aber auch deshalb, weil die Menschen gegenwärtig offenbar nicht so sehr um die Freiheitlichkeit der Gesellschaft besorgt sind, sondern durch gewalttätige, entsprachlichte und damit enthumanisierte Umgangsformen basale Voraussetzungen der Vergesellschaftung selbst bedroht sehen.

2. Psychologie

In der Psychologie, einer vergleichsweise jungen wissenschaftlichen Disziplin, befaßte man sich ursprünglich gar nicht mit dem Phänomen der Gewalt, sondern mit dem der *Aggression*. Gerade die Problematik der Definition hat in der fachwissenschaftlichen Diskussion viel Forschungsenergie absorbiert. Alle Definitionsversuche bemühen sich um eine ungefähre Abgrenzung der mannigfachen Äußerungsformen von Aggressivität. Ein einheitlicher Aggressionsbegriff hat sich jedoch bis heute nicht herausgebildet. Immerhin hat man sich von einem verwirrend weiten Aggressionsbegriff verabschiedet, der praktisch jedes zielstrebige Handeln und jeden Drang, eine Sache „in Angriff zu nehmen" einschließt.[60] Es besteht nun insoweit Einigkeit, daß Aggression ein *Verhalten* ist, das sich gegen einen Organismus oder ein Organismussurrogat richtet und im weitesten Sinne *schädigend* ist. Klargestellt sei, daß damit entgegen einem intuitiven, alltagssprachlichen Verständnis nicht nur *negativ* zu bewertende Äußerungsformen erfaßt werden, sondern sowohl solche schädigenden Handlungen, die von der Kultur *gebilligt* werden, als auch solche, die *mißbilligt* werden.[61] Nach ganz überwiegender Auffassung kann

---

[60] So zuletzt noch von *Mitscherlich, A.* vertreten, *Ders.:* Die Idee des Friedens und die menschliche Aggressivität. Frankfurt/M. 1969.

[61] Vgl. z.B. *Selg, H.: S*tichwort Aggression. In: Handwörterbuch Psychologie, hrsg. v. R. Asanger u.a. 5. Aufl. Weinheim 1994, 1-4, 1.

Aggression offen (körperlich, verbal) oder verdeckt (phantasiert) sein, sie kann sich nach außen, gegen Objekte, oder nach innen, gegen das Subjekt, wenden. Mit aggressiven Phantasien und mit bestimmten Formen der Auto-Aggression, wie Schuldgefühlen und Selbstbestrafungsphantasien, schließt der Aggressionsbegriff damit – durchaus im Widerspruch zur *verhaltens*orientierten Definition – auch Erscheinungsformen von Aggression ein, die gar kein *Verhalten* im handlungstheoretischen Sinne sind.[62] Weiterhin umstritten ist die Frage, ob Aggression *Absicht* respektive *Intention* voraussetzt oder ob die bloße *Gerichtetheit* des schädigenden Verhaltens genügt.[63] Letzteres wird insbesondere von Vertretern eines behavioristischen Ansatzes vertreten, die sich für einen auf Menschen und Tiere gleichermaßen anwendbaren Aggressionsbegriff stark machen, damit allerdings die Spezifika *menschlicher* Aggression vernachlässigen.

Jenseits dieses Minimalkonsenses war und ist umstritten, ob es sich bei der Aggression um einen Trieb, ein Verhaltensmuster, mit dem der Mensch auf Frustrationen reagiert, oder um ein erlerntes Verhalten handelt. Will man die Erkenntniserträge der Psychologie einer kritischen Bewertung unterziehen, kommt man daher nicht umhin, sich mit dem spezifischen Aggressionsverständnis der drei konkurrierenden Aggressionstheorien auseinanderzusetzen. Sowohl Psychoanalytiker, allen voran SIGUMUND FREUD, als auch Ethologen, wie KONRAD LORENZ, fassen menschliche Aggressivität als Trieb auf. FREUD konzeptualisiert den Aggressionstrieb in seinem Spätwerk als einen nach außen gewendeten Anteil des Todestriebs, dessen Ziel die Zerstörung von Objekten ist. Als solcher ist er irreduzibler Bestandteil der menschlichen Natur. Wird er länger nicht befriedigt, führt dies im Sinne eines hydraulischen Modells zu einem Triebstau. Es entsteht ein Bedürfnis nach Abreaktion. Dabei ist neben destruktiver durchaus auch friedliche, kulturangepaßte Triebabfuhr insbesondere auch symbolischer Art möglich.[64] LORENZ dagegen charakterisiert den Aggressionstrieb in Analogie zum tierischen Aggressionsverhalten als gegen die Artgenossen gerichteten Kampftrieb.[65]

Die Vertreter des Triebmodells waren die ersten, die ein menschliches Verhalten, das über Jahrhunderte als *normal* erlebt worden war, wissenschaftlich *problematisierten*. Durch die *Naturalisierung* wurde es jedoch ebenso schnell wieder in un-

---

62 Auf diesbezügliche Unklarheiten weißt u.a. *Nolting, H.P.* hin, *Ders.:* Kein „Erklärungseintopf." Ein Überblick aus psychologischer Sicht. In: Aggression und Gewalt, hrsg. v. H.-G. Wehling. Stuttgart 1993, 9-23, 7 ff., 11.

63 Nachweise zu dieser Kontroverse bei *Selg, H. 1994* (Fn. 61), 1, sowie *Bergius, R./Caspar, F.:* Stichwort Aggression. In: Dorsch psychologisches Wörterbuch, hrsg. v. H. Häcker u.a. 13. Aufl. Bern 1998, 14-15, 14, sowie *Städler, Th.:* Stichwort Aggression. In: Lexikon für Psychologie. Wörterbuch. Handbuch. Studienbuch, hrsg. v. Th. Städler. Stuttgart 1998, 16-21, 16 f.

64 *Städtler, Th. 1998* (Fn. 63), 20; *Freud, S.:* Das Unbehagen in der Kultur. In: Abriß der Psychoanalyse – Das Unbehangen in der Kultur. Frankfurt/M. 1972, 63-129, 77 ff.

65 *Lorenz, C.:* Das sogenannte Böse. Wien 1963.

produktiver Weise *normalisiert.* Letztlich verliehen FREUD und LORENZ, die sich beide als Naturwissenschaftler und nicht etwa als Sozialwissenschaftler verstanden, der Hobbes'schen Präsumption, daß der Mensch von Natur böse ist, positivistische Weihen.[66] Die Naturalisierung verband sich bei Freud mit einem ausgeprägten Kulturpessimismus: Er bezweifelte, ob es im Zuge der Kulturentwicklung gelingen werde, der Störung des Zusammenlebens durch den menschlichen Aggressions- und Selbstvernichtungstrieb Herr zu werden, da die kulturellen Bestrebungen, die Mitglieder der Gemeinschaft u.a. durch Einschränkung des Sexuallebens und Aufstellung des Gebots der Nächstenliebe auch libidinös aneinander zu binden, der ursprünglichen menschlichen Natur zuwiderlaufen. Er sah die Kulturgesellschaft infolge der primären Feindseligkeit der Menschen gegeneinander daher beständig vom Zerfall bedroht.[67] Herr werden kann der einzelne der potentiell destruktiven Aggressivität nach FREUD u.a. durch Sublimierung der grundsätzlich auch positiv überformbaren Triebenergien[68] – diese Möglichkeit besteht jedoch nur für wenige Menschen mit besonderen Anlagen und Begabungen – oder durch Ausbildung eines starken Über-Ichs, das durch sozialisationsbedingte Verinnerlichung von Normen entsteht und als Gewissen gegen das Ich dieselbe Aggressionsbereitschaft ausübt, die das Ich gerne an anderen, fremden Individuen befriedigt hätte.[69] LORENZ ging sogar so weit, die Kultur dafür verantwortlich zu machen, daß die im Tierreich wirksame Tötungshemmung gegenüber Artgenossen unter Menschen nicht mehr wirksam ist: Im Zuge des Zivilisationsprozesses seien die von Natur ritualisierten Triebe ihrer natürlichen Hemmung beraubt worden (Entritualisierung), weswegen der Mensch, anders als das Tier, zur massenhaften Tötung fähig sei.[70]

Dem Triebmodell traten sowohl die Vertreter der Aggressions-Frustrations-Hypothese als auch die Lerntheoretiker entgegen. J. DOLLARD postulierte die Entstehung der Aggression aus Frustration als universalen Mechanismus. Als Frustration verstand er jede Störung einer zielgerichteten Aktivität. Aggression wird damit als *reaktiv* konzipiert: Sie setzt Frustration voraus, und umgekehrt führt Frustration immer zu irgendeiner Form von Aggression.[71] Ausgeblendet bleibt, daß der Mensch auf Frustrationen nicht zwingend mit Aggression reagiert, sondern manche Frustrationserlebnisse durchaus konstruktiv abarbeitet. Nach der Lerntheorie wird Aggres-

---

66 *Freud* nimmt sogar ausdrücklich auf Hobbes Bezug: „*Homo homini lupus*; wer hat nach allen Erfahrungen des Lebens und der Geschichte den Mut, diesen Satz zu bestreiten?" *Ders. 1972 (*Fn. 64), 102.

67 *Freud,* S. *1972 (*Fn. 64), 99 f., 102 f.

68 *Freud,* S. *1972 (*Fn. 64), 77.

69 *Freud,* S. *1972 (*Fn. 64), 110 ff., insbesondere 111.

70 *Lorenz, C.:* Über tierisches und menschliches Verhalten. Aus dem Werdegang der Verhaltenslehre. Gesammelte Abhandlungen, Band II. München 1969, 135.

71 *Dollard, J./Doob, L.W.* u.a.: Frustration and Aggression. Weinheim 1971 (englische Erstausgabe 1939), 9.

sion wie jedes andere menschliche Verhalten aufgrund von Erfahrungen erlernt. Die ersten Lerntheoretiker hoben vor allem die Bedeutung klassischen und operanten Konditionierens bei der Entstehung und Ausformung aggressiven Verhaltens hervor. Nach ihnen wird vor allem am Erfolg gelernt: Wer sich mit aggressivem Verhalten in einer Situation durchsetzt, wird sich auch in Zukunft wieder aggressiv verhalten.[72] Dagegen betonen Vertreter einer sozialkognitiven Lerntheorie, daß viele Verhaltensweisen vor allem am Modell und durch Beobachtung gelernt werden – die wichtigsten Vorbilder sind in der Regel Eltern, Freunde und wichtige „Bezugspersonen".[73]

Beide Erklärungsansätze setzen keine neuen *definitorischen* Akzente gegenüber dem eingangs referierten Aggressionsbegriff. Beachtung verdienen sie vielmehr, weil sie Aggression konsequent *reaktiv* konzipieren. Nach beiden Ansätzen muß man sich keineswegs mit der destruktiven Aggressivität als zur menschlichen Natur gehörig abfinden. Nach der Aggressions-Frustrations-Theorie werden die Menschen umso friedlicher zusammenleben, als ihr Leben ihnen weniger Frustrationen zumutet – wobei das Dilemma, daß ein Zusammenleben ganz ohne wechselseitige Frustrationen wohl nicht möglich ist, bleibt. Für die Lerntheoretiker ist Friedfertigkeit am Modell ebenso erlernbar wie Aggressivität. Nicht problematisiert wird, warum überhaupt Vorbilder für aggressives Verhalten in der Gesellschaft vorhanden sind. Wenn jede junge Generation es von der älteren erlernt hat, wird die Frage nach den ersten aggressiven Menschen letztlich ad infinitum vorverlagert. Einerseits erlaubt ein theoretischer Verschiebebahnhof damit den Lerntheoretikern – letztlich ebenso wie den Triebtheoretikern – die Ausblendung der eigentlich schwierigen Frage nach den *gesellschaftlichen* Ursachen von Aggressivität. Andererseits drohen die Lerntheoretiker, die doch angetreten sind, mit der Vorstellung von der aggressiven menschlichen Natur aufzuräumen, in einen Selbstwiderspruch zu geraten. Denn da die „erste" Generation das aggressive Verhalten nicht erlernt haben kann, wird es schwer, den natürlichen Ursprung der Aggression zu leugnen.

Von den Vertretern der beiden zuletzt vorgestellten Ansätze wird ein positives Menschenbild, wie es etwa Rousseau vertreten hat, durch einen manchmal beklemmend wirkenden, positivistischen Optimismus gestützt. Für kulturpessimistische Bedenken ist kein Raum. Sie werden von einem naiven Fortschrittsglauben an die „Konditionierbarkeit" des Menschen zur Friedfertigkeit durchaus im Freudschen Sinne verdrängt.[74]

---

[72] Nachweise bei *Selg, H.:* Menschliche Aggressivität. Göttingen 1974, 30-36.

[73] *Bandura, A.:* Social Learning Theory. London 1977, insbesondere 22 ff.

[74] Als Beispiele dieses Optimismus sollen die folgenden Zitate von *Bandura* dienen: „.., given adequate training, supervision and reinforcing feedback, parents can effectively eliminate the injurious conduct of their children; teachers can change aggressively disruptive students into productive learners, nurses can help violently assaultive patients to gain control over dangerous behavior; and peers can regulate the level of aggressiveness in their social interactions."; „Since aggression is not an inevitable or unchangeable aspect of man

In allen Erklärungsmodellen bleibt der Aggressionsbegriff wegen seiner Abstraktheit unspezifisch.[75] Er erfaßt höchst heterogene[76] und darüber hinaus sowohl produktive als auch destruktive Äußerungsformen von Aggressivität gleichermaßen.[77] Obwohl häufig bevorzugt die destruktiven Äußerungsformen ins Zentrum der Erklärungsbemühungen gerückt werden, läßt sich über die Verwendung der neutralen Begrifflichkeit eine wertneutrale Befassung mit dem Untersuchungsgegenstand suggerieren und gleichzeitig die Ambivalenz des Phänomens nach Belieben ausblenden. Ferner besteht, gerade wegen des unspezifischen, vermeintlich neutralen Charakters des Aggressionsbegriffes, die Gefahr, daß Aggressionsforscher Sinn und Bedeutung, die aggressive Verhaltensweisen im sozialen Kontext erhalten, aus dem Blick verlieren. Dabei vernachlässigen sie insbesondere, daß die Menschen sich mit sich selbst und mit anderen über ihre Aggressionserfahrungen verständigen und sie im lebensgeschichtlichen Kontext, nicht aber in psychologischen Denkmustern interpretieren.[78] Damit soll nicht behauptet werden, daß psychologische oder psychoanalytische Interpretationen verfehlt wären. Die Vernachlässigung der Sinngebung im lebensweltlichen Kontext durch die handelnden Akteure läuft jedoch auf eine Verdürftigung hinaus, die der Problemdurchdringung zumindest hinderlich ist. Ein auf diese Weise verdürftigtes Menschen- und Gesellschaftsbild verdrängt die Dimension der Freiheit im Selbstverhältnis. Die im Bemühen um allgemeingültige Aussagen angestrebte Abstraktion vom sozialen Sinn aggressiver Handlungen wird also teuer bezahlt. Es wundert daher nicht, daß sich in jüngerer Zeit auch in der Psychologie die Überzeugung durchgesetzt hat, daß

---

but a product of aggression promoting conditions operating within a society, man has the power to reduce his level of aggressiveness." *Ders.*: Aggression. A social lerning analysis. London 1973, 247, 324.

[75] So der Bericht der Gewaltkommission unter Bezugnahme auf *Bandura (1979),* leider ohne weitere bibliographische Nachweise, *Schwind, H.D./Baumann, J.* u.a. 1990, Band II (Fn. 3), 10.

[76] *Collatz, K.-G.* fächert ein ganzes Spektrum aggressiver Verhaltensweisen auf, u.a. spielerische Aggressivität, Aggressivität im sexuellen Bereich, Aggressivität im Zusammenhang mit Revierbehauptung und Revierverteidigung, kollektiven Angriff auf den Gruppenfeind etc. *Ders.*: Zur Information über Theorien der Aggressivität. In: Aggressivität und Gewalt in unserer Gesellschaft, hrsg. v. F. Sack u.a. München 1973, 127-137, 128 f.

[77] *Selg*, H. betont ausdrücklich, daß eine neutrale Begrifflichkeit „Aggression" auch vom Ruch des Bösen und der Normverletzung befreien soll. Vgl. *Ders.* 1994 (Fn. 61), 1.

[78] Darauf, daß der Mensch seiner Aggression „nur in von ihm und seiner Gattung hervorgebrachten Sinn oder Unsinnzusammenhängen gewärtig wird", weil er sich von seinen evolutionären Vorfahren dadurch unterscheidet, daß er „signifikante Gesten" und Sprache kennt, weiß auch *Horn, K.* hin. *Ders.*: Gibt es einen Aggressionstrieb? In: Gewalt – Aggression – Krieg. Studien zu einer psychoanalytisch orientierten Sozialpsychologie des Friedens, hrsg. v. K. Horn. Baden-Baden 1988, 33-48, 34.

Aggression nur im sozialen Zuschreibungs- und Bewertungskontext verstanden werden kann.[79]

In allen drei psychologischen Erklärungsmodellen wird – nicht zuletzt aus Gründen der naturwissenschaftlichen, experimentellen positivistischen Methodik – der Einzelmensch zur Analyseeinheit. Bereits diese individualistische Ausrichtung der Forschung führt zu einer bedenklichen Vernachlässigung der gesellschaftlichen Bedingtheit von Aggression.[80] Noch weitergehend werden die sozialen und geschichtlichen Bedingungen aggressiven Verhaltens durch die oben angesprochene Ontologisierung des Phänomens in den verschiedenen Triebmodellen verschleiert.[81] Gerade wegen ihrer Ausrichtung auf den Einzelmenschen ist die Psychologie unpolitisch. Sie begreift den Einzelnen als zu veränderndes Objekt und blendet die Machtverhältnisse und Machtbalancen aus, in denen er steht. Die Veränderung des einzelnen läuft damit zwangläufig auf seine Anpassung an die vorhandenen Sozialstrukturen hinaus. Die Aggressionsforschung leistete daher lange Zeit – wenn auch ungewollt – einen Beitrag zur Zementierung des gesellschaftlichen status quo.[82]

In den 70er Jahren wurde von Vertretern einer kritischen Psychologie daher erstmalig der *Gewaltbegriff* in die akademische Auseinandersetzung eingebracht. Es wurde unter Zugrundelegung eines *weiten* Gewaltbegriffes zwischen staatlicher und nicht-staatlicher Gewalt[83] oder zwischen nicht-legalisierter und legalisierter, staatlicher Gewalt[84] unterschieden. Auf diesem Wege hoffte z.B. KLAUS HORN, die Wirkungszusammenhänge zwischen Sozialstruktur und Verhalten aufzudecken, und die Unvermitteltheit der Begriffe Gewalt und Aggression als Reflex eines tatsächlichen Bruches zwischen den Sphären (potentieller) staatlicher Sanktionsge-

---

[79] Diesbezügliche Ansätze finden sich schon bei *Bandura*, A.: Aggression. Eine soziallerntheoretische Analyse. Stuttgart 1979, 22, wo dieser Aggression als ein „schädigendes und destruktives Verhalten charakterisiert, das im sozialen Bereich auf der Grundlage einer Reihe von Faktoren als aggressiv definiert wird, von denen einige eher beim Beurteiler als beim Handelnden liegen". Nach den strukturellen Koordinaten dieser Interpretamente, fragt *Bandura* dagegen nicht. Vgl. ferner zusammenfassend *Mees*, *U.:* Konzeption und Erfassung menschlicher Aggression. In: Beobachtung, Interaktionsanalyse und Modifikation aggressiven Kindverhaltens, hrsg. v. U. Mees. Oldenburg 1988, 9-43.

[80] *Horn, K.* bezeichnet die damit einhergehende Reduktion der interessierenden Wirkungszusammenhänge auf einen Bezugsrahmen, der das einzelne Subjekt in verschiedener Weise von der von ihm mit getragenen gesellschaftlichen Praxis isoliert, als Psychologismus. *Ders.*: Unzulänglichkeit der Aggressionsforschung. In: Gewalt – Aggression – Krieg. Studien zu einer psychoanalytisch orientierten Sozialpsychologie des Friedens. hrsg. v. K. Horn. Baden-Baden 1988, 71-104, 81f.

[81] In dieselbe Richtung geht die Kritik von *Horn, K.* der - auch unter Bezugnahme auf *Marcuse , H.* - die Ontologisierung als Folge der Vernachlässigung der historischen Elemente psychoanalytischer Kategorien entlarvt, zu der es kommt, weil die in der analytischen Praxis gewonnenen Kategorien jenseits des Erfahrungsbereichs strapaziert werden, in dem sie gewonnen worden sind. *Horn, K. 1988 (*Fn. 78), insbesondere 41 ff.

[82] *Vgl. Horn*, K. 1988 (Fn. 80), 78.

[83] *Narr, D.:* Gewalt und Legitimität. Leviathan 1 (1973), 7-42.

[84] *Horn, K.:* Die gesellschaftliche Produktion der Gewalt. Leviathan 1 (1973), 310-378.

walt und individuellen Handelns aufzulösen, d.h. beide wieder miteinander zu verknüpfen.[85] Seither wird der Begriff Gewalt auch in der Psychologie vermehrt gebraucht. Psychologen, die sich in jüngerer Zeit mit *Gewaltphänomenen* befassen, bemühen sich allerdings keineswegs immer um eine zureichende Begriffsklärung. Man könnte beinahe meinen, sie verließen sich auf ein intuitives Verständnis der Rezipienten. Insgesamt werden in der *psychologischen* Gewaltdiskussion vor allem Phänomene manifester *physischer*, insbesondere innerfamiliärer und auch schulischer Gewalt diskutiert.[86]

Die hier vorgelegte Gewaltdefinition hebt sich klar von den verschiedenen Aggressionsdefinitionen ab. Indem Gewalt als soziales Verhalten aufgefaßt wird, wird die unproduktive individualistische Verengung des Blicks auf den Gewalttäter vermieden. Außerdem wird der soziale Handlungssinn gewalttätigen Verhaltens, den die Aggressionsbegriffe auch wegen ihrer Abstraktheit vernachlässigen müssen, angemessen zur Geltung gebracht. Die Einengung des Gewaltbegriffs auf destruktive Verhaltensweisen normativiert schließlich den Gegenstand und befreit ihn aus der vermeintlichen positivistischen Neutralität. Die eindeutig negative Bewertung von Gewalt erfolgt jedoch nicht, um ein negatives Menschenbild zu zementieren. Vielmehr verweist die kommunikationstheoretische Gewaltdefinition auf die kommunikative Kompetenz des Menschen und damit auf sein humanes Kapital. Die Fähigkeit zur Destruktivität wird relativiert. Indem Gewalt als Symptom eingeschränkter kommunikativer Kompetenzen aufgefaßt wird, wird bereits auf den Analyserahmen, die Theorie des kommunikativen Handelns verwiesen, die sich mit den sozialstrukturellen Ursachen der Störungen kommunikativer Prozesse befaßt. Naiven Vorstellungen von der Konditionierbarkeit des Menschen zur Gewaltlosigkeit ist damit ein Riegel vorgeschoben.

3. Friedens- und Konfliktforschung

Die Friedens- und Konfliktforschung ist eine denkbar junge, bis heute nur bedingt institutionalisierte[87] wissenschaftliche Disziplin.[88] Sie hat sich in erster Linie

---

85 *Horn*, K.: Gewalt und Aggression. In: Gewalt, hrsg. v. K. Röttgers u.a. Basel 1978, 33-49. Ähnlich *Selg, H. 1974 (*Fn. 72), 51, nach dem es Aufgabe der Gewaltforschung ist, „das Geflecht von wechselseitigen Abhängigkeiten zwischen individuellem Verhalten, Sozialisationsagenten, sozialer Schicht und sozialem System in bezug auf aggressives Verhalten deutlich herauszuarbeiten."

86 Vgl. z.B. *Kaul-Hecker, U.:* Stichwort Gewalt. In: Psychologie-Lexikon, hrsg. v. U. Tewes u.a. München 1992, 141-144. Ganz offensichtlich wird die Verlagerung des Erkenntnisinteresses bei *Nolting*, H.P. 1993 (Fn. 62), 11, der sogar soweit geht zu behaupten, „Von Gewalt sprechen wir meist nur bei schwereren, insbesondere körperlichen Aggressionen, doch beispielsweise nicht bei Beschimpfungen oder bösen Blicken. Insoweit ist Gewalt eine Unterform von Aggression."

87 Allenfalls für den Zeitraum zwischen 1969 und 1983 läßt sich von einer gewissen Institutionalisierung der Friedensforschung an deutschen Universitäten sprechen. Während der Regierungszeit der durchaus hochschulreformfreudigen sozialliberalen Koalition wurde ihr auch verstärkte Förderung zuteil. Zur Entwicklung der Friedensforschung in

mit *internationalen* Konflikten und kollektiver, ganz konkret kriegerischer Gewalt befaßt. In den 60er und 70er Jahren des 20. Jahrhunderts gab die Friedensforschung auch der *innergesellschaftlichen* Gewaltdiskussion entscheidende Impulse, die in Deutschland wie auch in anderen westeuropäischen Ländern vor allem durch die z.T. gewaltförmig eskalierenden Studentenunruhen ausgelöst worden war.[89] Einer der Protagonisten der Friedensforschung, JOHAN GALTUNG, hat mit der Prägung des Begriffs der „strukturellen Gewalt" den ersten Schritt in Richtung auf eine paradigmatisch wirkende Ausweitung des Gewaltbegriffes getan. GALTUNG spricht bereits dann von Gewalt, „wenn Menschen so beeinflußt werden, daß ihre aktuelle somatische und geistige Verwirklichung geringer ist als ihre potentielle Verwirklichung."[90] Er entwickelte eine komplexe Typologie in dem methodischen Bemühen, „1. den Begriff der Gewalt so fest[zu]legen, dass unter diesem Begriff Phänomene zusammengefasst werden, die etwas Wichtiges gemeinsam haben, jedoch unterschiedlich genug sind, um (wenigstens in manchen Fällen) ihre Klassifikation nicht-trivial erscheinen zu lassen; [und] 2. Gewalt nach einer Dimension [zu] unterteilen, die für die Theorie der Gewalt wichtig ist, insofern sie uns erlaubt, nicht nur etwas über die *Unterschiede* zwischen den Typen, sondern auch etwas über die *Beziehungen* zwischen ihnen auszusagen." Im Zentrum der Typologie steht die Unterscheidung zwischen personaler (= direkter) und struktureller (= indirekter) Gewalt. Beide Formen können intendiert oder nicht intendiert, manifest oder latent sein, sie können physischer und psychischer Natur, objektbezogen oder objektlos sein.[91] Strukturelle Gewalt unterscheidet sich von personaler Gewalt dadurch, daß sie *subjektlos* ist, sie ist *systemischer* Natur und „äußert sich in ungleichen Machtverhältnissen und folglich in ungleichen Lebenschancen."[92] Als Formen strukturel-

---

Deutschland siehe die Darstellung von *Wasmuht, U.:* Aktuelle Herausforderungen an die Friedens- und Konfliktforschung. In: Gewalt und Konfliktbearbeitung, hrsg. v. W. Vogt. Baden-Baden 1997, 55-66, insbesondere 60f.

[88] In der sich ursprünglich Vertreter ganz verschiedener Fachrichtungen, geprägt von den Erfahrungen des zweiten Weltkrieges und geeint durch die Überzeugung „Nie-wieder-Krieg" zusammenfanden. Geprägt vom Trauma des Abwurfs der ersten Atombomben in Japan, vom Vietnamkrieg und von der Blockkonfrontation zwischen „Ost" und „West" hatte die Friedensforschung ihre „Hochzeit" im „Kalten Krieg". *Wasmuht,* U. 1997 (Fn. 87).

[89] Auch die berühmte Schrift von *Arendt* „Macht und Gewalt" ist vor dem Hintergrund der amerikanischen Studentenunruhen entstanden und befaßt sich im ersten ihrer drei Teile mit der geistigen und emotionalen Verfassung der jungen Generation.

[90] *Galtung, J.:* Peace: Research - Education – Action. Essays in Peace Research 1. Copenhagen 1975, 110f. („As a point of departure let us say that violence ist present when human beings are being influenced so that their actual somatic and mental realizations are below their potential realizations.")

[91] *Galtung, J.:* Gewalt, Frieden und Friedensforschung, gekürzte Fassung, abgedruckt bei *Friebel, H.*: Aggressivität und Gewalt. Arbeitsmaterialien und Diskussionen zur konstruktiven Aggressionserziehung und kritischen Gewaltkontrolle. Wuppertal 1976, 121-128.

[92] *Galtung, J. 1976 (*Fn. 91) 123 f.

ler Gewalt sieht GALTUNG Armut, Unterdrückung und Entfremdung an.[93] Ihre Einbeziehung in den Gewaltbegriff begründet er gemäß seinen vorab zitierten Prämissen damit, daß die *körperlichen* Beeinträchtigungen der Armen durch Hunger und Krankheit, aber auch die *psychischen* und *geistigen* Beeinträchtigungen, die Menschen durch Unterdrückung und Entfremdung erleiden, den Beeinträchtigungen durch *physische* Gewalt durchaus vergleichbar sind. Ferner bestehen gerade zwischen Formen personaler und struktureller Gewalt kausale Beziehungen: Strukturelle Gewalt kann Hungerrevolten, Befreiungskriege und Revolutionen auslösen, personale, insbesondere kriegerische Gewalt der Errichtung ausbeuterischer Fremdherrschaften dienen.[94]

GALTUNGS Gedanken fielen auf fruchtbaren Boden. Die außerparlamentarische Opposition griff seinen weiten Gewaltbegriff auf, um *innergesellschaftliche* Mißstände anzuprangern, die eigene Gewalt als Gegengewalt zu rechtfertigen und den Gegner zu diskreditieren.[95] Feministinnen bedienten sich eines weiten Gewaltbegriffes, um strukturelle Ungleichheit und subtile Zwangsmechanismen im Geschlechterverhältnis zu skandalisieren.[96] GALTUNG inspirierte aber vor allem Wissenschaftler, die ein tiefgreifendes Unbehagen an den politisch-gesellschaftlichen Verhältnissen empfanden. Insbesondere Psychologen kamen zu dem Schluß, daß nur derjenige, der nach der Bedingtheit zwischenmenschlicher Gewalt, nach ihren Beziehungen zu Formen *struktureller* Gewalt fragt und die positivistische Fixierung auf die Analyseeinheit Einzelmensch und damit auf Formen *personaler* Gewalt im GALTUNGSCHEN Sinne aufgibt, der Gefahr entgeht, sich konventionalistisch auf gesellschaftliche Normen einzulassen und aggressives Verhalten unkritisch nach diesen zu bewerten.[97]

Die Ausweitung des Gewaltbegriffs wurde aber auch heftig kritisiert. In einer politisierten Debatte wurde beklagt, daß ein weiter Gewaltbegriff konturlos sei und zum Instrument im Kampf gegen alle Formen sozialer Ungerechtigkeit verkomme. Es wurden aber auch die analytischen Gewinne der Begriffserweiterung bezweifelt: Die Erfassung derart verschiedener Phänomene unter einem Begriff schaffe lediglich die Notwendigkeit, diese wieder voneinander zu unterscheiden.[98] Des weiteren

---

93 *Galtung, J.:* Der besondere Beitrag der Friedensforschung zum Studium der Gewalt: Typologien. In: Gewalt. Grundlagenprobleme in der Diskussion der Gewaltphänomene, hrsg. v. K. Röttgers u.a. Basel 1978, 9-32, 20.

94 *Galtung, J.* 1978 (Fn. 93) 20, 21, 23-25. Desweiteren legt *Galtung* dar, daß Vorbereitungen für *direkte* Gewalt zu Vorbereitungen für *direkte* Gewalt führen - so geschehen beim Wettrüsten im Ost-West-Konflikt - und daß Armut zu Unterdrückung und Unterdrückung zu Entfremdung und also strukturelle Gewalt zu struktureller Gewalt führt.

95 *Neidhardt, F. 1986 (*Fn. 8), 126 (dort zu „Terminologischen Konfliktstrategien").

96 *Hagemann-White* zitiert bei *Neidhardt*, F. 1986 *(*Fn. 8), 119.

97 *Horn, K. 1988* (Fn. 80), 82.

98 *Nardin, T.:* Conflicting Conceptions of Political Violence. Political Science Annual 4 (1973), 75-126, 107.

wurde bezweifelt, daß es ein Vorteil sei, eine „Gewalt-Theorie (hauptsächlich) unter Verwendung von Gewalt-Typen als Grundelementen“ zu formulieren. Es sei „nicht einzusehen, warum es vorteilhafter sein sollte, in theoretischen Kontexten anstelle des Satzes ‚X (= Gewalt) wird beeinflußt durch Y (= Armut)‘ die Formulierung ‚X_1 (= direkte Gewalt) wird beeinflußt durch X_2 (= strukturelle Gewalt)‘ zu benutzen.

Nach hier vertretener Ansicht ist die Einbeziehung aller Formen „struktureller Gewalt“ in den Gewaltbegriff vor allem deshalb problematisch, weil es gute Gründe dafür gibt, als Gewalt nur ein soziales Verhalten anzusehen. Denn nur dann kann jedem Opferschaden auch ein handelndes Subjekt zugeordnet werden, das grundsätzlich für sein Verhalten verantwortlich gemacht werden kann. Weil uns zwischenmenschliche Gewalt gerade deshalb zum Problem wird, weil wir uns wechselseitig unterstellen, für unser Verhalten verantwortlich zu sein, ist es angemessen, auch im Gewaltbegriff die Dimension der Verantwortung zur Geltung zu bringen. Die unterstellte Verantwortlichkeit mag im Einzelfall empirisch nicht gegeben sein. Dennoch sollte der Gewaltbegriff nicht eine Dimension des Phänomens vernachlässigen, die uns entscheidend motiviert, über Gewalt nachzudenken und die sicherlich auch die gegenwärtige Gewaltdiskussion bewegt: daß Menschen ihresgleichen Gewalt antun, obwohl sie nach ihrem Selbstverständnis frei sind, es zu unterlassen.

GALTUNG hatte sich gerade deshalb gegen einen engen, personalen Gewaltbegriff gewandt und für die Einbeziehung struktureller Gewaltphänomene plädiert, weil ein enger Gewaltbegriff ein Denken in individuellen Verantwortlichkeiten, eine entsprechend täterzentrierte Ursachenanalyse und in Folge dessen die Vernachlässigung struktureller Ursachen begünstige.[99] Dem läßt sich entgegenhalten, daß die Einbeziehung struktureller Zwangsphänomene nicht weniger gefährlich ist, weil sie ein bedenklich deterministisches Gewaltverständnis befördert. Im übrigen ist GALTUNGS Argument nicht durchschlagend: Denn die strukturellen Bedingungen gewalttätigen Handelns lassen sich auch dann bei der Ursachenanalyse berücksichtigen, wenn man einen täterzentrierten Gewaltbegriff zugrundelegt, diesen aber in eine gesellschaftskritische Strukturanalyse, wie etwa die Theorie des kommunikativen Handelns einbindet. Auch einer positivistischen Verengung des Blicks läßt sich so ohne Rückgriff auf einen weiten Gewaltbegriff vorbeugen.

Kritikwürdig ist ein weiter, Formen psychischer, objektloser sowie nicht intendierter Gewalt umfassender Gewaltbegriff schließlich deshalb, weil er notwendig die spezifische Qualität intendierter physischer Gewalt vernachlässigt. Der Hinweis GALTUNGS darauf, andere Beeinträchtigungen könnten ebenso schwer treffen, ist zwar nicht leicht zu entkräften. Es ist jedoch theoretisch wenig überzeugend, mit dieser Begründung der Frage nach der unterschiedlichen Wirkungsweise verschie-

---

99 Vgl. *Galtung,* J. 1978 (Fn. 93), 14 f.

dener Gewalttypen erst gar nicht nachzugehen. Daher wird hier versucht, die Frage nach der Wirkungsweise physischer Gewalt schon in der Defintion aufzugreifen. Dies geschieht in der Überzeugung, daß etwa die Einsicht, daß Gewalt Kommunikation negiert, auch die Ursachenanalyse zu inspirieren vermag.

Bei aller ideologischen und theoretischen Kritik an GALTUNGS weitem Gewalt*begriff* bleibt festzuhalten, daß seine friedenswissenschaftlichen Schriften zu einem Paradigmenwechsel in der sozialwissenschaftlichen Gewaltdiskussion maßgeblich beigetragen haben: Daß Zusammenhänge zwischen der strukturellen Verfaßtheit der Gesellschaft und der Zunahme zwischenmenschlicher Gewalt bestehen, wird nicht mehr geleugnet. Dabei interessieren heute vor allem die Auswirkungen von Struktur*veränderungen*, während GALTUNG die gewaltproduktiven Strukturen noch als *statisch* ansah.[100] Auch diese Arbeit steht insoweit in einer von GALTUNG inspirierten Denktradition. Es wird versucht werden, mit dem von HABERMAS in der Theorie des kommunikativen Handelns entwickelten analytischen Instrumentarium Wirkungszusammenhänge zwischen gesellschaftlichen Strukturveränderungen und der Gewaltbereitschaft von Hooligans, Skinheads und Autonomen zu stiften.

4. Soziologie

In der Soziologie hat man sich herkömmlich entweder mit institutionalisierter, insbesondere staatlicher Macht respektive Gewalt befaßt[101] – revolutionäre und terroristische Gewalt interessierten in diesem Kontext als Angriff auf die staatliche Gewalt –, oder man diskutierte Gewaltphänomene im „Schatten des Kriminalitätsdiskurses".[102] An letzterem beteiligten sich Jugendsoziologen, Vertreter der Ge-

---

[100] *Galtung, J. 1976 (*Fn. 91), 128f.

[101] Hier läßt sich z.B. *Claessens, D.*'s: Beitrag „Macht und Herrschaft." In: Einführung in Hauptbegriffe der Soziologie, hrsg. v. H. Korte u.a. 4. Aufl. Opladen 1998, 118-125 einordnen. Gestützt auf *Weber* und *Popitz* analysiert *Claessen* Prozesse der Machtbildung und Machterhaltung und damit Vorstufen der Institutionalisierung von Macht. In klassisch staatssoziologischer Manier thematisiert er *Gewalt* nur als Mittel zur Machtverteidigung, nicht aber als abweichendes Verhalten (121f.) und erörtert, wiederum unter Bezugnahme auf *Weber,* verschiedene Legitimationstypen (122ff.). Ähnlich *Bahrdt, H.P.:* Macht, Herrschaft, Autorität, politisches Handeln, Politik. In: Schlüsselbegriffe der Soziologie: Eine Einführung mit Lehrbeispielen, hrsg. v. H.P. Bahrdt. 6. Aufl. München 1994, 161-180, der seiner Analyse von Machtverhältnissen, Herrschaft und Autorität folgende Bemerkung voranstellt: „Die Begriffe ‚Macht' und ‚Herrschaft' gebraucht man auch außerhalb der Sphäre der Politik. Aber vor allem haben sie natürlich ihre Bedeutung bei der Analyse politischer Phänomene." *Ders.:* ebenda, 161. Gewalt wird in diesem Beitrag bezeichnenderweise gar nicht als Schlüsselbegriff der Soziologie angesehen, sondern wird - wieder einmal - nur als Machtmittel thematisiert, wobei der Drohung mit Gewalt größere Bedeutung zugemessen wird als der Anwendung von Gewalt. Ebenda, 164.

[102] *Von Trotha, T.:* Ordnungsformen der Gewalt oder Aussichten auf das Ende des staatlichen Gewaltmonopols. In: Politische Institutionen im Wandel, Kölner Zeitschrift für Soziologie und Sozialpsychologie. Sonderheft 35, hrsg. v. B. Nedelmann. Opladen 1995, 129-166, 134. *Hillmann, K.-H.:* Stichwort: Gewalt. Wörterbuch der Soziologie. 4. Aufl. Stuttgart 1994, 293-295, definiert zwar Gewalt zunächst allgemein als die „Anwendung von physischem und psychischem Zwang a) als Ausdruck von Aggressivität, b) als legiti-

schlechtersoziologie, der Soziologie sozialer Probleme und des abweichenden Verhaltens.[103] Vertreter beider Forschungsrichtungen haben Gewalt in ihren realen Erscheinungsformen vernachlässigt und sich um Definitionsfragen wenig verdient gemacht. Für die in staatsphilosophischer Tradition stehende Herrschafts- und Staatssoziologie erklärt sich dies aus den unter 1. dargelegten Gründen. Daß jedoch auch Soziologen, die Gewalt als abweichendes Verhalten thematisieren, die Körperlichkeit und den sozialen Handlungssinn von Gewalt weitgehend ausblenden, verwundert. VON TROTHA führt dies darauf zurück, daß diese Soziologen gar nicht an einer Soziologie der *Gewalt* im strengen Sinne, sondern an einer Soziologie der *Ursachen* von Gewalt arbeiten[104] und die Phänomenologie daher mehr als stiefmütterlich behandeln.[105] Getragen von zivilisatorischer Zuversicht, überzeugt von der „prinzipiellen Beherrschbarkeit von Gewalt",[106] wenden sie sich den Realitäten

---

mes oder als unrechtmäßiges Mittel zur Begründung, Aufrechterhaltung oder zur Überwindung bestimmter Macht- und Herrschaftsverhältnisse", er führt aber im weiteren als Erscheinungsformen von Gewalt die elterliche Gewalt, Amts- und Staatsgewalt, richterliche, kirchliche und militärische Gewalt einerseits und „kriminelle Gewalt, einschließlich Brutalität und Zerstörungswut" andererseits auf. Weniger offensichtlich und gewissermaßen neutraler *Vogel, U.:* Stichwort Gewalt. In: Wörterbuch der Soziologie, Band I, hrsg. v. G. Endruweit u.a. Stuttgart 1989, 252-253, nach der „eher der interpersonale ... oder eher der gesamtgesellschaftliche Bereich betrachtet werden" kann. In letzterem faßt *Vogel* klassisch staatssoziologische Ansätze und gesellschaftskritische, von *Galtung* inspirierte Ansätze zusammen, die in der vorliegenden Arbeit von den staatssoziologischen klar unterschieden werden. *Lamnek, S.:* Stichwort Gewalt. In: Soziologielexikon, hrsg. v. G. Reinhold u.a. 3. Aufl. München 1997, 230-237, befaßt sich ohne weitere Erläuterungen ausschließlich mit Gewalt als abweichendem Verhalten. Lediglich bei den Hinweisen zu möglichen definitorischen Ansätzen, wird kurz der *Galtungsche* Gewaltbegriff erwähnt, der über den von *Lamnek* gewählten Analyserahmen hinausweist.

[103] *Nedelmann, B.:* Gewaltsoziologie am Scheideweg. Die Auseinandersetzungen in der gegenwärtigen und Wege der künftigen Gewaltforschung. In: Soziologie der Gewalt, hrsg. v. T. von Trotha. Opladen 1997, 59-85, 59.

[104] Es ist daher symptomatisch, daß *Lamnek, S. 1997* (Fn. 102), 232-237, der in einem *lexikalischen* Beitrag, von dem man zuförderst *Definitorisches* erwartet, immerhin drei umfangreiche Unterabschnitte der Ursachenforschung widmet. In „Motive für Gewalt" und „Kontexte von Gewalt" referiert er phänomen*nahe*, wenn auch keineswegs im engeren Sinne phänomenologisch interessierte Erklärungsansätze, im Abschnitt „Theoretische Ansätze zur Gewalt" geht er auf klassische kriminologische Theorien und auf neuere Tendenzen, so z.B. auf die Erklärungsmodelle von *Heitmeyer* et al. oder von *Gottfredson* und *Hirschi* ein.

[105] *Von Trotha, T.:* Zur Soziologie der Gewalt. In: Soziologie der Gewalt, hrsg. v. T. von Trotha. Opladen 1997, 9-56, 18. Hier sei sowohl auf die klassischen kriminologischen Theorien verwiesen, die sich allerdings häufig nicht ausschließlich mit Gewaltkriminalität befaßt haben, sowie auf die in jüngerer Zeit insbesondere die deutsche Diskussion bestimmende Auseinandersetzung mit rechtsextremistischer Gewalt. So wird z.B. in *Heitmeyer, W.* u.a.: Gewalt. Schattenseiten der Individualisierung bei Jugendlichen aus unterschiedlichen Milieus. 2. Aufl. München 1996 dem umfangreichen Untersuchungsbericht keine leitende Gewaltdefinition vorangestellt. Vielmehr werden von *Kühnel, W.:* Zur Forschungssituation. Gewaltverständnisse, ebenda, 17-19, lediglich verschiedene Gewaltverständnisse referiert.

[106] *Nedelmann, B.* 1997 (Fn. 103), 67, 69, 70.

gar nicht erst zu. Nach hier vertretener Ansicht sollten gerade diejenigen, die sich für die Ursachen von Gewalt interessieren, ihren analytischen Sinn für den Bedeutungsgehalt von Gewalttätigkeiten schärfen. Denn die Erfahrung, andere zu verletzen, ihnen Schmerz zuzufügen, ist integraler Bestandteil der Selbstwahrnehmung der Täter, läßt Schlüsse auf die Verfaßtheit ihrer Persönlichkeit, ihren Identitätshaushalt zu[107] und kann und sollte daher auch für die Ursachenanalyse fruchtbar gemacht werden.[108]

Lediglich die Soziologen, die sich, inspiriert von der Friedens- und Konfliktforschung und in kritischer Parteinahme für die staats- und kapitalismuskritische Studentenbewegung, der Untersuchung von Phänomenen struktureller Gewalt und innergesellschaftlicher Machtstrukturen zuwandten[109] und die beschriebene Dichotomisierung des Gewaltdiskurses bis zu einem gewissen Grade überwanden, zeigten ein substantielleres Interesse an definitorischen Fragen. Auch sie trugen jedoch nichts Wesentliches zu einer Phänomenologie der Gewalt bei, weil sie, ganz im Geiste GALTUNGS, den Gewaltbegriff immer weiter ausweiteten, um die gewaltförmige Auflehnung gegen bestehende Gesellschaftsstrukturen als Gegengewalt rechtfertigen zu können oder um zwischenmenschliche Verhältnisse, wie das Geschlechterverhältnis, als Gewaltverhältnisse zu skandalisieren[110] (dazu oben 3.).

Erst in jüngerer Zeit haben rechtsextremistische Gewalttaten und Berichte über die Gewalt an Schulen in der Soziologie ein allgemeineres Interesse an zwischenmenschlicher Gewalt geweckt. Während selbst die allenthalben beklagte Brutalisierung das Interesse der „Mainstreamgewaltforschung" nicht auf die Körperlichkeit von Gewalt zu lenken vermochte – sie ist sich in ihrer Fixierung auf die Ursachen

---

107 Auch *Nedelmann, B. 1997* (Fn. 103), 76, betrachtet „Verletzungsmacht und Schmerzzufügung als konstitutive Bestandteile der Selbstwahrnehmung und Ich-Identität". „Nur eine Gewaltsoziologie, die diese Dimension der kulturellen, politischen und religiösen Deutungen von Körperverletzungs- und -vernichtungsarten berücksichtigt, ist überhaupt dazu in der Lage, die symbolischen Botschaften zu entziffern, die verschiedene Tötungs-, Verstümmelungs- und Foltermodalitäten enthalten." *Nedelmann* will ein substantielleres Verständnis von Leiblichkeit allerdings nicht für die Ursachenanalyse, sondern für eine Theorie der sozialen Subjektivität furchtbar machen. Ebenda, 74, 81-83. Dazu näher weiter unten im Text.

108 *Liell, Ch.*: Der Doppelcharakter von Gewalt: Diskursive Konstruktion und soziale Praxis. In: Ordnungen der Gewalt. Beiträge zu einer politischen Soziologie des Krieges, hrsg. v. S. Neckel u.a. Opladen 1999, 33-54, 47, ist der Ansicht, daß „Gewalt ... kein bloßes Mittel oder nur Resultat vorgängiger Determinanten psychischer oder sozialer Art" ist. „Vielmehr wirkt sie häufig auf die Identität der beteiligten Subjekte, also Täter, Opfer und Dritte – diese verlassen nicht unverändert die Gewaltepisode."

109 Exemplarisch sei *Marcuse, H.* erwähnt, referiert bei *Hillmann, K.-H.:* Stichwort Gewalt. In: Wörterbuch der Soziologie. 4. überarbeitete und ergänzte Aufl. Stuttgart, 293-295, 294. *Marcuse* hat repressive Gewalt als „Unterdrückung des individuellen Trieblebens (Triebverzicht) und der persönlichen Entfaltungschancen durch verinnerlichte soziale Normen, Zwänge und Kontrollen zugunsten etablierter gesellschaftlicher Herrschaftsverhältnisse" bezeichnet.

110 Darauf hat insbesondere *Neidhardt, F. 1986* (Fn. 8), 125-127, hingewiesen.

gewalttätigen Verhaltens bisher treu geblieben –, haben einige innovative Soziologen die Körperlichkeit der Gewalt ins Zentrum der Analyse gerückt, um eine Phänomenologie der Gewalt zu begründen, an der es immer noch fehlt.[111] Sie haben damit der aktuellen Gewaltdiskussion angemessene theoretische Akzente gesetzt, die in der Gewaltforschung bisher nicht die verdiente Beachtung gefunden haben.

Exemplarisch soll an dieser Stelle auf den phänomenologischen Wurf von POPITZ eingegangen werden, der ein bis heute unangefochtenes Referenzwerk einer neuen Generation von Gewaltforschern ist. Mit SOFSKY soll sodann ein Gewaltsoziologe vorgestellt werden, der das phänomenologische Interesse um den Preis der „Entwissenschaftlichung" seiner Arbeiten in nicht unproblematischer Weise radikalisiert. Abschließend soll in Kürze auf die Ansätze von VON TROTHA, NEDELMANN und LIELL eingegangen werden. Sowohl von POPITZ als auch von SOFSKY inspiriert, eint sie ein starkes methodisches Interesse und das gemeinsame Bemühen, die Phänomenologie der Gewalt in einen theoretischen Rahmen einzuordnen. Noch nehmen hier allerdings methodische Programme die Stelle inhaltsreicher Definitionen ein; das phänomenologische Substrat der Ausführungen ist eher gering.[112] Während VON TROTHA und NEDELMANN davon überzeugt sind, daß jedes Interesse an den Ursachen von Gewalt den Blick auf das Phänomen selbst verfälscht, versucht LIELL, die Phänomenologie mit der Ursachenforschung zu vermitteln.

POPITZ hat die wohl differenzierteste und insbesondere eine um Systematik bemühte Phänomenologie der Gewalt vorgelegt, die bis heute Maßstäbe setzt. Gewalt definiert er als absichtlich körperlich verletzende Aktionsmacht.[113] Sie ist nur eine Spielart der Aktionsmacht, die als direkteste Form der Macht von anderen anthropologischen Formen, von instrumenteller, autoritativer und datensetzender Macht unterschieden werden kann.[114] Unter Aktionsmacht allgemein versteht POPITZ die Verletzungsmächtigkeit der Menschen, der deren Verletzungsoffenheit korrespondiert.[115] Sie kann soziale Teilhabe mindern, sie kann materiell schädigen und, als Gewalt, eben auch körperlich verletzen. Als Spezifikum menschlicher Gewaltver-

---

[111] Für eine „Umkehr der Perspektiven in der Gewaltforschung" machen sich in jüngerer Zeit insbesondere Ethologen stark, die nicht mehr „von Ursachen und Folgen auf die Gewalt selbst [schließen wollen], sondern Gewaltphänomene situativ und kontextualisiert in den Mittelpunkt des Forschungsinteresses [rücken]. *Koehler, J./Heyer, S.:* Einleitung. Soziologisches Sprechen und empirisches Erfassen - Explaining Violence. In: Anthropologie der Gewalt. Chancen und Grenzen der sozialwissenschaftlichen Forschung, hrsg. v. J. Koehler u.a. Berlin 1998, 10. Der Sammelband bietet eine Auswahl an ethologisch interessierten Abhandlungen.

[112] Die empirische Forschung steht insoweit noch aus.

[113] *Popitz, H.* 1992 (Fn. 13), 43-78, 48. Hervorhebung Schäfer-Vogel.

[114] Zu den anthropologischen Grundformen der Macht, *Popitz*, H.: Das Konzept der Macht. In: Phänomene der Macht, hrsg. v. H. Popitz, 2. erweiterte Aufl. Tübingen 1992, 22-31.

[115] *Popitz*, H. 1992 (Fn. 13), 43f.

hältnisse nennt POPITZ ihre dreifache Entgrenzung: Der Mensch ist weitgehend instinktentbunden und damit weitgehend von Handlungszwängen und Handlungshemmungen befreit. Er ist dank seiner Vorstellungskraft „realitätsentbunden" und er kann schließlich, aufgrund seiner spezifischen Intelligenz, seine technische Effizienz scheinbar unbeschränkt steigern.[116] Eine äußerste Grenze der Steigerungsfähigkeit der Gewalt bildet allerdings die Tötung. Gleichzeitig kann menschliche Gewalt aber, gerade im Hinblick auf die Fähigkeit zu töten, als vollkommene Macht gedacht werden. Als solche genießt sie geradezu eine göttliche Aura. Vollkommene Macht bewirkt auf der Seite des Gewaltopfers vollkommene Ohnmacht.[117] Gewalt bedarf wie Macht der Legitimation. Ihre Legitimation wird aber typischerweise durch Glorifizierung überhöht. Als Verletzungsmächtigkeit setzt Gewalt schließlich eine Gleichgültigkeit gegenüber dem Opfer voraus. Diese sieht POPITZ in der Struktur aller Vergesellschaftung verankert, weil Vergesellschaftung Zugehörigkeiten strukturiert und daher zwangsläufig Trennungslinien produziert.[118] Gewalt, als körperlich verletzende Aktionsmacht ist für POPITZ keine Randerscheinung sozialer Ordnungen, vielmehr ist sie eine Option menschlichen Handelns, die ständig präsent ist. Daher beruht auch keine umfassende soziale Ordnung auf der Prämisse der Gewaltlosigkeit. Vielmehr sind die Macht zu töten und die Ohnmacht des Opfers latent oder manifest Bestimmungsgrund jeder Struktur sozialen Zusammenlebens.[119] Wegen der spezifisch humanen Chance der Eingrenzung, der Einfriedung von Gewalt, sind soziale Ordnungen aber immer auch Versuche zur Bewältigung von Gewalt. Da sich jede soziale Ordnung im Notfall mit Gewalt schützen können muß, unterliegt jedoch jeder Ordnungsentwurf seinerseits dem Circulus vitiosus der Gewalt-Bewältigung.[120] Auch wenn POPITZ dies so nicht ausspricht, ist Gewalt für ihn omnipräsent.

Radikalisiert wird der phänomenologische Ansatz bei SOFSKY und den Mitarbeitern der Zeitschrift „Mittelweg 36". Ihr Programm heißt Beobachtung: Wie werden Körperverletzungen zugefügt und wie wird Gewalt vom Opfer körperlich erlitten? Die Gewalthandlung und ihre Wirkungen auf das Opfer wird zum eigentlichen Analyseobjekt. Dabei sind die „neuen Gewaltforscher" von der Vorstellung geleitet, die Gewalthandlung „könne als ‚Text' verstanden werden, der nach genauer Lektüre Rückschlüsse über die Gewaltdynamik selbst erlaube."[121] So widmet sich SOFSKY in seinem „Traktat über die Gewalt" etwa dem Massaker, dem Kampf oder der Jagd. Er versucht, in einer Sprache bar jeder wissenschaftlichen Begrifflich-

[116] *Popitz*, H. 1992 (Fn. 13), 48-52.
[117] *Popitz*, H. 1992 (Fn. 13), 52-54.
[118] *Popitz*, H. 1992 (Fn. 13113), 66, 70.
[119] *Popitz*, H. 1992 (Fn. 113), 57.
[120] *Popitz*, H. 1992 (Fn. 113), 61-63.
[121] So die Charakterisierung von *Nedelmann, B. 1997* (Fn. 103), 63, dort auch Fn. 2.

keit[122] der Eigendynamik der Gewalt auf die Spur zu kommen,[123] die für ihn den Sinn in sich selbst trägt und nicht mehr auf außerhalb ihrer selbst liegende, ihr vorgelagerte Motive verweist.[124] Denn etwaige Anfangsmotive, Zwecke und Ziele würden im Prozeß der Gewalthandlung selbst konsumiert, entstellt oder sonstwie pervertiert.[125] Die nach Ansicht von SOFSKY auch durch den handlungstheoretischen Ansatz bedingte Suche der herkömmlichen Gewaltforschung nach den Motiven des *Täters* ist für ihn aber auch deshalb kritikwürdig, weil sie eine Vernachlässigung des Gewalt*opfers* begünstigt: „Die Theorie des Handelns ... unterschlägt die Lage der Bezwungenen. Sie ist taub und blind gegenüber der Qual der Opfer. Die Wahrheit der Gewalt ist nicht das Handeln, sondern das Leiden." „Wo Gewalt nur als Aktion, als Interaktion gar verstanden wird, ist die Verdrängung des Leidens unvermeidlich."[126] Es ist daher zentrales Anliegen und zugleich Rechtfertigung der „modernen Gewaltforschung" „ein affektiv-rationales Verstehen" vor allem des Opfers und der von ihm erlittenen Schmerzen zu ermöglichen.[127] Die Autoren um SOFSKY bezweifeln schließlich unter Bezugnahme auf POPITZ die Begrenzbarkeit von Gewalt.[128] Da sie Gewalt für prinzipiell nicht beherrschbar halten, betrachten sie Gewalt auch nicht nur als Schattenseite der Zivilisation. Vielmehr sind sie aufgeschlossen für die durchaus ambivalenten Gefühle, die Gewalt auslöst und für die ambivalenten Bewertungen, die zerstörerische Gewalt etwa in der modernen Unterhaltungsindustrie erhält.[129]

---

[122] *Nedelmann, B. 1997* (Fn. 103), *68* bezeichnet die Arbeiten von *Sofsky* insoweit als stilprägend.

[123] In Bezug auf den Kampf formuliert *Sofsky*, W.: Traktat über die Gewalt. Frankfurt/M. 1996, 138: „Was treibt den Kampf an und wie kommt er zu Ende? Diese Fragen zielen auf die Dynamik des Kampfes, nicht auf seinen Grund. Denn der Kampf ist eine Gewaltform sui generis, die ihren eigenen Gesetzen folgt."

[124] Der „Sinn" von Gewalt liege weder „vor" ihr (etwa in den Motiven oder Einstellungen der Täter), noch „über" ihr (in dem ideologischen Überbau, einem höheren Ziel oder einer übergeordneten Funktion), auch sei er nicht „unter" ihr (in der Sozialstruktur) zu finden oder gar „außerhalb" ihrer (in sonstigen sozialen Bedingtheiten). Wenn Gewalt überhaupt einen „Sinn" habe, so liege er in der Figuration und Prozeßhaftigkeit der Gewalt selbst. *Nedelmann, B. 1997* (Fn. 103), 64. Ebenda auch Zitate von *Neumann, M.:* Schwierigkeiten der Soziologie mit der Gewaltanalyse. Einige Bemerkungen zum Beitrag Birgitta Nedelmanns. Mittelweg 36 (*1995), 65-68, 67* und Zitate von *Sofsky, W.:* Die Ordnung des Terrors. Das Konzentrationslager. Frankfurt/M. *1993, 18.*

[125] So *Nedelmann, B. 1997* (Fn. 103), 65, in kritischer Auseinandersetzung mit *Sofsky.* Der etwa formuliert: „Will man Praxis und Verlauf des Massakers verstehen, muß man daher das Augenmerk darauf richten, wie es verübt wird, und nicht, wozu es verübt wird." *Sofsky, W. 1996 (*Fn. 123), 178.

[126] *Sofsky, W. 1996 (*Fn. 123), 67f.

[127] So *Nedelmann, B. 1997* (Fn. 103), 71.

[128] „Der Exzeß absoluter Gewalt ist keine Verfallsform des Kampfes, er ist in seiner Struktur selbst angelegt." *Sofsky, W. 1996 (*Fn. 123), 142.

[129] Siehe dazu die Darstellung bei *Nedelmann, B. 1997* (Fn. 103), 69f. So interessiert sich *Sofsky, W.* z.B. für Prozesse, in denen sich „Gewalt und Leidenschaft" mischen, *Sofsky, W. 1996 (*Fn. 123), 45-63.

VON TROTHA beschränkt sich darauf, die Eckpunkte einer Phänomenologie der Gewalt zu formulieren. Er fragt nach den Modalitäten der Gewalt, die er durch „anschauungsgesättigte" und „antireduktionistische", „dichte Beschreibungen" zu erfassen sucht. Diese sollen in enger Anbindung an die Interpretation der Wirklichkeit durch die Handelnden helfen, die angemessenen Begriffe für die beobachteten Sachverhalte zu finden; Begriffe mit inhärentem Erklärungsgehalt, die Mikro- und Makroebene sozialer und kultureller Wirklichkeiten vermitteln.[130] Gewalt ist nach VON TROTHA eine „Jedermanns-Ressource". Sie ist Inbegriff sinnlicher Erfahrung, in deren Mittelpunkt der Körper steht. Deswegen muß die Soziologie der Gewalt immer eine soziologische *Anthropologie der Körperlichkeit* des Menschen einschließen. Da der Täter, der Gewalt antut, die Körperlichkeit je nach den gewählten Modalitäten nicht unbedingt erfährt, die Körperlichkeit der Gewalt aber die primäre Erfahrung des Opfers darstellt, will VON TROTHA die Soziologie der Gewalt mit einer Soziologie des Schmerzes verknüpfen.[131] Im Schmerz erfährt der Mensch seine Kreatürlichkeit. Die wachsende schmerzhafte Vorherrschaft des Körpers ist ein Prozeß der Verleiblichung. Im Schmerz fühlt sich der Mensch radikal vereinsamt, der Schmerz entzieht sich der Kommunikation. Aus dieser „Nicht-Mitteilbarkeit" rührt die „Nicht-Nachfühlbarkeit" des Schmerzes. Sie ist die Quelle der Gleichgültigkeit, die verhindert, daß der Anblick des leidenden Opfers dem Täter Einhalt gebietet. Das Spezifische des durch Gewalt verursachten Schmerzes ist, daß er zugefügt wird, daß er vom Gewalttäter verantwortet ist und für ihn Quelle der Macht gegenüber dem ohnmächtigen Opfer ist.[132]

NEDELMANN will auf der Grundlage der POPITZSCHEN Gewaltdefinition und dem wissenschaftlichen Programm MAX WEBERS folgend, Körperverletzung und Schmerzempfindung als soziales Handeln deutend verstehen und die „sinnhaft reziproken Vorgänge von Gewaltzufügung und -erleiden" ermitteln.[133] Dabei will sie sich insbesondere auf die Leiblichkeit der Akteure beziehen. Die Erkenntnisse über Gewalt sollen einfließen in eine die Körperlichkeit einbeziehende Theorie der Konstitution sozialer Subjektivität.[134]

LIELL will Gewalt nicht definieren, sondern sich darauf beschränken, sie als diskursiv konstituiert zu begreifen und als Form sozialen Handelns zu untersuchen. Da der Kontextabhängigkeit von Gewalt auf der Phänomenebene auf der Ebene der Begriffsbildung eine strukturelle, unhintergehbare Unschärfe entspricht, entzieht sich für LIELL das „Wesen der Gewalt" einer Festlegung. Was unter Gewalt verstanden wird, hängt letztlich von „sozialen, kulturellen und historischen Kontexten

---

130 *Von Trotha,* T. 1997 (Fn. 105), 25
131 *Von Trotha,* T. 1997 (Fn. 105), 25-28.
132 *Von Trotha,* T. 1997 (Fn. 105), 28-31.
133 *Nedelmann, B. 1997* (Fn. 103), 73ff.
134 *Nedelmann, B. 1997* (Fn. 103), 81ff.

ab."[135] Im Zentrum der Auseinandersetzung steht auch bei LIELL die Körperlichkeit von Gewalt. Er will jedoch, ausgehend von der konkreten Handlungssituation und vermittelt über die Interaktions- und Wahrnehmungsprozesse der Beteiligten, auch soziale (Makro-)Strukturen und (sub)kulturelle Einbettungen thematisieren.[136] Aus rein forschungspragmatischen Erwägungen empfiehlt LIELL, einen physischen Gewaltbegriff zugrundezulegen, der aber nie den Charakter einer objektivistischen Definition erhalten darf.[137]

Auch wenn die drei zuletzt vorgestellten Autoren sich ganz im Sinne SOFSKYS der Gewalt als physisch greifbarer Realität zuwenden, sind sie sich bei aller offenbar gewordenen Verschiedenheit ihrer Ansätze darin einig, daß es nicht angeht, wie SOFSKY die Kontexte gewalttätigen Handelns gänzlich auszublenden[138] und damit die soziale Sinnhaftigkeit von Gewalt zu leugnen.[139] So spricht etwa NEDELMANN von den „sinnhaft reziproken Vorgängen von Gewaltzufügung und -erleiden" und erklärt ausdrücklich, die Gewaltforschung benötige das Sinnkriterium, um unterschiedliche Gewaltphänomene voneinander unterscheiden zu können.[140] Alle schließen sich SOFSKY aber ebenso einhellig an, wenn es um die Anerkennung der ambivalenten Natur von Gewalt geht.[141]

Die an SOFSKY geübte Kritik ist berechtigt. Wenn SOFSKY bestreitet, daß Gewalt einen über sich hinausweisenden Bedeutungsgehalt hat, ignoriert er, daß die Täter meistens und die Gewaltopfer häufig überleben und sich dazu, daß sie Gewalt zugefügt, bzw. erlitten haben, ebenso verhalten, ja verhalten müssen wie unbeteiligte Dritte. Der durch gewalttätiges Handeln verursachte Schmerz läßt regelmäßig nach,

---

135 *Liell, Ch. 1999 (*Fn. 108), 35. Als Beispiel führt er die Vergewaltigung in der Ehe an, die zweifellos unter einen restriktiven, physischen Gewaltbegriff subsumiert werden könne, für die aber erst in jüngster Zeit eine Sprache gefunden worden sei.

136 Theoretisch will *Liell* dabei an nicht funktionalistische Handlungstheorien mit makrosoziologischer Orientierung, insbesondere interaktionistische Handlungstheorien, nicht funktionalistische Theorien sozialer Bewegungen und sog. „Konstitutionstheorien" anknüpfen. *Ders. 1999 (*Fn. 108), 45, 51.

137 *Liell, Ch. 1999 (*Fn. 108), 44.

138 Für *Liell* hängt es von sozialen, kulturellen und historischen Kontexten ab, was unter Gewalt verstanden und wie sie bewertet wird, *Ders. 1999 (*Fn. 108), 35.

139 Nach *von Trotha. T.* ist das „Spezifische des Schmerzes der Gewalt, auch und gerade als Körpererfahrung, „in dem besonderen sozialen und kulturellen Kontext ... verankert," in dem sie stattfindet. *Ders. 1997 (*Fn. 105), 31.

140 *Nedelmann, B. 1997* (Fn. 103), 73, 78.

141 *Nedelmann* bezieht sich hier auf *Interheeven,* die bei der Untersuchung von Gewalttätigkeiten in Hardcorekonzerten festgestellt hat, daß die Jugendlichen zwischen „geselliger" und „böswilliger" Gewalt unterscheiden, *Nedelmann, B. 1997* (Fn. 103), 78. *Liell* verwahrt sich gegen eine Pathologisierung von Gewalt. Er will „rationale, normative, habituelle, (sub)kulturell normalisierte ebenso wie efferveszente Handlungsformen sowie ihre Vermischungen in die Analyse einbeziehen. *Ders. 1999 (*Fn. 108), 45. *Von Trotha, T.* will sich neben der Analyse der Körperlichkeit, auch der Analyse der Sinnlichkeit und der Imagination von Gewalt widmen. *Ders. 1997* (Fn. 105), 32.

aber was es bedeutet, Gewalttäter oder Gewaltopfer zu sein, prägt das Verhältnis zu sich selbst und anderen bleibend. Gerade wer wie SOFSKY Empathie mit dem Opfer zum wissenschaftlichen Programm erhebt, sollte dies nicht vernachlässigen.

Wissenschaftlich nicht unproblematisch ist ferner SOFSKYS Offenheit für die Ambivalenz von Gewalt, die gut zusammenstimmt mit einer gewissen definitorischen Zurückhaltung bei NEDELMANN oder der methodisch untermauerten definitorischen Skepsis bei LIELL. Hier wird die unkritische Übernahme lebensweltlicher Bewertungen mit wissenschaftlicher Neutralität verwechselt. Denn auch eine Wissenschaft, die sich dem deutenden Verstehen lebensweltlicher Sachverhalte verschreibt, kommt nicht umhin, eine präzise Begrifflichkeit zu entwickeln.[142] Sie kann und darf sich auch nicht der Tatsache verschließen, daß der zu erfassende Sachverhalt einer normativen Wertung zugänglich ist. Vielmehr muß die Definition insoweit Farbe bekennen, zumindest wenn sie sich als Leitbegriff einer kritischen Theorie mit emanzipatorischem Anspruch bewähren will. Eine solche wollen VON TROTHA, NEDELMANN und LIELL zwar gerade nicht vorlegen, nicht zuletzt weil sie das zivilisatorische Projekt der Zurückdrängung von Gewalt aus dem zwischenmenschlichen Miteinander für gescheitert halten. Sie müssen sich aber vorhalten lassen, daß sie bei ihrer Herangehensweise an die Gewaltthematik ignorieren, daß eine breite Mehrheit in der Gesellschaft trotz aller ambivalenten Gefühle gegenüber einzelnen Gewalttaten und -formen am Postulat einer gewaltfreien Gesellschaft festhält, die damit zur realen, wenn auch nicht realisierten Utopie wird. Nur vor diesem Hintergrund läßt sich auch die aktuelle Gewaltdiskussion begreifen.

Das begrüßenswerte Interesse aller vorgestellten Autoren an einer Phänomenologie der Gewalt geht mit einer problematischen *Anthropologisierung* einher.[143] Bei POPITZ spiegelt sie sich in den Begriffen „Verletzungsmächtigkeit" und „Verletzungsoffenheit", bei TROTHA in der Wortprägung „Jedermanns-Ressource". Bei allen Autoren dokumentiert sie sich im Interesse an a-historischen Größen wie Leiblichkeit und Schmerz. Diese Anthropologisierung des Untersuchungsgegenstandes erschwert die Analyse der Ursachen gewalttätigen Verhaltens.[144] Es ver-

---

142 Es verwundert daher nicht, daß *Liell*, nachdem er seine theoretischen Vorbehalte gegen Gewaltdefinitionen entfaltet hat, aus forschungspragmatischen Gründen doch die „Entscheidung für einen physischen Gewaltbegriff" empfiehlt, der aber nicht den „Charakter einer objektivistischen Definition" haben soll. *Ders. 1999 (*Fn. 108), 44.

143 So auch *Koehler, J./Heyer, S. 1998 (*Fn. 111), 11.

144 Die Methode der „dichten Beschreibung" soll zwar nach von Trotha, T. eine Begrifflichkeit generieren, die sich in der phänomennahen Analyse der „relevanten allgemeineren Zusammenhänge", der Struktur- und Wirkungszusammenhänge bewährt. *Ders. 1997* (Fn. 105), 21. Zu dieser Bewährungsprobe kommt es jedoch zumindest in dem Beitrag „Soziologie der Gewalt" und auch in späteren wissenschaftlichen Verlautbarungen nicht. Zu Zweifeln an der Umsetzbarkeit des wissenschaftlichen Programms in empirische Untersuchungsmethoden: *Koehler, J./Heyer, S. 1998 (*Fn. 111), 15. Auch die von *Popitz, H.* aus seinen anthropologischen Grundannahmen deduzierten Bedingungen für ein gewaltfreies Miteinander bleiben utopisch-abstrakt und klingen auch für *Popitz* selbst „illusionär" (*Ders. 1992* (Fn. 113), 75). Sie entbehren vor allem des Bezuges zu mannigfaltigen For-

wundert daher nicht, daß ätiologische Fragen vernachlässigt[145] oder gar diskreditiert werden.[146] Dabei ist ein phänomenologisches Interesse, auch und gerade an der Körperlichkeit von Gewalt, sehr wohl mit dem Interesse an möglichen Ursachen von Gewalt produktiv zu vermitteln. Denn gerade wenn man vermeiden will, daß eine Soziologie der Ursachen von Gewalt in einer Soziologie sozialer Probleme aufgeht[147], muß man sich auf die Spezifika gewalttätigen Verhaltens gegenüber anderen Formen abweichenden Verhaltens, also an erster Stelle auf ihre Körperlichkeit konzentrieren.[148]

Die hier vorgelegte Gewaltdefinition greift das phänomenologische Programm der Avantgarde unter den Gewaltsoziologen auf. Sie stellt die Körperlichkeit ins Zentrum, konzentriert sich auf die Wirkungsweise von Gewalt und will auch ihren Bedeutungsgehalt – insoweit in Abgrenzung von SOFSKY – definitorisch zur Geltung bringen. Dies soll jedoch weder, wie bei SOFSKY, um den Preis der Wissenschaftlichkeit geschehen noch mit der Vernachlässigung der Ursachenanalyse erkauft werden. Entgegen der Auffassung von VON TROTHA sind Phänomenologie und Ätiologie nämlich nicht unvereinbar. Vielmehr setzt eine produktive Ursachenanalyse die präzise phänomenologische Erfassung ihres Gegenstandes voraus.

Vermieden werden soll jedoch, daß Gewalt aus naivem phänomenologischen Eifer anthropologisiert wird. Nicht zuletzt weil die Anthropologisierung von Gewalt suggeriert, daß Gewalt aus dem menschlichen Miteinander nicht wegzudenken ist – mit der Folge, daß die Frage nach den Ursachen sinnlos erscheint – soll sie zumindest in ihrer Einseitigkeit durch ein kommunikationstheoretisches Gewaltverständnis konterkariert werden: Die Definition von Gewalt als Negation von Kommunikation kontrastiert die Verletzungsmächtigkeit des Menschen mit seiner kommunikativen Kompetenz. Der Mensch ist eben nicht nur verletzungsmächtig,

---

men „alltäglicher" Gewalt im zwischenmenschlichen Miteinander und beziehen sich nur auf die Möglichkeiten, die Erschließung immer ausgewählterer „Gewalttechniken" im Atomzeitalter zu hindern oder zumindest einzuschränken.

145 Da *Sofsky* Gewalt als „selbstreflexiv" begreift (so die zugespitzte Charakterisierung *Sofsky*'s von *Nedelmann, B. 1997* (Fn. 103), 79), die Eigendynamik von Gewalt stilisiert, mit seinen Arbeiten nicht die Ursachen von Gewalt erhellen, sondern zum Verstehen des Opfers beitragen will und die Fixierung auf mögliche Ursachen von Gewalt als die Krux der herkömmlichen Gewaltforschung ansieht, sind auch von seiner Seite aus Beiträge zur Ätiologie aus analytischen wie programmatischen Gründen erst gar nicht zu erwarten.

146 So nicht ohne Polemik bei *von Trotha, T. 1997* (Fn. 105), 16-20, der die „Ursachen-Soziologie" der Gewalt als ein Wechselbad von mehr oder minder quantifizierender und biederer „Faktoren-Soziologie", als „Theorien des Großen Gestus" bezeichnet.

147 Diesen Vorwurf erhebt *von Trotha, T. 1997* (Fn. 105), 18.

148 Auch *Nedelmann* nimmt Anregungen der neueren Gewaltforschung auf, ohne sich ihrem radikalen Programm gänzlich zu verschreiben. Ihr geht es darum, „das auf (absichtlicher) Körperverletzung und Schmerzempfindung basierende soziale Handeln deutend zu verstehen und dadurch in seinem Ablauf und seinen Wirkungen ursächlich zu erklären." Ziel ihrer Arbeit ist es, mit der Gewaltforschung einen Beitrag zur Entwicklung einer Theorie der Konstitution sozialer Subjektivität zu leisten. *Dies. 1997* (Fn. 103), 73, 81f.

sondern auch fähig, sich mittels Sprache zu verständigen, Konflikte zu lösen und Frustrationen abzuarbeiten. Die Sprachkompetenz ist die humane Konstante, die ihn vom Tier unterscheidet. Die Frage, warum immer wieder Menschen gewalttätig werden anstatt zu kommunikativen Mitteln zu greifen, drängt sich dann aber geradezu auf. Daß mit dieser Frage ein gewaltfreies Zusammenleben als möglich gedacht wird, ist keine wirklichkeitsfremde Utopie. Denn der menschlichen Fähigkeit zu kommunikativem Handeln wohnt ein humanes Potential inne, auf das die Menschen im Alltag immer von neuem setzen, wenn sie sich nicht damit abfinden, daß Menschen einander Gewalt antun – mag ihr Gewalterleben im Einzelfall auch durchaus ambivalent sein. Solange aber der Glaube an eine menschlichere Zukunft bei aller zivilisatorischen Skepsis der menschlichen Praxis inhärent ist, ist auch eine kritische Soziologie zu rechtfertigen, die sich in ihrer Teleologie dieser von den Akteuren auch kontrafaktisch bewahrten emanzipatorischen Gewißheit verschreibt.

5. Kriminologie

In der Kriminologie hat die Begriffsdiskussion im Spannungsfeld zwischen den Beiträgen sozialwissenschaftlicher und normativer Bezugswissenschaften kein eigenes Profil gewonnen. Dabei bereitet insbesondere die Befreiung aus strafrechtlichen Abhängigkeiten Schwierigkeiten. So formuliert z.B. KAISER in seinem großen Lehrbuch: „Seit drei Jahrzehnten besteht ... in der Strafrechtswissenschaft, in der Rechtsprechung und in der Rechtspolitik ebenso wie in den empirischen Grundwissenschaften eine heftige Auseinandersetzung um den rechtlich und damit kriminologisch relevanten Gewaltbegriff." Sodann referiert er ausführlich die *straf- und verfassungsrechtliche* Gewaltdiskussion, um anschließend festzuhalten, daß das österreichische, schweizerische oder das deutsche Strafgesetzbuch gar keine Typologisierung strafbaren Verhaltens nach dem Gesichtspunkt der „Gewalt" kennen. Vielmehr entstamme der Begriff der Gewaltkriminalität der Wissenschaft, genauer der Kriminologie, und erfasse alle Delikte, die unter Ausübung oder Androhung von Gewalt begangen werden.[149] Die Aufgabe der Begriffsbildung umgeht er auf diese Weise geschickt. Im Ergebnis wird weder eine eigenständige Gewaltdefinition noch eine theoretische Begründung für die Übertragung der Definition des Tatbestandsmerkmals Gewalt im Nötigungstatbestand auf andere sogenannte Gewaltdelikte gegeben.

Soweit eine von der Strafrechtswissenschaft abgekoppelte Begriffsbildung versucht wird, bleibt diese in den meisten Fällen sehr pragmatisch: So wird immer wieder eine Begriffsbestimmung in möglichst weitgehender Anbindung an die Phänomene vorgenommen, die in den *offiziellen Statistiken* zur Gewaltkriminalität

---

149 *Kaiser, G.:* Kriminologie. Ein Lehrbuch. 3. Aufl. Heidelberg 1996, § 58 Rdnrn. 5-13.

gezählt werden.[150] Damit sind Mord, Totschlag, Tötung auf Verlangen und Kindestötung, Vergewaltigung, Raub, Körperverletzung mit Todesfolge, gefährliche und schwere Körperverletzung, erpresserischer Menschenraub und Geiselnahme erfaßt.[151] Soweit dadurch Gewalt gegen Sachen oder die einfache Körperverletzung ausgegrenzt bleiben, werden dann aber doch wieder Abänderungen vorgeschlagen.[152]

Die Fixierung auf *inkriminierte* Verhaltensweisen, der auch die Pragmatiker erliegen, ist innerhalb der Kriminologie vor allem von Vertretern des *labeling approaches* kritisiert worden. In Deutschland hat FRITZ SACK in der von den Studentenunruhen und Jugendprotesten der 70er Jahre ausgelösten Gewaltdiskussion darauf hingewiesen, daß damit in theoretisch nicht begründeter Weise die erlaubten, sozial sanktionierten und institutionalisierten Formen der Gewaltanwendung in einer Gesellschaft ebenso wie Phänomene psychischer Gewalt bereits aus der Gewalt*definition* ausgeklammert werden. Dies habe zwangsläufig zur Folge, daß die Frage nach *Umfang* und *Verteilung* von Gewalt in der Gesellschaft und nach deren *Ursachen* nur unzulänglich beantwortet werden könne.[153]

Einer der wenigen, der eine von Strafrechtswissenschaft und Straftaten abgekoppelte Definition versucht hat, ist SCHNEIDER. Gewalt ist nach ihm „eine zielgerichtete, *sozial* als illegal beurteilte körperliche Einwirkung auf einen Menschen, die zu einer physischen, psychischen oder sozialen Schädigung führt; Gewalt ist auch die Zerstörung einer Sache."[154] In jüngerer Zeit hat auch ANDREAS BÖTTGER Gewalt prägnant definiert „als die intentionale Ausübung physischer oder mechanischer Kraft durch Menschen, die sich unmittelbar oder mittelbar gegen andere Personen

---

[150] *Eisenberg, U.:* Kriminologie. 4. Aufl. München 1995, § 45, Rdnr. 10, geht sogar so weit, die Definitionsaufgabe mit der Aufgabe der statistischen Erfassung gleichzusetzen.

[151] Z.B. von *Schwind, H.-D.:* Kriminologie. Eine praxisorientierte Einführung mit Beispielen. 11. neubearbeitete und erweiterte Aufl. Heidelberg 2001, § 2, Rdnr. 26.

[152] *Schwind, H.-D. 2001 (*Fn. 151), § 2, Rdnr. 26 will z.B. als Gewalt gegen Sachen Brandstiftung, Hausbesetzungen und vandalistische Delikte einbeziehen. *Göppinger, H.:* Kriminologie, bearb. v. M. Bock und A. Böhm. *5.* vollständig neu bearbeitete Aufl. München 1997, 571, sieht den Schlüssel 8920 „Gewaltkriminalität" der PKS insoweit als zu eng an, als die einfache Körperverletzung als quantitativ häufigstes Delikt nicht erfaßt ist.

[153] *Sack, F.:* Zur Defintion der Gewalt – am Beispiel Jugend: In: Aggressivität und Gewalt in unserer Gesellschaft, hrsg. v. F. Sack u.a. München 1973, 39- 61, insbesondere 41f.

[154] *Schneider, H.J.:* Kriminologie der Gewalt. Leipzig 1994, 14 (Hervorhebung Schäfer-Vogel). Auch die *Gewaltkommission* formuliert eine umfangreiche eigenständige Gewaltdefinition unter Hinweis darauf, daß der Sozialwissenschaftler sich vom Gesetzgeber die Definition relevanter Begriffe nicht ohne weiteres vorgeben lassen könne, weil ein allgemeinerer theoretischer Rahmen angestrebt werden müsse. *Schwind, H.-D./Baumann, J.* u.a. 1990 Band II (Fn. 3), Rdnrn. 5-15, insbesondere 6.

richtet, sowie die ernsthafte Androhung eines solchen Krafteinsatzes, soweit sie eine soziale Interaktion nicht überdauert.[155]

Zahlreiche Kriminologen bemühen sich schließlich weit mehr als um die Definition um die Unterscheidung zwischen verschiedenen *Formen* von Gewalt.[156] Insoweit wird auf soziologische und psychologische Strukturierungsleistungen und auf die von GALTUNG vorgeschlagenen Unterscheidungen zurückgegriffen (s.o.).[157] Dabei geraten eigene definitorische Ansätze vielfach wieder aus dem Blick: So erhebt SCHNEIDER in seiner Definition die *körperliche* Einwirkung zum Merkmal von Gewalt, unterscheidet im nächsten Abschnitt zwischen Formen physischer und psychischer Gewalt und erläutert abschließend, bei letzterer wende man *seelischen* Druck an.[158] Dabei wird offenkundig, daß weder Begriffsbildung noch Typologisierung unter analytischen Rücksichten erfolgen. Insbesondere die Differenzierung zwischen verschiedenen *Formen* von Gewalt, mag sie auch durchaus erhellend sein, entlarvt sich damit im schlimmsten Fall als Selbstzweck, zumindest aber als ein Unterfangen, das eine Vernachlässigung von Erklärungszusammenhängen begünstigt und allenfalls die *Kritisierbarkeit* verschiedenster Formen sozialer Ungerechtigkeit erleichtert.[159]

Wichtiger als die Begriffsbildung ist vielen Kriminologen schließlich die Strukturierung des Problemfeldes nach *Erscheinungsformen* von Gewalt oder nach *sozialen Kontexten*, in denen sich zwischenmenschliche Gewaltsamkeit beobachten läßt. SCHWIND unterscheidet z.B. zwischen Gewalt in der Familie, in der Schule, in den Stadien, in den (Massen-)Medien, durch Ausländer und gegen Ausländer.[160] Der Kontext wird dann häufig auch zum Analyserahmen erhoben.[161] Dies mag in einem ersten Zugriff richtig sein, behindert aber vielfach eine Strukturanalyse, die vermeintlich kontextspezifische Ursachen auf ihre gesellschaftliche Bedingtheit befragt. Es erscheint daher problematisch, wenn sich Kriminologen allein aus forschungspraktischen Erwägungen auf die kontextbezogene Beschreibung von Ge-

---

155 *Böttger, A.:* Die Gewalt der Hooligans - eine Folge moderner gesellschaftlicher Entwicklungsprozesse? Ergebnisse einer qualitativen Studie zu Biographien gewalttätiger Jugendlicher. Kriminologisches Forschungsinstitut Niedersachsen, Hannover 1998, 6.

156 So z.B. bei *Schneider, H.J. 1994 (*Fn. 154), 14.

157 Vgl. z.B. *Schwind, H.-D. 2001 (*Fn. 152), § 2, Rdnr. 27.

158 *Schneider, H.J. 1994 (*Fn. 154), 14.

159 Darauf hat *Brock, L.* hingewiesen. *Ders.:* Gewalt in internationalen Beziehungen. In: Gewalt. Kulturelle Formen in Geschichte und Gegenwart, hrsg. v. P. Hugger u.a. Zürich 1995, 167-187, 167, 168 f. Dort nimmt er zur „verallgemeinernden Differenzierung" des Gewaltbegriffes kritisch Stellung.

160 *Schwind, H.-D. 2001 (*Fn. 152), § 2 Rdnr. 30.

161 So zumindest teilweise im Lehrbuch von *Schneider, H.J. 1994 (*Fn. 154), 87-127, wo bei den *Erscheinungsformen* u.a. zwischen Gewalt in der Familie, in der Institution und im Sport und - in Entsprechung dazu - bei der Diskussion der *Ursachen* zwischen Ursachen in der Familie, in der Institution, im Sport unterschieden wird. Immerhin werden biologische und psychopathologische sowie gesellschaftliche Ursachen vorab erörtert.

waltphänomenen beschränken oder die Begriffsbildung zwar versuchen, aber mit dem resignativen Hinweis darauf, daß „jede Definition letztlich in Grenzen willkürlich bleiben muß,“[162] am Ende doch vernachlässigen. Die Kriminologie kapituliert damit in Verkennung der *analytischen* Funktion der Begriffsbildung vor einer zentralen Aufgabe.[163]

Die hier vorgelegte Gewaltdefinition hat sich aus der Abhängigkeit von der normativen Strafrechtswissenschaft befreit, ohne den Preis der positivistischen Neutralisierung zu zahlen. Sie bringt statt der negativen *rechtlichen* eine eigenständige negative *soziale* Bewertung gewalttätigen Verhaltens zum Ausdruck. Diese wird sich in vielen Fällen mit gesellschaftlichen Konventionen decken, ermöglicht aber über das phänomenologische Kriterium der Destruktivität auch die Einbeziehung solcher Verhaltensweisen, die sozial negativ bewertet werden *sollten*, aber tatsächlich noch sozial akzeptiert sind und deren Nicht-Einbeziehung in herkömmliche kriminologische Gewaltdefinitionen SACK beklagt. Da die hier vorgeschlagene Definition in eine gesellschaftskritische Theorie eingebettet ist, verleitet sie trotz ihrer scheinbar konventionellen Enge auch nicht zu der von SACK befürchteten Verkürzung der Ursachenanalyse. Subtilere Zwangsphänomene schließt sie dagegen aus den unter 1. dargelegten Gründen bewußt aus. Durch ihren kommunikationstheoretischen Zuschnitt und ihre theoretische Einbettung gewinnt die Definition von Gewalt als Negation von Kommunikation, als universelle Ersatzsprache, schließlich das analytische Profil, das herkömmlichen kriminologischen Gewaltdefinitionen, aber auch neueren wie denen von SCHNEIDER und BÖTTGER mangels Eingliederung in eine Gesellschaftstheorie fehlt. Sie lenkt den Blick auf den sozialen Charakter gewalttätigen Verhaltens, bringt dessen sozialen Handlungssinn zur Geltung und vermag doch von konkreten sozialen Kontexten zu abstrahieren. Sie hat ein eigenständiges explikatives Potential und paßt sich doch in einen weiteren theoretischen Rahmen ein. So bleibt der Weg für notwendige Strukturanalysen frei.

---

162 So *Kürzinger, J.:* Stichwort Gewaltkriminalität. In: Kleines kriminologisches Wörterbuch, hrsg. v. G. Kaiser u.a. 3. Aufl. Heidelberg 1993, 171.

163 Darauf, daß der Gewaltbegriff eine analytische Funktion erfüllen sollte, hat auch *Brock* hingewiesen, *Ders.* 1995 (Fn. 159) 170. Auch *Sack* ist der Auffassung, daß die Frage nach der Definition von Gewalt nur scheinbar eine Frage wissenschaftlicher Beliebigkeit ist. *Ders.* 1973 (Fn. 153), 40ff.

§ 5 Krisendiagnose – Kolonialisierung der Lebenswelt

In der „Theorie des kommunikativen Handelns" von HABERMAS wird die gesellschaftliche Entwicklung als ein Prozeß der Rationalisierung der Lebenswelt rekonstruiert, in deren Verlauf sich die Systeme Wirtschaft und Staat aus der Lebenswelt herausgelöst haben. Sie ist als „Theorie der Moderne" darauf angelegt, den Typus der heute immer sichtbarer hervortretenden Sozialpathologien mit der Annahme zu erklären, daß kommunikativ strukturierte Lebensbereiche zunehmend den Imperativen verselbständigter, formal organisierter Handlungssysteme unterworfen werden.[1] Im Folgenden wird zunächst der Schlüsselbegriff des kommunikativen Handelns eingeführt (I.). In einem zweiten Schritt wird das Konzept der Lebenswelt vorgestellt und die Rationalisierung der Lebenswelt als Prozeß der Versprachlichung des Sakralen analysiert (II.). In einem dritten Schritt wird auf die Entkopplung von System und Lebenswelt und die Funktion und Wirkungsweise von Steuerungsmedien eingegangen (III.). Vor dem Hintergrund dieses dualistischen Gesellschaftsmodells wird das Konzept der Kolonialisierung der Lebenswelt vorgestellt und in seinen sozialpathologischen Folgen expliziert (IV.). Anschließend soll in Kürze darauf eingegangen werden, welche Würdigung die Theorie des kommunikativen Handelns erfahren hat, unter welchen Gesichtpunkten sie kritisiert worden ist und in welchen Hinsichten HABERMAS sie im Lichte dieser Kritik modifiziert und ergänzt hat (V.). Nachdem einige Fehlverständnisse in der abolitionistischen HABERMAS Rezeption aufgeklärt worden sind (VI.), sollen die Erkenntnisse resümiert werden, die im Fortgang der Untersuchung ätiologisch fruchtbar gemacht werden sollen (VII.).

I. Kommunikatives Handeln

Mit dem Begriff des *kommunikativen* Handelns konzeptualisiert HABERMAS menschliche Interaktionen als kommunikative Prozesse, in denen mindestens zwei sprach- und handlungsfähige Subjekte, sei es mit verbalen oder extraverbalen Mitteln, eine interpersonale Beziehung eingehen und sich über eine Handlungssituation verständigen, um ihre Handlungspläne und damit ihre Handlungen einvernehmlich zu koordinieren.[2] Mit jeder Äußerung beziehen sich die Kommunikationsteilnehmer aus dem Horizont ihrer vorinterpretierten Lebenswelt gleichzeitig auf etwas in der objektiven Welt (als der Gesamtheit aller Entitäten, über die wahre Aussagen möglich sind), auf etwas in der sozialen Welt (als der Gesamtheit aller legitim geregelten interpersonalen Beziehung) und auf etwas in der subjektiven Welt (als der

---

[1] *Habermas, J.:* Theorie des kommunikativen Handelns, Band I. 2. Aufl. Frankfurt/M. 1987, 8.

[2] *Habermas, J. 1987,* Band I *(*Fn. 1), 128.

Gesamtheit der dem Sprecher privilegiert zugänglichen Erlebnisse).[3] Dies tun sie auch dann, wenn „sie in ihrer Äußerung thematisch *nur eine* der drei Komponenten *hervorheben.*"[4] Dabei beanspruchen sie für ihre Äußerungen Gültigkeit,[5] d.h. sie erheben drei den benannten Weltbezügen entsprechende Geltungsansprüche, die akzeptiert und bestritten werden können.[6] Sie beanspruchen „Wahrheit für Aussagen oder Existenzpräsuppositionen, Richtigkeit für legitim geregelte Handlungen und deren normativen Kontext und Wahrhaftigkeit für die Kundgabe subjektiver Erlebnisse."[7] Die Interaktion kann nur „in der Weise gelingen, daß die Beteiligten miteinander zu einem *Konsens* gelangen, wobei dieser von Ja/Nein-Stellungnahmen zu den erhobenen Geltungsansprüchen abhängt, die sich *potentiell* auf Gründe stützen.[8] Nur wenn einer der erhobenen Ansprüche bestritten wird, „wenn ein Dissens durch Alltagsroutinen nicht mehr aufgefangen werden kann und gleichwohl nicht durch den unvermittelten oder den strategischen Einsatz von Gewalt entschieden werden soll"[9], muß der Sprecher gute Gründe tatsächlich vortragen. In diesem Fall treten die Beteiligten in einen *Diskurs* ein, HABERMAS spricht in diesem Zusammenhang auch von *Argumentation*. Argumentation kann „als eine reflexiv gewendete Fortsetzung verständigungsorientierten Handelns mit anderen Mitteln begriffen werden."[10] HABERMAS definiert sie als „den Typus von Rede, in dem die Teilnehmer strittige Geltungsansprüche thematisieren und versuchen, diese mit Argumenten einzulösen oder zu kritisieren.[11] HABERMAS ist sich bewußt, daß ein Konsens grundsätzlich nur in einer idealen Sprechsituation erzielt werden kann. Diese setzt voraus, daß jeder Sprachfähige teilnehmen kann und jeder externe oder interne Zwang – außer dem des besseren Arguments – ausgeschlossen ist.[12] Zwar weiß auch HABERMAS, daß die Bedingungen der idealen Sprechsituation immer wieder durch strategisch, am eigenen Erfolg orientiert handelnde Gesprächsteilnehmer unterlaufen werden. Die ideale Sprechsituation ist nach HABERMAS jedoch kein wirklichkeitsfremdes Ideal. Vielmehr sind die Idealisierungen jeder sprachlichen Praxis inhärent, weil kein kompetenter Sprecher sich auf einen Verständi-

---

[3] Zu den Weltbezügen der Interaktionsteilnehmer, *Habermas, J. 1987* Band I (Fn. 1), 142, 148f., auch *Habermas, J.:* Theorie des kommunikativen Handelns, Band II. 2. Aufl. Frankfurt/M. 1987, 184.

[4] *Habermas, J. 1987* Band II (Fn. 3), 184.

[5] Zu den Weltbezügen der Interaktionsteilnehmer *Habermas, J. 1987* Band I (Fn. 1), 142, 148f.

[6] *Habermas, J. 1987* Band I (Fn. 1), 128, 148f.

[7] *Habermas, J. 1987* Band I (Fn. 1), 149.

[8] *Habermas, J. 1987* Band I (Fn. 1), 157.

[9] *Habermas, J. 1987* Band I (Fn. 1), 38.

[10] *Habermas, J. 1987* Band I (Fn. 1), 48.

[11] *Habermas, J. 1987* Band I (Fn. 1), 38.

[12] *Habermas, J. 1987* Band I (Fn. 1), 48 sowie *Ders.*: Diskursethik - Notitzen zu einem Begründungsprogramm. In: Moralbewußtsein und kommunikatives Handeln, hrsg. von J. Habermas. Frankfurt 1983, 53-125, 97-99.

gungsprozeß einließe, wenn er nicht meinte, voraussetzen zu können, daß die Bedingungen der idealen Sprechsituation hinreichend erfüllt sind.[13] Damit unterstellt jeder, der von einem Verständigungsinteresse geleitet kommuniziert, daß für alle Gesprächsteilnehmer die normativen Voraussetzungen der idealen Sprechsituation verbindlich sind.

II. Die Lebenswelt und ihre Rationalisierung

Die Lebenswelt stiftet den Kontext, in dem Menschen alltäglich miteinander kommunizieren. Sie ist der „Horizont von Verständigungsprozessen, mit denen sich die Beteiligten über etwas in der einen objektiven, in ihrer sozialen oder in einer jeweils subjektiven Welt einig werden oder auseinandersetzen."[14]; sie ist das „gemeinsame und im aktuellen Handeln als unproblematisch vorausgesetzte Hintergrundwissen."[15] Als solche bildet die Lebenswelt „das intuitiv gegenwärtige, insofern vertraute und transparente, zugleich unübersehbare Netz der Präsuppositionen, die erfüllt sein müssen, damit eine Äußerung überhaupt sinnvoll ist, d.h. gültig oder ungültig sein kann"; d.h. sie gewährleistet die Grundvoraussetzungen für jede Form der Verständigung. „Für Angehörige bildet die Lebenswelt einen nicht hintergehbaren und prinzipiell unerschöpflichen Kontext"[16]

1. Strukturelle Komponenten der Lebenswelt

Um das Konzept der Lebenswelt *inhaltlich* näher zu bestimmen, unterscheidet HABERMAS drei *strukturelle* Komponenten: Kultur, Gesellschaft und Persönlichkeit. *Kultur* nennt HABERMAS „den Wissensvorrat, aus dem sich die kommunikativ Handelnden, indem sie sich über etwas in der Welt verständigen, mit konsensträchtigen Interpretationen versorgen." *Gesellschaft* (im engeren Sinne einer Lebensweltkomponente) nennt er „die legitimen Ordnungen, aus denen die kommunikativ Handelnden, indem sie interpersonale Beziehungen eingehen, eine auf Gruppenzugehörigkeiten gestützte Solidarität schöpfen." Der Begriff *Persönlichkeit* „bezeichnet ein Kunstwort für erworbene Kompetenzen, die ein Subjekt sprach- und handlungsfähig machen und damit instand setzen, in einem jeweils gegebenen Kontext an Verständigungsprozessen teilzunehmen und in wechselnden Interaktionszusammenhängen die eigene Identität zu behaupten."[17]

---

[13] *Habermas, J. 1987* Band I (Fn. 1), 47.

[14] *Habermas, J. 1987* Band I (Fn. 1), 189f.

[15] *Habermas, J. 1987* Band I (Fn. 1), 455.

[16] *Habermas, J. 1987* Band II (Fn. 3), 199, 202.

[17] *Habermas, J.:* Der philosophische Diskurs der Moderne. Zwölf Vorlesungen. Frankfurt/M. 1985, 397f.; auch *Ders. 1987* Band II (Fn. 3), 209.

2. Reproduktion der Lebenswelt

Die Mitglieder der Lebenswelt kommunizieren unter intuitiver Bezugnahme auf diese lebensweltlichen Inhalte, wenn sie sich über sich und ihre Situation in der Welt verständigen und ihre Handlungen koordinieren. Sie sind dabei aber nicht nur im oben beschriebenen Sinne auf die lebensweltlichen Inhalte angewiesen, sondern gewährleisten gleichzeitig durch ihr kommunikatives Handeln die Reproduktion der symbolischen Strukturen der Lebenswelt.[18] Denn „indem sich die Interaktionsteilnehmer miteinander über ihre Situation verständigen, stehen sie in einer kulturellen Überlieferung, die sie gleichzeitig benützen und erneuern; indem die Interaktionsteilnehmer ihre Handlungen über die intersubjektive Anerkennung kritisierbarer Geltungsansprüche koordinieren, stützen sie sich auf Zugehörigkeiten zu sozialen Gruppen und bekräftigen gleichzeitig deren Integration; indem die Heranwachsenden an Interaktionen mit kompetent handelnden Bezugspersonen teilnehmen, internalisieren sie die Wertorientierungen ihrer sozialen Gruppen und erwerben generalisierte Handlungsfähigkeiten."[19] Damit dient kommunikatives Handeln „unter dem funktionalen *Aspekt der Verständigung* ... der Tradition und Erneuerung kulturellen Wissens; unter dem Aspekt der *Handlungskoordinierung* ... der sozialen Integration und der Herstellung von Solidarität; unter dem *Aspekt der Sozialisation* schließlich ... der Ausbildung von personalen Identitäten." „Die symbolischen Strukturen der Lebenswelt reproduzieren sich auf dem Wege der Kontinuierung von gültigem Wissen, der Stabilisierung von Gruppensolidarität und der Heranbildung zurechnungsfähiger Aktoren. Der Reproduktionsprozeß schließt neue Situationen an die bestehenden Zustände der Lebenswelt an."[20] Dabei stellt die kulturelle Reproduktion sicher, „daß in der semantischen Dimension neu auftretende Situationen an die bestehenden Weltzustände angeschlossen werden: sie sichert die *Kontinuität* der Überlieferung und eine für die Alltagspraxis jeweils hinreichende *Kohärenz* des Wissens. Kontinuität und Kohärenz bemessen sich an der *Rationalität* des als gültig akzeptierten Wissens." „Die soziale Integration der Lebenswelt stellt sicher, daß neu auftretende Situationen in der Dimension des sozialen Raums an die bestehenden Weltzustände angeschlossen werden: sie sorgt für die Koordinierung von Handlungen über legitim geregelte interpersonale Beziehungen und verstetigt die Identität von Gruppen in einem für die Alltagspraxis hinreichendem Maße. Dabei bemessen sich die Koordinierung von Handlungen und die *Stabilisierung* von *Gruppenidentitäten* an der *Solidarität* der Angehörigen." „Die Sozialisation der Angehörigen einer Lebenswelt stellt schließlich sicher, daß neu auftretende Situationen in der Dimension der historischen Zeit an die bestehenden Weltzustände angeschlossen werden: sie sichert für nachwachsende Generationen den Erwerb *generalisierter Handlungsfähigkeiten* und sorgt für die *Ab-*

---

[18] *Habermas, J. 1987* Band II (Fn. 3), 209.

[19] *Habermas, J. 1987* Band II (Fn. 3), 208f.

[20] *Habermas, J. 1987* Band II (Fn. 3), 208f.

stimmung von *individuellen Lebensgeschichten* und *kollektiven Lebensformen*. Interaktive Fähigkeiten und Stile der Lebensführung bemessen sich an der *Zurechnungsfähigkeit der Personen*."[21] Die Beiträge der einzelnen Reproduktionsprozesse lassen sich noch in Bezug auf die drei strukturellen Komponenten der Lebenswelt differenzieren: „Wenn die Kultur soviel gültiges Wissen anbietet, daß der in einer Lebenswelt gegebene Verständigungsbedarf gedeckt werden kann, bestehen die Beiträge der kulturellen Reproduktion zur Erhaltung *der beiden anderen* Komponenten einerseits in *Legitimationen* für bestehende Institutionen und andererseits in *bildungswirksamen Verhaltensmustern* für den Erwerb generalisierter Handlungsfähigkeiten. Wenn die Gesellschaft sozial soweit integriert ist, daß der in einer Lebenswelt gegebene Koordinierungsbedarf gedeckt werden kann, bestehen die Beiträge des Integrationsprozesses zur Erhaltung der beiden anderen Komponenten einerseits in *legitim geregelten sozialen Zugehörigkeiten* von Individuen, andererseits in moralischen Verpflichtungen oder *Obligationen:* der Kernbestand an kulturellen Werten, der in legitimen Ordnungen institutionalisiert ist, wird einer, wenn nicht kritikfesten, so doch widerstandsfähigen normativen Realität einverleibt und insoweit dem Dauertest verständigungsorientierten Handelns entzogen. Wenn schließlich die Persönlichkeitssysteme eine so feste Identität ausgebildet haben, daß sie realitätsgerecht die in ihrer Lebenswelt auftretenden Situationen bewältigen können, besteht der Beitrag der Sozialisationsprozesse zur Erhaltung *der beiden* anderen Komponenten einerseits in *Interpretationsleistungen* und andererseits *Motivationen für normenkonforme Handlungen*." (Fig. 21).[22]

---

[21] *Habermas, J. 1987* Band II (Fn. 3), 212f.

[22] *Habermas, J. 1987* Band II (Fn. 3), *214-216*.

Fig. 21 Beiträge der Reproduktionsprozesse zur Erhaltung der strukturellen Komponenten der Lebenswelt[23]

Strukturelle Komponenten / Reproduktions Prozesse	**Kultur**	**Gesellschaft**	**Persönlichkeit**
Kulturelle Reproduktion	**Konsensfähige Deutungsschemata („gültiges Wissen")**	Legitimationen	Bildungswirksame Verhaltensmuster, Erziehungsziele
Soziale Integration	Obligationen	**Legitim geordnete interpersonelle Beziehungen**	Soziale Zugehörigkeiten
Sozialisation	Interpretationsleistungen	Motivationen für normenkonforme Handlungen	**Interaktionsfähigkeiten („personale Identitäten")**

Nachdem in einem ersten Schritt drei Reproduktionsprozesse, nämlich der der kulturellen Reproduktion, der sozialen Integration und der Sozialisation unterschieden worden sind und in einem zweiten Schritt expliziert werden konnte, daß *jeder* dieser Prozesse zur Erhaltung *aller* strukturellen Komponenten der Lebenswelt Beiträge leistet, können abschließend auch die Funktionen, die das verständigungsorientierte Handeln für die Reproduktion der Lebenswelt übernimmt, näher spezifiziert werden.[24] Im Bereich der kulturellen Reproduktion dient kommunikatives Handeln neben Überlieferung, Kritik und Erwerb von kulturellem Wissen auch der Erneuerung legitimationswirksamen Wissens und der Reproduktion von Bildungswissen. Im Bereich der sozialen Integration dient es neben der Koordinierung von Handlungen über intersubjektiv anerkannte Geltungsansprüche der Immunisierung eines Kernbestandes von Wertorientierungen und der Reproduktion von Mustern sozialer Zugehörigkeit. Im Bereich der Sozialisation dient kommunikatives Handeln schließlich neben der Identitätsbildung der Enkulturation und der Wertinternalisierung (Fig. 23).[25]

---

[23] *Habermas, J. 1987* Band II (Fn. 3), 214.

[24] *Habermas, J. 1987* Band II (Fn. 3), 216.

[25] Siehe Inhalt der Fig. 23.

Fig. 23 Reproduktionsfunktionen verständigungsorientierten Handelns[26]

Strukturelle Komponenten / Reproduktions-Prozesse	**Kultur**	**Gesellschaft**	**Person**
Kulturelle Reproduktion	**Überlieferung, Kritik, Erwerb von kulturellem Wissen**	Erneuerung legitimationswirksamen Wissens	Reproduktion von Bildungswissen
Soziale Integration	Immunisierung eines Kernbestandes von Wertorientierungen	**Koordinierung von Handlungen über intersubjektiv anerkannte Geltungsansprüche**	Reproduktion von Mustern sozialer Zugehörigkeit
Sozialisation	Enkulturation	Wertinternalisierung	**Identitätsbildung**

3. *Rationalisierung der Lebenswelt*

Diese Reproduktionsfunktionen konnte die Sprache allerdings erst im Zuge der *kommunikativen Rationalisierung der Lebenswelt* übernehmen, mit der die kulturelle Reproduktion, die soziale Integration und die Sozialisation von Grundlagen des Sakralen auf sprachliche Kommunikation und verständigungsorientiertes Handeln umgestellt wird.[27] Bei der Rationalisierung der Lebenswelt handelt es sich um einen evolutionären Prozeß der Ausdifferenzierung der im Kollektivbewußtsein mythischer Weltbilder zunächst eng verwobenen strukturellen Komponenten der Lebenswelt: Kultur, Gesellschaft und Person treten auseinander.[28] Das Rationalitätspotential kommunikativen Handelns entfaltet seine strukturbildende Kraft. Dieses ist zwar jedem Akt der Verständigung inhärent, weil mit ihm drei Weltbezüge hergestellt und drei korrespondierende, grundsätzlich kritisierbare Geltungsansprüche erhoben werden. (s.o. I.)[29] Unter der Herrschaft mythischer Weltbilder wird die Last der Interpretation dem einzelnen Angehörigen aber ebenso abgenommen wie die Chance, selber ein kritisierbares Einverständnis herbeizuführen. Die auch als soziozentrisch bezeichneten Weltbilder lassen eine „Differenzierung zwischen den

---

26 *Habermas, J. 1987* Band II (Fn. 3), 217.
27 *Habermas, J. 1987* Band II (Fn. 3), 134.
28 *Habermas, J. 1987* Band II (Fn. 3), 164.
29 *Habermas, J. 1987* Band II (Fn. 3), 113.

Welten existierender Sachverhalte, geltender Normen und ausdrucksfähiger subjektiver Erlebnisse nicht zu. Das sprachliche Weltbild wird noch als Weltordnung reifiziert und kann nicht als kritisierbares Deutungssystem durchschaut werden. Innerhalb eines solchen Orientierungssystems können Handlungen jene kritische Zone noch gar nicht erreichen, in der ein kommunikativ erzieltes Einverständnis von autonomen Ja/Nein-Stellungnahmen zu kritisierbaren Geltungsansprüchen abhängt.[30] Vielmehr bleiben die Verständigungsleistungen auf eine instrumentelle Rolle beschränkt.[31] Dies ändert sich erst mit der zunehmenden Dezentrierung von Weltbildern. „Je weiter das Weltbild, das den kulturellen Wissensvorrat bereitstellt, dezentriert ist" und je höher das Maß der Wertgeneralisierung, „um so weniger ist der Verständigungsbedarf *im Vorhinein* durch eine „kritikfest interpretierte Lebenswelt" gedeckt; „und je mehr dieser Bedarf durch die Interpretationsleistungen der Beteiligten selbst, d.h. über ein riskantes, weil rational motiviertes Einverständnis befriedigt werden muß, um so häufiger dürfen wir rationale Handlungsorientierungen erwarten."[32] Sakrales Wissen wird durch ein auf Gründe gestütztes, nach Geltungsansprüchen spezialisiertes Wissen verdrängt. Es kommt zu einer Trennung von Legalität und Moralität bei gleichzeitiger Universalisierung von Recht und Moral.[33] Individualismus mit wachsenden Ansprüchen an Autonomie und Selbstverwirklichung breitet sich aus. Die rationale Struktur dieser Versprachlichungstendenzen zeigt sich darin, daß die Fortsetzung von Traditionen, der Bestand legitimer Ordnungen und die Kontinuität der Lebensgeschichte einzelner Personen immer stärker von Einstellungen abhängig werden, die im Falle ihrer Problematisierung auf Ja/Nein-Stellungnahmen zu kritisierbaren Geltungsansprüchen verweisen.[34] HABERMAS spricht von einer „Versprachlichung des Sakralen".[35] Das Rationalitätspotential verständigungsorientierten Handelns wird entbunden, der religiöse Grundkonsenses verflüssigt.[36] „... (D)ie sozialintegrativen und expressiven Funktionen, die zunächst von der rituellen Praxis erfüllt werden, gehen auf das kommunikative Handeln über." Dabei wird „die Autorität des Heiligen sukzessive durch die Autorität eines jeweils für begründet gehaltenen Konsenses ersetzt." „Die Entzauberung und Entmächtigung des sakralen Bereichs vollzieht sich auf dem Wege einer *Versprachlichung des rituell gesicherten normativen Grundeinverständnisses*." „Die Aura des Entzückens und Erschreckens, die vom Sakralen ausstrahlt, die *bannende* Kraft des Heiligen wird zur *bindenden* Kraft kritisierbarer Geltungsansprüche zugleich sublimiert und veralltäglicht."[37] „Die Sprache dient ...

---

[30] *Habermas, J. 1987* Band I (Fn. 1), 108.

[31] *Habermas, J. 1987* Band II (Fn. 3), *133.*

[32] *Habermas, J. 1987* Band I (Fn. 1), 107f.

[33] *Habermas, J. 1987* Band II (Fn. 3), 164.

[34] *Habermas, J. 1987* Band II (Fn. 3), 164.

[35] *Habermas, J. 1987* Band II (Fn. 3), 134.

[36] *Habermas, J. 1987* Band II (Fn. 3), 427.

[37] *Habermas, J. 1987* Band II (Fn. 3), 118f.

nicht mehr nur der Übertragung und *Aktualisierung* von vorsprachlich garantierten, sondern zunehmend auch der *Herbeiführung* von rational motivierten Einverständnissen ...".[38] Erst in einer dergestalt rationalisierten Lebenswelt übernimmt die Sprache die Funktion der Verständigung, der Handlungskoordinierung und der Vergesellschaftung von Individuen[39] und leistet die oben beschriebenen Beiträge zur Reproduktion der symbolischen Strukturen der Lebenswelt. Von dieser zu unterscheiden ist die „Erhaltung des materiellen Substrats der Lebenswelt." „Die *materielle Reproduktion* vollzieht sich durch das Medium der Zwecktätigkeit, mit der die vergesellschafteten Individuen in die Welt intervenieren, um ihre Ziele zu verwirklichen."[40]

Die These, daß der Rationalisierungsprozess zu einer Universalisierung von Recht und Moral führt, daß sich das rituell gesicherte Grundverständnis über konkrete Werte und Inhalte zu einem nur noch prozedural gesicherten Konsens über die Grundlagen einer kommunikativen Ethik verflüchtigt, daß aus dem Verfahrenskonsens die Inhalte herausgefiltert sind, könnte man unter Verweis darauf in Frage stellen, daß konkrete Wertinhalte in der kommunikativen Alltagspraxis zu traditional eingewöhnten konkreten Lebensformen verwoben bleiben.[41] Diesen Einwand läßt HABERMAS jedoch nicht gelten. Zwar gehorchen konkrete Lebensformen einem anderen Maßstab als dem der Universalisierung. Dennoch haben diese Lebensformen in modernen Gesellschaften ihre „totalisierende und damit *ausschließende* Kraft eingebüßt" und „sind dem Universalismus von Recht und Moral untergeordnet."[42] Daß die „formalen und materialen, die normativen und expressiven Bestandteile" der Wertinhalte sehr wohl auseinandergetreten sind, läßt sich nach HABERMAS daran ablesen, daß sie in der Massenkultur zu „stereotypen und gleichzeitig manipulierbaren Bestandteilen deflationiert" sind und in den „hermetischen Werken der modernen Kunst subjektiviert worden" sind.[43]

III. Wirtschaft und Staat: mediengesteuerte Handlungssysteme

Der beschriebene Rationalisierungsprozess hat nicht nur zur Ausdifferenzierung der strukturellen Komponenten der Lebenswelt und zur Umstellung der sozialen Integration auf kommunikatives Handeln geführt. Er hat auch die Voraussetzungen dafür geschaffen, daß Subsysteme zweckrationalen Handelns entstehen konnten, die die *materielle* Reproduktion der Lebenswelt, die Sicherung ihres *physischen*

---

38 *Habermas, J. 1987* Band II (Fn. 3), 163f.
39 *Habermas, J. 1987* Band II (Fn. 3), 134, 427.
40 *Habermas, J. 1987* Band II (Fn. 3), 209.
41 *Habermas, J. 1987* Band II (Fn. 3), 166.
42 *Habermas, J. 1987* Band II (Fn. 3), 166.
43 *Habermas, J. 1987* Band II (Fn. 3), 166.

Bestandes optimieren.[44] Subsysteme unterscheiden sich von der Lebenswelt durch den *Integrationsmechanismus*. In der Lebenswelt werden durch den „Mechanismus der Verständigung die Handlungs*orientierungen* aufeinander abgestimmt.“ Die Lebenswelt wird durch einen „normativ gesicherten oder kommunikativ erzielten Konsens“ integriert. („Sozialintegration“).[45] Systeme sind dagegen *formal* organisierte Handlungsbereiche, in denen nicht-intendierte Handlungszusammenhänge über die funktionale Vernetzung von Handlungs*folgen* stabilisiert werden. Sie werden „durch die nicht-normative Steuerung von subjektiv unkoordinierten Einzelentscheidungen integriert“ („Systemintegration“).[46] Dies bedeutet, daß der Handlungsablauf vom „>zweckrationalen< Sinnzusammenhang des jeweiligen spezialisierten Institutionsbereichs >objektiv< bestimmt“ wird. „In den >subjektiven< Sinnzusammenhang der Einzelbiographie ist er aber nicht mehr fraglos einfügbar.“[47] In diesen Subsystemen zweckrationalen Handelns werden Handlungen unter „Umgehung sprachlicher Konsensbildungsprozesse” koordiniert.[48] Die Handlungskoordinierung wird von der Sprache auf sogenannte Steuerungsmedien wie Geld, Macht und Recht umgestellt.

1. Medien

Als Medien bezeichnet HABERMAS „Spezialcodes”, „die von der normalen Sprache abgezweigt und auf Standardsituationen zugeschrieben sind”. Dank der in sie „eingebauten Präferenzstruktur” können sie Handlungsentscheidungen konditionieren, ohne daß außersystemische Ressourcen zur Verständigung in Anspruch genommen werden müssen.[49] Wegen ihrer empirisch motivierenden Kraft,[50] ist insbesondere die Verständigung über Handlungsmotive entbehrlich geworden.[51] Aufwand und Risiko sprachlicher Konsensbildungsprozesse erübrigen sich bei gleichzeitig wachsenden Chancen zweckrationalen Handelns.[52] Mediengesteuerte Subsysteme entstehen, wenn eine rationalisierte Lebenswelt den zunehmenden Komplexitätssteigerungen nicht mehr gewachsen ist und der Mechanismus der sozialen Integration überfordert ist: Da mit der Ausdifferenzierung kultureller Wert-

---

[44] *Habermas, J. 1987* Band II (Fn. 3), 169.

[45] *Habermas, J. 1987* Band II (Fn. 3), 226.

[46] *Habermas, J. 1987* Band II (Fn. 3), 226.

[47] *Luckmann, Th.:* Zwänge und Freiheiten im Wandel der Gesellschaftsstruktur. In: Neue Anthropologie, Band III, hrsg. v. H.G. Gadamer u.a. Stuttgart 1972, 190, zit. bei *Habermas, J. 1987* Band II (Fn. 3), 461.

[48] *Habermas, J.:* Stichworte zur geistigen Situation der Zeit, Band I. Frankfurt/M. 1979, 27.

[49] *Habermas, J.:* Entgegnung. In: Kommunikatives Handeln. Beiträge zu Jürgen Habermas' Theorie des kommunikativen Handelns, hrsg. v. A. Honneth u.a. Frankfurt/M. 1986, 327-405, 388.

[50] *Habermas, J. 1987* Band II (Fn. 3), 398.

[51] *Habermas, J.* 1986 (Fn. 49), 388.

[52] *Habermas, J. 1987* Band II (Fn. 3), 395.

sphären die Motiv- und Wertgeneralisierung fortschreitet, schrumpfen die Zonen des Unproblematischen. Die kommunikative Alltagspraxis zehrt immer weniger von einem lebensweltlichen Konsensvorschuß.[53] „Der wachsende Rationalitätsdruck, den eine problematisierte Lebenswelt auf den Verständigungsmechanismus ausübt, erhöht den Verständigungsbedarf, und damit nehmen der Interpretationsaufwand und das (mit der Inanspruchnahme von Kritikfähigkeiten steigende) Dissensrisiko zu."[54] Diese Anforderungen und Gefahren sind es, die im Bereich des erfolgsorientierten Handelns durch *systemische* Integrationsmechanismen abgefangen werden können.[55] Denn „der lebensweltliche Kontext, in den Verständigungsprozesse stets eingebettet sind", wird für „mediengesteuerte Interaktionen *entwertet*: die Lebenswelt wird für die Koordinierung von Handlungen nicht länger benötigt."[56]

2. Wirtschaft und Staat

Die zentralen Subsysteme sind Staat und Wirtschaft. Dem Staat ist der Macht-Code zuzuordnen. Die Wirtschaft wird über das Geldmedium gesteuert. Über Medien werden Handlungen nach einer „von Konsensbildungsprozessen unabhängigen Automatik koordiniert. Medien wie Macht und Geld haben eine empirisch motivierende Kraft.[57] „Denn Medien erlauben die Erzeugung und Vermittlung symbolischer Ausdrücke mit eingebauter Präferenzstruktur."[58] Diese ermöglicht in bestimmten Standardsituationen „eine generalisierte strategische Einflußnahme auf die Entscheidungen anderer Interaktionsteilnehmer unter Umgehung sprachlicher Konsensbildungsprozesse"[59]: „Im exemplarischen Falle des Geldes ist die *Standardsituation* durch den Vorgang des Gütertausches definiert. Die Tauschpartner verfolgen wirtschaftliche *Interessen*, indem sie bei der Verwendung knapper Ressourcen für alternative Zwecke das Verhältnis von Aufwand und Ertrag zu optimieren suchen. Dabei ist Nutzen der *generalisierte Wert,* wobei generalisiert heißen soll, daß er alle am Geldverkehr teilnehmenden Aktoren überall und jederzeit in gleicher Weise bindet. Der Geld-Code *schematisiert* mögliche Stellungnahmen von Alter in der Weise, daß dieser Egos Tauschangebot entweder annimmt oder ablehnt und damit einen Besitz erwirbt oder auf dessen Erwerb verzichtet. Unter diesen Bedingungen können Tauschpartner durch ihre Angebote ihre *Stellungnahmen* wechselseitig konditionieren, ohne sich auf die Kooperationsbereitschaft verlassen zu müssen, die im kommunikativen Handeln vorausgesetzt wird."[60] „Der Macht-

53 *Habermas, J. 1987* Band II (Fn. 3), 272.
54 *Habermas, J. 1987* Band II (Fn. 3), 272, auch 393.
55 *Habermas, J. 1987* Band II (Fn. 3), 393.
56 *Habermas, J. 1987* Band II (Fn. 3), 418.
57 *Habermas, J. 1987* Band II (Fn. 3), 398, auch 273.
58 *Habermas, J. 1987* Band II (Fn. 3), 395.
59 *Habermas, J. 1987* Band II (Fn. 3), 418.
60 *Habermas, J. 1987* Band II (Fn. 3), 395f.

Code gilt für die Standardsituation der Befolgung von Imperativen", die durch die „Disposition über Zwangsmittel" gedeckt sind.[61] Die Machthaber verfolgen Machtinteressen, wenn sie für bindende Entscheidungen Folgebereitschaft suchen.[62] „Wie im Falle des Geldes Nutzen, so ist hier Effizienz der Zielverwirklichung der generalisierte Wert. Der Macht-Code schematisiert mögliche Stellungnahmen von Alter in der Weise binär, daß sich dieser Egos Aufforderungen unterwerfen oder widersetzen kann; mit der ... für den Fall der Nichtausführung in Aussicht gestellten Sanktion ... ist in den Code eine Gehorsamspräferenz eingebaut. Der Machthaber kann „die Stellungnahme des Machtunterworfenen konditionieren, ohne auf dessen Kooperationsbereitschaft angewiesen zu sein."[63] Daß „der lebensweltliche Kontext, in den Verständigungsprozesse stets eingebettet sind", für „mediengesteuerte Interaktionen *entwertet*" und die Lebenswelt „für die Koordinierung von Handlungen nicht länger benötigt" wird,[64] läßt sich an den Bespielen des kapitalistischen Betriebs und der modernen Verwaltung illustrieren. Beide zeichnen sich als autonom gewordene Organisationen „vor allem dadurch aus, daß sie sich über pauschal akzeptierte Mitgliedschaftsbedingungen von kommunikativ strukturierten lebensweltlichen Zusammenhängen, von den konfliktanfälligen konkreten Wertorientierungen und Handlungsdispositionen der in die Organisationsumwelt abgeschobenen Personen unabhängig machen können."[65] Die *Mitgliedschaftsrolle* gewährleistet die Indifferenzbeziehung zwischen Organisation und *Persönlichkeit.* „Mit Hilfe der Mitgliedschaftsrolle kann die Motivation zur Teilnahme am System, losgelöst von den systeminternen Handlungserfordernissen, gesichert und in generalisierter Form für eine sachlich komplexe und zeitlich flexible interne Systemstruktur nutzbar gemacht werden."[66] Die Indifferenz zwischen Organisation und *Kultur* ergibt sich aus der „ideologischen Neutralität" der Organisation, mit der sie sich der „Gewalt von Traditionen, die sonst den Spielraum und die souveräne Handhabung ihrer Programmgestaltungskompetenz einschränken müßten, (entzieht)."[67] Schließlich machen sich Organisationen von lebensweltlichen Kontexten dadurch unabhängig, „daß sie den normativen Hintergrund informell eingewöhnter, sittlich regulierter Handlungszusammenhänge neutralisieren."[68]

Die Entstehung eines gesellschaftlichen Subsystems kann nur gelingen, wenn Organisationsformen entstehen, die den systeminternen Verkehr, aber vor allem

---

[61] *Habermas, J. 1987* Band II (Fn. 3), 401.
[62] *Habermas, J. 1987* Band II (Fn. 3), 402.
[63] *Habermas, J. 1987* Band II (Fn. 3), 401.
[64] *Habermas, J. 1987* Band II (Fn. 3), 418.
[65] *Habermas, J. 1987* Band II (Fn. 3), 257.
[66] *Habermas, J. 1987* Band II (Fn. 3), *456.*
[67] *Habermas, J. 1987* Band II (Fn. 3), 456f.
[68] *Habermas, J. 1987* Band II (Fn. 3), 457.

den Verkehr mit den relevanten *Umwelten* unter *mediale* Kontrolle bringen.[69] „Die Austauschbeziehungen (der Wirtschaft) mit den privaten Haushalten und dem Verwaltungssystem werden, was sich an evolutionären Innovationen wie Lohnarbeit und Steuerstaat zeigt, monetarisiert."[70] Dennoch vernetzen sich auch „innerhalb formal organisierter Handlungsbereiche ... die Interaktionen noch über den Mechanismus der Verständigung." Das Organisationshandeln steht jedoch „*unter den Prämissen* eines formell geregelten Handlungsbereichs." „Weil dieser durch rechtsförmige Organisation sittlich neutralisiert ist, *verliert kommunikatives Handeln im Binnenraum von Organisationen seine Geltungsgrundlage.* Organisationsmitglieder handeln kommunikativ *unter Vorbehalt*. Sie wissen, daß sie nicht nur im Ausnahme-, sondern auch im Routinefall auf formelle Regelungen rekurrieren *können:* sie sind nicht *genötigt,* mit kommunikativen Mitteln Konsens zu erzielen."[71] „Daß die Externalisierung lebensweltlicher Kontexte nicht restlos gelingen kann, zeigt schon die informelle Organisation, auf die sich jede formelle stützen muß."[72]

3. Institutionalisierung der Steuerungsmedien

Weil die Lebenswelt das „Subsystem" bleibt, „das den Bestand des Gesellschaftssystems im ganzen definiert", bedürfen die Steuerungsmedien einer „Verankerung in der Lebenswelt – sie müssen institutionalisiert werden."[73] Die Entkoppelung von System und Lebenswelt macht eine förmliche Rückkoppelung der Medien an die Lebenswelt nötig. Für das Geldmedium hat sie die „Gestalt der privatrechtlichen Normierung von Tauschbeziehungen durch Eigentum und Vertrag".[74] Macht wird über die „öffentlichrechtliche Organisation von Ämtern institutionalisiert".[75] Neben der rechtlichen Normierung bedarf Macht jedoch noch einer weiteren Vertrauensgrundlage, nämlich der *Legitimation.*[76] Warum Macht nach einer „anspruchsvolleren normativen Verankerung verlangt als Geld, kann man sich an den zugrundeliegenden Standardsituationen klarmachen. Während die Tauschbeziehung keinen der Beteiligten strukturell in seinem Nutzenkalkül benachteiligt und der Tauschvorgang, wie wir sagen, im beiderseitigen Interesse liegt, ist der Weisungsgebundene gegenüber dem Machthaber strukturell benachteiligt. Dieser stützt sich auf die Möglichkeit, dem Ungehorsamen Schaden zuzufügen ... . Diese in der Standardsituation angelegte und in den Machtcode eingehende Benachteiligung der einen Seite kann allerdings durch den Bezug auf kollektive erwünschte Ziele kom-

---

[69] Für das Wirtschaftssystem, *Habermas, J. 1987* Band II (Fn. 3), 399.

[70] *Habermas, J. 1987* Band II (Fn. 3), 399.

[71] *Habermas, J. 1987* Band II (Fn. 3), 459f.

[72] *Habermas, J. 1987* Band II (Fn. 3), 460.

[73] *Habermas, J. 1987* Band II (Fn. 3), 230.

[74] *Habermas, J. 1987* Band II (Fn. 3), 398f.

[75] *Habermas, J. 1987* Band II (Fn. 3), 404.

[76] *Habermas, J. 1987* Band II (Fn. 3), 404.

pensiert werden."[77] „Erst der Bezug auf legitimationsfähige kollektive Ziele stellt in der Machtbeziehung das Gleichgewicht her, das in der idealtypischen Tauschbeziehung von vornherein angelegt ist."[78]

Das positive Recht ermöglicht eine formale Organisation mediengesteuerter Systeme, weil es die auftretenden Sozialbeziehungen erst erzeugt. In vormodernen Gesellschaften waren die Institutionen gesellschaftlicher Arbeit und politischer Herrschaft nur rechtlich überformt und garantiert. „(I)n modernen Gesellschaften werden sie durch Ordnungen privaten Eigentums und legaler Herrschaft ersetzt, die *unmittelbar* in den Formen positiven Rechts auftreten. Das moderne Zwangsrecht ist von sittlichen Motiven entkoppelt; es funktioniert als Mittel der Ausgrenzung von Bereichen legitimer Willkür für private Rechtspersonen bzw. von Spielräumen legaler Befugnis für Amtsinhaber (für Inhaber organisierter Machtpositionen überhaupt) ... Das Recht setzt nicht mehr an vorgefundenen Kommunikationsstrukturen an, sondern erzeugt kommunikationsmediengerechte Verkehrsformen und Weisungsketten, wobei die traditional eingelebten Kontexte verständigungsorientierten Handelns in Systemumwelten abgeschoben werden."[79]

4. Entwicklungslogische Voraussetzungen der Entstehung von Subsystemen

Die beschriebene Entkoppelung von System und Lebenswelt setzt entwicklungslogisch eine rationalisierte Lebenswelt voraus: Denn erst in einer rationalisierten Lebenswelt ist die Unterscheidung zwischen erfolgsorientiertem und verständigungsorientiertem Handeln möglich, und erst in einer rationalisierten Lebenswelt entsteht ein formales Recht, mit dem sich die Steuerungsmedien in der Lebenswelt verankern lassen: Verständigungs- und erfolgsorientiertes Handeln können erst auseinandertreten, wenn sich die strukturellen Komponenten der Lebenswelt ausdifferenziert haben, die objektive Welt klar von der sozialen und der subjektiven Welt unterschieden wird und „Geltungsbegriffe wie Moralität und Wahrheit" nicht mehr mit „empirischen Ordnungsbegriffen wie Kausalität und Gesundheit zusammengedacht" werden.[80] Die Verrechtlichung von sozialen Beziehungen erfordert ein hohes Maß an Wertgeneralisierung, insbesondere die „Aufspaltung der konkreten Sittlichkeit in Moralität und Legalität."[81] Ein Korpus autonomen, gesetzten Rechts kann erst entstehen, wenn die kulturellen Überlieferungen so weit verflüssigt sind, daß legitime Ordnungen traditionsfester dogmatischer Grundlagen entbehren können. Schließlich müssen die Menschen sich soweit von traditionalen normativen Ordnungen emanzipiert haben, daß sie innerhalb des Kontingenzspiel-

---

[77] *Habermas, J. 1987* Band II (Fn. 3), 405.
[78] *Habermas, J. 1987* Band II (Fn. 3), 406.
[79] *Habermas, J. 1987* Band II (Fn. 3), *458.*
[80] *Habermas, J. 1987* Band II (Fn. 3), *238, 269.*
[81] *Habermas, J. 1987* Band II (Fn. 3), 469f.

raums abstrakt und allgemein normierter Handlungsbereiche autonom handeln können.[82]

5. Austauschbeziehungen zwischen System und Lebenswelt

Weil gesellschaftliche Subsysteme, die über Medien ausdifferenziert werden, sich gegenüber einer in die Systemumwelt abgedrängten Lebenswelt selbständig machen, erscheint aus der Lebensweltperspektive „die Umstellung des Handelns auf Medien sowohl als eine Entlastung von Kommunikationssaufwand und -risiko wie auch als eine Konditionierung von Entscheidungen in erweiterten Kontingenzspielräumen." HABERMAS spricht von einer „*Mediatisierung*" oder „*Technisierung*" der Lebenswelt.[83] Gleichzeitig wird die Lebenswelt von den komplexen, formal organisierten Handlungssphären zunehmend abhängig, weil diese die materielle Reproduktion der Lebenswelt übernehmen. Die Austauschbeziehungen zwischen den beiden Sphären lassen sich nur vor dem Hintergrund der Reaktion der Lebenswelt auf die Ausdifferenzierung der Subsysteme Wirtschaft und Staat spezifizieren: In der bürgerlichen Gesellschaft formieren sich die sozial integrierten Handlungsbereiche gegenüber den systemisch integrierten Handlungsbereichen, gegenüber kapitalistischer Wirtschaft und moderner Staatsgewalt „als Privatsphäre und Öffentlichkeit, die komplementär aufeinander bezogen sind. Den institutionellen Kern der Privatsphäre bildet die von produktiven Funktionen entlastete auf Sozialisationsaufgaben spezialisierte Kleinfamilie, die aus der Systemperspektive der Wirtschaft als die Umwelt der *privaten Haushalte* definiert wird. Den institutionellen Kern der *Öffentlichkeit* bilden jene durch Kulturbetrieb, Presse und später Massenmedien verstärkten Kommunikationsnetze, die die Teilnahme eines Publikums der kunstgenießenden Privatleute an der Reproduktion der Kultur und die Teilnahme des Staatsbürgerpublikums an der durch öffentliche Meinung vermittelten sozialen Integration ermöglichen. Die kulturelle und politische Öffentlichkeit werden aus der Systemperspektive des Staates als die für die *Legitimationsbeschaffung* relevante Umwelt definiert. Aus dem Blickwinkel der Subsysteme Wirtschaft und Staat vollziehen sich nun die Interaktionen mit der jeweils angrenzenden Sphäre der Lebenswelt in der Form parallel geschalteter Austauschbeziehungen. Das Wirtschaftssystem tauscht Lohn gegen Arbeitsleistungen (als Faktoreingabe) sowie Güter und Dienstleistungen (als Ausgabe eigener Produkte) gegen die Nachfrage von Konsumenten", von privaten Haushalten. „Die öffentliche Administration tauscht Organisationsleistungen gegen Steuern (als Faktoreingabe) und politische Entscheidungen (als Ausgabe eigener Produkte) gegen Massenloyalität."[84] „Aus der Perspektive der Lebenswelt kristallisieren sich um diese Austauschbeziehungen die sozialen Rollen des Beschäftigten und des Konsumenten auf der einen, des Klien-

[82] *Habermas, J. 1987* Band II (Fn. 3), 469f.

[83] *Habermas, J. 1987* Band II (Fn. 3), 418.

[84] *Habermas, J. 1987* Band II (Fn. 3), 471f.

ten und des Staatsbürgers auf der andern Seite."[85] HABERMAS vernachlässigt einfachheitshalber die Rollenstruktur des Kunstbetriebs und der künstlerisch-literarischen Öffentlichkeit.[86]

6. Kosten und Nutzen der Entkopplung von System und Lebenswelt

„Monetarisierung und Bürokratisierung von Arbeitskraft und staatlichen Leistungen vollziehen sich, historisch betrachtet, keineswegs schmerzlos, sondern um den Preis der Zerstörung traditionaler Lebensformen. Die Widerstände gegen die Entwurzelung der plebejischen Landbevölkerung und des städtischen Proletariats, Revolten gegen die Durchsetzung des Obrigkeitsstaates, gegen Steuern, Preisverordnungen, Gewerbevorschriften, gegen die Aushebung von Söldnern usw. säumen den Pfad der kapitalistischen Modernisierung. Die zunächst eher defensiven Reaktionen werden seit dem 19. Jahrhundert von Kämpfen der organisierten Arbeiterbewegung abgelöst. Ungeachtet der destruktiven Nebenwirkungen des gewaltsamen Akkumulations- und Staatsbildungsprozesses entwickeln die neuen Organisationsformen dank der größeren Effektivität des überlegenen Integrationsniveaus eine große Durchsetzungs- und Beharrungskraft."[87] Es erweist sich, daß kapitalistische Produktionsweise und bürokratisch-legale Herrschaft Aufgaben der materiellen Reproduktion der Lebenswelt besser erfüllen als die feudalistischen oder ständestaatlichen Vorgängerinstitutionen.[88] Außerdem werden die sozialdestruktiven Folgen der Entkoppelung von System und Lebenswelt zumindest bis ins 18. Jahrhundert durch die herrschenden Weltbilder ideologisch abgeschirmt.[89]

Nach HABERMAS ist die weitgehende Entkoppelung von System und Lebenswelt „eine notwendige Bedingung für den Übergang von den stratifizierten Klassengesellschaften des europäischen Feudalismus zu den ökonomischen Klassengesellschaften der frühen Moderne."[90] Daß und warum das kapitalistische Muster der Modernisierung dadurch gekennzeichnet ist, „daß die symbolischen Strukturen der Lebenswelt unter den Imperativen der über Geld und Macht ausdifferenzierten und verselbständigten Subsysteme verformt, d.h. verdinglicht werden"[91], wird im Folgenden expliziert.

---

[85] *Habermas, J. 1987* Band II (Fn. 3), 472.
[86] *Habermas, J. 1987* Band II (Fn. 3), 472.
[87] *Habermas, J. 1987* Band II (Fn. 3), 474.
[88] *Habermas, J. 1987* Band II (Fn. 3), 474.
[89] *Habermas, J. 1987* Band II (Fn. 3), 280-292.
[90] *Habermas, J. 1987* Band II (Fn. 3), 420.
[91] *Habermas, J. 1987* Band II (Fn. 3), 420.

IV. Kolonialisierung der Lebenswelt

In seiner Gesellschaftstheorie sucht HABERMAS nach einem Erklärungsmodell für die sozialpathologischen Erscheinungen in spätkapitalistischen Gesellschaften. Sein Anliegen ist es, den emanzipatorischen Gehalt der gesellschaftlichen Modernisierung gegen kulturpessimistische, modernisierungsfeindliche Angriffe zu verteidigen. Dabei geht er der Frage nach, „ob nicht die Rationalisierung der Lebenswelt mit dem Übergang zur modernen Gesellschaft paradox wird", weil die „rationalisierte Lebenswelt die Entstehung und das Wachstum der Subsysteme (ermöglicht), deren verselbständigte Imperative auf sie selbst destruktiv zurückwirken."[92] Er diagonstiziert eine „pathogene Verarbeitung von Konflikten zwischen Forderungen der sozialen und der funktionalen Integration", die er mit Hilfe des oben eingeführten „zweistufigen, Lebenswelt und System verknüpfenden Gesellschaftskonzepts verständlich machen will."[93] Dabei geht es HABERMAS darum, die *Paradoxie* der gesellschaftlichen Rationalisierung offenzulegen, um nicht die *Pathologien* posttraditionaler Gesellschaften auf die Rationalisierung der Lebenswelt *selber* zurückführen zu müssen.[94] Er versucht zu bestimmen, wann die *Technisierung* oder *Mediatisierung* der Lebenswelt in eine *Kolonialisierung* umschlägt, versucht die Zerstörung *traditionaler* Lebensformen von der Verdinglichung *postraditionaler* Lebenswelten zu unterscheiden.[95] Nur so läßt sich erklären, „warum die mit der Rationalisierung der Lebenswelt eröffneten Spielräume für moralisch-praktische Willensbildung, expressive Selbstdarstellung und ästhetische Befriedigung nicht ausgenutzt werden können."[96]

1. Kolonialisierung

Zu einer Kolonialisierung der Lebenswelt kommt es, wenn die Lebenswelt selbst unter den Einfluß der Medien Macht, Geld und Recht gerät und Privatsphäre und Öffentlichkeit, also herkömmlich über kommunikatives Handeln integrierte Lebensbereiche, auf systemische Integrationsmechanismen umgestellt werden, wenn „Formen ökonomischer und administrativer Rationalität in Handlungsbereiche (eindringen), die sich der Umstellung auf die Medien Geld und Macht widersetzen, weil sie auf kulturelle Überlieferung, soziale Integration und Erziehung spezialisiert sind und auf Verständigung als Mechanismus der Handlungskoordinierung angewiesen bleiben."[97] Aufgrund der Instrumentalisierung der Lebenswelt für systemische Zwänge leidet die kommunikative Alltagspraxis, die von Haus aus auf ein Zusammenspiel des Kognitiven mit dem Moralisch-Praktischen und dem Ästhe-

---

[92] *Habermas, J. 1987* Band II (Fn. 3), 277.
[93] *Habermas, J. 1987* Band II (Fn. 3), *346.*
[94] *Habermas, J. 1987* Band II (Fn. 3), 222.
[95] *Habermas, J. 1987* Band II (Fn. 3), 501.
[96] *Habermas, J. 1987* Band II (Fn. 3), 484.
[97] *Habermas, J. 1987* Band II (Fn. 3), 488.

tisch-Expressiven angelegt ist, an einer einseitigen Ausrichtung auf kognitiv-instrumentelle Handlungsorientierungen.[98] Wo immer die Imperative der Subsysteme in die kulturelle Reproduktion, die soziale Integration und die Sozialisation eingreifen, werden lebensweltliche Ressourcen für die Legitimationsbeschaffung und für Zwecke der ökonomischen Optimierung verbraucht, ohne daß sie über Mechanismen der Systemintegration regeneriert werden könnten. Denn diese suspendieren reproduktive sprachliche Konsensbildungsprozesse, ohne sie ersetzen zu können. Der Zugriff systemischer Imperative auf kommunikativ strukturierte Lebenszusammenhänge erweist sich als parasitär: Er zehrt die symbolischen Ressourcen der Lebenswelt auf, ohne ihre Reproduktion gewährleisten zu können. Die Umstellung sozial integrierter Lebenszusammenhänge auf systemische Integrationsmechanismen hat pathologische Folgen: Zu den Phänomenen der Verdinglichung der Alltagspraxis gehören die „Instrumentalisierung der Berufsarbeit, die Mobilisierung am Arbeitsplatz, die Verlängerung von Konkurrenz- und Leistungsdruck bis in die Grundschule, die Monetarisierung von Diensten, Beziehungen und Lebensbereichen, die konsumistische Umdefinition des persönlichen Lebensbereichs, ... die Bürokratisierung und Verrechtlichung von privaten, informellen Handlungsbereichen, vor allem die politisch-administrative Erfassung von Schule, Familie, Erziehung, kultureller Reproduktion überhaupt."[99]

2. Reproduktionsstörungen

Wo auch immer Lebensbeziehungen aus lebensweltlichen Zusammenhängen gerissen werden und unter den Einfluß von Steuerungsmedien geraten, wird Kommunikation unterbunden oder überflüssig. Da die symbolische Reproduktion einer rationalisierten Lebenswelt allein durch kommunikatives Handeln gewährleistet wird und durch Mechanismen der Systemintegration nicht aufgefangen werden kann, weil diese zur symbolischen Reproduktion nichts beitragen können, führen Unterbrechungen des *kommunikativen* Reproduktionskreises unweigerlich zu einer „Verarmung an Ausdrucks- und Kommunikationsmöglichkeiten“.[100] Störungen der kulturellen Reproduktion manifestieren sich in einem Sinnverlust und führen zu Legitimationsentzug, Orientierungs- und Erziehungskrisen. Aktoren können den „mit neuen Situationen auftretenden Verständigungsbedarf aus ihrem kulturellen Wissensvorrat nicht mehr decken. Die als gültig akzeptierten Deutungsschemata versagen und die Ressource >Sinn< verknappt.“[101] Störungen der sozialen Integration treten als Anomie, als Verunsicherung der kollektiven Identität und als Entfremdung in Erscheinung. Die Aktoren können „den mit neuen Situationen auftretenden Koordinationsbedarf aus dem Bestand an legitimem Ordnungen nicht mehr decken. Die legitim geregelten sozialen Zugehörigkeiten reichen nicht mehr aus

---

[98] *Habermas, J. 1987* Band II (Fn. 3), 481.

[99] *Habermas, J. 1979* Band I (Fn. 48), 27; *Habermas, J. 1987* Band II (Fn. 3), 581.

[100] *Habermas, J. 1979* Band I (Fn. 48), 28.

[101] *Habermas, J. 1987* Band II (Fn. 3), 212f., Fig. 22, 215.

und die Ressource >gesellschaftliche Solidarität< verknappt.“[102] Störungen des Sozialisationsvorgangs manifestieren sich in Psychopathologien und Motivationsentzug. „In diesen Fällen reichen die Fähigkeiten der Aktoren nicht aus, die Intersubjektivität gemeinsam definierter Handlungssituationen aufrechtzuerhalten. Das Persönlichkeitssystem kann seine Identität nur noch mit Hilfe von Abwehrstrategien wahren, die eine realitätsgerechte Teilnahme an Interaktionen beeinträchtigen, so daß die Ressource >Ich-Stärke< verknappt.“[103]

Fig. 22 Krisenerscheinungen bei Reproduktionsstörungen[104]

Strukturelle Komponenten Störungen im Bereich der	**Kultur**	**Gesellschaft**	**Person**	Bewertungsdimension
Kulturellen Reproduktion	**Sinnverlust**	Legitimationsentzug	Orientierungs- und Erziehungskrisen	Rationalität des Wissens
Sozialen Integration	Verunsicherung der kollektiven Identität	**Anomie**	Entfremdung	Solidarität der Angehörigen
Sozialisation	Traditions-Abbruch	Motivationsentzug	**Psychopathologien**	Zurechnungs-Fähigkeit der Person

3. Von der Mediatisierung zur Kolonialisierung der Lebenswelt

Da HABERMAS die Rationalisierung der Lebenswelt und die Entkoppelung von System und Lebenswelt als das positive Resultat gesamtgesellschaftlicher Modernisierungsprozesse begreift, muß präzisiert werden, wann die „Mediatisierung der Lebenswelt in eine Kolonialisierung umschlägt.“[105] Auch die Mediatisierung hat sich historisch betrachtet in Form der „Monetarisierung und Bürokratisierung von Arbeitskraft und staatlichen Leistungen, ... keineswegs schmerzlos, sondern um den Preis der Zerstörung traditionaler Lebensformen (vollzogen).“[106] Dennoch

[102] *Habermas, J. 1987* Band II (Fn. 3), 213, Fig. 22, 215.

[103] *Habermas, J. 1987* Band II (Fn. 3), 213, Fig. 22, 215.

[104] *Habermas, J. 1987* Band II (Fn. 3), 215.

[105] *Habermas, J. 1987* Band II (Fn. 3), *471.*

[106] *Habermas, J. 1987* Band II (Fn. 3), 474.

wurden die neuen Organisationsformen akzeptiert, weil kapitalistische Produktionsweise und bürokratisch-legale Herrschaft Aufgaben der materiellen Reproduktion der Lebenswelt besser erfüllen können.[107] Zur Kolonialisierung kommt es erst, „wenn die Zerstörung traditionaler Lebensformen nicht mehr durch die effektivere Erfüllung gesamtgesellschaftlicher Funktionen ausgeglichen werden kann."[108] Sobald „Bestandteile der privaten Lebensführung und einer kulturell-politischen Lebensform durch die monetäre Umdefinition von Zielen, Beziehungen und Diensten, von Lebensräumen und Lebenszeiten sowie durch die Bürokratisierung von Entscheidungen, Pflichten und Rechten, Verantwortlichkeiten und Abhängigkeiten aus den symbolischen Strukturen der Lebenswelt herausgebrochen werden, macht sich nämlich die Funktionsgebundenheit der Medien Geld und Macht bemerkbar."[109] Es zeigt sich, daß nur die Handlungsbereiche, die ökonomische und politische *Funktionen* erfüllen, auf Steuerungsmedien umgestellt werden können. Medien „versagen (dagegen) in Bereichen der kulturellen Reproduktion, der sozialen Integration und der Sozialisation; sie können den handlungskoordinierenden Mechanismus der Verständigung in diesen Funktionen nicht ersetzen. Anders als die *materielle* Reproduktion der Lebenswelt kann deren *symbolische* Reproduktion nicht ohne pathologische Nebeneffekte auf die Grundlagen systemischer Integration umgepolt werden."[110]

4. Komplementärsyndrom: Kulturelle Verarmung

Die Kolonialisierung der Lebenswelt ist jedoch nicht die einzige paradoxe Folge der gesellschaftlichen Rationalisierung. HABERMAS sieht eine in ihrer Traditionssubstanz entwertete Lebenswelt auch von Erscheinungen der *kulturellen Verarmung* bedroht.[111] Im Zuge gesellschaftlicher Rationalisierungsprozesse haben sich neben den strukturellen Komponenten der Lebenswelt (Kultur, Gesellschaft, Person)[112] auch die Wertsphären Wissenschaft, Moral und Kunst ausdifferenziert, kulturelle Handlungssysteme also, in denen „die wissenschaftlichen Diskurse, die moral- und rechtstheoretischen Untersuchungen (und) Kunstproduktion und Kunstkritik als Angelegenheit von Fachleuten institutionalisiert (worden sind)."[113] In diesen kulturellen Handlungssystemen werden die kulturellen Überlieferungen unter jeweils *einem* abstrakten Geltungsaspekt professionell bearbeitet.[114] „Als eine Folge dieser Professionalisierung wächst der Abstand zwischen den Expertenkulturen und dem breiten Publikum. Was der Kultur durch spezialisierte Bearbeitung

---

[107] *Habermas, J. 1987* Band II (Fn. 3), 474.
[108] *Habermas, J. 1987* Band II (Fn. 3), 476.
[109] *Habermas, J. 1987* Band II (Fn. 3), 476.
[110] *Habermas, J. 1987* Band II (Fn. 3), 476f.
[111] *Habermas, J. 1987* Band II (Fn. 3), 481.
[112] Dazu bereits oben II. 1.
[113] *Habermas, J. 1987* Band II (Fn. 3), 481f.
[114] *Habermas, J. 1987* Band II (Fn. 3), 481f.

und Reflexion zuwächst, gelangt nicht *ohne Weiteres* in den Besitz der Alltagspraxis."[115] „Die Verständigungsprozesse, in denen die Lebenswelt zentriert ist, bedürfen (aber) einer kulturellen Überlieferung *auf ganzer Breite.* In der kommunikativen Alltagspraxis müssen sich kognitive Deutungen, moralische Erwartungen, Expressionen und Bewertungen durchdringen."[116] Die kommunikative Infrastruktur ist also „von zwei ineinandergreifenden, sich gegenseitig verstärkenden Tendenzen bedroht: von *systemisch induzierter Verdinglichung* und *kultureller Verarmung.* Die Lebenswelt wird an verrechtlichte, formal organisierte Handlungsbereiche assimiliert und gleichzeitig vom Zufluß einer ungebrochenen kulturellen Überlieferung abgeschnitten. So verbinden sich in den Deformationen der Alltagspraxis die Erstarrungs- mit den Verödungssymptomen. Das eine Moment, die einseitige Rationalisierung der Alltagskommunikation, geht auf die Verselbständigung von mediengesteuerten Subsystemen zurück, die sich nicht nur jenseits des Horizonts der Lebenswelt zu einer normfreien Realität versachlichen, sondern mit ihren Imperativen in die Kernbereiche der Lebenswelt eindringen. Das andere Moment, das Absterben vitaler Überlieferungen, geht auf eine Ausdifferenzierung von Wissenschaft, Moral und Kunst zurück, die nicht nur das Autonomwerden von spezialistisch bearbeiteten Sektoren bedeutet, sondern auch die Abspaltung von den unglaubwürdig gewordenen Traditionen, die sich auf dem Boden der Alltagshermeneutik in entmächtigter Naturwüchsigkeit fortbilden."[117] Das Alltagsbewußtsein sieht sich „an Traditionen verwiesen, die in ihrem Geltungsanspruch bereits suspendiert sind, und bleibt ..., wo es sich dem Bannkreis des Traditionalismus entzieht, hoffnungslos zersplittert", „fragmentiert".[118] Gerade wegen dieser *Fragmentierung* ist ihm die Aufklärung über den Mechanismus der Kolonialisierung unmöglich. „(D)ie zerstreuten Perspektiven der heimischen Kultur lassen sich nicht so weit koordinieren, daß das Spiel der Metropolen und des Weltmarktes von der Peripherie her durchschaut werden könnte."[119] Hier zeigt sich, daß die Theorie der spätkapitalistischen Verdinglichung durch eine Analyse der kulturellen Moderne flankiert werden muß. Diese hat die „kulturelle Verarmung und die Fragmentierung des Alltagsbewußtseins zu erklären" und „die Bedingungen für eine Rückkoppelung der rationalisierten Kultur mit einer auf vitale Überlieferungen angewiesenen Alltagskommunikation zu untersuchen."[120]

5. Kolonialisierung in spätkapitalistischen Gesellschaften

Erklärungsbedürftig bleibt zweierlei: Erstens warum Pathologien dieser Art *überhaupt* auftreten, „warum die mediengesteuerten Subsysteme eine *unaufhaltsame*

---

[115] *Habermas, J. 1987* Band II (Fn. 3), 482.
[116] *Habermas, J. 1987* Band II (Fn. 3), 483.
[117] *Habermas, J. 1987* Band II (Fn. 3), 483.
[118] *Habermas, J. 1987* Band II (Fn. 3), 522.
[119] *Habermas, J. 1987* Band II (Fn. 3), 522.
[120] *Habermas, J. 1987* Band II (Fn. 3), 522.

Eigendynamik entfalten, welche gleichzeitig die Kolonialisierung der Lebenswelt und deren Segmentierung von Wissenschaft, Moral und Kunst *verursacht.*“[121] Zweitens ist zu fragen, welche Handlungssituationen sich der Umstellung auf systemische Integrationsmechanismen aus welchen Gründen widersetzen. HABERMAS will sich nicht damit abfinden, daß „der Ausbau von Institutionen der Freiheit, die die kommunikativ strukturierten Handlungsbereiche in Privatsphäre und Öffentlichkeit vor der verdinglichenden Eigendynamik des wirtschaftlichen und administrativen Handlungssystems schützen“, ebenso wenig gelingt, wie die „Rückkoppelung der modernen Kultur mit einer auf sinnstiftende Traditionen angewiesenen, aber traditionalistisch verarmten Alltagspraxis.“[122] Da die Rationalisierung der Lebenswelt Spielräume für moralisch-praktische Willensbildung, expressive Selbstdarstellung und ästhetische Befriedigung eröffnet, drängt sich die Frage auf, warum sie nicht ausgenutzt werden.[123] Die Paradoxie der gesellschaftlichen Rationalisierung ist für HABERMAS daher erst vollständig rekonstruiert, wenn geklärt ist, „warum die Ausdifferenzierung von wirtschaftlichen und administrativen Handlungssystemen über die Grenze der in modernen Gesellschaften funktional notwendigen Institutionalisierung von Geld und Macht hinausschießt“, wenn geklärt ist, warum die kulturelle Rationalisierung nicht nur die Eigengesetzlichkeit kultureller Wertsphären freisetzt, sondern gleichzeitig in Expertenkulturen eingekapselt bleibt, warum die modernen Wissenschaften dem technischen Fortschritt, der Beförderung des kapitalistischen Wachstums und der rationalen Verwaltung dienen, aber nicht dem Welt- und Selbstverständnis kommunizierender Bürger, warum überhaupt die explosiven Gehalte der kulturellen Moderne entschärft werden.“[124]

Nach HABERMAS entfalten die sozialen Systeme eine intrinsische Wachstumsdynamik. Sie lösen endogen produzierte Probleme im Wege der Steigerung von Systemkomplexität, d.h. mit einer Ausweitung formal organisierter Handlungssphären und im Wege der internen Verdichtung.[125] Weil in das ökonomische System ein Klassenantagonismus eingebaut ist, birgt seine Expansion ursprünglich ein sozial explosives Potential, das gesellschaftlichen Widerstand auf Seiten der Lebenswelt hätte mobilisieren können. Die durch ökonomisches Wachstum ausgelösten Konflikte werden jedoch durch sozialstaatliche Regulierungen aufgefangen, die durch die Gewährung von mehr Lohn, mehr Freizeit und mehr Konsum auf eine privatistische Befriedigung hinauslaufen. Dabei behalten staatliche Eingriffe, „die *indirekte* Form der Manipulation von Randbedingungen privater Unternehmensentscheidungen und die *reaktive* Form von Strategien der Vermeidung oder der

[121] *Habermas, J. 1987* Band II (Fn. 3), 488.

[122] *Habermas, J. 1987* Band II (Fn. 3), 484.

[123] *Habermas, J. 1987* Band II (Fn. 3), 485.

[124] *Habermas, J. 1987* Band II (Fn. 3), 483f.

[125] *Habermas, J. 1987* Band II (Fn. 3), 515.

Kompensation von Nebenwirkungen."[126] Ökonomische Krisentendenzen werden dabei nicht nur „administrativ bearbeitet, gestreckt und aufgefangen, sondern unbeabsichtigt ins administrative Handlungssystem verlagert."[127] Dies ist nicht ungefährlich, weil das Subsystem Staat, wie unter III. dargelegt, auf Legitimation angewiesen bleibt. Da in modernen Massendemokratien die Universalisierung der Staatsbürgerrolle mit der Segmentierung dieser Rolle vom Entscheidungsprozeß und damit mit einer Reinigung der politischen Teilhabe von partizipatorischen Gehalten einhergeht, ist die Legitimation des Systems ohnehin brüchig.[128] Weil aber zwischen Kapitalismus und Demokratie ein „*unauflösliches* Spannungsverhältnis" besteht, muß der Staat darüber hinaus einen schwierigen Balanceakt leisten: Er muß den „Primat der Lebenswelt gegenüber den aus ihren institutionellen Ordnungen ausgegliederten Subsystemen behaupten"[129] und gleichzeitig gewährleisten, daß die kapitalistische Eigendynamik des Wirtschaftssystems von lebensweltlichen Restriktionen freigehalten wird. Dabei besteht immer das Risiko, daß „Probleme, die in der Arbeitswelt entstehen, aus den privaten in öffentliche Lebenssphären verschoben und dort unter Bedingungen konkurrenzdemokratischer Willensbildung in Legitimationshypotheken verwandelt werden."[130] Letztlich sichert sich das politische System die machterhaltende Massenloyalität auf positivem wie auf selektivem Wege: „(S)elektiv durch Ausschluß von Themen und Beiträgen aus der öffentlichen Diskussion", „positiv durch Aussicht auf Einlösung sozialstaatlicher Programmatiken"[131]: Durch die arbeits- und sozialrechtliche Gesetzgebung sind der „Beschäftigungsrolle ihre krankmachenden proletarischen Züge"[132] genommen worden. Durch die Sozialpolitik, die extreme Benachteiligungen und Unsicherheiten auffängt und kompensiert, konnte ein „Gleichgewicht zwischen dieser „normalisierten Beschäftigungsrolle und (einer) aufgewerteten Konsumentenrolle"[133] hergestellt werden. Dadurch daß der Sozialstaat „für die Neutralisierung der verallgemeinerten Staatsbürgerrolle ... in der Münze der Gebrauchswerte (zahlt), die Staatsbürger als Klienten wohlfahrtsstaatlicher Bürokratien erhalten,"[134] wird ein Gleichgewicht zwischen einer „neutralisierten Staatsbürger- und einer aufgeblähten Klientenrolle hergestellt."[135] Die sozialstaatliche Massendemokratie bewährt sich also als „ein Arrangement, welches den ins Wirtschaftssystem nach wie vor eingebauten Klassenantagonismus ... unschädlich macht, ... (unter der

---

[126] *Habermas, J. 1987* Band II (Fn. 3), 506.
[127] *Habermas, J. 1987* Band II (Fn. 3), 506.
[128] *Habermas, J. 1987* Band II (Fn. 3), 514.
[129] *Habermas, J. 1987* Band II (Fn. 3), 507.
[130] *Habermas, J. 1987* Band II (Fn. 3), 510.
[131] *Habermas, J. 1987* Band II (Fn. 3), 509.
[132] *Habermas, J. 1987* Band II (Fn. 3), 514.
[133] *Habermas, J. 1987* Band II (Fn. 3), 514.
[134] *Habermas, J. 1987* Band II (Fn. 3), 514f.
[135] *Habermas, J. 1987* Band II (Fn. 3), 514

Bedingung), daß die staatsinterventionistisch gehütete kapitalistische Wachstumsdynamik nicht erlahmt. Nur dann steht eine Entschädigungsmasse zur Verfügung, die nach stillschweigend konsentierten Maßstäben in ritualisierten Auseinandersetzungen verteilt und so in Konsumenten- und Klientenrollen kanalisiert werden kann, daß die Strukturen von entfremdeter Arbeit und entfremdeter Mitbestimmung keine Explosivkraft entfalten."[136] Über diesen Befriedungseffekt hinaus ermöglichen die sozialstaatlichen Entschädigungsangebote eine Form der Legitimationsbeschaffung, die eine tendenziell entpolitisierte Loyalität befördert.

Das beschriebene Arrangement hat aber zur Folge, daß „sozialintegrierte Lebenszusammenhänge über Konsumenten- und Klientenrollen umfunktioniert und an systemisch integrierte Handlungsbereiche assimiliert werden."[137] Damit setzt „gerade die sozialstaatliche Eingrenzung des Klassenkonflikts ... in den industriell fortgeschrittenen Gesellschaften des Westens die Dynamik einer nach wie vor kapitalistisch bedingten, aber zunehmend klassenunspezifisch sich auswirkenden Verdinglichung kommunikativ strukturierter Handlungsbereiche in Gang."[138] Denn während „Arbeitskraft oder Steuern von privaten oder öffentlichen Organisationen 'gekauft' bzw. 'eingezogen' werden" können, können Wirtschaft und Politik auf den unabhängigen Konsumenten und den souveränen Staatsbürger nicht in gleicher Weise zugreifen. Auch wenn die Autonomie der Kaufentscheidung und die Autonomie der Wahlentscheidung nur „Postulate der bürgerlichen Ökonomie und Staatstheorie" sind, so bringt sich doch noch in dieser Fiktion der Umstand zur Geltung, „daß die kulturellen Nachfrage- und Legitimationsmuster eigensinnige Strukturen aufweisen", die den lebensweltlichen Kontexten stärker verhaftet bleiben.[139] Denn Konsumenten- und Staatsbürgerrolle müssen durch „Handlungsorientierungen ausgefüllt werden, in denen sich eine private Lebensführung bzw. die kulturelle und politische Lebensform der vergesellschafteten Individuen ausdrücken." Sie verweisen auf „vorgängige Bildungsprozesse, in denen sich Präferenzen, Wertorientierungen, Einstellungen usw. formiert haben."[140] Deswegen führt gerade die Umdefinition von Konsumentenbedürfnissen und die Überformung von Lebenszusammenhängen durch das sozialstaatliche Recht zu Kolonialisierungserscheinungen. Die Vermeidung des *offenen* Widerstandes der Lebenswelt gegen systemische Übergriffe, sprich die Vermeidung *anomischer* Zustände und die Sicherung der für die institutionellen Ordnungen bestandswichtigen Legitimationen und Motivationen gelingt also nur „auf Kosten von, und durch Raubbau an den *übrigen* (lebensweltlichen) Ressourcen". „Kultur und Persönlichkeit werden zugunsten einer krisenbewältigenden Stabilisierung der Gesellschaft angegriffen (ers-

---

[136] *Habermas, J. 1987* Band II (Fn. 3), 515.
[137] *Habermas, J. 1987* Band II (Fn. 3), 516.
[138] *Habermas, J. 1987* Band II (Fn. 3), 448.
[139] *Habermas, J. 1987* Band II (Fn. 3), 475.
[140] *Habermas, J. 1987* Band II (Fn. 3), 475.

te und dritte vs. mittlere Spalte des Ressourcenschemas Fig. 21). Die Folgen dieser Substitution kann man sich an Fig. 22 klarmachen: anstelle anomischer Erscheinungen (und anstelle des für Anomie eintretenden Legitimations- und Motivationsentzuges) entstehen Phänomene der Entfremdung und der Verunsicherung kollektiver Identitäten."[141] Steuerungskrisen werden durch lebensweltliche Pathologien ersetzt.[142]

6. Kolonialisierung durch Verrechtlichung

Da die pathologischen Nebeneffekte einer Umstellung der symbolischen Reproduktion auf Grundlagen der systemischen Integration sich als unvermeidliche Nebenwirkung des erfolgreichen sozialstaatlichen Arrangements erwiesen haben,[143] widmet HABERMAS der kolonialisierenden Wirkung sozialstaatlichen Rechts besondere Aufmerksamkeit.[144] Daß die „Umstellung von Sozial- auf Systemintegration die Gestalt von Verrechtlichungsprozessen annimmt" liegt insofern nahe, als die systemischen Steuerungsmedien der rechtlichen Verankerung in der Lebenswelt bedürfen (s.o. III.). Die vorausgesagten Verdinglichungseffekte erweisen sich bei näherer Analyse als „symptomatische Folge einer *bestimmten Art der* Verrechtlichung".[145] Während die epochalen Verrechtlichungsschübe freiheitsverbürgenden Charakter hatten und zumindest die „Emanzipation aus vormodernen Gewalt- und Abhängigkeitsverhältnissen herbeiführten",[146] entpuppte sich das sozialstaatliche Recht in seinen Wirkungen als ambivalent: „Normen, die den Klassenkonflikt eingrenzen und den Sozialstaat ausgestalten, haben aus der Perspektive ihrer Nutznießer ... einen freiheitsverbürgenden Charakter."[147] Aber in dem Maße, indem der „Sozialstaat über die Pazifierung des unmittelbar in der Produktionssphäre auftretenden Klassenkonflikts hinausgreift und ein Netz von Klientenverhältnissen über die privaten Lebensbereiche ausbreitet, um so stärker treten ... pathologische Nebeneffekte einer Verrechtlichung hervor, die gleichzeitig eine Bürokratisierung und Monetarisierung von Kernbereichen der Lebenswelt bedeutet"[148]: Es sind nun die „Mittel der Freiheitsverbürgung selbst, die die Freiheit der Nutznießer gefährden."[149] Die dilemmatische Struktur der sozialstaatlichen Verrechtlichung besteht darin, „daß die sozialstaatlichen Verbürgungen dem Ziel der sozialen Integration dienen sollen und gleichwohl die Desintegration derjenigen Lebenszusammenhänge fördern, die durch eine rechtsförmige Sozialintervention vom handlungskoordi-

---

141 *Habermas, J. 1987* Band II (Fn. 3), 566.
142 *Habermas, J. 1987* Band II (Fn. 3), 566.
143 *Habermas, J. 1987* Band II (Fn. 3), 523.
144 *Habermas, J. 1987* Band II (Fn. 3), 523.
145 *Habermas, J. 1987* Band II (Fn. 3), 524.
146 *Habermas, J. 1987* Band II (Fn. 3), 538, näher zur Verrechtlichung 522-534.
147 *Habermas, J. 1987* Band II (Fn. 3), 531.
148 *Habermas, J. 1987* Band II (Fn. 3), 534.
149 *Habermas, J. 1987* Band II (Fn. 3), 531.

nierenden Verständigungsmechanismus abgelöst und auf Medien wie Macht und Geld umgestellt werden."[150] Die *Kosten* der sozialstaatlichen Verrechtlichung „entstehen durch den bürokratischen Vollzug und die monetäre Einlösung der sozialstaatlichen Ansprüche. Aus der Struktur des bürgerlichen Rechts ergibt sich die Notwendigkeit, die sozialstaatlichen Verbürgungen als *individuelle* Rechtsansprüche für genau *spezifizierte* allgemeine Tatbestände zu formulieren."[151] Damit bestimmt die „den Sozialverhältnissen, den sozialen Verursachungen, Abhängigkeiten und Bedürfnissen >fremde< Wenn-Dann-Struktur des konditionalen Rechts ... das Geschäft der ökonomisch-sozialen Verteilung"; eine Struktur, mit der nicht angemessen und vor allem nicht präventiv auf die Verursachung des Ausgleichstatbestandes reagiert werden kann.[152] „(D)ie regelungsbedürftige, in den Kontext einer Lebensgeschichte und einer konkreten Lebensform eingebettete Situation (wird) einer gewalttätigen Abstraktion unterworfen, nicht allein weil sie rechtlich subsumiert werden muß, sondern damit sie administrativ bearbeitet werden kann."[153] „Zudem werden die eingetretenen Lebensrisiken meistens in der *Form monetärer Entschädigungen* abgegolten."[154] Die etwa durch den Verlust des Arbeitsplatzes „veränderten Lebenslagen und Probleme vertragen (aber) in der Regel keine konsumistischen Umdefinitionen,"[155] und die bereits zum Ausgleich der Unangemessenheit systemkonformer Entschädigungen eingerichteten sozialen Dienste reproduzieren die „Widersprüche sozialstaatlicher Intervention nur auf höherem Niveau".[156] Denn „(d)ie Form der administrativ verordneten Behandlung durch einen Experten widerspricht meistens dem Ziel der Therapie, die Selbsttätigkeit und Selbständigkeit des Klienten zu fördern." „Formen der physischen, psychosozialen und emanzipativen Hilfen (verlangen) eigentlich Funktionsmodi, Rationalitätskriterien und Organisationsformen, die der bürokratisch strukturierten Verwaltung fremd sind."[157] Gerade „(a)n den paradoxen Folgen der sozialen Dienste, überhaupt einer Therapeutokratie, die sich vom Strafvollzug über die medizinische Betreuung von Geisteskranken, Süchtigen und Verhaltensgestörten, über die klassischen Formen der Sozialarbeit und die neueren psychotherapeutischen und gruppendynamischen Formen der Lebenshilfe, der Seelsorge, der religiösen Gruppenbildung bis zu Jugendarbeit, öffentlichem Bildungssystem, Gesundheitswesen und generalpräventiven Maßnahmen aller Art erstreckt, zeigt sich die Ambivalenz des letzten, des sozialstaatlichen Verrechtlichungsschubes mit besonderer Deutlich-

---

[150] *Habermas, J. 1987* Band II (Fn. 3), 534.

[151] *Habermas, J. 1987* Band II (Fn. 3), 531.

[152] *Habermas, J. 1987* Band II (Fn. 3), 532.

[153] *Habermas, J. 1987* Band II (Fn. 3), 532.

[154] *Habermas, J. 1987* Band II (Fn. 3), 533.

[155] *Habermas, J. 1987* Band II (Fn. 3), 533.

[156] *Habermas, J. 1987* Band II (Fn. 3), 533.

[157] *Reidegeld, E.:* Vollzugdefizite sozialer Leistungen. In: Verrechtlichung, hrsg. v. R. Voigt. Frankfurt/M. 1980, 281, zit. bei *Habermas, J. 1987* Band II (Fn. 3), 533.

keit."[158] Einerseits hat er dazu beigetragen, daß der Klassenkonflikt pazifiziert werden konnte und die sozio-ökonomische Situation großer Teile der Bevölkerung nachhaltig verbessert wurde. Andererseits trägt er zur Kolonialisierung der Lebenswelt bei. In rechtsförmigen administrativen Verfahren werden Verständigungsprozesse suspendiert bzw. unterbunden; die Reproduktion der Lebenswelt ist unter diesen Bedingungen nicht mehr gewährleistet. Es kommt, wie dargelegt, zu einer partiellen Austrocknung kultureller Ressourcen und zu einer Ausdünnung normativer Ordnungen. Die Bedingungen der Sozialisation verschlechtern sich. Die gesellschaftliche Integration wird brüchig, weil Solidaritäten abgebaut werden. Die Menschen reagieren mit Orientierungskrisen, Psychopathologien und Entfremdung. Traditionsverluste destabilisieren das individuelle wie das kollektive Selbstverständnis.

Um präziser angeben zu können, welche Rechtstatbestände zur Kolonialisierung beitragen, unterscheidet HABERMAS zwischen Recht als Medium und Recht als Institution.[159] „Soweit das Recht als ein komplexes, mit Geld und Macht verknüpftes Medium funktioniert, erstreckt es sich auf formal organisierte Handlungsbereiche, die als solche unmittelbar in den Formen des bürgerlichen Formalrechts konstituiert worden sind."[160] Es dient als „Organisationsmittel für mediengesteuerte Subsysteme".[161] Wo Recht als Medium gebraucht wird, genügt der Hinweis auf das formal korrekte Zustandekommen eines Gesetzes, die Legitimation durch Verfahren, wenn die Legitimität von Gesetzen, Justizurteilen oder Verwaltungsakten in Frage gestellt wird.[162] Rechtsinstitutionen können dagegen durch den positivistischen Hinweis auf Verfahren nicht hinreichend legitimiert werden. „Sobald in der Alltagspraxis die Geltung *dieser* Normen (gemeint ist die Geltung von Rechtsinstitutionen)[163] in Frage gestellt wird, reicht der Hinweis auf ihre Legalität nicht aus. Sie bedürfen einer materiellen Rechtfertigung, *weil sie zu den legitimen Ordnungen der Lebenswelt selbst* gehören und zusammen mit den informellen Handlungsnormen den Hintergrund kommunikativen Handelns bilden."[164] „Sie sind in einen breiteren politisch-kulturellen und gesellschaftlichen Kontext eingebettet, stehen in einem Kontinuum mit sittlichen Normen und überformen kommunikativ strukturierte Handlungsbereiche"[165] und geben schließlich den informell konstituierten Handlungsbereichen eine verbindliche Form. Zur Kolonialisierung kommt es, wenn „*Rechtsinstitutionen,* die sozialen Ausgleich verbürgen, nur über *ein als Me-*

---

158 *Habermas, J. 1987* Band II (Fn. 3), 534f.

159 *Habermas, J. 1987* Band II (Fn. 3), 536.

160 *Habermas, J. 1987* Band II (Fn. 3), 537.

161 *Habermas, J. 1987* Band II (Fn. 3), 536.

162 *Habermas, J. 1987* Band II (Fn. 3), 535.

163 Ergänzung *Schäfer-Vogel.*

164 *Habermas, J. 1987* Band II (Fn. 3), 536.

165 *Habermas, J. 1987* Band II (Fn. 3), 537.

dium genutztes Sozialrecht wirksam werden.“ [166] Denn als Medium ist auch das Sozialrecht auf Handlungsbereiche *zugeschnitten*, die sich in rechtlichen Organisationsformen erst konstituieren und allein durch systemische Mechanismen zusammengehalten werden. Tatsächlich *erstreckt* es sich aber auf Handlungssituationen, die in informelle Lebensweltkontexte eingebettet sind:[167] „Die Tendenz zur Verrechtlichung informell geregelter Sphären der Lebenswelt setzt sich auf breiter Front durch“, insbesondere dort, wo „sich die Strukturen der bürgerlichen Familie ersichtlich an Imperative des Beschäftigungssystems anpassen“; wo die Schule immer handgreiflicher die Funktion übernimmt, „Berufs- und Lebenschancen zuzuteilen“.[168] Sie ist aber auch dort zu beobachten, wo „Freizeit, Kultur, Erholung, Tourismus erkennbar von den Gesetzen der Warenwirtschaft und den Definitionen des Massenkonsums erfaßt werden.“[169] Gerade „(d)ie Formalisierung der Beziehungen in Familie und Schule bedeutet für die Beteiligten eine Objektivierung und *Entweltlichung* des formell geregelten familiären und schulischen Zusammenlebens. Als Rechtssubjekte treten sie einander in objektivierender, erfolgsorientierter Einstellung gegenüber.“[170] Nach HABERMAS sollte daher „die Verrechtlichung kommunikativ strukturierter Handlungsbereiche ... über die Durchsetzung rechtsstaatlicher Prinzipien, über die rechtliche Institutionalisierung der *äußeren* Verfassung, sei es der Familie oder der Schule, nicht hinausgehen.“[171] Dabei geht es ihm mitnichten um die Preisgabe sozialstaatlicher Errungenschaften. Er empfiehlt jedoch, daß „(a)n die Stelle des als Medium benutzten Rechts Verfahren der Konfliktregelung treten, die den Strukturen verständigungssorientierten Handelns angemessen sind.“[172] (dazu näher § 8).

7. Symptome der Kolonialisierung der Lebenswelt

Nach HABERMAS hat die Umstellung der sozialen Integration auf systemische Integration, vom kommunikativen Handeln auf Steuerungsmedien und die „Verformung von Strukturen einer versehrbaren Intersubjektivität“[173] höchst heterogene soziale Folgen. Die Pazifierung des Klassenkonflikts hat eben nicht die gänzliche Stilllegung von Protestpotentialen bewirkt. Vielmehr entstehen Konfliktpotentiale nun an anderen Konfliktlinien. „Die neuen Konflikte entzünden sich nicht an *Verteilungsproblemen*, sondern an Fragen der *Grammatik der Lebensform*.“[174] Der Protest formiert sich nicht mehr in Emanzipationsbewegungen, die neue Territorien

---

166 *Habermas, J. 1987* Band II (Fn. 3), 539.
167 *Habermas, J. 1987* Band II (Fn. 3), 539.
168 *Habermas, J. 1987* Band II (Fn. 3), 540.
169 *Habermas, J. 1987* Band II (Fn. 3), *540.*
170 *Habermas, J. 1987* Band II (Fn. 3), 541f.
171 *Habermas, J. 1987* Band II (Fn. 3), *544.*
172 *Habermas, J. 1987* Band II (Fn. 3), 544.
173 *Habermas, J. 1987* Band II (Fn. 3), 575f.
174 *Habermas, J. 1987* Band II (Fn. 3), 576.

der Freiheit erobern wollen, sondern in „Widerstands- und Rückzugsbewegungen", die um die „*Eindämmung* formal-organisierter zugunsten kommunikativstrukturierter Handlungsbereiche"[175] ringen. Die ökologische Bewegung interpretiert HABERMAS als Protest gegen „die handfesten Zerstörungen der urbanen Umwelt, die Zersiedelung, Industrialisierung und Verpestung der Landschaft, gesundheitliche Belastungen durch Zivilisationsschäden, pharmazeutische Nebenwirkungen usw., also Entwicklungen, die erkennbar die *organischen Grundlagen der Lebenswelt* antasten und Maßstäbe der Bewohnbarkeit, unflexible Grenzen der Deprivation sinnlich ästhetischer Hintergrundbedürfnisse drastisch zu Bewußtsein bringen."[176] Den Protest gegen Kernkraftwerke, Atommüll und Genmanipulation interpretiert HABERMAS als Reaktion auf „Probleme der Überkomplexität".[177] In ihm artikulieren sich Ängste vor „einer neuen Kategorie buchstäblich unsichtbarer, nur aus der Systemperspektive greifbarer Risiken, die in die Lebenswelt einbrechen, aber gleichzeitig die Dimensionen der Lebenswelt sprengen. Die Ängste wirken als Katalysator eines Gefühls der Überforderung angesichts der möglichen Folgen von Prozessen, die, weil sie von uns technisch und politisch in Gang gesetzt werden, moralisch zurechenbar sind und die doch wegen ihrer unkontrollierbaren Größenordnung moralisch nicht mehr verantwortet werden können. Der Widerstand richtet sich hier gegen Abstraktionen, die der Lebenswelt aufgenötigt werden: sie müssen innerhalb der Lebenswelt verarbeitet werden, obgleich sie die *sinnlich* zentrierten, räumlichen, sozialen und zeitlichen *Komplexitätsgrenzen* der weit ausdifferenzierten Lebenswelt überschreiten."[178] Die Psychobewegung und ein erneuerter religiöser Fundamentalismus, aber auch die meisten Alternativ-Projekte und viele Bürgerinitiativen sind Ausdruck des „Leiden(s) an den Entzugserscheinungen einer kulturell verarmten und einseitig rationalisierten Alltagspraxis", sind Symptome der „Überlastung der kommunikativen Infrastruktur".[179] „(A)skriptive Merkmale wie Geschlecht, Alter und Hautfarbe, auch kommunale Nachbarschaft und Konfessionszugehörigkeit (dienen) dem Aufbau und der Abgrenzung von Gemeinschaften, der Herstellung subkulturell abgeschirmter Kommunikationsgemeinschaften, die der Suche nach persönlicher und kollektiver Identität entgegenkommen. Die Aufwertung des Partikularen, Gewachsenen, Provinziellen, der überschaubaren sozialen Räume, der dezentralisierten Verkehrsformen und entspezialisierten Tätigkeiten, der segmentierten Kneipen, der einfachen Interaktionen und entdifferenzierten Öffentlichkeit soll die Revitalisierung verschütteter Ausdrucks- und Kommunikationsmöglichkeiten fördern."[180] „Schließlich negieren jene Formen des Protestes, die von der ungerichteten Explosion der Jugendkrawalle („Züri brännt")

---

175 *Habermas, J. 1987* Band II (Fn. 3), 578.

176 *Habermas, J. 1987* Band II (Fn. 3), 580.

177 *Habermas, J. 1987* Band II (Fn. 3), 580.

178 *Habermas, J. 1987* Band II (Fn. 3), 580.

179 *Habermas, J. 1987* Band II (Fn. 3), 580.

180 *Habermas, J. 1987* Band II (Fn. 3), 580f.

über kalkulierte oder surrealistische Regelverletzungen (im Stil der amerikanischen Bürgerrechtsbewegung und des Studentenprotests) bis zu gewaltsamen Provokationen und Einschüchterungen reichen, die Definitionen der Staatsbürgerrolle und die Routinen einer zweckrationalen Durchsetzung von Interessen.“[181]

Neben den Protestbewegungen läßt sich auch die zunehmende Bedeutung von Adoleszenzkrisen auf die Kolonialisierung der Lebenswelt zurückführen: Die Rationalisierung der Lebenswelt hat zu einem tiefgreifenden Wandel innerfamiliärer Kommunikationsformen geführt. „(I)n den egalisierten Beziehungsmustern, in den individuierten Verkehrsformen und den liberalisierten Erziehungspraktiken (wird) *auch* ein Stück des im kommunikativen Handeln angelegten Rationalitätspotentials freigesetzt.“[182] Da sich die „Sozialisationsvorgänge über das Medium eines weitgehend entinstitutionalisierten Verständigungshandelns vollziehen“,[183] sind die Sozialisationsbedingungen jedoch nicht nur „*anspruchsvoller*“, sonder auch „*anfälliger*“ geworden.[184] Denn die familiale Lebenswelt und der Sozialisationsprozeß sind durch Übergriffe systemischer Imperative gefährdet: Erziehung soll Jugendliche und Heranwachsende nicht mehr nur unter erschwerten Bedingungen in die Lage versetzen, sich von der Familie zu lösen und Identitäten auszubilden, die den kritischen Test der Anschlußfähigkeit an vorangehende Generationen bestehen, sondern Erziehung soll auch auf die funktionalen Mitgliedschaftsbedingungen von Organisationen vorbereiten, denen Heranwachsende beim Eintritt in das Erwerbsleben genügen sollen. Die kolonialisierungsbedingte allgemeine Verarmung von Ausdrucks- und Kommunikationsmöglichkeiten wirkt sich bei derart verschärften und disparaten Anforderungen an die Erziehung umso dramatischer aus. Folglich werden die Probleme, die der Jugendliche in der Adoleszenz lösen muß, für immer mehr Jugendliche unlösbar. „Ein Anzeichen dafür ist die gesellschaftliche und sogar politische Bedeutung, die jugendliche Protest- und Aussteigerkulturen seit dem Ende der 60er Jahre gewonnen haben.“[185] Daß sich gerade die Entstehung gewalttätiger Jugendkulturen als sinnfälliges Symptom kolonialisierungsbedingter Sozialisationsdefizite und Protestpotentiale deuten läßt, wird in § 6 expliziert.

8. Kolonialisierung im bürokratischen Sozialismus

HABERMAS entwickelt und expliziert seine Kolonialisierungsthese am Beispiel spätkapitalistischer Gesellschaften. Er skizziert jedoch, warum Kolonialisierungsfolgen auch auf dem „*Entwicklungspfad des bürokratischen Sozialismus*“ auftreten können, auf dem sich „die politische Ordnung der Diktaturen von Staatsparteien

---

[181] *Habermas, J. 1987* Band II (Fn. 3), 581f.

[182] *Habermas, J. 1987* Band II (Fn. 3), 568.

[183] *Habermas, J. 1987* Band II (Fn. 3), 568.

[184] *Habermas, J. 1987* Band II (Fn. 3), 569.

[185] *Habermas, J. 1987* Band II (Fn. 3), 570.

herausgebildet (hat).“[186] Im Zuge der Systemdifferenzierung eröffnet sich ein kapitalistischer Pfad der Modernisierung, „sobald das Wirtschaftssystem eine eigene Wachstumsdynamik entfaltet und mit seinen endogen erzeugten Problemen in Führung geht, d.h. den evolutionären Primat für die Gesamtgesellschaft übernimmt. Anders verläuft der Modernisierungspfad, wenn das administrative Handlungssystem, auf der Grundlage weitgehend verstaatlichter Produktionsmittel und institutionalisierter Einparteienherrschaft, eine ähnliche Autonomie gegenüber dem Wirtschaftssystem erlangt.[187] In diesem Fall bieten weniger die privaten Haushalte, sondern eher die „politisch relevanten Mitgliedschaften das Einfallstor für die von den Subsystemen auf die Lebenswelt abgewälzten Krisen“.[188] Dabei entspringen im bürokratischen Sozialismus „Krisentendenzen den Mechanismen der Selbstblockierung planender Verwaltungen in ähnlicher Weise wie auf der anderen Seite den endogenen Unterbrechungen des Akkumulationsprozesses.“[189] Verarbeitet werden die Krisentendenzen auch hier „nicht nur in dem Teilsystem, in dem sie jeweils entstehen, sondern auch in dem jeweils komplementären Handlungssystem, auf das sie verschoben werden können. Wie die kapitalistische Wirtschaft auf Organisationsleistungen des Staates angewiesen ist, so die sozialistische Planungsbürokratie auf Selbststeuerungsleistungen der Ökonomie.“[190] Während der entwickelte Kapitalismus „zwischen konträren Politiken der >Selbstheilungskräfte des Marktes< und des staatlichen Interventionismus“ schwankt, oszilliert der bürokratische Sozialismus ausweglos „zwischen verstärkter zentraler Planung und Dezentralisierung, zwischen investitions- und konsumorientierten Wirtschaftsprogrammen.“[191] Auch hier kommt es zu Deformationen der Lebenswelt, wenn Handlungsbereiche, die auf soziale Integration angewiesen sind, auf systemintegrative Mechanismen umgepolt werden. Die Krisen dringen in diesem Fall „über das Einfallstor politisch relevanter Mitgliedschaften“[192] in die Lebenswelt ein. „(A)n die Stelle der Verdinglichung kommunikativer Beziehungen tritt die *Vorspiegelung kommunikativer Beziehungen* in den bürokratisch ausgetrockneten, zwanghaft humanisierten Bereichen eines pseudo-politischen Verkehrs.“[193] Von Pseudopolitisierung spricht HABERMAS, wenn „die systemisch verselbständigten Organisationen des staatlichen Apparats und der Wirtschaft in einen *vorgetäuschten* Horizont der Lebenswelt zu-

---

[186] *Habermas, J. 1987* Band II (Fn. 3), 563.
[187] *Habermas, J. 1987* Band II (Fn. 3), 564.
[188] *Habermas, J. 1987* Band II (Fn. 3), 564.
[189] *Habermas, J. 1987* Band II (Fn. 3), 565.
[190] *Habermas, J. 1987* Band II (Fn. 3), 565.
[191] *Habermas, J. 1987* Band II (Fn. 3), 565.
[192] *Habermas, J. 1987* Band II (Fn. 3), 567.
[193] *Habermas, J. 1987* Band II (Fn. 3), 567.

rückversetzt (werden). Indem das System als Lebenswelt drapiert wird, wird diese vom System aufgesogen.“[194]

9. Kolonialisierung durch Globalisierung

Nach dem Zusammenbruch der sozialistischen Ostblockstaaten ist der Kapitalismus zum weltbeherrschenden Wirtschaftssystem aufgestiegen. Die globalisierten Märkte entziehen sich zunehmend der nationalstaatlichen Kontrolle. Waren und Kapital zirkulieren weltweit, Schwankungen der nationalen Konjunkturen sind von der internationalen Weltwirtschaftslage bestimmt. Die Imperative des Marktes artikulieren sich immer deutlicher in Forderungen nach Flexibilisierung und Öffnung internationaler Arbeitsmärkte. Im politischen Bereich ist die Globalisierung dagegen weit weniger vorangeschritten. Einfluß und Macht der UNO sind immer noch sehr begrenzt, die Vernetzung internationaler Beziehungen findet keine Entsprechung in internationalen Verrechtlichungsprozessen, insbesondere die Regulierung der internationalen Märkte liegt gänzlich im Argen. Während in postsozialistischen Gesellschaften das Marktprinzip beinahe uneingeschränkt wie in frühkapitalistischen Zeiten regiert, werden die wohlfahrtsstaatlichen Arrangements spätkapitalistischer Gesellschaften, mit denen es gelungen war, dem in das Wirtschaftssystem eingebauten Klassenantagonismus seine Explosivkraft zu nehmen, unter dem Globalisierungsdruck zunehmend brüchig. HABERMAS selbst hat sich in seiner 1981 erschienenen Theorie des kommunikativen Handelns noch nicht mit den sozialen Folgen der Globalisierung befaßt. Wendet man sein krisendiagnostisches Instrumentarium auf den hier nur in Grundzügen skizzierten Globalisierungsprozeß an, so ist damit zu rechnen, daß die Lebenswelt auf die *offenen* Übergriffe globaler wirtschaftlicher Imperative, die immer unzureichender durch staatliche Interventionen abgefedert und gleichzeitig verhüllt werden, nicht so sehr mit Pathologien, sondern mit *offenem* Widerstand reagieren wird. Es werden vermehrt Konflikte auftreten, die Kernbereiche der sozialen Integration gefährden. Anstelle von Kolonialisierungssymptomen sind Erscheinungen des Legitimations- bzw. Motivationsentzugs zu gewärtigen. Anomische Zustände sind nicht mehr ausgeschlossen.[195]

V. Würdigung, Kritik, Fortentwicklung

Die „Theorie des kommunikativen Handelns“ wird als Schlüsselwerk von HABERMAS und als Meilenstein in der modernen Gesellschaftstheorie gewürdigt und gehört schon heute zu den Klassikern unter den soziologischen Werken. AXEL HONNETH würdigt sie als „systematischen Versuch einer Verzahnung von philosophischer Analyse und Gesellschaftstheorie ... , für die sich in der zweiten Hälfte des

---

[194] *Habermas, J. 1987* Band II (Fn. 3), 567.

[195] Zur Formen des offenen Widerstandes der Lebenswelt, *Habermas, J. 1987* Band II (Fn. 3), 566.

20. Jahrhunderts kaum etwas Vergleichbares finden läßt." HABERMAS' Verdienst sei es, „den kategorischen Bestand der klassischen Gesellschaftstheorie so (erweitert zu haben), daß auch jene Dimension einer gesellschaftlichen Rationalisierung systematisch erfaßbar wird, die sich nicht einer Steigerung von Zweckrationalität, sondern einer Zunahme an kommunikativer Rationalität verdankt." Erst vor diesem Hintergrund wird deutlich, daß nicht die „Existenz von zweckrationalen Organisationsformen des sozialen Lebens als solche" sozialpathologische Wirkungen hat, „sondern erst ihr Eindringen in jene Binnenbereiche der Gesellschaft, die auf Prozesse der kommunikativen Verständigung konstitutiv angewiesen sind."[196] Damit gelingt es HABERMAS, den Antinomien zu entgehen, in die DURKHEIM, WEBER, MARX, LUKACS, ADORNO und HORKHEIMER bei ihren Versuchen, eine Theorie des Moderne zu entwerfen, geraten sind.

So komplex das Werk ist, so mannigfaltig ist die Kritik, die es erfahren hat. Es hat unsachliche Polemik provoziert,[197] aber auch zu intensiver sachlicher Auseinandersetzung angeregt. Im Wesentlichen hat es jedoch philosophische und gesellschaftstheoretische *Grundlagen*kritik erfahren. Die Grundlagenkritik kreist um den von HABERMAS eingeführten Rationalitätsbegriff,[198] die Adäquanz seiner Handlungstheorie,[199] die theoretische Rechtfertigung der Einführung der Systemtheorie,[200] die These von der Entkoppelung von System und Lebenswelt und die nicht nur analytische, sondern empirische Verwendung der beiden Konzepte.[201] Substantiellere Auseinandersetzungen mit der kritischen *Zeitdiagnose* von HABERMAS, mit seiner Kolonialisierungsthese sind dagegen rar. Eher mündet die Grundlagenkritik in *alternative* Erklärungsmodelle für gesellschaftliche Krisenerscheinungen.[202] Der geneigte Rezipient ist versucht, dies auf die Plausibilität der HABERMASSCHEN Kri-

---

196 *Honneth, A.:* Jürgen Habermas, Theorie des kommunikativen Handelns. In: Hauptwerke der Soziologie, hrsg. v. D. Kaesler u.a. Stuttgart 2000, 186-192.

197 Etwa *Breuer, St.:* Die Depotenzierung der kritischen Theorie. Leviathan (10) 1982, 132-146, 133ff.; oder *Vollraht, E.:* Jürgen Habermas' fundamentalistischer Fehlschluß. Der Staat, (22) 1983, 406-414, 406ff.

198 Etwa von *Schnädelbach, H.:* Transformation der Kritischen Theorie. In: Philosophische Rundschau (29) 1982, 161-178 und *Taylor, Ch.:* Sprache und Gesellschaft. In: Kommunikatives Handeln. Beiträge zu Jürgen Habermas' Theorie des kommunikativen Handelns, hrsg. von A. Honneth u.a. Frankfurt/M 1986, 35-52.

199 Z.B. *Joas, H.:* Die unglückliche Ehe von Hermeneutik und Funktionalismus. In: Kommunikatives Handeln. Beiträge zu Jürgen Habermas' Theorie des kommunikativen Handelns, hrsg. v. A. Honneth u.a. Frankfurt/M. 1986, 144-176.

200 Insbesondere *McCarthy, Th.:* Komplexität und Demokratie - die Versuchungen der Systemtheorie. In: Kommunikatives Handeln. Beiträge zu Jürgen Habermas' Theorie des kommunikativen Handelns, hrsg. v. A. Honneth u.a. Frankfurt/M. 1986, 177-215.

201 *McCarthy, Th.* 1986 (Fn. 200), aber auch *Joas, H. 1986* (Fn. 199).

202 Siehe etwa die Skizze eines herrschaftskritischen Gegenentwurfes von *Arnason, J.P.:* Die Moderne als Projekt und Spannungsfeld. In: Kommunikatives Handeln. Beiträge zu Jürgen Habermas' Theorie des kommunikativen Handelns, hrsg. v. A. Honneth u.a. Frankfurt/M. 1986, 278-326.

sendiagnose zurückzuführen. Tatsächlich ist das Werk wohl wegen seiner außerordentlichen Komplexität substantiell nur von Wissenschaftlern rezipiert worden, deren besonderes Interesse gerade der theoretischen Grundlegung galt. Da es den Rahmen dieser, wenn auch theoretisch ambitionierten, so doch anwendungsbezogenen Arbeit gesprengt hätte, auf die Grundlagen der Theorie des kommunikativen Handelns und ihre Verankerung in der philosophischen und soziologischen Theorietradition einzugehen, muß auch die Auseinandersetzung mit der Grundlagenkritik dahinstehen. Hier ist der *materiale* Gehalt der Theorie des kommunikativen Handelns expliziert worden, um in § 6 die HABERMASSCHE Kolonialisierungsthese für die Kriminologie fruchtbar machen zu können.

Erwähnenswert ist etwa die Kritik von JOHANNES BERGER[203], weil er HABERMAS' *Zeitdiagnose* ins Zentrum seiner kritischen Stellungnahme gerückt hat. Er wendet sich gegen die Zuordnung der beiden Handlungstypen kommunikatives und strategisches Handeln zu den Handlungssphären Lebenswelt und System und versucht, die Gefahren dieser handlungstheoretischen Grundannahmen am Konzept der Kolonialisierung der Lebenswelt zu illustrieren. Dieses verleitet nach BERGER dazu, alle Aufmerksamkeit auf das Eindringen systemischer Imperative in die Lebenswelt zu lenken, ohne die Möglichkeit des Eindringens von lebensweltlichen Orientierungen in Sphären zweckrationalen Handelns zu erwägen. Außerdem verführe es zur Vernachlässigung innerer Krisen des politischen und ökonomischen Systems. Die Begründung dafür, warum gerade die Zuordnung von Handlungstypen zu Handlungssphären die Einseitigkeit der Kolonialisierungsthese bedingen soll, bleibt BERGER schuldig. Dennoch ist der Vorwurf der Einseitigkeit auch nach Ansicht von HABERMAS selbst berechtigt. Er anerkennt, die Blockierungen, die Imperative der Lebenswelt in einem auf die Neutralisierung von Umwelten angelegten kapitalistischen Wirtschaftssystem auslösen, nicht angemessen berücksichtigt zu haben,[204] obwohl etwa die Krise des Wohlfahrtsstaates durchaus dazu Anlaß gegeben hätte.[205] Er verweist jedoch darauf, daß sein dualistisches Gesellschaftskonzept das analytische Potential hat, auch die von der Lebenswelt induzierten Störungen angemessen zu erklären.[206] Entscheidend für das hier verfolgte Projekt dürfte jedoch sein, daß BERGER die Kolonialisierungsthese selbst nicht substantiell in Frage gestellt hat.

Angeregt durch die vielfältige Kritik, hat HABERMAS insbesondere Grundlagenfragen der Theorie des kommunikativen Handelns weiterverfolgt. Hier sei nur auf die Fortentwicklung seiner Konzeption des moralischen Diskurses in dem Werk „Moralbewußtsein und kommunikatives Handeln“ und auf die jüngsten wissen-

---

[203] *Berger, J.:* Die Versprachlichung des Sakralen und die Entsprachlichung der Ökonomie. Zeitschrift für Soziologie 11 (1982), 353-365.

[204] *Habermas, J. 1987* Band I (Fn. 1), Vorwort zur 3. Aufl., 4.

[205] *Habermas, J. 1986 (*Fn. 49), 391.

[206] *Habermas, J. 1987* Band I *(*Fn. 1),Vorwort zur 3. Aufl., 4.

schaftstheoretischen Ausführungen zum Wahrheitsbegriff in seinem Sammelband „Wahrheit und Rechtfertigung“ verwiesen. Im Rahmen dieser Arbeit interessiert vor allem die Rechtstheorie, die HABERMAS mit „Faktizität und Geltung. Beiträge zur Diskurstheorie des Rechts und des demokratischen Rechtsstaats“ vorgelegt hat. Nach Hinweisen auf gesellschaftstheoretisch relevante Differenzierungen im Staats- und Rechtsverständnis soll dargelegt werden, wie HABERMAS seine für die Kolonialisierungsthese relevante Analyse der *Verrechtlichungsprozesse* modifiziert.

In „Faktizität und Geltung“ wird die systemtheoretische Analyse des Staates durch eine diskurstheoretische Rekonstruktion des Demokratieprinzips ergänzt und das Steuerungsmedium Macht kommunikativ fundiert. In der Theorie des kommunikativen Handelns hatte HABERMAS die systemischen Züge administrativer, insbesondere sozialstaatlicher *Verwaltung* herausgearbeitet und dargelegt, daß Macht wegen der eingebauten Gehorsamspräferenz medial eingesetzt werden kann. In „Faktizität und Geltung“ rekonstruiert er den demokratischen Prozeß der „Selbstgesetzgebung der Bürger“ diskurstheoretisch[207] und betont, daß die rechtsetzende politische Macht sich in kommunikativen Prozessen konstituiert und erst durch *Recht* in *administrative*, *mediale* Macht umgesetzt wird.[208] Auch das Recht, dem HABERMAS in der Theorie des kommunikativen Handelns eine wichtige Funktion an der *Schnittstelle* zwischen System und Lebenswelt zugebilligt hatte, erweist sich als kommunikativen Strukturen stärker verhaftet. Nach der Theorie des kommunikativen Handelns hatte es die Aufgabe der institutionellen Verankerung der Steuerungsmedien in der Lebenswelt. An dieser Sicht hält HABERMAS auch ausdrücklich fest.[209] Ein Bezug zur Lebenswelt war bisher nur durch den Verweis hergestellt, daß deren Rationalisierung auch zum Auseinandertreten von Recht und Moral führte. In „Faktizität und Geltung“ wird entfaltet, daß das Handlungssystem Recht als reflexiv gewordene Ordnung zur *Gesellschafts*komponente der Lebenswelt gehört und in den Komponenten Kultur und Persönlichkeit als „Rechtssymbolismus“ und als „rechtssozialisatorisch erworbene Kompetenz“ repräsentiert ist.[210] Es verwundert daher nicht, daß sich Rechtsregeln nach einem der symbolischen Reproduktion der Lebenswelt verwandten Muster reproduzieren: „Rechtshandlungen (sind) das Medium, durch das sich die Rechtsinstitutionen gleichzeitig mit den intersubjektiv geteilten Rechtsüberlieferungen und den subjektiven Fähigkeiten der Interpretation und Beachtung von Rechtsregeln reproduzieren.“[211] Dabei hält der Rechtskode einerseits Anschluß ans Medium der Umgangsprache und vermag andererseits deren Botschaften in eine Form zu bringen, in der sie für die Spezialkodes der Syste-

---

207 *Habermas, J.:* Faktizität und Geltung. 2. Aufl. Frankfurt/M. 1992, 110, 154ff., 161f., 165.

208 *Habermas, J. 1992 (*Fn. 207), 185, 187.

209 *Habermas, J. 1992 (*Fn. 207), 101, 110.

210 *Habermas, J. 1992 (*Fn. 207), 108.

211 *Habermas, J. 1992 (*Fn. 207), 108.

me machtgesteuerter Administration und geldgesteuerter Ökonomie verständlich bleiben. So fungiert das Recht als „Transformator im gesellschaftsweiten Kommunikationskreislauf zwischen System und Lebenswelt."[212] Es leistet, wie in der Auseinandersetzung mit den Abolitionisten dargetan werden kann (dazu unten IV.), einen Beitrag zur *gesamtgesellschaftlichen* Integration.

Auch wenn HABERMAS mit dieser Analyse nicht in Frage stellt, daß Recht medial eingesetzt werden kann, vielmehr gerade betont, daß kommunikative Macht erst durch *Recht* in administrative Macht umgesetzt wird, meint er doch vor dem Hintergrund der neu gewonnenen Einsichten, die paradoxe Wirkung *sozialstaatlichen* Rechts nicht mehr umstandslos an der *Struktur* des letzten Verrechtlichungsschubes festmachen zu können.[213] Vor dem Hintergrund der diskurstheoretischen Rekonstruktion des Gesetzgebungsverfahrens bleibt er nicht dabei, zwischen Recht als Medium und Recht als Institution nach dem Kriterium der formalen und materialen Legitimation zu unterscheiden.[214] Ob dieser gedankliche Schritt nötig war, mag hier dahinstehen. Es spricht einiges dafür, daß es genügt hätte, die Unterscheidung in ihrer Trennschärfe zur relativieren und danach vorzunehmen, ob der Inhalt des demokratischen Diskurses eher moralisch, pragmatisch oder ethisch-politisch ist.[215] Weil HABERMAS aber daran festhält, daß das sozialstaatlich materialisierte Recht durch eine „Ambivalenz von Freiheitsverbürgung und Freiheitsentzug geprägt ist",[216] sucht er in „Faktizität und Geltung" nach neuen Kriterien, anhand deren sich der Punkt identifizieren läßt, wo die ermächtigende in eine nur noch betreuende sozialstaatliche Vorsorge umschlägt.[217] HABERMAS knüpft hier an seine Annahme an, daß Demokratie verstanden als „Selbstgesetzgebung der Bürger" private *und* öffentliche Autonomie voraussetzt, weil sich nur so „die Adressaten des gesetzten Rechts zugleich als Autoren der Rechtssetzung verstehen können".[218] Er empfiehlt daher, sozialstaatliche Regelungen danach zu beurteilen, ob sie Autonomie fördern oder beeinträchtigen. „Diesem Maßstab zufolge müssen die Staatsbürger in Wahrnehmung ihrer öffentlichen Autonomie die Grenzen der privaten Autonomie so ziehen, daß diese die Privatleute für ihre Rolle als Staatsbürger hinreichend qualifiziert."[219] Sozialstaatliche Politik ist also nur als „Staatsbürgerqualifikationspolitik" zu rechtfertigen.[220] Sie wird dagegen dilemmatisch, sobald

---

[212] *Habermas, J. 1992* (Fn. 207), 108.
[213] *Habermas, J. 1992* (Fn. 207), 502.
[214] *Habermas, J. 1992* (Fn. 207), 502, dort Fn. 47.
[215] *Habermas, J. 1992* (Fn. 207), 191, 197ff.
[216] *Habermas, J. 1992* (Fn. 207), 502.
[217] *Habermas, J. 1992* (Fn. 207), 502.
[218] *Habermas, J. 1992* (Fn. 207), 503.
[219] *Habermas, J. 1992* (Fn. 207), 502.
[220] *Habermas, J. 1992* (Fn. 207), 504.

sie paternalistisch wird und die faktischen Voraussetzungen rechtlicher Gleichheit nur um den Preis freiheitseinschränkender Nebenfolgen herzustellen vermag.[221]

VI. Habermas und die Kriminologie – Abolitionistische Fehlverständnisse

Wie bereits in der Einleitung angedeutet, haben sich in der Kriminologie bisher nur Vertreter des *Abolitionismus* auf HABERMAS bezogen. Während einige sich nur darauf beschränkt haben, seine Gesellschaftstheorie zu erwähnen[222] oder das Konzept der Kolonialisierung ins Spiel zu bringen,[223] haben andere versucht, ihre Argumentation mit HABERMASSCHEM Gedankengut zu untermauern.[224] HULSMAN wendet sich gegen die Konzeptualisierung von problematischen Verhaltensweisen als kriminell, plädiert für die Abschaffung des Kriminaljustizsystems und favorisiert alternative Formen der Konfliktlösung, die näher an den Bedürfnissen der Betroffenen ansetzen.[225] Dabei greift er, allerdings weitgehend ohne bibliographische Verweise, die HABERMASSCHE Unterscheidung zwischen System und Lebenswelt auf, um das problematische Verhältnis zwischen dem Kriminaljustizsystem und den alltäglichen Konflikten zu beschreiben.[226] FAY bezieht sich präziser auf die Theorie des kommunikativen Handelns.[227] Da nach HABERMAS in der Lebenswelt auftretende Krisen und Konflikte Anzeichen dafür seien, daß sich Lebenszusammenhänge, die der sozialen Integration bedürfen, den „Übergriffen" systemischer Imperative widersetzen, fordert FAY auf der Ebene der Devianz eine „emanzipatorische Konfliktregelungspraxis" durch lebensweltliche Institutionen. Auch wenn Phänomene abweichenden Verhaltens nach einer „systemisch-abstrakten, über die

---

221 *Habermas, J. 1992 (*Fn. 207), 503.

222 So etwa *Kreissl, R.:* Der Labeling Approach. Metamorphosen eines theoretischen Ansatzes. Kriminologisches Journal 17 (1985), 137-144, Fn. 7.

223 *Baratta. A.:* Neue Legitimationsstrategien des Strafrechts und ihre Kritik als Realitätskritik. Kriminologisches Journal 20 (1988), 32-49, 45, Anmerkung 11, der die „technokratischen Straftheorien" als Form der „Kulturherrschaft" ansieht, die zu einer Kolonialisierung der Realitätswahrnehmung führe; *Scheerer, S.:* Die abolitionistische Perspektive. Kriminologisches Journal 16 (1984), 90-111, Anmerkung 10, wo allerdings Kolonialisierung fälschlicherweise mit Verrechtlichung gleichgesetzt wird, oder *Ders.:* Vom Praktischwerden. Kriminologisches Journal 21 (1989), 30-42, 38 Anmerkung 1, wo *Scheerer* bezugnehmend auf die Marxrezeption von *Habersmas* von der „Realabstraktion 'Kriminalität'" spricht, einer „'Verdinglichung' mit ihren eigenen realen Folgen".

224 Einen guten Überblick verschafft die Darstellung von *Deflem, M.:* Jürgen Habermas Pflegevater oder Sorgenkind der abolitionistischen Perspektive. Kriminologisches Journal 24 (1992), 82-97.

225 *Hulsmann, L.:* Critical criminology and the concept of crime. In: Criminological Perspectives, hrsg. v. J. Muncie u.a. London 1996, 299-303.

226 *Hulsman, L.:* Afscheid van het Recht: EenPleidooi voor Zelfregulering, Houten 1986, 149f., zit. nach *Defleim, M.* 1992 (Fn. 224), 85.

227 *Fay, U.A.:* Kriminologie im Rahmen kritischer Gesellschaftstheorie. Kriminologisches Journal 17 (1985), 3-18, 11-17.

Köpfe der betroffenen Subjekte hinweggehende Regelung“ zu verlangen scheinen, plädiert er dafür, die angewachsene „Kontrollmaschinerie” zurückzudrängen und das in sozialen Konflikten angelegte Potential sozialintegrativer Lösungen fruchtbar zu machen. Dies hält er für möglich, weil im Zuge fortschreitender gesellschaftlicher Differenzierung Recht und Moral auseinandergetreten sind und ein Niveau der Wertgeneralisierung erreicht ist, auf dem im privaten Umgang Konflikte unter Anwendung allgemeiner Prinzipien in sprachlichen Konsensbildungsprozessen gelöst werden können. DE HAAN geht noch weiter:[228] Er interpretiert das Kriminaljustizsystem als Machtmedium und das Strafrecht als das systemische, kolonialisierende gesellschaftliche Kontrollmedium für gesellschaftlich definierte Kriminalität. Anknüpfend an HABERMAS' Diskursmodell plädiert er für die Entwicklung kommunikativer Konfliktlösungsmechanismen, die im Gegensatz zum Strafrecht nicht staatlicher Kontrolle unterliegen. SMAUS greift HABERMAS' Gegenüberstellung von System und Lebenswelt auf.[229] Auch sie meint, nachweisen zu können, daß das Strafrecht in seinen Tatbeständen die Subsysteme Staat und Wirtschaft umfassend, die Lebenswelt aber nur „fragmentarisch” schützt. Weil das Strafrecht in jüngerer Zeit wieder verstärkt generalpräventiv gerechtfertigt werde, sei seine Funktion darüber hinaus zunehmend nicht mehr der „Schutz”, sondern die „Kontrolle” der Gesellschaft. Im Interesse der Systeme träfen repressive Reaktionen vor allem die Menschen. Weil aber „die strafrechtliche Bezähmung des sich gegen das System richtenden Protests in der Lebenswelt Pathologien hervorrufen kann”, fordert SMAUS nicht nur die Dekriminalisierung einiger Delikte oder andere Arten der Konfliktregelung und Sanktionierung, sondern plädiert für eine „Zurückgewinnung der Autonomie in allen Bereichen der symbolischen Reproduktion”, damit die Lebenswelt selbst eine dem Konflikt angemessene Lösung finden kann. Sie weist darauf hin, daß eine „Entkolonialisierung” vom Strafrecht und die „Formulierung von Bedürfnissen von Lebenswelten” nicht nur eine „negative Kriminalpolitik”, sondern „Gesellschaftspolitik im umfassenderen Sinne” verlangt.[230]

Man muß den Abolitionisten vorwerfen, daß sie HABERMAS nur selektiv rezipiert haben. Die fortschreitende Verrechtlichung sozialer Beziehungen muß im Kontext der fortschreitenden „Rationalisierung der Lebenswelt” und im Zusammenhang mit der Ausdifferenzierung gesellschaftlicher Teilsysteme gesehen werden („Entkopplung von System und Lebenswelt”).[231] Recht hat in diesem Prozeß zunächst die Funktion übernommen, Medien, über die sich gesellschaftliche Subsysteme unter Umgehung sprachlicher Konsensbildungsprozesse integrieren, in der Lebenswelt zu *verankern* (s.o. IV. 3.). Zu einer Kolonialisierung der Lebenswelt führt die Ver-

---

[228] *De Haan, W.:* The Politics of Redress, Crime, Punishment and Penal Abolition. London 1990, 99f., 155ff.

[229] *Smaus, G.:* Gesellschaftsmodelle in der abolitionistischen Bewegung. Kriminologisches Journal 18 (1986), 1-18, 2.

[230] *Smaus, G.* 1986 (Fn. 229), 15-17.

[231] So auch *Deflem, M. 1992* (Fn. 224), 91.

rechtlichung erst, wenn sogenannte *Rechtsinstitutionen*, Rechtstatbestände, die einer materiellen Rechtfertigung bedürfen und nicht durch bloßen Hinweis auf das legale Verfahren legitimiert werden können, als Medien genutzt werden (s.o. IV. 6.) bzw. wenn sozialstaatliches Recht paternalistisch wird und die Autonomie der Rechtsadressaten nicht mehr fördert, sondern einschränkt (s.o. V.). Die Abolitionisten können für ihre Thesen der kolonialisierenden Wirkungen des Strafrechts ins Feld führen, daß HABERMAS in der Tat die Prinzipien des Straf- und Strafverfahrensrechts als Rechtsinstitutionen einordnet.[232] Sie müßten jedoch noch dartun, daß Straf- und Strafverfahrensrecht auch als Medium genutzt werden. Dies hat HABERMAS selbst nur für andere Rechtsinstitutionen, insbesondere im Bereich des Sozial-, Schul- und Familienrechts expliziert.[233] Wenn man den medialen Charakter des Strafrechts unter Hinweis auf die Wenn-dann-Struktur strafrechtlicher Tatbestände und Rechtsfolgenregelungen und der Gestaltung des Strafprozesses als Inquisitionsprozeß begründen zu können meint, ließe sich mit HABERMAS sicherlich für eine allerdings *rechtliche* Institutionalisierung von „Verfahren der Konfliktregelung" argumentieren, „die den Strukturen verständigungsorientierten Handelns angemessen sind", wie etwa „diskursive Willensbildungsprozesse und konsensorientierte Verhandlungs- und Entscheidungsverfahren".[234] Diesen Anforderungen würde etwa das Modell der „family conferences" von BRAITHWAITE genügen.[235] Es bleibt jedoch zu bedenken, daß das staatliche Strafrecht, anders als das sozialstaatliche Recht, dessen kolonialisierende Wirkung HABERMAS beleuchtet, keine bisher informell geregelte Sphäre der Lebenswelt verrechtlicht hat und im übrigen zu den Grundbausteinen des neuzeitlichen Staates gehört. Die in mühsamen Prozessen errungene Ablösung der Selbstjustiz durch justizförmige Ahndung schwerer Normverstöße ist kein freiheitseinschränkender Paternalismus, sondern ein friedensstiftender und damit die individuelle Freiheit sichernder Fortschritt.

Daß HABERMAS sich abolitionistischen Forderungen nach einer Abschaffung des Strafrechts anschließen würde, ist jedoch aus noch prinzipielleren Gründen zweifelhaft: Sowohl in der „Theorie des kommunikativen Handelns" als auch in seiner Rechtstheorie „Faktizität und Geltung" weist er dem Strafrecht, bzw. dem Rechtssystem unverzichtbare *gesamtgesellschaftliche* Funktionen zu. Nachdem im Zuge der gesellschaftlichen Rationalisierung und der strukturellen Differenzierung der Lebenswelt Recht und Moral zunehmend auseinandergetreten sind, gewinnt das Recht die Stellung einer Metainstitution. Es übernimmt so etwas wie eine „Ausfallbürgschaft" für den Fall, daß die bindende Kraft der Institutionen erster Ordnung versagt. Die politische Gesamtordnung konstituiert sich als Rechtsord-

---

232 *Habermas, J. 1987* Band II (Fn. 3), 536.

233 *Habermas, J. 1987* Band II (Fn. 3), 539-547.

234 *Habermas, J. 1987* Band II (Fn. 3), 544 zur Entjustizialisierung von Familienkonflikten.

235 *Braithwaite, J.:* Conditions of successful reintegration ceremonies. Dealing with juvenile offenders. Britisch Journal of Criminology 34 (1994), 139-171.

nung.[236] Der Beitrag des Rechtssystems zur sozialen Integration gewinnt an Gewicht. Auf der postkonventionellen Stufe des prinzipiengeleiteten moralischen Bewußtseins ist die Moral dann soweit entinstitutionalisiert, „daß sie als *interne* Verhaltenskontrolle nur noch im Persönlichkeitssystem verankert ist.“ Gleichzeitig entwickelt sich das Recht zu einer „*externen*, äußerlich imponierten Gewalt“; als modernes, staatlich sanktioniertes Zwangsrecht ist es eine „von den sittlichen Motiven der Rechtsgenossen entkoppelte, auf abstrakten Gehorsam angewiesene Institution“.[237] Das Zivilrecht ist zum Organisationsmittel des Wirtschaftssystems avanciert; das öffentliche Recht institutionalisiert die Staatsgewalt. Das unter Einhaltung formal einwandfreier Verfahren gesetzte Recht bleibt jedoch als ganzes auf eine Verankerung in „legitimationswirksamen Basisinstitutionen” angewiesen. „Im bürgerlichen Verfassungsstaat sind das in erster Linie die Grundrechte und das Prinzip der Volkssouveränität.” Diese stellen nach HABERMAS zusammen mit den „moralisch-praktischen Grundlagen des *Straf*- und Zivilrechts die Brücke dar zwischen einer entmoralisierten und veräußerlichten Rechtssphäre einerseits und einer entinstitutionalisierten und verinnerlichten Moral andererseits.”[238] In seiner Rechtstheorie „Faktizität und Geltung” hat er die Funktion des Rechtssystems noch präziser herausgearbeitet: Das Recht hat eine „Scharnierfunktion zwischen System und Lebenswelt”; es nimmt eine „eigentümliche Doppelstellung” ein und hat „Vermittlungsfunktion ... zwischen einer über kommunikatives Handeln reproduzierten Lebenswelt einerseits und gesellschaftlichen Funktionssystemen ... andererseits.” „Nur in der Sprache des Rechts können normativ gehaltvolle Botschaften gesellschaftsweit zirkulieren.” „Das Recht funktioniert gleichsam als Transformator, der ... sicherstellt, daß das Netz der sozialintegrativen gesamtgesellschaftlichen Kommunikation nicht reißt.”[239] Gerade wo das Strafrecht elementare Rechtsgüter wie Leben, körperliche Unversehrtheit, Freiheit, aber auch Eigentum und Vermögen schützt, deren Unversehrtheit aus systemischer Sicht funktionsnotwendig und aus der Sicht der Lebenswelt von zwischenmenschlicher, existentieller Bedeutung ist, ist die gesamtgesellschaftliche Funktion des Strafrechts evident. Dies übersehen DE HAAN und SMAUS, wenn sie nur die Funktionalität des Strafrechts betonen. Gerade weil das Strafrecht die verschiedenartigen und doch konvergierenden Interessen von Lebenswelt und System zur Geltung zu bringen vermag, verbietet sich seine Abschaffung.

---

[236] *Habermas, J. 1987* Band II (Fn. 3), 265.

[237] *Habermas, J. 1987* Band II (Fn. 3), 261.

[238] *Habermas, J. 1987* Band II (Fn. 3), 266.

[239] *Habermas, J.* 1992 (Fn. 207), 77f.

VII. Resümee

HABERMAS hat in seiner „Theorie der Moderne" das Übergreifen systemischer Imperative auf kommunikativ strukturierte Lebenszusammenhänge als den strukturellen Mechanismus identifiziert, der soziale Krisenerscheinungen in spätkapitalistischen, aber auch in realsozialistischen Gesellschaften verursacht. Er hat dargetan, daß, wo immer Lebensbeziehungen aus lebensweltlichen Zusammenhängen gerissen werden und unter den Einfluß von Steuerungsmedien geraten, Kommunikation unterbunden oder überflüssig wird. Dies führt zu krisenwirksamen Störungen der kulturellen Reproduktion, der sozialen Integration und der Sozialisation. Zusätzlich begünstigt die Entstehung von Expertenkulturen, mit der die Alltagspraxis vom Zufluß einer ungebrochenen kulturellen Überlieferung abgeschnitten wird, die kulturelle Verarmung. In den sozialstaatlichen Arrangements spätkapitalistischer Gesellschaften gewährleisten eine aufgewertete Konsumentenrolle und eine aufgeblähte Klientenrolle, daß die Assimilierung sozialintegrierter Lebenszusammenhänge an systemisch integrierte Handlungsbereiche den möglichen Widerstand gegen eine weitere Technisierung der Lebenswelt im Wege der Bedürfnisbefriedigung ruhigstellt und daß die Strukturen entfremdeter Arbeit und entfremdeter Mitbestimmung ihre Explosivkraft nicht entfalten. In sozialistischen Staaten wie der ehemaligen DDR drangen systemische Imperative über politisch relevante Mitgliedschaften in kommunikativ strukturierte Lebensbereiche ein. Dabei verhüllte die Vorspiegelung kommunikativer Beziehungen die faktische Austrocknung pseudo-politisch vereinnahmter Lebenszusammenhänge. Die zu beobachtende schleichende Auszehrung lebensweltlicher Ressourcen in spätkapitalistischen Wohlfahrtsstaaten wie in Systemen des bürokratischen Sozialismus bezeichnet HABERMAS als Kolonialisierung. Als Symptome der Kolonialisierung wertet er mannigfaltige Protestbewegungen und das vermehrte Auftreten von Adoleszenzkrisen. Wenn jedoch die Pazifierung des Klassenkonflikts über sozialstaatliche Entschädigungsangebote, wie insbesondere in den neuen Bundesländern, nur mehr bedingt gelingt, wenn sie durch globalisierte Märkte unterlaufen wird und wenn neuartige nichtökonomische, insbesondere globale Gefährdungen auftreten, auf deren Bewältigung das sozialstaatliche Arrangement nicht zugeschnitten ist, werden die destruktiven Wirkungen der Kolonialisierung verstärkt in Erscheinung treten.[240] Außerdem ist vermehrt mit offenem Widerstand der Lebenswelt gegen systemische Übergriffe zu rechnen, der sich in anomischen Zuständen und Legitimationsentzug manifestiert. Da sowohl die Kolonialisierung der Lebenswelt als auch offener Widerstand gegen systemische Übergriffe eine Folge der Beeinträchtigung kommunikativer Strukturen sind, wird hier als Oberbegriff für beide Phänomene der Begriff Erosion kommunikativer Strukturen eingeführt. Daß die Entstehung gewaltzentrierter Jugendkulturen sich als Symptom der Erosion kommunikativer Strukturen interpretieren läßt, soll im folgenden Paragraphen expliziert werden.

---

[240] Dazu unten § 6 IV.

§ 6 Gewalttätige Jugendkulturen – Zuflucht in einer kolonialisierten Lebenswelt

Im Folgenden soll ein theoretischer Rahmen entwickelt werden, der es erlaubt, die Entstehung gewalttätiger Jugendkulturen und ihre interaktiven, gruppendynamischen Gewaltrituale, ausgehend von der Körperzentriertheit der Aktionsformen, als Krisenerscheinungen spätkapitalistischer respektive realsozialistischer Gesellschaften zu interpretieren und damit analytisch präzise auf gesellschaftliche Strukturveränderungen zurückzuführen. Es soll expliziert werden, daß sich die Entstehung gewalttätiger, ja geradezu gewaltzentrierter Jugendkulturen als Symptom der Erosion kommunikativer Strukturen interpretieren und damit auf gesellschaftliche Strukturveränderungen zurückführen läßt. Zunächst wird dargetan, daß sich gewalttätiges Verhalten als Erosionssymptom darstellt (I.), daß die Erosionsfolgen Jugendliche und Heranwachsende in besonderem Maße betreffen (II.) und daß gewalttätige Jugendkulturen ein Symptom der Erosion kommunikativer Strukturen und gleichzeitig ein Zufluchtsort für „Erosionsbetroffene" sind, weil sie die Kolonialisierungsfolgen zumindest bedingt kompensieren oder den Widerstand gegen die systemische Vereinnahmung kommunikativ strukturierter Handlungsbereiche kanalisieren (III.). Anschließend soll begründet werden, warum Erosionssymptome auch oder gerade in einer Zeit in Erscheinung treten, in der der Sozialstaat in eine tiefgreifende Krise geraten ist und das sozialistische Regime der ehemaligen DDR zusammengebrochen ist, in einer Zeit also, in der die gesellschaftlichen Strukturen, auf die sich die Kolonialisierung der Lebenswelt zurückführen läßt, bereits brüchig geworden sind oder gar nicht mehr existieren (IV.). Abschließend soll dargetan werden, daß nicht alle historischen Vorläufer der heutigen Jugendkulturen als Erosionserscheinungen interpretiert werden können, sondern z.T. als Reaktionen auf Enttraditionalisierungsschübe zu bewerten sind (V.).

I. Gewalt als Erosionssymptom

Zwischenmenschliche Gewalt kann als Erosionssymptom begriffen werden, weil sie sich als „Ersatzsprache", als „Negation von Kommunikation" darstellt[1] und auf Störungen der Reproduktion der Lebenswelt zurückgeführt werden kann. Wie kommunikatives Handeln ist auch gewalttätiges Handeln ein soziales Verhalten, eine Form der Interaktion. Wie jeder Sprechakt so übermittelt auch jeder Gewaltakt seinem Adressaten eine Botschaft, die der Interpretation zugänglich ist und verstanden werden kann. Er ist schließlich wie jeder Akt kommunikativen Handelns geeignet, die Intentionen und das Verhalten des Adressaten zu beeinflussen. Insofern ist es berechtigt, Gewalt als „Ersatzsprache" zu bezeichnen. Anders als kom-

---

[1] Die folgenden Ausführungen beziehen sich auf die in § 4 I. 1. vorgestellte Gewaltdefinition.

munikatives Handeln setzt gewalttätiges Handeln jedoch nicht auf die Kraft des besseren Arguments und ist nicht auf die einvernehmliche Koordinierung von Handlungen und die diskursive Bewältigung von Konflikten gerichtet. Gewalttätiges Handeln setzt vielmehr auf die zwingende Wirkung körperlicher Kraft und realisiert Intentionen und Ziele unter Mißachtung des Willens und der Leiden des Gewaltopfers. Indem der Gewalttäter sich auf die zwingende Wirkung von Gewalt stützt, zerstört er die Voraussetzungen, unter denen verständigungsorientiertes Handeln allein möglich ist, die ideale Sprechsituation. Gewalttätiges Handeln ist nicht verständigungsproduktiv, sondern im buchstäblichen Wortsinne destruktiv. Insoweit stellt es sich als Negation von Kommunikation dar.

Da gewalttätiges Verhalten als Negation von Kommunikation konzeptualisiert werden kann, läßt es sich auch logisch konsequent auf Störungen der Reproduktion der Lebenswelt, der Sozialisation (1.), der sozialen Integration (2.) und der kulturellen Reproduktion (3.) zurückführen, die in einer rationalisierten Lebenswelt über kommunikative Prozesse gewährleistet wird. Weil gewalttätiges Verhalten damit als Symptom der Erosion kommunikativer Strukturen gedeutet werden kann (dazu auch II. 4.; III. 1., 2.), läßt es sich auf gesellschaftliche Strukturveränderungen zurückführen und als eine der Antinomien der gesellschaftlichen Modernisierung begreifen. Das in der allzu oft kulturpessimistisch und modernisierungsfeindlich geführten Gewaltdiskussion angeprangerte Versagen der Familien, der beklagte Werteverfall und der vorwiegend an nostalgischen Solidaritätskonzeptionen gemessene Verlust gesellschaftlichen Zusammenhalts können damit als Paradoxien gesellschaftlicher Modernisierungsprozesse, als Pathologien posttraditionaler Gesellschaften interpretiert werden, ohne die Rationalisierung der Lebenswelt selbst zu verdächtigen und ihren emanzipatorischen, humanisierenden Gehalt zu verraten. Gleichzeitig erlaubt der gewählte Erklärungsrahmen die Integration verschiedener Erklärungsebenen, der persönlichen, der familiären und der gesellschaftlichen. Das Erosionskonzept bewährt sich damit als Mehrfaktorenansatz.[2]

1. Gewalt als Symptom defizitärer Sozialisation[3]

Daß Jugendliche und Heranwachsende gewalttätig werden und Konflikte, Frustrationen und Aggressionen nicht mehr kommunikativ, sondern gewaltförmig abarbeiten, muß als Indiz für ihre eingeschränkte interaktive Kompetenz gewertet werden: Gesprochen wird mit den Fäusten. Dieser Befund verweist darauf, daß die Ausbildung stabiler, konfliktfähiger Identitäten, die über kommunikative Prozesse gewährleistet wird, nicht mehr umstandslos gelingt. Diejenigen, die in interaktiven Prozessen verstärkt auf Gewalt rekurieren, haben offensichtlich keine generalisierte Handlungsfähigkeit erworben, die die intersubjektive Abstimmung individueller

---

[2] Dazu Einleitung II.

[3] Die folgenden Erkenntnisse ergeben sich aus der 3. Zeile der Fig. 21, 22, 23 von *Habermas*, wiedergegeben oben § 5 II. 2. und IV. 2.

Handlungspläne ermöglicht und damit gewährleistet, daß in der eigenen Lebenswelt auftretende Situationen realitätsgerecht und produktiv bewältigt werden können. Ihre Ausdrucks- und Kommunikationsmöglichkeiten sind so verarmt, daß sie mit inneren Konflikten nicht mehr umgehen können und auch soziale Konfliktsituationen nicht mehr mit sprachlichen Mitteln auf dem Wege kollektiver Willensbildung zu bewältigen vermögen. Gewaltförmige Reaktionen indizieren daher, daß das Persönlichkeitssystem seine Identität letztlich nur noch mit Hilfe von Abwehrstrategien stabilisiert. Da Gewalt gesellschaftliche Basiswerte wie Leib, Leben und Eigentum negiert, indiziert gewalttätiges Verhalten auch, daß die Akteure sich nicht mehr zu normenkonformem Handeln motivieren können, daß die Sozialisationsprozesse die Wertinternalisierung nur noch unzureichend gewährleisten. Dort, wo die destruktiven Folgen ausgreifender systemischer Imperative nur mehr unzureichend durch wohlfahrtsstaatliche Gratifikationen oder politisch entleerte Mitgliedschaften kompensiert werden, muß Gewalt sogar als Ausdruck der aggressiven Weigerung gedeutet werden, das herrschende politisch-gesellschaftliche System motivational zu unterstützen. Da zwischenmenschliche Gewalt in modernen, posttraditionalen Gesellschaften tabuisiert ist, ist derjenige, der zur Gewalt greift, schließlich nicht hinlänglich enkulturiert. Für ihn ist das Gewalttabu zumindest suspendierbar geworden. Sozialisationsprozesse verlaufen offenbar so defizitär, daß auch keine überschüssigen Interpretationsleistungen mehr freigesetzt werden, die den einzelnen in die Lage versetzten, neu auftretende Situationen produktiv an bestehende Weltzustände anzuschließen und neue Erfahrungen mit tradiertem Erfahrungswissen so zu vermitteln, daß neue Handlungssituationen unter Rekurs auf tradierte Handlungs- und Konfliktlösungsmodelle konstruktiv statt nur mehr destruktiv, nämlich gewaltförmig bewältigt werden können.

2. Gewalt als Symptom defizitärer sozialer Integration[4]

Gewaltförmige Interaktionen sind ein Indiz dafür, daß die Koordinierung von Handlungen über intersubjektiv anerkannte Geltungsansprüche nicht mehr gelingt. Gewalttätiges Verhalten offenbart dabei auch, daß die Stabilisierung von Gruppenidentitäten und die Herstellung von Solidarität unter den Gruppenangehörigen über kommunikatives Handeln nicht mehr gewährleistet ist; daß die soziale Integration und die Muster sozialer Zugehörigkeit, die sich über Verständigungsprozesse reproduzieren, brüchig geworden sind: Denn wer gegenüber seinen Aktionspartnern gewalttätig wird, offenbart, daß er sich, zumindest jenseits seiner jugendkulturellen Bezugsgruppe, als seinem sozialen Umfeld nicht mehr substantiell zugehörig erlebt. Das gewalttätige Subjekt ist seinem Opfer so weit entfremdet, daß es gegen dessen Leiden immun ist, es nimmt sein Opfer offensichtlich nicht mehr als seinesgleichen, also als Angehörigen derselben sozialen Gruppe wie sich selbst wahr. Dies muß auch auf die Verunsicherung der kollektiven Identität zurückgeführt

---

[4] Die folgenden Erkenntnisse ergeben sich aus der 2. Zeile der Fig. 21, 22, 23 von *Habermas*, wiedergegeben oben § 5 II. 2. und IV. 2.

werden. Zu deren Destabilisierung kommt es, wenn die normativen Ordnungen ausgedünnt sind und selbst ein Kernbestand an Wertorientierungen, über die sich die soziale Gemeinschaft definiert, nur noch unzureichend über sozialintegrative Reproduktionsprozesse einer widerstandsfähigen normativen Realität einverleibt wird und daher seine intuitiv handlungssteuernde Kraft verloren hat. Wo das Netz der gesellschaftlichen Integration allerdings bereits zerrissen ist, muß Gewalt sogar als anomisches Desintegrationssymptom bewertet werden.

3. Gewalt als Symptom defizitärer kultureller Reproduktion[5]

Auch wenn Gewaltausübung den Tätern ein Gefühl von Macht verleiht, ist Gewalt näher besehen im Regelfall ein Ausdruck von Ohnmacht. Diese erklärt sich nicht selten aus der Erfahrung, den mit neuen Situationen auftretenden Verständigungsbedarf nicht mehr aus dem kulturellen Wissensvorrat decken zu können, weil die als gültig akzeptierten Deutungsschemata versagen und die Ressource „Sinn" knapp geworden ist. Dazu kommt es, weil die Tradition und Erneuerung kulturellen Wissen über kommunikative Prozesse nur noch unzureichend gewährleistet wird und weil mit der Entstehung von Expertenkulturen, die die kulturelle Überlieferung professionell bearbeiten, die Alltagspraxis vom Zufluß einer ungebrochenen kulturellen Überlieferung abgeschnitten und entsprechend verödet ist. Ohnmächtige Gewalt erweist sich damit auch als Ausdruck von Orientierungskrisen und verweist auf einen Mangel an bildungswirksamen Verhaltensmustern. Soweit allerdings Gewalt als Symptom anomischer Zustände gedeutet werden muß, indiziert sie, daß die kulturelle Reproduktion legitimationswirksames Wissen nur noch unzureichend erneuert. Wenn gesellschaftliche Institutionen der Legitimation entbehren, so manifestiert sich dieses Legitimationsdefizit am eklatantesten in gewalttätiger Auflehnung und gewalttätigem Protest.

II. Jugendliche und Heranwachsende als „Erosionsbetroffene"

Jugendliche und Heranwachsende sind in besonderem Maße von den Folgen der Erosion kommunikativer Strukturen betroffen. Sie haben noch keine gefestigte Persönlichkeitsstruktur und müssen zuförderst im Elternhaus, aber auch im schulischen Kontext Interaktionsfähigkeit erwerben, um ihre individuellen Handlungspläne im sozialen Raum mit denen ihrer Aktionspartner unter Wahrung ihrer personalen Identität abstimmen zu können. Sie müssen die Werte internalisieren, über die sich die Gemeinschaft konstituiert, und Muster sozialer Zugehörigkeit erlernen, weil Gruppenzugehörigkeit und Solidarität nur für denjenigen erfahrbar wird, der sich in interpersonellen Beziehungen an den als legitim anerkannten Normen zu orientieren vermag. Schließlich müssen sie sich die kulturellen Überlie-

[5] Die folgenden Erkenntnisse ergeben sich aus der 1. Zeile der Fig. 21, 22, 23 von *Habermas*, wiedergegeben oben § 5 II. 2. und IV. 2.

ferungen kritisch aneignen, damit ihnen die Weltaneignung gelingt und sich ihnen die eigene Lebensgeschichte als sinnhaltig erschließt.[6] Weil in einer rationalisierten Lebenswelt die Sprache die Funktion der Vergesellschaftung übernommen hat und die Sozialisation und die Ausbildung stabiler Identitäten nur mehr in aufwendigen kommunikativen Prozessen gelingen können, ist der Verständigungsmechanismus in den Familien als primären Sozialisationsinstanzen besonders in Anspruch genommen. Es liegt daher auf der Hand, daß gerade die Enkulturation, die Sozialisation und die soziale Integration der jungen Generation gefährdet sind und daß junge Menschen nur rudimentäre kommunikative Kompetenzen erwerben, wenn die Verständigungskompetenz der Erziehenden durch die Kolonialisierung der Lebenswelt beschädigt ist und wenn innerfamiliäre Kommunikationsprozesse durch systemische Übergriffe unterbunden werden. Die nachwachsende Generation wird mit psychopathologischen Entwicklungsverläufen, mit Entfremdung und Orientierungskrisen reagieren.[7] Da Gewalt sich als Symptom defizitärer Sozialisation, sozialer Integration und Enkulturation darstellt (s.o. I.), ist insbesondere damit zu rechnen, daß junge Menschen vermehrt gewalttätig werden und von Jugendkulturen angezogen werden, die sich über Gewaltrituale integrieren und die beschriebenen Sozialisations-, Integrations- und Enkulturationsdefizite kompensieren (dazu unter III.). Im Folgenden soll zunächst expliziert werden, wie sich die Rationalisierung der Lebenswelt auf die Familie ausgewirkt hat (1.). Sodann soll dargetan werden, daß die Sozialisation unter den Bedingungen rationalisierter innerfamiliärer Strukturen schwieriger und störungsanfälliger geworden ist, weil der Verständigungsmechanismus verstärkt in Anspruch genommen werden muß (2.). Anschließend soll in Kürze darauf hingewiesen werden, daß die Erziehung durch systemische Zumutungen zusätzlich erschwert wird (3.), bevor abschließend anhand einiger Beispiele ausgeführt werden soll, daß die Kolonialisierung der Lebenswelt, begünstigt durch eine zunehmende kulturelle Verarmung der innerfamiliären Alltagspraxis, Kommunikation unterbindet, mit der Folge, daß die Sozialisation, die soziale Integration und die Enkulturation der nachwachsenden Generation nur unzureichend gelingt und sie allenfalls rudimentäre kommunikative Kompetenzen erwirbt (4.).

1. Rationalisierung innerfamiliärer Strukturen

Die innerfamiliären Sozialisationsbedingungen haben sich im Zuge der Rationalisierung der Lebenswelt tiefgreifend gewandelt.[8] Dies läßt sich auch daran ablesen, daß partnerschaftliche Beziehungen egalitär gedacht werden, daß den Familienmitgliedern eine individualisierte Lebensgestaltung zugestanden wird und daß Erziehungspraktiken zunehmend liberalisiert worden sind. Diese Veränderungen verdanken sich letztlich der Freisetzung des im kommunikativen Handeln angeleg-

---

[6] 3. Zeile, 3. Spalte und die Diagonale der Fig. 21, 23 von *Habermas*, wiedergegeben oben § 5 II. 2.

[7] 3. Spalte der Fig. 22 von *Habermas*, wiedergegeben oben § 5 IV. 2.

[8] So *Habermas,* Nachweise oben § 5 IV. 7. 2. Absatz.

ten Rationalitätspotentials: Mit der fortschreitenden Wertgeneralisierung hat sich das Prinzip der Gleichheit auch im Geschlechterverhältnis durchzusetzen begonnen, die Herauslösung des einzelnen aus vereinnahmenden Kollektiven hat neue Chancen der Individuierung eröffnet, und die Erziehungsmethoden sind im Zuge der Verflüssigung traditioneller Moralvorstellungen kritisierbar und begründungsbedürftig geworden. Insbesondere ist die Durchsetzung von Erziehungszielen mit Gewalt diskreditiert worden. Sozialisationsvorgänge müssen sich heute über weitgehend entinstitutionalisiertes Verständigungshandeln vollziehen.[9] Wenn die Gestaltung der innerfamiliären Beziehungen diesen Maßstäben vielfach nicht genügt und insbesondere Gewalt immer noch als Erziehungsmittel eingesetzt wird, so stellt dieser Befund die hypostasierte Rationalisierung der Lebenswelt nicht in Frage. Er indiziert vielmehr, daß Eltern den Zumutungen der Rationalisierung nicht immer gewachsen sind oder daß die elterlichen Kommunikations- und Ausdrucksmöglichkeiten durch die zunehmende Kolonialisierung der Lebenswelt bereits so beeinträchtigt sind, daß sie den kommunikativen Anforderungen an die Erziehung nicht mehr gewachsen sind. Hierarchische Beziehungsmuster und gewaltförmige Erziehungsmethoden stellen sich damit heute als Regressionserscheinungen dar, die die Bewältigung innerfamiliärer Alltagszumutungen zu erleichtern scheinen. Sie entbehren jedoch, anders als noch in traditional geprägten, vormodernen Familien, der Legitimation. Weil sie vor dem Hintergrund des gesellschaftlichen Entwicklungsstandes nicht mehr zu rechtfertigen sind, werden sie zur Hypothek für eine gelingende Sozialisation. Es wundert daher nicht, daß gerade elterliche Gewalt als unverhältnismäßig, unangemessen und ungerecht erlebt wird. Sie enttäuscht die berechtigte Erwartung der nachwachsenden Generation auf produktive intergenerative Verständigung.

2. Innerfamiliäre Verständigungsanforderungen

In einer rationalisierten un*d* umfassend problematisierten Lebenswelt hat die Sprache die Funktion der Vergesellschaftung von Individuen übernommen.[10] Die Ausbildung stabiler Identitäten, der Erwerb interaktiver Kompetenzen und der Fähigkeit zur produktiven Selbstverständigung können nur noch über kommunikative Prozesse gewährleistet werden. Damit jedoch nicht genug. Im Vergleich zu traditionalen Gesellschaften hat sich der Verständigungsbedarf noch erhöht, und der Interpretationsaufwand und das Dissensrisiko haben zugenommen, weil die Zonen des Unproblematischen geschrumpft sind, weil mit der Verflüssigung normativer Ordnungen die normative Verunsicherung zugenommen hat und weil im Zuge der Ausdifferenzierung kultureller Wertsphären die Motiv- und Wertgeneralisierung fortgeschritten ist.[11] Die Sozialisation der nachwachsenden Generation ist entspre-

---

[9] So *Habermas,* Nachweise oben § 5 IV. 7. 2. Absatz.

[10] So *Habermas,* Nachweise oben § 5 II. 3.

[11] So *Habermas,* Nachweise oben § 5 III. 1.

chend schwieriger und störanfälliger geworden. Erziehungsziele, elterliche Verhaltenserwartungen, aber auch Identitätsentwürfe und Muster sozialer Zugehörigkeit[12] können nicht mehr ohne Weiteres durch Verweis auf tradierte inhaltliche Standards, sondern nur noch gestützt auf eine prinzipiengeleitete Moral im Wege der Erzielung eines rational motivierten Einverständnisses gerechtfertigt werden. Mißlingt dies, entbehren elterliche Verhaltenserwartungen der Legitimation und entfalten keine handlungsmotivierende Kraft. Defizitäre Selbstentwürfe werden im interaktionistischen Test nicht bestehen, und Vorstellungen von sozialer Zugehörigkeit, die sich im sozialen Raum als nicht begründbar erweisen, führen zu schmerzlichen Erfahrungen sozialer Dissoziation. Wenn Frustrationen sozial auffälliger Kinder aufgefangen werden müssen, wird die Erziehung zusätzlich erschwert. Weil in posttraditionalen Gesellschaften normenkonformes Handeln situativ ausgehandelt werden muß, sind die Motivationen zu normenkonformem Handeln, die in Erziehungsprozessen erlernt werden müssen, abstrakter geworden und damit fragiler und in aufwendigen kommunikativen Prozessen schwieriger zu stabilisieren. Normenverstöße werden wahrscheinlicher. Gleichzeitig sind sie jedoch auch nicht mehr eindeutig als solche zu identifizieren mit der Folge, daß auch die Legitimation von Sanktionen angreifbar und die Konsistenz erzieherischer Maßnahmen fraglich bleibt. Wenn sie sich dem zu Erziehenden nicht erschließen und als ungerecht empfunden werden, wird Willkür in normativen Fragen erlernt, die Notwendigkeit, das eigene Verhalten intersubjektiv zu rechtfertigen, dagegen nicht. Die Pluralisierung der Lebensformen und die Komplexität gesellschaftlicher Systeme erhöhen schließlich den Interpretationsbedarf, der in Sozialisationsprozessen gedeckt werden muß, damit der nachwachsenden Generation die Weltaneignung gelingt und die Ressource Sinn nicht verknappt. Dies erfordert in einer problematisierten Lebenswelt die kritische Aneignung kultureller Überlieferungen – verglichen mit dem Rekurs auf kritikfeste Traditionen ein aufwendiges Unterfangen. Gelingt es nicht, den Interpretationsaufwand zu decken, ist mit Orientierungskrisen und Ohnmachtserfahrungen zu rechnen, die zu bewältigen die Erziehenden häufig noch weniger in der Lage sind.

3. Systemische Zumutungen

In der Erziehung ist jedoch nicht nur der Verständigungsmechanismus unter verschärften Bedingungen verstärkt in Anspruch genommen, sie wird auch noch durch systemische Zumutung erschwert.[13] Denn sie muß die nachwachsende Generation auch auf die funktionalen Mitgliedschaftsbedingungen von staatlichen und wirtschaftlichen Organisationen vorbereiten, denen die Heranwachsenden beim Eintritt in das Erwerbsleben genügen müssen. Diese mit der Ausdifferenzierung gesellschaftlicher Subsysteme entstandenen Organisationen zeichnen sich durch eine

---

[12] 3. Spalte der Fig. 21 von *Habermas*, wiedergegeben oben § 5 II. 2., die nachfolgenden Ausführungen beziehen sich daneben auch auf die 3. Zeile von Fig. 21.

[13] So *Habermas,* dazu näher mit Nachweisen oben § 5 IV. 7. 2. Absatz.

Autonomie aus, die es ihnen erlaubt, sich von kommunikativ strukturierten, lebensweltlichen Zusammenhängen unabhängig zu machen. Gerade die Mitgliedschaftsrolle, die die Indifferenzbeziehung zwischen Organisation und Persönlichkeit gewährleistet und die sich aus systemischer Perspektive als funktional erweist, mutet dem einzelnen zu, im Erwerbsleben beständig von seinen persönlichen Wertorientierungen und Überzeugungen, von seinen Handlungsdispositionen und Motivationen zu abstrahieren.[14] Persönliche Fähigkeiten und soziale Kompetenzen werden instrumentalisiert, soweit sie fungibel sind. Jenseits dessen zeigt sich das System gegenüber dem Individuum indifferent. Diese Indifferenz erzeugt ein kommunikatives Vakuum. Der einzelne muß die sich allein in kommunikativen Prozessen vollziehende Stabilisierung der eigenen Persönlichkeit, die Befriedigung seiner Bedürfnisse nach Selbstverwirklichung, Sinnstiftung und Vergemeinschaftung gewissermaßen „vertagen". Denn über die Teilnahme an innerorganisatorischen Prozessen können diese Bedürfnisse nur um den Preis von Verdinglichungen im Selbstverhältnis befriedigt werden.

In Sozialisationsprozessen müssen daher nicht nur kommunikative Kompetenzen erworben werden, damit Vergesellschaftung und Selbstfindung gelingen können, sondern paradoxerweise müssen gleichzeitig Fähigkeiten vermittelt werden, die es dem Einzelnen ermöglichen, die als existentiell notwendig erlernten kommunikativen Bedürfnisse durch Einnahme einer systemischen Perspektive zu relativieren und ihre Befriedigung partiell zu suspendieren. Da die Eltern, soweit sie selbst am Erwerbsleben teilnehmen, auch ihre eigenen Bedürfnisse nach Individuierung und Vergemeinschaftung nur in außerorganisatorischen Kontexten befriedigen können, konkurrieren ihre komplexen Verpflichtungen gegenüber der nachwachsenden Generation mit eigenen legitimen Ansprüchen. Wenn deren Verwirklichung nur auf Kosten des Nachwuchses gelingt, sollte daher nicht vorschnell moralisierend und vereinfachend von nazistisch motivierter Vernachlässigung gesprochen werden.

4. Kolonialisierung und kulturelle Verarmung familiärer Strukturen

Gerade weil die Sozialisation auf den Verständigungsmechanismus angewiesen ist (s.o. 2.)), ist zu erwarten, daß sich die Kolonialisierung der Lebenswelt, die allgemeine Verarmung von Ausdrucks- und Kommunikationsmöglichkeiten bei ohnehin verschärften und disparaten Anforderungen an die Erziehung innerfamiliär besonders dramatisch auswirkt. Indizien für die Erosion der innerfamiliären Kommunikationsstrukturen dürften ein passiver, ein unkommunikativer oder gar vom Einsatz von Gewalt geprägter Erziehungsstil, aber auch Vernachlässigung, Desinteresse und eine unzureichende kommunikative Bearbeitung von persönlichen oder schulischen Problemen und eine Reduktion des innerfamiliären Austausches auf organisatorische oder finanzielle Fragen sein.

---

[14] So *Habermas,* Nachweise oben § 5 III. 2.

Familiäre Kommunikationsstrukturen sind von der Kolonialisierung besonders betroffen, weil die den institutionellen Kern der Privatsphäre bildenden, auf Sozialisationsaufgaben spezialisierten Kleinfamilien, die aus systemischer Perspektive als private Haushalte konfiguriert werden, zentrales Einfallstor für die systemischen Imperative sind.[15] Daneben sind familiäre Lebenszusammenhänge aber auch indirekt, über die systemisch vereinnahmte Schule als zweiter Sozialisationsinstanz von den Kolonialisierungsfolgen betroffen. Es läßt sich zwischen der Kolonialisierung durch Monetarisierung (a.) und durch Verrechtlichung und Bürokratisierung (b.) unterscheiden. Insbesondere die Auswirkungen der Austrocknung kultureller Ressourcen auf den Sozialisationsprozeß in Folge von Störungen der kulturellen Reproduktion werden durch eine kulturelle Verarmung und Fragmentierung des Alltagsbewußtseins verschärft.[16] Je zersplitterter das Alltagsbewußtsein ist, desto schwieriger ist es, den Mechanismus der Kolonialisierung zu durchschauen und sich systemischen Übergriffen zu widersetzen. Es wundert daher nicht, daß die Kolonialisierung der Lebenswelt nicht alle sozialen Schichten gleichermaßen betrifft, daß in einem Teil der gebildeteren Haushalte, die Ausdrucks- und Kommunikationsmöglichkeiten weniger verarmt sind und die Sozialisation, die soziale Integration und die Enkulturation der nachwachsenden Generation noch über innerfamiliäre kommunikative Prozesse gewährleistet wird (c.).

a) Monetarisierung

Eine Folge von Übergriffen des Geldmediums ist die konsumistische Umdefinition von privaten Lebensbereichen.[17] Freizeit, Erholung und Tourismus, aber auch kulturelle Aktivitäten sind den Gesetzen der Warenwirtschaft und den Definitionen des Massenkonsums unterworfen worden. Die gemeinsame freie Zeit, der Urlaub, die Wahrnehmung von Kulturgütern müssen nicht mehr individuell von Eltern für ihre Kinder und mit ihren Kindern gestaltet werden, sondern werden von wirtschaftlichen Organisationen als Produkte angeboten, die man erwerben und konsumieren kann. Allein schon die konsumistische Überformung dieser Lebensbereiche ist geeignet, individuelle Gestaltungsimpulse im Keim zu ersticken, sie begünstigt Passivität und Lethargie. Gerade diejenigen, die die Angebote gar nicht wahrnehmen oder aus finanziellen Gründen nicht wahrnehmen können, wissen allzu oft mit ihrer freien Zeit nichts mehr anzufangen. Frustrationen und Aggressionen sind die Folge. Weil scheinbar nurmehr Wahlentscheidungen zwischen Produkten unter Berücksichtigung der Attraktivität des Produktdesigns und unter Gesichtspunkten der Finanzierbarkeit abverlangt sind, scheinen kommunikative Prozesse, in denen die individuellen Wünsche und Interessen der einzelnen Familienmitglieder konzeptualisiert werden müßten, in denen Ideen zu ihrer Realisierung

---

[15] So *Habermas,* dazu oben mit Nachweisen § 5 III. 5.

[16] Zu *Habermas'* These von der kulturellen Verarmung ausführlich mit Nachweisen oben § 5 IV. 4.

[17] So *Habermas,* Nachweise oben § 5 IV. 1.

entwickelt werden könnten, obsolet geworden zu sein. Gelegenheiten zur Einübung kommunikativer Kompetenzen bleiben ungenutzt. Ein innerfamiliärer Austausch, in den Eltern ihr Bildungswissen einspeisen müßten, der eine Auseinandersetzung mit kulturellen und historischen Inhalten notwendig machen würde, ist nicht mehr zwingend erforderlich oder findet zumindest nicht mehr statt. Die Überlieferung von kulturellem Bildungswissen und seine kritische Aneignung durch die nachwachsende Generation unterbleiben. Dies führt zu einer Austrocknung kultureller Ressourcen. Wo Freizeitprogramme die Aktivitäten vorgeben, wo Pauschalreisen die Gestaltung des Tagesablaufs abnehmen, ist auch die kommunikative Abstimmung individueller Handlungspläne entbehrlich geworden, bei der Solidarität erzeugt und erfahrbar wird. Wo gemeinsame Aktivitäten ganz unterbleiben, ist dies erst recht der Fall. Das sozialintegrative Potential innerfamiliärer Gestaltungszumutungen wird in jedem Fall nicht ausgeschöpft.

Auch die Monetarisierung der Eltern-Kind-Beziehung indiziert Übergriffe des Geldmediums.[18] Kindliche Bedürfnisse nach Zuwendung, nach kommunikativem Austausch über Sinnfragen und über Probleme in der Schule oder im Freundeskreis und Wünsche nach einer gemeinsamen Gestaltung des Alltagslebens werden, sei es aus Zeitmangel, sei es aus Überforderung, immer häufiger durch finanzielle Zuwendungen ruhiggestellt oder einfach nicht beachtet, so als seien mit der Gewährung von Unterhalt die elterlichen Pflichten erfüllt – ein basales Fehlverständnis. Denn in posttraditionalen Gesellschaften ist die Erziehung der nachwachsenden Generation den Eltern als komplexe Gestaltungsaufgabe aufgegeben und kann nicht mehr durch Rückgriff auf tradierte und durch weitgehend einheitliche soziale Praktiken bekräftigte Standards bewältigt werden. Die gesteigerten kommunikativen Bedürfnisse von Kindern und Jugendlichen bleiben immer häufiger unbefriedigt, und durch den Erwerb von Konsumgütern und Freizeitprodukten werden allenfalls Wünsche befriedigt, die die Werbewirtschaft erzeugt und die der individuellen Bedürfnisstruktur einfach übergestülpt werden. Daß Konflikte, Ängste und Frustrationen im innerfamiliären Kontext nicht bearbeitet werden, begünstigt das Auftreten von Psychopathologien; kommunikative Kompetenzen zu ihrer Bewältigung werden nicht erworben. Gleichzeitig bleibt das sozialisatorische Potential innerfamiliären Austausches ungenutzt: Die Möglichkeiten, in kommunikativen Prozessen generalisierte Handlungsfähigkeit und interaktive Kompetenzen zu erwerben und zu lernen, die eigenen individuellen Handlungspläne produktiv mit den Zumutungen der sozialen Umwelt zu vermitteln, werden nicht ausgeschöpft. Die Ausbildung einer konfliktfähigen Persönlichkeitsstruktur, die Jugendliche und Heranwachsende instandsetzen würde, die in der Adoleszenz auftretenden Probleme zu lösen, gelingt nicht oder nurmehr unzureichend. Es wundert daher nicht, daß gerade verhaltensauffällige und gewalttätige Jugendliche berichten, daß ihnen im

---

[18] Zu der von *Habermas* analysierten Monetarisierung von Beziehungen oben § 5 IV. 1.

Elternhaus praktisch nur Unterhalt gewährt wurde, daß sie jedoch in ihren Eltern einen Ansprechpartner in wichtigen Fragen nie gefunden haben.[19]

Auch die Verlängerung von Konkurrenz- und Leistungsdruck bis in die Grundschule[20] und entsprechende Erfolgserwartungen der Eltern, sind eine Folge von Übergriffen monetärer Imperative. Weil der Zugang zu Bildungseinrichtungen und professionellen Karrieren und mit ihnen die Eröffnung entsprechender Verdienstmöglichkeiten in egalisierten posttraditionalen Gesellschaften nicht mehr über gesellschaftliche Privilegien, über Schicht- oder Klassenzugehörigkeiten eröffnet wird, sondern vor allem die Schule die Funktion übernommen hat, Berufs- und Lebenschancen zuzuteilen, müssen sich bereits die Schüler in objektivierender, erfolgsorientierter Einstellung gegenübertreten. Die Schule ist daher immer weniger ein Ort, an dem die komplexen Anforderungen sozialen Gemeinschaftslebens und mit ihnen Muster sozialer Zugehörigkeit einschließlich der aus ihnen resultierenden Rechte und Pflichten erlernt werden können, ein Ort, an dem Solidarität erfahrbar wird, sondern immer mehr ein Ort, der bereits von den Erwartungen und Imperativen des Beschäftigungssystems bestimmt wird. Die Schule wandelt sich von einer lebensweltlichen Institution zu einer systemisch vereinnahmten Organisation und wird gewissermaßen „entweltlicht“. Dies wirkt sich umso dramatischer aus, als Schulen wie auch Familien und andere lebensweltliche Institutionen in rationalisierten, posttraditionalen Gesellschaften die kulturelle Reproduktion, die soziale Integration und die Sozialisation über institutionsinterne kommunikative Prozesse gewährleisten müssen. Die umrissenen Folgen der Verdürftigung des schulischen Zusammenlebens potenzieren sich, wenn im Elternhaus die systemischen Leistungserwartungen reproduziert werden, wenn auf Mißerfolg mit verstärktem Leistungsdruck und Entzug von Anerkennung und Zuwendung statt mit Gesprächs- und Hilfsbereitschaft reagiert wird. Diese innerfamiliären Solidaritätsdefizite, die Erfahrung, mit Mißerfolgen und Problemen allein gelassen zu werden, begünstigen zunehmende Entfremdungsprozesse. Die Spezialisierung der Schule auf die Vermittlung von Kompetenzen, die für die Teilnahme am Erwerbsleben erforderlich sind, und die Verabsolutierung von „Werten“ wie Erfolg und Leistung, beschädigen die Voraussetzungen, unter denen es der Schule möglich wäre, ihren Auftrag zur Vermittlung sozialer Kompetenzen zu erfüllen. Denn diese setzen den Erwerb kommunikativer Kompetenzen voraus und werden ihrerseits in kommunikativen Prozessen erworben, über die auch die für die einvernehmliche Koordinierung von Handlungen notwendige Orientierung an Werten und Normen eingeübt wird. Da eine zweckrationale Orientierung am Erfolg der eigenen Handlungen, die erfolgsorientierte Ausbeutung von Bildungsangeboten im eigenen Interesse einer Orientierung an Normen und Werten wie Gleichheit, Toleranz, Rücksichtnahme oder Wahrhaftigkeit zuwiderläuft, behindert die Erfolgsorientierung die Wertinter-

[19] Dazu unten § 7 III. 1. a) und b).

[20] Konstatiert von *Habermas,* Nachweise oben § 5 IV. 1.

nalisierung und damit die Reproduktion normativer Ordnungen im schulischen Kontext, und sie ist darüber hinaus zwangsläufig der Vergemeinschaftung der Schülerschaft abträglich. Daß überforderte Eltern und ohnmächtige Politiker von den Schulen erwarten, individuelle Leistungsbereitschaft *und* soziale Kompetenzen zu fördern, erweist sich zumindest in dieser Naivität als paradox. Daß gerade Mißerfolgs- und Versagenserfahrungen sozial auffälliger Kinder und Jugendlicher, die deren Entwicklung weiter belasten und in einem Klima von Konkurrenz und Wettbewerb von Lehrern und Mitschülern schwerlich aufgefangen werden können, sich nicht selten in Gewalt gegen Mitschüler entladen, verwundert daher nicht.[21]

Infolge der Flexibilisierung des Arbeitslebens und des Zwangs zur Doppelverdienerehe bei stagnierenden Löhnen und steigenden Lebenshaltungskosten wird der Familienalltag zunehmend von den Imperativen des Beschäftigungssystems bestimmt. Insbesondere die Ressource Zeit ist knapp geworden. Gemeinsame Zeit steht nicht mehr ohne Weiteres zur Verfügung, sie muß eingerichtet werden. Kinder und Jugendliche, die zuhause keinen Ansprechpartner antreffen, suchen Ersatzbefriedigung für kommunikative Bedürfnisse mit der Folge, daß ihre individuellen Probleme unbearbeitet und unbewältigt bleiben und das sozialisatorische Potential kommunikativer Problembewältigungsstrategien ungenutzt bleibt. Manche flüchten sich aus der Realität in mediale Scheinwelten, andere betäuben sich früh mit Alkohol und viele suchen und finden eine „Ersatzfamilie" in jugendkulturellen Cliquen.[22]

Daß die Spielräume für innerfamiliäre Kommunikation knapp geworden sind, weil die Eltern beruflich vereinnahmt sind, läßt sich nicht mit dem Hinweis darauf relativieren, daß die Arbeitszeiten in Frühzeiten der Industrialisierung deutlich länger waren und Eltern noch viel weniger Zeit für ihre Kinder aufbringen konnten. Erstens hat sich der Verständigungsbedarf erhöht, weil die Zonen des Unproblematischen geschrumpft sind und weil die Handlungskoordinierung, die Sozialisation und die Enkulturation nur noch über kommunikative Prozesse gewährleistet werden, ohne daß sich die Interaktionspartner, etwa Eltern im Verhältnis zu ihren Kindern, auf die kommunikative Aktualisierung fraglos gegebener Traditionen beschränken könnten. Zweitens sind Großfamilien, dörfliche Gemeinschaften und auch schichtspezifische Milieus, die zur Sozialisation und Integration der nachwachsenden Generation entscheidend beitrugen, der Diversifikation der Lebensformen zum Opfer gefallen. Selbst die Mutter, die zu Hause bleibt, kann den Kommunikationsbedarf nicht umstandslos auffangen. Denn da die Rationalisierung der Lebenswelt nicht nur Spielräume für eine zunehmende Individualisierung eröffnet mit der Folge, daß der einzelne Ansprüche auf Autonomie und Selbstverwirklichung geltend macht, sondern dem einzelnen mit der Befreiung aus verein-

[21] Zu Schulmißerfolgen der Skinheads und früher Verhaltensauffälligkeit unten § 7 III. 1. b).

[22] Dazu unten III. und § 7 IV. 1. b).

nahmenden Kollektiven die Aufgabe der Individualisierung geradezu aufbürdet, ist nur derjenige den komplexen Anforderungen des Lebensalltags in einer rationalisierten Lebenswelt gewachsen, der diese Aufgabe bewältigt. Da für viele Frauen die Einlösung fachlicher Qualifikationen im Berufsalltag zentrale Quelle der ihnen aufgegebenen Selbstverwirklichung ist, kann nicht ausgeschlossen werden, daß ein Verzicht auf eine Berufstätigkeit, der nicht aus freiem Willen und in der Hoffnung erfolgt, in der Erziehung *auch* eine identitätsstiftende Aufgabe zu finden, sondern der durch wirtschaftliche Notwendigkeit und soziale Erwartungen erzwungen wurde, die Persönlichkeitsstruktur der Mutter in einer Weise belastet, die auch die Erziehungskompetenz nachhaltig beeinträchtigt.

b) Verrechtlichung und Bürokratisierung

Zu den zunehmend verrechtlichten, politisch administrativ erfaßten Lebenssphären gehören Familie und Schule.[23] Familiäre Lebenszusammenhänge geraten insbesondere dann unter den Einfluß medialen Rechts, wenn Krisen auftreten. Im Falle einer Scheidung werden Fragen des Unterhalts und der Kindessorge rechtsförmig bewältigt, im Falle des Todes oder einer schweren Erkrankung eines Elternteiles werden Versorgung und Pflege der Kinder bürokratisch geregelt. Weil ein nicht unwesentlicher Teil verhaltensauffälliger, gewalttätiger Kinder und Jugendlicher in zerrütteten Familienverhältnissen aufgewachsen ist,[24] sollen hier gerade die Folgen der Verrechtlichung familiärer Krisen näher beleuchtet werden.[25] In den juristischen Unterhalts- und Sorgerechtsverfahren bestimmt eine den Sozialverhältnissen, den sozialen Verursachungen, Abhängigkeiten, Bedürfnissen und Folgen sozialer Probleme fremde Wenn-Dann-Struktur des konditionalen Rechts die Rechtsfolgen, die vor allem anderen die wirtschaftliche Absicherung des Nachwuchses regeln. Es werden monetäre Ansprüche zugesprochen, die vollstreckbar und damit faktisch durchsetzbar sind, ohne daß die komplexeren sozialen Zusammenhänge kommunikativ aufgearbeitet werden müßten. Allenfalls bei Sorgerechtsentscheidungen, die auch das geistige Wohl des Kindes berücksichtigen müssen, geraten diese in den juristischen Blick. Ein formalisiertes Gerichtsverfahren bietet jedoch keinen angemessenen Rahmen für die umsichtige kommunikative Aufarbeitung komplexer sozialer und psychischer Lebenssachverhalte, weil es die Verständigungs- und Mitteilungsbereitschaft der verfahrensunterworfenen Eltern ebensowenig wie die der regelmäßig überforderten Kinder fördert. Die justiziellen Aufklärungsbemühungen werden noch dadurch erschwert, daß die Eltern sich im Regelfall nicht diskursiv, sondern der Logik des Verfahrens entsprechend strategisch verhalten, um die Entscheidung in ihrem Interesse zu beeinflussen. Damit, daß das justizielle Verfahren der kommunikativen Problembewältigung nicht förderlich ist, ist es jedoch nicht

---

[23] So *Habermas,* Nachweise oben § 5 IV. 1.

[24] Dazu unten § 7 III. 1. a) und b).

[25] Zu *Habermas* These von der Kolonialisierung durch Verrechtlichung näher oben mit Nachweisen § 5 IV. 6.

genug. Sowohl die vorrangig monetäre Bewältigung familiärer Probleme als auch eine rechtsförmige Bearbeitung derselben, die in paradoxer Weise die zur Klärung der aufgeworfenen Rechtsfragen unentbehrliche kommunikative Aufarbeitung mit den Betroffenen unterbindet, behindern und erschweren auch innerfamiliäre Verständigungsprozesse, weil justizielle Entscheidungen suggerieren, daß die Probleme bewältigt wurden und kein weitergehender Verständigungsbedarf besteht. Die Betroffenen werden den eigenen Lebensproblemen entfremdet und sind geneigt, die rechtlichen, notwendig reduktionistischen Problemkonzeptualisierungen zu übernehmen, weil Problemvereinfachungen psychische Entlastungseffekte versprechen. Übernehmen die Eltern die Konzeptualisierung der Scheidung als unterhaltsrechtliches Problem, so hilft ihnen diese monetäre Umdefinition auszublenden, was etwa die Trennung des Kindes vom leiblichen Vater für dieses und für jenen bedeutet. Mancher Unterhaltspflichtige mag der Suggestion erliegen, durch Überweisung von Unterhaltszahlungen seinen Verpflichtungen gegenüber dem Kind, die doch viel komplexer sind, gerecht geworden zu sein. Wenn Umgangszeiten mit dem abwesenden Elternteil geregelt werden, vermittelt dies den Eltern das Gefühl, alles für das Wohl des Kindes Erforderliche getan zu haben und spontane Bedürfnisse des Kindes nach Austausch und Umgang mit dem Hinweis auf das nächste Wochenende zu übergehen. Verständigungsprozesse, in denen die identitätsdestabilisierenden Folgen der Amputation der Herkunftsfamilie aufgefangen werden könnten, unterbleiben. Ebensowenig wird ein substantielles Verständnis dafür vermittelt, daß der in rationalisierten Gesellschaften eröffnete Spielraum für Autonomie und Selbstverwirklichung eine krisenproduktive Entfremdung der Lebenspartner hat wahrscheinlicher werden lassen. Die Chance, in kommunikativen Prozessen etwa aus der erlittenen Trennung der Eltern zu lernen, daß die Stabilisierung ehelicher Solidarität über längere Zeiträume heute erschwert ist und nur mehr über die aufwendige kommunikative Verarbeitung des Wandels partnerschaftlicher Erwartungen und im Wege der kommunikativen Vermittlung widerstreitender Aspirationen gelingen kann, wird damit ebenso versäumt wie der Erwerb kommunikativer Kompetenzen zur Bewältigung vergleichbarer Konfliktsituationen. Vor diesem Hintergrund erweist es sich als theoretisch unzureichend, die Gewaltbereitschaft von Jugendlichen aus zerrütteten Familienverhältnissen auf die familiären Probleme als solche zurückzuführen. Denn bei näherer Betrachtung erweist sich erst die unzureichende kommunikative Bearbeitung von Familienkrisen als dem Erwerb kommunikativer Kompetenzen abträglich und damit als gewaltproduktiv.[26] Die Verrechtlichung von Familienverhältnissen erweist sich damit als ambivalent. Sie ist eine unverzichtbare sozialpolitische Errungenschaft, weil sie wirtschaftliche Absicherung gewährleistet, Verelendung und Armut vorbeugt und auf diese Weise

---

26 Dies belegen die Erkenntnisse von *Bohnsack, R./Loos, P./Schäffer, B./Städtler, K./Wild, B.:* Die Suche nach Gemeinsamkeit und die Gewalt in der Gruppe. Hooligans, Musikgruppen und andere Jugendcliquen. Opladen 1995, 31ff.

der sozialen Integration dient und doch gleichzeitig in paradoxer Weise zur Desintegration familiärer Lebenszusammenhänge beiträgt.

Teil des sozialstaatlichen Arrangements, über das zunehmend kommunikativ strukturierte Lebenszusammenhänge mit paradoxen Folgen verrechtlicht worden sind, sind auch die rechtliche Absicherung von Arbeitslosigkeit und Arbeitsunfähigkeit, beides Ereignisse, von denen gerade auch Familien verhaltensauffälliger Kinder häufig betroffen sind.[27] Beide Ereignisse bedrohen Familien in erster Linie wirtschaftlich, weil sie allen Familienmitgliedern, die vom Einkommen des Erwerbstätigen leben, die Existenzgrundlage entziehen. Die finanzielle Notlage wird sozialversicherungsrechtlich abgefangen. Auch diese sozialpolitische Errungenschaft hat jedoch ihren Preis. Die „Kosten“ der sozialstaatlichen Verrechtlichung entstehen durch den bürokratischen Vollzug und die monetäre Einlösung der sozialstaatlichen Ansprüche.[28] Denn die durch Arbeitslosigkeit oder Arbeitsunfähigkeit veränderte Lebenslage des Erwerbslosen und seiner Familie und die durch sie verursachten innerfamiliären Probleme vertragen in der Regel keine konsumistische Umdefinition. Arbeitslosigkeit oder Arbeitsunfähigkeit haben dramatische Rückwirkungen auf das Selbstverständnis des Betroffenen. Er kann sich nicht mehr über seine innerfamiliäre Aufgabe als Ernährer der Familie definieren. Der Verlust dieser Rolle hat aber auch zur Folge, daß er von den Familienmitgliedern für deren Übernahme und Ausfüllung nicht mehr anerkannt werden kann und er verliert, auch in den Augen seiner Angehörigen, soziales Ansehen. Schließlich verändert sich der familiäre Lebensalltag allein durch die ständige Anwesenheit des zur Untätigkeit Verurteilten. Frustrationen und Aggressionen müssen aufgefangen und innerfamiliär bewältigt werden. All diese Folgeprobleme bedürfen kommunikativer Aufarbeitung, werden aber im administrativen Verfahren, in dem es um die Bemessung der Höhe des Versicherungsanspruchs geht, ausgeblendet. Wie auch im Familienrecht sind jedoch die Rückwirkungen der monetären Umdefinition auf innerfamiliäre Kommunikationsprozesse entscheidend. Durch die rechtliche Definition von Arbeitslosigkeit oder Arbeitsunfähigkeit als Versicherungsfall wird den Betroffenen ein reduktionistisches Problemverständnis aufoktroyiert und gleichzeitig Problembewältigung suggeriert. Es wird ihnen der Eindruck vermittelt, es handele sich tatsächlich nur um ein wirtschaftliches Problem, daß mit der Zuerkennung eines Sozialversicherungsanspruchs gelöst sei. Weiterreichende Probleme werden durch die administrative Nichtbeachtung in den Bereich der Bedeutungslosigkeit verwiesen. Die Betroffenen gewinnen den Eindruck, man habe sie nicht zu haben. Dies begünstigt ihre psychologische Verdrängung und entsprechende pathologische Folgen, hier sei nur die Alkoholsucht des persönlich Betroffenen als besonders eklatante und bekannte genannt. Innerfamiliäre kommunikative Prozesse, in denen der existentielle Rollenverlust zur Sprache käme, in denen die anderen Familien-

---

[27] Insbesondere zu den Skinheads, unten § 7 III. 1. b).

[28] So *Habermas,* Nachweise oben § 5 IV. 6.

mitglieder herausgefordert wären, darauf zu reflektieren, wofür sie dem erwerbslos gewordenen jenseits seines Beitrages zum Familienunterhalt danken, wofür sie ihn lieben und wertschätzen, Kommunikationsprozesse, in denen sie ihm ihre Anerkennung versichern könnten und in denen gemeinsam neue Aufgaben und sinnvolle Betätigungen ersonnen werden könnten, unterbleiben daher nicht selten. Die Möglichkeiten, auf kommunikativem Wege substantielle innerfamiliäre Solidarität zu stiften und zu erfahren, bleiben ungenutzt. Wo die innerfamiliären Folgeprobleme nicht besprochen werden, bleiben sie unbewältigt, und gerade die Einsamkeit, die kollektive Sprachlosigkeit erzeugt, führt dazu, daß sich die Familienmitglieder einander entfremden und innerfamiliäre Solidarität abgebaut wird. Familiäre Lebenszusammenhänge werden desintegriert und die betroffenen Kinder und Jugendlichen versäumen zu lernen, existentielle Krisen kommunikativ zu bearbeiten. Die Chance, ihre Ausdrucks- und Kommunikationsmöglichkeiten entsprechend zu erweitern und die kommunikative Bewältigung von Lebenskrisen einzuüben, bleibt ungenutzt. Nicht selten entladen sich später sprachliche Ohnmachtserfahrungen in krisenhaften Situationen in Form von Gewalt.[29]

Die Familie ist aber auch dort von der zunehmenden Verrechtlichung sozialer Lebenszusammenhänge betroffen, wo Familien mit der Bewältigung von Problemen und Konflikten überfordert sind und soziale Dienste in Anspruch genommen werden müssen oder wo Probleme in einem Maße eskalieren, daß staatliche Institutionen einschreiten. Denn diese sozialen Dienste reproduzieren die Widersprüche sozialstaatlicher Interventionen auf höherem Niveau.[30] Behandlungsangebote für jugendliche Gewalttäter im Strafvollzug, psycho-soziale Therapieangebote für verhaltensauffällige und gewalttätige Kinder, aber auch viele klassische Formen der Sozial- und Jugendarbeit, mit denen Fehlentwicklungen aufgefangen werden sollen, sind nach Organisationsform und Funktionsmodi auf ihre bürokratische Zuteilung und Verwaltung zugeschnitten, obwohl die Hilfsangebote nach anderen Funktionsmodi und Organisationsformen verlangen. Sie stehen nur *zu* bestimmten und *für* bestimmte Zeiten, nicht aber ohne Weiteres dann offen, wenn sie unmittelbar gebraucht werden. Die kommunikativen Freiräume, die sie für die Betroffenen eröffnen, sind nicht gering zu schätzen, abverlangen aber Gesprächsbereitschaft pünktlich zum Termin. Betreuungseinrichtungen für gestörte und verwahrloste Kinder ermöglichen die gebotene Trennung vom Elternhaus, reißen die ohnehin verunsicherten und belasteten Kinder jedoch auch aus ihrem vertrauten sozialen Umfeld und destabilisieren sie damit weiter. Die Vielzahl neuer Bezugspersonen wird ihre Bereitschaft, die eigenen Probleme kommunikativ zu bearbeiten, nicht unbedingt fördern. Ferner widerspricht die administrativ verordnete Behandlung durch einen Experten nicht selten dem Ziel der Therapie, die Selbsttätigkeit und

[29] Dazu unten § 7 I. 1. b). und VI. 1. c).

[30] So *Habermas,* Nachweise oben § 5 IV. 6.

Selbständigkeit des Betroffenen zu fördern.[31] Ihm wird der Eindruck vermittelt, daß ein Experte die Lösung seiner Probleme übernimmt, obwohl er lernen sollte, sie selbsttätig kommunikativ zu bearbeiten. Auch kann wegen der Wenn-Dann-Struktur des konditionalen Rechts erst mit Erfüllung des anspruchsbegründenden Tatbestandes, mit Eintritt des Behandlungs- oder Interventionsfalles und damit nicht mehr angemessen, nämlich präventiv auf die sich langsam zuspitzenden und eskalierenden Probleme reagiert werden. Sieht man von neueren Formen der Familien- und Systemtherapie ab, so gelingt es einer hochspezialisierten „Therapeutokratie“ schließlich häufig nur unzureichend, soziale Bezugspersonen, insbesondere Eltern, Geschwister oder Lehrer kommunikativ einzubinden. Dabei wäre dies dringend geboten, weil sich die zu behandelnden Symptome nur aus dem Kontext einer Lebensgeschichte und einer konkreten Lebensform erschließen und ihre Isolierung einer gewalttätigen Abstraktion gleichkommt. Es soll hier nicht geleugnet werden, daß die Inanspruchnahme sozialer Dienste in vielen Fällen dringend geboten ist, und es soll auch nicht verschwiegen werden, daß gerade verhaltensauffällige Jungendliche häufig dankbar sind, in einem Psychologen oder Betreuer endlich einen Gesprächspartner gefunden zu haben, der ihnen zuhört und den sie im Elternhaus vielleicht immer vermißt haben.[32] Dennoch, und darin liegt die Paradoxie der sozialstaatlichen Verrechtlichung, hat der Ausbau einer „Therapeutokratie“, die gerade die Folgeschäden systemischer Übergriffe auffangen soll, ihrerseits problematische Rückwirkungen auf die bereits überforderten kommunikativ strukturierten Lebenszusammenhänge, die sie eigentlich entlasten soll. Denn über die Inanspruchnahme sozialer Dienste lassen sich Probleme aus dem innerfamiliären Alltag, in dem sie wurzeln und in dem sie bearbeitet werden sollten, verdrängen. Sie werden gewissermaßen externalisiert. Sie können ausgeblendet bleiben, weil sie behandelt werden. Gespräche, in denen etwa verhaltensauffällige oder aus dem Strafvollzug in den Familienalltag zurückgekehrte Jugendliche Solidarität und Beistand erfahren könnten, unterbleiben zu oft. Auch was es für den einzelnen bedeutet, auf soziale Dienste angewiesen zu sein, als krank oder nicht normal abgestempelt zu werden, wird nicht kommuniziert. Jugendliche und Heranwachsende erleiden diese Solidaritätsdefizite und fühlen sich alleingelassen. Eine Chance, die eigenen Gefühle und Erfahrungen zu kommunizieren, wird ihnen nicht eröffnet. Dies gefährdet nicht selten den Behandlungserfolg, viele greifen zu denselben Frustrations- und Aggressionsbewältigungsstrategien, werden etwa verstärkt gewalttätig und neuerlich straffällig.

---

[31] So *Habermas,* Nachweise oben § 5 IV. 6.

[32] Dazu *Heitmeyer, W.*/Müller, J.: Fremdenfeindliche Gewalt junger Menschen. Biographische Hintergründe, soziale Situationskontexte und die Bedeutung strafrechtlicher Sanktionen, hrsg. v. Bundesministerium der Justiz. Bonn 1995, 71, 95, 160.

In der Schule wird die zunehmende Verrechtlichung des Schulverhältnisses[33] besonders virulent, wenn die schulische Karriere problematisch verläuft, wenn auf Schulversagen und extreme Verhaltensauffälligkeiten, insbesondere Gewalttätigkeit, rechtsförmig reagiert wird. Disziplinarische Entscheidungen werden dabei in formalisierten Verfahren getroffen, damit sie im Streitfall einer gerichtlichen Prüfung standhalten. Während Eltern, Lehrer und Schulleitung versuchen, sich wechselseitig die Verantwortung zuzuschieben, wird der betroffene Schüler nicht selten zur Randfigur. Für informelle Problemlösungen, die in kommunikativen Prozessen erarbeitet werden müßten, bleibt, insbesondere wenn die Situation bereits eskaliert ist, häufig kein Raum. Sanktionen gegen den Schüler oder deren Androhung grenzen den Schüler weiter aus der „Schulgemeinschaft" aus und führen wegen ihrer diskriminierenden Wirkung nicht selten dazu, daß auch die Eltern sich distanzieren. Gerade Schüler, die sich alleingelassen fühlen, reagieren auf ihre komplexen sozialen Frustrationen oft mit Gewalt.[34] Das solidaritätsstiftende Potential kollektiv entwickelter Problemlösungen bleibt ungenutzt. Eltern werden nicht in der Erwartung eingebunden, sich ihrer Mitverantwortung für die weitere Entwicklung ihres Kindes zu stellen, Mitschüler werden nicht aufgefordert, ihren Mitschüler solidarisch zu unterstützen, und auch dem betroffenen Schüler wird keine aktive Rolle bei der Bewältigung seiner eigenen schulischen oder sozialen Probleme zuerkannt. Chancen für positive und damit identitätsstabilisierende Selbsterfahrung werden nicht eröffnet, und daß man auf Mißerfolgserfahrungen und Frustrationen nicht mit Gewalt reagieren muß, sondern sie kommunizieren kann, wird nicht erlernt. Auch die Verrechtlichung des Schulverhältnisses erweist sich damit als paradox. Die Eindämmung pädagogischer Willkür ist nur um den Preis der Instituierung von Verfahren und der Einführung von Sanktionen gelungen, die desintegrierend wirken und der schulinternen Problembearbeitung keineswegs förderlich, sondern vielmehr hinderlich sind.

Im real existierenden Sozialismus wurden innerfamiliäre Lebenszusammenhänge nicht durch Verrechtlichung kolonialisiert, sondern die Familienmitglieder wurden vor allem über erzwungene Mitgliedschaften in politischen Organisationen vereinnahmt.[35] In diesen faktisch bürokratisch ausgetrockneten, nur scheinbar humanisierten Bereichen eines letztlich pseudo-politischen Verkehrs wurde den Mitgliedern die politische Relevanz ihres erzwungenen Engagements nur vorgetäuscht, um dem staatlichen System die Legitimation zu sichern. Es gerierte sich kommunikativ strukturiert und täuschte vor, auf die soziale Integration der Mitglieder zu zielen, und instrumentalisierte sie doch nur zum Zwecke der Systemerhaltung. Durch die weitreichende Vereinnahmung, etwa der Jugendlichen und Heranwachsenden

---

[33] Diese konstatiert *Habermas,* näher mit Nachweisen oben § 5 IV. 6, ausführlich unten § 8 II. 2. c).

[34] Zu Schulversagen von gewalttätigen Jugendlichen unten § 7 III. 1. b), c).

[35] Zu der von *Habermas* skizzierten Kolonialisierung in sozialistischen Systemen, näher mit Nachweisen oben § 5 IV. 8.

durch Schule und FDJ,[36] der Eltern durch betriebliche Kollektive, wurden die Spielräume der Eltern, über innerfamiliären Austausch zur Sozialisation und Enkulturation beizutragen, stark eingeschränkt. Daß die Erziehung den Eltern nicht aufgegeben, sondern weitgehend staatlichen Einrichtungen und Organisationen übertragen war, dämpfte erzieherische Impulse der Eltern zusätzlich. Schließlich behinderte die staatliche Überwachung, die auch die Familie erfaßte, den ungezwungenen innerfamiliären Austausch. Denn wenn Eltern ihrem Nachwuchs kulturelle Inhalte, Verhaltensmuster und Vorstellungen von sozialer Zugehörigkeit vermittelten, die ideologisch nicht konform waren, so wurden sie, sobald dies ruchbar wurde, von den für die Sozialisation zuständigen Einrichtungen diskreditiert. Dies wiederum unterminierte die Glaubwürdigkeit der Eltern in den Augen der Heranwachsenden oder war zumindest geeignet, diese normativ zu verunsichern. Beides belastete die Erziehung gleichermaßen. Gleichzeitig konnten die staatlichen Institutionen, die eine einheitliche Sozialisation und die Enkulturation der nachwachsenden Generation gewährleisten sollten, diese nicht leisten, weil deren vermachtete und kontrollierte Binnenstrukturen Kommunikation nicht förderten, sondern unterbanden. Gerade im Klammergriff der FDJ, die auch den Bereich der privaten Lebensplanung und -gestaltung zu erfassen trachtete, konnten junge Menschen sich schwerlich entfalten und stabile Persönlichkeiten ausbilden, weil sie beständig überwacht, bevormundet und kontrolliert wurden, sich einordnen und anpassen sollten.[37] Frustrierte Entfaltungs- und Gestaltungswünsche beförderten Frustrationen, die sich z.T. in politisch motivierter, aber vor allem in rein expressiver Gewalt entluden.[38]

c) Kulturelle Verarmung

Weil heute in Wissenschaft, Moral und Kunst zunehmend Experten die kulturelle Überlieferung bearbeiten, ohne daß ihre Erkenntnisse ohne Weiteres in den Besitz der Alltagspraxis gelangen, wird die Lebenswelt zunehmend vom Zufluß einer ungebrochenen kulturellen Überlieferung abgeschnitten.[39] Auf diesen Zufluß bleibt die Lebenswelt jedoch angewiesen, damit die Interaktionspartner den mit neuartigen Lebenssituationen auftretenden Verständigungsbedarf decken können, damit die sich wandelnden gesellschaftlichen Institutionen ebenso wie neuartige Techno-

---

[36] Dazu oben § 1 V.; § 2 VII. und § 3 IX. *Stock, M.:* Jugendliche Subkulturen in Ostdeutschland. In: Aufwachsen hüben und drüben. Deutsch-Deutsche Kindheit und Jugend vor und nach der Vereinigung, hrsg. v. P. Büchner u.a. Opladen 1991, 257-266, 258, stellen fest, daß die Jugendlichen dem „allmächtigen Integrationsmodus des Politisch-Ideologischen" unterworfen waren und daß sie dem „normativen Einheitskanon der 'allseitig entwickelten sozialistischen Persönlichkeit'" genügen mußten. Ebenda auch 259f.

[37] Dazu, daß die Subjektivität des einzelnen infolgedessen „zusehends unter die Räder" geriet, *Stock, M.* 1991 (Fn. 36), 259f.

[38] Dazu oben § 1 V., § 2 VII. und § 3 IX.

[39] Zu den diesbezüglichen Ausführungen von *Habermas,* mit Nachweisen oben § 5 IV. 4.

logien legitimiert werden können und damit die nachwachsende Generation sich in einer komplexer gewordenen Welt zurechtfinden kann. Das Alltagsbewußtsein, etwa der Erziehenden, sieht sich aber tatsächlich vielfach auf Traditionen und Deutungsmuster verwiesen, die in ihrem Geltungsanspruch bereits suspendiert sind, und bleibt, wo es sich dem Bannkreis des Traditionalismus entzieht, hoffnungslos zersplittert und fragmentiert.[40] Dies hat dramatische Rückwirkungen auf den Sozialisationsprozeß der nachwachsenden Generation. Wenn junge Menschen nicht lernen, mit der Komplexität moderner Lebenszusammenhänge umzugehen, bleiben sie orientierungslos und erleben den eigenen Lebensweg als sinnlos. Wenn die kulturellen Überlieferungen nicht mehr als kohärent, sondern als disparat wahrgenommen werden, ist die kritische Aneignung von Traditionen erschwert, und es gelingt nicht mehr umstandslos, neu auftretende Situationen an bestehende Weltzustände anzuschließen. Traditionsverluste destabilisieren das kollektive Selbstverständnis. Wenn gesellschaftliche Institutionen und Entwicklungen in den Augen junger Menschen der Legitimation entbehren, erschwert dies die Identifikation mit dem Gemeinwesen. Die gesellschaftliche Integration wird brüchig und die kollektive Identität wird weiter verunsichert. Wo die Gültigkeit normativer Ordnungen in Frage gestellt ist, werden gerade junge Menschen Schwierigkeiten haben, den mit neuartigen Situationen auftretenden interaktiven Koordinierungsbedarf zu decken. Wenn interpersonelle Beziehungen nicht mehr legitim geordnet sind und gesellschaftliche Institutionen der Legitimation zu entbehren scheinen, wird es gerade jungen Menschen immer schwerer fallen, sich zu normenkonformem Verhalten zu motivieren. Es ist sogar vermehrt mit offenem Widerstand gegen die bestehenden Verhältnisse, mit Ausbrüchen anomischer Gewalt zu rechnen.

III. Gewaltzentrierte Jugendkulturen: Erosionssymptome und Auffanglebenswelten

Die Entstehung gewaltzentrierter Jugendkulturen, die als Auffanglebenswelten die erosionsbedingten Sozialisations-, Integrations- und Enkulturationsdefizite kompensieren, ist ein besonders eklatantes Symptom der Erosion kommunikativer Strukturen. Strukturell entsprechen Jugendkulturen der Lebenswelt.[41] Sie stellen denen, die sich ihnen zugehörig fühlen, einen Vorrat an Wissen bereit, aus dem sie sich mit Interpretationen versorgen können (Kultur), sie definieren sich über einen Kanon an Werten und Normen, an dem die einzelnen ihr Verhalten orientieren (Gesellschaft), und sie sind Zusammenschlüsse von Subjekten, die zumindest versuchen, in wechselnden Interaktionszusammenhängen die eigene Identität zu behaupten (Persönlichkeit). Die Reproduktion der Gruppenkultur, die soziale Integra-

---

[40] So *Habermas,* Nachweise oben § 5 IV. 4.

[41] Zu den von *Habermas* benannten strukturellen Komponenten der Lebenswelt, mit Nachweisen oben § 5 II. 1.

tion der Gruppe und eine sekundäre Sozialisation der Mitglieder wird über gruppengeleitete Interaktionen gewährleistet.[42] Jugendkulturen stellen sich als Widerstands- und Rückzugsbewegungen dar, die sich gegen systemische Übergriffe abzuschotten suchen, Komplexität reduzieren, Ängste kanalisieren und kulturelle Verarmung und eine einseitige Rationalisierung der Alltagspraxis kompensieren. Als abgeschirmte Kommunikationsgemeinschaften, die sich vielfach über einfache, askriptive Merkmale definieren oder das Partikulare, Gewachsene und Provinzielle aufwerten, helfen sie bei der Suche nach persönlicher und kollektiver Identität. In überschaubaren sozialen Räumen eröffnen sie Spielräume, rudimentäre Ausdrucks- und Kommunikationsmöglichkeiten zu revitalisieren.[43] Vor allem ihre Gewaltzentriertheit weist sie als Erosionssymptome aus. Denn daß sich viele jugendkulturelle Gruppierungen in erster Linie über gewaltförmiges Handeln integrieren, indiziert, daß die Ausdrucks- und Kommunikationsmöglichkeiten ihrer Mitglieder bereits so beschränkt und die symbolischen Ressourcen der Gruppierungen so rudimentär sind, daß die Integration über kommunikatives Handeln nicht mehr oder nur noch unzureichend gelingt. Wenn Jugendkulturen allerdings gewalttätig gegen die bestehenden gesellschaftlichen Verhältnisse protestieren und Widerstandspotentiale in Aktionsformen kanalisieren, die Modi der zweckrationalen Durchsetzung politischer Interessen und insbesondere die Staatsbürgerrolle negieren, indiziert dies, daß Entfremdungserfahrungen und die Verunsicherung der kollektiven Identität weder gesamtgesellschaftlich abgeschirmt noch innerhalb einer Jugendkultur aufgefangen und kompensiert werden und in Anomie umgeschlagen sind.[44] Insofern läßt sich zwischen anomischen und kolonialisierungskompensatorischen Jugendkulturen unterscheiden. Die Übergänge dürften im Einzelfall fließend sein (1.). Die eingehendere Analyse jugendkultureller Strukturen erhellt, daß gerade gewaltzentrierte Jugendkulturen Strukturelemente aufweisen, die gemessen am Grad der allgemei-

---

[42] Ausführlich zu *Habermas*' Analyse der Reproduktion der Lebenswelt, mit Nachweisen, oben § 5 II. 2.

[43] *Habermas* sieht die Entstehung von Widerstands- und Rückzugskulturen als Symptom der Kolonialisierung an, dazu oben mit Nachweisen § 5 IV. 7.

[44] Anomie wird hier im Sinne von *Habermas* und abweichend von den Anomiebegriffen von *Durkheim* und *Merton* als ein Zustand definiert, in dem Menschen gegen die bestehenden Verhältnisse aufbegehren, weil die gesellschaftlichen Institutionen für sie der Legitimation entbehren, weil es ihnen an Motivationen zu normenkonformem Handeln fehlt und weil sie sich der sozialen Gemeinschaft nicht mehr nur entfremdet, sondern nicht mehr zugehörig fühlen und sich schroff von ihr distanzieren. Dazu Fig. 22, 2. Spalte, oben § 5 IV. 2. Mit derart offenem Widerstand ist immer dann zu rechnen, wenn die krisenbewältigende Stabilisierung der lebensweltlichen Strukturkomponente Gesellschaft auf Kosten der Komponenten Kultur und Persönlichkeit nicht mehr gelingt und der Mechanismus der Kolonialisierung und seine bedrohlichen Wirkungen für eine „Avantgarde" der Erosionsbetroffenen zumindest ansatzweise durchschaubar wird. Nachweise zu *Habermas* Verständnis von anomischem Widerstand, oben § 5 IV. 5. letzter Absatz, zu Jugendkulturen die die Staatsbürgerrolle negieren, § 5 IV. 7. Zu den erkenntnistheoretischen Problemen der Durchschaubarkeit des Mechanismus der Kolonialisierung, *Habermas, J.:* Theorie des kommunikativen Handelns, Band II. Frankfurt/M. 1981, 583 ff. insbesondere 593.

nen gesellschaftlichen Rationalisierung als regressiv bezeichnet werden müssen. Die mit der gesellschaftlichen Modernisierung und Pluralisierung eröffneten Spielräume für Selbstverwirklichung und individuelle Lebensgestaltung werden nicht ausgeschöpft und die Integration in jugendkulturelle Gruppen wird nicht selten mit einem Verlust an Autonomie bezahlt (2.). Da auch jugendkulturelle Lebenszusammenhänge sich systemischer Übergriffe nur bedingt erwehren können, werden allerdings auch jugendkulturelle Strukturen zunehmend kolonialisiert. Dies hat zur Folge, daß Jugendkulturen an integrativem, identitäts- und sinnstiftendem Potential verlieren und ihre kompensatorischen Funktionen nur noch bedingt erfüllen (3.).

1. Kompensatorische und anomische Jugendkulturen

Jugendkulturen füllen kolonialisierungsbedingte Vakua. Sie kompensieren Integrationsdefizite (a.), sie vermitteln ihren Mitgliedern, die häufig keine stabile Identität ausgebildet haben, zumindest ein gruppengestütztes Selbstverständnis (b.) und versorgen sie mit Deutungsmustern, damit sie sich in einer als überwältigend komplex erlebten Umwelt orientieren können und ihnen die Weltaneignung besser gelingt (c.). Daß die Verständigungskompetenz der Mitglieder jugendkultureller Gruppierungen begrenzt ist, zeigt sich daran, daß die Integration der Gruppe und insbesondere die Abgrenzung nach außen, aber auch die Immunisierung von Deutungsschemata und die positive Selbsterfahrung der einzelnen Gruppenmitglieder nicht über kommunikatives Handeln, sondern über gewaltförmige Interaktion gewährleistet wird.

a) Kompensation von Integrationsdefiziten[45]

Jugendkulturen produzieren vor allem über die Abgrenzung von anderen rivalisierenden Gruppierungen, die häufig als Gegner oder Feinde angesehen werden, aber auch über die Abgrenzung vom Herkunftsmilieu eigene Muster sozialer Zugehörigkeit, stiften so kollektive Identität und beheimaten entfremdete Subjekte, Jugendliche die sich innerfamiliär nicht an- und eingebunden fühlen, Solidaritätsdefizite beklagen und die größere soziale Gemeinschaft als dissoziiert erleben. Der Abgrenzung und der Ausbildung einer kollektiven Identität dienen regelmäßig ein bestimmter Bekleidungsstil, die Verwendung bestimmter Symbole, aber auch die Ausbildung eigener Sprachspiele. Die Gruppen integrieren sich vor allem über gemeinsame Aktivitäten und über ritualisierte Gesellungsformen. Eigene Medien, insbesondere Publikationen, aber auch ein eigener Musikstil stärken den Zusammenhalt und ermöglichen einen überregionalen Austausch unter den Gruppenmitgliedern. Die interpersonellen Beziehungen der Gruppenmitglieder sind regelmäßig über einen Kanon an materialen Werten und Normen geregelt, der zumindest in

---

[45] Die folgenden Erkenntnisse ergeben sich aus der 2. Zeile der Fig. 21, 22 von *Habermas*, wiedergegeben oben § 5 II. 2.; IV. 2.

seinem Kernbestand weitgehend der Kritik entzogen ist und über den sich die Gruppe definiert. Jugendkulturen kompensieren demnach normative Verunsicherung und soziale Integrationsdefizite, also Folgen der Erosion kommunikativer Strukturen.

Wenn Jugendkulturen im Außenverhältnis die gewalttätige Konfrontation suchen und Normverstöße der Mitglieder zumindest z.T. mit Gewalt sanktioniert werden, offenbart dies, daß die Stabilisierung und Integration der Gruppe über produktive Verständigungsprozesse nicht mehr gelingt. Die Ausdrucks- und Kommunikationsmöglichkeiten scheinen so beschränkt, daß substantielle Gemeinschaft nur noch bei kollektiv verübten Gewalttaten erfahrbar wird. Für Erosionsbetroffene kann die Sprache ihre gemeinschaftsstiftende Funktion nicht mehr erfüllen. Die gruppenintern aufgebrachten Rechtfertigungen von Gewalttaten belegen allerdings, daß das Gemeinschaftsleben immer noch normativ geordnet ist. Daß diese Rechtfertigungen Außenstehende nicht überzeugen, weil sie mit den herrschenden rechtlichen und moralischen Bewertungen nicht zusammenstimmen, beweist jedoch, daß letztere für die Täter suspendierbar geworden sind. Weil die Erosion der kommunikativen Strukturen der Lebenswelt so weit fortgeschritten ist, daß selbst ein Kernbestand an normativen Wertungen über kommunikative Prozesse keiner widerstandsfähigen normativen Realität mehr einverleibt wird, sind normative Orientierungen dem Dauertest verständigungsorientierten Handelns auch nicht in entlastender Weise entzogen und in gewisser Weise immunisiert. Sie entfalten zumindest keine intuitiv handlungssteuernde Kraft mehr. Gleichzeitig sind Jugendliche, die sich einer übergeordneten Gemeinschaft nicht mehr zugehörig erfahren, wenig motiviert, sich an den in dieser Gemeinschaft anerkannten Normen zu orientieren. Das Netz der gesamtgesellschaftlichen Integration ist brüchig geworden, so brüchig, daß die Täter sich zumindest situativ zu entsolidarisieren vermögen. Sie nehmen ihre Opfer nicht mehr als ihresgleichen oder zumindest nicht mehr als Angehörige einer übergeordneten Gemeinschaft wahr, der sie sich selber zugehörig fühlten und an deren normativer Ordnung sie sich bei der Gestaltung ihrer interpersonellen Beziehungen auch im Konfliktfall zu orientieren vermöchten. Sie haben nicht gelernt, neu auftretende interaktive Herausforderungen unter Rekurs auf allgemein anerkannte Regeln und gestützt auf ihre bisherigen interpersonellen Erfahrungen produktiv zu bewältigen. Wenn sich die gewalttätigen Aktionen, über die sich jugendkulturelle Gruppierungen integrieren, gegen gesellschaftliche Institutionen richten und als zielgerichteter Protest, als Auflehnung gegen die bestehenden Verhältnisse interpretiert werden müssen, kann sogar nicht mehr nur von einer Destabilisierung des gesellschaftlichen Zusammenhalts, von der mangelnden Immunisierung eines Kernbestandes an Wertorientierungen und zunehmender Entfremdung gesprochen werden. Jugendkulturelle Gewalt stellt sich dann als sinnfälliges und alarmierendes Anzeichen der Desintegration gesellschaftlicher Zusammenhänge dar, auf den anomische Jugendkulturen mit ihren gesellschaftlichen Gegenentwürfen reagieren.

b) Kompensation von Ich-Schwäche[46]

Jugendkulturen fangen Jugendliche auf, die keine stabilen Identitäten ausgebildet haben. Sie leisten einen Beitrag zur Rollenkonzeptualisierung und zur Selbstfindung und kompensieren so defizitäre, pathologische Sozialisationsverläufe. In der Gruppe fühlen sich viele Jugendliche endlich anerkannt und akzeptiert, hier finden sie Bestätigung. Bei der Teilnahme am Gruppenleben, an den z.T. ritualisierten Aktivitäten erfahren sie sich als kompetente Aktoren. Das klar konturierte Selbstverständnis der Gruppe, die nicht selten hierarchischen Gruppenstrukturen, der verbindende Stil, das gruppenspezifische Outfit und die gemeinsame Verfolgung konkreter Handlungsziele stabilisieren verunsicherte Individuen, deren Persönlichkeiten unzureichend gefestigt sind. Das Selbstverständnis der Gruppe substituiert dabei defizitäre Selbstentwürfe. Gleichzeitig versorgen Jugendkulturen ihre Mitglieder mit einfachen Deutungsschemata, die ihnen helfen, Komplexität zu reduzieren und neu auftretende Situationen zu interpretieren. Durch die gruppeninterne Pflege überwiegend unglaubwürdig gewordener Traditionen und die Besinnung auf traditionale Werte und Normen, die gesamtgesellschaftlich längst der Legitimation entbehren, lassen sich Enttraditionalisierungsschübe vermeintlich aufhalten. Sie entfalten so nicht ihr destabilisierendes Potential. Für Jugendliche, die Schwierigkeiten haben, sich in posttraditionalen Gesellschaften zurechtzufinden, sind traditionalistische Jugendkulturen daher ein Zufluchtsort, an dem sie Sicherheit finden. Die naive Wiederbelebung kultureller Überlieferungen täuscht dabei darüber hinweg, daß der Verständigungsmechanismus mit der kritischen Aneignung kultureller Überlieferungen zunehmend überfordert ist und tatsächlich bereits erosionsbedingte Traditionsverluste zu beklagen sind. Jugendkulturen leisten schließlich auch insofern einen kompensatorischen Beitrag zur sekundären Sozialisation ihrer Mitglieder, als sie dank ihres integrativen Potentials Motivationen für gruppennormkonformes Verhalten zu stabilisieren vermögen. Jugendliche, die außerhalb der Gruppe Schwierigkeiten haben, ihr Verhalten an den allgemein als legitim anerkannten Normen zu orientieren und daher verhaltensauffällig werden, erleben sich gruppenintern als kompetente Interaktionspartner.

Daß viele Jugendkulturen vor allem einen Rahmen bieten, um gemeinsam mit anderen Gewalttaten zu begehen, zeigt jedoch, daß nicht mehr sprachliche Verständigung, sondern Gewalt die Funktion der Vergesellschaftung von Individuen übernommen hat. Ich-Schwäche wird in gewalttätigen Auseinandersetzungen überwunden, anerkannt wird der siegreiche Kämpfer. Jugendkulturelle Aktionsformen erweisen sich damit lediglich als Abwehrstrategien, mit denen das Persönlichkeits-

---

[46] Die folgenden Erkenntnisse ergeben sich aus der 3. Zeile der Fig. 21, 22 von *Habermas,* wiedergegeben oben § 5 II. 2; IV. 2.

system seine Identität notdürftig zu wahren vermag.[47] Interaktive Kompetenzen, die die Gruppenmitglieder befähigen würden, auch außerhalb der Gruppe interaktive Herausforderungen zu bewältigen, erwerben die Jugendlichen dagegen nicht. Stattdessen versorgen Jugendkulturen ihre Mitglieder mit Rechtfertigungen für das gemeinsame gewalttätige Tun. Daß es ihnen tatsächlich an generalisierter Handlungsfähigkeit fehlt, daß sie sich nicht zu konfliktfähigen Persönlichkeiten entwickelt haben und daß es ihnen daher nicht gelingt, in wechselnden Interaktionszusammenhängen die eigene Identität auch in Verständigungsprozessen zu behaupten, soziale Herausforderungen produktiv zu bewältigen, ihre interpersonellen Beziehungen über die Orientierung an allgemein anerkannten Normen legitim zu ordnen und sich zu allgemein als normenkonform anerkanntem Handeln zu motivieren, wird für sie nicht virulent, solange die verübten Gewalttaten, an jugendkultu rellen Werten und Normen gemessen, gerechtfertigt sind. Denn solange die Gewalttäter sich zu gruppennormenkonformem Verhalten zu motivieren vermögen und sich innerhalb der gewählten, das Selbstverständnis entscheidend prägenden Bezugsgruppe als zurechnungsfähige Aktoren erleben, entfalten die faktisch defizitären interaktiven Kompetenzen keine destabilisierende Wirkung, weil sie sich in der Selbstwahrnehmung ausblenden oder zumindest neutralisieren lassen. Wenn die jugendkulturellen Rechtfertigungen allerdings politisch-ideologische Züge annehmen und die Gewalttaten gruppenintern als legitimer Protest gegen die bestehenden gesellschaftlichen Verhältnisse und Institutionen interpretiert werden, offenbart dies, daß keine Bereitschaft mehr besteht, sich an allgemein als legitim anerkannten Normen zu orientieren. Der jugendkulturelle Widerstand manifestiert sich als Motivationsentzug, als aggressive Weigerung, das herrschende politisch-gesellschaftliche System motivational zu unterstützen. In der Sozialisation der Jugendlichen ist es demnach nicht gelungen, die Motivation für eine Orientierung an allgemein anerkannten Werten und Normen zu stabilisieren. Sie entfalten nicht nur keine handlungssteuernde Kraft, sondern entbehren sogar in der Sicht dieser Jugendlichen jeglicher Legitimation. Während jugendkulturelle Rechtfertigungen Normverstöße im Regelfall nur *neutralisieren*, werden sie in anomischen Protestkulturen als Mittel revolutionärer Umwälzungen *legitimiert.* Daß die jugendkulturellen Deutungen gesellschaftlicher Zusammenhänge und die gruppenintern gepflegten Traditionen und Werte nach außen mit Gewalt verteidigt werden, zeigt, daß sie gesamtgesellschaftlich nicht vermittelbar sind und daß den Jugendlichen offenbar die Ausdrucks- und Kommunikationsmöglichkeiten fehlen, um sie im öffentlichen Diskurs mit guten Argumenten zu verteidigen. Gleichzeitig beweist die gewalttätige Verteidigung, wie sehr die Jugendlichen darauf angewiesen sind, sich über der kritischen

---

[47] *Habermas* spricht von Abwehrstrategien des Persönlichkeitssystems als Folge von Sozialisationsstörungen, dazu mit Nachweisen oben § 5 IV. 2. am Ende.

kommunikativen Prüfung entzogene Interpretationen zu stabilisieren, die ihre unzureichende Enkulturation kompensieren.

c) Kompensation von Orientierungslosigkeit[48]

Jugendkulturen geben ihren Mitgliedern Verhaltensorientierung, versorgen sie mit Deutungsschemata und kompensieren so Sinnverlust, kulturelle Verarmung und Orientierungslosigkeit und Ohnmachtsgefühle. Weil sich innerhalb der Koordinaten jugendkultureller Weltbilder neu auftretende Situationen sinnvoll interpretieren lassen, fühlen sich Jugendliche den Anforderungen der Alltagspraxis besser gewachsen. Weil Jugendkulturen konkrete, klar konturierte Handlungsziele vorgeben, die mit den gemeinsamen Aktionen beherzt verfolgt werden, können desorientierte Jugendliche ausblenden, daß die eigenen Zukunftsperspektiven prekär und vage sind, daß sie nicht wissen, was aus ihnen werden soll. Jugendkulturelle Medien schaffen ein gruppeninternes öffentliches Forum, das die allgemeinen öffentlichen Diskurse filtert und meistens auf bestimmte Inhalte spezialisiert ist. Aus diesen Medien versorgen sich die Gruppenangehörigen mit Informationen und Argumenten, die sie in die Lage versetzen, an gruppeninternen Auseinandersetzungen über ausgewählte Themen teilzunehmen, so daß ihnen zumindest in ihrer jugendkulturellen Enklave die Weltaneignung scheinbar gelingt. Schließlich produzieren Jugendkulturen Legitimationen, damit die Jugendlichen ihre gruppeninternen Beziehungen als legitim geordnet erleben. Das destabilisierende Potential von Legitimationsdefiziten der gesamtgesellschaftlichen Ordnung und ihrer Institutionen wird auf diese Weise neutralisiert.

Wenn allerdings in Jugendkulturen die Verübung von Gewalttaten zum wichtigsten Handlungsziel avanciert, werden Ohnmachtserfahrungen und Orientierungslosigkeit nur scheinbar kompensiert. Denn in ritualisierten gewalttätigen Aktionen lassen sich Ängste und Frustrationen nur abreagieren, aber nicht produktiv bearbeiten. Dies könnte nur in gruppeninternen Verständigungsprozessen gelingen, deren Funktion sich nicht in der Stilisierung und Rechtfertigung von Gewalttaten erschöpfte. Gewalttätige Konfrontationen im Außenverhältnis, aber auch die Sanktionierung von abweichendem Verhalten im Innenverhältnis beweisen, daß jugendkulturelle Deutungsschemata und Orientierungen einer interaktiven Prüfung nicht standhalten. Die Ausdrucks- und Kommunikationsmöglichkeiten der Jugendlichen reichen offensichtlich nicht zu, um ihre Berechtigung in kommunikativen Prozessen mit guten Gründen zu untermauern. Daß sie mit Gewalt verteidigt werden, belegt dabei, wie existentiell die Jugendlichen auf jugendkulturelle Orientierungshilfen angewiesen sind. Wenn sich die Gewalt jedoch nicht mehr in der Verteidigung der jugendkulturellen Deutungsschemata, Verhaltensmuster und der zur Legitimation der Gruppenordnung aufgebrachten Rechtfertigungen erschöpft, sondern sich kämpferisch gegen die bestehende Ordnung wendet, wird offenbar, daß diese für

---

48 Die folgenden Erkenntnisse ergeben sich aus der 1. Zeile der Fig. 21, 22 von *Habermas*, wiedergegeben oben § 5 II. 2.; IV. 2.

die Gruppenangehörigen jede Legitimation verloren hat. In anomischen Jugendkulturen organisiert sich insofern der gewalttätige Widerstand gegen eine entlegitimierte Ordnung, der eigene alternative Ordnungsentwürfe entgegengesetzt werden.

2. Regressive Strukturelemente gewalttätiger Jugendkulturen

Gewalttätige Jugendkulturen weisen Strukturelemente auf, die, gemessen am Grad der allgemeinen gesellschaftlichen Rationalisierung, als regressiv bewertet werden müssen. Mit der Rationalisierung der Lebenswelt sind vor allem sozialintegrative und expressive Funktionen, die vordem von rituellen Praktiken erfüllt wurden, auf das kommunikative Handeln übergegangen. Dem einzelnen wurden Spielräume für eine fortschreitende Individualisierung eröffnet, die es ihm gestatteten, sein Leben autonom, nach seinen individuellen Vorstellungen zu gestalten.[49] Gleichzeitig wurden ihm aber auch neue Aufgaben aufgebürdet. Denn mit der Verflüssigung normativer Ordnungen haben sich die Anforderungen an die moralisch-praktische Willensbildung verschärft. Aufgaben der Sinnstiftung sind zunehmend von vereinnahmenden Kollektiven auf den einzelnen übergegangen und auch die Selbstrepräsentation im sozialen Raum ist ihm aufgegeben, weil die Frage, wer man ist, nicht mehr allein durch Verweis auf die Zugehörigkeit zu Kollektiven beantwortet werden kann. Gerade Jugendliche wissen die mit der Rationalisierung eröffneten Spielräume häufig nicht zu nutzen und sind bei der Bewältigung der Rationalisierungszumutungen überfordert. Daß sie sich gerne jugendkulturellen Kollektiven anschließen, hängt daher nicht nur damit zusammen, daß diese die Kolonialisierungsfolgen zumindest scheinbar kompensieren, sondern auch damit, daß sie in verschiedenen Hinsichten das Rad der Rationalisierung zurückdrehen. Wer sich ihnen anschließt, kann sich daher den Rationalisierungszumutungen zumindest gruppenintern entziehen. Regressive Strukturelemente insbesondere kolonialisierungskompensatorischer Jugendkulturen sind etwa die Gewaltzentriertheit (a), die ritualisierten Aktionsformen (b), die Orientierung an traditionalen Werten und Normen (c), die Begünstigung eines vorrangig gruppengestützten Selbstverständnisses sowie entindividualisierter Formen der Selbstrepräsentation (d) und schließlich die hierarchischen Gruppenstrukturen (e). Lediglich anomische Jugendkulturen dürften sich als weniger regressiv erweisen. Ihre Mitglieder durchschauen den Mechanismus der Kolonialisierung zumindest bedingt und stemmen sich kämpferisch gegen einen pathologischen Verlauf gesellschaftlicher Modernisierungsprozesse. Sie trauern nicht der Zerstörung traditionaler Lebensformen nach, sondern versuchen vielmehr, den emanzipatorischen Gehalt der gesellschaftlichen Modernisierung zu verteidigen.

a) Gewaltzentriertheit

Gerade die Gewaltzentriertheit weist viele Jugendkulturen als Regressionserscheinungen aus. Denn im Zuge der gesellschaftlichen Rationalisierung ist Gewalt

---

[49] So *Habermas* über die mit der Rationalisierung der Lebenswelt eröffneten Chancen, Nachweise oben § 5 II. 3.

zunehmend eingehegt und tabuisiert worden, ihre Anwendung wurde rechtfertigungsbedürftig, und mit der Monopolisierung beim Staat wurde sie als Mittel zur Bewältigung zwischenmenschlicher Konflikte grundsätzlich diskreditiert.[50] Mit den jüngsten rechtspolitischen Bemühungen, Gewaltanwendung auch im Eltern-Kind-Verhältnis zu kriminalisieren, wird diese Entwicklung nur fortgeschrieben. Diese Bemühungen stellen sich insofern als das menschliche Miteinander weiter zivilisierender Rationalisierungsschub dar.[51] Weil mit der Rationalisierung der Lebenswelt die Sprache u.a. die Funktion der Handlungskoordinierung übernimmt,[52] erscheint diese Entwicklung nur konsequent. Denn wie sich Gewalt als Negation von Kommunikation begreifen läßt, so läßt sich auch Sprache als Negation von Gewalt begreifen: Sprache kann die Funktion der Handlungskoordinierung nur erfüllen, wenn die Interaktionspartner sich verständigen, d.h. ihre Handlungen *einvernehmlich* koordinieren. Wer jedoch zur Gewalt greift, bringt zum Ausdruck, daß ihm die Intentionen und Handlungspläne des anderen gleichgültig sind, daß er Einvernehmen *nicht* herstellen will und seine Ziele gerade unter *Mißachtung* des Willens des Gewaltopfers durchzusetzen bereit ist. Wer sich der Sprache bedient, negiert daher den Wirkungsmechanismus von Gewalt, weil dieser mit dem Verständigungsmechanismus nicht vereinbar ist. Zwar ist der Hinweis berechtigt, daß Menschen sich der Sprache nicht immer in Verständigungsabsicht bedienen, sondern diese manchmal nur vortäuschen, Sprache strategisch einsetzen oder gar offen bekunden, daß keine Verständigungsbereitschaft besteht, etwa wenn sie zur Gewalt aufrufen. Dennoch stellt sich die Annahme, daß Sprecher den Wirkungsmechanismus von Gewalt negieren, nicht als idealistisch und wirklichkeitsfremd dar, weil die Idealisierungen der sprachlichen Praxis inhärent sind: Denn die Sprache erfüllt ihre Verständigungsfunktion nur deshalb, weil sich Sprecher allen Enttäuschungen ihrer Erwartungen zum Trotz wechselseitig unterstellen müssen, sich der Sprache tatsächlich mit Verständigungsabsicht zu bedienen, weil andernfalls ihr Rekurs auf sprachliche Mittel ein absurdes Unterfangen bliebe. Wenn mit der Rationalisierung der Lebenswelt der Verständigungsmechanismus für zwischenmenschliche Verhältnisse strukturprägend wird, geht dies auch mit der zunehmenden Diskreditierung und Tabuisierung gewaltförmiger Interaktionsmodi einher. Wenn sich Jugendkulturen nun zunehmend über kollektive Gewalt integrieren, wird der Verständigungsmechanismus wieder suspendiert. Die sozialintegrative Funktion geht von der Sprache auf die Gewalt über. Gemessen am gesellschaftlichen Entwick-

---

50 Zur Gewaltdiskussion in Philosophie und Strafrechtswissenschaft ausführlicher oben § 4 II. 1. Als prominentester Vertreter der These, daß Gewalt im Laufe des Zivilisationsprozesses zunehmend tabuisiert wurde, darf sicherlich *Elias, N.* angesehen werden, *Ders.*: Über den Prozeß der Zivilisation. Frankfurt/M. 1997. Den Eliasschen Thesen ist gerade in der Gewaltfrage *Duerr, H.-P.*: Der Mythos vom Zivilisationsprozeß, 4 Bände. Frankfurt/M. 1988, 1993 aufs Entschiedenste entgegengetreten.

51 Ähnlich zu bewerten sind Versuche, auch die Vergewaltigung in der Ehe strafrechtlich zu erfassen und die Sanktionierung von Gewalt im Krieg zu verrechtlichen.

52 So *Habermas,* Nachweise oben § 5 II. 3.

lungsstand stellt sich die Entstehung gewaltzentrierter Jugendkulturen daher als Regression und als Dezivilisierung dar.

b) Ritualisierte Aktionsformen

Auch die stark ritualisierten Aktionsformen vieler gewaltzentrierter Jugendkulturen[53] lassen sich als Regressionserscheinung interpretieren. Zwar soll hier mitnichten behauptet werden, in einer rationalisierten Lebenswelt könne die Alltagspraxis auf Rituale gänzlich verzichten. Gerade Routinen, die funktionalen, jeglicher Aura entkleideten Pendants von Ritualen, sind in einer komplexer gewordenen Welt unentbehrlich geworden, weil sie problem- oder situationsangemessene kollektive Verhaltensmuster gewissermaßen „vertypen", so daß sich Handlungen unter Umgehung sprachlicher Konsensbildungsprozesse koordinieren lassen und der Verständigungsmechanismus entlastet wird. Dennoch hat im Zuge der Rationalisierung der Lebenswelt gerade bei der Gestaltung interpersoneller Beziehungen der Verständigungsmechanismus strukturbildende Kraft entfaltet. Sozialintegrative Funktionen ritueller Praxis gingen auf kommunikatives Handeln über,[54] und kritikfeste Interpretationen der Lebenswelt, die in sozialen Ritualen lediglich bestätigt und erneuert werden, wurden zunehmend als kritisierbar durchschaut. In Ritualen gespeichertes Wissen wurde durch ein auf Gründe gestütztes, nach Geltungsansprüchen spezialisiertes Wissen verdrängt und die Menschen begannen, ihre sozialen Beziehungen autonom zu gestalten; Solidarität wurde in kommunikativen Prozessen erzeugt und die soziale Praxis zunehmend entritualisiert. Wenn nun interpersonelle Beziehungen wieder verstärkt über Rituale geordnet werden, so liegt zumindest die Vermutung nahe, daß die Verständigungskompetenzen der Interaktionspartner für eine kommunikative Gestaltung ihrer Beziehungen nicht zureichen. Sie flüchten in Rituale, weil ihre Ausführung ein transzendentales Gefühl des sozialen Zusammenseins erzeugt,[55] das Gruppen integriert und soziale Zugehörigkeiten strukturiert,[56] gleichzeitig Sinn stiftet[57] und Möglichkeiten der positiven Selbstwahrnehmung eröffnet, ohne daß der Verständigungsmechanismus in Anspruch genommen werden müßte.[58] Als regressiv stellen sich ritualisierte Aktionsmuster gerade deshalb dar, weil diejenigen, die zu kollektiven Ritualen

---

[53] Dazu unten § 7 I. 2. b).

[54] So *Habermas,* Nachweise oben § 5 II. 3. Auch *Durkheim, E.* hat betont, das Rituale Mittel der Unterstützung der sozialen Solidarität innerhalb kleiner, traditioneller Gesellschaften sind, dazu *Zoric, S.:* Stichwort Ritual. In: Metzler Philosophie Lexikon, hrsg. v. P. Prechtel u.a. 2. Aufl. Stuttgart 1999, 517-518.

[55] Dieser Gedanke findet sich bei *Turner, V.W.* Zu diesem *Zoric, S.* 1999 (Fn. 54), 518.

[56] Die Auswirkungen des Rituals auf die Kontinuität sozialer Strukturen betont etwa *Malinowski, B.*, zu diesem *Zoric, S.* 1999 (Fn. 54), 517.

[57] Nach *Geertz, C.* sind Rituale als „model of" oder „model for" Inbegriff kultureller Interpretationen, dazu *Zoric, S.* 1999 (Fn. 54), 517.

[58] *Leach, E.* und *Douglas, M.* verstehen das Ritual dementsprechend als eine Art der Kommunikation. Zu diesen *Zoric, S.* 1999 (Fn. 54), 517.

Zuflucht nehmen, auf Autonomie verzichten und Spielräume für die kreative Gestaltung ihrer interpersonellen Beziehungen ungenutzt lassen. Durch die Rationalisierung der Lebenswelt eröffnete Freiheitsräume, die der kommunikativen Ausgestaltung bedürfen, bleiben ungenutzt. Denn die Handlungsabläufe und die Rolle, die jeder einzelne zu übernehmen hat, sind bei Ritualen vorgegeben, sie zeichnen sich durch die stabilisierende Wiederkehr des ewig Gleichen aus. Sobald ein Ritual kreiert ist, sind konzeptuelle Leistungen, Überlegungen, wie man sich in gemeinschaftliche Tätigkeiten einbringen könnte, daher nicht mehr erforderlich.[59] Für Innovationen, für die Erschließung neuer Betätigungsfelder und die Entdeckung neuer Handlungsziele bleibt dann kaum Raum.

c) Traditionale Werte und Normen

Auffällig ist, daß sich viele Jugendkulturen über traditionale Werte und Normen definieren.[60] Schon daß traditionale Werte aufgegriffen werden, mag man als regressiven Zug ansehen, soweit diese gesamtgesellschaftlich der Legitimation entbehren. Entscheidend ist jedoch, daß diese weitgehend der Kritik entzogen werden. Ihre normative Richtigkeit wird nicht mehr in Frage gestellt und muß, zumindest gruppenintern, nicht mehr mit guten Gründen gerechtfertigt werden. Damit wird der Verständigungsmechanismus entlastet. Sprache dient innerhalb der Gruppe eher der Aktualisierung als der Herbeiführung eines normativen Grundeinverständnisses.[61] Indem Jugendkulturen traditionale Werte der Kritik entziehen, negieren sie die Universalisierung von Recht und Moral, die Verflüssigung normativer Ordnungen in einer rationalisierten Lebenswelt. Sie werden zum Rückzugsraum für diejenigen, die den Anforderungen einer prinzipiengeleiteten Moral an die moralisch-praktische Willensbildung nicht gewachsen sind, deren kommunikative Kompetenzen nicht zureichen, um den Anspruch auf normative Richtigkeit des eigenen Verhaltens in interaktiven Prozessen argumentativ einzulösen. Es wundert daher nicht, daß traditionalistische Jugendkulturen ihre normativen Überzeugungen im Außenverhältnis nicht selten gewaltsam verteidigen. In einer enttraditionalisierten Gesellschaft werden Jugendkulturen für ihre Mitglieder so zu traditionalen Enklaven.

d) Gruppengestütztes Selbstverständnis und entindividualisierte Selbstrepräsentation

Die Rationalisierung der Lebenswelt hat ungeahnte Möglichkeiten der Individuierung eröffnet. Wer man sein möchte, wie man sein möchte, wie man aussehen

---

[59] Das innovative, transformatorische Potential von Ritualen betont dagegen *Turner, V.W.*, dazu *Zoric, S.* 1999 (Fn. 54), 518.

[60] Dazu unten § 7 X. 2. b).

[61] Diese Differenzierung findet sich bei *Habermas,* Nachweise oben § 5 II. 3.

möchte und wer man werden will, dies sind die Fragen, die sich Jugendliche heute stellen können – aber auch müssen. Individualisierung ist zur Aufgabe geworden. Persönlichkeit und Originalität sind Werte, die soziale Anerkennung einbringen und Erfolg im Berufsleben versprechen. Gerade Jugendliche, deren Sozialisation problematisch verlaufen ist, fühlen sich nicht selten mit der Aufgabe der Selbstverwirklichung überfordert.[62] Selbst die Chancen, sich äußerlich von anderen abzuheben und so Individualität wenigstens zu suggerieren, sind gering, weil die Modeindustrie, die den Markt mit immer neuen Produkten überschwemmt und den Massengeschmack prägt, zur Uniformierung beiträgt. Das verzweifelte Bestreben, originell auszusehen, treibt erstaunliche Blüten und bleibt doch vergeblich, weil neue Ideen sogleich von Trendsettern aufgespürt und für die nächste Kollektion verwertet werden. Immer mehr Jugendliche verweigern sich daher dem Individualisierungsdruck, schließen sich Jugendkulturen an und definieren sich selbst in erster Linie über ihre Gruppenzugehörigkeit. Das Selbstverständnis der Gruppe substituiert dabei defizitäre Selbstentwürfe.[63] Dies erinnert an vergangene Zeiten, in denen die Zugehörigkeiten zu einer Familie, einer Klasse, einem Gemeinwesen das Selbstverständnis entscheidend prägten, und stellt sich insoweit als Regression dar. Gerade vereinnahmende Jugendkulturen, die die Autonomie ihrer Mitglieder einschränken und nur wenig Möglichkeiten für individuelle Entfaltung und Lebensgestaltung bieten, wirken auf Jugendliche, die sich den Individualisierungszumutungen in einer rationalisierten Lebenswelt nicht gewachsen fühlen, besonders anziehend. Gestützt auf das Selbstverständnis der Gruppe und die von ihr verfolgten Ziele, läßt sich die Frage, wer man ist und wofür man einsteht, leichter beantworten. Auch die Verantwortung, die das autonome Subjekt für sich selbst übernehmen muß, trägt man zumindest scheinbar nicht mehr allein, sondern gemeinsam. Sinnfällig wird der Verzicht auf Individualität aber nicht zuletzt in der äußerlichen Erscheinung. Die Angehörigen von Jugendkulturen kleiden sich nicht selten uniform, tragen manchmal eine bestimmte Haartracht und schmücken sich mit ausgewählten Symbolen.[64] Ihre Selbstrepräsentation im öffentlichen Raum ist entindividualisiert und ermöglicht es doch gleichzeitig, sich – wenn auch nur als Gruppe – vom jugendlichen mainstream abzugrenzen. Gerade über die Gestaltung des äußeren Erscheinungsbildes gibt man sich als Angehöriger einer bestimmten Jugendkultur zu erkennen und wird entsprechend eingeordnet. Die bestehenden Vorverständnisse, Vorurteile und Erwartungen legen einen auf die – immerhin selbst gewählte – Rolle fest. Weil damit die Interaktionen zwischen Gruppenmitgliedern, aber auch zwischen Gruppenmitgliedern und Außenstehenden vorstrukturiert sind, wird der einzelne entlastet. Denn die Wahrnehmung einer Rolle enthebt ihn zumindest bedingt der Notwendigkeit, die eigenen Sozialkontakte autonom und individuell zu gestalten. Wenn viele Jugendliche sich in eine jugendkulturelle Rolle

---

[62] Dazu oben II. 1. b).

[63] Dazu unten § 7 IX. 2. b) und c).

[64] Dazu näher unten § 7 XIII. 1. a) und b).

geradezu flüchten und sich in ihrem Sozialverhalten von dieser weitgehend bestimmen und leiten lassen, stellt sich dies als Regressionsphänomen dar, weil in einer rationalisierten Lebenswelt soziale Rollen für das Verhalten der Interaktionspartner weit weniger bestimmend sind, als dies etwa noch in traditionalen Gesellschaften der Fall war.

e) Hierarchische Strukturen

Auch daß viele gewalttätige Jugendkulturen hierarchisch strukturiert sind,[65] ist ein regressiver Zug. Zwar hat die Hierarchie als Ordnungsform mit der Rationalisierung der Lebenswelt nicht ausgedient. Hierarchisch strukturiert sind aber in posttraditionalen Gesellschaften vor allem Verwaltungen und auch wirtschaftliche Betriebe, also systemische Organisationen. Hier erweisen sich Hierarchien als funktional, weil sich über sie innerorganisatorische Prozesse optimieren lassen. Denn über Anweisungen innerhalb von Hierarchien lassen sich die Handlungen der Organisationsmitglieder unter Umgehung sprachlicher Konsensbildungsprozesse koordinieren, weil Anweisungen wegen der übergeordneten Stellung des Anweisenden befolgt werden, ohne daß erst ein Einvernehmen über ihre Adäquanz und Richtigkeit erzielt werden müßte. Innerhalb einer rationalisierten Lebenswelt werden Beziehungen demgegenüber zunehmend egalitär gedacht und gestaltet. Denn nachdem sprachliche Verständigung die Funktion der Handlungskoordinierung übernommen hat, treten sich die Interaktionspartner als gleichberechtigte Sprecher gegenüber, die die mit ihren Äußerungen erhobenen Geltungsansprüche gegebenenfalls mit guten Gründen einlösen müssen. Allenfalls fachliche Autoritäten genießen einen gewissen Vertrauensvorschuß. Weil auch ihre Äußerungen hinterfragbar bleiben, sind jedoch auch ihre Positionen nicht mehr durch eine hierarchische Ordnung abgesichert. Und selbst wenn Vertreter bestimmter Berufe oder Schichten noch immer einen höheren sozialen Status genießen, kann doch nicht mehr von gefestigten hierarchischen Strukturen gesprochen werden. Denn diese Relikte sozialer Hierarchien, die sich in der Alltagspraxis posttraditionaler Gesellschaften erhalten haben, entbehren im öffentlichen Bewußtsein längst der Legitimation und können jederzeit in Frage gestellt und in interaktiven Prozessen unterlaufen werden. Wenn nun Jugendkulturen hierarchisch strukturiert sind, so legt dies die Vermutung nahe, daß ihre Mitglieder mit der egalitären Gestaltung der gruppeninternen Beziehungen überfordert sind. Ihre kommunikativen Kompetenzen scheinen so beschränkt zu sein, daß ihnen die Entlastung des Verständigungsmechanismus in Hierarchien höchst willkommen ist. Was man gemeinsam unternimmt und wie Normverstöße von Gruppenmitgliedern zu ahnden sind, wird nicht in kommunikativen Prozessen ausgehandelt, sondern von den Anführern der Gruppe vielfach einfach vorgegeben.[66] Diese Vorgaben sind wegen der übergeordneten

---

[65] Vor allem die Skinheads. Dazu im einzelnen unten § 7 VIII. 1. b), 2. a).

[66] Dazu unten § 7 VIII. 1. a) und b).

Stellung des Anweisenden weitgehend der Kritik entzogen und müssen daher auch nicht begründet werden. Auch die Aufgaben und Funktionen der einzelnen Gruppenmitglieder ergeben sich aus ihrer Stellung in der Gruppenhierarchie, so daß insoweit ebenfalls weder Koordinierungs- noch Verständigungs- oder Begründungsbedarf besteht.[67] Daß Jugendkulturen demnach auf Ordnungsprinzipien zurückgreifen, die es erlauben, den Verständigungsmechanismus zu suspendieren, und die in einer rationalisierten Lebenswelt der Legitimation entbehren, erweist sich als regressive Struktureigentümlichkeit.

3. Kolonialisierte Jugendkulturen

Auch Jugendkulturen bleiben nicht vom Übergriff systemischer Imperative verschont. Gerade Jugendkulturen, die die Kolonialisierung der Lebenswelt z.T. oder zumindest scheinbar kompensieren, sind von Kommerzialisierung bedroht[68] (a) und bleiben, soweit sie politisierbare Ziele verfolgen, auch von Vereinnahmungsversuchen durch das politische System, konkret durch politische Parteien, nicht verschont (b). Denn anders als anomische Jugendkulturen, deren Mitglieder den Mechanismus der Kolonialisierung zumindest bedingt durchschauen und offenen Widerstand leisten, sind sie gegen systemische Vereinnahmungen ihrer Lebenszusammenhänge schlechter gefeit. Dies hat zur Folge, daß kompensatorische Jugendkulturen zunehmend desintegriert werden und Integrationsdefizite, aber auch Orientierungslosigkeit und Ich-Schwäche nur mehr unzureichend kompensieren oder auch nur kaschieren.

a) Kommerzialisierung

Das Wirtschaftssystem greift auf jugendkulturelle Lebenszusammenhänge zu, indem es jugendkulturelle Stile und Symbole vermarktet. Sobald Stilelemente von Jugendlichen aufgegriffen werden, die sich gar keiner Jugendkultur zugehörig fühlen, werden sie zur Mode und verlieren damit an Unterscheidungskraft. Über den ursprünglich nur die Mitglieder verbindenden Stil kann sich die Gruppe nur noch bedingt vom sogenannten mainstream abgrenzen. Wer dazugehört und wer nicht, läßt sich äußerlich nicht mehr ohne Weiteres erkennen.[69] Der Stil büßt an integrativer Kraft ein, und für die einzelnen wird es schwieriger, sich über das äußere Erscheinungsbild zu definieren und damit zu stabilisieren. Gelingt es der Mode- und Lifestyleindustrie sogar, nicht nur Stilelemente, sondern den Kult einschließlich seiner Aktionsformen und seiner kulturellen, insbesondere musikalischen Manifes-

---

[67] Dazu unten § 7 VIII. 1. a) und b).

[68] Dem Gedanken der Kolonialisierung der Jugendkulturen, entspricht der Gedanke von *Breyvogel, W.*, der von einer Enteignung der Jugendrevolte spricht, wenn jugendkulturelle Symbole und Zeichen aus ihrem sozialen Kontext gelöst werden und zur Mode avancieren. *Ders.*: Einleitung: Gegen das Vergessen. In: Autonomie und Widerstand. Zur Theorie und Geschichte des Jugendprotestes, hrsg. v. W. Breyvogel. Essen 1983, 7-11, 10. Auch *Farin, K.:* generation kick.de. Jugendsubkulturen heute. München 2001, 126ff.

[69] Dazu unten § 7 XIII. 1. a) und b).

tationen zu vermarkten, dann droht sogar die kolonialisierungsbedingte Desintegration jugendkultureller Lebenszusammenhänge. Denn wenn sich immer mehr Jugendliche als Mitglieder einer Jugendkultur gerieren, ohne deren Überzeugungen zu teilen und ohne am Gruppenleben ernsthaft teilzunehmen, dann werden jugendkulturelle Enklaven zur Massenbewegung.[70] Man kennt sich nicht mehr persönlich, man kann sich nicht darauf verlassen, daß sich die „Modemitglieder" an die gruppenintern verbindlichen Spielregeln halten und sich in prekären Situationen, etwa bei Konfrontationen mit rivalisierenden Gruppen oder mit der Polizei, solidarisch zeigen. Die Muster der sozialen Zugehörigkeit werden verunklart und die gruppeninterne Solidarität wird brüchig.[71] Wenn aber Jugendkulturen kolonialisierungsbedingte Integrationsdefizite nur mehr unzureichend kompensieren, weil sie ihrerseits durch die Vermarktung des eigenen Kults kolonialisiert werden, so ist mit Auflösungserscheinungen und Zerfall zu rechnen.

Das Wirtschaftssystem trägt aber nicht nur durch die Vermarktung jugendkultureller Stile und Musik, sondern auch durch die Professionalisierung jugendkultureller Medien zur Kolonialisierung der Jugendkulturen bei.[72] Gerade wenn die typischen Szenepublikationen der Jugendkulturen, die sogenannten Fanzinen, unter professionellen Einfluß geraten und nicht mehr selbständig im Eigenverlag herausgegeben werden,[73] dann geht jugendkulturelle Vielfalt und Originalität verloren und das Selbstverständnis der Gruppen wird verstärkt von denen beeinflußt, die Träger der Professionalisierung sind. Auch das Gemeinschaftsleben verarmt, wenn Verlage und Vertriebe die Publikation und Vermarktung der Fanzinen übernehmen. Solange gruppenintern ausgehandelt werden muß, welche Artikel und Karikaturen erscheinen und welche Bands, Tonträger und Konzerte besprochen werden sollen, ist die Herausgabe einer Ausgabe ein gruppendynamischer Prozeß. Beim Schreiben von Konzertberichten kann man in gemeinsamen Erinnerungen schwelgen, bei widerstreitenden Auffassungen über den Inhalt der Fanzine muß ein Konsens herbeigeführt werden. Diese kommunikativen Prozesse tragen entscheidend zur Erneuerung der Gruppenkultur und zur Integration der jugendkulturellen Gruppe vor Ort bei. Die Mitwirkung bringt den Beteiligten gruppenintern Anerkennung ein und wirkt sich daher auch auf deren Selbstwertgefühl positiv und stabilisierend aus. Wenn sie wegen einer fortschreitenden Professionalisierung zunehmend obsolet werden, werden die kulturelle Reproduktion, die soziale Integration und die produktive Vergesellschaftung der Gruppenmitglieder beeinträchtigt. Auch die Professionalisierung der Fanzinenlandschaft stellt sich daher als Kolonialisierung des Gruppenlebens dar.

---

[70] Dazu unten § 7 VIII. 1. a) und b).

[71] Dazu unten § 7 VIII. 1. a). und b) und 2. c).

[72] Zur Professionalisierung jugendkultureller Medien unten, § 7 XIV. 1. b).

[73] Dazu ebenfalls unten § 7 XIV. 1. b).

Besonders subtil wirkt sich die Vermarktung jugendkultureller Gewalt in den Medien aus. Wenn für das Selbstverständnis der Gruppe wie ihrer Mitglieder die Repräsentation ihrer gewalttätigen Aktionen in den Medien an Gewicht gewinnt, so ist dies eine Form der medialen Fremdbestimmung. Gruppeninterne Interpretationen werden durch externe Interpretationen überlagert. Die Selbstwahrnehmung der Gruppe droht auf die skandalträchtigen und daher für die Vermarktung geeigneten Aspekte des Gemeinschaftslebens reduziert zu werden; gruppeninterne Anerkennung droht sich weniger der produktiven Teilnahme am Gemeinschaftsleben als der Medienwirksamkeit spektakulärer Einzelaktionen zu verdanken; die kommunikative und gruppenspezifische Bearbeitung der gemeinsamen Erfahrungen droht von der Fremdwahrnehmung medialer Berichterstatter bestimmt zu werden. Wenn die Selbstwahrnehmung der einzelnen wie der Gruppe zunehmend fremdbestimmt ist, wird der einzelne und auch die Gruppe sich selbst entfremdet. Bei einer auf medial interessante Aspekte verengten kommunikativen Verarbeitung gemeinschaftlicher Aktionen wird das sozialintegrative und identitätsstiftende Potential gruppeninterner kommunikativer Prozesse nicht mehr voll ausgeschöpft, und auch die Reproduktion der Gruppenkultur droht auf die medial interessanten Inhalte beschränkt zu werden. In Folge dieser subtilen Störungen der Reproduktion jugendkultureller Lebenswelten verlieren diese an Kraft, die Folgen der gesamtgesellschaftlichen Kolonialisierung zu kompensieren.

b) Politische Vereinnahmung

Wenn Jugendkulturen mit ihren Aktionen politisierbare Ziele verfolgen, droht die Vereinnahmung durch politische Parteien, die sich der politischen Umsetzung ähnlicher Ziele verschrieben haben.[74] Die jugendliche Aktionsbereitschaft droht instrumentalisiert zu werden, jugendkulturelle Aktionsmuster werden im parteipolitischen Interesse beeinflußt und partiell fremdbestimmt, und jugendkulturelle Ziele, Werte und Normen sowie die jugendkulturellen Interpretationen politischer oder sozialer Zusammenhänge werden durch politische Programme überformt. Durch die Fremdbestimmung der Aktionen wird die autonome Gestaltung des Gemeinschaftslebens beeinträchtigt. Wenn parteipolitische Aktionsvorgaben aufgegriffen werden, unterbleiben kommunikative Prozesse, in denen ausgehandelt werden müßte, was sich zu unternehmen lohnt. Die ideologisch-inhaltliche Beeinflussung des Gruppenselbstverständnisses und der Handlungsziele birgt das Risiko, daß die Orientierungshilfen, die Jugendkulturen geben, den Orientierungsbedarf ihrer Angehörigen nicht mehr unbedingt decken. Die Wahrnehmung der eigenen Probleme und Zukunftsängste, die im jugendkulturellen Kontext in kommunikativen Prozessen, orientiert an der Befindlichkeit der Mitglieder gemeinsam bearbeitet werden, droht, im parteistrategischen Interesse verfremdet zu werden, mit der Folge, daß

---

[74] Zu entsprechenden Vereinnahmungsversuchen und ihren Erfolgen oben § 2 V. und X. und unten § 7 XI. 1. a). und b).

Jugendkulturen ihre Mitglieder nur mehr um den Preis von kolonialisierungsbedingten Entfremdungen im Selbstverhältnis zu stabilisieren vermögen.

Wo politische Parteien Angehörige von Jugendkulturen als Mitglieder gewinnen,[75] geraten diese nicht selten in Interessenkonflikte, wenn die jugendkulturellen Aktionen aus parteistrategischer Sicht kontraproduktiv sind. Sofern die Parteien sich am Rande der verfassungsmäßigen Ordnung bewegen und daher für die unbehelligte Verfolgung ihrer politischen Ziele darauf angewiesen sind, daß ihre Parteimitglieder nicht ohne Weiteres als solche zu erkennen sind, kann sogar das jugendkulturelle Outfit, das die Zugehörigkeit zu einer Jugendkultur und mit dieser auch die Nähe zu bestimmten politischen Parteien verrät, zum Problem werden. Wenn die Vereinnahmung durch die Partei so weit geht, daß die parteipolitische Arbeit wichtiger wird als das jugendkulturelle Gemeinschaftsleben, mit der Folge, daß die Jugendlichen sich aus diesem zunehmend zurückziehen, und wenn die Mitglieder von Jugendkulturen im parteipolitischen Interesse auf ihr gruppenspezifisches Outfit verzichten, dann droht die Desintegration jugendkultureller Lebenszusammenhänge. Durch die parteipolitische Vereinnahmung der Mitglieder werden Jugendkulturen daher schleichend kolonialisiert, ohne daß die kompensatorischen Funktionen von Jugendkulturen von den Parteien übernommen würden. Denn auch wenn die Parteizugehörigkeit für das Selbstverständnis der Mitglieder wichtig ist, so bleiben Parteien als systemische Organisationen gegenüber der Persönlichkeit und den individuellen Lebensgeschichten ihrer Mitglieder doch indifferent. Die innerparteiliche Solidarität beschränkt sich auf die Verfolgung gemeinsamer politischer Ziele. Parteien sind daher für Jugendliche, anders als Jugendkulturen, keine Auffanglebenswelten, die ihre Bedürfnisse nach sozialer Zugehörigkeit, Selbstvergewisserung und allgemeiner Lebensorientierung zu befriedigen vermöchten.

Auch die Publikationen der Jugendkulturen sind von parteipolitischer Beeinflussung und Instrumentalisierung bedroht.[76] Wo Parteien die Inhalte der Fanzinen bestimmen, können sich Jugendliche in ihnen nicht mehr authentisch artikulieren. Sie sind nicht mehr das Produkt sozialintegrativer Selbsttätigkeit. Die parteipolitische Einflußnahme auf jugendkulturelle Publikationen behindert die unverstellte und unverfremdete Selbstrepräsentation jugendkultureller Gruppen daher ebenso wie ihre Kommerzialisierung, entfremdet Jugendliche ihren eigenen Problemen und Ängsten und behindert ihre gruppeninterne, von den Befindlichkeiten der Jugendlichen statt von parteilichen Interessen bestimmte Bearbeitung. Wo Fanzinen zu Sprachrohren politischer Parteien werden, wird daher die Reproduktion jugendkultureller Inhalte gestört; sie können ihren Beitrag zur Selbstfindung ohnehin vielfach entfremdeter, desorientierter Subjekte nur mehr bedingt leisten. Die parteipolitische Vereinnahmung jugendkultureller Publikationen trägt daher zur

[75] Zur Mitgliedschaft von Angehörigen von Jugendkulturen in politischen Parteien bereits oben § 2 V. und unten § 7 XI. 1. a) und b).

[76] Dazu ausführlich unten § 7 XIV. 1. b).

Kolonialisierung der Jugendkulturen bei, mit der Folge, daß es diesen erschwert ist, ihre kolonialisierungskompensatorischen Funktionen zu erfüllen.

IV. Erosionssymptome in Krisenzeiten

Erklärungsbedürftig scheint, warum Erosionssymptome, namentlich gewaltzentrierte Jugendkulturen, verstärkt in Erscheinung treten und beunruhigen, wenn die sozialstaatlichen bzw. real-sozialistischen Arrangements, auf die die Erosion kommunikativer Strukturen zurückzuführen ist, brüchig werden oder nicht mehr greifen. Seit Ende der siebziger, Anfang der achtziger Jahre befindet sich der Wohlfahrtsstaat der Bundesrepublik Deutschland in einer Strukturkrise, die bis heute nicht bewältigt ist.[77] Das Problem der Massenarbeitslosigkeit ist bis heute nicht gelöst. Wirtschaftlicher Strukturwandel und eine Veränderung der Altersstruktur der bundesrepublikanischen Bevölkerung haben tiefgreifende Reformen der sozialen Sicherungssysteme erforderlich gemacht, die bis heute nur bedingt gelungen sind. Das Krankenversicherungssystem kommt infolge einer anhaltenden Kostenexplosion im Gesundheitswesen an die Grenzen seiner Leistungsfähigkeit. Gleichzeitig stellt der Zuzug von Ausländern und eine nicht unerhebliche Zahl von Asylbewerbern die Integrationskraft der bundesdeutschen Gesellschaft auf die Probe. Das real-sozialistische System der ehemaligen DDR war bereits seit Mitte der achtziger Jahre vom drohenden Untergang gezeichnet. Nach seinem Zusammenbruch im Jahre 1989 gelang zwar die Wiedervereinigung, die Angleichung der Lebensverhältnisse steht aber bis heute noch aus. Viele Landesteile befinden sich noch im wirtschaftlichen Umbruch und die Arbeitslosenzahlen übersteigen das Westniveau bei weitem. Die berufliche Situation gerade der jungen Generation im Osten ist prekär und bietet wenig Perspektiven. Das Zusammenwachsen der beiden Teile wird durch die Ungleichheit der Lebensverhältnisse, nicht zuletzt durch das vielfach noch unterschiedliche Lohnniveau erschwert. Zwar sind die sozialen Sicherungssysteme der Bundesrepublik Deutschland immer noch so weit funktionsfähig, daß Arbeitslosen, Kranken und Alten nicht die Verelendung droht. Dennoch verliert das sozialstaatliche Arrangement an pazifierender Kraft. Aus der nivellierten Mittelstandsgesellschaft ist eine Zwei-Drittel-Gesellschaft geworden. Während sich eine große Mehrheit der Bevölkerung immer noch gesicherter Lebensverhältnisse erfreut und in Wohlstand lebt, lebt ein wachsender Anteil der Bevölkerung in Verhältnissen, die im Vergleich mit der Mehrheit wirtschaftliche und soziale Erwartungen mehr als unzureichend befriedigen. Der Perspektivlosigkeit einer wachsenden Zahl von Sozialhilfeempfängern und Langzeitarbeitslosen korrespondieren wachsende Ängste in großen Teilen der Bevölkerung vor einem wirtschaftlichen und sozialen Abstieg. Gerade in Ostdeutschland sind die z.T. illusorischen Hoff-

---

[77] Gerade in dieser Zeit entstanden etwa die Autonomen, die sich Anfang der achtziger Jahre als Hausbesetzer formierten, dazu oben § 3 III. und V.

nungen auf eine schnelle Angleichung der wirtschaftlichen Verhältnisse an das westdeutsche Niveau Frustration und Resignation gewichen, die über sozialstaatliche Entschädigungsangebote nicht aufgefangen werden können. Darüber hinaus ist das Vertrauen in die sozialstaatliche Verfassung destabilisiert, weil diese durch eine Globalisierung der Märkte zunehmend unterminiert wird. Schließlich sehen sich die Menschen bereits seit den achtziger Jahren neuartigen nichtökonomischen, insbesondere globalen Gefährdungen ausgesetzt, auf deren Bewältigung das sozialstaatliche Arrangement nicht zugeschnitten ist. Denn Umweltzerstörung und Klimakatastrophe und die Bedrohung durch Kernkraftwerke und Atommüll sind grenzübergreifende Gefährdungen, die nur durch internationale Kooperation erfolgreich bewältigt werden können.

Daß Erosionssymptome gerade in jüngster Zeit besonders eklatant zu Tage treten, seitdem sich der Sozialstaat in einer tiefgreifenden Strukturkrise befindet und die sozialistische Ordnung der ehemaligen DDR zusammengebrochen ist, hängt damit zusammen, daß kolonialisierende Gesellschaftsstrukturen gerade dadurch gekennzeichnet sind, daß sie ihre destruktiven Folgen abfedern und verschleiern. Die Einbindung in Arbeitsprozesse, gesicherte sozio-ökonomische Lebensverhältnisse und das Vertrauen darauf, daß diese fortbestehen, gewährleisten Lebensroutinen und ein Gefühl von Sicherheit und verhindern daher, daß insbesondere Sinnverluste und instabile Persönlichkeitsstrukturen, Orientierungslosigkeit und Traditionsverluste, aber auch Gefühle von Entfremdung und einer Verunsicherung der kollektiven Identität,[78] die auf die Erosion kommunikativer Strukturen zurückzuführen sind, ihr volles destabilisierendes Potential entfalten. Gerade wenn sich das Risiko, arbeitslos zu werden, realisiert und sich die Verhältnisse auf dem Arbeitsmarkt derart verändern, daß die Angst umgeht, im Falle der Entlassung aus dem Arbeitsverhältnis nach einer sozialversicherungsrechtlich überbrückten, überschaubaren Übergangszeit nicht mehr ins Erwerbsleben zurückkehren zu können, wenn die Sozialversicherungssysteme so unter Druck geraten, daß den Versicherten zunehmend fraglich erscheint, ob die bei Eintritt eines Versicherungsfalls zur Verfügung gestellten Mittel die Notlage, gemessen an den allgemeinen wirtschaftlichen Lebensverhältnissen, angemessen abfedern werden, wenn die Bedrohung durch Gefahren zunimmt, die unbeherrschbar und nur unzureichend versicherbar sind, werden die benannten Erosionssymptome das Lebens- und Gemeinschaftsgefühl und die Selbstwahrnehmung der Menschen verstärkt zu prägen beginnen. Es ist daher nicht verwunderlich, wenn arbeitslose und wenig qualifizierte und damit von sozialem Abstieg bedrohte Jugendliche in gewaltzentrierten Jugendkulturen überrepräsentiert sind.[79] Sofern es nicht gelingt, den Wohlfahrtsstaat so zu reformieren, daß er auch in Zukunft die Sicherheit gewährt, die er verspricht, und seine globalisierungsbedingten Funktionsdefizite auf supranationaler Ebene auszuglei-

---

[78] Vgl. Fig 22 von *Habermas*, 1. und 3. Spalte, wiedergegeben oben § 5 IV. 2.

[79] Dazu unter § 7 III. 1. b), zu Ängsten vor Marginalisierung § 7 IV. 1. b) und c).

chen, und solange globale Gefährdungen ihr Verunsicherungspotential entfalten, ist sogar vermehrt mit anomischem Jugendprotest zu rechnen, mit dem junge Menschen zum Ausdruck bringen, daß die bestehende Gesellschaftsordnung für sie an Legitimation verloren hat und daß sie daher nicht mehr bereit sind, sie motivational zu unterstützen.[80] Auch das realsozialistische System in der ehemaligen DDR vermochte seine kolonialisierende Wirkung durch Einbindung der Menschen in betriebliche Kollektive und pseudo-politische Organisationszusammenhänge lange Zeit erfolgreich abzufedern. Gerade im letzten Jahrzehnt, als sich die Legitimationsdefizite des Systems angesichts immer offener zutage tretender, insbesondere wirtschaftlicher Funktionsdefizite nicht mehr verschleiern ließen, traten, nicht zuletzt mit dem Aufkommen zunehmend gewaltzentrierter Jugendkulturen,[81] eklatante Symptome der Erosion kommunikativer Strukturen in Erscheinung. Es wundert daher nicht, daß die Jugend auf den Zusammenbruch des sozialistischen Systems, in einer Übergangszeit, bis zur relativen Festigung einer neuen politisch-institutionellen Ordnung, mit regelrechten Gewaltausbrüchen reagierte und auf den Straßen z.T. gesetzlose Zustände herrschten.[82] Es fehlte gleichsam jedes Korsett, das die Auswirkungen von Sinn- und Traditionsverlusten, Orientierungslosigkeit und zunehmender Entfremdung noch hätte abfangen können. Da das nach 1990 auch in den neuen Bundesländern instituierte sozialstaatliche Regime den Menschen bis heute kein den bundesrepublikanischen Verhältnissen entsprechendes Gefühl von Sicherheit zu vermitteln mag, ist auch erklärlich, warum gewaltzentrierte Jugendkulturen im Osten Deutschland bis zum heutigen Tage besonders starken Zulauf haben.

V. Vorläufer heutiger Jugendkulturen: Erosionssymptome oder Enttraditionalisierungserscheinungen?

Die These, daß die Entstehung gewalttätiger Jugendkulturen ein Symptom der Erosion kommunikativer Strukturen ist, läßt sich nicht mit dem Hinweis darauf in Frage stellen, daß es auch früher gewalttätige Jugendkulturen gegeben habe. Dies ist zwar zutreffend,[83] aber die Konzentration auf die phänomenologischen Entsprechungen verstellt den Blick auf unterschiedliche Entstehungsbedingungen. Da sich mit der gesellschaftlichen Entwicklung auch strukturelle Veränderungen ergeben, können zumindest die gesellschaftlichen Ursachen für ähnliche Phänomene schwerlich die gleichen sein. Außerdem ist zu erwarten, daß Probleme der Eltern-

---

[80] Zu den Autonomen als anomischer Protestkultur unten § 7 I. 2. c), d), e); II. 2. a), b); IV. 2. b), d); IX. 2. b) und X. 2. a).

[81] Dazu oben § 1 X., § 2 XI. und § 3 XIV.

[82] Dazu oben § 1 VIII. und § 2 VIII.

[83] Dazu oben 1. Kapitel, vor § 1.

generation mit der nachwachsenden Generation zu unterschiedlichen Zeiten auch unterschiedlich interpretiert und konzeptualisiert worden sind.

Die Entstehung gewaltzentrierter Jugendkulturen seit Beginn der achtziger Jahre des letzten Jahrhunderts ist als Symptom der Erosion kommunikativer Strukturen interpretiert worden, als ein Phänomen, das als Folge von Reproduktionsstörungen in kommunikativ strukturierten Handlungsbereichen in spätkapitalistischen Gesellschaften und in realsozialistischen Staaten auftritt, wenn systemische Imperative in Handlungsbereiche eindringen, die auf Verständigung als Mechanismus der Handlungskoordinierung angewiesen bleiben. Zu Übergriffen ökonomischer und administrativer Rationalität auf kommunikativ strukturierte Lebensbereiche kommt es jedoch erst in weitgehend *enttraditionalisierten* Gesellschaften.[84] Die in *posttraditionalen* Gesellschaften auftretenden, erosionsbedingten Pathologien müssen daher von den Folgen der Zerstörung *traditionaler* Lebensformen im Zuge gesamtgesellschaftlicher Modernisierungsprozesse unterschieden werden. Die *Enttraditionalisierung* wird durch die Monetarisierung der Arbeitskraft und die Bürokratisierung staatlicher Leistungen begünstigt. Sie ist der Preis der gesamtgesellschaftlichen Rationalisierung, der mit der Ausdifferenzierung kultureller Wertsphären fortschreitenden Wertgeneralisierung und der durch sie ermöglichten *Entstehung* mediengesteuerter Subsysteme,[85] konkret des neuzeitlichen Staates und eines kapitalistischen Wirtschaftssystems, zweier neuer Organisationsformen, die sich trotz destruktiver Begleiterscheinungen durchsetzten, weil sie die materielle Reproduktion der Lebenswelt, d.h. die Sicherung ihres physischen Bestandes optimierten.[86] Demgegenüber ist die *Kolonialisierung* eine Folge systemischer (Selbst-)*erhaltung*, der Bewältigung der innerhalb der formal organisierten Handlungssphären auftretenden Probleme durch Externalisierung, durch Verschiebung in kommunikativ strukturierte Handlungsbereiche.[87]

Im Folgenden soll dargetan werden, daß sich die Jugend(gewalt?)diskussionen der Wilhelminischen und der Weimarer Zeit mit Folgen gesellschaftlicher Enttraditionalisierungsschübe befaßten, durch die sich insbesondere die bürgerliche Gesellschaftsordnung bedroht sah (1.), daß sich die Auseinandersetzung mit der randalie-

---

[84] Nährt zu *Habermas'* Analyse der Kolonialisierung in spätkapitalistischen Gesellschaften oben § 5 IV. 5., zur Kolonialisierung im bürokratischen Sozialismus oben § 5 IV. 8, jeweils mit Nachweisen.

[85] Zu *Habermas'* Analyse der Entstehungsvoraussetzungen gesellschaftlicher Subsysteme, näher mit Nachweisen oben § 5 III. 1.

[86] So *Habermas,* Nachweise oben § 5 III. 6.

[87] In der Arbeitswelt auftretende Probleme werden nach *Habermas* in spätkapitalistischen Wohlfahrtsstaaten regelmäßig zunächst in die öffentliche Lebenssphäre verschoben, wo sie sich zu Legitimationshypotheken verwandeln. Der Staat versucht sich daher Massenloyalität u.a. durch die Inaussichtstellung der Einlösung sozialstaatlicher Programmatiken zu sichern. Dies gelingt nur um den Preis der Verdinglichung kommunikativ strukturierter Lebenszusammenhänge, durch sozialstaatliche Verrechtlichung. Dazu näher mit Nachweisen oben § 5 IV. 5. und 6.

renden Jugend der fünfziger Jahre erstmalig einem Phänomen widmete, das auf einen ersten Kolonialisierungsschub, insbesondere auf die Monetarisierung der Alltagspraxis zurückzuführen war und eine Elterngeneration entsetzte, die sich im Nachkriegsdeutschland im neu gewonnenen Wohlstand wohlig eingerichtet hatte (2.) und daß die revoltierende Jugend der späten sechziger Jahre gegen die Neutralisierung der Staatsbürgerrolle in einer pazifierten, in politisch-gesellschaftlicher Restauration erstarrten Klassengesellschaft aufbegehrte, deren Strukturen insofern zur Kolonialisierung der Lebenswelt beitrugen, als sie gesellschaftlichen Wandel, gesellschaftliche Modernisierung und Erneuerung behinderten oder zumindest erschwerten (3.).

1. Wilhelminische und Weimarer Zeit

In der Wilhelminischen und auch noch in der Weimarer Zeit beunruhigte die „Verwahrlosung" der proletarischen Großstadtjugend.[88] Die damalige Jugenddiskussion läßt sich nur vor dem Hintergrund der tiefgreifenden gesellschaftlichen Strukturveränderungen angemessen interpretieren. Daher soll zunächst auf die sozialgeschichtliche Entwicklung eingegangen werden. Sodann soll aufgezeigt werden, warum diese mit der Enttraditionalisierung überkommener Lebensformen einherging, um anschließend darzutun, warum die Folgen der Enttraditionalisierung die Jugend besonders betrafen und deren „Verwahrlosung" begünstigten. Abschließend soll dargetan werden, warum die Wahrnehmung der Jugend gerade als „verwahrlost" sich Enttraditionalisierungsängsten bürgerlicher Schichten verdankte.

Seit Mitte des neunzehnten Jahrhunderts hatte sich die soziale Lage in Deutschland grundlegend verändert. Neben einem wohlhabenden und selbstbewußten Industriebürgertum entstand ein ständig wachsendes Industrieproletariat, das sich vor allem aus ehemals selbständigen Handwerkern und aus den in die großen Städte strömenden Landarbeitern rekrutierte. Insbesondere seit den sechziger Jahren wanderten notleidende Landarbeiter von Osten nach Westen in den Berliner Raum, in die Industriestädte und die neuen Industriereviere des Ruhrgebiets. Die Arbeiter wohnten in menschenunwürdigen Behausungen, in Barackensiedlungen und Mietskasernen, ihr Verdienst lag meist an der Grenze des Existenzminimums. Auch die günstige Konjunktur verbesserte die Lage der Industriearbeiter keineswegs.[89] Zwar setzte bereits unter Bismarck mit der Versicherungsgesetzgebung eine staatliche Sozialpolitik ein. Sie war jedoch nicht als Sozialreform zur Humanisierung der industriellen Arbeitswelt konzipiert, sondern sollte die Arbeiter für den monarchischen Obrigkeitsstaat gewinnen[90] und konnte das Elend der Arbeiterschaft allenfalls mildern. Auch in der Weimarer Zeit, in der wirtschaftlichen

---

[88] Dazu oben 1. Kapitel vor § 1.

[89] *Deutscher Bundestag* (Hrsg.): Fragen an die deutsche Geschichte. Ideen, Kräfte, Entscheidungen. Von 1800 bis zur Gegenwart. Bonn 1986, 156, 160, 168, 171.

[90] *Deutscher Bundestag* (Hrsg.) 1986 (Fn. 89), 211.

Scheinblüte der zwanziger Jahre, verbesserte sich die Situation der Arbeiterschaft kaum. Die Arbeitslosigkeit grassierte wie nie zuvor und überschritt Anfang der dreißiger Jahre die 6-Millionen-Grenze.[91] Zwar wurde der Sozialstaat weiter ausgebaut,[92] gleichzeitig enthumanisierten jedoch produktionstechnische Innovationen wie die Einführung der Fließbandarbeit den Arbeitsprozeß.[93] Als Deutschland 1931 endgültig in den Sog der Wirtschaftskrise geriet, versuchte man den Reichshaushalt u.a. durch die Senkung der Fürsorgesätze und der Leistung der Arbeitslosenversicherung zu sanieren.[94] Der Strukturwandel der Wirtschaft, die Entstehung moderner Großbetriebe betraf aber in der Weimarer Zeit nicht nur die Arbeiterschaft, er begünstigte auch die Proletarisierung der Angestellten, die mehr und mehr austauschbar wurden, eine herabgeminderte Funktion im Arbeitsprozeß hatten und unter ähnlichen Bedingungen wie das Industrieproletariat lebten.[95] Wirtschaftliche Konzentrationsprozesse, die Entstehung von Konzernen und Warenhäusern brachten schließlich insbesondere Kleinhandel und industrielle Kleinbetriebe in ökonomische Bedrängnis. Teile des alten Mittelstands büßten mit der wirtschaftlichen Bedeutung auch an sozialem Rang und Ansehen ein.[96]

Die Entstehung eines städtischen Industrieproletariats ging mit der Zerstörung traditionaler bäuerlicher Lebensformen einher, und auch die Lebens- und Arbeitsverhältnisse ehemals selbständiger Handwerker änderten sich grundlegend. Mit dem Verlassen des Herkunftsmilieus werden tradierte Muster sozialer Zugehörigkeit hinfällig und unter veränderten Lebensbedingungen versagen überkommene Deutungsmuster, die kulturelle Überlieferung reißt ab, die „Neustädter" müssen ihr milieugestütztes Selbstverständnis revidieren. Nicht anders ergeht es marginalisierten Angestellten, Kleinhändlern und verarmten Kleinunternehmern. Tradierte Statusgewißheit geht verloren, mit sinkendem Lebensstandard ändern sich notwendig die Gesellungsformen, überkommene Verhaltensmuster müssen aufgegeben, Erziehungskonzepte den veränderten Lebensbedingungen angepaßt werden.

Wenn gerade die nachwachsende Generation einer entwurzelten, sozial verunsicherten und von Existenznöten geplagten Elterngeneration sozial auffällig wird, so verwundert dies nicht. Finanzielle Schwierigkeiten, Arbeitslosigkeit und katastro-

---

91 *Hug, W.* (Hrsg.): Geschichtliche Weltkunde, Band III. 2. Aufl. Frankfurt/M. 1979, 78f., 86f., 135.

92 *Deutscher Bundestag* (Hrsg.) 1986 (Fn. 89), 267.

93 Zur Fließbandarbeit in einem Werk der AEG ein Bericht einer Berliner Arbeiterin, abgedruckt in: „Die Rote Fahne" am 18.4.1926, abgedruckt in: *Tenbrock, R.-H.* u.a. (Hrsg.): Die Weimarer Republik 1918 bis 1933. Paderborn 1984, 54.

94 *Hug, W.* (Hrsg.) 1979 (Fn. 91), 87.

95 Dazu *Kracauer, S.:* Die Angestellten. Aus dem neuesten Deutschland. 2. Aufl. Frankfurt/M. 1930, 15 ff., in Auszügen abgedruckt bei: *Tenbrock, R.-H.* u.a. (Hrsg.) 1984 (Fn. 93), 55f.

96 *Geiger, Th.:* Panik im Mittelstand. In: Die Arbeit. Zeitschrift für Gewerkschaftspolitik und Wirtschaftskunde 7 (1930), 643f., abgedruckt bei: *Tenbrock, R.-H.* u.a. (Hrsg.) 1984 (Fn. 93), 56f.

phale Wohnverhältnisse begünstigen die von Zeitgenossen beklagte „Verwahrlosung“. Sie ist aber nicht zuletzt auf Folgen der beschriebenen Enttraditionalisierung zurückzuführen. Infolge von Traditionsverlusten werden pädagogische Handlungskonzepte anämisch, Sozialisationsprozesse verlaufen defizitär und die Jugend bleibt orientierungslos. Traditionelle Lebenskonzepte entbehren unter veränderten Lebensbedingungen der Tauglichkeit, und überkommene Lebensformen verlieren an sozialintegrativer Kraft, ohne daß sich in städtischen Milieus bereits verbindliche Lebensformen entwickelt hätten, weil neue soziale Gemeinschaften erst im Entstehen begriffen sind. Insbesondere die Jugend bleibt sozial entwurzelt und desintegriert. In den Städten treibt sie sich auf Straßen und Rummelplätzen herum und erprobt in „Wilden Cliquen“ neue Gesellungsformen.[97] Hier finden die Jugendlichen Ablenkung, Beachtung und Freundschaft. Gemeinsam befriedigt man den durch die veränderten Lebensumstände gesteigerten Erlebnishunger und erkundet die Betätigungsmöglichkeiten, die sich im städtischen Lebensumfeld eröffnen, in Kneipen, Kinos und in Bordellen.[98] Gerade nach der Entlassung aus der Schule und vor der Einberufung zum Militärdienst wissen viele Jugendliche nichts mit sich und den neu gewonnenen Freiheiten anzufangen.[99] Früher war der weitere Lebensweg vorgezeichnet, junge Männer arbeiteten auf dem elterlichen Hof mit oder traten in den Handwerksbetrieb oder das Geschäft des Vaters ein. Gerade diejenigen, die in den Städten von der grassierenden Arbeitslosigkeit betroffen sind, schließen sich jetzt z.T. wandernden Gruppierungen an,[100] die die mit der Auflösung traditionaler Lebensformen eröffnete Mobilität nutzen und die mit ihr eröffneten Freiräume doch nicht wirklich zu gestalten vermögen.

Weil mit dem Anwachsen eines zu großen Teilen verelendeten Proletariats, das sich politisch zu organisieren beginnt und in Arbeitskämpfen und Aufständen um die Verbesserung der sozialen und wirtschaftlichen Lebensbedingungen ringt, das gesamtgesellschaftliche Gefüge zu wanken beginnt, gerät auch das Bürgertum, dessen Selbstvertrauen durch die wirtschaftlichen und sozialen Umwälzungen ohnehin bereits erschüttert ist,[101] als vordem in den Städten dominierende gesell-

---

97 Zur „Straßenjugend“ für die Wilhelminische Zeit, *Hafeneger, B.:* Jugend-Gewalt. Zwischen Erziehung, Kontrolle und Repression. Ein historischer Abriß. Opladen 1994, 25, für die Weimarer Zeit, *Ehrhardt, J.:* Cliquenwesen und Jugendverwahrlosung. Zentralblatt für Jugendrecht und Jugendwohlfahrt 1930 Heft 12, 413-418, 414ff., abgedruckt bei *Hafeneger, B.,* ebenda, 67.

98 *Ehrhardt, J.:* Cliquenwesen und Jugendverwahrlosung. Zentralblatt für Jugendrecht und Jugendwohlfahrt 1930 Heft 12, 413-418, 414ff., abgedruckt bei *Hafeneger, B.* 1994 (Fn. 97), 67.

99 Zur Kontrollücke zwischen Schule und Militär, *Peukert, D.:* Die wilden Cliquen der zwanziger Jahre. In: Autonomie und Widerstand, hrsg. v. W. Breyvogel. Essen 1983, 66-77; zum Freiheitsdrang *Hafeneger, B.* 1994 (Fn. 97), 54.

100 Zur Wanderbewegung *Ehrhard, J.:* Die Lage der gefährdeten und verwahrlosten Großstadtjugend in Deutschland nach dem Kriege. Genf 1929, 16f., abgedruckt bei *Hafeneger, B.* 1994 (Fn. 97), 65f.

101 *Deutscher Bundestag* (Hrsg.) 1986 (Fn. 89), 168.

schaftliche Kraft zunehmend in Bedrängnis. Auch überkommene bürgerliche Lebensformen drohen, dem gesellschaftlichen und wirtschaftlichen Wandel zum Opfer zu fallen. Es wundert daher nicht, daß bürgerliche Kräfte durch eine Jugend, die durch ihr heruntergekommenes, ungepflegtes Äußeres auffiel, durch ihr unbändiges Gebaren und Gejohle, eine verrohte Sprache und daneben auch durch Randale und Handgreiflichkeiten, also durch gewalttätiges Verhalten[102], die *bürgerliche* Ordnung, die bereits in Frage gestellten *bürgerlichen* Konventionen, kulturellen Werte und Normen bedroht sahen, nicht aber, wie eben in der heutigen Gewaltdiskussion, den *gesamtgesellschaftlichen* Zusammenhalt.[103] In der Ursachendiskussion wurden biologistische und psychologische Ansätze diskutiert. Als zentrale Ursachen für die „Verwahrlosung" der Jugend wurden jedoch neben Arbeitslosigkeit und Armut die Auflösung *traditioneller* Gemeinschaften und deren Auswirkungen auf die Erziehung der proletarischen Jugend angesehen.[104] Bürgerliche Kräfte drängten dementsprechend weniger auf gesamtgesellschaftliche, politisch-soziale Reformen.[105] Ihre pädagogischen Anstrengungen zielten vielmehr darauf, die „verwahrloste" Jugend in den kulturellen Werte- und Normenhorizont der bürgerlichen Gesellschaft zu integrieren[106], die selbst bereits zu zerfallen drohte. So wollte man dem Leben proletarischer Jugendlicher, angelehnt an die bürgerliche Jugendbewegung, jugendkulturelle Impulse geben.[107] Sowohl die sogenannte „Verwahrlosung" der Jugend als auch die gesellschaftlichen Reaktionen stellen sich daher als Symptom gesellschaftlicher Enttraditionalisierungsprozesse respektive als hilfloser Widerstand gegen diese Prozesse dar.

2. Die randalierende Jugend der fünfziger Jahre

Die Jugenddiskussion der fünfziger Jahre widmete sich der randalierenden Jugend, den sogenannten „Halbstarken".[108] Auch wenn sich diese Bewegung nicht zu einer Jugendkultur verfestigte, sondern bereits gegen Ende der fünfziger Jahre wieder abebbte, soll hier gerade auf ihre Aktionsformen eingegangen werden, weil sich das Auftreten randalierender Jugendlicher als Symptom eines ersten Kolonialisie-

---

[102] Dazu oben 1. Kapitel vor § 1.

[103] Zur Jugend als bedrohliches und gefährliches Potential für die bürgerliche Gesellschaft, für die Wilhelminische Zeit, *Hafeneger, B.* 1994 (Fn. 97), 23; *Schultz, C.:* Die Halbstarken. Leipzig 1912, 32ff., abgedruckt bei *Hafeneger, B.*, ebenda, 43 ff., 45.

[104] *Hafeneger, B.* 1994 (Fn. 97), 73.

[105] Dazu, daß Jugendprobleme nicht in erster Linie als soziale Frage angesehen wurden, etwa *Hafeneger, B.* 1994 (Fn. 97), 36.

[106] *Hafeneger, B.* 1994 (Fn. 97), 79.

[107] *Hafeneger, B.* 1994 (Fn. 97), 80.

[108] Der Begriff „Halbstarke" war nicht neu, vielmehr wurde er bereits seit Ende des neunzehnten Jahrhunderts zur Charakterisierung verhaltensauffälliger Jugendlicher verwandt. Dazu ausführlich *Kaiser, G.:* Randalierende Jugend. Eine soziologische und kriminologische Studie über die sogenannten „Halbstarken". Heidelberg 1959, 13-21.

rungsschubes interpretieren lässt.[109] Daß die Kolonialisierung der Lebenswelt bereits in den fünfziger Jahren einsetzte, soll vor dem Hintergrund der politisch-gesellschaftlichen Entwicklung im Nachkriegsdeutschland erläutert werden. Sodann wird in gebotener Kürze dargelegt, daß sich die Krawalle und Ausschreitungen der Jugendlichen als unpolitische Reaktion auf die konsumistische Umdefinition persönlicher Lebensbereiche, auf Sinnverlust, Orientierungslosigkeit, Verunsicherung der kollektiven Identität und Entfremdung zurückführen lassen und sich somit als Kolonialisierungssymptome darstellen.[110]

In der Bundesrepublik Deutschland setzte Ende der vierziger Jahre, angekurbelt durch den Marshall-Plan, getragen vom enormen Wiederaufbaubedarf und begünstigt durch eine langanhaltende weltweite Hochkonjunktur, ein wirtschaftlicher Aufschwung ein, der sich bis in die sechziger Jahre hinein fortsetzte.[111] Das „Wirtschaftswunder" ermöglichte die rasche Lösung der ungeheuren sozialen Probleme, der Kriegsopferversorgung, der Integration der Vertriebenen und die Beseitigung der Wohnungsnot. Gleichzeitig schaffte es die finanziellen Voraussetzungen, ein immer dichter geknüpftes Netz der sozialen Sicherung aufzubauen.[112] Neben Arbeitszeitverkürzungen und dem Ausbau sozialer Sicherungssysteme, wie Kranken- und Rentenversicherung, wurden den Arbeitnehmern erstmalig Mitbestimmungsrechte in den Betrieben eingeräumt.[113] Etwa seit 1952/53 kamen die Früchte des wirtschaftlichen Aufschwungs auch breiteren Schichten der Bevölkerung in Form von kräftigen realen Einkommensverbesserungen zugute. Die Steigerung des Lebensstandards zeigte sich in regelrechten Konsumwellen: einer „Eß- und Kleiderwelle" folgte eine „Wohn-" und schließlich eine erste „Reisewelle". Das Auto wurde zum zentralen Statussymbol. Eine überwiegende Mehrheit der Bevölkerung konzentrierte sich auf die Verbesserung des materiellen Lebensstandards, auf Familie und häusliches Leben. Man war stolz auf das Erreichte[114] und hielt an kleinbür-

---

[109] Nachdem die Halbstarkenkrawalle gegen Ende der fünfziger Jahre abebbten, traten in den sechziger Jahren die Rocker an ihre Stelle (Hafeneger, B. 1994 (Fn. 97), 95; Cremer, G.: Die Subkultur der Rocker. Erscheinungsform und Selbstdarstellung. Pfaffenweiler 1992, 69f.). Sie verfestigten sich zu einer Jugendkultur, die mittlerweile gealtert ist, sich aber bis heute erhalten hat. Zu Rockern als überdauerndes subkulturelles Phänomen, Simon, T.: Rocker in der Bundesrepublik. Eine Subkultur zwischen Jugendprotest und Traditionsbildung. Weinheim 1989, insbesondere 293 ff.

[110] Diese Kolonialisierungssymptome benennt *Habermas,* dazu ausführlich mit Nachweisen oben § 5 IV. 1. und 2.

[111] *Deutscher Bundestag* (Hrsg.) 1986 (Fn. 89), 334f., 377f.

[112] *Deutscher Bundestag* (Hrsg.) 1986 (Fn. 89), 335.

[113] *Deutscher Bundestag* (Hrsg.) 1986 (Fn. 89), 385.

[114] *Deutscher Bundestag* (Hrsg.) 1986 (Fn. 90), 381. Zu den verbesserten Lebensverhältnissen auch *Lepsius, M.R.:* Sozialstruktur und soziale Sicherung in der Bundesrepublik Deutschland. In: Die zweite Republik. 25 Jahre Bundesrepublik Deutschland – eine Bilanz, hrsg. v. Löwenthal u.a. Stuttgart 1974, 274, abgedruckt bei: *Hug, W.* 1979 (Fn. 91), 201; ferner *Hafeneger, B.* 1994 (Fn. 97), 99.

gerlichen Konventionen und traditionellen Tugend-, Ordnungs- und Moralvorstellungen fest.[115] Das Interesse an Politik und an gesellschaftlicher Modernisierung war dementsprechend eher gering. Einer Angleichung der wirtschaftlichen Lebensverhältnisse folgte eine Vereinheitlichung der sozialen und kulturellen Verhaltensformen und Daseinswünsche. Der verhältnismäßig einheitliche Lebensstil einer „nivellierten Mittelstandsgesellschaft" war gerade nicht mehr durch alte Klassengegensätze bestimmt. Für die neue „mittelständische" Lebensform war vielmehr kennzeichnend, daß man fast einheitlich an den materiellen und geistigen Gütern des modernen Zivilisationskomforts partizipierte und eben daraus soziales Selbstbewußtsein schöpfte.[116]

Mit der von Ludwig Erhardt geprägten sozialen Marktwirtschaft begannen sich in der Bundesrepublik Deutschland spätkapitalistische Strukturen auszubilden und ihr kolonialisierendes Potential zu entfalten. Das Konfliktpotential des rasanten ökonomischen Wachstums wurde in der „nivellierten Mittelstandsgesellschaft" durch sozialstaatliche Regulierungen und durch die Gewährung von mehr Lohn, mehr Freizeit und mehr Konsum abgefangen, kurz durch privatistische Befriedigung ruhiggestellt. Durch die arbeits- und sozialrechtliche Gesetzgebung, etwa die Verkürzung der Arbeitszeit, wurden der Beschäftigungsrolle ihre krankmachenden proletarischen Züge genommen, und durch eine Sozialpolitik, die extreme Benachteiligungen und Unsicherheiten auffing und kompensierte, konnte ein Gleichgewicht zwischen der „normalisierten Beschäftigungsrolle" und einer „aufgewerteten Konsumentenrolle" hergestellt werden.[117] Kolonialisierende Wirkung entfaltete die zunehmende sozialstaatliche Verrechtlichung[118] und insbesondere die Monetarisierung der Alltagspraxis. Es waren der Markt und seine Produkte, die „Lebensziele" wie Mehrung des Wohlstandes, Konsum und Reisen vorgaben und die Freizeitgestaltung und das Zusammensein in der Familie bestimmten. Auch der jugendliche Lebensalltag war gegen konsumistische Vereinnahmungen nicht gefeit. In der Freizeit lockten vor allem in den Großstädten, zunehmend aber auch in der Provinz, neu errichtete Kinopaläste, Spielhallen und Vergnügungslokale. Amerikanische Kultfilme wie „Rock around the clock" prägten den Bekleidungsstil und das Gebaren. Da die Jugend der fünfziger Jahre finanziell besser gestellt war als die aller vorangegangenen Generationen, fehlte es den Jugendlichen auch nicht an Mitteln, um die Produkte einer vor allem amerikanisch geprägten Freizeitindustrie zu kon-

---

115 *Hafeneger, B.* 1994 (Fn. 97), 99.

116 *Schelsky, H.:* Gesellschaftlicher Wandel (1956/61). In: Auf der Suche nach Wirklichkeit, hrsg. v. H. Schelsky. München 1979, 335 ff., abgedruckt bei *Tabaczek, M.:* Deutschland nach 1945. Die Teilung Deutschlands und die Entwicklung der Bundesrepublik Deutschland im internationalen Kräftefeld, Paderborn 1988, 181.

117 Zu *Habermas'* Analyse der Kolonialisierung in spätkapitalistischen Gesellschaften ausführlich mit Nachweisen oben § 5 IV. 5.

118 Näher zu deren von *Habermas* analysieren Wirkungsweise mit Nachweisen oben § 5 IV. 6.

sumieren.[119] Gleichzeitig standen sie jedoch in der kapitalistischen „Berufsgesellschaft“[120], in der sozialer Status praktisch ausschließlich durch Beruf und Einkommen definiert ist, bereits in jungen Jahren unter enormem Leistungs-, Anpassungs- und Erfolgsdruck – nicht zuletzt, weil nur Erfolg im Beruf die Teilnahme an einem konsumorientierten Freizeitleben sicherte.[121]

Vor diesem Hintergrund sind die Krawalle und Ausschreitungen der Jugendlichen zu interpretieren, die in den Jahren 1955-1957 eine wohlanständige, biedere Elterngeneration entsetzten. Insbesondere im Nachgang von Rock’n’Roll- und Jazzkonzerten, nach Kinovorstellungen und im Zusammenhang mit Sportveranstaltungen, Jahrmärkten und Schützenfesten[122] rotteten sich Jugendliche, die sich nicht unbedingt vorher kannten, zu randalierenden Horden zusammen,[123] zogen durch die Innenstädte oder stürmten Vergnügungslokale. Unter Geschrei und Gejohle, z.T. mit Latten oder Schreckschußpistolen und Knallkörpern „bewaffnet“, tobten sie durch die Straßen, belästigten und beleidigten Fußgänger, drängten sie von den Gehwegen, demolierten oder verrückten Verkehrsschilder, beschädigten parkende Kraftfahrzeuge, schlugen Scheiben ein und behinderten den Verkehr. In Gaststätten tranken sie Gästen die Gläser aus oder nahmen sie ihnen weg, warfen Stühle um, rissen Blumen aus den Töpfen und zerschlugen in extremen Fällen Einrichtungsgegenstände. Manche befuhren mit Motorrädern die Gehsteige oder blockierten, nebeneinander gestaffelt fahrend, den Verkehr auf den Hauptstraßen. Insbesondere wo sie von der Polizei gestellt wurden, gingen sie gemeinschaftlich gegen diese vor und griffen durchaus auch zu Steinen und Flaschen als Wurfinstrumenten.[124] Mit ihrer Begeisterung für Musik und Tanz des Rock’n’Roll schockierten sie eine prüde Elterngeneration.[125] Die „Halbwüchsigen“ wurden als „abenteuerlustig und erlebnishungrig, aber zügellos, antriebsunmittelbar, hemmungs- und rücksichtslos, gefühlsroh und brutal“ wahrgenommen. Das Verhalten der jungen Generation wur-

---

[119] Auf die Kaufkraft der Jugendlichen weist etwa *Simon, T.* 1989 (Fn. 109), 107, in seinem Abschnitt über die Halbstarken als Vorläufern der Rocker hin. Ebenso *Bornemann, E.:* Jugendprobleme unserer Zeit. Psychologische Rundschau 1958, 77-104, 92, zit. bei *Hafeneger, B.* 1994 (Fn. 97), 131f.

[120] *Kaiser, G.* 1959 (Fn. 108), 89.

[121] Auf die Zumutungen der Ausbildungs- und Arbeitsprozesse weist auch *Ohder, C.:* Gewalt durch Gruppen Jugendlicher. Eine empirische Untersuchung am Beispiel Berlins. Berlin 1992, 29, hin.

[122] *Hafeneger, B.* 1994 (Fn. 97), 113.

[123] Zur „wesenhaften Unorganisiertheit“ der Halbstarken, *Kaiser, G.* 1959 (Fn. 108), 57 ff.

[124] Vgl. insbesondere die plastische und ausführliche Schilderung bei *Kaiser, G.* 1959 (Fn. 108), 23-27, ferner *Simon, T.* 1989 (Fn. 109), 109 und die Zusammenstellung von Beispielen aus der zeitgenössischen Berichterstattung bei *Hafeneger, B.* 1994 (Fn. 97), 112-126.

[125] *Krüger, H.-H.:* Sprachlose Rebellen? Zur Subkultur der „Halbstarken“ in den Fünfziger Jahren. In: Autonomie und Widerstand. Zur Theorie und Geschichte des Jugendprotestes, hrsg. v. W. Breyvogel. Essen 1983, 78-82, 81.

de als „übermütig, mutwillig, respektlos, aufsässig, herausfordernd, frech und aggressiv gegenüber jedermann beschrieben". Man empfand die Jugend als „verwildert, anarchisch-destruktiv", „ohne Ziel, ohne Glauben, ohne Zukunft."[126] Im zeitgenössischen Schrifttum wurde betont, daß die Krawalle Selbstzweck seien und daß es den Halbstarken nicht um die Verwirklichung von konkreten Aufgaben oder Zielen zu tun sei, sondern um die Befriedigung, die mit den auffälligen Verhaltensweisen unmittelbar verknüpft war, die Befriedigung von Tätigkeits-, Erlebnis- und Geltungsdrang.[127] Die Ausschreitungen erschienen als Ausdruck von Orientierungslosigkeit,[128] als Reaktionen auf die Zumutungen des Erwerbslebens, auch als Abreaktion von Ängsten vor Statusverlusten und sozialem Abstieg,[129] als Folge von Erziehungsdefiziten[130] und schließlich als Ausdruck von Langeweile: „Sie 'langweilen sich' und die 'Welt langweilt sie'.[131] Da die Ausschreitungen kein politisches Profil gewannen, wurden sie als unspezifische Auflehnung gegen die Erwachsenen, ihre Ordnung, ihre Moralvorstellungen und ihre Autoritätsansprüche interpretiert.[132] Diese Einschätzung deckt sich mit persönlichen Stellungnahmen von Heranwachsenden. Im Leserbrief eines Halbwüchsigen heißt es: „Warum droht Ihr immer gleich mit der Polizei ...? Warum kommt Ihr nicht einmal zu uns und sprecht mit uns? Warum denkt Ihr immer nur an Euch? Ihr seid nicht nur schwach und mutlos, Ihr seid auch bequem, immer satt und liebt das Gleichmaß. Ihr könnt unser Vorbild nicht sein, und Eure Welt gefällt uns nicht! So wie Ihr seid, wollen wir nicht werden. Wir wollen nicht Teil einer geheimnisvollen Maschine sein und getrieben werden. Wir wollen *leben,* wir wollen die Welt *er-leben*! ... Ihr sollt uns nicht ständig bevormunden und uns langweilige Moralpredigten halten; gebt uns

---

126 *Kaiser, G.* 1959 (Fn. 108), 112 zum Bild der randalierenden Jugendlichen in der öffentlichen Meinung, ähnlich *Muchow, H.H.:* Zur Psychologie und Pädagogik der Halbstarken. Unsere Jugend 1956, 392 ff., abgedruckt bei *Kaiser, G.,* ebenda, 119. *Muchow* konstatiert, daß die Jugendlichen „mehr gegen 'zivilisierte' Verhaltensweisen verstoßen, da sie die Anstands-, Peinlichkeits- oder Schamgrenze verletzen und immer ungeformt, ungezügelt und verwildert, ja geschmacklos, roh und gemein sind."

127 *Kaiser, G.* 1959 (Fn. 108), 36. Ebenso *Kluth, H.:* Die Halbstarken – Legende oder Wirklichkeit? Deutsche Jugend 1956, 497f., abgedruckt bei *Kaiser, G.,* ebenda, 121.

128 So etwa *Aichinger, H.:* Das Spannungsfeld der Generationen. In: Vier Vorträge: Die Situation unserer Jugend. Frankfurt/M. 1962, 12, abgedruckt bei *Hafeneger, B.* 1994 (Fn. 97), 95.

129 *Bondy, C./Braden, J./Cohen, R./ Eyferth, K.:* Jugendliche stören die Ordnung. München 1957, 88f.; *Kaiser, G.* 1959 (Fn. 108), 150.

130 Vgl. die zusammenfassende Darstellung des zeitgenössischen Schrifttums bei *Hafeneger, B.* 1994 (Fn. 97), 135f.

131 *Kaiser, G.* 1959 (Fn. 108), 123, ebenso *Muchow, H. H.:* Zur Psychologie und Pädagogik der Halbstarken. Unsere Jugend 1956, 444f., abgedruckt bei *Kaiser, G.,* ebenda, 120.

132 So *Hafeneger, B.* 1994 (Fn. 97), 98, 101, 127 über die Berichterstattung in der zeitgenössischen Presse und Erklärungsversuche im wissenschaftlichen Schrifttum. Insbesondere *Schelsky, H.:* Die skeptische Generation. Eine Soziologie der deutschen Jugend. Düsseldorf 1957, 26f., 387 („Die Ordnung stört die Jugendlichen") zit. bei *Hafeneger, B.,* ebenda, 129.

statt dessen irgendeine Aufgabe, aber eine, an die wir glauben können ...! Sagt uns doch, wo es sich lohnt, unsere Kräfte einzusetzen. ... Gebt uns ein Ideal, für das wir uns begeistern können! ... Nennt uns ein Ziel, das Euch heilig ist und das uns begeistern kann!“[133]

Die zeitgenössischen Erklärungsversuche muten rückblickend beinahe etwas hilflos an. Insbesondere die gesellschaftlichen und politischen Strukturen und die sozialen Alltagserfahrungen, die die jugendkulturellen Ausdrucks- und Bewußtseinsformen prägten, wurden nur unzureichend reflektiert.[134] Vielfach wird die Jugendkultur der Halbstarken im Zusammenhang mit der Entwicklungsphase „Jugend“ und den „Jugendproblemen unserer Zeit“ diskutiert.[135] Wo immerhin auf die „Verwobenheit“ der Erscheinung der Halbstarken mit der Industriegesellschaft eingegangen wird,[136] wird vor allem auf die Zumutungen des Erwerbslebens, etwa auf „mangelnde Gruppenbildung“ und die daraus folgende „Versagung der Kontaktbedürfnisse während der Arbeitszeit“[137] hingewiesen oder darauf, daß insbesondere den unter den Halbstarken überrepräsentierten Hilfsarbeitern[138] ein „angemessenes Sozialprestige“, das in einer Berufsgesellschaft entscheidend vom beruflichen Status abhänge, versagt bleibe.[139] Die Analyse der Auswirkungen industriegesellschaftlicher Strukturen auf das Familien- und Privatleben bleibt eher unscharf. Es wird beklagt, die Jugend stehe im „Dschungel des modernen Lebens,“[140] die Eltern hätten zu wenig Zeit für ihre Kinder, oder diese seien weder durch zureichende Geborgenheit noch durch elterliches Vorbild zum Triebverzicht erzogen worden.[141] Immerhin wird darauf verwiesen, daß der Wohlstand die Halb-

---

[133] Aus dem Leserbrief eines Halbwüchsigen, abgedruckt bei *Kaiser, G.* 1959 (Fn. 108), 118.

[134] *Hafeneger, B.* 1994 (Fn. 97), 98.

[135] Dies konstatiert *Hafeneger, B.* 1994 (Fn. 97), 128, dort auch 90 ff., 132f. Einen entsprechend engen Erklärungsrahmen wählten etwa *Kluth, H.:* Die Halbstarken – Legende oder Wirklichkeit? Deutsche Jugend 1956, 497f., abgedruckt bei *Kaiser, G.* 1959 (Fn. 108), 121, und *Muchow, H.H.:* Zur Psychologie und Pädagogik der 'Halbstarken'. Unsere Jugend 1956, 442 ff., 444f., abgedruckt bei *Kaiser, G.* 1959 (Fn. 108), 120.

[136] *Kaiser, G.* 1959 (Fn. 108), 88.

[137] *Bondy, C./Braden, J./Cohen, R./Eyferth, Kl.* 1957 (Fn. 129), 88. In diesem Sinne auch *Krüger, H.-H.* 1983 (Fn. 125), 80.

[138] Dieser Auffassung ist zumindest *Kaiser, G.* 1959 (Fn. 108), 148 ff., 150. *Bondy, C./Braden, J./Cohen, R./ Eyferth, Kl.* 1957 (Fn. 129), 55 gehen dagegen davon aus, daß die Teilnehmer der Halbstarken-Krawalle nicht aus einer bestimmten sozio-ökonomischen Bevölkerungsgruppe stammen. Ebenso *Seelmann, K.:* Das Halbstarken-Problem in München, 1957 (unveröffentlicht), 7f., abgedruckt bei *Kaiser, G.*, ebenda, 121.

[139] *Kaiser, G.* 1959 (Fn. 108), 199 ff.

[140] *Muchow, H.H.:* Zur Psychologie und Pädagogik der 'Halbstarken.' Unsere Jugend 1956, 442 ff., 444f., abgedruckt bei *Kaiser, G.* 1959 (Fn. 108), 120.

[141] *Kaiser, G.* 1959 (Fn. 108), 208.

starken nicht satt gemacht habe;[142] das jugendliche Seelenleben sei verarmt in einer zivilisierten, materiell orientierten Welt.[143] Diese Hinweise gehen in die richtige Richtung. Denn auch wenn die Beschreibung der Zumutungen des Berufsalltags sicher zutreffend ist, so legt eine Analyse der phänomenologischen Erkenntnisse doch nahe, die Veränderung des Lebens jenseits systemischer Organisationen, wie des kapitalistischen Betriebes, bei der Suche nach strukturellen Ursachen stärker zu berücksichtigen. Auffällig ist der Verkehrsbezug der jugendlichen Krawalle. Aggressionen entluden sich am Fetisch der fünfziger Jahren, dem Auto. Der geordnete Verkehr wurde behindert, und Kraftfahrzeuge wurden beschädigt. Die eigenen Fahrzeuge, Motorräder und Mopeds, setzte man zweckentfremdet ein. In Lokalen wurde die bürgerliche Wohlanständigkeit gestört, mit Passanten wurden Angehörige der Elterngeneration beleidigt und mit Polizisten die Hüter der biedermeierlichen Gesellschaftsordnung attackiert. Es spricht daher vieles dafür, daß sich in den Halbstarkenkrawallen Aggressionen gegen die auf Wohlstand und Konsum fixierte Elterngeneration entluden.[144] Die Jugendlichen brachten zum Ausdruck, daß sie das gesättigte Gleichmaß der Wohlstandsgesellschaft langweilte. Sie wollten etwas „er-leben". Es wundert daher nicht, wenn die eloquenteren unter ihnen erklärten, sie suchten nach substantiellen Aufgaben und Idealen. Ihre Krawalle und Ausschreitungen stellten sich daher als Zeichen von orientierungslosem Tatendrang und als Reaktion auf Sinndefizite dar, die weder durch den Konsum von Freizeitprodukten noch durch den Beruf kompensiert werden konnten. Die Feststellung, die Jugend sei ohne Ziel, ohne Glauben, ohne Zukunft, ist daher, wenn auch wegen ihrer kulturpessimistischen Konnotationen angreifbar, so doch, der Tendenz nach, durchaus zutreffend. Durch ihr anarchisch-destruktives Verhalten brachten die Halbstarken zum Ausdruck, daß sie sich ihrer materialistischen Elterngeneration entfremdet hatten und sich nicht wie die Wirtschaftswundergesellschaft über Werte wie Wohlstand, Sitte und Anstand definieren wollten – auch wenn sie sich im Berufsalltag notgedrungen an diesen orientierten.[145] Die Aufstiegs-, Leistungs- und Konsummentalität ihrer Eltern erlebten viele junge Menschen als sinnentleert; deren Autoritätsansprüche als entsprechend hohl.[146] Sinnverlust und Orientierungslosigkeit, Brüchigkeit des normativen Selbstverständnises der sozialen Gemeinschaft

---

142 *Kaiser, G.* 1959 (Fn. 108), 206. Auch *Aichinger, H.:* Das Spannungsfeld der Generationen. In: Vier Vorträge: Die Situation unserer Jugend. Franfurt/M. 1962, 12, abgedruckt bei *Hafeneger, B.* 1994 (Fn. 97), 95, konstatierte, daß der Jugend durch die halboffene Tür der Erfüllung bereits der Vorgeschmack der Enttäuschung an einer einfallsreichen und doch sehr verarmten Welt zuströme. Zu ähnlichen Diagnoseversuchen siehe auch die zusammenfassende Darstellung bei *Hafeneger, B.*, ebenda, 144f.

143 So etwa *Hilligen, W.:* Die Jugend verlangt nach Orientierung. In: Gesellschaft – Staat – Erziehung 1958, 20-26, zit. bei *Hafeneger, B.* 1994 (Fn. 97), 133.

144 In diesem Sinne auch *Krüger, H.-H.* 1983 (Fn. 125), 80, 82.

145 Dazu, daß die Halbstarken im Berufsleben nicht aus der Rolle fielen, *Seelmann, K.:* Das Halbstarken-Problem in München. München 1957, 7f., unveröffentlichte Schrift abgedruckt bei *Kaiser, G.* 1959 (Fn. 108), 121.

146 So auch *Krüger, H.-H.* 1983 (Fn. 125), 80, 82.

und Entfremdung sind jedoch Folgen von Störungen der Reproduktion der Lebenswelt,[147] die in den fünfziger Jahren vor allem auf die rückhaltlose Monetarisierung der Alltagspraxis und die konsumistische Umdefiniton von Lebenszielen und sozialen Bedürfnissen zurückzuführen ist.[148] Insoweit lassen sich die Halbstarkenkrawalle der fünfziger Jahre, anders als die Verhaltensauffälligkeiten der Jugendlichen der Wilhelminischen und der Weimarer Zeit, als erste Symptome der Kolonialisierung der Lebenswelt interpretieren.

3. Die revoltierende Jugend der sechziger Jahre

Ende der sechziger Jahre beunruhigte die revoltierende Jugend, eine Bewegung, die insbesondere von Angehörigen höherer Bildungsschichten und Studenten getragen war. Während die randalierenden Jugendlichen vor allem auf die Monetarisierung persönlicher Lebensbereiche und die konsumistische Verdürftigung der Alltagspraxis reagierten, begehrte die revoltierende Jugend gegen die Neutralisierung der Staatsbürgerrolle in sozialstaatlich pazifierten Klassengesellschaften und ihre Folgen auf. Zunächst soll kurz auf die politischen Verhältnisse der Post-Adenauer-Ära eingegangen werden. Sodann soll erläutert werden, inwiefern wohlfahrtsstaatliche Arrangements kolonialisierende Wirkung entfalteten, um abschließend darzutun, warum der Protest der revoltierenden Jugend eine Reaktion auf das Ausbleiben des längst überfälligen, politisch-gesellschaftlichen Wandels, als Symptom der Erosion kommunikativer Strukturen, als anomische Auflehnung gegen den gesellschaftlichen status quo interpretiert werden kann.

Unter dem Kanzler Adenauer hatte sich die Kriegsgeneration, nicht zuletzt weil sie die Auseinandersetzung mit der NS-Vergangenheit scheute, zunächst gerne in dem neu gewonnenen und sozialstaatlich abgesicherten privaten Wohlstand eingerichtet. Dem politischen System brachte sie eine weitgehend entpolitisierte Loyalität entgegen. Die Autorität und Dominanz des alternden Kanzlers begünstigte eine zunehmende Erstarrung der jungen Demokratie.[149] Nach dem Rücktritt Adenauers war die politische Führung unter dem Kanzler Erhardt nicht nur mit der Bewältigung der einsetzenden Rezession zunehmend überfordert, sie wurde auch bald von den Schatten der Vergangenheit eingeholt. Der Prozeß gegen SS-Aufseher des Vernichtungslagers Auschwitz, die Debatten über die Verlängerung der Verjährungsfrist für NS-Verbrechen und die Wahlerfolge der 1964 gegründeten NPD brachten die verdrängte Vergangenheit in Erinnerung und belebten allmählich auch die politische Öffentlichkeit.[150] Zwar gelang es der nach dem Scheitern der Regierung

---

[147] So *Habermas,* dazu ausführlich mit Nachweisen oben § 5 IV. 2., dort insbesondere Fig. 22.

[148] Auch die sozialstaatliche Neutralisierung der Staatsbürgerrolle trug zur Kolonialisierung der Lebenswelt bei. Inwiefern, soll im nächsten Abschnitt am Beispiel der revoltierenden Jugend der sechziger Jahre illustriert werden.

[149] *Deutscher Bundestag* (Hrsg.) 1986 (Fn. 89), 386.

[150] *Deutscher Bundestag* (Hrsg.) 1986 (Fn. 89), 392.

Ehrhardt gebildeten großen Koalition, die Rezession erfolgreich zu überwinden und zukunftsweisende innenpolitische Reformen, etwa im Bereich der Krankenhausfinanzierung und der Wirtschaftsstrukturpolitik durchzusetzen.[151] Nicht zuletzt weil ihr das Korrektiv einer tatkräftigen parlamentarischen Opposition fehlte, begünstigte sie jedoch auch in Deutschland den Ausbruch einer Identitätskrise der parlamentarischen Demokratie.[152] Insbesondere von der jüngeren Generation, die sich teilweise als außerparlamentarische Opposition verstand, wurde die große Koalition als Gefährdung der parlamentarischen Demokratie angesehen und als geschlossenes politisches und wirtschaftliches Establishment wahrgenommen, das die Demokratie nur noch als Mittel zur Befestigung ihrer Herrschaft benutzte, sich aber gegen gesellschaftliche Veränderungen und Reformen sperrte.[153] Das militärische Engagement der westlichen Führungsmacht USA in Vietnam tat sein Übriges, um die Jugend auf die Straße zu treiben.[154]

In der Adenauer-Ära und unter Ludwig Ehrhard hatte sich in der Bundesrepublik Deutschland, wie auch in anderen westeuropäischen Industrienationen, die gesellschaftliche Öffentlichkeit, sozial pazifiert, der Wahrnehmung ihrer Aufgabe, als kritisches Korrektiv des politischen Systems zu fungieren, weitgehend entzogen. Diese politische Zurückhaltung, ja ein politisches Desinteresse, wird in wohlfahrtsstaatlichen Demokratien, die sich Massenloyalität durch die Einlösung sozialstaatlicher Pragmatiken sichern, durch die Beschränkung der Staatsbürgerrolle auf die Ausübung des Wahlrechts noch begünstigt.[155] Die Verödung öffentlicher Diskurse trägt jedoch zu Störungen der Reproduktion der Lebenswelt bei, weil kommunikative Prozesse unterbleiben, über die neu auftretende Situationen an bestehende Weltzustände angeschlossen werden und die daher die geistig-soziale Erneuerung sozialer Gemeinschaften gewährleisten. Das gesellschaftliche Modernisierungs- und Erneuerungspotential bleibt unausgeschöpft:[156] Die Kontinuität der Überlieferung ist nicht mehr gewährleistet, und die kritische Aneignung von Traditionen unterbleibt. Dies begünstigt eine geistig-kulturelle Erstarrung und den Legitimationsverfall der institutionellen Ordnung. Mit einer Verständigung darüber, über welche Werte und Normen sich die soziale Gemeinschaft definieren will, unterbleibt auch die Immunisierung eines zeitgemäßen Kernbestandes an Wertorientierungen, mit der Folge, daß die Koordinierung von Handlungen im sozialen Raum erschwert ist. Überkommene Muster sozialer Zugehörigkeit verkarsten und werden veränderten sozialen und gesellschaftlichen Verhältnissen nicht anverwandelt. Das

---

151 *Deutscher Bundestag* (Hrsg.) 1986 (Fn. 89), 396.

152 *Deutscher Bundestag* (Hrsg.) 1986 (Fn. 89), 398.

153 *Deutscher Bundestag* (Hrsg.) 1986 (Fn. 89), 396.

154 *Deutscher Bundestag* (Hrsg.) 1986 (Fn. 89), 401.

155 Zu *Habermas'* Analyse der Wirkungsweise wohlfahrtsstaatlicher Demokratien, näher mit Nachweisen oben § 5 IV. 5.

156 Im folgenden wird Bezug genommen auf *Habermas,* näher mit Nachweisen oben § 5 II. 2., dort insbesondere Fig. 21 und 23, jeweils 1. und 2. Zeile.

kollektive Selbstverständnis wird brüchig und die interpersonellen Beziehungen erscheinen immer weniger legitim geordnet, mit der Folge, daß mit anomischer Entsolidarisierung der Gemeinschaftsangehörigen zu rechnen ist.

Die revoltierende Jugend forderte zunächst die Reform eines hierarchischen elitären Hochschul- und Bildungssystems, wandte sich zunehmend gegen jede überkommene Form von Autorität und brachte sich schließlich in fundamentale Entgegensetzung zur bundesrepublikanischen Nachkriegsordnung.[157] Die junge Generation fühlte sich von der Saturiertheit einer primär auf das Materielle ausgerichteten „Konsum-Gesellschaft" abgestoßen[158] – insoweit artikulierte sie das Unbehagen, das sich bereits in den Krawallen der Halbstarken unspezifisch und ungerichtet entladen hatte –, und verlangte nach gesellschaftlichen Veränderungen, nach Demokratisierung aller Lebensbereiche, nach einem neuen Aufbruch,[159] man könnte sagen, sie verlangte nach gesellschaftlicher Modernisierung, die eine spießbürgerliche, konventionellen Moralvorstellungen verpflichtete Elterngeneration versäumt hatte. – Deren Vertretern war die Neutralisierung der Staatsbürgerrolle im Nachkriegsdeutschland willkommen gewesen. Sie hatten sich durchaus gerne auf die Wahrnehmung einer aufgewerteten Konsumentenrolle und der sozialstaatlichen Klientenrolle beschränkt. – Die revoltierende Jugend wandte sich aber auch gegen die zunehmende Formalisierung und Bürokratisierung demokratischer Strukturen,[160] die zur Zeit der großen Koalition erschreckend zutage trat, weil diese meinte, sich in Anbetracht gesicherter Mehrheitsverhältnisse auf die Verwaltung der politischen Macht zurückziehen zu können. Eine Öffentlichkeit, deren politisches Interesse unter der Regierung Ehrhardt langsam aus dem Dornröschenschlaf der Adenauer-Ära zu erwachen begann, erlebte sich dementsprechend von den politischen Entscheidungsprozessen abgeschnitten. Auch wenn der revoltierenden Jugend rückblickend zugeschrieben wird, einen allmählich einsetzenden Wandel der Werte und Verhaltensweisen, eine Liberalisierung und Pluralisierung der Lebensverhältnisse beschleunigt und verstärkt zu haben, rannte sie zu ihrer Zeit jedoch keineswegs offene Türen ein, sondern sah sich bei großen Teilen der Bevölkerung erbittertem Widerstand gegen ihre Forderung nach Politisierung, Erneuerung und gesellschaftlichem Wandel ausgesetzt. Nicht zuletzt die Notstandsgesetzgebung, die ein Instrumentarium zur Ruhigstellung politisch Radikaler bereitstellte, vermittelte der jungen Generation den Eindruck, das politische Auseinandersetzung und Konfrontation unerwünscht waren. Nachdem sie sich anfangs gewaltfreier Aktionsformen bedient hatte, radikalisierte sich daher der Jugendprotest in der Konfrontation mit der staatlichen Macht.[161] Daß schließlich Gewalt zum Mittel der politi-

---

[157] *Deutscher Bundestag* (Hrsg.) 1986 (Fn. 89), 401.

[158] *Deutscher Bundestag* (Hrsg.) 1986 (Fn. 89), 401.

[159] *Deutscher Bundestag* (Hrsg.) 1986 (Fn. 89), 401.

[160] *Deutscher Bundestag* (Hrsg.) 1986 (Fn. 89), 401.

[161] *Deutscher Bundestag* (Hrsg.) 1986 (Fn. 89), 402.

schen Auseinandersetzung avancierte, muß als anomischer Protest gegen eine institutionelle Ordnung gewertet werden, die in den Augen der jungen Generation immer mehr an Legitimation verloren hatte und die zu unterstützen sie nicht mehr motiviert war. Angesichts widerstreitender Handlungsziele konnte darum die Koordinierung von Handlungen über intersubjektiv anerkannte Geltungsansprüche nicht mehr gelingen. Die revoltierende Jugend kämpfte daher als außerparlamentarische Opposition für eine Revitalisierung der neutralisierten Staatsbürgerrolle, forderte die versäumte geistig-soziale Erneuerung der Nachkriegsgesellschaft ein und stellte sich insofern als Symptom der Reproduktionsstörungen dar, die unter den strukturellen Bedingungen der wohlfahrtsstaatlichen Demokratie gesellschaftliche Modernisierung verhindert haben.

4. Enttraditionalisierung und Kolonialisierung – theoretische Berechtigung eine begrifflichen Differenzierung

In den vorangegangen Abschnitten ist die Unterscheidung zwischen der Enttraditionalisierung und der Kolonialisierung der Lebenswelt fruchtbar gemacht worden, um zu zeigen, daß die Entstehung gewalttätiger Jugendkulturen zu unterschiedlichen Zeiten auf unterschiedliche strukturelle Ursachen zurückzuführen ist. Die Tatsache, daß sich beide Entwicklungen strukturell überlappen und daß sich ihre Folgen nicht nur vermischen, sondern sogar z.T. phänomenologisch entsprechen, stellt das heuristische Erklärungspotential dieser Unterscheidung nicht in Frage. Denn zwischen beiden sozialstrukturellen Entwicklungen bestehen wichtige qualitative Differenzen. Die Enttraditionalisierung ist ein transitorisches Phänomen, eine Folge der Rationalisierung der Lebenswelt, deren befreiende, humanisierende Wirkung trotz aller schmerzlichen Begleiterscheinungen außer Frage steht. Denn mit der Rationalisierung und gleichzeitigen Enttraditionalisierung der Lebenswelt wurden neue Möglichkeiten der Individuierung und Selbstverwirklichung[162] und Spielräume für die moralisch-praktische Willensbildung, die expressive Selbstdarstellung und die ästhetische Befriedigung eröffnet.[163] Sie ist der Kolonialisierung zeitlich vorgelagert und wird von dieser erst abgelöst, wenn der Prozeß der gesellschaftlichen Rationalisierung paradox wird.[164] Die Kolonialisierung der Lebenswelt ist demgegenüber ein destruktives Phänomen, dessen dezivilisierende Folgen nicht durch den Verweis darauf relativiert werden können, daß die Übergriffe systemischer Imperative auf kommunikative Handlungsbereiche der Preis für die Selbsterhaltung systemisch integrierter Handlungsbereiche sind.[165] Während die Enttraditionalisierung befreiende Wirkung hat, gefährdet die Kolonialisierung Freiheit und Autonomie: Im Zuge der Enttraditionalisierung treten die Menschen aus dem Bannkreis hinterfragbar gewordener Traditionen heraus und werden aus Gewalt-

---

162 So *Habermas,* Nachweise oben § 5 II. 3.

163 So *Habermas,* Nachweise oben § 5 IV. Einleitung.

164 So *Habermas,* näher mit Nachweisen oben § 5 II. 3.

165 Dazu oben vor 1.

und Abhängigkeitsverhältnissen befreit, weil diese Traditionen ihre Legitimation verlieren. Die Kolonialisierung der Lebenswelt beschädigt dagegen die Verständigungskompetenz und damit die individuellen Voraussetzungen dafür, daß die mit der Enttraditionalisierung eröffneten Freiräume für Autonomie und Selbstverwirklichung ausgeschöpft werden können. Gleichzeitig sind infolge der kommunikativen Verarmung die soziale Integration, die Sozialisation und die Enkulturation nicht mehr gewährleistet. Zunehmende Desintegration sozialer Lebenszusammenhänge, rudimentäre und pathologische Sozialisationsverläufe und Kultur- und Sinnverluste entfalten ihre dezivilisierende Wirkung.

3. Kapitel

Hooligans, Skinheads und Autonome als Erosionssymptome – Verifikation, Explikation und Handlungsperspektiven

Die im 2. Kapitel entwickelte Theorie führt die Entstehung gewalttätiger Jugendkulturen auf die Erosion kommunikativer Strukturen zurückt und erklärt sie als Reaktion auf gesellschaftliche Desintegration, Sozialisationsdefizite und Orientierungslosigkeit. Um das heuristische Potential, die Plausibilität und die Angemessenheit dieser Theorie unter Beweis zu stellen, soll im folgenden 3. Kapitel zunächst überprüft werden, ob sie sich bei der Interpretation umfangreicher phänomenologischer Erkenntnisse zu Hooligans, Skinheads und Autonomen bewährt und weiter entfalten läßt. Sodann soll ausgelotet werden, ob sie dank ihrer gesellschaftstheoretischen Fundierung auch neue Perspektiven im Umgang mit gewalttätigen Jugendlichen und Jugendkulturen eröffnet. In § 7 zeigt sich, daß sich mit der entwickelten Theorie die gewaltzentrierten gemeinschaftlichen Aktionsformen der Jugendlichen, ihre gruppeninterne Bewertung und Funktion sowie die Rechtfertigungen von Gewalt angemessen interpretieren lassen. (I. und II.). Erkenntnisse zu den Sozialisationserfahrungen, zu Einstellungen, Lebensgefühl und Zukunftsperspektiven der Gruppenmitglieder belegen, daß die Mitglieder gewalttätiger Jugendkulturen tatsächlich unter Sozialisations-, Integrations- und Orientierungsdefiziten leiden (III. und VI.). Einsichten in das Gemeinschaftsleben, Stellungnahmen zum Gemeinschaftserlebnis und zur Selbsterfahrung der einzelnen in der Gruppe, Informationen über die Alters- und Geschlechtsstruktur und Erkenntnisse zu den Rekrutierungsprozessen, zur Gruppenstruktur, zum Selbstverständnis und den handlungsleitenden Motiven, zu den von den Jugendkulturen verfolgten Zielen, ihren Werten und Normen, über ihr Verhältnis zu anderen Jugendkulturen, Protestbewegungen und politischen Parteien, zu ihren Feinden und Opfern und schließlich Informationen über ihren Bekleidungsstil, ihre Symbole und Sprachspiele, ihre Musik und Publikationen bestätigen schließlich die Annahme, daß die Entstehung gewalttätiger Jugendkulturen als Symptom der Erosion kommunikativer Strukturen zu bewerten ist und daß solche Jugendkulturen gleichzeitig als Auffanglebenswelten für Erosionsbetroffene fungieren (V.- XIV.). In § 8 wird zunächst ein kurzer Überblick über die mannigfaltigen gewaltpräventiven Maßnahmen gegeben, die heute diskutiert und praktiziert werden. Sodann werden auf der Grundlage der im 2. Kapitel entwickelten Theorie strukturtheoretisch informierte Leitlinien für die Prävention von Gewalttaten Jugendlicher formuliert, mit denen sich herkömmliche Gewaltpräventionsansätze kritisieren lassen. Vor allem soll begründet werden, warum letztlich nur mehr Demokratie, eine Wiederbelebung der demokratischen Öffentlichkeit, ihre Befreiung aus medialen Zwängen und eine Einbeziehung der jungen Generation in öffentliche Diskurse und die Übernahme von gesellschaftlicher und politischer Verantwortung durch Jugendliche und Heranwachsende eine vielversprechende Reintegrationsperspektive eröffnen.

§ 7 Hooligans, Skinheads und Autonome: Phänomenologie und Interpretation

I. Gewaltzentrierte Aktionsformen, ihre gruppeninterne Bewertung und Funktion[1]

1. Phänomenologie

a) Hooligans

Hooligans suchen die gewalttätige Konfrontation anläßlich von Fußballspielen. Sie interessieren sich vor allem für die Spiele, bei denen voraussichtlich „was abgeht".[2] Sind keine Auseinandersetzungen zu erwarten, bleiben sie daher auch mal zu Hause. Wie sehr es den Hooligans auf die gewalttätigen Konfrontationen ankommt, beweist die Tatsache, daß die kämpferischen Auseinandersetzungen mit den „Gegnern" häufig schon vor dem Spiel von „kampferprobten" Anführern in rudimentärer Weise organisiert bzw. raumzeitlich koordiniert werden,[3] insbesondere um die Polizei abzuschütteln oder zu umgehen.[4]

Hooligans werden nicht unbedingt erst vor Ort gewalttätig. Schon während der Anreise wird in Eisenbahnabteilen und Bussen randaliert. Vor Ort beginnt die Suche nach dem Gegner, auf den man spätestens im Umfeld des Stadions trifft. Zwar

---

[1] Im folgenden werden einige Erkenntnisse wieder aufgenommen, die schon in § 1 X.; § 2 XI. und § 3 XIV. mitgeteilt worden sind. Insoweit wird auf die obigen Nachweise verwiesen.

[2] Nach *Ek, R.: H*ooligans. Hintergründe, Fakten, Analysen. Worms 1996, 87, ist dieser Randaletourismus eine Folge, des während der Europameisterschaft 1988 geknüpften bzw. vertieften Kontakte zwischen den Hooligans verschiedener Vereine. Ebenso *Matthesius, B.:* Anti-Sozial-Front. Vom Fußballfan zum Hooligan. Opladen 1992, 141.

[3] *Bohnsack, R./Loos, P./Schäffer, B./Städtler, K./Wild, B.:* Die Suche nach Gemeinsamkeit und die Gewalt in der Gruppe. Hooligans, Musikgruppen und andere Jugendcliquen. Opladen 1995, 26; ebenso *Böttger, A.:* Die Gewalt der Hooligans – eine Folge moderner gesellschaftlicher Entwicklungsprozesse? Ergebnisse einer qualitativen Studie zu Biographien gewalttätiger Jugendlicher. Kriminologisches Forschungsinstitut Niedersachsen, Hannover 1998, 3; *Kirsch, A.:* Gewalt bei sportlichen Großveranstaltungen. Frankfurt/M. 2000, 91; *Ek, R. 1996* (Fn. 2), 146f.; *Heck, Ch.:* Szenekundige Beamte für Fußballfans. Spannungsfelder zwischen Prävention und Repression. Der Kriminalist 31 (1999), 383-392, 384. *Lösel, F./Bliesener, T./Fischer, T./Pabts, M.:* Hooliganismus in Deutschland: Ursachen, Entwicklung, Prävention und Intervention. Abschlußbericht eines Forschungsprojektes für das Bundesministerium des Innern, hrsg. v. Bundesministerium des Innern. Schweinfurt 2001, 160.

[4] Thomas (23), Speditionskaufmann in Berlin, seit seinem 10. Lebensjahr Hertha BSC-Fan und Hooligan: „Hooligan ist ein Versuch, die Jugend hinauszuzögern." In: *Farin, K./Seidel-Pielen, E.:* „Ohne Gewalt läuft nichts!" Jugend und Gewalt in Deutschland. Köln 1993, 15, 181. Nach dem Achtelfinale Deutschland gegen Holland bei der Fußballweltmeisterschaft 1990 in Italien trafen sich deutsche und holländische Hooligans in Grenzstädten, um sich dort zu prügeln, *Ek, R. 1996* (Fn. 2), 99.

vergeht viel Zeit mit Warten, man läuft hin und her, macht Unfug und provoziert Passanten.[5] Dennoch ist alleiniges Ziel die gewalttätige Konfrontation. Weil die Polizei ihr Überwachungssystem derart perfektioniert hat, daß im Stadion ohnehin keine gewalttätigen Zwischenfälle mehr zu erwarten sind,[6] verfolgen viele Hooligans die Spiele sogar gar nicht mehr im Stadion. Nach Spielende suchen sie in den Innenstädten, auf Straßen und Plätzen die direkte körperliche Auseinandersetzung,[7] den „fairen" Faustkampf, bei dem durchaus auf bereits am Boden liegende Gegner eingetreten wird.[8] Auch Unbeteiligte geraten dann zwischen die Fronten.[9] Versuche der Polizei, gewalttätige Auseinandersetzungen zu unterbinden, führen nicht selten zu besonders heftigen Kämpfen.[10] Daß sich die Gewalt aus den Stadien in die Innenstädte verlagert und raum-zeitlich vom Fußballspiel entfernt hat,[11] ist letztlich eine Reaktion der Hooligans auf die verstärkte polizeiliche Überwachung des Geschehens im Stadion.[12]

Der Ablauf eines Fußballwochenendes hat stark ritualisierten Charakter, von der Anreise über die Suche nach dem Gegner, den von Vandalismus begleiteten Sprints durch die Innenstädte bis zu den Katz-und-Maus-Spielen mit der Polizei. Auch wenn es heute immer seltener zu exzessiven Schlägereien kommt,[13] so versuchen die Hooligans doch stets, diese zu ermöglichen. Nach Aussagen von Szenemitglie-

---

5 *Heck, Ch.* 1999 (Fn. 3), 384; *Matthesius, B.* 1992 (Fn. 2), 196.

6 *Ek, R. 1996* (Fn. 2), 148; dies bestätigt Thomas (23), Speditionskaufmann in Berlin, seit seinem 10. Lebensjahr Hertha BSC-Fan und Hooligan: „Hooligan ist ein Versuch, die Jugend hinauszuzögern." In: *Farin, K./Seidel-Pielen, E. 1993* (Fn. 4), 15, 181.

7 Nachweise oben § 1 X. Fn. 167.

8 Für die österreichische Szene, *Novak, M.:* Hooligans und Skinheads. Wien 1994, 82. Auch nach *Krauss, M.:* Fußball und Gewalt. Über „Normalos", „Kutten" und „Hools". In: Der gezähmte Fußball. Zur Geschichte eines subversiven Sports, hrsg. v. D. Schulze-Marmeling. 4. Aufl. Göttingen 1995, 243-256, 248 geht es bei den Kämpfen derart brutal zu, mögen auch manche „Alt-Hooligans" am Mythos des fairen Faustkampfes festhalten.

9 *Landeskriminalamt Nordrhein-Westfalen:* Jahresberichte Fußball Saison 94/95 - Saison 99/00, dort jeweils unter 4.1. Ferner *Senatsverwaltung für Inneres* (Hrsg.): Endbericht der Unabhängigen Kommission zur Verhinderung und Bekämpfung von Gewalt in Berlin. Berlin 1994, 127; *Krauss, M.* 1995 (Fn. 8), 247f.

10 Nachweise oben § 1 X. Fn. 168, auch *Lösel, F./Bliesener, T./Fischer, T./Pabts, M.* 2001 (Fn. 3), 160.

11 Nachweise oben § 1 X. Fn. 171.

12 Dazu, daß die Gewalt der Hooligans nicht mehr in engem räumlichen Zusammenhang mit einem Fußballspiel steht, sondern letztlich keines spezifischen Anlasses mehr bedarft, *Albrecht, H.-J.:* Sport und Gewalt. Phänomene, Erklärungsansätze und Prävention, unveröffentlichte deutsche Fassung, 7.

13 Von einem Rückgang der spontanten „fights" wie auch der abgesprochenen Kämpfe berichten auch die Teilnehmer der von *Lösel, F./Bliesener, T./Fischer, T./Pabts, M.* durchgeführten Gruppengespräche, *Dies.* 2001 (Fn. 3), 160f. Sie weisen allerdings darauf hin, daß dieser Trend nicht auf alle Hooligans gleichermaßen zutrifft, sondern daß sich zwischen den Städten und Vereinen z.T. erhebliche Unterschiede ergeben. Sie stellen jedoch fest, daß in den neuen Bundesländern häufiger abgesprochene bzw. geplante „fights" stattfinden.

dern sind die Auseinandersetzungen sogar seit Beginn der neunziger Jahre brutaler geworden und werden zunehmend unter Einsatz von Waffen ausgetragen: „'ne Keule oder so hat jeder im Auto liegen, aber ich finde, 'n Messer ist eins der unfairsten Dinger, die es überhaupt gibt."[14] Interessanterweise beteiligen sich, gemessen an der Gesamtzahl der anwesenden Hooligans, immer nur einige wenige, die Kämpfer in der ersten Reihe, in voller Härte an den Auseinandersetzungen.[15] Die Mehrheit rennt mit, weicht wieder zurück („Draufrennen und wegrennen")[16], setzt sich aber zumindest dem Risiko aus, selbst attackiert zu werden: Hauptsache, man war dabei.[17]

b) Skinheads

Wie gewaltzentriert die Skins sind, zeigt sich daran, daß es bei praktisch allen ihren Treffen zu Gewalttätigkeiten kommt. Bei Konzerten, im Stadion, in Kneipen und auf den Straßen und Plätzen im eigenen Viertel, einer Schlägerei gehen Skinheads nicht aus dem Weg.[18] Meistens werden Skins in Gruppen gewalttätig, es kommt aber auch immer wieder vor, daß sie zu zweit oder dritt etwa auf Obdachlose oder Penner einschlagen und -treten. Der Großteil der Taten ist nicht längerfristig geplant. Sie werden spontan begangen und sind meistens situativ bedingt. Häufig behaupten Skinheads, durch andere Jugendliche, bzw. Gruppen von Jugendlichen provoziert worden zu sein – wobei meistens schon eine Pöbelei oder eine beleidigende Bemerkung des Opfers als Tatauslöser genügt.[19] Nicht selten werden „Provokationen" sogar regelrecht gesucht bzw. Handlungen anderer einfach als solche umgedeutet, um einen Vorwand für die eigenen Gewalttätigkeiten

---

[14] Marco, 22, Dachdecker: „Den Killerinstinkt habe ich noch nicht." In: *Farin, K./Hauswald, H.:* Die Dritte Halbzeit. Fußballfans und Hooligans. Berlin 1993, 31.

[15] Zu den Kämpfern in der ersten Reihe, *Matthesius, B. 1992* (Fn. 2), 146; auch *Ek, R. 1996* (Fn. 2), 76.

[16] *Ek, R. 1996* (Fn. 2), 76; Interview mit Thomas (23), Speditionskaufmann in Berlin, seit seinem 10. Lebensjahr Hertha BSC-Fan und Hooligan: „Hooligan ist ein Versuch, die Jugend hinauszuzögern". In: *Farin, K./Seidel-Pielen, E. 1993* (Fn. 4), 15, 179f.; *Farin, K./Hauswald, H.* 1993 (Fn. 14), 8.

[17] Dies bestätigt auch das Interview mit Thomas (23), Speditionskaufmann in Berlin, seit seinem 10. Lebensjahr Hertha BSC-Fan und Hooligan: „Hooligan ist ein Versuch, die Jugend hinauszuzögern". In: *Farin, K./Seidel-Pielen, E. 1993* (Fn. 4), 15, 179, 183; auch Uli sieht sich als Hooligan im Wartestand: „Es reicht ja erst mal, wenn man zuguckt." *Farin, K./Seidel-Pielen, E.:* Krieg in den Städten. Jugendgangs in Deutschland. Berlin 1991, 100. Darüber daß sich etliche Mitläufer auf das notwendige Maß an Gewalt beschränken, berichtet für die österreichische Szene auch *Novak, M.* 1994 (Fn. 8), 78f.

[18] Nachweise oben § 2 XI. Fn. 205.

[19] Dazu die Schilderung von Jakob aus Westdeutschland, der zusammen mit einem Kumpel einen Penner so zusammengeschlagen und –getreten hat, daß dieser an den Folgen der Tat verstarb, *Heitmeyer, W./Müller, J.,* Fremdenfeindliche Gewalt junger Menschen. Biographische Hintergründe, soziale Situationskontexte und die Bedeutung strafrechtlicher Sanktionen, hrsg. v. Bundesministerium der Justiz. Bonn 1995, 94f., 97.

zu haben.[20] „Also nicht so, daß sie gleich jeden angegriffen haben, der blöd guckte, aber wenn einer extrem blöd guckte oder noch'n Spruch machte, dann gab's natürlich was auf die Nase."[21] Oder: „Wenn mich jemand genervt, beleidigt hat, oder meinen Stolz, dann is' es eben vom Herz in die Faust rein, und das vom Herzen bloß immer in die Faust."[22] Typisch ist auch der Entschluß, gemeinsam „etwas zu unternehmen," womit bei rechten Skins die regelrechte Suche nach Konfrontationen mit linken Gruppierungen und Gruppen von Ausländern gemeint ist.[23] Sobald man im öffentlichen Raum auf die erklärten „Feinde" trifft, schaukelt sich die Situation schnell hoch und entlädt sich in Gewalt, nicht zuletzt, weil die Skins meist stark alkoholisiert sind, was gewalttätige Konfrontationen geradezu katalysiert.[24] Auch wenn die Skinheads ihre erklärten Feinde häufig gezielt an ihren bekannten Treffpunkten aufsuchen, sind die Auseinandersetzungen doch in den seltensten Fällen substantiell politisch-ideologisch eingelenkt. Rechtsextremen Skins geht es eher darum, verfeindete Gruppen, etwa Antifas, aus ihrem Wirkungsbereich zu vertreiben,[25] also um die Besetzung öffentlicher Räume. In den meisten Fällen überlassen sich die Skins einfach den gruppendynamischen Prozessen.[26] Der Charakter der Auseinandersetzungen ist interaktiv. Täter gibt es meistens auf beiden Seiten.[27]

Gerade bei rechten Skins stehen gewalttätige Auseinandersetzung mit ausländischen Jugendlichen, Asylbewerbern aber auch Punkern und Linken im Vordergrund.[28] Seit es in Deutschland die SHARP-Skins gibt, kommt es aber auch immer

---

[20] *Heitmeyer, W./Müller, J.* 1995 (Fn. 19), 153, 161-172. Plastisch wird dies in der Stellungnahme von Siegfried, der früher Skinhead und FAP-Mitglied war, sich zum Zeitpunkt des Interviews allerdings als nicht mehr rechts bezeichnet, ebenda, 153f., oder in den Äußerungen von Harald aus Westdeutschland, ebenda, 156. Auch der frühere Skinhead Hermann, erst FAP- dann NJ-Mitglied schildert seine Taten als *Reaktionen*, ebenda, 68f. Daß man es auf gewalttätige Konfrontationen anlegte, bestätigt Ewald, Skinhead aus Ostdeutschland, ebenda, 78.

[21] Hacki (23) Skinhead und Nazi, zit. bei *Farin, K./Seidel-Pielen, E.*: Skinheads. München 1993, 62.

[22] So der Exskin Tobias aus Westdeutschland, zit. bei *Heitmeyer, W./Müller, J.* 1995 (Fn. 19), 106.

[23] Nachweise oben § 2 XI. Fn. 388.

[24] Dies bestätigen fast alle der von *Heitmeyer, W./Müller, J.* befragten Ost- und mehr als die Hälfte der Westskins, *Dies.* 1995 (Fn. 19), 161-172. Ausschnitte aus den Gesprächen mit dem Ostskin Lutz und den früheren Westskins Tobias und Jakob, ebenda, 156f., 89, 97.

[25] Nachweise oben § 2 XI. Fn. 391.

[26] So etwa Tobias, Exskin aus Westdeutschland, *Heitmeyer, W./Müller, J.* 1995 (Fn. 19), 106f.

[27] Zu den Schwierigkeiten, die genauen Geschehensabläufe zu rekonstruieren, Ewald, Skinhead aus Ostdeutschland, *Heitmeyer, W./Müller, J.* 1995 (Fn. 19), 82f.

[28] *Bredel, H.*: Skinheads – Gefahr von rechts? Berlin 2002, 65. Dies bestätigen auch die Schilderung von Ewald, Skinhead aus Ostdeutschland, dessen Gruppe sich mit Linken und Ausländern schlug, und die Schilderung von Jakob, der Linksautonome als die Hauptgeg-

wieder zu Schlägereien zwischen „linken" und „rechten" Glatzen. Auch Gewalttätigkeiten unter gleichgesinnten Skins sind keine Seltenheit. Vor allem bei Skinkonzerten kommt es zu Schlägereien zwischen den meistens schon bei Konzertbeginn stark alkoholisierten Zuhörern. Sie werden durch die aggressive Musik und durch das Pogo-Tanzen, bei dem sich die Tänzer fortwährend anrempeln, stimuliert. Häufig werden auch die Veranstaltungsräume und die Toiletten verwüstet.[29] Besonders viel Sprengstoff bieten allerdings Konzerte, bei denen gemäßigte und rechtsextremistische Bands auftreten. Bei diesen attackieren sich die Fans der verschiedenen Skinheadfraktionen, und z.T. werden auch die Musiker mit störenden Zwischenrufen angefeindet oder gar tätlich angegriffen.[30] Nach Konzerten rechter Skinbands kommt es am Bahnhof häufig noch zu Hetzjagden auf Linke und Ausländer.[31] Schlachten liefern sich die Skins anläßlich von Konzerten aber auch häufig mit der Polizei, etwa wenn diese anrückt, um ein verbotenes Konzert aufzulösen. Dann fliegen Flaschen, Möbel und Rauchbomben.[32] Rechte Skinheadgruppen haben sich allerdings darauf eingestellt, daß sie und ihre Veranstaltungen verstärkt von der Polizei observiert werden. Sie versuchen öffentliche Skandale zu vermeiden und werden seltener im Licht der Öffentlichkeit gewalttätig. Gewalttaten werden nur mehr verübt, wenn man als Täter unerkannt bleiben kann. Diejenigen, die unter dem Einfluß rechtsextremistischer Parteien stehen, werden von diesen sogar zu derart konspirativem Verhalten angehalten.[33]

Gewalt wird in der Skinheadszene nicht abgelehnt, sondern durchaus positiv bewertet.[34] Zumindest fast alle rechten Skins bekennen, gewaltbereit zu sein oder Gewalt zumindest zu billigen.[35] Viele Skinheads erklären, einfach „Spaß am Prügeln" zu haben.[36] Gewalt erscheint dann als Selbstzweck.[37] Gewalt ist aber vor

---

ner seiner rechten bis neonazistischen Skingruppe bezeichnet, *Heitmeyer, W./Müller, J.* 1995 (Fn. 19), 81f., 93.

[29] *Menhorn, Ch.:* Skinheads: Portrait einer Subkultur. Baden-Baden 2001, 205, mit einer beispielhaften Schilderung.

[30] *Menhorn, Ch.* 2001 (Fn. 29), 204.

[31] 1995 kam es im württembergischen Plankstadt zu einer Massenschlägerei zwischen Skinheads und Türken, die in unmittelbarer Nähe des Veranstaltungsortes eine Hochzeit feierten.

[32] *Bredel, H.* 2002 (Fn. 28), 317ff.

[33] *Eckert, R./Reis, Ch./Wetzstein, Th.A.:* „Ich will halt anders sein wie die anderen." Abgrenzung, Gewalt und Kreativität bei Gruppen Jugendlicher. Opladen 2000, 301f.

[34] Hacki (23) Skinhead und Nationalsozialist, *Farin, K./Seidel-Pielen, E.* 1993 (Fn. 20), 62f., siehe auch ebenda, 73, zu Alex (18). Dies gilt auch für die von *Eckert, R./Reis, Ch./Wetzstein, Th.A.* befragten Skins, *Dies.* 2000 (Fn. 33), 303.

[35] Alle der von *Heitmeyer, W./Müller, J.* befragten Westskins und 14 von 17 befragten Ostskins erklärten gewaltbereit zu sein, die übrigen Ostskins, darunter eine Frau, billigten Gewaltanwendung, *Dies.* 1995 (Fn. 19), 145-152.

[36] Hacki (23) Skinhead und Nationalsozialist, *Farin, K./Seidel-Pielen, E.* 1993 (Fn. 20), 74. Ebenda, 62: „Hat mir auch teilweise Spaß gemacht, mich zu prügeln, auch wenn ich selber was auf die Nase gekriegt hab." *Landesamt für Verfassungsschutz Baden-*

allem ein unverzichtbares Ventil. Sie dient dem Abbau aufgestauter Aggressionen oder aktueller Frustrationen. In ihr entlädt sich nicht selten ein hemmungsloser Haß auf die Umwelt. Der Bassist der „Böhsen Onkelz" erklärt denn auch, daß es „recht" und billig" sei, anderen Jugendlichen „in die Fresse zu hauen", denn: „Aggressionen, die hat man nun mal, und irgendwo müssen sie auch abgebaut werden."[38] Viele Skinheads bezeichnen Gewalt sogar als regelrechte Sucht, erleben sie als einem übermächtigen Trieb entspringend. Sie bekennen, daß die Taten beinahe rauschhafte Züge annehmen. Die äußere Realität wird nicht mehr wahrgenommen oder verliert gänzlich an Bedeutung.[39] Erschreckend ist, daß auch wegen schwerster Gewalttaten verurteilte Skinheads erklären, keine Reue und kein Mitleid mit den Opfern zu empfinden.

Bei ihren Attacken gehen die Skinheads außerordentlich brutal vor. Einige meinen sogar, daß die Hemmschwelle in den letzten Jahren gesunken sei. Man schlägt sein Opfer oder seinen tatsächlichen oder vermeintlichen Angreifer nicht mehr „nur" zusammen, sondern man tritt durchaus mehrmals nach, auch ins Gesicht und auf den Kopf. Der Tod wird z.T. billigend in Kauf genommen:[40] „Wenn er auf dem Boden liegt, dann fängst erst richtig an."[41] Was den Opfern zugefügt wird, ist den meisten Skinheads im Augenblick der Auseinandersetzung völlig egal, es geht vor allem darum, „denen ordentlich welche auf's Maul zu hauen."[42] In dem durchaus realistischen Song „Scheiß Punks" der Band „Kraftschlag" werden die eigenen Gewalttaten wie folgt beschrieben: „... Sein Kiefer zersplittert, durch die Dock-Stahlkappe, jetzt noch ein Eierritt und dann liegt er auf der Matte. Er blutet aus dem Schädel und bewegt sich noch, da tret' ich noch mal rein mit meinem 14-Loch, mit meinem 14-Loch, immer auf'n Kopf – Skinhead!"[43] Daß jemand sich gegen eine Attacke wehrt, wird als „Frechheit" und als Angriff auf die Skinheadgruppe bewertet, die dann häufig geschlossen über das schon geschlagene Opfer herfällt.[44]

Württemberg: Skinheads. Stand August 1992, 4f., zit. bei *Jaschke, H.-G.:* Rechtsextremismus und Fremdenfeindlichkeit. Begriffe. Positionen. Praxisfelder. 2. Aufl. Wiesbaden 2001, 81; *Eckert, R./Reis, Ch./Wetzstein, Th. A.* 2000 (Fn. 33), 303.

[37] *Landesamt für Verfassungsschutz Baden-Württemberg*: Skinheads. Stand August 1992, 4f., zit. bei *Jaschke, H.-G.* 2001 (Fn. 36), 81.

[38] Zit. nach *Bredel, H.* 2002 (Fn. 28), 263.

[39] *Heitmeyer, W./Müller, J.* 1995 (Fn. 19), 155.

[40] *Eckert, R./Reis, Ch./Wetzstein, Th. A.* 2000 (Fn. 33), 302f.

[41] Zitat bei *Eckert, R./Reis, Ch./Wetzstein, Th. A.* 2000 (Fn. 33), 302.

[42] Jakob, Skinhead aus Westdeutschland, *Heitmeyer, W./Müller, J.* 1995 (Fn. 19), 96.

[43] Zit. nach *Bredel, H.* 2002 (Fn. 28), 289.

[44] *Eckert, R./Reis, Ch./Wetzstein, Th. A.* 2000 (Fn. 33), 303.

c) Autonome

Auch die Autonomen werden bei praktisch allen gemeinschaftlichen Aktionen gewalttätig, im Kampf gegen Faschismus und Rassismus,[45] bei der Teilnahme an Demonstrationen und politischen Kampagnen, die sich gegen den Staat, konkret gegen Imperialismus, Kolonialismus, deutsche Großmachtpolitik oder die „Umstrukturierung" großstädtischer Lebensräume richten, sowie bei nächtlichen Angriffen auf Banken, Kaufhäuser und Betriebsanlagen. Dabei ist die „autonome" Gewalt vielgestaltig: sie richtet sich gegen Sachen oder Personen, erfolgt spontan oder langfristig konspirativ geplant und reicht von „klandestinen", gemeint sind heimlich vorbereitete und durchgeführte Aktionen, wie das Deponieren von Brandsätzen, bis zu offenen Straßenschlachten, sogenannter Massenmilitanz.[46] Meistens treten die Autonomen in ihren angestammten Zentren, in Berlin, Hamburg und Hannover oder auch in Freiburg und Göttingen in Erscheinung. Anlaßbezogen reisen sie aber auch zu auswärtigen militanten Aktionen.[47] Bei „klandestinen" Aktionen werden Kraftfahrzeuge beschädigt oder zerstört, Gebäude „entglast" oder sogar Brand- und Sprengstoffanschläge"[48] verübt, bei gewalttätigen Demonstrationen werden die Gegner, vor allem Rechtsextremisten und die Polizei, mit Steinen, Molotow-Cocktails, Brandflaschen, Feuerwerkskörpern und Stangen angegriffen[49] und Straßenbarrikaden und Müllcontainer in Brand gesetzt. Autonome Antifaschisten suchen Neonazis aber auch an ihren Treffpunkten, etwa an Bahnhöfen auf.[50] Manchmal werden ihnen nur die Aufnäher abgerissen, oft werden sie verprügelt: „Meistens ziehen wir mit dem Fahrrad los. Wir suchen uns irgendwelche, und

---

45 *Bundesminister des Innern:* Verfassungsschutzbericht 1991, 41-44; *Moreau, P./Lang, J.P.:* Linksextremismus. Eine unterschätzte Gefahr. Bonn 1996, 379ff.

46 Nach Aussage eines Autonomen in „radikal", Nr. 144/Oktober 1991, zit. bei *Bundesminister des Innern:* Verfassungsschutzbericht 1991, 38, Anm. 6; ebenso „wie weiter", Nr. 39/1991, zit. bei *Horchem, H.-J.:* Die Grenzen „Autonomer Gewalt". Eine Bilanz nach der Wiedervereinigung. In: Terror und Extremismus in Deutschland, hrsg. v. K. Löw. Berlin 1994, 113-128, 113; auch *Bundesminister des Innern:* Verfassungsschutzbericht 1994, 38f.; 1995, 45; 1996, 40; 1998, 94, dort bezugnehmend auf die Auflistung der „miltanten Klassiker" – gemeint sind Aktionsformen militanter Gewalt – in der Szenezeitschrift *„Interim"* und schließlich 1999, 100f. Schilderung eines Straßenkrawalls, allerdings für die achtziger Jahre, bei *Lecorte, Th.:* Wir tanzen bis zum Ende. Die Geschichte eines Autonomen. Hamburg 1992, 56f., auch 91f. und 108; *Moreau, P./Lang, J.P.* 1996 (Fn. 45), 377f.

47 Nachweise oben § 3 XIV. Fn. 541.

48 *Bundesminister des Innern:* Verfassungsschutzbericht 1996, 40; 1997, 34; 1998, 94; 2000, 129. Zur Gewalt gegen Sachen und gegen Menschen auch, *Moreau, P./Lang, J.P. 1996* (Fn. 45), 378.

49 Dazu bereits oben § 3 XIV. *Bundesminister des Innern:* Verfassungsschutzbericht 1992, 38, Anm. 9; 1994, 39, dort mit Angaben zu den verletzten Polizisten; 1999, 136; 2000, 130, 167; zu den eingesetzten „Waffen" auch *Moreau, P./Lang, J.P.* 1996 (Fn. 45), 378.

50 *Farin, K./Seidel-Pielen, E.* 1991 (Fn. 17), 112, 120.

wenn wir sie gefunden haben, machen wir sie platt."[51] Dabei geht es den „Streetfightern gegen Rechts" auch darum, den Neonazis zu zeigen, daß sie keine Chance haben[52] und den Mitläufern aus den umherschweifenden Gangs, unpolitischeren Skinheads und sympathisierenden Hooligans die „Recken von der Partei 'vorzuführen.'" Man will den „Mythos der Unbesiegbarkeit zerstören".[53] Nach Beobachtungen des Verfassungsschutzes nimmt die Brutalität „antifaschistisch" motivierter Überfälle sogar zu. Die Angreifer sind häufig in der Überzahl, es werden Schlaginstrumente wie Baseballschläger, Eisenstangen und Knüppel und Steine als Wurfgeschosse eingesetzt.[54] Dies belegen auch autonome Sprachspiele wie „Schlagt die Faschisten, wo ihr sie trefft!", „Trefft die Faschisten, wenn ihr sie schlagt!" oder „Schlagt die Glatzen bis sie platzen!".[55] Die zweifelhaft Begründung lautet: Da die Sprache der Nazis Gewalt sei, müsse man ihnen in derselben Sprache antworten.[56]

Bei ihren massenmilitanten Aktionen agieren Autonome gerne aus dem Schutz von Demonstrationen heraus, an denen sich mehrere Gruppierungen aus dem gesamten, nicht notwendig gewaltbereiten linksextremistischen Spektrum beteiligen.[57] Gerade bei den Straßenkrawallen geht es oft um nichts anderes, „als die Schweine, egal in welcher Form sie uns entgegentreten, mit allen Mitteln anzugreifen."[58] Die Konfrontation mit dem politischen Gegner oder der Polizei ist dabei nicht alleiniges Ziel der Ausschreitungen, daneben soll auch möglichst hoher Sachschaden angerichtet werden. Interessanterweise kritisieren die Autonomen selbst, daß Demonstrationen zum Ritual verkommen sind, daß sie z.T. nur noch symbolischen Charakter haben und ihr Erfolg nur noch am Grad der Medienberichterstattung gemessen wird. Mit der Unberechenbarkeit der Autonomen, der Flexibilität des Widerstandes sei es nicht mehr weit her, seit der Verlauf massenmilitanter Ak-

---

[51] Sternchen (19), autonome Hausbesetzerin aus Leipzig, *Farin, K./Seidel-Pielen, E.* 1991 (Fn. 17), 120.

[52] *Farin, K./Seidel-Pielen, E.* 1991 (Fn. 17), 112. Im Fall von Olli, Skinhead in Berlin-Lichtenberg, Aktivist bei der Nationalen Alternative mit Erfolg.

[53] *Farin, K./Seidel-Pielen, E.* 1991 (Fn. 17), 109.

[54] Vgl. die ausgewählten Beispiele aus dem Monat September 1998, nachgewiesen in *Bundesamt für Verfassungsschutz:* Militante Linksextremisten rekrutieren Nachwuchs. Schauplatz Schule und Jugendtreff. Internetpublikation Mai 1999, 1f.; Beispiele aus dem Jahre 1992 bei *Horchem, H.J.* 1994 (Fn. 46), 119. Zu zwei brutalen Angriffen im Jahre 1993, *Bundesminister des Innern:* Verfassungsschutz, 1993, 40.

[55] *Horchem, H.J.* 1994 (Fn. 46), 19, mit einer Zusammenstellung antifaschistischer Anschläge aus dem Jahr 1992.

[56] *„Interim"* vom 10. Oktober 1991, zit. bei *Horchem, H.J.* 1994 (Fn. 46), 120.

[57] So etwa die Demonstration *„Gemeinsam gegen Rechts* – Weg mit der NPD-Zentrale – Faschismus ist keine Meinung, sondern ein Verbrechen!" am 7. Oktober 2000 im Berliner Bezirk Köpenick, *Bundesminister des Innern:* Verfassungsschutzbericht 2000, 167. Für die achtziger Jahre *Lecorte, Th.* 1992 (Fn. 46), 45f.

[58] Zitat aus einem Flugblatt, verteilt anläßlich der Ausschreitungen zum „revolutionären 1. Mai" in Berlin im Jahre 1992, zit. bei *Bundesminister des Innern:* Verfassungsschutzbericht 1992, 37.

tionen zunehmend gar nicht mehr selbstbestimmt, sondern von außen aufoktroyiert sei, von aufgerüsteten Polizeieinsatzkräften, die aus der Konfrontation mit Autonomen gelernt haben.[59]

Insgesamt haben sich die Autonomen daher immer mehr auf „klandestine" Aktionen und die Organisierung in kleinen Gruppen verlegt.[60] Bei Demonstrationen treten sie vermehrt in Kleingruppen, als unauffällige Vierer- oder Fünfergruppen auf, die der Polizei leichter entgehen. Diese errichten Barrikaden, setzen Container in Brand, zerstören Bushaltestellen und „entglasen" Geschäftslokale (Kleingruppen-Konzept).[61] Mit „klandestin" verübten Brand- und Sprengstoffanschlägen auf Betriebsanlagen, Banken und Kaufhäuser, mit Anschlägen gegen Fernmelde- und Datennetze sowie Hochspannungsmasten und mit Hakenkrallenanschlägen gegen Strecken der Deutschen Bahn AG sollen die Eigentümer nachhaltig wirtschaftlich geschädigt werden.[62] Rein symbolische Aktionen werden dagegen überwiegend abgelehnt. Das Vorgehen ist gezielt konspirativ, Tatspuren werden vermieden, die Aufklärung gelingt nur im Ausnahmefall.[63] Der Verfassungsschutz sieht sogar z.T. die Grenze zu terroristischem Gewalthandeln überschritten.[64] Spontane Anschläge „im Suff" sind für Autonome dementsprechend untypisch.[65]

Die Autonomen wenden Gewalt nicht nur an, sondern propagieren sie auch ausdrücklich als Mittel zur Durchsetzung autonomer Ziele.[66] Dabei sprechen sie lieber von Militanz. Dieser Begriff bleibt allerdings eigentümlich unscharf. Einerseits

---

[59] *Schultze, Th./Gross, A.:* Die Autonomen. Ursprünge, Entwicklung und Profil der Autonomen Bewegung. Hamburg 1997, 161f. Auch im Häuserkampf, den wilde Schlachten mit der Polizei begleiteten, war das Konzept der Massenmilitanz wegen der massiven staatlichen Repression und nach der von den Stadtverwaltungen erfolgreich betriebenen Spaltung der Besetzter in „Verhandler" und „Nicht-Verhandler" zunehmend an seine Grenzen gekommen: „Der Straßen-Pogo verlor mit jedem Haftbefehl, mit jedem eingeschlagenen Schädel und einem zunehmend dazulernenden Gegner an Attraktivität." So bereits für die achtziger Jahre, „radikal" Nr. 104, 1982, 11, zit. ebenda, 159.

[60] *Schultze, Th./Gross, A.* 1997 (Fn. 59), 146f.

[61] *Bundesminister des Innern:* Verfassungsschutzbericht 1999, 101; 2000, 130. Zur Kleingruppentaktik auch *Schultze, Th./Gross, A.* 1997 (Fn. 59), 26. Daß es auch ein (Neben-)Ziel ist, hohe Schäden zu verursachen, bestätigt *Lecorte, Th.* 1992 (Fn. 46), 99

[62] Zur Maximierung von Sachschäden *Bundesminister des Innern:* Verfassungsschutzbericht 1993, 36.

[63] *Horchem, H.J.* 1994 (Fn. 46), 116. Die Schilderung einer Vorbereitung einer klandestinen Aktion findet sich bei *Lecorte, Th.* 1992 (Fn. 46), 136.

[64] *Bundesminister des Innern:* Verfassungsschutzbericht 1999, 104f.; 2000, 135f.

[65] *Horchem, H.J.* 1994 (Fn. 46), 114; *Bundesminister des Innern:* Verfassungsschutzbericht 1994, 38; 1997, 34; 1998, 95.

[66] „Antifa-Jugendinfo", Nr. 25, Januar 1999 und „*Brast*", April 1998, beide zit. bei *Bundesamt für Verfassungsschutz* 1999 (Fn. 54), 6f.; auch „junge Welt" 4. Juli 1995 („Wir haben uns immer zu Militanz als politischem Mittel bekannt. (...) Dazu stehen wir.") und „*Interim*" Nr. 342, 17. August 1995 („Eine Absage an Gewalt wird es von uns nicht geben - nicht heute und auch nicht in Zukunft!!!!"), beide zit. bei *Bundesminister des Innern:* Verfassungsschutzbericht 1995, 44.

wird betont, daß Militanz nicht mit Gewalt gleichgesetzt werden dürfe, sondern Widerstand gegen Herrschaft, Zwang, Dominanz und Unrecht sei, der nicht vom Bewußtsein und vom Ziel, die in einem Erfahrungsprozeß entstehen, getrennt werden dürfe.[67] Andererseits wird keineswegs geleugnet, daß Militanz gerade auf Gewalt setzt. Es wird erklärt, Militanz stelle „die Verbindung von Argument und Gewalt her, und darüber hinaus von Argument und Konsequenz", sie verbinde „das radikale Nichthinnehmen der herrschenden Zustände mit der Handlung".[68] Mit ihrer militanten Praxis wollen die Autonomen zum Ausdruck bringen, daß sie einen „inhaltlichen und praktischen Dialog mit den Vertretern des (politischen und des wirtschaftlichen) Systems weitgehend ablehnen." Politische *Militanz*, nicht etwa gedankliche *Überzeugungsarbeit*, wird als „Basis und Voraussetzung für ein neu zu entwickelndes linksradikales Bewußtsein"[69] angesehen. Um der „Vermittelbarkeit" willen greifen die Autonomen bei der Wahl ihrer Aktionsformen und Angriffsziele daher durchaus Anliegen anderer Protestbewegungen auf, in der Hoffnung, so die Akzeptanz für ihre militanten Aktionen zu erhöhen.[70] Daß Militanz nicht immer überzeuge, sondern auch abschrecken könne, erscheint beinahe selbstverständlich[71] und wird hingenommen: Das sei der Preis, der gezahlt werden müsse.[72] In jedem Fall wollen die Autonomen ihren Willen zum Widerstand nicht sprachlich, sondern in militanten Angriffen, praktisch ausdrücken:[73] „Wenn ich Faschisten gegenüberstehe, dann gibt's auch nichts mehr mit Reden bei mir, dann ist zappenduster."[74]

---

67 *Schultze, Th./Gross, A.* 1997 (Fn. 59), 75.

68 *Lecorte, Th.* 1992 (Fn. 46), 144. Militanz bedeutet, daß „Gewalt nicht um ihrer selbst willen eingesetzt wurde, sondern als Vehikel des Kampfes, genauso wie ein Flugblatt, eine Demonstration, eine öffentliche Debatte", ebenda, 179. Auch die autonome Definition, Militanz sei Gewalt, die die politische Begründung in sich trage oder zumindest politisch begründbar sei und sich gerade dadurch von „politisch unkontrollierten Gewaltformen" unterscheide, die als „spiegelbildlicher Ausdruck herrschender Gewalt" abzulehnen seien, belegt, daß die Autonomen mit ihren Gewalttaten überzeugen wollen. *Geronimo:* Glut und Asche. Münster 1997, 109.

69 *„Interim"* Nr. 502 vom 13. Mai 2000, 13ff., zit. bei *Bundesminister des Innern:* Verfassungsschutzbericht 2000, 129.

70 *Bundesminister des Innern:* Verfassungsschutzbericht 1995, 45; 1998, 95.

71 Johanna 17, SPUK-SchülerInnen Plenum in Berlin, Antifa-Zusammenhänge. In: *Kongreßlesebuch-Gruppe*: Der Stand der Bewegung. 18 Gespräche über linksradikale Politik. Lesebuch zum Autonomie-Kongreß 1995. Berlin 1995, 220f.

72 *Lecorte, Th.* 1992 (Fn. 46), 145. Daß auch autonome Gewalt den theoretischen Ansprüchen keineswegs immer genügt, wird allerdings auch innerhalb der Szene nicht bestritten. *Geronimo* 1997 (Fn. 68), 109. Zur szeneinternen Auseinandersetzung über die anomischen Zustände am 1. Mai 1987 in Kreuzberg, als es zu völlig „entpolitisierten Aktionen" kam, kleine Geschäfte geplündert und Feuerwehr- und Krankentransporte angegriffen wurden, *Schultze, Th./Gross, A.* 1997 (Fn. 59), 80f.

73 Broschüre autonomer Antifaschisten aus Göttingen, Oktober 1990, zit. bei *Bundesminister des Innern:* Verfassungsschutzbericht 1990, 42, Anm. 72.

74 So etwa Nigül (21), in Berlin geboren und aufgewachsen, heute wohnhaft in Kreuzberg. Sie versteht sich als Kommunistin und Teil der autonomen Bewegung: „Kreuzberg ist ein Ghetto". In: *Farin, K./Seidel-Pielen, E. 1993* (Fn. 4), 165.

Oder: „Sie [gemeint sind „die Herrschenden"] sagen: Steine sind keine Argumente und schlagen mit Knüppeln, vergiften mit Chemie, verseuchen mit Atom, töten mit Gefängnissen. Sie haben Recht: Steine sind keine Argument. Steine sind erst zögernde Versuche, uns zu artikulieren, in der einzigen Sprache, die sie verstehen."[75] Der Gewalt wird dabei bewußtseinsbildende Kraft beigemessen: „Der Stein schafft Bewußtsein ... Dies gilt nicht nur für jene, die der Stein trifft, es gilt vor allem auch für jene, die den Stein werfen.“[76] Gewalt empfiehlt sich den Autonomen insbesondere wegen ihrer Verständlichkeit und Wirkungsmacht: „Ne gute Aktion ist doch gerade ne Aktion, wo du nicht zu schreiben brauchst. Eine die sich von selbst erklärt.“[77] Oder: „Wir versuchen natürlich auch, Überzeugungsarbeit zu leisten, aber dabei ist uns eine Eisenstange lieber als ein Holzknüppel. Ich renne ungern gegen Wände, da ich sie mit Reden nicht dazu bringe, von selbst einzustürzen. Da nehme ich lieber 'nen Vorschlagshammer. Ich könnte mir vorstellen, daß mit Teilen einer zerschlagenen Skinheadrotte durchaus Diskussionen zu führen sind. ... Du mußt es ihm beweisen, daß es ungeil ist (zu prügeln), indem du ihm die Zähne aus der Fresse drischst.“[78] Der autonome Theoretiker GERONIMO geht sogar so weit zu erklären: „Die Bereitschaft, sich schroff, und der Mut, sich notfalls auch militant mit Dummheit und Menschenfeindlichkeit konfrontieren zu können, bleibt die Grundlage des 'aufeinander Zugehens‘.“[79]

Militante Gewalt ist immer eine Form des politischen Protests, des Widerstandes. Autonome erklären daher ausdrücklich: „Wir halten uns nicht an rechtsstaatliche Normen, weil dieser Rechtsstaat lediglich die Funktion hat, die bestehenden Eigentumsverhältnisse aufrechtzuerhalten. Wir agieren nicht auf dem Boden der ‚freiheitlich-demokratischen Grundordnung', weil diese nur die Freiheit des Marktes meint. Und wir weigern uns, uns auf friedliche Mittel zu reduzieren, weil dieser Frieden nur den Frieden der Herrschenden bedeutet.“[80] Nicht zuletzt die „mangelnden Partizipations- und Veränderungsmöglichkeiten ... legitimieren nach Ansicht vieler Autonomer die Anwendung von Gewalt, d.h. militante Aktionsformen, um die Herrschenden zu stoppen.“[81] Gewaltlosigkeit wird mit Verzicht auf gesell-

---

75 Demonstrationsaufruf vom 1996, zit. bei *Bundesamt für Verfassungsschutz* 1999 (Fn. 54), 8.

76 „*Tot oder Lebendig*“, autonomes Szeneblatt, Berlin 1986, zit. bei *Bundesminister des Innern:* Verfassungsschutz 1986, 111.

77 *Lecorte, Th.* 1992 (Fn. 46), 127. Ebenda, 179: „Militanz bedeutet, daß Gewalt nicht um ihrer selbst willen eingesetzt wurde, sondern als Vehikel des Kampfes, genauso wie ein Flugblatt, eine Demonstration, eine öffentliche Debatte.“

78 Aktivistinnen des Kreuzberger PrügelPlenums im Interview mit der „Revolutionären Zeitung“, zit. bei *Farin, K./Seidel-Pielen, E.* 1991 (Fn. 17), 112, ohne weitere Nachweise.

79 *Geronimo* 1997 (Fn. 68), 216.

80 Mai-Ausgabe des „Antifa Jugendinfos Bonn/Rhein-Sieg“, zit. bei *Bundesminister des Innern:* Verfassungsschutzbericht 1999, 100. Ähnlich „*Interim*“, Nr. 342 vom 17. August 1995, zit. bei *Bundesminister des Innern:* Verfassungsschutzbericht 1995, 44.

81 *Schultze, Th./Gross, A.* 1997 (Fn. 59), 69.

schaftliche Veränderungen gleichgesetzt und diskreditiert,[82] Gewalt dagegen als Keimzelle zu einer neuen Ordnung stilisiert.[83]

2. *Interpretation*

a) Gewalt als Integrationsmechanismus

Die gemeinschaftliche Begehung von Gewalttaten prägt und bestimmt das Gruppenleben der Hooligans, der Skinheads und der Autonomen. Dies belegt, daß die jugendkulturellen Gemeinschaften sich zuförderst über die Begehung von Gewalttaten und nicht etwa über kommunikative Prozesse integrieren.[84]

Bei den Hooligans ist die Fixierung auf gewalttätige Konfrontationen besonders eklatant.[85] Sie fahren bevorzugt zu Spielen, bei denen mit Schlägereien zu rechnen ist und vernachlässigen sogar den eigentlichen Anlaß des sozialen Ereignisses, das Fußballspiel, weil die Spielräume, im Stadion gewalttätig zu werden, geschrumpft sind. Daß die Vergemeinschaftung nur mehr gewaltförmig, fernab vom Fußball gelingt, ist sogar eindeutig eine Folge der Erosion kommunikativer Strukturen, konkret der Kolonialisierung eines traditionellen Freizeitbereichs, nämlich der Monetarisierung des Fußballsports.[86] Die Kapitalisierung des Fußballs hat die Fans zu einem Wirtschaftsfaktor degradiert. Die Fans fühlen sich nicht mehr sozial zugehörig und haben sich ihren Vereinen entfremdet. Ein lebendiges Vereinsleben, in dem sich eine soziale Gemeinschaft in kommunikativen Prozessen konstituieren könnte, gibt es nicht mehr.

Auch den Skinheads gelingt die Integration der eigenen Gruppe nur mehr über die gewalttätige Konfrontation mit anderen jugendlichen Gruppierungen. Daß sie es geradezu darauf anlegen, provoziert zu werden, um dann das integrative Potential der gewalttätigen Verteidigung der eigenen Gruppe auszuschöpfen, zeigt, wie sehr sie auf Gewalt als Integrationsmechanismus angewiesen sind. Daß die Gegenwehr der Gewaltopfer als frecher Angriff auf die Integrität der Skinheadgruppe mit noch massiverer Gegengewalt beantwortet wird, beweist allerdings, wie irritierbar und fragil das maßgeblich über die Schlagkraft der Gruppe stabilisierte Gruppengefüge ist. Daß die Skinheads auf Provokationen und Beleidigungen nicht kommunikativ reagieren, indiziert aber auch, daß ihre Ausdrucks- und Kommuni-

---

[82] *Farin, K./Seidel-Pielen, E.* 1991 (Fn. 17), 112; *Moreau, P./Lang, J.P.* 1996 (Fn. 45), 376f., dort auch zur Ablehnung von Gewaltfreiheit durch die „Autonome Antifa (M), Göttingen", ebenfalls „Autonome Antifa (M), Göttingen": Dokumentation „Demonstration in Adelebsen/Göttingen", 20. März 1993, 13, zit. bei *Bundesminister des Innern:* Verfassungsschutzbericht 1993, 35 und *Lecorte, Th.* 1992 (Fn. 46), 86.

[83] *Moreau, P./Lang, J.P.* 1996 (Fn. 45), 376f., bezugnehmend auf den „autonomen Theoretiker Geronimo".

[84] Dazu oben § 6 III. 1. a).

[85] Zum entsprechend rudimentären Gemeinschaftsleben unten V.

[86] Dazu oben § 1 III.

kationsmöglichkeiten so beschränkt sind, daß die Stabilisierung der Gruppenidentität und die Abgrenzung von anderen Gruppierungen über kommunikatives Handeln nicht mehr gelingt und die Sprache für sie der gemeinschaftsstiftenden Funktion weitgehend entbehrt.[87] Daß sie zu produktiven Formen der Vergemeinschaftung nur mehr beschränkt fähig sind, belegt auch die Tatsache, daß es bei den Skinkonzerten, wo man weitgehend unter sich ist, regelmäßig zu gewaltförmigen Interaktionen unter Skinheads kommt. Beim Pogo tanzen rempeln sich die Skinheads so lange an, bis die aufgebauten Aggressionen sich in Gewalttätigkeiten entladen.

Auch die Autonomen integrieren sich über kollektiv verübte Gewalttaten gegenüber dem politischen Gegner, den Rechtsextremisten und gegenüber der Polizei, den Repräsentanten des Staates, den man bekämpft. Denn sowohl die Mitglieder „klandestin“ agierender Kleingruppen als auch die Teilnehmer an „massenmilitanten“ Aktionen, verbindet zuförderst das Handlungsziel, gemeinsam Gewalttaten zu begehen. Hooligans, Skinheads und Autonome stabilisieren ihre soziale Bezugsgruppe demnach primär über gewalttätiges und nicht über kommunikatives Handeln.

b) Regressive Gewaltrituale

Die Gewaltrituale weisen alle drei Jugendkulturen als regressiv aus, weil sie die Integrationsfunktion erfüllen, die im Zuge der Rationalisierung der Lebenswelt von der rituellen Praxis auf die Sprache übergegangen ist.[88]

Die Hooligan-Wochenenden haben ritualisierten Charakter, weil sie immer nach demselben Muster ablaufen. Die Hooligans treffen sich, streunen auf der Suche nach dem Gegner vandalierend durch die Innenstädte, treiben ihr Katz-und-Maus-Spiel mit der Polizei und stürmen, wenn sie endlich auf den Gegner treffen, auf diesen los, weichen wieder zurück, um erneut los zu rennen. Auch die Aktionsformen der Skinheads haben ein rituelles Profil. Skinheads treffen sich, suchen nach dem Gegner und forcieren die Konfrontation, um zuschlagen zu können. Schließlich haben auch die massenmilitanten wie die „klandestinen“ Aktionen der Autonomen ritualisierten Charakter. Sie mischen sich unter Großdemonstrationen, um aus deren Schatten die Polizei mit Steinen und Molotowcocktails zu attackieren, errichten Straßensperren, schlagen Fenster ein und zünden Autos und Müllcontainer an oder planen einen der immer gleichen Anschläge auf Firmen, Banken und Kaufhäuser, die man nachts aufsucht, um im Schutz der Dunkelheit die Fenster einzuschlagen oder Brandsätze zu legen. Die gewalttätigen Aktionen laufen immer nach demselben Muster ab. Allenfalls die Planung und Ausführung „klandestiner Anschläge“ setzt noch den kommunikativen Austausch der Gruppenmitglieder voraus.

---

[87] Dazu oben § 6 I. 2.; III. 1. a).

[88] Dazu oben § 6 III. 2. a) und b).

Die massenmilitanten Aktionen der Autonomen und die Gewaltrituale der umherstreunenden Skinheads und Hooligans sind regressiv, weil sie eine sozialintegrative Funktion erfüllen, ohne daß der Verständigungsmechanismus in Anspruch genommen werden müßte: Die Handlungsabläufe und die Rolle, die der einzelne zu übernehmen hat, sind durch den immergleichen Ablauf der Aktionen weitestgehend vorgegeben, so daß die Notwendigkeit, die Handlungen mit den anderen kommunikativ abzustimmen, praktisch nicht besteht. Wegen ihres konfrontativen Charakters bestätigen und erneuern die Gewaltrituale das Gefühl des Zusammenhalts der Gruppe und strukturieren so soziale Zugehörigkeiten unter Umgehung sprachlicher Konsensbildungsprozesse.[89] Ihr Entlastungseffekt besteht gerade darin, daß sie aufwendige kommunikative Prozesse, in denen Solidarität ebenfalls erfahren werden könnte, die jedoch konzeptuelle Gestaltungsinnovationen erforderten, entbehrlich machen.

Anders als den Hooligans und Skinheads wird den anomischen Autonomen der ritualisierte und damit regressive Charakter ihrer gewalttätigen Aktionen allerdings durchaus zum Problem, weil er mit ihrem autonomen Selbstverständnis nicht vereinbar ist. Die Autonomen haben erkannt, daß die Ritualisierung ihrer Aktionsformen sie berechenbar gemacht hat und ihren Widerstand schwächt, weil die Polizei sich mittlerweile auf die immergleichen Abläufe ihrer massenmilitanten Aktionen eingestellt hat. Wegen der staatlichen Einhegung und „Verwaltung" der Krawalle erleben sich die Autonomen zunehmend als fremdbestimmt und nicht mehr als Herren ihres revolutionären Kampfes. Sie haben sich daher mittlerweile mehr auf „klandestin" verübte Anschläge verlegt. Diese sind zwar weniger berechenbar, haben jedoch ebenfalls weitgehend rituellen Charakter. Dies ist ein Indiz dafür, daß auch die Autonomen darauf angewiesen sind, die Folgen der Erosion kommunikativer Strukturen durch Zuflucht zu Ritualen zu kompensieren, mag dies auch nur um den Preis der Verstrickung in Selbstwidersprüche gelingen.

c) Gewalt als „Ersatzsprache"

Gewalt fungiert bei allen drei Jugendkulturen als „Ersatzsprache", mit der die Jugendlichen den „Gewaltadressaten" eine Botschaft übermitteln und mit der sie deren Verhalten zu beeinflussen suchen.[90] Die Jugendlichen setzen auf die zwingende Wirkung körperlicher Kraftentfaltung, versuchen, ihre Ziele unter Mißachtung des Willens und der Leiden des Gewaltopfers durchzusetzen und negieren damit den Wirkungsmechanismus sprachlicher Verständigung.[91]

Bei den Hooligans reduziert sich die Botschaft an die gegnerische Hooligangruppe, auf die sie zustürmen und mit den Fäusten einschlagen, auf ein: „Wir wollen uns schlagen, schlagt zurück.!" Wenn rechte Skinheads Ausländer oder Linke

---

[89] Dazu oben § 6 III. 2. b).

[90] Näher zu diesem Gewaltverständnis oben § 4 I.

[91] Dazu ausführlich oben § 4 I.

attackieren, bringen sie zum Ausdruck, daß diese unerwünscht sind – ganz allgemein, in Deutschland oder sehr konkret, in öffentlichen Räumen, die die Skinheads selbst besetzen wollen. Mit ihren Schlägen und Fußtritten versuchen sie, das Verhalten ihrer Feinde zu beeinflussen. Sie sollen verschwinden und es nicht mehr wagen, sich an bestimmten Orten zu zeigen. Die tätlichen Attacken auf Bandmusiker übermitteln die Botschaft: Eure Musik, eure Texte passen uns nicht, wir wollen sie nicht hören. Die Autonomen wollen mit ihren gewalttätigen Aktionen ihre politischen Anliegen vermitteln und durchsetzen. Sie bauen, sowohl im Kampf gegen das politische System als auch im Kampf gegen den Kapitalismus, auf die handlungsmotivierende Kraft erlittener Verletzungen, Zerstörungen und Schädigungen. Auch den Nazis und Rechtsextremisten wollen sie in ihrer „Sprache" antworten, der „Sprache der Gewalt". Die Botschaft heißt, wir geben euch keine Chance, und wir werden euch besiegen.

Während die Gewalttaten der Skinheads allenfalls eine diffus ideologische Botschaft transportieren, protestieren die Autonomen mit ihren massenmilitanten und „klandestinen" Aktionen gezielt gegen die bestehenden Verhältnisse. Indem sie sich der diskursiven Durchsetzung ihrer politischen Interessen verweigern, distanzieren sie sich auch von der Staatsbürgerrolle, die sie zur Vermittlung ihrer Anliegen wahrnehmen könnten. Hier deutet sich bereits an, daß der offene Widerstand der Autonomen anomische Züge annimmt und daß sie daher als anomische Jugendkultur bewertet werden müssen.[92]

Die Autonomen bedienen sich der Gewalt als „Ersatzsprache" am reflektiertesten. Sie bekennen sich dazu, einen inhaltlichen Dialog mit den Vertretern des Systems und ihren Feinden abzulehnen und verweigern sich nicht nur faktisch, sondern ganz bewußt dem diskursiven Prinzip. Statt durch gedankliche Überzeugungsarbeit, bei der sie sich der Sprache bedienen müßten, wollen sie anderen ihre politischen Anliegen durch ihre Gewalt vermitteln. Für die in Vermittlungsabsicht ausgeübte, als „Ersatzsprache" verwendete Gewalt haben die Autonomen sogar eigens einen wenn auch unscharfen Begriff geprägt, den der Militanz. Militante Gewalt verbindet Gewalt und Argument und darüber hinaus Argument und Konsequenz.[93] Der interaktive Charakter militanter Gewalt wird damit ausdrücklich betont. Auch die Feststellung, das Werfen von Steinen sei der Versuch, sich zu artikulieren und gleichzeitig die einzige „Sprache", die verstanden werde, belegt, daß Gewalt als Verständigungsersatz dient, wo man sich nicht mehr verstanden glaubt oder weitere diskursive Verständigungsversuche für sinnlos hält.[94] Gerade wo die Kommunikationsschwierigkeiten unüberwindlich scheinen, empfielt sich Gewalt wegen ihrer

---

[92] Dazu mehr unten II. 2. a), b); IV. 2. b), c), d); X. 2. a); XII. 2. a), b).

[93] Nachweise oben 1. c) Fn. 67.

[94] *Lecorte, Th.* 1992 (Fn. 46), 85: „Es gab keine richtige Sprache, um klar zu sagen, was wir zu sagen hatten."

zwingenden Kraft, die die Unfähigkeit, mit guten Argumenten zu überzeugen, notdürftig kaschiert.

d) Gewalt als Desintegrationssymptom

Die gewalttätigen Aktionsformen der Hooligans, der Skinheads und der Autonomen stellen sich nicht nur als entscheidender Integrationsmechanismus im Innenverhältnis dar. Sie indizieren auch, daß die gesamtgesellschaftliche Integration und mit ihr die Muster sozialer Zugehörigkeit brüchig geworden sind. Gerade die außerordentliche Brutalität, mit der insbesondere Skinheads und Autonome ihre Feinde attackieren, der Einsatz von Schlaginstrumenten gegen den Kopf und das Gesicht der Opfer, die Bereitschaft, den Tod des Opfers in Kauf zu nehmen, und die Mitleidslosigkeit, mit der vorgegangen wird, belegen nämlich, daß die Gewalttäter sich ihren Opfern so weit entfremdet haben, daß sie gegen deren Leiden immun sind und sie nicht mehr als Angehörige derselben sozialen Gruppe wie sich selbst wahrnehmen.[95] Rechte Skinheads verbindet nichts mehr mit den politisch Andersdenkenden und den Ausländern, die in ihrem Gemeinwesen leben, und auch Autonome sind ihrem Gemeinwesen so weit entfremdet, daß, zumindest im Verhältnis zum politischen Gegner und den Repräsentanten des verhaßten Systems, alle Hemmschwellen gefallen sind.

Gewalttätige Aktionsformen sind aber auch deshalb ein sinnfälliges Anzeichen gesellschaftlicher Desintegration, weil sie indizieren, daß es den Mitgliedern der Jugendkulturen nicht mehr gelingt, Handlungen im Einklang mit allgemein anerkannten Normen zu koordinieren.[96] Dies kann darauf zurückzuführen sein, daß ihre kommunikativen Fähigkeiten zu beschränkt sind, aber auch darauf, daß selbst ein Kernbestand an Wertorientierungen wie der Respekt vor Leib, Leben und fremdem Eigentum, über den sich die Gesellschaft definiert, infolge der Erosion kommunikativer Strukturen, konkret infolge von Störungen der sozialen Reproduktion, so unzureichend immunisiert,[97] man könnte auch sagen tabuisiert worden ist, daß selbst diese Basiswerte für die Jugendlichen keine intuitiv handlungssteuernde Kraft mehr entfalten.[98] Daß Skinheads und Autonome keine Hemmungen haben, zur Gewalt zu greifen, Gewalt sogar positiv bewerten oder billigen und Skinheads sich unverhohlen zum „Spaß" am Prügeln bekennen, sind Indizien dafür, daß Werte wie Leib, Leben und körperliche Unversehrtheit für sie keine handlungssteuernde Kraft mehr entfalten. Daß es Skinheads und Autonomen bei Konfrontationen mit ihren erklärten Feinden nicht mehr gelingt, Konflikte unter Beachtung allge-

---

[95] Dazu oben § 6 I. 2.; III. 1. a).

[96] Dazu oben § 5 II. 2 und § 6 I. 2.

[97] *Habermas* spricht von der Immunisierung von Wertorientierungen, wenn diese in kommunikativen Prozessen einer widerstandsfähigen normativen Realität einverleibt werden und das Alltagshandeln leiten, ohne in Frage gestellt zu werden. Dazu oben mit Nachweisen § 5 II. 2.

[98] Dazu oben § 6 I. 2.

mein anerkannter Verhaltensregeln, insbesondere unter Beachtung des Gewalttabus, kommunikativ zu bewältigen, läßt befürchten, daß ihre Kommunikations- und Ausdrucksmöglichkeiten zu beschränkt sind, um sozialen Zusammenhalt kommunikativ zu sichern. Indem sie zuschlagen, kündigen sie die Gemeinschaft auf. Daß es auch den Hooligans offenbar nicht schwer fällt, sich zumindest situativ zu entsolidarisieren, um sodann auf die gegnerische Gruppe mit zunehmender Brutalität, z.T. ebenfalls unter Einsatz von Waffen einzuschlagen, belegt, daß auch für sie das Gewalttabu zumindest suspendierbar geworden ist.

Ihre *politisch* gerichtete Gewalt unterscheidet die Autonomen von anderen Jugendkulturen und weist sie als anomische Jugendkultur aus, deren Mitglieder das Gemeinwesen, in dem sie leben, nicht nur als dissoziiert erleben, sondern sich von ihm bewußt distanzieren.[99] Die Gewalttaten der Autonomen sind Ausdruck der Distanzierung, weil sie die Form zielgerichteten politischen Protestes gegen den Staat und die kapitalisitsche Wirtschaftsordnung haben. Mit ihrem offenen, gewaltförmigen Widerstand gegen die bestehenden Verhältnisse signalisieren die Autonomen ihrer Umwelt, daß sie sich denjenigen, die sich mit dem System arrangieren oder es gar unterstützen, nicht mehr zugehörig fühlen. Daß sie sich aus dem Gemeinwesen definitiv zurückgezogen haben und jeden Dialog verweigern, ist ein Indiz dafür, daß das Netz der gesamtgesellschaftlichen Integration gerissen ist. Anders als die Gewalttaten anderer Jugendkulturen stellen sich autonome Gewalttaten nicht zuletzt deshalb als Ausdruck der Distanzierung von der gesellschaftlichen Ordnung dar, weil sie von den Autonomen selbst als gezielte Mißachtung der basalen Regeln des gesellschaftlichen Zusammenlebens, insbesondere der freiheitlich-demokratischen Grundordnung interpretiert und sogar als Anstoß zu einer neuen Ordnung ideologisch stilisiert werden. Gewalt, die als Mittel des politischen Widerstandes eingesetzt wird, ist ein Anzeichen von Anomie.[100]

In der Wendezeit und unmittelbar nach der Wiedervereinigung manifestierte sich die erosionsbedingte Destabilisierung der normativen Ordnung und die mit ihr einhergehende Dissoziation gesellschaftlicher Zusammenhänge in einer Welle der Gewalt besonders eklatant – in einer Zeit also, in der das zusammenbrechende System der ehemaligen DDR seine eigenen sozial desintegrativen Wirkungen nicht mehr aufzufangen und abzuschirmen vermochte und in der die neue bundesdeutsche Ordnung noch nicht vollständig instituiert war.[101] Die regelrechten Gewaltexzesse der Skinheads, die sogar z.T. von der Polizei geduldet und von breiteren Bevölkerungsschichten begrüßt wurden, machten in erschreckender Weise sichtbar,

---

[99] Dazu oben § 6 III. 1. a).

[100] Dazu § 6 III. vor 1. und 1. a).

[101] Dazu, daß realsozialistische und sozialstaatliche Ordnungen ihre kolonialisierenden Wirkungen einhegen und abschirmen und daher verhindern, daß sie in ihrer ganzen Destruktivität in Erscheinung treten, oben § 6 IV.

wie weitgehend die gesellschaftliche Entsolidarisierung tatsächlich fortgeschritten war.[102]

e) Gewalt als Folge defizitärer Sozialisation

Die Suspendierbarkeit des Gewalttabus ist als Symptom der Erosion kommunikativer Strukturen nicht nur auf die Ausdünnung normativer Ordnungen und die mit ihr einhergehende Destabilisierung der kollektiven Identität des Gemeinwesens und des Zerfalls von Mustern sozialer Zugehörigkeit zurückzuführen,[103] sondern indiziert gleichzeitig, daß die Sozialisation der Jugendlichen defizitär verlaufen ist, daß die Wertinternalisierung nicht gelungen ist, daß die Jugendlichen nicht hinlänglich enkulturiert und nur beschränkt interaktionsfähig sind, Letzteres wohl deswegen, weil sie keine stabilen Persönlichkeitsstrukturen ausgebildet haben.[104]

Die *Wertinternalisierung* ist nur unzureichend gelungen, weil selbst Basiswerte wie Leib, Leben und Eigentum nicht mehr umstandslos handlungsleitende Kraft entfalten.[105] Wenn Hooligans das Gewalttabu situativ suspendieren, wenn Skinheads Gewalt als überwältigenden Trieb und als regelrechte Sucht erleben und ein Skinhead sogar bekennt, „wenn mich jemand genervt, beleidigt hat, oder meinen Stolz, dann is' es eben vom Herz in die Faust rein, und das vom Herzen bloß immer in die Faust,"[106] so beweist dies, daß in der Erziehung die Motivationen für normenkonformes Handeln nicht hinreichend stabilisiert worden sind. Wenn sich die Autonomen allerdings bewußt jeder konstruktiven, diskursiven Auseinandersetzung mit den Vertretern des Staates verweigern und sich ausdrücklich dazu bekennen, sich im Kampf nicht mehr an allgemein anerkannten Werten orientieren zu *wollen*, belegt dies, daß sie nicht mehr bereit sind, die bestehende politisch-gesellschaftliche Ordnung motivational zu unterstützen. Inwieweit sie tatsächlich noch dazu in der Lage wären, bleibt eine unbeantwortete Frage. Auf jeden Fall ist dieser Motivationsentzug ein Zeichen von Anomie und weist autonome Gewalttaten als anomischen Protest gegen die bestehenden Verhältnisse aus.[107]

In der Sozialisation sind aber nicht nur Motivationen zu normenkonformem Handeln unzureichend stabilisiert worden. Darüber hinaus haben Skinheads und Autonome offenbar auch keine Verhaltensmuster erlernt, die sie in die Lage versetzen würden, in der Konfrontation mit ihren Gegnern, mit Ausländern oder politisch Andersdenkenden, situationsangemessen zu reagieren und ihre Vorbehalte und Vorwürfe kommunikativ statt gewaltförmig zum Ausdruck zu bringen. Sie sind

---

[102] Dazu oben § 2 VII. und VIII.

[103] Dazu oben d) und § 6 I. 2.

[104] Dazu oben § 6 I. 1.

[105] Dazu oben § 6 I. 1.

[106] So der Exskin Tobias aus Westdeutschland, zit. bei *Heitmeyer, W./Müller, J.* 1995 (Fn. 19), 106.

[107] Dazu § 6 I. 1. und III. 1. b).

nicht hinlänglich *enkulturiert*. Für viele Skinheads und Autonome ist Gewalt daher die einzige Möglichkeit, mit Konflikten umzugehen und auf die als zumutungsreich empfundenen gesellschaftlichen Realitäten zu reagiern,[108] weil ihr kultureller Wissensvorrat offenbar nicht zureicht, um auf neuartige Konfliktsituationen angemessen zu reagieren, oder gesellschaftliche Zustände und Veränderungen zu interpretieren und zu kritisieren. Auch Hooligans bekunden, daß sich in den inszenierten Auseinandersetzungen Gewalt als Mittel der Konfliktlösung bewährt.[109] Auch sie setzen eher nicht auf Verständigung – „Man braucht nicht alles tot zu diskutieren, bis nachher überhaupt nix mehr ist"[110] –, sondern sehen Gewalt als adäquates und effektives Mittel zur Konfliktlösung an: „Und ich meine, ich kann reden, genau so, kann reden, genau so, aber nur bei mir ist es so, ich rede ab und zu mit den Leuten, aber nur ich warte nie darauf, daß ich den ersten Schlag einstecke, auf das warte ich nicht."[111]

Daß die Jugendlichen Konflikte nur mehr gewaltförmig bewältigen und unfähig sind, mit Aggressionen und Frustrationen umzugehen, ist schließlich ein Zeichen eingeschränkter *Interaktionsfähigkeit*. Gewalttätiges Verhalten offenbart, daß das Persönlichkeitssystem sich nur mehr über Abwehrstrategien stabilisieren kann.[112] Dies wiederum indiziert, daß die Ausbildung konfliktfähiger Persönlichkeitsstrukturen offenbar nicht gelungen ist. Während die Skinheads stets auf der Suche nach gewalttätiger Konfrontation sind, um Frustrationen, Aggressionen und einen unspezifischen Haß auf die Umwelt abzureagieren, werden solche Konfrontationen von den Hooligans anläßlich von Fußballspielen zu diesem Zweck gezielt inszeniert. Vertreter beider Jugendkulturen suchen gewalttätige Konfrontationen dabei auch, um sich Möglichkeiten positiver Selbstwahrnehmung zu eröffnen und auf diese Weise Ich-Schwäche zu kompensieren.[113] Wie existentiell die Skinheads darauf angewiesen sind, das „psychohygienische" Potential von Gewalttaten auszuschöpfen, belegt die Erklärung, Gewalt sei eine regelrechte Sucht, der man nicht wiederstehen könne.

---

108 Petra über Ihren Freund Hacki (23) Skinhead und Nationalsozialist, *Farin, K./Seidel-Pielen, E.* 1993 (Fn. 20), 76; *Böttger, A.*: Gewalt und Biographie. Eine qualitative Analyse rekonstruierter Lebensgeschichten von 100 Jugendlichen. Baden-Baden 1998, 258.

109 Ähnlich resümiert *Novak, M.* 1994 (Fn. 8), 71f., 81 und 166, für die österreichische Szene.

110 *Matthesius, B.* 1992 (Fn. 2), 123.

111 Aus der österreichischen Szene, *Novak, M.* 1994 (Fn. 8), 21, bezugnehmend auf ein Interview mit Alex, 14 Jahre, einem „wirklichen" Hooligan, der zum harten Kern gehört und aus der Unterschicht stammt. Nach *Novak* wird Gewalt nicht nur gegenüber rivalisierenden Jugendgruppen, sondern auch gruppenintern, zur Beilegung von Konflikten eingesetzt, ebenda, 86f.

112 Dazu mehr unten IV. 2. c); VI. 2. c); XII. 2. d).

113 Zur identitätsstiftenden und -stabilisierenden Funktion der kollektiv verübten Gewalttaten ausführlich unten, VI. 2. b).

II. Rechtfertigung von Gewalt

1. Phänomenologie

a) Hooligans

Mit ihren Gewalttaten verstoßen Hooligans in eklatanter Weise gegen Normen, deren Beachtung für ein zivilisiertes Zusammenleben unerläßlich ist. Auffällig ist, daß sie sich um die Rechtfertigung ihrer Taten bemühen. Sie betonen, mit den gegnerischen Hooligans im gegenseitigen Einvernehmen zu kämpfen, und empfinden die verübten Gewalttaten nicht als ungerecht, weil sie sich gegen ebenfalls gewaltbereite Gegner richten.[114] Gewaltanwendung gegenüber der Polizei wird als Verteidigung gerechtfertigt, zu der sich die Hooligans gezwungen sehen, wenn sich die Polizei in unerwünschter Weise einmischt. Und „die anderen" – gemeint sind wohl Unbeteiligte – hätten es sich schließlich selbst zu zuschreiben, wenn sie attackiert würden, weil sie nicht besser aufgepaßt oder die Hooligans nicht ernst genug genommen hätten.[115]

b) Skinheads

Auch die Schläger der Skinheadszene sind um die Rechtfertigung ihrer Taten bemüht.[116] Sinnlos und ohne Anlaß drauflosgeschlagen haben wollen die meisten nicht. Daß SHARP-Skins Nazi-Skins zusammenschlagen, wird sogar innerhalb der SHARP-Szene offen kritisiert: „Keiner hat das Recht, Leute wegen einer politischen Einstellung zusammenzuschlagen."[117] Allerdings werden derartige Statements auch gleich wieder durch Rechtfertigungen potentieller Gewalttaten eingeschränkt: „Aber wenn ein organisierter Haufen von Leuten mit 'Sieg Heil!' durch die Straßen von Leipzig marschiert, sollte man sie natürlich schon daran hindern. Es gibt schon sowas wie gute Gewalt und schlechte Gewalt."[118]

Als Begründung für ihre Gewalttaten genügt den Skinheads häufig schon ein scheeler Blick oder jede Form von Widerstand gegen das eigene Verhalten, etwa gegen den Versuch, Mitgliedern verfeindeter Gruppierungen ihre Aufnäher oder vietnamesischen Zigarettenhändlern ihre Zigaretten abzunehmen.[119] Skinheads

---

[114] *Böttger*, A. 1998 (Fn. 3), 16-18.

[115] *Weis, K.:* Fußballrowdies – Die enttäuschende Suche nach Ursachen, Interventionsmöglichkeiten und Präventionsmaßnahmen. In: Mehrfach Auffällige – Mehrfach Betroffene. Erlebnisweisen und Reaktionsformen, hrsg. v. DVJJ. Bonn 1990, 215-225.

[116] *Böttger, A.* 1998 (Fn. 108), 266.

[117] Choke, Skinhead und Shouter der Bostoner Hardcore-Band „Slapshot". In: „Skintonic" 9, zit. bei *Farin, K./Seidel-Pielen, E.* 1993 (Fn. 21), 129.

[118] Choke, Skinhead und Shouter der Bostoner Hardcore-Band „Slapshot". In: „Skintonic" 9, zit. bei *Farin, K./Seidel-Pielen, E.* 1993 (Fn. 20), 129.

[119] *Farin, K./Seidel-Pielen, E.* 1993 (Fn. 20), 73f. Dies belegen auch die Schilderungen von Jakob, Skinhead aus Westdeutschland, *Heitmeyer, W./Müller, J.* 1995 (Fn. 19), 93ff.

verweisen auch gerne darauf, einem „Kumpel" zu Hilfe gekommen zu sein[120] oder sich Banden ausländischer, insbesondere türkischer Jugendlicher erwehrt zu haben, von denen sie behaupten, attackiert und bedroht worden zu sein.[121] Überhaupt stilisieren sich die Skinheads gerne in einer Verteidigungsposition: Mit Gewalttaten gegen Ausländer leisten sie „Widerstand gegen Überfremdung", greifen zu „Abschreckungs- oder Vergeltungsmaßnahmen", „vergraulen" Ausländer.[122] Gerne sehen sie sich auch als Verteidiger „deutscher Bevölkerungsinteressen."[123] Gewalt wird dabei als legitim gedeutet, weil sie durch politische oder gesellschaftliche „Notwendigkeiten" begründet ist.[124] Dennoch ist Gewalt bei den Skins – einige wenige radikale Rechtsextremisten ausgenommen – kein Mittel im Kampf um politische Macht. Sie ist vielmehr expressiv und dient letztlich dem Abbau diffuser Aggressionen, Frustrationen und Ängste. Bei der „rechten" Fraktion wird denn auch Gewalt in den seltensten Fällen unter Bezugnahme auf Programmsätze rechtsextremistischer Parteien, dagegen viel häufiger mit der „Streetgangversion" der allgemeinen gesellschaftlichen Diskussionen in Parlamenten, Medien und an den Stammtischen gerechtfertigt.[125] In einer gewissen Zuspitzung wird sie auch gerne als aus der Not geboren dargestellt: „Gesetze der Straße sind Gebote der Gewalt, Gesetze der Straße sind Blut auf dem Asphalt! Kampf in den Stadien, Kampf in den Straßen, nie endende Gewalt sind Ausdruck der Armut und der Arbeitslosigkeit."[126]

c) Autonome

Obwohl die meisten Autonomen die Anwendung von Gewalt grundsätzlich befürworten und für notwendig halten, ist die szeneinterne Diskussion der Rechtfertigung von Gewalt als Taktik, als Mittel der Revolution nie abgerissen und hat die Szene nach innen wie kaum ein anderes Thema bewegt und geprägt.[127] In szenein-

---

[120] So etwa der Exskin Tobias aus Westdeutschland, *Heitmeyer, W./Müller, J.* 1995 (Fn. 19), 106.

[121] *Eckert, R./Reis, Ch./Wetzstein, Th.A.* 2000 (Fn. 33), 304f. Zur Provokation von Gewalttaten auch *Heitmeyer, W./Müller, J.* 1995 (Fn. 19), 153. Dies mag z.T. tatsächlich zutreffen. Zu einem Gutteil wird das Verhalten der Ausländer abar im Regelfall auch durch das Verhalten der Skinheads provoziert worden sein.

[122] Hacki (23) Skinhead und Nationalsozialist, *Farin, K./Seidel-Pielen, E.* 1993 (Fn. 20), 74.

[123] *Wagner, B.:* Rechtsextremismus und Jugend. In: Rechtsextremismus in der Bundesrepublik Deutschland. Eine Bilanz, hrsg. v. W. Schubarth u.a. Opladen 2001, 155-165, 156.

[124] *Böttger, A.* 1998 (Fn. 108), 266.

[125] *Farin, K./Seidel-Pielen, E.* 1993 (Fn. 20), 203.

[126] Zitat aus dem Song „Gesetze der Straße" von den „Böhsen Onkelz", zit. bei *Farin, K./Seidel-Pielen, E.* 1993 (Fn. 20), 93f.

[127] *Schultze, Th./Gross, A.* 1997 (Fn. 59), 75; allerdings für die achtziger Jahre, *Lecorte, Th.* 1992 (Fn. 46), mit beispielhaften Schilderungen szeneinterner Gewaltdiskussionen und eigenen Reflexionen, 48ff., 60, 67ff., 86, zu szeneinternen Auseinandersetzungen um die

ternen Medien und auch in Selbstbezichtigungsschreiben wird versucht, Gewalt als legitimes Mittel im Kampf gegen das System ideologisch zu begründen.[128] Sinnlose Gewalt, „irgendwelche Leute, 'Normalbürger', anzurempeln und anzupöbeln,“[129] wird abgelehnt.[130]

Autonome halten Gewalt für das einzige Mittel zur Gegenwehr, zur Durchsetzung der eigenen politischen Ziele, weil sie Gewalt als omnipräsent erleben: „Egal ob es direkte Gewalt ist durch Bullen oder Militär ..., Gewalt durch die Ämter, durch die Schule, durch den Arbeitsplatz, den Chef, durch die Familie. Gewalt ist in diesem Staat erst mal da. Zum anderen brauchst du sie, um dich dagegen zu wehren, um etwas ändern zu können. Gewalt ist das einzige Mittel, mit dem du etwas erreichen kannst."[131] Gewalt wird deshalb als unerläßliches Mittel des Kampfes propagiert: „Wenn die Revolution nicht von selbst kommt, muß sie mit Gewalt vorangetrieben werden.“[132] Die meisten sprechen sich dabei für die Einheit aller Kampfformen aus und propagieren, daß politische Bewegungen, militante Aktionen und Angriffe auf die Repräsentanten dieses Systems und deren Eigentum zusammenwirken müßten.[133] Einige Autonome halten zumindest im Kampf gegen Ausbeutung und Unterdrückung, vor allem aber im Kampf gegen „Faschos“ auch politische Morde oder zumindest Körperverletzungen mit Todesfolge für hinnehmbar,[134] andere gar für opportun. Letztere gehen davon aus, daß sich die Wirkung

---

Maßstäbe für politische Tötungen, insbesondere 132ff. Zur szeneinternen Diskussion von Gewalt gegen Menschen im Anti-AKW-Kampf, *Bundesminister des Innern:* Verfassungsschutzbericht, 1996, 53.

[128] So etwa in „radikal“ Nr. 156, Juni 1999, zit. bei *Bundesminister des Innern:* Verfassungsschutzbericht 1997, 34; 1999, 100; „*Interim*“ Nr. 342, 17. August 1995, zit. bei *Bundesminister des Innern:* Verfassungsschutzbericht 1995, 44.

[129] Till, 20, Autonome Antifa und linkes Zentrum, Halle an der Saale. In: *Kongreßlesebuch-Gruppe* 1995 (Fn. 71), 196.

[130] *Geronimo* 1997 (Fn. 68), 109.

[131] Interview mit einem Berliner Autonomen in „Junge Welt" vom 7.1.1992, zit. in *Bundesminister des Innern:* Verfassungsschutzbericht 1992, 36f. Ähnlich „Antifa-Jugendinfo" Nr. 25, Januar 1999, zit. bei *Bundesamt für Verfassungsschutz* Mai 1999 (Fn. 54), 6. Auch *Lecorte, Th.* 1992 (Fn. 46), 70 erlebt Gewalt als omnipräsent. „Gewalt war keine Frage, kein Problem, sondern eine Realität, mit der alle konfrontiert waren.“ Ebenda, 82, auch 84f.

[132] Allerdings für die achtziger Jahre, *Lecorte, Th.* 1992 (Fn. 46), 49f.

[133] Zum „Anti-AKW-Pluralismus“, nach dem ein Nebeneinander verschiedener Aktionsformen erwünscht ist, *Bundesminister des Innern:* Verfassungsschutzbericht 1997, 40.

[134] Zur szeneinternen Auseinandersetzung über den Tod des Funktionärs der „Deutschen Liga", Gerhard Kaindl, *Bundesminister des Innern:* Verfassungsschutzbericht 1992, 39. Mit mehreren Beiträgen, immer noch zum „Kaindl-Fall“ „radikal“ Nr. 153, November 1995, zit. bei *Bundesminister des Innern:* Verfassungsschutzbericht 1995, 45, Anm. 5 und 6. Zur Diskussion über politische Tötungen in den achtziger Jahren *Lecorte, Th.* 1992 (Fn. 46), 72: „Es ist mir die Toten wert, und, ich, es klingt zynisch, es ist mir sogar Tote wert, die zu Unrecht sterben. ... Das ist, weil ich hoffe, weil ich hoffe, weil ich die Chancen suche: die Chance für eine völlige Umwälzung. Es geht doch darum, dieses ganze Morden und Siechen zu beenden.“

der gewalttätigen Aktionen potenziere: in der Masse seien sie „sehr nervig für die Schweine."[135] Andere anerkennen zwar die Notwendigkeit bewaffneter Aktionen, plädieren jedoch für die Entwicklung von Kriterien für politische Tötungen.[136] Die Diskussion über Mordanschläge der RAF oder der Revolutionären Zellen[137] und darüber, ob „tödliche Aktionen" als Teil einer antifaschistischen Strategie zu rechtfertigen seien, ist dabei aber immer auch vom taktisch-strategischen Kalkül und von Effektivitätsgesichtspunkten bestimmt:[138] „Das entscheidende Kriterium für die Legitimität politischer Tötungen ist, ob sie tatsächlich notwendig sind, um eine Umwälzung der Gesellschaft herbeizuführen."[139] Von einigen wird der Verlust von Menschenleben relativiert, wenn Anschläge ihre symbolische Wirkung erzielen: Ob dabei „Blut von Schweinen gespritzt" worden sei, sei unwichtig.[140] Es gibt aber auch Autonome, die politische Morde mit der Begründung ablehnen, sie vermöchten das Herrschaftssystem trotz der Verunsicherung der Verantwortlichen nicht wirklich in Frage zu stellen, weil letztendlich nur ein Repräsentant durch einen anderen ersetzt werde.[141] Ein „Theoretiker" der Szene meint, Tötungen seien mit

---

135 *„Interim"* Nr. 158 vom 15.8.1991, zit. bei *Bundesminister des Innern:* Verfassungsschutzbericht 1991, 38f. In der Selbstbezichtigung zum Briefbombenanschlag auf Hanno Klein, Referatsleiter beim Senator für Bau- und Wohnungswesen, am 12. Juni 1991 heißt es, er sei richtig gewesen, um „seinen Tod ins Verhältnis zu setzen zu dem, was er mit seiner Politik anrichtet." Abgedruckt in *„Interim"* vom 24.9.1992, zit. bei *Bundesminister des Innern:* Verfassungsschutzbericht 1992, 37.

136 So etwa „radikal" Nr. 153 November 1995, 41, zit. bei *Bundesminister des Innern:* Verfassungsschutzbericht 1995, 25, Anm. 6. Auch *Lecorte, Th.* 1992 (Fn. 46), 132.

137 *Bundesminister des Innern:* Verfassungsschutzbericht 1991, 38f.

138 Auf den Tod von Kaindl am 4. April 1992 wurde innerhalb der Szene unterschiedlich reagiert. In einer Erklärung in der *„Interim"* Nr. *189* vom *16. 4. 1992,* abgedruckt bei *Bundesminister des Innern:* Verfassungsschutzbericht 1992, 39, Anm. 12, hieß es, „antifaschistischer Selbstschutz" bedeute eben nicht, daß man erst an Gegenwehr denke, wenn man selber bedroht sei. Vielmehr müsse man die Faschisten immer und überall angreifen und ihre Strukturen zerstören. Daß in einer direkten Konfrontation die Möglichkeit der Tötung eines Faschisten liege, sei ein tragbares Risiko. Ähnlich autonome Frauen in *„Interim"* Nr. 208 vom 24.9. 1992, zit. ebenda, 39. Andere äußerten „diese faschisten schweine ermorden menschen. Sollten sie darum nicht auch als personen angegriffen werden, verletzt werden und vielleicht noch mehr???! Ist das nicht auch legitim? für uns bedeutet das selbstschutz, selbstverteidigung." *„Interim"* Nr. 501 vom 4. Mai 2000, zit. bei *Bundesminister des Innern:* Verfassungsschutzbericht 2000, 166. Neben diesen befürwortenden gab es jedoch auch kritische Stimmen, allerdings wurde geraten, im Interesse der Solidarität der Szene davon abzusehen, sich von den Tätern zu distanzieren. Ebenda 1992, 39, Anm. 14.

139 So in Bezug auf den Fall Kaindl, „radikal" Nr. 153, November 1995, zit. bei *Bundesminister des Innern:* Verfassungsschutzbericht 1995, 45, Anm. 6.

140 *„Interim"* Nr 157 vom 1.8.1991, zit. bei *Bundesminister des Innern:* Verfassungsschutzbericht 1991, 39, Anm. 11 (insbesondere zu Schüssen auf die US-Botschaft durch Mitglieder der RAF).

141 *Bundesminister des Innern:* Verfassungsschutzbericht 1991, 39, dort abgedruckt eine Stellungnahme zum Mordanschlag der RAF auf den Präsidenten der Treuhandanstalt, Karsten Rohwedder in *„Interim"* Nr. 160 vom 13.9.1991; auch Verfassungsschutzbericht

dem Selbstverständnis einer Bewegung nicht vereinbar, die auf Öffentlichkeit und Vermittelbarkeit ihrer Aktionen angewiesen bleibe. Tötungen seien nur im Rahmen eines Guerilla-Krieges eine angemessene politische Aktionsform.[142] Einen solchen führen die Autonomen in Abgrenzung von der RAF aber gerade nicht. Eine breite Mehrheit hält es immerhin zumindest für gerechtfertigt, bei gewalttätigen Übergriffen auf „Faschos" deren Tod zu riskieren.[143]

2. Interpretation

Daß Vertreter aller drei Jugendkulturen ihre Gewalttaten rechtfertigen und nicht sinnlos drauflos geschlagen haben wollen, daß etwa SHARP-Skins zwischen „guter" und „schlechter" Gewalt zu unterscheiden versuchen und Autonome nach Kriterien für politische Tötungen suchen, zeigt, daß Vertreter aller drei Jugendkulturen für den normativen Gehalt des Verbots, andere an Leib und Leben zu schädigen, durchaus empfänglich sind. Es besteht das offensichtliche Bedürfnis, das gewaltzentrierte Gemeinschaftsleben der Bezugsgruppe als legitim geordnet zu begreifen. Dies legt die Annahme nahe, daß es den Jugendlichen zum Problem wird, daß es ihnen nur mehr bedingt gelingt, ihre Handlungen im Einklang mit den allgemein anerkannten Normen einvernehmlich zu koordinieren. Daß sie aus gesamtgesellschaftlicher Perspektive unfähig sind, ihre Beziehungen legitim zu ordnen, läßt für sie die zunehmende Entfremdung und erosionsbedingte Dissoziation gesellschaftlicher Zusammenhänge bedrängend offenbar werden. Jugendkulturen erfüllen daher gerade deshalb die Funktion von Auffanglebenswelten, die erosionsbedingte Dissoziation und Enfremdung kompensieren, weil sie ihre Mitglieder mit Rechtfertigungen für ihr gewalttätiges Tun versorgen, die zumindest das Gemeinschaftsleben als legitim geordnet erscheinen lassen.

1995, 45 und *Schultze, Th./Gross, A.* 1997 (Fn. 59), 61 mit Nachweisen zu älteren Szenepublikationen.

142 *Geronimo* 1997 (Fn. 68), 109. Eine ähnliche Position beziehen *Schultze, Th./Gross, A.* 1997 (Fn. 59), 84, in der Diskussion über die tödlichen Schüsse auf zwei Polizisten an der Startbahn West im Jahre 1988: „Die Verselbständigung einer Militanz, die nicht mehr mit einer breiten politischen Bewegung diskutiert werden konnte, bildete die Folie für einsame Entscheidungen innerhalb der Bewegung agierender Individuen, deren politischer, kollektiver Zusammenhang verlorengegangen war. Dieses Verhalten brach mit den in der Geschichte der Autonomen vermittelten Prinzipien ihrer Politik."

143 Szeneveröffentlichung „HERZRythmusstörungen", Beitrag „Wir müssen ganz anders!" zit. bei *Geronimo* 1997 (Fn. 68), 108. Zur szeneinternen Diskussion der Zulässigkeit politischer Morde, *Moreau, P./Lang, J.P.* 1996 (Fn. 45), 380; *Bundesminister des Innern:* Verfassungsschutz, 1994, 37; 1995, 45 und *Geronimo* 1997 (Fn. 68), mit Nachweisen zu weiteren Szeneverlautbarungen 89f., 106, insbesondere 109, 111f. *Geronimo* selbst hält die „Ein-Toter-kann-schon-mal-liegen-bleiben-Position" für unpolitisch, weil sie suggeriert, daß die Täter keine Spielräume hätten zu bestimmen und zu entscheiden, was sie tun. Ebenda, 108f.

a) Neutralisierung eingeschränkter interaktiver Kompetenzen

Die Erfahrung zunehmender Entfremdung verbindet sich nicht selten mit der Erfahrung interaktiver Kompetenzdefizite.[144] Skinheads können Aggressionen und Frustrationen offenbar nur mehr gewaltförmig abarbeiten, und Hooligans fühlen sich bereits nicht mehr ernst genommen und in Frage gestellt, wenn Unbeteiligte sich ihnen in den Weg stellen oder ihre Gewaltrituale, z.T. vielleicht nur unbeabsichtigt, stören. Schon dies vermittelt ihnen den Eindruck, daß ihre Gefährlichkeit keinen Respekt einflößt.

Die innerhalb der Jugendkulturen aufgebrachten Rechtfertigungen helfen den Jugendlichen auszublenden, daß es ihnen an generalisierter Handlungsfähigkeit fehlt, daß sie keine konfliktfähigen Persönlichkeitsstrukturen ausgebildet haben oder daß sie ihre Persönlichkeit nur mehr über allwöchentliche Gewaltrituale zu stabilisieren vermögen. Die Rechtfertigungen neutralisieren defizitäre interaktive Kompetenzen in der Selbstwahrnehmung der Schläger. Denn solange ihr Verhalten durch gruppeninterne Rechtfertigungen gedeckt ist, erleben sie sich innerhalb ihrer primären Bezugsgruppe als kompetente Aktoren. Die faktisch defizitären interaktiven Kompetenzen und der pathologische Charakter der Suche nach Selbstbestätigung werden gruppenintern nicht virulent.[145]

Den Hooligans gelingt diese Selbsttäuschung über die Assimilierung der Gruppenmoral an allgemein anerkannte Rechtfertigungsgründe. Sie verweisen auf die Einwilligung der Opfer, als seien ihre gewalttätigen Konfrontationen mit sportlichen Wettkämpfen vergleichbar. Wer sich einmischt, stört das „Spiel“ und ist daher selbst schuld, wenn es ihn trifft. Auch die Skinheads bemühen sich um den Rückgriff auf allgemeine Rechtfertigungsgründe. Der Verweis darauf, provoziert worden zu sein, soll suggerieren, sie befänden sich in einer Notwehrsituation, und wo sie ihren Kumpels zu Hilfe kommen, meinen sie, Nothilfe zu leisten. Daß in den meisten Fällen schon keine Notwehrlage vorliegen dürfte, darüber hinaus das Notwehrrecht vielfach eingeschränkt sein dürfte, weil die Notwehrlage von den Skinheads selbst provoziert worden ist und überhaupt die brutalen Attacken die Grenzen des Notwehrrechts regelmäßig überschreiten, wird gruppenintern ausgeblendet. Statt dessen überhöhen die Skinheads den Anschein von Rechtfertigung diffus-ideologisch: Sie stilisieren sich als Verteidiger deutscher Bevölkerungsinteressen und versuchen, den Eindruck zu erwecken, im Kampf gegen Ausländer zur Selbsthilfe greifen zu müssen, weil der Staat und seine Repräsentanten versagen. Weil sie sich als Vollstrecker deutscher Bevölkerungsinteressen sehen, erscheint ihnen auch jeder Widerstand der Opfer gegen ihre Übergriffe als illegitim. Weil ihre Gewalttaten gruppenintern gerechtfertigt sind und gruppenintern als im höchsten Maße legitim bewertet werden, erleben sie sich als kompetente Aktoren, die im Interesse der

---

[144] Dazu bereits oben I. 2. e).

[145] Dazu näher oben § 6 III. 1 b).

Allgemeinheit kein Wagnis scheuen. Diese Selbsteinschätzung sehen sie zusätzlich durch öffentliche Diskussionen, nicht zuletzt an den Stammtischen, gestützt.[146]

Anders als Hooligans und Skinheads versuchen die Autonomen nicht, zu suggerieren, im Einklang mit allgemein anerkannten Rechtfertigungsgrundsätzen zu agieren, um so die eigenen Normverstöße zu *neutralisieren*. Als anomische Jugendkultur bekennen sie sich vielmehr offen dazu, sich nicht mehr an den herrschenden Werten und Normen orientieren zu wollen – ob sie dies auch ohne Einschränkung wirklich könnten, bleibt unklar. Weil man den bestehenden politisch-gesellschaftlichen Verhältnissen den Kampf angesagt hat, hat man auch keinen Respekt mehr vor den Normen, die diese Verhältnisse ordnen. Normverstöße werden damit als zulässiges Mittel des revolutionären Umsturzes propagiert und *legitimiert*. Es ist daher nur konsequent, die Frage der Beachtung des Tötungsverbotes primär als taktisch-strategische Frage und nicht als moralische zu diskutieren. Dennoch beweist das Bestreben, zumindest für politische Tötungen Kriterien zu entwickeln, daß auch bei den Autonomen ein Bedürfnis besteht, zumindest gravierende Normverstöße mit guten Gründen zu rechtfertigen. Weil die Rechtfertigungen der Autonomen es denjenigen, die gewalttätig werden, erlauben, sich als Revolutionäre zu stilisieren, tragen sie über die Rollenkonzeptualisierung zur Stabilisierung labiler Persönlichkeiten bei. Die Wahrnehmung der Rolle des „Revolutionärs" gibt dem Leben eine klare Ausrichtung, und weil der „Revolutionär" nach seiner Bestimmung die Konfrontation suchen muß, werden insbesondere interaktive Kompetenzdefizite, etwa die Unfähigkeit, die eigenen Handlungsintentionen mit anderen abzustimmen und seinen Weg innerhalb der Gesamtgesellschaft zu gehen, nicht bewußt.[147] Auch anomische Jugendkulturen kompensieren daher die Folgen defizitärer Sozialisation.

b) Rechtfertigungsfiguren als Indikator gesellschaftlicher Desintegration

Die Rechtfertigung von Gewalttaten dient aber nicht nur der Stabilisierung der Persönlichkeit eingeschränkt interaktionsfähiger Aktoren oder der Selbststilisierung. Die Rechtfertigungsfiguren geben, nicht zuletzt, wo sie sich auf die Rechtfertigung von Gewalt gegen die Polizei beziehen, auch Auskunft darüber, wie die Jugendlichen den Zustand des Gemeinwesens wahrnehmen.

Die Hooligans verteidigen sich gegen die Polizei, die sich einmischt oder ihre Kämpfe verhindert. Sie wird als Störfaktor angesehen. Dabei ist auffällig, mit welcher Selbstverständlichkeit die Hooligans die Nichteinmischung der Polizei und die Anerkennung jugendkultureller Erlebnisfreiräume fordern und dies, obwohl die Polizei offensichtlich die Aufgabe hat, die gewaltförmigen öffentlichen Konfrontationen, bei denen Beteiligte wie Unbeteiligte zu Schaden kommen, zu unterbinden. Daß die Hooligans die Ordnungsfunktion der Polizei nicht anerkennen, läßt sich

---

146 Zur Bedeutung der positiven Bewertung ihrer Aktionen unten X. 1. b).

147 Zu Interaktionsschwierigkeiten unten IV. 1. c).

darauf zurückführen, daß sie ihre Krawalle nicht mehr aus der Perspektive der Allgemeinheit, im Lichte der Interessen des Gemeinwesens zu betrachten vermögen oder betrachten wollen. Daß das Eingreifen einer ordnenden Instanz nur mehr als störend erscheint, ist insoweit ein Anzeichen gesellschaftlicher Dissoziation.

Die Rechtfertigungen der Skinheads haben demgegenüber geradezu archaischen Charakter. Sie stellen ihre Gewalttaten als aus der Not geboren, als existentielle Selbsthilfe dar. Weil Selbsthilferechte in einem Rechtsstaat nur noch in außerordentlich engen Grenzen eingeräumt sind, gewinnen die Rechtfertigungen über die Aktivierung dieser vormodernen Institution regressiven Charakter. Wenn es heißt, „Gesetze der Straße sind Gebote der Gewalt, Gesetze der Straße sind Blut auf dem Asphalt! Kampf in den Stadien, Kampf in den Straßen, nie endende Gewalt sind Ausdruck der Armut und der Arbeitslosigkeit“[148], wird sogar der Eindruck eines Krieges aller gegen alle erzeugt, der Eindruck eines archaischen, ungeordneten Naturzustandes á la Hobbes, in dem die Menschen ihre vitalen Überlebensinteressen selbst wahrnehmen müssen, eines Gemeinwesens also, das gänzlich dissoziiert ist und in dem jeder auf sich selbst verwiesen ist. Dies legt die Vermutung nahe, daß die Skinheads die Gesellschaft als stark desintegriert erleben. Die Stilisierung „vorpolitischer“ Verhältnisse paßt dabei zum unpolitischen Charakter der Rechtfertigungen der Skinheads, die gerade keine politische Programmatik verfolgen und nicht nach politischer Macht streben, um die bestehende Ordnung zu verändern oder gar umzustürzen, sondern sich allenfalls als Exekutoren ebenso vitaler wie diffuser Gemeinschaftsinteressen stilisieren, sich also zu einer Selbsteinschätzung versteigen, in der sie durch manche öffentliche Diskurse bestätigt werden. Ihre Gewalt hat daher noch nicht die umstürzlerische Gestalt anomischen Protestes angenommen.

In diesem Punkt unterscheiden sich die Autonomen von den Skinheads. Auch die Autonomen befinden sich gewissermaßen im Krieg und erleben Gewalt als omnipräsent. Gewalt ist für sie aber die Signatur eines politischen Systems und einer Gesellschaftsordnung, die gerade deshalb der Legitimation entbehren und die es deshalb zu überwinden gilt. Daher haben die Autonomen allen, die sich mit den bestehenden Verhältnissen arrangiert haben oder diese gar unterstützen, die Solidarität aufgekündigt. Deren Gemeinwesen ist nicht mehr das ihrige. Dies belegt ihre Diktion erschreckend sinnfällig. Wenn Autonome etwa Polizisten, als herausgehobene Repräsentanten des Systems, als „Schweine“ titulieren, so bringen sie damit zum Ausdruck, daß sie sie nicht mehr als Menschen, nicht mehr als Ihresgleichen respektieren.[149]

---

148 Zitat aus dem Song „Gesetze der Straße“ von den „Böhsen Onkelz“, zit. bei *Farin, K./Seidel-Pielen, E.* 1993 (Fn. 20), 93f.

149 Zu den Sprachspielen noch ausführlich unten XIII. 1. c).

III. Sozioökonomische Lebensbedingungen und Sozialisationserfahrungen

1. Phänomenologie

a) Hooligans

Die Hooligans stammen aus ganz verschiedenen sozialen Schichten bzw. Milieus. Während insbesondere „Alt-Hooligans", die im Laufe der achtziger Jahre aus den traditionellen Fanclubs in die Hooliganszene abwanderten, eher der Unterschicht entstammen, rekrutieren sich viele „Mode-Hools" und Mitläufer aus der Mittelschicht und durchaus auch aus der Oberschicht. Arbeitslose sind dagegen, zumindest in Westdeutschland, wenig vertreten.[150] Viele Hooligans sind Lehrlinge und Angestellte, es gibt aber auch zahlreiche Abiturienten, Studenten und Selbständige unter ihnen.[151] Zumindest in Westdeutschland hat die Mehrheit eine abgeschlossene Berufsausbildung und einen festen Arbeitsplatz, ist also gesellschaftlich – zumindest formal – eingebunden und verfügt über ein ausreichendes Einkommen. Gerade diese sozial etablierten Hooligans führen eine Art Doppelleben.[152] Neben der bürgerlichen Alltagsidentität haben sie sich eine jungendkulturelle Hooliganidentität bewahrt: „Der Fußball ist wie ein zweites Privatleben. Ich kann mit meiner Freundin weggehen, da geh ich Essen ganz fein, ... sitz abends daheim und guck Fernsehen. Und dann gibt's wie ein Bildschnitt, dann schlaf' ich eine Nacht, ... ,

---

150 *Pilz, G.A.:* Gewalt im Umfeld von Fußballspielen – Ursachen und Möglichkeiten der Prävention. In: Gewalt und Aggression. Phänomene, Ursachen und Interventionen, hrsg. v. H.-W. Bierhoff u.a. Stuttgart 1998, 134; *Schwind, H.-D.:* Kriminologie. Eine praxisorientierte Einführung mit Beispielen. 11. neubearbeitete und erweiterte Aufl. Heidelberg 2001, § 28, Rdrn. 29a; *Krauss, M.* 1995 (Fn. 8), 251; für die österreichische Szene, *Novak, M.* 1994 (Fn. 8), 148f., 167. Die Mitglieder der Kerngruppe der „Anti-Sozial-Front" stammen überwiegend aus der Unterschicht, die Mitglieder der „Hanauer" aus der Mittelschicht, *Matthesius, B.* 1992 (Fn. 2), 136. Die Intensivuntersuchung von 33 Hooligans durch *Lösel, F./Bliesener, T./Fischer, T./Pabts, M.*, ergab allerdings, daß die berufliche Laufbahn von etwa zwei Drittel der Hooligans als unstet bzw. absteigend gekennzeichnet werden muß. Ein Drittel brach die Lehre ab und zwei Drittel waren mindestens ein Mal von mehr als dreimonatiger Arbeitslosigkeit betroffen. *Dies.* 2001 (Fn. 3), 161.

151 *Weis, K.*: Sport und Gewalt. In: Jugend und Gewalt. Devianz in Ost und West, hrsg. v. S. Lamnek. Opladen 1995, 207-224, 134 mit Zahlenangaben für den harten Kern der Hooliganszene in Berlin und Hannover; *Schwind, H.-D. 2001 (*Fn. 150), § 28, Rdnr. 29a; ähnlich für die österreichische Szene, *Novak, M.* 1994 (Fn. 8), 167.

152 *Ek, R. 1996* (Fn. 2), 73f., bezugnehmend auf die Stellungnahmen von befragten szenekundigen Beamten; *Krauss, M.* 1995 (Fn. 8), 248 erklärt dies ohne weitere Begründung für einen Teil der Mythenbildung um die Hooliganszene. A.A. auch *Lösel, F./Bliesener, T./Fischer, T./Pabts, M.* 2001 (Fn. 3), 163, die in ihrer Intensivuntersuchung von 33 Hooligans zu Ergebnissen kamen, die klar gegen die These sprechen, daß es sich bei Hooligans um psychosozial und beruflich ansonsten gut eingebundene Personen handelt, die in einer Art Doppelexistenz nur am Wochenende ihre Aggressionsbedürfnisse ausleben.

und dann ist Fußballtime."[153] In Ostdeutschland finden sich bei den Hooligans dagegen viele junge Menschen ein, die glauben jede Zukunftsperspektive verloren zu haben.[154]

Einige Hooligans haben ihre Kinder- und Jugendzeit überwiegend positiv erlebt, andere schildern sie als eher problematisch oder sogar als „schrecklich" oder „völlig daneben".[155] Insbesondere „Alt-Hooligans", die überwiegend der Unterschicht entstammen und über ihre Väter zum Fußball kamen, fühlen sich ihrem Herkunftsmilieu stark verbunden. Werte wie Körperkraft, Schlagkraft und Durchsetzungsvermögen sind positiv besetzt.[156] Körperliche Auseinandersetzung unter Kindern wurden von den Eltern nicht mit Besorgnis aufgenommen oder als schädlich unterbunden, sondern als Teil der Sozialisation unter Gleichaltrigen akzeptiert: „Und wenn sich einer geprügelt hat, dann durften unsere Kinder auch draufhaun. Unser Mark hatte in drei Monaten vier Löcher im Kopf. Das gab es bei uns nicht, da hättest du deinen Kindern nichts Gutes getan. Unsere Kinder pflegten ja alle Kinder mit heim zu bringen."[157] Weil es diesen Jugendlichen schon immer Spaß gemacht hatte, sich zu prügeln, gingen sie auch gerne zum Fußball.[158] Allerdings ist unübersehbar, daß längere Bildungswege, der Weg zum Abitur und ein Studium, mit der Auflösung traditioneller Orientierungen, Denkweisen und Lebensstile einhergehen und die Jugendlichen in der Folge mit der Freisetzung aus dem Herkunftsmilieu zu kämpfen haben.[159]

Hooligans aus autoritären Elternhäusern berichten, daß sie im Rahmen ihrer Erziehung zum Teil schwere körperliche, als willkürlich und ungerecht empfundene Gewalt erfahren haben – oft unter Einwirkung von Alkohol ausgeübt.[160] In Ge-

---

153 *Pilz, G.A.:* Hooligans. Die neuen Abenteuerer und Avantgarde eines neuen Identitätstyps. In: Jugend und Gewalt – Materialien zur aktuellen Diskussion – Redaktion Benno Hafeneger. Wiesbaden 1992, 95-101, 98.

154 *Schwind, H.-D.:* Kriminologie. Eine praxisorientierte Einführung mit Beispielen. Heidelberg 1996, § 28, Rdnr. 30.

155 *Böttger*, A. 1998 (Fn. 3), 16; *Novak, M.* 1994 (Fn. 8), 167, dazu, daß auch in Österreich viele Hooligans, insbesondere solche, die aus besseren Verhältnissen stammen, von Dissonanzen im Elternhaus berichten.

156 *Matthesius, B.* 1992 (Fn. 2), 52, 114.

157 *Matthesius, B.* 1992 (Fn. 2), 48f., Ingeborg, die Mutter eines der Gründer der „Anti-Sozial-Front", der Hooligans der „Offenbacher Kickers", zur frühzeitigen Verwicklung in körperliche Auseinandersetzungen, ebenda 74.

158 *Matthesius, B.* 1992 (Fn. 2), 53.

159 *Matthesius, B.* 1992 (Fn. 2), 60ff., zu Mark, einem der Begründer der „Anti-Sozial-Front", 128, 129, dort auch bezugnehmend auf Beck, U. 1986.

160 *Böttger*, A. 1998 (Fn. 3), 16; für die österreichische Szene *Novak, M.* 1994 (Fn. 8), 149, wo insbesondere Hooligans, die aus dem Arbeitermilieu, aus zerrütteten Familienverhältnissen stammen, von übermäßigen physischen Sanktionen berichtet haben. Auch nach *Lösel, F./Bliesener, T./Fischer, T./Pabts, M.* 2001 (Fn. 3), 162, treten ungünstige Erziehungsmuster insbesondere in der unteren Mittel- und Unterschicht auf. Bei einem Teil dieser Herkunftsfamilien sind auch väterliche Alkohol- und Berufsprobleme erkennbar.

sprächen hat sich ergeben, daß viele einen Zusammenhang zwischen der in der Erziehung erfahrenen Gewalt und der eigenen Gewalttätigkeit stiften, insbesondere, wenn die Gewalt als willkürlich empfunden wurde und die Gründe unverstanden blieben. Die erlebte Wehr- und Hilflosigkeit entlud sich spätestens in der Jugend in eigenen Gewalthandlungen. Häufig war das erste Opfer ein gewalttätiger Elternteil, an dem man sich rächen wollte, und nicht selten hatte man damit insofern Erfolg, als weitere Gewalttaten der Erwachsenen daraufhin unterblieben. „Auch in anderen Situationen, die als ungerecht erlebt wurden, kam es dann zum Einsatz von subjektiv als gerecht erlebter Gewalt, auch hier teilweise mit Erfolg. Später verselbständigt sich der erlernte Mechanismus. Man schlägt sich mit anderen, um Aggressionen abzubauen, die sich in Ausbildung, Beruf oder anderen Zusammenhängen aufgebaut haben.“[161]

Eher liberal erzogene Hooligans berichten häufig von Vernachlässigung. Ihre Eltern haben wenig Zeit mit ihnen verbracht.[162] Häufig beschränkte sich der Austausch auf finanzielle Belange. „Nein, (ich habe) kein schlechtes Verhältnis zu den Eltern, (ich habe) überhaupt keines eigentlich.“[163] Manche Hooligans sind als Straßenkinder von der peergroup sozialisiert worden. Dies wird zumindest retrospektiv nicht unbedingt negativ, sondern eher positiv beurteilt. Auf der Straße wird man schneller erwachsen. Vor allem lernt man aber Gewalt anzuwenden, um sich durchzusetzen. Im weiteren Leben wird dann Gewalt einfach nur eingesetzt, um sich zu bestätigen,[164] und dazu ergibt sich im Stadion Gelegenheit.

Die Herkunftsfamilien der Hooligans und die der Mitglieder nicht gewalttätiger Jugendkulturen unterscheiden sich letztlich nicht dadurch, daß letztere intakt, erstere aber nicht intakt sind, daß sie etwa durch Scheidung oder Tod eines Elternteils gekennzeichnet sind. Vielmehr unterscheiden sie sich durch die Kommunikationsstrukturen. Es konnte festgestellt werden, daß die lebensgeschichtlichen und familiären Probleme im Herkunftsmilieu von Hooligans nicht kommunikativ bewältigt wurden und folglich unbearbeitet blieben. Dementsprechend wurden verständigungsgestützte Problemlösungsstrategien nicht erlernt.[165]

b) Skinheads

Skinheads stammen aus den verschiedensten sozialen Schichten bzw. Milieus.[166] Jugendliche aus dem unteren und mittleren Schichtsegment sind jedoch besonders

---

161 *Böttger*, A. 1998 (Fn. 3), 16-18.

162 *Böttger*, A. 1998 (Fn. 3), 18, 19; *Lösel, F./Bliesener, T./Fischer, T./Pabts, M.* 2001 (Fn. 3), 162; für die österreichische Szene berichtet *Novak, M.* 1994 (Fn. 8), 148, von ähnlichen Erfahrungen von Hooligans aus der Mittel- und Oberschicht.

163 Für die österreichische Szene *Novak, M.* 1994 (Fn. 8), 148.

164 *Böttger, A. 1998* (Fn. 3), 18,19.

165 *Bohnsack, R./Loos, P./Schäffer, B./Städtler, K./Wild, B.* 1995 (Fn. 3), 31ff.

166 *Böttger, A.* 1998 (Fn. 108), 260.

stark vertreten, ein nicht unerheblicher Teil hat aber auch Angestellte oder Beamte als Väter.[167] Die meisten Skinheads sind Arbeiter, Auszubildende und Schüler. Studenten, Angestellte, aber vor allem auch Arbeitslose sind dagegen in der Skinheadszene stark unterrepräsentiert.[168] Dem Working-class-Selbstverständnis entsprechend suchen viele Skinheads eine Lehrstelle für Berufe, die mit körperlicher Arbeit verbunden sind. Diejenigen, die eine weiterführende Schule besucht haben, wählen in der Regel technikorientierte Ausbildungsgänge oder Studienzweige.[169]

Ein Großteil der Skins entstammt problematischen Familienverhältnissen. Viele sind in schlechten Wohnverhältnissen aufgewachsen, das elterliche Einkommen war gering, Arbeitslosigkeit, die Angst vor dem Verlust des sozialen Status oder auch Alkoholabhängigkeit oder psychische Erkrankungen eines Elternteils und schwere Konflikte zwischen den Ehepartnern überschatteten den Familienalltag.[170] Gerade Skinheads in Ostdeutschland haben den wirtschaftlichen Abstieg ihrer Eltern bewußt miterlebt.[171]

Das Kinder- und Jugendalter vieler Skinheads war von Erziehungsproblemen geprägt. Viele sind im Elternhaus gezüchtigt worden, ungerechtfertigt, aus nichtigem Anlaß oder nur, weil ein Exempel elterlicher Autorität statuiert werden sollte.[172] Gewalt gehört daher für viele Skinheads zum Leben dazu: „Ich bin mit Schlägen großgeworden. In der Schule gab's auch Schlägereien en masse." [173] Etliche von ihnen fielen als Kinder und Jugendliche bereits selbst durch aggressiv auffälliges und gewalttätiges Verhalten in Kindergarten und Schule auf, was die Konflikte im Elternhaus nicht selten verschärfte.[174] Auffällig ist, daß viele Skinheads ein problematisches Verhältnis zu ihrem Vater haben und sich schroff, manchmal

---

[167] *Bredel, H.* 2002 (Fn. 28), 61. Die Mitglieder der von *Eckert, R./Reis, Ch./Wetzstein, Th.A.* befragten Gruppe rechter Skins entstammten sogar alle der Unter- bzw. der Mittelschicht. *Dies.* 2000 (Fn. 33), 289.

[168] *Farin, K./Seidel-Pielen, E.* 1993 (Fn. 20), 186. Nur 4,7 % der Skinheads, die den Fragebogen zurücksandten waren arbeitslos, nur 6,9% Angestellte und nur 7,3% Studenten. Der Anteil der Arbeiter lag dagegen bei 27,5%, der der Auszubildenden bei 20,1 %, der der Schüler bei 15,4%.

[169] *Bredel, H.* 2002 (Fn. 28), 74.

[170] *Bredel, H.* 2002 (Fn. 28), 61; von einem problematischen familiären Hintergrund der meisten der von ihnen untersuchten Skins berichten auch *Eckert, R./Reis, Ch./Wetzstein, Th. A.* 2000 (Fn. 33), 310.

[171] *Bredel, H.* 2002 (Fn. 28), 61f.

[172] *Bredel, H.* 2002 (Fn. 28), 61, insbesondere zu den Familienverhältnissen von Ostskins vor der Wende, 62, m.w.N. Von massiven Züchtigungen und Schikanen seines Stiefvaters berichtet etwa Ewald aus Ostdeutschland, früher Skinhead, *Heitmeyer, W./Müller, J.* 1995 (Fn. 19), 74f.

[173] Hacki (23) Skinhead und Nationalsozialist, *Farin, K./Seidel-Pielen, E.* 1993 (Fn. 21), 62f., siehe auch 73, zu Alex (18). Ähnlich äußern sich auch die von *Eckert, R./Reis, Ch./Wetzstein, Th.A.* befragten Skins, *Dies.* 2000 (Fn. 33), 303.

[174] *Bredel, H.* 2002 (Fn. 28), 62, bezugnehmend auf verschiedene empirische Studien, allerdings über fremdenfeindliche Jugendliche allgemein.

geradezu haßerfüllt von ihm distanzieren: „Vater kann man sowas auch nicht nennen. Nur Erzeuger.“[175] Auch Skinheads, die in formal intakten Familien großgeworden sind, berichten vielfach über einen autoritären und von Gewalt geprägten Erziehungsstil ihrer Väter.[176] Nur ganz wenige Skinheads charakterisieren dagegen den Erziehungsstil ihrer Eltern als kommunikativ.[177] Einige berichten, für ihre Probleme im Elternhaus keinen Ansprechpartner gehabt zu haben und in Krisensituationen, insbesondere im Nachgang zu ersten Hafterfahrungen, keinerlei Unterstützung erfahren zu haben.[178] Andere sagen, daß ihr Weg in die Szene die Eltern-Kind-Beziehung zusätzlich belastet hat.[179] Wieder andere beklagen die passive Haltung ihrer Eltern, das Laufenlassen, Abwarten, eine Art Nicht-Erziehung.[180] Bei einem hohen Prozentsatz der Skinheads sind die Eltern geschieden oder ein Elternteil gestorben.[181] Gerade Skinheads, die ohne Vater aufwuchsen, beklagen, daß mit dem leiblichen Vater die zentrale männliche Identifikationsfigur fehlte; auch dann, wenn, wie in den meisten Fällen, jedenfalls für einige Zeit, ein Stiefvater in die Familie kam.[182] Die Tatsache, daß der Vater für viele Skinheads als Bezugs- und Vertrauensperson ausfiel, hat in vielen Fällen eine sehr starke Bindung an die Mutter begünstigt. Die Mutter wird dann geradezu positiv stilisiert, ihr Verhalten kaum in Frage gestellt: „Autoritär vom Vater, vonner Mutter kam dann wieder der Aus-

---

[175] B., zit. bei *Böttger, A.* 1998 (Fn. 108), 260.

[176] Mehr als die Hälfte der Westskins, allerdings nur etwa ein Sechstel der Ostskins aus der von *Heitmeyer, W./Müller, J.* untersuchten Gruppe von Jugendlichen, die wegen fremdenfeindlicher Gewalttaten inhaftiert waren, bezeichnen das Verhältnis zu ihren Vätern respektive Stiefvätern als schlecht und ihren Erziehungsstil als autoritär. Dies ergibt sich bei einer Auswertung der von *Heitmeyer, W./Müller, J.* zusammengestellten Tabellen. *Dies.* 1995 (Fn. 19), 132-135. Ausführlich zu Rainer, Skinhead aus Ostdeutschland, ebenda, 130, auch Jakob, Skinhead aus Westdeutschland, berichtet von Züchtigungen, allerdings durch seinen Stiefvater, ebenda, 87.

[177] Nur einer der westdeutschen und zwei der ostdeutschen Skinheads aus der von *Heitmeyer, W./Müller, J.* befragten Gruppe, *Dies.* 1995 (Fn. 19), 132-135. Auch in Ewalds Familie hatte man sich außer „Guten Tat“ und „Auf Wiedersehen“ praktisch nichts zu sagen, ebenda, 75.

[178] So etwa Rainer, Skinhead aus Ostdeutschland, der bekennt, darüber geweint zu haben, daß seine Eltern ihn so haben hängenlassen, insbesondere nachdem er nach dem Rausschmiss zu Hause eine Zeit lang auf der Straße lebte, zit. bei *Heitmeyer, W./Müller, J.* 1995 (Fn. 19), 128f.

[179] *Eckert, R./Reis, Ch./Wetzstein, Th. A.* 2000 (Fn. 33), 290.

[180] So etwa der Ex-Skin Tobias aus Westdeutschland, *Heitmeyer, W./Müller, J.* 1995 (Fn. 19), 98f.

[181] So bei 10 der West- und bei 8 der Ostskins, also knapp zwei Drittel der Skinheads, der von *Heitmeyer, W./Müller, J.* untersuchten Gruppe, *Dies.* 1995 (Fn. 19), 126f.

[182] *Böttger, A.* 1998 (Fn. 108), 261. Daß das Aufwachsen ohne den leiblichen Vater zum Problem wurde berichtet auch einer der von *Eckert, R./Reis, Ch./Wetzstein, Th. A.* 2000 (Fn. 33), 290 befragten Skinheads.

gleich. Da war dann wieder, 'n bißchen ruhiger, der Pol."[183] Wegen ihres problematischen Verhältnisses zu ihren Eltern haben viele Skinheads das Elternhaus früh verlassen.[184]

Viele Skinheads sahen sich in ihrem Elternhaus hohen Erwartungen, insbesondere an die schulischen Leistungen, ausgesetzt, die sie nicht oder nur selten erfüllen konnten. Mißerfolgserlebnisse führten zu schweren Konflikten mit den Eltern,[185] zu Orientierungsschwierigkeiten und Gleichgültigkeit: „Also vom Gymnasium zum qualifizierten Hauptschulabschluß. Ich habe nachher schulisch keine Lust mehr gehabt."[186] Nur eine relativ geringe Zahl von Skins hat eine höhere Schulbildung genossen.[187] Die Bildungsabschlüsse der Jugendlichen sind dementsprechend zum größten Teil niedrig.[188] Die meisten verfügen nur über einen Haupt- oder Realschulabschluß.[189] Nach der Schule haben viele eine Lehrstelle angetreten, die nicht ihrem Interesse entsprach, die sie wenig qualifizierte und kaum Aufstiegschancen eröffnete.[190] Es verwundert daher nicht, daß viele die Lehre abbrechen, eine neue beginnen, diese z.T. wieder abbrechen und vielfach einfach arbeitslos bleiben oder sich mit Aushilfstätigkeiten über die Runden bringen.[191] Viele gelten als schwer vermittelbar und haben Probleme damit, den Leistungsanforderungen im Beruf zu genügen.[192] Es gibt aber auch sehr wohl Skinheads, die ohne Probleme eine Ausbildung durchlaufen haben[193] und einer geordneten Berufstätigkeit nachgehen.

---

[183] *Böttger, A.* 1998 (Fn. 108), 262f., 267. Dies trifft etwa auch auf Hermann, Skinhead aus Westdeutschland, Mitglied zunächst der FAP, dann der NF und auf Ewald, Skinhead aus Ostdeutschland, zu: *Heitmeyer, W./Müller, J.* 1995 (Fn. 19), 60, 75.

[184] *Eckert, R./Reis, Ch./Wetzstein, Th. A.* 2000 (Fn. 33), 290.

[185] *Bredel, H.* 2002 (Fn. 28), 66, bezugnehmend auf eine Studie von *Hafeneger.* Auch Rainer, Skinhead aus Ostdeutschland, hat offenbar unter Mißerfolgserlebnissen gelitten. Er berichtet, daß seine Schwester immer bevorzugt wurde, weil sie gut in der Schule war: *Heitmeyer, W./Müller, J.* 1995 (Fn. 19), 130. Zu hohen Erwartungen sah sich auch Tobias, Exskin aus Westdeutschland ausgesetzt, ebenda, 99.

[186] *Böttger, A.* 1998 (Fn. 108), 263, 267f.

[187] *Bredel, H.* 2002 (Fn. 28), 66.

[188] *Eckert, R./Reis, Ch./Wetzstein, Th.A.* 2000 (Fn. 33), 289, 291.

[189] *Bredel, H.* 2002 (Fn. 28), 66; *Eckert, R./Reis, Ch./Wetzstein, Th.A.* 2000 (Fn. 33), 289.

[190] *Bredel, H.* 2002 (Fn. 28), 66.

[191] *Bredel, H.* 2002 (Fn. 28), 66. Daß Lehren immer wieder abgebrochen werden, berichten auch *Eckert, R./Reis, Ch./Wetzstein, Th.A.* 2000 (Fn. 33), 291. Von einem Qualifikationsweg voller Umwege und Schwierigkeiten berichtet auch Tobias, Exskin aus Westdeutschland, *Heitmeyer, W./Müller, J.* 1995 (Fn. 19), 100.

[192] *Eckert, R./Reis, Ch./Wetzstein, Th.A.* 2000 (Fn. 33), 291.

[193] So etwa Jakob und Tobias, Skinheads aus Westdeutschland *Heitmeyer, W./Müller, J.* 1995 (Fn. 19), 87f., 98.

c) Autonome

Die Mehrheit der Autonomen kommt immer noch aus gutbürgerlichem Hause. Viele sind Gymnasiasten, „politisch interessierte Mittelstandskinder,"[194] aus wohlbehüteten Elternhäusern.[195] Gerade durch die „Jugendarbeit" der Autonomen[196] konnten aber in den letzten Jahren auch Jugendliche aus anderen Schichten angesprochen werden.[197] Neben Schülern finden sich Auszubildende und Studenten und solche bei den Autonomen ein, die in der Ausbildung gescheitert sind oder ihr Studium abgebrochen haben.[198] Auch von „Massenarbeitslosigkeit und Marginalisierung betroffene Jugendliche" schließen sich den Autonomen an.[199] Die Mehrheit jobbt gelegentlich oder ist arbeitslos.[200] Jenseits dieser spärlichen Informationen ist das Herkunftsmilieu der Autonomen nicht erforscht.

2. Interpretation

a) Indizien der Kolonialisierung innerfamiliärer und schulischer Kontexte

Die wenigen Erkenntnisse, die über die Sozialisationserfahrungen von Hooligans und Skinheads vorliegen, vermitteln ein Bild, das für kolonialisierte innerfamiliäre und schulische Kontexte symptomatisch ist. In beiden Jugendkulturen gibt es Mitglieder, die über einen passiven Erziehungsstil, eine Art Nichterziehung oder von Vernachlässigung und Zeitmangel der Eltern berichten. Gerade Vernachlässigung und Zeitmangel konnten als Folge der Kolonialisierung innerfamiliärer Strukturen, nämlich einer vom Markt erzwungenen Anpassung des Familienalltags an das Beschäftigungssystem, identifiziert werden.[201] Wenn einzelne Hooligans berichten, der Austausch mit den Eltern habe sich auf finanzielle Belange beschränkt, so muß

---

194 *Schultz, Th./Gross, A. 1997* (Fn. 59), 211. Auch nach der Untersuchung von *Förster, P./Friedrich, W.* u.a.: Jugend Ost: Zwischen Hoffnung und Gewalt. Opladen 1993, 101, aus dem Jahre 1992, steigt mit der beruflichen Qualifikation der Eltern das Engagement des Nachwuchses bei autonomen Linken. Ebenso, über die West-Autonomen, auch Nigül (21), in Berlin geboren und aufgewachsen, heute wohnhaft in Kreuzberg. Sie versteht sich als Kommunistin und Teil der autonomen Bewegung. „Kreuzberg ist ein Ghetto." In: *Farin, K./Seidel-Pielen, E. 1993* (Fn. 4), 168. Ilse, 29, Friedensbewegung, Solidaritäts-Bewegung und Nicaragua-Aufenthalt, Uni-Streik 1989, Häuserbewegung in Ostberlin ab '90, bestätigt, daß es viele Mittelschicht-Autonome gibt. In: *Kongreßlesebuch-Gruppe* 1995 (Fn. 71), 104.

195 Allerdings für die achtziger Jahre, *Lecorte, Th.* 1992 (Fn. 46), 60.

196 Dazu unten VII. 1. c) und VIII. 1. c).

197 Broschüre „EinSatz" 1993, 27, zit. bei *Bundesamt für Verfassungsschutz* 1999 (Fn. 54), 5. Janosch, Kreuzberger, der die Hauptschule ohne Abschluß verließ und sich seitdem mit Jobs über Wasser hält, fing etwa bei einer Asylgruppe an, die Flüchtlinge betreut: *Farin, K./Seidel-Pielen, E.* 1991 (Fn. 17), 111.

198 *Moreau, P./Lang, J.P.* 1996 (Fn. 45), 373.

199 *Schultz, Th./Gross, A.* 1997 (Fn. 59), 211.

200 *Moreau, P./Lang, J.P.* 1996 (Fn. 45), 373.

201 Dazu oben § 6 II. 4. a).

dies sogar als Symptom einer noch weiterreichenderen Monetarisierung der Eltern-Kind-Beziehung interpretiert werden.

Ein passiver Erziehungsstil, erst recht Formen der Nichterziehung und auch die Vernachlässigung sind vor allem deshalb für kolonialisierte innerfamiliäre Strukturen symptomatisch, weil sie unkommunikativ sind. Wenn Kinder und Jugendliche vernachlässigt werden und die Eltern keine erzieherischen Initiativen ergreifen, findet ein kommunikativer Austausch über Sinnfragen und über Probleme in Schule und Freundeskreis nicht statt, und Wünsche nach einer gemeinsamen Gestaltung des Alltagslebens bleiben unbefriedigt.[202] Es wundert daher nicht, daß viele Hooligans berichten, daß lebensgeschichtliche und innerfamiliäre Probleme nicht kommunikativ bewältigt wurden und daß viele Skinheads den Erziehungsstil ihrer Eltern tatsächlich als unkommunikativ kennzeichnen und beklagen, ihnen habe, etwa nach der Rückkehr aus der Haft, im Elternhaus ein Ansprechpartner gefehlt.

Ein unkommunikativer Erziehungstil und erst recht elterliche Züchtigungen legen die Vermutung nahe, daß die Ausdrucks- und Kommunikationsmöglichkeiten der Erziehenden beschränkt sind. Denn wenn Erziehungsziele – sofern überhaupt welche verfolgt werden – mit Gewalt durchgesetzt werden, geschieht dies unter Umgehung sprachlicher Konsensbildungsprozesse. Für die Verhaltenserwartungen wird nicht mit guten Gründen geworben, sondern ihre Beachtung wird mit körperlicher Kraft erzwungen.[203] Daß Eltern gegenüber ihren Kindern gewalttätig werden, läßt sich dabei sowohl darauf zurückführen, daß sie den kommunikativen Anforderungen in einer rationalisierten Lebenswelt nicht gewachsen sind,[204] als auch darauf, daß sie unfähig sind, ihre Ziele und Verhaltenserwartungen kommunikativ zu vermitteln, weil ihre kommunikativen Fähigkeiten in Folge der Erosion kommunikativer Strukturen bereits eingeschränkt sind.[205] Indem sie ein ihnen vermeintlich noch zustehendes Züchtigungsrecht ausüben, halten sie darüber hinaus auch an einer Tradition fest, deren Geltungsanspruch in einer rationalisierten Lebenswelt längst suspendiert ist. Denn im Zuge einer fortschreitenden Rationalisierung der Lebenswelt ist der Verständigungsmechanismus für zwischenmenschliche Verhältnisse strukturprägend geworden,[206] und gewaltförmige Interaktionsmodi sind, auch im Erziehungsverhältnis, zunehmend diskreditiert und tabuisiert worden.[207] Daß sich derartige Traditionen im Rahmen konkreter Lebensformen allen Legitimationsdefiziten zum Trotz „naturwüchsig" fortbilden, stellt sich auch als

---

[202] Dazu oben § 6 II. 4.

[203] Zur Gewalt als „Ersatzsprache" und „Negation von Kommunikation" oben § 4 I.

[204] Nicht wenige der von *Heitmeyer, W./Müller, J.* 1995 (Fn. 19), 132ff. befragten Skinheads gaben denn auch an, daß ein Elternteil, nicht selten eine alleinerziehende Mutter, mit der Erziehung „überfordert" war.

[205] Dazu oben § 6 II. 1.

[206] So *Habermas,* dazu oben mit Nachweisen § 5 II. 3.

[207] Dazu bereits oben § 6 II. 1.

Folge der kulturellen Verarmung, also als Folge eines Komplementärphänomens der Kolonialisierung der Lebenswelt dar.[208] Gerade weil schwere körperliche Züchtigungen heute nicht mehr zu rechtfertigen sind, wundert es nicht, daß sie von den Gezüchtigten nicht selten als ungerecht und willkürlich erlebt worden sind.

Ein Indiz für die Kolonialisierung schulischer Kontexte ist die Verlängerung des Erfolgs- und Leistungsdrucks bis in die Grundschule.[209] Von Skinheads ist bekannt, daß sie die Auswirkungen dieser systemischen Vereinnahmung der Schule erlitten haben. Viele vermochten den schulischen Leistungsanforderungen, denen hohe Erfolgserwartungen der Eltern korrespondierten, nicht zu genügen und scheiterten.[210]

b) Anzeichen defizitärer Sozialisation

Wegen des unkommunikativen, gewaltförmigen Erziehungsstils ist die Sozialisation vieler Skinheads und Hooligans defizitär verlaufen: Sie haben im Elternhaus gelernt, gewalttätig zu werden, nicht aber zu kommunizieren. Daß Skinheads häufig schon als Kinder durch gewalttätiges Verhalten auffällig geworden sind und für viele Hooligans Gewalt ein Konfliktlösungsmechanismus ist, ein Mittel um Aggressionen abzubauen, derer man anders nicht Herr zu werden weiß, belegt, daß die Jugendlichen keine kommunikativen Konfliktlösungsstrategien erlernt haben.[211] Ihre Ausdrucks- und Verständigungsmöglichkeiten sind so beschränkt geblieben, daß sie soziale Konfliktsituationen nicht mehr mit sprachlichen Mitteln, auf dem Wege kollektiver Willensbildung, sondern nur gewaltförmig bewältigen. Sie vermögen ihre Identität nur noch mit Hilfe von Abwehrstrategien zu wahren.[212]

Da sich bereits die elterliche Gewalt als Symptom der Erosion kommunikativer Strukturen und als Folge zunehmender kultureller Verarmung, also eines Komplementärsyndroms, darstellt,[213] ist auch das Erlernen von Gewalt, als mittelbare Folge, auf eben diese strukturellen Ursachen zurückzuführen.[214] Daß für Skinheads Gewalt zum Leben dazugehört und daß von Alt-Hooligans, die überwiegend der Unterschicht entstammen, bekannt ist, daß körperliche, sprich gewalttätige Auseinandersetzungen unter Kindern von den Eltern nicht mit Besorgnis aufgenommen

---

[208] Diese ist nach *Habermas* darauf zurückzuführen, daß die Alltagspraxis vom Zufluß einer professionell bearbeiteten kulturellen Überlieferung und damit auch von deren Innovationen und Fortentwicklungen etwa im technischen, im künstlerischen, aber eben auch im moralisch-praktischen Bereich abgeschnitten bleibt. Dazu ausführlich mit Nachweisen oben § 5 IV. 4.

[209] So *Habermas,* dazu mit Nachweisen oben 5 IV. 1.

[210] Dazu oben III. 1. b).

[211] Dazu oben § 6 II. 4. a).

[212] Dazu § 6 I. 1.

[213] Dazu oben 1.

[214] Lerntheoretische Argumentationen, die dies ausblenden, erweisen sich damit als verkürzt.

wurden und es gerade zum Fußball, für den sich auch die Väter begeisterten, dazugehörte, sich zu prügeln, läßt sich als Folge kultureller Verarmung interpretieren. Denn daß sich innerhalb bestimmter sozialer Milieus Traditionen erhalten haben, die durch einen gesamtgesellschaftlichen Konsens längst nicht mehr gedeckt sind, hängt damit zusammen, daß die Alltagspraxis dieser Menschen vom Zufluß einer ungebrochenen kulturellen Überlieferung abgeschnitten ist, mit der Folge, daß Modernisierungen, etwa moralisch-praktische Entwicklungen wie die fortschreitende Diskreditierung gewaltförmiger Interaktionsmodi, an ihnen gewissermaßen vorübergehen.[215] Diejenigen, die mehr oder weniger auf der Straße aufgewachsen sind, wo jeder sich selbst der Nächste ist, sind unter sozialen Bedingungen sozialisiert worden, die in Folge der Erosion kommunikativer Strukturen weitgehend desintegriert sind und nur mehr als rudimentär normativ geordnet angesehen werden können. Sie entsprechen, gemessen am gesamtgesellschaftlichen Grad der Rationalisierung, allenfalls vormodernen Vergesellschaftungsformen. Dementsprechend ist Gewalt weniger tabuisiert, vielmehr allgegenwärtig und daher leicht zu erlernen.

Auffällig ist, daß sich den Hooligans viele Jugendliche und junge Erwachsene anschließen, die in geordneten Verhältnissen leben und einer Berufstätigkeit nachgehen. Daß sie dennoch auf die Gewaltrituale der Hooligans angewiesen sind, zeigt, daß sie bei den Hooligans Bedürfnisse befriedigen, die sie in privaten oder beruflichen Kontexten offenbar nicht zu befriedigen wissen.[216] Auch dies spricht für einen defizitären Sozialisationsverlauf. Die Hooligans haben zwar gelernt, sich in systemischen Organisationen zurechtzufinden und die Befriedigung von Bedürfnissen nach Selbstverwirklichung, Sinnstiftung und Vergemeinschaftung zu vertagen.[217] Sie haben aber nicht gelernt, eben diese Bedürfnisse in außerorganisatorischen Kontexten produktiv zu befriedigen und im Berufsalltag aufgestaute Aggressionen und Frustrationen anders als gewaltförmig abzuarbeiten. Dies verwundert insoweit nicht, als in den Herkunftsfamilien vieler Hooligans Probleme, Konflikte, Aggressionen und Frustrationen nicht kommunikativ bearbeitet wurden und mithin auch keine kommunikativen Kompetenzen zu ihrer Bewältigung erlernt werden konnten.

c) Innerfamiliäre Solidaritäts- und Kommunikationsdefizite

Die Informationen zu den Sozialisationserfahrungen von Skinheads und Hooligans belegen nicht nur, daß deren Sozialisation defizitär verlaufen ist, sondern zeugen auch von innerfamiliären Solidaritätsdefiziten und Entfremdung. Viele Skinheads und Hooligans haben ein negatives Verhältnis zu ihren Eltern, insbesondere zu Vätern und Stiefvätern. Einige Hooligans beklagen ein Nichtverhältnis zu ihren

[215] Die Herauslösung aus traditionalistischen, gegen gesamtgesellschaftliche Fortentwicklungen eigentümlich immunisierte Herkunftsmilieus wird dementsprechend als destabilisierend erlebt.

[216] Näher zur Selbsterfahrung in der Gurppe unten VI.

[217] Zu entsprechenden systemischen Zumutungen oben § 6 II. 3.

Eltern. Manche Skinheads distanzieren sich von ihrem Vater als bloßem Erzeuger oder berichten, daß Mißerfolgserlebnisse in der Schule nicht aufgefangen wurden, sondern nur zu innerfamiliären Konflikten führten. Insbesondere zu ihrem Stiefvater vermochten viele Skinheads keine positive Beziehung aufzubauen.

Auch eine zunehmende Entfremdung der Familienmitglieder und Solidaritätsdefizite sind eine Folge der Verkarstung innerfamiliärer Kommunikationsstrukturen, weil substantielle Verbundenheit und Zusammengehörigkeit nur in kommunikativen Prozessen erfahrbar werden. Wenn Skinheads das Verhältnis zu ihrem Stiefvater als schlecht bezeichnen und beklagen, mit dem leiblichen Vater habe ihnen die zentrale männliche Identifikationsfigur gefehlt, so belegt dies, daß der „Vaterverlust" nicht produktiv, sprich kommunikativ, bewältigt worden ist und der Stiefvater entweder nicht bestrebt war, ein positives Verhältnis aufzubauen oder dies nicht vermochte. Eine Untersuchung zu den Hooligans,[218] die in unvollständigen Familien aufgewachsen sind, bestätigt, daß die Jugendlichen die mangelnde kommunikative Bearbeitung innerfamiliärer Probleme und nicht die problematischen Familienverhältnisse an sich als eigentliche Belastung ansehen. Von einer Vergleichsgruppe, einer jugendlichen Musikband, unterschied sich die Kindheit der befragten Hooligans nicht etwa dadurch, daß diese in zerrütteten, jene aber in intakten Familienverhältnissen aufgewachsen sind, sondern lediglich dadurch, daß in den Herkunftsfamilien der Hooligans familiäre Probleme nicht, in denen der Bandmitglieder dagegen sehr wohl kommunikativ bearbeitet worden waren.[219] Wenn etliche Skinheads ihre Mutter als wichtigste Bezugsperson bezeichnen und geradezu positiv stilisieren, weil sie während ihrer Kindheit und Jugend eine defizitäre Vaterbeziehung bedingt kompensiert hat, so ist dies sicherlich auch darauf zurückzuführen, daß die Mutter die Beziehung zu ihrem Sohn kommunikativ zu gestalten vermochte.

d) Schichtspezifische Erosionsbetroffenheit?

Entgegen landläufigen Vorstellungen ziehen gewaltzentrierte Jugendkulturen nicht nur Jugendliche aus den unteren Gesellschaftsschichten an. Hooligans entstammen heute verschiedenen sozialen Schichten, Autonome sind sogar überwiegend in bürgerlichen Elternhäusern aufgewachsen und lediglich bei den Skinheads ist das untere und mittlere Schichtsegment noch besonders stark vertreten. Hier bewährt sich ein Erklärungsansatz, der die Entstehung gewaltzentrierter Jugendkulturen mit der Erosion kommunikativer Strukturen auf gesellschaftliche Strukturveränderungen zurückführt, die im Grundsatz alle Schichten gleichermaßen betreffen. Weil die Erosion kommunikativer Strukturen sich in kommunikativ strukturierten Handlungsbereichen auswirkt, wappnet auch eine abgeschlossene

---

218 *Bohnsack, R./Loos, P./Schäffer, B./Städtler, K./Wild, B. 1995 (*Fn. 3), 31-33.

219 Dazu, warum die Kolonialisierung innerfamiliärer Strukturen Kommunikation unterbindet, oben § 6 II. 4.

Berufsausbildung und die Einbindung ins Erwerbsleben grundsätzlich nicht gegen deren Folgen. Denn systemische Organisationen vermögen Integrations-, Sozialisations- und Enkulturationsdefizite nicht zu kompensieren und erfordern offenbar Anpassungsleistungen, die viele junge Menschen zunehmend überfordern.[220] Gerade bei den Hooligans finden sich denn auch Jugendliche und junge Erwachsene ein, die sehr wohl eine abgeschlossene Ausbildung und einen festen Arbeitsplatz haben und damit abgesichert und gesellschaftlich eingebunden sind. Manche führen sogar ein regelrechtes Doppelleben; aus den bürgerlich geordneten Verhältnissen brechen sie an ihren Hooliganwochenenden aus.

Erklärungsbedürftig bleibt, warum bei den Skinheads dennoch viele Jugendliche anzutreffen sind, deren Leistungsprofil ihnen auf dem Ausbildungsstellenmarkt nur wenig Chancen eröffnet, die ihre Lehre wieder abgebrochen haben, sich mit Aushilfstätigkeiten über die Runden bringen oder arbeitslos bleiben, und erklärungsbedürftig bleibt auch, warum sich auch bei den Autonomen viele Gescheiterte einfinden, solche, die ein Studium oder eine Lehre abgebrochen haben. Dies läßt sich damit erklären, daß die Folgen der Erosion kommunikativer Strukturen verstärkt zutage treten, wenn die Erosionsbetroffenen nicht mehr in Lebensroutinen, insbesondere in das Erwerbsleben eingebunden sind. Denn die Einbindung in systemische Organisationen ist geeignet, die destruktiven Erosionsfolgen abzufedern und zu verschleiern.[221] Daher werden Jugendliche, die keiner geordneten Berufstätigkeit nachgehen, unter Orientierungslosigkeit, persönlicher Labilität und zunehmender Entfremdung verstärkt zu leiden beginnen und nach Kompensationen suchen. Es wundert also nicht, daß sich bei den Skinheads viele Jugendliche einfinden, deren *Eltern* bereits von Arbeitslosigkeit, krankheitsbedingter Arbeitsunfähigkeit oder wirtschaftlichem Abstieg betroffen waren oder zumindest in beständiger Angst vor dem Verlust des Arbeitsplatzes lebten. Die Erosionsfolgen haben sich bereits auf den Lebensalltag der Familien und damit auf die Sozialisation angehender Skinheads unabgefedert und insofern besonders dramatisch ausgewirkt.

Im Prinzip verhindern weder die Herkunft aus einer höheren Gesellschaftsschicht oder einem intakten Elternhaus noch die Einbindung in das Erwerbsleben, daß Jugendliche sich gewalttätigen Jugendkulturen anschließen. Dennoch ist auffällig, daß diese Faktoren für die Wahl einer jugendkulturellen Gruppierung von Bedeutung zu sein scheinen. Bei den Autonomen sind Jugendliche aus bürgerlichen Elternhäusern mit höheren Bildungsabschlüssen stärker vertreten als bei den anderen Jugendkulturen. Bei den Hooligans finden sich offenbar am ehesten diejenigen ein, die beruflich eingebunden und insoweit gesellschaftlich etabliert sind. Und die Skinheads scheinen Jugendliche aus wirtschaftlich schwierigen oder zerrütteten

---

[220] Dazu ausführlicher IV. Zu den interaktiven Anforderungen systemischer Organisationen, § 6 II. 3.

[221] Dazu ausführlich unten, oben § 6 IV.

Familienverhältnissen anzuziehen, die z.T. bereits selbst von Marginalisierung betroffen sind.

Daß sich bei den Autonomen die Gebildeteren sammeln, läßt sich damit erklären, daß die Autonomen eine anomische Protest- und Widerstandskultur sind. Bei diesen finden sich diejenigen ein, die kritisch sind und d.h., auch intellektuelle Distanz zu den bestehenden Verhältnissen gewonnen haben, deren Bewußtsein weniger verarmt ist und die daher den Mechanismus der Kolonialisierung zumindest im Ansatz durchschauen und mit offenem Widerstand reagieren.[222] Diejenigen, die kein reflektiertes Verhältnis zu ihren Bedürfnissen nach Sinnstiftung, Vergemeinschaftung und persönlichem Halt gefunden haben, finden sich dagegen eher bei rein kolonialisierungskompensatorischen Jugendkulturen wie den Hooligans oder den Skinheads ein, die in erster Linie Integrationsdefizite, Orientierungslosigkeit und Ich-Schwäche kompensieren. Dafür, ob man sich eher den Skinheads oder den Hooligans anschließt, scheinen schließlich die sozioökonomischen Lebensverhältnisse ausschlaggebend zu sein. Die Zugehörigkeit zur Jugendkultur der Hooligans, deren gemeinsame Aktivitäten sich auf Fußballwochenenden konzentrieren[223] und die ihren Mitgliedern, anders als die Skinheads, keine allgemein auffälligen Veränderungen des äußeren Erscheinungsbildes abverlangt,[224] ist mit einem bürgerlich wohlanständigen Leben ihrer Mitglieder besser zu vereinbaren als der Skinheadkult. Hooligans sieht man heute nicht mehr an, daß sie aus einer proletarisch geprägten Fußballfankultur hervorgegangen sind. Bei ihnen finden sich daher eher ersoisionsbetroffene Jugendliche ein, die ins Erwerbsleben integriert sind. Die Skinheads kultivieren demgegenüber immer noch das working-class-image ihrer britischen Vorbilder und eine gewisse Underdog-Mentalität[225] und sind deshalb für Angehörige unterer Schichten, für Arbeiter und insbesondere für Marginalisierte besonders attraktiv.

Letzlich ungeklärt bleibt, ob Jugendliche aus zerrütteten Elternhäusern in gewalttätigen Jugendkulturen überrepräsentiert sind. Eine nicht unerhebliche Anzahl von Skinheads entstammt immerhin Familien, in denen die Eltern sich haben scheiden lassen oder in denen ein Elternteil verstorben war. Auffällig ist weiterhin, daß gerade sie den Erziehungsstil des verbleibenden Elternteils und häufig eines möglicherweise überforderten Stiefvaters als autoritär und damit als das Gegenteil von kommunikativ charakterisieren.[226] Daß gerade Jugendliche, die unter derart erschwerten Bedingungen aufwachsen, etwa bei den Skinheads, aber auch bei den Hooligans Zuflucht suchen, läßt sich damit erklären, daß auch sie wie die arbeitslo-

---

[222] Zu der differentiellen Betroffenheit von kultureller Verarmung, bereits oben § 6 II. 4. einleitende Passage.

[223] Dazu oben I. 1. a).

[224] Dazu unten XIII. 1. a) und b).

[225] Dazu unten IX. 1. b)

[226] *Heitmeyer, W./Müller, J.* 1995 (Fn. 19), 132ff.

sen Jugendlichen in besonderem Maße von den Folgen der Kolonialisierung betroffen sind. Denn Familien, deren Eltern sich haben scheiden lassen, sind ganz unmittelbar den Wirkungen sozialstaatlicher Verrechtlichung ausgesetzt.[227] Nichts anderes gilt für Jugendliche aus sogenannten „Problemfamilien", weil letztere verstärkt soziale Dienste und wohlfahrtsstaatliche Sicherheiten in Anspruch nehmen, deren kolonialisierende Wirkung ebenfalls dargetan werden konnte.[228]

IV. Einstellungen, Lebensgefühl, Zukunftsperspektiven

1. Phänomenologie

a) Hooligans

Trotz des unpolitischen Selbstverständnisses der meisten Hooligangruppierungen ist das politische Weltbild vieler Hooligans tendenziell rechtslastig. Viele sind national-autoritär und ausländerfeindlich eingestellt.[229] Es gibt aber auch Gruppierungen, deren Mitglieder sich eher als links bezeichnen oder sogar mit den Autonomen sympathisieren, weil diese gegen Nazis und gegen die Polizei eingestellt sind.[230] Daß linke Einstellungen sich z.T. mit offen bekannter Ausländerfeindlichkeit paaren, zeigt jedoch, wie wenig kohärent die politischen Überzeugungen der Hooligans letztlich sind. Ihre politischen Äußerungen sind von einer diffus aggressiven Ablehnung der politischen Verhältnisse und massiver Skepsis gegenüber dem Staat bestimmt; „linkes" und „rechtes" Gedankengut wird dabei z.T. wild vermengt.[231] Gleichzeitig bleiben die mode- und erfolgsorientierten Hooligans den Idealen der Wohlstands- und Leistungsgesellschaft verpflichtet.[232] Eine Bereit-

---

[227] So *Habermas,* dazu mit Nachweisen oben § 5 IV. 6.; § 6 II. 4 b).

[228] Zu dieser Annahme von *Habermas* ausführlich mit Nachweisen oben § 5 IV. 6.; § 6 II. 4.

[229] *Farin, K./Hauswald, H.* 1993 (Fn. 14), 6 sowie *Farin, K./Seidel-Pielen, E.* 1991 (Fn. 17), 105; zu Bommi von den „Frankfurtern", der mit Rechtsextremisten sympathisiert, *Matthesius, B.* 1992 (Fn. 2), 141f.; *Weber-Klüver, K.:* Neger Raus gegen Zeugen Yeboahs. Fußball und Rassismus in Deutschland. In: Fußball und Rassismus, mit Beiträgen von D. Beiersdorfer u.a. Göttingen 1993, 37-48, 43ff., allerdings bezugnehmend auf W. Heitmeyers Untersuchung aus der Mitte der achtziger Jahre; ähnlich *Krauss, M.* 1995 (Fn. 8), 250; auch nach *Lösel, F./Bliesener, T./Fischer, T./Pabts, M.* 2001 (Fn. 3), 162, sind die Hooligans überwiegend rechtsorientiert. Für die österreichische Szene schließlich, *Novak, M.* 1994 (Fn. 8), 128.

[230] Z.B. Patrick von den „Frankfurtern", *Matthesius, B.* 1992 (Fn. 2), 141ff.

[231] Thomas (23), Speditionskaufmann in Berlin, seit seinem 10. Lebensjahr Hertha BSC-Fan und Hooligan: „Hooligan ist ein Versuch, die Jugend hinauszuzögern." In: *Farin, K./Seidel-Pielen, E. 1993* (Fn. 4), 15, 186f.; *Matthesius, B.* 1992 (Fn. 2), 54, 76, 141f.; ähnlich für die österreichische Szene, *Novak, M.* 1994 (Fn. 8), 132, der die Erfahrung gemacht hat, daß rechte Bekenntnisse sich bei näherem Nachfragen als bloße Kraftmeierei und unreflektierte Worthülsen entpuppen.

[232] *Novak, M.* 1994 (Fn. 8), 133.

schaft, sich politisch zu betätigen, besteht im Regelfall nicht.[233] Seit Mitte der neunziger Jahre beobachtet die Polizei allerdings, daß Mitglieder der Hooliganszene wieder vermehrt rechtsextremen Parteien angehören.[234]

Hooligans sind teils zufrieden, teils unzufrieden mit ihrer gesellschaftlichen Situation. Diejenigen, die schon ins Arbeitsleben integriert sind, wollen auf soziale Absicherung und gesellschaftliche Integrität nicht verzichten.[235] Viele erleben ihre sozialen Beziehungen als oberflächlich und die Berufstätigkeit als sinnentleert.[236] Es fehlt das Gefühl, etwas darzustellen – daher „kaum ein Fußballrabauke, der nicht zu Hause ein dickes Album mit Presseausschnitten hätte. Motto: „ich war dabei".[237] Die meisten Jugendlichen gehen dennoch davon aus, daß ihre Zeit als Hooligan nur eine Lebensphase ist.[238] Während für einige erste Hafterfahrungen ein Grund dafür sind, sich zunehmend zurückzuziehen oder die Szene ganz zu verlassen,[239] verdrängen andere, daß die wiederholte strafrechtliche Ahndung ihres Verhaltens ihnen den Weg in ein bürgerliches Leben verbauen könnte.[240] Sie leben ganz in der Gegenwart.[241] Für die Zukunft wünschen sich viele Hooligans ein Leben in mehr oder weniger geregelten, konventionellen Verhältnissen, Gewalt will man dann gar nicht mehr oder nur noch selten ausüben.[242] Gegen Ende ihrer Hooliganzeit suchen sie sich eine Frau als Garantin eines bürgerlich angepaßten Lebens.[243] Für andere ist Hooligan zu sein dagegen ein Versuch, die Jugendzeit zu verlängern, den Eintritt ins spießige Erwachsenenleben hinauszuzögern: „Da konntest du alles machen, auf das du Bock hattest. ... Was verboten ist, macht doppelt Spaß."[244]

---

233 *Weber-Klüver, K.* 1993 (Fn. 229), 40.

234 Dazu unten XI. 1. a) mit entsprechenden Nachweisen.

235 *Kirsch, A.* 2000 (Fn. 3), 93.

236 *Böttger*, A. 1998 (Fn. 3), 14.

237 *Farin, K./Seidel-Pielen, E.* 1991 (Fn. 17), 96; Interview mit Thomas (23), Speditionskaufmann in Berlin, seit seinem 10. Lebensjahr Hertha BSC-Fan und Hooligan: „Hooligan ist ein Versuch, die Jugend hinauszuzögern." *Farin, K./Seidel-Pielen, E. 1993* (Fn. 4), 15, 178, 183; auch *Ek, R. 1996* (Fn. 2), 72.

238 *Matthesius, B.* 1992 (Fn. 2), 57; für die österreichische Szene, *Novak, M.* 1994 (Fn. 8), 165.

239 *Matthesius, B.* 1992 (Fn. 2), 52f., zu Alex, Gründungsmitglied der „Offenbacher Kickers", 76f., zu Patrick.

240 Für die österreichische Szene, *Novak, M.* 1994 (Fn. 8), 85f. Ob viele Hooligans außerhalb der Szene eine kriminelle Karriere machen ist noch weitgehend unerforscht. „Alt-Hooligans", deren Verhalten strafrechtlich geahndet wurde, und die deshalb nicht den Absprung gefunden haben, schlittern manchmal in eine kriminelle Karriere. Ebenda, 143.

241 *Matthesius, B.* 1992 (Fn. 2), 56.

242 *Böttger*, A. 1998 (Fn. 3), 21; *Matthesius, B.* 1992 (Fn. 2), 58; für die österreichische Szene berichtet *Novak, M.* 1994 (Fn. 8), 85, 133, 143, 165 davon, daß konventionelle Mittelklassewerte für „nachher" als erstrebenswert angesehen werden.

243 *Matthesius, B.* 1992 (Fn. 2), 160.

244 Thomas (23), Speditionskaufmann in Berlin, seit seinem 10. Lebensjahr Hertha BSC-Fan und Hooligan: „Hooligan ist ein Versuch, die Jugend hinauszuzögern." In: *Farin, K./Seidel-Pielen, E. 1993* (Fn. 4), 15, 187.

b) Skinheads

Die Mehrheit, aber nicht alle deutschen Skinheads sind rechts, rechtsradikal oder rechtsextrem eingestellt. Es gibt auch Skins, die sich als links bzw. linksradikal, andere, die sich weder als rechts noch als links, sondern als liberal und tolerant oder als un- oder gar antipolitisch bezeichnen.[245] Die Selbsteinschätzung „un- bzw. antipolitisch" bezieht sich dabei häufig nur auf das Verhältnis zu Politikern und Parteien, zur „offiziellen" Politik.[246] Vor diesem Hintergrund verwundert es nicht, daß trotz des ursprünglich anti- bzw. unpolitischen Selbstverständnisses der Szene viele Skinheads für sich beanspruchen, „politisch interessiert" zu sein.[247] Viele schätzen sich als gut, respektive befriedigend politisch informiert ein.[248] Dies heißt allerdings nicht, daß man an theoretischer Auseinandersetzung mit Programmen und Ideologien interessiert wäre.[249] Rechtsextremistische oder neonazistische Einstellungen sind vielmehr häufig bereits im Elternhaus grundgelegt, z.T. von Großeltern vermittelt[250] oder zumindest toleriert worden.[251] Auch in der Schule sind solche Einstellungen später nicht immer in Frage gestellt worden.[252] Sie wurden durch persönliche Bekanntschaften, vor allem in rechten Cliquen, durch Verbin-

---

[245] So das Ergebnis der von *Farin, K./Seidel-Pielen, E.* Anfang der 90er Jahre durchgeführten Befragung. *Dies.* 1993 (Fn. 20), 200.

[246] Umstritten ist, wie hoch der Anteil der rechtsextremen Skinheads mittlerweile ist. Nach einer Untersuchung aus den frühen 90er Jahren lag er „nur" bei etwa 40%, der Anteil derjenigen, die sich als links bzw. linksradikal bezeichneten immerhin bei ca. 25%. So das Ergebnis der von *Farin, K./Seidel-Pielen, E.* Anfang der 90er Jahre durchgeführten Befragung. *Dies.* 1993 (Fn. 20), 200. Nach der Untersuchung von *Heitmeyer, W./Müller, J.,* die allerdings nur wegen fremdenfeindlicher Straftaten einsitzende Skinheads erfaßte, lag der Anteil der rechtsextremen Skins entsprechend höher: Die Hälfte der westdeutschen und drei Viertel der Ostdeutschen Skins würden ihre Stimme einer rechtxextremen oder rechtsextremistischen Partei, etwa der DVU, der NPD oder der FAP geben. *Dies.* 1995 (Fn. 19), 145-152.

[247] In der von *Farin, K./Seidel-Pielen, E.* Anfang der 90er Jahre durchgeführten Umfrage, *Dies.* 1993 (Fn. 20), 200f., erklärten etwa zwei Drittel derjenigen, die ihren Fragebogen zurücksandten, politisch interessiert zu sein. Von den wegen fremdenfeindlicher Straftaten einsitzenden Skins, die von *Heitmeyer, W./Müller, J.* interviewt worden sind, erklären jeweils zwei Drittel der West- wie der Ostskins, daß Politik für sie wichtig oder sehr wichtig sei, nur ein Sechstel der West- und zwei Sechstel der Ostskins interessiert Politik eher weniger oder gar nicht. *Dies.* 1995 (Fn. 19), 145-152.

[248] Sogar sechzehn der 17 befragten Westskins und immerhin 10 der siebzehn befragten Ostskins, *Heitmeyer, W./Müller, J.* 1995 (Fn. 19), 145-152.

[249] *Landesamt für Verfassungsschutz Baden-Württemberg*, Skinheads, Stand August 1992, 4f., zit. bei *Jaschke, H.-G.* 2001 (Fn. 36), 81.

[250] *Böttger, A.* 1998 (Fn. 108), 264f., 266, 268; zu einer von Hitler begeisterten Oma auch *Eckert, R./Reis, Ch./Wetzstein, Th.A.* 2000 (Fn. 33), 290.

[251] Dies hat eine Studie von *Hafeneger, B./Jansen, M.M.* über rechte Cliquen ergeben, zu denen auch Skinheads gehörten. *Dies.:* Rechte Cliquen. Alltag einer neuen Jugendkultur. Weinheim 2001, zusammenfassend zu dieser Studie *Bredel, H.* 2002 (Fn. 28), 65.

[252] *Böttger, A.* 1998 (Fn. 108), 264f., 266, 268.

dungen zu neonazistischen Gruppierungen und rechtsextremen Parteien, aber vor allem auch durch das Hören von Skinheadmusik vertieft.[253] Auch in ihren aggressiven Vorbehalten gegen Ausländer, mit denen sie, wie viele behaupten, schlechte Erfahrungen gemacht haben, wurden sie in diesen sozialen Kontexten bestätigt.[254] Die politischen Einstellungen variieren insgesamt deutlich nach der sozialen Stellung: Während mehr als die Hälfte der zur Arbeiterschaft zu rechnenden Skinheads sich als rechts bzw. rechtsradikal einstufen, schätzen sich mehr als die Hälfte der studentischen Skinheads als links bzw. linksradikal ein. Bei Schülern und Azubis ist die politische Polarisierung noch deutlich weniger ausgeprägt.[255]

Nach ihrem Wahlverhalten befragt, erklärt ein gutes Viertel der Skinheads, zum Wahlboykott zu tendieren. Ein gutes Fünftel würde pointiert rechtsradikalen oder gar militant-neonazistischen Gruppen wie der FAP, der NF oder der NSDAP/AO seine Stimme geben, ebenfalls ein Fünftel würde aber auch links wählen, wobei bei den Linken auch die gemäßigten Mitte/Links-Parteien, sprich Bündnis 90/Die Grünen und die Sozialdemokraten, eingeschlossen sind.[256] Die Mehrheit der Skinheads ist allerdings nicht bereit, sich parteipolitisch zu engagieren, dies nicht zuletzt deshalb, weil viele Skinheads den Eindruck haben, daß es niemanden interessiert, was sie zu sagen haben: „... Politiker hört mir mal zu, ich bin ein Deutscher, ich steh' zu meiner Rasse. Doch für euch, da bin ich nur der kleine Scheißer aus der Arbeiterklasse ... ."[257] Viele kommen daher zu dem Schluß: „Wir haben keine Chance, was zu verändern, also versuchen wir es erst gar nicht und amüsieren uns lieber."[258] Rechte Skins gehen dagegen dazu über, selbst mit den gesellschaftlichen „Mißständen" aufzuräumen und etwa mit Gewalt gegen Ausländer vorzugehen, um diese aus dem Land zu treiben.

---

253 *Bredel, H.* 2002 (Fn. 28), 64, bezugnehmend auf *Hafeneger, B.:* Rechte Jugendliche. Einstieg und Ausstieg: Sechs biographische Studien. Bielefeld 1993.

254 *Bredel, H.* 2002 (Fn. 28), 64, bezugnehmend auf *Hafeneger, B.:* Rechte Jugendliche. Einstieg und Ausstieg: Sechs biographische Studien. Bielefeld 1993, 35ff.

255 So das Ergebnis der von *Farin, K./Seidel-Pielen, E.* Anfang der 90er Jahre durchgeführten Befragung. *Dies.* 1993 (Fn. 20), 200, 202.

256 So das Ergebnis der von *Farin, K./Seidel-Pielen, E.* Anfang der 90er Jahre durchgeführten Befragung. *Dies.* 1993 (Fn. 20), 200f. Nach der Untersuchung von *Heitmeyer, W./Müller, J.,* die allerdings nur wegen fremdenfeindlicher Straftaten einsitzende Skinheads erfaßte, lag der Anteil der Skins, die rechtsextrem wählen würden, entsprechend höher: Gut die Hälfte der westdeutschen und sogar mehr als zwei Drittel der Ostdeutschen Skins würden ihre Stimme einer rechtxextremen oder rechtsextremistischen Partei geben (DVU, NPD und FAP). Es tendierten allerdings sogar etwa ein Drittel der Westskins, andererseits nur einer der befragten Ostskins dazu, nicht zu wählen. *Dies.* 1995 (Fn. 19), 145-152.

257 Song „Politiker" der „Legion Ost", zit. nach *Bredel, H.* 2002 (Fn. 28), 295.

258 Zitat aus der „Skintonic" 8, *Farin, K./Seidel-Pielen, E.* 1993 (Fn. 20), 131, 133.

Den Vertretern der etablierten Parteien wird von rechten Skins gerne vorgeworfen, das Land zu zerstören, den „Abschaum der Welt" zu bewirten[259] und durch ihre Tatenlosigkeit den Haß der Skinheads, etwa auf Ausländer, selbst mit verschuldet zu haben: „... Was man da sieht, das kann man nicht glauben, Scheinasylanten, die Deutschland berauben, hirnlose Politiker, die so etwas zulassen, doch es gibt da noch Skinheads, die Ausländer hassen ... An diesem Hass sind nur die Politiker schuld, durch sie verliert das Volk die Geduld, linke Parteien, Mensch, seid ihr so beschränkt, habt ihr nicht aus unseren Problemen gelernt ... ."[260] Von einigen wird auch mißbilligt, daß Deutschland sich finanziell in aller Welt, etwa in Afghanistan oder Rußland engagiere und immer noch Millionen an Wiedergutmachung an Israel zahle, obwohl daß Geld in Deutschland dringend benötigt werde, etwa für den Aufbau Ost.[261] Außerdem wird den Vertretern des Staates vorgeworfen, nur gegen die Rechten vorzugehen: „... Bist du Terrorist, bekommst du Straffreiheit, weil du Kronzeuge werden wirst. Bist du Junkie, bekommst du kostenlose Drogen, weil du angeblich nichts dafür kannst. Die Stasi-Schweine, sie sind immer noch frei und beziehen die allerbesten Jobs ... Aber wehe, du bist stolz darauf, ein Deutscher zu sein, dann buchten sie dich alle ein ... ."[262] Dementsprechend empfinden viele rechte Skins die Strafen, mit denen sie belegt worden sind, im Vergleich mit den bei einem ähnlichen Delikt ohne entsprechenden politischen Hintergrund gegen andere Personen verhängten Strafen als zu hart.[263] Einige Skinheads sehen sich auch als Sündenböcke der Politiker, die es versäumen, sich um andere wichtige Themen, etwa um Abrüstung und Umweltschutz zu kümmern.[264] Vor allem sind nur außerordentlich wenige Skins der Auffassung, daß die etablierten Parteien die Interessen der Jugendlichen angemessen vertreten. Sich ihrer Belange anzunehmen, trauen die rechten Skins zu einem Großteil keiner der parlamentarisch vertretenen Parteien, und wenn überhaupt, dann, insbesondere im Osten, nur einer rechtsextremistischen Partei zu.[265] Interessant ist, daß trotz der kritischen Distanz zur „real existierenden bundesdeutschen Demokratiewirklichkeit", die Demokratie als

---

[259] So in dem Song „Auferstehen" der Band „Noie Werte", zit. bei *Bredel, H.* 2002 (Fn. 28), 295f. Ähnlich äußert sich Matthias, Skinhead aus Westdeutschland und Mitglied der FAP, zit. bei *Heitmeyer, W./Müller, J.* 1995 (Fn. 19), 139.

[260] Song „Zeit zu handeln" der Band „Stuka", zit. bei *Bredel, H.* 2002 (Fn. 28), 296.

[261] So etwa Matthias, Westdeutscher Skinhead und Mitglied der FAP, zit. bei *Heitmeyer, W./Müller, J.* 1995 (Fn. 19), 139.

[262] Song „Korrupte Gesellschaft" der Band „Oithanasie", zit. bei *Bredel, H.* 2002 (Fn. 28), 297.

[263] *Heitmeyer, W./Müller, J.* 1995 (Fn. 19), 158.

[264] *Bredel, H.* 2002 (Fn. 28), 298.

[265] Etwas mehr als die Hälfte der West- und sogar zwei Drittel der von *Heitmeyer, W./Müller, J.* befragten Ostskins setzen auf rechtsextremistische Parteien (FAP, DVU, NPD und die „Republikaner"), knapp die Hälfte der West- und ein Sechstel der Ostskins auf gar keine Partei, *Dies.* 1995 (Fn. 19), 145-152.

Staatsform mit gleichem Wahlrecht für alle Staatsbürger von einem Großteil der Skins nicht abgelehnt, sondern auf Nachfrage befürwortet wird.[266] Nur unter den radikalsten Rechtsextremisten gibt es überzeugte Systemoppositionelle.

Ähnlich negativ wie den Politikern, von denen sie sich im Stich gelassen fühlen, stehen die Skinheads den Vertretern von Presse und Medien gegenüber, denen sie vorwerfen, Unwahrheiten über die Skinheads zu verbreiten und daher schuld daran zu sein, daß die Skins von breiten Teilen der Bevölkerung mit Gewalttätern und Mördern auf eine Stufe gestellt werden:[267] „... Linke Presse, doch ihr werdet's noch sehn, bald wird euch das Lachen vergehn. Sie lügen und betrügen und ziehn über uns her, uns zu benutzen fällt ihnen nicht schwer ... ."[268] Manche meinen auch, der u.a. von den Medien ausgeübte öffentliche Druck führe dazu, daß gegen rechte Skins härtere Strafen verhängt werden.[269]

Das politische Interesse geht bei Teilen der „rechten" Fraktion der Skinheads mit einem ausgeprägten historischen Interesse, konkret an der jüngeren deutschen Geschichte, insbesondere der Zeit des Nationalsozialismus einher. Einige informieren sich sogar in Büchern, über Ton- und Videokassetten und im Internet, jedoch stets sehr selektiv. Informationen, die dem eigenen Geschichtsbild widersprechen, werden einfach nicht geglaubt; Photos, die den Holocaust dokumentieren, etwa als gefälschte Fotomontagen abgetan.[270] Dennoch sind die wenigsten Skinheads überzeugte Nationalsozialisten. Viele rechtsextreme Skins teilen allerdings mit den Nazis ein völkisches Menschenbild, Geschichts- und Gesellschaftsverständnis.[271]

Das Verhältnis der ausländerfeindlichen und rassistischen Skinheads zu tatsächlichen oder vermeintlichen „Ausländern" ist von diffusen Ängsten, Unkenntnis und Vorurteilen geprägt.[272] Sie sind eifersüchtig auf die Attraktivität von Schwarzen oder Türken und befürchten, diese würden ihnen die Frauen wegnehmen: „Guck sie dir doch mal an, was die teilweise für Bräute haben." Gleichzeitig bewundern sie

---

266 So befürworteten alle der von *Heitmeyer, W./Müller, J.* befragten West- und immerhin etwa zwei Drittel der Ostskins die Demokratie als Staatsform. Knapp ein Sechstel der Ostskins stand der Demokratie dagegen eher ablehned gegenüber, gut ein Achtel bekannte sich zur Ablehnung der Demokratie, einer äußerte, gleichgültig zu sein, *Dies.* 1995 (Fn. 19), 145-152.

267 *Bredel, H.* 2002 (Fn. 28), 300.

268 Song „Lügenindustrie" der Band „Sturmwehr", zit. bei *Bredel, H.* 2002 (Fn. 28), 300.

269 *Heitmeyer, W./Müller, J.* 1995 (Fn. 19), 159, auch 69, wo der frühere Skinhead Hermann sich verlautbart.

270 Zu Hacki (23) Skinhead und Nationalsozialismus, *Farin, K./Seidel-Pielen, E.* 1993 (Fn. 20), 66-68. Matthias, Westskin und Mitglied der FAP geht sogar soweit, die Vergasung der Juden zu leugnen, *Heitmeyer, W./Müller, J.* 1995 (Fn. 19), 139.

271 Zur rechtsextrem orientierten Jugend allgemein, *Wagner, B.* 2001 (Fn. 123), 158.

272 *Heitmeyer, W./Müller, J.* 1995 (Fn. 19), 138.

deren Stolz und Ehrgefühl.[273] Ausländer werden aber vor allem auch als Konkurrenten auf dem deutschen Arbeitsmarkt wahrgenommen.[274] Ihnen wird vorgeworfen, keine Leistungen zu erbringen und auf Kosten der deutschen Gesellschaft zu leben. Manche werfen Ausländern sogar vor, AIDS und andere Krankheiten eingeschleppt zu haben.[275]

Viele Skinheads haben in ihrem Leben wenig erreicht, auf das sie stolz sein können. Etliche sind bereits mehrmals strafrechtlich in Erscheinung getreten.[276] Sie haben das Gefühl, nichts darzustellen, sind verletzbar, voller Zukunftsängste[277] und gerade im Osten desillusioniert.[278] Das Lebensgefühl, insbesondere der „Ost-Skins", ist dabei ganz allgemein vom „Kampf ums Dasein" geprägt, vom Gefühl der Notwendigkeit, sich zu behaupten und durchzusetzen, unter Einsatz von Gewalt als sozialer Technik.[279] Man hat das Gefühl, unten zu stehen, zu den gesellschaftlichen Außenseitern und Verlierern zu gehören:[280] „Mit dem Rücken zur Wand überlegt man nicht, der Himmel ist für Helden, die Hölle ist für mich."[281] Die unspezifischen Versprechungen der Wende blieben für viele Ost-Skins weitgehend unerfüllt. Die erlernten Verhaltens- und Orientierungsmuster taugen nur bedingt zur Bewältigung der neuen Herausforderungen. Viele fühlen sich der neuen Situation nicht gewachsen und erleben die Veränderungen als diffuse Bedrohung. Viele Skinheads bekennen, daß Frustrationen, Aggressionen, Ängste und Haß auf die erklärten Gegner sich in Gewalt entladen. Schon bei der bloßen Begegnung mit erklärten Gegnern, bei den rechten Skinheads etwa mit Antifa-Linken, haben sie „Lust reinzuhauen". In ihrer Gewaltbereitschaft neigen sie zur Selbststilisierung – „Ein Apostel des Bösen glaub ich oft zu sein, die Dinge, die ich tue, sind voller Schmerz und Pein." oder: „... Grausam wird die Rache sein, die ihnen (gemeint sind die Linken) wiederfährt. Qualen werden sie erleiden, wie noch nie zuvor ... ."[282]

---

[273] Hacki (23) Skinhead und Nationalsozialist, *Farin, K./Seidel-Pielen, E.* 1993 (Fn. 21), 70f.; *Wagner, B.* 2001 (Fn. 123), 157.

[274] *Bredel, H.* 2002 (Fn. 28), 67; *Eckert, R./Reis, Ch./Wetzstein, Th.A.* 2000 (Fn. 33), 291; *Wagner, B.* 2001 (Fn. 123), 156. So äußert sich auch Bert, Skinhead aus Ostdeutschland, *Heitmeyer, W./Müller, J.* 1995 (Fn. 19), 137.

[275] *Wagner, B.* 2001 (Fn. 123), 156f. Diese Begründungsmuster wurden von ostdeutschen Skinheads auch in der Zeit vor der Wende vorgebracht, *Brück, W.* Skinheads vor und nach der Wende in der DDR. In: Minderheiten – Störpotential oder Chance für eine friedliche Gesellschaft? hrsg. v. W. Gessenharter u.a. Baden-Baden *1991, 163-173, 170.*

[276] *Heitmeyer, W./Müller, J.* 1995 (Fn. 19), 161-172.

[277] *Farin, K./Seidel-Pielen, E.* 1993 (Fn. 20), 70, 78.

[278] *Brück, W. 1991 (*Fn. 275), 164.

[279] *Brück, W. 1991 (*Fn. 275), *164.*

[280] *Bredel, H.* 2002 (Fn. 28), 67.

[281] Schlußvers des Songs „Das Tier in mir" von den „Böhsen Onkelz", zit. bei *Farin, K./Seidel-Pielen, E.* 1993 (Fn. 21), 94.

[282] Song „Armee der Geächteten" der Band „Offensive", zit. nach *Bredel, H.* 2002 (Fn. 28), 314.

Gleichzeitig versuchen sie, sich zu exkulpieren: „Es ist das Tier in mir, das meine Sinne leitet, meine Seele verwirrt, es ist das Tier in mir, ...“[283], oder in dem Song der „Kneipenterrorist“: „... wir sind menschliche Tiere, pure Energie ...“.[284] In dem Song „Der Psychopath“ der Band „Brutale Haie“ wird die eigene Gewaltbereitschaft gar pathologisiert: „ ...Komm mir bloß nicht in die Quere, das Fenster zu, im Kopf ne Schere, fühl ich mich von dir bedrängt, wirst du an ’nen Baum gehängt. Ich bin ein bisschen der Psychopath, ich bin ein bisschen der Psychopath, Psychopath ... .“[285] Auch soweit sie einsehen, daß Gewalt keine Form ist, sich mit anderen auseinanderzusetzen, fällt es ihnen schwer, entsprechend dieser Einsicht zu handeln.[286]

Die Skinheadgruppe ist für viele eine Art Ersatzfamilie, hier finden sie die Zuneigung und Bestätigung, die ihnen im Elternhaus, in der Schule und im Berufsleben verweigert wird.[287] Politische Motive sind demgegenüber für den Beitritt zu einer Skinheadgruppe eher zweitrangig.[288] Unter den rechten Skins gibt es allerdings auch etliche, die erklären, sich den Skinheads vor allem wegen ihrer nationalistischen Einstellung angeschlossen zu haben.[289] Die meisten verstehen sich jedoch nicht als Aussteiger oder Systemoppositionelle. Durch ihr martialisches Auftreten und ihre Gewalt wollen sie lediglich schockieren und provozieren; sie suchen das Stigma des „rechten Schlägers“. Indem sie sich zu Werten wie Arbeit, Sauberkeit, Disziplin und Ordnung bekennen, buhlen sie allerdings gleichzeitig um die Akzeptanz der Vertreter einer kleinbürgerlichen bis spießigen Lebenswelt, der sie selbst entstammen.[290] Es verwundert daher nicht, daß viele eine geordnete Berufsausbildung absolvieren oder einer geregelten Berufstätigkeit nachgehen.[291] Manche arbeiten allerdings nur, um nicht zum „arbeitslosen Assi“ zu werden: Personen, die aus dem sozialen Netz gefallen sind, z.B. Obdachlose und verarmte

---

283 Passage aus dem Lied „Das Tier in mir“ von den „Böhsen Onkelz“, zit. bei *Farin, K./Seidel-Pielen, E.* 1993 (Fn. 21), 94.

284 Zit. nach *Bredel, H.* 2002 (Fn. 28), 269.

285 Zit. nach *Bredel, H.* 2002 (Fn. 28), 290.

286 Zu Hacki (23) Skinhead und Nationalsozialist, *Farin, K./Seidel-Pielen, E.* 1993 (Fn. 20), 78.

287 *Bredel, H.* 2002 (Fn. 28), 66. So etwa auch für Rainer, Skinhead aus Ostdeutschland, der sich nach dem Unfalltod seiner Schwester, zu der er ein sehr gutes Verhältnis hatte, in der Familie immer mehr wie ein Fremder fühlte, wie ein „Aussätziger“, *Heitmeyer, W./Müller, J.* 1995 (Fn. 19), 128f. Ähnliches gilt für Ewald, Skinhead aus Ostdeutschland, und für Jakob, Skinhead aus Westdeutschland, ebenda, 85 und 97.

288 *Bredel, H.* 2002 (Fn. 28), 67.

289 *Eckert, R./Reis, Ch./Wetzstein, Th.A.* 2000 (Fn. 33), 298.

290 *Menhorn, Ch.* 2001 (Fn. 29), 149.

291 So etwa Ewald, Skinhead aus Ostdeutschland, heute „nur“ noch national eingestellt, *Heitmeyer, W./Müller, J.* 1995 (Fn. 19), 73.

Menschen, werden verachtet.[292] In der Zukunft hoffen denn auch viele, ein bürgerliches Leben zu führen: Sie wünschen sich eine/n Partner/in, eine Familie mit Kindern, eine lukrative Beschäftigung und ein eigenes Haus. Nicht alle wollen jedoch auf den Einsatz von Gewalt im Rahmen politischer Agitation verzichten[293] oder gar die Szene verlassen. Viele versuchen, sich etwas zu mäßigen und ein geordnetes Berufsleben mit dem Skinheadsein hinreichend in Einklang zu bringen.[294] Lediglich einige rechtsradikale Skinheads erklären, bereit zu sein, für ihre politischen Vorstellungen und die Verwirklichung ihrer Ziele Opfer bringen zu wollen, etwa auf eine Familie zu verzichten.[295] Wie oft sich Skinheads an Schlägerein beteiligen, hängt meistens davon ab, wieviel der einzelne zu verlieren hat. Skins, die bereits Vorstrafen haben, sind vorsichtiger und halten sich eher zurück, um einer Gefängnisstrafe zu entgehen.[296] Wer noch nicht erwischt worden ist, schlägt nach Lust und Laune zu.[297] Es gibt aber auch viele Skins, denen in bestimmten Lebensphasen die strafrechtlichen Konsequenzen gänzlich egal sind. Haft wird zu einer Erfahrung erklärt, die man früher oder später eh gemacht hätte.[298]

c) Autonome

Viele Autonome leiden unter den Mobilitätsanforderungen, unter Entfremdung, Vereinzelung, Kontrolle und Ausbeutung durch das kapitalistische System,[299] das als existentielle Bedrohung erlebt wird und nach ihrer Auffassung psychische Verelendung und Versklavung begünstigt.[300] Sie fühlen sich fremdbestimmt, durch Erziehung und Moral eingeengt,[301] „durch Zersetzungserscheinungen >vor Ort<“ und durch „Gefährdungen globalen Ausmaßes“ in ihrer „persönlichen Lebenssituation bedroht“,[302] durch das „System als Ganzes“, den „Moloch“, geprägt und ein-

---

[292] *Eckert, R./Reis, Ch./Wetzstein, Th.A.* 2000 (Fn. 33), 291.

[293] *Böttger, A.* 1998 (Fn. 108), 266f.; *Menhorn, Ch.* 2001 (Fn. 29), 276. Ewald, Skinhead aus Ostdeutschland, hat dieses Ideal bereits realisiert, *Heitmeyer, W./Müller, J.* 1995 (Fn. 19), 73.

[294] *Eckert, R./Reis, Ch./Wetzstein, Th.A.* 2000 (Fn. 33), 292.

[295] *Eckert, R./Reis, Ch./Wetzstein, Th.A.* 2000 (Fn. 33), 290.

[296] Dies bestätigt die Untersuchung von *Heitmeyer, W./Müller, J.* 1995 (Fn. 19), 161-172.

[297] *Eckert, R./Reis, Ch./Wetzstein, Th.A.* 2000 (Fn. 33), 302.

[298] *Eckert, R./Reis, Ch./Wetzstein, Th.A.* 2000 (Fn. 33), 303. Auch dem Westberliner Skinhead und FAP-Mitglied Matthias sind die strafrechtlichen Konsequenzen egal. Da ihn seine Taten zum Helden vor seinen Freunden machen, nimmt er sie in Kauf, *Heitmeyer, W./Müller, J.* 1995 (Fn. 19), 157.

[299] *Schultz, Th./Gross, A.* 1997 (Fn. 59), 69.

[300] *Kongreßlesebuch-Gruppe* 1995 (Fn. 71), 14.

[301] Allerdings für die achtziger Jahre, *Lecorte, Th.* 1992 (Fn. 46), 20 und 39.

[302] *Schultz, Th./Gross, A.* 1997 (Fn. 59), 14, 211.

geschränkt.[303] Seit der Kapitalismus sich als „neue Weltordnung" ohne Alternative etabliert hat, fühlt man sich besonders hilflos. Allgemeine Hoffnungslosigkeit bestimmt das Lebensgefühl.[304]

Die Realität wird als „gleichförmig, blaß, graugrün, gehorsam, gepanzert" erlebt.[305] Viele Autonome sind voller Wut, daß es „eine herrschende Interpretation von allen Dingen (gibt), die so lange wiederholt wird, bis sich niemand mehr an etwas anderes erinnern kann,"[306] die aber mit ihrer eigenen Sicht der Dinge, mit ihren Erfahrungen und Gefühlen nicht zusammenstimmt. Gleichzeitig haben sie das Gefühl, selbst nicht verstanden zu werden: „Wir waren nicht sprachlos, nichts weniger als das, doch wir waren Geisterfahrer auf der Autobahn der Normalität."[307] Gerade im Strafverfahren haben viele Autonome die Verfremdung der eigenen Lebenszusammenhänge erlitten: Die Akte wird von einem Autonomen als „Trennscheibe" beschrieben: „Sie erlaubte den Blick auf die Wirklichkeit, doch du mußtest schon selbst wissen, was hinter der Scheibe war, um es richtig zu erkennen. Sonst gab es nur zu sehen, was der Scheibe gefiel."[308] Oder: „Die Richter hörten sich die politischen Erklärungen oder privaten Erläuterungen an und entschieden, ob diese von den Akten verstanden werden konnten." „Es war ihr Land, in dem meine Sprache verhallte."[309]

---

303 Johanna 17, SPUK-SchülerInnen Plenum in Berlin, Antifa-Zusammenhänge. In: *Kongreßlesebuch-Gruppe* 1995 (Fn. 71), 214f.

304 *Kongreßlesebuch-Gruppe* 1995 (Fn. 71), 14, 24.

305 *Lecorte, Th.* 1992 (Fn. 46), 93.

306 Ilse, 29, Friedensbewegung, Solidaritäts-Bewegung und Nicaragua-Aufenthalt, Uni-Streik 1989, Häuserbewegung in Ostberlin ab '90. In: *Kongreßlesebuch-Gruppe* 1995 (Fn. 71), 92.

307 *Lecorte, Th.* 1992 (Fn. 46), 85. „Was wir versuchten, zusammenzubringen, wurde auseinandergerissen und was wir zu trennen versuchten, wurde vermischt bis zur Unkenntlichkeit. Ständig waren wir damit beschäftigt, nicht nur mit der unlösbaren Aufgabe, alles zu sagen, was wir zu sagen hatten, sondern auch damit, gegen die ganzen Lügen und Verdrehungen anzukämpfen, die uns und unserer Sprache entgegengesetzt wurden. Eingesponnen in dieses Netz aus Argumenten, Beschimpfungen, Haß, Angst, Vermutungen, Unterstellungen, Lügen, Wahrheiten, verloren wir den Überblick und verzettelten uns. Die Worte wurden alt, schwach und bedeutungslos, und wir mußten so viele aneinanderreihen, um etwas auszusagen, so viel mehr, als wenn wir mit unseresgleichen sprachen. Die Nestwärme der eignen Sprache war verlockend, die andere Seite war grau und mühselig, und zu selten bot sie Erfolgserlebnisse, denn am Ende blieben trotz aller Worte so oft Ratlosigkeit und Unverständnis." Ebenda 141.

308 *Lecorte, Th.* 1992 (Fn. 46), 105: „Was ich geschrieben hatte, würden die ganzen Staatsschützer nicht verstehen können; nicht weil es so genial war, sondern weil sie keine Übersetzer hatten, die Äpfel in Birnen übertragen konnten."

309 *Lecorte, Th.* 1992 (Fn. 46), 121, 123.

Was den „Moloch" tatsächlich ausmacht, ist für viele schwer zu beschreiben.[310] Er scheint das Ziel zu haben, „Menschen zu produzieren, die diesen Moloch dann wieder reproduzieren, damit er weiterbesteht."[311] Nur in der Konfrontation mit der Polizei wird er greifbar – ein Grund warum man sie sucht.[312] Er ist ein System, unter dem man nie so sein kann, wie man sein will, weil das System ja erzwingt, daß man in es reinpassen soll. Durch das System wird erzwungen, „daß ich aufstehen muß, daß ich arbeiten muß, um zu überleben, zur Schule gehen, Geld verdienen. Daß es hier nicht geht, zu leben und nur die Sachen zu machen, die ich auch machen will."[313] Andere äußern sich auf die Frage, was sie kämpferisch stimmt, viel schlichter. Sie haben keinen Bock auf die Lehrer oder darauf, auf der Straße dumm angemacht zu werden, oder auf irgendein Amt zu müssen, wo man sie abblitzen läßt. Sie bringt bereits eine Razzia in ihrem Zentrum oder einfach eine dumme Provokation auf.[314] Greifbarer wird der „Moloch" nur für diejenigen, die in die Fänge von Polizei und Justiz geraten sind. Von Vertretern anderer Jugendkulturen unterscheiden sich viele Autonome dadurch, daß sie ihre eigene Verfaßtheit in einer um Objektivierung bemühten Sprache reflektieren.[315]

Zur „Bewegung" gekommen sind viele aus der Erfahrung, sich nicht einrichten zu können, nicht zu funktionieren, keine Chance zu haben. Später will man keine Chance mehr und ist überzeugt, nur in der Rebellion leben zu können:[316] „immer auf der Straße präsent zu sein bei Sachen, wo ich meine, daß es nötig ist, damit halt der Widerstand nicht einschläft."[317] Man wendet sich von einer Gesellschaft ab, in der die Menschen vor allem anderen danach streben, sich etwas leisten zu können[318], und bereit sind, sich anzupassen und unterzuordnen.

---

310 Vielen von uns ging „die Fähigkeit verloren, die zahllosen Facetten und Abstufungen jener Kraft zu erkennen, die uns als die Herrschaft entgegentrat. Aus den vielen Blöcken jeder für sich ein erklärter Feind, machten wir den großen übermächtigen Moloch." *Lecorte, Th.* 1992 (Fn. 46), 146.

311 Johanna 17, SPUK-SchülerInnen Plenum in Berlin, Antifa-Zusammenhänge. In: *Kongreßlesebuch-Gruppe* 1995 (Fn. 71), 216.

312 *Lecorte, Th.* 1992 (Fn. 46), 94f.

313 Johanna 17, SPUK-SchülerInnen Plenum in Berlin, Antifa-Zusammenhänge. In: *Kongreßlesebuch-Gruppe* 1995 (Fn. 71), 217.

314 Conrad, 20, Autonome Antifa und linkes Zentrum, Halle an der Saale. In: *Kongreßlesebuch-Gruppe* 1995 (Fn. 71), 186.

315 Es ist insoweit bezeichnend, daß eine der wenigen „wissenschaftlichen" Arbeiten über Autonome von zwei ehemaligen Szenemitgliedern verfaßt worden ist.

316 *Horchem, H.J.* 1994 (Fn. 46), 127.

317 Nigül (21), in Berlin geboren und aufgewachsen, lebt heute in Kreuzberg. Sie versteht sich als Kommunistin und Teil der autonomen Bewegung: „Kreuzberg ist ein Ghetto." In: *Farin, K./Seidel-Pielen, E. 1993* (Fn. 4), 172.

318 Conrad, 20, Autonome Antifa und linkes Zentrum, Halle an der Saale. In: *Kongreßlesebuch-Gruppe* 1995 (Fn. 71), 187f. Auch Ilse, 29, Friedensbewegung, Solidaritäts-Bewegung und Nicaragua-Aufenthalt, Uni-Streik 1989, Häuserbewegung in Ostberlin ab '90, ebenda, 92 ist voller Wut auf den „Konsumterror." Allgemein zu Konkurrenz, Kon-

Gerade junge Menschen aus der ehemaligen DDR sind enttäuscht, daß die Menschen sich mit dem Systemumbruch nicht verändert haben: In der DDR haben sie sich kleinkariert, opportunistisch und angepaßt verhalten und in der Bundesrepublik Deutschland auch gleich wieder den neuen Verhältnissen untergeordnet, ohne Impuls, das Gemeinschaftsleben selbsttätig zu gestalten.[319]

Der Weg in die autonome Szene verbindet sich bei vielen mit hohen moralischen Ansprüchen.[320] Man will keine Kompromisse mehr schließen, „Kompromisse zu schließen, das war die feindliche Realität."[321] Neue Antifa-Initiativen entstehen gerade in den ostdeutschen Ländern häufig als Reaktion auf rechtsradikale oder ausländerfeindliche Übergriffe an Schulen.[322] In Zeiten rasanter Veränderungen und Verunsicherungen will man sich engagieren, irgend etwas machen.[323] Die Ansprüche ostdeutscher Linker sind dabei z.T. etwas bescheidener als die westdeutscher Autonomer; sie sehen gegenwärtig nur die Möglichkeit, sich in Teilbereichen zu engagieren: „Ich arrangiere mich soweit, daß ich nicht gegen Wände anrenne, an denen ich mir den Kopf zerbreche. Ich versuche, mir die Risse in der Wand herauszupicken, wo ich dann dagegen hämmere."[324] Diese Ostautonomen haben aber das beklemmende Gefühl, „als hätte der Kapitalismus gesiegt, als wäre die Geschichte jetzt zuende, nachdem die in der Zeit der Wende für eine kurze „Freistunde" aufkeimende Hoffnung, jetzt ändere sich was, enttäuscht wurde: Der Wille, auf Bananen zu verzichten, und dafür mehr Demokratie als im Westen zu haben, miteinander etwas Neues zu entwickeln, war eben nicht da."[325] Bei allem moralischen Überbau geht es um die Auflösung der Widersprüche in der Welt, aber auch stets um die Auflösung der eigenen, inneren Widersprüche.[326]

Im autonomen Kollektiv sucht man Wärme, Raum für Sinnlichkeit, Unmittelbarkeit und eine Solidarität, die ein Handeln mit anderen, nicht anstelle anderer bein-

---

sum und Selbstvermarktung und dem Interesse am Wohlergehen der eigenen Person, ebenda, 24.

[319] Dieter, 21, Politisierung in einer „Jungen Gemeinde" in der DDR, heute autonome Antifa, Potsdam, Hausbesetzung und Antifa-Archiv-Aufbau. In: *Kongreßlesebuch-Gruppe* 1995 (Fn. 71), 228-231; auch Till, 20, Autonome Antifa und linkes Zentrum, Halle an der Saale, ebenda, 191.

[320] *Schultz, Th./Gross, A.* 1997 (Fn. 59), 37, allgemein für die NSB, 15.

[321] *Lecorte, Th.* 1992 (Fn. 46), 170.

[322] *Moreau, P./Lang, J.P.* 1996 (Fn. 45), 373.

[323] *Farin, K./Seidel-Pielen, E.* 1991 (Fn. 17), 110; Johanna 17, SPUK-SchülerInnen Plenum in Berlin, Antifa-Zusammenhänge, erinnert sich an Hoyerswerda. In: *Kongreßlesebuch-Gruppe* 1995 (Fn. 71), 214.

[324] Till, 20, Autonome Antifa und linkes Zentrum, Halle an der Saale. In: *Kongreßlesebuch-Gruppe* 1995 (Fn. 71), 187.

[325] Dieter, 21, Politisierung in einer „Jungen Gemeinde" in der DDR, heute autonome Antifa, Potsdam, Hausbesetzung und Antifa-Archiv-Aufbau. In: *Kongreßlesebuch-Gruppe* 1995 (Fn. 71), 230f.

[326] Allerdings für die achtziger Jahre, *Lecorte, Th.* 1992 (Fn. 46), 47.

haltet (Politik der 1. Person). Die Erfahrung, „sich mit einigen Leuten verbindlich zusammenzutun, sich zu organisieren und eine Kampagne auf die Beine zu stellen, die in der ganzen Stadt ein Thema ist," hat mir gezeigt, „daß es möglich ist, aus der Ohnmacht auszubrechen, ... daß du auch unter den jetzigen Verhältnissen nicht nur passives Objekt sein mußt, sondern durchaus zum Akteur werden kannst."[327] Der einzelne Mensch in seiner Subjektivität soll wieder aufgewertet werden.[328] „Wichtig ist für mich ... was ich kann – auch das, was ich empfinden kann – und wie ich mit Leuten umgehen kann – also soziale Beziehungen."[329] Anderen gibt die Zugehörigkeit zur autonomen Szene ganz einfach „Halt".[330] Die Antifa-Bewegung mit ihren Jugendgruppen verspricht eine große Gemeinschaft zu sein, „wo man was erreichen kann und mit seiner Meinung nicht alleine dasteht."[331] Mit dem Weg in die militante Szene verbindet sich aber auch die Erfahrung, sich aus den Verständigungszusammenhängen außerhalb der Szene herauskatapultiert zu haben: „Es ging ganz schnell, die Richtung zu wechseln. Es waren wenige Wochen, die Wochen, nachdem die Scheiben der Commerzbank gefallen waren, und so viele Scheiben danach, vor mir und in mir, und schon hatte die Sprache sich gewandelt, und die Menschen waren andere geworden. Die, mit denen ich gerade noch hatte sprechen können, waren fremd geworden, verfolgten seltsame Pläne, lebten groteske Leben, redeten unverständlich."[332]

Eine „no-future"-Mentalität und die Erfahrung, daß die Interessen des jugendlichen Milieus den politischen Entscheidungsträgern nicht vermittelbar sind, lassen „riskantes politisches Handeln", sprich auch gewalttätiges Handeln erlaubt erscheinen.[333] Basale Zweifel an der Vermittelbarkeit der eigenen Überzeugungen prägt auch das Verhältnis zu den als Feinden angesehenen Faschisten. „Also ich bin auch nicht mehr so drauf, daß ich noch Lust hätte, mit den Leuten zu reden. Das entspricht sowieso nicht meinem Menschenbild. Es gibt Leute, die schnallen es, es gibt Leute, die schallen es nicht. Wer mich fragt, kriegt eine Antwort, wer einfach

---

327 Robert, 26, Politisierung über Nicaragua-Solidarität, verschiedene politische Auslandsaufenthalte, Gruppe „fels", Zeitschrift „Arranca", Stadtteilarbeit mit jugendlichen ImmigrantInnen. In: *Kongreßlesebuch-Gruppe* 1995 (Fn. 71), 110.

328 *Schultze, Th./Gross, A.* 1997 (Fn. 59), 37, allerdings für die „Alt-Autonomen". Auch Johanna 17, SPUK-SchülerInnen Plenum in Berlin, Antifa-Zusammenhänge, betont die Solidarität, die man in der Szene erlebt. In: *Kongreßlesebuch-Gruppe* 1995 (Fn. 71), 218. Dieter 21, Politisierung in einer „Jungen Gemeinde" in der DDR, heute autonome Antifa, Potsdam, Hausbesetzung und Antifa-Archiv-Aufbau plädiert dafür, daß „die Leute sich selber zum gesellschaftlichen Subjekt machen." Ebenda, 231.

329 Conrad, 20, Autonome Antifa und linkes Zentrum, Halle an der Saale. In: *Kongreßlesebuch-Gruppe* 1995 (Fn. 71), 188.

330 So die Einschätzung von Nigül (21), in Berlin geboren und aufgewachsen, lebt heute in Kreuzberg. Sie versteht sich als Kommunistin und Teil der autonomen Bewegung: „Kreuzberg ist ein Ghetto." In: *Farin, K./Seidel-Pielen, E. 1993* (Fn. 4), 168.

331 *Farin, K./Seidel-Pielen, E.* 1991 (Fn. 17), 110.

332 *Lecorte, Th.* 1992 (Fn. 46), 142.

333 *Schultze, Th./Gross, A.* 1997 (Fn. 59), 211.

blöd ist, kriegt eins auf die Fresse. Geht auch nicht mehr anders. Sonst kriegst du ja 'ne Macke, wenn du jeden Tag irgendwie deine politische Auffassung runterbrubbeln sollst." „Also, ich hab keine Lust mehr auf irgendwelche Sozialarbeiterstrategien nach dem Motto: 'Laß uns mal reden, vielleicht verstehst du mich ja!' Nein, danke, nicht mehr."[334] Es gibt aber auch Autonome, die noch daran glauben, daß die eigene Erfahrung vermittelbar ist – etwa die Erfahrung, „daß etwas anderes möglich ist," daß es eine andere Moral gibt als die, die angeblich „normal" ist – zumindest bei jungen Leuten, „die Lust haben, sich mit solchen Positionen auseinanderzusetzen."[335] Die Autonomen setzen dabei weniger auf Argumente, als darauf, durch ihr Leben ein Beispiel zu geben.[336]

Die Vorstellungen von der eigenen Zukunft sind eher unspezifisch utopisch. Eine Perspektive ist, „(d)as, was man als Utopie im Kopf hat, also den Kommunismus oder so, schon mal unter den Freunden auszuleben, ... sich gegenüber Freunden korrekt zu verhalten."[337] Andere erklären: „(I)ch habe keine so konkrete Utopie. .... Zum Bespiel möchte ich, daß die Menschen ringsum wieder einen Haufen Sozialbeziehungen haben, daß sie in ein Netz eingebunden sind, wie es früher vielleicht die Dorfgemeinschaft oder etwas ähnliches war."[338] Andere wünschen sich, ohne Zwang mit Menschen zusammenzuleben, auf die sie Lust haben: „Ich stelle mir vor, daß alles viel bunter wird und daß die Menschen sich kennen."[339] Kommunismus lehnen viele, insbesondere ostdeutsche Autonome, ab: „Ich will kein System; darum muß ich mir auch nicht reinfahren, wie sich irgendwelche Leute das kommunistische Gesellschaftssystem vorstellen."[340] Viele sehen ihre Zukunft aber

---

[334] So etwa Nigül (21), in Berlin geboren und aufgewachsen, heute wohnhaft in Kreuzberg. Sie versteht sich als Kommunistin und Teil der autonomen Bewegung: „ Kreuzberg ist ein Ghetto." In: *Farin, K./Seidel-Pielen, E. 1993* (Fn. 4), 166.

[335] Johanna 17, SPUK-SchülerInnen Plenum in Berlin, Antifa-Zusammenhänge. In: *Kongreßlesebuch-Gruppe* 1995 (Fn. 71), 218f.

[336] Johanna 17, SPUK-SchülerInnen Plenum in Berlin, Antifa-Zusammenhänge. In: *Kongreßlesebuch-Gruppe* 1995 (Fn. 71), 220.

[337] Nigül (21), in Berlin geboren und aufgewachsen, lebt heute in Kreuzberg. Sie versteht sich als Kommunistin und Teil der autonomen Bewegung: „Kreuzberg ist ein Ghetto." In: *Farin, K./Seidel-Pielen, E. 1993* (Fn. 4), 172, ähnlich 173. Ähnlich *Lecorte, Th.* 1992 (Fn. 46), 70: „Ich will nur, daß alles anders wird, daß alles klar und offen ist."

[338] Conrad, 20, Autonome Antifa und linkes Zentrum, Halle an der Saale. In: *Kongreßlesebuch-Gruppe* 1995 (Fn. 71), 188.

[339] Johanna 17, SPUK-SchülerInnen Plenum in Berlin, Antifa-Zusammenhänge. In: *Kongreßlesebuch-Gruppe* 1995 (Fn. 71), 223.

[340] Johanna 17, SPUK-SchülerInnen Plenum in Berlin, Antifa-Zusammenhänge. In: *Kongreßlesebuch-Gruppe* 1995 (Fn. 71), 224; ebenso Dieter und Undine, 21, Politisierung in einer „Jungen Gemeinde" in der DDR, heute autonome Antifa, Potsdam, Hausbesetzung und Antifa-Archiv-Aufbau, ebenda, 238, die zwar einzelne Kommunisten verehren und einige kommunistische Zielvorstellung teilen, denen aber durch ihre Erfahrungen in der DDR Kommunismus als Bezeichnung für eine Utopie verleidet ist. Ähnlich schließlich Conrad und Till, 20, Autonome Antifa und linkes Zentrum, Halle an der Saale, ebenda, 197f. Robert, 26, Politisierung über Nicaragua-Solidarität, verschiedene politische Aus-

auch an einem fernen Ort. Sie wollen in ein anderes Land gehen, „wo man dann noch eine Aufgabe hat. El Salvador, Nicaragua, Palästina, irgendwohin. Wo du noch was machen kannst politisch.“[341] Denn „dieses Volk, wo ich lebe, ist mir eigentlich ziemlich scheißegal. Anders ist es bei den Befreiungskämpfen wie in Kurdistan ... oder so, da kannst du schon sagen ’für das Volk‘. Da leben Leute, die wirklich was verändern wollen.“[342] Andere träumen nach einem Spanientrip einfach von einem Leben im für sie verheißungsvollen Ausland: „Spanien war der geheimnisvolle Ort, wo alles hätte geschehen können und wo immer noch alles geschehen konnte. Spanien war mein Traum.“ „Das Mittelmeer war die Quelle der Freien.“ „In Spanien war es, wo die Revolution beinahe triumphiert hätte, wo einmal ein einziges Mal bewiesen worden war, daß Anarchie kein Hirngespinst war, daß sie leben konnte. Spanien war das Land, wo gegen den Faschismus gekämpft worden war, bis zum letzten.“ „Hier gab es Hoffnung, hier gab es Leben, hier war alles möglich.“ Hier gab es „Zeit, um sich auszudehnen, zu wachsen, ein bißchen so zu fühlen, als sei alles nicht so arg, ein bißchen die Träume wahrzumachen.“[343]

Junge Autonome wollen auf jeden Fall bloß nicht so werden wie viele Alt-Autonome. Nach dem Motto, „so, jetzt habe ich zehn Jahre lang was gemacht, jetzt setz ich mich zur Ruhe, wie so viele von damals, die jetzt ihre eigenen Läden haben oder in irgendeiner Scheißposition sitzen und ihre fette Kohle einstreichen, ohne davon was abzugeben.“[344]

2. Interpretation

a) Politische Einstellungen und das Verhältnis zu Staat, Politik und Gesellschaft als Desintegrationsindikatoren

In einem staatlich geordneten Gemeinwesen geben die Einstellungen zum politischen System, seinen Organen und Institutionen Auskunft darüber, wie es um dessen Integrationskraft bestellt ist. Wenn die Menschen der Ansicht sind, daß in dem Gemeinwesen, in dem sie leben, ihre Interessen angemessen berücksichtigt werden, so fördert dies die Identifikation und trägt zur Stabilisierung der kollektiven Identi-

---

landsaufenthalte, Gruppe „fels“, Zeitschrift „Arranca“, Stadtteilarbeit mit jugendlichen ImmigrantInnen, hat dagegen kein Problem, als Kommunist bezeichnet zu werden. Ebenda, 116.

341 Nigül (21), in Berlin geboren und aufgewachsen, lebt heute in Kreuzberg. Sie versteht sich als Kommunistin und Teil der autonomen Bewegung: „Kreuzberg ist ein Ghetto.“ In: *Farin, K./Seidel-Pielen, E. 1993* (Fn. 4), 172.

342 Nigül (21), in Berlin geboren und aufgewachsen, lebt heute in Kreuzberg. Sie versteht sich als Kommunistin und Teil der autonomen Bewegung: „Kreuzberg ist ein Ghetto.“ In: *Farin, K./Seidel-Pielen, E. 1993* (Fn. 4), 173.

343 *Lecorte, Th.* 1992 (Fn. 46), 187f.

344 Nigül (21), in Berlin geboren und aufgewachsen, lebt heute in Kreuzberg. Sie versteht sich als Kommunistin und Teil der autonomen Bewegung: „Kreuzberg ist ein Ghetto.“ In: *Farin, K./Seidel-Pielen, E. 1993* (Fn. 4), 172.

tät bei. Wenn sie die politisch-gesellschaftlichen Verhältnisse als legitim geordnet ansehen, so stiftet dies Solidarität, und die soziale Gemeinschaft wird auch als hinlänglich integriert erlebt. Wenn Hooligans, Skinheads und Autonome dem bundesdeutschen Staat, seinen Organisationen und der Politik nun aber ausgesprochen ablehnend gegenüberstehen, indiziert dies, daß die gesellschaftliche Integration brüchig geworden ist. In der ehemaligen DDR war die Entstehung der Vorläufer der ostdeutschen Autonomen, aber auch der ersten Hooligan- und Skinheadgruppierungen Ausdruck der Distanzierung vieler Jugendlicher vom realsozialistischen System. Sie wollten sich insbesondere dem Klammergriff der FDJ entziehen.[345]

Während Hooligans noch zwischen Ablehnung und bloßer Skepsis schwanken, stehen die meisten Skinheads der „offiziellen" Politik und den anerkannten Parteien durchweg negativ gegenüber und insbesondere rechte Skins feinden die Vertreter von Presse und Medien an, um ihre Distanz zur politischen Öffentlichkeit zum Ausdruck zu bringen. Den Mitgliedern der etablierten Parteien werfen sie vor, ihre Interessen nicht zu vertreten, sich ihrer Belange und der innerdeutschen Probleme nicht anzunehmen und sie nicht zu verstehen. Außerdem sehen sie sich von der Justiz und in der öffentlichen Berichterstattung diskriminiert. Die Skinheads haben also den Eindruck, daß sich die Politiker ihnen entfremdet haben, und gerade der Vorwurf der Diskriminierung zeigt, daß sie das Gefühl haben, daß man sie ausgrenzt und nicht mit ihnen solidarisch ist. Weder Skinheads und Hooligans noch Autonome sind denn auch bereit, sich im herkömmlichen Sinne politisch zu engagieren, d.h. in Parteien oder Organisationen mitzuarbeiten. Soweit es an politischem Interesse fehlt, wie bei den meisten, insgesamt eher unpolitischen Hooligans und den unpolitischen Skinheads, verwundert dies nicht. Gerade rechte und rechtsextremistische Skinheads sind aber überwiegend sehr wohl an politischen Fragen und z.T. auch an der jüngeren Geschichte interessiert und versuchen, sich zu informieren, mag auch die Auswahl der Quellen selektiv sein. Dennoch erscheint ihnen jede politische Betätigung sinnlos, weil sie den Eindruck gewonnen haben, daß sich ohnehin niemand für ihre Meinung und ihre Anliegen interessiert. Nur wenige Hooligans und rechtsextreme Skinheads sind dementsprechend Parteimitglieder und, wenn überhaupt, dann in einer der rechtsextremistischen Parteien, die zwar um parlamentarischen Einfluß ringen, die aber, von vereinzelten Ausnahmen abgesehen, in den Parlamenten nicht vertreten sind. Die Autonomen haben zwar ein durch und durch politisches Weltverhältnis. Für sie ist jedoch jedes parteipolitische Engagement indiskutabel, weil sie sich als anarchische Systemoppositionelle verstehen. Sie leben in der Rebellion. Gerade die aggressiv vorgetragene Weigerung der politisch interessierten Hooligans, Skinheads und Autonomen, sich politisch einzubringen oder Verantwortung zu übernehmen, indiziert, wie wenig sie mit der Gesellschaft identifiziert sind, in der sie leben. Die kollektive Identität ist ver-

---

[345] Dazu ausführlich oben § 1 V. Hooligans in der DDR, § 2 VII. Skinheads in der DDR und § 3 XI. Punks: Vorläufer der Autonomen in der DDR.

unsichert und die gesellschaftliche Integration entsprechend brüchig geworden. Daß nicht nur die Mitglieder gewaltzentrierter Jugendkulturen, sondern überhaupt viele, insbesondere junge Menschen politisch desinteressiert und apathisch sind, kann diesen Befund nur bestätigen.

b) Kolonialisierungskompensatorische und anomische Jugendkulturen: ihr Verhältnis zu Staat und Politik

Auch wenn den Vertretern aller drei Jugendkulturen eine ablehnende oder zumindest skeptische Haltung gegenüber dem Staat gemeinsam ist, so gibt es doch entscheidende Unterschiede, was das Verhältnis zu Staat und Politik betrifft. Diese Unterschiede erlauben es, die Hooligans, bezogen auf die politischen Einstellungen ihrer Mitglieder als *kolonialisierungskompensatorische Jugendkultur* par excellence, die Skinheads als *kompensatorische Jugendkultur mit anomischen Ansätzen* und die Autonomen als *anomische Jugendkultur* zu qualifizieren. Während kolonialisierungskompensatorische Jugendkulturen in erster Linie Rückzugsräume für Erosionsbetroffene sind, die insbesondere Integrationsdefizite kompensieren, organisiert sich in anomischen Jugendkulturen offener Widerstand gegen das politisch-gesellschaftliche System. Für die Mitglieder kompensatorischer Jugendkulturen ist typisch, daß sie den Übergriffen systemischer Imperative relativ hilflos ausgeliefert bleiben. Sie erleben die kollektive Identität als verunsichert und erleiden Erfahrungen zunehmender Entfremdung.[346] Dennoch distanzieren sie sich nicht von den Lebensformen, die für sozialstaatlich pazifierte Gesellschaften typisch sind, weil sie nicht durchschauen, daß gerade diese eine Angriffsfläche für kolonialisierende Übergriffe bieten. Mit anomischem Widerstand ist dagegen immer dann zu rechnen, wenn die krisenbewältigende Stabilisierung der lebensweltlichen Strukturkomponente Gesellschaft auf Kosten der Komponenten Kultur und Persönlichkeit nicht mehr gelingt und der Mechanismus der Kolonialisierung und seine bedrohlichen Wirkungen für eine „Avantgarde" der Erosionsbetroffenen zumindest ansatzweise durchschaubar wird.[347] Mit ihren gewalttätigen Aktionsformen negieren anomische Jugendkulturen die Modi der zweckrationalen Durchsetzung politischer Interessen und insbesondere die Staatsbürgerrolle. Für ihre Mitglieder entbehren gesellschaftliche Institutionen jeglicher Legitimation, und sie sind daher nicht mehr bereit, das politisch-gesellschaftliche System motivational zu unterstützen. Sie fühlen sich der sozialen Gemeinschaft nicht nur entfremdet, sondern nicht mehr zugehörig. Das Netz der gesellschaftlichen Integration ist gerissen.[348]

Das offensichtlichste Beispiel einer kompensatorischen Jugendkultur sind die *Hooligans*. Bei aller Skepsis gegenüber dem Staat sind sie mode-, sprich konsum-

---

[346] Zu diesen von *Habermas* identifizierten Kolonialisierungserscheinungen oben mit Nachweisen, § 5 IV. Fig. 22, 1. und 3. Spalte; außerdem § 6 III. 1. a)

[347] So *Habermas,* dazu oben mit Nachweisen § 5 IV. 5. am Ende.

[348] Dau oben § 6 I. 2.; III. 1. a).

und erfolgsorientiert, legen Wert darauf, erwerbstätig und damit sozial etabliert zu sein und streben ein konventionelles, bürgerlich angepaßtes Leben an. Sie richten sich also gerne in der wohlfahrtsstaatlich arrangierten Konsumentenrolle und, unpolitisch wie die meisten sind, auch in der neutralisierten Staatsbürgerrolle ein. Mit ihrer skeptisch-ablehnenden Haltung gegenüber dem Staat bringen sie ihr diffuses Unbehangen am Zustand des Gemeinwesens zum Ausdruck, dessen Ursachen sich ihnen jedoch nicht erschließen. Die Hooligans brauchen ihre Aktivitäten als Ventil und zur Kompensation.

Dafür daß auch die *Skinheads* keine anomische, sondern eine kompensatorische Jugendkultur sind, spricht, daß sie, trotz aller Vorbehalte und Vorwürfe gegenüber dem politischen System und seinen Repräsentanten, die Demokratie als Staatsform grundsätzlich bejahen, daß ein nicht unerheblicher Anteil immer noch einer der bürgerlichen Parteien seine Stimme geben möchte und daß sie sich, von einigen der rechtsextremistischen Skinheads abgesehen, nicht als Systemoppositionelle positionieren. Selbst ihre Wahlboykotte erscheinen weniger politisch bewußte Konfrontation denn als resignativer Rückzug. Gerade das Bekenntnis der meisten Skinheads zu kleinbürgerlichen Werten wie Arbeit, Sauberkeit, Disziplin und Wohlstand und ihr Streben nach einem geordneten Familienleben in Wohlstand belegt, daß sie Lebensformen verhaftet bleiben, die durch das kolonialisierende sozialstaatliche Arrangement grundsätzlich ermöglicht und geschützt werden. Daß sie selbst unter den destruktiven Folgen der Kolonialisierung zu leiden haben, bleibt ihnen dabei verschlossen. Lediglich die Gruppierungen rechtsextremistischer Skinheads, die sich selbst als Systemoppositionelle verstehen und die bereit sind, für die Verwirklichung ihrer politischen Ziele Opfer zu bringen, etwa auf ein bürgerliches Leben zu verzichten, und diejenigen, die zur „Selbsthilfe" greifen, um mit den gesellschaftlichen „Mißständen" aufzuräumen, tendieren zum anomischen Protest. Ob es zu einer nachhaltigeren Radikalisierung der Skinheadszene kommt, ob etwa größere Teile unter den Einfluß verfassungsfeindlicher Parteien geraten oder sich als terroristische Kampftruppen konspirativ organisieren, bleibt abzuwarten.[349] Noch sind die Skinheads eine eher diffus ideologische bis unpolitische Jugendkultur, deren politische Rhetorik sich weitgehend in der Kompensation von Orientierungslosigkeit und basaler Verunsicherung erschöpft. Ein Indiz dafür, daß Skinheads und Hooligans sich allen Dissoziationserfahrungen zum Trotz anders als die Autonomen noch nicht in radikale Opposition zum politisch-gesellschaftlichen System begeben haben, ist ihre ausgeprägte Ausländerfeindlichkeit, die bis in die linkeren Segmente der Szene hinein verbreitet ist. Denn wenn Ausländer, wohlbemerkt nur äußerlich als solche erkennbare Ausländer,[350] zum Sündenbock und gerade für Skinheads zum Gegenstand diffuser Ängste, zu Rivalen und zu Verursachern gesellschaftlicher Probleme werden, dann wird die Gemeinschaft als von

---

349 Dazu näher unten, VII. und VIII.

350 Dazu näher unten X. 1. b).

außen bedroht wahrgenommen und gesellschaftlicher Zusammenhalt in der aggressiven Verteidigung gegen die Fremden, die Eindringliche geradezu beschworen.

Die *Autonomen* sind demgegenüber eine anomische Jugendkultur. Sie lehnen den Staat, den sie als alles verschlingenden „Moloch“ erleben, ebenso kategorisch ab wie das kapitalistische Wirtschaftssystem. Gerade in ihrer anti-staatlichen Haltung, die sie als Systemoppositionelle ausweist, werden sie durch ihre Erfahrungen mit Polizei und Justiz immer aufs Neue bestätigt. Weil justizielle Entscheidungen autonome Anliegen verfremden und entstellen, entbehren sie in den Augen der Autonomen der Legitimation. Politischen Widerstand zu leisten, ist daher für die Autonomen zum entscheidenden Lebensinhalt geworden. Sie leben in der Rebellion und verweigern sich damit der Staatsbürgerrolle und jeder Form zweckrationaler Durchsetzung politischer Interessen. Die Autonomen wenden sich aber nicht nur von der politischen Ordnung, sondern, ganz anders als Skinheads und Hooligans, auch von der sie tragenden „Leistungsgesellschaft“ ab, in der sich die Menschen nach ihrer Auffassung beständig anpassen und unterordnen. Deren Streben nach Erfolg und Wohlstand ist mit ihren Utopien von Vergemeinschaftung und Sinnstiftung nicht mehr vermittelbar. Gerade ostdeutsche Autonome distanzieren sich von ihren des Opportunismus geziehenen Mitbürgern, die sich in der wohlfahrtsstaatlichen bundesrepublikanischen Ordnung eingerichtet haben, statt die Erneuerungschancen eines Regimewechsels zu nutzen. Aggressive Äußerungen wie, „dieses Volk, wo ich lebe, ist mir eigentlich ziemlich scheißegal“, belegen, daß die Autonomen nicht nur unter Entfremdung leiden. Sie haben die Konsequenzen gezogen und den Angehörigen der sozialen Gemeinschaft die Solidarität aufgekündigt. Da sie sich von der staatlichen Ordnung und der sie tragenden Gesellschaft schroff distanzieren und beiden den Kampf ansagen, kann auch nicht mehr nur von einer Verunsicherung der kollektiven Identität gesprochen werden. Dies ist vielmehr ein alarmierendes Zeichen gesellschaftlicher Desintegration und damit von Anomie. Die radikalen, zweifellos stark ideologisch überspitzten und damit einseitigen, in jedem Fall aber analytisch-scharfsinnigen Analysen der politisch-gesellschaftlichen Verhältnisse belegen, daß die Autonomen, anders als Hooligans und Skinheads, die destruktiven Wirkungen der Übergriffe systemischer Imperative auf kommunikativ strukturierte Lebensbereiche zumindest im Ansatz durchschauen. Denn sie beschreiben die Monetarisierung der Alltagspraxis, wenn sie Mobilitätsanforderungen und die Versklavung durch das kapitalistische System beklagen, das „erzwingt, daß man in es reinpassen soll“ und das den Tagesablauf und die Lebensgestaltung bestimmt. Mit den von ihnen aufgedeckten Verfremdungen der Wirklichkeit in Strafakten beschreiben sie plastisch die Abstraktionen, denen die in eine konkrete Lebensform eingebetteten Situationen in justiziellen Verfahren unterworfen werden. Und wenn sie den Eindruck äußern, daß der „Moloch“ Staat das Ziel zu haben scheine, „Menschen zu produzieren, die diesen Moloch dann wieder reproduzieren, damit er weiterbesteht“, identifizieren sie den Mechanismus der Selbsterhaltung von Systemen. Weil in einer rationalisierten Lebenswelt Sprache die Funktion der

Handlungskoordinierung und damit der sozialen Integration übernommen hat, ist neben der ablehnenden Einstellung der Autonomen gegenüber Staat und Gesellschaft ihre Unfähigkeit, sich mit anderen und mit den Repräsentanten des Systems zu verständigen, das sinnfälligste Symptom gesellschaftlicher Desintegration: Mit dem Weg in den gewalttätigen Widerstand hat sich für sie die Sprache gewandelt. „Die, mit denen man gerade noch hatte sprechen können, waren fremd geworden, ... lebten groteske Leben, redeten unverständlich.“[351] Die Autonomen haben das Gefühl, nicht verstanden zu werden und erleben sich daher als Geisterfahrer auf der Straße der Normalität. Vor Gericht fühlen sie sich wie in einem fremden Land, in dem ihre Sprache verhallt.

c) Lebensgefühl als Indikator von Sozialisationsdefiziten und Orientierungslosigkeit

Was über das Lebensgefühl der Skinheads und der Autonomen bekannt ist, belegt, daß diese mit den Folgen defizitärer Sozialisation zu kämpfen haben und unter Orientierungslosigkeit leiden. Wenn Skinheads erklären, das Gefühl zu haben, nichts darzustellen, so ist dies ein Anzeichen von Ich-Schwäche. Auf geringes Selbstbewußtsein lassen auch die Rivalitäten mit Ausländern schließen, denen man ihre Attraktivität neidet und deren Stolz und Ehrgefühl man bewundert. Daß viele Skinheads sich zur Gewalt als sozialer Technik bekennen und sie als Mittel der Selbstbehauptung und zur Durchsetzung der eigenen Interessen ansehen, belegt, daß es ihnen an generalisierter Handlungsfähigkeit fehlt. Daß sich nach ihrer eigenen Einschätzung in der Gewalt gegenüber ihren „Gegnern“ Frustrationen, Aggressionen und Ängste entladen, gibt Anlaß zu der Vermutung, daß es ihnen nicht gelingt, innere Konflikte zu bewältigen. Sie stabilisieren ihr Persönlichkeitssystem über gewalttätige Abwehrstrategien. Die Selbststilisierung als „Apostel des Bösen“, die Erfahrung, mit den eigenen Gewalttaten zu schockieren, belegen die identitätsstiftende Funktion von Gewalt. Daß viele sogar versuchen wollen, ihre Mitgliedschaft in einer Skinheadclique mit Familie und Beruf dauerhaft zu verbinden, zeigt, von welch existentieller Wichtigkeit es für sie ist, Skinhead zu sein. Daß sie sich in ihren Songs als „Psychopathen“ und „menschliche Tiere“ bezeichnen, dient sicherlich zu einem Gutteil der Exkulpation, vermittelt aber auch den Eindruck, daß sich die Skinheads der pathologischen Qualität ihrer Gewaltrituale in gewisser Weise bewußt sind. Wenn sie bekennen, daß es ihnen trotz der Einsicht, daß Gewalt keine angemessene Form der Auseinandersetzung ist, schwer fällt, entsprechend dieser Einsicht zu handeln, wird offenbar, daß in ihrer Sozialisation Motivationen zu normenkonformem Handeln gänzlich unzureichend stabilisiert worden sind. Daß viele Skinheads ihre Zukunftsperspektiven als ungewiß erleben und das Gefühl haben, mit dem Rücken zur Wand zu stehen, ist schließlich ein Ausdruck von Ohnmacht. Diese hat gerade in Ostdeutschland, wo viele junge Menschen kei-

---

[351] *Lecorte, Th.* 1992 (Fn. 46), 142.

ne Ausbildungsstelle oder Anstellung finden, reale Gründe. Die Unfähigkeit, in einer prekären wirtschaftlich-sozialen Lage die Initiative zu ergreifen und nach Auswegen zu suchen, ist aber immer auch ein Ausdruck von Orientierungslosigkeit, die in posttraditionalen Gesellschaften durch die Erosion kommunikativer Strukturen begünstigt wird.[352]

Auch viele Autonome leiden unter Ohnmachtgefühlen. Wenn sie bekennen, auf der Suche nach einer sinnstiftenden „Aufgabe" zu sein, die sie jedoch nur mehr in einem fernen Land zu finden meinen, so spricht dies dafür, daß ihnen in ihrer Sozialisation keine Orientierungshilfen gegeben wurden, die sie befähigen würden, ihrem Leben eine klare, konkrete Ausrichtung zu geben. Daß sie erklären, das Gefühl zu haben, sich in den bestehenden Verhältnissen nicht „einrichten zu können", nicht zu „funktionieren", indiziert, daß sie auf die Mitgliedschaft in systemischen Organisationen nicht hinreichend vorbereitet worden sind und daher mit der notwendigen Suspendierung von Bedürfnissen nach Selbstverwirklichung und Sinnstiftung im Berufsalltag überfordert sind.[353] Es ist typisch für die Mitglieder einer anomischen Jugendkultur, daß sie diese Überforderung nicht nur erleiden, sondern aus der Einsicht in die systemischen Zumutungen auch die Konsequenzen ziehen. Sie verweigern sich und ziehen sich in ihre jugendkulturelle Enklave zurück. Daß Autonome erklären, „wichtig ist für mich, was ich kann – auch was ich empfinden kann – und wie ich mit Leuten umgehen kann – also soziale Beziehungen"[354], also das Bedürfnis äußern, sich ihrer Kontakt- und Beziehungsfähigkeit zu versichern und gleichzeitig bekennen, unter Entfremdung und Vereinsamung zu leiden und in der Szene Halt zu suchen, spricht dafür, daß sie ihre sozialen Bezugsfelder, zu denen auch die Familie zählt, als emotional verkarstet erleben und unter Solidaritätsdefiziten leiden. Weil interpersonelle Beziehungen vom kommunikativen Austausch leben, sind die verwaisten sozialen Bedürfnisse und Sehnsüchte vieler Autonomer auch ein Indiz für kommunikativ verarmte Sozialisationsbedingungen. Für diese Vermutung spricht auch, daß sie offensichtlich nicht gelernt haben, Sozialkontakte, zumindest wenn sie konfliktuell verlaufen, kommunikativ zu gestalten und daß sie nicht erfahren zu haben scheinen, daß Verständigungsprozesse produktiv verlaufen können. Denn sie haben keine Lust mehr mit anderen zu reden, weil sie ohnehin glauben, nicht verstanden zu werden. Wenn sie aber in Bezug auf den Austausch mit ihren faschistischen Feinden, dennoch verallgemeinernd erklären, mit Menschen zu reden, entspreche nicht ihrem Menschenbild und damit die Humaneigenschaft par excellence, nämlich die Fähigkeit, sich der Sprache zu bedienen und zwischenmenschliche Kontakte kommunikativ zu gestalten, negieren, so läßt dies befürchten, daß ihre Sozialisation an beziehungsstiftenden kommunikativen Erfahrungen arm war.

---

[352] Dazu oben § 6 I. 3.

[353] Dazu oben § 6 II. 3.

[354] Nachweise Fn. 329.

d) Beitrittsmotivationen: Auf der Suche nach Kompensation von Erosionssymptomen

Aus den Beitrittsmotivationen der Jugendlichen geht hervor, daß diese in den Jugendkulturen nach Kompensation von Erosionssymptomen, konkret von Entfremdungserfahrungen und mangelnder Solidarität, von Ich-Schwäche und Orientierungslosigkeit suchen.[355] Wenn Skinheads in der Szene eine Ersatzfamilie suchen, in der sie Zuneigung und Bestätigung finden können, die ihnen im Elternhaus und in der Schule versagt geblieben sind, so suchen sie Kompensation für innerfamiliäre Entfremdungserfahrungen und für schmerzliche Erfahrungen mangelnder Solidarität. Daß politische Motive für den Beitritt eher zweitrangig sind und die Entscheidung für eine rechte, ausländerfeindliche Jugendkultur dadurch begünstigt wird, daß hier im familiären Umfeld grundgelegte Vorverständnisse und Vorurteile bestätigt werden, belegt die eher kompensatorische als anomische Qualität der Skinheadkultur. Die martialischen Auftritte als Skinhead und die Erfahrung, mit den eigenen Gewalttaten zu schockieren, zu provozieren und die öffentliche Aufmerksamkeit auf sich zu ziehen, stabilisiert wenig gefestigte Persönlichkeiten, die in ihrem Leben bisher wenig geleistet haben, auf das sie stolz sein können. Daß manchen in einer bestimmten Lebensphase die strafrechtlichen Konsequenzen gleichgültig sind, belegt, von welch existentieller Wichtigkeit die Betätigung als Skinhead für das eigene Selbstverständnis ist. Die gemeinsame Identifikation mit dem Stigma des brutalen Gewalttäters stiftet wenigstens eine negative Identität. Daß Ich-Schwäche in erster Linie in gewalttätigen Auseinandersetzungen überwunden wird und Solidarität nur bei kollektiv verübten Gewalttaten erfahrbar wird,[356] zeigt jedoch, daß das Persönlichkeitssystem auch im jugendkulturellen Kontext nur über Abwehrstrategien stabilisiert wird und daß die Ausdrucks- und Kommunikationsmöglichkeiten der Jugendlichen offenbar so beschränkt sind, daß substantielle Gemeinschaft auch innerhalb der Skinheadclique nicht mehr durch produktive Verständigungsprozesse gestiftet wird.[357] Skinheads suchen schließlich in der Szene nach Gleichgesinnten, die ihre halsbrecherischen historischen Interpretationen und das eigene völkische Menschenbild und Gesellschaftsverständnis teilen und damit die Deutungsschemata bestätigen und die Überzeugungen stabilisieren, die sich viele von ihnen zurechtgelegt haben, damit ihnen die Weltaneignung notdürftig gelingt und diffuse Gefühle von Überforderung und Orientierungslosigkeit nicht ihr destabilisierendes Potential entfalten.

Die Hooligans kompensieren Ich-Schwäche, wenn sie in ihren gewalttätigen Kämpfen das Gefühl überwinden, nichts darzustellen. Daß sie nur bei einer kollektive Gewalttaten verübenden Jugendkultur Freiräume finden, das zu machen, wor-

[355] Dazu oben § 6 III. 1.

[356] Zu der Gewaltzentriertheit oben I. 1. und 2. a)

[357] Dazu oben § 6 III. 1. a) und b), jeweils zweiter Absatz.

auf sie „Bock" haben, und daß ihnen Gewalt „Spaß macht", belegt, daß ihnen die Ausdrucks- und Kommunikationsmöglichkeiten zu produktiver Vergemeinschaftung und Sinnstiftung fehlen. Die Mitgliedschaft bei den Hooligans ist für die Mitglieder attraktiv, weil bei der Teilnahme an den als sportlichen Wettkämpfen kaschierten Gewaltritualen[358] die eigenen defizitären interaktiven Kompetenzen nicht virulent werden. Daß sie Selbstbestätigung gerade in der Medienberichterstattung über ihre Gewalttaten finden, ist ein Anzeichen dafür, daß ihre Jugendkultur selbst bereits von der Kolonialisierung betroffen ist, was subtile Entfremdungen im Selbstverhältnis begünstigt.[359]

Wenn diejenigen, die sich den Autonomen anschließen, soziale Beziehungen und Halt suchen, sich etwa von der Antifa-Bewegung versprechen, daß sie als große Gemeinschaft erfahrbar wird, wenn sie davon träumen, daß die Menschen wieder Sozialbeziehungen haben und in ein Netz eingebunden sind und ohne Zwang zusammenleben, so suchen sie nach Kompensation von Integrationsdefiziten, von Entfremdung und Vereinzelung. Daß auch die Motive, sich den anomischen Autonomen anzuschließen, nicht rein politischer Natur sind, sondern Jugendliche bei den Autonomen sogar vorangig eine soziale Gemeinschaft zu finden hoffen, mit der sie sich identifizieren und in die sie sich einbringen können, belegt die Äußerung eines Alt-Autonomen, der erklärt: Es waren „jugendlicher Leichtsinn und – bestenfalls – revolutionäre Ungeduld mit einer Prise berechtigter Empörung, die jene Menschen vorangetrieben hatten." „Außerdem waren häufig auch noch Abhängigkeit von Freunden und Gruppen, Liebe und Zufall mit im Spiel."[360] Bei den Autonomen hoffen viele Jugendliche, gleichzeitig defizitäre interaktive Kompetenzen und Ich-Schwäche zu überwinden: Gemeinsam mit anderen wollen sie aus der Ohnmacht ausbrechen, vom Objekt zum Subjekt, zum Akteur werden. Sie wollen sich beweisen, etwas zu können, mit ihren Aktionen etwas erreichen zu können, sie wollen sich entfalten und erfahren, fähig zu sein, sich in Beziehungen mit Freunden korrekt zu verhalten. Dies legt die Vermutung nahe, daß sie sich außerhalb der Gruppe nicht als kompetente Akteure erleben und es ihnen außerhalb der Gruppe scheinbar nicht gelingt, ihre interpersonellen Beziehungen legitim zu ordnen, den Anforderungen des alltäglichen Lebens zu genügen und in der eigenen Lebenswelt auftretende Situationen produktiv zu bewältigen. Von der gemeinsamen Verfolgung konkreter Aktionsziele mit Gleichgesinnten versprechen sie sich nun Möglichkeiten positiver und stabilisierender Selbsterfahrung. Sie hoffen, daß es ihnen in der Gruppe gelingt, individuelle Handlungsziele mit den Anforderungen des Kollektivs abzustimmen und sich als kompetente, zurechnungsfähige Aktoren zu bewähren, denen es gelingt, ihre Beziehungen legitim zu ordnen. Sie hoffen also, zumindest in der Gruppe die Interaktionsfähigkeit zu erlernen, die sie im Laufe

---

358 Dazu oben II. 2. a).

359 Dazu oben § 6 III. 3. a).

360 Allerdings für die achtziger Jahre, *Lecorte, Th.* 1992 (Fn. 46), 20.

ihrer Sozialisation offenbar nicht erworben haben. So können defizitäre interaktive Kompetenzen aus der Selbstwahrnehmung zumindest ausgeblendet werden und entfalten nicht ihr destabilisierendes Potential. Die Utopien und Zukunftsvisionen der Autonomen beweisen schließlich, daß ein großer Bedarf besteht, Orientierungslosigkeit zu kompensieren. Die hehren Fernziele und die unspezifischen Pläne, in ferne Länder zu gehen, um dort eine Aufgabe zu finden und etwa Neues aufzubauen, helfen vielen Autonomen, die prekären Zukunftsperspektiven vor Ort auszublenden. Gleichzeitig stiften die Utopien Sinn, eine Ressource, die ihnen angesichts der bestehenden politisch-gesellschaftlichen Verhältnisse knapp geworden zu sein scheint. Außerdem geben sie den Autonomen im Kampf gegen das System Handlungsziele vor. Daß die Gruppe tatsächlich in erster Linie die Konfrontation nach außen sucht und der einzelne im Kampf gegen das System und die Faschisten eine Gelegenheit sieht, sich als Akteur zu bewähren, daß den Autonomen die Erfahrung von Solidarität innerhalb der Gruppe nicht genügt, sondern sie ihre utopischen Ordnungsentwürfe mit Gewalt gegen die bestehende Ordnung durchzusetzen und nicht nur zu verteidigen versuchen,[361] belegt jedoch, daß den Autonomen als anomischer Jugendkultur die gruppeninterne Kompensation von Sozialisations-, Integrations- und Orientierungsdefiziten nicht mehr genügt. Sie wollen die bestehende Ordnung stürzen, in der sie sich nicht als kompetente Aktoren bewähren, und diese durch eine neue Ordnung ersetzen, in der auch gesamtgesellschaftlich Solidarität erfahrbar werden soll.

V. Gemeinschaftsleben

1. Phänomenologie

a) Hooligans

Ein rudimentäres Gemeinschaftsleben führen allenfalls die „Alt-Hooligans" des harten Kerns. Sie treffen sich nicht nur zum Fußball, sondern auch nach der Schule oder der Arbeit, in ihren Stammlokalen oder privat. Sie „machen" auch mal unabhängig von Fußballspielen „was los".[362] Mode-Hools und Hooligans der zweiten Generation sind dagegen am gesellschaftlichen Leben der Gruppe nicht interessiert und finden sich nur mehr am Wochenende, anläßlich der Spiele, zur Gewalt in der „dritten Halbzeit" ein. Unter der Woche trifft man sich allenfalls zufällig in Kneipen, die unter Jugendlichen gerade „in" sind.[363] Dementsprechend ist auch das „Miteinander-Quatschen" für Hooligans von unterschiedlicher Bedeutung: Wer In-

---

361 Zu den gewalttätigen Aktionsformen oben I.

362 *Matthesius, B.* 1992 (Fn. 2), 116f., 120, 129; für die österreichische Szene, *Novak, M.* 1994 (Fn. 8), 160, 152.

363 *Matthesius, B.* 1992 (Fn. 2), 129f., 132, 134, zu den „Frankfurtern", 143.

Kneipen frequentiert, sucht nicht in erster Linie das Gespräch. Dieses wird durch die laute Musik ohnehin erschwert, wenn nicht gar unterbunden.[364] „Alt-Hooligans" treffen sich dagegen auch bewußt, um sich auszutauschen. Zwar wird weniger über Persönliches gesprochen; gerne diskutiert man jedoch über die Kampferlebnisse der vorangegangenen Wochen, über Rädelsführer und ihre Nachfolger und schmiedet Pläne für zukünftige Aktionen.[365] Im Gespräch werden Mythen gebildet, von denen man zehren kann. Das Leben in Erinnerungs- und zukünftigen Erlebniswelten kompensiert bedingt das defizitäre Gemeinschaftsleben und die Ereignisarmut vieler Spieltage, an denen es eben häufig gar nicht zu den ersehnten Auseinandersetzungen kommt.[366]

Grundsätzlich sind die Aktionen der Hooligans wie bei den „Kuttenfans" auch von gemeinsamem Alkoholkonsum geprägt. Bier trinkt man in der Stammkneipe, auf der Anreise zum Spiel, beim Warten auf den Spielbeginn und auch im Stadion, sofern nicht aus Sicherheitsgründen gar kein Alkohol ausgeschenkt wird. In alkoholisiertem Zustand ist man besonders „gut drauf", provokativ und aggressiv, was die Wahrscheinlichkeit von Konfrontationen erhöht.[367] Seit Ende der achtziger Jahre werden auch in der Hooliganszene vermehrt Drogen konsumiert, von manchen „Alt-Hooligans" aus Frustration, als Reaktion auf den Niedergang der Szene, von jüngeren Mitgliedern, die auch in der Technoszene beheimatet sind, weil Dro-

---

[364] *Matthesius, B.* 1992 (Fn. 2), 129.

[365] *Bohnsack, R./Loos, P./Schäffer, B./Städtler, K./Wild, B.* 1995 (Fn. 3), 28; *Farin, K./Hauswald, H.* 1993 (Fn. 14), 10; *Matthesius, B.* 1992 (Fn. 2), 199, 201.

[366] *Weis, K./Alt, Ch./Gingeleit, F.:* Probleme der Fanausschreitungen und ihrer Eindämmung. In: Ursachen, Prävention und Kontrolle von Gewalt. Analysen und Vorschläge der Unabhängigen Regierungskommission zur Verhinderung und Bekämpfung von Gewalt, Band III Sondergutachten, hrsg. v. H.-D. Schwind u.a. Berlin 1990, 587f., sprechen von „Erlebnis- und Erzählwelten"; *Matthesius, B.* 1992 (Fn. 2), 196.

[367] Nach *Novak, M.* 1994 (Fn. 8), 117f. (für die österreichische Szene) konsumieren jüngere Hooligans Alkohol, um sich Mut zu machen und zu enthemmen: „Wenn die Hooligans angesoffen sind, dann gibt es schon vielleicht drauf .. wenn getrunken wird, dann wird es gefährlich kann man sagen." Nach *Heck, Ch.* 1999 (Fn. 3), 384 verzichten die Hooligans des harten Kerns dagegen auf Alkohol, wenn sich Schlägereien abzeichnen, um im Kampf mit dem Gegner optimal reaktionsfähig zu sein: „Wenn es eine ausgemachte Rauferei ist, dann trinkt niemand was – niemand – da gibt es kein Trinken. ... Weil für eine Rauferei muß man voll da sein." Ebenso *Kirsch, A.* 2000 (Fn. 3), 97; ähnlich *EK, R.* 1996 (Fn. 2), 142, der wie *Kirsch* seine Erkenntnisse aus teilnehmender Beobachtung mitteilt und darauf hinweist, daß polizeiliche Erkenntnisse zu dieser Frage weitgehend fehlen. Für ältere, österreichische „Gewalt-Hools" *Novak, M.* 1994 (Fn. 8), 119. Erst nach den kämpferischen Auseinandersetzungen, auf der Rückfahrt von einem Auswärtsspiel wird exzessiv getrunken, wenn „abgefeiert" wird. *Kirsch, A.* 2000 (Fn. 3), 97; ähnlich *Ek, R. 1996* (Fn. 2), 77, 142. Die Teilnehmer der von *Lösel, F./Bliesener, T./Fischer, T./Pabts, M.* organisierten Gruppendiskussionen sahen allerdings den Alkoholkonsum als für das Problem des Hooligansimus nicht besonders bedeutsam an. *Dies.* 2001 (Fn. 3), 61f.

gen „in“ sind und auch, um die Erlebnisarmut zu kompensieren.[368] Manche Hooligans sind sogar schon in einem Maße den Drogen verfallen, das ihnen die Teilnahme an hooligantypischen Aktivitäten verwehrt.[369]

b) Skinheads

Die Gesellungsformen der Skins sind überwiegend eigentümlich ereignisarm.[370] Sie treffen sich gerne regelmäßig an einem festen Treffpunkt oder in ihrer Stammkneipe. Allerdings ist eine solche gar nicht immer leicht zu finden, weil Skinheads in vielen Gaststätten auf Dauer nicht geduldet werden.[371] Daneben sehen Skinheads sich aber durchaus auch privat, im Garten zum Grillen, oder sie streunen in Gruppen durch die Innenstädte oder hängen, gerade in Ostdeutschland, in Parks, auf öffentlichen Plätzen, an Bahnhöfen und Tankstellen herum.[372] Gerade für die unpolitischen Skins, die von Parteien noch gänzlich unbeeinflußt sind, spielt das Gemeinschaftsleben immer noch eine große Rolle.[373] Bei ihren Treffen konsumieren die Skins vor allem gemeinsam und außerordentlich exzessiv Alkohol. Die Treffen nehmen regelmäßig die Gestalt kollektiver Besäufnisse an.[374] Daneben unterhält man sich über das, was man so gemacht und erlebt hat.[375] Vielfach zieht man auch verächtlich über gerade nicht anwesende Gruppenmitglieder, insbesondere über Newcomer in der Gruppe her. Insoweit ist es mit der vielgepriesenen Solidarität und Kameradschaft unter den Skins nicht weit her. Gruppeninterne Konflikte und Spannungen werden meistens verbal, aber durchaus auch mit Gewalt gelöst.[376]

Höhepunkte des Gemeinschaftslebens sind Soul- oder Ska-Allnighter (Disco, eventuell mit Live-Band, die ganze Nacht hindurch), Konzerte oder Motorrollertreffen („Scooter-run“). Zu derartigen Events reisen Skinheads auch aus Hunderte von

[368] *Matthesius, B.* 1992 (Fn. 2), 137. Nach *Ek, R.* 1996 (Fn. 2), 142, führt der Drogenkonsum während der „Hooliganspiele“ zu einer nicht ungefährlichen Schmerzunempfindlichkeit: schon verletzt, stellt man sich neuerlich dem Gegner.

[369] *Matthesius, B.* 1992 (Fn. 2), 132. So auch die Teilnehmer der von *Lösel, F./Bliesener, T./Fischer, T./Pabts, M.* organisierten Gruppendiskussionen. *Dies.* 2001 (Fn. 3), 61f.

[370] Nachweise oben § 2 XI. Fn. 370.

[371] *Bredel, H.* 2002 (Fn. 28), 75. von einem festen Treffpunkt berichtet auch Jakob, Skinhead aus Westdeutschland, *Heitmeyer, W./Müller, J.* 1995 (Fn. 19), 88.

[372] *Bredel, H.* 2002 (Fn. 28), 76; zum „Rumhängen“ auch *Eckert, R./Reis, Ch./Wetzstein, Th.A.* 2000 (Fn. 33), 294. Daß man sich am Wochenende, auf Parties und zum Grillen traf, bestätigte auch Ewald, Skinhead aus Ostdeutschland, *Heitmeyer, W./Müller, J.* 1995 (Fn. 19), 77f.

[373] Zu den unpolitischen Gruppierungen bereits oben § 2 II. 9. Krise der Szene nach 1993.

[374] Zum Alkoholkonsum *Böttger, A. 1998* (Fn. 3), 9; *Farin, K./Seidel-Pielen, E. 1993* (Fn. 20), 187f.

[375] *Eckert, R./Reis, Ch./Wetzstein, Th.A.* 2000 (Fn. 33), 294.

[376] *Eckert, R./Reis, Ch./Wetzstein, Th.A.* 2000 (Fn. 33), 299.

Kilometern entfernten Wohnorten an, um ein Wochenende mit Gleichgesinnten und -gestylten zu verbringen, zu trinken, zu tanzen, den neuesten Szene-Klatsch auszutauschen und Zines mitzunehmen.[377] Wenn bekannte Songs gespielt werden, grölt meist der ganze Saal mit. Oft kommt es zu einer Art Wechselgesang zwischen den Bands und den Konzertbesuchern. Rechte Bands stimmen auch mal ein indiziertes Lied an und überlassen es den Zuhörern, verbotene Textpassagen zu singen. Bei rechten Skinkonzerten kommt es regelmäßig vor, daß die Besucher ihren Arm zum Hitler- oder Kühnengruß ausstrecken und „Sieg Heil!" oder ausländerfindliche Parolen brüllen. Häufig werden Reichskriegsflaggen oder sonstige Banner der Skinheadbewegung geschwenkt.[378]

c) Autonome

In den 80er Jahren, der Hochzeit der Autonomen, lebten diese in bestimmten Stadtteilen wie in Kreuzberg 36, insbesondere in von ihnen besetzten Häusern, in selbstbestimmten Kommunen wie in befreiten Zonen, die sie mit ihren militanten Aktionen zu verteidigen und zu erweitern trachteten.[379] In diesem sozialen Milieu konnten die Autonomen „ihre Netzwerke ausbauen, kulturell experimentieren und ihr politisches Engagement in Diskussionen über politische Ziele und adäquate Mittel zu ihrer Verwirklichung vertiefen."[380] Viele waren in Stadtteilinitiativen aktiv und arbeiteten häufig dort mit, wo sie ihre politischen Ursprünge hatten.[381] Aus besetzten Häusern sind in der Zwischenzeit „autonome Zentren" entstanden.[382] Das Zusammenleben gestaltete sich allerdings nicht immer unproblematisch. Es gab auch „Streß innerhalb der Häuser mit Frauenfeindlichkeit, Alkohol und illegalen Drogen."[383] Die autonome Szene konnte sich nicht zuletzt deshalb konsolidieren, weil auch in alternativen Strukturen und in unkonventionellen Lebensformen eine gewisse Alltäglichkeit Einzug gehalten hatte.[384] Ob auch die

---

[377] *Farin, K./Seidel-Pielen, E.*, Skinheads, München 1993, 188f.; *Bredel, H.* 2002 (Fn. 28), 75.

[378] *Bredel, H.* 2002 (Fn. 28), 318.

[379] Zu den besetzten Häusern als Rückzugsbasen im Kampf gegen die staatliche Repression, *Moreau, P./Lang, J.P.* 1996 (Fn. 45), 370.

[380] *Schultz, Th./Gross, A.* 1997 (Fn. 59), 17, ausführlich 157. Zu endlosen szeneinternen Diskussionen *Lecorte, Th.* 1992 (Fn. 46), 135.

[381] *Schultz, Th./Gross, A.* 1997 (Fn. 59), 39.

[382] *Moreau, P./Lang, J.P.* 1996 (Fn. 45), 395.

[383] *Schultz, Th./Gross, A.* 1997 (Fn. 59), 26, 159. Drogen- und Alkoholkonsum erwähnt auch Nigül (21), in Berlin geboren und aufgewachsen, die heute in Kreuzberg lebt. Sie versteht sich als Kommunistin und Teil der autonomen Bewegung: „Kreuzberg ist ein Ghetto." In: *Farin, K./Seidel-Pielen, E. 1993* (Fn. 4), 171. Ilse, 29, Friedensbewegung, Solidaritäts-Bewegung und Nicaragua-Aufenthalt, Uni-Streik 1989, Häuserbewegung in Ostberlin ab '90, berichtet von Gruppenkonflikten, die sogar zur Spaltung einer großen Wohngruppe führten. In: *Kongreßlesebuch-Gruppe* 1995 (Fn. 71), 96.

[384] *Schultz, Th./Gross, A.* 1997 (Fn. 59), 17, 158; *Moreau, P./Lang, J.P.* 1996 (Fn. 45), sprechen davon, daß das Dasein sich mehr und mehr verbürgerlicht habe.

jüngste Generation der Autonomen jenseits der gemeinschaftlichen Aktionen ein Gemeinschaftsleben führt, ist schwer zu beurteilen. Immerhin gab es auch in den neunziger Jahren noch vergleichbare Residuen: Kreuzberg etwa ist „immer noch für viele ein attraktives Ding." „Hier ist viel geballt aufeinander an alternativen Läden, an anderem Leben überhaupt."[385] Wo den Autonomen jedoch die Freiräume genommen wurden, wo besetzte Häuser geräumt oder legalisiert worden sind und von ehemaligen „Instandbesetzern" bewohnt werden, die sich aus der Szene zurückgezogen haben, wo Kieze wegsaniert worden sind, dürfte auch das Gemeinschaftsleben ausgedünnt sein:[386] Die Möglichkeiten für ein befreites Leben sind reduziert.[387] Nur ein kleiner Teil der Szenemitglieder ist über gewachsene, familiäre Strukturen miteinander verbunden geblieben.[388] Als Anlaufadressen, Treffpunkte, Kommunikations- und Diskussionsorte und als Koordinierungsstellen für die „Szene" fungieren heute daher vor allem sogenannte Infoläden oder libertäre Zentren, die in mehr als 50, nach einer szeneinternen Übersicht in mehr als 80 Städten existieren und z.T. auch in Kontakt zu entsprechenden Einrichtungen im europäischen Ausland stehen.[389] Durch die bundesweite und teilweise internationale Vernetzung wird ein regelmäßiger Austausch von Informationen und, zumindest ansatzweise, ein städte- und länderübergreifendes gemeinsames Handeln ermöglicht.[390] Vor Ort bilden neben den Infoläden vor allem Kneipen, Alternativläden, Food-coops, Wohngemeinschaften, Selbsthilfegruppen und die Auftrittsorte von Musikgruppen eine Infrastruktur, die Begegnungsräume eröffnet und über die, szeneintern, Mobilisierungsschübe ausgelöst und Aktionen organisiert werden können.[391] Am intensivsten wird der Austausch noch innerhalb der Kleingruppen sein, die „klandestine" Aktionen veranstalten, die langfristig vorbereitet werden und extensive Vorarbeiten erfordern. Auch die Antifa-Gruppen treffen sich regelmäßig: Ausstellungen und Flugblätter müssen erstellt, Infozeitungen produziert und Demonstrationen organisiert werden. In diesen Gruppen wird noch ausgiebig diskutiert und basisdemokratisch entschieden.[392] Ein weniger aktionistisches gemeinsames Betä-

---

385 Nigül (21), in Berlin geboren und aufgewachsen, lebt heute in Kreuzberg. Sie versteht sich als Kommunistin und Teil der autonomen Bewegung: „Kreuzberg ist ein Ghetto." In: *Farin, K./Seidel-Pielen, E. 1993* (Fn. 4), 170.

386 Diese Einschätzung teilen *Moreau, P./Lang, J.P.* 1996 (Fn. 45), 370. Auch *Schultze, Th./Gross, A.* 1997 (Fn. 59), 160 sehen „besetzte Häuser, Fabriken und andere Gebäude als Ausgangspunkte von autonomen Strukturen und Kristallisationspunkte von Widerstand" an.

387 *Kongreßlesebuch-Gruppe* 1995 (Fn. 71), 23.

388 *Kongreßlesebuch-Gruppe* 1995 (Fn. 71), 23.

389 *Bundesminister des Innern:* Verfassungsschutzbericht 1990, 40; 1994, 39; insbesondere zu Infoläden, *Moreau, P./Lang, J.P.* 1996 (Fn. 45), 396.

390 *Bundesminister des Innern:* Verfassungsschutzbericht, 1992, 34f.

391 Für NSB allgemein, *Schultz, Th./Gross, A.* 1997 (Fn. 59), 17; zu Infoläden und besetzten Häusern, *Moreau, P./Lang, J.P.* 1996 (Fn. 45), 395f.

392 *Farin, K./Seidel-Pielen, E.* 1991 (Fn. 17), 110.

tigungsfeld ist auch die „Soliarbeit“, nämlich die Erarbeitung von Stellungnahmen und Solidaritätsbekundungen zu Verhaftungen und Prozessen von politischen Straftätern, in den neunziger Jahren etwa den Tatverdächtigen des „Mordes“ an Kaindl, einem Funktionär der Deutschen Liga in Berlin.[393]

Nach Einschätzung der Autonomen ist es allerdings um die Fähigkeit der Autonomen, miteinander zu kommunizieren und über kontroverse Fragen zu streiten, schlecht bestellt.[394] Zwar ging es den Autonomen nie um eine als „moderieren guter Absichten“ verpönte Streit*kultur*, vielmehr sollte ein Streit „heiß“ sein, durften Argumente stets ungeordnet ins Feld geführt werden, Positionen wie das Unterhemd gewechselt werden, durfte man dem Gegenüber ins Wort fallen, Argumente dicht an oder eher unter der Gürtellinie setzen.[395] Häufig genug fehlte es auch am notwendigen Grundverständnis beider Seiten, mit der Folge, daß man versuchte, „zu polemisieren, zu keifen, zu provozieren, zu jammern, zu kratzen, zu beißen und zu spucken,“ um vom Gegenüber doch nur mit der Frage bedacht zu werden „Warum geht es dir nur so schlecht?“[396] Szeneangehörige kritisieren jedoch mittlerweile, daß Autonome dem Streit mit vermeintlich Gleichgesinnten ausweichen und das revolutionäre Potential von Konflikten ungenutzt lassen.[397] Der Streitvermeidung diene etwa der Verweis auf „die unterschiedlichen Bedingungen“, etwa von Frauen und Männern, mit dem Gesprächsteilnehmer sich gegen Kritik immunisieren könnten, weil „unterschiedliche Bedingungen“ es eben scheinbar verunmöglichten, zu einer gegensätzlichen inhaltlichen Position überhaupt Stellung zu nehmen. Der Vermeidung von Streit diene aber auch die Fixierung auf Verhaltensweisen statt auf Inhalte, wenn unter Berufung auf die Notwendigkeit der Entgrenzung des Politischen privates Verhalten im Lichte einer repressiven Moral kontrolliert werde.[398] Dies offenbare letztlich nur die Unfähigkeit, Inhalte zu benennen und sich über

---

[393] Dazu ausführlich *Geronimo* 1997 (Fn. 68), 87-131, Tod eines Faschisten. Kaindl wurde letztlich nur wegen Körperverletzung mit Todesfolge verurteilt.

[394] *Geronimo* 1997 (Fn. 68), allgemein, unter dem Gesichtspunkt der Krise des Politischen, auch in der Szene, 28-30, zu den Schwierigkeiten bei den Kongreßvorbereitungstreffen, 142, 147f., beispielhaft an „Diskussionen“ – vielleicht besser Nicht-Diskussionen im Plenum des Kongresses, 149ff., insbesondere 151f. Auch *Schultze, Th./Gross, A.* 1997 (Fn. 59), 65 konstatieren, daß „Diskussionen, die nicht nur auf Abgrenzung (nach außen) zielen,“ kaum noch stattfinden; zu kritischen Szenestellungnahmen zum Verlauf szeneinterner Diskussionen, ebenda, 138f., dazu, daß „tatsächlich konfrontative Diskussionen“ nicht stattfinden und man bei „Basisbanalitäten“ endet, 171.

[395] *Geronimo* 1997 (Fn. 68), 149.

[396] *Geronimo* 1997 (Fn. 68), 155, 177. Zu Verständigungsproblemen auch *Lecorte, Th.* 1992 (Fn. 46), 190: „Die Begriffe ließen sich nicht greifen, denn sie schleppten zuviel mit sich herum. Ich konnte sie niemanden so einfach überreichen, oder in die Tasche stecken. Sie sträubten sich, ließen sich nicht handhaben.“

[397] *Geronimo* 1997 (Fn. 68), 171. Daß Konflikte nicht mehr produktiv ausgetragen werden, versucht *Geronimo* auch an der szeneinternen Auseinandersetzung um den Spitzel im Fall „Grams“ zu illustrieren, der 10 Jahre lang zur autonomen Szene gehörte, ohne aufzufliegen, ebenda, „Abreise eines Spitzels vom Umsteigebahnhof Bad Kleinen, 61-86.

[398] *Geronimo* 1997 (Fn. 68), 181f., am Beispiel der Sexismusdebatte in der Szene.

diese auseinanderzusetzen.[399] „Wo nicht mehr miteinander politisch diskutiert wird, 'behandelt' man und frau sich nur noch: Das Verbrechen oder das abweichende Verhalten der ins Visier genommenen Delinquenten steht immer schon fest, die Unschuldsvermutung ist suspendiert." „Die Diskussionen um die so systematisch von den Inhalten gesäuberten Formen geraten so entweder zum Gerichtsverfahren oder zum Behandlungs-Diskurs." „Und so transformiert sich der Versuch eines politischen Zugangs zur Welt entweder in ein schlecht durchgeführtes Gerichtsverfahren oder in eine zumeist dilettantisch betriebene Therapie."[400]

2. *Interpretation*

a) Zum Integrationspotential des Gemeinschaftslebens und zur Funktion von Kommunikation

Es konnte dargetan werden, daß Hooligans, Skinheads und Autonome sich in erster Linie über kollektive Gewaltrituale integrieren.[401] Das Integrationspotential des Gemeinschaftslebens jenseits gemeinsamer *gewalttätiger* Aktionen erweist sich als entsprechend gering. Bei den Hooligans zeigt sich dies am eklatantesten. Die jüngere Generation trifft sich fast ausschließlich zu den Fußballwochenenden. Ansonsten verliert sich die Gruppe eher in jugendlichen Freizeittreffs, die überwiegend von nicht szeneangehörigen Jugendlichen besucht werden. Da dort schon wegen der lauten Musik kaum Spielraum zum Gespräch gegeben ist, erfüllt Kommunikation auch keine gemeinschaftsstiftende Funktion mehr. Daß aus Frustration über den Niedergang der Szene und um die Erlebnisarmut zu kompensieren nicht mehr nur Alkohol, sondern vermehrt Drogen konsumiert werden, ist insoweit symptomatisch. Denn die Einnahme von Drogen befördert weniger die Geselligkeit als die Vereinzelung. In seinem Drogenrausch bleibt jeder allein. Lediglich die Alt-Hooligans treffen sich auch unabhängig vom Fußball, um sich auszutauschen. Ihre Gesellungsformen sind insoweit noch von einer milieugestützten, proletarischen Fußballfankultur geprägt, die durch die zunehmende Kapitalisierung des Freizeitsektors Fußballs, durch schleichende Kolonialisierung, zerstört worden ist. Sie band nicht nur die Jugendlichen, sondern auch die Erwachsenen in eine Gemeinschaft ein, die nicht nur durch die Begeisterung für den Fußballsport, sondern durchaus auch durch ein klassenspezifisches Lebensgefühl zusammengehalten war und in der sich die Menschen am Feierabend und am Wochenende einfanden, um ihre arbeitsfreie Zeit gemeinsam zu gestalten.[402] Bei den Alt-Hooligans haben insofern gewisse Rudimente längst verlorener Traditionen überdauert. Daß der Aus-

---

399 *Geronimo* 1997 (Fn. 68), 176f.

400 *Geronimo* 1997 (Fn. 68), 182. Dazu, daß szeneintern Kritik als Ketzerei verurteilt wird und Verfahren und Instanzen zur Sanktionierung ausgebildet werden auch *Schultze, Th./Gross, A.* 1997 (Fn. 59), 66.

401 Dazu oben I.

402 Dazu bereits oben § 1 III. und IV. Insbesondere *Matthesius, B. 1992* (Fn. *2*), 62, 64f.

tausch unter ihnen sich weitgehend auf die Kampferlebnisse der vorangegangenen Woche und die Stilisierung erfolgreicher Kämpfer beschränkt, ist allerdings bereits ein Anzeichen von Verdürftigung. Denn die Frustrationen, Aggressionen und Ohnmachtgefühle, die auch die Alt-Hooligans in den Schlachten abreagieren,[403] werden auf diese Weise nicht produktiv verarbeitet. Statt dessen werden die gewaltförmigen Abwehrstrategien, über die sich orientierungsarme, labile Persönlichkeitssysteme stabilisieren, nur kommunikativ überhöht, ohne daß die Sozialisations- und Orientierungsdefizite, unter denen die Jugendlichen leiden, wirklich kompensiert würden.[404]

Das Gemeinschaftsleben der Skinheads, ihre wiederkehrenden Treffen an immergleichen Orten sind stark ritualisiert. Gerade daß sie eigentümlich ereignisarm sind und das gemeinsame Trinken den eher rudimentären kommunikativen Austausch kompensiert, zeigt, daß die Ausdrucks- und Kommunikationsmöglichkeiten der Skinheads zu beschränkt sind, als daß ihnen die kreative Gestaltung der gemeinsam verbrachten Zeit noch gelingen könnte. Die Gesellungsrituale integrieren die Gruppe, ohne daß der Verständigungsmechanismus besonders extensiv in Anspruch genommen wird. Lediglich die Organisation von Konzertveranstaltungen beweist noch Initiative. Allerdings wird auch diese „Gemeinschaftsaufgabe“ immer häufiger entweder von Parteien übernommen, die die Skinheads zu politischen Zwecken instrumentalisieren wollen[405], oder von professionell betriebenen Verlagen und Vertrieben, die an der Musikbegeisterung der Skinheads verdienen wollen.[406] Auch der Ablauf der Konzerte weist im übrigen stark rituelle Züge auf. Es werden die immergleichen Songs gespielt, die alle kennen, so daß man mitsingen kann, und es kommt zu Wechselgesängen zwischen den Zuhörern und der Band. Das Zeigen des Hitlergrußes und das Schwenken historischer Fahnen verleihen den Konzerten, die zumindest Anfang der 90er Jahre regelrechte Großveranstaltungen waren, eine archaische Aura und erzeugen transzendentale Gefühle des sozialen Zusammenseins. Überhaupt vermitteln die ritualisierten Gesellungsformen ein Gefühl von Zugehörigkeit und Zusammenhalt und stiften Sinn,[407] ohne daß der Verständigungsmechanismus in großem Umfang in Anspruch genommen werden müßte. Daß die kommunikativen Fähigkeiten tatsächlich sehr beschränkt sind, belegt die Tatsache, daß gruppeninterne Konflikte und Spannungen nicht selten mit Gewalt und eben nicht verbal gelöst werden und daß auch bei den Konzerten gewalttätige Auseinandersetzungen unter Skinheads durchaus keine Seltenheit sind.[408] Die Vergesellschaftungsmodi haben somit auch jenseits ihrer Gewaltzentriert-

---

403 Dazu oben 1. a).

404 Zu Orientierungslosigkeit oben § 6 III. 1. c).

405 Dazu oben § 2 X.

406 Dazu unten XIV. 1. b).

407 Zur Funktion von Ritualen oben § 6 III. 2. b).

408 Dazu oben I. 1. b).

heit[409] durchaus regressive Züge. Auch der Skinheadkultur gelingt es also nicht, Integrationsdefizite in produktiven Verständigungsprozessen zu kompensieren. Die Sprache hat für die Skinheads allenfalls untergeordnete gemeinschaftsstiftende Funktion.

Das Gemeinschaftsleben der Autonomen war, zumindest bis in die achtziger Jahre, vielfältiger und intensiver als das der Hooligans und Skinheads. Man traf sich nicht nur regelmäßig, sondern wohnte auch zusammen und gestaltete den Alltag gemeinsam. In den „selbstbestimmten Kommunen" der Autonomen wurde ausgiebig kommuniziert und diskutiert. Und auch wenn das Gemeinschaftsleben vieler heute ausgedünnt ist, so hat doch insbesondere in der „Soliarbeit" und in den Antifa-Gruppen der intellektuelle Austausch über Inhalts- und Sachfragen immer noch eine wichtige Funktion. Was vielen Autonomen früher das große Kollektiv war, sind ihnen heute die konspirativ arbeitenden Kleingruppen, in denen man immer noch stark aufeinander bezogen ist. Auch Infoläden und libertäre Zentren, Treffpunkte der jüngeren Generation sind eben vor allem Orte der Kommunikation. Die Autonomen versuchen also immerhin, nicht nur das Integrationspotential gewalttätiger Aktionen auszuschöpfen,[410] sondern bemühen sich bis heute um kommunikative Vergemeinschaftung.

Daß gerade in einer anomischen Jugendkultur immerhin noch versucht wird, das integrative Potential sprachlicher Verständigung auszuschöpfen, ist nicht verwunderlich. Denn ihr schließen sich gerade Jugendliche an, die die destruktiven Folgen systemischer Übergriffe nicht nur erleiden und erlitten haben, sondern zumindest im Ansatz durchschauen. Gerade diese erhöhte Sensibilität hat sie bewogen, sich einer Protestkultur anzuschließen, die nicht nur Erosionsfolgen kompensiert, sondern die auch einen kommunikativen Rückzugsraum bietet, in dem sich kommunikative Kompetenzen bewahren lassen. Daß auch autonome Jugendkulturen nicht gegen kolonialisierende Übergriffe gefeit sind, zeigt sich allerdings daran, daß gerade die sozialstaatlich eingelenkte Legalisierung besetzter Häuser dazu beigetragen hat, ihre Bewohner zu entsolidarisieren und gewachsene Gemeinschaften zu zerstören.

Die Autonomen klagen allerdings durchaus über Kommunikationsschwierigkeiten untereinander. Gerade dort, wo die gruppeninterne Integration brüchig geworden ist, wo Konflikte zwischen Männern und Frauen, zwischen Älteren und Jüngeren aufbrechen,[411] versagt immer häufiger der Rekurs auf sprachliche Mittel. Statt in Konfliktfragen die wechselseitig erhobenen Geltungsansprüche zu bestreiten und einen Diskurs zu führen,[412] mit dem Ziel, einen Konsens zu finden, wird das Ge-

---

409 Dazu oben I. 1. b).

410 Dazu oben I. 1. c).

411 Dazu noch näher unten VIII. 1. c).

412 So *Habermas'* Verständnis von Diskurs, dazu näher mit Nachweisen oben § 5 I.

genüber moralisch angeklagt oder als behandlungsbedürftig und daher als nicht mehr ernstzunehmend degradiert. Wenn die Gesprächspartner sich wechselseitig die Anerkennung als gleichberechtigte Kommunikationsteilnehmer versagen, ist jedoch eine Grundvoraussetzung verständigungsorientierten Handelns nicht mehr gegeben. Es ist daher nicht verwunderlich, daß sich immer mehr Autonome szeneinternen Diskursen verweigern und daß sich zwischen verschieden „Fraktionen" Sprachlosigkeit ausbreitet. Weil aber viele Autonome trotz aller Schwierigkeiten das Gespräch mit ihresgleichen auch weiterhin suchen und vor allem, weil ihnen die Unfähigkeit, miteinander zu kommunizieren, zum Problem wird, sind sie bei aller Gewaltzentriertheit[413] immerhin darum bemüht, das gemeinschaftsstiftende Potential sprachlicher Verständigung nicht gänzlich unausgeschöpft zu lassen und gerade gruppeninterne Integrationsdefizite vielleicht doch kommunikativ zu kompensieren. Zumindest innerhalb von Teilgruppen der Bewegung, unter Männern, unter den Älteren oder den Jüngeren gelingt denn auch die Herstellung von Solidarität über kommunikatives Handeln. Den Autonomen ist dabei bewußt, daß sie als kritische Protestbewegung, die sich auch inhaltlich politisch formieren muß, auf den Verständigungsmechanismus existentiell angewiesen bleiben. Insgesamt erweisen sich die Ausdrucks- und Kommunikationsmöglichkeiten der Autonomen zumindest als weniger beschränkt als die der Mitglieder anderer gewaltzentrierter Jugendkulturen.

Den Autonomen fehlt jedoch jede Bereitschaft und vielleicht auch die Fähigkeit, mit Andersdenkenden, mit politischen Gegnern und mit ganz normalen, nach ihrer Auffassung angepaßten Bürgern zu kommunizieren. Soziale Konfliktsituationen im Außenverhältnis mit sprachlichen Mitteln zu bewältigen, gelingt ihnen nicht. Dies zeigt, daß das Netz der gesamtgesellschaftlichen Integration für die Autonomen zerrissen ist und daß sprachliche Verständigung keine übergeordnete Gemeinschaft mehr stiften kann. Die aggressive Weigerung, das herrschende System zu unterstützen, äußert sich nur noch gewaltförmig.

VI. Gemeinschaftserlebnis und Selbsterfahrung in der Gruppe

1. Phänomenologie

a) Hooligans

Da viele Hooligans sich nur lose zusammengeschlossen haben und sich die gemeinsamen Aktivitäten heute weitgehend auf die Auseinandersetzungen anläßlich von Fußballspielen beschränken, sind diese die zentrale Quelle eines brüchigen

---

[413] Dazu oben I. 1. c).

Gemeinschaftsgefühls:[414] Die Clique der „Kumpels" konstituiert sich erst unter der Eigendynamik des „fight" als situativ inszenierte „Schicksalsgemeinschaft", in der sich der einzelne als Person dem kollektiven Aktionismus unterordnet: „... und da fährst du dann hin und siehst schon 150 Leute stehen. Und da hast du schon'n gutes Gefühl bei." „Na klar fährt man hin, um sich zu schlagen, ... das ist einfach 'n Feeling, da wird 'ne Atmosphäre aufgebaut, und die ist geil."[415] Eine elementare Kollektivität entsteht aus der Erfahrung des Aufeinander-Angewiesen-Seins in der Situation des Kampfes und der Randale, in der der gemeinsame Feind abgewehrt wird; Zusammenhalt und Übereinstimmung werden „aktionistisch 'erzwungen'". In der Gruppe fühlt man sich stark.[416] Die Prügeleien sind daher auch als eine Art Cowboy- und Indianerspiel auf anderem Niveau beschrieben worden.[417] Nicht zuletzt die massiven, z.T. als unverhältnismäßig bewerteten polizeilichen Maßnahmen haben das Wir-Gefühl gestärkt.[418] Die gewalttätigen Auseinandersetzungen zwischen z.T. über 100 Hooligans auf beiden Seiten wirken nicht nur auf Außenstehende wie Kriegsschlachten, sondern werden auch von den Kämpfern als solche erlebt und stilisiert. Wenn der eskortierenden Polizei zum Trotz skandiert wird „Hier regiert der F-C-K" oder „B-V-B" oder „S-04", wird greifbar, daß die Hooligans in der Gruppe das Gefühl der eigenen Macht und Bedrohlichkeit genießen.[419]

In welchem Maße das Gemeinschaftsgefühl sich darüber hinaus auch persönlicher Bekanntschaft und Freundschaft verdankt, wird unterschiedlich beurteilt. Insbesondere „Alt-Hooligans" betonen, daß man sich kenne und wisse, daß man sich aufeinander verlassen könne. Eine neuere Untersuchung hat dagegen ergeben, daß persönliche Identität und individuelle Stilelemente hinter dem kollektiven Aktionismus zurücktreten. Er setzt im biographisch Voraussetzungslosen an. Der einzelne fädelt sich ein in die „nicht antizipierbare Dramaturgie des körperlichen Aktionismus. Persönliche Bekanntschaft ist zunächst ebenso bedeutungslos wie die „individuelle Identifizierbarkeit".[420] Das Erlebnis der gemeinsamen Aktionen wird

---

[414] *Matthesius, B.* 1992 (Fn. 2), 129, 132. Dazu, daß die losen Zusammenschlüsse nicht mehr als Gemeinschaft erlebt werden, auch *Dies.,* ebenda, 197. Die Teilnehmer der von *Lösel, F./Bliesener, T./Fischer, T./Pabts, M.* organisierten Gruppendiskussionen betonten dementsprechend die Bedeutung des Gruppenerlebnisses. *Dies.* 2001 (Fn. 3), 62.

[415] Marco, 22, Dachdecker und Winter, 21, Technikstudent: „ Den Killerinstinkt habe ich noch nicht." In: *Farin, K./Hauswald, H.* 1993 (Fn. 14), 25f.

[416] *Bohnsack, R./Loos, P./Schäffer, B./Städtler, K./Wild, B.* 1995 (Fn. 3), 25-28; zu derartigen Verschmelzungserlebnissen anläßlich eines Länderspiels zwischen den Niederlanden und der Bundesrepublik Deutschland in Rotterdam 1989, *Ek, R. 1996* (Fn. 2), 92f.; für die österreichische Szene, *Novak, M.* 1994 (Fn. 8), 72f., 74f., 164, 166: „Vor allem im Verhältnis zu Feindgruppen sehen sich die Hooligans als Abwehrgemeinschaft."

[417] *Pilz, G.A.:* Hooligans – Europameister der Gewalt. Psychologie heute 1992, 36-39; *Pilz, G.A.* 1998 (Fn. 150), 129.

[418] Zur „von außen geformten Bande" *Novak, M.* 1994 (Fn. 8), 71.

[419] *Weis, K.* 1995 (Fn. 151), 218.

[420] *Bohnsack, R./Loos, P./Schäffer, B./Städtler, K./Wild, B.* 1995 (Fn. 3), 21, 25f.

für manche durch den Konsum von Alkohol,[421] für andere auch durch den Konsum von Haschisch, Kokain und Ecstasy-Tabletten verstärkt.[422]

Die einzelnen befriedigen an den „Fußballwochenenden" ein Bedürfnis nach Spannung, Abenteuer und Risiko,[423] nach Nervenkitzel, sie suchen den Adrenalin-Kick durch Gewalt und körperliche Selbstbehauptung.[424] Nach dem Spiel steigert sich die Spannung, man fragt sich, „was jetzt wohl passiert und so. ... dann steht man da, kribbelt so fies im Bauch. Das ist, wie wenn man so 'ne Berg-und-Tal-Bahn da so runterstürzt auf einmal ... ."[425] Im Zustand äußerster Anspannung, unmittelbar vor dem Zusammenstoß mit den gegnerischen Hooligans ist man maximal erregt, hohe Dosen des Streßhormons Adrenalin werden ausgeschüttet, wirken als Droge, die Verkrampfung löst sich mit einem lauten Schrei. Im Kampf werden Endorphine, die sogenannten Glückshormone ausgeschüttet, die euphorisierend wirken. Weil man die Angst überwunden hat, empfindet man „ein ungeheures Wohlgefühl".[426] Man beweist sich die eigene Männlichkeit und Stärke, wenn man in den Prügeleien „den eigenen Schweinehund" überwindet.[427] Körperliche Selbsterfahrung und Selbstbestätigung – verstärkt durch gruppendynamische Prozesse – stehen im Zentrum: „... weil ich will dann auch wissen, was ich von mir erwarten kann und wie ich mich einschätzen kann selber, dann, ob ich da gut durchkomme, ohne Verletzung oder mit Verletzung, ob ich liegen bleibe, ob wir feiern können,

---

[421] Zur integrativen Wirkung gemeinsamen Alkoholkonsums, für die österreichische Szene *Novak, M.* 1994 (Fn. 8), 118.

[422] *Ek, R. 1996* (Fn. 2), 142, siehe auch die differenzierte Darstellung für die österreichische Szene bei *Novak, M.* 1994 (Fn. 8), 117ff.

[423] *Matthesius, B.* 1992 (Fn. 2), 202; *Pilz, G.A.* 1998 (Fn. 150), 128. Die Bedeutung des Kick-Erlebnisses betonen auch die Teilnehmer der von *Lösel, F./Bliesener, T./Fischer, T./Pabts, M.* organisierten Gruppendiskussionen. *Dies.* 2001 (Fn. 3), 161f.

[424] *Böttger*, A. 1998 (Fn. 3), 10; *Matthesius, B.* 1992 (Fn. 2), 202, 204; *Lösel, F./Bliesener, T./Fischer, T./Pabts, M.* 2001 (Fn. 3), 161f.

[425] *Böttger*, A. 1998 (Fn. 3), 9, 10 (Zitat aus dem Interview 039, S. 21); ähnlich Thomas (23), Speditionskaufmann in Berlin, seit seinem 10. Lebensjahr Hertha BSC-Fan und Hooligan: „Hooligan ist ein Versuch, die Jugend hinauszuzögern." In: *Farin, K./Seidel-Pielen, E. 1993* (Fn. 4), 15, 179f.: „Weil das natürlich unheimlich in den Beinen juckt, wenn da eine Wand auf dich zugerannt kommt, stehenzubleiben." *Matthesius, B.* 1992 (Fn. 2), 202 mit entsprechenden Zitaten.

[426] *Kirsch, A.* 2000 (Fn. 3), 96f., einen Medizinstudenten zitierend, der seine körperzentrierte Selbsterfahrung im Kampf plastisch zu beschreiben vermag. Daß es darum geht die Angst zu überwinden, bestätigt auch Thomas (23), Speditionskaufmann in Berlin, seit seinem 10. Lebensjahr Hertha BSC-Fan und Hooligan: „Hooligan ist ein Versuch, die Jugend hinauszuzögern." In: *Farin, K./Seidel-Pielen, E. 1993* (Fn. 4), 15, 181; dazu auch *Farin, K./Hauswald, H.* 1993 (Fn. 14), 8; *Matthesius, B.* 1992 (Fn. 2), 202. Allerdings aus Großbritannien berichtet *Buford, B.:* Geil auf Gewalt – unter Hooligans. München 1992, 96ff. von Ekstase, Glücksgefühlen und Lustempfinden. Die rauchartigen Charkater der „fights" betonen auch *Lösel, F./Bliesener, T./Fischer, T./Pabts, M.* 2001 (Fn. 3), 162.

[427] *Farin, K./Seidel-Pielen, E.* 1991 (Fn. 17), 97; *Farin, K./Hauswald, H.* 1993 (Fn. 14), 8.

daß sie abhauen."[428] Oder, noch plastischer: „Was mich anzieht, sind die Momente, in denen es ums Überleben geht, Momente von animalischer Intensität, der Gewalttätigkeit, Momente, wenn keine Vielzahl, keine Möglichkeit verschiedener Denkebenen besteht, sondern nur eine einzige – die Gegenwart in ihrer absoluten Form. Die Gewalt ist eines der stärksten Erlebnisse und bereitet denen, die fähig sind, sich ihr hinzugeben, eine der stärksten Lustempfindungen ..."[429]

Als Hooligan entwirft man seine Persönlichkeit neu, gruppenspezifisch, als Kämpfer.[430] Ist man als solcher erfolgreich, erfährt man sich anerkannt und zugehörig. In den Gesprächen über das „Miteinander-Kämpfen" und „Sich-Klatschen" wird die soziale Anerkennung vertieft,[431] man kann es zum legendären Kämpfer bringen, der sich einen Namen macht und auf dessen gewalttätige Großtaten immer wieder verwiesen wird.[432] Gewalt erfüllt dabei positive psychohygienische und soziale Funktionen und wird dementsprechend positiv bewertet: Gewalt ist ein Mittel, um Aggressionen und Frustrationen abzubauen und Erlebnisarmut zu kompensieren.[433] Im gemeinsamen Kampf wollen Hooligans den Arbeitsfrust der Woche abreagieren.[434] Gewalt ist Medium positiver Selbsterfahrung, dient der Bestätigung der eigenen Männlichkeit und Stärke, ist Quelle des Selbstwertgefühls. Durch gewalttätiges Verhalten erkämpft man sich gruppenintern einen anerkannten Status und beim Gegner Ansehen und Respekt.[435] Weil Hooligans immer als Gruppe gewalttätig werden, verlieren sich persönliches Verantwortungsgefühl und Mitleid weitgehend in der „Massenseele" der Fangruppe.[436] Hooligans, die noch ins Stadion gehen, nutzen die Tribüne auch gerne zur Selbstdarstellung.[437] Durch rhythmisches Klatschen, Sprechchöre und -gesänge und riesige Transparente in Vereins-

---

[428] *Böttger*, A. 1998 (Fn. 3), 10 (Zitat aus dem Interview 039, S. 21).

[429] Allerdings aus Großbritannien, *Buford, B.* 1992 (Fn. 426), 232, 234.

[430] *Bohnsack, R./Loos, P./Schäffer, B./Städtler, K./Wild, B.* 1995 (Fn. 3), 26.

[431] *Bohnsack, R./Loos, P./Schäffer, B./Städtler, K./Wild, B.* 1995 (Fn. 3), 28. Die Bedeutung der Anerkennung in der Gruppe der Gleichgesinnten betonen auch die Teilnehmer der von *Lösel, F./Bliesener, T./Fischer, T./Pabts, M.* organisierten Gruppendiskussionen. *Dies.* 2001 (Fn. 3), 62; *Albrecht, H.-J. 2001 (*Fn. 12), 17.

[432] *Matthesius, B.* 1992 (Fn. 2), 151; für die österreichische Szene, *Novak, M.* 1994 (Fn. 8), 45ff., 48, 161.

[433] *Lösel, F./Bliesener, T./Fischer, T./Pabts, M.* 2001 (Fn. 3), 161f.

[434] *Bohnsack, R./Loos, P./Schäffer, B./Städtler, K./Wild, B.* 1995 (Fn. 3), 25.

[435] Dazu, daß für das Prestige der eigenen Gruppe gekämpft wird, *Novak, M. 1994* (Fn. 8), 71ff.

[436] *Harnischmacher, R./Apel, I.:* Der Hooligan und sein Weltbild im Fußballvandalismus. Archiv für Kriminologie 182 (1988), 129-142.

[437] *Bohnsack, R./Loos, P./Schäffer, B./Städtler, K./Wild, B.* 1995 (Fn. 3), 28f., *Heck, Ch.* 1999 (Fn. 3), 383.

farben macht man auf sich aufmerksam.[438] Durch die eigene Präsenz in der Medienberichterstattung fühlen sich viele Hooligans aufgewertet.[439]

b) Skinheads

Bei den Skinheads findet man „Zusammenhalt", „Kameradschaft" und „Zuverlässigkeit."[440] Im Kultsong „Vereint" der „Böhsen Onkelz" heißt es: „Einer für alle, alle für einen soll unser Schlachtruf sein! Zusammenhalt ist unsere Stärke, Skinheads müssen vereinigt sein! Freundschaft gibt uns Kraft, die uns stark macht in der Not, Einigkeit heißt die Devise, wir sitzen alle im selben Boot! Vereint, vereint, wir brechen die Ketten, vereint, vereint die Mauer muß stürzen, vereint, vereint sind wir die Macht!"[441] Die Uniformierung und die ritualisierten, kollektiven Besäufnisse, die als Männlichkeitsrituale inszeniert werden, verstärken und festigen das Zusammengehörigkeits- und Selbstwertgefühl und helfen, der Langeweile des Alltags zu entfliehen.[442] Rechte und neonazistische Skins verbindet vor allem der Haß auf ihre Feinde: „... Uniformiert und nicht allein ziehen wir los, unser Hass auf Scheißkanaken der ist unendlich groß ..."[443] Gemeinschaftsstiftend, zumindest - verstärkend, wirkt bei den *„rechten"* Skinheads die aggressive Identifikation mit dem Stigma. Anti-links zu sein, wurde zu einem immer wichtigeren Bestandteil der Gruppenidentität.[444] Bei den *unpolitischen* oder *„linken"* Skinheads dagegen ist es die aggressive Auflehnung gegen öffentliche Zuschreibungen.[445] Teil dieses Stigmas sind für die „rechten" Skins die als unverhältnismäßig empfundenen staatlichen Kontrollen und die von der Justiz verhängten, im Vergleich mit anderen Jugendlichen als unangemessen hart bewerteten Strafen:[446] „... Aber wehe, du bist

---

[438] *Kirsch, A.* 2000 (Fn. 3), 85, 90.

[439] Dies bestätigen Thomas (23), Speditionskaufmann in Berlin, seit seinem 10. Lebensjahr Hertha BSC-Fan und Hooligan: „Hooligan ist ein Versuch, die Jugend hinauszuzögern" In: *Farin, K./Seidel-Pielen, E. 1993* (Fn. 4), 15, 183 und auch die Teilnehmer der von *Lösel, F./Bliesener, T./Fischer, T./Pabts, M.* durchgeführten Gruppendiskussionen, *Dies. 2001* (Fn. 3), 62.

[440] *Farin, K./Seidel-Pielen, E.* 1993 (Fn. 20), 187; *Eckert, R./Reis, Ch./Wetzstein, Th.A.* 2000 (Fn. 33), 294. So auch Ewald, Skinhead aus Ostdeutschland, der bei seinem Stiefvater zuhause nicht erwünscht ist, *Heitmeyer, W./Müller, J.* 1995 (Fn. 19), 84f.

[441] Zit. bei *Farin, K./Seidel-Pielen, E.* 1993 (Fn. 20), 86.

[442] *Bredel, H.* 2002 (Fn. 28), 65, 66.

[443] Song „SA der Neuzeit" der Band „Volkszorn", zit. nach *Bredel, H.* 2002 (Fn. 28), 286.

[444] *Farin, K./Seidel-Pielen, E.* 1993 (Fn. 20), 64. Stigmatisierungsprozesse haben auch *Heitmeyer, W./Müller, J.* 1995 (Fn. 19), 71 beobachtet.

[445] Die Identifikation mit dem Stigma kommt etwa in dem Song „Starker Wille" der rechten Skinband „Aufmarsch" zum Ausdruck: „... Starker Wille, starkes Herz, als Skinhead kennst du keinen Schmerz, du stehst zu Deutschland, Tag für Tag, scheißegal ob dich keiner mag ... ." Zit. bei *Bredel, H.* 2002 (Fn. 28), 301.

[446] *Heitmeyer, W./Müller, J.* 1995 (Fn. 19), 161-172, und 69, wo sich der frühere Skinhead Hermann entsprechend verlautbart.

stolz darauf, ein Deutscher zu sein, dann buchten sie dich alle ein ...“[447] Manche rechten Skinheads behaupten gar, diverse gesellschaftliche Gruppen hätten sich gegen sie verschworen, ihnen würden diskriminierende Taten gegen Ausländer in die Schuhe geschoben und man versuche, sie aus ihrer Heimatstadt zu vertreiben. Sie fühlen sich von Mitschülern und Lehrern diskriminiert und ungerecht behandelt.[448]

In der Gruppe erleben sich Skinheads als bedrohliche Macht. Dies beschwört etwa der Song „Parole Spaß“ der Band „Kraft durch Froide“: „... Hört ihr die Stiefel marschieren, seht ihr die Boots in der Nacht, hört ihr das Klirren der Scheiben, dort marschiert die Macht. Skinhead, Skinhead ist der Schlachtruf den man überall hört. Heute wird noch was passieren, Spaß ist die Parole der Nacht ...“[449] Oder: „... Straßenrandale, Straßenrandale, Straßenrandale, wir besiegen unsere Feinde. Straßenrandale, Straßenrandale, Skinheads sind die Macht. Straßenrandale, Straßenrandale, Straßenrandale, wir schlagen sie in die Flucht. Straßenrandale, Straßenrandale, Straßenrandale, Stiefelträger stürmen den Platz ...“[450] Die gemeinsam verübten Gewalttaten stärken das Wir-Gefühl und werden als integrierend erlebt.[451] In einigen Songs stilisieren sich die Skins sogar zu ausführenden Organen höherer Mächte: „... wir sind Gerechte des Himmels, Gottes rechte Hand und seine Stimmen ...“[452] Am Gemeinschaftsleben teilzunehmen, bedeutet für viele Skins aber auch einfach, gemeinsam „Spaß zu haben”, bei Konzerten und Partys, beim gemeinsamen exzessiven Alkoholkonsum[453] und insbesondere auch bei der Ausübung brutaler Gewalt.[454] Sich zu prügeln, das ist „gut“, „schön“; Mitleid mit ihren Opfern ist den Tätern dagegen völlig fremd.[455]

Zu den Skinheads zu gehören, ist für viele Skins ein Lebensinhalt: Die Skinheadbewegung „beinhaltet alles, was mir Spaß macht: Freunde, Freundin, Musik,

---

447 Song „Korrupte Gesellschaft“ der Band „Oithanasie,“ zit. bei *Bredel, H.* 2002 (Fn. 28), 297.

448 *Eckert, R./Reis, Ch./Wetzstein, Th.A.* 2000 (Fn. 33), 300f. So auch Hermann aus Westdeutschland, früher Skinhead und FAP, dann NJ-Mitglied, immer noch rechtsextrem eingestellt, *Heitmeyer, W./Müller, J.* 1995 (Fn. 19), 61.

449 Song „Parole Spaß“ der Band „Kraft durch Freude“, zit. nach *Bredel, H.* 2002 (Fn. 28), 293.

450 Song „Straßenrandale“ der Band „Sperrzone“, zit. nach *Bredel, H.* 2002 (Fn. 28), 293.

451 Allgemein zu rechtsextremen Gruppen und Gewalt, *Wagner, B.* 2001 (Fn. 123), 161.

452 Aus einem Song der „Böhsen Onklez“, zit. bei *Bredel, H.* 2002 (Fn. 28), 269.

453 *Farin, K./Seidel-Pielen, E.* 1993 (Fn. 20), 129, 187, über Hacki (23) Skinhead und Nationalsozialist, ebenda 61.

454 *Landesamt für Verfassungsschutz Baden-Württemberg*: Skinheads. Stand August 1992, 4f., zit. bei *Jaschke, H.-G.* 2001 (Fn. 36), 81. Zum Spaß an der Gewalt bekennen sich auch etliche der von *Heitmeyer, W./Müller, J.* befragten Skins, *Dies.* 1995 (Fn. 19), 161-172.

455 *Eckert, R./Reis, Ch./Wetzstein, Th.A.* 2000 (Fn. 33), 303.

Kleidung usw."[456] „Die Underdog-Mentalität, verbunden mit der starken Überzeugung, den wahren „way of life" für sich gefunden zu haben", gibt ihnen ein „trotziges Selbstbewußtsein".[457] In der Gruppe erfährt man Zuneigung und Bestätigung, die einem im Alltag und häufig auch in der eigenen Familie versagt geblieben sind.[458] Skinheads, die Mitglieder rechtsextremistischer Organisationen sind, vermittelt auch die Übernahme von Aufgaben, wie etwa das Verteilen von Flugblättern an Schulen, ein Gefühl der eigenen Wichtigkeit.[459] Weil Skinheads durch ihr Auftreten und wegen ihres Images auf Passanten einschüchternd wirken, kann man als Skinhead auch Geltungsbedürfnisse befriedigen, die in der Familie, im Alltag, in der Schule oder am Arbeitsplatz unbefriedigt bleiben:[460] Fühlt man sich auch nicht anerkannt, so flößt man doch wenigstens Angst ein. Skinheadsein vermittelt ein Gefühl von Macht und Stärke:[461] „Irgendwie hat mich das auch fasziniert an den Skins, daß die sich nichts gefallen lassen haben."[462] Skinhead zu sein bedeutet für viele, stolz auf sich selbst, ihre Stadt, ihre Klasse und ihr Land zu sein.[463] Gerade rechte Skins sind stolz auf das Stigma, das sie durch den gewalttätigen Kult und seine Darstellung in der Öffentlichkeit erzeugen und das sie suchen, weil es dem eigenen Lebensgefühl entspricht:[464] „Du bist Skinhead, du bist stolz, du bist Skinhead, schrei's heraus, du bist Skinhead, du bist stolz, du bist Skinhead, schrei's heraus! ... die Leute schauen auf dich mit Haß in den Augen, sie schimpfen dir nach und erzählen Lügen über dich! Du bist Skinhead, du bist stolz, (...) ."[465] Das Gefühl der eigenen Macht und Stärke, das Gefühl, etwas darzustellen, wenn man durch die Stadt geht, „kahlgeschoren, Martens an, Bomberjacke" und die Leute ängstlich gucken, wird als „tierisches Gefühl" beschrieben, das zur Sucht werden

---

456 E. (21), Skinhead in Frankfurt/M., zit. bei *Farin, K./Seidel-Pielen, E.* 1993 (Fn. 20), 129.

457 *Menhorn, Ch.* 2001 (Fn. 29), 276. Ganz ähnlich die von *Eckert, R./Reis, Ch./Wetzstein, Th.A.* befragten Skins, *Dies.* 2000 (Fn. 33), 294.

458 *Bredel, H.* 2002 (Fn. 28), 66.

459 So etwa Hermann aus Westdeutschland, früher Skinhead und zunächst Mitglied der FAP, dann der NJ, *Heitmeyer, W./Müller, J.* 1995 (Fn. 19), 64.

460 *Farin, K./Seidel-Pielen, E.* 1993 (Fn. 21), 61. Geltungsbedürfnisse befriedigte etwa der Exskin Tobias aus Westdeutschland, *Heitmeyer, W./Müller, J.* 1995 (Fn. 19), 107.

461 *Bredel, H.* 2002 (Fn. 28), 66. Dies bestätigt auch Tobias, ehemaliger Westskin, *Heitmeyer, W./Müller, J.* 1995 (Fn. 19), 102.

462 Hacki (23), Skihead und Nationalsozialist, zit. bei *Farin, K./Seidel-Pielen, E.* 1993 (Fn. 20), 62.

463 So George Marshall, zit. bei *Menhorn, Ch.* 2001 (Fn. 29), 279.

464 Ähnlich *Eckert, R./Reis, Ch./Wetzstein, Th.A.* 2000 (Fn. 33), 310, nach denen die Zugehörigkeit zu der von ihnen befragten, in der ganzen Region bekannten und gefürchteten Skingruppe, den Mitgliedern eine positive soziale Identität stiftet – „obwohl – oder vielleicht gerade weil die Gruppe von vielen anderen ausgegrenzt wird."

465 Kultsong „Stolz" von den „Böhsen Onkelz", zit. bei *Farin, K./Seidel-Pielen, E.* 1993 (Fn. 21), 84.

kann.[466] In manchen Songs wird es regelrecht beschworen: „Spürt ihr die Kraft, die Euch umringt?“[467] Die von Skinheads verübten Gewalttaten haben die Funktion, Wut, Neid, Angst und Enttäuschung abzureagieren,[468] den eigenen Stolz zu verteidigen[469] und das Selbstwertgefühl zu stärken:[470] „... Ich werf oft mein Messer und schwinge oft mein Beil, jeder Mann hat Angst vor mir, das finde ich so geil ...“[471] Durch die Medienberichterstattung über „rechte Schläger” wird das Gefühl der eigenen Wichtigkeit noch verstärkt: Manch einer ist gerne „Held für einen Tag”, genießt die Beachtung durch die politische Öffentlichkeit.[472]

c) Autonome

Das Gemeinschaftsleben, die „selbstbestimmte, kollektive Verknüpfung von Lebensbereichen, von Alltag, Politik und Kultur durch Hausbesetzungen“, sowie der gemeinsame „militante Widerstand“ geben den Autonomen das Gefühl, die „soziokulturelle Fragmentierung“ aufgehoben zu haben.[473] Lebensräume wie Kreuzberg werden daher positiv als „Ghetto“ bezeichnet, „dahingehend, daß du hier viel mehr Sachen hast, die dir gefallen.“[474]

Bei den massenmilitanten Aktionen und gerade in der Konfrontation mit der Polizei erleben sich die Autonomen als Gegenmacht;[475] die kollektive Identität, das Wir-Gefühl wird gestärkt:[476] „Wir traten heraus aus der kollektiven Ohnmacht, in eine kollektive Stärke.“[477] „Im Straßenkrawall, in der Auseinandersetzung mit der Polizei, wurde endlich deutlich, was alles geschah, wohin ich gehörte. Das erste, was der Stein für mich bedeutete, waren die zum Stehen gebrachen Bullen, die von Jägern zu Gejagten wurden. Aus Angst wurde Mut, aus Ohnmacht euphorische

---

466 B., zit. bei *Böttger, A.* 1998 (Fn. 108), 257. Den Adrenalinkick der eigenen einschüchternden Wirkung beschreibt auch der westdeutsche Skin Christoph sehr plastisch, *Heitmeyer, W./Müller, J.* 1995 (Fn. 19), 154.

467 So in einem Song der „Böhsen Onkelz“, zit. nach *Bredel, H.* 2002 (Fn. 28), 262.

468 So das Ergebnis von *Heitmeyer, W./Müller, J.* 1995 (Fn. 19), 56.

469 So etwa der Exskin Tobias aus Westdeutschland, über den Sinn der gewalttätigen Auseinandersetzungen beim Fußball, *Heitmeyer, W./Müller, J.* 1995 (Fn. 19), 102.

470 Allgemein zu rechtsextrem orientierten Gruppen und Gewalt, *Wagner, B.* 2001 (Fn. 123), 161.

471 Song „Der lustige Psychopath“ der Band „Brutale Haie“, zit. nach *Bredel, H.* 2002 (Fn. 28), 290.

472 *Farin, K./Seidel-Pielen, E.* 1993 (Fn. 20), 215.

473 *Schultze, Th./Gross, A.* 1997 (Fn. 59), 69.

474 Nigül (21), in Berlin geboren und aufgewachsen, lebt heute in Kreuzberg. Sie versteht sich als Kommunistin und Teil der autonomen Bewegung: „Kreuzberg ist ein Ghetto.“ In: *Farin, K./Seidel-Pielen, E. 1993* (Fn. 4), 172.

475 *Schultze, Th./Gross, A.* 1997 (Fn. 59), 213.

476 *Schultze, Th./Gross, A.* 1997 (Fn. 59), 65.

477 *Lecorte, Th.* 1992 (Fn. 46), 81.

Stärke. Da rannten sie, nicht wir!"[478] Die „gepanzerte Macht" als „Spielball" der geworfenen Steine zu erleben, wird zum Revolutionsersatz.[479] In der Aktion fühlt man sich der Notwendigkeit der sachlichen Rechtfertigung des eigenen Handelns sogar vorübergehend enthoben, die Aktion wird zum Selbstzweck.[480] Dabei verbindet sich der Spaß mit dem Gefühl, Geschichte zu machen.[481] „Dabei sein, ein Teil des Spiels zu sein," ist alles.[482]

Die staatliche Repression verstärkt das Gefühl der Zusammengehörigkeit, und die Identifikation mit dem Stigma begünstigt die Ausbildung einer „negativen Identität".[483] „Wer zum ersten Mal in so eine Situation hineinstolpert, zehrt oft noch Jahre von der Wärme und Solidarität, die da plötzlich aufflammen kann. ... Diejenigen, die solche Situationen kennen, suchen immer wieder dieses Erlebnis, wenn das Angstkribbeln, das auch die Erfahrensten bei der Konfrontation mit der Macht im Bauch spüren, sich allmählich in Ruhe und Entschlossenheit verwandelt, nachdem sie überall bekannte Gesichter entdecken."[484] Dabei glaubt man, daß die Bereitschaft zu militanten, gewalttätigen Aktionen von Außenstehenden, die sich selber nicht trauen „was zu machen", bewundert wird, und man erlebt es als Stärke, selbst die Hemmschwellen überwunden zu haben.[485]

Die Zugehörigkeit zur Szene bietet dem einzelnen politische Orientierung, gibt Rückhalt und vermittelt eine kollektive Identität, ein Wir-Gefühl.[486] „Es war da, das Bessere, es war der eigene, selbst eroberte Wert, der gefundene Weg, der Geruch des Neuen, Freien, der gemeinsame Aufbruch mit vielen anderen."[487] Dabei besitzt ein „großer oder kleiner 'Bum' ... im Sinne einer 'Mutprobe' eine nicht unwesentliche Bedeutung für die Selbstkonstitution des rebellischen Subjektes, welches sich auch mal am 'Sachschaden' zu erfreuen vermag."[488] Manche Autonome erklären sogar, „das politische Subjekt werde erst durch die Gewaltfrage erzeugt."[489] Gewalt gewinnt damit identitätsstiftende Funktion. Die kollektiven Ak-

---

478 *Lecorte, Th.* 1992 (Fn. 46), 78.

479 *Lecorte, Th.* 1992 (Fn. 46), 81.

480 *Lecorte, Th.* 1992 (Fn. 46), 81.

481 *Lecorte, Th.* 1992 (Fn. 46), 81.

482 *Lecorte, Th.* 1992 (Fn. 46), 99.

483 *Schultze, Th./Gross, A.* 1997 (Fn. 59), 17.

484 *Kongreßlesebuch-Gruppe* 1995 (Fn. 71), 8.

485 Johanna 17, SPUK-SchülerInnen Plenum in Berlin, Antifa-Zusammenhänge. In: *Kongreßlesebuch-Gruppe* 1995 (Fn. 71), 222; *Härlin,* Kursbuch 65, 1981, 24f., zit. bei *Schultze, Th./Gross, A.* 1997 (Fn. 59), 77.

486 *Schultze, Th./Gross, A.* 1997 (Fn. 59), 15, 63f.; Redebeitrag der Hamburger Kongreßgruppe auf dem Autonomie-Kongreß im Jahre 1995, *Geronimo* 1997 (Fn. 68), 241, Anm. 33. Zum Gemeinschaftsgefühl in der Gefahr, *Lecorte, Th.* 1992 (Fn. 46), 168.

487 *Lecorte, Th.* 1992 (Fn. 46), 180.

488 *Geronimo* 1997 (Fn. 68), 187.

489 *Geronimo* 1997 (Fn. 68), 186.

tionen werden als Befreiung, als Rausch erlebt:[490] Hier konnte man seine „Wut rauslassen.“[491] „Vielleicht ist die freiheit nur der kurze moment, wo der pflasterstein in die Hand genommen wird, bis zum zeitpunkt, wo er auftrifft, d.h. der moment der veränderung, der grenzüberschreitung, der bewegung.“[492] Oder: „Wer Steine und Mollis gegen alles das wirft, was uns täglich knechtet, spürt die Befreiung – die ganz individuelle aber auch kollektive Befreiung.“[493] Daneben bringen militante Aktionen aber auch Spaß, und sie haben insofern „therapeutische Wirkung“ als sie verhindern, daß man aus Frust und Resignation die Hoffnung auf mögliche Veränderungen verliert.[494] „Wichtig war der Tag, das Gefühl, der Mut, der Haß, die Freude. Die Hitze die dich überflutet, beim Vorwärtsstürmen, beim Flüchten, der kollektive Orgasmus, die Höhepunkte, der Spaß.“[495] Bei „klandestinen“ Anschlägen bekennen sich Autonome auch zur Lust an der Zerstörung: „Es brannte, es war zu geil, ich hätte am liebsten gesungen und geschrien.“[496]

2. Interpretation

a) Integrationspotential der Gruppe

Die Aussagen der Hooligans, Skinheads und Autonomen belegen, daß Jugendkulturen Integrationsdefizite kompensieren, weil sie ein Gefühl von Zugehörigkeit vermitteln und Solidarität und kollektive Identität stiften und damit Folgen der Erosion kommunikativer Strukturen auffangen. Ihre Aussagen lassen aber auch keinen Zweifel daran, daß kollektiv verübte Gewalttaten und nicht kommunikativer Austausch ein Gefühl von Gemeinschaft und Zusammengehörigkeit erzeugen.

Bei den Hooligans ist dies am offensichtlichsten. Die Gemeinschaft konstituiert sich überhaupt erst in den Auseinandersetzungen mit dem Gegner, sie wird als situative „Schicksalsgemeinschaft“ geradezu inszeniert. Elementare Kollektivität und Solidarität werden daher im Kampf erfahrbar, wenn die Hooligans aufeinander angewiesen sind. Daß die Integration der Gruppe nicht über kommunikative Prozesse, sondern über körperliche Aktivitäten gewährleistet wird, belegt auch die

---

490 Allerdings für die achtziger Jahre, *Lecorte, Th.* 1992 (Fn. 46), 57, 62, 79; sowie *Schultze, Th./Gross, A.* 1997 (Fn. 59), 78.

491 *Lecorte, Th.* 1992 (Fn. 46), 93, 100.

492 Radikal 98, 9/1981, 5, zit. bei *Schultze, Th./Gross, A.* 1997 (Fn. 59), 61; so auch die Autonomiethesen 1981, 1994, abgedruckt in *Kongreßlesebuch-Gruppe* 1995 (Fn. 71), 279f., allerdings wird in der Fassung aus dem Jahre 1994 darauf hingewiesen, daß das Erleben der Freiheit beim Fluch (g?) des Pflastersteins allein nicht genügt.

493 *„Tot oder Lebendig“*, autonomes Szeneblatt, Berlin, Oktober 1986, zit. bei *Bundesminister des Innern:* Verfassungsschutzbericht 1986, 111.

494 *Schultze, Th./Gross, A.* 1997 (Fn. 59), 61. Zum Spaßfaktor „Gewalt“ auch Johanna 17, SPUK-SchülerInnen Plenum in Berlin, Antifa-Zusammenhänge. In: *Kongreßlesebuch-Gruppe* 1995 (Fn. 71), 222 und *Lecorte, Th.* 1992 (Fn. 46), 147, 184f.

495 *Lecorte, Th.* 1992 (Fn. 46), 110.

496 *Lecorte, Th.* 1992 (Fn. 46), 126.

Erkenntnis, daß der einzelne sich nicht als Person, mit seiner Lebensgeschichte, seinem unverwechselbaren Charakter einbringt, sondern als Kämpfer, mit seiner elementaren Körperkraft. Allenfalls unter Alt-Hooligans verdankt sich das Gefühl der Zusammengehörigkeit auch noch persönlicher Bekanntschaft oder Freundschaft, also Beziehungsformen, die auf kommunikativen Austausch angewiesen bleiben, weil sich nur in kommunikativen Prozessen der Interaktionspartner als Person erschließt.

Auch die Skinheads erklären, in der Gruppe Kameradschaft und Zusammenhalt zu finden, dh. die Solidarität, die sie in anderen Lebenskontexten vermissen. Die Einigkeit der Skins wird in Songs wie „Vereint" geradezu beschworen. Wenn allerdings neben den ritualisierten Besäufnissen und dem Besuch von Konzerten und Parties insbesondere die gemeinschaftliche Begehung von Gewalttaten als integrierend erlebt wird, so belegt dies, daß weniger sprachliche Verständigungsprozesse als vielmehr körperbetonte Aktionsformen die gemeinschaftsstiftende Funktion übernehmen. Das Gefühl der Zusammengehörigkeit wird bei den Skinheads vor allem durch die Abgrenzung nach außen erzeugt: Die rechten Skins verbindet der Haß auf die Feinde. Gemeinsam verteidigen sich die Skins in unspezifisch beschworenen Gefährdungslagen, „in der Not", „in Ketten", gegen Ausländer und gegen angebliche Diskriminierung, etwa durch Lehrer, Mitschüler und insbesondere staatliche Instanzen, wie die Justiz. Die rechten Skins verbindet die Identifikation mit dem Stigma des Ausländerhassers und Rassisten, die unpolitisch oder links eingestellten die Auflehnung gegen dieses Stigma. Daß gerade stigmatisierende Zuschreibungen von außen die Gruppe zusammenhalten und Quelle der Solidarität sind, zeigt, daß produktive Verständigungsprozesse unter den Gruppenmitgliedern substantielle Gemeinschaft nicht mehr zu stiften vermögen.

Wenn die Autonomen erklären, daß in „Ghettos" wie Kreuzberg die „soziokulturelle Fragmentierung" aufgehoben wird, so bekunden sie, daß diese Lebensräume Enklaven in einer im übrigen als fragmentiert, man könnte auch sagen, als desintegriert erlebten Gesellschaft sind. Daß sich die Autonomen mit den „angepaßten" Normalbürgern nicht mehr identifizieren können, wird für sie dank des sie verbindenden Wir-Gefühls nicht virulent. Dieses Wir-Gefühl wird vor allem durch massenmilitante Aktionen und in Konfrontationen mit dem Gegner gestärkt. Solche Aktionen strukturieren soziale Zugehörigkeiten: „in der Auseinandersetzung mit der Polizei, wurde endlich deutlich, ... , wohin ich gehöre."[497] Im Angesicht der Staatsmacht fühlen sich die Autonomen zusammengehörig und solidarisch mit denen, die auf derselben Seite stehen. Wenn die Gruppenbewegungen im Straßenkampf, das Vorwärtsstürmen und das Flüchten als kollektiver Orgasmus beschrieben werden, belegt dies, daß auch die autonome Gemeinschaft auf kollektive, körperbetonte „Aktionismen" angewiesen bleibt, ein Indiz dafür, daß die Integrati-

---

[497] Zit. oben 1. c).

on der Gruppe allein über gruppeninterne Verständigungsprozesse nicht mehr gelingt.

b) Ich-Schwäche und ihre gruppengestützte Kompensation

Die Erkenntnisse zur Selbsterfahrung der Jugendlichen in ihren gewaltzentrierten Bezugsgruppen bestätigen, daß gewalttätige Jugendkulturen junge Menschen beheimaten, die keine stabilen, konfliktfähigen Persönlichkeitsstrukturen ausgebildet haben, deren interaktive Kompetenzen so beschränkt sind, daß sie weder innere Konflikte noch soziale Konfliktsituationen produktiv, unter Rekurs auf sprachliche Mittel bewältigen können und die ihre Identität nur noch mit Hilfe gewaltförmiger und damit körperbetonter Abwehrstrategien zu wahren vermögen.[498] Gerade die gewaltzentrierten Aktionsformen der Jugendkulturen eröffnen ihren Mitgliedern Möglichkeiten der positiven Selbsterfahrung, der Selbstvergewisserung und der Selbstbestätigung. Die Teilnahme an den gewalttätigen Aktionen hilft den Jugendlichen auch bei der Rollenkonzeptualisierung und verschafft den Beteiligten gruppenintern soziale Anerkennung. Dies trägt zusätzlich zur Stabilisierung labiler Persönlichkeitsstrukturen bei, die auch mangels Zuwendung, Zuneigung und Solidarität im Laufe der Sozialisation unzureichend gefestigt wurden.

Für Hooligans bieten die Fußballwochenenden Gelegenheit, Frustrationen und Aggressionen abzureagieren, die sich im Lebens- und Berufsalltag aufgestaut haben und die anders zu verarbeiten sie offenbar nicht in der Lage sind. Die Selbsterfahrung im Kampf ist körperbetonter, geradezu physiologischer Natur und die Bewährung als Kämpfer eine Form der primär körperlichen Selbstbehauptung, die jedoch der allgemeinen Persönlichkeitsstabilisierung dient und unter Bezugnahme auf archaische Werte wie Stärke und Männlichkeit zur Quelle des Selbstwertgefühls wird. Als kompetenter Aktor erweist man sich nicht in gruppeninternen kommunikativen Prozessen, sondern eben als Kämpfer. Wer sich in der Rolle des Kämpfers bewährt, erfährt sich anerkannt und genießt ein entsprechendes Ansehen in der Gruppe. Weil der einzelne sich in die Kämpfe nicht als individuelle Persönlichkeit, sondern allein mit seiner Körperkraft einbringt und die kollektiven „Aktionismen" im biographisch Voraussetzungslosen ansetzen, lassen sich persönliche Schwächen und gegebenenfalls eingeschränkte kommunikative Kompetenzen gruppenintern aus der Selbstwahrnehmung erfolgreich ausblenden.

Skinheads verüben Gewalttaten, um Wut, Neid, Angst und Enttäuschungen abzureagieren und den eigenen Stolz zu verteidigen. Diese Gefühle und Bedürfnisse weisen die Skinheads als instabile, höchst irritierbare und wenig selbstbewußte Persönlichkeiten aus, die unter Unsicherheits- und Minderwertigkeitsgefühlen leiden. Bei ihren martialischen Auftritten befriedigen die einzelnen Geltungsbedürfnisse, die im Lebensalltag unbefriedigt bleiben, und sie überwinden Ohnmachtsgefühle, weil sie sich in ihrer Gruppe, auch wegen des Images der Skinheads als

---

498 Dazu oben § 6 I. 1.

Gewalttäter, als einschüchternde, bedrohliche Macht erleben und wahrgenommen fühlen. Die persönlichkeitsstabilisierende Wirkung der von Skinheads verübten Gewalttaten verdankt sich dabei paradoxerweise gerade der gesellschaftlichen Ächtung, der „lautstarken Ausgrenzung durch die Mehrheitskultur".[499] Weil das Begehen von Gewalttaten das Stigma des Gewalttäters generiert, gewinnt Gewalt identitätsstiftende Funktion.[500] Skinhead zu sein, stiftet allerdings nur eine negative Identität. Skinheads sind die Geächteten, die Prototypen des stigmatisierten Gewalttäters, die under-dogs. Während die Unpolitischen unter ihnen sich als Ausländerhasser verkannt sehen und so ihre Rolle finden, identifizieren sich die Rechten mit ihrem Stigma und suchen es durch ihre Auftritte und Gewalttaten zu bestätigen. Indem sie ihre Bedrohlichkeit, der sich die gesellschaftliche Ächtung in ihren Augen verdankt, positiv stilisieren, eröffnen sie sich gruppenintern Möglichkeiten wechselseitiger Anerkennung.

Die Autonomen wollen gerade bei den gemeinsamen gewalttätigen Konfrontationen mit der Polizei ihre „Wut rauslassen" und ihre Ohnmacht überwinden. Ihr Bekenntnis zur eigenen Ohnmacht, d.h. zur Unfähigkeit zu handeln und die eigenen Interessen kommunikativ geltend zu machen, ist ein Symptom ihrer eingeschränkten interaktiven Kompetenzen. Sie können ihren Zorn über die bestehenden Verhältnisse offenbar nicht in kommunikativen Prozessen abarbeiten. Wenn sie erklären, die Gewalttaten, die sie sprachlich als „Mutproben" kaschieren, leisteten einen Beitrag zur Selbstkonstitution des rebellischen Subjekts, sprechen sie der Gewalt identitätsstiftende Funktion zu. Diese beklemmende Einsicht versuchen sie mit Rebellionsrhetorik zu verbrämen. Denn als Revolutionär hat man immerhin eine klar konturierte Rolle und kann sich als rebellisches Subjekt verstehen. Wenn Autonome es als Stärke erleben, die Hemmschwelle zur Begehung von Gewalttaten überwunden zu haben und meinen, dafür auch von anderen bewundert zu werden, so belegt dies, daß die gewalttätigen Aktionen auch das Selbstwertgefühl der Autonomen stärken und auch für sie Quelle positiver Selbsterfahrung sind.

Das Interesse der Hooligans und der Skinheads an der eigenen Präsenz in den Medien ist eine zusätzliche und nicht unbedenkliche Form der Selbstvergewisserung entfremdeter Subjekte, die sich nicht beachtet und wertgeschätzt fühlen und geneigt sind, die Berichterstattung über die eigenen Taten als Form sozialer Anerkennung mißzuverstehen. Dabei verfremden die Medien den Blick der Jugendlichen auf sich selbst, legen sie auf die Rolle des Gewalttäters fest und begünstigen so Entfremdungen im Selbstverhältnis, eine besonders subtile Form der Kolonialisierung durch Vermarktung, weil die in der Medienberichterstattung vernachlässigten Facetten der eigenen Persönlichkeit auch in der Selbstwahrnehmung marginali-

---

[499] *Jaschke, H.-G.* 2001 (Fn. 36), 83.

[500] So wollte es etwa Tobias, Exskin aus Westdeutschland, auf der Straße, als Gewalttäter zu etwas bringen; die Erfolge seines Vaters waren für ihn unerreichbar, *Heitmeyer, W./Müller, J.* 1995 (Fn. 19), 99.

siert werden.[501] Die für den Mechanismus der Kolonialisierung sensiblen Autonomen beobachten daher Ansätze einer Fixierung auf die mediale Berichterstattung über ihre eigenen Aktionen mit Sorge.[502]

c) Orientierungshilfe, Komplexitätsreduktion und Kompensation von Ohnmachtsgefühlen

Da Hooligans bekunden, ihren Berufsalltag als sinnentleert zu erleben und unter Erlebnisarmut zu leiden, da Skinheads voller Zukunftsängste sind und den Alltag als langweilig empfinden und da Autonome sich im normalen, bürgerlichen Leben nicht einzurichten vermögen und gleichzeitig nur höchst vage, utopische Vorstellungen von der eigenen Zukunft haben,[503] besteht offenbar ein Bedürfnis nach Sinnstiftung und Orientierungshilfe. Es wundert daher nicht, daß sich die Jugendlichen Gruppierungen anschließen, die konkrete, klar konturierte Handlungsziele vorgeben, die mit den gemeinsamen Aktionen beherzt verfolgt werden können und die es ihnen erlauben, auszublenden, daß die eigenen Zukunftsperspektiven prekär sind, daß sie nicht wissen, was aus ihnen werden soll und in ihrem alltäglichen Leben keinen Sinn sehen.[504]

Da die Fußballwochenenden der Hooligans wie Planspiele ablaufen, sind die Aktionsvorgaben klar und konkret. Ziel ist es, hier und heute die gegnerische Gruppe zu besiegen. Jeder der teilnimmt, muß seinen Mann stehen, damit die „Schlacht" gewonnen werden kann. Jeder ist auf die anderen angewiesen. Das vermittelt „ein gutes Gefühl", weil man plötzlich eine Aufgabe hat, bei der man sich bewähren muß und die es zumindest situativ erlaubt, Gefühle von Sinnlosigkeit und Orientierungslosigkeit auszublenden.

Auch die Zugehörigkeit zu den Skinheads gibt Orientierungshilfe. Denn Skinhead zu sein, ist ein „way of life". Als Skinhead weiß man, wie man sich zu kleiden hat,[505] welche Musik man hört,[506] wer die Feinde und wer die Freunde sind, letztere nämlich schlichtweg diejenigen, die sich demselben Kult verschrieben haben.[507] Die zentralen Aufgaben der Skins, die in vielen Liedern besungen und stilisiert werden, sind der Straßenkampf, die Straßenrandale, die Verteidigung gegen die Feinde, bei den rechten Skins gegen die Ausländer. In den Kämpfen, die die Skins ja regelrecht suchen,[508] kann man sich solidarisch zeigen, die beschworene Einigkeit unter Beweis stellen und sich bewähren. Das Sinnstiftungspotential der gewalt-

---

[501] Dazu § 6 III. 3. a).

[502] Zur Medienskepsis X. 1. c).

[503] Dazu ausführlich bereits oben, IV. 1.

[504] Dazu oben § 6 III. 1. c).

[505] Dazu unten XIII.

[506] Dazu unten XIV.

[507] Dazu unten VIII. 1. b).

[508] Dazu oben I. 1. b).

tätigen Aktionen wird noch erhöht, wenn die Skinheads sie als Ausführung von Aufträgen höherer Mächte darstellen, ihnen also geradezu metaphysische Bedeutung verleihen und sich selbst damit gleichzeitig gegen moralische Vorwürfe immunisieren. Skinheads, die sich rechtsextremistischen Parteien oder Organisationen angeschlossen haben, können sich zusätzlich bei der Ausführung konkreter Handlungsaufträge nützlich machen.[509]

Diejenigen, die sich den Autonomen anschließen, erklären selbst, bei den Autonomen politische Orientierung und den eigenen Weg gefunden zu haben. Weil man das Gefühl hat, mit anderen aufzubrechen, und weil man sich in Lebensräume zurückgezogen hat, in denen man „Sachen hat", die einem „gefallen", wird der Weg in die Szene als sinnvoll und erfüllend erlebt. Gerade weil jedoch die Fernziele relativ unspezifisch bleiben, gewinnt auch bei den Autonomen der Straßenkampf mit seiner konkreten Zielvorgabe, die „Bullen" zu verjagen und als Tagessieger vom Platz zu gehen, entscheidende Bedeutung. Er wird zum „Revolutionsersatz" und bewahrt die Autonomen davor, zu resignieren und auch den autonomen Weg angesichts ausbleibender tatsächlicher gesellschaftlicher Umwälzungen und Veränderungen als sinn- und hoffnungslos zu erleben. Daß Autonome bereits mit ihren Straßenschlachten „Geschichte zu machen" glauben, belegt dabei nur, wie groß der Sinnstiftungs- und Orientierungsbedarf tatsächlich ist.

Die Verfolgung konkreter Handlungsziele gibt den Mitgliedern aller drei Jugendkulturen aber nicht nur Orientierung, sie trägt vielmehr auch zur Komplexitätsreduktion bei. Die Hooligans genießen in ihren Schlachten „die Gegenwart in ihrer absoluten Form". Ob die komplexe Aufgabe der Lebensgestaltung gelingt und ob auf die Frage, was die Zukunft bringen wird, eine Antwort gefunden werden kann, läßt sich zumindest für die Dauer eines Hooliganwochenendes verdrängen, an dem es nur darum geht, ob man liegen bleibt, ob die Gruppe feiern kann oder abhauen muß. Daß Skinhead zu sein, bedeutet, stolz auf sich selbst, stolz auf die Stadt, in der man lebt, stolz auf die eigene Klasse und das eigene Land zu sein, zeigt, daß der Skinheadkult hilft, das Weltverhältnis anhand einfacher Kategorien zu strukturieren und das Selbstverhältnis zu klären. Als Skinhead weiß man, wer man ist, nämlich Skinhead, was man wert ist als Kämpfer für Deutschland, wohin und zu wem man gehört und vor allem, wofür man kämpfen muß, für die „underdogs" aus der Arbeiterklasse, für das eigene Land, das ebenso wie man selbst und die städtische Gemeinschaft von Fremden, von Ausländern bedroht ist. Daß die Frage, wer man ist und wer man werden will, eine differenziertere Antwort erfordert, daß das Klassendenken modernen Gesellschaftsstrukturen nicht mehr angemessen ist und die Besinnung auf die eigene Nationalität in einer multi-ethnischen Gesellschaft und in einer global vernetzen Welt im Alltag wenig hilft, den eigenen Weg zu finden, kann man bei den Skinheads und bei ihren Straßenkämpfen einfach ausblenden. Denn gerade in der Konfrontation mit dem Gegner, die die Skinheads

---

509 Dazu unten XI. 1. b).

suchen, bestehen keinerlei Zweifel mehr, zu wem man gehört und gegen wen man sich „verteidigen" muß. Auch die massenmilitanten Aktionen der Autonomen, die Straßenschlachten mit der Polizei, vereinfachen die Weltaneignung, wenn der „Moloch", der in seiner Komplexität so schwer zu erfassen ist,[510] in Gestalt der Polizei endlich greifbar wird. Autonome bekunden daher auch, „im Straßenkrawall, in der Auseinandersetzung mit der Polizei, wurde endlich deutlich, was alles geschah, wohin ich gehörte." „Befreiung", das vage, unkonturierte Fernziel, dessen konkrete Ausgestaltung eine komplexe und schwierige Aufgabe ist, läßt sich zumindest während der Straßenschlachten auf das Werfen von Steinen reduzieren. Auch wenn diese tatsächlich „nur" die Polizeibeamten treffen, heißt es: „Wer Steine und Mollis gegen alles das wirft, was uns täglich knechtet, spürt die Befreiung ..."

Daß Mitglieder aller drei Jugendkulturen betonen, in der Gruppe, bei ihren Auftritten in der Öffentlichkeit das Gefühl von Macht, Bedrohlichkeit und Stärke zu genießen und daß ein Autonomer sogar erklärt, „wir traten heraus aus der kollektiven Ohnmacht, in die kollektive Stärke", zeigt schließlich, wie ohnmächtig sich die Jugendlichen tatsächlich fühlen. Ohnmachtgefühle und Frustrationen werden jedoch letztlich nur scheinbar ausgeräumt, weil sie nicht produktiv und realitätsgerecht in Verständigungsprozessen bearbeitet werden, sondern lediglich situativ, bei den gewalttätigen Aktionen überwunden werden und sich kurzzeitig verdrängen lassen.[511]

VII. Alters- und Geschlechtsstruktur

1. Phänomenologie

a) Hooligans

Hooligans sind zwischen 16 und 25 Jahre alte Männer.[512] Nach der Wiedervereinigung als die aggressiv agierende Hooliganszene ins Zentrum des öffentlichen Interesses rückte, verjüngte sich die Szene, weil es sogar bei Jugendlichen unter 16 Jahren geradezu modern wurde, sich der Hooliganszene anzuschließen.[513] Viele Mode-Hools verloren jedoch schon bald wieder das Interesse. Den harten Kern

---

510 Dazu bereits oben IV. 1. c).

511 Dazu oben § 6 III. 1. c), letzter Absatz.

512 Nach anderer Ansicht zwischen 16 und 28 Jahre alt (*Kirsch, A.* 2000 (Fn. 3), 92). Nach wieder anderer Ansicht zwischen 15 und 32 Jahre alt (*Farin, K./Hauswald, H.* 1993 (Fn. 14), 5) , oder zwischen 15 und 35 Jahre alte Männer, so *Lösel, F./Bliesener, T./Fischer, T./Pabts, M.* 2001 (Fn. 3), 160. Zu diesen unterschiedlichen Einschätzungen mag es kommen, weil sich die Altersstruktur der Hooligans immer wieder leicht gewandelt hat.

513 *Ek, R. 1996* (Fn. 2), 138; zur ähnlichen Entwicklung in Österreich, *Novak, M.* 1994 (Fn. 8), 142.

bilden daher immer noch langjährige Mitglieder,[514] die die Szene etwa im Alter von Mitte bis Ende zwanzig verlassen, entweder wegen drohender Strafverfolgung oder weil Beruf und Familie an Bedeutung gewinnen.[515] Seit der Saison 95/96 nimmt sogar der Anteil der über 31-Jährigen langsam aber stetig zu.[516] Einige haben offensichtlich den Absprung nicht gefunden und wollen oder können auf die hooligantypischen Ausschreitungen nicht verzichten, andere haben z.T. nach mehrjährigem Rückzug und nach der Familiengründung den Weg zurück in die Szene gefunden und nehmen zumindest bei besonderen Spielen an den Aktionen teil.[517] Für die besonders gewalttätigen Hooligans wird der Ausstieg auch dadurch erschwert, daß sie, auf sich gestellt, mit Racheakten rechnen müssen.[518] Dies und die Tatsache, daß viele Mode-Hools der Szene bald wieder den Rücken gekehrt haben, hat dazu geführt, daß das Durchschnittsalter der Hooligans angestiegen ist.[519] Es bleibt abzuwarten, ob die Hooliganszene sich ähnlich wie die Rockerszene entwickelt, in der der Alters*durchschnitt* einiger „Elitegruppen" bei mittlerweile über 25 Jahren liegt.[520]

Die Hooligans sind eine männliche Jugendkultur, Mädchen werden nicht aufgenommen, dürfen nicht einmal bei den gemeinsamen Aktionen mitlaufen.[521] Zwar gibt es sogenannte „Hool-Bräute", die sich wie die Hooligans kleiden. Sie werden aber im Stadion nicht gerne gesehen, haben sich aus Schlägereien herauszuhalten und dürfen die „Hools" als „Sympathisantinnen", als „Begleitpersonal" nur im Stammlokal umgeben.[522] Die Beziehungen vieler Hooligans zu ihren Freundinnen

---

[514] Wie etwa Thomas (23), Speditionskaufmann in Berlin, seit seinem 10. Lebensjahr Hertha BSC-Fan und Hooligan: „Hooligan ist ein Versuch, die Jugend hinauszuzögern." In: *Farin, K./Seidel-Pielen, E. 1993* (Fn. 4), 187, der der Hooliganszene bereits über 10 Jahre angehört.

[515] *Matthesius, B.* 1992 (Fn. 2), 67, 128. *Albrecht, H.-J. 2001 (*Fn. 12), 17.

[516] *Landeskriminalamt Nordreihn-Westphalen,* Jahresbericht Fußball, Saison 1998/99, 4.3. Danach ist zumindest der Anteil dieser Altersgruppe an den von freiheitsentziehenden Maßnahmen Betroffenen von 8% in der Saison 95/96 auf 13% in der Saison 98/99 gestiegen. *Novak, M.* 1994 (Fn. 8), 143 schätzt für Österreich den Anteil der 20 bis 30 jährigen auf 10%.

[517] *Ek, R. 1996* (Fn. 2), 140.

[518] Für die österreichische Szene, *Novak, M.* 1994 (Fn. 8), 81.

[519] Thomas (23), Speditionskaufmann in Berlin, seit seinem 10. Lebensjahr Hertha BSC-Fan und Hooligan: „Hooligan ist ein Versuch, die Jugend hinauszuzögern." In: *Farin, K./Seidel-Pielen, E. 1993* (Fn. 4), 15, 188: „Jetzt guck dir mal den Altersdurchschnitt von unserem harten Kern an. Der ist sicher auch schon bei 22. Das sind doch keine Jugendlichen mehr."

[520] *Simon, T.:* Rocker in der Bundesrepublik. Eine Subkultur zwischen Jugendprotest und Traditionsbildung. Weinheim 1989, 201.

[521] Zu seltenen Ausnahmen vgl. *Matthesius, B.* 1992 (Fn. 2), 151ff., zu Tina, dem einzigen weiblichen Mitglied der „Anti-Sozial-Front."

[522] *Matthesius, B.* 1992 (Fn. 2), 159; für die österreichische Szene, *Novak, M.* 1994 (Fn. 8), 112f., 166.

ist von einer chauvinistischen Grundhaltung geprägt:[523] „(Die Frauen) haben eine nicht sehr hohe Stellung, täte ich sagen. Ich meine es heiß, die Weiber sind da zum Arbeiten, zum Ficken und zum Zahlen."[524] Frauen sollen sich dienstbar und loyal verhalten. Solidaritätsbeweise in Konfliktsituationen werden honoriert.[525] Die Beziehungen bleiben aber vordergründig sexueller Natur, entbehren der Intimität, der Vertrautheit mit dem Anderen in seiner Einzigartigkeit und Individualität:[526] „Der Typ der taugt mir so, weil er eben dabei ist, und darum zieh ich mich so an und gehe mit – und lasse mich vielleicht ein wenig betatscheln und so."[527] Um einen Hooligan zu gewinnen, kokettieren Frauen mit ihrer Weiblichkeit und werden wiederum auf diese reduziert.[528] Die meisten Freundschaften sind von kürzerer Dauer: „Und wenn man sich nicht versteht, und man sieht eine Bessere ... dann schiebt man sie halt ab, von sich selber ... ."[529] Man bleibt sich eigentümlich fremd, die Fähigkeit, sich in den anderen hineinzuversetzen, sich mit ihm zu verständigen, fehlt. Man ist „verknallt", findet sich „geil", kann aber „ja nich rinkieken". Bricht diese schmale Basis weg, „schlägt das Verhältnis radikal um in den „Ekel".[530]

b) Skinheads

Über die Altersstruktur der Skinheads gehen die Auffassungen im Detail auseinander. Es läßt sich jedoch festhalten, daß zu Beginn der neunziger Jahre gut zwei Drittel der Skins zwischen 18 und 25 Jahre alt waren. Der Anteil der unter 18-Jährigen lag nur bei einem Fünftel, nach anderer Einschätzung noch deutlich niedriger,[531] der Anteil der über 30-Jährigen fiel demgegenüber kaum ins Gewicht.[532]

---

523 Für die österreichische Szene *Novak, M.* 1994 (Fn. 8), 149, für Hooligans aus dem Arbeitermilieu.

524 So eine „Hool-Braut" aus der österreichischen Szene, *Novak, M.* 1994 (Fn. 8), 113.

525 Für die österreichische Szene *Novak, M.* 1994 (Fn. 8), 113.

526 *Bohnsack, R./Loos, P./Schäffer, B./Städtler, K./Wild, B.* 1995 (Fn. 3), 31; *Matthesius, B.* 1992 (Fn. 2), 158.

527 So eine österreichische „Hool-Braut", *Novak, M.* 1994 (Fn. 8), 113; zur anziehenden Wirkung des schicken Aussehens, *Matthesius, B.* 1992 (Fn. 2), 153.

528 *Matthesius, B.* 1992 (Fn. 2), 159.

529 Zitiert bei *Novak, M.* 1994 (Fn. 8), 114.

530 *Bohnsack, R./Loos, P./Schäffer, B./Städtler, K./Wild, B.* 1995 (Fn. 3), 31, allerdings mit etwas anderem Interpretationsschwerpunkt.

531 So nach *Farin, K./Seidel-Pielen, E.* 1993 (Fn. 21), 186. Nach der Untersuchung von *Heitmeyer, W./Müller, J.* waren ebenfalls zwei Drittel der Ostskins aber nur ein Drittel der Westskins zwischen 18 und 25 Jahre, bei den Westskins überwog dagegen der Anteil der unter 18-jährigen mit etwas weniger als zwei Dritteln der Befragten, *Dies.* 1995 (Fn. 19), 161-172.

532 Vgl. die Auswertung der Verfassungsschutzberichte verschiedener Bundesländer bei *Bredel, H.* 2002 (Fn. 28), 68ff. einerseits und die Ergebnisse von *Farin, K./Seidel-Pielen, E.* 1993 (Fn. 21), 186 andererseits. Die Mitglieder der von *Eckert, R./Reis, Ch./Wetzstein, Th.A.* befragten Gruppe rechter Skins waren zwischen 16 und 32 Jahren, *Dies.* 2000 (Fn. 33), 289. Im Sample von *Heitmeyer, W./Müller, J.* war kein über 30-jähriger, *Dies.* 1995 (Fn. 19), 161-172.

Obwohl die Altersstruktur in manchen Bundesländern in den neunziger Jahren z.T. erheblichen Schwankungen unterlag,[533] was sich zumindest zum Teil mit der starken Fluktuation innerhalb der Skinheadszene erklären läßt, zeichnet sich ab, daß sie in den letzten zehn Jahren etwas gealtert ist: Der Anteil der 25-30-Jährigen ist in mehreren Bundesländern mehr oder weniger stark angestiegen.[534] Auch wenn der Anteil der unter 18-jährigen durchweg nicht übermäßig hoch eingeschätzt wird, fällt doch auf, daß einige Jugendliche besonders früh, nämlich schon im Alter zwischen zwölf und sechzehn Jahren bei den Skinheads einsteigen oder zumindest erste Kontakte knüpfen.[535] Die Dauer der Zugehörigkeit zur Szene variiert. Viele Skinheads bleiben ihr zwischen vier und sechs Jahren verbunden, ein nicht unbeträchtlicher Anteil immerhin zwischen zwei und drei Jahren. Ein gutes Zehntel der Skinheads gibt an, der Szene sogar zehn Jahre und länger anzugehören.[536] Während insbesondere jüngere Skins z.T. durch persönliche negative Erfahrungen mit Polizei und Staatsanwaltschaft oder gar durch erste Verurteilungen zum Ausstieg oder zumindest zur Mäßigung bewegt werden, lassen sich ältere Skinheads durch repressive Maßnahmen und Strafverfolgung nicht so leicht verschrecken.[537] Gründe, sich von der Szene und den alten Kameraden zu distanzieren, sind eher der Eintritt ins Berufsleben, Heirat und Familiengründung.[538] Es gibt aber auch Skinheads, die auch nach dem Eintritt in ein geordnetes Berufsleben nicht bereit sind, die Szene zu verlassen und statt dessen versuchen, ein bürgerliches Leben mit dem Skinheadsein in Einklang zu bringen. [539] Viele insbesondere rechtsextremistische Skinheads unter achtzehn Jahren haben sich mittlerweile wieder zurückgezogen, weil die Szene an Attraktivität verloren hat, seitdem nach 1992 die staatliche Repression verschärft wurde und sich Konzertverbote, Hausdurchsuchungen und Beschlagnahmen von CDs und Fanzinen häuften.[540]

---

[533] Vgl. die Nachweise bei *Bredel, H.* 2002 (Fn. 28), 68f.

[534] *Bredel, H.* 2002 (Fn. 28), 69.

[535] *Bredel, H.* 2002 (Fn. 28), 61. Dies bestätigte sich auch in der von *Eckert, R./Reis, Ch./Wetzstein, Th.A.* untersuchten Gruppe, *Dies.* 2000 (Fn. 33), 293.

[536] Nach der Auswertung von 234 Fragebogen, *Farin, K./Seidel-Pielen, E.* 1993 (Fn. 21), 186.

[537] *Bredel, H.* 2002 (Fn. 28), 69f.; *Eckert, R./Reis, Ch./Wetzstein, Th.A.* 2000 (Fn. 33), 302. Ein Großteil der von *Heitmeyer, W./Müller, J.* befragten Skins, die alle wegen fremdenfeindlicher Straftaten verurteilt worden sind, bekundet, Gewalt in Zukunft vermeiden zu wollen oder insgesamt ruhiger geworden zu sein. Ein nicht unbeträchtlicher Teil der Ostskins meint jedoch, daß Gewalttätigkeiten wieder passieren könnten, wenige sind durch Straf- oder Hafterfahrung sogar radikalisiert worden. *Dies.* 1995 (Fn. 19), 161-172.

[538] *Bredel, H.* 2002 (Fn. 28), 70. Auch Ewald hat sich, nachdem seine Freundin ein Kind bekam, weitgehend aus der Skinheadszene zurückgezogen und trifft sich nur noch am Freitagabend mit der alten Clique, *Heitmeyer, W./Müller, J.* 1995 (Fn. 19), 73, 78, ausführlich zu den familienbezogenen Gründen für Ewalds Rückzug aus der gewaltaktiven Szene, 83f.

[539] *Eckert, R./Reis, Ch./Wetzstein, Th.A.* 2000 (Fn. 33), 290.

[540] Für die *Sharp*-Bewegung, *Farin, K./Seidel-Pielen, E.* 1993 (Fn. 21), 135.

Die Skinheadszene ist männlich dominiert. Frauen stellen aber immerhin einen Anteil zwischen 15 und 20 Prozent,[541] nach anderer Auffassung zwischen 10 und 15 Prozent,[542] Tendenz steigend. Die „Skinhead-Girls" bzw. „Renees" schließen sich sowohl bei rechtsorientierten Glatzen als auch bei SHARP und anderen Cliquen an, wichtig ist vielen, daß nicht immer nur „Koma-Saufen" angesagt ist. Das „ewig gleiche sinnlose Herumhängen" wird von weiblichen Szenemitgliedern beklagt, kreativere Unternehmungen, wie das Organisieren von Partys, sogenannten Allnightern, und die Herausgabe von szeneeigenen Medien werden dagegen begrüßt. Hier beteiligen sich die Frauen überproportional.[543] „Je mehr Gewalttätigkeiten in den Hintergrund rücken, desto größer ist die Chance, auch von einer Partnerbeziehung unabhängige Frauen längerfristig in einer Clique zu treffen."[544] Insgesamt haben die Frauen in der Skinszene einen schweren Stand und werden vielfach zu Sexualobjekten degradiert. In manchen Skingruppen verlieren Frauen sogar die Berechtigung, an gemeinsamen Unternehmungen teilzunehmen, wenn die Partnerschaft mit einem der männlichen Gruppenmitglieder in die Brüche geht. Als Gründe dafür, daß Frauen keine vollwertigen Gruppenmitglieder werden können, geben die Skinheads an, daß man Frauen nichts anvertrauen könne und daß sie schon wegen ihrer natürlichen physischen Schwäche in brenzlichen Situationen keine verläßlichen Kameraden sein könnten.[545]

c) Autonome

Die Altersstruktur der Autonomen ist wenig erforscht. In den achtziger Jahren fanden sich überwiegend Jugendliche ein,[546] daneben Auszubildende, also Heranwachsende an der Schwelle zum Erwachsenwerden. Anfang der neunziger Jahre brachte die Maueröffnung den Antifa-Gruppen enormen Zulauf von Jugendlichen im Alter von 14/15 Jahren – sie wollten sich in Zeiten rasanter Veränderungen und Verunsicherungen engagieren.[547] Außerdem wurde im Bereich Antifaschismus auch gezielt „Jugendarbeit" betrieben, so daß sich unter den Tätern antifaschistischer Überfälle zunehmend junge Täter finden, die von älteren „Antifas" mobili-

---

541 *Farin, K./Seidel-Pielen, E.* 1993 (Fn. 21), 189f. Zu der von *Eckert, R./Reis, Ch./Wetzstein, Th.A.* befragten Gruppe rechter Skins gehörten 20 bis 25 Jugendliche, darunter 4 Mädchen, *Dies.* 2000 (Fn. 33), 289.

542 *Bredel, H.* 2002 (Fn. 28), 67.

543 *Farin, K./Seidel-Pielen, E. 1993 (*Fn. 21) 190f.

544 *Farin, K./Seidel-Pielen, E.* 1993 (Fn. 21), 191.

545 *Eckert, R./Reis, Ch./Wetzstein, Th.A.* 2000 (Fn. 33), 300.

546 *Bundesminister des Innern:* Verfassungsschutz 1982, 88. Auch die *Kongreßlesebuch-Gruppe* 1995 (Fn. 71), 23, beschreibt die autonome Bewegung der achtziger Jahre als spontane, eher subkulturelle Jugendbewegung.

547 *Farin, K./Seidel-Pielen, E.* 1991 (Fn. 17), 110. Auch nach *Bundesminister des Innern:* Verfassungsschutz, 1994, 35, übt die Szene gerade wegen ihrer antifaschistischen Kampagnen Anziehungskraft auf zumeist jüngere Aussteiger an.

siert werden konnten.[548] Im Zeitraum von 1990 bis 1994 sollen die 14- bis 25-Jährigen die Szene dominiert haben,[549] nach anderer Ansicht immerhin die 18- bis 28-Jährigen.[550] Die Szene hat ihre Anziehungskraft für jugendliche Aussteiger also nicht verloren.[551] Dennoch spricht einiges dafür, daß auch der Anteil Erwachsener gestiegen ist. Zwar haben der Zusammenbruch der DDR und die deutsche Wiedervereinigung 1989/90 dazu geführt, daß viele der Autonomen, die um die dreißig Jahre und älter sind, sich aus der aktiven Szene verabschiedet und sich ins Privatleben, in den Beruf oder in die Beschäftigung mit persönlichen Krisen zurückgezogen haben.[552] Sie sind jedoch der Szene verbunden geblieben. Dies wird sinnfällig, wenn in dem Buch „Der Stand der Bewegung", das zum Autonomie-Kongreß im Jahre 1995 erschien, in achtzehn Gesprächen vier über 50-Jährige (!) und acht Autonome zwischen 30 und 40 Jahren zu Wort kommen. Auf jeden Fall geht die junge Generation von Autonomen heute weitgehend ihren eigenen Weg. „Alt-Autonome" berichten über den Autonomie-Kongreß im Jahre 1995 in Berlin, daß alte und junge Autonome sich geschieden haben.[553]

Die Autonomen sind eine grundsätzlich gemischtgeschlechtliche, aber männlich dominierte Bewegung. Insbesondere „Neueinsteiger" sind überwiegend männlich.[554] Schon in den siebziger Jahren, aber auch verstärkt zu Beginn der achtziger Jahre, der Zeit der Hausbesetzungen, haben autonome Frauen und autonome FrauenLesbengruppen sich wegen der „sexistischen Strukturen" innerhalb der Szene, wegen der „Ignoranz" autonomer Männer und mancher Frauen gegenüber feministischen Sichtweisen", wegen der „Mackerstrukturen" abzusondern begonnen.[555] Auch wenn diese Frauengruppen ein autonomes Selbstverständnis haben, sich z.T. mit denselben Themen befassen und sich an Aktionen gemischter Autonomer, so etwa an Demonstrationen zum 1. Mai etwa mit einem FrauenLesbenBlock beteiligen, wird auf sie im Folgenden nicht näher eingegangen, weil sie nicht als gewaltzentriert eingestuft werden können, vielmehr u.a. gerade gegen sexuelle Gewalt kämpfen.[556] Die „Rote Zora", eine Frauen-Widerstandgruppe in der BRD, ist die einzige Gruppierung, die verdeckt, im Geheimen arbeitet und gezielt gewaltförmi-

---

[548] *Bundesamt für Verfassungsschutz* 1999 (Fn. 54), 2.

[549] *Moreau, P./Lang, J.P.* 1996 (Fn. 45), 373, der sogar meint, daß Durchschnittsalter der Autonomen sei in diesem Zeitraum gesunken, allerdings alles ohne Nachweise.

[550] *Bundesminister des Innern:* Verfassungsschutzbericht 1994, 69, Anm. 2.

[551] *Bundesminister des Innern:* Verfassungsschutzbericht 1997, 33.

[552] *Schultze, Th./Gross, A.* 1997 (Fn. 59), 214. Auch in der ehemaligen DDR lag der Anteil männlicher Jugendlicher bei den autonomen Linken bei 56 %. *Förster,P./Friedrich, W.* 1993 (Fn. 194), 100.

[553] *Schultze, Th./Gross, A.* 1997 (Fn. 59), 53.

[554] Broschüre „EinSatz" 1993, 27, zit. bei *Bundesamt für Verfassungsschutz* 1999 (Fn. 54), 5.

[555] *Schultze, Th./Gross, A.* 1997 (Fn. 59), 176-182.

[556] *Schultze, Th./Gross, A.* 1997 (Fn. 59), 193f.

ge Anschläge verübt. Als *linksterroristische* Gruppe, die aus den Revolutionären Zellen (RZ) hervorgegangen ist, ist sie jedoch ebenfalls nicht Gegenstand dieser Arbeit.

2. Interpretation

a) Jugendkulturen: unentbehrliche Auffanglebenswelten

Die Alterszusammensetzung der Jugendkulturen zeigt, daß diese Jugendliche im Rechtssinne und daneben auch Heranwachsende anziehen, also junge Menschen, die in besonderem Maße von der Erosion kommunikativer Strukturen betroffen sind[557] und die in einer Zeit der zunehmenden Ablösung vom Elternhaus, am Ende der Schulzeit, wenn der Einstieg in eine Ausbildung und sodann in eine Berufstätigkeit bewältigt werden muß, neue Bezugsgruppen suchen und in gewaltzentrierten Jugendkulturen finden. Besondere Beachtung verdient die Tatsache, daß alle drei Jugendkulturen altern, die Autonomen am eklatantesten, mit der Folge, daß der Anteil der Erwachsenen zunimmt. Einige schaffen nicht den Absprung, und etliche Hooligans ziehen sich nur vorübergehend in ein „normales" bürgerliches Leben zurück, um dann doch neuerlich den Anschluß an eine der jugendkulturellen Gruppierungen zu suchen. Daß bei den anomischen Autonomen auch Erwachsene anzutreffen sind, leuchtet am ehesten ein. Als Autonomer bleibt man seiner sozialen Bezugsgruppe schon wegen seiner systemoppositionellen Überzeugungen auch in fortgeschrittenem Alter verbunden. Außerdem leben viele der älteren Autonomen immer noch in Stadtvierteln wie Kreuzberg, in denen sich viele Autonome eingerichtet haben. Weil sie als radikale Systemoppositionelle nie ein bürgerlich-etabliertes Leben angestrebt haben, finden sie auch nicht den Weg in konventionelle Alltags- und Berufsroutinen, die sie der Szene entfremden könnten. Daß ältere Autonome weniger auf die Teilnahme an gewaltzentrierten Aktionsformen angewiesen sind als jüngere,[558] mag man auf das sozialintegrative und stabilisierende Potential langjährig gewachsener und verfestigter alternativer Lebensformen zurückführen, die dem einzelnen Möglichkeiten eröffnen, Betätigungen nachzugehen, die subjektiv als sinnvoll erlebt und innerhalb der eigenen Bezugsgruppe anerkannt werden. Daß allerdings auch viele Hooligans und Skinheads, die den Weg in eine mehr oder weniger gesicherte bürgerliche Existenz gefunden haben, auf die kompensatorischen Leistungen ihrer „jugendkulturellen" Bezugsgruppe auch als Erwachsene angewiesen bleiben und daß ihnen der strategisch motivierte Verzicht auf die Beteiligung an Gewalttaten[559] nicht umstandslos gelingt, läßt sich damit begründen, daß die Einbindung in konventionelle Lebensroutinen, die in sozialstaat-

---

[557] Dazu oben § 6 II.

[558] Zum ausgedünnteren Gemeinschaftsleben der Jungautonomen oben V. Dazu, daß ältere Autonome sich weniger an Gewalttaten beteiligen unten XIII 1. c).

[559] Dazu oben 1. a) und b).

lich pazifierten Gesellschaften Erosionssymptome, nämlich Integrations-, Sozialisations- und Orientierungsdefizite, abzufedern vermochte, unter veränderten gesellschaftlich-sozialen Bedingungen gegen die Erosionsfolgen nicht mehr ausreichend abzuschirmen vermag.[560] Wenn selbst drohende Strafverfolgung und Hafterfahrungen, allenfalls jüngere, nicht aber langjährige Mitglieder der Szene zum Rückzug bewegen, so belegt dies, daß die eher ungewissen Aussichten, in der Zukunft die Annehmlichkeiten eines bürgerlichen Lebens genießen zu können, es zumindest in den Augen der älteren Skins nicht wert sind, auf das zu verzichten, was ihnen die Zugehörigkeit zu einer gewaltzentrierten Jugendkultur gibt. Daß die jüngeren, insbesondere unter den rechtsextremistischen Skins, sich wieder zurückgezogen haben, seit die staatliche Repression es erschwert, die „Produkte" der Skinheadkultur, Konzerte, CDs und Fanzinen zu „konsumieren", läßt sich damit erklären, daß diese „Mode-Skins" sich den Skinheads weniger aus existentiellen Gründen, als vielmehr wegen ihres Freizeitwertes angeschlossen hatten. Wenn alle drei Jugendkulturen auch für „Erwachsene" attraktiv bleiben, belegt dies schließlich auch, daß deren Mitglieder sich weigern, erwachsen zu werden, d.h. das eigene Leben selbstverantwortlich zu gestalten. Auch diese Weigerung läßt sich als Symptom der Erosion kommunikativer Strukturen interpretieren, weil Orientierungslosigkeit und Ich-Schwäche es erschweren, den eigenen Weg zu gehen, insbesondere, wenn die soziale Integration brüchig geworden ist und jeder auf sich selbst verwiesen bleibt.

b) Gewaltzentrierte Jugendkulturen: traditionalistische Männerbünde?

Alle drei Jugendkulturen sind männlich dominiert und haben insoweit zumindest männerbündischen Charakter. Bei den Hooligans werden Frauen praktisch ausschließlich als Freundinnen geduldet, und auch bei den Skinheads sind viele der wenigen weiblichen Skinheads über ihren Freund an die Szene angebunden. Die von einem Partner unabhängigen weiblichen Mitglieder nehmen darüber hinaus nur selektiv an den Aktivitäten ihrer Skingruppe teil. Viele von ihnen meiden insbesondere die als „Männlichkeitsrituale" inszenierten regelmäßigen Besäufnisse[561] und nehmen auch an den gewalttätigen Streifzügen offenbar eher selten teil. Selbst die Autonomen, die zwar vom Selbstverständnis her eine gemischtgeschlechtliche Jugendkultur sind, werden faktisch mittlerweile auch von Männern dominiert. Als traditionalistische Männerbünde wird man dennoch lediglich Skinheads und Hooligans ansehen können. Es sind ihre Einstellungen zu Frauen, die sie als solche ausweisen. Frauen werden zu Sexualobjekten degradiert, bei den Skinheads zumindest gruppenintern wegen ihrer körperlichen Schwäche verachtet[562] und, zumindest indirekt, im Einklang mit überkommenen Klischees der Geschwätzigkeit geziehen.

---

[560] Dazu oben § 6 IV.

[561] Zu diesen bereits oben V. 1. b).

[562] Daß einige Skinheads sich privat durchaus für die Gleichberechtigung der Geschlechter aussprechen, haben *Heitmeyer, W./Müller, J.* 1995 (Fn. 19), 71, 119, festgestellt.

Da in einer rationalisierten Lebenswelt das Geschlechterverhältnis zumindest im Prinzip egalitär gedacht wird und moderne Verständnisse von Partnerschaft neben dem sexuellen auch die Bedeutung des kommunikativen Verkehrs zwischen Männern und Frauen gewichten, ist das Geschlechtsrollenverständnis der Skinhead- und Hooligangruppen vormodern. Daß ähnliche Einstellungen zu Frauen auch außerhalb jugendkultureller Kontexte noch verbreitet sind, ändert an dieser Bewertung nichts, sondern belegt lediglich, daß sich in einer kulturell fragmentierten Alltagspraxis Traditionen immer noch unkritisiert und naturwüchsig fortbilden können.[563] Entscheidend ist, daß die Jugendlichen, anders als die Autonomen, aus ihrem sexistischen Frauenbild keinen Hehl machen und sich unverblümt zu derartigen Einstellungen wie auch zu anderen archaischen Männlichkeitsidealen bekennen.[564] Diese Einstellungen und Ideale müssen offenbar in der Gruppe nicht kaschiert werden, weil sie gruppenintern nicht kritisiert werden. Vielmehr erfüllen sie positive soziale Funktionen, weil sie das Rollen- und das Selbstverständnis strukturieren. Ein traditionalistisches Geschlechtsrollenverständnis hat vor allem Entlastungsfunktion, weil es Interaktionen vereinfacht. Weil die sozialen Anforderungen, die ein enttraditionalisiertes Geschlechterverhältnis an die Interaktionspartner stellt, bei Skinheads und Hooligans gruppenintern suspendiert werden, können die Gruppenmitglieder zumindest innerhalb ihrer primären sozialen Bezugsgruppe ausblenden, daß sie mit der produktiven egalitären Gestaltung partnerschaftlicher Beziehungen überfordert sind. Gerade die Aussagen der Hooligans zeigen, daß sie tatsächlich nicht in der Lage sind, eine zeitgemäße Partnerschaft zu leben, d.h. produktiv und kommunikativ zu gestalten. Ihre Partnerschaften bleiben vordergründig sexueller Natur. Die Unfähigkeit, sich in den anderen hineinzuversetzen, ist dabei ein alarmierendes Anzeichen eingeschränkter Beziehungsfähigkeit, das auf erosionsbedingte Sozialisationsdefizite schließen läßt. Gerade deren destabilisierendes Potential wird in traditionalistischen gewaltzentrierten Jugendkulturen abgeschirmt,[565] in denen man sich als Mann und Kämpfer nicht aber als Partner bewähren muß. Daß sexistische Strukturen den Autonomen zum Problem werden und dem eigenen Selbstverständnis widersprechen,[566] weist sie demgegenüber als anomische Jugendkulturen aus. Sie wollen den emanzipatorischen Gehalt der gesellschaftlichen Modernisierung und damit zumindest nach ihrem theoretischen Anspruch auch ein egalitäres Geschlechterverhältnis verteidigen und erkennen irritiert, daß auch autonome Lebenszusammenhänge nicht dagegen gefeit sind, daß Traditionalismen, hier konkret traditionelle Rollenkonzepte, innerhalb autonomer Lebenszusammenhänge strukturbildende Kraft entfalten.

---

[563] So *Habermas* über kulturelle Verarmung, dazu näher mit Nachweisen oben § 5 IV. 4.

[564] Dazu unten X. 1. a) und b).

[565] Dazu oben § 6 III. 1. b)

[566] Dazu unten VIII. 1. c).

VIII. Rekrutierungsprozesse und Gruppenstruktur

1. Phänomenologie

a) Hooligans

Die Gruppen der Hooligans sind im allgemeinen wenig einheitlich gestaltet, vielmehr von Unbeständigkeit und wechselnder Zugesellung gekennzeichnet. Die Größe der Gruppierungen variiert von Verein zu Verein.[567] Die Entstehung der verschiedenen Hooligangruppierungen ist schwierig zu rekonstruieren. Einigkeit besteht darüber, daß sie durch die Medienberichterstattung und massive ordnungspolizeiliche Maßnahmen forciert worden ist.[568] In den achtziger Jahren begannen Hooligangruppen, sich aus der Fanszene herauszulösen,[569] schlossen sich örtlich zusammen und gaben sich einen vereinsunabhängigen Namen. So entstanden neben den von den Vereinen anerkannten Fanclubs die „Destroyers" aus Karlsruhe, die „Sturmtruppen" aus Mönchengladbach, die „Gelsenszene" des FC Schalke, die „Red Devils" aus Nürnberg, die „Anti-Sozial-Front" aus Offenbach, die „Adlerfront" aus Frankfurt, die „Ultras" aus Hamburg, die „City-Boys" aus Mannheim und die „Freecastle Boys" des SC Freiburg.[570] Neben originären Fußballfans fanden sich auch ehemalige Skinheads und Punks ein.[571] Die Entstehung einzelner Hooligangruppen geht dabei häufig auf die Initiative einiger „Alt-Fans" zurück. Die Gruppe wächst allmählich an und bewährt sich unter dem Ansturm gegnerischer Fans: Im Kampf findet man zusammen, später gibt man sich einen Namen etc.[572] In den neunziger Jahren schlossen sich auch viele Jugendliche an, die zuvor nicht als Anhänger eines bestimmten Vereins zur Fußballszene gehörten, z.T. fasziniert und angeregt von der insbesondere zu Beginn der neunziger Jahre reißerischen Medienberichterstattung.[573] Sie werden auch als „Mode-Hools" bezeich-

---

[567] *Matthesius, B.* 1992 (Fn. 2), 128f., 131; für die österreichische Szene, *Novak, M.* 1994 (Fn. 8), 163.

[568] So *Novak, M.* 1994 (Fn. 8), 42, 71, 131.

[569] Interview mit Thomas (23), Speditionskaufmann in Berlin, seit seinem 10. Lebensjahr Hertha BSC-Fan und Hooligan: „Hooligan ist ein Versuch, die Jugend hinauszuzögern." In: *Farin, K./Seidel-Pielen, E. 1993* (Fn. 4), 15, 175; *Matthesius, B.* 1992 (Fn. 2), 111.

[570] *Ek, R. 1996* (Fn. 2), 71.

[571] So für die „Frösche" aus Berlin, Thomas (23), Speditionskaufmann in Berlin, seit seinem 10. Lebensjahr Hertha BSC-Fan und Hooligan: „Hooligan ist ein Versuch, die Jugend hinauszuzögern." In: *Farin, K./Seidel-Pielen, E. 1993* (Fn. 4), 15, 186.

[572] *Böttger*, A. 1998 (Fn. 3), 19f., bezugnehmend auf Interview 053, 13; zum Namen als Indikator dafür, daß sich eine Gruppe gebildet hat, *Novak, M.* 1994 (Fn. 8), 37f.

[573] *Ek, R. 1996* (Fn. 2), 73; Torsten: „ Beim FC kommen jetzt viele Leute, die ich überhaupt nicht kenne, aus den Neubaugebieten, von außerhalb. Die haben in der Zeitung gelesen, beim BFC geht´s ab, und jetzt kommen sie eben zu uns ...", zit. bei *Farin, K./Seidel-Pielen, E.* 1991 (Fn. 17), 103, siehe ebenda auch 95f.

net.[574] Es war einfach „in", sich dieser medial beachteten und durch modischen Chic auffallenden Szene anzuschließen.[575] Sie war so stark angewachsen, daß in Köln, Gelsenkirchen oder Ost-Berlin Mitte der neunziger Jahre bei interessanten Spielen sogar zwischen 300 und 800 Personen mobilisiert werden konnten. In kleineren Städten wie Krefeld oder Meppen traten dagegen z.T. weniger als 30 Jugendliche auf. Extrem erlebnisorientierte Fans, insbesondere solche, die Anfang der neunziger Jahre auch durch das Medieninteresse an den Gewalttaten der Hooligans und durch deren Bekenntnis zur Gewalt angezogen wurden und zu einer in-group gehören wollten, haben z.T. sehr schnell wieder das Interesse an der Szene verloren: Wegen der effizienteren Polizeitaktik und der permanenten Polizeipräsenz kam es ihnen zu selten zu exzessiven Schlägereien und ein Mindestmaß an Fußballbegeisterung, die sie längerfristig hätte anbinden können, fehlte ihnen.[576] Bei den meisten Vereinen liegt die Anzahl der Hooligans, die sich regelmäßig bei Fußballspielen treffen, mittlerweile zwischen 50 und 150 Personen.[577] Einige der übergroßen Gruppierungen sind auch in mehrere kleinere Clubs zerfallen.[578]

In den neuen Bundesländern haben die verschiedenen Hooligangruppierungen praktisch keine Mitglieder ausländischer Herkunft. Auch in Hannover, Hamburg, Bielefeld, Frankfurt a.M. oder Nürnberg sind Ausländer deutlich unterrepräsentiert. Dagegen ist die Hooliganszene des Ruhrgebiets, entsprechend dem hohen Anteil ausländischer Arbeitnehmer, ethnisch gemischt.[579] Der Ausländeranteil der „Gelsenszene" und derjenige der Hooligans des Vereins FC Schalke 04 entspricht z.B. seit den neunziger Jahren dem Ausländeranteil in Gelsenkirchen. Jugendliche türkischer Abstammung sind besonders stark vertreten. Andere Gruppierungen, wie die „Destroyers" aus Karlsruhe, haben dagegen mehr Italiener, Jugoslawen, Griechen und Spanier in ihren Reihen.[580]

Verfestigte Gruppenstrukturen oder eine klare hierarchische Ordnung gibt es nicht.[581] Diejenigen, die besonders viel Zeit investieren und sich bei Auseinandersetzungen hervortun, bilden den harten Kern, eine fester verbundene Gemeinschaft.

---

574 *Matthesius, B.* 1992 (Fn. 2), 126, 132; *Novak, M.* 1994 (Fn. 8), 152f., allerdings für die österreichische Szene.

575 Auch in Österreich wurde es „in", sich den Hooligans anzuschließen, *Novak, M.* 1994 (Fn. 8), 60, 167.

576 *Ek, R. 1996* (Fn. 2),138f.; *Matthesius, B.* 1992 (Fn. 2), 134.

577 *Ek, R. 1996* (Fn. 2), 137f.

578 Zur Anti-Sozial-Front, die in eine Kerngruppe, die „Frankfurter" und die „Hanauer" zerfiel, *Matthesius, B.* 1992 (Fn. 2), 129ff.

579 *Weber-Klüver, K.* 1993 (Fn. 229), 43.

580 *Ek, R. 1996* (Fn. 2), 140, mit weiteren Ausführungen zum Ausländeranteil bei den Hooligans des FC Köln und, ebenda in Fn. 476, zu dem der „Destroyers" aus Karlsruhe. Hier war sogar ein Italiener zeitweilig zur entscheidenden Führungspersönlichkeit avanciert.

581 *Eisenberg, U.:* Kriminologie. 5. Aufl. München 2000, § 57 Rdnr. 15; für die österreichische Szene, *Novak, M.* 1994 (Fn. 8), 158.

Man kennt sich z.T. von „früher“ und fühlt sich auch freundschaftlich verbunden.[582] Hooligans aus dem harten Kern werden wegen ihres Alters, ihrer Kampferfahrung und ihres organisatorischen Talents zu informellen, charismatischen Anführern, häufig als die „Guten“ bezeichnet, an deren Verhalten sich die Mehrheit orientiert.[583] Die Mehrheit, insbesondere sogenannte „Mode-Hools“, die eher lose angebunden sind, und auch Neueinsteiger, die sich noch bewähren müssen, laufen mit.[584] Diese Neueinsteiger müssen sich erst durch Gewalttaten und durch Zuverlässigkeit einen Namen in der Gruppe machen und Prestige erwerben.[585] Auch durch persönliche Bekanntschaft mit älteren „Anführern“ kann man Anschluß an die Kerngruppe finden.[586] Allmählich wächst man in eine größer werdende Gemeinschaft hinein und wird, wenn man sich bewährt hat, selber zum harten Kern gerechnet.[587] Daneben gibt es sogenannte „Lutscher“, gewaltorientierte Jugendliche, die seit Beginn der neunziger Jahre, als dem Phänomen des Hooliganismus in den Medien besondere Aufmerksamkeit geschenkt wurde, in der Hooliganszene auftauchten.[588] Sie kleiden und gebärden sich zwar wie die „echten“ Hooligans, die sogenannten „Guten“, gehen aber dem direkten Zweikampf nach Möglichkeit aus dem Weg und fallen durch Mißachtung jeglicher Fairnessregeln auf. Sie versuchen, Anerkennung nicht für faires, sondern für besonders *brutales* Vorgehen zu erlangen, und treten z.B. auf bereits am Boden liegende, von den „Guten“ niedergeschlagene Gegner hemmungslos mit den Füßen ein[589] oder wehren sich bei einer

---

[582] *Ek, R. 1996* (Fn. 2), 73; *Matthesius, B.* 1992 (Fn. 2), 43f., zu Alex, einem der Gründer der „Anti-Sozial-Front“ der Offenbacher Kickers; für die österreichische Szene, *Novak, M.* 1994 (Fn. 8), 160.

[583] *Ek, R. 1996* (Fn. 2), 141 unter Bezugnahme auf den unveröffentlichten Jahresbericht des Landeskriminalamts Nordrhein-Westfalen, Saison 1993/94; *Farin, K./Hauswald, H.* 1993 (Fn. 14), 11; *Matthesius, B.* 1992 (Fn. 2), 43f., zu Alex, „Alt-Hooligan“ der „Offenbacher Kickers“, auch 116; für die österreichische Szene, *Novak, M.* 1994 (Fn. 8), 158ff.

[584] *Ek, R. 1996* (Fn. 2), 73, 141; *Matthesius, B.* 1992 (Fn. 2), 146; für die österreichische Szene, *Novak, M.* 1994 (Fn. 8), 158. Auch nach *Lösel, F./Bliesener, T./Fischer, T./Pabts, M.* 2001 (Fn. 3), 160 läßt sich zwischen Anführern, dem übrigen harten Kern und Mitläufern unterscheiden.

[585] *Ek, R. 1996* (Fn. 2), 72; *Matthesius, B.* 1992 (Fn. 2), 151.

[586] Interview mit Thomas (23), Speditionskaufmann in Berlin, seit seinem 10. Lebensjahr Hertha BSC-Fan und Hooligan: „Hooligan ist ein Versuch, die Jugend hinauszuzögern.“ In: *Farin, K./Seidel-Pielen, E. 1993* (Fn. 4), 15, 177; ebenso *Albrecht, H.-J. 2001* (Fn. 12), 17; für die österreichische Szene, *Novak, M.* 1994 (Fn. 8), 76f., 159, bezugnehmend auf ein Interview mit Alex, 14 Jahre, einem „wirklichen“ Hooligan, ebenda, 19.

[587] *Ek, R. 1996* (Fn. 2), 72f.; für die österreichische Szene, *Novak, M.* 1994 (Fn. 8), 80, 159f.

[588] *Ek, R. 1996* (Fn. 2), 138.

[589] *Kirsch, A.* 2000 (Fn. 3), 92, von einer derartigen Brutalisierung der Szene berichtet auch Thomas (23), Speditionskaufmann in Berlin, seit seinem 10. Lebensjahr Hertha BSC-Fan und Hooligan: „Hooligan ist ein Versuch, die Jugend hinauszuzögern.“ In: *Farin, K./Seidel-Pielen, E. 1993* (Fn. 4), 15, 180; für die österreichische Szene, *Novak, M.* 1994 (Fn. 8), 158.

drohenden Niederlage mit Waffen.[590] Während die „Lutscher“ von den „Guten“ des „harten Kerns“ verachtet werden,[591] ist das Verhältnis des harten Kerns zur erweiterten peer-group, der mitlaufenden Masse, dem sogenannten „mob“, durchaus ambivalent. Nach der Wiedervereinigung hatte es der harte Kern zunächst begrüßt, daß die Hooliganszene starken Zulauf hatte. Man war sich bewußt, daß die Aktionen auch von den Mitläufern leben – „Aber ohne Mitläufer wär' ja überhaupt nichts los, 'ne gewisse Masse muß erstmal da sein, sonst passiert gar nichts. Bei zwanzig Mann hätten zehn Bullen die Sache im Griff.“[592] –, und man hoffte auf größere Schlagkraft und einen entsprechenden Ruf in der Fußballszene. Es zeichnete sich jedoch bald ab, daß die Auseinandersetzungen seit der Vergrößerung eher ab- als zunahmen, weil die Großgruppen leichter zu erkennen und daher besser polizeilich zu kontrollieren waren. Außerdem fehlte immer häufiger der Gegner, weil kleinere Gruppierungen aus Angst vor der Übermacht einiger Vereine zu bestimmten Spielen gar nicht mehr anreisten oder vor Ort auswichen.[593] Dies und die Erfahrung, daß das Verletzungsrisiko erhöht war, weil die Kampfesregeln durch zahllose Verstöße der „Lutscher“ desavouiert wurden,[594] bewog den harten Kern der Szene, Neumitglieder wieder auszugrenzen, um die Gruppenstärke überschaubar zu halten. Auf diesem Weg hoffte man, wieder unauffälligere und besser organisierte Aktionen durchführen zu können.[595] Jenseits dieser *strategischen* Überlegungen setzte sich die Erkenntnis durch, daß ein Gemeinschaftsgefühl nur entsteht, wenn sich die Mitglieder auch persönlich kennen, wenn die Gruppe überschaubar ist und man sich aufeinander verlassen kann: „Du hast ein Gespür dafür, irgendwie, ob er was taugt oder nicht taugt.“[596] Da „Alt-Hooligans“ mit der nachwachsenden Hooligangeneration nichts anfangen konnten und der Versuch der Vermittlung milieuspezifischer Verhaltensweisen fehlschlug,[597] versuchten sie, sich zunehmend von „Mode-Hools“ und Mitläufern abzugrenzen: „Das sind Vollidioten in meinen Augen, die was angesoffen sind, durch die Stadt gehen und glauben, sie müssen sich aufspielen und Laternen umreißen oder was. Bevor ich eine Laterne niederreiße, haue ich lieber wen nieder – weil die Laterne haut nie zurück.“[598] Man verach-

[590] *Matthesius, B.* 1992 (Fn. 2), 146f.; für die österreichische Szene, *Novak, M.* 1994 (Fn. 8), 80f., 97.

[591] *Matthesius, B.* 1992 (Fn. 2), 143.

[592] Martin, 25, Schlosser. „War'ne reine Outfit-Sache.“ In: *Farin, K./Hauswald, H.* 1993 (Fn. 14), 56; ähnlich *Matthesius, B.* 1992 (Fn. 2), 132.

[593] *Matthesius, B.* 1992 (Fn. 2), 198.

[594] *Matthesius, B.* 1992 (Fn. 2), 147.

[595] *Ek, R. 1996* (Fn. 2), 139, dort insbesondere Fußnote 472 mit näheren Angaben zur Entwicklung der Hooligans des Hamburger Sportvereins.

[596] *Matthesius, B.* 1992 (Fn. 2), 69f., 115, 122, 132, zur Unzuverlässigkeit der „Lutscher“, 147.

[597] *Matthesius, B.* 1992 (Fn. 2), 54, 67, 112, 121, 128.

[598] Für die österreichische Szene, *Novak, M.* 1994 (Fn. 8), 119.

tet die Mitläufer, weil sie sich nur in der Gruppe „was traun“[599], und verurteilt es als unmännlich und unfair, daß sie Waffen einsetzen, um drohende Niederlagen abzuwenden. Anerkannt werden letztlich nur diejenigen Hooligans der nachwachsenden Generation, die ein Gespür für das Herkunftsmilieu beweisen.[600]

b) Skinheads

Die Skinheads sind ein Sammelbecken für Jugendliche mit den unterschiedlichsten Interessen und Einstellungen. Die erste Skinheadgeneration rekrutierte sich noch überwiegend aus der Punk-Szene.[601] Bei den „rechten“ Skins finden sich sehr viele frustrierte „Normaljugendliche“, Fußballfans, Vorbestrafte und junge Männer mit Begeisterung für Militärisches ein.[602] Bei den SHARP-Skins trifft man idealistische Sozialisten jeglicher Couleur, nachdenkliche junge Leute, die auch mal einen Buchladen betreten, aber auch Fußballhooligans und tumbe Suff-Prolls.[603] Auffällig ist, daß viele Skins nachdem sie in ihre lokale Szene hineingewachsen sind, ihre Freizeit exklusiv mit der Gruppe und nicht mehr mit anderen Jugendlichen, etwa „Freunden von früher“ verbringen. Außenkontakte sind praktisch auf die Schule respektive den Ausbildungsplatz beschränkt.[604] Den Weg in die Szene finden die meisten über Freunde und Bekannte, die bereits intensivere Kontakte zur Szene haben; „Obwohl angefangen hat eigentlich einer aus meiner Klasse, der mit der Bomberjacke. Und der kannte – der hatte auch erste Kontakte zu härteren Rechten hier in L., also härteren, die schon bekannter waren und schon als Prügler bekannt waren und die für uns noch ganz unerreichbar irgendwie waren. Und der hat uns alle näher geführt. Der hat uns Aufkleber besorgt.“[605] Andere finden sich einfach im richtigen Outfit an bekannten öffentlichen Treffpunkten von Skinheads ein, etwa in Parkanlagen oder bestimmten Kneipen, um die Skins näher kennenzulernen

---

599 *Matthesius, B.* 1992 (Fn. 2), 69f.; für die österreichische Szene, *Novak, M.* 1994 (Fn. 8), 20, bezugnehmend auf ein Interview mit Alex, 14 Jahre, einem „wirklichen“ Hooligan.

600 *Matthesius, B.* 1992 (Fn. 2), 74, 77. Für einige Hooligans des harten Kerns sind Neumitglieder ohne milieuspezifische Sozialisation eigentlich gar keine Hooligans, ebenda 119.

601 So auch für die DDR, *Brück, W. 1991 (*Fn. 275)*, 171.* Dies trifft auch auf den früheren Skinhead Tobias aus Westdeutschland zu, *Heitmeyer, W./Müller, J.* 1995 (Fn. 19), 101f.

602 So für die erste DDR-Skinheadgeneration, *Brück, W. 1991 (*Fn. 275)*, 171.*

603 *Farin, K./Seidel-Pielen, E.* 1993 (Fn. 21), 136.

604 *Eckert, R./Reis, Ch./Wetzstein, Th.A.* 2000 (Fn. 33), 301. In dem von *Heitmeyer, W./ Müller, J.* untersuchten Sample wurden immerhin 5 der 34 der befragten Skins als „cliquenzentriert“ bezeichnet, *Dies.* 1995 (Fn. 19), 57. Auch für Ewald war die Skinheadgruppe über mehrere Jahre der Lebensmittelpunkt, *Heitmeyer, W./Müller, J.*, ebenda, 85.

605 B., früher Skinhead, jetzt Mitglied einer rechtsextremistischen Partei, zit. bei *Böttger, A.* 1998 (Fn. 108), 264. Ähnlich *Eckert, R./Reis, Ch./Wetzstein, Th.A.* 2000 (Fn. 33), 297, wo ein Skinhead der untersuchten Gruppe berichtet, sich mit gleichgesinnten Ausländerfeinden in der Gesamtschule zusammengetan zu haben. So auch Jakob, Skinhead aus Westdeutschland, der über einen Freund, der seine rechten Einstellungen teilte, zu den Skinheads kam, *Heitmeyer, W./Müller, J.* 1995 (Fn. 19), 90.

und sich vielleicht einzuklinken. Irgendwann fühlt man sich als Mitglied der Szene. Daneben bieten Konzerte und Partys den Skins die Möglichkeit, Gleichgesinnte aus anderen Orten kennenzulernen, Adressen auszutauschen und Treffen zu vereinbaren.[606]

Der rechten wie der linken Skinheadszene sind organisatorische Strukturen fremd.[607] Die Führung durch andere wird abgelehnt.[608] Insbesondere *politische* Organisation wird von vielen Skinheads geradezu verachtet.[609] Ostskins sind straffe Organisationen nicht zuletzt deshalb suspekt, weil sie an die DDR-Vergangenheit erinnern,[610] an eine Zeit, in der alle Jugendlichen unter das Dach der FDJ gezwungen werden sollten. Skinheads treffen sich daher entweder ganz spontan[611] oder auch ritualisiert, aber informell, an bestimmten Wochentagen, an bestimmten Orten. Die eher losen Zusammenschlüsse der Skins sind aber bei aller Organisationsfeindlichkeit sehr wohl hierarchisch strukturiert.[612] Die Gruppen werden in der Regel von einem etwas älteren Skinhead angeführt, um den sich eine Art Kerntruppe formiert. Für diese Position qualifiziert man sich entweder schlicht durch sein Alter[613] oder durch Insiderwissen über Bands und Versandfirmen, über verbale Durchsetzungsfähigkeit und physische Überlegenheit. Qualifizierende Eigenschaften sind ferner Stärke und Trinkfestigkeit.[614] Die „jüngeren" und die „neuen" stehen auf der untersten Ebene. Sie müssen niedere Tätigkeiten, wie Bierholen, ausführen und zunächst einmal bestimmte Verhaltensgrundregeln erlernen, etwa für den Umgang mit der Polizei. Wer sich flexibel und anpassungsfähig zeigt,

---

606 *Bredel, H.* 2002 (Fn. 28), 77, 316. Auch ein Skinhead aus Freiburg, der bei *Menhorn, Ch.* 2001 (Fn. 29), 138f. ausführlich zu Wort kommt, lernte als Punk bei einem Konzert in den Niederlanden die ersten Skinheads kennen, mit denen er sich „auf Anhieb recht gut verstand." Wie man in die Szene hineinwächst, beschreibt auch Ewald, Skinhead aus Ostdeutschland, *Heitmeyer, W./Müller, J.* 1995 (Fn. 19), 79.

607 *Bredel, H.* 2002 (Fn. 28), 77; *Menhorn, Ch.* 2001 (Fn. 29), 176ff.

608 *Breymann, K.:* Gewalttaten rechtsorientierter Skinheads in Ostdeutschland. In: Rechtsradikale Gewalt im vereinigten Deutschland. Jugend im gesellschaftlichen Umbruch, hrsg. v. H.-U. Otto u.a. Opladen 1993, 294-300, 295; *Menhorn, Ch.* 2001 (Fn. 29), 176ff.

609 *Farin, K./Seidel-Pielen, E.* 1993 (Fn. 21), 135f.; *Menhorn, Ch.* 2001 (Fn. 29), 176ff. Auch die Gruppe des Ex-Skins Tobias aus Westdeutschland verwahrte sich gegen die Vereinnahmungsversuche der ANS, weil sie sich nicht unterordnen wollte, *Heitmeyer, W./Müller, J.* 1995 (Fn. 19), 103.

610 *Breymann, K.* 1993 (Fn. 608), 295.

611 *Bredel, H.* 2002 (Fn. 28), 77.

612 *Böttger, A.* 1998 (Fn. 108), 267; *Bredel, H.* 2002 (Fn. 28), 77; *Eckert, R./Reis, Ch./Wetzstein, Th.A.* 2000 (Fn. 33), 289. Auch die rechte Skingruppe von Jakob aus Westdeutschland war eine unorganisierte Clique, die sich einfach regelmäßig traf, *Heitmeyer, W./Müller, J.* 1995 (Fn. 19), 88, 96.

613 *Eckert, R./Reis, Ch./Wetzstein, Th.A.* 2000 (Fn. 33), 298.

614 *Bredel, H.* 2002 (Fn. 28), 77. Ewald, Skinhead aus Ostdeutschland berichtet, daß die „Anführer" der Gruppe ihre Autorität durch ihre Mitgliedschaft in der FAP erhielten, *Heitmeyer, W./Müller, J. 1*995 (Fn. 19), 78.

kann schnell zum vollwertigen Mitglied aufsteigen.[615] Wer sich dagegen nicht an den Verhaltenskodex hält, muß mit Prügel rechnen.[616] Verrät etwa ein Skinhead einen Kameraden bei der Polizei, so wird er rigoros ausgeschlossen und hat mit weiteren Konsequenzen zu rechnen.[617] Die Führungspersonen sowie ihre engsten Vertrauten entscheiden über die gemeinsamen Aktivitäten, von ihnen hängt es auch ab, wie stark die Clique zur Gewalt tendiert.[618] Die Disziplinierung nach innen erfolgt vor allem über die bis ins Detail reichende Normierung der Haartracht, des Bekleidungsstils und des Musikgeschmacks. Gerade die Detailregelungen dienen dazu, sich von politisch anders eingestellten bzw. „unpolitischen" Skins abzugrenzen.[619] Wer sich nicht an den Kleidercode hält oder abweichende Meinungen vertritt, wird wenig geachtet.[620] Wie rigide die gruppeninternen Strukturen sind, zeigt sich auch dann, wenn Skinheads die Gruppe verlassen wollen. Zumindest Mitglieder der Kerngruppe müssen mit negativen Konsequenzen rechnen. Häufig werden Skinheads, die sich zurückziehen wollen, als „Verräter" und „Überläufer" bezeichnet.[621] Wer einer ausgesprochen militanten rechten Skinclique angehörte und vielleicht zu viel weiß, insbesondere über die gemeinsam verübten Straftaten, wird manchmal sogar bedroht und muß mit gewalttätigen Racheaktionen rechnen.

Bei aller Organisationsfeindlichkeit gab es jedoch auch von einzelnen Skinheads ausgehende Versuche, eigene Skinheadorganisationen zu bilden.[622] Die meisten Zusammenschlüsse dieser Art erlangten jedoch kaum Gewicht,[623] andere wurden verboten oder stellten ihre Aktivitäten plötzlich ein.[624] In den neunziger Jahren erlangten die „Kreuzritter für Deutschland", gegründet in Stuttgart, die „Skinheads Allgäu" und „Skinheads Sächsische Schweiz" (SSS) regionale Bedeutung.[625] Die längste, sogar bundesweit bestehende Skinheadorganisation war interessanterweise eine „Frauenorganisation", die „Skingirlfront Deutschland", später „Skingirl-

---

615 *Eckert, R./Reis, Ch./Wetzstein, Th.A.* 2000 (Fn. 33), 299.

616 *Eckert, R./Reis, Ch./Wetzstein, Th.A.* 2000 (Fn. 33), 299.

617 *Eckert, R./Reis, Ch./Wetzstein, Th.A.* 2000 (Fn. 33), 309.

618 *Bredel, H.* 2002 (Fn. 28), 77; ähnlich *Eckert, R./Reis, Ch./Wetzstein, Th.A.* 2000 (Fn. 33), 298.

619 *Böttger, A.* 1998 (Fn. 108), 256, 267.

620 *Bredel, H.* 2002 (Fn. 28), 78.

621 *Eckert, R./Reis, Ch./Wetzstein, Th.A.* 2000 (Fn. 33), 298, 309.

622 *Bredel, H.* 2002 (Fn. 28), 78; dazu ausführlich *Menhorn, Ch.* 2001 (Fn. 29), 176ff.

623 Vgl. die Darstellung bei *Bredel, H.* 2002 (Fn. 28), 78; *Menhorn, Ch.* 2001 (Fn. 29), 176ff., 183.

624 So die im Umfeld der ultrarechten Skinband „Kraft durch Froide" entstandene „Kraft durch Froide/Aufbauorganisation (KdF/AO), die mit der Auflösung der Band im Jahre 1987 ihre Aktivitäten einstellte. Dazu die Darstellung bei *Bredel, H.* 2002 (Fn. 28), 78, mit entsprechenden Nachweisen; *Menhorn, Ch.* 2001 (Fn. 29), 183.

625 *Bredel, H.* 2002 (Fn. 28), 78ff., 84; ausführlich zu den „Kreuzrittern für Deutschland" und den „Skinheads Allgäu", *Menhorn, Ch.* 2001 (Fn. 29), 178, 180f.

Freundeskreis Deutschland".[626] Mit derartigen Zusammenschlüssen versuchte die Szene die Nachteile ihrer Strukturlosigkeit aufzufangen und eine verbesserte Informationsbasis für die Szene zu gewährleisten.[627] Im Wesentlichen widmeten sich diese „Organisationen" der Durchführung von Veranstaltungen, insbesondere der Organisation von Konzerten, dem Verteilen von Flugblättern und dem Verkauf von Fanzinen.[628] Lediglich die „Skinheads sächsische Schweiz" waren straff organisiert, führten Wehrsportübungen durch und beteiligten sich an Kundgebungen und Veranstaltungen der NPD. Sie wurden im April 2001 aufgrund ihrer neonazistischen Ausrichtung verboten, nachdem sie nach einem spektakulären Waffenfund bei einem ihrer Mitglieder in die Schlagzeilen geraten waren.[629] Auffällig ist, daß die Impulse, sich zu organisieren, praktisch ausschließlich aus der rechten Skinfraktion kamen,[630] daß jedoch Versuche einzelner Mitglieder, die Zusammenschlüsse in eine rechte Partei zu überführen, intern auf Widerstände stießen und meistens zum Niedergang der Gruppierung beitrugen.[631]

Beachtung verdient die Einbindung deutscher Skinheads in internationale Skinheadorganisationen. Zu nennen sind die 1987 in England gegründete neonazistische Organisation „Blood & Honour" und die 1986 im texanischen Dallas gegründeten rassistisch orientierten und z.T. offen nationalsozialistisch auftretenden „Hammerskins"; nach dem Verbot von „Blood and Honour" durch das Bundesinnenministerium im Herbst 2000 die einzige wichtige Skinorganisation in Deutschland.[632] In Sektionen respektive Devisions unterteilt, betätigten sich beide Organisationen in den neunziger Jahren vor allem als Konzertveranstalter und als Herausgeber eigener Zeitschriften.[633] Die deutsche „Blood & Honour"-Sektion zählte zu den aktivsten in Europa. Untersektionen waren in Sachsen, daneben auch in elf anderen Bundesländern, zum Beispiel in Berlin, Brandenburg, Mecklenburg-Vorpommern und Thüringen aktiv. Kontakte bestanden zu neonazistischen Kame-

---

626 Ausführlich *Menhorn, Ch.* 2001 (Fn. 29), 178.

627 *Menhorn, Ch.* 2001 (Fn. 29), 176.

628 Näher *Bredel, H.* 2002 (Fn. 28), 79f.; *Menhorn, Ch.* 2001 (Fn. 29), 177ff.; 180.

629 *Bredel, H.* 2002 (Fn. 28), 84; dazu auch *Fromm, R.:* Rechtsextremismus im Internet: Die neue Gefahr. München 2001, 133f.

630 Zu der einzigen unpolitischen „Organisation" der achtziger Jahre, der OSBD (Organisierte Skinhead-Bewegung Deutschland), die nach den Chaostagen in Hannover im Jahre 1984 ins Leben gerufen worden war, sich jedoch bald wieder im Sande verlief, *Menhorn, Ch.* 2001 (Fn. 29), 177f.

631 So etwa bei den „Kreuzrittern für Deutschland", dessen Anführer Andreas Voigt angekündigt hatte eine Partei zu gründen, mit der er bei der Kommunalwahl in Stuttgart antreten wollte. Er war seinen Anhängern ohnehin immer suspekt geblieben, weil er Student und nach seinem Erscheinungsbild gar kein Skinhead war. Dazu *Menhorn, Ch.* 2001 (Fn. 29), 178.

632 *Bredel, H.* 2002 (Fn. 28), 80, 82; zu „Blood & Honour" als Konzertveranstalter auch 50f.

633 *Bredel, H.* 2002 (Fn. 28), 80f., 83; *Menhorn, Ch.* 2001 (Fn. 29), 181ff.

radschaften, aber auch zu englischen und skandinavischen Kadern. Neonazistische „Blood & Honour“-Aktivisten tauchten bei NPD-Aufmärschen mit eigenen Transparenten auf, und einige unterhielten auch Kontakte zu der Terrororganisation „Combat 18“, die in der Vergangenheit schon mehrfach Anschläge auf politische Gegner verübte.[634] Auch nach ihrem Verbot versuchte „Blood & Honour“ ihre Handlungsfähigkeit aufrechtzuerhalten. Insbesondere der Auflösung einiger trotz des Verbotes organisierter Konzerte widersetzte man sich zumindest in den Monaten nach dem Verbot mit massiver Gewalt.[635] Die Schwerpunkte der „Hammerskins“ in Deutschland liegen in Berlin und Brandenburg. Ende der neunziger Jahre waren sie in sechs weiteren Bundesländern vertreten. Die Division Berlin war mit rund 30 Skinheads die stärkste in Deutschland. Gegenwärtig beträgt die Gesamtmitgliederzahl etwa 240.[636] Die „Hammerskins“ verschiedener Länder treffen sich jeden Sommer in der Schweiz, in Tschechien sowie in der Slowakei. Tradition hat die Party der Schweizer Division in Aarau. In Deutschland erschien 1996 neben den Skin-Fanzinen „Wehrt Euch!“ und „Hass Attacke“ auch eine erste Homepage der deutschen Hammerskins: „World’s First German National Socialist and Hammerskin Page“, auf der Juden, die Polizei, Linke und Ausländer und auch SHARP-Skins zu Feinden erklärt wurden.[637] Hammerskins streben die weltweite Vereinigung aller weißen Skinheads an, sie nehmen Neumitglieder erst bei persönlicher Bekanntschaft, bei Bestehen einer Anwartschaft und nach einer Aufnahmeprüfung auf.[638] Nicht zuletzt mangels offensiver Werbung für die eigene Organisation und wegen strenger Auswahlkriterien, mit denen eine elitäre Vorrangstellung in der Szene gewährleistet werden soll, haben die Hammerskins in Deutschland bis heute nicht eine der „Blood & Honour“-Bewegung vergleichbare Bedeutung erlangt.[639]

Der Charakter der Skinheadszene hat sich insgesamt gewandelt. Während die Szene in den achtziger Jahren überschaubar war – man kannte sich persönlich und sogar überregionale Ereignisse wirkten auf Außenstehende wie Familientreffen –, ist die Szene seit 1990 unübersichtlicher geworden, der Zerfall gewachsener Szenestrukturen ist unverkennbar.[640] Das Anwachsen der Gesamtszene hat etwa in Berlin dazu geführt, daß sich die Skin-Cliquen der verschiedenen Bezirke stark voneinander abschotteten. Zwischen Ost- und Westberliner Skins bestanden noch zwei Jahre nach der Wiedervereinigung kaum Kontakte.[641] Vor allem die „rechten“ Skins,

---

[634] *Bredel, H.* 2002 (Fn. 28), 81.

[635] *Menhorn, Ch.* 2001 (Fn. 29), 183.

[636] *Bredel, H.* 2002 (Fn. 28), 83.

[637] *Bredel, H.* 2002 (Fn. 28), 83.

[638] *Bredel, H.* 2002 (Fn. 28), 82ff.

[639] *Menhorn, Ch.* 2001 (Fn. 29), 182.

[640] *Farin, K./Seidel-Pielen, E.* 1993 (Fn. 21), 135. Daß die Skinheadszene Mitte der achtziger Jahre noch eine verschworene Gemeinschaft war, in der sich die meisten Angehörigen noch persönlich kannten, betont auch *Menhorn, Ch.* 2001 (Fn. 29), 202.

[641] *Menhorn, Ch.* 2001 (Fn. 29), 144f.

aber auch die SHARP-Skins zogen in Deutschland viele neue Mitglieder an. „Viele Leute sind in die Szene gekommen, die man überhaupt nicht kannte, und die auch eigentlich überhaupt nichts drauf hatten – außer Bock, 'n bißchen anti zu sein und sich 'ne Glatze zu scheren und den Harten zu machen."[642] Mode-Skins werden jedoch von den traditionsbewußten Altglatzen distanziert und nach Möglichkeit ausgegrenzt.

c) Autonome

Die Autonomen betrachten sich selbst als „Bewegung". Dies ist für sie die einzige ihrer Vorstellung von Politik angemessene Organisationsform, weil sich „für eine herrschaftsfreie, offene Gesellschaft" nur in einer „herrschaftsfreien, offenen Form" kämpfen läßt.[643] Über die Beteiligung an Teilbereichskämpfen entstehen lockere örtliche Kleingruppen, die eine „Politik der autonomen Gruppe" vertreten und für den Staat als diffuse Szene kaum berechenbar sind.[644] Kennengelernt hat man sich etwa über „Punkmusik, Szenekneipen und die sonstigen Subkulturen."[645] Die Motivation, sich den Autonomen anzuschließen, beschreibt ein Alt-Autonomer wie folgt: Es waren „jugendlicher Leichtsinn und – bestenfalls – revolutionäre Ungeduld mit einer Prise berechtigter Empörung, die jene Menschen vorangetrieben hatten." „Außerdem waren häufig auch noch Abhängigkeit von Freunden und Gruppen, Liebe und Zufall mit im Spiel."[646] Weil sich autonome Gruppierungen über aktuelle politische Themen und Protestaktionen konstituieren, sind sie oft kurzlebig und leiden unter hoher Fluktuation.[647] Die Verweildauer in der Szene wird kürzer.[648] Ein Umfeld von mehreren tausend Personen läßt sich aber bei besonderen Anlässen und „Reizthemen" für gewalttätige Aktionen mobilisieren.[649]

Die meisten Autonomen lehnen eine formelle Organisation mit hierarchischen Strukturen ab, weil Autonomie mit organisatorischer Unterordnung nicht zu ver-

---

642 Mario (20) Schlosser und „Rude Boy" in Hamburg, zit. bei *Farin, K./Seidel-Pielen, E.* 1993 (Fn. 21), 135.

643 *Kongreßlesebuch-Gruppe* 1995 (Fn. 71), 10.

644 *Schultz, Th./Gross, A.* 1997 (Fn. 59), 135, 213; *Kongreßlesebuch-Gruppe* 1995 (Fn. 71), 21; gegen jede Form der Unterordnung, daher auch gegen Organisierung und für informelle Strukturen auch Dieter und Undine, 21, Politisierung in einer „Jungen Gemeinde" in der DDR, heute autonome Antifa, Potsdam, Hausbesetzung und Antifa-Archiv-Aufbau, ebenda, 232, 234. Ferner *Bundesminister des Innern:* Verfassungsschutzbericht 1995, 46; 1996, 41; 1997, 35; 1998, 97.

645 Autonomiethesen aus dem Jahre 1981, abgedruckt in *Kongreßlesebuch-Gruppe* 1995 (Fn. 71), 275.

646 Allerdings für die achtziger Jahre, *Lecorte, Th.* 1992 (Fn. 46), 20.

647 *Schultz, Th./Gross, A.* 1997 (Fn. 59), 213; *Moreau, P./Lang, J.P.* 1996 (Fn. 45), 377. *Bundesminister des Innern:* Verfassungsschutzbericht 1994, 39.

648 *Moreau, P./Lang, J.P.* 1996 (Fn. 45), 374.

649 *Bundesminister des Innern:* Verfassungsschutzbericht 1990, 42; 1991, 38; 1992, 37; 1999, 103; 2000, 131. Von so einem „Mitläufer" berichtet auch *Lecorte, Th.* 1992 (Fn. 46), 138.

einbaren ist.[650] Strukturprägend ist das Konzept der „Politik der ersten Person“, das jedem, der sich als revolutionäres Subjekt begreift, grundsätzlich die Möglichkeit eröffnet, mitzumachen und dazuzugehören. Bei den Autonomen sind denn auch „freiwillig und unfreiwillig Marginalisierte“, Menschen in „prekären Arbeitsverhältnissen“, Sozialhilfeempfänger, aber auch in der Ausbildung befindliche Menschen und daneben „anpolitisierte“ Jugendliche aus der Schule und „no-future-kids“ wie die Punks anzutreffen.[651] Vereinzelt finden sich sogar ehemalige z.T. eher unpolitische Skinheads ein, die aus persönlichen Erfahrungen die „Fronten“ gewechselt haben,[652] oder Hooligans, die durch den massiven Polizeieinsatz anläßlich von Fußballspielen radikalisiert worden sind.[653] Es gibt aber auch bei den Autonomen bloße Mitläufer, Leute, denen es wenig bedeutet, welche Argumente hinter den Aktionen stehen. Das Plündern kleiner Läden, Besoffene an der Spitze von Demos, blindwütige Randale sind der Preis dafür.[654] Die meisten Autonomen sind Deutsche, Immigranten schließen sich eher dogmatisch orientierten linken Gruppierungen an.[655] Eine Ausnahme stellen insoweit jungendliche Antifaschisten der zweiten Migrantengeneration dar.[656] Auch wenn grundsätzlich jeder „mitmachen, dazugehören und mitdiskutieren“ kann,[657] müssen Neueinsteiger doch „Sicher-

---

[650] Zur Organisierungsfeindlichkeit, *Moreau, P./Lang, J.P.* 1996 (Fn. 45), 377; *Bundesminister des Innern:* Verfassungsschutzbericht, 1994, 39; 1995, 46; 1996, 41; 1997, 33, 35; 1998, 97; *Schultze, Th./Gross, A.* 1997 (Fn. 59), 135. Zur Strukturlosigkeit der Szene auch *Lecorte, Th.* 1992 (Fn. 46), 86, zur Unstrukturiertheit des Widerstandes im Jahre 1989, ebenda, 106. Als Organisationseinheit wurden vom Verfassungsschutz zu Beginn der neunziger Jahre nur sogenannte „Ermittlungsausschüsse” beobachtet. Sie beteiligen sich an der Steuerung von Demonstrationen - oftmals mit Hilfe des abgehörten Polizeifunks - sammeln Informationen zu gewaltsamen Protestaktionen, organisieren Rechtshilfe und mobilisieren Gesinnungsgenossen zu Solidaritätsbekundungen im Gerichtssaal. Ein prominentes Beispiel war der „Ermittlungsausschuß gegen staatliche Verfolgung bei Demos und Aktionen aus dem linken Spektrum” in Berlin, zu diesem *„Interim“* vom 9.1.1992, zit. bei *Bundesminister des Innern:* Verfassungsschutzbericht 1992, 37, Anm. 8 und bei *Horchem, H. J.* 1994 (Fn. 46), 117. Erwähnung finden sie bei *Bundesminister des Innern:* Verfassungsschutzbericht 1993, 37 und bei *Geronimo* 1997 (Fn. 68), 81, zur Untergruppe Verfassungsschutz des Berliner Ermittlungsausschusses (EA).

[651] *Schultze, Th./Gross, A.* 1997 (Fn. 59), 68f. Auch nach *Senatsverwaltung für Inneres* (Hrsg.): Endbericht der Unabhängigen Kommission zur Verhinderung und Bekämpfung von Gewalt in Berlin. Berlin 1994, 176, ist die autonome Bewegung sozial sehr heterogen. Zu Sternchen (19) autonomer Hausbesetzer aus Leipzig, gelernter Stahlbauschlosser, der sich von Job zu Job hangelt, *Farin, K./Seidel-Pielen, E.* 1991 (Fn. 17), 118.

[652] So etwa Nigül (21), in Berlin geboren und aufgewachsen, heute wohnhaft in Kreuzberg. Sie versteht sich als Kommunistin und Teil der autonomen Bewegung: „Kreuzberg ist ein Ghetto“ In: *Farin, K./Seidel-Pielen, E. 1993* (Fn. 4), 161ff. Oder Janosch über seine Freundschaft mit Mehmet, *Farin, K./Seidel-Pielen, E.* 1991 (Fn. 17), 111.

[653] *Matthesius, B.* 1992 (Fn. 2), 74f.

[654] *Lecorte, Th.* 1992 (Fn. 46), 145.

[655] *Kongreßlesebuch-Gruppe* 1995 (Fn. 71), 17.

[656] Zu diesen *Geronimo* 1997 (Fn. 68), 117ff.

[657] *Schultze, Th./Gross, A.* 1997 (Fn. 59), 147, 213; auch *Farin, K./Seidel-Pielen, E.* 1991 (Fn. 17), 110. Auch *Kongreßlesebuch-Gruppe* 1995 (Fn. 71), 28; *Bundesminister des*

heitsprüfungen" über sich ergehen lassen oder einen Szeneangehörigen als „Bürgen" vorweisen[658] und, etwa bei den Antifa-Gruppen, deren „politischem Selbstverständnis" zustimmen. Auf diese Weise versucht sich die Szene vor Spitzeln zu schützen. Selbstironisch wird auch vom „Konspirationstick" gesprochen.[659] Bei aller Organisationsfeindlichkeit gehen zumindest größeren militanten Demonstrationen immerhin Besprechungen voraus, auf denen jedoch in der Regel keine förmlichen Beschlüsse gefaßt oder Einzelheiten geplant werden. Letztlich trifft man sich vor Ort. Weil man sich kennt, gelingt die Ad-hoc-Mobilisierung über Mundpropaganda, Szenekneipen und Infoläden.[660] Der Ablauf der Aktionen hängt von spontanen Entschlüssen, vom „feeling" der „streetfighter" und deren Einschätzung der Lage vor Ort ab.[661] Ihrem antiautoritären Selbstverständnis entsprechend anerkennen die Autonomen keine Führungspersönlichkeiten, insbesondere keine, die in der Öffentlichkeit in Erscheinung treten. Daß sich dies negativ auf die „Vermittelbarkeit" der Anliegen der Szene auswirkt, wird als Dilemma erkannt.[662] Tatsächlich läßt sich jedoch nicht verhindern, daß einzelne aufgrund ihrer Fähigkeiten und Eigenschaften zu informellen Führungsfiguren werden.[663] Und sogar unter den Besetzern bilden sich Machtstrukturen, „informelle Hierarchien" aus.[664] Auch in der überarbeiteten Fassung der Autonomiethesen aus dem Jahre 1994 wird darauf hingewiesen, daß sich aller Organisierungsfeindlichkeit zum Trotz szeneintern sehr wohl (Macht-)Strukturen herausgebildet haben. Dies wird kritisch bewertet. Die Strukturen seien sogar mittlerweile so verkrustet, daß Neueinsteigern der Weg in die Szene erschwert sei; sie müßten daher aufgebrochen werden.[665] In den neunziger Jahren haben sich „Schwerpunktgruppen zu bestimmten Themen" gebildet. Diese operieren z.T. sehr professionell, aber für Außenstehende nicht mehr transparent. Eine Basis für die Verbreiterung der Bewegung stellen sie daher entgegen

---

Innern: Verfassungsschutzbericht 1994, 39; 1995, 46; 1996, 41; 1997, 35; 1998, 97; 1998, 97. *Geronimo* 1997 (Fn. 68), 85 charakterisiert die Szene als offenes soziales System.

[658] *Bundesminister des Innern:* Verfassungsschutzbericht 1994, 39; 1995, 46; 1997, 35; 1998, 97; 1999, 103.

[659] *Farin, K./Seidel-Pielen, E.* 1991 (Fn. 17), 110; *Kongreßlesebuch-Gruppe* 1995 (Fn. 71), 28; kritisch zur „Konspi-Macke" der Autonomen, Johanna 17, SPUK-SchülerInnen Plenum in Berlin, Antifa-Zusammenhänge, ebenda, 220.

[660] Zu den spontanen Organisationsformen, *Moreau, P./Lang, J.P.* 1996 (Fn. 45), 377; *Schultze, Th./Gross, A.* 1997 (Fn. 59), 135.

[661] *Bundesminister des Innern:* Verfassungsschutzbericht 1994, 39; 1998, 95.

[662] *Geronimo* 1997 (Fn. 68), 47.

[663] *Geronimo* 1997 (Fn. 68), 46; *Schultze, Th./Gross, A.* 1997 (Fn. 59), 135.

[664] Ilse, 29, Friedensbewegung, Solidaritäts-Bewegung und Nicaragua-Aufenthalt; Uni-Streik 1989, Häuserbewegung in Ostberlin ab '90. In: *Kongreßlesebuch-Gruppe* 1995 (Fn. 71), 96. Kritisch dazu auch die Autonomiethesen aus dem Jahre 1994, abgedruckt ebenda, 277.

[665] *Kongreßlesebuch-Gruppe* 1995 (Fn. 71), 281; *Moreau, P./Lang, J.P.* 1996 (Fn. 45), 377.

autonomen Prinzipien nicht dar.[666] Weil die gemeinsamen Sozialräume, insbesondere die „befreiten Zonen" der besetzten Häuser weggebrochen sind,[667] sind die für eine Stabilisierung einer offenen Bewegung notwendigen informellen Netzwerke vor Ort bedroht. Die Kommunikation innerhalb einer unstrukturierten Szene wie der autonomen wird daher vermehrt über sogenannte Infotelefone, über Mailboxsysteme und über z.T. konspirativ verbreitete Szeneblätter gewährleistet.[668] Dank der internationalen Vernetzung gelingt auch der Austausch mit ausländischen Einrichtungen.[669]

Die Autonomen befinden sich jedoch in einer Strukturkrise. Ein Symptom dieser Krise sind die szeneinternen Generationenkonflikte: Jüngere Autonome werfen den älteren vor, daß sie sich gesellschaftlich etablieren, daß ihre Bereitschaft zur Militanz abnimmt und daß sie Außenseiter, radikale Randgruppenmitglieder und die vermeintlich Unpolitischen ausgrenzen.[670] Sie kämen mit Gewalt oft überhaupt nicht mehr klar.[671] Die Jüngeren beklagen die Arroganz der Älteren, die die Jüngeren nur deshalb als unpolitisch ansehen, weil sie jünger und spontaner sind und nicht Marx, Engels und Co. gelesen haben, und sie verteidigen die junge Generation: „Von den Kids kommen viel spontanere und geilere Sachen als von diesen vergreisten Politnicks."[672] Auch für den Rassismus und Sexismus innerhalb der Szene

---

666 *Schultze, Th./Gross, A.* 1997 (Fn. 59), 146f.

667 *Moreau, P./Lang, J.P.* 1996 (Fn. 45), 395f.

668 *Bundesminister des Innern:* Verfassungsschutzbericht 1993, 37; 1994, 40; 2000, 131; *Moreau, P./Lang, J.P.* 1996 (Fn. 45), 397ff.; *Schultze, Th./Gross, A.* 1997 (Fn. 59), 135.

669 *Bundesminister des Innern:* Verfassungsschutzbericht 1991, 36; 1992, 34; 1994, 40; *Moreau, P./Lang, J.P.* 1996 (Fn. 45), 396, 397f.; *Schultze, Th./Gross, A.* 1997 (Fn. 59), 135.

670 Nigül (21), in Berlin geboren und aufgewachsen, lebt heute in Kreuzberg. Sie versteht sich als Kommunistin und Teil der autonomen Bewegung: „Kreuzberg ist ein Ghetto." In: *Farin, K./Seidel-Pielen, E. 1993* (Fn. 4), 169. Zur Ausgrenzung von Jugendlichen, die auf die Szene neugierig sind, Johanna 17, SPUK-SchülerInnen Plenum in Berlin, Antifa-Zusammenhänge. In: *Kongreßlesebuch-Gruppe* 1995 (Fn. 71), 220. Kritik an der vorschnellen Ausgrenzung von Leuten, die „nicht reinpassen" auch Conrad, 20, Autonome Antifa und linkes Zentrum, Halle an der Saale, ebenda, 194. Zur Vermeidung von Binnenkonflikten durch Aus- und Abgrenzung, *Schultze, Th./Gross, A.* 1997 (Fn. 59), 65, 138.

671 Nigül (21), in Berlin geboren und aufgewachsen, lebt heute in Kreuzberg. Sie versteht sich als Kommunistin und Teil der autonomen Bewegung: „Kreuzberg ist ein Ghetto." In: *Farin, K./Seidel-Pielen, E. 1993* (Fn. 4), 168.

672 Nigül (21), in Berlin geboren und aufgewachsen, lebt heute in Kreuzberg. Sie versteht sich als Kommunistin und Teil der autonomen Bewegung: „Kreuzberg ist ein Ghetto." In: *Farin, K./Seidel-Pielen, E. 1993* (Fn. 4), 167. Vgl. auch das Zitat aus einem „Flugi der SPUKs" bei *Geronimo* 1997 (Fn. 68), 238, Anm. 10. Zu diesem Zusammenhang auch „radikal", 141, 1991, 85, „Genossinnen, die seit Jahren antiimperialistische Arbeit machen, verlieren zunehmend die Erfahrungswelt, aus der sie selbst meist kamen, den spontanen, den unbedachten und politisch oft kurzsichtigen Anfang von Widerstand und Politisierung. Es bleibt kaum Kraft, um den erlernten Blick für Zusammenhänge an Jüngere weiterzuvermitteln, es fehlt auch an der Geduld und der Bereitschaft zu gleichberechtigten Diskus-

machen sie die „vergreisten Politnicks" verantwortlich: „Ein Großteil der Szene ist so selbstgefällig und selbstgenügend, so widerlich kleinbürgerlich-spießig, daß mir echt die Haare zu Berge stehen, manchmal."[673] Weiterhin fällt auf, daß Frauen sich zunehmend aus gemischten Zusammenhängen zurückziehen, daß insbesondere in Berlin Konflikte zwischen Ostlern und Westlern in der Szene aufbrechen, weil deren Sozialisationserfahrungen offenbar schwer miteinander vermittelbar sind,[674] und daß schließlich „Hauptstadtautonome" von Gruppierungen in anderen ostdeutschen Städten wenig wissen wollen.[675] Schließlich wird beklagt, daß es bisher nicht gelungen sei, Widerstandsstrukturen aufzubauen, die Migranten systematisch einbinden und schützen könnten. Migranten, die sich bei den Autonomen einzubringen versuchen, kritisieren denn auch, daß ihre andere Existenz in autonomen Zusammenhängen nicht wahrgenommen werde. Sie würden zu integrierten Nicht-Ausländern gemacht. Diese Einpassung in die deutsche Kultur sei rassistisch, die spezifischen Probleme von Ausländern würden vernachlässigt.[676] Gerade auf dem Autonomie-Kongreß wurde offenbar, wie zerfallen die Szene mittlerweile ist: Auch dort trennten sich Junge und Alte. Frauen, Lesben und Migranten waren kaum vertreten;[677] Frauen hatten „keinen Bock mehr auf gemischte Zusammenhänge";[678] überall kam es zu „Lager- und Rudelbildung."[679] Seit sich die autonome Bewegung

---

sionen." „Die Schlauheit der 'Alten' geht also auf Kosten der Wirksamkeit der Bewegungen." Zit. bei *Schultze, Th./Gross, A.* 1997 (Fn. 59), 140f.

673 Nigül (21), in Berlin geboren und aufgewachsen, lebt heute in Kreuzberg. Sie versteht sich als Kommunistin und Teil der autonomen Bewegung: „Kreuzberg ist ein Ghetto." In: *Farin, K./Seidel-Pielen, E. 1993* (Fn. 4), 168, zu Sexismus 169f.

674 Nigül (21), in Berlin geboren und aufgewachsen, lebt heute in Kreuzberg. Sie versteht sich als Kommunistin und Teil der autonomen Bewegung: „Kreuzberg ist ein Ghetto." In: *Farin, K./Seidel-Pielen, E. 1993* (Fn. 4), 168. Zu den verschiedenen Ausgangspositionen von Ost- und West-Autonomen ausführlich Dieter und Undine, 21, Politisierung in einer „Jungen Gemeinde" in der DDR, heute autonome Antifa, Potsdam, Hausbesetzung und Antifa-Archiv-Aufbau. In: *Kongreßlesebuch-Gruppe* 1995 (Fn. 71), 230f. Nach *Moreau, P./Lang, J.P.* 1996 (Fn. 45), 393 haben Ostautonome sich aus den Vorbereitungen des Autonomiekongresses im Jahre 1995 wegen der Überheblichkeit der Westautonomen zurückgezogen.

675 Für die Hausbesetzerszene in Leipzig, Sternchen (19), *Farin, K./Seidel-Pielen, E.* 1991 (Fn. 17), 121. Dazu, daß die innere Ausdifferenzierung zunimmt auch *Schultze, Th./Gross, A.* 1997 (Fn. 59), 65.

676 Zur schwierigen Position von Migranten in der autonomen Szene und ihrer Kritik an autonomen Zusammenhängen ausführlich *Schultze, Th./Gross, A.* 1997 (Fn. 59), 99-103.

677 *Schultze, Th./Gross, A.* 1997 (Fn. 59), 53, 141, wo darauf hingewiesen, wird daß sich die jüngeren Szenemitglieder auf eine „Jugendetage" zurückzogen, ausführlich 170f.; ebenfalls zum Generationenkonflikt *Geronimo* 1997 (Fn. 68), 142f.

678 Nigül (21), in Berlin geboren und aufgewachsen, lebt heute in Kreuzberg. Sie versteht sich als Kommunistin und Teil der autonomen Bewegung: „Kreuzberg ist ein Ghetto." In: *Farin, K./Seidel-Pielen, E. 1993* (Fn. 4), 170. Zur Ausgrenzung der Jüngeren auch Till, 20, Autonome Antifa und linkes Zentrum, Halle an der Saale. In: *Kongreßlesebuch-Gruppe* 1995 (Fn. 71), 196. Dazu und zu der den Autonomiekongreß zeitweise bestimmenden Patriarchats-Debatte, *Geronimo* 1997 (Fn. 68), 157-164.

679 *Kongreßlesebuch-Gruppe* 1995 (Fn. 71), 18.

selbst in der Krise sieht, wird kontrovers diskutiert, wie sich die Szene restrukturieren könnte. Während die einen für weniger Grundsatzdiskussionen und mehr praktisches Eingreifen plädieren, argumentieren andere, man müsse die neuen gesellschaftlichen Realitäten erst besser erschließen, um daraus neue Ansätze für praktisches Handeln gewinnen zu können. Wieder andere meinen, man müsse sich der eigenen Werte und Normen bewußter werden und sie nach kritischer Selbstvergewisserung radikal und offen nach außen vertreten, nur so könne die Bewegung wieder Ausstrahlung gewinnen und für Menschen eine Alternative darstellen, für die es sich zu kämpfen lohnt. Diejenigen, die meinen, es sei das Wichtigste, sich nicht auseinanderbringen zu lassen, bringen neue Organisationsansätze ins Spiel, die längerfristig und verbindlicher angelegt sind.[680] In allen Diskussionsbeiträgen zu Fragen der Organisierung „kollidiert der Autonomiebegriff – wonach das Subjekt durch politische Selbstbestimmung nicht auf die befreite Gesellschaft wartet, sondern sich selbst individuell weiterentwickelt – mit dem Ansatz zur Organisation und Vermassung, bei dem das Individuum und interne Widersprüche möglicherweise zugunsten der Organisation vernachlässigt werden, um die Interventionsmöglichkeiten zu verbessern.“[681]

Gerade im „Antifa-Bereich“ sind, anders als in den Aktionsfeldern „Häuserkampf“ und „Antiimperialismus“, die Vernetzungsbemühungen besonders ausgeprägt.[682] Aus Kritik an der Unverbindlichkeit autonomer Strukturen, der „Ghettomentalität“ und der Kurzatmigkeit autonomer Politik entstanden neue Organisationen oder organisationsähnliche Strukturen.[683] Bereits im Juli 1992 wurde in Wuppertal die bundesweite „Antifaschistische Aktion/Organisation” (AA/BO) ins Leben gerufen, in der sich verschiedene Gruppen, wie etwa die Antifaschistische Aktion Berlin (AAB), die „Autonome Antifa (M)” aus Göttingen und die „Antifa Bonn/Rhein-Sieg” zusammenschlossen.[684] Der Entschluß zur Organisierung war gefaßt worden, um die Strukturdefizite der autonomen Szene auszugleichen. Angestrebt wurde eine kontinuierliche verbindliche Diskussion und

---

680 *Kongreßlesebuch-Gruppe* 1995 (Fn. 71), 16. Zur Organisationsdiskussion auch *Schultze, Th./Gross, A.* 1997 (Fn. 59), 136ff.

681 *Schultze, Th./Gross, A.* 1997 (Fn. 59), 145.

682 *Moreau, P./Lang, J.P.* 1996 (Fn. 45), 382. Kritisch dazu *Geronimo* 1997 (Fn. 68), 18. *Bundesminister des Innern:* Verfassungsschutzbericht 1993, 38; 1994, 40.

683 *Moreau, P./Lang, J.P.* 1996 (Fn. 45), 383, wo acht organisatorische Ansätze vorgestellt werden, 384-393; *Bundesminister des Innern:* Verfassungsschutzbericht 1995, 46; 1996, 41; 1997, 36; 1998, 98. *Schultze, Th./Gross, A.* 1997 (Fn. 59), 65.

684 *Bundesminister des Innern:* Verfassungsschutzbericht 1992, 38f., 133; 1993, 38f.; 1994, 42; 1995, 46; 1999, 103, auch *Schultze, Th./Gross, A.* 1997 (Fn. 59), 145f. Eine Auflistung der Mitglieder der AA/BO, Stand Mai 1999 findet sich bei *Bundesamt für Verfassungsschutz* 1999 (Fn. 54), 2. Neben der AA/BO entstanden 1993 die „Bundesweiten Antifa-Treffen” (B.A.T.), die sich jedoch nicht zu einer bedeutsamen organisatorischen Alternative entwickelten, *Bundesminister des Innern:* Verfassungsschutzbericht 2000, 135. Zu Entstehung und Programmatik der B.A.T. ausführlich *Moreau, P./Lang, J.P.* 1996 (Fn. 45), 384-387.

Praxis gegen die Fluktuation der Mitglieder.[685] Die Initiatoren wollten dadurch antifaschistische Positionen und Inhalte wahrnehmbarer machen und hofften auf eine Zunahme revolutionärer antifaschistischer Gewalt.[686] Die AA/BO betreibt intensive Programm-, Schulungs- und Medienarbeit; regelmäßige Delegiertentreffen dienen der Koordinierung und Fortentwicklung gemeinsamer politischer Vorstellungen.[687] Außerdem widmet sie sich besonders der Jugendarbeit, für die sie von ihr angeleitete „Jung-Antifa"-Gruppen gründet.[688] Gerade daß Jugendantifa-Gruppen entstehen, belegt, daß der Grad der Organisierung zunimmt. Im Februar 1999 bestanden allein in Berlin acht solcher Gruppen der Antifaschistischen Aktion Berlin (AAB).[689] Wegen ihrer kaderartigen Struktur und ihres dominanten Auftretens ist die AA/BO jedoch innerhalb der autonomen Szene insbesondere von Anhängern des Triple-oppression-Ansatzes,[690] von Frauen und von Autonomen, die Hierarchien ablehnen, kritisiert worden.[691] Wieder andere betonen, daß doch gerade das Fehlen von festgefügten Organisationsstrukturen, die konspirative Arbeit und die daraus resultierende Unberechenbarkeit für den Staatsapparat die Stärken der Autonomen seien.[692] Im Jahr 2000 gab es erste Austritte; Auflösungserscheinungen sind unverkennbar.[693] Die weitere Entwicklung bleibt abzuwarten. In Abgrenzung zur AA/BO entstand die „B 1", die im Rahmen der antifaschistischen Aktionen eine informelle und kommunikative Vernetzung der Gruppen untereinander anstrebte, ohne eine strukturierte Organisation aufzubauen. Bei der „B 1" haben sich auch zahlreiche Gruppen eingefunden, die die AA/BO inzwischen wieder verlassen haben.[694] Erwähnenswert sind schließlich die Gruppe „F.e.l.S." („Für eine linke Strömung") und „Die Unregierbaren/Autonome Liste". Während erstere mit

---

685 *Moreau, P./Lang, J.P.* 1996 (Fn. 45), 384.

686 *Bundesminister des Innern:* Verfassungsschutzbericht 2000, 133. Zur „Antifa/M" aus Göttingen und ihren Zielen auch *Schultze, Th./Gross, A.* 1997 (Fn. 59), 141f.

687 *Bundesminister des Innern:* Verfassungsschutzbericht 1996, 42; 1997, 36; 1998, 98; 1999, 104; *Moreau, P./Lang, J.P.* 1996 (Fn. 45), 384.

688 *Bundesminister des Innern:* Verfassungsschutzbericht 1995, 46; 1998, 98; 1999, 104. Zur Rekrutierungsarbeit ausführlich oben § 1 III. 14. Rekrutierungsprozesse.

689 *Bundesamt für Verfassungsschutz* 1999 (Fn. 54), 8. Zu einer ähnlichen „Jugendorganisation", der „Antifaschistischen Jugend/Bundesweiter Zusammenschluß" (AJ/BZ), zu der u.a. Jung-Antifas aus dem autonomen Spektrum und die „Edelweißpiraten" gehören, *Bundesminister des Innern:* Verfassungsschutzbericht 1994, 42.

690 Dazu näher unten X. 1. c).

691 *Schultze, Th./Gross, A.* 1997 (Fn. 59), 52, 144f., wo auf „radikal" 1991 Heft 144 und 1992, Heft 145 und 146 sowie auf den Titel „Triple oppression und bewaffneter Kampf" aus dem Jahre 1994 verwiesen wird.

692 *Schultze, Th./Gross, A.* 1997 (Fn. 59), 61. Zur szeneinternen Auseinandersetzung über die Möglichkeiten illegal in der Legalität zu leben, zum „Spagat zwischen notwendiger Konspirativität als Schutz vor Staatsschutzaktivitäten einerseits und mehr Offenheit, neuen Mitgliedern und einer Vermassung der Bewegung andererseits, ebenda, 143f. m.N.w. zu verschiedenen Szenepublikationen.

693 *Bundesminister des Innern:* Verfassungsschutzbericht 2000, 134f.

694 *Moreau, P./Lang, J.P.* 1996 (Fn. 45), 387.

dem RAF-Konzept des Aufbaus einer Gegenmacht von unten sympathisiert und unter Rückgriff auf marxistisch-leninistische Ideologiefragmente Autonome mit Mitgliedern anderer linksextremistischer Organisationen vereinen will, versuchen Letztere, über den Parteienstatus die Infrastruktur der Herrschenden für ihre Zwecke zu nutzen. „Die Unregierbaren/Autonome Liste“ sind 1994 bei den Wahlen zum Europaparlament tatsächlich angetreten.[695] Beide Gruppierungen haben sich nach Anspruch, Selbstverständnis und Strategie allerdings so weit von den Autonomen entfernt, daß sie hier nicht näher vorgestellt werden sollen. Als Autonome Gruppierungen mit terroristischen Ansätzen wurden vom Verfassungsschutz 1996 der „militante Zusammenhang von Männern“, „DAS K.O.M.I.T.E.E“ und die Gruppierung „Klasse gegen Klasse“ (KgK) eingeordnet.[696] Ihre Aktivitäten zu observieren, erwies sich in den darauffolgenden Jahren scheinbar als schwierig, weil Taterklärungen zunehmend unter wechselnden Aktionsnamen abgegeben wurden.[697]

Als weiteres Remedium gegen Auflösung und Zerfall haben die Autonomen in jüngerer Zeit die Nachwuchsrekrutierung entdeckt. Zwar war diese bei den „traditionellen”, hierarchie- und organisationsfeindlichen[698] Autonomen verpönt, Neueinsteiger in die Szene sollten sich als autonome Subjekte selbst um Kontakte und Akzeptanz bemühen.[699] Daß zur Rekrutierung seit einigen Jahren intensivere Jugendarbeit betrieben wird, wird aber mittlerweile sogar von „traditionellen“ Autonomen begrüßt.[700] Es hat sich die Einsicht durchgesetzt, „daß ein Übergang, ein ‚Abwechseln’ organisiert werden muß, daß politische Erfahrungen, Strukturen und praktisches Wissen aufgebaut, aber auch weitergegeben werden müssen”, wenn der Fortbestand der Szene gesichert werden soll: „Nur dann kann man ... den Stab weiterreichen. Nur so entsteht Kontinuität der Basis bei Weiterentwicklung der Inhalte.”[701] Dabei setzt man darauf, daß der „subkulturelle Touch” der autonomen Szene

---

[695] *Moreau, P./Lang, J.P.* 1996 (Fn. 45), 390ff., dazu auch *Bundesminister des Innern:* Verfassungsschutzbericht 1994, 36. Die Gruppe f.e.l.s. wird auch bei *Schultze, Th./Gross, A.* 1997 (Fn. 59), 146 als Beispiel für szeneinterne Organisierung erwähnt.

[696] *Bundesminister des Innern:* Verfassungsschutzbericht 1996, 42f.

[697] *Bundesminister des Innern:* Verfassungsschutzbericht 1997, 37; 1998, 99.

[698] Gegen Organisierung und für informelle Strukturen auch die drei Versionen der Autonomiethesen aus den Jahren 1981 und 1994, *Kongreßlesebuch-Gruppe* 1995 (Fn. 71), 280f.

[699] *Bundesminister des Innern:* Verfassungsschutzbericht 1994, 39; 1999, 103; 2000, 132.

[700] *„Interim“* Nr. 509 vom 7. September 2000, 5ff., zit. bei *Bundesminister des Innern:* Verfassungsschutzbericht 2000, 133. Beispiele zur „Jugendarbeit” der Mitgliedsgruppen der „Antifaschistischen Aktion/Bundesweite Organisation“ (AA/BO) in verschiedenen Bundesländern, *Bundesamt für Verfassungsschutz* 1999 (Fn. 54), 3-9; *Schultze, Th./Gross, A.* 1997 (Fn. 59), 8.

[701] *„Interim“* Nr. 498 vom 30. März 2000, 10, zit. bei *Bundesminister des Innern:* Verfassungsschutzbericht 2000, 132. Ähnlich schon im Jahre 1988 eine Gruppe Autonomer

auf Jugendliche ebenso anziehend wirkt wie die praktischen Aktionen, insbesondere „direkte Angriffe auf Straßenfaschisten bzw. deren Strukturen."[702] Insbesondere die 10- bis 15-Jährigen sollen angesprochen, politisiert, beeinflußt und manipuliert werden;[703] in einer Entwicklungsphase, in der „das Elternhaus an Bedeutung verliert und die Trostlosigkeit der Gesellschaft ihnen kaum Alternativen bietet."[704] „Wenn ihr also mehr vom Leben erwartet, als für den Reichtum irgendeines Bonzen zu arbeiten, wenn ihr begriffen habt, daß das System Euch keine Perspektive bietet und ihr Euch nicht systematisch von den Massenmedien verblöden lassen wollt, dann organisiert Euch und kämpft mit uns für ein besseres Leben. ... Also: Bringen wir die Verhältnisse zum Tanzen."[705]

2. *Interpretation*

a) Gruppenstrukturen und ihr Integrationspotential

Jugendkulturen können nur dann Integrationsdefizite kompensieren, entfremdete Subjekte beheimaten und kollektive Identität stiften,[706] wenn es den Gruppenmitgliedern gelingt, die gruppeninternen Beziehungen legitim zu ordnen,[707] soziale Zugehörigkeiten sinnvoll zu strukturieren und ein identitätsstiftendes Selbstverständnis zu entwickeln.[708] Aufgrund ihrer unterschiedlichen Gruppenstrukturen kompensieren Hooligans, Skinheads und Autonomen Integrationsdefizite auf unterschiedliche Weise und auch mehr oder weniger effektiv.

Die Hooligans kennen im Grundsatz keine festen Gruppenstrukturen und keine klaren Hierarchien. Aus dieser grundsätzlichen Offenheit der Hooliganszene erklärt sich, warum sie zu ihren Hochzeiten mächtig anschwoll, warum sich Skinheads

---

aus Lübeck, „Atom" Nr. 18, 1987, 19ff., und „radikal", Nr. 141, 1991, 85, beide zit. bei *Schultze, Th./Gross, A.* 1997 (Fn. 59), 139ff.

702 *„Auftaktpapier der antifaschistischen Gruppe Hamburg"*, undatiert, wahrscheinlich aus 1996, zit. bei *Bundesamt für Verfassungsschutz* 1999 (Fn. 54), 3.

703 Interner Konzeptvorschlag der „Antifaschistischen Aktion Passau" Dezember 1996, zit. bei *Bundesamt für Verfassungsschutz* 1999 (Fn. 54), 3.

704 Internes Papier der „Antifaschistischen Aktion Passau" von 1994, zit. bei *Bundesamt für Verfassungsschutz* 1999 (Fn. 54), 3.

705 „Antifa-Jugendinfo", Nr. 24, Oktober 1998, zit. bei *Bundesamt für Verfassungsschutz* 1999 (Fn. 54), 6. Daß diese Form der Jugendarbeit durchaus erfolgreich ist, kann man zumindest daraus schließen, daß bei Anschlägen manchmal Sebstbezichtigungsschreiben hinterlassen werden, die sich mit dem Text von Beiträgen in Jugendinfos decken. Es ist daher nicht auszuschließen, daß sie möglicherweise von jugendlichen Lesern begangen worden sind, die sich tatsächlich haben mobilisieren lassen. Eine entsprechende Vermutung lag etwa nahe bei einem Anschlag auf eine Passauer Burschenschaft im Januar 1995, nachgewiesen bei *Bundesamt für Verfassungsschutz* 1999 (Fn. 54), 4.

706 Zu den entsprechenden kompensatorischen Funktionen von Jugendkulturen oben § 6 III. 1. a).

707 Zu normativen Orientierungen und ihrer integrationsstiftenden Wirkung noch ausführlich unten X. 1. und 2. c).

708 Zu letzterem gleich unten IX.

und Punks einfinden und in bestimmten Teilen Deutschlands auch zahlreiche Ausländer aufgenommen werden, aber auch, warum sie unter starker Fluktuation leidet. Dennoch hat sich faktisch eine konzentrische Gruppenstruktur herausgebildet. Den harten Kern bilden langjährige Mitglieder, die sich auch freundschaftlich verbunden fühlen, die sogenannten „Guten". Die erweiterte peer-group bilden die sogenannten Mitläufer. Sie laufen zwar tatsächlich zum größten Teil nur mit, sind aber unentbehrlich, weil erst sie der Gruppe die Größe verleihen, die notwendig ist, damit es tatsächlich zu gewalttätigen Auseinandersetzungen kommt. Einen prekären sozialen Randstatus haben dagegen die „Lutscher", deren gruppeninternes Ansehen gering ist, weil sie die Kampfesregeln mißachten. Die Beziehungen der Gruppenmitglieder und der soziale Status innerhalb der Gruppe werden nach dem Prinzip der Bewährung und mittelbar über die Kampfesregeln und damit normativ geordnet. Zum harten Kern gehören diejenigen, die sich bereits bewährt und durch Erfahrung im Kampf qualifiziert haben, häufig die älteren Hooligans. Ihren Status, ihre Führerschaft rechtfertigt ihr Vorbildcharakter und ihre Mannhaftigkeit, die sie im Kampf von Mann zu Mann und durch Beachtung der Kampfesregeln[709] unter Beweis stellen. Die Mitläufer sind diejenigen, die sich noch bewähren müssen, sich aber bereits dadurch, daß sie mitlaufen, verdient machen, weil sie die Schlagkraft der Gruppe gewährleisten. Wer sich durch Gewalttaten auszeichnet und als zuverlässig erweist, wird bald selber als zur Kerngruppe gehörig akzeptiert. Auch die Abgrenzung und Ausgrenzung von sogenannten „Lutschern" ist nicht willkürlich, sondern erfolgt auf der Grundlage der Kampfesregeln. „Lutscher" werden nicht als „echte" Hooligans anerkannt, weil sie die Kampfesregeln desavouieren. Die Gruppenbeziehungen erweisen sich insofern als normativ geordnet. Weil jedoch grundsätzlich jeder mitlaufen und sich insbesondere durch seine Kleidung als Hooligan gerieren kann, ist die Gruppenzugehörigkeit zumindest an der Peripherie nur unzureichend geregelt. Wegen dieses Strukturierungsdefizits ist die Integrationskraft des Kultes außerhalb des „harten Kerns" eher gering. Dessen Zusammenhalt verdankt sich letztlich immer noch dem Bekenntnis zum proletarischen Herkunftsmilieu sowie persönlicher Bekanntschaft und Freundschaft. Weil die Integrationskraft der Gruppenstruktur insgesamt unzureichend ist, haben die kollektiven Gewalttaten zentrale Integrationsfunktion. Hooligangruppierungen konstituieren sich heute letztlich in den kämpferischen Auseinandersetzungen.[710] Daneben werden sie durch Repression und Stigmatisierung zusammengehalten.[711] Da die Jugendkultur der Hooligans keine trennscharfen Muster sozialer Zugehörigkeit generiert, sind die Hooligangruppierungen in besonderem Maß von Zerfall bedroht. Als „überlebensfähige" jugendkulturelle Enklaven erweisen sich denn auch letztlich nur die Hooligangruppierungen, die sich „gesundgeschrumpft" und auf ihre Wurzeln in der Arbeiterschaft besonnen haben.

---

[709] Zu diesen ausführlich unten X.

[710] Dazu bereits oben I. 1. a) und V. 1. a).

[711] Dazu ausführlicher oben § 1 VI.

Wie den Hooligans sind auch den Skinheads zumindest grundsätzlich feste organisatorische Strukturen fremd. Vorbehalte gegen die Einbindung in Parteien gerade bei ostdeutschen Skins, die in der DDR erfahren haben, daß sich innerhalb systemischer Organisationen Entfaltungs- und Gestaltungswünsche nicht befriedigen lassen,[712] beweisen ein Gespür dafür, daß politische und staatliche Organisationen kein Äquivalent für jugendkulturelle Gruppen darstellen, weil sie gegenüber der Persönlichkeit ihrer Mitglieder und deren Bedürfnissen indifferent sind und daher auch Integrations-, Sozialisations- und Orientierungsdefizite allenfalls scheinbar zu kompensieren vermögen.[713] Bei aller Organisationsfeindlichkeit ist jedoch auch das Gruppenleben der Skinheads normativ, und zwar hierarchisch geordnet. Ordnungsprinzipien sind „Anciennität" und „Compliance" mit den Verhaltens-, insbesondere auch den Bekleidungsregeln. Es gibt einen Anführer, der sich regelmäßig durch sein Alter, sprich letztlich durch die Dauer der Zugehörigkeit zur Szene, aber auch durch körperliche Stärke und Trinkfestigkeit, beides sind zentrale Werte der Skins,[714] durch Insiderwissen und verbale Durchsetzungsfähigkeit – nicht etwa durch seine Fähigkeit zu überzeugen (!) – qualifiziert. Unter dem Anführer stehen die Mitglieder einer Art Kerngruppe und auf der untersten Stufe die Neueinsteiger, die niedere Dienste ausführen müssen. Wer sich anpaßt und regelkonform verhält, insbesondere die Bekleidungsregeln beachtet, kann in der Gruppenhierarchie aufsteigen. Weil diejenigen, die gegen zentrale Regeln, etwa die, nie einen Kameraden bei der Polizei zu belasten, verstoßen, auch rigoros aus der Gruppe ausgeschlossen werden, erweist sich bei den Skinheads, anders als bei den Hooligans, die Frage der sozialen Zugehörigkeit als strenger normativ geregelt. Daß auch weniger gravierende Normverstöße gruppenintern streng geahndet werden und also nicht geduldet wird, daß die normativen Grundlagen der Gemeinschaft in Frage gestellt werden, stabilisiert die Gruppenordnung zusätzlich. Gerade ihre Rigidität verleiht ihr ein hohes integratives Potential. Daß die Skinheads dabei ein Sammelbecken für Jugendliche mit den unterschiedlichsten Interessen und Einstellungen geworden sind, ist nur ein weiteres Indiz für die Integrationskraft dieser hierarchisch organisierten Jugendkultur. Wie vereinnahmend die Skinheadgruppierungen dabei tatsächlich sind, belegt die Tatsache, daß Skinheads ihre Freizeit exklusiv mit der Gruppe verbringen und Freunde „von früher" vernachlässigen. Wo die Gruppe Mitgliedern sogar den Austritt verwehrt, gewinnt sie regelrechten Zwangscharakter. Der Bedrohung und dem Zerfall der Gruppenstruktur durch das Anwachsen der Szene versuchen die Skinheadgruppen durch Ausgrenzung sogenannter „Mode-Skins" und insoweit ähnlich wie die Hooligans, aber vielleicht effektiver als diese durch eine weitgehende Abschottung lokaler Gruppierungen gegeneinander zu begegnen, die zumindest gewährleistet, daß die Gruppenstrukturen vor Ort nicht vollständig

---

712 Dazu ausführlich oben § 2 VII.

713 Zu *Habermas* Analyse der Wirkungsweise systemischer Organisationen, oben mit Nachweisen § 5 III. 2., ferner oben § 6 III. 3. b).

714 Näher zu den Werten der Skins X. 1. b).

destabilisiert werden. Die hierarchische Struktur der örtlichen Gruppen bewährt sich dabei als integrierend. Sie weist die Skinheads jedoch auch als regressive Jugendkultur aus, weil die Integration in Hierarchien um den Preis der Entlastung oder gar Suspendierung des Verständigungsmechanismus und damit unter Ausblendung der Begründungspflichtigkeit sozialen Handelns gelingt.[715] Denn weil der Anführer einer Skinclique und seine engsten Vertrauten darüber entscheiden, was unternommen wird, und weil ihre Entscheidungen gerade wegen ihrer übergeordneten Stellung der Kritik entzogen sind, müssen sie ebensowenig ausgehandelt und begründet werden, wie die Aufgaben und Funktionen der übrigen Mitglieder, die sich ebenfalls aus der Gruppenhierarchie ableiten lassen. Dies ist als regressiv zu bewerten, weil in einer rationalisierten Lebenswelt soziale Beziehungen grundsätzlich egalitär gedacht werden und nur mehr über kommunikatives Handeln legitim geordnet werden können, das sich potentiell auf Gründe stützt, die auch im Bedarfsfall vorgebracht werden müssen.[716] Die Skinheads, deren hierarchische Struktur darauf schließen läßt, daß sie mit der egalitären Gestaltung ihrer gruppeninternen Beziehungen überfordert sind, werden zumindest in vielen Situationen der Notwendigkeit enthoben, ihre Handlungen über kommunikative Prozesse zu koordinieren und gegebenenfalls mit guten Gründen zu rechtfertigen. Und auch das normative Fundament der Gruppenordnung wird unter Umgehung sprachlicher Konsensbildungsprozesse stabilisiert, wenn Normverstöße von den Anführern ohne weitere Diskussionen mit Gewalt sanktioniert werden. Dies zeigt, daß die Gruppenordnung der Skinheads zu rechtfertigen ist, wenn sie an den Standards von vormodernen Gesellschaften gemessen wird. Mißt man sie aber an den Standards einer rationalisierten Lebenswelt, so entbehrt sie der Legitimation und ist insofern als regressiv zu bewerten.

Die Autonomen verstehen sich als „Bewegung“ und haben grundsätzlich eine sehr offene Gruppenstruktur. Diejenigen, die sich den Autonomen anschließen, befinden sich denn auch in ganz unterschiedlichen Lebenssituationen. Am ehesten verbinden sie Erfahrungen des Scheiterns und eine kritische, politische Grundhaltung. Die meisten schließen sich den Autonomen allerdings nicht nur aus politischen, sondern auch aus persönlichen Gründen und manchmal sogar eher zufällig an. Es gibt aber auch solche, die nur Gelegenheiten suchen, zu randalieren. Eine offene Gruppenstruktur kennzeichnet auch die Hooligans. Von diesen unterscheiden sich die Autonomen jedoch dadurch, daß die Offenheit der Gruppenstruktur bei ihnen Programm ist. Die Autonomen wollen in ihren Lebenszusammenhängen das Prinzip der offenen Gesellschaft als eine Errungenschaft der gesellschaftlichen Modernisierung verteidigen und die mit der Rationalisierung der Lebenswelt eröffneten Spielräume für autonome Lebensgestaltung und Selbstverwirklichung ausschöpfen, und sie ziehen sich aus einer Gesellschaft zurück, die ihnen wegen ihrer

[715] Zur Entlastungsfunktion von Hierarchien oben § 6 III. 2. e).

[716] So *Habermas,* oben mit Nachweisen § 5 I.

„vermachteten" Strukturen keine Möglichkeiten der freien Entfaltung mehr zu bieten scheint. Den Preis dafür, daß sich bei ihnen infolgedessen auch unpolitische Chaoten einfinden, nehmen sie daher in Kauf. Weil Autonomie mit organisatorischer Unterordnung in einer hierarchisch strukturierten Gruppe unvereinbar ist, proklamieren die Autonomen nicht nur offene, sondern auch „herrschaftsfreie" Strukturen und fordern ein, daß diejenigen, die sich ihnen anschließen, sich als autonome Subjekte einbringen und das Leben im autonomen Kollektiv gemeinsam mit anderen aktiv und eigenverantwortlich gestalten. Führungspersönlichkeiten werden daher im Prinzip nicht anerkannt, und den Ablauf der gemeinschaftlichen Aktionen gestalten die Teilnehmer dementsprechend weitgehend spontan. Strukturlosigkeit wird aber nicht nur aus ideologischen, sondern auch aus strategischen Gründen proklamiert. Als anomische Jugendkultur wenden sich die Autonomen kämpferisch gegen die bestehende Ordnung und hoffen, als diffuse Szene für den Staat weniger berechenbar zu sein. Lediglich größeren militanten Demonstrationen gehen daher Besprechungen voraus. Deren konkreter Ablauf ergibt sich erst aus der Situation vor Ort. Die Strukturlosigkeit und die Offenheit haben jedoch ihren Preis. Weil die gemeinsamen Sozialräume weggebrochen sind, die informellen Netzwerke vor Ort bedroht sind und die szeneinterne Kommunikation über Mailboxsysteme und Szeneblätter weitgehend entpersonalisiert ist, macht die Szene heute einen eher dissoziierten Eindruck. Aktionsgruppen konstituieren sich, wo politische oder gesellschaftliche Ereignisse den Protest der Systemkritiker herausfordern.[717] Sie sind jedoch dementsprechend kurzlebig und können daher nur bedingt soziale Integrationsdefizite kompensieren. Ihre grundsätzliche Offenheit wird den Autonomen jedoch auch aus anderen Gründen mehr und mehr zum Problem. Da sie als anomische Jugendkultur in besonderem Maße von staatlicher Überwachung betroffen sind, macht sie ihre Offenheit auch angreifbar. Tatsächlich haben sich daher im Widerspruch zum autonomen Selbstverständnis mittlerweile sehr professionell und konspirativ operierende Kleingruppen gebildet. Weil sie sich weitgehend abschotten und die Frage der sozialen Zugehörigkeit durch Exklusion regeln, darf man annehmen, daß sie ein hohes integratives Potential haben. Sie bieten aber keine Basis mehr für die erstrebte Verbreiterung der Bewegung. Aus Angst vor Spitzeln wird das Prinzip der Offenheit zunehmend durch konspirative Tendenzen unterminiert. Schließlich „rächt" sich auch die programmatische Organisierungs- und Strukturierungsfeindlichkeit. Weil soziale Gemeinschaften der Ordnung bedürfen, bilden sich nämlich auch unter den Autonomen Binnenstrukturen heraus, die als „informelle" Hierarchien beschrieben werden. Männer dominieren Frauen, Ältere die Jüngeren, Deutsche die Migranten. Weil sich in kulturell verarmten Gesellschaften unglaubwürdig gewordene Traditionen, etwa rassistische und sexistische Einstellungen, erhalten haben und „naturwüchsig" fortbilden und damit auch in der Sozialisation noch immer verinnerlicht werden,[718] sind die Autonomen bei aller

---

[717] Zum Aktionismus der Autonomen bereits oben § 3 X. und XIII.

[718] So *Habermas,* dazu oben mit Nachweisen § 5 IV. 4.

intellektuellen Sensibilität für Modernisierungsrückstände nicht dagegen gefeit, daß entsprechende Haltungen und Einstellungen gerade innerhalb ihrer strukturoffenen Gruppierungen strukturbildende Kraft entfalten. Dies hat zur Folge, daß die Autonomen ihre sozialen Beziehungen nicht mehr als legitim geordnet erleben. Die faktische Gruppenordnung kann daher die Integration der autonomen Gruppierungen nicht mehr gewährleisten. Ihr integratives Potential ist gering, eine Strukturkrise und ein zunehmender Zerfall gewachsener Szenestrukturen sind die Folge. Während die einen in zermürbenden Grundsatzdiskussionen um kritische Selbstvergewisserung ringen, meinen diejenigen, die vor allem um den Zusammenhalt der Autonomen fürchten, Organisierung sei die richtige Remedur.

b) Organisierungstendenzen: Bedeutung und Funktion

Während die Hooligans die negativen Folgen einer gewissen Strukturlosigkeit lediglich beklagen und allenfalls durch Abgrenzung und Ausgrenzung von nur lose assoziierten Mode-Hools versuchen, wenigsten die Kerngruppe zu stabilisieren, reagieren Teile der Skinheads und der Autonomen auf Strukturdefizite mit Organisierungsbemühungen. Bei den Autonomen sind neben den „klandestin" operierenden Kleingruppen in jüngerer Zeit auch die kaderartig strukturierte „AA/BO" und die „B1" entstanden, die weiterhin auf Strukurlosigkeit setzen, Strukturdefizite aber durch Vernetzung zu kompensieren hoffen. Daneben gibt es Gruppierungen, die sich als Parteien organisieren, solche, die sich terroristisch-konspirativen Strukturen annähern und damit auf das integrative Potential verschworener Zirkel setzen, und solche, die sogar auf marxistisch-leninistische Ideen zurückgreifen, um die Autonomen und andere linke Organisationen zusammenzuführen. Sie berufen sich also auf Ideen, die bei den Autonomen wegen ihres dogmatischen Charakters ursprünglich verpönt waren und denen das Konzept der Autonomie bewußt entgegengesetzt worden war.[719] Eine Form der Selbstorganisation ist schließlich auch die Rekrutierungsarbeit, bei der die Autonomen Programm- und Schulungsarbeit mit der Vermittlung autonomer Freiheits- und Revolutionsphantasien zu verbinden und den Fortbestand der Szene zu sichern suchen. Die Autonomen sind offensichtlich hin- und hergerissen zwischen dem Bestreben, die Bewegung zu verbreitern und die Offenheit der Autonomen zu verteidigen, und dem Bemühen, die Integrationsdefizite autonomer Gruppierungen zu kompensieren. Die im Zuge der Professionalisierung und der Radikalisierung des Kampfes entstehenden konspirativ operierenden Kleingruppen haben ein hohes Integrationspotential. Gleichzeitig werden die Autonomen jedoch für breitere Schichten „erosionsbetroffener" Jugendlicher immer schwieriger zugänglich und daher auch weniger attraktiv. Der politische Kampf geht insoweit auf Kosten der komplexeren Kompensationsfunktionen jugendkultureller Gruppierungen. Aber auch die Ausbildung kaderartiger oder parteiähnlicher Strukturen, die sich trotz der anti-systemischen Einstellung der Autono-

---

[719] Dazu oben § 3 II.

men in bizarrer Weise denen systemischer Organisationen annähern,[720] bewährt sich nicht. Diese Strukturen werden nicht akzeptiert, weil sie die Individualität der Mitglieder und deren Bedürfnisse nach Vergemeinschaftung und Selbstfindung vernachlässigen und daher Solidaritäts- und Sozialisationsdefizite nur mehr unzureichend zu kompensieren vermögen.[721] Ob die Jugendarbeit den Weg aus der Strukturkrise zu bahnen vermag, bleibt abzuwarten.

Auch bei den Skinheads gab es Organisierungsbemühungen. Die Skinheads reagierten mit der Organisierung auf das starke Anwachsen der Szene in den neunziger Jahren und versuchten damit, die unübersichtlicher gewordene Szene auch überregional zu strukturieren. Darüber, warum die meisten Organisationen nur kurzlebig waren, kann man nur spekulieren. Als Gründe kommen Inkompetenz der Organisatoren, aber auch mangelndes Interesse der angesprochenen Skinheads in Betracht, die sich möglicherweise in ihren lokalen Szenen besser beheimatet fühlten. Soweit sich die Organisationen auf die Durchführung von Veranstaltungen, etwa von Konzerten, das Verteilen von Flugblättern und den Verkauf von Fanzinen beschränken, professionalisieren sie im Wesentlichen nur das jugendkulturelle Angebot. Sofern diese Professionalisierung so weit geht, daß die Selbsttätigkeit der Skinheads nicht mehr gefordert ist und die Veranstaltungen und Fanzinen an Ursprünglichkeit und damit auch an Authentizität verlieren, ist zu erwarten, daß der Skinheadkult zu einer Freizeitkultur neben anderen verkommt, an Integrationspotential verliert, konsumistische Befriedigung von Freizeitbedürfnissen statt umfassende Orientierungshilfe bietet und seinen Anhängern immer weniger Möglichkeiten eröffnet, sich szeneintern zu bewähren und Anerkennung zu verdienen. Anders sind die um Internationalisierung bemühten Skinheadorganisationen „Blood and Honour“ und „Hammerskins“, aber auch die „Skinheads Sächsische Schweiz“ zu bewerten, die die Nähe zu rechtsextremistischen, insbesondere aggressiv kämpferischen Organisationen und Parteien im In- und Ausland suchen. Soweit sie mit ihrer straffen Organisation, der Unterteilung in Divisionen oder Sektionen auch überregional und gar international hierarchische Gruppenstrukturen durchsetzen oder, wie die Hammerskins, durch selektive Aufnahme die Frage der sozialen Zugehörigkeit klar regeln und die exklusive Mitgliedschaft mit einer elitären Aura versehen, stärken sie die Integrationskraft einer stark angewachsenen Jugendkultur, die auseinanderzudriften droht. Sie leisten aber gleichzeitig einen schillernden Beitrag zur Politisierung der Szene. Schillernd deshalb, weil er in seiner Wirkung zwischen Kolonialisierung und „Anomisierung“ oszilliert. Die enge Anbindung dieser Organisationen an Parteien birgt Kolonialisierungsrisiken in sich, weil die Skinheads für parteipolitische Interessen instrumentalisiert, sprich systemisch vereinnahmt werden können. Und überdies sind die neuen Betätigungsfelder nicht geeignet, ihre

---

720 Zu *Habermas* Analyse der Struktur systemischer Organisationen, oben mit Nachweisen, § 5 III. 2.

721 Dazu auch oben § 6 III. 3. b).

vitalen Bedürfnisse nach Vergemeinschaftung, Sinnstiftung und Selbstvergewisserung zu befriedigen.[722] Eine subtile Form der Vereinnahmung ist etwa die Befriedigung von Unterhaltungsinteressen, z.B. durch die Veranstaltung von Konzerten und die Herausgabe von Fanzinen. Auf diese Weise lassen sich die Skinheads anbinden und können dann bei Bedarf auch für politisch-strategische Zwecke mobilisiert werden. Die jugendkulturellen Medien leisten dabei gleichzeitig einen Beitrag zur Politisierung, weil sie ideologisches Gedankengut transportieren.[723] Soweit dieses wirklich zur politischen Aufklärung beitragen und ein substantiell kritisches Verhältnis zum bestehenden politisch-gesellschaftlichen System vermitteln könnte, stünde zu erwarten, daß die Skinheadorganisationen von kolonialisierungskompensatorischen zu anomischen Jugendkulturen mutierten, die als rechtsterroristische Organisationen das herrschende System – wie „Combat 18" – bekämpften und damit als Pendant zu den Autonomen im rechtsextremen Spektrum anzusehen wären. Tatsächlich tragen die Skinheadorganisationen mit Kontakten zum rechten politischen Spektrum aber weniger zur Aufklärung als zur Pseudo-Politisierung bei, weil politisches Gedankengut bei den meisten Skinheads auf ein nur sehr dumpfes politisches Bewußtsein stößt. Viele Skinheads sind gar nicht in der Lage, die ideologischen Inhalte als politische zu rezipieren. Für sie werden sie zu einer existentiellen Orientierungsquelle, aus der man sich mit Deutungen versorgt, um persönlicher Ängste und einem Gefühl von Desorientierung und Sinnlosigkeit notdürftig Herr zu werden.[724] Daß viele Skinheads sich intuitiv dagegen sträuben, daß ihre Organisation zur Partei mutiert, ist Indiz einer unspezifischen Ahnung, daß Parteien wegen ihres indifferenten Verhältnisses zu ihren Mitgliedern keine kolonialisierungskompensatorischen Funktionen erfüllen können. Organisierungsfeindliche Skins sprechen sich daher für die Bewahrung der Gruppenstrukturen und damit auch ihres kolonialisierungskompensatorischen Charakters aus. Daß die eingeführte Differenzierung weich ist und die Übergänge zwischen substantieller Politisierung und bloßer Orientierungsbedürftigkeit fließend sind und selbstverständlich auch politische Überzeugungen als integraler Teil des Selbstverständnisses immer auch identitätsstiftende Funktion haben, soll hier nicht geleugnet werden. Dennoch scheint die Differenzierung gerechtfertigt zu sein. Als Kriterium der Unterscheidung mag dienen, wie weit das politische Bekenntnis kritisch angeeignet wurde. Dies ist bei den meisten Skinheads nicht der Fall.[725]

c) Desintegration jugendkultureller Lebenszusammenhänge: eine Folge der Vermarktung jugendkultureller Stile

Bei Hooligans und Skinheads gibt es Mitglieder, die als sogenannte „Mode-Hools", bzw. „Mode-Skins" bezeichnet werden. Als solche werden Jugendliche

---

[722] Dazu ausführlicher unten XI. 2. b).

[723] Dazu ausführlich unten XIV. 1. b).

[724] Dazu näher unten IX. 1. b).

[725] Dazu noch unten IX. 1. b).

angesehen, die sich den Hooligans bzw. Skinheads angeschlossen haben, weil ihnen der „Kult" „in" zu sein schien. Sie sind nicht selten erst durch das Interesse der Medien an den Gewalttaten auf die Jugendkulturen aufmerksam geworden. „Mode-Hools" gerieren sich durch ihre Bekleidung, „Mode-Skins" durch eine Glatze als Mitglieder.[726] Diese „Vermassung" der Szenen ist auch eine Folge der Vermarktung jugendkultureller Stile und damit der Übergriffe systemischer Imperative. Sie droht die Jugendkulturen zu desintegrieren:[727] Daß „Mode-Hools" sich nicht an die das Verhalten der Gruppenmitglieder normierenden Regeln halten und sich bei schwindendem Medieninteresse oder aus Mangel an Schlägereien gleich wieder zurückziehen, beweist, daß sie sich der Hooligangruppierung, bei der sie mitlaufen, nicht wirklich zugehörig fühlen. Dasselbe gilt für „Mode-Skins," für die die Szene an Attraktivität verloren hat, seit sich Konzertverbote und Beschlagnahmen häufen und der „Freizeitwert" des Skinheadkults geschmälert ist.[728] Weil Hooligans nicht mehr wissen, auf wen sie sich verlassen können und „wer noch was drauf hat", wird die gruppeninterne Solidarität brüchig. Die Mitglieder der Kerngruppe reagieren abwehrend und versuchen, die „Scheinmitglieder" auszugrenzen, um so einer weiteren Dissoziation der Szene entgegenzuwirken. Die kolonialisierungskompensatorischen Jugendkulturen der Skinheads und der Hooligans erweisen sich also selbst als von Kolonialisierung, von der Vermarktung jugendkultureller Stile und von der auf sie zurückzuführenden „Vermassung" der Szenen bedroht.

IX. Selbstverständnis der Gruppe

1. Phänomenologie

a) Hooligans

Die Hooligans verstehen sich als exklusive, modebewußte „in-group", die sich durch ihr teures, modisches „outfit" von anderen Jugendkulturen und insbesondere von den „Kuttenfans" abgrenzt.[729] Die Distanz zur traditionellen Fanszene dokumentiert sich auch sozial-räumlich, durch Verlassen des Fanblocks.[730] Für das Selbstverständnis der Hooligans sind die Kampferprobtheit und die Schlagkraft der eigenen Gruppe von zentraler Bedeutung. In den Auseinandersetzungen mit dem Gegner gilt es, Ruhm und Ehre zu gewinnen, den Status und das Prestige der eigenen Truppe in der Hooliganszene und auch gegenüber anderen Jugendkulturen zu

---

726 Dazu unten XIII. 1. b).

727 Zur Desintegration durch Vermarktung oben § 6 III. 3 a).

728 Dazu bereits oben VII. 1. b).

729 Für die österreichische Szene, *Novak, M.* 1994 (Fn. 8), 58ff.

730 *Kirsch, A.* 2000 (Fn. 3), 90, der berichtet, daß einige Hooligans sogar auf teure, zusammenhängende Sitzplätze abgewandert sind und Inhaber von Sitzplatzjahreskarten für die Heimspiele ihres Vereins sind.

behaupten.[731] Entsprechend stolz ist man, wenn von den eigenen gewalttätigen Aktionen in den Medien berichtet wird. Viele Hooligans haben daher zu Hause eine Mappe mit Zeitungsberichten nach dem Motto: „Ich war dabei."[732]

Die Mitglieder des „harten Kerns" verstehen sich als solidarische, faire Kämpfer. Sie betonen die bedingungslose Solidarität, mit der sie für andere eintreten: „Weil wenn man Hooligan werden will, oder Hooligan sein will, dann muß man auch für andere gerade stehen."[733] Auf die z.T. bis zur schriftlichen Fixierung gebrachten Regeln der Fairness legen sie besonderen Wert: Zumindest nach der Programmatik wird Gewalt nur gegen Mitglieder gegnerischer Hooligangruppen angewendet, die sich ebenfalls „boxen" wollen.[734] Die gewalttätigen Auseinandersetzungen werden dementsprechend als Wettkämpfe der anderen Art betrachtet.[735] Die Kräfte mißt man im Nahkampf unter Einsatz von Fäusten und Füßen. Der Einsatz von Waffen gilt als unfair. Lieber beugt man sich mannhaft der feindlichen Übermacht.[736] Über den Fairnessanspruch grenzen sich insbesondere Mitglieder des harten Kerns gerne gegenüber Teilen des mitlaufenden „Mobs", vor allem gegenüber den sogenannten „Lutschern", aber auch gegenüber anderen Jugendkulturen, insbesondere den als unfair verachteten Skinheads, ab. So begründen sie ihren Führungsanspruch innerhalb der eigenen Szene und verschaffen sich Respekt bei den Gegnern, aber auch in der gesellschaftlichen Öffentlichkeit, wie moralisch fragwürdig dies auch sein mag. Es wird sogar gerne betont, daß man sich den Hooligans und nicht etwas den Skinheads oder Autonomen angeschlossen hat, weil die Auseinandersetzungen der Hooligans vergleichsweise fair verlaufen: „Rechts war mir zu blöde, irgendwie loslaufen und mit sechs Mann auf irgendeinen Türken draufzulaufen und den platt zu machen." „Und links, dazu bin ich zu sauber, ich kann nicht so dreckig rumlaufen wie manche Bunthaarige."[737]

Anders als es die Naziparolen, der Hitlergruß, die Anfeindung ausländischer Spieler, insbesondere der gegnerischen Mannschaft und vereinzelte gewalttätige Übergriffe auf Ausländer vermuten lassen, haben die meisten Hooligangruppierungen ein unpolitisches und nicht etwa ein programmatisch ausländerfeindliches oder

---

[731] *Krauss, M.* 1995 (Fn. 8), 246; für die österreichische Szene, *Novak, M.* 1994 (Fn. 8), 40, 81, 166.

[732] Für die österreichische Szene, *Novak, M.* 1994 (Fn. 8), 42f.

[733] *Matthesius, B.* 1992 (Fn. 2), 52, 121, 146; für die österreichische Szene, *Novak, M.* 1994 (Fn. 8), 72, 78, 160.

[734] *Ek, R. 1996* (Fn. 2), 146, ebenso *Böttger*, A. 1998 (Fn. 3), 14f., mit Beispielen zu programmwidrigen Übergriffen auf Unbeteiligte.

[735] *Farin, K./Seidel-Pielen, E.* 1991 (Fn. 17), 104.

[736] Für die deutsche Szene, *Ek, R. 1996* (Fn. 2), 75; für die österreichische Szene, *Novak, M.* 1994 (Fn. 8), 98.

[737] *Böttger*, A. 1998 (Fn. 3), 21 (Interview 059, 12).

rassistisches Selbstverständnis.[738] Das rechte Gebaren und Sprechchöre wie „Husch, husch, Neger in den Busch“ stehen zwar häufig im Einklang mit *individuellen* politischen Überzeugungen, von der Gruppe vorgetragen, bezwecken sie jedoch in erster Linie medienwirksame Provokation, mit der die Jugendlichen auf den Angriff des Staates auf ihre Freizeitkultur reagieren.[739] Die Parolen werden daher je nach der Stimmung des Umfeldes ausgetauscht. Statt „Neger raus“ wird bei Gelegenheit „Nazis raus“ oder „Heil Hitler“ skandiert.[740] Ob Ansätze einer personellen Vereinnahmung von Hooligangruppierungen einiger Bundesligastandorte durch rechtsextremistische Organisationen[741] zu einer Politisierung des Selbstverständnisses führen, zeichnet sich noch nicht ab, bleibt aber abzuwarten. Gerade bei Spielen der Nationalmannschaft präsentiert man sich auf jeden Fall seit Ende der achtziger Jahre bis heute aggressiv nationalistisch. Es sind Schlachtrufe wie „Wir sind deutsch! Wir sind deutsch!“ zu hören.[742]

Auch wenn die Zuordnung zu einem bestimmten Verein für die Konstituierung der Gruppe und die Identifizierung von Feinden bedeutsam ist, so ist das Selbstverständnis der Hooligans doch kaum von dieser Zuordnung geprägt.[743] Während „Kuttenfans“ immer noch eine gewisse Vereinsnähe suchen, lassen Hooligans sich nicht mehr als offizieller Fanclub registrieren, sie beteiligen sich nicht an Vereinsaktivitäten und suchen nicht über den Verein den Kontakt zu den Spielern.[744] Sinnfälliger Ausdruck eines vereinsunabhängigen Wir-Gefühls ist die Selbstbezeichnung „Hooligans“, ein Gattungsname, den sogar „Fans“ der verschiedenen Mannschaften teilen. Daneben setzen sich martialische Namen wie „Destroyers“ oder „Sturmtruppe“ durch, die ebenfalls keinen Vereinsbezug mehr erkennen lassen.[745] Der Verein ist allenfalls noch der „Aufhänger“, er bleibt Überbau und Un-

---

738 *Ek, R. 1996* (Fn. 2), 142-146; Thomas (23), Speditionskaufmann in Berlin, seit seinem 10. Lebensjahr Hertha BSC-Fan und Hooligan: „Hooligan ist ein Versuch, die Jugend hinauszuzögern.“ In: *Farin, K./Seidel-Pielen, E. 1993* (Fn. 4), 184f. So auch Berliner Hooligans im Gespräch mit *Farin, K./Seidel-Pielen, E.* 1991 (Fn. 17), 104; zum unpolitischen Selbstverständnis der österreichischen Hooligans, *Novak, M.* 1994 (Fn. 8), 126.

739 *Ek, R. 1996* (Fn. 2), 142, bezugnehmend auf den unveröffentlichten Jahresbericht Fußball des Landeskriminalamts Düsseldorf, Saison 1993/94, ebenso Hooligans aus Berlin im Gespräch mit *Farin, K./Seidel-Pielen, E.* 1991 (Fn. 17), 105; *Matthesius, B.* 1992 (Fn. 2), 105f.; für die österreichische Szene, *Novak, M.* 1994 (Fn. 8), 124, 132.

740 *Matthesius, B.* 1992 (Fn. 2), 55; *Weber-Klüver, K.* 1993 (Fn. 229), 46.

741 Dazu noch unten XI.

742 *Weber-Klüver, K.* 1993 (Fn. 229), 46-48. Inwieweit diese Entwicklung gerade Hooligans, bzw. Fans der Kategorie C oder mehr Fans der Kategorie B betrifft, wird in den Berichten des LKA Nordrhein-Westfalen nicht aufgeschlüsselt.

743 Auch Hooligans aus Berlin wollen mit dem Verein nichts zu tun haben, *Farin, K./Seidel-Pielen, E.* 1991 (Fn. 17), 106; für die „Frankfurter“, *Matthesius, B.* 1992 (Fn. 2), 141.

744 *Matthesius, B.* 1992 (Fn. 2), 119.

745 *Novak, M.* 1994 (Fn. 8), 39f.

terscheidungsmerkmal von anderen Hooligangruppierungen.[746] Viele fahren daher nicht mehr unbedingt zu den Spielen der Mannschaft ihres Vereins, sondern „zu dem Spiel, wo sie erwarten, daß da was abgeht.“[747] Nur Hooligans, die aus der Fußballszene stammen, und solche, die sich den Hooligans wegen ihrer Fußballbegeisterung angeschlossen haben, fühlen sich ihrer Mannschaft noch wirklich verbunden – wenn auch im Profifußball überhaupt kein persönlicher Kontakt mehr zu den Spielern besteht.[748]

b) Skinheads

Skinheads verstehen sich als „Working Class” – auch diejenigen, die selbst gar nicht der Arbeiterschaft entstammen.[749] So heißt es etwa in einem Song der Band „Endstufe“: „...Wir sind Skinheads aus der Arbeiterklasse, Skinheads die Elite der Masse ...“[750] Anders als andere Jugendliche aus Arbeiterfamilien sind sie stolz auf ihre Herkunft und stehen zu ihrer Klasse.[751] Da sich die Skinheadszene in Deutschland jedoch nie ausschließlich aus der Arbeiterjugend rekrutierte und sich schon seit den achtziger Jahren zunehmend mehr Jugendliche aus anderen Schichten einfanden, definieren sich die Skinheads nicht mehr ausschließlich über die Klassenzugehörigkeit, sondern auch verstärkt über die von ihnen verehrten Musikrichtungen, über Oi! und Punk und Skinhead-Reggae, Hardcore und deutschen Polit-Metal[752] und über das Outfit.[753]

Die politischen Einstellungen waren für das Selbstverständnis der Szene ursprünglich weniger prägend.[754] Man stilisierte sich eher als bedrohliche Macht, so etwa die „Böhsen Onkelz“ in dem gleichnamigen Song: „Wir saufen mit links und herrschen mit der Rechten, wir sind die Herrscher Frankfurts – Könige der Nacht.

---

746 *Novak, M.* 1994 (Fn. 8), 151f., allerdings für die österreichische Hooliganszene.

747 Thomas (23), Speditionskaufmann in Berlin, seit seinem 10. Lebensjahr Hertha BSC-Fan und Hooligan: „Hooligan ist ein Versuch, die Jugend hinauszuzögern.“ In: *Farin, K./Seidel-Pielen, E. 1993* (Fn. 4), 15, 183; ähnlich Tina, Mitglied der „Anti-Sozial-Front“, *Matthesius, B.* 1992 (Fn. 2), 135, 141ff.

748 *Farin, K./Seidel-Pielen, E.* 1991 (Fn. 17), 106. Nach den Ergebnissen der von *Lösel, F./Bliesener, T./Fischer, T./Pabts, M.* sind zumindest die Hooligans der Traditionsvereine und diejenigen, die in den lokalen Fan-Szenen aufgewachsen sind, stark mit „ihrem“ Verein identifiziert. Allerdings läßt sich in größeren Städten eine geringe Vereinsbindung feststellen. *Dies.* 2001 (Fn. 3), 160.

749 *Farin, K./Seidel-Pielen, E. 1993 (*Fn. 21), 187. Dies traf etwa auf den Exskin Tobias aus Westdeutschland zu, der auf dem „Working-Class-Trip“ auch gegen das bürgerliche Akademikerelternhaus protestierte, *Heitmeyer, W./Müller, J.* 1995 (Fn. 19), 102.

750 Song „Skinheads aus der Arbeiterklasse“, zit. nach *Bredel, H.* 2002 (Fn. 28), 293.

751 *Bredel, H.* 2002 (Fn. 28), 74.

752 *Farin, K./Seidel-Pielen, E.* 1993 (Fn. 21), 192.

753 *Farin, K./Seidel-Pielen, E. 1993* (Fn. 21), 63.

754 Dies bestätigt auch der Exskin Tobias, zu dessen in der Hooliganszene angesiedelter Skinclique auch Linke gehörten, *Heitmeyer, W./Müller, J.* 1995 (Fn. 19), 103.

Wir sind die Macht, also spielt unsere Hymnen."[755] Schon in den Anfängen war man antikommunistisch eingestellt[756] und sollte als deutscher Skinhead schon irgendwie „rechts" sein – worauf das doppeldeutige „wir herrschen mit der Rechten" verweist – denn „links" waren ja die anderen, die Kommunisten, die Punker, die Lehrer und die „natürlichen" Feinde der Glatzen, die Langhaarigen.[757] Mit Nazi-Insignien und rechten Parolen wollte man zu dieser Zeit vor allem schockieren und provozieren.[758] Viele reagierten sogar entsetzt darauf, daß Gleichgestylte Ausländerwohnheime anzündeten und Leute totschlugen und bekundeten ihre Bereitschaft, solchen Faschos aufs Maul zu hauen:[759] Wer derartiges tue – so ihre Auffassung – könne vor dem Hintergrund der Skinheadgeschichte kein Skinhead sein.[760] Politisches Profil gewann dieses Aufbegehren jedoch in vielen Fällen nicht. Zu einer Politisierung des Selbstverständnisses kam es erst allmählich, nicht zuletzt, nachdem die Öffentlichkeit die Skinheads wegen ihrer fremdenfeindlichen Gewalttaten als rechte bzw. rechtsradikale Subkultur skandalisiert hatte.

Die SHARP-Skins traten dem zunehmenden Rassismus in der Szene ebenso gezielt entgegen wie den öffentlichen Zuschreibungen und formierten sich aus Protest gegen die Etikettierung als Rassisten pointiert als Anti-Rassisten und Anti-Faschisten. Allerdings darf diese Positionierung nicht dazu verleiten, den Politisierungsgrad der SHARPs zu überschätzen. Ein weiterreichendes Interesse am Thema Rassismus und damit zusammenhängenden Fragen besteht in der Regel nicht.[761] Das Bekenntnis zum Anti-Rassismus erfolgt mehr aus dem Bauch heraus: „Wie soll ich Rassist sein, wenn ich schwarze Musik, schwarze Kultur liebe?"[762] SHARP-Skins verbindet vor allem der Wille, „nicht mehr mit irgendwelchen braunen 'Bewegungen' in einen Topf geschmissen zu werden." „Wir wehren uns dagegen, daß es heißt, Skinheads hätten die ganze Randale gemacht."[763] Es geht ihnen darum, klar zu machen, „daß Leute, die Hakenkreuz-Formationstänze auf dem „Alex" veranstalten, jüdische Friedhöfe niederwalzen und Ausländer zu blutigen Fleischklumpen verarbeiten, keine Skinheads sind." Mit „solchen hirnlosen Schlägern, die meinen, sich zu Erfüllungsgehilfen irgendwelcher Großdeutschlandträumer machen

---

755 Zit. nach *Bredel, H.* 2002 (Fn. 28), 262.

756 *Farin, K./Seidel-Pielen, E.* 1993 (Fn. 21), 65.

757 *Farin, K./Seidel-Pielen, E.* 1993 (Fn. 21), 63.

758 So etwa der Exskin Tobias aus Westdeutschland, *Heitmeyer, W./Müller, J.* 1995 (Fn. 19), 102; *Farin, K./Seidel-Pielen, E.* 1993 (Fn. 21), 64f.

759 Dies berichtet E. (21), Skinhead in Frankfurt/M., zit. bei *Farin, K./Seidel-Pielen, E.* 1993 (Fn. 21), 129.

760 *K. (23),* Skinhead in Berlin, zit. bei Farin, *K./Seidel-Pielen, E.* 1993 (Fn. 21), 129.

761 *Farin, K./Seidel-Pielen, E.* 1993 (Fn. 21), 136.

762 Zitat bei *Farin, K./Seidel-Pielen, E.* 1993 (Fn. 21), 136.

763 Gerald Machner, Sänger und Bassist der Stuttgarter Ska-Band „No Sports", „Skintonic" Nr. 10, zit. bei *Farin, K./Seidel-Pielen, E.* 1993 (Fn. 21), 128.

zu müssen", wollen sie nichts zu tun haben.[764] Jenseits dieses Minimalkonsenses ist das Meinungsspektrum dagegen groß.[765] SHARP-Skins stilisieren sich in erster Linie als Erhalter der Skinheadkultur, die für sie vor allem durch ein bestimmtes Lebensgefühl geprägt ist: Sie begeistert sich für bestimmte Bands, auch schwarzer und ausländischer Musiker und geben sich radikal unpolitisch – „will heißen mit dem ganzen Parteienscheiß – rechts und links – haben wir nichts zu tun. Die ganze 'offizielle Politik' finden wir zum Kotzen" – betonen aber gleichzeitig, den eigenen Alltag politisch zu begreifen: „Wenn zum Beispiel so etwas passiert wie in Hoyerswerda, dann versuchen wir auch selber, Aktionen zu organisieren."[766] Einige bekennen jedoch, daß die SHARP-Skins letztlich aus einer „Notwehrreaktion" entstanden sind, die durch die „rechten Aktivitäten und das dumpfe Medienecho" herausgefordert worden ist.[767]

Die meisten Skinheads haben sich, anders als die SHARP-Skins, die immer eine Minderheit blieben, mit dem „rechten" Stigma identifiziert oder sich ihm anverwandelt. Sie definieren sich ausdrücklich als rechts, rechtsradikal oder rechtsextrem und vor allem als ausländerfeindlich,[768] „profilieren" sich vermehrt als fremdenfeindliche oder rassistische Gewalttäter und treten sogar z.T. rechtsextremen und vereinzelt neofaschistischen Parteien und Organisationen bei, von denen sie wegen ihrer ausländerfeindlichen Einstellungen ohnehin umworben werden.[769] Die zum Zwecke des Protests ritualisierte Nazi-Symbolik hat nach und nach auch die Köpfe erobert, die Tonlage wird schärfer und direkter, man gibt sich nationalistisch und z.T. pointiert rassistisch.[770] Skinheads verstehen sich als stolze Deutsche: „... Ich weiß, wo ich geboren bin, ich weiß, wohin ich gehör', ich bin stolz auf mein

---

[764] *Farin, K./Seidel-Pielen, E.* 1993 (Fn. 21), 126f. zitierend aus „Skintonic" Nr. 6.

[765] *Farin, K./Seidel-Pielen, E.* 1993 (Fn. 21), 136f.

[766] Gerald Machner, Sänger und Bassist der Stuttgarter Ska-Band „No Sports", „Skintonic" Nr. 10, zit. bei *Farin, K./Seidel-Pielen, E.* 1993 (Fn. 21), 128.

[767] „Skintonic" Nr. 8, zit. bei *Farin, K./Seidel-Pielen, E.*1993 (Fn. 21), 133.

[768] So auch die rechten Cliquen, die *Hafeneger* untersucht hat und denen auch Skinheads angehörten, siehe die zusammenfassende Darstellung bei *Bredel, H.* 2002 (Fn. 28), 65. Auch zwei Drittel der von *Heitmeyer, W./Müller, J.* befragten West- und Ostskins bekannten sich zu ihrer fremdenfeindlichen Einstellung. Einer respektive zwei waren gar als Rassisten, zwei, respektive einer als Ethnopluralisten und ein Ostskin als Ethnozentrist einzuordnen. Nur zwei westdeutsche Skins bekannten sich dazu, Ausländer zu akzeptieren, *Dies.* 1995 (Fn. 19), 137, 145-152.

[769] Etwa ein Viertel der westdeutschen und sogar knapp die Hälfte der ostdeutschen Skins, die von *Heitmeyer, W./Müller, J.* 1995 (Fn. 19), 55-58 befragt wurden, gehörten rechtsextremen Parteien und Organisationen an.

[770] *Bredel, H.* 2002 (Fn. 28), 276ff. und 281ff., zum entsprechenden Liedgut; *Farin, K./Seidel-Pielen, E.* 1993 (Fn. 21), 65f. Hacki (23) Skinhead und Nationalsozialist, ebenda, 79 erklärt: „Die richtigen Skins sind bald weg, dann gibt's nur noch Linke und Rechte. Die rechte Skinheadbewegung ist jetzt schon ultrarechts. Die gucken nur noch so Richtung Hakenkreuz." Dies bestätigt auch die Schilderung des Exskins Tobias aus Westdeutschland, *Heitmeyer, W./Müller, J.* 1995 (Fn. 19), 103.

Vaterland, das ist, was ich heute schwör' ... ."[771] Und als Kämpfer für und Verteidiger oder gar Retter von Deutschland: „... Vorwärts für Deutschland, vorwärts für Deutschland, vorwärts für Deutschland, vorwärts für Deutschland ..."[772] und „... Die Retter Deutschlands, das sind wir, für mein Heimatland kämpf' ich wie ein wildes Tier. Treue, Blut und Ehr erhält unseren Stolz, denn wir sind hart, wie deutsches Eichenholz ... ."[773] Dabei wird das Deutschsein z.T. auf biologische Eigenschaften reduziert – „... Blondes Haar, die Augen blau, das ist meine deutsche Frau ... "[774] – und im Rückgriff auf Kategorien wie Volk und Rasse spezifiziert – „... Es gibt nur ein Deutschland und nur ein Reich, ob Sachsen, ob Bayern, das ist doch ganz gleich, wir sind alles Arier vom gleichen Stamm und bleiben Deutsche ein Leben lang ... ."[775] Im Text eines Liedes der Gruppe „Störkraft" erklären rechte Skins sogar, „... Wir sind Deutschlands rechte Polizei, wir machen die Straßen türkenfrei ... ."[776] Das nazistische und rassistische Selbstverständnis der Naziskins bringt ein Song von „Störkraft" auf den Punkt: „... Er ist ein Skinhead und Faschist. Er hat 'ne Glatze und ist Rassist. Moral und Herz besitzt er nicht. Hass und Gewalt zeichnen sein Gesicht. Er liebt den Krieg und liebt die Gewalt und bist du sein Feind, dann macht er dich kalt ...!"[777] Das Bild des Skinheads als Kämpfer wird dabei gerne mythologisch und militärisch überhöht: Während sich manche als Krieger aus dem Norden stilisieren und sich die Wikinger zum Vorbild nehmen, die Odins Erbe verteidigen,[778] bezeichnen sich andere als Deutschlands Heer, daß dem deutschen Volk den Weg zur Freiheit bahnt.[779] Der Wunsch nach Selbstüberhöhung artikuliert sich in der Bekundung der Bereitschaft für Deutschland als Märtyrer zu sterben: „... Der Kampf wird hart sein, bis Deutschland wird leben, lieber stehend

---

771 Song „Land meiner Väter" der Gruppe „Freikorps", zit. nach *Bredel, H.* 2002 (Fn. 28), 276.

772 Song „Vorwärts für Deutschland" der Gruppe „Dragoner", zit. nach *Bredel, H.* 2002 (Fn. 28), 277.

773 Song „Retter Deutschlands" der Band „Radikahl", zit. nach *Bredel, H.* 2002 (Fn. 28), 290.

774 Song „Deutsches Blut" der Band „Kahlkopf", zit. nach *Bredel, H.* 2002 (Fn. 28), 279.

775 Song „Arische Kämpfer" der Band „Landser", zit. nach *Bredel, H.* 2002 (Fn. 28), 281.

776 Song „Deutschlands Polizei", zit. nach *Bredel, H.* 2002 (Fn. 28), 290.

777 Song „Söldner," zit. nach *Bredel, H.* 2002 (Fn. 28), 291.

778 So in dem Song „Odin ruft" der Band „Heldentreue", zit. bei *Bredel, H.* 2002 (Fn. 28), 291. Auch die von *Eckert, R./Reis, Ch./Wetzstein, Th.A.* befragten Skins bezogen sich auf den germanischen Kult. Einer erklärte, nicht an Gott glauben zu können, weil dies heiße, daß er im Jenseits wieder auf „Nigger und Türken" stoßen würde. *Dies.* 2000 (Fn. 33), 295.

779 So in dem Song „Schwarz-Weiß-Rot" der Band „Oithanasie", zit. nach *Bredel, H.* 2002 (Fn. 28), 292f.

sterben als auf Knien zu leben ... ."[780] Oder noch deutlicher: „... Helden sterben jung und stolz, Helden sterben jung und stolz, Helden sterben jung und stolz, lasst uns die letzten Helden sein ... ."[781] Daß das Selbstverständnis der rechtsextremen Skins mit dem der Urskins nur schwer vereinbar ist, wird nicht geleugnet, man „versucht's zu verbinden".[782]

Das „rechte" Selbstverständnis ist insgesamt jedoch ideologisch wenig fundiert. Viele Skinheads lassen ein ernstzunehmendes politisches Bewußtsein vermissen. Fremdenfeindliche Orientierungen werden häufig aus einer diffusen Mischung von Stereotypen und Vorurteilen gespeist.[783] Das Interesse an der Tagespolitik ist gering. Die Abneigung gegen alles, was mit offizieller Politik zu tun hat, ist groß.[784] Die Ziele, Programme und Inhalte politisch rechter Gruppen und Parteien und die gesellschaftlichen und historischen Hintergründe rechtsextremer bzw. faschistischer Ideologien sind nur sehr vage bewußt oder überhaupt nicht bekannt.[785] In dem diffusen politischen Weltbild tauchen rechtsextremistische Orientierungen daher nur versatzstückhaft auf. Sie werden aufgegriffen, weil sie die eigenen Unzufriedenheiten, Enttäuschungen und Sehnsüchte wiederspiegeln.[786] Lediglich bei Skins, die Mitglieder rechtextremistischer Organisationen sind, läßt sich vielleicht eine „größere Affinität zum ideologischen Hintergrund" beobachten.[787] Aber selbst diesen fehlt häufig ein kohärentes ideologisches Weltbild. Rechtsextremistische Organisationen erfüllen eher die Funktion, vorhandene Gefühlslagen zu konkretisieren oder ihnen eine Richtung zu geben.[788]

c) Autonome

Das Selbstverständnis der Autonomen ist eigentümlich unbestimmt. Sie verbindet kein einheitliches ideologisches Konzept; es gib kein „Weltbild" der Autonomen.[789] In ihren politischen Erklärungen verbindet sich anarchistisches, sozialrevo-

---

[780] Song „Nordland erwache" der Band „Tonstörung," zit. nach *Bredel, H.* 2002 (Fn. 28), 294.

[781] Song „Die letzten Helden" der Band „Wotan", zit. nach *Bredel, H.* 2002 (Fn. 28), 294.

[782] Hacki (23) Skinhead und Nationalsozialist, zit. bei *Farin, K./Seidel-Pielen, E.* 1993 (Fn. 21), 75.

[783] *Heitmeyer, W./Müller, J.* 1995 (Fn. 19), 138.

[784] *Bredel, H.* 2002 (Fn. 28), 67. Dazu auch oben IV.

[785] *Böttger, A.* 1998 (Fn. 108), 259, 267; *Bredel, H.* 2002 (Fn. 28), 94.

[786] *Heitmeyer, W./Müller, J.* 1995 (Fn. 19), bezeichnen diese diffusen Rechtsextremisten als „Mitläufer". Die Hälfte der von ihnen befragten Skins war dieser Gruppe zuzurechnen, ebenda, 56f.

[787] *Heitmeyer, W./Müller, J.* 1995 (Fn. 19), 155.

[788] Dies beobachten *Heitmeyer, W./Müller, J.* 1995 (Fn. 19), 62, 71, bei Hermann aus Westdeutschland, früher Skinhead, erst FAP- dann NJ-Mitglied.

[789] *Schultze, Th./Gross, A.* 1997 (Fn. 59), 55, 68; *Moreau, P./Lang, J.P.* 1996 (Fn. 45), 367.

lutionäres und antikapitalistisches Gedankengut mit einer dezidiert antifaschistischen und antiimperialistischen Haltung.[790] Am ehesten eint sie ein „gemeinsames Lebensgefühl",[791] der Haß gegen Staat und Gesellschaft, eine ausgeprägt antikapitalistische, antifaschistische, antipatriarchale Haltung[792] und vor allem die Bereitschaft, zur Verwirklichung ihrer Ziele Gewalt anzuwenden.[793] Diese wird als Gegengewalt gegen die strukturelle Gewalt eines Systems von Zwang, Ausbeutung und Unterdrückung gerechtfertigt.[794] Dabei haben die Autonomen ursprünglich ausdrücklich erklärt: „Wir kämpfen nicht für Ideologien."[795] Im Jahre 1994 hieß es jedoch bereits, „auch wir haben eine Ideologie: Es geht uns dabei um Eigenverantwortung und Selbstbestimmung als gesellschaftspolitisches Ziel und *Mittel* zu deren Durchsetzung."[796] Letztlich orientieren sie sich an diffusen anarchistischen, anarcho-kommunistischen, bisweilen auch nihilistischen Ideologiefragmenten.[797]

---

790 *Bundesminister des Innern:* Verfassungsschutzbericht 1990, 42; Dieter, 21, Politisierung in einer „Jungen Gemeinde" in der DDR, heute autonome Antifa, Potsdam, Hausbesetzung und Antifa-Archiv-Aufbau. In: *Kongreßlesebuch-Gruppe* 1995 (Fn. 71), 226. Siehe auch *Lecorte, Th.* 1992 (Fn. 46), 82f. Zum Anarchismus, ebenda, 145. Manche artikulieren sich auch unverhohlener antiamerikanisch, *Bundesminister des Innern:* Verfassungsschutzbericht 1991, 40, zu Aktionen gegen den Golfkrieg.

791 *„Interim"* Nr. *109* vom *5.7.1990,* zit. bei *Bundesminister des Innern:* Verfassungsschutzbericht 1990, 42, Anm. 68; ferner *Bundesminister des Innern:* Verfassungsschutzbericht 1993, 34; 1995, 43; 1996, 39; 1997, 34; 1998, 94; *Schultze, Th./Gross, A.* 1997 (Fn. 59), 68. *Lecorte, Th.* 1992 (Fn. 46), 178: „Vielleicht dachten wir nicht alle gleich, ... aber wir fühlten dasselbe."

792 *Bundesminister des Innern:* Verfassungsschutzbericht 1990, 42; 1991, 38; 1992, 36; 1994, 37; 1995, 43; 1996, 39; 1997, 34; 1998, 94; 1999, 99; 2000, 128; *Schultze, Th./Gross, A.* 1997 (Fn. 59), 68; so auch *Moreau, P./Lang, J.P.* 1996 (Fn. 45), 368, ausführlich zum Antifaschismus der Autonomen 379ff. Dieter, 21, Politisierung in einer „Jungen Gemeinde" in der DDR, heute autonome Antifa, Potsdam, Hausbesetzung und Antifa-Archiv-Aufbau, äußert: „Mein Feindbild ist eine Gesellschaft, die alles zur Ware macht." In: *Kongreßlesebuch-Gruppe* 1995 (Fn. 71), 226f. Zum Haß auf den Staat auch Till, 20, Autonome Antifa und linkes Zentrum, Halle an der Saale, ebenda, 186f. und *Lecorte, Th.* 1992 (Fn. 46), 177f.

793 *Moreau, P./Lang, J.P.* 1996 (Fn. 45), 276.; *Bundesminister des Innern:* Verfassungsschutzbericht 1993, 34; 1994, 37; 1995, 44; 1996, 40; 1997, 34; 1998, 94.

794 *Bundesminister des Innern:* Verfassungsschutzbericht 1995, 44; 1997, 34; 1998, 94; 1999, 99; 2000, 128. Zu den mannigfachen gesellschaftlichen Zwängen, die ein selbstbestimmtes Leben verhindern und als Form der Gewalt interpretiert werden müssen auch Johanna 17, SPUK-SchülerInnen Plenum in Berlin, Antifa-Zusammenhänge. In: *Kongreßlesebuch-Gruppe* 1995 (Fn. 71), 216f.; ferner, allerdings für die achtziger Jahre, *Lecorte, Th.* 1992 (Fn. 46), 45f. Zur Gewaltbereitschaft auch *Moreau, P./Lang, J.P.* 1996 (Fn. 45), 367, 376.

795 Autonomiethesen aus dem Jahre 1981, abgedruckt in *Kongreßlesebuch-Gruppe* 1995 (Fn. 71), 274.

796 Autonomiethesen aus dem Jahre 1994, abgedruckt in *Kongreßlesebuch-Gruppe* 1995 (Fn. 71), 274.

797 *Bundesminister des Innern:* Verfassungsschutzbericht 1991, 38; 1992, 36; 1995, 43; 1999, 99. In den Autonomiethesen aus den Jahren 1981, 1994 heißt es: „Wir haben alle einen 'diffusen Anarchismus' im Kopf, sind aber keine traditionellen Anarchisten." Abge-

Marxistisch-Leninistische und auch dogmatisch kommunistische Vorstellungen werden dagegen von den meisten Autonomen und insbesondere von Szenemitgliedern in den neuen Bundesländern abgelehnt,[798] weil es sich dabei um Herrschafts- und Ordnungsideologien handelt, die den Staat wollen.[799] Das politische Handeln ist überwiegend von der Überzeugung bestimmt, daß nur politische Militanz, „nicht integrierbare Politikformen und Inhalte" ein linksradikales Bewußtsein fördern.[800] Aktion hat Vorrang vor Theorie.[801] Man will „Sand im Getriebe sein." Wichtig ist das Gefühl, aktiv zu sein: „Ich machte nicht Politik, ich lebte, um etwas zu machen, um zu handeln."[802] Es gibt aber auch Autonome, die von sich sagen, „(m)it den Pflastersteinen habe ich's nicht so"; sie finden, „daß zu viel gehauen und zu wenig gestritten wird."[803] Eine positive Selbstbestimmung fällt auch nach Aussagen ehemaliger Szenemitglieder schwer:[804] Die Anti-Haltung zu Staat und Kapital und das „Sich-Autonom-Erklären" ermöglichen die Herausbildung kollektiver Identitäten im Widerstand gegen die herrschenden gesellschaftlichen Normen und Zwänge.[805] Selbst gegen eine derart wage Selbstbestimmung werden noch Bedenken erhoben: Denn die Identitäten, auf die man sich berufe – so die Begründung – seien gar nicht selbst gewählt. Es handele sich um gesellschaftliche Konstrukte, die man sich habe aufzwingen lassen und die im Prozeß der Befreiung ihrerseits überwunden werden müßten.[806]

---

druckt in *Kongreßlesebuch-Gruppe* 1995 (Fn. 71), 276; auf die Autonomiethesen nimmt auch *Moreau, P./Lang, J.P.* 1996 (Fn. 45), 367 ausführlich Bezug.

798 Autonomiethesen 1981, 1994, abgedruckt in *Kongreßlesebuch-Gruppe* 1995 (Fn. 71), 276; ebenso Johanna 17, SPUK-SchülerInnen Plenum in Berlin, Antifa-Zusammenhänge und Dieter und Undine, 21, Politisierung in einer „Jungen Gemeinde" in der DDR, heute autonome Antifa, Potsdam, Hausbesetzung und Antifa-Archiv-Aufbau, ebenda, 224, 238f.

799 Autonomiethesen 1981, 1994. abgedruckt in *Kongreßlesebuch-Gruppe* 1995 (Fn. 71), 276. Ebenso *Moreau, P./Lang, J.P.* 1996 (Fn. 45), 368 ebenfalls bezugnehmend auf die Autonomiethesen. Zum Stalinismus als „Herrschaftssystem", *Geronimo* 1997 (Fn. 68), 139.

800 *„Interim"* Nr. 502 vom 13. Mai 2000, 13ff., zit. bei *Bundesminister des Innern:* Verfassungsschutzbericht 2000, 129.

801 *Schultze, Th./Gross, A.* 1997 (Fn. 59), 55. Zum Vorrang der Praxis bei der „nolympischen Volxsportbewegung", *Geronimo* 1997 (Fn. 68), 19, 31ff.

802 Allerdings für die achtziger Jahre, *Lecorte, Th.* 1992 (Fn. 46), 33, 42, auch 145.

803 Ilse, 29, Friedensbewegung, Solidaritäts-Bewegung und Nicaragua-Aufenthalt; Uni-Streik 1989, Häuserbewegung in Ostberlin ab '90. In: *Kongreßlesebuch-Gruppe* 1995 (Fn. 71), 98, 101.

804 *Schultze, Th./Gross, A.* 1997 (Fn. 59), 55.

805 *Schultze, Th./Gross, A.* 1997 (Fn. 59), 55f., 68, bezugnehmend auf das Zehn-Thesen-Papier, das Berliner Autonome im Vorfeld des „Tu-wat-Kongresses" im Jahre 1981 herausbrachten.

806 Redebeitrag der Hamburger Kongreßgruppe auf dem Autonomie-Kongreß im Jahre 1995, zit. bei *Geronimo* 1997 (Fn. 68), 241, Anm. 33.

Nach Auffassung von Alt-Autonomen befindet sich die Szene seit Ende der achtziger Jahre des letzten Jahrhunderts, erst recht seit der deutschen Wiedervereinigung und dem Zusammenbruch der Ost-Block-Staaten in der Krise.[807] Die Autonomen ringen um einen theoretischen Überbau und ein pointierteres Selbstverständnis.[808] Seit sich viele zunehmend in ihre Wohnprojekte, ihren Kietz wie ins Ghetto zurückgezogen und dort ihre Nischen gefunden haben,[809] erlebt sich die Szene als gelähmt.[810] Daß man sich in den 90er Jahren in der Migrations-, Verkehrs-, Energie- und Sozialpolitik nur noch als Verteidiger des Status quo erlebte, nur noch bestrebt, weitere Verschlechterungen zu vermeiden, ist unvereinbar mit dem für das autonome Selbstverständnis konstitutiven Begriff politischer Praxis: Als kritische Bewegung wollten sie mit ihren Aktionen immer nur angreifen, niemals verteidigen.[811] Die szeneintern als erfolgreich bewertete NOlymia-Kampagne in den Jahren 1992/93 wird daher auch als „groß angelegte Ersatzhandlung in einem riesigen politischen Vakuum" interpretiert.[812] Spätestens der gescheiterte Versuch der Autonomen, sich bei der Vorbereitung der 1. Mai-Demo '93 von der dogmatischen, teilweise stalinistischen Linken konstruktiv abzusetzen,[813] offenbarte jedoch, daß die Bewegung selbst nicht mehr wußte, wofür sie stand: Was man nicht wollte konnte man sagen, nicht aber den eigenen politischen Ansatz formulie-

---

807 Diese Einschätzung teilen *Moreau, P./Lang, J.P.* 1996 (Fn. 45), 403. *Geronimo* 1997 (Fn. 68), 19, diagnostiziert eine Krise des Politischen, die auch die autonome Bewegung selbst erfaßt hat. *Lecorte, Th.* 1992 (Fn. 46), 65, schreibt über das Jahr 1989: „Viele der damals Aktiven waren heute passiv und abgetörnt, weil alles so schwierig und zäh geworden war, nichts mehr von selbst zusammenpaßte und so viel Zeit mit Selbstdemontage verbracht wurde."

808 Einige Szenemitglieder entdeckten die Wichtigkeit von politischen Diskussionsprozessen, sprachen von Organisierung und Strukturierung des Widerstandes. „Seit Mitte der Achtziger Jahre nahmen die Fremdworte zu, die Sätze wurden länger und schwieriger und ihr Inhalt mußte dauernd geklärt und in Frage gestellt werden", *Lecorte, Th.* 1992 (Fn. 46), 106.

809 *Schultze, Th./Gross, A.* 1997 (Fn. 59), 64; Ilse, 29, Friedensbewegung, Solidaritäts-Bewegung und Nicaragua-Aufenthalt; Uni-Streik 1989, Häuserbewegung in Ostberlin ab '90. In: *Kongreßlesebuch-Gruppe* 1995 (Fn. 71), 92, 101; *Geronimo* 1997 (Fn. 68), 216. Für ihn sind diese Rückzugstendenzen ein Symptom der Krise des Politischen in der Szene, das den Verhältnissen unangemessen ist, da nämlich „spätestens nach dem Mauerfall .... keine Lokalität des autonomen Widerstands mehr (existiert) - jedenfalls keine, die es noch wert wäre, verteidigt bzw. ausgeweitet zu werden. Nach 1989 leben wir nicht mehr im Kiez, sondern auf der ganzen Welt." Ebenda, 145.

810 *Kongreßlesebuch-Gruppe* 1995 (Fn. 71), 14

811 *Geronimo* 1997 (Fn. 68), 24. „Stattdessen wäre doch zu lernen, selbstbewußte und verantwortliche Täterinnen zu werden, ebenda, 107.

812 *Geronimo* 1997 (Fn. 68), 59.

813 Mit der Folge, daß die Autonomen, die sich nicht bereits in der Vorbereitungsphase der Demo zurückgezogen hatten, noch einmal unter Lenin-, Stalin- und Maoköpfen auf der Straße marschierten. *Geronimo* 1997 (Fn. 68), 137.

ren und gegen andere Ansätze abgrenzen.[814] Einerseits schien es den praxisbetonten Autonomen nunmehr notwendig, das Verhältnis von Theorie und Praxis neu zu bestimmen,[815] andererseits kränkte der vom dogmatischen linken Flügel erhobene Vorwurf der Tatenlosigkeit.[816] Die für das Selbstverständnis so wichtige Radikalität, das Gefühl die „radikale Avantgarde" zu sein, schien zu einem „Attribut, einem Lebensstil" degeneriert, während die politische Weiterentwicklung stagnierte.[817] Gleichzeitig rieb man sich an den patriarchalen, rassistischen und leistungsorientierten Strukturen in der eigenen Szene.[818] Nicht zuletzt aus dieser Krise des Selbstverständnisses, die im Debakel am 1. Mai 1993 kulminierte, entstand die Idee zu einem Autonomie-Kongreß.[819] Es sollte diskutiert werden, wie sich alte Bewegungsreste und neue Bewegungsansätze zusammenführen lassen.[820] Insbesondere wollte man sich in Form und Inhalt von neostalinistisch-revolutionären Strömungen distanzieren.[821] Es ging um „*unser* autonomes Selbstverständnis, *unseren* Internationalismusbegriff, *unser* Wir".[822] Eine Neubestimmung schien auch deshalb angezeigt, weil sich die kapitalistische Herrschaftsordnung seit dem Zusammenbruch der sozialistischen Systeme ungehindert ausbreitete und alle Utopien liquidierte.[823] Mit den Vorbereitungen auf den Autonomie-Kongreß verband sich für viele die Hoffnung auf „eine Bestandsaufnahme, ein Kräftesammeln und einen Generationenwechsel zugunsten eines Neubeginns linksradikaler, undogmatischer, 'autonomer' Opposition.[824] Vor diesem Hintergrund verwundert es nicht, daß in den 90er Jahren die in Szenezeitschriften und dann auf den zahllosen Kongreßvorbereitungstreffen ausgetragenen Diskussionen kontroverser politischer Thesen und die kritische Selbstbespiegelung das politische Selbstverständnis zunehmend mehr als handfeste gemeinschaftliche Aktionen bestimmten.[825] Einen szeneintern beach-

---

[814] *Kongreßlesebuch-Gruppe* 1995 (Fn. 71), 17f.; ausführlich *Geronimo* 1997 (Fn. 68), 133-138, zur Unfähigkeit zur positiven Selbstbestimmung insbesondere 137.

[815] So etwa die „Autonomen Studis" (Bolschewiki) aus Freiburg, 1990, 20ff., zit. bei *Schultze, Th./Gross, A.* 1997 (Fn. 59), 141.

[816] *Geronimo* 1997 (Fn. 68), 136: „Statt Massenmobilisierung wie früher gibt es heute zu verschiedensten, nicht minder wichtigen Anlässen nur noch eine Handvoll Aufrechter auf der Straße." *Schultze, Th./Gross, A.* 1997 (Fn. 59), 65.

[817] *Schultze, Th./Gross, A.* 1997 (Fn. 59), 213; *Moreau, P./Lang, J.P.* 1996 (Fn. 45), 283.

[818] Autonomiethesen 1994, abgedruckt in *Kongreßlesebuch-Gruppe* 1995 (Fn. 71), 280.

[819] *Geronimo* 1997 (Fn. 68), 140.

[820] *Kongreßlesebuch-Gruppe* 1995 (Fn. 71), 12.

[821] *Geronimo* 1997 (Fn. 68), 140.

[822] *Geronimo* 1997 (Fn. 68), 138.

[823] *Kongreßlesebuch-Gruppe* 1995 (Fn. 71), 13.

[824] *Kongreßlesebuch-Gruppe* 1995 (Fn. 71), 17. Ähnlich, *Geronimo* 1997 (Fn. 68), 137. Dazu auch *Bundesminister des Innern:* Verfassungsschutzbericht 1994, 38.

[825] *Bundesminister des Innern:* Verfassungsschutzbericht 1998, 93 zur kritischen Bestandsaufnahme in der Szene. Schon seit Mitte der achtziger Jahre beobachtet *Lecorte, Th.* 1992 (Fn. 46), 106 dies für einige Szeneangehörige, während ihm selbst das alles zu „los-

teten Beitrag hat GERONIMO, der Theoretiker der autonomen Szene, mit dem Abschlußband seiner Trilogie „Glut und Asche"[826] geleistet, in dem er für die Neubegründung des Politischen plädiert, dafür, „die Glut dessen, was die autonome Bewegung hervorgebracht hat ... unbedingt für bessere Zeiten zu retten," auch wenn vieles „bei intensivem Nachdenken zu Asche" geworden sei.[827] Szeneinterne Kritiker dieser selbstreflexiven Wendung wollen die Wichtigkeit der „Selbstbesinnung und Neubestimmung von Positionen unter veränderten Bedingungen" nicht bestreiten. Sie kritisieren die ausufernden Diskussionen jedoch als Äquivalent einer der autonomen Bewegung unangemessenen „Bewegungslosigkeit". Sie monieren, daß sich zunehmend eine „Schere zwischen Ansprüchen und eigener Praxis" auftue.[828] Viele bezweifeln, auch in Anbetracht einer eher resignativen Grundstimmung in der Szene, daß die Autonomen aus den theoretischen Auseinandersetzungen um Organisierung und Unterdrückungsmechanismen wieder zu einer dem autonomen Selbstverständnis angemessenen „praktischen Handlungsebene" finden können. Eine Bewegung, die stark auf Gesinnung, weniger auf Ideologie beruhe, sei darauf angewiesen, sich als kollektiver Akteur durch gemeinsame Aktivitäten symbolisch beständig neu zu konstituieren und durch diese Aktivitäten neue Anhänger zu mobilisieren. „Autistische Politik" und Abschottung führten unweigerlich zum Verschwinden der Restbewegung.[829] Es sei daher auch nicht verwunderlich, daß obwohl Rassismus, Sexismus in der Gesellschaft wie in der Szene, Sozialabbau und organisierter Faschismus die „gleichberechtigte Zusammenarbeit von Marginalisierten und politisch bewußten Menschen" mehr denn je herausforderten, sich noch keine offensive Bewegung formiert habe.[830] Die endlosen Diskussionen, in denen man um Neu- und Selbstbestimmung rang, die aber in keine Praxis mehr einmündeten, wurden daher auch als feiger Versuch verdächtigt, der mühsam gewordenen Praxis auszuweichen.[831] Der Autonomiekongreß selbst wurde als „autonomer Kirchentag" diskreditiert.[832] Andere bewerteten den Autonomiekongreß aber durchaus positiv. Sie erklärten, die KongreßbesucherInnen hätten dieses dreitägige Großereignis genutzt, entsprechend dem autonomen Selbstver-

---

gelöst von der Erde" war: „Diskussionen wie im Spacelab, das interessierte mich nicht." *Geronimo* 1997 (Fn. 68), 31, vertritt etwa die Auffassung, daß die NOlympia-Kampagne, die letzte Bewegungskampagne von Westberliner Autonomen war. Ebenda auch 192. *Schultze, Th./Gross, A.* 1997 (Fn. 59), 137f.

826 Bände I und II „Feuer und Flamme", 1990, 1992.

827 *Geronimo* 1997 (Fn. 68), 22.

828 *Kongreßlesebuch-Gruppe* 1995 (Fn. 71), 12.

829 *Schultze, Th./Gross, A.* 1997 (Fn. 59), 214f., 64, 66. Daß man sich „nicht in Theoriediskussionen versteigen" dürfe, meint auch der 20-jährige Conrad, Autonome Antifa und linkes Zentrum, Halle an der Saale. In: *Kongreßlesebuch-Gruppe* 1995 (Fn. 71), 195.

830 *Schultze, Th./Gross, A.* 1997 (Fn. 59), 216.

831 *Kongreßlesebuch-Gruppe* 1995 (Fn. 71), 18.; ähnlich schon für die achtziger Jahre „radikal" Nr. 123, 12/1983, 12, zit. bei *Schultze, Th./Gross, A.* 1997 (Fn. 59), 138.

832 So berichtet bei *Geronimo* 1997 (Fn. 68), 194.

ständnis, „die eigenen Interessen eigenverantwortlich und selbstorganisiert in die Hand zu nehmen.“[833] Insgesamt zweifeln heute viele Autonome daran, ob sie wieder zu einem einheitlichen Selbstverständnis finden werden. Manche befürchten, daß der Autonomiekongreß ein Abgesang auf die Autonomen war.[834]

2. Interpretation

a) Zur kollektiven Identität jugendkultureller „Kampfgemeinschaften“

In Folge der Erosion kommunikativer Strukturen wird die kollektive Identität des Gemeinwesens verunsichert und die Muster sozialer Zugehörigkeit werden brüchig. Jugendkulturen werden zu kompensatorischen Auffanglebenswelten, soweit sie kollektive Identität zu stiften vermögen und entfremdete Jugendliche beheimaten.[835] Hooligans und Skinheads, aber auch Autonome verstehen sich als Kampfgemeinschaften. Die Hooligangruppen messen sich mit anderen Hooligangruppen in sportlich verstandenen Kämpfen, die rechten Skinheads kämpfen für Deutschland und gegen Ausländer, die linken oder eher unpolitischen verstehen sich als Verteidiger des Skinheaderbes, und die Autonomen positionieren sich als Kämpfer gegen Staat, Kapitalismus und Faschismus. Daß gerade Jugendkulturen, die sich als Kampfgemeinschaften konstituieren, auf junge Menschen Anziehungskraft ausüben, ist ein subtiles Indiz dafür, daß die gesamtgesellschaftliche Integration brüchig geworden ist. Denn Kampfgemeinschaften konstituieren sich als Enklaven innerhalb einer größeren sozialen Gemeinschaft und bieten Jugendlichen Zuflucht, die sich der Gesamtgesellschaft nicht mehr zugehörig, sondern entfremdet fühlen oder sich von ihr ausgegrenzt erfahren. „Kampfgemeinschaften“ greifen diese Entfremdungs- und Dissoziationserfahrungen der Jugendlichen auf, weil bei ihnen die Abgrenzung *von* „Gegnern“, konkurrierenden Jugendkulturen oder der tatsächlich oder zumindest vermeintlich feindlich gesinnten Gesellschaft und nicht die Zugehörigkeit *zu* Anderen kollektive Identität stiftet.

Die Hooligans grenzen sich von anderen Hooligangruppierungen über den Erfolg der eigenen Gruppe ab. Status, Prestige, Schlagkraft und im Kampf verdienter Ruhm sind Quelle ihres elitären Selbstverständnisses. Dies wird gefestigt und untermauert durch die Betonung modischen Chics, über den sich die Hooligans von den „Kuttenfans“, aber auch von anderen Jugendkulturen, insbesondere „den Langhaarigen“, sprich links-alternativen Jugendlichen abzugrenzen vermögen. Die vermeintliche Fairness ihrer gewalttätigen Konfrontationen erlaubt es ihnen

---

833 *Geronimo* 1997 (Fn. 68), 193.

834 *Schultze, Th./Gross, A.* 1997 (Fn. 59), 53, 170f., beurteilen die Zukunft eher skeptisch. *Geronimo* 1997 (Fn. 68), 25, diagnostiziert in seinem Kapitel „Über den Zerfall und die Neubegründung des Politischen“ das „Ende der autonomen Bewegung“, wagt jedoch in seinem Kapitel über den Autonomiekongreß '95 „Autonomie und Eigensinn“ immerhin wieder eine vorsichtig optimistische Prognose, 195.

835 Dazu oben § 6 III. 1. a).

schließlich auch, auf Skinheads und „Lutscher“ verächtlich herabzublicken. Auch insoweit speist sich ihr elitäres Selbstbewußtsein aus der überheblichen Abgrenzung von anderen. Aufgewertet und in ihrem Selbstbewußtsein bestätigt fühlen sie sich dabei paradoxerweise auch durch die schockierenden Medienberichte über die von ihnen verübten Gewalttaten.[836]

Die Skinheads betonen ihre Herkunft aus der Arbeiterklasse und stilisieren sich damit alles andere als elitär. Die rechtsextremen unter ihnen definieren sich über ihre zentrale Aufgabe, den martialischen Kampf gegen Ausländer. Dabei wird die Identifikation mit dem öffentlichen Stigma zur zentralen Quelle eines trotzigen Selbstbewußtseins der gesellschaftlich Geächteten. Die gesellschaftliche Ächtung und Ausgrenzung fungiert dabei als stützendes Korsett ihrer negativen Identität. Statt auf elitäre Stilisierung setzen die rechten Skins auf archaische, mythologische Überhöhung: Als Krieger des Nordens verteidigen sie Odins Erbe und sind bereit, im Kampf für Deutschland den unerläßlichen Blutzoll zu entrichten. SHARP-Skins haben sich als Reaktion auf den Rechtsruck der Szene und vor allem in Auflehnung gegen entsprechende öffentliche Zuschreibungen als Anti-Rassisten und Anti-Faschisten positioniert. Weil die meisten von ihnen jedoch eher unpolitisch sind, ist das politische Selbstverständnis ein bloßes Konstrukt. Daß in der Szene selbst die Entstehung der SHARP-Skins als „Notwehrreaktion“ beschrieben wird, belegt, daß der Rechtsruck der Szene die kollektive Identität vieler Skinheads verunsichert hat. Auf der Suche nach neuen Quellen eines eher unpolitischen Selbstverständnisses haben sie sich daher auf die Ursprünge des Kults besonnen, stilisieren sich als Verteidiger des von den Rechten verratenen und zu Unrecht öffentlich diskriminierten Skinheaderbes und pflegen alte musikalische Traditionen.

Die Autonomen kämpfen gegen sehr abstrakte Gegner, den Staat, die kapitalistische Wirtschaftsverfassung und den Faschismus. Weil ihnen eine positive Selbstbestimmung schwer fällt und eine spezifischere inhaltliche Ausrichtung mit ihrer ideologiefeindlichen, anti-dogmatischen Haltung nicht vereinbar ist, stiften die Autonomen letztlich nur eine negative Identität. Sie eint der Wille zum Widerstand gegen die bestehenden Verhältnisse und das herrschende System, von dem sie sich schroff distanzieren.

Weil alle drei jugendkulturellen Kampfgemeinschaften sich in gewalttätigen Aktionen konstituieren und nach außen abgrenzen, wird die Ausübung von Gewalt zum integralen Bestandteil ihrer kollektiven Identität. Dies ist auch ein Indiz dafür, daß die Stabilisierung der kollektiven Identität und die Integration der Gruppe über produktive Verständigungsprozesse nicht mehr gelingt. Die Ausdrucks- und Kommunikationsmöglichkeiten sind offenbar so beschränkt, daß ein Wir-Gefühl nur mehr bei kollektiv verübten Gewalttaten erfahrbar wird.[837]

---

[836] Zu den Entfremdungsrisiken oben IV. 2. d) und § 6 III. 3. a).

[837] Dazu oben § 6 III. 1. a).

b) Zur Integrationskraft kollektiver Identitäten, zur Bedeutung ihrer politisch- ideologischen Facetten und zu ihrer persönlichkeitsstabilisierenden Funktion

Jugendliche, die unter Integrationsdefiziten leiden, die keine stabilen Persönlichkeitsstrukturen ausgebildet haben und den Individualisierungszumutungen in einer rationalisierten Lebenswelt nicht gewachsen sind, suchen in Jugendkulturen Auffanglebenswelten, die Integrations- und Sozialisationsdefizite kompensieren.[838] Die Jugendkulturen werden sich als integrationskräftig und persönlichkeitsstabilisierend erweisen und defizitäre oder rudimentäre Selbstentwürfe wirkungsvoll substituieren, wenn es ihnen gelingt, das Selbstverständnis der kollektiven Kampfgemeinschaften klar zu konturieren und inhalts- und facettenreich auszugestalten.[839] Den Skinheads gelingt dies noch besser als den Hooligans und vor allem besser als den Autonomen. Warum dies so ist, erhellt aus der näheren Analyse der Elemente und Quellen des Gruppenselbstverständnisses.

Die Attraktivität der Hooligans verdankt sich sicherlich der Prägnanz ihres Selbstverständnisses. Wer dazugehören will, darf und muß sich als Kämpfer verstehen, als mehr aber auch nicht. Die Gruppe legt niemanden auf ein politisches Bekenntnis fest und verlangt nicht einmal die bedingungslose Identifikation mit einem Verein. Man ist „Hooligan" und noch nicht einmal notwendig Fan einer bestimmten Mannschaft. Die Zugehörigkeit zur Gruppe wird nur über einen rudimentären Verhaltenskodex geregelt, der allein die kämpferischen Auseinandersetzungen ordnet: Gewalt soll nur gegen diejenigen angewendet werden, die sich zu schlagen bereit sind. Gekämpft wird Mann gegen Mann, im Prinzip ohne Einsatz von Waffen. Jeder Hooligan muß für andere eintreten. Dabei vermittelt der für ihr Selbstverständnis so wichtige Anspruch der Fairness ihnen das Gefühl, ihre interpersonalen Beziehungen legitim geordnet zu haben. Und gerade weil sie im Kampf zusammenhalten, wird bei den Hooligans die Solidarität erfahrbar, die man im Lebensalltag, als „Einzelkämpfer" vermißt. Die kollektive Identität einer solidarischen Kampfgemeinschaft kompensiert damit erosionsbedingte gesellschaftliche Integrationsdefizite. Dank ihrer klaren Konturen vereinfacht die Rolle des Kämpfers aber auch die Selbstverständigung. Dieser Vereinfachung, aber auch ihrer metaphorischen Aura verdankt die Kämpferrolle ihr in hohem Maße identitätsstiftendes und -stabilisierendes Potential. Der Sieg als Kämpfer in der Hooliganschlacht kompensiert die Niederlagen und Frustrationen im Lebens- und Berufsalltag und hat daher psychohygienische Funktion. Ob das reduktionistische Selbstverständnis der Hooligans sich langfristig als integrationskräftig bewährt, darf jedoch bezweifelt werden. Es wurde bereits erwähnt, daß Großgruppierungen zunehmend zerfallen und nur kleinere Gruppen sich als überlebensfähig erweisen, deren Mitglieder

---

[838] Dazu oben § 6 III. 1. a) und b).

[839] Dazu oben § 6 III. 1. a) und b).

sich auch freundschaftlich und wegen der geteilten Fußballbegeisterung verbunden fühlen.[840] Auffällig ist, daß nationalistische Parolen zunehmend nicht mehr nur zur Provokation skandiert, sondern mit aggressivem Nachdruck vorgetragen werden. Es macht beinahe den Eindruck, als wollten die Hooligans ihr Selbstverständnis als Kämpfer nationalistisch fundieren und sich eine neue Quelle des Gemeinschaftsgefühls erschließen. Auch daß Hooligans sich vermehrt von rechtsextremistischen Organisationen vereinnahmen lassen, spricht dafür, daß das integrationsstiftende Potential der kollektiven Identität der Hooligans zu gering ist, um komplexere Vergemeinschaftungsbedürfnisse zu befriedigen. Daß sie in systemischen Organisationen nicht die sozialen Gemeinschaften finden werden, die sie suchen, steht auf einem anderen Blatt.[841]

Bei den Autonomen zeigt sich, daß die Integrationskraft einer Gruppe, die eine positive Selbstbestimmung vermeidet und deren Mitglieder nur ein gemeinsames Lebensgefühl und eine mehr oder weniger diffuse Anti-Haltung verbindet, sich langfristig als beschränkt erweist. Gerade weil sich die Autonomen nicht über konkrete ideologische Inhalte definieren, bleibt ihr Selbstverständnis eigentümlich unscharf: „Man will Sand im Getriebe sein" und bekennt sich lediglich zu formalen Konzepten wie Selbstbestimmung und Eigenverantwortung. Wegen seiner Formalität stiftet dieses Bekenntnis nur eine höchst fragile kollektive Identität. Sie bedarf eigentlich beständig der näheren Bestimmung in kommunikativen Prozessen. Wegen der Konturlosigkeit substituiert das Selbstverständnis der Gruppe aber auch defizitäre Selbstentwürfe nur unzureichend. Denn die Mitgliedschaft bei den Autonomen vermittelt dem einzelnen letztlich allenfalls das Gefühl, „aktiv zu sein". Wer man ist und wer man werden könnte, bleibt demgegenüber vergleichsweise diffus. Es ist daher eher die aktionistische Verfolgung immer neuer, konkreter Handlungsziele,[842] die das Selbstbewußtsein der einzelnen stärkt, Ohnmachtsgefühle zu überwinden hilft und Möglichkeiten eröffnet, sich, wenn auch als destruktiver, so doch scheinbar kompetenter Aktor zu erleben.[843] Daß allein das gemeinsame Bekenntnis zu Gewalt und militanter Praxis die Frage, wofür die Autonomen stehen, nur unzureichend beantwortet, wurde gerade bei den Vorbereitungen für die 1. Mai-Demo für viele schmerzlich erfahrbar. Weil autonome Lebenszusammenhänge zunehmend bedroht sind und viele sich in ihre Ghettos und Nischen zurückgezogen haben und auch weil die Autonomen merken, daß ihre kommunikativen Fähigkeiten nicht zureichen, um ihre unterschiedlichen Aspirationen und Lebensvorstellungen und ihr Verständnis von Autonomie und autonomer Praxis mit dem anderer Autonomer zu vermitteln,[844] erlebt sich die autonome Gemeinschaft als

840 Zu der Einsicht, daß die Gruppengröße überschaubar bleiben sollte oben VIII. 1. a).

841 Dazu oben § 6 III. 3. b).

842 Zum autonomen Aktionismus oben § 3 XIII.

843 Dazu ausführlich unten X. 2. a).

844 Dazu oben V. 1. c).

zunehmend dissoziiert. Den Autonomen ist bewußt geworden, daß sie ihre Anziehungskraft nur bewahren können, wenn es ihnen gelingt, ein trennscharfes autonomes Selbstverständnis auszubilden und sich etwa von links-dogmatischen Gruppen abzugrenzen. Es zeigt sich, daß sie als Jugendkultur gesellschaftliche Integrationsdefizite nur dann kompensieren können, wenn sie zumindest eine rudimentäre positive kollektive Identität zu stiften vermögen.[845] Die Neu- und Selbstbestimmung fällt jedoch schwer. Denn die Autonomen verstricken sich in Selbstwidersprüche, sobald szeneinterne theoretische Diskussionen das Gemeinschaftsleben mehr bestimmen als militante Praxis, über die sich die Gemeinschaft eigentlich konstituiert und immer konstituieren wollte.[846] Außerdem wird jeder vage Versuch einer Selbstbestimmung gleich als möglicherweise subtil fremdbestimmt verdächtigt. Gerade als anomische Jugendkultur werden die Autonomen Opfer eines Dilemmas. Sie müssen erfahren, daß ihre Vorstellung von einer sich in kollektiven gewaltzentrierten Aktionismen konstituierenden politischen Protestbewegung sich nur bedingt bewährt und daß sie wegen ihres politisch-kämpferischen Selbstverständnisses auf inhaltliche Ausrichtung und damit auf den Verständigungsmechanismus angewiesen sind, ohne den Anforderungen, die sich daraus für den einzelnen und die Gruppe ergeben, in jedem Fall gewachsen zu sein[847] und ohne die Notwendigkeit inhaltlicher Selbstbestimmung ideologisch gutheißen zu können. Das inhaltsoffene Selbstverständnis und die offenen Gruppenstrukturen,[848] mit denen die Autonomen als anomische Jugendkultur auch den emanzipatorischen Gehalt der gesellschaftlichen Modernisierung verteidigen wollen, werden ihnen gleichermaßen zum Problem. Es wundert daher nicht, daß viele auch nach dem Autonomie-Kongreß die Zukunft der Autonomen als ungewiß betrachten.

Das Selbstverständnis der Skinheads ist im Vergleich zu dem der Hooligans und Autonomen facetten- und inhaltsreicher. Es ruht auf verschiedenen Pfeilern und erweist sich damit als besonders integrationskräftig. Ein solides Fundament bildete ursprünglich das Bekenntnis zu einer Klasse, der Arbeiterklasse. Die Zuordnung zu einer Gesellschaftsschicht, in der sich zunehmend Marginialisierte und Verlierer der industriellen Rationalisierung sammeln, entspricht dabei vor allem dem eigenen Lebensgefühl; bei denjenigen, die selbst gar keiner Arbeiterfamilie entstammen, hat die Zuordnung sogar bis heute rein metaphorische Bedeutung. Denn über das Bekenntnis zur Arbeiterklasse, mit dem geschickt bestimmte Traditionen, Werte und Normen vereinnahmt werden, gewinnt der Skinheadkult eine über ihn selbst hinausweisende Aura, noch bevor er selbst symbolproduktiv geworden ist. Das Arbeiterselbstverständnis hat auch für jeden einzelnen identitätsstabilisierende Funktion, weil er weiß, wofür und für wen er einzustehen hat, nämlich für diejeni-

---

[845] Dazu oben § 6 III. 1. a).

[846] Zur militanten Praxis und ihrer Rechtfertigung oben I. und II.

[847] Dazu ausführlich oben V. 1. c).

[848] Zu diesen oben VIII. 1. c).

gen, die wie er selbst auf der Seite der Modernisierungsverlierer stehen oder zumindest zu stehen scheinen. Daneben sind das von den Skinheads kreierte Outfit, die Musikrichtungen, die die Szene hervorgebracht hat, und die Songs, in denen sich die Skinheads selbst besingen und ihr kollektives Selbstverständnis ausgestalten, zentrale Quellen ihrer kollektiven und persönlichen Identität.

Das Arbeiterselbstverständnis konfligiert auf den ersten Blick damit, daß die Skinheads schon immer eher rechts als links ausgerichtet waren. Diese vermeintliche Inkoheränz schmälert die Integrationskraft des Kults jedoch nicht, weil sie sich vor dem Hintergrund der Bedeutung und Funktion der politischen Überzeugungen der Skinheads als wenig bedeutsam erweist. Daraus, daß als „linke" Feinde Kommunisten, Lehrer und „Langhaarige" angesehen wurden, erhellt bereits, daß das Bekenntnis, rechts zu sein, wenig mit konkreten politischen Inhalten zu tun hatte und eher als Ausdruck eines aggressiv vorgetragenen anti-intellektuellen Affekts zu interpretieren war, eines Affekts der Marginalisierten, denen der Aufstieg in eine besser situierte Mittelschicht auch deshalb versagt blieb, weil es ihnen an den notwendigen schulischen und beruflichen Qualifikationen fehlte.[849] Auch eine gewisse Beliebigkeit bei der Wahl der Opfer[850] läßt darauf schließen, daß sich Frustrationen und Aggressionen letztlich eher politisch ungerichtet entluden. Solange politische Einstellungen für das Selbstverständnis noch weniger prägend waren und rechte Parolen in erster Linie der Provokation dienten, wurde dieser scheinbare innere Widerspruch ohnehin nicht wirklich virulent. Erst als die ersten Ausländerheime brannten und Skinheads in der Öffentlichkeit als Rechtsextremisten gebranntmarkt wurden, kamen sie nicht umhin, sich auch politisch zu positionieren. Danach kam es zur Spaltung der Skinheadszene. Seitdem sind auch „politische" Überzeugungen für das Selbstverständnis konstitutiv. Auch der Rechtsruck eines Großteils der Szene führte nicht zu destabilisierenden Verwerfungen im Selbstverhältnis der Skins. Dies nicht zuletzt deshalb, weil sich die Politisierung der Skinheads näher besehen als Pseudopolitisierung erweist. Der Anti-Rassismus der eher linken und unpolitischen Skins gewann ohnehin nie wirklich politisch-intellektuelles Profil. Sie schöpfen ihr Selbstbewußtsein heute vielmehr daraus, daß sie den Skinheadtraditionen treu geblieben sind und stilisieren sich als die von der Öffentlichkeit verkannten Bewahrer eines verkannten Kults. Diejenigen Skinheads, die sich mit dem rechten Stigma identifiziert und sich dem Bild des Skinheads als rechtem Schläger anverwandelt haben, definieren sich heute als Ausländerhasser und stolze Deutsche. Selbst denjenigen, die sich sogar rechtsextremistischen Organisationen angeschlossen haben, fehlt nicht selten ein kohährentes ideologisches Weltbild. Das „politische" Selbstverständnis der rechten und rechtsextremen Skinheads amalgamiert lediglich Ideologiefragmente mit landläufigen Vorurteilen und Vorbehalten gegenüber Fremden, mit mythologischen Inhalten und naiven biologistischen Vorstellun-

---

849 Besonders klar zeigte sich dies bei den britischen Vorbildern, dazu oben § 2 II.

850 Dazu unten XII. 1. b).

gen von Volk, Rasse und Nation. Es sind dabei nicht so sehr die politischen Inhalte als vielmehr die moralisch-mythologischen Überhöhungen des gemeinsamen, kompromißlosen Kampfes gegen Ausländer, die dem Kollektiv eine monströse Aura verleihen. Die Zuordnung zur „Herrenrasse" der Arier hat die Zuordnung zur Arbeiterklasse überlagert. Statt gegen vermeintliche Modernisierungsgewinner kämpfen die Skinheads heute gegen ausländische Konkurrenten. Dies stellt sich aber allenfalls bei oberflächlicher, rein inhaltlicher Betrachtung als Verwerfung und „Traditionsbruch", als unvereinbar mit dem Arbeiterselbstverständnis dar. Denn die Marginalisierten kämpfen heute lediglich an einer anderen Front. Richteten sich ihre Aggressionen ursprünglich gegen diejenigen Jugendlichen und Studenten, von denen sie sich überrundet sahen, so kämpfen sie heute gegen Ausländer, weil diese ihnen vermeintlich ihren ohnehin prekären sozialen Status streitig machen. Dabei eröffnet das rassistisch-völkische Selbstverständnis – wie schon das Arbeiterselbstverständnis – den Skinheads die Möglichkeit, an der Aura einer größeren, in diesem Fall fiktiven Gemeinschaft zu partizipieren, als deren Vorkämpfer sie sich definieren. Fiktiv ist die Bezugsgemeinschaft in jeder Hinsicht. Die Gemeinschaft der Deutschen ist eine Fiktion, weil sie in einem multi-ethnischen Staat nicht mehr gelebt, sondern nur mehr beschworen werden kann. Und die Gemeinschaft der Arier und Wikinger bleibt eine Fiktion, weil es diese Völker zwar vor Jahrhunderten tatsächlich gab, heute aber nur noch als ideologische Konstrukte gibt. Während die Konstruktionsprinzipien und die innere Logik des Selbstentwurfs der „Urskins" und der rechtsextremistischen Skins dieselben geblieben sind, erweist sich das identitätsstiftende und -stabilisierende Potential des rechtsextremistischen Selbstverständnisses sogar als ungleich größer. Denn vom trotzigen Verteidiger der Arbeiterklasse sind die rechten Skinheads zum Vor- und Frontkämpfer deutscher Interessen avanciert, zu Rettern Deutschlands, zu Deutschlands rechter Polizei. Als Skinheads übernehmen desorientierte und marginalisierte Jugendliche eine klar konturierte Rolle und erfüllen Aufgaben von „nationaler Bedeutung": „... Ich weiß, wo ich geboren bin, ich weiß, wohin ich gehör', ich bin stolz auf mein Vaterland, das ist, was ich heute schwör' ..."; „die Retter Deutschlands, das sind wir, für mein Heimatland kämpf' ich wie ein wildes Tier." Gerade die klar konturierten Handlungsziele helfen den Skinheads, sich in einer als überwältigend komplex erlebten Umwelt zu orientieren. Rolle und Aufgabe werden von den Skinheads in ihren Liedern aggressiv martialisch ausgestaltet – „Treue, Blut und Ehr' erhält unseren Stolz, denn wir sind hart, wie deutsches Eichenholz ..." – und indem sie sich selbst als potentielle Märtyrer stilisieren, verleihen sie sich im Vorgriff auf zukünftige „Schlachten" eine geradezu religiöse Aura. Daß Beobachter der Szene den Eindruck gewinnen, daß ideologische Anleihen den Skinheads helfen, ihre Gefühlslagen zu konkretisieren und ihre Sehnsüchte und Unzufriedenheiten zum Ausdruck zu bringen, bestätigt, daß von einer nachhaltigen Politisierung der rechten Szene keine Rede sein kann. Diese Einschätzung belegt vielmehr, daß die Ausdrucksmöglichkeiten der Skinheads so beschränkt sind, daß ihnen tragfähige Selbstentwürfe ohne Rückgriff auf mythologische und ideologische Versatzstücke nicht gelingen.

Gerade weil die Skinheads trotz erster Anzeichen[851] noch nicht zu einer anomischen, systemoppositionellen Jugendkultur mutiert sind, führt es in die Irre, sie auf ihre „politischen“ Überzeugungen zu reduzieren. Denn wer die Skinheads als „Extremismusproblem“ ansieht, läuft Gefahr, die persönlichkeitsstabilisierenden und gemeinschaftsstiftenden Funktionen dieser pseudo-politischen Gemeinschaften zu vernachlässigen. Ob sich das pseudopolitische Selbstverständnis auch langfristig als integrationskräftig bewährt, bleibt allerdings abzuwarten. Es setzt die rechtsextremistischen Skinheads zumindest dem Risiko aus, von rechtsextremistischen Organisationen und Parteien instrumentalisiert und sich selbst entfremdet zu werden.[852] Das sozialintegrative Potential der rechtsextremistischen Gruppierungen wäre damit bedroht.[853] Es bleibt abzuwarten, ob sich nicht die unpolitischen Skinheadgruppen als wiederstandsfähigere Auffanglebenswelten erweisen. Es ist zumindest auffällig, daß sie nach der Repressionswelle des Jahres 1993 erstarkt sind und an Anziehungskraft gewonnen haben.[854]

c) Gruppengestütztes Selbstverständnis – Individualisierungsdruck als Überforderung – Regressionstendenzen

Die Mitglieder aller drei Jugendkulturen können defizitäre Selbstentwürfe durch ein gruppengestütztes Selbstverständnis substituieren. Während die Autonomen ihre Mitglieder als autonome, selbstbestimmte Subjekte ansehen, von denen aktive Beteiligung und gestalterische Innovationen erwartet werden, schränken Hooligans und Skinheads die Individualität ihrer Mitglieder eher ein. Weil das Selbstverständnis der Hooligans und der Skinheads inhaltsreicher und weniger formal ist, können ihre Mitglieder die Frage, wer sie sind und wofür sie einstehen, gestützt auf das Selbstverständnis der Gruppe und die von ihr verfolgten Handlungsziele leichter beantworten:[855] Als Hooligan hat man sich als quasi-sportlicher Wettkämpfer zu bewähren und Prestige und Ruhm der eigenen Hooligangruppe zu mehren, als Oi!-Skin hat man das Erbe des Skinheadkults zu pflegen und zu verteidigen und als rechter Skinhead als stolzer Deutscher gegen Ausländer und „Undeutsche“ zu kämpfen. Als Autonomer hat man mit Staat und Kapitalismus dagegen sehr abstrakte, konkretisierungsbedürftige „Gegner“ zu bekämpfen.

Hooligans und Skinheads leben letztlich weitgehend vorstrukturiere Selbstentwürfe. Nicht zuletzt weil die Aktivitäten stark ritualisiert sind,[856] bieten sich im Gruppenkontext kaum Möglichkeiten für individuelle Entfaltung und innovative

---

[851] Dazu oben VIII. 2. b).

[852] Dazu unten XI. 2. b).

[853] Dazu oben § 6 III. 3. b).

[854] Dazu oben § 2 IX.

[855] Zur Entlastungsfunktion eines gruppengestützten Selbstverständnisses oben § 6 III. 2. d).

[856] Dazu oben I. 2. b).

Lebensgestaltung. Demgegenüber hat man als Autonomer im Kampf gegen relativ abstrakte Gegner lediglich „aktiv zu sein". Selbst wenn mittlerweile auch die militanten Straßenschlachten stark ritualisierten Charakter haben, was im übrigen von den Autonomen selbst beklagt wird,[857] so sind doch die individuellen Gestaltungsspielräume, gerade in der Kleingruppenarbeit, ungleich größer. Insbesondere die kolonialisierungskompensatorischen Jugendkulturen der Hooligans und der Skinheads erlauben es daher ihren Mitgliedern, sich dem Individualisierungsdruck in einer rationalisierten Lebenswelt zu entziehen. Die Wahrnehmung ihrer Rolle enthebt sie der Notwendigkeit, die eigenen Sozialkontakte autonom und individuell zu gestalten. Sie können sich in die vorgegebene Rolle geradezu flüchten.[858] Das inhaltsreiche Selbstverständnis der rechten Skinheads macht es ihren Mitgliedern dabei besonders leicht, sich in erster Linie über die Gruppenzugehörigkeit zu definieren. Als Skinhead ist man Deutscher, Vorkämpfer der Arierrasse oder „Nachfahre" der Wikinger, auf jeden Fall Angehöriger einer größeren Gemeinschaft. Was es bedeutet, Skinhead zu sein, wird sogar, insbesondere in den Liedern, bis ins Detail konkretisiert: „... Er ist ein Skinhead und Faschist. Er hat 'ne Glatze und ist Rassist. Moral und Herz besitzt er nicht. Hass und Gewalt zeichnen sein Gesicht. Er liebt den Krieg und liebt die Gewalt und bist du sein Feind, dann macht er dich kalt ...!"[859]

Daß sich Skinheads und Hooligans in ihrem Sozialverhalten an strengen Rollenvorgaben orientieren können und müssen und sich in der Gruppe den Individualisierungszumutungen einer rationalisierten Lebenswelt weitgehend entziehen können, ist ein regressiver Zug dieser beiden Jugendkulturen. Denn sie nehmen dem einzelnen die Möglichkeit, die mit der Rationalisierung der Lebenswelt eröffneten Spielräume der Individualisierung auszuschöpfen, und verwehren ihren Mitgliedern geradezu, ihr Leben autonom und nach ihren individuellen Vorstellungen zu gestalten. Daß sie sich gerade deshalb für Jugendliche als attraktiv erweisen, weil sie das Rad der Rationalisierung scheinbar zurückdrehen, ist ein Indiz dafür, daß diese den Rationalisierungszumutungen nicht gewachsen sind und die eröffneten Gestaltungsmöglichkeiten nicht zu nutzen wissen. Keine regressiven Züge weist demgegenüber die Jugendkultur der Autonomen auf. Bei ihnen müssen sich Jugendliche, wie der Name schon sagt, als autonome Subjekte bewähren. Den Autonomen schließen sich daher Jugendliche an, die die mit der Rationalisierung eröffneten Spielräume für eine individuelle Lebensgestaltung ausschöpfen und gegen ein als vereinnahmend und sozial-destruktiv erlebtes System verteidigen möchten. Die krisenhafte Verfaßtheit der Autonomen belegt jedoch, daß auch die Autonomen damit überfordert sind, Individualisierung und Vergemeinschaftung produktiv zu vermitteln.

---

[857] Dazu oben I. 1. c).

[858] Dazu oben § 6 III. 2. d).

[859] Nachweise oben Fn. 777.

X. Handlungsleitende Motive, Ziele, Werte, Normen und Überzeugungen

1. Phänomenologie

a) Hooligans

Hooligans gehen primär wegen der Atmosphäre zum Fußball, wegen der Möglichkeit, Bedürfnisse nach Spannung, Abenteuer und Risiko zu befriedigen.[860] Es geht um die Herstellung einer als positiv erlebten Situation.[861] Man sucht die körperliche Auseinandersetzung und will seine Kräfte messen. Das Fußballspiel ist daher für die meisten Hooligans nebensächlich, die gewalttätigen Aktionen in der „Dritten Halbzeit“ sind dagegen besonders attraktiv.[862] „Spaß“ an sinnlicher Gewalterfahrung und Selbstbestätigung durch das Erleben physischer Überlegenheit und körperliche Selbstbehauptung sind zentrale handlungsleitende Motive.[863] „Diese Angst zu überwinden“, „das ist es auch, was irgendwo den Reiz ausmacht“.[864] Dies gilt auch für diejenigen, die nur mitlaufen und die erste Reihe meiden. Durch gewalttätiges Verhalten kann man die eigene Männlichkeit unter Beweis stellen und sich innerhalb der eigenen peer-group, bei inländischen und insbesondere auch bei ausländischen „Gegnern“; Respekt, Anerkennung und einen Status verschaffen, der durch die gesellschaftliche Stellung noch nicht gesichert ist oder erscheint.[865] Während für Mitglieder des harten Kerns der körperliche Vergleichskampf im Vordergrund steht, in dem man um Anerkennung und Status ringt, suchen jüngere „Mitläufer“ und „Mode-Hools“ mehr das Abenteuer und genießen das „Sozialprestige“ als Mitglieder einer „in-group“.[866]

Während das Fußballspiel selbst und das Ergebnis des Spiels für die Mehrheit der Hooligans heute nur noch von untergeordnetem Interesse sind, bloßer Anlaß für

---

860 *Matthesius, B.* 1992 (Fn. 2), 41; *Pilz, G.A.* 1998 (Fn. 150), 128; für die österreichische Szene, *Novak, M.* 1994 (Fn. 8), 164f.

861 *Böttger*, A. 1998 (Fn. 3), 10.

862 *Ek, R. 1996* (Fn. 2), 74; *Heck, Ch.* 1999 (Fn. 3), 385; *Matthesius, B.* 1992 (Fn. 2), 202; *Pilz, G.A.* 1992 (Fn. 417), 36-39.

863 Dies haben von *Böttger* geführte rekonstruktive Interviews mit Hooligans ergeben, *Ders.* 1998 (Fn. 3), 9f. Auf den Aspekt des Kräftemessens weist *Kirsch, A.* hin, *Ders.* 2000 (Fn. 3), 91; und auch *Matthesius, B.* 1992 (Fn. 2), 41, 54, 116, 121, 202. Insbesondere zum Spaßmotiv, *Dies.*, ebenda, 144; ähnlich *Heck, Ch.* 1999 (Fn. 3), 385.

864 Interview mit Thomas (23), Speditionskaufmann in Berlin, seit seinem 10. Lebensjahr Hertha BSC-Fan und Hooligan: „Hooligan ist ein Versuch, die Jugend hinauszuzögern.“ In: *Farin, K./Seidel-Pielen, E. 1993* (Fn. 4), 15, 181; auch *Ek, R. 1996* (Fn. 2), 74, 94; *Matthesius, B.* 1992 (Fn. 2), 151, 202.

865 *Bohnsack, R./Loos, P./Schäffer, B./Städtler, K./Wild, B.* 1995 (Fn. 3), 29; für die österreichische Szene, *Novak, M.* 1994 (Fn. 8), 42, 159, 166. Insbesondere zum Kampf um internationales Ansehen, *Ek, R. 1996* (Fn. 2), 90-101.

866 Für die österreichische Szene *Novak, M.* 1994 (Fn. 8), 152f.

gewalttätige Auseinandersetzungen, auf die es eigentlich ankommt, betonen einige Hooligans, durchaus ein Interesse am Spielverlauf zu haben. Interviews mit ihnen und szenekundigen Beamten und Beobachtungen im Stadion haben ergeben, daß z.B. die Hooligans aus Hamburg, Kaiserslautern, Köln, Gelsenkirchen („Schalke"), Duisburg und München durchaus spielinteressiert sind und versuchen, die von ihnen gesuchten tätlichen Auseinandersetzungen so zu legen, daß sie das Spiel im Stadion gemeinsam verfolgen können.[867]

Die Medienberichterstattung über die Hooliganspiele befriedigt das Bedürfnis nach Selbstinszenierung und „Fremdwahrnehmung".[868] Auch daß die gewalttätigen Aktionen die Polizei auf den Plan rufen, daß man observiert, eskortiert und photographiert wird oder gar schon einmal inhaftiert und vernommen worden ist, wird durchaus als prestigesteigernde Auszeichnung gewertet.[869] Die öffentliche Beachtung und die eigene Präsenz in den Medien vermitteln den Hooligans eine virtuelle Identität, mit der sich Störungen im Selbstverhältnis verschleiern lassen.[870] Einige Jugendliche haben sich überhaupt nur wegen des Medieninteresses den Hooligans angeschlossen. Ihr vorrangiges Ziel ist es, einer „in-group" anzugehören, die in der Öffentlichkeit wahrgenommen wird.[871] Vor diesem motivationalen Hintergrund erhellt auch, warum einige Hooligans sogar in die Skinheadszene abgewandert sind: Die Skinheads haben den Hooligans in der Medienberichterstattung den Rang abgelaufen. Sie sind schon wegen ihres Äußeren, insbesondere wegen ihrer Glatzen leichter zu identifizieren und werden daher auch stärker wahrgenommen.[872]

Hooligans wollen sich aus dem als monoton, langweilig und sinnlos erfahrenen Arbeitsalltag herauskatapultieren, die Alltagsexistenz im situativen Aktionismus negieren, „vom Leben abschalten", „aus dem Rhythmus rauskommen".[873] Das Stadion wird als Freiraum für Verhaltensweisen empfunden, die im normalen sozialen

---

[867] *Kirsch, A.* 2000 (Fn. 3), 90; *Ek, R. 1996* (Fn. 2), 14; *Matthesius, B.* 1992 (Fn. 2), 126. Als Indiz für das Interesse der Hooligans am Fußball sieht *Kirsch, A.* 2000 (Fn. 3), 90, den Standortwechsel innerhalb des Stadions, aus der Fankurve auf (teure) zusammenhängende Sitzplätze an.

[868] Für die österreichische Szene, *Novak, M.* 1994 (Fn. 8), 42f.; Nachweise zur Medienberichterstattung im Vorfeld der Fußballweltmeisterschaft 1990 in Italien, *Ek, R. 1996* (Fn. 2), 94, dort Fn. 310.

[869] Für die österreichische Szene, *Novak, M.* 1994 (Fn. 8), 109f.

[870] Zur Funktion der durch Provokation erzwungenen Beachtung bei der „Suche nach glaubwürdiger, authentischer Identität", *Bohnsack, R./Loos, P./Schäffer, B./Städtler, K./Wild, B.* 1995 (Fn. 3), 34.

[871] *Novak, M.* 1994 (Fn. 8), 152f., allerdings für die österreichische Szene.

[872] Thomas (23), Speditionskaufmann in Berlin, seit seinem 10. Lebensjahr Hertha BSC-Fan und Hooligan: „Hooligan ist ein Versuch, die Jugend hinauszuzögern." In: *Farin, K./Seidel-Pielen, E. 1993* (Fn. 4), 15, 183.

[873] *Bohnsack, R./Loos, P./Schäffer, B./Städtler, K./Wild, B.* 1995 (Fn. 3), 25; für die österreichische Szene, *Novak, M.* 1994 (Fn. 8), 165.

Umfeld Unannehmlichkeiten bereiten würden.[874] Insbesondere „Alt-Hooligans" geht es auch darum, den Eintritt in ein als spießig empfundenes bürgerliches Leben hinauszuzögern.[875]

Anders als es die z.T. rechtsextremistische Rhetorik und Symbolik vermuten läßt, verfolgen die Hooligans mit ihren Gewaltaktionen dagegen keine politischen Ziele, insbesondere streben sie nicht die Änderung sozialer Zustände an.[876] Vielmehr bleiben sie in ihrem kämpferischen Erfolgsstreben konventionellen Wertvorstellungen verpflichtet.[877] Die verübten Gewalttaten werden daher auch nicht durch übergeordnete Ziele gerechtfertigt. Gewalt ist ein Selbstzweck.[878] Die Parolen dienen vor allem der Provokation, mit der man öffentliche Beachtung erzielen kann.[879]

Hooligans betonen gerne die eigene Männlichkeit und Stärke, legen Wert auf Autonomie und Härte. Sie fühlen sich Idealen wie körperlicher Leistungsfähigkeit, Ehre und Stolz verpflichtet, wollen „die Schnellsten und Besten sein."[880] Männliche Härte, Stärke und Schlagkraft sind traditionale Werte, Relikte aus einer Zeit, in der der Fußball noch nicht erfolgreich als „Familiensport" vermarktet wurde, sondern die Fußballfankultur eine Männerdomäne, ein Freiraum für Männer war.[881] Das Leistungsdenken beweist jedoch gleichzeitig die Identifikation der Hooligans mit Werten der Leistungsgesellschaft.

Insbesondere der harte Kern der Hooligangruppen fühlt sich einem Ehrenkodex verpflichtet, der die Regeln für den Kampf mit dem „Fußballfeind" festlegt.[882] Die Grundlage der Kämpfe ist, daß „die Gegner ebenfalls zur körperlichen Auseinan-

---

874 *Pilz, G.A.* 1998 (Fn. 150), 135.

875 *Farin, K./Hauswald, H.* 1993 (Fn. 14), 14.

876 *Bohnsack, R./Loos, P./Schäffer, B./Städtler, K./Wild, B.* 1995 (Fn. 3), 24, ebenso *Kirsch, A.* 2000 (Fn. 3), 95; für die österreichische Szene, *Novak, M.* 1994 (Fn. 8), 129, 133, 165.

877 *Novak, M.* 1994 (Fn. 8), 133.

878 *Ek, R. 1996* (Fn. 2), 146; *Matthesius, B.* 1992 (Fn. 2), 112; *Weis, K.* 1995 (Fn. 151), 218. *Weis* wertet allerdings die Tatsache, daß seit Anfang der neunziger Jahre auch Ausländer und Asylbewerber angegriffen wurden, als Indiz für eine Politisierung der Hooliganszene, als „Weg vom Indianerspiel zum Bürgerkrieg", *Ders.*, ebenda; für die österreichische Szene, *Novak, M.* 1994 (Fn. 8), 81.

879 *Weis, K./Alt, Ch./Gingeleit, F.* 1990 (Fn. 366), 583; für die österreichische Szene, *Novak, M.* 1994 (Fn. 8), 132f. Zu den komplexen Funktionen von Provokationen auch *Bohnsack, R./Loos, P./Schäffer, B./Städtler, K./Wild, B.* 1995 (Fn. 3), 33ff.

880 Für die österreichische Szene *Novak, M.* 1994 (Fn. 8), 81, 112, 149.

881 *Matthesius, B.* 1992 (Fn. 2), 151; für die österreichische Szene, *Novak, M.* 1994 (Fn. 8), 40, 81; ähnlich *Heck, Ch.* 1999 (Fn. 3), 385.

882 Für die österreichische Szene, *Novak, M.* 1994 (Fn. 8), 164. Auch nach *Lösel, F./Bliesener, T./Fischer, T./Pabts, M.* 2001 (Fn. 3), 161 hält sich nur ein kleiner Teil stets an die Regeln.

dersetzung bereit sind“ und nicht erst provoziert werden müssen.[883] Gewaltanwendung gegen Schwächere und gegen „normale Fans“ ist verpönt.[884] Die Schlägereien sollen nur mit Faustschlägen und Fußtritten geführt werden. Der Einsatz von Waffen wird als unmännlich und unfair grundsätzlich abgelehnt.[885] Bereits am Boden liegende Gegner sollen verschont werden.[886] Von den „eigenen Leuten“ wird Solidarität, Treue und Verläßlichkeit erwartet. Wer sich disqualifiziert, wird manchmal sogar ausgeschlossen.[887] Die Regeln sind aber nicht nach einem universalistischen Prinzip ausgehandelt, sondern nur auf der Ebene kooperativer Reziprozität angesiedelt. Bei tatsächlichen oder vermeintlichen Regelverstößen werden die daraus resultierenden Konflikte daher nicht im Wege metakommunikativer Auseinandersetzung bewältigt, vielmehr gilt ein lapidares und nicht hinterfragtes Vergeltungsprinzip: Wie du mir, so ich dir.[888] So gilt auch für Hooligans des harten Kerns das Gebot des Faustkampfes dann nicht mehr, wenn der Kontrahent eine Waffe ins Spiel bringt: „Ich meine, das ist immer so, wenn er ein Messer zieht, ziehe ich genauso ein Messer, oder was weiß ich, solche Sachen ... Und da steche ich sicher früher zu, weil wenn er zusticht, bin ich der Blöde.“[889] Auch an das Verbot des Nachtretens halten sich die Hooligans des harten Kerns durchaus nicht immer.[890] Vielmehr wird es häufig mit der Begründung gerechtfertigt, man habe den Gegner endgültig kampfunfähig machen wollen.[891] Da Regelverstöße auf der Tagesordnung stehen, prägt der Ehrenkodex die Kämpfe weniger, als nach der Programmatik zu vermuten wäre.[892] Im Verhältnis zur Polizei sind Fairnessregeln als „Selbstregulierungsmechanismus“ ohnehin außer Kraft gesetzt,[893] ebenso gegenüber ausländischen Hooligans, die sich keinem entsprechendem Ehrenkodex verpflichtet fühlen.[894]

---

[883] Dies haben von *Böttger* A. geführte Interviews ergeben, *Ders.* 1998 (Fn. 3), 9f.

[884] *Ek, R. 1996* (Fn. 2), 75; *Matthesius, B.* 1992 (Fn. 2), 146; *Lösel, F./Bliesener, T./Fischer, T./Pabts, M.* 2001 (Fn. 3), 161.

[885] *Ek, R. 1996* (Fn. 2), 75; *Lösel, F./Bliesener, T./Fischer, T./Pabts, M.* 2001 (Fn. 3), 161; für die österreichische Szene, *Novak, M.* 1994 (Fn. 8), 98.

[886] *Ek, R. 1996* (Fn. 2), 75. *Lösel, F./Bliesener, T./Fischer, T./Pabts, M.* 2001 (Fn. 3), 161.

[887] *Matthesius, B.* 1992 (Fn. 2), 121, 126, zu Mani von den Frankfurtern, der wegen seiner wahrlosen Aggressivität ausgeschlossen wurde, 144f.

[888] *Bohnsack, R./Loos, P./Schäffer, B./Städtler, K./Wild, B.* 1995 (Fn. 3), 31.

[889] Für die österreichische Szene, *Novak, M.* 1994 (Fn. 8), 98f., 166.

[890] Zu Regelverstößen, *Ek, R. 1996* (Fn. 2), 75; *Krauss, M.* 1995 (Fn. 8), 248.

[891] Für die österreichische Szene, *Novak, M.* 1994 (Fn. 8), 76.

[892] *Ek, R. 1996* (Fn. 2), 75. *Lösel, F./Bliesener, T./Fischer, T./Pabts, M.* 2001 (Fn. 3), 161 werfen sogar die Frage auf, ob sie generell jemals wirksam waren.

[893] *Farin, K./Seidel-Pielen, E.* 1991 (Fn. 17), 95.

[894] *Ek, R. 1996* (Fn. 2), 76, insbesondere zu holländischen Hooligans.

Insgesamt ist eine Brutalisierung der Kämpfe zu beobachten.[895] Diese wird von den Hooligans darauf zurückgeführt, daß man sich unerfahren und unsicher fühlt, weil die Szene unübersichtlicher geworden ist, man sich nicht mehr kennt und daher nicht weiß, ob man sich auf die Gegner verlassen kann.[896] Insbesondere unerfahrene „Mitläufer", für die das Gruppenerlebnis im Vordergrund steht und die die direkte Konfrontation eher meiden, kompensieren ihre Schwäche durch den Einsatz von Gassprays und -pistolen, mit denen sich körperlich Überlegene leicht und sicher kampfunfähig machen lassen. Aber auch Hooligans vom harten Kern greifen zur Waffe, wenn ein Gegner eine Waffe zieht.[897] Der vermehrte Einsatz von Distanzwaffen, wie Leuchtkugeln und Pflastersteinen wird innerhalb der Szene damit begründet, daß die Polizei die Fangruppen an der direkten Konfrontation hindert: „Distanzwaffen ersetzen die Fäuste und Tritte. Aus Boxkämpfen sind Materialschlachten geworden."[898]

b) Skinheads

Für die meisten Jugendlichen und Heranwachsenden bedeutet „Skinhead-sein" „a way of life", „Spaß haben", Musik, Parties, Alkohol.[899] Skinheads wollen sich durch ihr Outfit und ihr rohes Auftreten von „normalen" Jugendlichen und Erwachsenen, insbesondere von „angepaßten" Konsumbürgern, „Spießern" und Mittelschichtangehörigen, aber auch von Hippies abgrenzen[900] und vor allem provozieren:[901] durch ihre äußere Aufmachung, durch ihr proletarisches Auftreten, durch ihre rechten Parolen, durch ihre Gewalt. In der Öffentlichkeit suchen sie daher stets, die Blicke auf sich zu ziehen, um diese dann umgehend als Herausforderung zu interpretieren und aggressiv zu beantworten: „Was glotzt du mich so an, willst du was in die Fresse haben?"[902] Insbesondere bei rechten Skins sind die Gewalttaten jedoch stets diffus ideologisch motiviert und werden, gemessen an den ideolo-

---

[895] Gerade unter den jüngeren Hooligans, so ergaben die von *Lösel, F./Bliesener, T./Fischer, T./Pabts, M.* durchgeführten Gruppengespräche. *Dies.* 2001 (Fn. 3) 161.

[896] So die Interpretation von Thomas (23), Speditionskaufmann in Berlin, seit seinem 10. Lebensjahr Hertha BSC-Fan und Hooligan: „Hooligan ist ein Versuch, die Jugend hinauszuzögern." In: *Farin, K./Seidel-Pielen, E. 1993* (Fn. 4), 15,180f.

[897] Für die österreichische Szene, *Novak, M.* 1994 (Fn. 8), 97-99.

[898] *Farin, K./Seidel-Pielen, E.* 1991 (Fn. 17), 95, 103.

[899] *Farin, K./Seidel-Pielen, E.* 1993 (Fn. 21), 187, 611; *Bredel, H.* 2002 (Fn. 28), 73. Haschisch ist als „Hippie-Droge" an sich verpönt, wird aber zunehmend auch in der rechten Fraktion populärer, allen gegenteiligen Sprüchen und Beteuerungen zum Trotz, *Farin, K./Seidel-Pielen, E.* 1993 (Fn. 21), 187. Daß illegale Drogen abgelehnt werden bestätigt auch *Bredel, H.* 2002 (Fn. 28), 65.

[900] *Farin, K./Seidel-Pielen, E.* 1993 (Fn. 21), 187.

[901] *Bredel, H.* 2002 (Fn. 28), 65.

[902] *Farin, K./Seidel-Pielen, E.* 1993 (Fn. 21), 211.

gischen Versatzstücken, auch als funktional und legitim bewertet.[903] Besonders wichtig ist ihnen bei aller Freude an der Provokation und dem Spiel mit ihrer einschüchternden Wirkung die öffentliche Akzeptanz ihrer gewalttätigen Aktionen gegen Ausländer: „Ich seh zum Beispiel Hoyerswerda als totalen Pluspunkt. Da stand das Volk dahinter."[904] Vielen bedeutet die Szene auch einfach: „Nie wieder Langeweile!"[905] – nicht zuletzt wegen der verübten Gewalttaten.

Freundschaft und Kameradschaft haben einen hohen Stellenwert in der gesamten Skinheadszene.[906] Skinheads rühmen den Zusammenhalt ihrer Gruppen.[907] Allerdings liegen Ideal und Wirklichkeit häufig weit auseinander. Skinheads, die der Alkohol- oder Drogensucht verfallen sind, die an Aids erkrankt sind oder eine Haftstrafe verbüßen, müssen erfahren, daß sich ihr großer Bekanntenkreis bald auf wenige wirkliche Freunde reduziert.[908] Andere wichtige Werte sind Arbeit, Sauberkeit, Disziplin und Ordnungsliebe[909] sowie Patriotismus, Männlichkeit und Treue.[910] Gerade in der „rechten Szene" gibt man sich gerne mackerhaft. Das Männlichkeitsideal, ein „Kämpfer für Doitschland" zu sein, ist hier noch ungebrochener als bei den nicht-rassistischen „Kollegen".[911] Schwulsein ist daher mit dem Bild vom „echten Skinhead" nicht vereinbar, obwohl es sehr wohl schwule Skinheads gibt.[912] Der Männlichkeitskult verbindet sich bei den rechten Skins mit einer Vorliebe für Militärisches.[913] Das Vorbild für den Straßenkampf liefern den rechten Skins die als besonders brutal und gewalttätig berüchtigte SA, die SS und die Soldaten der Wehrmacht.[914] Den Frauen weist man dementsprechend gerne die

---

903 *Wagner, B.* 2001 (Fn. 123), 161f.

904 Hacki (23), Skinhead und Nationalsozialist, zit. bei *Farin, K./Seidel-Pielen, E.* 1993 (Fn. 21), 74. Zum Interesse an Anerkennung auch *Wagner, B.* 2001 (Fn. 123), 156.

905 *Farin, K./Seidel-Pielen, E.* 1993 (Fn. 21), 61.

906 *Farin, K./Seidel-Pielen, E.* 1993 (Fn. 21), 65; *Bredel, H.* 2002 (Fn. 28), 73f.; *Eckert, R./Reis, Ch./Wetzstein, Th.A.* 2000 (Fn. 33), 294. Daß es auf die Kameradschaft ankam, betont auch der Exskin Tobias aus Westdeutschland, *Heitmeyer, W./Müller, J.* 1995 (Fn. 19), 103.

907 *Bredel, H.* 2002 (Fn. 28), 73; *Eckert, R./Reis, Ch./Wetzstein, Th.A.* 2000 (Fn. 33), 294.

908 *Farin, K./Seidel-Pielen, E.* 1993 (Fn. 21), 188.

909 *Menhorn, Ch.* 2001 (Fn. 29), 149.

910 *Bredel, H.* 2002 (Fn. 28), 74.

911 *Farin, K./Seidel-Pielen, E.* 1993 (Fn. 21), 190; *Landesamt für Verfassungsschutz Baden-Württemberg*: Skinheads. Stand August 1992, 4f., zit. bei *Jaschke, H.-G.* 2001 (Fn. 36), 81.

912 *Farin, K./Seidel-Pielen, E.* 1993 (Fn. 21), 135.

913 Für die Skinheads vor der Wende, *Brück, W. 1991 (*Fn. 275), *171.*

914 *Landesamt für Verfassungsschutz Baden-Württemberg*: Skinheads. Stand August 1992, 4f., zit. bei *Jaschke, H.-G.* 2001 (Fn. 36), 81; *Bredel, H.* 2002 (Fn. 28), 302. Die SA wird etwa von der Band „Volkszorn" besoungen: „... Wir sind Skinheads, die SA der Neuzeit. Wir sind Skinheads, stets zum Kampf bereit. Der Kampf auf der Straße wird zum Sieg uns führen. Auch wenn wir alle sterben werden wir's riskieren. Wir werden uns den Weg

traditionelle Rolle der Hausfrau und Mutter zu.[915] Die Skinheads sind insgesamt eine sehr konservative Szene mit großer Abneigung gegen jede Art von Moden, mit Ausnahme der eigenen.[916]

Die Ziele der Skinheads variieren nach der politischen Ausrichtung. Die „linke Fraktion", insbesondere SHARP- und Redskins wenden sich gegen Rassismus und Neonazis und bemühen sich um den Erhalt der ursprünglichen Skinheadkultur. Wie pseudo-politisch die Positionierungen vielfach sind, wird jedoch offenbar, wenn ein SHARP-Skin bekennt: „Die Frage, die uns wirklich tief beschäftigt, ist: Wo ist die nächste Party?"[917] Dies mag auch darin seinen Grund haben, daß die eigene politische Wirkungskraft mehr als pessimistisch beurteilt wird: „Wir haben keine Chance, was zu verändern, also versuchen wir es erst gar nicht und amüsieren uns lieber."[918]

Gemeinsam ist allen „rechten" Skins ihre Ausländer- und Fremdenfeindlichkeit.[919] Etliche müssen als Rassisten bezeichnet werden, einige sind auch antisemitisch eingestellt.[920] Ausländer ebenso wie Asylbewerber werden beschimpft und diskriminiert: „Scheinasylant, Scheinasylant, du mieser dreckiger Kanakenmutant, Scheinasylant, Scheinasylant, Araber, Nigger, Fidschischweine, Untermenschen wollen wir nicht, ..."[921] Farbigen gegenüber empfinden rassistische Skins einen regelrechten Ekel.[922] Sie werden zu Wilden und Affen degradiert: „... Gestern noch

---

zur Freiheit bahnen, wir kennen keine Gnade, wir kennen kein Erbarmen. Genau wie früher die SA, stehen wir Skinheads heute da ... ." Song „SA der Neuzeit", zit. bei *Bredel, H.* 2002 (Fn. 28), 309. Und über die Soldaten der Wehrmacht wird gesungen: „... Sie gaben uns ein Beispiel von unfassbarem Mut, vergossen als halbe Kinder fürs Vaterland ihr Blut. ... Habt Respekt und Ehrfurcht, wenn ihr von ihnen sprecht, dem deutschen Frontsoldaten, dem edelsten Geschlecht ... ." Song „Der unbekannte Soldat" der Band „HKL", zit. ebenda, 302.

915 *Farin, K./Seidel-Pielen, E.* 1993 (Fn. 21), 190.

916 *Farin, K./Seidel-Pielen, E.* 1993 (Fn. 21), 135.

917 „Skintonic" 8, zit. bei *Farin, K./Seidel-Pielen, E.* 1993 (Fn. 21), 133.

918 „Skintonic" 8, zit. bei *Farin, K./Seidel-Pielen, E.* 1993 (Fn. 21), 133.

919 Zu diesem Ergebnis kommt auch *Hafeneger* in einer Studie über rechte Cliquen, zu denen auch Skinheads gehören, zusammengefaßt bei *Bredel, H.* 2002 (Fn. 28), 65; *Eckert, R./Reis, Ch./Wetzstein, Th.A.* 2000 (Fn. 33), 294f., 304ff. Auch zwei Drittel der von *Heitmeyer, W./Müller, J.* befragten West- und Ostskins bekannten sich zu ihrer fremdenfeindlichen Einstellung. Einer respektive zwei waren gar als Rassisten, zwei, respektive einer, als Ethnopluralisten und ein Ostskin als Ethnozentrist einzuordnen. Nur zwei westdeutsche Skins bekannten sich dazu Ausländer zu akzeptieren. *Dies.* 1995 (Fn. 19), 137, 145-152.

920 *Landesamt für Verfassungsschutz Baden-Württemberg*: Skinheads. Stand August 1992, 4f., zit. bei *Jaschke, H.-G.* 2001 (Fn. 36), 81. So etwa Richard, Skinhead und Mitglied der DVU und Matthias, Skinhead, FAP-Mitglied und Antisemit, beide zit. bei *Heitmeyer, W./Müller, J.* 1995 (Fn. 19), 138f.

921 Song „Scheinasylant" der Gruppe „Elbsturm", zit. nach *Bredel, H.* 2002 (Fn. 28), 282.

922 *Eckert, R./Reis, Ch./Wetzstein, Th.A.* 2000 (Fn. 33), 305f.

im Urwald herumgehopst, kommt jetzt zu uns das negride Gesocks ...“[923], oder: „... Unsere Kultur ist 1000 Jahre alt, doch viele Schwarze sitzen heut’ noch im finsteren Urwald, im Urwald, im Urwald ... .“[924] Für manche sind Farbige keine Menschen und sogar weniger wert als Tiere.[925] Die Aggressionen der Skinheads richten sich dabei durchweg gegen fremd- und andersartig aussehende Mitbürger, in Ostdeutschland insbesondere gegen Araber, Schwarzafrikaner, Vietnamesen, Türken und „Zigeuner“.[926] Diese werden angefeindet und attackiert, selbst wenn sie deutsche Staatsbürger sind. Dagegen bleiben Ausländer im Rechtssinne, die wegen ihres Äußeren nicht ohne Weiteres als solche zu erkennen sind, unbehelligt.[927] Auffällig ist, daß viele der fremdenfeindlichen oder rassistischen Skinheads gar keine oder kaum Ausländer kennen und häufig auch persönlich noch keine negativen Erfahrungen mit ihnen gemacht haben;[928] in Ostdeutschland nicht zuletzt deshalb, weil dort der Anteil der Ausländer an der Bevölkerung, insbesondere auf dem Lande und in kleineren Städten, immer noch sehr gering ist. Andere berichten allerdings, schon in der Schule, immer wieder mit Ausländern, insbesondere Türken, in Konflikt geraten zu sein.[929]

Der Haß auf Ausländer speist sich ganz überwiegend aus diffusen Ängsten vor kultureller Gefährdung und materieller Konkurrenz.[930] Viele Skinheads haben dabei nicht prinzipiell etwas gegen Ausländer. Sie befürchten aber eine „Überfremdung“ der deutschen Kultur und sehen Deutschland von der Zahl der zuziehenden

---

[923] Song „Nigger“ der Band „Landser“, zit. nach *Bredel, H.* 2002 (Fn. 28), 282.

[924] Song „Ausländerhure“ der Gruppe „Kahlschlag“, zit. nach *Bredel, H.* 2002 (Fn. 28), 280.

[925] Zitat eines Skinheads bei *Eckert, R./Reis, Ch./Wetzstein, Th.A.* 2000 (Fn. 33), 305.

[926] So das Ergebnis einer Studie des Zentralinstituts für Jugendforschung in Leipzig aus dem Jahre 1990, nachgewiesen bei *Bredel, H.* 2002 (Fn. 28), 142. Daß die Ablehnung an Aussehen und auch Kleidung anknüpft, haben auch *Eckert, R./Reis, Ch./Wetzstein, Th.A.* 2000 (Fn. 33), 296, 304 festgestellt.

[927] Die von *Eckert, R./Reis, Ch./Wetzstein, Th.A.* befragten Skinheads bekunden, daß sich ihr Haß auf diejenigen Ausländer richtet, die als ethnisch andersartig empfunden werden. *Dies.* 2000 (Fn. 33), 304.

[928] So äußert ein Skinhead dessen Haß auf Farbige bis zum Ekel gesteigert ist, daß er noch nie mit einem Farbigen Kontakt hatte, *Eckert, R./Reis, Ch./Wetzstein, Th.A.* 2000 (Fn. 33), 305f. Ewald, Skinhead aus Ostdeutschland, vertritt im Gespräch fremdenfeindliche Positionen, kann aber kein Beispiel für die behaupteten Gefährdungen nennen und kommt mit den beiden Ungarn, die in derselben Firma arbeiten wie er, gut klar, *Heitmeyer, W./Müller, J.* 1995 (Fn. 19), 80.

[929] *Eckert, R./Reis, Ch./Wetzstein, Th.A.* 2000 (Fn. 33), 294f. So auch Hermann aus Westdeutschland, früher Skinhead, erst FAP- dann NJ-Mitglied, heute immer noch rechtsextrem eingestellt, *Heitmeyer, W./Müller, J.* 1995 (Fn. 19), 64.

[930] *Heitmeyer, W./Müller, J.* 1995 (Fn. 19), 145-152. So äußert sich auch Ewald, Skinhead aus Ostdeutschland, ebenda, 80.

Fremden, insbesondere der Asylbewerber, überfordert und überlastet.[931] Deutsche Ausbildungsstellen sollten deutschen Jugendlichen zustehen. Ausländer sollten den Deutschen nicht die Arbeitsplätze wegnehmen. Einige sind daher der Auffassung, Ausländer sollten in ihren Ländern bleiben,[932] andere meinen, wenn sie schon nach Deutschland kämen, sollten sie sich tunlichst anpassen.[933]

Weil die rechten Skinheads Ausländer als übermächtige Bedrohung erleben, werden diese entsprechend stilisiert:[934] „Skinhead ist Zusammenhalt gegen euch und eure Kanakenwelt! (...) Wir haben es satt, vor euch zu kriechen, dazu haben wir keine Lust, wir haben ein besseres Leben verdient, nur bis jetzt haben immer die Kanaken gesiegt. Deutschland den Deutschen!“[935] Wie paranoid das von den Skinheads entworfene Bedrohungsszenario ist, belegt der Song „Wehrt euch“ der Band „Tonstörung“: „... Als Deutscher kann man nicht mehr ohne Angst, durch die Straßen seiner Städte gehn. Türken, Zuhälter, Gesocks, prohlen dich an ohne Grund. Deine Landsleute schauen dabei nur zu, wie du langsam aus deinem Land vertrieben wirst ... .“[936] Daß Ausländer als Konkurrenten um die knappen Lehrstellen und Arbeitsplätze angesehen werden, belegt der Song „Ausländer raus“: „... Um reich zu werden kommen sie nach Deutschland, politisch verfolgt werden sie von euch genannt. Sie ziehen hierher, um uns die Arbeit zu klauen, sie sind viel zu faul, in ihrem Land was aufzubauen. Und an Überfremdung, da wollt ihr nicht dran glauben, wann wacht ihr endlich auf und öffnet die Augen ... .“[937] Außerdem werden Ausländer verdächtigt, sich zu bereichern: „... Politisches Asyl wollen sie erbitten, bringen nach Deutschland ihre Bräuche und Sitten. Leben wie Könige von unserem Geld, nennt ihr das die schöne heile Welt? Schluss mit dem Asylbetrug, Deutschland uns Deutschen, Deutsche zeigt Mut ...!“[938] Oder: „... Sie nisten sich wie Könige ein, Deutschland wird zum Asylantenheim. Nein ... .“[939] Ausländern wird vorgeworfen, sie seien kriminell und verantwortlich für das Drogenproblem:

---

[931] So etwa Christoph, Skinhead aus Westdeutschland und Ewald, Skinhead aus Westdeutschland, zit. bei *Heitmeyer, W./Müller, J.* 1995 (Fn. 19), 137, 80. Oder Patrick, Skinhead aus Westdeutschland, zur Überfremdung durch Türkische Lokale etc., ebenda, 138.

[932] So etwa Bert, Skinhead aus Ostdeutschland, der meint, selbst wenn Ausländer sich anpaßten und Steuern zahlten, nähmen sie noch Deutschen die Arbeit weg, zit. bei *Heitmeyer, W./Müller, J.* 1995 (Fn. 19), 137.

[933] *Eckert, R./Reis, Ch./Wetzstein, Th.A.* 2000 (Fn. 33), 296, 304.

[934] *Bredel, H.* 2002 (Fn. 28), 65; *Eckert, R./Reis, Ch./Wetzstein, Th.A.* 2000 (Fn. 33), 304f.

[935] Zitat aus einem Song der „Böhsen Onkelz“ bei *Farin, K./Seidel-Pielen, E.* 1993 (Fn. 21), 82.

[936] Song „Wehrt euch“ der Band „Tonstörung“, zit. nach *Bredel, H.* 2002 (Fn. 28), 285.

[937] Song „Ausländer raus“ der Band „Brutale Haie“, zit. nach *Bredel, H.* 2002 (Fn. 28), 282.

[938] Song „Flut“ der Band „Radikahl“, zit. nach *Bredel, H.* 2002 (Fn. 28), 284.

[939] Song „Deutschland den Deutschen“ der Band „Bollwerk“, zit. nach *Bredel, H.* 2002 (Fn. 28), 283.

„... Du kommst aus dem Ausland, bringst den Tod mit herein, du verführst zu harten Drogen, du Dealerschwein. Du tötest deutsche Kinder, du machst sie süchtig, sie werden immer blinder. Du Mörder, du Schwein ... ."[940] Schließlich werden Ausländer verdächtigt, den Deutschen die Frauen wegzunehmen:[941] „... Seine Seele ist schwarz, wie die dunkle Nacht, er hat noch nie etwas Gutes vollbracht, er schaut dich an wie ein wildes Tier, deine weiße Haut steigert seine Gier. Deutsches Mädchen weiß und wunderbar, deutsches Mädchen, du bist in Gefahr, ..."[942] Weil die Vermischung von Deutschen und Fremden die deutsche Kultur bedroht, werden nicht nur Beziehungen zwischen deutschen Frauen und Ausländern, sondern ebenso Partnerschaften zwischen ausländischen Frauen und Skins abgelehnt. Nimmt ein rechter Skinhead eine sexuelle Beziehung zu einer Ausländerin auf, wird er aus seiner Clique rigoros ausgeschlossen und hat mit weiteren Konsequenzen zu rechnen.[943] Antisemitisch eingestellte, neonazistische Skinbands sehen schließlich nicht nur Ausländer und Asylbewerber, sondern auch Juden als Bedrohung an. In Ostdeutschland ist dies beinahe grotesk, weil dort praktisch überhaupt keine Juden leben. „... Macht & Ehre sind gegen Juden, ... denn die Juden haben alles in der Hand. Doch wir wissen, wir werden siegen, denn sie können uns nicht unterkriegen. Und drum sollen wir raus, raus aus unserm Land ... ."[944]

Der vermeintlichen Bedrohung meinen sich die Skinheads mit Gewalt erwehren zu sollen: „... Weg mit diesen Parasiten, wir müssen Neger und Türken verbieten, und wenn sie nicht von alleine gehn, dann ist es eben um ihr Leben geschehn ..."[945], oder: „... Wir kämpfen für unser deutsches Vaterland und stecken die Asylantenviertel in Brand ... ."[946] Die antisemitische Band „Macht und Ehre" intoniert: „... Er ist kein Mensch, er ist ein Jud, drum denk nicht nach und schlag' ihn tot ... ." Oder: „... Auschwitz, Dachau und Buchenwald, da machen wir die Juden aufs neue kalt ... ."[947]

Ausländerfeindliche und insbesondere rassistische Skins sind regelmäßig auch nationalistisch eingestellt; Deutschland hat einen überragenden emotionalen Stellenwert.[948] Handlungsleitendes Motiv ist daher für viele Skins der Stolz auf das

---

940 Song „Mörder" der Band „Sturmgesang", zit. nach *Bredel, H.* 2002 (Fn. 28), 283.

941 *Bredel, H.* 2002 (Fn. 28), 67, 282.

942 Song „Bestie" der Band „Oithanasie", zit. nach *Bredel, H.* 2002 (Fn. 28), 282f.

943 *Eckert, R./Reis, Ch./Wetzstein, Th.A.* 2000 (Fn. 33), 309.

944 Song „Der Kampf" der Band „Tonstörung", zit. nach *Bredel, H.* 2002 (Fn. 28), 285.

945 Song „Ehre und Einigkeit" der Band „Commando Pernod", zit. nach *Bredel, H.* 2002 (Fn. 28), 285.

946 Song „Es gibt nur ein Land" der Band „Commando Pernod", zit. nach *Bredel, H.* 2002 (Fn. 28), 284.

947 Die Songs „Kein Mensch" und „Der ewige Jude" der Band „Macht und Ehre", zit. nach *Bredel, H.* 2002 (Fn. 28), 285f.

948 *Bredel, H.* 2002 (Fn. 28), 276, mit umfangreichen Textnachweisen zum Liedgut; *Eckert, R./Reis, Ch./Wetzstein, Th.A.* 2000 (Fn. 33), 295. Von den von *Heitmeyer,*

eigene Land: „... Niemals werd' ich dich vergessen, mein schönes Heimatland, niemals werd' ich dich verraten, ich schwör's bei meiner Hand. Denn du, du bist mein Heimatland und darauf bin ich stolz, ich steh' zu meinem Heimatland und darauf bin ich stolz ... ."[949] Diesen Stolz wollen sie durch nichts, insbesondere nicht durch ein nachdenklich-kritisches Verhältnis zum deutschen Nationalsozialismus in Frage stellen lassen: „Die zwölf dunklen Jahre in deiner Geschichte machen unsere Verbundenheit zu dir nicht zunichte. Es gibt kein Land frei von Dreck und Scherben. Hier sind wir geboren, hier wollen wir sterben."[950] Von manchen wird der eigene Nationalismus als eine Art Abwehrreaktion auf die Bedrohung des eigenen Volkes durch innere oder äußere Feinde dargestellt.[951] Das Vaterland soll gegen alle „negativen Einflüsse von Innen und Außen verteidigt werden.[952] „... Die Köpfe kahl, unsere Fäuste hart wie Stahl, unser Herz schlägt treu für unser Vaterland. Was auch geschehen mag, wir werden niemals von dir gehen, wir werden treu für unser Deutschland stehen, denn wir sind die Kraft, die Kraft, für Deutschland, die Deutschland saubermacht ... ."[953] Die Nationalisten kämpfen gegen eine multikulturelle Gesellschaft, gegen Ausländer, „Schein- und Wirtschaftsasylanten" – „Doitschland den Doitschen" – und gegen Linke: „... Ein Feuer ist in mir entbrannt, kämpfen bis zum Tode. Alles für mein Heimatland, gegen alles Rote ... ."[954] Wie gravierend die Bedrohung durch den Zuwanderungsstrom erlebt wird, und wie aggressiv der Verteidigungswille ist, belegt der Song „Festung Europa" der Band „Kahlschlag": „Wir brauchen eine Riesenmauer und schließlich den richtigen Befehl, dann will ich im Wachturm sitzen, daraus mache ich kein' Hehl. Nein! ... ."[955] Dies ist vor dem Hintergrund der jüngeren deutschen Geschichte eine nur schwer verständliche Vision. Insbesondere neonazistische Skins wenden sich aber nicht nur gegen Überfremdung, sondern auch gegen eine zunehmende Amerikanisierung,

---

W./Müller, J. u.a. zu autoritär-nationalisierenden Sichtweisen befragten Skinheads, verorteten sich auf einer Skale von 0 (min.) – 3 (max.) immerhin ein gutes Drittel der West- und alle der befragten Ostskins zwischen 2 und 3 *Dies.* 1995 (Fn. 19), 145-152.

949 Song „Vaterland" der Band „Nordfront", zit. nach *Bredel, H.* 2002 (Fn. 28), 276.

950 Zitat aus dem „Deutschland"-Lied der „Böhsen Onkelz", nachgewiesen bei *Farin, K./Seidel-Pielen, E.* 1993 (Fn. 21), 89.

951 Ein einschlägiges Zitat findet sich bei *Eckert, R./Reis, Ch./Wetzstein, Th.A.* 2000 (Fn. 33), 295.

952 *Bredel, H.* 2002 (Fn. 28), 277.

953 „Kraft für Deutschland", Song der Gruppe „Störkraft", zit. nach *Bredel, H.* 2002 (Fn. 28), 277.

954 Song „Fragen über Fragen" der Band „Heldentreue", zit. nach *Bredel, H.* 2002 (Fn. 28), 277.

955 Zit. nach *Bredel, H.* 2002 (Fn. 28), 284.

gegen die „McDonalds-Kultur“, gegen die auch auf dem deutschen Markt erfolgreichen US-Bands mit farbigen Musikern, gegen Viva und MTV.[956]

Der Nationalismus der Skinheads wird überwiegend biologistisch begründet: „Deutsches Blut darf nie vergehn, Deutschland muß zusammenstehn. ... Blondes Haar, die Augen blau, das ist meine deutsche Frau ... .“[957] Dementsprechend wenden sich die Skinheads gegen eine Vermischung der Völker – ein selbst für Neonazi-Kreise nicht mehr zeitgemäßer „Konrad-Lorenz-Rassismus“.[958] Neonazistische Skins stilisieren sich sogar als Angehörige der „nordischen Rasse“, die es rein zu erhalten gelte: „... Dr. Martens, kurze Haare, das ist arisch, keine Frage! Nieder mit dem Misch-Masch-Blut, denn das tut dem Vaterland nicht gut. Haltet rein die deutsche Rasse, denn wir sind die Arierklasse ... .“[959] Dementsprechend wird eine Verbindung deutscher Frauen mit Ausländern beschimpft und verdächtigt: „... Sie ist 'ne Ausländerhure, ohne Moral begeht sie Volksverrat. Sie ist 'ne Ausländerhure, Rassenvermischung tötet unsern Staat, unsern Staat, ...“[960] Andere vertreten einen etwas subtileren Ethnopluralismus: „... Wir wollen die Völker nicht vermischen, den Schmelztiegel der Rassen. Für die Erhaltung nationaler Eigenarten, doch für Abschaffung der Klassen. ... Für ein Europa der Vaterländer wolln wir kämpfen, stehn wir ein, für ein Europa der Vaterländer lohnt es sich Krieger zu sein ... .“[961] Manche Skinheads kämpfen allerdings nicht nur für Deutschland in seinen heutigen Grenzen, sondern beschwören gar ein großdeutsches Reich: „... Einst da warst du noch groß und schön, voller Kultur und blauer Seen, doch heute nur noch ein kleiner Fleck, voller Drogen, Kommis und dem ganzen Dreck ... .“[962]

Für manche Skins ist ein neuer Nationalsozialismus sogar eine Art Heilsversprechen. Er steht für Wiedereinführung der Todesstrafe,[963] Ausländer-„begrenzung“, Umerziehungslager, Verbot von Homosexualität und anderen Einstellungen „wider

---

[956] Zu entsprechenden antiamerikanischen Songs, *Bredel, H.* 2002 (Fn. 28), 315f. Die zunehmende Amerikanisierung wird auch von Sonja, Skingirl aus Ostdeutschland, beklagt, *Heitmeyer, W./Müller, J.* 1995 (Fn. 19), 139f.

[957] Song „Deutsches Blut“ der Band „Kahlkopf“, zit. nach *Bredel, H.* 2002 (Fn. 28), 279.

[958] *Farin, K./Seidel-Pielen, E.* 1993 (Fn. 21), 70. Dies konnten auch *Eckert, R./Reis, Ch./Wetzstein, Th.A.* 2000 (Fn. 33), 295 feststellen. So etwa Sonja, Skingirl aus Ostdeutschland, *Heitmeyer, W./Müller, J.* 1995 (Fn. 19), 139f.

[959] Song der Band „Endstufe“ (Titel unbekannt), zit. nach *Bredel, H.* 2002 (Fn. 28), 281.

[960] Song „Ausländerhure“ der Band „Kraftschlag“, zit. nach *Bredel, H.* 2002 (Fn. 28), 279f.

[961] Song „Europa der Vaterländer“ der Band „Nahkampf“, zit. nach *Bredel, H.* 2002 (Fn. 28), 279.

[962] Song „Wach auf“ der Band 14/88, zit. nach *Bredel, H.* 2002 (Fn. 28), 278. Ähnlich der Song „Berlin bleibt deutsch“ der Band die „Landser“ und der Song „Deutsche Jugend“ der Band „Kraftschlag“, zit. ebenda, 303.

[963] Dazu etwa der Song „Todesstrafe“ der Band „Schwarzer Orden“, zit. bei *Bredel, H.* 2002 (Fn. 28), 288.

die Natur". „Hinter der Maske aus Gewalt, Ordnungsfanatismus und Nationalismus" verbergen sich dabei regelmäßig Angst, persönliche Lebensunsicherheit und das Gefühl der eigenen Nichtigkeit.[964] Neonazistische Skinbands preisen das Dritte Reich sogar als Vorbild für die Errichtung eines neuen Staates an: „... Wissen Sie noch wie es war? Damals Allemania. Es marschierte die SA, das war Preußens Gloria. SS, SA, Germania, Frontheil. ... Eine große Zeit fürwahr, die SS und die SA. Es war alles wunderbar, was fürs deutsche Volk geschah ... ."[965] Es gibt jedoch auch etliche rechte Skins, die den historischen Nationalsozialismus ablehnen[966] und sich durch einen neuen Nationalsozialismus selbst bedroht sähen: „Neonazis sind feige Schweine. Die wollen die Skins praktisch als Dreck seh'n, und wenn sie dann die Macht ham, dann machense die, die ihnen früher geholfen haben, gleich weg. Voll die Bastarde."[967] Die NPD-nahe Band „Noie Werte" warnt davor, sich zu stark an der Vergangenheit zu orientieren, wegen der stigmatisierenden Wirkung und auch aus strategischen Gründen: „... Ja, so wollen euch die Menschen sehn, als bösen Neofaschist. Es gibt aber auch andre' Werte, für die sich zu kämpfen lohnt, wie ein neues und freies Deutschland und die Vernichtung der roten Brut. Deshalb denkt an neue Taten, lasst die alten endlich ruhn, glaubt an euch selbst, nicht nur an damals, denn es gibt noch viel zu tun ... ."[968] Eine breite Mehrheit identifiziert sich allenfalls selektiv mit der Hitlerzeit. Durch positive Akzentuierungen bringt man vor allem zum Ausdruck, was einem an den gegenwärtigen politischen Verhältnissen mißfällt.[969] Schwere Kriegsverbrechen der Deutschen werden gegen Alliierte Kriegsverbrechen, wie die Bombardierung deutscher Städte, aufgerechnet, um erstere zu relativieren,[970] und von einigen wird die Judenvernichtung in schlechtester

---

[964] *Farin, K./Seidel-Pielen, E.* 1993 (Fn. 21), 68f. zu Hacki (23) Skinhead und Nationalsozialist. Ein gutes Drittel der von *Heitmeyer, W./Müller, J.* 1995 (Fn. 19), 145-152.

[965] Song „Das Reich, das Reich" der Band „Zillertaler Türkenjäger", zit. bei *Bredel, H.* 2002 (Fn. 28), 302. Für Hermann, der zwar kein Neonazi jedoch in seinen nicht immer kohärenten Vorstellungen gefestigter Rechtsextremist ist, ist der historische Nationalsozialismus „ne gute Sache", zit. bei *Heitmeyer, W./Müller, J.* 1995 (Fn. 19), 66. Einige neonazistisch orientierte Skinbands besingen sogar einzelne NS-Größen, vor allem Hitlers Stellvertreter Rudolf Hess, der zum Märtyrer stilisiert wird, etwa in dem Song „Rudolf Hess" der Band „Entwarnung", oder in dem Song „Märtyrer" der Band „Sturmwehr", beide zit. bei *Bredel, H.* 2002 (Fn. 28), 304, aber auch Goebbels, so in dem Song „Joseph Goebbels" der Band „Gestapo", zit. ebenda, 304f., und auch Hitler selbst: „... Führer, Feldherr, Nationalist, wir lieben Dich so wie DU bist. Hetze und Lüge seien nicht dein Lohn, Adolf Hitler, Retter der Nation, in dem Song „Heil dem Führer" der Band „Gestapo", zit. ebenda, 305.

[966] Etwa ein sechstel der von *Heitmeyer, W./Müller, J.* befragten Skins aus Ost und West, *Dies.* 1995 (Fn. 19), 145-152, ausführlich zu der ablehnenden Stellungnahme des Exskins Tobias, ebenda, 104.

[967] Die „Böhsen Onkelz", zit. bei *Farin, K./Seidel-Pielen, E.* 1993 (Fn. 21), 81, auch 95.

[968] Song „Neue Werte" der Band „Noie Werte", zit. bei *Bredel, H.* 2002 (Fn. 28), 310f.

[969] *Heitmeyer, W./Müller, J.* 1995 (Fn. 19), 142.

[970] So etwa in dem Song „Bomber über Dresden" der Band „Siegeszug", zit. bei *Bredel, H.* 2002 (Fn. 28), 308. Zum ambivalenten Verhältnis zum Nationalsozialismus und zur Relativierungen des Systems, *Heitmeyer, W./Müller, J.* 1995 (Fn. 19), 141. Nach deren

nazistischer Tradition als erlogen bezeichnet, um sich mit den Greueltaten der Nazis nicht befassen zu müssen: „... Und immer wieder die selben Lügen über uns und unser Land. Ich schrei's in eure Fratzen, ich bin stolz auf mein Vaterland ... .“[971]

Mangels eines kohärenten ideologischen Überbaus formieren die Skinheads sich nicht als radikale Systemopposition. Nur die wenigsten rechtsextremen Skins glauben, die politisch-gesellschaftlichen Zustände verändern zu können. Auf die Regierung denken die meisten, ohnehin keinen Einfluß zu haben. Sie greifen zur unkontrollierten Selbsthilfe: „Lange genug ham' wir mit angesehen, wie unsere Städte zugrunde gehn.“[972] Den Ausländern wollen sie klar machen, daß sie von hier so schnell wie möglich zu verschwinden haben.[973] Dabei hoffen viele sogar, von der Mehrheit der Bevölkerung anerkannt zu werden und sich als militante Verteidiger „deutscher Bevölkerungsinteressen“ zu qualifizieren. Nicht zuletzt die Tatsache, daß gerade in Ostdeutschland das Vorgehen der Skins an manchem Stammtisch hinter vorgehaltener Hand durchaus begrüßt wird, belegt, daß ihnen dies teilweise gelingt.[974]

c) Autonome

Autonome streben ein autonomes, selbstbestimmtes kollektives Leben an, ohne Ausbeutung und Unterdrückung, ohne Zwang zur Arbeit.[975] Unter Autonomie verstehen sie „die Entscheidung eines Menschen oder einer Gruppe von Menschen, ihre Geschicke aus einer Verantwortung für das Ganze heraus selbst in die Hand zu nehmen. Man kann sie nicht einfordern, man kann sie sich nur selbst nehmen, in-

Befragung relativiert etwa die Hälfte der West- und sogar mehr als drei Viertel der Ostskins den historischen Nationalsozialismus, ebenda, 145-152, zu den Relativierungsversuchen des früheren Skinheads Hermann, ebenda, 66, und zu denen des Skinheads Ewald aus Ostdeutschland, ebenda, 81.

971 Song „Land meiner Väter“ der Band „Freikorps“, zit. bei *Bredel, H.* 2002 (Fn. 28), 307. Von Matthias, Westskin und FAP-Mitglied, wird etwa der Holocaust geleugnet, *Heitmeyer, W./Müller, J.* 1995 (Fn. 19), 139.

972 Kultsong „Deutschland den Deutschen“, zit. nach *Bredel, H.* 2002 (Fn. 28), 259.

973 *Wagner, B.* 2001 (Fn. 123), 157.

974 *Wagner, B.* 2001 (Fn. 123), 156.

975 So ausdrücklich die Autonomiethesen aus den Jahren 1981 und 1994, abgedruckt in *Kongreßlesebuch-Gruppe* 1995 (Fn. 71), 274; Flugblatt autonomer Gruppen aus Nürnberg, November 1990, zit. bei *Bundesminister des Innern:* Verfassungsschutzbericht 1990, 42, Anm. 71; ferner *Bundesminister des Innern:* Verfassungsschutzbericht 1993, 34; 1995, 43f.; 1996, 39; 1997, 34; *Schultze, Th./Gross, A.* 1997 (Fn. 59), 55; *Kongreßlesebuchgruppe* 1995 (Fn. 71), 19; auch Johanna 17, SPUK-SchülerInnen Plenum in Berlin, Antifa-Zusammenhänge, ebenda, 216ff.; *Moreau, P./Lang, J.P.* 1996 (Fn. 45), 369. Daran hält auch *Geronimo* 1997 (Fn. 68), 218 fest, wenn er mit den Worten schließt, „in unserer tätigen Lebenspraxis (kommt) es darauf an, einen Kampf für weltweit egalitäre Verhältnisse zu führen, in denen *ich* und *du, mann* und *frau*, und damit ein konkretes, nicht verschwurbeltes *wir* endlich frei von Furcht verschieden und doch glücklich miteinander sein können.“ Gegen Unterdrückung, Ausbeutung und Gewalt schließlich auch *Lecorte, Th.* 1992 (Fn. 46), 73.

dem man sie praktiziert."[976] Nach dem theoretischen Anspruch sollen sich die Menschen daher „selber zum gesellschaftlichen Subjekt machen und sich nicht zum Objekt machen lassen", sie sollen „selber bestimmen, was sie wollen, ihre eigenen Interessen in die Hand nehmen und Verantwortung ... übernehmen."[977] Deswegen lehnen es die Autonomen grundsätzlich ab, „Stellvertreterkriege" zu führen;[978] sie betreiben eine Politik der 1. Person:[979] „Ich glaube, daß die Menschen, die wirklich etwas anderes wollen, in ihrem eigenen Lebenszusammenhang sich selbst etwas aufbauen müssen."[980] „Die Menschen müssen reale Erfahrungen machen, die bei ihnen das Bedürfnis wecken, herauszufinden ... was (etwa) die Staatsmacht ist."[981] Zuerst kommt immer „die sinnliche Erfahrung, die Zuspitzung, die Konfrontation,

---

976 Autonomiekongreß, 1997, 17, zit. bei *Schultze, Th./Gross, A.* 1997 (Fn. 59), 67.

977 Dieter, 21, Politisierung in einer „Jungen Gemeinde" in der DDR, heute autonome Antifa, Potsdam, Hausbesetzung und Antifa-Archiv-Aufbau. In: *Kongreßlesebuch-Gruppe* 1995 (Fn. 71), 231; auch Robert, 26, Politisierung über Nicaragua-Solidarität, verschiedene politische Auslandsaufenthalte, Gruppe „fels", Zeitschrift „Arranca", Stadtteilarbeit mit jugendlichen ImmigrantInnen, ebenda, 110.

978 Aus Einsicht in die Selbstbezogenheit der Szene ist allerdings in die Autonomiethesen aus dem Jahre 1994 der Passus eingefügt worden, wir führen „manchmal Stellvertreterkriege, wenn wir betroffen sind von dem Leid und Unterdrückung gegen andere." Abgedruckt in *Kongreßlesebuch-Gruppe* 1995 (Fn. 71), 274. Auf diesen Passus nimmt auch *Moreau, P./Lang, J.P.* 1996 (Fn. 45), 369 Bezug.

979 So ausdrücklich die Autonomiethesen aus den Jahren 1981 und 1994, abgedruckt in *Kongreßlesebuch-Gruppe* 1995 (Fn. 71), 274; *Schultze, Th./Gross, A.* 1997 (Fn. 59), 55ff., 66; *Kongreßlesebuch-Gruppe* 1995 (Fn. 71), 21; Dieter und Undine, 21, Politisierung in einer „Jungen Gemeinde" in der DDR, heute autonome Antifa, Potsdam, Hausbesetzung und Antifa-Archiv-Aufbau, ebenda, 231-234, auch Ilse, 29, Friedensbewegung, Solidaritäts-Bewegung und Nicaragua-Aufenthalt; Uni-Streik 1989, Häuserbewegung in Ostberlin ab '90, ebenda, 93f.; *Moreau, P./Lang, J.P.* 1996 (Fn. 45), 368. Dieses Prinzip setzte sich auch bei der Organisation des Autonomiekongresses durch, der unter dem Motto, „Was trennt uns, was verbindet uns?" ein Streitkongreß werden sollte, *Geronimo* 1997 (Fn. 68), 147. Gesprochen werden sollte nicht über das, was wichtig ist, sondern über das, was den Teilnehmern *selber* wichtig ist. Und dies gelang auch: Es gab „Ansätze einer explosionsartig anwachsenen, freien, assoziationsmächtigen Kommunikation." „Die Leute sind in unserern Sturkturen 'vorgekommen' und darin nicht zum Verschwinden gebracht worden. Es kam während des Kongresses nicht auf die imaginäre 'große Sache', die 'wichtigen Wichtigkeiten' an, sondern tatsächlich auf jede und jeden." Ebenda, 193f. Der Verfassungsschutz meint dagegen die Forderungen der Autonomen zielten zumeist nicht auf Veränderungen zum Nutzen irgendeines Kollektivs oder der Gesellschaft insgesamt, sondern auf die eigene ungehemmte Entfaltung, *Bundesminister des Innern:* Verfassungsschutz, 1993, 34; 1994, 37.

980 Johanna 17, SPUK-SchülerInnen Plenum in Berlin, Antifa-Zusammenhänge. In: *Kongreßlesebuch-Gruppe* 1995 (Fn. 71), 222.

981 Robert, 26, Politisierung über Nicaragua-Solidarität, verschiedene politische Auslandsaufenthalte, Gruppe „fels", Zeitschrift „Arranca", Stadtteilarbeit mit jugendlichen ImmigrantInnen. In: *Kongreßlesebuch-Gruppe* 1995 (Fn. 71), 109. Zur Notwendigkeit eigener Erfahrungen auch *Lecorte, Th.* 1992 (Fn. 46), 180.

dann erst die theoretische Verarbeitung."[982] Handlungsspielräume eröffnen sich, wenn die alltägliche Verstrickung in die Verhältnisse zum Ausgangspunkt der bewegenden Kritik genommen wird.[983] In diesem Punkt unterscheiden sich die Autonomen besonders deutlich von der RAF, die einen Guerillia-Krieg führte, um einen revolutionären Umsturz zu erzwingen. In der Sicht der Autonomen hat das militärische Konzept der RAF ihr politisches Konzept verdrängt, ihre Mitglieder haben die Notwendigkeit, den Widerstand inhaltlich und praktisch in großen Teilen der Bevölkerung zu verankern, aus den Augen verloren.[984]

Vor allem durch die eigenen militanten Aktionen, dadurch, daß „man immer dissonant ist",[985] aber auch einfach durch eine alternative Lebenspraxis[986] wollen die Autonomen anderen ein Beispiel geben und zur Politisierung und Radikalisierung der Menschen beitragen. Mit spontanen Aktionen meint man sich besser mitteilen zu können als in der eigenen Polit-Sprache:[987] „Und zuletzt würde doch wieder die Tat oder das eigene Erlebnis anderen die Überzeugung bringen."[988] Dabei hegen die Autonomen die Hoffnung, daß die Ausweitung der eigenen Praxis in revolutionäre Prozesse einmündet. Daß man in der Anti-AKW-Bewegung seit Mitte der 90er Jahre wieder Teil einer breiteren Bewegung ist, in der unterschiedliche Formen des Widerstands respektiert und die Militanten zumindest nicht isoliert wer-

---

[982] Robert, 26, Politisierung über Nicaragua-Solidarität, verschiedene politische Auslandsaufenthalte, Gruppe „fels", Zeitschrift „Arranca", Stadtteilarbeit mit jugendlichen ImmigrantInnen. In: *Kongreßlesebuch-Gruppe* 1995 (Fn. 71), 110.

[983] *Lecorte, Th.* 1992 (Fn. 46), 88.

[984] Ausführlich mit einer Zusammenstellung vielfältiger Stellungnahmen aus der Szene *Schultze, Th./Gross, A.* 1997 (Fn. 59), 84-88. Trotz aller grundsätzlichen Vorbehalte gegen die Kampfmethoden der RAF, haben sich die Autonomen allerdings immer wieder kritisch z.T. aber auch zustimmend, zu deren Anschlägen verlautbart. Weitgehend positiv reagierten die Autonomen etwa auf den Sprengstoffanschlag der RAF auf die JVA Weiterstadt im Jahre 1993, *Bundesminister des Innern:* Verfassungsschutzbericht 1993, 36. Nach dem Tode von Wolfgang Grams auf dem Bahnhof von Bad-Kleinen im Jahre 1993 kam es gar zu gewaltförmig verlaufenden Solidaritätskundgebungen, ebenda 36. Dazu, daß und in welchen Bereichen ideologisch-strategische Differenzen der Zusammenarbeit insbesondere mit der RAF-Unterstützerszene nicht entgegenstanden, *Moreau, P./Lang, J.P.* 1996 (Fn. 45), 393f.

[985] Conrad, 20, Autonome Antifa und linkes Zentrum, Halle an der Saale. In: *Kongreßlesebuch-Gruppe* 1995 (Fn. 71), 190. Zu Militanz als „beispielhafter Konsequenz" auch *Lecorte, Th.* 1992 (Fn. 46), 144.

[986] Ilse, 29, Friedensbewegung, Solidaritäts-Bewegung und Nicaragua-Aufenthalt; Uni-Streik 1989, Häuserbewegung in Ostberlin ab '90. In: *Kongreßlesebuch-Gruppe* 1995 (Fn. 71), 101f. Nach *Geronimo* 1997 (Fn. 68), 216 geht es darum, „andere zu verführen, d.h. zu gewinnen. Und zwar für etwas, das als besser erkannt ist."

[987] *Kongreßlesebuch-Gruppe* 1995 (Fn. 71), 24. Auch *Lecorte, Th.* 1992 (Fn. 46), 189. Zu einer szeneinternen Diskussion darüber, ob auf eine gelungene „Aktion" noch ein erläuterndes anonymes Bekennerschreiben folgen sollte, oder ob dies überflüssig ist, weil die Aktion für sich selbst spricht, ebenda, 127f.

[988] *Lecorte, Th.* 1992 (Fn. 46), 190.

den, wird daher ausdrücklich begrüßt.[989] In den Äußerungen einzelner Szeneangehöriger spiegeln sich die Ansprüche auf Vermittelbarkeit der eigenen Aktionen allerdings häufig wesentlich schlichter und unpolitischer: „War doch geil heute, der beste Krawall seit langem. Genau das brauchen wir doch, um die anderen anzutörnen."[990]

Wo Autonome sich zum Zusammenhang von Selbstbestimmung und Verantwortung äußern, wird verständlich, was sich Autonome vom Leben in selbstbestimmten Kollektiven versprechen: „Wenn Selbstbestimmung auch Verantwortung für die Konsequenzen bedeutet, dann verspreche ich mir davon, daß dadurch auch ein anderes Bewußtsein entsteht, daß die Leute nicht mehr wie Schweine mit allem umgehen können. Positive und negative Folgen fallen dann auf sie selbst zurück."[991] Wichtig ist den Autonomen, daß ihre Aktionen Ausdruck der „rationalen Bewältigung der Konfliktsituationen in der Gesellschaft" sind, daß die „Einheit von Theorie und Praxis" gewährleistet ist. „(D)enn Aufklärung ohne Aktion bleibt Konsum, und Aktion ohne rationale Bewältigung der Problematik schlägt in Irrationalität um."[992]

Autonome wollen aus der „kapitalistischen Vergesellschaftung" ausbrechen.[993] Die Trennung von Arbeits- und Lebenszusammenhängen soll aufgehoben werden, damit neue grundlegend geänderte Strukturen des sozialen Zusammenlebens und der Kommunikation entstehen können.[994] Diese Sozialräume wollen sie mit Gleichgesinnten „gegen die staatlichen und kapitalistischen Angriffe des Systems, die Fremdbestimmung bedeuten, verteidigen."[995] Freiräume für die Verwirklichung dieser Utopie suchen die Autonomen im Zusammenleben und Zusammenarbeiten

---

989 Dazu „*Interim*" Nr. 340, 20. Juli 1995, zit. bei *Bundesminister des Innern:* Verfassungsschutzbericht 1995, 55, Anm. 10; auch *Bundesminister des Innern:* Verfassungsschutzbericht 1997, 39 mit weiteren Auszügen aus Szenepublikationen. Ebenfalls positiv zur szeneübergreifenden Zusammenarbeit in der „NOlympia-Kampagne," *Geronimo* 1997 (Fn. 68), 31-60.

990 *Lecorte, Th.* 1992 (Fn. 46), 99, auch 100.

991 Dieter, 21, Politisierung in einer „Jungen Gemeinde" in der DDR, heute autonome Antifa, Potsdam, Hausbesetzung und Antifa-Archiv-Aufbau. In: *Kongreßlesebuch-Gruppe* 1995 (Fn. 71), 232. Daß es darum geht zu lernen, Verantwortung zu übernehmen, betont auch Robert, 26, Politisierung über Nicaragua-Solidarität, verschiedene politische Auslandsaufenthalte, Gruppe „fels", Zeitschrift „Arranca", Stadtteilarbeit mit jugendlichen ImmigrantInnen, ebenda, 111f. Den Zusammenhang von Selbstbestimmung uns Eigenverantwortlichkeit stiften auch, *Schultze, Th./Gross, A.* 1997 (Fn. 59), 66.

992 *Geronimo:* Feuer und Flamme – Zur Geschichte und Gegenwart der Autonomen. 4. Aufl. Berlin 1995, 17, zit. bei *Schultze, Th./Gross, A.* 1997 (Fn. 59), 22.

993 *Schultze, Th./Gross, A.* 1997 (Fn. 59), 63.

994 Autonomiethesen aus dem Jahre 1994, abgedruckt in *Kongreßlesebuch-Gruppe* 1995 (Fn. 71), 276.

995 *Schultze, Th./Gross, A.* 1997 (Fn. 59), 69.

mit Gleichgesinnten,[996] in Kultur- und Kommunikationszentren wie dem „autonomen Wohn- und Kulturprojekt“ in der Köpeniker Straße in Berlin (im Szenejargon: „die Köpi“)[997] oder in besetzten oder „legalisierten“ Häusern,[998] aus denen zum Teil autonome Zentren entstanden sind.[999]

Fernziel ist es, das für nicht reformierbar gehaltene herrschende patriarchale System, die Parlamentarische Demokratie und das kapitalistische Wirtschaftssystem, den „Moloch“ zu zerstören.[1000] Dabei gilt grundsätzlich: „Keinen Dialog mit der Macht!“ Er ist der „erste Schritt zur Integration.“[1001] Im Kampf gegen den „Moloch“ wollen die Autonomen vielmehr eine Sprache sprechen, „die von denen, die aktuell die Macht ausüben, nicht mehr verstanden wird.“ „Die Institutionen dieses Systems müssen an allen Orten zugelabert, zugeschrieen werden, so daß ihnen ... im wahrsten Sinne des Wortes 'Hören und Sehen‘ vergeht.“[1002] Selbst Teilziele gegen den Widerstand der Herrschenden durchzusetzen, ist eigentlich als reformistisch abzulehnen, wird aber in den Autonomiethesen aus dem Jahre 1994 als Ansporn, für neue systemübergreifende Ziele zu kämpfen, gerechtfertigt.[1003] Insbesondere Ost-Autonome sind insoweit manchmal realistischer: Weil es schwierig ist, immer gegen alles zu sein, versuchen sie sich erst einmal „in bestimmten Teilbereichen von den gesellschaftlichen Gegebenheiten abzugrenzen.“[1004] Mit ihrer anti-

---

996 *Bundesminister des Innern:* Verfassungsschutzbericht 1995, 43; *1996, 39; 1997, 34; Schultze, Th./Gross, A.* 1997 (Fn. 59), 55f., bezugnehmend auf das Zehn-Punkte-Papier, das Berliner Autonome im Vorfeld des „Tu-wat-Kongresses“ herausbrachten; Johanna 17, SPUK-SchülerInnen Plenum in Berlin, Antifa-Zusammenhänge. In: *Kongreßlesebuch-Gruppe* 1995 (Fn. 71), 222f.

997 Dazu *Bundesminister des Innern:* Verfassungsschutzbericht 1999, 99.

998 *Bundesminister des Innern:* Verfassungsschutzbericht 1995, 43f. Zu den besetzten Häusern als „relative Freiräume, schrankenlose Spielplätze, beispielsweise zum Ausprobieren von Kollektivität“ ausführlich *Schultze, Th./Gross, A.* 1997 (Fn. 59), 158.

999 *Moreau, P./Lang, J.P.* 1996 (Fn. 45), 395.

1000 *Schultze, Th./Gross, A.* 1997 (Fn. 59), 56, bezugnehmend auf das Zehn-Thesen-Papier, das Berliner Autonome im Vorfeld des Tu-wat-Kongresses im Jahre 1981 herausbrachten, 69, kritisch zum undifferenzierten Staatsbegriff der Autonomen 70f. Zur Abschaffung der „Herrschaft des Geldes“ auch die Autonomiethesen 1994, zum Verhältnis zur Macht und die Ablehnung von Staatlichkeit, die Autonomiethesen 1981 und 1994, abgedruckt in *Kongreßlesebuch-Gruppe* 1995 (Fn. 71), 274, 276f.; *Moreau, P./Lang, J.P.* 1996 (Fn. 45), 369. Gegen den „Moloch“ auch *Lecorte, Th.* 1992 (Fn. 46), 84f.; 146, zum unbedingten Willen, die feindliche Realität nicht hinzunehmen, 179.

1001 Autonomiethesen aus dem Jahre 1981, abgedruckt in *Kongreßlesebuch-Gruppe* 1995 (Fn. 71), 274, zur Ablehnung des Dialogs, *Schultze, Th./Gross, A.* 1997 (Fn. 59), 147; *Moreau, P./Lang, J.P.* 1996 (Fn. 45), 376.

1002 *Geronimo* 1997 (Fn. 68), 86.

1003 *Kongreßlesebuch-Gruppe* 1995 (Fn. 71), 275.

1004 Dieter, 21, Politisierung in einer „Jungen Gemeinde“ in der DDR, heute autonome Antifa, Potsdam, Hausbesetzung und Antifa-Archiv-Aufbau. In: *Kongreßlesebuch-Gruppe* 1995 (Fn. 71), 226. Till, 20, Autonome Antifa und linkes Zentrum, Halle an der Saale, ebenda, 191, meint: „Was wir jetzt gegen den Kapitalismus machen, ist im Grund total

staatlichen Haltung grenzen die Autonomen sich scharf von den „Alternativen“ ab, die zwar wie die Autonomen innerhalb des Systems Freiräume erobern, aber daraus, daß sie immer wieder auf vom Kapital vorgegebene Grenzen stoßen, nicht die notwendigen Konsequenzen ziehen. Sie werden daher nach Auffassung der Autonomen letztlich vom Staat instrumentalisiert, wenn dieser ghettoisierte Freiräume zuläßt, um sozialen Widerstand zu kanalisieren.[1005]

Während früher gefordert wurde, „Keine Macht für Niemand! Auch keine 'Arbeitermacht‘ oder 'Volksmacht‘ oder 'Gegenmacht‘“[1006], will man jetzt dem System punktuelle Gegenmacht entgegensetzen, aber gleichzeitig vermeiden, daß diese soziale Gegenmacht neue Machtstrukturen an die Stelle der alten setzt.[1007] Seit Anfang der 90er Jahre hat sich jedoch bei den Autonomen die Einsicht durchgesetzt, daß der Widerstand gegen den Staat nicht genügt, sondern mit dem Kampf gegen Rassismus und die Unterdrückung von Frauen verknüpft werden muß (triple-oppression-Ansatz).[1008] Dahinter steht die Einsicht, daß gerade im Verhältnis zu Frauen und Migranten auch innerhalb der Szene noch vieles im Argen liegt, daß auch mit den patriarchalen, rassistischen und leistungsorientierten Strukturen in den eigenen Reihen aufgeräumt werden muß.[1009]

Einig sind sich die Autonomen in ihrem Bestreben, mit der Einrichtung von Infoläden, der Verbreitung von Szenebroschüren und Jugendinfos eine Gegenöffentlichkeit zu schaffen, die die Botschaften der manipulierten, gleichgeschalteten, „HERRschenden” Medien konterkariert und in der Ausbeutung und Unterdrückung angeprangert und zum Gegenstand breiter Diskussionen gemacht werden – Diskussionen mit dem Ziel, Ansätze und Initiativen für gesellschaftliche Veränderungen zu entwickeln, die die Herrschaft der Menschen über Menschen beenden.[1010] Nur wenige fragen sich, ob man die Scheu vor den Medien überwinden sollte, um auch über diesen stärksten Kanal des Kapitalismus Einfluß zu nehmen und etwas

---

lächerlich. Der kann eigentlich nur durch eine Massenbewegung zerschlagen werden, letztendlich nur durch eine Revolution.“

[1005] Autonomiethesen 1981, 1994, abgedruckt bei *Kongreßlesebuch-Gruppe* 1995 (Fn. 71), 277-279.

[1006] Autonomiethesen 1981, abgedruckt bei *Kongreßlesebuch-Gruppe* 1995 (Fn. 71), 277.

[1007] Autonomiethesen 1994, abgedruckt bei *Kongreßlesebuch-Gruppe* 1995 (Fn. 71), 277; diesen Wandel im Verhältnis zu Machtphänomen betonen auch *Moreau, P./Lang, J.P.* 1996 (Fn. 45), 369f.

[1008] *Schultze, Th./Gross, A.* 1997 (Fn. 59), 9, 51, 72ff.

[1009] Autonomiethesen 1994, abgedruckt bei *Kongreßlesebuch-Gruppe* 1995 (Fn. 71), 280; auf diese bezugnehmend auch *Moreau, P./Lang, J.P.* 1996 (Fn. 45), 369.

[1010] Text eines Plakates „Für Freie Politische Kommunikation und Diskussion!“ abgedruckt in *Bundesminister des Innern:* Verfassungsschutzbericht 1992, 35. Für eine herrschaftsfreie Gesellschaft plädieren auch die Berliner Autonomen, die 1981, im Vorfeld des „Tu-wat-Kongresses“, ein Zehn-Thesen-Papier herausbrachten. In Bezug genommen bei *Schultze, Th./Gross, A.* 1997 (Fn. 59), 56.

zu verändern.[1011] Letztlich überwiegt die Skepsis, die eigenen Inhalte über die Medien vermitteln zu können: „Die Medien können in ihrer derzeitigen Form mit ihren Wirkungen nur in den Ruinen des zerstörten Bewußtseins hausen. In der Form des Mediums ist bereits zwischen dem Absender und dem Empfänger der Botschaft das Stellvertreterprinzip installiert.“[1012]

Unscharf bleibt, in welche Gesellschaftsform die gesellschaftlichen Umwälzungen „ohne klaren Anfang, ohne klares Ende“[1013] nach der Zerstörung des Molochs einmünden sollen. Einigkeit besteht allenfalls darüber, daß es nicht genügt, „daß eine kapitalistische Regierung gestürzt und durch andere Formen von Regierung ersetzt wird“, weil das Problem der Emanzipation damit noch nicht gelöst ist.[1014] Denn eine freiheitliche Ordnung setzt vor allem voraus, daß die Menschen lernen, „die eigenen Geschicke in die Hand zu nehmen“ – „Revolution als Menschwerdungsprozeß“.[1015] Ferner kann man sich auf die Werte Solidarität, Kollektivität und Verbindlichkeit und auf das Ziel der Befreiung des Menschen einigen.[1016] Jenseits dessen bleiben die positiven Fernziele, für die Autonome streiten, eigentümlich abstrakt und utopisch, die Vision vom selbstbestimmten Leben bleibt unspezifisch:[1017] Es geht ihnen um „Kollektivität, Zusammenführung der Lebensbereiche,

---

[1011] Conrad, 20, Autonome Antifa und linkes Zentrum, Halle an der Saale. In: *Kongreßlesebuch-Gruppe* 1995 (Fn. 71), 189f. Die Frage wirft auch *Geronimo* 1997 (Fn. 68), 48 auf.

[1012] *Geronimo* 1997 (Fn. 68), 49f.

[1013] Robert, 26, Politisierung über Nicaragua-Solidarität, verschiedene politische Auslandsaufenthalte, Gruppe „fels“, Zeitschrift „Arranca“, Stadtteilarbeit mit jugendlichen ImmigrantInnen. In: *Kongreßlesebuch-Gruppe* 1995 (Fn. 71), 108.

[1014] Robert, 26, Politisierung über Nicaragua-Solidarität, verschiedene politische Auslandsaufenthalte, Gruppe „fels“, Zeitschrift „Arranca“, Stadtteilarbeit mit jugendlichen ImmigrantInnen. In: *Kongreßlesebuch-Gruppe* 1995 (Fn. 71), 108.

[1015] Robert, 26, Politisierung über Nicaragua-Solidarität, verschiedene politische Auslandsaufenthalte, Gruppe „fels“, Zeitschrift „Arranca“, Stadtteilarbeit mit jugendlichen ImmigrantInnen. In: *Kongreßlesebuch-Gruppe* 1995 (Fn. 71), 109

[1016] Robert, 26, Politisierung über Nicaragua-Solidarität, verschiedene politische Auslandsaufenthalte, Gruppe „fels“, Zeitschrift „Arranca“, Stadtteilarbeit mit jugendlichen ImmigrantInnen. In: *Kongreßlesebuch-Gruppe* 1995 (Fn. 71), 114; zur Freiheit *Geronimo* 1997 (Fn. 68), 192.

[1017] *Moreau, P./Lang, J.P.* 1996 (Fn. 45), 370: „Das Gesellschaftsbild der Autonomen beschränkt sich also auf allgemein gehaltene Vorstellungen. Konkrete Programmsätze existieren nicht.“ *Lecorte, Th.* 1992 (Fn. 46), 70: „Ich will nur, daß alles anders wird, daß alles klar und offen ist.“ Oder ebenda, 168: „Wir suchten doch das Andere, das Neue, das uns aus all der Verzweiflung und Kapitulation der umzingelten Realität heraushalf, uns dem Normalen entfremdet.“ Oder, ebenfalls ebenda, 179: „Das Unerträgliche war zu sehen, darum war es leichter zu benennen als das Unbekannte, das Neue.“ Oder ebenda, 180: „Schon viel früher, als ich das Bessere, von dem ich träumte, gar nicht hätte beschreiben können, war es als Gefühl vorhanden. Trotz, Wut und Haß, Gewalt und Kampf war es da, wurde gerade darin geboren, stieg aus der schmutzigen Verpuppung strahlend empor, ich konnte es auch jetzt nur bruchstückhaft beschreiben.“

Achtung des Individuums sowie seiner Bedürfnisse und Fähigkeiten."[1018] „Das Schönste, was ich mir zur Zeit vorstellen kann, ist, daß einfach gar nichts Vorgegebenes da ist, gar kein System, keine Ordnung, nichts!"[1019] Während einige von einem Leben in dörflicher Gemeinschaft träumen, verwahren sich andere ausdrücklich gegen „ein utopisches Bild vom Landkommunen-Sozialismus ..., wo man zu zwölft zusammensitzt und alles im Plenum bereden kann."[1020] Wieder andere beschränken sich auf den Hinweis, daß in der Auflehnung gegen das Bestehende ja doch schon die Perspektive von dem Anderen stecke, worum es geht. Das gebe dem Widerstand die Richtung.[1021]

Daß die Autonomen ihre Ziele nicht klar bestimmen können, begründen sie selbst damit, daß das übergeordnete Ziel, die Befreiung der Menschen, es ausschließt, daß die Ziele vorgegeben werden.[1022] Die Ziele müssen sich notwendigerweise ständig verändern, wenn sie nicht durch die Autorität einer dogmatischen Theorie festgeschrieben sind.[1023] An die Stelle positiver Werte treten daher vielfach Negationen:[1024] Anti-Faschismus, Anti-Imperialismus, Anti-Atom, Anti-Globalisierung. Die „Verhinderungsziele" entbehren allerdings weitgehend der Realisierbarkeit. Allenfalls der Ausstieg aus der friedlichen Nutzung der Kernenergie ist ein vorstellbares Szenario. Es verwundert daher nicht, daß die Autonomen selber einräumen: „Der Weg in eine befreite Gesellschaft ist lang und mit vielen Stolpersteinen behaftet."[1025] Die konkreten Aktionen reduzieren sich daher auf die „Durchbrechung der von der Gegenseite vorgegebenen Regeln"[1026] und damit häufig genug auf das Erlebnis der eigenen Destruktivität. Gewalt wird so in der auto-

---

1018 *Schultze, Th./Gross, A.* 1997 (Fn. 59), 68.

1019 Johanna 17, SPUK-SchülerInnen Plenum in Berlin, Antifa-Zusammenhänge. In: *Kongreßlesebuch-Gruppe* 1995 (Fn. 71), 224.

1020 Robert, 26, Politisierung über Nicaragua-Solidarität, verschiedene politische Auslandsaufenthalte, Gruppe „fels", Zeitschrift „Arranca", Stadtteilarbeit mit jugendlichen ImmigrantInnen. In: *Kongreßlesebuch-Gruppe* 1995 (Fn. 71), 109.

1021 Dieter, 21, Politisierung in einer „Jungen Gemeinde" in der DDR, heute autonome Antifa, Potsdam, Hausbesetzung und Antifa-Archiv-Aufbau. In: *Kongreßlesebuch-Gruppe* 1995 (Fn. 71), 238.

1022 *Kongreßlesebuch-Gruppe* 1995 (Fn. 71), 22; auch Robert, 26, Politisierung über Nicaragua-Solidarität, verschiedene politische Auslandsaufenthalte, Gruppe „fels", Zeitschrift „Arranca", Stadtteilarbeit mit jugendlichen ImmigrantInnen, ebenda, 114. Dazu, daß es keine Welterklärungen mit verbindlicher Gültigkeit geben kann auch *Schultze, Th./Gross, A.* 1997 (Fn. 59), 67.

1023 *Kongreßlesebuch-Gruppe* 1995 (Fn. 71), 22.

1024 So selbstkritisch, insbesondere für die achtziger Jahre, *Kongreßlesebuch-Gruppe* 1995 (Fn. 71), 20.

1025 *„Interim"* Nr. 473, 8. April 1999, zit. bei *Bundesminister des Innern:* Verfassungsschutzbericht 1999, 139.

1026 *„Interim"* Nr. 473, 8. April 1999, zit. bei *Bundesminister des Innern:* Verfassungsschutzbericht 1999, 139. Ähnlich der Aufruf, sich nicht „auf die Spielregeln des Bestehenden einzulassen." In: Broschüre der Antifaschistische Aktion Berlin (AAB), zit. ebenda, 136.

nomen Praxis zum Selbstzweck, zum Symbol eines seltsam effektvoll-wirkungslosen, ohnmächtigen Widerstandes gegen den gesellschaftlichen status quo.

Die Autonomen kämpfen an verschiedenen Fronten und setzen Schwerpunkte bei wechselnden Konfliktfeldern. Dabei orientieren sie sich auch daran, welche Themen gerade allgemeine politische Aktualität genießen, weil sie hoffen, ihre militanten Einschätzungen einer bereits sensibilisierten Öffentlichkeit besser vermitteln zu können:[1027] „Da wo es brennt, wo sich viel tut, wo soziale Bewegungen und Kampagnen existieren ..., wird mit militanten Mitteln unterstützt und eingegriffen."[1028] Ein Beispiel ist die breite gesamtgesellschaftliche Debatte über Rechtsextremismus, in der man eine Chance für die eigene politische Arbeit sieht.[1029] Die thematischen Schwerpunkte werden vielfältig und nicht ohne eine gewisse Beliebigkeit verknüpft. In einem Interview mit der „Antifaschistischen-Jugend-Aktion" heißt es etwa „Wer sich mit dem Nazistreß ebenfalls nicht abfinden oder einfach nur die Regierung stürzen will, sei herzlich zum Mitmachen eingeladen!"[1030], und in der ersten Ausgabe von „FIGHT BACK! Antifaschistisches (Jugend)info Braunschweig" wird ausgeführt, „daß man sich wehren muß gegen den zunehmenden Terror der Faschisten auf der Straße, aber auch gegen staatlichen Rassismus, gegen Abschiebungen von Flüchtlingen und gegen die zunehmende Aggressivität des Kapitalismus, sowohl nach außen, als auch nach innen."[1031]

Seit den neunziger Jahren kämpfen die Autonomen schwerpunktmäßig gegen Faschismus und Rassismus und engagieren sich verstärkt für Migranten.[1032] Erklärtes Ziel ist es, faschistische Organisierung zu verhindern und die Abschiebungspraxis der Bundesrepublik Deutschland zu behindern. Gegenwärtig steht dabei die direkte Bekämpfung rechtsextremistischer Parteien, Gruppierungen und Einzelpersonen und ihrer Infrastruktur im Vordergrund der militanten autonomen Praxis.[1033] Es entspinnen sich jedoch durchaus kontroverse Diskussionen um die richtige Strategie im Kampf gegen den (Neo-)Faschismus.[1034] Während Teile der

---

1027 *Bundesminister des Innern:* Verfassungsschutzbericht 1999, 101; 2000, 129.

1028 Aktivist Anton in *„interim"*, Nr. 498 vom 30. März 2000, 5, zit. bei *Bundesminister des Innern:* Verfassungsschutzbericht 2000, 129.

1029 *Bundesminister des Innern:* Verfassungsschutzbericht 2000, 164.

1030 „BRAST", April 1998, zit. bei *Bundesamt für Verfassungsschutz* 1999 (Fn. 54), 7.

1031 „BRAST", Juni 1997, zit. bei *Bundesamt für Verfassungsschutz* 1999 (Fn. 54), 7.

1032 *Schultze, Th./Gross, A.* 1997 (Fn. 59), 215. Zum „Aktionsfeld" Antifaschismus auch *Horchem, H.J.* 1994 (Fn. 46), 117; *Moreau, P./Lang, J.P.* 1996 (Fn. 45), 372, ausführlich 379ff.

1033 *Bundesminister des Innern:* Verfassungsschutzbericht 2000, 165. So auch *„Am Rande des Wahnsinns"*, „Zusammen gehört uns die Zukunft!" In: AntifaReader. Antifaschistisches Handbuch und Ratgeber, hrsg. v. J. Mecklenburger. Berlin 1996, 266: „Schlagt die Faschisten, wo ihr sie trefft!"; ferner *Schultze, Th./Gross, A.* 1997 (Fn. 59), 89.

1034 Allgemein für die 90er Jahre *Schultze, Th./Gross, A.* 1997 (Fn. 59), 51.

Bewegung es als angemessen ansehen, zunächst und zuförderst dem organisierten (Neo-)Faschismus einen militanten Antifaschismus entgegenzusetzen,[1035] beklagen andere Gruppierungen, daß der antifaschistische Kampf in dieser Form keine Sprengkraft mehr für den Staat besitze.[1036] Gerade in einer Zeit, in der der Staat selbst gegen Rechtsradikale vorgehe, auch um sich selbst zu legitimieren, also nicht mehr so leicht des Antifaschismus zu verdächtigen sei wie in den geschichtsvergessenen 50er und 60er Jahren des letzten Jahrhunderts, dürfe die Antifa-Bewegung nicht zu einer „Ein-Punkt-Bewegung" verkommen:[1037] Vielmehr müsse sie sich gleichermaßen gegen Imperialismus, Kapitalismus und die bürgerliche Demokratie wenden: „Kampf dem Faschismus heiße, Kampf dem kapitalistischen System!"[1038], weil der Faschismus als Produkt der kapitalistischen Klassengesellschaft die Herrschaft des Kapitals sichere. Daneben müsse aber auch der bürgerliche Staat bekämpft werden, der ebenfalls zur Erhaltung der kapitalistischen Gesellschaftsform beitrage und damit Rassismus und Rechtsextremismus selbst hervorbringe.[1039] Auch weil ein erschreckender völkischer Konsens in der Bevölkerung bestehe und Rassismus weit verbreitet sei, dürfe man über den blutigen Rassismus nicht den strukturellen Rassismus aus dem Auge verlieren, zumal dieser sich mittlerweile in einer mörderischen, wenn auch unauffälligen Politik gegen Flüchtlinge manifestiere, die von einer breiten Mehrheit getragen werde.[1040] Wenn demokratische Politiker vorgäben, den Rechtsextremismus bekämpfen zu wollen, sei dies scheinheilig und bloße Medieninszenierung. Letztlich gehe es ihnen nur um das Ansehen des Wirtschaftsstandorts Deutschland. Der „Naziterror" sei nur ein Vorwand für den weiteren Ausbau des starken Staates.[1041] Um diese Zusammenhänge

---

[1035] *Schultze, Th./Gross, A.* 1997 (Fn. 59), 215.

[1036] Eine theoretisch anspruchsvolle Kontroverse über diese Frage wurde in den Jahren 1988-1992 zwischen der „Lupus-Gruppe" einerseits und einer Gruppe aus der „radikal" andererseits ausgetragen. Die Diskussion ist bei *Schultze, Th./Gross, A.* 1997 (Fn. 59), 60-99, aufgearbeitet.

[1037] *Schultze, Th./Gross, A.* 1997 (Fn. 59), 215f. Zu dieser szeneinternen Diskussion auch *Bundesminister des Innern:* Verfassungsschutzbericht 1995, 51.

[1038] So eine Aktivistin der „Autonomen Antifa (M) auf der Abschlusskundgebung einer „antifaschistischen Bündnisdemonstration" am 29. Januar 2000 in Göttingen, zit. bei *Bundesminister des Innern:* Verfassungsschutzbericht 2000, 164. Weitere instruktive Zitate aus Szenezeitschriften *Bundesminister des Innern:* Verfassungsschutzbericht, 1997, 42f.; 1998, 100.

[1039] Insoweit anknüpfend an die kommunistische Faschismus-Doktorin. *Bundesminister des Innern:* Verfassungsschutzbericht 1992, 38; 1999, 136; 2000, 163, mit Auszügen aus einer Flugschrift von August/September 2000.

[1040] *Schultze, Th./Gross, A.* 1997 (Fn. 59), 96, 98, bezugnehmend auf die Stellungnahmen der Lupus-Gruppe.

[1041] *Bundesminister des Innern:* Verfassungsschutzbericht 2000, 163f. Zur These der Autonomen, Faschismus sei integraler Bestandteil westeuropäischer Demokratien auch *Moreau, P./Lang, J.P.* 1996 (Fn. 45), 372. „Große Freiheit" 63, 1984, 19 geht noch weiter. Hier wird die Auffassung vertreten, daß sich die Herrschenden faschistischer Verbände mit ihrem Chauvinismus, Rassismus und Antikommunismus bedienten. Sie dienten als Herr-

aufzudecken, sei Aufklärungsarbeit zu leisten. Demgegenüber wenden Autonome, die für militante Interventionen plädieren, ein, daß nicht auf ein komplexes Faschismusverständnis gewartet werden könne, weil es nach Jahren des Theorieverzichts und angesichts der herrschenden Realität ein Luxus sei, sich nur der Beseitigung aller theoretischen Unklarheiten zu widmen. Es müsse daher zunächst ein „Gegenpol auf der Straße" gesetzt werden.[1042] Ostdeutsche Antifaschisten teilen zwar die antikapitalistische Haltung, weisen jedoch zusätzlich darauf hin, daß die „Abschaffung der kapitalistischen Verhältnisse ... nicht dafür garantieren kann, daß nicht andere Unterdrückungsformen weiterexistieren." Dies habe sich in der DDR gezeigt, wo Rassismus und Antisemitismus weit verbreitet gewesen seien.[1043]

Gerade mit antifaschistischer Agitation versuchen die Autonomen neue Anhänger zu gewinnen.[1044] Über die „antifaschistische Selbsthilfe" hoffen sie, militante Praktiken in den eigenen Reihen zu verankern und deren Akzeptanz durch andere Menschen zu erhöhen.[1045] Dabei wird begrüßt, daß die Auseinandersetzung mit Nazis beinahe zwangsläufig zur Auseinandersetzung mit der Staatsmacht, mit den „Bullen" führt. Letztlich wird autonomer Antifaschismus als Möglichkeit angesehen, eine antiimperialistische Politik zu vermitteln und gerade junge Leute zu politisieren.[1046] In jüngerer Zeit mehren sich sogar unter den traditionellen, organisationsfeindlichen Gruppen Stimmen, die für eine Jugendarbeit und überhaupt für die Suche nach BündnispartnerInnen, die Zusammenarbeit mit anderen gesellschaftlichen Gruppen und eine bundesweite Vernetzung und Organisierung plädieren.[1047]

---

schaftsreserve für den Fall des Scheiterns der parlamentarischen Diktatur und als Rollkommando gegen die notwendige Radikalisierung des Bewußtseins und der Praxis. Nach dem Reader „Neue Rechte", 1988, 3, verficht die neue Rechte einen Bio-Humanismus, neuen Rassismus und Sozialdarwinismus und nimmt eine Vorreiterrolle bei neuen Euthanasie-Debatten und bei Diskussionen über Sterilisation ein. Insofern hätte sie eine tendenziell nützliche Funktion für das System, weil sie sich gegen Minderheiten, aber gerade nicht gegen den Staat richte. Beide Quellen zit. bei *Schultze, Th./Gross, A.* 1997 (Fn. 59), 89f. Zu entsprechenden, sehr differenzierten Aufführungen der Lupus-Gruppe in den Jahren 1989-1992, ebenda, 90-99

1042 *Schultze, Th./Gross, A.* 1997 (Fn. 59), 98f., dort bezugnehmend auf „radikal" 146, 1992, 15ff.

1043 Dieter, 21, Politisierung in einer „Jungen Gemeinde" in der DDR, heute autonome Antifa, Potsdam, Hausbesetzung und Antifa-Archiv-Aufbau. In: *Kongreßlesebuch-Gruppe* 1995 (Fn. 71), 226f.

1044 *Moreau, P./Lang, J.P.* 1996 (Fn. 45), 372; *Bundesminister des Innern:* Verfassungsschutzbericht, 1997, 42; 1998, 100.

1045 *Schultze, Th./Gross, A.* 1997 (Fn. 59), 215.

1046 Diskussionspapier zur autonomen Organisierung (August 1991) abgedruckt u.a. in: „radikal" Nr. 10/91, 38-40, zit. bei *Bundesamt für Verfassungsschutz* 1999 (Fn. 54), 2; ebenfalls zit. bei *Horchem, H. J.* 1994 (Fn. 46), 117; *Bundesminister des Innern:* Verfassungsschutzbericht 1991, 41; 1992, 38.

1047 *„Interim"* Nr. 509 vom 7. September 2000, 5ff., zit. bei *Bundesminister des Innern:* Verfassungsschutzbericht 2000, *132*f.

Unter dem Motto „den Widerstand in den Vierteln organisieren“[1048] kämpfen Autonome gegen „Umstrukturierung”, sprich gegen Maßnahmen zur Stadtsanierung und zur Strukturverbesserung innerstädtischer Wohnviertel.[1049] Insbesondere in den Jahren 1996 und 1997 wurden in Berlin Hausbesetzungen als ein Mittel im Kampf gegen das System propagiert. Auf die Räumung einiger Häuser reagierte die Szene mit gewalttätigen Aktionen.[1050] Weil sozial Schwache in Ghettos abgedrängt und die Rückzugsräume und Verstecke von revoltierenden Menschen wegsaniert würden, erweise sich die Städtebaupolitik als ein Instrument der sozialen Kontrolle und der Aufstandsbekämpfung.[1051] Die Autonomen wenden sich daher gegen die Vernichtung billigen Wohnraums, der Luxuswohnungen, Wirtschaftspalästen und Schicki-Micki-Läden weichen müsse. Nach der Wiedervereinigung richtete sich der Protest auch dagegen, daß Berlin Regierungssitz würde, („Bombe und Benzin für den Regierungssitz Berlin”). Anschließend wurde mit zahlreichen Brand- und Sprengstoffanschlägen gegen die Bewerbung Berlins um die Austragung der Olympischen Spiele agitiert.[1052] Die abschlägige Entscheidung des IOC wurde als großer Erfolg gewertet. Man rühmte sich, durch die Kampagnen auch Jüngeren Gelegenheit zur Politisierung und Radikalisierung gegeben zu haben.[1053]

Nach Auffassung von Alt-Autonomen sind die Autonomen jedoch in der Defensive: Die Innenstädte sind zunehmend dem „Verwertungszugriff des Kapitals ausgesetzt und von ökonomischen Krisen bedroht.“ Man muß sich der Vertreibung aus

---

1048 *Schultze, Th./Gross, A.* 1997 (Fn. 59), 215. *Senatsverwaltung für Inneres (*Hrsg.) 1994 (Fn. 651), 177.

1049 *Bundesminister des Innern:* Verfassungsschutzbericht 1993, 44; 1994, 45f.; 1995, 55; 1996, 48; 1997, 44; 1998, 106. 1991 wurden in Berlin-Kreuzberg wieder Häuser besetzt, die als „Zellen des Widerstandes” dienen sollten. „radikal” Nr. 144, Oktober 1991, zit. bei *Bundesminister des Innern:* Verfassungsschutzbericht 1991, 41, Anm. 18. Dazu, daß es der Besetzerbewegung gelungen war, den Tourismus und das Investitionsklima in Westberlin negativ zu beeinflußen, *Lecorte, Th.* 1992 (Fn. 46), 138. Auch im Osten, in Leipzig und Potsdam gibt es Hausbesetzer. Zu einem „BesetzerInnenkongreß in Leipzig, allerdings mit weniger als 200 Teilnehmern, *Bundesminister des Innern:* Verfassungsschutzbericht 1995, 57. Dazu, daß die Leipziger Besetzerszene sich jedoch aus Autonomen und solchen zusammen, die Gewaltanwendung ablehnen, was häufig zu Problemen und Diskussionen führt, *Farin, K./Seidel-Pielen, E.* 1991 (Fn. 17), 118. Zum prekären Verhältnis zwischen autonomen und alternativen Hausbesetzern, Autonomiethesen 1981 und 1994, abgedruckt bei *Kongreßlesebuch-Gruppe* 1995 (Fn. 71), 277-279. Ebenfalls zum Aktionsfeld „Hausbesetzungen“, *Moreau, P./Lang, J.P.* 1996 (Fn. 45), 370.

1050 *Bundesminister des Innern:* Verfassungsschutzbericht 1996, 49f.; 1997, 45.

1051 *Bundesminister des Innern:* Verfassungsschutzbericht 1991, 41; 1992, 41. Zu Schickimicki-Läden in Kreuzberg auch Nigül (21), in Berlin geboren und aufgewachsen, lebt heute in Kreuzberg. Sie versteht sich als Kommunistin und Teil der autonomen Bewegung: „Kreuzberg ist ein Ghetto.“ In: *Farin, K./Seidel-Pielen, E. 1993* (Fn. 4), 171.

1052 *Bundesminister des Innern:* Verfassungsschutzbericht 1991, 41; 1992, 41; 1993, 45ff.; 1994, 45; *Senatsverwaltung für Inneres (*Hrsg.) 1994 (Fn. 651), 177.

1053 *Bundesminister des Innern:* Verfassungsschutzbericht 1993, 48.

dem eigenen Sozialmilieu wiedersetzen.[1054] Vordenker der Szene bemerken dazu, daß man in der Defensive mittlerweile für die Erhaltung von Kiezstrukturen kämpft, die bei näherem Hinsehen nicht besonders erhaltenswert sind, und daß man auf Basispolitik fixiert bleibt, obwohl spätestens seit dem Mauerfall auf der Hand liege, daß die drängenden Probleme, wie Armut, Rassismus und Ökohorror weder allein vom Kiez ausgehen, noch ausschließlich von diesem Ort her zu begreifen, geschweige denn von dort aus wirksam zu bekämpfen seien.[1055] Gleichzeitig gelang es nicht einmal, den „Widerstand zusammen mit anderen marginalisierten Gruppen (Ausländern, Sozialhilfeempfängern etc.) zumindest innerhalb der Stadtteile auf eine „breitere Basis zu stellen." Die Globalisierung hat damit auch die Autonomen in ihren Kiezen eingeholt. „Die Frage Lokalität versus Globalität" ist noch unbeantwortet.[1056] Immer mehr Autonome sehen sich mittlerweile gezwungen, für die „Aufrechterhaltung ihres Lebenszusammenhangs" zu arbeiten und damit ur-autonome Prinzipien, etwa die Befreiung vom Zwang zur Arbeit, zu verraten.[1057]

In den achtziger und frühen neunziger Jahren des zwanzigsten Jahrhunderts verfolgten die Autonomen das Ziel der Zerstörung des Systems auch mit „Antiimperialis-mus/Antikolonialismus"-Kampagnen anläßlich von Wirtschaftsgipfeln und mit militanten Manifestationen, insbesondere mit Brandanschlägen und Sachbeschädigungen.[1058] Das Verhältnis zu anderen anti-imperialistischen Gruppen und zum Begriff Anti-Imperialismus blieb aber stets zwiespältig. Insbesondere die Forderung nach *nationaler* Unabhängigkeit für die unterdrückten Völker wurde den Autonomen zum Problem, weil damit der Staat als Institution in keiner Weise in Frage gestellt wird.[1059] Seit Mitte der 90er Jahre kämpfen die Autonomen auch gegen „Deutsche Großmachtpolitik". 1999 wurde daher gegen die Beteiligung der Bundeswehr am Kosovo-Krieg agitiert. Die Autonomen distanzierten sich jedoch gleichzeitig deutlicher vom „Regime Milosevic" als etwa traditionelle Marxisten.[1060] Als klassische antimilitaristische Aktionen sind schließlich die Protest- und Störaktionen anläßlich öffentlicher Rekrutenvereidigungen zu nennen.[1061] In der

---

[1054] Daß der Kampf gegen Umstrukturierung zunehmend defensiven Charakter hat, betonen auch *Moreau, P./Lang, J.P.* 1996 (Fn. 45), 370.

[1055] *Geronimo* 1997 (Fn. 68), 144f.

[1056] *Geronimo* 1997 (Fn. 68), 146.

[1057] *Schultze, Th./Gross, A.* 1997 (Fn. 59), 215. Zur Notwendigkeit, sich in der Hausbesetzerszene auf äußere Bedrohungen umzustellen, Till, 20, Autonome Antifa und linkes Zentrum, Halle an der Saale. In: *Kongreßlesebuch-Gruppe* 1995 (Fn. 71), 193.

[1058] *Bundesminister des Innern:* Verfassungsschutzbericht 1992, 42. Im Jahr 1992 boten sich der West-Ost-Wirtschaftsgipfel am 8./9. Mai in Münster und das Wirtschaftsgipfeltreffen vom 6.-8. Juli in München an.

[1059] Autonomiethesen 1981, 1994, abgedruckt bei *Kongreßlesebuch-Gruppe* 1995 (Fn. 71), 276.

[1060] *Bundesminister des Innern:* Verfassungsschutzbericht 1999, 134.

[1061] *Bundesminister des Innern:* Verfassungsschutzbericht 1999,135.

zweiten Hälfte der neunziger Jahre wandten sich die Autonomen verstärkt gegen die Globalisierung der Weltwirtschaft und ihre sozialen Folgen. Anläßlich von Tagungen der WTO, des IWF und der EU wurden gewalttätige Proteste inszeniert, weil diese Institutionen als Sinnbilder des weltweiten Kapitalismus gelten:[1062] „Der Kapitalismus ist global erstarkt wie nie zuvor in seiner Geschichte. Inhumane Entwicklungen sind die logische Folge. ... Der Widerstand muß unter allen Umständen auf die Straße getragen werden. In diesem Sinne: HOCH DIE INTERNATIONALE SOLIDARITÄT! KAPITALISMUS ABSCHAFFEN!"[1063] Schließlich berichtet der Verfassungsschutz seit 1994 unter der Überschrift „Internationalismus", daß die Autonomen den kurdischen Befreiungskampf und die PKK unterstützen.

Die Autonomen agitieren seit Mitte der 90er Jahre auch wieder verstärkt gegen die friedliche Nutzung der Kernenergie und gegen die Gentechnologie. Weil beide Themen in der Öffentlichkeit kontrovers diskutiert werden, hofft man, sie im Kampf gegen das politische System der Bundesrepublik Deutschland zu Mobilisierungszwecken instrumentalisieren zu können.[1064] Durch das Besetzen von Gleisen, das Blockieren von Bahnstrecken, das Durchsägen von Bahnschwellen, die Unterhöhlung von Gleiskörpern, die Durchtrennung von Signalkabeln und die Zerstörung von Oberleitungen mit Wurfankern[1065] versuchen die Autonomen, Castor-Transporte zu verhindern. Ihr Ziel ist es, die Stillegung von Atomanlagen zu erzwingen („Verstopfungsstrategie").[1066] Allerdings geht es den Autonomen nicht nur um die sofortige Abschaltung aller Atomanlagen, sondern zugleich um die Überwindung des globalen Kapitalismus.[1067] Die Kämpfe von Autonomen richten sich nicht gegen die jeweiligen Maschinen, z.B. AKWs, sondern gegen das dahinterstehende System.[1068] Auch im militanten Widerstand gegen die Nutzung der Gentechnologie hoffen die Autonomen, durch „das Zusammenspiel von Demonstrationen, Ackerbesetzungen, -begehungen, vorzeitigen öffentlichen Abernteaktionen, Sit In's oder Blockaden von Firmen, Forschungseinrichtungen ... Acker-

---

[1062] *Bundesminister des Innern:* Verfassungsschutzbericht, 2000, 169f.

[1063] Linksextremistisches Informationsportal „nadir": Aufruf der „Roten Antifaschistischen Aktion Leipzig" (RAAL), zit. bei *Bundesminister des Innern:* Verfassungsschutzbericht 2000, 169.

[1064] *Bundesminister des Innern:* Verfassungsschutzbericht 1995, 53; 1997, 38f.; 1999, 139f.; 2000, 172; *Moreau, P./Lang, J.P.* 1996 (Fn. 45), 373.

[1065] *Bundesminister des Innern:* Verfassungsschutzbericht *1995, 53*f.; 1996, 52f.; 1997, 40, 1998, 104f.

[1066] *„Interim"* Nr. 473, 8. April 1999, zit. bei *Bundesminister des Innern:* Verfassungsschutzbericht 1999, 139.

[1067] *Bundesminister des Innern:* Verfassungsschutzbericht 1996, 53; 1997, 38.

[1068] *Bundesminister des Innern:* Verfassungsschutzbericht 1998, 104.

zerstörungen und Sabotageaktionen ..., dem System etwas Sand ins Getriebe (zu) streuen und (den) Druck auf die Mächtigen in diesem Land zu erhöhen."[1069]

2. Interpretation

a) Orientierungshilfen und ihre identitätsstabilisierenden Wirkungen

Erosionsbetroffene Jugendliche suchen in Jugendkulturen Zuflucht, weil sie hoffen, daß diese ihnen Verhaltensorientierung geben, sie mit Deutungsschemata versorgen und so Sinnverluste, Orientierungslosigkeit und Ohnmachtgefühle kompensieren.[1070] Die gemeinsame Verfolgung konkreter Handlungsziele stabilisiert dabei verunsicherte Individuen, und die jugendkulturellen Orientierungshilfen erleichtern die Selbstfindung wenig gefestigter Persönlichkeiten.[1071]

Die Kämpfe der Hooligans, auf die sich deren Gemeinschaftsleben im Wesentlichen beschränkt, sind klar strukturiert und vermitteln den Mitgliedern entsprechend klare Aktionsvorgaben. Weil die Hooligans nur als situative Auffanglebenswelten fungieren,[1072] haben sie jedoch keine komplexeren inhaltlichen Deutungssysteme hervorgebracht, die die Weltaneignung erleichtern könnten. Statt dessen eröffnen sie Möglichkeiten der Ersatzbefriedigung von Bedürfnissen nach einem sinnvollen Leben. Die Hooligans suchen und finden beim Fußball Spannung, Abenteuer und Risiko und kompensieren auf diese Weise die Sinnlosigkeit, die Langeweile und die Monotonie ihrer Alltagsexistenz. Gerade „Alt-Hooligans" flüchten sich in die „Wettkämpfe", um die als trostlos empfundene Aussicht, über kurz oder lang endgültig ein bürgerlich-spießiges Erwachsenenleben führen zu müssen, zumindest kurzzeitig verdrängen zu können. Die Auszeit der Hooliganwochenenden entschädigt für den Mangel an substantiellen Lebensperspektiven. Daß die Jugendkultur der Hooligans insoweit rein kompensatorische Funktionen erfüllt und eben keine politischen Ziele verfolgt, die auf die Veränderung einer als unbefriedigend empfundenen Lebenswirklichkeit zielen, weist sie als rein kolonialisierungskompensatorisch und nicht einmal im Ansatz als anomisch aus. Da die Spiele selbst und die Ergebnisse, die die Mannschaften erzielen, für die meisten Hooligans nur mehr von untergeordnetem Interesse sind und lediglich zum Anlaß genommen werden, um gemeinsam mit anderen gewalttätig zu werden, ist die Verübung von Gewalttaten eindeutig zum wichtigsten Handlungsziel avanciert. Sinnverlust und Perspektivlosigkeit werden damit letztlich nur scheinbar kompensiert und die sie begleitenden

---

[1069] „Brüche – Linke Zeitung aus Kassel", Nr. 60, April 1999, zit. bei *Bundesminister des Innern:* Verfassungsschutzbericht 1999, 140. Beschreibung eines Brandanschlags auf ein gentechnisches Unternehmen mit umfangreicher Rechtfertigung, allerdings im Jahre 1989, *Lecorte, Th.* 1992 (Fn. 46), 196ff., 200.

[1070] Dazu oben § 6 III. 1. c).

[1071] Dazu oben § 6 III. 1. b).

[1072] Zum rudimentären Gemeinschaftsleben oben V. 1. a).

Frustrationen und Aggressionen nur abreagiert, aber nicht produktiv bearbeitet.[1073] Daneben dienen die gewalttätigen Auseinandersetzungen auch der körperbetonten Ersatzbefriedigung von persönlichen Geltungsbedürfnissen und haben insoweit identitätsstabilisierende Funktion. Das Erlebnis der physischen Überlegenheit und die körperliche Selbstbehauptung kompensieren Unterlegenheitsgefühle, und der Respekt, die Anerkennung und der Status, den man sich erkämpft, entschädigen Jugendliche, die unter Bedeutungslosigkeit und Marginalisierung leiden. Das Sozialprestige, das Hooligans als Mitglieder einer „in-group" zu genießen meinen, hilft ihnen, Frustrationen und komplexe Zukunftsängste zu verdrängen. Wenigstens als erfolgreicher Kämpfer stellt man etwas dar, mag auch die gesellschaftliche Stellung noch nicht gesichert und die Aussicht, eine solche je zu erreichen, unsicher sein. Daß Hooligans ihre Auseinandersetzungen als körperliche Vergleichskämpfe wahrnehmen, es darauf anlegen, die „Schnellsten und die Besten" zu sein, und daß sie an diesen Kämpfen teilnehmen, um die Angst vor körperlicher Versehrung zu überwinden, weist die wochenendlichen Schlachten als groß angelegte Ersatzhandlungen aus. Die Planspiele reproduzieren auf beklemmende Weise den Erfolgsdruck der Leistungsgesellschaft und erlauben es, die Mißerfolgsängste abzuarbeiten, die den Berufsalltag begleiten. Sich am Wochenende der eigenen Männlichkeit, Härte und Schlagkraft zu versichern, hat identitätsstabilisierende Funktion und wappnet die Hooligans für die nächste Arbeitswoche. Daß die Hooligans danach streben, die Aufmerksamkeit der Medien und der Öffentlichkeit auf sich zu ziehen, und sogar die „Beachtung" durch die Polizei als Auszeichnung bewerten, ist ein zusätzliches Indiz für die komplexeren sozialen Kompensationsfunktionen der Kämpfe. Der zweifelhafte Respekt, den ihnen ihre Gewalttätigkeit auch außerhalb der Fußballfanszene einbringt, entschädigt für die entbehrte soziale Anerkennung, unter deren Versagung sie leiden. Wie wichtig diese Form der medialen „Anerkennung" für sie ist, belegt die Tatsache, daß etliche Hooligans nur deshalb in die Skinheadszene abgewandert sind, weil dieser mittlerweile das Medieninteresse gilt. Daß die Medien ihre Gewalt nur vermarkten und ihnen eine nur virtuelle Identität vermitteln, die es ihnen erlaubt, den das Selbstverhältnis destabilisierenden Mangel an substantieller menschlicher Anerkennung aus der Selbstwahrnehmung auszublenden, durchschauen sie nicht. Daß die Hooligans ihren sozialen Wünschen auf derart subtile Weise entfremdet werden, ist tragisch, weil dies es ihnen zusätzlich erschwert, sie tatsächlich zu befriedigen.

Der Skinheadkult gibt seinen Anhängern komplexere Orientierungshilfe. Weil Skinhead zu sein, „a way of life" ist und die Handlungsvorgaben sehr konkret sind, weiß man als Skinhead, seine Freizeit „sinnvoll" zu gestalten: „Spaß haben", Musik, Parties, Alkohol – und Gewalt. Nie wieder Langeweile. Im Zuge der Pseudopolitisierung der Szene haben insbesondere die rechten Skins Überzeugungen und Deutungsmuster entwickelt, die erosionsbetroffenen Jugendlichen die Weltaneig-

---

1073 Dazu oben § 6 III. 1. c).

nung erleichtern, weil sie ihnen helfen, für gesellschaftliche Probleme, deren strukturelle Ursachen die Skinheads nicht durchschauen, Verantwortliche zu identifizieren. Daß die häufig minderqualifizierten Skinheads es schwer haben, einen Ausbildungsplatz oder eine Arbeitsstelle zu finden, ein Problem, das auf einen tiefgreifenden Strukturwandel des Arbeitsmarktes zurückzuführen ist, wird den Ausländern und Fremden im Land angelastet. Diese werden auch für das Drogenproblem und die hohe Kriminalitätsrate verantwortlich gemacht, die richtigerweise auf den pathologischen Verlauf gesellschaftlicher Modernisierungsprozesse und die Überforderung vieler Menschen mit der ihnen in einer rationalisierten Lebenswelt zugemuteten Individuation zurückzuführen sind. Weil Skinheads von der Wirkungsweise der „invisible hand" des Kapitalismus nichts verstehen, werden in schlechter alter Tradition die Juden verdächtigt, alles in der Hand zu haben. Gerade die krude Vereinfachung komplexer Zusammenhänge macht diese ideologischen Interpretationen für Jugendliche attraktiv, die sich den komplexen Anforderungen einer modernen, multi-kulturellen Gesellschaft nicht gewachsen fühlen. Es werden aber nicht nur gesellschaftliche Probleme vereinfacht, sondern auch persönliche Probleme ideologisch verbrämt. Jugendliche, die Ausländer beneiden, weil sie auf deutsche Frauen anziehend wirken[1074] und vielleicht mehr Erfolg bei der Partnersuche haben als sie selbst, werden als Bedrohung für das weibliche Geschlecht dämonisiert. Weil in jedem Fall die Fremden, die Andersartigen an allem schuld sind, ist auch plötzlich ganz klar und einfach, worauf man sich als Skinhead besinnen muß, darauf nämlich, Angehöriger des deutschen Volkes zu sein. Der Nationalismus der ausländerfeindlichen und rassistischen Skinheads verklammert die kruden Ideologeme zu einem vermeintlich kohärenten Ganzen. Der Stolz auf ihr Land gibt ihrem Leben einen neuen Sinn. Wie wichtig dieser ideologische Überbau für die Skinheads ist, belegt die Tatsache, daß sie ihr positives Deutschlandbild durch nichts, insbesondere nicht durch ein kritisches Verhältnis zur jüngeren deutschen Geschichte, in Frage stellen lassen wollen. Daher werden auch Kriegsverbrechen neutralisiert und im schlimmsten Fall kurzerhand geleugnet. Der Nationalismus gebiert die bedeutungsschwangere Rhetorik von „Überfremdung" und nationaler Bedrohung und, in seiner neonazistischen Variante, von gefährlicher „Rassenvermischung" und „Volksverrat," die den Skinheads ein pathetisch-erhabenes Weltverhältnis vermittelt und ihre persönliche Misere tragisch überhöht. Daß dieser Nationalismus biologistisch begründet wird und sich die Frage, wer deutsch ist, anhand askriptiver Merkmale entscheiden läßt, kommt den überwiegend schlichter strukturierten Skinheads und ihren Bedürfnissen nach einfachen Antworten entgegen. Diejenigen, die sich zumindest selektiv mit der Hitlerzeit identifizieren, bedienen sich historischer Vergleiche, damit ihnen die Interpretation der bestehenden Verhältnisse und die Identifizierung von Mißständen notdürftig gelingt. Neonazistische Skins, die die Verbrechen der Nazis verklären und einen neuen Nationalsozi-

[1074] Dazu oben IV. 1. b).

alismus propagieren, flüchten sich auf der Suche nach Orientierung gar in realitätsferne Heilsphantasien und deutsche Großmachtträume.

Daß sich selbst die wenigsten der neonazistischen Skins als radikale Systemoppositionelle positionieren, die meisten Skinheads meinen, die politisch-gesellschaftlichen Verhältnisse ohnehin nicht verändern zu können und keinen Einfluß auf die Herrschenden zu haben und statt dessen auf die soziale Anerkennung ihrer unkontrollierten „Selbsthilfeaktionen" hoffen, weist die Skinheads als kolonialisierungskompensatorische Jugendkultur aus, für deren Mitglieder die gesellschaftlichen und politischen Institutionen noch nicht jeder Legitimation entbehren,[1075] sondern nur versagen. Die Skinheads verorten sich daher auch nicht außerhalb der Gesellschaft, sondern beschwören vielmehr deren Zusammenhalt gegen die Fremden.[1076] Lediglich die ultra-rechten, neonazistischen Untergruppierungen, die einen neuen Staat propagieren und aus strategischen Gründen, wegen der stigmatisierenden Wirkung, davon abraten, sich offensiv mit dem historischen Nationalsozialismus zu identifizieren, haben systemoppositionelle, anomische Züge.

Aus dem Weltbild der rechten Skins und bedingt auch aus dem der SHARP-Skins lassen sich aber auch konkrete Aufgaben und Handlungsziele ableiten, die die Skinheads mit den gemeinsamen Aktionen beherzt verfolgen können. So gewinnen desorientierte Jugendliche eine Perspektive und können ausblenden, daß ihre persönlichen Zukunftsaussichten prekär und vage sind und daß sie nicht wissen, was aus ihnen werden soll.[1077] Die SHARP-Skins erleben die Teilnahme am Gruppenleben als sinnvoll, weil sie sich so um die Erhaltung und Bewahrung des Kults verdient machen und gegen Rassismus und Neonazis kämpfen – mag auch der Wunsch, sich zu amüsieren, die hehren Ziele tatsächlich überlagern. Rechte Skins streiten für Deutschland und versuchen, die verhaßten Ausländer aus ihrem Land zu vertreiben. Monströse Sendungsqualität gewinnt der Auftrag der neonazistischen Skins, für ein großdeutsches Reich und die Reinerhaltung der „nordischen Rasse" zu kämpfen. Daß unter ideologischem Deckmantel die gemeinsame Begehung von Gewalttaten zum wichtigsten Handlungsziel avanciert, belegt jedoch, daß Deutungsschemata und Orientierungshilfen Ohmachterfahrungen und Orientierungslosigkeit nur scheinbar kompensieren. Die sie beleitenden Ängste und Frustrationen entladen sich letztlich in ohnmächtiger Gewalt. Vor allem sind die kommunikativen Fähigkeiten der Skinheads zu beschränkt, als daß sie ihre ideologischen Überzeugungen mit guten Argumenten untermauern könnten. Statt sie mit guten Gründen zu verteidigen, legen sie daher mit ihren Gewalttaten ein affirmatives Bekenntnis ab, das den Widerspruch im Keim ersticken soll. So wird für sie nicht virulent, daß ihre Weltsicht einer interaktiven Prüfung nicht standhält.

1075 Dazu bereits oben IV. 2. b).

1076 Dazu bereits oben IV. 2. b).

1077 Dazu oben § 6 III. 3. c).

Die ideologischen Orientierungshilfen und die klar konturierten Aktionsvorgaben erfüllen darüber hinaus aber auch eine wichtige identitätsstabilisierende Funktion. Schon das Bekenntnis zu den proletarischen Ursprüngen des Kults generiert einen Habitus, der Jugendlichen hilft, die eigenen Unzulänglichkeiten, Unsicherheiten und Ängste aus der Selbstwahrnehmung auszublenden. Denn bei den gemeinsamen Auftritten in der Öffentlichkeit, bei denen die Skinheads rechte Parolen grölend, proletarisch derb, mit geschorenem Schädel durch die Straßen marschieren, kann sich jeder als Teil einer bedrohlichen Macht erleben und sich der eigenen mackerhaften Männlichkeit versichern. Die ideologischen Überzeugungen der rechten Skinheads eröffnen jedoch noch viel weiterreichendere Möglichkeiten der Selbststilisierung und Selbstaufwertung. Denn die Ausländerfeindlichkeit der rechten Skins gibt ihren diffusen Aggressionen nicht nur eine klare Richtung. Weil sie die Fremden und Andersartigen zu Untermenschen oder gar zu kulturlosen Tieren degradieren, können sie sich auch über diese erheben und kompensieren so ihre eigenen Minderwertigkeitsgefühle. Der Ekel, den sie gegenüber Farbigen empfinden, überlagert den Selbstekel. Gerade daß der Haß sich nicht auf alle Ausländer in Deutschland, sondern nur auf diejenigen richtet, die anders aussehen und daher im Alltag anhand askriptiver Merkmale als solche identifiziert werden können, entlarvt die wahre, die identitätsstabilisierende Funktion ihres ideologisch drappierten Ausländerhasses. Allein die „sichtbaren" Ausländer sind eine geeignete Projektionsfläche für unbewältigte Ängste und Aggressionen. Denn nur gegenüber dem ohne Weiteres im öffentlichen Raum erkennbaren Feind können sie spontan und gewaltförmig abreagiert werden. Angst haben die Skinheads vor Konkurrenz, weil sie dem Leistungsdruck in einer spätkapitalistischen Industriegesellschaft nicht gewachsen sind. Kulturell gefährdet und von „Überfremdung" bedroht fühlen sie sich, weil sie keine persönliche Kultur haben und nicht wissen, wer sie sind. Das Gefühl der eigenen Erbärmlichkeit ist so groß, daß die Skinheads in ihren Songs die Wirklichkeit gänzlich verzerrt darstellen. Sie behaupten, vor den Türken zu kriechen, von diesen „angeprohlt" und aus dem eigenen Land vertrieben zu werden. Auch weil dieses irreale Szenario es den Skinheads erlaubt, die eigenen Gewalttaten als Notwehrreaktion und damit mitnichten als illegitim wahrzunehmen,[1078] erfüllen die Fiktionen der Songtexte eine wichtige identitätsstabilisierende Funktion. Daß die Skinheads die sozialen Herausforderungen einer multikulturellen Gesellschaft nicht produktiv zu bewältigen vermögen und ihre interpersonellen Beziehungen, gemessen an allgemein anerkannten Normen, nicht legitim zu ordnen vermögen, wird so zumindest gruppenintern nicht in identitätsdestabilisierender Weise virulent. Der Nationalismus der rechten Skinheads gibt dem Leben nicht nur einen Sinn, sondern dem einzelnen auch eine wichtige Rolle. Als stolzer Kämpfer für „Doitschland" weiß man, wofür man steht und wofür man Anerkennung verdient. Diese Rolle wird daher in den Songtexten, martialisch und militärisch ausgestaltet. Neonazistische Skins vergleichen sich sogar gerne mit ihren SA-

[1078] Dazu bereits oben II. 1. b).

und SS-Vorbildern und verleihen sich auf diese Weise eine historische Aura. Wie sehr sich die Skinheads nach sozialer und nicht nur nach gruppeninterner Anerkennung sehnen, belegt ihre Freude darüber, daß die in Hoyerswerda verübten Verbrechen von Teilen der Bevölkerung begrüßt worden sind und ihre Hoffnung darauf, sich auch noch in den Augen breiterer Bevölkerungsschichten als Verteidiger „deutscher Bevölkerungsinteressen" zu qualifizieren. Auch daß sie bei ihren öffentlichen Auftritten stets danach trachten, die Blicke auf sich zu ziehen, zeigt, daß sie endlich beachtet werden möchten. Daß die Skinheads jede Beachtung dann doch nur als Herausforderung, als Infragestellung der eigenen Person interpretieren und aggressiv beantworten können, ist Zeichen der Entfremdung und tiefer Verunsicherung und eine Folge der tragischen Verinnerlichung des Stigmas, das ihnen anhaftet und das sie zwanghaft bestätigen, weil es ihrem Selbstwertgefühl zutiefst entspricht. Daß für neonazistische Skinheads ein neuer Nationalsozialismus, sprich ein autoritäres Gewaltregime, eine Heilsperspektive ist, daß sie sich also danach sehnen, in einem diktatorischen, die Individuen in ihrer Einzigartigkeit und Verschiedenheit mißachtenden und reglementierenden Staat zu leben und in einer homogenen völkischen Gemeinschaft aufzugehen, ist beklemmend, weil es offenbart, wie unsicher, wie lebensuntüchtig diese Skinheads sind und wie nichtig sie sich fühlen. Lediglich diejenigen, die sich die eigene Außenseiterstellung zumindest bedingt eingestehen, sehen sich durch einen neuen Nationalsozialismus persönlich bedroht. Daß der Großteil der rechten Skinheads die Homogenität einer „reinrassigen" Gesellschaft, in der deutsche Frauen deutsche Kinder und keine „Mischlinge" gebären, in der sich Ausländer anpassen oder gar nicht erst geduldet werden, zum Ideal erheben und sich als Deutsche und damit allein über das Kollektiv definieren, beweist, daß sie den Zumutungen der Individualisierung nicht gewachsen sind und sich ihnen bei den Skinheads zu entziehen hoffen.

Die Autonomen bieten ihren Mitgliedern mit ihren alternativen, theoretisch anspruchsvollen gesellschaftlichen Gegenentwürfen nicht nur Orientierungshilfe, sondern ein umfassendes Deutungssystem, das sie in die Lage versetzen soll, die politisch-gesellschaftliche Wirklichkeit zu interpretieren und sich in dieser angemessen zu positionieren. Mit ihren Infoläden, Kultur- und Kommunikationszentren, Szenebroschüren und Jugendinfos haben sie zugleich eine szeneeigene Gegenöffentlichkeit geschaffen, die ihre Überzeugungen verbreitet. Die damit eröffneten kommunikativen Freiräume, in denen die Autonomen sich selbst artikulieren können und sollen, bieten Gelegenheit, sich der eigenen Ausdrucks- und Kommunikationsmöglichkeiten zu versichern oder diese zu revitalisieren. Diese Freiräume dienen aber vor allem der Reproduktion und kritischen Erneuerung der Gruppenkultur und tragen zur Enkulturation bei, weil gerade die Einbindung der einzelnen in szeneinterne Diskurse die kommunikative Aneignung autonomer Deutungsmuster gewährleistet. Schließlich leiten die Autonomen Jugendliche sogar „methodisch" an, autonome Überzeugungen durch eigene Erfahrungen zu verifizieren. Sie empfehlen „sinnliche Erfahrung", „Zuspitzung" und die Suche nach „Konfrontation", um u.a. herauszufinden, was die „Staatsmacht“ sei. Erst die nachhaltige persönliche „Verstrickung“ bilde eine Basis für „bewegende Kritik.“ Sie nennen diese „Methode“ „Politik der 1. Person“.

Den Kern des autonomen Deutungssystems bildet die Einsicht, daß die Parlamentarische Demokratie und das kapitalistische Wirschaftssystem ein patriarchales Herrschaftssystem bilden, das den einzelnen unterdrückt und ausbeutet und an der Entfaltung seiner Fähigkeiten und der Befriedigung seiner Bedürfnisse hindert und das es daher zu bekämpfen gilt. In ihrer radikalen Systemopposition gehen die Autonomen so weit, jeden Dialog mit „der Macht“ zu verweigern. Daß sie ihn sogar als ersten Schritt zur Integration verdächtigen und das Gefühl haben, von den Mächtigen ohnehin nicht mehr verstanden zu werden, belegt, daß für die Autonomen als anomischer Jugendkultur das Netz der gesamtgesellschaftlichen Integration tatsächlich zerrissen ist. Das herrschende System entbehrt jeder Legitimation und muß ersetzt werden. Insoweit unterscheiden sie sich klar von den Alternativen, die mit Vertretern des Systems im Gespräch bleiben, um ihnen lediglich Freiräume abzutrotzen. Die Autonomen versuchen, ihre Systemfeindlichkeit und ihren Antikapitalismus mit ihrem Anti-Faschismus, Anti-Imperialismus, ihrer Anti-Haltung zu Atomkraft und Globalisierung und ihrem Kampf gegen „Umstrukturierung theoretisch zu verknüpfen, um die Kohärenz ihres autonomen Deutungssystems zu gewährleisten. Gerade die Diskussion über die richtige Strategie im Kampf gegen den (Neo-)Faschismus belegt, daß viele Autonome besorgt sind, daß über die militanten Aktionen gegen (Neo-)Nazis, die Verwobenheit von Faschismus, Kapitalismus und parlamentarischem System theoretisch vernachlässigt wird. Daß es vielen Autonomen dann doch genügt, wenn die Auseinandersetzungen mit Faschisten beinahe zwangsläufig zu Auseinandersetzungen mit der verhaßten und verdächtigten Staatsmacht führen, ist Zeichen einer gewissen theoretischen Überforderung. Der praktische Konnex entschädigt dafür, daß die ideologischen Zusammenhänge, die die Autonomen meinen stiften zu können, eher affirmativ, krude und angreifbar bleiben. Einfacher läßt sich der Kampf gegen „Umstrukturierung“ mit dem Kampf gegen das politische System und den Kapitalismus verknüpfen. Die Zerstörung autonomer Lebensräume durch den Verwertungszugriff des Kapitals auf die Bausubstanz ist offensichtlich und kaum näher erklärungsbedürftig. Die Städtebaupolitik, die die Vermarktung von Wohnraum erst ermöglicht und begünstigt, wird kurzerhand als Form staatlicher sozialer Kontrolle ideologisiert. Im Kampf um die Stillegung von Atomanlagen und gegen die Nutzung der Gentechnologie protestieren die Autonomen gegen die wegen ihres unkontrollierbaren Gefährdungspotentials besonders inhumanen Hervorbringungen des Kapitalismus. Mit ihrem Anti-Imperialismus wenden sie sich gegen die weltweite kapitalistische Ausbeutung unterdrückter Völker. Das ideologische Dilemma, damit als Staatsfeinde deren Forderung nach nationaler, sprich staatlicher Unabhängigkeit indirekt zu unterstützen, versuchen sie tunlichst auszublenden. Als Gelegenheit sich diesem Dilemma theoretisch zu entziehen, bietet sich der Kampf gegen die Globalisierung der Weltwirtschaft an. Er mutet den Autonomen jedoch zu, sich nachhaltiger auf die globalen Ursachen vieler sozialer und gesellschaftlicher Probleme einzulassen als sie dies in ihrem anti-imperialistischen Kampf bisher getan haben. Weil sie erkennen müssen, daß globale Zusammenhänge weder von ihren autonomen Lebensräumen aus zu begreifen noch wirksam zu bekämpfen sind, kommt das tragende Konzept der „Politik der 1. Person" an seine Grenzen. Damit verstricken sich die Autonomen im Kampf gegen Globalisierung in gänzlich neuartige Selbstwidersprüche, die sie bislang theoretisch noch nicht bewältigt haben. Eine neue Perspektive hat die Einsicht eröffnet, daß es sich auch gegen Rassismus und die Unterdrückung von Frauen zu kämpfen lohnt, nicht zuletzt in den eigenen Lebensräumen, in denen sich patriarchale und rassistische Strukturen ausgebildet haben.

Weil sich aus dem Weltbild der Autonomen Aufgaben ableiten lassen, für die es sich zu kämpfen lohnt und denen sich zu verschreiben dem Leben einen neuen Sinn gibt, haben die Orientierungshilfen, die Jugendliche bei den Autonomen finden, auch wichtige identitätsstabilisierende Funktion. Diese erfahren sich bei der Teilnahme an den zahlreichen gewalttätigen Aktionen als Subjekte, als kompetente Aktoren, und überwinden ihre Ohnmacht, weil sie sich nicht mehr zum Objekt machen lassen, sondern ihre eigenen Interessen in die Hand zu nehmen meinen. Und nicht zuletzt verknüpfen die Autonomen mit ihren militanten Aktionen und ihrer alternativen Lebenspraxis die Hoffnung, anderen ein Beispiel zu geben. Auf diese Weise versuchen sie, breitere Bevölkerungsteile von der Notwendigkeit zu überzeugen, gegen die bestehenden gesellschaftlichen Verhältnisse Widerstand zu leisten. Dies gibt dem einzelnen ein erhabenes Gefühl von revolutionärer Bedeutsamkeit.

Es ist nicht unproblematisch, daß es den Autonomen schwer fällt, zu bestimmen, wofür sie eigentlich streiten. Sie wollen aus der „kapitalistischen Vergesellschaftung" ausbrechen und ziehen sich in ihre autonomen Lebensräume zurück, in denen sie zumindest versuchen, die Trennung von Arbeits- und Lebenszusammenhängen aufzuheben – in jüngerer Zeit mit zunehmend mäßigerem Erfolg. Ihre gesellschaftlichen Utopien bleiben jedoch unscharf und kreisen um Werte wie Befreiung, Solidarität und Kollektivität. Manche wenden sich ganz einfach gegen jede Form von Ordnung, ohne zu erkennen, daß die Idee totaler Freiheit schon theoretisch nicht zu begründen und in jedem Fall mit Vergemeinschaftungswünschen praktisch nicht vermittelbar ist. Andere wissen wiederum nur, welche Alternativentwürfe sie ablehnen, etwa Vorstellungen von einem Landkommunenkommunismus. Statt sich um die Konkretisierung der eigenen Ordnungsvorstellungen zu bemühen, versuchen die Autonomen, deren Unbestimmtheit theoretisch zu rechtfertigen. Weil abstrakte Utopien Sinndefizite und Orientierungslosigkeit letztlich nur unzureichend kompensieren und die einzelnen, die unter Zukunftsängsten und Vereinzelung leiden und sich nach Vergemeinschaftung sehnen, nicht nachhaltig zu stabilisieren vermögen, bleibt den Autonomen nur die Flucht in ihre konkreten gewalttätigen Aktionen. Gewalt wird zum Selbstzweck, und das Erlebnis der eigenen Destruktivität kompensiert kurzfristig die eigene Ohnmacht. Es wundert daher nicht, daß der Straßenkampf gegen die Faschisten, ebenso wie die im Kampf gegen Umstrukturierung, Atomkraft und Gentechnologie verübten Anschläge gegen sehr konkrete Objekte, sich besonderer Beliebtheit erfreuen. Denn angesichts sichtbarer Zerstörungserfolge läßt sich vorübergehend ausblenden, daß der Weg in eine befreite Gesellschaft lang ist[1079] und das Ziel vielleicht nie erreicht werden wird – eine Einsicht, die lähmend wirken würde und geeignet wäre, ohnehin lebensunsichere Jugendliche weiter zu destabilisieren.

Daß die Autonomen ihre politischen Ziele mit Gewalt durchzusetzen versuchen, weist sie vor dem Hintergrund ihrer politisch-ideologischen Überzeugungen trotz des ohnmächtigen Charakters der Gewalt als anomische Jugendkultur aus. Wenn keine Bereitschaft mehr besteht, die bestehende Ordnung zu reformieren und etwa nur Teilziele zu verwirklichen, beweist dies, daß die Gesellschaftsordnung aus der Sicht der Autonomen jede Legitimation verloren hat. Das Bekenntnis, eine andere Sprache als die „Mächtigen" zu sprechen, von ihnen ohnehin nicht verstanden zu werden und sie daher nur mehr „zuschreien" zu wollen, so daß ihnen „Hören und Sehen" vergeht,[1080] ist Ausdruck der Erfahrung, die eigenen Überzeugungen kommunikativ nicht mehr vermitteln zu können. Dies mag auf eingeschränkte kommunikative Fähigkeiten zurückzuführen sein, die es den Autonomen zwar noch erlauben, sich mit grundsätzlich Gleichgesinnten, nicht aber mit Andersdenkenden zu verständigen. Daß die eigenen Sprachspiele nicht mehr vermittelbar sind, ist jedoch vor allem ein Zeichen fundamentaler Entfremdung und gesellschaftlicher Desintegration. Gewalttätiger Widerstand ist daher die konsequente und auch die einzig mögliche Reaktion. Weil die Autonomen aber, anders als die RAF, keinen Guerilla-Krieg führen und den Umsturz erzwingen wollen, bleibt ihnen nur der hilflose Versuch, durch ihre Gewalt zu überzeugen, in der Hoffnung, daß die Ausweitung der eigenen Praxis in revolutionäre Prozesse einmündet. Daß man zumindest in der Anti-AKW-Bewegung nicht mehr isoliert wird, erscheint den Autonomen insoweit bereits als tröstlicher Erfolg.

b) Regressive Traditionalismen

Kolonialisierungskompensatorische Jugendkulturen wiederbeleben traditionale Werte, um erosionsbedingte Traditionsverluste zu kompensieren und gleichzeitig, zumindest gruppenintern, gesamtgesellschaftliche Enttraditionalisierungsprozesse auszublenden, die ihre Mitglieder überfordern.[1081] Soweit diese Werte auch noch der Kritik entzogen oder zumindest nicht mehr diskursiv verteidigt werden, werden Jugendliche, die den Anforderungen einer prinzipiengeleiteten Moral an die moralisch-praktische Willensbildung in einer rationalisierten Lebenswelt nicht gewach-

---

1079 Nachweise oben Fn. 1025.

1080 Nachweise oben Fn. 1002.

1081 Dazu oben § 6 III. 1. b).

sen sind, zusätzlich entlastet.[1082] Daß die Skinheads überholte Traditionen pflegen, mag angesichts des bis zu den pseudo-politischen Überzeugungen konservativen Charakters dieser Jugendkultur nicht verwundern. Bei den Hooligans stehen gewisse Traditionalismen demgegenüber in einem eigentümlichen und entlarvenden Spannungsverhältnis zu ihrem Selbstverständnis als modischer „in-group". Beide, Hooligans wie Skinheads, definieren sich über Männlichkeit, Härte und Schlagkraft. Hier soll nicht geleugnet werden, daß es sich dabei um Werte handelt, die sich auch gesamtgesellschaftlich naturwüchsig erhalten.[1083] Dies ändert jedoch nichts daran, daß es sich um Relikte aus patriarchalen Gesellschaften handelt, deren Legitimation heute eher zweifelhaft ist. Gerade vor dem Hintergrund der mit Faustschlägen und Fußtritten geführten Kämpfe gewinnen sie archaischen Charakter. Sich diesen Werten zu verschreiben, gibt den Hooligans und Skinheads Sicherheit, weil sich die Wertschätzung, die der einzelne verdient, beinahe askriptiv zuschreiben läßt und nicht erst in aufwendigen kommunikativen Prozessen ermittelt werden muß. Bei den Hooligans haben nicht nur die Männlichkeitsideale vormodernen Charakter, sondern auch die Kampfregeln, die dementsprechend als „Ehrenkodex" bezeichnet werden, weil sie nicht, wie es dem gesellschaftlichen Entwicklungsstand angemessen wäre, nach einem universalistischen Prinzip ausgehandelt werden. Insbesondere werden Regelverstöße nicht im Wege metakommunikativer Auseinandersetzung bearbeitet. Vielmehr gilt das Vergeltungsprinzip: Auge um Auge, Zahn um Zahn. Die Skinheads weisen ihre gesellschaftlichen Ordnungsvorstellungen als vormodern aus. Sie träumen von einer Gesellschaftsordnung mit archaischen Zügen: Die Rollen zwischen Männern und Frauen sind klar verteilt. Die Männer verteidigen als Kämpfer das Kollektiv. Die Frauen sind für das Haus und die Familie zuständig. Die Gemeinschaft soll homogen sein, die Zugehörigkeit soll sich nach askriptiven Merkmalen bestimmen. Dabei ist die subtile Normativierung des Faktischen ein besonders eklatanter Traditionalismus, ja Archaismus. In einer solchen Gesellschaft ist für Individualität kein Raum. Der einzelne lebt für das Kollektiv und geht in diesem auf. Mit dieser naiven Wiederbelebung überholter Ordnungsideen verweigern sich die Skinheads den gesellschaftlichen Realitäten, einer pluralen, multikulturellen Gesellschaft, in der sie sich nicht zurechtfinden und deren Individualisierungszumutungen sie nicht gewachsen sind.[1084] Daß sie ihre Ordnungsvorstellungen mit gewalttätigen Aktionen durchzusetzen versuchen, beweist, daß sie mit deren argumentativer Verteidigung überfordert sind – weil ihre kommunikativen Fähigkeiten nicht zureichen, aber auch weil die normative Vertretbarkeit dieser Ordnungsvorstellungen schwerlich zu begründen ist. Allein die Autonomen, die den positiven Gehalt der gesellschaftlichen Modernisierung, insbesondere persönliche Freiheit und Autonomie verteidigen, besinnen sich, wie zu erwarten,

---

1082 Dazu oben § 6 III. 2. c).

1083 Sich naturwüchsig fortbildende Traditionalismen sind nach *Habermas* Symptome der kulturellen Verarmung der Alltagspraxis, dazu näher mit Nachweisen oben § 5 IV. 4.

1084 Dazu bereits oben a).

nicht auf traditionale Werte. Daß sich szeneintern patriarchale und rassistische Strukturen herausgebildet haben, wird ihnen vielmehr zum Problem. Wenn diese trotz aller politischen Wachsamkeit entstehen konnten, beweist dies, daß auch die Autonomen von Traditionalismen eingeholt werden, die sich wegen der kulturellen Verarmung und Fragmentierung des Alltagsbewußtseins in der Alltagspraxis naturwüchsig fortbilden, obwohl sie längst delegitimiert sind.[1085]

c) Zur Integrationsfunktion normativer Orientierungen

Soziale Gemeinschaften integrieren sich über normative Ordnungen, aus denen die Gemeinschaftsmitglieder, indem sie interpersonale Beziehungen eingehen, eine auf die Gruppenzugehörigkeit gestützte Solidarität schöpfen.[1086] Auch Jugendkulturen können daher nur dann als Auffanglebenswelten fungieren, wenn sich die Gruppierungen über einen Kanon an Werten und Normen definieren, an dem die einzelnen ihr Verhalten orientieren können.[1087]

Die normative Ordnung der Hooligans ist ihr Ehrenkodex. Er verpflichtet zu Solidarität, Treue und Verläßlichkeit im Verhältnis zu den „eigenen Leuten" und zu Fairness gegenüber den Gegnern. Schon die Tatsache, daß denjenigen, die die normativen Regeln nicht beachten, zumindest manchmal, der Ausschluß droht, belegt, daß sich die Gemeinschaft über diese basalen Regeln definiert und integriert. Sie geben den Gruppenangehörigen vor allem das Gefühl, ihre sozialen Beziehungen zueinander legitim geordnet zu haben, und stiften, soweit sie beachtet werden, auch tatsächlich Solidarität. Weil zwischen dem angemessenen Verhalten gegenüber dem Gegner und Gruppenmitgliedern differenziert wird, strukturieren und klären die Regeln auch die Frage der sozialen Zugehörigkeit und tragen damit zur Konstitution der Kampfgemeinschaften bei. Daß die Kämpfe heute brutaler und unfairer verlaufen und die Kampfregeln relativ beliebig und mit fadenscheiniger Begründung suspendiert werden, ist ein Anzeichen der zunehmenden, auf die Vermassung der Szene und die kolonialisierende Vermarktung des Kults zurückzuführende Desintegration der jugendkulturellen Auffanglebenswelt. Denn wo substantielle Gemeinschaft nicht mehr erfahrbar wird, verlieren die das Zusammenleben ordnenden Normen an handlungsleitender Kraft. Die Gewalttäter vermögen sich leichter situativ zu entsolidarisieren.[1088] Die Hooligans führen denn auch die Brutalisierung der Kämpfe selber auf die Tatsache zurück, daß die Szene unübersichtlicher geworden ist. Szeneintern wiederholen sich damit Prozesse, die auf gesamtgesellschaftlicher Ebene ursprünglich zur Entstehung der kolonialisierungskompensatorischen Jugendkultur der Hooligans beigetragen haben. Die repressiven Maßnahmen der Po-

---

[1085] Zu *Habermas* Konzept der kulturellen Verarmung, näher mit Nachweisen oben § 5 IV. 4.

[1086] So *Habermas,* dazu mit Nachweisen oben § 5 II. 1.

[1087] Dazu oben § 6 III. vor 1.

[1088] Dazu oben § 6 III. 1. a).

lizei, die die Hooligans an ihren paradoxerweise gemeinschaftsstiftenden gewalttätigen Auseinandersetzungen hindern sollen,[1089] tragen zu deren weiterer Brutalisierung bei, sind also kontraproduktiv.

Auch bei den Skinheads sollen wenigstens rudimentäre normative Orientierungen den Zusammenhalt der Gruppe garantieren. Die Skinheads definieren sich über ihr Bekenntnis zu Werten wie Freundschaft, Kameradschaft und Treue und zu konventionellen, (klein-)bürgerlichen Werten wie Arbeit, Sauberkeit, Disziplin und Ordnungsliebe, vor allem aber über ihren normativ aufgeladenen Patriotismus oder Nationalismus. Daß sie sich wegen ihres einheitlichen Outfits zusammengehörig fühlen,[1090] sich in erster Linie bei den kollektiven Gewalttaten als Gemeinschaft erleben,[1091] aber dann, wenn ein Gruppenmitglied in Not ist, gar nicht zur Solidarität fähig sind, beweist jedoch, daß die Werte, zu denen sie sich bekennen, keine integrationsstiftende Kraft haben. Dies hängt zum einen damit zusammen, daß das Bekenntnis zu Sekundärtugenden kaum substantielle Gemeinschaft zu stiften vermag und selbst ein normativ aufgeladener Patriotismus allenfalls wirkungsvoll soziale Zugehörigkeiten strukturiert, aber keine Solidarität erzeugt. Entscheidend dürfte jedoch sein, daß die beschworene Freundschaft und Kameradschaft Phantomcharakter behält. Der kommunikative Austausch innerhalb der Gruppe ist offenbar so defizitär, daß keine substantielle Solidarität erfahrbar wird. Weil den normativen Bekenntnissen keine soziale Realität entspricht, gewinnen sie keinen Verpflichtungscharakter und entfalten dementsprechend auch keine handlungssteuernde Wirkung. Die defizitäre Integrationswirkung bloßer normativer Lippenbekenntnisse wird letztlich durch gewalttätigen Aktionismus kompensiert.

Die Autonomen definieren sich ganz entscheidend über die hehren moralischen Ziele, die sie verfolgen, und propagieren sogar eine „Revolution als Menschwerdungsprozeß.“ Sie kämpfen für ein selbstbestimmtes Leben, streben nach einem Leben in Kollektiven, in denen die einzelnen ihre individuellen Bedürfnisse befriedigen, ihre Fähigkeiten entfalten können und in ihrer Individualität geachtet werden, und sie wenden sich dementsprechend gegen jede Form von Unterdrückung, Ausbeutung und Zwang. Die Befreiung des Menschen soll jedoch nicht mit dem Verzicht auf Solidarität und Verbindlichkeit bezahlt werden. Daß die Autonomen über den Zusammenhang von Selbstbestimmung und Verantwortung reflektieren, beweist, daß sie erkannt haben, daß Individualität und Sozialität nicht umstandslos zu vermitteln sind. Dies zeigt sich gerade in posttraditionalen Gesellschaften, die mit den sozialdesintegrierenden Folgen einer sehr weitreichenden Individualisierung und Pluralisierung der Lebensformen zu kämpfen haben. Die Autonomen setzen darauf, daß ein selbstbestimmtes Leben Solidarität erzeugt, weil Selbstbestimmung impliziere, daß jeder auch Verantwortung für die Konsequenzen seines

---

[1089] Dazu bereits oben I. 1. a).

[1090] Dazu unten XIII. 1. b).

[1091] Dazu oben I. 1. b) und 2. a).

Handelns übernehmen müsse.[1092] Weil damit die negativen sozialen Folgen des Handelns auf jeden einzelnen zurückfielen, könnten sie in der Selbstwahrnehmung nicht mehr als durch die Verhältnisse bestimmt gedacht und neutralisiert werden. Die Autonomen vertrauen damit auf die handlungssteuernde Kraft des Gewissens jedes einzelnen. Die Frage, ob diejenigen, die sich in selbstbestimmte autonome Kollektive einbringen, im Laufe ihrer Sozialisation ein solches Gewissen ausgebildet haben, blenden sie aus. Da sich bei den Autonomen Jugendliche einfinden, für die das Netz der gesellschaftlichen Integration zerrissen ist und die die interpersonalen Beziehungen nicht als legitim geordnet erleben und erlebt haben, dürfte zumindest zweifelhaft sein, ob in deren Sozialisation die Wertinternalisierung und die Stabilisierung von Motivationen für normenkonformes Handeln gelungen ist.[1093] Denn die Wertinternalisierung, sprich die Ausbildung eines Gewissens, setzt voraus, daß Solidarität in kommunikativen Prozessen erfahrbar geworden ist. Nur gegenüber Interaktionspartnern, denen man nicht entfremdet ist, kann man sich moralisch verpflichtet fühlen. Die Autonomen vertrauen daher letztlich darauf, daß diejenigen, die sich in autonome Kollektive einbringen, eine sekundäre Sozialisation durchlaufen, weil gruppenintern Solidarität erfahrbar wird. Wieweit dies in den autonomen Rückzugsräumen tatsächlich gelungen ist, ist schwer zu beurteilen. Die Verständigungsprobleme, die Autonome auch untereinander haben,[1094] begründen zumindest gewisse Zweifel, ob die sekundäre Sozialisation, die mit der Vergemeinschaftung Hand in Hand gehen müßte, tatsächlich gelingt.

XI. Verhältnis zu anderen Jugendkulturen, Protestbewegungen und politischen Parteien

1. Phänomenologie

a) Hooligans

Das Verhältnis der Hooligans zu anderen Jugendkulturen ist relativ offen. Anders als bei den Skinheads und Autonomen werden Angehörige anderer Jugendkulturen daher auch nicht als Feinde oder Gegner angesehen. Auch wenn die Hooliganszene aus der Fußballfanszene hervorging, war sie zu Beginn sogar durchaus ein Sammelbecken für mehr oder minder politische Skinheads – was nicht ausschloß, daß sich an bestimmten Orten, wie z.B. in Berlin auch Punks einfanden. Festere Verbindungen zwischen gewaltbereiten und gewalttätigen Anhängern bestimmter Fußballvereine und dem rechten Spektrum zuzurechnenden Personen wa-

---

[1092] Nachweis oben Fn. 991.

[1093] Zur Reproduktion der strukturellen Komponenten der Lebenswelt und den Folgen der Kolonialisierung der Lebenswelt nach *Habermas,* oben § 5 II. 2. Fig. 21 und 23 mit Nachweisen.

[1094] Dazu oben V. 1. c).

ren aber nicht die Regel.[1095] In der ersten Hälfte der neunziger Jahre bestanden solche nach polizeilichen Erkenntnissen in Westdeutschland nur in Einzelfällen, etwa in Essen und Nürnberg.[1096] In den neuen Bundesländern gab und gibt es einzelne neonazistische Hooligans.[1097] Hier skandiert man auch mal gemeinsam mit Skinheads und Rechtsradikalen rechte Parolen oder distanziert sich zumindest nicht.[1098] Versuche rechtsextremistischer Organisationen, in der Fußballszene neue Mitglieder zu werben oder diese zu vereinnahmen, blieben aber zumindest bis Mitte der neunziger Jahre weitgehend ohne Erfolg.[1099] Z.T. wird dies darauf zurückgeführt, daß es dem Selbstverständnis vieler Hooligans widerspricht, sich rigiden, autoritären Strukturen zu unterwerfen.[1100] Nach anderer Ansicht besteht durchaus ein latentes Risiko, daß Hooligans sich von Parteien des rechten Spektrums anwerben lassen, weil sich bei vielen sehr wohl national autoritäre Orientierungen feststellen lassen.[1101] Seit Mitte der neunziger Jahre beobachtet die Polizei immerhin, daß es zunehmend personelle Überschneidungen zwischen der rechten Szene und Fußballfankreisen gibt.[1102] Ob es zu einer nachhaltigeren Politisierung einzelner Hooligangruppierungen kommt, bleibt abzuwarten.

1095 Für die österreichische Szene, *Novak, M.* 1994 (Fn. 8), 132f. 165.

1096 *LKA Nordrhein-Westfalen,* unveröffentlichter Jahresbericht Fußball, Saison 1993/94, 15, zit. bei *Krisch, A.* 2000 (Fn. 3), 94.

1097 *Kirsch, A.* 2000 (Fn. 3), 94f.

1098 *Ek, R. 1996* (Fn. 2), 145.

1099 *Weber-Klüver, K.* 1993 (Fn. 229), 40; Thomas (23), Speditionskaufmann in Berlin, seit seinem 10. Lebensjahr Hertha BSC-Fan und Hooligan: „Hooligan ist ein Versuch, die Jugend hinauszuzögern." In: *Farin, K./Seidel-Pielen, E. 1993* (Fn. 4), 15, 184f.

1100 *Matthesius, B.* 1992 (Fn. 2), 55, 76, 111; *Weber-Klüver, K.* 1993 (Fn. 229), 40; K*orfes, G.:* Zur Entwicklung des Rechtsextremismus in der DDR. Kriminologisches Journal 24 (1992), 50-64, 61, auch mit Zitaten von Mitgliedern der rechtsextremen Partei „Nationale Alternative", kurz NA, die sich, um ihren Ruf besorgt, von Skinheads, aber auch von Hooligans distanziert hat, da diese sich zu wenig an der „Gemeinschaft" orientieren und wenig daran interessiert sind, sich der geforderten „konsequenten Parteidisziplin" unterzuordnen.

1101 *Heitmeyer, W./Peter, J.-I.:* Jugendliche Fußballfans. Soziale und politische Orientierungen, Gesellungsformen, Gewalt. 2. Aufl. Weinheim 1992, 42-47.

1102 LKA Nordrhein-Westfalen, Jahresberichte Fußball, Saison 94/95, 4, Saison 95/96, 3, Saison 96/97, 3, Saison 97/98, 3, Saison 98/99, 3f.: In der Saison 94/95 war diese Entwicklung an 10, in der Saison 1998/99 an 23 Standorten zu beobachten. In der Saison 94/95 wurden an 7 Erstligaorten 62 und an 3 Zweitligastandorten 128 der rechten Szene zuzuordnende Fans der Kategorie B und C registriert, in der Saison 98/99 an 15 Erstligastandorten 371, an 8 Zweitligastandorte allerdings nur noch 112. Wurde die Zunahme in der Saison 95/96 noch auf eine verbesserte Datenerhebung der berichtenden Polizeibehörden zurückgeführt, so geht das LKA Nordrheinwestfalen seit der Saison 96/97 davon aus, daß die Zunahme an einzelnen Standorten zumindest auch auf einen tatsächlichen Anstieg und an anderen auf eine Neubewertung der Zusammensetzung der gewaltbereiten Szene zurückzuführen ist. Daß seit der Saison 96/97 die Zahl der Zweitligastandorte, an denen Fans der rechten Szene angehören, wieder sinkt, führt das LKA-Nordrhein-Westfalen nicht auf eine Trendwende, sondern vor allem auf den Abstieg von Zweitligavereinen mit rechts engagierten Fans in die jeweiligen Regionalligen zurück.

b) Skinheads

Bei den Skinheads ist nicht nur der Grad der substantiell-inhaltlichen, sondern auch der organisatorisch-institutionellen Politisierung immer noch gering. Gerade den rechten Parteien ist es trotz ihrer Bemühungen nicht gelungen, „ihren glatzköpfigen Anhang" organisatorisch wirklich einzubinden.[1103] Nur etwa zehn Prozent der Skinheads sind tatsächlich Mitglieder politischer, etwa neonazistischer Organisationen[1104] oder rechtsextremer Parteien wie der NPD oder der DVU, und nur sehr wenige sind innerhalb einer Partei gar in höhere Positionen aufgestiegen.[1105] „Der normale Durchschnitts-Skinhead, wie man den kennt, ist total unorganisiert und echt ein armes Schwein eigentlich, weil der – der kann überhaupt nichts. ... Die wirklich klar denken und sagen: „Ja, ich bin ein Rechter, und die wirklich so denken, ne, die sind keine Skinheads. Die sind schlau genug, daß sie sich normal kleiden und dann wirklich in der Partei sitzen."[1106] Für die Mehrheit der anpolitisierten Skinheads ist typisch, daß sie mit ideologisch affinen Gruppierungen lose vernetzt sind. Weil sich Skinheads nur ungerne in eine Parteiordnung pressen lassen, kommt es ihnen entgegen, daß sich rechte Gruppierungen heute z.T. nur noch als Kameradschaften und nicht mehr streng hierarchisch organisieren. Auch das ereignisbetonte Programm der Jugendorganisationen mancher Parteien findet daher besonderen Anklang.[1107] Einige fühlen sich eher milieuzentrierten rechten Cliquen zugehörig,[1108] andere partizipieren schlichtweg nach Gusto am Veranstaltungsprogramm rechtsextremer Organisationen und Parteien[1109] und versorgen sich aus

---

[1103] *Farin, K./Seidel-Pielen, E.* 1993 (Fn. 21), 135f.; *Bredel, H.* 2002 (Fn. 28), 78; *Breymann, K.* 1993 (Fn. 608), 295.

[1104] *Farin, K./Seidel-Pielen, E.* 1993 (Fn. 21), 200, auf der Grundlage einer Anfang der 90er Jahre durchgeführten Untersuchung.

[1105] *Böttger, A.* 1998 (Fn. 108), 255, 267. Dies bestätigt auch die Untersuchung von *Hafeneger* über rechte Jugendcliquen in drei hessischen Gemeinden, zu denen auch Skinheads gehörten, zit. bei *Bredel, H.* 2002 (Fn. 28), 64f. Bei der von *Heitmeyer, W./Müller, J.* 1995 (Fn. 19), 55-58 durchgeführten Befragung lag der Anteil sogar höher. Sogar etwa ein Viertel der westdeutschen und sogar knapp die Hälfte der ostdeutschen Skins gehörten rechtsextremen Parteien und Organisationen an. Der Versuch der rechten Skingruppe von Ewald aus Westdeutschland, über die FAP an den organisierten Rechtsextremismus Anschluß zu finden, schlug etwa fehl – man hatte die Mitgliedsbeiträge versoffen, ebenda, 89, 96.

[1106] B., früher selbst Mitglied einer Skinhead-Gruppe, die er verließ, um in höhere Positionen der Szene aufzusteigen, zit. bei *Böttger, A.* 1998 (Fn. 108), 254. Daß es an der Vernetzung „im Sinne hierarchischer traditioneller Organisations- oder Vereinsstrukturen" fehlt, stellt auch *Jaschke, H.-G.* 2001 (Fn. 36), 82 fest.

[1107] Dazu bereits ausführlich oben § 2 VIII. mit entsprechenden Nachweisen, dort auch V. und X.

[1108] Dies ergab eine Studie von *Hafeneger* über rechte Cliquen, zit. bei *Bredel, H.* 2002 (Fn. 28), 64f. So auch der westdeutsche Skin Tobias, befragt von *Heitmeyer, W./Müller, J.* 1995 (Fn. 19), 54.

[1109] Dies ergab eine Studie von *Hafeneger* über rechte Cliquen, zit. bei *Bredel, H.* 2002 (Fn. 28), 64f.

deren Programmen und Schriften mit ideologischem Rüstzeug.[1110] Manche lassen sich allerdings auch in Funktion nehmen, z.B. als Ordner oder zum Verteilen von Flugblättern. Besonders beliebt ist in jedem Fall die Teilnahme an Großdemonstrationen rechtsextremistischer Parteien.[1111]

Auch SHARP-Skins lehnen trotz der übereinstimmenden antirassistischen Einstellungen sogar die Zusammenarbeit mit den unorganisierten Autonomen und den nur bedingt organisierten Antifas ab. Skinhead-Sein ist eben ein Lebensstil, und „keine Politik".[1112] Man will sich nicht von „linken Politnicks" für „*ihre* Ziele (vereinnahmen und) vor *ihren* Karren spannen" lassen, um dann nur noch als „glatzköpfiger Wurmfortsatz irgendwelcher autonomen Antifas" zu gelten.[1113] Den „Linken" wird vorgeworfen, nicht zu begreifen, daß „nicht alle Leute ohne SHARP-Aufnäher nur braune Scheiße im Kopf haben"; nicht akzeptieren zu können, „wenn jemand nicht in ihr Linksrechts/Freund- oder Feindschema paßt."[1114] Ebensowenig wie von einem rechten Ausländerhasser wollen sie sich daher von einem linken Antifaschisten vorschreiben lassen, „was ein 'richtiger' Skinhead zu denken hat."[1115]

Das Verhältnis der politisch konträr eingestellten Skinheadgruppierungen untereinander und zu anderen Jugendkulturen ist aggressiv feindlich. Während die Skinheads früher mit den Punks noch sportlich um die Vorherrschaft kämpften, sehen die rechten Skins Punker heute als ihre Feinde an. Auch mit ausländischen Banden suchen sie die Konfrontation. Insbesondere anläßlich von Konzertveranstaltungen kommt es außerdem nicht selten zu gewalttätigen Auseinandersetzungen mit Oi!- und SHARP-Skins, wobei sich beide Seiten des Verrats am Kult zeihen. Lediglich zwischen der Oi!- und der Punk-Szene ist eine Annäherung zu beobachten. Zumindest bei Musikveranstaltungen von gemeinsam verehrten Bands ist ein friedliches Nebeneinander möglich.

c) Autonome

Das Verhältnis der Autonomen zu anderen Protestbewegungen ist prekär. Weil die Autonomen im Interesse der „Vermittelbarkeit" ihrer Aktionen, bei der Wahl ihrer Angriffsziele Anliegen anderer Protestbewegungen aufgreifen, um die Akzep-

---

[1110] So etwa Ewald, Skinhead aus Ostdeutschland, *Heitmeyer, W./Müller, J.* 1995 (Fn. 19), 79.

[1111] Dazu oben § 2 VIII. und X.

[1112] Verlautbarungen in der „ Scintonic" 8, zit. bei *Farin, K./Seidel-Pielen, E.* 1993 (Fn. 21), 130f., 133.

[1113] Verlautbarungen in der „Scintonic" 8, zit. bei *Farin, K./Seidel-Pielen, E.* 1993 (Fn. 21), 130f.

[1114] Verlautbarungen in der „Scintonic" 8, zit. bei *Farin, K./Seidel-Pielen, E.* 1993 (Fn. 21), 130f.

[1115] Verlautbarungen in der „Scintonic" 8, zit. bei *Farin, K./Seidel-Pielen, E.* 1993 (Fn. 21), 130f.

tanz für ihre militanten Aktionen zu erhöhen,[1116] stellt sich für sie immer wieder die Frage, ob sie Protest- oder Zweckbündnisse mit anderen Bewegungen eingehen sollen. Insgesamt stehen sie jeglicher Form von Bündnissen, wie schon in den achtziger Jahren, eher skeptisch gegenüber. Sie werden daher nur in sehr beschränktem Umfang und mehrheitlich aus rein taktischen Erwägungen eingegangen.[1117] Der damit verbundenen Selbstausgrenzung entspricht, daß den *szeneinternen* Debatten kaum ernsthafte Bemühungen um die diskursive Vermittlung der eigenen Inhalte und Perspektiven im *Außenverhältnis* und insbesondere im Verhältnis zu weniger radikalen Sozialbewegungen korrespondieren.[1118]

Wo sich Autonome in breitere soziale Bewegungen einklinken, Zweckbündnisse eingehen oder sich an Kampagnen zu bestimmten Anlässen beteiligen, versuchen sie, die Konflikte zwischen „Staat und Bürger zu polarisieren und die inhaltliche Hegemonie zu erreichen."[1119] Man will eben durch Militanz überzeugen und nicht primär mit dem besseren Argument:[1120] „Zurück blieb das Gefühl, das Richtige nicht sagen zu können, weil die Sprache überall Haken schlug und sich entzog, und nur Bruchstücke übermittelt zu haben. ... Es war wie das Reden gegen Wände, das Reden gegen die Schaufensterscheiben, die weg mußten. Wir bekamen nur unsere Worte zurück gespiegelt, ohne Wirkung, deshalb mußten die Scheiben weg, also mußten Steine her." Letztlich vertrauen die Autonomen, auch wo sie vermeintlich die Kooperation suchen, auf die „Bekehrung", auf die Mobilisierung durch Erfahrung. Insgesamt fühlen sie sich „innerhalb der Bündnisse oftmals isoliert und denunziert und bei Demonstrationen in Auseinandersetzungen mit der Polizei allein gelassen." Umgekehrt wird ihnen zum Vorwurf gemacht, „Demonstrationen auf gewalttätige Weise für sich zu instrumentalisieren und damit andere Menschen zu gefährden.[1121]

Es gibt aber auch Beispiele für gelungene „Bündnisarbeit", etwa im Rahmen der NOlympia-Kampagne, an der sich neben Mitgliedern der autonomen Szene auch diverse andere Gruppierungen, u.a. Mitglieder der Grünen/AL Partei beteilig-

---

[1116] *Bundesminister des Innern:* Verfassungsschutzbericht 1995, 45; 1998, 95.

[1117] *Bundesminister des Innern:* Verfassungsschutzbericht 1995, 53, zum „Einklinken" in die Anti-AKW-Bewegung.

[1118] „Alles, was wir sagten, war falsch. Falsch, weil es Stückwerk war. Es war Gestammel in den Ohren Fremder." „Wie sollten wir in wenigen Sätzen etwas erklären, das so voller Widersprüche war zur herrschenden Normalität?" „Wir versuchten, den Nachthimmel einer Blinden zu beschreiben." *Lecorte, Th.* 1992 (Fn. 46), 140. „Schau, sagten wir, oder vielmehr, stell dir vor, am Himmel sind lauter Sterne ... Was meint ihr mit Himmel? Was sind Sterne? fragt sie." Weiter zu den unüberwindlichen Schwierigkeiten, sich verständlich zu machen, ebenda,141.

[1119] *Schultz, Th./Gross, A.* 1997 (Fn. 59), 150ff., 213.

[1120] Zur „Sprache der direkten Aktion", *Geronimo* 1997 (Fn. 68), 186.

[1121] *Schultz, Th./Gross, A.* 1997 (Fn. 59), 7, 77, 152. Kritisch zu den gemäßigten Linken, *Lecorte, Th.* 1992 (Fn. 46), 143. Dort auch zur Reduktion der autonomen Szene auf ihre Gewaltbereitschaft.

ten.[1122] Insbesondere im antifaschistischen Kampf ergeben sich rein taktisch motivierte Zweckbündnisse, sogar mit bürgerlichen Kräften. „Der Minimalkonsens besteht dann aus Bürger- und Menschenrechten."[1123] Seit Anfang der neunziger Jahre formierten sich schließlich Aktionsbündnisse zwischen Autonomen und Zusammenschlüssen von jugendlichen Migranten der zweiten Generation, die sich als Reaktion auf ausländerfeindliche und rassistische Gewalttaten organisierten und sich häufig auf autonome Slogans der 80er Jahre wie „Lebe wild und gefährlich" und „Bildet Banden!" bezogen. In ihnen erblickten Autonome wegen ihrer wilden Gewaltformen z.T. ein neues 'revolutionäres Subjekt'. Sie mußten jedoch bald erkennen, daß diese Jugendlichen z.T. aus Motiven und Beweggründen handelten, die durchaus nicht immer mit autonomen Zielsetzungen zusammenstimmten und den typisch autonomen ideologischen Überbaus vermissen ließen.[1124]

Sind gemeinschaftliche Aktionen mit anderen Protestbewegungen ausnahmsweise erfolgreich, schöpfen viele Autonome bald wieder Verdruß: Sie beklagen, daß die „reformistische Breite" von Aktionsbündnissen auf Kosten der Militanz, sprich der Gewalt gehe, wenn an die Stelle dezentraler direkter Aktionen zunehmend von der Polizei kontrollierte Großkongresse und Großdemonstrationen treten.[1125] Nur weniger militante z.T. ältere Szenemitglieder, die sich bereits stärker in ihre Ghettos zurückgezogen haben, favorisieren häufiger pragmatische Interessenpolitik, die auch Bündnisse beinhaltet, Kampfbedingungen sichert und so die Propagierung der eigenen Ziele und Neurekrutierungen ermöglicht.[1126] Sie hoffen, allein durch ihre alternative Lebensweise ein Bild von dem zu geben, was möglich ist, hoffen zu zeigen, „daß man mit Konflikten etwas erreichen kann."[1127] Es gibt aber auch jüngere Autonome, die die Selbstghettoisierung der Szene beklagen und bezweifeln, daß es möglich ist „einen Kampf für die Veränderung gesellschaftlicher Verhältnisse dadurch zu führen, daß man sich außerhalb der Gesellschaft verortet und dann von da in die Gesellschaft hineinwirkt."[1128]

1122 Dazu ausführlich *Geronimo* 1997 (Fn. 68), 31-60. Zum im übrigen bereits seit den frühen achtziger Jahren distanzierten Verhältnis zu den Grünen, *Schultze, Th./Gross, A.* 1997 (Fn. 59), 152-154.

1123 *Schultze, Th./Gross, A.* 1997 (Fn. 59), 151.

1124 *Geronimo* 1997 (Fn. 68), „MigrantInnen–Organisierung" und „autonome" Identitätspolitik, 117-123, insbesondere zur Kreuzberger Gruppe „Antifasist Genclik".

1125 Dies wurde anläßlich des Doppelgipfels im Juni 1999 in Köln beklagt (EU-Ratstagung und G 8). „Autonome Ruhrgebietsgruppen." In: *Interim* Nr. 480, 5. Juli 1999, zit. bei *Bundesminister des Innern:* Verfassungsschutzbericht 1999, 132.

1126 *Schultze, Th./Gross, A.* 1997 (Fn. 59), 152.

1127 Ilse, 29, Friedensbewegung, Solidaritäts-Bewegung und Nicaragua-Aufenthalt; Uni-Streik 1989, Häuserbewegung in Ostberlin ab '90. In: *Kongreßlesebuch-Gruppe* 1995 (Fn. 71), 99, 102.

1128 Robert, 26, Politisierung über Nicaragua-Solidarität, verschiedene politische Auslandsaufenthalte, Gruppe „fels", Zeitschrift „Arranca", Stadtteilarbeit mit jugendlichen ImmigrantInnen. In: *Kongreßlesebuch-Gruppe* 1995 (Fn. 71), 106.

2. *Interpretation*

a) Abgrenzung und Selbstghettoisierung – Desintegrationssymptome und Integrationsmechanismen

Die Abgrenzung von anderen Jugendkulturen bzw. Protestbewegungen erfüllt bei den Skinheads und den Autonomen eine wichtige Integrationsfunktion und ist zugleich ein Anzeichen gesellschaftlicher Desintegration. Lediglich die Hooligans sind weniger darauf angewiesen, sich scharf von anderen jugendkulturellen Gruppierungen abzugrenzen, und treten daher auch gemeinsam mit Punks oder Skinheads auf. Dies erklärt sich aus ihrem extrem aktionistischen Charakter. In den situativen Aktionsgemeinschaften, die im persönlich Voraussetzungslosen ansetzen, die jenseits der Fußballwochenenden nur ein rudimentäres Gemeinschaftsleben führen und sich in ihren Wochenendkämpfen konstituieren,[1129] kann sich grundsätzlich jeder einbringen und mitmachen.[1130] Weil sich das Gemeinschaftsleben der Hooligans weitgehend auf die „Wettkämpfe" beschränkt, sind ihnen keine komplexeren Integrationsleistungen abverlangt, die sie überfordern würden und auf den Mechanismus der Integration durch Abgrenzung zurückgreifen ließen. Ihr reduktionistisches, kampfzentriertes Selbstverständnis läßt gar kein Bedürfnis entstehen, sich nachhaltiger von anderen jugendlichen Gruppierungen abzugrenzen.

Ganz anders die Skinheads. Sie integrieren sich heute stärker noch als in ihrer Entstehungsphase über die aggressive Abgrenzung von anderen Jugendkulturen, von den Punks, von Banden junger Ausländer und auch von den Skins anderer politischer Ausrichtung. Sie sind als vereinnahmende Jugendkultur, die regelmäßig zur ausschließlichen Bezugsgemeinschaft der Jugendlichen wird, in besonderem Maße darauf angewiesen, soziale Zugehörigkeiten zu strukturieren und kollektive Identität zu stiften. Daß sie gewalttätige Konfrontationen im Außenverhältnis suchen, belegt, daß ihnen die Stabilisierung und Integration der Gruppe über produktive Verständigungsprozesse nur unzureichend gelingt.[1131] Die Anfeindung Andersorientierter und Andersartiger ersetzt insoweit die positive Selbstdefinition.[1132] Die aggressiv feindliche Abgrenzung ist aber gleichzeitig ein Anzeichen gesellschaftlicher Desintegration. Denn sie dient nicht nur der Konstituierung der Gruppe, sondern zeigt auch, daß die Skinheads sich nur noch ihrer eigenen Bezugsgruppe und nicht einmal mehr ihrem jugendlichen Umfeld substantiell zugehörig fühlen und daß sie keine Probleme haben, sich zu entsolidarisieren. Lediglich die Begeisterung für bestimmte Bands und ihre Musik macht zumindest das gesel-

---

[1129] Dazu oben VI. 1. a).

[1130] Dazu oben VIII. 1. a). Wer Anerkennung findet und in den harten Kern aufrückt, ist eine andere Frage.

[1131] Dazu oben § 6 III. 1. a).

[1132] Dazu näher unten XII. 2. c).

lige Nebeneinander von Punks und Oi!-Skins möglich, die sich dann auf die gemeinsamen Ursprünge beider Jugendkulturen besinnen.

Bei der organisierungsfeindlichen Bewegung der Autonomen garantieren gerade Abgrenzung und Selbstghettoisierung die Integration. Die Autonomen befinden sich jedoch in einer paradoxen Situation. Weil für sie das Netz der gesamtgesellschaftlichen Integration zerrissen ist, verorten sie sich als Feinde des Systems außerhalb der Gesellschaft und bleiben bei der Verfolgung ihrer umstürzlerischen Ziele doch darauf angewiesen, sich beständig um die Verbreiterung ihrer Bewegung zu bemühen, d.h. ideologisch affine Gruppierungen für die eigene Sache zu gewinnen. Das Eingehen von Aktionsbündnissen birgt jedoch gleichzeitig Desintegrationsrisiken. Die Bündnisarbeit und die Organisierung von Großdemonstrationen gelingen häufig nur auf Kosten der Militanz und abverlangen den Verzicht auf dezentrale direkte Aktionen. Wenn die Großereignisse aber die Handschrift der Autonomen kaum mehr erkennen lassen, können sie auch nicht mehr der Bestätigung und Erneuerung des Selbstverständnisses und damit der Integration der Autonomen dienen. Es verwundert daher nicht, daß die Autonomen nicht zu einer einheitlichen Position finden und zwischen ihren widerstreitenden Zielen hin- und hergerissen bleiben. Während die einen die Bündnisarbeit verdrießlich finden, wenden sich andere gegen die Selbstghettoisierung. Lediglich ältere Autonome, die in autonomen Lebensräumen Halt gefunden haben, sind offenbar gefestigt genug, um vor einer Interessenpolitik, die auch das Eingehen von Bündnisssen umfaßt, nicht mehr zurückzuschrecken. Die Autonomen versuchen, das Dilemma, in dem sie sich befinden, pragmatisch-strategisch zu lösen. Sie klinken sich bei passender Gelegenheit in größere Protestaktionen ein, suchen aber nicht die inhaltliche Auseinandersetzung mit den gemäßigteren Aktivisten. Statt dessen versuchen sie, die Konflikte zwischen Staat und Bürger zu polarisieren und die inhaltliche Hegemonie zu erreichen, um so vielleicht doch andere Aktionsteilnehmer für den militanten Widerstand zu gewinnen. Daß sie Demonstrationen auf diese Weise letztlich nur für ihre Zwecke zu instrumentalisieren trachten, wird ihnen immer wieder zum Vorwurf gemacht. Tatsächlich sind sie gar nicht wirklich in der Lage, ihre Zielsetzungen und Überzeugungen zu kommunizieren. Daß sie das Gefühl haben, gegen Wände zu reden, nicht verstanden zu werden und auf gewalttätige Artikulationsformen verwiesen bleiben, ist ein sinnfälliges Indiz gesellschaftlicher Desintegration. Der Minimalkonsens, der die Autonomen mit bürgerlichen Kräften verbindet, stiftet eben noch keine kollektive Identität, und auch die Zielsetzungen und Motive der militanten Migranten unterscheiden sich zu stark von autonomen Anliegen und Beweggründen, als daß sie eine tragfähige gemeinsame Basis bilden könnten.

b) Zwischen Organisierungsfeindlichkeit und Kolonialisierung durch politische Vereinnahmung

Die im Prinzip organisierungsfeindlichen Skinheads und Hooligans werden in jüngerer Zeit verstärkt von politischen Parteien und Organisationen umworben und lassen sich von diesen mehr und mehr vereinnahmen. Weil Jugendkulturen als Auffanglebenswelten fungieren und komplexe Integrations-, Sozialisations- und Enkulturationsfunktionen erfüllen, weil das jugendkulturelle Leben nicht nach zweckrationalen Gesichtspunkten geordnet ist, sondern den Vergemeinschaftungs- und Orientierungsbedürfnissen der Jugendlichen entgegenkommt, ist ihr kolonialisierungskompensatorisches Potential durch den wachsenden Einfluß systemischer, gegenüber den Erfahrungen und Bedürfnissen ihrer Mitglieder indifferenter Organisationen bedroht.[1133] Bei den Skinheads ist dies am offensichtlichsten. Wenn sie verstärkt am Veranstaltungsprogramm von Parteien und Organisationen partizipieren, sind ihre Aktivitäten zunehmend fremdbestimmt. Das gemeinschaftsstiftende Potential der autonomen Gestaltung des Gruppenlebens bleibt ungenutzt. Wenn sie verstärkt in Parteiprogrammen nach Orientierung suchen und ideologische Sichtweisen auf die gesellschaftliche Wirklichkeit übernehmen, wird ihr Orientierungsbedarf im strategischen Interesse der Parteien, und damit nicht unbedingt in einer den Orientierungsbedürfnissen der Jugendlichen angemessenen Form gedeckt. Außerdem droht die Wahrnehmung der eigenen Probleme und Ängste im parteipolitischen Interesse verfremdet zu werden, mit der Folge, daß die Stabilisierung labiler Persönlichkeiten nur um den Preis von Entfremdungen im Selbstverhältnis gelingt.[1134] Die rechten Skinheads sind der schleichenden Kolonialisierung dabei nicht zuletzt deshalb hilflos ausgeliefert, weil die Parteien sich auf die Interessen der Skinheads und ihre Vorliebe für politisierten Aktionismus eingestellt haben, ihre Partizipationsangebote entsprechend gestalten und auf diese Weise ihre politisch-strategischen Hintergedanken geschickt verschleiern.[1135] Die SHARP-Skins, die sich früh darauf besonnen haben, daß Skinhead zu sein, ein Lebensstil ist, sind offenbar besser gegen Vereinnahmungsversuche gefeit. Sie sind nicht den Übergriffen systemischer Imperative ausgesetzt, weil sich keine linken Parteien um die SHARP-Fraktion der Skinheads bemühen. Daß sie bereits allergisch auf Versuche der Autonomen reagieren, sie für den antifaschistischen Kampf zu instrumentalisieren, sich nicht vorschreiben lassen wollen, was sie zu denken haben und sich auch kein politisches Selbstverständnis aufzwingen lassen, beweist jedoch, daß sie für die komplexeren Vergemeinschaftungs- und Enkulturationsleistungen ihrer Auffanglebenswelt sensibel sind und diese daher intuitiv verteidigen. Den Hooligans fehlt diese Sensibilität. Wenn sie sich vermehrt rechtsextremen Organisationen anschließen, ist dies sicher auch eine Reaktion auf szeneinterne Desintegrationstendenzen,[1136] die auf die Kommerzialisierung und Vermarktung des Kults zurückzuführen sind. Weil das rudimentäre Gemeinschaftsleben der Hooligans Integrationsdefizite nur mehr unzureichend kompensiert, suchen sie offenbar nach Gruppierungen mit stärkerem Integrationspotential. Daß ein solches Potential sys-

---

[1133] Zu Parteien als systemischen Organisationen oben § 6 III. 3. b), 2. Abschnitt.

[1134] Dazu oben § 6 III. 3. b).

[1135] Dazu oben § 2 X.

[1136] Dazu oben VIII. 2. c).

temischen Organisationen fehlt, weil sie gegenüber der Persönlichkeit ihrer Mitglieder indifferent bleiben,[1137] haben die Hooligans offenbar noch nicht gemerkt. Es steht daher zu erwarten, daß Hooligans, die sich organisatorisch einbinden lassen, ihrer jugendkulturellen Bezugsgruppe zunehmend entfremdet werden. Dies wird wiederum den weiteren Zerfall der Hooliganszene begünstigen, ohne daß die Hooligans bei Parteien und Organisationen ein Äquivalent für ihre Auffanglebenswelten finden werden. Allein die Autonomen sind als anomische Jugendkultur gegen politische Vereinnahmungsversuche gefeit, weil sie für die destruktiven Wirkungen systemischer Imperative sensibel sind[1138] und die Entfremdungs- und Desintegrationsrisiken organisatorischer Einbindung durchschauen.[1139]

XII. Feinde und Opfer

1. Phänomenologie

a) Hooligans

Gegner und Opfer der Hooligans sind in erster Linie die gewaltbereiten Fans der rivalisierenden Mannschaften und mit diesen befreundete Hooligans.[1140] Mit ihnen sucht man gezielt gewalttätige Auseinandersetzungen und kämpft so lange, „bis die Siegergruppe feststeht, meist dadurch, daß sich eine Gruppierung zurückzieht." Häufig wird man von verbündeten Hooligan-Gruppen aus anderen Städten unterstützt.[1141] Ernster zu nehmende Feindschaften wie die zwischen den Hooligans von Frankfurt und Kaiserslautern sind selten.[1142] Das Freund-Feind-Denken ist eher sportlich-spielerisch gemeint. Manche Hooligans betonen dementsprechend den unernsten Charakter der Feindschaften: „Wir haben auch keinen Haß gegen irgendwelche anderen Leute, weil sie vom anderen Verein sind, ist ja albern."[1143] Da den in der kämpferischen Auseinandersetzung befolgten Regeln eine spezifische Sozialität eigen ist, auf Grund derer die Gegner zwar nicht in ihrer Individualität, aber doch in ihrer Rolle als Kämpfer respektiert und akzeptiert werden können, gibt es gegenüber respektablen Gegnern sogar eine zum Freund-Feind-Denken in Kon-

---

1137 Dazu oben § 6 III. 3. b).

1138 Dazu oben IV. 1. c).

1139 Dazu oben § 6 III. 3. b).

1140 Für die österreichische Szene, *Novak, M.* 1994 (Fn. 8), 165f. Darauf, daß sich die Gewalttaten der Hooligans gegen ähnlich motivierte Gegner richten auch *Lösel, F./Bliesener, T./Fischer, T./Pabts, M.* 2001 (Fn. 3), 160.

1141 *Matthesius, B.* 1992 (Fn. 2), 200; für die österreichische Szene, *Novak, M.* 1994 (Fn. 8), 41.

1142 *Kirsch, A.* 2000 (Fn. 3), 91.

1143 *Farin, K./Seidel-Pielen, E.* 1991 (Fn. 17), 102.

trast stehende „Freundschaftsbereitschaft".[1144] Diese ist allerdings fragil und wird bei tatsächlichen oder vermeintlichen Regelverstößen ohne Weiteres aufgekündigt.[1145] Auf jeden Fall ist es durchaus möglich, daß Hooligans zunächst die körperliche Auseinandersetzung suchen, sich danach für den Kampf bedanken und dann gemeinsam zum Biertrinken, Feiern, Tanzen oder zur Technomusik übergehen.[1146] Dies entspricht dem Charakter der Hooliganszene insoweit, als man sich eben nicht mehr primär mit seinem Verein, sondern mit Gleichgesinnten identifiziert.[1147] Vereins- bzw. mannschaftsbezogene, innerdeutsche „Feindschaften" ruhen deshalb auch anläßlich internationaler Begegnungen wie selbstverständlich. Im Ausland geht man gemeinsam auf Hooligans anderer Länder los.

Neben anderen Hooligans werden auch manchmal Punks oder Autonome attackiert.,[1148] z.B. die Bewohner der Hafenstraße in Hamburg, die bei Spielen des FC St. Pauli Hamburg als Fans im Stadion erscheinen.[1149] Bei Gelegenheit werden aber auch Personen außerhalb der Hooligan-Szene angegriffen, die in keiner Weise daran interessiert sind, eine Schlägerei auszutragen. Es wird z.B. Schwulen-Klatschen „gespielt" (O-Ton eines Hooligan).[1150] Außerdem kommt es immer wieder zu gewalttätigen Übergriffen auf Ausländer, insbesondere in Ostdeutschland.[1151] Klar konturierte Feindbilder leiten diese Attacken nicht, die Motivationen bleiben diffus: Bei Punks richtet sich die Aversion der Hooligans am ehesten gegen das dreckige, heruntergekommene Aussehen, die Autonomen sind wegen ihres offen zutage tretenden Widerstandes gegen die „Bullen" und den „Bullenstaat" ein besonders reizvoller Gegner. Es geht um den Ruf „die Besseren zu sein". Daß letztlich jeder zum Feind werden kann, der einen „schief anschaut",[1152] wird darauf zurückgeführt, daß die Aktivitäten der Szene mit zunehmender Verdrängung aus

---

[1144] *Ek, R. 1996* (Fn. 2), 149.

[1145] *Bohnsack, R./Loos, P./Schäffer, B./Städtler, K./Wild, B.* 1995 (Fn. 3), 29-31.

[1146] Betreffend das Verhältnis von Herta BSC Fans zu Fans aus Nürnberg und Köln, Thomas (23), Speditionskaufmann in Berlin, seit seinem 10. Lebensjahr Hertha BSC-Fan und Hooligan: „Hooligan ist ein Versuch, die Jugend hinauszuzögern." In: *Farin, K./Seidel-Pielen, E. 1993* (Fn. 4), 15, 182, 183f.; für die Frankfurter, *Matthesius, B.* 1992 (Fn. 2), 141; für die österreichische Szene, *Novak, M.* 1994 (Fn. 8), 41.

[1147] *Matthesius, B.* 1992 (Fn. 2), 192.

[1148] *Bohnsack, R./Loos, P./Schäffer, B./Städtler, K./Wild, B.* 1995 (Fn. 3), 26.

[1149] *Kirsch, A.* 2000 (Fn. 3), 95.

[1150] *Böttger*, A. 1998 (Fn. 3), 15; *Lösel, F./Bliesener, T./Fischer, T./Pabts, M.* 2001 (Fn. 3), 160; für die österreichische Szene, *Novak, M.* 1994 (Fn. 8), 127.

[1151] So etwa am 12. Mai. 1994 in Magdeburg. Zu diesem Vorfall bereits oben § 1 VII., Nachweise dort Fn. 132; für Westdeutschland *Matthesius, B.* 1992 (Fn. 2), 137, 192; in Österreich werden sogar noch deutlich häufiger Ausländer, insbesondere Türken, attackiert, *Novak, M.* 1994 (Fn. 8), 41f., 12.

[1152] Für die österreichische Szene, *Novak, M.* 1994 (Fn. 8), 130.

den Stadien auch des raum-zeitlich begrenzenden Bezugsrahmens Fußball entbehren. „Das mit den Ausländern fing an, als im Fußball nichts mehr los war."[1153]

Die Polizei ist kein erklärter Feind der Hooligans, sie wird erst zum Gegner, wenn sie sich „einmischt". Ansonsten versucht man, sich ihr eher zu entziehen.[1154] Mit den gegnerischen Hooligans werden sogar entsprechende Pläne ausgearbeitet.[1155] Das Verhältnis zur Polizei ist insgesamt ambivalent: Von vielen Hooligans werden Polizeieinsätze als Störung empfunden, denen manche Eskalation zuzuschreiben ist.[1156] Für andere verleiht die Polizeipräsenz den Kämpfen aber erst ihren besonderen Reiz; sie möchten sich mit den „Bullen klatschen".[1157] Hooligans in der DDR suchten in Auseinandersetzungen mit der Polizei die Konfrontation mit der verhaßten Staatsmacht, von der man sich nicht mehr vereinnahmen und bevormunden lassen wollte.[1158] Wieder andere möchten die Polizei vor Ort nicht missen, weil sie ihnen ein Gefühl von Sicherheit gibt. Sie soll eingreifen, wenn sich die Situation zuspitzt.[1159] Auf jeden Fall wird die Polizei *faktisch* immer häufiger zum Hauptgegner, weil sie zunehmend auf die totale Abschirmung und Kontrolle an- und abreisender Hooligangruppierungen setzt. Sie wird attackiert, wenn sie die Hooligans zu kontrollieren und Auseinandersetzungen zwischen gegnerischen Fans zu verhindern sucht.[1160] Daß die Polizei dann auch „austeilt", wird als durchaus angemessen akzeptiert.[1161] Daneben werden aber auch Unbeteiligte Opfer vorsätzlicher oder fahrlässiger Körperverletzungen, wenn sie zwischen die Fronten geraten oder in Auseinandersetzungen hineingezogen werden. Geschädigte der zahllosen Sachbeschädigungen sind neben den Städten und Gemeinden der Austragungsorte Bus- und Bahnunternehmen und Privatleute.

1153 *Matthesius, B.* 1992 (Fn. 2), 74, 130, 192, 204, die allerdings darauf hinweist, daß die Hochzeit des Ausländerhasses bereits 1986 überschritten war.

1154 *Böttger, A. 1998* (Fn. 3), 11; für die österreichische Szene, *Novak, M.* 1994 (Fn. 8), 101, 103ff., wo die Situation sich anders als in Deutschland darstellt, weil die Polizei viel härter durchgreift und insbesondere, so berichten Hooligans, im Nachgang zu Verhaftungen, bei Verhören mit Gewalt und Repressalien also mit rechtsstaatswidrigen Methoden vorgeht, um Aussagen und Insiderinformationen zu erpressen.

1155 Beispiele von Umgehungstaktiken bei *EK, R. 1996 (*Fn. 2), 148, ähnlich für die österreichische Szene, *Novak, M.* 1994 (Fn. 8), 106f.

1156 *Böttger*, A. 1998 (Fn. 3), 11ff.; *Farin, K./Seidel-Pielen, E.* 1991 (Fn. 17), 92-94; für die österreichische Szene, *Novak, M.* 1994 (Fn. 8), 103f.

1157 So Dim, zit bei *Matthesius, B.* 1992 (Fn. 2), 132.

1158 Dazu oben § 1 V.

1159 *Matthesius, B.* 1992 (Fn. 2), 204. Insgesamt zum Verhältnis zwischen Polizei und Hooligans, *Pilz, G.A.* 1998 (Fn. 150), 137.

1160 Vgl. die Schilderungen bei *Ek, R.* 1996 (Fn. 2), 94-101, zu Spielen der deutschen Nationalmannschaft in Mailand und in Turin im Rahmen der Fußballeuropameisterschaft 1990 in Italien; *Matthesius, B.* 1992 (Fn. 2), 204: „Jetzt geht es mehr gegen die Polizei."

1161 *Matthesius, B.* 1992 (Fn. 2), 201f.

b) Skinheads

Ursprünglich wählten die Skinheads ihre Opfer mit einer gewissen Beliebigkeit. Es konnte Popper, Punker, Jugendliche aus der Nachbarschaft, Skincliquen anderer Orte, türkische Mitschüler, Hooligans, FAP-Nazis genauso wie Autonome treffen.[1162] Mittlerweile hängt es stark von der politischen Ausrichtung ab, wer von den Skinheads als Feind angesehen und attackiert wird. In der rechten Fraktion entlädt sich Gewalt immer stärker in Entsprechung zu ideologisch eingelenkten Feindbildorientierungen.[1163] Rechte Skins erklären heute Ausländer und Asylbewerber, Autonome und Antifas, überhaupt Linke, zu denen auch die Punks gerechnet werden und dementsprechend auch SHARP- und Redskins, zu verhaßten Feinden.[1164] Über Ausländer heißt es: „Weg mit diesen Parasiten, wir müssen Neger und Türken verbieten, und wenn sie nicht von allein gehn, dann ist es eben um ihr Leben geschehn ..."[1165] Über Punks heißt es etwa in dem Song „Wir hassen dich" der Band „Reichssturm", „... (w)ir hassen dich, du dreckiges Punkerschwein, die Welt könnt' ohne dich so wunderschön sein ..."[1166], über Linke, „... (i)ch hasse Kommunisten, ich hasse Kommunisten, fahrt zur Hölle ihr verdammten Bolschewisten. Ich hasse Kommunisten, ich hasse Kommunisten, die Parole heißt: Kein Herz für Marxisten!"[1167] Über SHARP-Skins wird gesungen: „Sharp, Sharp, du bist kein Skinhead, Sharp, Sharp, Verräterschwein. Sharp, Sharp, du rote Zecke, Sharp, Sharp – verrecke"[1168] Bei Großveranstaltungen, die von Polizeieinsätzen begleitet werden, kommen neben linken Gegendemonstranten auch Polizeibeamte zu Schaden. Nach der ersten Repressionswelle im Jahre 1993 ist die Polizei jedoch noch nicht zum erklärten Feind der rechten Skinheads avanciert. Sie wird „lediglich" mit Vehemenz attackiert, wo immer sie sich einmischt, insbesondere wenn sie versucht, verbotene oder gewalttätig verlaufende Konzerte aufzulösen.

Von rechten Skins werden außerdem als „Undeutsche" diskriminierte Angehörige gesellschaftlicher Minderheiten, etwa Schwule, Obdachlose und Behinderte an-

---

[1162] *Farin, K./Seidel-Pielen, E.* 1993 (Fn. 21), 63.

[1163] *Wagner, B.* 2001 (Fn. 123), 156.

[1164] Die von *Eckert, R./Reis, Ch./Wetzstein, Th.A.* untersuchte Skinheadgruppe bezeichnete Ausländer, Punks, HipHopper und Autonome/Antifas zu ihren Feinden, bis 1999 war die Antifa sogar ihr Hauptfeind geworden. *Dies.* 2000 (Fn. 33), 289, ausführlich, 304ff. Jakob, Skinhead aus Westdeutschland, berichtet, daß die Hauptgegner seiner Skingruppe links-autonome Jugendliche waren, *Heitmeyer, W./Müller, J.* 1995 (Fn. 19), 96f.

[1165] Song „Ehre und Einigkeit" der Band „Commando Pernod", zit. nach *Bredel, H.* 2002 (Fn. 28), 285.

[1166] Zit. nach *Bredel, H.* 2002 (Fn. 28), 287.

[1167] Song „Kein Herz für Kommunisten" der Band „Landser", zit. nach *Bredel, H.* 2002 (Fn. 28), 311.

[1168] Lied 3 aus dem Demo „Geächtet" der Band „Faustrecht", zit. nach *Bredel, H.* 2002 (Fn. 28), 313.

gefeindet und zusammengeschlagen.[1169] Dealer sind als „Abschaum“[1170] verhaßt und Kinderschänder und Mädchenhändler so verachtet, daß für sie die Todesstrafe gefordert wird.[1171] Nazi-Skins bekennen sich schließlich auch zur Gewaltbereitschaft gegen Juden: „... Komm' mal her du altes Judenschwein, ich tret' dir mal' die Fresse ordentlich ein ... .“[1172] Demgegenüber kämpfen SHARP-Skins unter dem Motto „Destroy Fascism” gegen Nazi-Skins.[1173] Von Oi!-Skins weiß man lediglich, daß sie mit rechten Skins aneinandergeraten, wenn diese bei Konzerten von Bands auftauchen, die von beiden Skinfraktionen verehrt werden. Ob andere Gruppierungen Opfer der SHARP- und Oi!-Skins werden, ist nicht bekannt, weil die Beobachter der Skinszene ihren Blick auf die rechten Skinheads verengt haben. Bei Skinkonzerten aller Fraktionen werden in jedem Fall die Betreiber von Veranstaltungslokalen Opfer der von Skinheads verübten Sachbeschädigungen.

c) Autonome

Die Autonomen suchen in ihrer politischen Praxis Konflikte und die Konfrontation. Die Identifizierung von Feinden ist daher notwendige Voraussetzung dieser Praxis.[1174] Die Feindbilder sind dabei zunächst abstrakter als die anderer Jugendkulturen. Bekämpft wird das politische und das wirtschaftliche System.[1175] Seit Anfang der 90er Jahre haben die Autonomen auch dem europäischen Binnenmarkt den Kampf angesagt, weil er die Ausplünderung im Weltmaßstab neu ordnet und die imperialistische Vormachtstellung Deutschlands festigen soll.[1176] Während einige Autonome keine Probleme haben, zu bestimmen, wogegen sie kämpfen – „Mein Feindbild (ist) eine Gesellschaft, die nach Marktprinzipien funktioniert, die alles zur Ware macht.“[1177] –, ringen die „Theoretiker“ der Szene in Folge der politisch gesellschaftlichen Veränderungen nach '89 noch um eine Neubestimmung des

---

1169 *Landesamt für Verfassungsschutz Baden-Württemberg:* Skinheads. Stand August 1992, 4f., zit. bei *Jaschke, H.-G.* 2001 (Fn. 36), 81. Zu „Undeutschen“ als Feinden rechtsextrem orientierter Gruppen, *Wagner, B.* 2001 (Fn. 123), 161. *Farin, K./Seidel-Pielen, E.* 1993 (Fn. 21), 74; *Böttger, A.* 1998 (Fn. 108), 259, 267.

1170 So in dem Song „Dealer“ der Band „Volkszorn“, zit. bei *Bredel, H.* 2002 (Fn. 28), 288.

1171 So in dem Song „Todesstrafe“ der Band „Schwarzer Orden“, zit. bei *Bredel, H.* 2002 (Fn. 28), 288.

1172 Song „Hast du Hunger?“ der Band „Macht und Ehre“, zit. nach *Bredel, H.* 2002 (Fn. 28), 288.

1173 *Farin, K./Seidel-Pielen, E.* 1993 (Fn. 21), 128.

1174 *Geronimo* 1997 (Fn. 68), 26.

1175 *Schultze, Th./Gross, A.* 1997 (Fn. 59), 56. Zu unpersönlichen Feindbildern politischer Gewalttäter auch *Senatsverwaltung für Inneres (*Hrsg.) 1994 (Fn. 9), 174 und *Farin, K./Seidel-Pielen, E.* 1991 (Fn. 17), 108f.

1176 *Bundesminister des Innern:* Verfassungsschutzbericht 1990, 42.

1177 Dieter, 21, Politisierung in einer „Jungen Gemeinde“ in der DDR, heute autonome Antifa, Potsdam, Hausbesetzung und Antifa-Archiv-Aufbau. In: *Kongreßlesebuch-Gruppe* 1995 (Fn. 71), 227.

Feindes „Staat". Ursprünglich hat man den Sozialstaat fordistischer Prägung bekämpft, dessen Glücksversprechen Konsum heißt und dessen Sozialagenturen mit ihrer Verwaltungspraxis über Normalisierung, Tatbestandsvereinzelung und Überwachung verdinglichende Gewalt ausüben, die bis in die feinsten kapilarischen Verästelungen der Alltagskommunikation hineinreicht und jede Form von Kollektivität zersetzt.[1178] Dieser Sozialstaat befreit sich nun aber „zunehmend von allen rechts-, sozial- und verfassungsrechtlichen Selbstbeschränkungen",[1179] betreibt unter neoliberalistischen Fahnen seine Selbstabschaffung und wird damit in grotesker Weise zum Exekutor autonomer Ziele.[1180] Die Restrukturierung eines autonomen Feindbildes steht insoweit noch aus.[1181] Die Verunklarung des Feindbildes „Staat" hindert die Autonomen jedoch nicht daran, auch weiterhin die Repräsentanten des Systems, hochgestellte Persönlichkeiten aus Politik und Wirtschaft, „die staatlichen Vollstrecker der kapitalistischen Weltordnung",[1182] die „Handlanger" und „Profiteure des Systems" als konkrete Gegener anzusehen und zu attackieren.[1183] Auch die Polizei bleibt als „Träger" des staatlichen Gewaltmonopols und

---

[1178] *Geronimo* 1997 (Fn. 68), 206ff., insbesondere 209, dort bezugnehmend auf *Habermas* (genannt „Onkel Jürgen"); auch *Schultze, Th./Gross, A.* 1997 (Fn. 59), 11-19.

[1179] *Geronimo* 1997 (Fn. 68), 199.

[1180] *Geronimo* 1997 (Fn. 68), 208. Dabei kaschieren die antistaatlichen Freiheitsverheißungen des Neoliberalismus, daß der Staat als Garantiemacht des Privateigentums nach innen seine Fähigkeiten zur „umfassenden Kontrolle der Bevölkerung" und zur „Repression" durch den unkontrollierten Ausbau von „Apparaten der inneren Sicherheit" optimiert (ebenda, 212), während immer größere Teile der Bevölkerung von der Lohnarbeit ausgeschlossen sind und damit jede Chance verloren haben, an einem Teil des produzierten Reichtums zu partizipieren. Die zwischen den schon Marginalisierten und der ihre Existenz und Versorgungssicherheit verteidigenden „Kernarbeiterklasse" aufbrechenden Konflikte werden über eine „Ethnifizierung der sozialen Frage im Sinne von: 'Deutsche Arbeit nur für Deutsche!'" kanalisiert, mit der Folge einer zunehmenden „Brutalisierung und Verwahrlosung", die bisher nur in „einigen provinziellen Depressionsräumen des 'Ostens' sichtbar im Straßenbild ihren bedrohlichen Ausdruck" findet. Ebenda, 198, 201, 206f. Dem entspricht die Argumentation in einem Aufruf zu einem Aktionstag gegen die Abschiebungspraxis am Frankfurter Flughafen, zit. bei *Bundesminister des Innern:* Verfassungsschutzbericht 1997, 41f.: „Mit der Abschottung nach außen geht die Aufrüstung nach innen einher; gesellschaftlich in Form rassistischer Angriffe und der Jagd auf Illegalisierte, staatlicherseits durch permanente Razzien und Kontrollen, zunehmende Abschiebehaftpolitik, Ausbau der 'Abschiebelogistik', weitere Gesetzesverschärfungen und den Abbau von Grundrechten." Es verwundert daher nicht, wenn der Verfassungsschutz 1997 erstmalig von autonomen „Kampagnen gegen 'Sozialabbau'" berichtet, ebenda, 46.

[1181] Gleichzeitig feiert in diesem Staat mit der Entscheidung für einen Einsatz der Bundeswehr im ehemaligen Jugoslawien die „Politik in der Form des Militärischen" ihre Auferstehung. Auch mit dieser „Form und Gestalt des Imperialismus", hat sich das zuvor als „selbstverständlich angenommene politische Koordinatensystem" der Autonomen derart verschoben, daß sich weder in der Öffentlichkeit, noch bei den Autonomen Widerstand formiert. Auch hier nur „kollektives Schweigen", *Geronimo* 1997 (Fn. 68), 203, 205.

[1182] Zitat aus einem Aufruf gegen den „Doppelgipfel" (Ratstagung der Europäisichen Union (EU) und Weltwirtschaftsgipfel (G8) im Juni 1999 in Köln, *Bundesminister des Innern*: Verfassungsschutzbericht 1999, 130.

[1183] *Bundesminister des Innern:* Verfassungsschutzbericht 2000, 129.

der staatlichen Repression ein besonders verhaßter Gegner.[1184] Sie kommt insbesondere bei „militanten" Straßenschlachten zu Schaden. Neben Polizeibeamten werden immer auch Unbeteiligte Opfer autonomer Gewalt, weil gerade bei den Straßenschlachten Geschäfte und Kraftfahrzeuge demoliert oder Betriebsmittel beschädigt werden. Opfer von Sachbeschädigungen und nächtlichen Brandanschlägen werden schließlich vor allem kapitalistische Großbetriebe.

Außer den Repräsentanten des Systems werden vor allem Neonazis, Rechtsextremisten und Skinheads als Feinde angesehen.[1185] Für einige Autonome sind auch die Hooligans der Fußball-Bundesliga ein faschistisches, neonazistisches Feindbild. Daher kommt es z.B. insbesondere anläßlich von Fußballspielen des Vereins St. Pauli in Hamburg zu Angriffen aus der linken Szene.[1186] Insgesamt ist das neonazistische Feindbild der Autonomen jedoch ideologisch wenig konturiert. Der Begriff Faschist wird sehr undifferenziert und inflationär gebraucht. Jugendliche Neonazis werden zu KZ-Schergen stilisiert und Hakenkreuzschmierereien und „Sieg-Heil!"-Rufe als Ausdruck eines verfestigten politischen Bewußtseins überbewertet.[1187] Manchem gilt schon derjenige als Faschist, „der einen blöden Spruch reißt, sich einfach scheiße verhält, also, wo seine Blödheit echt ersichtlich ist." [1188] Lediglich „Ost-Antifas", die viele der „Post-Wende-Faschos" persönlich aus der Schulzeit kannten, relativierten anfänglich das neonazistische Feindbild und suchten das Gespräch in dem Bemühen, „Überläufer" zu produzieren, wohl wissend, daß die Überzeugungen der wenigsten „Faschos" wirklich ideologisch gefestigt sind.[1189]

2. Interpretation

a) Freund-Feind- Denken als Desintegrationssymptom

Die Entstehung gewaltzentrierter Jugendkulturen, die sich über Gewalttaten gegen erklärte Feinde integrieren, belegt, daß das Netz der gesellschaftlichen Integration brüchig geworden ist. Denn daß Angehörige des übergeordneten sozialen Gemeinwesens ohne Schwierigkeiten zu Feinden erklärt werden, offenbart, daß sich die Jugendlichen ihrem sozialen Umfeld nicht mehr substantiell zugehörig fühlen, sondern sich ihm so weit entfremdet haben, daß sie sich partiell oder zumindest

---

[1184] *Schultze, Th./Gross, A.* 1997 (Fn. 59), 72.

[1185] *Bundesminister des Innern:* Verfassungsschutzbericht 1991, 41-44.

[1186] *Kirsch, A.* 2000 (Fn. 3), 95.

[1187] *Farin, K./Seidel-Pielen, E.* 1991 (Fn. 17), 113.

[1188] So etwa Nigül (21), in Berlin geboren und aufgewachsen, heute wohnhaft in Kreuzberg. Sie versteht sich als Kommunistin und Teil der autonomen Bewegung: „Kreuzberg ist ein Ghetto." In: *Farin, K./Seidel-Pielen, E. 1993* (Fn. 4),165.

[1189] *Farin, K./Seidel-Pielen, E.* 1991 (Fn. 17), 114.

situativ zu entsolidarisieren vermögen.[1190] Das Denken in Freund-Feind-Schemata ist sinnfälliger Ausdruck gesellschaftlicher Dissoziation, weil Mitmenschen als Feinde außerhalb der eigenen sozialen Bezugsgruppe verortet werden. Dies hat weitreichende Folgen. Gegenüber dem Feind sind die sozialen Beziehungen nicht mehr oder allenfalls rudimentär durch eine Art „Kriegsrecht" geordnet, weil die das Zusammenleben der Gemeinschaft regelnden Normen gegenüber Feinden nicht gelten oder sich zumindest leichter suspendieren lassen. Weil es Feinde sind, die man bekämpft, ist man ihnen gegenüber auch nicht zur Solidarität verpflichtet. Gerade den anderen als Feind zu denken, erleichtert es schließlich, sich gegen die Leiden des Opfers zu immunisieren.

Alle drei gewaltzentrierten Jugendkulturen haben mehr oder weniger markante Feindbilder ausgebildet. Sie werden jedoch auf unterschiedliche Weise erzeugt. Die Hooligans beschränken sich darauf, Freund-Feind-Konstellationen situativ zu inszenieren. Skinheads kreieren Feindbilder, indem sie Angehörige aus der übergeordneten sozialen Gemeinschaft auszugrenzen versuchen. Autonome verorten sich selber außerhalb des politisch-gesellschaftlichen Systems und positionieren sich auf diese Weise als Feinde seiner Repräsentanten und Profiteure.

Die Hooligans scheinen auf den ersten Blick auf die Ausbildung markanter Feindbilder nicht existentiell angewiesen zu sein. Ernster zu nehmende Feindschaften zwischen verschiedenen Hooligangruppierungen sind nicht die Regel. Lediglich gegen die Hooligans anderer Nationen wird bei Auslandsspielen in feindseliger Weise Front gemacht. Dennoch ist den Hooligans das Denken in Freund-Feindschemata durchaus nicht fremd. Auch wenn sie dessen sportlich-spielerische Note betonen, Wert darauf legen, daß die inszenierten Auseinandersetzungen durch „Wettkampfregeln" legitim geordnet sind, und sogar erklären, dem geselligen Beisammensein mit ihren „Feinden" nicht abgeneigt zu sein, so gibt doch zu denken, daß ihnen sehr wohl daran gelegen ist, Konfrontationen mit Feinden zu inszenieren und so lange zu kämpfen, bis eine der rivalisierenden Gruppen das Feld räumt. Dies spricht dafür, daß auch die Hooligans unter gesellschaftlicher Dissoziation leiden und nach Gelegenheiten suchen, diffuse Entfremdungserfahrungen in „Planspielen" zu konkretisieren und auszuagieren. Dies verwundert insofern nicht, als die Hooligans ganz konkret von der Desintegration ihrer Freizeitlebenswelt Fußball betroffen sind, die durch die zunehmende Kommerzialisierung des Fußballsports zerstört worden ist.[1191] Indem die Hooligans ihre Auseinandersetzungen als Kämpfe inszenieren, schaffen sie vorübergehend klare Fronten. Wenn die Gegner heranstürmen, besteht endlich kein Zweifel, wohin man gehört und wer zusammengehört. Der Kampf strukturiert auf diese Weise soziale Zugehörigkeiten und erzeugt situative Solidargemeinschaften. Hooligans, die im Lebensalltag unter diffusen Gefühlen der Entfremdung leiden, wissen wenigstens an den Fußballwochenenden,

---

1190 Dazu oben § 6 I 2. und III. 1. a).

1191 Zur Kommerzialisierung oben § 1 III.

wer gegen sie steht. Daß ihnen ein Regelverstoß des Gegners genügt, um die Kampfregeln zu suspendieren und sich situativ zu entsolidarisieren, beweist, wie brüchig die gesellschaftliche Integration tatsächlich ist. Die vermeintliche „Sozialität" des durch Regeln geordneten Kampfes erweist sich damit als fragiler moralischer Überbau, der Solidaritätsdefizite nur notdürftig kaschiert. In jedem Fall sind die Hooligans ihren „Feinden" so weit entfremdet, daß es ihnen keinerlei Probleme bereitet, ihnen körperliche Leiden zuzufügen. Auch die Indifferenz, mit der Unbeteiligte geschädigt werden, wenn sie zwischen die Fronten geraten, ist ein Zeichen gesellschaftlicher Desintegration. Beunruhigend ist aber vor allem, daß Hooligans zunehmend auch Personen außerhalb der Hooliganszene, etwa Schwule, Punks, Autonome und Ausländer attackieren. Auch wenn diese gewalttätigen Übergriffe noch nicht von klar konturierten Freund-Feindorientierungen geleitet sind und etwa Angriffe auf Autonome als Kämpfe mit Rivalen kaschiert werden, so fällt doch auf, daß sie sich überwiegend gegen Angehörige von Minderheiten richten oder, bei Punks, als Ausdruck der Aversion erklärt werden. Wenn man bedenkt, daß auch die Skinheads sich ihre Opfer ursprünglich wahllos aussuchten, scheint die Ausbildung von Feindbildern beinahe nur noch eine Frage der Zeit. Gerade diese Übergriffe auf gänzlich Unbeteiligte belegen, daß das Netz der gesellschaftlichen Integration brüchig geworden ist.

Die Skinheads haben besonders markante Feindbilder ausgebildet und aggressiv ausgestaltet. Zwar handelt es sich bei den Feinden durchweg um Menschen, die demselben sozialen Gemeinwesen angehören wie sie selbst. Die Skinheads wollen sie jedoch als solche nicht anerkennen und versuchen, sie auszugrenzen. Dies belegen ihre Forderungen nach deren „Exterritorialisierung" durch Vertreibung oder gar nach Entfernung durch Vernichtung. Ausländer sollen das Land verlassen, sonst werden sie umgebracht. Die Welt wäre schöner ohne Punker, Kommunisten sollen zur Hölle fahren, SHARP-Skins sollen als Verräter verrecken und Verbrecher durch Verhängung der Todesstrafe vernichtet werden. Behinderte, Obdachlose und Schwule werden als „Undeutsche" zumindest symbolisch aus der Gemeinschaft der Deutschen ausgegrenzt. Ihren Feinden versagen die Skinheads nicht nur jede Solidarität, sie sprechen ihnen sogar die „Daseinsberechtigung" ab, im örtlichen wie im existentiellen Sinne. Die Vertreter von Minderheiten und auch Ausländer eignen sich wegen ihrer Andersartigkeit besonders gut als Feinde. Weil sich Gefühle der Fremdheit auf optisch wahrnehmbare Eigenschaften zurückführen lassen, konkretisiert der Fremde, der Andersartige diffuse Entfremdungserfahrungen. Behinderte sind an ihrer Behinderung erkennbar, Ausländer, aber auch Obdachlose an ihrem Erscheinungsbild, und Schwule fallen durch ihren Habitus ins Auge. Die Ausgrenzung der Andersartigen erlaubt es gleichzeitig, gesellschaftlichen Zusammenhalt zu fingieren und auszublenden, daß die gesamtgesellschaftliche Integration tatsächlich defizitär ist.

Die Autonomen haben wie die Skinheads klare wenn auch abstraktere Feindbilder ausgebildet. Ihre Feinde sind das politische und das wirtschaftliche System und der Faschismus. Opfer ihrer Gewalttaten werden Repräsentanten und Profiteure des Systems, Neonazis, Rechtsextremisten und Skinheads. Autonomen fällt die Identifizierung von Feinden nicht schwer, weil sie sich selbst außerhalb des politisch-gesellschaftlichen Systems verorten. Sie ziehen sich aus dem Gemeinwesen zurück, weil sie die sozialen Beziehungen innerhalb des Gemeinwesens nicht mehr als legitim geordnet ansehen, weil für sie die politischen und gesellschaftlichen Institutionen jeglicher Legitimation entbehren und weil sie daher nicht mehr bereit sind, das politisch-gesellschaftliche System motivational zu unterstützen.[1192] Sie fühlen sich nicht mehr zugehörig und an die Regeln, die das Zusammenleben ordnen, nicht mehr gebunden. Gerade weil sie sich außerhalb des politisch-gesellschaftlichen Systems verorten, um dieses zu bekämpfen, nehmen sie aber all diejenigen, die die herrschende Ordnung unterstützen, nicht mehr als Ihresgleichen wahr. Ihre externe Position erlaubt es ihnen, alle Träger und Unterstützer des politisch-gesellschaftlichen Systems zu Feinden zu erklären und ihnen die Solidarität aufzukündigen. Die Indifferenz, mit der auch Unbeteiligte verletzt und geschädigt werden, wenn sie zwischen die Fronten geraten, ist nur ein zusätzliches Indiz dafür, daß das Netz der gesellschaftlichen Integration für die Autonomen tatsächlich zerrissen ist.

b) Das Verhältnis zur Polizei – zur Wahrnehmung des Zustandes des Gemeinwesens

Auch das Verhältnis der Hooligans, der Skinheads und der Autonomen zur Polizei gibt Aufschluß darüber, wie ihre Mitglieder zu dem Gemeinwesen stehen, in dem sie leben, und erlaubt es, die Jugendkulturen als kolonialisierungskompensatorische oder anomische zu qualifizieren. Die Autonomen sehen Polizeibeamte als Feinde an. Sie erkennen ihre Ordnungsfunktion nicht an, weil Polizeibeamte Repräsentanten eines politischen Systems sind, das in den Augen der Autonomen der Legitimation entbehrt und in das sie sich daher nicht mehr einzuordnen bereit sind.[1193] Das feindliche Verhältnis zur Polizei weist die Autonomen daher als anomische Jugendkultur aus, für die das Netz der gesamtgesellschaftlichen Integration zerrissen ist. Die Skinheads und die Hooligans erklären die Polizei, allen repressiven Maßnahmen zum Trotz, dagegen nicht zu ihren Feinden und attackieren sie nur dann, wenn sie ihre Aktivitäten be- oder verhindert. Bei den Skinheads stimmt das eigentümlich neutrale Verhältnis zur Polizei auf subtile Weise mit ihrer Feindschaft gegenüber Andersartigen und Fremden zusammen. Denn gerade weil die Skinheads Entfremdungserfahrungen in bestimmte Feindbilder kanalisieren, gelingt es ihnen, allen Desintegrationserfahrungen zum Trotz, die Fiktion eines insgesamt legitim geordneten Gemeinwesens zu bewahren, in dem auch die Polizei eine grundsätzlich nicht in Frage zu stellende Ordnungsfunktion erfüllt. Auch eini-

[1192] Dazu oben § 6 III. 1. b) und c).

[1193] Dazu oben IV. 1 c).

ge Hooligans anerkennen polizeiliche Ordnungsfunktionen, wenn sie bekennen, daß die Polizeipräsenz ihnen Sicherheit gibt. Daß viele Hooligans polizeiliche Interventionen jedoch entweder als störend oder aber als reizvoll empfinden und damit den Ordnungsanspruch der Polizei negieren oder ihn scheinbar gar nicht als solchen wahrzunehmen bereit sind, zeigt, daß sie ihre Auseinandersetzungen nicht mehr aus der Perspektive des Gemeinwesens betrachten können oder wollen. Dies ist ein Symptom gesellschaftlicher Desintegration. Daß eigentümlich neutrale Verhältnis der Skinheads zur Polizei und die wenig kohärenten Einstellungen der Hooligans zur Polizei weisen sie als kolonialisierungskompensatorische Jugendkulturen aus. Sie sind nicht in der Lage, sich zum politisch-gesellschaftlichen System und ihren Repräsentanten in kritische Distanz zu bringen, weil sie kein reflektiertes Verhältnis zu ihren eigenen Desintegrationserfahrungen haben. Sie erleiden die Folgen der Erosion kommunikativer Strukturen, ohne sie zu durchschauen, und versuchen lediglich, ihre Desintegrationserfahrungen im Kampf zu kompensieren oder durch Ausbildung entsprechender Feindbilder zu verschleiern.[1194]

c) Zur Integrationsfunktion von Feindbildern

Daß Jugendkulturen klare Feindbilder entwickeln, ist jedoch nicht nur ein Zeichen dafür, daß die gesellschaftliche Integration brüchig geworden ist. Es belegt auch, daß sie auf die integrationsstiftende Funktion von Feindbildern angewiesen sind. Diese erlauben es, Muster sozialer Zugehörigkeit nach dem Ausschlußprinzip zu kreieren und die Frage, wofür die Gruppe steht, negativ, nämlich durch Klarstellung, wofür sie nicht steht, zu beantworten. Feindbilder entlasten den Verständigungsmechanismus, weil angesicht der Feinde eine positive Selbstbestimmung entbehrlich erscheint. Das Gefühl, gegen die Feinde zusammenzustehen, wird zur zentralen Quelle gruppeninterner Solidarität, wenn die Herstellung von Solidarität unter den Gruppenangehörigen über kommunikatives Handeln nicht mehr gelingt. Vor allem geben klar konturierte Feindbilder den integrationsstiftenden Gewalttaten eine Richtung und eine wenn auch noch so fragwürdige Legitimation und lassen das destruktive Gruppenleben legitim geordnet erscheinen.

Wie sehr gewaltzentrierte Jugendkulturen auf die Ausprägung von Feindbildern angewiesen sind, belegen die Skinheads am deutlichsten. Ursprünglich wählten sie ihre Opfer eher beliebig aus. Jeden, der ihnen in die Quere kam, konnte es treffen. Die Pseudo-Politisierung erwies sich nicht zuletzt deshalb als integrationsproduktiv, weil sie insbesondere den rechten Skinheads die Ausprägung klar konturierter Feindbilder erlaubte. Indem sie Ausländern, Linken und „Undeutschen" den Kampf ansagen, bekennen sie sich zu ihrer Nationalität und zu ihrer rechten Gesinnung. Weil ein deutscher Rechter gegen diejenigen zu kämpfen hat, die anders sind, enthebt die Ausprägung der Feindbilder die Skinheads der Notwendigkeit, näher zu bestimmen, wofür sie als deutsche Rechte tatsächlich stehen. Eine positive Selbst-

---

1194 Siehe oben im Text zur Fiktion von Integration.

beschreibung, die nur in Verständigungsprozessen gelingen könnte und die die Skinheads möglicherweise überfordern würde, scheint entbehrlich zu sein. Gerade darin besteht der Entlastungseffekt ideologisch eingelenkter Feindbilder. Daneben geben sie dem Leben der Skinheads aber auch eine klare Ausrichtung und vermitteln ihnen das Gefühl, für ein „gute" Sache zu kämpfen. Feindbilder lassen die verübten Gewalttaten sinnvoll erscheinen, kaschieren deren destruktiven Charakter und vermitteln den Skinheads den Eindruck, ihr Gruppenleben sei durchaus legitim geordnet. Wenn die Skinheads daneben Obdachlose anfeinden, die heruntergekommen sind und nicht arbeiten, Behinderte wegen ihrer Gebrechen und Schwule wegen ihrer unmännlichen Art verachten und sich über bestimmte Straftäter als „Abschaum" der Gesellschaft erheben, so helfen ihnen diese Feindbilder, ihre Gruppe auf der Grundlage diffuser und erbärmlicher Überlegenheitsgefühle zu stabilisieren.

Weil die Hooligans sich lediglich als situative Kampfgemeinschaften konstituieren und sich das Gemeinschaftsleben weitgehend auf die Hooliganwochenenden beschränkt,[1195] strukturiert das Freund-Feinddenken nur die kämpferischen Auseinandersetzungen. Daß die Hooligans ihren Gegnern erst *nach* Beendigung der Kämpfe wieder durchaus freundschaftlich begegnen können, zeigt, daß auch sie auf die Kategorie des Feindes angewiesen sind. Zwar bleiben die Feindbilder eigentümlich inhaltsleere, sportlich-spielerisch gemeinte Konstrukte, nicht zuletzt weil den Hooligans der Vereinsbezug der „Kuttenfans" heute fehlt. Sie geben den gewalttätigen Übergriffen jedoch eine Ausrichtung, klären die Fronten und gewährleisten, daß die Hooligans ihre Kämpfe nicht als gänzlich sinnlose Massenschlägereien, sondern als legitim geordnete Wettkämpfe erleben. Indem Jugendliche, die eigentlich wenig voneinander wissen, die wenig verbindet und die daher ebensogut als Einzelkämpfer auftreten könnten,[1196] eine heranstürmende Meute anderer Jugendlicher als Feinde identifizieren, formieren sie sich als Gruppe und produzieren rudimentäre Muster sozialer Zugehörigkeit. Im Kampf gegen die „Feinde" haben sie das Gefühl, zusammenzugehören und aufeinander angewiesen zu sein, ohne je näher bestimmt zu haben, wofür sie stehen und was sie verbindet. Das Freund-Feind-Denken hilft den Hooligans daher, zumindest situative Solidargemeinschaften zu fingieren, und hat insofern auch bei den Hooligans integrationsstiftende Funktion.

Weil den Autonomen eine positive Selbstdefinition schwerfällt,[1197] sind sie auf die integrationsstiftende Funktion von Feindbildern in besonderem Maße angewiesen. Um wenigstens zu klären, wofür sie nicht stehen, bemühen sich die Autonomen daher in besonderem Maße um die inhaltlich-ideologische Konkretisierung ihrer im Prinzip sehr abstrakten Feindbilder. Dies beweisen gerade ihre Bemühun-

---

[1195] Dazu oben V. 1. a) und VI. 1. a).

[1196] Dazu oben VI. 1. a) und V. 2. b).

[1197] Dazu oben IX. 1. c).

gen um eine Neubestimmung des Feindes „Staat". Daß die Autonomen ihrer ideologischen Verunsicherung zum Trotz auch weiterhin Repräsentanten und Profiteure des Systems als Feinde ansehen und attackieren, belegt, daß gerade die Identifizierung konkreter Feinde für die Konstitution der Gruppe unentbehrlich ist. Rein inhaltliche Auseinandersetzungen über ideologische Vorbehalte gegenüber dem politisch-gesellschaftlichen System allein vermögen die Integration der Gruppe nicht zu gewährleisten. Als besonders fungibel erweist sich daher das schablonenhafte Feindbild „Faschist." Wegen seiner relativen Unschärfe dient es in wechselnden sozialen Kontexten der beinahe beliebigen Ausgrenzung mißliebiger Personen und erlaubt es ohne weiteren Begründungsaufwand, alles zu rastern, wofür die Autonomen nicht stehen. Wo immer Autonome gegen Faschisten zusammenstehen, erscheint jede spezifischere positive Selbstverortung obsolet. Die Frage der sozialen Zugehörigkeit beantwortet sich nach dem Ausschlußprinzip.

d) Täterschaft – Zum Kampf gegen Ich-Schwäche

Sich Opfer zu suchen und zum Täter zu werden, ist eine besonders martialische Form der Kompensation von Ich-Schwäche. Sich zum Richter des Opfers aufzuschwingen, gibt dem Täter ein Gefühl von Macht und stärkt daher gerade das Selbstbewußtsein instabiler Persönlichkeiten. Diejenigen, die keine generalisierte Handlungsfähigkeit erworben haben und denen es daher nicht gelingt, die in der eigenen Lebenswelt auftretenden Situationen realitätsgerecht und produktiv zu bewältigen, stabilisieren ihre Persönlichkeitssysteme mit gewaltförmigen Abwehrstrategien.[1198] Auf die erklärten Feinde, die zum Opfer werden, lassen sich dabei die Frustrationen, Ängste und Aggressionen projizieren, die die einzelnen nicht produktiv zu bearbeiten vermögen und deren Bewältigung auch innerhalb der jugendkulturellen Bezugsgruppe nicht gelingt. Sie entladen sich in den gegen die Feinde gerichteten Gewalttaten, die insofern psychohygienische Funktionen erfüllen.

Die Hooligans inszenieren ihre Schlachten als Planspiele gegen Feinde, auf die sie eigentlich keinen Haß haben und die sie nur deshalb als solche deklarieren, um aufgestaute Aggressionen und den Frust der Woche abreagieren zu können. Erst nachdem sie die psychohygienische Wirkung der Kämpfe ausgeschöpft haben, können sie zum geselligen Teil übergehen. Daß sie sich durch die Polizei nicht hindern lassen, sondern diese umstandslos zum „Ersatzgegner" deklarieren, beweist, wie existentiell die Hooligans auf ihre allwöchentlichen, gewalttätigen Auseinandersetzungen angewiesen sind. Nicht zuletzt die wahllosen Übergriffe auf Personen, die gar nicht in die Teilnahme an irgendwelchen Faust-Kämpfen eingewilligt haben, sind Ausbrüche von Aggressionen, die das Persönlichkeitssystem nicht mehr zu beherrschen vermag. Daß letztlich jeder zum Feind werden kann, der einen „schief anschaut", ist ein erschreckendes Indiz dafür, daß die Hooligans kei-

[1198] Dazu oben § 6 I. 1. und III. 2. b).

ne stabilen Persönlichkeiten ausgebildet haben. Schon durch einen irritierenden Blick fühlen sie sich in Frage gestellt und können ihre Selbstachtung nur wahren, indem sie diejenigen, die ihnen vermeintlich die Anerkennung versagen, durch brutale Gewalt unterwerfen. Die Hooligans werden zu Tätern, um zu siegen und um das Gefühl zu haben, „die Besseren zu sein", und sie kompensieren als Täter verdrängte Minderwertigkeits- und Ohnmachtgefühle.

Skinheads hassen Andersartige und Andersdenkende und verachten Schwächere und Gescheiterte. Diese werden zu Feinden, weil sie geeignete Projektionsflächen für eigene Versagensängste, Minderwertigkeits- und Ohnmachtsgefühle sind. Skinheads hassen die Obdachlosen, weil sie das Scheitern verkörpern, vor dem die Skinheads sich fürchten. Sie verachten bestimmte Straftäter als „Abschaum", weil sie wegen ihrer Brutalität selbst als „Abschaum" der Gesellschaft wahrgenommen werden. Sie fühlen sich durch Ausländer bedroht und durch deren Andersartigkeit in Frage gestellt, weil sie sich ihrer selbst nicht sicher sind. In den Ausländern sehen sie die Außenseiter, als die sich selber fühlen und deren Schicksal der Marginalisierung auch ihr eigene soziale Existenz bedroht. Sie hassen die Schwulen, weil es diesen an der Männlichkeit fehlt, die sie selbst zu entbehren fürchten, und sie attackieren die körperlich Verkrüppelten, weil sie sich als soziale und seelische Krüppel erleben. Andersdenkende werden bekämpft, weil diese sie selbst und die eigenen Überzeugungen in Frage stellen. SHARP-Skins schlagen Nazi-Skins als die „Bösen" zusammen, deren öffentliches Stigma sie teilen. Rivalisierende Angehörige des eigenen Kults werden zum Opfer, weil man sich die eigenen Idole und Ikonen nicht streitig machen lassen will, die als Identifikationsfiguren unentbehrliche Stützen instabiler Persönlichkeiten sind. Als Täter vernichten die Skinheads letztlich ihr erbärmliches ohnmächtiges Alter-Ego. Als Richter über Leben und Tod befriedigen sie pathologische Allmachtsphantasien, die Ich-Schwäche und Minderwertigkeitsgefühle notdürftig kompensieren. In den Gewalttaten gegen ihre Feinde, aber auch bei der sinnlosen Vernichtung von Mobiliar anläßlich von Großveranstaltungen entladen sich hemmungslose Aggressionen, die das Persönlichkeitssystem nicht mehr zu kontrollieren vermag. So stellen instabile Persönlichkeiten ein psychisches Gleichgewicht vorübergehend notdürftig wieder her.

Auch die Autonomen werden zu Tätern. Ihre Gewalttaten gegenüber Repräsentanten und Profiteuren des Systems sind wegen des ideologischen Überbaus besonders geeignet, instabile Persönlichkeiten zu stabilisieren. Autonome gewinnen dank der theoretischen Fundierung ihrer Feindbilder den Eindruck, nicht sinnlos draufloszuschlagen, sondern gegen ein inhumanes System und damit für eine „gute" Sache zu kämpfen. Dem Leben derjenigen, die gescheitert sind, unter Marginalisierung leiden und sich in der Leistungsgesellschaft nicht anerkannt fühlen oder von Zukunftsängsten geplagt werden und nicht wissen, was aus ihnen werden soll,[1199] gibt der Kampf gegen das System eine klare Richtung und einen vermeintlichen

---

[1199] Dazu oben III. 1 c).

Sinn. Jeder erfolgreiche Anschlag gegen ein Unternehmen, jede „gewonnene" Schlacht gegen die Polizei gibt Selbstbewußtsein und stabilisiert so verunsicherte Persönlichkeiten. Gerade weil die ideologischen Rechtfertigungen den Gewalttaten gegen die Feinde einen Sinn geben, wird den Autonomen die Verunklarung des Feindbildes „Staat" zum Problem. Nur wenn es sich restrukturieren läßt, ist gewährleistet, daß autonome Täter sich auch weiterhin als Vorkämpfer einer besseren Gesellschaft stilisieren können. Daß auch sie, wie die Angehörigen der beiden anderen Jugendkulturen, auf die Wahrnehmung der Täterrolle existentiell angewiesen sind, beweisen ihre Übergriffe auf tatsächliche, aber eben auch auf vermeintliche Faschisten wie auch ihre trotz aller ideologischen Verunsicherung ungebrochene Bereitschaft, Anschläge auf Repräsentanten des Systems zu verüben. Es genügt, daß jemand „einen blöden Spruch reißt" oder „sich einfach scheiße verhält", um ihn zum Faschisten zu stempeln. Dies belegt, daß auch die Autonomen Gelegenheiten brauchen und suchen, um Aggressionen und Frustrationen abzureagieren. Das ideologisch unscharfe Feindbild „Faschist" bewährt sich gerade deshalb, weil es den Autonomen erlaubt, praktisch jeden zum Feind zu erklären, von dem sie sich provoziert oder in Frage gestellt fühlen.

XIII. Kleidung, Symbole, Sprachspiel

1. Phänomenologie

a) Hooligans

Es gibt bei den Hooligans eine ausgeprägte Kleidersymbolik, die sich an den verehrten britischen Vorbildern orientiert: Der typische Hooligan trägt teure „Markenklamotten" (z.B. der Hersteller Diesel, Replay, Cheivgnon, Chipie, Chiemsee, Ralph Lauren, Calvin Klein, Tommy Hilfiger u.a.) sowie besonders luxuriöse Kampfstiefel oder Turnschuhe (z.B. der Hersteller Nike, Air Balance und Doc Martin).[1200] In den neuen Bundesländern sind auch noch Personen mit Bomberjacken, der westdeutschen Hooliganmode der achtziger Jahre, zu sehen, allerdings nicht mehr in grüner oder schwarzer, sondern bevorzugt in blauer Farbe.[1201] Auf Kleidungsstücke werden häufig Vereinssymbole, vereinzelt wie etwa in München, auch

---

[1200] *Ek, R. 1996* (Fn. 2), 76f. und 141, dort bezugnehmend auf den unveröffentlichten Jahresbericht Fußball des Landeskriminalamts Nordrhein-Westfalen, Saison 1993/1994; *Heck, Ch.* 1999 (Fn. 3), 384; *Kirsch, A.* 2000 (Fn. 3), 91. Bestätigt im Interview mit Thomas (23), Speditionskaufmann in Berlin, seit seinem 10. Lebensjahr Hertha BSC-Fan und Hooligan: „Hooligan ist ein Versuch, die Jugend hinauszuzögern." In: *Farin, K./Seidel-Pielen, E. 1993* (Fn. 4), 15, 175; *Matthesius, B.* 1992 (Fn. 2), 126f.; für die österreichische Szene, *Novak, M.* 1994 (Fn. 8), 58, 165.

[1201] *Ek, R. 1996* (Fn. 2), 141.

NS-Symbole mit Parolen wie „Unsere Ehre heißt Treue“ aufgenäht.[1202] Beliebt sind auch T-Shirts mit dem Aufdruck eines Bullterriers, dem Emblem der Jungendorganisation der „National Front“, das auch die britischen Vorbilder tragen.[1203] Insgesamt hat aber das „outfit“ weniger Vereinsbezug als das der „Kuttenfans“. In erster Linie „outet“ man sich als Mitglied der Hooliganszene.[1204] Waffen werden als Demonstrations- und Prestigeobjekte mitgeführt. Während Wurfsterne und „Chakus“ (zwei Rundhölzer, die mit einer Gliederkette verbunden sind) als modisch gelten und auch Zeichen der Medienbestimmtheit der Hooligans sind, ist der Baseballschläger, den die britischen Vorbilder tragen, eine Traditionswaffe mit hohem Symbolwert. Schließlich gehören Messer, insbesondere „Butterflymesser“ zur Standardausrüstung beinahe jedes Hooligans. Mit dem Auswerfen der Klinge demonstriert man symbolisch seine Leistungsfähigkeit und Einsatzbereitschaft. Waffen kommen aber bei Gelegenheit durchaus zum Einsatz.[1205]

Die Ausstattung der Hooligans ist sehr teuer, und viele, die sich den Erwerb nicht leisten können, verschaffen sich die Artikel auf illegalem Wege.[1206] Die soziale Funktion der Kleidung hat sich im Laufe der Zeit gewandelt. Ursprünglich wollten die als asozial stigmatisierten „Kuttenfans“ sich von den „gezähmten“ Kuttenfans abgrenzen und durch ihr modisches Auftreten den ordentlichen, konsumorientierten Jugendlichen persiflieren.[1207] Gleichzeitig hofften sie, sich durch das Ablegen der auffälligen „Kutte“ dem polizeilichen Zugriff zu entziehen.[1208] Heute haben sie sich den Gesetzen des Marktes gebeugt. Während die „Kuttenfans“ der 70er Jahre sich noch weitgehend kulturindustriell produzierten Moden entzogen,[1209] wählen die Hooligans ihre teure Kleidung heute nach modischen Gesichtspunkten aus, die letztlich der Markt vorgibt.[1210] Sie dient der Statusdemonstration. Mit dem modischen „outfit“ erkauft man sich Prestige. Wer nicht die richtigen „Klamotten“ hat, wird gruppenintern diskriminiert.[1211] Man erweckt gerne den Anschein, aus gehobeneren Gesellschaftsschichten zu stammen, präsentiert sich als elitäre „in-group“ und distanziert sich von „Asozialen“ und „Proleten“.[1212] Die

---

[1202] *Landeskriminalamt Nordrhein-Westfalen,* unveröffentlichter Jahresbericht Fußball, 1993/94, 1994, 15, zit. bei *Kirsch, A.* 2000 (Fn. 3), 94; *Matthesius, B.* 1992 (Fn. 2), 109.

[1203] *Schröder, B.:* Skinheads, Faschos, Hooligans. Reinbek 1992, 229.

[1204] *Matthesius, B.* 1992 (Fn. 2), 119.

[1205] Für die österreichische Szene, *Novak, M.* 1994 (Fn. 8), 95f.,166.

[1206] *Matthesius, B.* 1992 (Fn. 2), 126ff.; für die österreichische Szene, *Novak, M.* 1994 (Fn. 8), 59.

[1207] *Ek, R. 1996* (Fn. 2), 77; *Matthesius, B.* 1992 (Fn. 2), 112, 217, 219.

[1208] *Ek, R. 1996* (Fn. 2), 77; *Matthesius, B.* 1992 (Fn. 2), 220.

[1209] Dazu oben § 2 I. 3.

[1210] *Matthesius, B.* 1992 (Fn. 2), 127.

[1211] Zur statusbildenden Funktion der Kleidung *Matthesius, B.* 1992 (Fn. 2), 45, 221f.; auch *Ek, R. 1996* (Fn. 2), 77.

[1212] *Ek, R. 1996* (Fn. 2), 77.

Empörung, mit der die ersten Hooligans sich dagegen verwahrt hatten, selber als asozial diffamiert zu werden, scheint vergessen zu sein. Durch das Tragen der richtigen Schuhe und differenzierte Kenntnisse über Marken, Spezialgeschäfte und die Artikel, die gerade „in" sind, beweist man seine Zugehörigkeit zur Szene. Die schicke Kleidung imponiert insbesondere Frauen und macht die Hooligans für das jugendliche Umfeld attraktiv. Weil der Hooliganschick käuflich ist und viele Nachahmer findet, hat er an prestigefördernder Unterscheidungskraft verloren.[1213] Letztlich entlarvt die modische Kleidung die Hooligans als angepaßt.[1214]

In der Hooliganszene verständigt man sich in einem szeneeigenen Jargon, der bevorzugt Wörter aus dem Bereich des Sports und des Krieges entlehnt. So spricht man von „Boxen" oder „Match" aber auch von „Überfall".[1215] Daneben werden Ausdrücke der britischen Vorbilder übernommen. So werden Mitglieder als „lads", besonders harte Kämpfer als „hardcores" und Polizisten als „cops" bezeichnet.[1216] Daneben gibt es aber auch deutsche Spezialausdrücke. Den harten Kern bilden „die Guten", verachtet werden die „Lutscher", die Polizei vereinnahmt man als den „dritten Mob", und friedliche Zuschauer, die zu Auslandsspielen anreisen, werden als „Neckarmänner" tituliert.[1217] Zum Parolenprogramm gehören ausländerfeindliche, rassistische und antisemitische Stereotypen.[1218] Der Schiedsrichter oder die Spieler der gegnerischen Mannschaft werden als Juden beschimpft.[1219] Seit den späten achtziger Jahren geraten besonders die Schwarzafrikaner ins Blickfeld: „Husch, husch, husch, Neger in den Busch." Das Imitieren von Affenlauten und das Werfen mit Bananen gehören zum festen Repertoire. Nach schockierenden Gewalttaten gegen Farbige Anfang der neunziger Jahre wurden die „Neger-raus"-Rufe vorübergehend seltener.[1220] Insbesondere anläßlich von Spielen der Nationalmannschaft oder deutscher Vereinsmannschaften im Ausland werden auch dumpf nationale Parolen skandiert: „Wir sind deutsch! Wir sind deutsch!"[1221]

Eine wichtige Symbolfunktion hat auch die Namensgebung. „Hooligan" ist eine Gattungsbezeichnung, die die Zugehörigkeit zu einer Szene dokumentiert, die „international was gilt". Sie dient nach der Spaltung der Fußballfanszene auch der

---

1213 Zur Funktion der Kleidersymbolik bei den Hooligans, *Matthesius, B.* 1992 (Fn. 2), 220; für die österreichische Szene *Novak, M.* 1994 (Fn. 8), 59-63, zur Kopierbarkeit des outfits, 45.

1214 Für die österreichische Szene *Novak, M.* 1994 (Fn. 8), 60.

1215 *Ek, R. 1996* (Fn. 2), 79ff.; *Kirsch, A.* 2000 (Fn. 3), 91.

1216 *Ek, R. 1996* (Fn. 2), 80.

1217 *Ek, R. 1996* (Fn. 2), 80f.

1218 *Weber-Klüver, K.* 1993 (Fn. 229), 39.

1219 *John, M./Schulze-Marmeling, D:* Haut's die Juden! Antisemitismus im Europäischen Fussball. In: Fussball und Rassismus, mit Beiträgen von D. Beiersdorfer u.a. Göttingen 1993, 133-160, 155.

1220 *Weber-Klüver, K.* 1993 (Fn. 229), 50, 54.

1221 *Weber-Klüver, K.* 1993 (Fn. 229), 48.

Abgrenzung von „Kuttenlutschern“, die sich wohlverhalten.[1222] Gleichzeitig verweist der Name auf die britischen Hooligans, die großen Vorbilder, und wird als Synonym für Unerschrockenheit und Schlagkraft verstanden. Der Name ist ein Ehrentitel, der Prestige und Respekt verschafft, und er fungiert als Verweis auf ein Ideal als Stimulus.[1223] Dementsprechend sind Namensanmaßungen und -mißbräuche durch Außenstehende verpönt und werden geahndet.[1224] Daneben werden Namen auch aggressiv antisemitisch und provozierend eingesetzt: So heißen Fanclubs oder Fanzine-Macher „Endsieg“ oder nach dem Ausschwitz-Gas „Zyklon B“ oder „Doc Zyklon“.[1225] Der nationalsozialistische Bezug gefällt als effektvoller Tabubruch.[1226]

b) Skinheads

Gemeinsam ist „rechten“ wie „linken“ Skins das „outfit”: Wichtigstes Erkennungsmerkmal ist ein extremer Kurzhaarschnitt bzw. ein kahlrasierter Schädel. Weit verbreitet sind auch großflächige Tätowierungen.[1227] Es gilt aber vor allem ein strenger Kleiderkodex: Man trägt Militärhosen oder Jeans, manchmal mit Hosenträgern, olivgrüne, schwarze, blaue, seltener rote Bomberjacken, bevorzugt der Marke „Alpha“, dazu Springerstiefel oder Doc Martens. Beliebt sind daneben Harrington-Jacken, Donkey-Jackets, Hemden von Ben Sherman oder Fred Terry sowie Produkte der Firma Lonsdale. Weibliche Skins tragen manchmal Miniröcke, bevorzugt im Schottenkaro.[1228] Viele Skins sind auch bewaffnet, etwa mit Sprungmessern, kleinen Ketten oder CS-Gas, manchmal auch mit einer Gaspistole.[1229] Zu Veranstaltungen, bei denen man mit Gewalttätigkeiten rechnet, werden auch Baseballschläger mitgebracht. „Rechte“ und „linke“ Skins sehen sich zum Verwechseln ähnlich und unterscheiden sich häufig nur durch einen Aufnäher oder die Farbe der Schnürsenkel. Dies hat zur Folge, daß sie in der Öffentlichkeit über einen Kamm geschoren werden und daß gewalttätige Übergriffe von Autonomen manchmal die

---

1222 *Matthesius, B.* 1992 (Fn. 2), 111.

1223 *Ek, R. 1996* (Fn. 2), 70; *Gehrmann, Th.:* Fußballrandale. Hooligans in Deutschland. 2. Aufl. Essen 1990, 99; für die österreichische Szene *Novak, M. 1994 (*Fn. 8), 38-40, 44f. Zur identitätsstiftenden Funktion der Bezeichnung „Hooligan,“ *Albrecht, H.-J. 2001 (*Fn. 12), 7.

1224 Für die österreichische Szene *Novak, M.* 1994 (Fn. 8), 45.

1225 *John, M./Schulze-Marmeling, D.* 1993 (Fn. 1219), 155.

1226 Zur Anti-Sozial-Front, *Matthesius, B.* 1992 (Fn. 2), 114; für die österreichische Szene *Novak, M.* 1994 (Fn. 8), 126f.

1227 *Farin, K./Seidel-Pielen, E.* 1993 (Fn. 21), 187; dem klassischen Bild eines Skinheads entsprachen auch die von *Eckert, R./Reis, Ch./Wetzstein, Th.A.* befragten Skins, *Dies.* 2000 (Fn. 33), 293.

1228 *Bredel, H.* 2002 (Fn. 28), 58f.

1229 *Eckert, R./Reis, Ch./Wetzstein, Th.A.* 2000 (Fn. 33), 303, 305. Daß etwa Gaspistolen im Spiel sind, bestätigt auch der frühere Skinhead Hermann in einer seiner Schilderungen, zit. bei *Heitmeyer, W./Müller, J.* 1995 (Fn. 19), 68.

Falschen, nämlich gleichgesinnte antirassistische Skinheads treffen.[1230] Bei den Nazi-Skins wird das „outfit" um Symbole aus der Nazizeit, etwa um das Keltenkreuz, um das Totenkopfsymbol der SS oder auch um Heldenbilder kämpfender Wehrmachtssoldaten ergänzt, die dem Kult der Gewalt und des Hasses eine historische und zugleich eine ästhetische Aura verleihen sollen.[1231] Dabei ist diese Gewalt-Ästhetik nicht nur stilistisches Attribut. Sie hat vielmehr sinnstiftende Funktion und substituiert die politische Programmatik.[1232]

Durch ihr „outfit" wollen die Skinheads auffallen, schockieren, provozieren und abschrecken.[1233] Gleichzeitig sichert das „oufit" in abstruser Weise die Akzeptanz durch eine biedere bis spießige Elterngeneration, die sich mit dem Styling der Punks nie hatte abfinden können: „Den Eltern hat's dann auch besser gefallen und es lief alles besser."[1234] Gerade die Bomberjacken, die durch ihre bauschige Form den Oberkörper kräftiger erscheinen lassen, verleihen ihren Trägern ein Image von Kraft, Männlichkeit und Stärke. Bomberjacken, die ursprünglich von amerikanischen Piloten und Fallschirmspringern zur Tarnung getragen wurden, tragen auch zur quasi-militärischen Uniformierung von Skinheadgruppen bei und verstärken dadurch die Wirkung ihrer Bedrohlichkeit. Das Tragen bestimmter Markenartikel drückt stets auch die Verbundenheit mit der Tradition des Skinheadkults aus – aller Kommerzialisierung zum Trotz.[1235] Die Funktion, die Skinheads von Angehörigen anderen Jugendkulturen abzugrenzen,[1236] erfüllt das „outfit" dagegen nur bedingt: Der Übergang zur Hooliganszene ist ohnehin nicht nur, was die Wertvorstellungen und Aktivitäten, sondern auch was das „outfit" betrifft, z.T. fließend. Psychobillies tragen ebenfalls Jeans, Hosenträger, Doc Martens und Glatze – hier bleibt jedoch eine Tolle stehen. Und auch Hardcore-Anhänger haben sehr kurzgeschorene Haare und bevorzugen ähnliche Kleidung, sind jedoch meistens der autonomen Linken zuzuordnen.[1237]

Die Skinheads bedienen sich einer betont vulgären Sprache. Ihre Sprachkompetenz ist z.T. sehr eingeschränkt. Rechte Skinheads spielen gerade in ihren Liedern und bei der Auswahl der Namen für Bands und Fanzinen mit der Sprache des Nationalsozialismus und mit militärischer Terminologie. So heißen rechte Skinbands „Bollwerk", „Bomber", „Elbsturm", „Faustrecht", „Foierstoß", „Frontalkraft",

---

[1230] *Farin, K./Seidel-Pielen, E.* 1993 (Fn. 21), 133.

[1231] *Jaschke, H.-G.* 2001 (Fn. 36), 82f.

[1232] Ähnlich *Ueltzhöffer,* Frankfurter Rundschau *16.3.* 1993, zit. bei *Jaschke, H.-G.* 2001 (Fn. 36), 82f.

[1233] *Bredel, H.* 2002 (Fn. 28), 59; *Eckert, R./Reis, Ch./Wetzstein, Th.A.* 2000 (Fn. 33), 293.

[1234] So kommentiert Kevin von den „Böhsen Onkelz" seinen Wechsel von der Punk- zur Skinheadszene, zit. bei *Farin, K./Seidel-Pielen, E.* 1993 (Fn. 21), 95.

[1235] *Eckert, R./Reis, Ch./Wetzstein, Th.A.* 2000 (Fn. 33), 293.

[1236] *Eckert, R./Reis, Ch./Wetzstein, Th.A.* 2000 (Fn. 33), 293.

[1237] *Bredel, H.* 2002 (Fn. 28), 59f.

„Hauptkampflinie“ usw.[1238] So positioniert man sich bereits über den Namen politisch und bekundet seine Bereitschaft, mit der eigenen Musik aktiv an der Bekämpfung der Gegner mitzuwirken.[1239]

c) Autonome

Bei Straßenkrawallen treten die Autonomen regelmäßig in einheitlichem „outfit“, als „schwarzer Block” und mit „Haßkappen” vermummt auf.[1240] Dies dient der Anonymisierung der Beteiligten, bringt aber auch „Distanz und Unversöhnlichkeit mit diesem Staat und seinen Bullen” zum Ausdruck[1241] und vermittelt ein Gefühl von Stärke[1242] und Zusammengehörigkeit.[1243]

In der autonomen Szene wird ein eigener Jargon gesprochen. Polizisten werden als „Bullen”, Vertreter des „Systems” bevorzugt als „Schweine” bezeichnet.[1244] Zerstörerische Anschläge auf Kraftfahrzeuge werden als „Volxsport” betrieben.[1245] Zur Mobilisierung werden immer neue Parolen geprägt. „Antifa heißt Angriff.“[1246] „Gemeinsam gegen Faschisten, Bullen und andere Schweine!“[1247] „Frei sein, high sein, Terror muß dabei sein.”[1248] „Nazis jagen, Nazis schlagen – das ganze Scheißsystem zerschlagen!“ und „Antifaschistischer Widerstand - es gibt kein ruhiges Hinterland!“[1249] Die Reihe ließe sich fortschreiben. Auffällig ist der ironisch-witzige Stil, mit dem Szenemitglieder die zerstörerischen Wirkungen ihrer Anschläge und damit die Gewalt, die die „Richtigen“ trifft, spaßig relativieren. So heißt es etwa über Anschläge im Rahmen der NOlympia-Kampagne Anfang der neunziger Jahre: „Im Sinne einer praktizierten Meinungsfreiheit wurden dann auch folgerichtig bei einer ganzen Reihe von Pro-Olympia-Banken zwar keine Wertpa-

---

1238 *Bredel, H.* 2002 (Fn. 28), 271.

1239 *Bredel, H.* 2002 (Fn. 28), 271.

1240 *Bundesminister des Innern:* Verfassungsschutzbericht 1991, 38; 1992, 37; 1993, 37; 1998, 95.

1241 ”wie weiter” Nr. 39/1991, zit. bei *Bundesminister des Innern:* Verfassungsschutzbericht 1991, 38, Anm. 5.

1242 *Lecorte, Th.* 1992 (Fn. 46), 90.

1243 *Bundesminister des Innern:* Verfassungsschutz 1987, 58. Zur Funktion der Vermummung auch *Moreau, P./Lang, J.P.* 1996 (Fn. 45), 378.

1244 *Bundesminister des Innern:* Verfassungsschutzbericht 1991, 39; 1993, 37.

1245 *Bundesminister des Innern:* Verfassungsschutzbericht 1992, 42.

1246 „Antifa-Jugendinfo“ Januar 1999, zit. bei *Bundesamt für Verfassungsschutz* 1999 (Fn. 54), 9.

1247 *„Fight Back!”* Nr. 3, September 1997, zit. bei *Bundesamt für Verfassungsschutz* 1999 (Fn. 54), 7.

1248 Schrift der Jugendantifa Friedrichshain, November 1997, zit. bei *Bundesamt für Verfassungsschutz* 1999 (Fn. 54), 9.

1249 Parolen, skandiert bei einem Aufzug am 26. Juni in Northeim, zu dem insbesondere die militante „Autonome Antifa (M)“ aus Göttingen mobilisiert hatte, zit. bei *Bundesminister des Innern:* Verfassungsschutzbericht 1999, 139.

pier- jedoch Pflastersteindepots hinter einzelnen Fensterscheiben angelegt." Oder: „Derweil beabsichtigen Irgendjemande in einem größeren Kaufhaus in Neukölln, welches ebenfalls glaubte, sich in äußerst unvorteilhafter Weise als Olympia-Sponsor betätigen zu müssen, mit einem kleinen Brandsatz die Sprinkleranlage in Betrieb zu setzen. Das gelang auch nach Ladenschluß und führte in der Folge sowohl bei der naß gewordenen Ware zu verbraucherfreundlichen Tiefstpreisen als auch zu der zwar falschen, gleichwohl werbewirksamen, hunderttausendfach vertriebenen BZ-Schlagzeile: „Olympiafeinde – Terror gegen uns alle!"[1250]

2. *Interpretation*

a) Integrationsfunktion

Jugendkulturen vermögen nur dann Integrationsdefizite zu kompensieren, wenn es ihnen gelingt, kollektive Identität zu stiften und Muster sozialer Zugehörigkeit zu kreieren.[1251] Gerade das Tragen bestimmter Kleidung, die Verwendung spezifischer Symbole und die Ausprägung eigener Sprachspiele bieten den Mitgliedern einer Jugendkultur Möglichkeiten, sich von anderen Jugendlichen und Jugendkulturen abzugrenzen und sich gleichzeitig untereinander der Zusammengehörigkeit zu versichern.[1252] Die Integration der Gruppe über die Vereinheitlichung des äußeren Erscheinungsbildes kommt dabei erosionsbetroffenen Jugendlichen entgegen, deren Ausdrucks- und Kommunikationsmöglichkeiten beschränkt sind. Weil sie die anderen Gruppenmitglieder an Kleidung und Symbolen erkennen können, müssen sie den Verständigungsmechanismus nicht in Anspruch nehmen: Zugehörigkeiten werden unter Umgehung sprachlicher Verständigungsprozesse strukturiert. Auch die Ausprägung standardisierter sprachlicher Wendungen und Slogans hat insofern eine wichtige Entlastungsfunktion. Denn ein gruppenspezifischer Code erleichtert die Herstellung von Solidarität unter den Gruppenangehörigen, weil er beschränkte Ausdrucks- und Verständigungskompetenzen kompensiert und über die Konditionierung kommunikativer Beiträge das Dissensrisiko verringert.

Alle drei Jugendkulturen haben einen Bekleidungsstil ausgeprägt, der durch Symbole und Embleme angereichert ist. Der Bekleidungsstil der Hooligans zeichnet sich durch modischen Schick aus, der ihrem elitären Selbstverständnis entspricht und dieses untermauert:[1253] Gerade weil die Mode teuer ist, verschafft sie den Hooligans – ebenso wie bestimmte Waffen – Prestige und dient als Statussymbol. Die etwas dürftige Aura der modischen Kleidung wird durch Symbole kompensiert, die die Hooligankultur als historisch gewachsen und damit traditionsreich erscheinen lassen, durch Embleme und Waffen, die auch die britischen Vorbilder

---

[1250] *Geronimo* 1997 (Fn. 68), 42, 43.

[1251] Zur Integrationsfunktion von Jugendkulturen oben § 6 III. 1. a).

[1252] Dazu oben § 6 III. 1. a).

[1253] Dazu oben IX. 1. a).

tragen. Da sich Hooligans durch das Tragen der Kleidung zur Szene bekennen und für andere als Gruppenangehörige erkennbar werden, trägt die Kleidung zur Integration der Gruppe bei. Das Tragen der „richtigen" Kleidung und die notwendigen Insider-Kenntnisse beweisen und stiften soziale Zugehörigkeit. Wer sich dem Kleiderdiktat dagegen nicht beugt, muß damit rechnen, diskriminiert, sprich distanziert zu werden. Zur Integration der Gruppe trägt die Kleidung aber vor allem durch ihre Abgrenzungsfunktion bei. Durch ihre Kleidung unterscheiden sich Hooligans von den sogenannten „Kuttenfans", aber auch von unspezifisch als „Asoziale" und „Proleten" diskriminierten Jugendlichen. Gerade weil die Hooligans aber im Wesentlichen auf modischen Schick setzen und Markenartikel tragen, die auch andere Jugendliche erwerben, gelingt ihnen die Abgrenzung vom jugendlichen „mainstream" letztlich jedoch nur unzureichend. Die Autonomen treten nur anläßlich von Straßenschlachten in einheitlicher schwarzer Kleidung und vermummt auf. Das homogene Aussehen vermittelt ihnen im Kampf gegen das politische System ein Gefühl von Zusammengehörigkeit, dient der Abgrenzung nach außen und stiftet so situativ kollektive Identität. Die einheitliche Kleidung wird letztlich nur in konfrontativen Situationen, aus strategischem Kalkül, zur Anonymisierung und wegen ihrer symbolischen Wirkung getragen. Dies erklärt sich aus dem Selbstverständnis der Autonomen und aus ihrem Charakter als anomischer Jugendkultur. Weil die Autonomen ihren Mitgliedern soziale Freiräume zur individuellen Lebensgestaltung eröffnen wollen,[1254] verbietet sich eine weiterreichende Normierung des äußeren Erscheinungsbildes. Die Autonomen wollen die mit der gesellschaftlichen Modernisierung eröffneten Spielräume der Individuation bewahren und verteidigen und nicht etwa durch eine Kleiderordnung gleich wieder einengen. Daß die Autonomen anonym bleiben wollen, erklärt sich ebenfalls aus ihrem Charakter als anomischer Protestkultur, die einen Systemwechsel erzwingen will. Ihre Mitglieder versuchen unerkannt zu bleiben, weil sie in besonderem Maße staatlicher Repression ausgesetzt sind und ihre konspirative Arbeit nicht gefährden wollen. Die Skinheads normieren das Aussehen ihrer Mitglieder am weitreichendsten und vor allem auch körperbezogen. Skinheads tragen nicht nur eine bestimmte Kleidung, sondern stellen auch großflächige Tätowierungen zur Schau und rasieren sich den Schädel. Da ein Skinhead weder die Tätowierungen noch den kahlrasierten Schädel ohne weiteres „ablegen" kann, sondern in jeder Lebenslage als wichtige Erkennungsmerkmale zur Schau stellt, gewinnt das Bekenntnis zum Skinheadkult durch Veränderung des körperlichen Erscheinungsbildes etwas besonders Unbedingtes. Es ist kompromiß- und bedingungslos und entspricht dem stark vereinnahmendem Charakter der Skinheadszene.[1255] Zusammen mit mitgeführten Waffen gestalten die Tätowierungen und die kahlrasierten Schädel die negative Identität, das Stigma, über das sich die Skinheads definieren, optisch aus. Denn sowohl Tatoos als auch die Rasur erinnern an das Äußere von Strafgefangenen, die von der Gesellschaft

---

[1254] Dazu oben X. 1. c).

[1255] Dazu oben VIII. 1. b).

ausgeschlossen und stigmatisiert worden sind, weil sie deren Normen mißachtet haben, und die darauf nicht selten mit der trotzigen Ausgestaltung des Stigmas, etwa durch Tätowierungen, reagieren. Das äußere Erscheinungsbild illustriert insoweit das martialische Selbstverständnis der Skinheads. Das einheitliche, bedrohliche, auffallende und schockierende Erscheinungsbild wirkt aber auch integrierend, weil das Erlebnis, eine einschüchternde Macht zu sein, das Gefühl von Zusammengehörigkeit stärkt. Gerade die Pflege von Bekleidungstraditionen und das Tragen archaischer NS-Symbole, durch die Nazi-Skins sich non-verbal zu ihren „pseudo-politischen" Überzeugungen bekennen,[1256] verleihen den Gemeinschaften eine sie stabilisierende Aura historischer Wichtigkeit. Daß es den Skinheads durchaus nicht unrecht ist, daß ihnen ihr Äußeres gleichzeitig die Akzeptanz einer biederen Elterngeneration sichert, der das „ordentliche" Aussehen zum Teil gefällt, beweist, daß sie sich letztlich nach gesellschaftlicher Anerkennung und Einbindung sehnen und unter Solidaritätsdefiziten leiden. Als kolonialisierungskompensatorische Jugendkultur trachten sie jedoch in erster Linie danach, Erfahrungen gesellschaftlicher Dissoziation gruppenintern, gerade auch durch die Uniformierung zu kompensieren. Das äußere Erscheinungsbild dient daher, wie bei den Hooligans, vor allem der Abgrenzung und soll soziale Zugehörigkeiten visualisieren und optisch wahrnehmbar strukturieren. Weil die symbolische Wirkung der Kleidung und eines geschorenen Schädels aber offenbar auch dem Lebensgefühl vieler anderer Jugendlicher entsprechen und zudem die einander feindlich gesinnten Skinheadfraktionen immer noch dieselben Bekleidungstraditionen pflegen und vergeblich um Binnendifferenzierung ringen, gelingt die Abgrenzung nach außen nur unzureichend. Denn die feinen Unterschiede sind häufig allenfalls für Insider erkennbar.

Daß die Sprachkompetenz vieler Skinheads stark beschränkt ist, macht verständlich, warum die Integration der Gruppen nur über Gewaltrituale und die Verwendung einer non-verbalen „Symbolsprache" gelingt. Restringierte sprachschöpferische Fähigkeiten und eingeschränkte Symbolproduktivität werden im übrigen durch „Sprachanleihen" bei Militär und Nationalsozialismus kompensiert. Weil die übernommenen Begriffe und Namen wegen ihrer Verwendungsgeschichte regelmäßig historische Botschaften, Mythen und Heldengeschichten aktualisieren, „bereichern" sie die Selbstwahrnehmung der Gruppe, stärken die kollektive Identität und tragen so zur Integration gerade der rechten Skinheadgruppierungen bei.

Bei den Hooligans hat vor allem die Verwendung der Gattungsbezeichnung „Hooligan" und auch die konkrete Namensgebung wichtige Integrationsfunktion. Mit der Ablösung von den „Kuttenfans", die sich immer noch als bedingungslose Anhänger bestimmter Vereine definieren, war eine Neubestimmung der kollektiven Identität unumgänglich geworden. Die Selbstbezeichnung „Hooligans" diente der Abgrenzung von den verachteten „Kutten". – Um die Abgrenzungsfunktion zu gewährleisten, werden Namensanmaßungen sogar geahndet. – Weil die Bezeichnung

---

[1256] Zum „politischen" Charakter der rechten Skinheads oben IX. 1. b) und X. 1. b).

„Hooligan" auch auf die verehrten britischen Vorbilder verweist, hat sie aber auch einen hohen Symbolgehalt. „Hooligan" ist als Synonym für Unerschrockenheit und Schlagkraft, ein Ehrentitel, der die Angehörigen des Kults zu einer Respekt erheischenden Gemeinschaft verbindet. Namen einzelner Gruppen, die aggressiv antisemitische oder nationalsozialistische Bezüge herstellen, stärken das Selbstbewußtsein der Gruppe zusätzlich, weil sie den Mut zur Provokation und zum Tabubruch unter Beweis stellen. Wegen des unpolitischen Selbstverständnisses der Hooligans[1257] spricht wenig dafür, sie als Versuch zu deuten, sich als rechte Protestbewegung zu konstituieren. Integrationsfunktion hat auch der Sprachcode der Hooligans. Durch die Verwendung bestimmter Bezeichnungen „outet" man sich als Insider. Weil diese aber auch bestimmte Bewertungen und Einschätzungen transportieren, wird ihr Gebrauch zum Garanten des gruppeninternen Konsenses und verringert das Dissensrisiko. Das Skandieren standardisierter Parolen stärkt zusätzlich das Gefühl der Zusammengehörigkeit, und die Anglizismen festigen als Ausdruck der Verbundenheit mit den britischen Vorbildern das Traditionsbewußtsein und damit auch das Selbstbewußtsein der Gruppe. Die Verwendung von Wörtern, die dem Bereich des Sports und des Krieges entlehnt sind, stabilisiert die Hooligangruppen zusätzlich. Denn sie kaschieren den gewalttätigen Charakter der Aktionen, lassen sie als nach sportlichen oder kriegerischen Maßstäben gerechtfertigt erscheinen[1258] und imprägnieren damit die Überzeugung, das Gruppenleben sei legitim geordnet.

Die Autonomen sind die Sprachmächtigsten. Zwar greifen auch sie gerne auf standardisierte Parolen zurück, deren Gebrauch ideologisches Einvernehmen zu aktualisieren oder zu suggerieren geeignet ist und als relativ simpler Integrationsmechanismus fungiert. Insbesondere ihre längeren Texte zeichnen sich aber durch geistreichen Witz und Kreativität aus, unterhalten und inspirieren das politische Bewußtsein und die gruppeninternen Diskussionen. Trotz aller Kommunikationsschwierigkeiten[1259] erfüllt daher neben der Gewalt auch die Sprache eine wichtige Integrationsfunktion. Dies belegt, daß sich in anomischen Jugendkulturen tatsächlich Jugendliche sammeln, deren kommunikative Kompetenzen weniger beschränkt sind als die der Mitglieder anderer gewalttätiger Jugendkulturen. Dies ist möglicherweise auch darauf zurückzuführen, daß sie in bürgerlichen und damit im Regelfall gebildeteren Familien sozialisiert worden sind. Sie vermögen sich, zumindest teilweise, systemischen Übergriffen besser zu widersetzen, weil sie dank einer größeren intellektuellen Potenz eher in der Lage sind, die zerstreuten Perspektiven der kulturellen Überlieferung zu koordinieren, insoweit weniger von der durch die kulturelle Verarmung bedingten allgemeinen Fragmentierung des Alltagsbewußt-

[1257] Dazu oben IX. 1. a).

[1258] Dazu oben II. 1. a).

[1259] Dazu oben V. 1. c).

seins[1260] betroffen sind und daher den Mechanismus der Kolonialisierung eher durchschauen.[1261]

b) Kompensation von Ich-Schwäche

Ein gruppenspezifisches „outfit" und ein gruppeninterner „code" stiften jedoch nicht nur kollektive Identität, sondern stabilisieren auch verunsicherte Individuen, deren Persönlichkeiten unzureichend gefestigt sind. Mit ihrer teuren modischen Kleidung suggerieren die Hooligans sich selbst und anderen, einer höheren Gesellschaftsschicht zu entstammen, und kompensieren im Lebensalltag frustrierte soziale Aspirationen. Das korrekte und gleichzeitig angepaßte Äußere gibt ein Gefühl von Sicherheit, nicht zuletzt, weil es sogar über den Gruppenkontext hinaus und insbesondere bei Frauen Anerkennung einbringt. Daß den Hooligans heute die ironische Distanz zu ihrem „outfit" fehlt, die Kleidung zu einem echten Statussymbol geworden ist und nicht mehr als Persiflage auf den sich wohlverhaltenden, konsumorientierten „Normaljugendlichen" zur Schau gestellt wird, ist ein Indiz dafür, daß substantiellere Quellen des Selbstwertgefühls versiegt sind. Zumindest schöpfen die Hooligans, anders als die der ersten Generation, ihr Selbstbewußtsein nicht mehr aus der Einbindung in eine gewachsene Fußballfankultur.[1262] Weil das Mitführen von Waffen suggeriert, daß man auch bereit ist, sie einzusetzen, vermittelt es dem Waffenträger ein Gefühl von Stärke und Mut. Wenn Hooligans sich durch das Tragen von Waffen und Emblemen mit Traditionswert als Bewahrer eines berühmt-berüchtigten Kults stilisieren, so kompensiert dies zusätzlich die eigene Bedeutungslosigkeit. Dies gilt auch für die Selbstbezeichnung als „Hooligan". Denn als Hooligan kann man wenigstens stolz darauf sein, Mitglied einer elitären „ingroup" zu sein. Als Hooligan fühlt man sich anerkannt und genießt Ansehen und Respekt, die einem im Lebensalltag vielleicht versagt bleiben. Gleichzeitig substituiert die Rolle defizitäre Selbstentwürfe. Auch die Erfahrung, den szeneeigenen „code" zu beherrschen, ist Quelle positiver, stabilisierender Selbsterfahrung, weil die Verwendung der richtigen Ausdrücke das Gefühl vermittelt, mitreden zu können und dazuzugehören. Zumindest gruppenintern erlebt man sich als kompetenter sozialer Akteur.

Das äußere Erscheinungsbild der Skinheads ist martialisch und brutal. Insbesondere das Tragen von Kampfstiefeln und einer den Oberkörper betonenden Bomberjacke gibt dem einzelnen ein Gefühl von Kraft, Männlichkeit und Stärke und ist daher geeignet, Minderwertigkeitsgefühle und Unsicherheit zu kaschieren und zu kompensieren. Die öffentlichen Auftritte in einer quasi-militärisch uniformierten Gruppe und das Bewußtsein ihrer bedrohlichen, abschreckenden Wirkung stärken

---

[1260] So *Habermas* Konzept der kulturellen Verarmung, dazu näher mit Nachweisen oben § 5 IV. 4.

[1261] Dazu oben § 6 II. 4. vor a).

[1262] Zur ersten Generation oben § 1 IV.

das Selbstbewußtsein und machen Mut. Die Tätowierungen und der kahlrasierte Schädel erinnern an Strafgefangene, gestalten das negative Stigma der Skinheads optisch aus und machen sie für jedermann als potentielle Gewalttäter erkennbar. Allein durch ihr Erscheinungsbild gelingt es den Skinheads daher, im öffentlichen Raum bei Passanten Furcht und Schrecken zu verbreiten. Der angstbetonte Respekt entschädigt für versagte Anerkennung. Mit dem mehr oder weniger naiven Rückgriff auf archaische NS-Symbole wie das Keltenkreuz oder das Totenkopfsymbol beziehen sich rechte Skins auf nicht nur unglaubwürdig gewordene, sondern im öffentlichen Bewußtsein gänzlich diskreditierte Traditionen. Als Provokation sind sie eine trotzige Form der Selbstbehauptung. Mit ihrer Wiederbelebung verweigern sich diejenigen, die sie zur Schau stellen, aber auch ganz bewußt der Tatsache gesellschaftlichen Wandels. Mit ihrer Verwendung negieren sie viel komplexere Traditionsverluste und neutralisieren gleichzeitig deren persönlichkeitsdestabilisierende Wirkung. Die mit Enttraditionalisierungsschüben verbundenen Orientierungsungewißheiten werden für die „gewappneten" Jugendlichen daher weniger virulent. Eine ähnliche Stabilisierungsfunktion erfüllen die für die rechten Skinheads besonders typischen nazistischen und militärischen Sprachanleihen. Dank ihres aggressiven Charakters markieren diejenigen, die sie verwenden auch verbal den mutigen Kämpfer. Auch als Versatzstücke rudimentärer Selbstentwürfe haben solche Sprachanleihen identitätsstiftende Funktion und vermitteln gerade marginalisierten und verunsicherten Jugendlichen ein monströses Selbstwertgefühl.

Den Autonomen gibt ihre einheitliche schwarze Kleidung ein Gefühl von Stärke. Während der einzelne, auf sich gestellt, dem „Moloch" hilflos ausgeliefert ist,[1263] stabilisieren ihn als Teil des „schwarzen Blocks" das kollektive Pathos der Unversöhnlichkeit und die Aura der Bedrohlichkeit. Eine weit wichtigere identitätsstiftende- und stabilisierende Funktion als die „Haßkappen" haben aber die sprachlichen Manifestationen der Autonomen. Die Verfasser der anarchisch witzigen Berichte machen sich als Interpreten autonomer Weltwahrnehmung verdient und erfahren dabei, daß ihnen, zumindest innerhalb autonomer Koordinaten, die Weltaneignung gelingt. Weil sie Normverstöße kaschieren, relativieren und verharmlosen, gewährleisten sie aber auch, daß diese das Persönlichkeitssystem nicht destabilisieren. Von den sprachschöpferischen „Leistungen" der „Vordenker" der Szene profitieren dabei nicht nur diese selbst, sondern alle, die bei den Autonomen Zuflucht gefunden haben. Hinter Sprachspielen, Slogans und autonomen Interpretationen kann man sich gleichsam verschanzen. Weil sich mit ihrer Hilfe alternative, widersprechende Sichtweisen auf die politische und gesellschaftliche Wirklichkeit ausblenden lassen, können diese ihr verunsicherndes Potential nicht entfalten. Mit autonomen Deutungen armiert, kann der einzelne in der „feindlichen" Welt besser bestehen. Alles läßt sich in ein vorstrukturiertes Raster einordnen, das Komplexität reduziert und daher auch persönliche Sicherheit gibt.

1263 Dazu oben IV. 1. c).

c) Zum regressiven Charakter entindividualisierter Selbstrepräsentation

Die entindividualisierte Selbstrepräsentation der Hooligans und der Skinheads ist ein regressiver Zug dieser beiden Jugendkulturen, weil ihre Mitglieder auf die mit der Rationalisierung der Lebenswelt eröffneten Spielräume der Individuation verzichten, wenn sie ihr Äußeres streng im Einklang mit jugendkulturellen Kleiderkodizes gestalten.[1264] Die uniforme Bekleidung weist sie als traditionalistisch aus. Denn strenge Bekleidungsregeln waren typisch für ständisch gegliederte Gesellschaften, in denen der soziale Stand auch das äußere Erscheinungsbild bestimmte. Dieses erlaubte die Zuordnung der einzelnen zu einem sozialen Stand und bestimmte gleichzeitig das soziale Verhalten gegenüber den Angehörigen des eigenen wie eines höheren oder niederen Standes. Heute bestimmen allenfalls gesellschaftliche Anlässe und die Profession den Bekleidungsstil. Die entsprechenden Regeln richten sich grundsätzlich an Mitglieder aller gesellschaftlichen Schichten, und der Bekleidungsstil läßt keine zwingenden Rückschlüsse auf den sozialen Status mehr zu. Während der Gedanke der Uniformierung dem Selbstverständnis der Skinheads als klassenbewußter oder gar archaischer Kampfgemeinschaft durchaus entspricht,[1265] ist er mit dem der Hooligans als modischer „in-group“ eigentlich schwer zu vereinbaren.[1266] Während es den Skinheads daher willkommen ist, als quasi-militärisch uniformiert zu erscheinen, verschleiern die Hooligans den traditionalistischen Charakter ihrer Uniformierung. Der betonte Schick soll sie als modische Avantgarde und damit alles andere als traditionalistisch erscheinen lassen. Und auch die Stilisierung der gewalttätigen Auseinandersetzungen als quasisportliche Wettkämpfe suggeriert, das einheitliche „outfit“ sei eine Art Trikotersatz. Beide Jugendkulturen sind aber offenbar darauf angewiesen, die soziale Wirkung der Uniformierung auszunutzen. Ihre Mitglieder wollen als Angehörige ihrer Jugendkultur erkannt werden, legen sich durch das Tragen bestimmter Kleidung auf eine vorstrukturierte Rolle fest und lassen sich in ihrem Sozialverhalten von dieser Rolle bestimmen.[1267] Gerade die Skinheads, deren öffentliches Stigma Teil ihrer negativen Identität ist,[1268] wollen im sozialen Raum durch ihr Äußeres schockieren, abschrecken und damit bestehende Vorverständnisse und Vorurteile aktualisieren. Daß es ihnen willkommen ist, der Notwendigkeit enthoben zu sein, die eigenen Sozialkontakte autonom und individuell zu gestalten, belegt, daß sie damit überfordert sind, die in einer rationalisierten Lebenswelt eröffneten sozialen Gestaltungsspielräume auszuschöpfen.[1269] Auch die Hooligans schöpfen den Entlastungseffekt der Uniformierung aus, wenn sie diejenigen diskriminieren, die nicht

---

[1264] Dazu oben § 6 III. 2. d).

[1265] Dazu oben IX. 1. b) und 2. a).

[1266] Dazu oben IX. 1 a).

[1267] Dazu oben § 6 III. 2. d).

[1268] Dazu oben IV. 2. d) und VI. 2. b).

[1269] Dazu oben § 6 III. 2. d).

die richtige Kleidung tragen. Denn sie ersparen sich damit die ungleich aufwendigere Ermittlung der komplexeren sozialen Qualitäten eines Gruppenmitglieds in kommunikativen Prozessen. Und indem sie durch ihre Kleidung den Eindruck zu erwecken versuchen, einer höheren Gesellschaftsschicht anzugehören, versuchen sie letztlich, das soziale Strukturierungspotential auszuschöpfen, das ungeschriebene Kleiderordnungen als sich naturwüchsig fortbildende Traditionalismen[1270] in faktisch weitgehend enttraditionalisierten Gesellschaften bis heute entfalten. Die Autonomen wollen zwar wie die Skinheads durch das Tragen der Haßkappen bestimmte Reaktionen auf ihr Erscheinen im öffentlichen Raum provozieren. Weil sie die Entindividualisierung ihres äußeren Erscheinungsbildes im Kampf gegen den „Moloch" jedoch vor allem *strategisch* einsetzen, weist ihr einheitliches Äußeres sie, anders als die „uniformierten" Hooligans und Skinheads, nicht als regressiv, sondern vielmehr als konspirativ operierende, staatsfeindliche anomische Protestkultur aus.

d) Kolonialisierung jugendkultureller Stile durch Vermarktung

Jugendkulturelle Bekleidungsstile sind ein Einfallstor für systemische Imperative in jugendliche Auffanglebenswelten, weil sie sich vermarkten lassen. Ihre marktförmige Verbreitung raubt ihnen die integrationsstiftende und identitätsstabilisierende Unterscheidungskraft und schwächt daher das Kompensationspotential jugendkultureller Gemeinschaften.[1271] Die Kolonialisierung vollzieht sich in einem Prozeß wechselseitiger Beeinflussung. Der Markt greift Stilelemente auf, die einzelne Jugendkulturen hervorgebracht haben, die aber symbolischer Ausdruck eines Lebensgefühls und Selbstverständnisses sind, die breiteren jugendlichen Schichten entsprechen und daher vermarktungsgeeignet erscheinen. Und Jugendkulturen sind bei der Ausprägung ihres eigenen Stils ihrerseits von modischen Trends beeinflußt, die der Markt vorgibt. Diese Fremdbestimmung der Stilbildung birgt Risiken der Entfremdung im Selbstverhältnis. Denn es besteht die Gefahr, daß übernommene modische Trends eben kein angemessener Ausdruck des eigenen Lebensgefühls sind, sondern dieses überformen und verfremden. Dies läßt sich bei den Hooligans beobachten, die sich den Gesetzen des Marktes gebeugt haben, ihre Kleidung heute weitgehend nach modischen Gesichtspunkten aussuchen und sich damit letztlich als angepaßt erweisen. Ihr modisches Erscheinungsbild verleugnet die Motivationen, aus denen heraus sich die Hooligans ursprünglich zusammengeschlossen haben. Als die Öffentlichkeit auf die Fußballfanausschreitungen mit der Forderung nach Repression reagierte, wollten sie sich nicht „zähmen" lassen und haben sich gegen die Stigmatisierung als asoziale Proleten aufgelehnt. Die Verbundenheit mit dem proletarischen Milieu, dem viele der „Urhooligans" entstammten, war un-

---

[1270] Diese sind nach *Habermas* eine Facette der kulturellen Verarmung, dazu oben mit § 5 IV. 4.

[1271] Dazu oben § 6 III. 3. b).

gebrochen und eine Quelle des Stolzes.[1272] Sie verachteten die „Kuttenfans", die sich domestizieren ließen und persiflierten mit ihrer Kleidung wohlsituierte, konsumorientierte Jugendliche, denen sie sich nicht anverwandeln wollten. Heute gefallen sie sich dagegen selber als Trendsetter, die vom Markt vorgegebene Moden transportieren. Die kommerzielle Vereinnahmung hat sie ihrer ursprünglichen Aufmüpfigkeit beraubt. Der Preis für die modische Adaption ist hoch. Denn das vermeintlich hooliganspezifische „outfit" hat seine Unterscheidungskraft weitgehend eingebüßt, und die Szene hat mit Desintegrationsproblemen zu kämpfen.[1273] Nicht anders ergeht es den Skinheads, die ebenfalls daran leiden, sich von anderen Jugendkulturen äußerlich kaum mehr abzuheben. Inwieweit der Skinheadstil vom Markt oder der Markt vom Skinheadstil beeinflußt ist, läßt sich allerdings nur mehr schwer rekonstruieren. In jedem Fall sind heute auch die Skinheads auf das Tragen bestimmter Markenartikel stolz und kaschieren diese Marktabhängigkeit nur notdürftig, wenn sie auf den Traditionswert bestimmter Bekleidungsstücke verweisen, um ihren Originalitätsanspruch und damit eine wichtige Quelle ihres Selbstbewußtseins zu verteidigen. Da sogar der martialisch geschorene Schädel, der sich ursprünglich als markantes Unterscheidungsmerkmal bewährte, mittlerweile in jugendlichen Schichten weit verbreitet ist, drohen die Skinheads auch die für das kollektive und persönliche Selbstverständnis so wichtige Aura der Bedrohlichkeit zu verlieren. Daß anomische Jugendkulturen anders als kolonialisierungskompensatorische besser gegen die Kolonialisierung durch Vermarktung gefeit sind, bestätigen die Autonomen. Weil sie wegen ihres die Autonomie der einzelnen betonenden Selbstverständnisses das äußere Erscheinungsbild der Mitglieder praktisch nicht normieren, bieten sie auch systemischen Imperativen insoweit kein Einfallstor.

XIV. Musik und Publikationen

1. Phänomenologie

a) Hooligans

Die Hooligans haben keine eigene Musikkultur hervorgebracht. In den achtziger Jahren hatten die „Boehsen Onkelz", eine Skinheadband, den Status einer Kultband inne. Mit deren Texten identifizierten sich die Hooligans, weil sie dem eigenen Lebensgefühl entsprachen – „Ich hab' 'nen Haß".[1274] Mittlerweile hat sich der Musikgeschmack gewandelt. Die Hooligans bevorzugen heute Diskomusik. Zunächst

---

[1272] *Kirsch, A.* 2000 (Fn. 3), 92.

[1273] Dazu bereits oben XIII. 1. a).

[1274] Dazu *Matthesius, B.* 1992 (Fn. 2), 171-190.

hörte man „Acid-House“, jetzt wird vor allem Techno-Musik konsumiert.[1275] Der Geschmack entspricht im wesentlichen dem des jugendlichen „mainstreams“.

In der Hooliganszene erscheinen jedoch zahlreiche sogenannte „Fanzines“, wie z.B. das Magazin „Sturmtruppen“ der Hooligans von Borussia Mönchengladbach. Während die kommerziellen Fanzeitungen von Fan-Clubs herausgeben werden, werden die „Fanzinen“ von den Hooligans selbst zusammengestellt, vervielfältigt und vertrieben. Sie berichten statt über Fußballspiele, Spieler und Vereine über die „Hooliganspiele“: In Fanberichten werden die geschlagenen „Schlachten“ geschildert, die eigenen Helden gefeiert und z.T. sogar Ranglisten der schlagkräftigsten Hooligangruppen publiziert. Ferner werden praktische Informationen ausgetauscht und Termine mitgeteilt. Da sich die Sozialkontakte unter Hooligans heute weitgehend auf das Zusammentreffen anläßlich von Fußballspielen beschränken, kompensieren die „Fanzinen“ bedingt die zunehmende Anonymität der Szene – was früher beim gemeinsamen Bier erzählt wurde, publiziert man jetzt als Randalebericht in einer Szenezeitung.[1276]

b) Skinheads

Die Skinheadszene hat eine eigene Musikkultur hervorgebracht. Die Musik der Szenebands wurde in den achtziger Jahren, als Konzerte noch rare „events“ waren,[1277] vor allem zu Hause, zusammen mit anderen und auf Partys gehört.[1278] Konzerte waren und sind jedoch Schlüsselveranstaltungen, die neben den Fanzinen den überregionalen Austausch innerhalb der weitgehend unorganisierten Szene gewährleisten.[1279] Dabei sind die Konzerte nicht einfach zu organisieren. Öffentliche Einrichtungen stehen den meisten Skinbands bis heute nicht offen, und auch private Veranstaltungsräume lassen sich nicht ohne Weiteres anmieten. Die Inhaber fürchten zu Recht um ihr Inventar. Da Konzerten mit rechtslastigen Skinbands Verbote und Polizeikontrollen drohen, werden sie zunehmend konspirativ geplant. Termine werden kaum noch in Fanzinen veröffentlicht, die mittlerweile auch der Verfassungsschutz liest, sondern über Mundpropaganda weitergegeben. Den Veranstaltungsort erfahren die Besucher erst unmittelbar vor dem Konzert. Man trifft sich zunächst an Autobahnraststätten, Bahnhöfen oder auf großen Parkplätzen. Von dort werden die Skins per Handy zum endgültigen Veranstaltungsort weitergeleitet. Damit bei einem eventuellen Verbot kurzfristig andere Räumlichkeiten zur Verfügung stehen, treffen die Organisatoren im Vorfeld nicht selten Absprachen mit den

---

[1275] *Ek, R. 1996* (Fn. 2), 79, 142.

[1276] *Matthesius, B.* 1992 (Fn. 2), 201, 209-215; zur Selbstdarstellung in Szenezeitschriften auch *Ek, R. 1996* (Fn. 2), 72.

[1277] *Menhorn, Ch.* 2001 (Fn. 29), 200.

[1278] *Bredel, H.* 2002 (Fn. 28), 273.

[1279] *Jaschke, H.-G.* 2001 (Fn. 36), 82.

Inhabern verschiedener Lokalitäten.[1280] Seit sich in Deutschland Konzertverbote häufen, weichen die Skinheads auch ins benachbarte Ausland, etwa nach Tschechien, Schweden, England, in die Schweiz, nach Frankreich, Ungarn und Dänemark aus.[1281]

Die Texte der Songs erzählen überwiegend vom Haß der Skinheads auf ihre Feinde, auf „Kanaken", „Asylanten", Linke und Punker, von der Liebe zum deutschen Vaterland, daneben aber auch von dem, was es bedeutet, Skinhead zu sein, von Kameradschaft, Treue und Zusammenhalt.[1282] So etwa das Lied „Erwachet" der Band KDF: „... schließt Euch unserer Bewegung an, dann seid Ihr nicht mehr allein, all Euer Hoffen wird nicht vergebens sein. Armee der verlorenen Kinder, Heerscharen der Zukunftslosen, Millionen ohne Perspektive, Ihr seid noch nicht verloren, nehmt das Leben in die eigene Hand und laßt Euch nicht mehr verarschen, hört nicht auf die Etablierten, die haben Euch schon längst verraten ... ."[1283] In Songs pointiert neonazistischer Skinbands werden auch neonazistische Phrasen und Schlagwörter wie „Deutschland erwache", „Kraft durch Freude" und „Blut und Ehre" aufgegriffen, um direkt auf die Zeit des Nationalsozialismus anzuspielen.[1284] Daneben sind aber, wie in den Anfangsjahren, auch weiterhin Fun- und Sauflieder beliebt.[1285] In zahllosen Songs wird vor allem offen zu brutalen Gewalttaten aufgerufen.[1286] Die gewaltverherrlichenden Texte dienen der Abfuhr von Frustrationserfahrungen in Familie, Schule und Berufsleben.[1287] Von den rechten Skins wird diese Musik erklärtermaßen konsumiert, um sich zur Begehung rechtsextremistisch motivierter Gewalttaten „anzuheizen".[1288]

Der Musikgeschmack der Skinheads hat sich seit den Anfängen der Bewegung gewandelt und ist mittlerweile stark von der politischen Ausrichtung geprägt. In den achtziger Jahren hörten die Skins gerne Oi!-Musik, die jüngste Tochter des Punk, aber auch Ska, Skinhead-Reggae, Soul, Hardcore und Polit-Metal. Dabei war Oi! reine Skinheadmusik und mit der Entstehung der Skinheadkultur in Großbritannien eng verwoben: „Hart und schnell. Garantiert ungenießbar für Leute über 30. Einfach. Direkt. Rüde in Text und Ton. Die Bands kommen direkt aus der Szene, leben dasselbe Leben wie ihr Publikum."[1289] Die Oi!-Bands waren ursprünglich

---

1280 *Bredel, H.* 2002 (Fn. 28), 318; *Eckert, R./Reis, Ch./Wetzstein, Th.A.* 2000 (Fn. 33), 294.

1281 *Bredel, H.* 2002 (Fn. 28), 321.

1282 Siehe die zahlreichen Zitate von Songtext weiter oben im Text, sowie *Bredel, H.* 2002 (Fn. 28), 276-316.

1283 Zit. nach *Menhorn, Ch.* 2001 (Fn. 29), 192f.

1284 *Bredel, H.* 2002 (Fn. 28), 306 mit detaillierten Nachweisen zu Songs und Bands.

1285 *Bredel, H.* 2002 (Fn. 28), 275.

1286 *Bredel, H.* 2002 (Fn. 28), 275. *Wagner, B.* 2001 (Fn. 123), 159.

1287 *Bredel, H.* 2002 (Fn. 28), 273.

1288 *Böttger, A.* 1998 (Fn. 108), 256.

1289 *Farin, K./Seidel-Pielen, E.* 1993 (Fn. 21), 61.

weitgehend unpolitisch. Viele hatten rechtstendenziöse Grundeinstellungen, sie spielten jedoch zumeist „mit der Provokationswirkung rechtsextremistischer Aussagen, ohne ihre musikalische Idolwirkung für die politische Missionierung der Basis nutzen zu wollen.“[1290] Für diese nationalistische deutsche Skinheadmusik bürgerte sich vorübergehend die Bezeichnung „Möh“ ein.[1291] Im Laufe der achtziger Jahre entwickelten sich die Skinbands jedoch in zwei verschiedene Richtungen: Es gab reine Oi!-Bands, die weiterhin eher unpolitisch waren und in ihren Liedern die Bedeutung des Skinseins für sie selbst besangen, sich gegen eine zunehmende Politisierung der Szene wandten und die Gemeinsamkeiten der Skinheads verschiedener Einstellungen betonten,[1292] und Rechtsrock-Bands, die mit ihren Texten nationalistische, rassistische und ausländerfeindliche Botschaften zu transportieren versuchten.[1293] Sie verdrängten die Oi!-Bands zunehmend von den Bühnen.[1294] In der zweiten Generation der Skinbands gab es aber auch solche, die nicht nur rechtsextremistische Ideologiefragmente in ihre Texte einfließen ließen, sondern ihre Auftritte nutzten, um neonazistische Agitation zu betreiben. Zu ihnen gehörte etwa die Band „Kraftschlag“.[1295] Während die eher unpolitischen und linken Skinheads Oi! und daneben Streetpunk, Ska und Skinhead-Reggae, Soul, Hardcore und deutschen Polit-Metal hörten, bevorzugten rechtsorientierte Skins eindeutig rechten Politrock. Ska, Soul oder Skinhead-Reggae sind bei ihnen nicht mehr angesagt,[1296] allenfalls Oi!-Musik wird auch von jüngeren rechten Skins konsumiert.[1297]

Besondere Erwähnung verdienen die „Böhsen Onkelz“ aus Frankfurt,[1298] die wohl erfolgreichste Kultband der deutschen Skinheadszene. Sie begannen 1979 als No-Name-Punkband und repräsentieren bis heute, wie kaum eine andere Musikgruppe, die parteipolitisch nicht zu vereinnahmende, keineswegs ideologisch aufgerüstete, allenfalls dumpf politische, allerdings eindeutig rechts zu verortende Skin-

---

[1290] *Menhorn, Ch.* 2001 (Fn. 29), 185f. Erfolgreiche Bands waren zu dieser Zeit vor allen anderen die „Böhsen Onkelz“, daneben „KDF“, der ersten reinen Politband der Szene, „Vortex“, „Endstufe,“ die bis heute extistiert, und die „Body Checks“. Ebenda, 185, ausführlich zur Geschichte der „KDF“, 191ff. und zur Geschichte der Band „Endstufe“, 194ff.

[1291] *Menhorn, Ch.* 2001 (Fn. 29), 187.

[1292] So etwa die Band „Boots & Braces“, *Menhorn, Ch.* 2001 (Fn. 29), 198ff.

[1293] *Bredel, H.* 2002 (Fn. 28), 255.

[1294] *Menhorn, Ch.* 2001 (Fn. 29), 186. Zu nennen wären „Commando Pernod“, „Störkraft“ und „Radikahl“. Ebenda, 186, näher 211.

[1295] *Menhorn, Ch.* 2001 (Fn. 29), 211. Eine der europaweit führenden Rechtsrockbands der achtziger Jahre waren die „Skrewdriver“. Ihr Bandleader, Steven Stuart, war Mitglied der „National Front“ und hielt während der Konzerte auch gerne Propagandareden. *Bredel, H.* 2002 (Fn. 28), 49f.

[1296] *Bredel, H.* 2002 (Fn. 28), 74f.; sowie *Farin, K./Seidel-Pielen, E.* 1993 (Fn. 21), 1993, 192, die allerdings nicht nach der Hörerschaft differenzieren.

[1297] *Bredel, H.* 2002 (Fn. 28), 241. Unter musikalischen Gesichtspunkten unterscheiden sich die beiden Richtungen kaum. Während der Rechtsrock eher in der Tradition von Heavy Metal steht, bleibt Oi!-Musik dem Punk verbunden. Ebenda, 255f.

[1298] *Bredel, H.* 2002 (Fn. 28), 75, 258; *Menhorn, Ch.* 2001 (Fn. 29), 188.

headszene: „Ich will nur leben wie ich will, das ist alles! Politik und sich politisch überhaupt zu organisieren, das ist das Letzte! Das ist Zeitverschwendung. Wir waren nie politisch motiviert. Überhaupt nicht. Uninteressant. Saufen, Pogo und richtig Gewalt ohne Ende! War alles.“[1299] Dies hinderte sie allerdings nicht daran, auf Konzerten zusammen mit ultrarechten Bands wie „Skrewdriver“ und „Kraft durch Freude“ aufzutreten.[1300] Gerade die frühen „Böhsen Onkelz“ werden bis heute von Skinheads aller Fraktionen verehrt und lediglich von Naziskins als Verräter beschimpft.[1301] Sie traten als „stolze Deutsche“ auf; gaben sich nationalistisch und rassistisch[1302] – durchaus strategisch, der guten Stimmung wegen.[1303] Ihre Platte „Der nette Mann“ gilt bis heute als bedeutendste der deutschen Skinheadszene,[1304] ihre Songs „Stolz“, „Singen und Tanzen“ und „Vereint“ avancierten zu Kulthymnen. Ihr rechtes Image wurde vor allem durch zwei Songs aus dem Jahre 1983, „Türken raus“ und „Deutschland den Deutschen“ geprägt.[1305] Was die „Böhsen Onkelz“ in den Augen der Skinheads vor vielen anderen Bands auszeichnete, war ihre Authentizität und ihre Zugehörigkeit zum Milieu.[1306] Über einen der Musiker heißt es: „Kevin ist ein Typ, der zupacken kann und sich nichts gefallen läßt, der hat jedes Bier, über das er singt, wirklich getrunken.“[1307] Die Versuche der „Böhsen Onkelz“, sich von ihren immer weiter nach rechts rückenden Fans zu distanzieren, etwa nicht mehr „Skinhead ist Zusammenhalt gegen euch und eure Kanakenwelt“, sondern „Punks und Skins ist Zusammenhalt gegen euch und eure Staatsgewalt!“ zu intonieren, und ihr Rückzug aus der Szene Ende der achtziger Jahre vermochten ihren Kultstatus nicht mehr in Frage zu stellen.[1308] Obwohl sie nicht mehr wie Skinheads aussehen, sich 1993 in einer Anzeige unter der Headline „Nie mehr 'Türken raus!‘ von rechtem Terror, Rassismus, Gewalt gegen Ausländer und Intoleranz“ distanzierten, hat dies ihre Akzeptanz in der Szene nicht beeinträchtigt. Und obwohl sie in den neunziger Jahren zu einer kommerziell außerordentlich erfolgreichen Band avancierten, was in der Szene eigentlich verpönt ist, und sogar bei Rock-gegen-Rechts-Konzerten auftraten, erscheinen immer noch

---

1299 So Kevin, ein Musiker der „Böhsen Onkelz“, im Interview mit *Farin, K./Seidel-Pielen, E.* 1993 (Fn. 21), 95.

1300 *Bredel, H.* 2002 (Fn. 28), 263.

1301 *Bredel, H.* 2002 (Fn. 28), 75. Ähnlich *Menhorn, Ch.* 2001 (Fn. 29), 190.

1302 *Farin, K./Seidel-Pielen, E.* 1993 (Fn. 21), 81.

1303 *Farin, K./Seidel-Pielen, E.* 1993 (Fn. 21), 90; zum strategischen Spiel mit rechtsextremen Provokationen auch *Menhorn, Ch.* 2001 (Fn. 29), 188.

1304 *Bredel, H.* 2002 (Fn. 28), 259. Zum Erfolg dieser ersten LP auch *Menhorn, Ch.* 2001 (Fn. 29), 189.

1305 *Bredel, H.* 2002 (Fn. 28), 258; *Menhorn, Ch.* 2001 (Fn. 29), 188.

1306 *Farin, K./Seidel-Pielen, E.* 1993 (Fn. 21), 90f.

1307 M. zit. bei *Farin, K./Seidel-Pielen, E.* 1993 (Fn. 21), 92.

1308 Zur Entwicklung der „Böhsen Onkelz“ nach 1987, *Farin, K./Seidel-Pielen, E.* 1993 (Fn. 21), 96ff. Zum Rückzug der „Onkelz“ aus der Szene auch *Menhorn, Ch.* 2001 (Fn. 29), 190.

zahlreiche, auch rechte Skins bei ihren Konzerten.[1309] Beobachter der rechten Musikszene befürchten, daß sie wegen ihrer zweideutigen Aussagen für viele Jugendliche eine Art Einstiegsdroge sind und daß diese dadurch mit dem Skinheadkult in Berührung kommen.[1310]

Mit dem Aufschwung der Skinszene seit Beginn der neunziger Jahre boomte auch die Musikszene: Skinbands, vor allem Rechtsrock-Bands schossen wie Pilze aus dem Boden, und während Konzertveranstaltungen in den achtziger Jahren noch seltene Highlights waren,[1311] fanden in den Jahren 1990 bis 1991 vor allem in Ostdeutschland etliche große Skin-Konzerte auch unter Beteiligung ausländischer Gruppen statt.[1312] Nicht nur die Szene, sondern auch ihre Bands rückten weiter nach rechts. Darüber kann auch die Gründung etlicher unpolitischer Bands nicht hinwegtäuschen.[1313] Neonazistische und rassistische Liedtexte waren beinahe die Regel. Auch die Anwendung von Gewalt wurde immer unverhohlener und aggressiver propagiert.[1314] Führende Mitglieder wichtiger Szenebands waren zunehmend auch als Funktionsträger in neonazistischen Vereinigungen engagiert und bekannten sich z.T. offen zu ihrem Anliegen, in der Szene Mitglieder für ihre Parteien und Organisationen zu rekrutieren. Dies wäre in den achtziger Jahren, als man noch peinlich darauf bedacht war, persönliche politische Aktivitäten nicht mit der Zugehörigkeit zur Skinheadszene in Verbindung zu bringen, nicht denkbar gewesen.[1315] Konzerte neonazistischer Bands wie „No Remorse" gerieten zu „politischen Demonstrationen mit Hunderten von erhobenen rechten Armen."[1316] Wenn auch die Mehrheit der Konzertbesucher noch kein ideologisch gefestigtes Bewußtsein hat, so darf doch die Rolle der Bands bei der Verbreitung und Festigung rechtsextremistischer und neonazistischer Orientierungen nicht unterschätzt werden. Gerade Neueinsteiger werden zunächst vor allem von der Musik der Szene geprägt.[1317]

Seit Anfang der 90er Jahre wurde die Musikszene jedoch auch verstärkt staatlich observiert.[1318] Waren in den achtziger Jahren nur 3 LPs von der Prüfstelle für jugendgefährdende Schriften indiziert worden, so waren es 1991 und 1992 mehr als 100 Tonträger. Mittlerweile dürften mehr als 200 rechtsextreme LPs und CDs auf

---

[1309] *Bredel, H.* 2002 (Fn. 28), 264ff.; *Menhorn, Ch.* 2001 (Fn. 29), 190.

[1310] *Bredel, H.* 2002 (Fn. 28), 266.

[1311] *Menhorn, Ch.* 2001 (Fn. 29), 200ff.

[1312] *Menhorn, Ch.* 2001 (Fn. 29), 213f.

[1313] *Menhorn, Ch.* 2001 (Fn. 29), 186.

[1314] *Bredel, H.* 2002 (Fn. 28), 270; *Menhorn, Ch.* 2001 (Fn. 29), 209f.

[1315] *Menhorn, Ch.* 2001 (Fn. 29), 212.

[1316] *Menhorn, Ch.* 2001 (Fn. 29), 214.

[1317] *Bredel, H.* 2002 (Fn. 28), 272; *Menhorn, Ch.* 2001 (Fn. 29), 210.

[1318] *Bredel, H.* 2002 (Fn. 28), 369.

dem Index stehen.[1319] Die „Informationsgruppe Rechtsextremismus", ein Expertengremium von Vertreten des Verfassungsschutzes, der Polizei, des Militärischen Abschirmdienstes, der Bundesanwaltschaft sowie des Bundesinnenministeriums führt die Erkenntnisse zusammen und bereitet Exekutivmaßnahmen vor.[1320] Bei der „Aktion Notenschlüssel", einer der mannigfaltigen repressiven Maßnahmen, mit denen man auf den Brandanschlag in Solingen im Jahr 1993 reagierte, wurden bundesweit Razzien gegen 10 Skinbands und 2 Vertriebsfirmen durchgeführt, bei denen tonnenweise LPs und CDs beschlagnahmt wurden.[1321] Mitglieder führender Skinheadbands wurden wegen Volksverhetzung und Aufstachelung zum Rassenhaß zu mehrmonatigen Haftstrafen verurteilt, die jedoch zum großen Teil zur Bewährung ausgesetzt wurden. Vertreiber von Platten- und Versandfirmen wurden wegen des Handels mit indizierten Skinhead-CDs verurteilt.[1322] Auf Grund des öffentlichen Drucks wurden zunächst kaum neue Tonträger veröffentlicht, viele Bands verzichteten auf gewaltverherrlichende Textaussagen oder lösten sich zumindest vorübergehend ganz auf. Einige Vertriebe stellten ihre Aktivitäten in Folge von Ermittlungsverfahren ein.[1323] 1997 führten die Behörden eine weitere groß angelegte Razzia gegen die Musikszene der Skinheads durch („Notenschlüssel II"). Bis heute werden jedes Jahr mehrere zehntausend Rechtsrock-CDs beschlagnahmt.[1324] Die repressiven Maßnahmen sind jedoch letztlich nur bedingt erfolgreich gewesen. Zwar geriet die Rechtsrockszene nach 1993 für etwa zwei Jahre in die Defensive. Die Zahl der Konzertveranstaltungen ging drastisch zurück, Firmensitze wurden ins Ausland verlegt und CDs im Ausland, etwa in Tschechien oder den USA gepreßt.[1325] Etliche Bands vertonten nur noch gemäßigte Texte, um nicht mit den Strafgesetzen in Konflikt zu geraten,[1326] oder regten gar zum Nachdenken über die Radikalisierung der Szene und die Eskalation der Gewalt an.[1327] Seit 1995 entstanden jedoch bereits wieder zahlreiche neue Label, und rechte Skins, die ihre

---

1319 *Bredel, H.* 2002 (Fn. 28), 369. Zur Intensivierung der Arbeit der Bundesprüfstelle für jugendgefährdende Schriften im Bereich der rechtsextremistischen Skinhead-Szene, *Menhorn, Ch.* 2001 (Fn. 29), 220ff.

1320 *Bredel, H.* 2002 (Fn. 28), 369.

1321 *Bredel, H.* 2002 (Fn. 28), 369; dazu auch *Menhorn, Ch.* 2001 (Fn. 29), 222.

1322 *Bredel, H.* 2002 (Fn. 28), 369ff. und *Menhorn, Ch.* 2001 (Fn. 29), 2001, 222f., beide mit zahlreichen Detailinformationen.

1323 *Bredel, H.* 2002 (Fn. 28), 370f.; ausführlich auch *Menhorn, Ch.* 2001 (Fn. 29), 223f.

1324 *Bredel, H.* 2002 (Fn. 28), 371.

1325 *Bredel, H.* 2002 (Fn. 28), 272; *Menhorn, Ch.* 2001 (Fn. 29), 224.

1326 *Menhorn, Ch.* 2001 (Fn. 29), 224f.

1327 So etwa in dem Lied „Walhalla", der Band „Rheinwacht": „Den rechten Arm zum Gruß gestreckt, hast Du nur Haß und Gewalt gesät, lachend stehst du jetzt vor einem brennenden Haus, es laufen die letzten Leute heraus, viele von uns werden jetzt gejagt, das ist die Antwort auf deine dumme Tat, viele von uns mußten dran glauben, denn du mußtest fremdes Leben rauben." Zit. bei *Menhorn, Ch.* 2001 (Fn. 29), 225.

Auftritte ins Ausland verlegt hatten, traten wieder in Deutschland auf.[1328] Die Zahl der rechtsextremistischen Konzerte ist seitdem kontinuierlich angestiegen. Sachsen hat sich zu einer regelrechten Hochburg, nicht nur der deutschen, sondern auch der internationalen Skinheadszene entwickelt. Allerdings sind die Besucherzahlen geringer geworden. Viele Konzerte haben nur noch den Charakter einer Party mit Live-Musik.[1329] „Das liegt zum einen an der Aufmerksamkeit der Sicherheits- und Ordnungsbehörden, vielleicht aber auch an einer gewissen Übersättigung der Szene. Früher war die Teilnahme an einem der wenigen Konzerte ein Muß für jeden Skin, der etwas auf sich hielt."[1330]

Mit der Erholung der Szene von der staatlichen Repression begann sich die Musikszene vor allem zu diversifizieren: Neben zunehmend auf Legalität bedachten rechtsextremen Bands entstanden zahlreiche Oi!-Bands, aber auch explizit neonazistische Bands, deren Texte rassistisch, antisemitisch, z.T. paneuropäisch und noch aggressiver sind als die der Vorgängergeneration.[1331] Insofern muß sicherlich von einer Radikalisierung der Musikszene gesprochen werden.[1332] Die beiden wichtigsten neonazistischen Bands waren und sind bis heute „Kraftschlag" und „Landser", Letztere ging nach 1993 sogar zeitweilig in den Untergrund. Ihre im Ausland gepreßten CDs eindeutig strafbaren Inhalts werden konspirativ vertrieben.[1333] 1997 erschien die CD „12 Doitsche Stimmungshits" der „Zillertaler Türkenjäger", auf deren Cover sechs Erhängte, darunter einer mit den Gesichtszügen eines farbigen TV-Moderators, abgebildet sind. 1999 kamen die CD „National Deutsche Welle", auf der Pop-Songs der achtziger Jahre mit volksverhetzenden und ausländerfeindlichen Texten unterlegt waren, und schließlich 2001 die CD „Noten des Hasses" der Band „White Aryan Rebels" auf den Markt, auf der u.a. Michel Friedman und Rita Süßmuth bedroht werden.[1334] Die Musik wird z.T. wieder under-cover oder auf Kassette vertrieben.[1335] Während diese Bands mit ihrer Musik ideologische Ziele verfolgen, verwerten die meisten rechten und häufig nationalistischen Bands immer noch lediglich rechtsextremistische Ideologiefragmente und sind im Kern immer noch subkulturell geprägt.[1336] Nicht nur die rechte sondern auch die Oi!-Musik-Szene hat seit Mitte der neunziger Jahre einen Aufschwung erlebt, der in der Öffentlichkeit allerdings weniger beachtet wurde.

[1328] *Menhorn, Ch.* 2001 (Fn. 29), 226f.

[1329] *Menhorn, Ch.* 2001 (Fn. 29), 226-228.

[1330] *Menhorn, Ch.* 2001 (Fn. 29), 228.

[1331] *Menhorn, Ch.* 2001 (Fn. 29), 225, 229.

[1332] *Bredel, H.* 2002 (Fn. 28), 371f. Daß neue neonazistische Hardliner-Bands entstanden sind, bestätigt auch *Menhorn, Ch.* 2001 (Fn. 29), 224.

[1333] Ausführlich zur Entwicklung beider Bands und den von ihnen herausgebrachten Tonträgern, *Menhorn, Ch.* 2001 (Fn. 29), 229-234.

[1334] *Bredel, H.* 2002 (Fn. 28), 372f.

[1335] *Farin, K./Seidel-Pielen, E.* 1993 (Fn. 21), 198; *Bredel, H.* 2002 (Fn. 28), 372.

[1336] *Menhorn, Ch.* 2001 (Fn. 29), 229.

Die Zahl der von ihr veröffentlichten Tonträger und der veranstalteten Konzerte ist seit 1993 enorm gestiegen, und ihr Selbstbewußtsein ist entsprechend gewachsen.[1337] Interessant ist, daß sich die Oi!-Szene auch wieder zur Punk-Szene hin geöffnet hat, aus der der Skinheadkult ja ursprünglich hervorgegangen war, und daß Oi!- und Punkkonzerte vermehrt wieder von Angehörigen beider Jugendkulturen besucht werden und dabei sogar ganz überwiegend friedlich verlaufen. Eher kommt es zu Konflikten zwischen Anhängern der Oi!-Bewegung und rechten Skins, wenn diese es wagen, sich bei Oi!-Veranstaltungen einzufinden und mit rechten Symbolen, Parolen und Sprechchören zu provozieren.[1338] Nicht zuletzt vor dem Hintergrund des Erstarkens der Oi!-Bewegung darf daher die Bedeutung rechtsextremistischer Bands nicht überschätzt werden.[1339]

Skinheadmusik war und ist weitgehend Independentmusik und wird, von einigen wenigen Ausnahmen abgesehen, weder von großen Plattenkonzernen vertrieben noch im Radio oder im Fernsehen gespielt, und sie ist, abgesehen von den Aufnahmen der kommerziell und über die Szene hinaus erfolgreichen Bands, auch nicht in normalen Plattenläden zu erwerben, und dies unabhängig von den Texten.[1340] Es gehört eben Insiderwissen dazu, um in Erfahrung zu bringen, was gerade aktuell ist und wo die Titel erhältlich sind.[1341] Eine breitere Öffentlichkeit wird allenfalls in Folge staatlicher Zwangsmaßnahmen oder nach Übergriffen militanter „Antifas" auf die zahllosen Bands der Skinheadszene aufmerksam, so etwa auf die Rechtsrockband „Störkraft" durch die Medien- und Indizierungskampagne im Herbst 1992.[1342] Die Durchschnittsauflage von Skinplatten/CDs lag lange Zeit zwischen 2000 und 4000 Exemplaren, häufig darunter, wobei bis Anfang der 90er Jahre das häufigste Verbreitungsmedium noch immer die Kassette war.[1343] Die Skinheadmusikszene war dementsprechend wenig kommerzialisiert: Die Auftrittsgage bestand häufig aus den Benzinkosten für die Fahrt zum Auftrittsort und „Bier bis zum Abwinken".[1344] Rock-O-Rama, ein 1977 gegründeter Punkvertrieb, der sich im Laufe der achtziger Jahre zum Förderer der führenden „Blood&Honour"-Bands und anderer rechtsradikaler Kellerbands hervorgetan hat, war lange Zeit praktisch der einzige Plattenlabel, der die Oi!- und Rechtsrockbands der Skinhead-

---

1337 *Menhorn, Ch.* 2001 (Fn. 29), 224f., 234-238.

1338 Ausführlich zum Oi!-Revival, *Menhorn, Ch.* 2001 (Fn. 29), 234-239.

1339 Von 40.000 Bands in Deutschland waren nach *Bredel, H.* 2002 (Fn. 28), 273, im Jahr 2000 lediglich 100 bis 120 rechtsextremistische Skinbands.

1340 *Bredel, H.* 2002 (Fn. 28), 349; *Eckert, R./Reis, Ch./Wetzstein, Th.A.* 2000 (Fn. 33), 293.

1341 *Eckert, R./Reis, Ch./Wetzstein, Th.A.* 2000 (Fn. 33), 293.

1342 *Farin, K./Seidel-Pielen, E.* 1993 (Fn. 21), 194f.; allgemein, *Bredel, H.* 2002 (Fn. 28), 257.

1343 *Menhorn, Ch.* 2001 (Fn. 29), 187. Sogar für die neunziger Jahre *Eckert, R./Reis, Ch./Wetzstein, Th.A.* 2000 (Fn. 33), 293.

1344 *Farin, K./Seidel-Pielen, E.* 1993 (Fn. 21), 196; *Bredel, H.* 2002 (Fn. 28), 257.

szene veröffentlichte.[1345] Mit dem Boom des Skinhead-Rocks Anfang der neunziger Jahre sind allerdings in der Skinszene weitere Plattenfirmen entstanden. Zu nennen wären „DIM Records“, „Skull“- sowie „Endsieg-Records“, „Funny Sounds/MZ-Vertrieb“ und „Walzwerk Records“.[1346] Bis auf „Walzwerk Records“ bedienen alle Firmen gezielt die rechtsextreme Skinszene. Es fällt auf, daß nicht wenige dieser Firmen von organisierten Neonazis geführt werden, die den Rechtsrockmarkt benutzen, um ihre Klientel ideologisch zu beeinflussen:[1347] Manfred Rouh, Mitherausgeber des Magazins „Moderne Zeiten“ und Herausgeber von „Europa Vorn“ erklärt etwa: „Und die 16- bis 30-Jährigen, deren Herz und Verstand wir erobern müssen, wenn unsere politische Kalkulation aufgehen soll, sind mit Musik, Rock, Oi! und Heavy Metal eher anzusprechen als mit dickleibigen Büchern ... .“[1348] Vor diesem Hintergrund erscheint es nicht unbedenklich, daß einige sich keineswegs auf den Vertrieb von Tonträgern beschränken, sondern daneben auch noch Fanzinen herausgeben.[1349] Fast alle CD-Vertriebe vermarkten außerdem in großem Umfang Skinheadutensilien, etwa T-Shirts und sonstige Bekleidungsartikel, aber auch Fanartikel, wie Anstecker mit Motiven der White-Power-Bewegung, Aufnäher mit nationalsozialistischen Parolen, Flaggen, u.a. die Reichsflagge, und Poster.[1350]

Die Kommerzialisierung der Musikszene in den neunziger Jahren hat dazu geführt, daß viele Bands über die Szene hinaus populär geworden sind. Ihre Musik wird auch von zahllosen Jugendlichen konsumiert, die mit der Szene nichts zu tun haben oder nur mit ihr sympathisieren. Einige Bands haben bis zu 30.000 Alben verkauft.[1351] Das Ausmaß der Kommerzialisierung und die häufig genug unver-

---

[1345] *Farin, K./Seidel-Pielen, E.* 1993 (Fn. 21), 196f.; *Bredel, H.* 2002 (Fn. 28), 256f., 349. Ausführlich zur Geschichte von „Rock-O-Rama“, *Menhorn, Ch.* 2001 (Fn. 29), 206-209.

[1346] *Bredel, H.* 2002 (Fn. 28), 271, *Menhorn, Ch.* 2001 (Fn. 29), 215.

[1347] *Bredel, H.* 2002 (Fn. 28), 350. Torsten Lemmer, Inhaber der „Funny Sounds“ war etwa bei der „Freiheitlichen Volkspartei“ und der „Freien Wählergemeinschaft“, beides REP-Abspaltungen, aktiv, ebenda, 355; Ulrich Großmann, der Gründer von „Dim Records“, war zumindest Mitte der achtziger Jahre NPD-Mitglied, ebenda, 358; Gängel, Inhaber der Firma „Endsieg-Records“, ebenda, 361.

[1348] Zit. bei *Menhorn, Ch.* 2001 (Fn. 29), 219.

[1349] So gaben etwa der Inhaber von „Funny Sounds“ die in der rechten Szene führende Musikzeitschrift „Rock Nord“ oder, bis Anfang der neunziger Jahre, der Gründer von „Dim Records“ die Fanzine „Clockwork Orange“ heraus. *Bredel, H.* 2002 (Fn. 28), 355, 358. Ausführlich zum „Imperium“ von Christian Eitel, zu dem ehemaligen FAP-Aktivisten und Herausgeber der Fanzinen „Querschläger“ und „Frontal“, Andreas Zehnsdorf, zu dem Ex-Störkraft-Manager Torsten Lemmer und dem Herausgeber des rechtsextremistischen Monatsmagazins „Europa Vorn“ und Mitglied der „Deutschen Liga für Volk und Heimat“, Manfred Rouhs, die neben dem MZ-Vertrieb den Label „Funny Sounds“ halten und das Magazin „Rock Nord“ herausgeben, *Menhorn, Ch.* 2001 (Fn. 29), 216ff.

[1350] Detaillierte Angaben zum Angebot der verschiedenen Firmen bei *Bredel, H.* 2002 (Fn. 28), 352-366.

[1351] *Menhorn, Ch.* 2001 (Fn. 29), 219.

schämt niedrige Entlohnung der Musiker durch Produzenten und Vertreiber werden von der Szene schon seit längerem mit Argwohn beobachtet, in den Fanzinen heftig kritisiert und als Verrat an der Szene und am Kult gebrandmarkt.[1352] Neben den großen, stark kommerzialisierten Vertriebsfirmen, gibt es jedoch immer noch zahlreiche kleinere, sowohl rechtsextreme als auch eher unpolitische Labels. Letztere bieten vor allem Tonträger aus dem Oi!- und Punk-Bereich an.[1353] Viele von ihnen haben jedoch nicht lange Bestand, weil sie der härter werdenden Konkurrenz nicht standhalten können. Der Konkurrenzkampf wird dabei nicht nur durch die großen Vertriebsfirmen und -produzenten, sondern insbesondere auch durch Internetseiten verschärft, die Skinheadsongs in Form von MP3-Dateien anbieten, die sich jeder Interessierte kostenlos herunterladen kann.[1354]

Die „Zines" sind das zentrale Kommunikationsorgan der Szene.[1355] Sie informieren über Veranstaltungen von Skinheads, etwa über Partys, daneben über LPs und CDs, Neuigkeiten und Gerüchte.[1356] Ursprünglich waren die meisten Fanzinen musikorientiert und unpolitisch, politische Inhalte fanden sich in ihnen gar nicht oder nur am Rande. Sie brachten Plattenkritiken, viele Interviews und Konzertberichte, in denen den Ereignissen im Saal häufig mehr Aufmerksamkeit geschenkt wurde als den musikalischen Darbietungen auf der Bühne.[1357] Die Abgrenzung von Punk- und Oi!-Fanzinen war noch in den frühen achtziger Jahren nicht immer leicht.[1358] Eine legendäre und überaus erfolgreiche Zine der achtziger Jahre war die von Ullrich Großmann herausgegebene „Clockwork Orange".[1359] Wie andere Fanzinen dieser Zeit war auch „Clockwork Orange" bereits ein weitgehend auf rechte Bands und Themen zugeschnittenes Blatt. Dennoch erlaubte sich der dem gemäßigten rechtsextremen Spektrum nahestehende Herausgeber im Laufe der achtziger Jahre zunehmend kritische Stellungnahmen zum rechtsextremen Spektrum, etwa zur FAP.[1360]

Bereits seit Mitte der achtziger Jahre erschien jedoch eine steigende Zahl unverhohlen rechtsextremistisch und neonazistisch agitierender Fanzinen, die allerdings wie ihre eher unpolitischen Vorgänger überwiegend noch wenig professionell gestaltet waren.[1361] Anfang der neunziger Jahre begann die rechte Fanzinenszene dann

---

[1352] *Menhorn, Ch.* 2001 (Fn. 29), 207, 215f., 217f.

[1353] Zu diesen näher *Bredel, H.* 2002 (Fn. 28), 360, 368.

[1354] Dazu und zur Musiktauschbörse „Napster", die vermehrt zur Weitergabe rechtsextremer Musikdateien genutzt wurde, *Bredel, H.* 2002 (Fn. 28), 350ff.

[1355] *Jaschke, H.-G.* 2001 (Fn. 36), 82; *Bredel, H.* 2002 (Fn. 28), 211.

[1356] *Bredel, H.* 2002 (Fn. 28), 211; *Menhorn, Ch.* 2001 (Fn. 29), 242.

[1357] *Farin, K./Seidel-Pielen, E.* 1993 (Fn. 21), 199, näher für das Sprachrohr der deutschen *Sharp*-Skins, die „Skintonic", 127; *Bredel, H.* 2002 (Fn. 28), 213, 215.

[1358] *Menhorn, Ch.* 2001 (Fn. 29), 243.

[1359] *Menhorn, Ch.* 2001 (Fn. 29), 244, 246ff.

[1360] *Menhorn, Ch.* 2001 (Fn. 29), 247f.

[1361] *Menhorn, Ch.* 2001 (Fn. 29), 249.

regelrecht zu boomen. Zentrale rechte Blätter dieser Zeit waren „Endsieg“ und „Querschläger“. Das gesamte Spektrum der subkulturellen Hefte war, von wenigen Ausnahmen, etwa dem „SOS-Boten“ und dem „Noien Doitschland“ abgesehen, rechtstendenziös.[1362]

Auch die rechtsextremen bis neonazistischen Fanzinen sind, wie ihre unpolitischen Vorläufer und Pendants, musik- und veranstaltungsorientiert. Manche bekennen sich jedoch ausdrücklich zu ihrem politisch-ideologischen Anspruch, so etwa die „Modernen Zeiten“, die als „Szenezeitung über bzw. mit nationaler Gegenkultur von RECHTS“ firmieren,[1363] und der „Hamburger Sturm“, der sich an die Skinheads als „tragender Teil unserer gesamten Bewegung“ wendet.[1364] Die „Blood & Honour“ empfiehlt sich als „eine nicht angreifbare, gut vernetzte Bewegung von unabhängig agierenden Gruppen“, sie propagiert „leaderless Resistance“ und mahnt die Skinheads, nicht den Fehler zu begehen, auf einen „eventuell irgendwann mal auftauchenden Führer (zu) warten.“[1365] Ihre neonazistische Message transportieren jedoch alle rechtsextremen und neonazistischen Blätter überwiegend indirekt, vor allem über Besprechungen rechter bis ultrarechter Bands, ihrer Konzerte und CDs oder über Interviews mit ultrarechten Musikern.[1366] Daneben werden Neuigkeiten aus der rechten bis neonazistischen Szene mitgeteilt,[1367] nationalistische Abzeichen abgedruckt, ausländerfeindliche Sprüche verwendet und Veranstaltungen und Veröffentlichungen neonazistischer Parteien oder Gruppierung beworben oder besprochen.[1368] Zinen mit angegliedertem Vertrieb haben re-

---

[1362] *Menhorn, Ch.* 2001 (Fn. 29), 255, 264.

[1363] *Bredel, H.* 2002 (Fn. 28), 217.

[1364] Zitiert bei *Bredel, H.* 2002 (Fn. 28), 234.

[1365] Zitiert bei *Bredel, H.* 2002 (Fn. 28), 238.

[1366] *Bredel, H.* 2002 (Fn. 28), 216 (zu „Querschläger“), 218 (zu „Rock Nord“), 222 (zu „Neue Doitsche Welle“), 224 (zu „Unsere Welt“), 226 (zu „Amok!!!“), 228 (zu „Foier frei!“), 234 (zum „Hamburger Sturm“), 237 (zu „Blood&Honour“), 240 (zu „Hass Attacke“), zu weiteren weniger einflußreichen rechten Fanzinen, ebenda, 244-251; *Farin, K./Seidel-Pielen, E.* 1993 (Fn. 21), 199. Dazu, daß die ideologischen Versatzstücke, mit denen Skinheads argumentieren, insbesondere den Fanzines entnommen werden, auch *Landesamt für Verfassungsschutz Baden-Württemberg*: Skinheads. Stand August 1992, 4f., zit. bei *Jaschke, H.-G.* 2001 (Fn. 36), 81. Unpolitische Bands und CDs werden dagegen in den rechten Zinen, von wenigen Ausnahmen abgesehen, entweder gar nicht erwähnt oder verrissen, so etwa in „Doitsche Musik“, *Bredel, H. 2002 (*Fn. 28) 232; *Menhorn, Ch.* 2001 (Fn. 29), 250.

[1367] So etwa im „Ketzerblatt-Frontal“, dem ersten Nachfolger des „Querschlägers“, *Bredel, H.* 2002 (Fn. 28), 216.

[1368] So wirbt die „Neue Doitsche Welle“ für die neurechte Zeitschrift „Europa vorn“ oder berichtet über ein Pressefest dieses Blattes, *Bredel, H.* 2002 (Fn. 28), 222f.; „Unsere Welt“ informiert über Veranstaltungen des „Nationalen Widerstandes“ und die „Hilfsgemeinschaft für Nationale Gefangene“, ebenda 225; in „Amok!!!“ wird die Neonazi-Postille „Bramfelder Sturm“ und das Nachfolgeblatt „Hamburger Sturm“ beworben und der braun angehauchte „Nationale Beobachter“ aus Frankfurt/Oder empfohlen, ebenda 227; „Foier frei!“ veröffentlicht Anzeigen der neonazistischen „Interessengemeinschaft zur Unterstützung Angehöriger von nationalen Gefangenen“, ebenda, 229; „Doitsche Musik“ stellte die

gelmäßig auch neonazistische Fan-Artikel und Demotapes rechtslastiger Skinbands und Konzertvideos im Angebot.[1369] In einigen Fanzinen kommen auch Vertreter neonazistischer Parteien persönlich zu Wort;[1370] nur in wenigen wird versucht, das politische Bewußtsein ihrer ideologisch affinen Leserschaft durch Artikel über die Zeit oder über Persönlichkeiten des Nationalsozialismus zu beeinflussen.[1371] Während in den achtziger Jahren noch kaum direkte Verbindungen zwischen den Zeitungsmachern und rechtsextremistischen Organisationen zu beobachten waren – nur „Der Aktivist", „Querschläger" und „Ketzerblatt-Frontal" standen unter dem Einfluß der FAP und die „White Power" druckte deren Propagandamaterial[1372] –, erscheinen seit den neunziger Jahren zahlreiche Fanzinen, deren Herausgeber und/oder Chefredakteure aktive Mitglieder neonazistischer Parteien und Organisationen sind.[1373] Die Neonazis haben die Möglichkeit, von außen, über Fanzinen und Magazine, in der Skinhead-Szene Fuß zu fassen, offensichtlich erkannt.[1374]

Die „linken" Skins sind auf dem deutschen Fanzinenmarkt dagegen praktisch kaum vertreten. Die deutsche SHARP-Szene gibt seit Ende der achtziger Jahre die „Skintonic" heraus, die 1995 mit der „Oi!Reka" zusammenging und nun unter dem Titel „Skin Up" erscheint.[1375] Ein Redskin-Magazin gab es in Deutschland lange nicht. Erst seit 1995 erscheint in Lübeck die „Revolution Times", bis heute das einzige deutsche Redskin-Magazin.[1376] Mit der „Skintonic" verfolgten ihre Begründer ursprünglich nur das Ziel, „das Bewußtsein für den Ursprung der Skin-

---

CD „Nationale Solidarität" der JN vor, lobte den „Hamburger Sturm" und bezeichnete die CD der Naziband „Kraft durch Froide" als „unabdingbaren Pflichtkauf," ebenda, 233 und der „Hamburger Sturm" bringt Berichte über rechtsextreme Demos und Aktionen, ebenda, 234.

1369 *Bredel, H.* 2002 (Fn. 28), 216 (zu „Querschläger"), 218 (zu „Rock Nord").

1370 So etwa im „Hamburger Sturm", *Bredel, H.* 2002 (Fn. 28), 237, oder in der „Roial" der Neonazi Andreas Pohl, und dies obwohl die „Roial" sich eher der unpolitischen Oi!- als der rechten Szene verpflichtet fühlt und NS-Skins eher kritisch bis ablehnend gegenübersteht. Ebenda, 231f.

1371 So etwa die „Blood and Honour", *Bredel, H.* 2002 (Fn. 28), 237f., oder „Der Skinhead", ebenda 250. Daß politische Artikel selten waren, betont für die frühen neunziger Jahre auch *Menhorn, Ch.* 2001 (Fn. 29), 249.

1372 *Bredel, H.* 2002 (Fn. 28), 215.

1373 *Bredel, H.* 2002 (Fn. 28), 214. So wurde etwa Sascha Wagner, der Chefredakteur der „Neuen Doitschen Welle" in den Bundesvorstand der „Jungen Nationaldemokraten" (JN) gewählt, ebenda, 223. „Unsere Welt" erscheint zwar als typische Fanzine, wird aber von Neonazis produziert, die Skinheads für ihre Ziele anwerben wollen. Der Chefredakteur Stehmann gilt als führender Aktivist der Neonaziszene im ostwestfälischen Raum, ebenda, 224; „Amok!!!" wird von dem Skinhead und NPD-Mitglied Mike Beyer herausgegeben, ebenda, 225, 227, der offen neonzistische „Hamburger Sturm" wird von dem Neonazi Torben Klebe herausgegeben, ebenda, 234 und Mitherausgeber des „Zentralorgans" sind Neonazis aus Hamburg, ebenda, 242.

1374 *Menhorn, Ch.* 2001 (Fn. 29), 274.

1375 *Bredel, H.* 2002 (Fn. 28), 214; ausführlich *Menhorn, Ch.* 2001 (Fn. 29), 261ff.

1376 Ausführlich *Menhorn, Ch.* 2001 (Fn. 29), 263f.

head-Bewegung zu wecken". In der ersten Ausgabe gaben sich die Herausgeber staatsfeindlich und working-class orientiert und distanzierten sich sowohl von Nazis und Rassisten als auch von den der Verbreitung linker Ideologien geziehenen Redskins.[1377] Es zeigte sich jedoch bald, daß die Szene bereits zu zerrissen war, als das man noch einen „Zusammenhaltsfaktor" hätte finden können, der von allen hätte akzeptiert werden können.[1378] Als Zine der SHARP-Section-Germany konnte sich die „Skintonic" jedoch erfolgreich etablieren und sogar „Alt-Glatzen, die sich Mitte der 80er Jahre aus Verdruß weitgehend ins Privatleben zurückgezogen hatten, wieder mobilisieren.[1379] Trotz der eindeutigen politischen Ausrichtung der SHARP-Szene und obwohl sich die Redaktionsmitglieder überwiegend als „Linke" verstehen, finden sich in der „Skintonic" aber allenfalls politische Beiträge zum Thema Skins und Rassismus.[1380]

Zu Beginn der 90er Jahre, als sich gewalttätige Überfälle auf Ausländer mehrten, geriet neben der rechten Musikszene auch die rechtsextreme Zeitungslandschaft verstärkt ins Blickfeld der „Bundesprüfstelle für jugendgefährdende Schriften", der Staatsanwaltschaften und Gerichte. Etliche Fanzinen wurden indiziert, beschlagnahmt oder verboten.[1381] Nach dem Brandanschlag in Solingen setzte eine regelrechte Repressionswelle ein. Unter dem Codenamen „Aktion Druckstock" durchsuchte die Polizei in den Jahren 1993 und 1994 zahlreiche Wohnungen und Geschäftsräume. Wegen des volksverhetzenden Inhalts der Blätter wurden gegen Herausgeber von Fanzinen Geld- und Freiheitsstrafen verhängt.[1382] Die rechte Szene geriet kurzzeitig in die Defensive. Einige der früheren Hardliner bekannten sich sogar offen zu einem Einstellungswandel.[1383] Insbesondere entstanden viel neue unpolitische und Oi!-Magazine, darunter die „Roial", eine der bedeutendsten deutschsprachigen Oi!-Postillen der späten neunziger Jahre.[1384] Insgesamt dürfte die Zahl der Publikationen der unpolitischen Szene Mitte der neunziger Jahre die der rechten Fraktion mindestens erreicht, wenn nicht gar überstiegen haben.[1385] Mittlerweile hat sich jedoch auch die rechte Szene zurückgemeldet. Wurden 1997 bereits 30 der 80 in der Bundesrepublik erscheinenden Fanzinen als rechtsextrem

---

1377 *Farin, K./Seidel-Pielen, E.* 1993 (Fn. 21), 123f.

1378 *Farin, K./Seidel-Pielen, E.* 1993 (Fn. 21), 124, zitierend aus einer der frühen Ausgaben der „Skintonic"; *Menhorn, Ch.* 2001 (Fn. 29), 262.

1379 *Farin, K./Seidel-Pielen, E.* 1993 (Fn. 21), 125.

1380 *Farin, K./Seidel-Pielen, E.* 1993 (Fn. 21), 126; 199f.

1381 *Bredel, H.* 2002 (Fn. 28), 252, so etwa die Kameradschaft „Hamburger Sturm", ebenda, 236.

1382 *Bredel, H.* 2002 (Fn. 28), 252f.; *Menhorn, Ch.* 2001 (Fn. 29), 260.

1383 Im Einzelnen *Menhorn, Ch.* 2001 (Fn. 29), 265f.

1384 Ausführlich *Menhorn, Ch.* 2001 (Fn. 29), 266. Ähnlich erfolgreich waren das „Tetzlaff" und der in Österreich herausgebrachte „Springende Stiefel". Eine Auflistung weiterer Fanzinen der Oi!-Szene findet sich ebenda, 267f.

1385 *Menhorn, Ch.* 2001 (Fn. 29), 268.

eingestuft, so sollen es bis heute über 50 sein.[1386] Zwar hatten nur wenige Hefte am extrem rechten Rand die Repressionswelle des Jahres 1993 überlebt, so etwa die neonazistische „Hass Attacke“, die bis 1997 erschien, und das „United Skins“, das als Sprachrohr des Ku-Klux-Klan Berlin galt und offensiv ausländerfeindlich argumentierte.[1387] Es entstanden jedoch zahlreiche neue rechte, rechtsextreme und neonazistische Fanzinen. Zu nennen wären „Amok!!!“ und „Foier Frei“, zwei der führenden Fanzinen des rechten Spektrums, die „Neue Doitsche Welle“, „Moonstomp”, „Zentralorgan” und „Doitsche Musik“, die Neonazi-Postille „Hamburger Sturm“, deren Erbe – als Bindeglied zwischen Neonazi- und Skinhead-Szene – nach dem Verbot durch den Hamburger Innensenator im Jahr 2000 das Blatt „Unsere Welt“ angetreten hat, schließlich „Blood & Honour“, die Fanzine der gleichnamigen Organisation, und die aus dem „Querschläger“ hervorgegangene und überaus professionell bis kommerziell gestaltete „Rock Nord“.[1388]

Nach Angaben des Bundesamtes für Verfassungsschutz blieben die polizeilich-justiziellen Maßnahmen dennoch nicht ohne jede Wirkung. Die Gestaltung vieler rechtsextremistischer Fanzinen fiel „wesentlich zurückhaltender“ aus als noch Anfang der neunziger Jahre. Die textliche und bildliche Gestaltung wurde moderater. Manche Fanzinen wurden als „Rundbriefe an Freunde und Kameraden“ bezeichnet, um nicht als Presseveröffentlichungen zu gelten.[1389] Auch wenn weiterhin offen neonazistische Skinzeitschriften erscheinen, wird doch seltener offen zur Gewalt aufgefordert. Dies überläßt man lieber den Interviewpartnern, etwa den Mitgliedern US-amerikanischer Skinbands, die für ihre radikalen Ansichten bekannt sind. Neue CDs rechtsextremer oder neofaschistischer Bands werden nur noch erwähnt oder statt auf Text und Inhalt bezogen, nur musikalisch besprochen; der Insider weiß ja Bescheid.[1390]

Die meisten Fanzinen erscheinen nur über einige Jahre, manche sind mit dem Verbot ihrer Herausgebergruppe untergegangen, wieder andere bestehen unter wechselnden Namen fort.[1391] In der Gestaltung unterscheiden sie sich nicht wesentlich von den Zinen anderer Jugendkulturen. Die meisten werden im Eigenverlag hergestellt und in Copyshops oder im Offsetdruck vervielfältigt. Die Karikaturen zeichnen die Herausgeber selbst oder auch Freunde aus der Szene. Gerne klaut man auch Zeichnungen, die bereits in anderen Zinen erschienen sind. Es werden

---

[1386] *Bredel, H.* 2002 (Fn. 28), 212ff.

[1387] *Menhorn, Ch.* 2001 (Fn. 29), 268f.

[1388] Zu „Moonstomp“ *Menhorn, Ch.* 2001 (Fn. 29), 269f., zu „Amok!!!“ ebenda, 270, zu „Foier Frei“, ebenda, 270f., zu „Rock Nord“, ebenda, 271f., zu „Hamburger Sturm“, ebenda, 272.

[1389] *Bredel, H.* 2002 (Fn. 28), 252, mwN.; *Menhorn, Ch.* 2001 (Fn. 29), 261.

[1390] *Bredel, H.* 2002 (Fn. 28), 253; auch *Menhorn, Ch.* 2001 (Fn. 29), 261, 269.

[1391] Zur „Rock Nord“, die aus dem „Querschläger“ hervorgeganen ist und zwischenzeitlich auch noch unter den Titeln „Ketzerblatt-Frontal“ und „Moderne Zeiten“ erschien, ausführlich *Bredel, H.* 2002 (Fn. 28), 216-221.

Schnappschüsse von Feten und Konzerten, Plattencover und Leserbriefe abgedruckt. Die Auflagen der meisten Zinen liegen zwischen 50 und 2000, in der Regel aber unter 300. Viele erscheinen in sehr unregelmäßigen Abständen.[1392] Sie werden zum (Selbstkosten-)Preis von einigen Euro abgegeben. Die Verbreitung findet praktisch ausschließlich szeneintern statt: über Mailordervertriebe, per Abonnement und im Handverkauf bei Festivals, in Fußballstadien oder in Kneipen. Die Macher kennen einen Großteil ihrer Leser persönlich, stehen mit vielen in Briefkontakt. Fast jeder Skin hat mindestens eine Zine abonniert.[1393] Nur bei einigen der rechtsextremistisch und neonazistisch ausgerichteten Fanzinen ist der Grad der Professionalisierung deutlich höher: Etliche erscheinen im DinA4-Format, einige, wie die „Rock Nord", werden sogar auf Hochglanzpapier gedruckt;[1394] viele andere haben immerhin ein mehrfarbiges Cover.[1395] Die „Rock Nord" erscheint sogar alle zwei bis drei Monate in einer Auflage von 15.000.[1396] Dennoch werden die im Eigenverlag hergestellten und notwendigerweise weniger professionellen Fanzinen nicht von Hochglanzmagazinen wie der „Rock Nord" verdrängt; wohl weil sie authentischer sind: Sie „geben dem Leser das Gefühl, einem relativ abgeschotteten Kult anzugehören, zu dem man sich nicht einfach am Kiosk eine Eintrittskarte kaufen kann."[1397] Daß die Fanzinen-Landschaft flächendeckend kommerzialisiert wird, ist schon deshalb nicht zu erwarten, weil die Gewinnspannen viel zu niedrig sind.[1398]

Die Skinheads benutzen heute verstärkt das Internet.[1399] Während früher nur Konzerte und Szenemusikmagazine einen überregionalen Austausch ermöglichten, bietet das World Wide Web heute die Gelegenheit, eine quasi unbegrenzte Zahl von Lesern und auch Hörern zu erreichen. Denn dank des digitalen Dateiformats MP3 können sich Skinheads die Musik ihrer Bands mittlerweile aus dem Internet herunterladen.[1400] Eine Internetaderesse haben viele rechte Vertriebe, etwa „Rock Nord/Creative Zeiten", „Nord Versand", „Deutscher Versand Nord", „Hanse Records" und „Panzerfaust Records" und viele Skinbands, etwa „Rhönwacht", „Noie Werte", „Kraftschlag" und „Macht und Ehre".[1401] Daneben gibt es zahlreiche

---

[1392] So etwa „Unsere Welt," *Bredel, H.* 2002 (Fn. 28), 223.

[1393] *Farin, K./Seidel-Pielen, E.* 1993 (Fn. 21), 198f.; *Bredel, H.* 2002 (Fn. 28), 212f.

[1394] *Bredel, H.* 2002 (Fn. 28), 220.

[1395] So „Neue Doitsche Welle", *Bredel, H.* 2002 (Fn. 28), 221 und „Amok!!!", ebenda, 226.

[1396] *Bredel, H.* 2002 (Fn. 28), 220.

[1397] *Menhorn, Ch.* 2001 (Fn. 29), 274.

[1398] *Menhorn, Ch.* 2001 (Fn. 29), 275.

[1399] *Bredel, H.* 2002 (Fn. 28), 177.

[1400] *Fromm, R.* 2001 (Fn. 629), 135f. Daß auf diesem Weg CDs gratis angeboten werden, führte bei etlichen Bands zu erheblichen Umsatzeinbußen.

[1401] *Fromm, R.* 2001 (Fn. 629), 136-147, 173-178. Dort wird das Internetangebot inhaltlich detailliert vorgestellt. Es ist davon auszugehen, daß nicht nur die rechte Szene, son-

deutschsprachige Skinheadseiten, die ihre Domains wegen ihrer in Deutschland strafbaren Inhalte in die Vereinigten Staaten verlegt haben, so etwa „Freyja 88", „Oikracht", „Templer's Reich", „Keltenkreuz", „Holocaust 88", „Kraftland" und „Skinhead Deutschland", um nur eine kleine Auswahl zu nennen.[1402] Schließlich sind auch die Internationalen Skinheadorganisationen wie die „Hammerskin-Bewegung",[1403] „Blood & Honour" und ihre Jugendorganisation „White Power Youth" im Internet präsent. Letztere können damit trotz ihres Verbots in Deutschland über das Internet weiter Einfluß auf die deutsche Skinheadszene nehmen. Da praktisch alle Internetseiten zahlreiche Links zu anderen Internetseiten der rechtsextremen bis neonazistischen Skinheadszene aber auch zu rechtsextremistischen Organisationen bieten, ist der Informationsfluß innerhalb der Szene und der Zugang zu volksverhetzenden Texten erheblich verbessert worden. Wie in den Fanzinen nehmen auch im Internetangebot Musik und Szenenews viel Raum ein. Das Internet ist jedoch auch eine Plattform, um politisch zu agitieren und ideologisch zu beeinflussen, so etwa über das an den „Rock Nord/Creative Zeiten" angegliederte „NIT – Radio – Stimme der Freiheit" im Internet,[1404] über das Gästebuch des „White Music Records"[1405] und über die „German National Socialist and Hammerskin Page", alles Domains die gezielt genutzt werden, um eine publizistische Gegenöffentlichkeit zu schaffen.[1406] Über das Internet wird schließlich auch versucht, die ideologische „Bildung" der rechtsextremen Szene zu verbessern und ihre Professionalisierung im Kampf voranzutreiben. Auf der Homepage „Oikrach" wird etwa über die „Grundlagen der nordisch-heidnischen Schöpfungsgeschichte" informiert, in die Runenkunde eingeführt, über Straftatbestände aufgeklärt („Was ist § 86a") und Anleitung zum „Verhalten bei einer Hausdurchsuchung" gegeben.[1407] Auf der Page „Templer's Reich" geht der Neonazi mit dem nicname „Templer" sogar so weit zu erklären: „Die Zeiten von Straßenkämpfen und ähnlichen Aktivitäten sind vorbei. Der Kampf, der Überlebenskampf am Computer hat begonnen. Viele sperren sich dieser Tatsache noch und werden auf kurz oder lang auf der Strecke bleiben."

b) Autonome

Musik und Kunst der Autonomen sind Medium ihrer kulturellen Gegenentwürfe,[1408] aber auch des Bekenntnisses zur Gewalt: So heißt es in dem Lied „Ohn-

---

dern auch die erstarkte Oi!-Szene im Internet präsent ist. Diese ist jedoch auch insoweit wenig erforscht.

1402 Ausführlich *Fromm, R.* 2001 (Fn. 629), 158-173.

1403 *Fromm, R.* 2001 (Fn. 629), 148-158.

1404 *Fromm, R.* 2001 (Fn. 629), 138.

1405 *Fromm, R.* 2001 (Fn. 629), 141.

1406 *Fromm, R.* 2001 (Fn. 629), 155.

1407 *Fromm, R.* 2001 (Fn. 629), 159.

1408 *Schultze, Th./Gross, A.* 1997 (Fn. 59), 55.

Macht“ der Band „but live“ aus Hamburg: „Haß, ich spreng BAYER weg. Das Geilste ist, ich bin im Recht. So gewalttätig, wie Ihr seid, kann ich gar nicht sein. Haß, HOECHST wird weggesprengt. Wenn KALI-CHEMIE denn Feuer fängt, ich schätze mal, Millionen nach mir werden mir verzeihn.“[1409] Mit Musik soll die politische „Message“ emotional transportiert werden. Man versucht insbesondere Jugendliche zu erreichen, in der Hoffnung, daß diese sich, wenn die Musik sie anspricht, auch mit den Inhalten auseinanderzusetzen beginnen.[1410] Die wichtigsten Bands sind „Razzia“, „Neurotic Arseholes“, „Toxoplasma“, „Tarnfarbe“, „Rotzkotz“, „Östro 430“.[1411]

Diskussions- und Informationsforen autonomer Gruppierungen sind zahlreiche Szeneblätter, die z.T. unter wechselnden, auch ausländischen Adressen vertrieben werden und in „Info-Läden“ und alternativen Buchhandlungen erhältlich sind.[1412] Den größten Einfluß auf die Autonomen in ganz Deutschland besitzen die Zeitschriften „radikal“, „Interim“, „Arranca!“ und „Clash”.[1413] Daneben gibt es zahllose regionale Zeitschriften, zu nennen wären „schwarzer-faden” (Grafenau), „direkte aktion” (Hamburg), „SWING - autonomes rhein-main-info“ (Frankfurt/M.), „wildcat” (Karlsruhe), und „RAZZ“ (Hannover).[1414]

„Radikal“ erscheint seit 1976 und seit 1984 aus dem Untergrund. Die Zeitschrift wird von Unbekannten mit einer Kontaktadresse in den Niederlanden herausgegeben.[1415] Sie ist 1995 ins Fadenkreuz der Ermittler geraten, die einige mutmaßliche Mitarbeiter wegen des Verdachts der Mitgliedschaft in einer terroristischen Vereinigung festnahmen, nachdem die Zeitschrift auch als Sprachrohr von Aktivisten auf der Suche nach einer terroristischen Strategie in Erscheinung getreten war.[1416] Seit 1990 erscheint vierteljährlich in Englisch und Deutsch die „Clash - Zeitung für den Widerstand in Europa”, ein internationales Szeneblatt, das von „Betreibern und

---

1409 Zit. bei *Moreau, P./Lang, J.P.* 1996 (Fn. 45), 402.

1410 So ausdrücklich die Musiker der Band „but life“, zitiert bei *Moreau, P./Lang, J.P.* 1996 (Fn. 45), 402f.

1411 *Moreau, P./Lang, J.P.* 1996 (Fn. 45), 402.

1412 *Moreau, P./Lang, J.P.* 1996 (Fn. 45), 399ff.; *Bundesminister des Innern:* Verfassungsschutzbericht 1990, 41; 1995, 47; 1996, 40; 1997, 35; 1999, 102; 2000, 131.

1413 *Moreau, P./Lang, J.P.* 1996 (Fn. 45), 399; *Bundesminister des Innern:* Verfassungsschutzbericht 1993, 37; 1994, 40 (zu diesem Zeitpunkt erschien die Zeitschrift „f.e.l.s.“ noch nicht,); 1995, 47f.; 1996, 41 (zu „*Interim*“ und „radikal“); 1997, 35 (zu „*Interim*“). *Geronimo* 1997 (Fn. 68), 34, spricht von der „*Interim*“ als dem „amtlichen Verlautbarungsorgan“.

1414 Auflistungen finden sich bei *Moreau, P./Lang, J.P.* 1996 (Fn. 45), 401f.; *Bundesminister des Innern:* Verfassungsschutzbericht 1995, 49; 1996, 40; 1997, 35.

1415 *Bundesminister des Innern:* Verfassungsschutzbericht 1990, 41; 1999, 102, Anm. 102; 2000, 127.

1416 *Bundesminister des Innern:* Verfassungsschutzbericht 1995, 48.

Anhängern autonomer Infoläden aus dem In- und Ausland“[1417] herausgegeben wird. In Berlin erscheint seit 1988 die „Interim“. Sie wurde im Zuge der heißen Phase der IWF-Kampagnen ins Leben gerufen. In der „Interim“ werden insbesondere Demonstrationstermine und Aufrufe veröffentlicht. Ein Hauptaugenmerk wird auf kurzfristige Aktivitäten gerichtet. „Interim“ ist das bevorzugte Kommunikationsforum der Antifa- und Autonomenszene.[1418] Die Zeitschrift „Arranca!“ ist der Gruppe f.e.l.s. zuzuordnen. Sie spiegelt die szeneinternen Auseinandersetzungen über das Für und Wider einer „Sammlungsbewegung“ linksextremistischer Gruppierungen wieder. Die veröffentlichten Beiträge belegen, daß die Gruppe „F.e.l.s.“ bewußt neue ideologische Wege erkundet.[1419] Zusätzlich erscheinen noch mindestens 25 Antifa-Zeitschriften, deren Lebensdauer in etlichen Fällen allerdings sehr kurz war.[1420] Zunehmend werden auch kostenlos „Jugendzeitschriften”, wie „BRAVO-Anifia“ aus Berlin und „FIGHT BACK“ aus Braunschweig verteilt.[1421]

Sowohl in den allgemeinen Veröffentlichungen als auch in den Jugendinfos wird agitiert und offensiv zu militanten Aktionen aufgerufen. Geeignete Anschlagsziele (Namen, Adressen, Firmen etc.) werden ebenso veröffentlicht wie Sabotageanleitungen, etwa zum Bau elektronischer Zeitzünder, zur Herstellung von Molotowcocktails, zum Aufbrechen und Kurzschließen von Kraftfahrzeugen, aber auch zur Herstellung von „Klautaschen” (um Diebstahlssicherungen in Kaufhäusern zu überlisten).[1422] Veröffentlicht werden schließlich auch Anleitungen zur Vermeidung von Tatspuren.[1423] Daneben werden in den wichtigen Szeneblättern auch immer wieder Selbstbezichtigungen terroristischer und autonomer Gruppen abgedruckt. Vor allem in den überregional verbreiteten Zeitungen, wie „radikal“, werden Positionen autonomer und antiimperialistischer Gruppen einschließlich des terroristischen Umfeldes vorgestellt, die als Diskussionsgrundlage für die gesamte Szene dienen sollen. Die Zeitungen sind als ein Forum gedacht, in dem die „Unterdrückungskräfte“ keinen Einfluß haben. Daneben enthalten sie meist chronologische Berichte über zurückliegende Ereignisse.[1424] Schließlich erscheinen noch Broschü-

---

[1417] *Bundesminister des Innern:* Verfassungsschutzbericht 1990, 42; 1991, 36f; *Moreau, P./Lang, J.P.* 1996 (Fn. 45), 401

[1418] *Moreau, P./Lang, J.P.* 1996 (Fn. 45), 401.

[1419] *Moreau, P./Lang, J.P.* 1996 (Fn. 45), 401.

[1420] Eine Auflistung findet sich bei *Moreau, P./Lang, J.P.* 1996 (Fn. 45), 381.

[1421] *Bundesminister des Innern:* Verfassungsschutzbericht 1999, 102, Anm. 104; 2000, 127.

[1422] *Bundesminister des Innern:* Verfassungsschutzbericht 1991, 37, dort bezugnehmend auf die Zeitschrift „radikal”; 1992, 32f., ebenfalls bezugnehmend auf „radikal”; 1993, 37; 1996, 40; 1997, 35; auch *Horchem, H. J.* 1994 (Fn. 46), 114.

[1423] *Horchem, H.J.* 1994 (Fn. 46), 116.

[1424] *Moreau, P./Lang, J.P.* 1996 (Fn. 45), 400.

ren zu bestimmten Themen und seit einiger Zeit Titel, die sich bereits mit der Geschichte der Autonomen auseinandersetzen.[1425]

In jüngster Zeit bedienen sich die Autonomen, insbesondere die organisierten Antifaschisten auch verstärkt des Internets, das dank kostenloser Verschlüsselungsprogramme wie „Pretty Good Privacy" (PGP) einen immer besseren Schutz gegen die Observierung durch Sicherheitsbehörden bietet.[1426] Auf den Homepages stellen sich die Gruppierungen inhaltlich vor. Daneben werden aber vor allem Berichte, Demonstrationsaufrufe zu Themen wie „Antifaschismus", „Antirassismus" oder „Anti-Globalisierung", Terminankündigungen, Informationen zu rechtsextremistischen Organisationen und Einzelpersonen und Links zu anderen Internetseiten extremistischen Inhalts ins Netz gestellt.[1427] Es geht den Autonomen um den Aufbau eines Info-Netzwerkes politischer Gruppen, das einen kontinuierlichen Nachrichtenaustausch auch auf europäischer Ebene möglich macht.[1428] Erwähnenswert ist neben dem von Angehörigen der autonomen Szene aufgebauten „nadir-projekt" das Angebot „PARTISAN.net."[1429] Über den Informationsdienst „SpinnenNetz" ist mittlerweile die internationale Vernetzung politischer Organisationen und Bewegungen tatsächlich gelungen. Neben Bonn, Berlin und Göttingen sind auch Amsterdam, Rotterdam, Zürich, Stockholm und Kopenhagen angeschlossen. Dieser Informationsdienst übermittelt seine Nachrichten an Mailboxen, die nur für Mitglieder lesbar sind. Auf diesem Wege wird insbesondere kleinen Info-Läden, regionalen Zeitungen und Medieninitiativen der Zugang zu unzensierten Nachrichten und Diskussionspapieren eröffnet. Es gibt aber auch Schnittstellen zu überregional angelegten Informationsnetzen, wie etwa ECN (European Counter Network), einem europaweiten, linken, auch terroristisch orientierten elektronischen Kommunikationsnetz.[1430] Die Initiatoren wollen mit ihrem Vorstoß, mit dem man sich in grundsätzlich kritikwürdiger Weise auf die Technik der Bonzen und Konzerne einläßt, einen Beitrag zur Überwindung der Schwäche der Bewegung leisten und die Nachteile des geringen Organisierungsgrades der Autonomen kompensieren.[1431] Neben dem Internet nutzen die Autonomen auch nichtkommerzielle alternative Radioprojekte und Piratensender,[1432] z.B. das Kölner Radio „Karies – schwarz und

---

[1425] Näheres bei *Moreau, P./Lang, J.P.* 1996 (Fn. 45), 402.

[1426] *Bundesminister des Innern:* Verfassungsschutzbericht 1993, 37; 1994, 40; 2000, 131.

[1427] *Bundesminister des Innern:* Verfassungsschutzbericht, 2000, 176f.

[1428] *Moreau, P./Lang, J.P.* 1996 (Fn. 45), 397, bezugnehmend auf *„Interim"* Nr. 184/185, 19. März 1992; *Bundesminister des Innern:* Verfassungsschutzbericht, 1996, 40; 1999, 102; 2000, 177.

[1429] *Bundesminister des Innern:* Verfassungsschutzbericht 1999, 142f.

[1430] *Moreau, P./Lang, J.P.* 1996 (Fn. 45), 397f.

[1431] *Moreau, P./Lang, J.P.* 1996 (Fn. 45), 397f. bezugnehmend auf *„Interim"* Nr. 184/185, 19. März 1992.

[1432] Zum Empfang „linksradikaler" Radiosender aus Italien, etwa das „Radio K. Centrale", das montags von 17.00 bis 18.30 ein Programm ausstrahlt, an dem auch deutschspra-

zersetzend."[1433] Schließlich gibt es ein bundesweites Infotelephon mit Sitz in Delmenhorst[1434] und zahlreiche regionale Info- und Notruftelephone sowie „Telephonketten", genannt „Alarmketten".[1435]

2. *Interpretation*

a) Jugendkulturelle Enkulturation – Zur Kompensation von Orientierungslosigkeit

Jugendkulturen kompensieren Orientierungslosigkeit, Sinnverluste und kulturelle Verarmung, soweit sie Jugendliche mit Informationen, Argumenten und Deutungsmustern versorgen, die das Gruppenleben als sinnvoll gestaltet erscheinen lassen, die gewährleisten, daß ihnen in ihrer jugendkulturellen Enklave die Weltaneignung, wenn auch nur scheinbar, gelingt, und die ihnen im besten Fall helfen, sich in einer komplexen sozialen Umwelt zurechtzufinden.[1436] Wichtige Enkulturationsfunktionen erfüllen dabei die jugendkulturellen Medien. Die szeneeigenen Publikationen und die Texte der Songs prägen jugendkulturspezifische Deutungen und Meinungen und dienen der Verbreitung jugendkultureller Interpretationen. Gerade die Musik transportiert ihre inhaltlich-textlichen Botschaften klanglich untermalt, also nicht rein intellektuell und dadurch emotional besonders wirkungsvoll.

Kunst und Musik der Autonomen erfüllen wichtige Enkulturationsfunktionen. Sie sind Medium kultureller Gegenentwürfe, transportieren politische Botschaften und emotional verbrämte Rechtfertigungen nackter Gewalt und versorgen die Autonomen mit Interpretationen, die ihnen erklären, wofür es sich zu kämpfen lohnt. Gleichzeitig lassen sie die kämpferischen Aktionen als legitim erscheinen. Daß die Autonomen versuchen, Jugendliche mit ihrer Musik zunächst emotional zu begeistern, um sie in einem zweiten Schritt vielleicht auch inhaltlich für ihr „Programm" zu interessieren, also ihre musikalischen Hervorbringungen durchaus strategisch einsetzen, weist sie als anomische Protestkultur aus, die die ihr zur Verfügung stehenden Mittel reflektiert einsetzt, um die erstrebten gesellschaftlichen Umwälzungen zu befördern. Als anomische Protestkultur, deren Mitglieder für politische Veränderungen, für ein selbstbestimmtes Leben und mehr Autonomie kämpfen, sind die Autonomen aber auch in besonderem Maße auf Diskussions- und Informationsforen angewiesen. Gerade weil ihre Fernziele nicht dogmatisch fixiert, sondern relativ unbestimmt sind, bedürfen sie der beständigen Präzisierung und Neubestimmung in kommunikativen Prozessen. Es wundert daher nicht, daß in der autonomen Szene zahlreiche Zeitungen herausgegeben werden und daß auch das Inter-

---

chige Autonome mitarbeiten und das sich mit europäischen Bewegungen befaßt, *Moreau, P./Lang, J.P.* 1996 (Fn. 45), 397.

[1433] *Bundesminister des Innern:* Verfassungsschutzbericht, 1992, 34, auch Anm. 6.; 1993, 37.

[1434] *Bundesminister des Innern:* Verfassungsschutzbericht, 1993, 37; 1994, 40.

[1435] *Bundesminister des Innern:* Verfassungsschutzbericht, 1994, 40; 1995, 49.

[1436] Dazu oben § 6 III. 1. c).

net genutzt wird, um politische Positionen und alternative gesellschaftliche Ordnungsentwürfe vorzustellen und zu verbreiten. Chronologien autonomer Aktionen und Publikationen, die sich der Geschichte der Bewegung widmen, tradieren Erfahrungen und Erfolge und dienen damit der Selbstvergewisserung einer in beständigem und potentiell destabilisierendem Wandel begriffenen Szene. Während manche Zeitungen mit inhaltlichen Diskussionsbeiträgen und der Entwicklung strategischer Konzepte Orientierungshilfe leisten, tun andere dies viel praktischer. Sie geben mit Aktions- und Demonstrationsaufrufen konkrete Handlungsziele vor und verbinden diese sogar mit handfesten Ratschlägen zur Bewältigung praktischer Probleme, etwa Hinweisen zum Bau von Zeitzündern oder zur Herstellung von Molotowcocktails. Die eher politisch-ideologischen Artikel gewährleisten, daß den Autonomen die Weltaneignung zumindest scheinbar gelingt, und die Vermittlung praktischen Wissens hilft den Kämpfern, ihre Aktionen in einer feindlichen Realität erfolgreich durchzuführen. Dies ist insofern wichtig, als gerade erfolgreiche Anschläge das umstürzlerische Streben sinnvoll erscheinen lassen. Deshalb wirken auch Selbstbezichtigungsschreiben, mit denen die erfolgreiche Durchführung von Anschlägen szeneintern publik gemacht wird, als Ermutigung. Die meist anonymen Täter werden gleichzeitig zu Vorbildern, denen es nachzueifern lohnt. Mit ihren Publikationen und Internetseiten wollen die Autonomen aber vor allem eine Gegenöffentlichkeit schaffen, in der die „Unterdrückungskräfte" keine Stimme haben und die daher den Zugang zu unzensierten Nachrichten gewährleistet. So werden die Angehörigen der Bewegung mit autonomen Interpretationen gesellschaftlicher Zusammenhänge und mit politischen Argumenten versorgt, die sie in die Lage versetzen, an szeneinternen politischen Auseinandersetzungen teilzunehmen, so daß ihnen zumindest in ihrer jugendkulturellen Enklave die Weltaneignung scheinbar gelingt.[1437] Ideologisch armiert fühlen sich die Jugendlichen den Anforderungen des täglichen Lebens besser gewachsen und sind gegen öffentliche Anfeindungen ebenso wie gegen Selbstzweifel besser gewappnet. Weil sich neu auftretende Probleme und soziale Situationen unter Rekurs auf vorgeprägte Deutungsmuster sinnvoll interpretieren lassen, fühlen sich die einzelnen mit deren Bewältigung weniger überfordert. Das destabilisierende Potential sozialer Alltagszumutungen wird neutralisiert. Schließlich versorgen gerade die Publikationen die Autonomen mit Rechtfertigungsfiguren, die das eigene Tun legitim und sinnvoll erscheinen lassen und ihnen das Gefühl geben, auf dem richtigen Weg zu sein.

Die Skinheadszene hat eine eigene Musikkultur und eine Vielzahl von Publikationen hervorgebracht. Die Texte der Songs und die Artikel und Kommentare der Zeitschriften versorgen die Skinheads mit Interpretationen, Deutungsmustern und Argumenten. Nicht zuletzt weil die Songs und die Zeitschriften immer noch überwiegend von Skinheads für Skinheads geschrieben werden, die Musik immer noch fast ausschließlich von szeneeigenen Labeln und die Fanzinen per Mailorder oder

---

[1437] Dazu oben § 6 III. 1. c).

im Handverkauf vertrieben werden, entsteht eine szeneinterne Öffentlichkeit für eine abgeschirmte Kommunikationsgemeinschaft, in der sich die Skinheads Anfechtungen und Kritik weitgehend entziehen können. Auch das unbegrenzte Informationsangebot im Internet wird letztlich nur selektiv genutzt. Von den Internetseiten der Bands, Herausgeber und Skinheadorganisationen führen ausgesuchte Links lediglich zu den Internetpräsentationen von rechtsextremistischen oder neonazistischen Organisationen, von denen sich die Skinheads allerdings heute verstärkt beeinflussen lassen. Die immer noch sehr weitgehende Abschottung der Skinheadszene erhöht die enkulturierende Kraft des Kults.[1438] Die Liedtexte der Skinheads prägen die Weltwahrnehmung, wenn sie vom Haß auf Ausländer und Linke erzählen, sie geben Hoffnung und Halt, wenn sie, wie der Song „Vereint“, die Gemeinschaft der Skinheads beschwören, sie lassen das Gruppenleben legitim, nämlich solidarisch geordnet erscheinen, wenn sie Kameradschaft, Treue und Zusammenhalt der Skinheads stilisieren, sie kompensieren Ohnmachtgefühle, indem sie den Stolz der Skinheads feiern, sie instrumentieren die Selbstinterpretation, dadurch daß sie die Bedeutung des Skinheadseins hervorheben,[1439] und sie stellen die Skinheads durch Anspielungen auf die Zeit des Nationalsozialismus in einen historischen Bedeutungszusammenhang, der ein diffuses Gefühl von Wichtigkeit vermittelt. Sofern die Lieder zu Gewalttaten aufrufen, geben sie orientierungslosen Jugendlichen schließlich unmißverständliche Handlungsimpulse. Gerade die Texte und Cover der nach der Repressionswelle des Jahres 1993 entstandenen neonazistischen Bands, die sich nicht scheuen, Erhängte abzubilden und Drohungen auszusprechen, beflügeln auf grausame Weise die Phantasie und nähren eine „Kultur“ des tatbereiten Hasses, der dem Leben der Skins in perverser Weise einen Sinn zu geben scheint. Die Skinheads hören ihre Musik, weil sie bestimmte Stimmungen emotional untermalt. Weil es den Musikern mit ihren griffigen Songs gelingt, das Lebensgefühl vieler Skinheads zu versprachlichen, versorgen sie die Skinheads dabei jedoch gleichzeitig mit Deutungsmustern, dank derer ihnen die Selbstverständigung besser gelingt. Daß die Texte einfach, direkt und rüde sind, kommt dem intellektuellen Habitus der überwiegend schlichter organisierten Skinheads besonders entgegen.[1440] Die rassistischen und ausländerfeindlichen Texte der zweiten und dritten Bandgeneration kanalisieren und interpretieren vor allem diffuse Ängste und helfen den Skinheads, sich in einer ihre interaktiven Fähigkeiten überfordernden multikulturellen Gesellschaft besser zurechtzufinden, weil sie vorgeben, wie man sich zu dieser zu stellen hat, nämlich aggressiv feindlich. Die Bands versorgen die Skinheads jedoch nicht nur mit Interpretationen und Deutungsmustern,

[1438] Zur erfolgreichen parteipolitischen Einflußnahme auf Musik und Publikationen unten d).

[1439] Nach einer Untersuchung von *Hafeneger* über rechte Cliquen, zu denen auch Skinheads gehörten, liefern die Bands „Mentalitätsmuster“, zusammenfassend zu dieser Studie *Bredel, H.* 2002 (Fn. 28), 66.

[1440] Zum Bildungsniveau der Skinheads oben III. 1. b).

sondern geben ihnen auch dadurch Orientierung, daß sie Stars und Idole hervorbringen, die wegen ihrer Authentizität zu Vorbildern werden. So orientieren sich viele Skinheads an den „Böhsen Onkelz", die als „stolze Deutsche" auftraten, sich nationalistisch und rassistisch gaben und durch markige Stellungnahmen, wie „Saufen, Pogo und richtig Gewalt ohne Ende!" und Songs wie „Singen und Tanzen" vorgaben, wie sich der triste Alltag gestalten läßt. Daß die Skinheads ignorieren, daß sich die „Böhsen Onkelz" aus der Szene zurückgezogen haben und sich von ihren rechten Fans sogar ausdrücklich distanzieren, belegt, wie existentiell sie auf ihre Vorbilder angewiesen sind. Die Fanzinen und Internetpräsentationen gewährleisten, daß die Skinheads sich szeneintern zurechtfinden. Sie informieren über Konzerte und Neuigkeiten, Veranstaltungen und zurückliegende Ereignisse und stellen insbesondere die Bands und ihre musikalischen Neuerscheinungen vor. Wer sie liest, kann sich als Insider fühlen und vor allem mitreden. Die Aufklärung über Straftatbestände und Hinweise zum Verhalten bei Hausdurchsuchungen helfen den Skinheads, sich im Lebensalltag zurechtzufinden, weil sie konkrete Anleitungen zur Bewältigung prekärer Situationen geben und darüber informieren, ab wann das eigene Verhalten strafrechtlich relevant zu werden droht. Weil die Fanzinen bundesweit zirkulieren, schaffen sie aber auch eine überregionale Gruppenkultur und kompensieren, wenn auch nur scheinbar, die kulturelle Verarmung der Alltagspraxis. Denn tatsächlich bündeln sie nicht die zerstreuten Perspektiven der heimischen Kultur,[1441] sondern stabilisieren nur das fragmentierte Bewußtsein der Skinheads. Die linke Fanzine „Scintonic" beschwört das Klassenbewußtsein der Arbeiterklasse, und die rechtsextremen Fanzinen transportieren ein neonazistisches, rassistisches Weltverständnis. In beiden Fällen rekurieren die Macher auf gesellschaftlich überholte oder gar delegitimierte Traditionen, um ihren Lesern Sicherheit und Orientierung zu geben. Gerade die rechtsextremen Fanzinen vermitteln eine bestimmte Sicht auf die gesellschaftliche Wirklichkeit und gewährleisten damit, daß den rechten Skinheads die Weltaneignung scheinbar gelingt. Dabei wählen sie einen indirekten Modus. Politische Einstellungen und Deutungsmuster werden in Besprechungen ultrarechter Bands, ihrer Konzerte und CDs und im Rahmen von Berichten über konkrete Veranstaltungen lanciert. Weitgehend vermieden werden dagegen auch in den parteipolitisch beeinflußten Magazinen Formen unverhohlen ideologischer Indoktrination. Weil ideologisches Gedankengut auf diese Weise mit den eigenen Erfahrungen und Erlebnissen der Skinheads verwoben wird, kann es von diesen besonders gut eingeholt und angeeignet werden. Ergänzt durch selbst gezeichnete Karikaturen und Schnappschüsse von Konzertbesuchern, wird den Skinheads ein inhaltlich angereichertes, kohärentes und zumindest scheinbar authentisches Bild ihrer eigenen Lebenswirklichkeit vermittelt. Die subtile Verbindung der Ideologisierung mit einer auf den Lebensalltag und das Freizeitleben der Skinheads abgestimmten Enkulturation erweist sich als besonders wirkungsvoll. Die abgedruckten Abzeichen und Symbole, die häufig wie andere Insignien des

---

[1441] Zu *Habermas* Konzept der kulturellen Verarmung, oben § 5 IV. 4 mit Nachweisen.

Kults auch bestellt werden können, und die ausländerfeindlichen Parolen sind interpretatorisches Rüstzeug, mit dem die Skinheads sich armieren, um in der feindlichen Realität zu bestehen. Mit martialischen NS-Abzeichen gewappnet, versuchen sie einzuschüchtern und etwaigen Widerspruch im Keim zu ersticken und mit schlagkräftigen Floskeln meinen sie, etwaige Einwände erschlagen zu können. Artikel und Internetbeiträge, die die ideologische „Bildung" der rechtsextremen Szene zu verbessern suchen, indem sie etwa über die nordisch-heidnische Schöpfungsgeschichte informieren oder in die Runenkunde einführen, dienen als ideologischer Überbau, der das Leben der Skinheads in einen größeren Traditions- und Bedeutungszusammenhang einordnet und ihm damit einen tieferen Sinn verleiht.

Die Hooligans beschränken sich auf die Herausgabe von Fanzinen. Diese sind ihren eigenen Aktivitäten gewidmet, denen in den kommerziellen Fanzeitungen keine Beachtung geschenkt wird. Sie dienen der Selbstrepräsentation des Kults, vertiefen die gemeinsamen Erfahrungen der Hooligans und lassen Gleichgesinnte an ihnen teilhaben. Die Fanzinen schaffen eine Szeneöffentlichkeit, die den Aktivitäten der Hooligans über den situativen Kontext hinaus Bedeutung verleiht. Die Stilisierung geschlagener Schlachten und erfolgreicher Helden und die Aufstellung von Ranglisten lassen das rudimentäre Gemeinschaftsleben der Hooligans als sinnvoll geordnet erscheinen. Sie geben vor, wofür es sich zu kämpfen lohnt, für einen hohen Rangplatz nämlich und die entsprechende szeneinterne Anerkennung. So gewinnen zumindest die Hooliganaktivitäten eine klare Ausrichtung. Hilfestellung für die Bewältigung des Lebensalltags geben sie dagegen nicht. Hooligans können außerhalb der Szene allenfalls von ihrer Aufwertung in den Hooliganmedien zehren.

b) Zu integrativen und kommunikativen Funktionen von Musik und Publikationen

Die Musik und die Publikationen der Jugendkulturen haben eine wichtige Integrationsfunktion, weil sie zur Ausbildung eines gruppenspezifischen Selbstverständnisses beitragen, den überregionalen Austausch unter den Szenemitgliedern gewährleisten und damit den Zusammenhalt der Gruppe stärken.[1442] Die Medien helfen den Jugendlichen, sich als abgeschirmte Kommunikationsgemeinschaften zu konstituieren, die Spielräume eröffnen, um rudimentäre Ausdrucks- und Kommunikationsmöglichkeiten zu revitalisieren.[1443]

Die Fanzinen der Hooligans kompensieren heute notdürftig die Integrationsdefizite des dürftigen Gemeinschaftslebens einer durch Vermassung und Anonymisierung desintegrierten Jugendkultur. Die Schilderungen geschlagener Schlachten und heldischer „Großtaten" sind der narrative Ersatz für die unterbleibende kommunikative Aneignung und Vertiefung der eigenen Erfahrungen. Die Fanzinen erfüllen

---

[1442] Dazu oben § 6 III. 1. a). und vor a).

[1443] Dazu oben § 6 III. vor 1.

aber auch wichtige Abgrenzungsfunktion. Sie widmen sich den „Hooliganspielen" und eben nicht den eigentlichen Fußballspielen oder den Aktivitäten der offiziellen Fan-Clubs, aus denen sich die Hooligans in Folge staatlicher Repression und einer zunehmenden Kommerzialisierung zurückgezogen haben.[1444] Mit ihren Medien treten die Hooligans ihrer Marginalisierung trotzig und tatkräftig entgegen, konstituieren sich als vom Profifußball unabhängige selbstbewußte Gemeinschaft und schaffen sich ihre eigene Öffentlichkeit, in der sie persönlich zu Wort und zur Geltung kommen.

Für die Skinheads haben Konzerte und Musik, aber auch die zahlreichen Publikationen zentrale gemeinschafts- und identitätsstiftende Funktion. Bei den Konzerten kommen die lokalen Gruppierungen zusammen und versichern sich, eine große Gemeinschaft zu sein. Vor allem die gemeinsame Verehrung bestimmter Kultbands wie die „Böhsen Onkelz" gibt ihnen ein Gefühl von Zusammengehörigkeit. Ihre Stars werden, nicht zuletzt weil sie selbst der Szene entstammen und sich durch Authentizität auszeichnen, zu Leitfiguren, die ihren Fans ein Beispiel geben und an denen sich die Skinheads auch orientieren. Sie leisten damit einen wichtigen Beitrag zur Homogenisierung des Kults. Gerade nach der Wiedervereinigung, in einer Zeit, in der die west- und die ostdeutsche „Skinheadszene" zusammenwachsen mußten, waren die Konzerte zentrale, integrationskräftige Großereignisse. Daß auch nach der Repressionswelle die Zahl der veranstalteten Konzerte wieder stark angewachsen ist und die Skinheads sogar konspirativen Aufwand treiben, um sich polizeilichen Kontrollen und Verboten zu entziehen, beweist, wie wichtig die Konzerte für die Szene tatsächlich sind. Wenn die linken wie die rechten Bands in ihren Songs die Überzeugungen, die Gemeinschaft und die Werte der Skinheads besingen, leisten sie einen nicht zu unterschätzenden Beitrag zur Selbstfindung und zur Ausbildung eines kollektiven Selbstverständnisses der verschiedenen Gruppierungen und stärken gleichzeitig deren Zusammengehörigkeitsgefühl. Gerade die rechtsextremen Bands verbreiten mit ihren ideologischen Texten Deutungsmuster und Interpretationen, über die sich die rechte Szene heute maßgeblich definiert. Wichtige Integrationsfunktion erfüllen aber auch immer noch die Fun- und Sauflieder und Kulthymnen wie „Stolz", „Singen und Tanzen" und „Vereint", weil sie eine fröhliche, ausgelassene Stimmung befördern, die Skinheads die Alltagsfrustrationen vergessen lassen und ihnen das Gefühl geben, in der Gruppe wirklich beheimatet zu sein. Daß es einigen Musikern gelingt, den Skinheads eine gemeinsame Sprache zu geben und auszusprechen, was sie bewegt, erlaubt es der Gruppe, sich nicht nur als gewalttätige Gemeinschaft, sondern auch als Kommunikationsgemeinschaft zu erleben. Gestützt auf griffige Liedtexte können sich auch diejenigen, deren Ausdrucks- und Kommunikationsmöglichkeiten beschränkt sind, zumindest notdürftig darüber verständigen, was sie verbindet. Weil die Skinheadmusik weitgehend Independentmusik geblieben ist und nur Insider wissen, was gerade aktuell

---

[1444] Dazu oben § 1 IV.

ist und wo die neuesten Titel erhältlich sind, können sich die Skinheads dank ihrer eigenen Musikszene immer noch relativ erfolgreich nach außen abschotten und erleben sich daher auch weiterhin als exklusive Gemeinschaft. Die Fanzinen haben in mehrfacher Hinsicht integrationsstiftende Funktion. Schon Herstellung und Vertrieb im Eigenverlag stiften Zusammengehörigkeit unter den Machern und verbinden sie auch mit ihren Lesern, die sie vielfach persönlich kennen, mit denen sie in Briefkontakt stehen und an die sie die neuesten Ausgaben persönlich versenden oder gar im Handverkauf abgeben. Die an der Herstellung einer neuen Ausgabe Mitwirkenden, von denen einer die Karikaturen zeichnet, ein anderer Fotos beibringt und vielleicht ein dritter Artikel beisteuert, erleben sich als produktive Gemeinschaft – ein Gefühl das verbindet. Weil die Produkte eben nicht am Kiosk erhältlich sind, erleben sich auch die Leser als Angehörige eines abgeschotteten Kults, einer verschworenen Gemeinschaft von Insidern. Gerade über die im Eigenverlag herausgegebenen Fanzinen konstituieren die Skinheads sich als gänzlich abgeschirmte Kommunikationsgemeinschaften, in der sich zumindest die an der Herausgabe Beteiligten als sprachmächtig erleben. Über ihre bis heute stark musik- und veranstaltungsorientierten Fanzinen versichern sich die Skinheads aber vor allem auch ihrer gemeinsamen Gruppenkultur und ihrer politischen Überzeugungen. Gerade die rechtsextremen Fanzinen und die „Skintonic" prägen heute entscheidend das pseudo-politische Selbstverständnis der beiden Segmente der Szene und stiften Gemeinschaft, weil sie ihren Lesern vermitteln, wofür sie stehen und wofür es sich gemeinsam zu kämpfen lohnt. Weil die Fanzinen über Szeneneuigkeiten, Gerüchte, Parties und Konzerte und damit auch über den Szenealltag der lokalen Gruppierungen informieren, gewährleisten sie den überregionalen Zusammenhalt. Der angegliederte Vertrieb von Abzeichen und Fan-Artikeln prägt schließlich den gemeinsamen Stil der Skinheads und integriert durch Homogenisierung. Wie wichtig neben der Musik die Fanzinen für die Skinheads sind, belegt die Tatsache, daß schon bald nach den bundesweiten Repressionsmaßnahmen zahllose neue Fanzinen entstanden, deren Herausgeber sich durch geschickte Anpassungsleistungen und Entpolitisierung gegen staatlichen Zugriff zu schützen versuchen. Das Internet bietet der rechtsextremen Szene die Möglichkeit durch Information, Bildungsangebote, volksverhetzende Artikel und aggressive Agitation zur Integration beizutragen und sich dennoch repressiven Maßnahmen zu entziehen. Wenn radikale Segmente erklären, das Internet nutzen zu wollen, um eine publizistische Gegenöffentlichkeit zu schaffen, so muß dies sogar als Anzeichen der Ausbildung anomischer Szenestrukturen gewertet werden.

Die Autonomen sind wegen der Strukturlosigkeit ihres Gruppenlebens und wegen ihres eigentümlich unscharfen, beständiger Neubestimmung bedürftigen Selbstverständnisses auf ihre Medien als Informations- und Diskussionsforen besonders angewiesen. Zeitschriften wie die „Interim" haben ganz praktische Integrationsfunktion. Die Veröffentlichung von Demonstrationsterminen und Beteiligungsaufrufen gewährleistet, daß eine heute in viele Kleingruppen zersplitterte

Szene sich zu praktischen Aktionen zusammenfindet und bei diesen als größere Gemeinschaft erfahrbar wird. Zeitungen wie „Clash“ und „Arranca“, in denen Strategiediskussionen und inhaltliche Auseinandersetzungen ausgetragen werden, stiften Gesinnungs- und Überzeugungsgemeinschaften und sind Organe der Selbstvergewisserung einer krisenanfälligen Szene. Dies gilt auch für Publikationen, die sich bereits der Geschichte der Autonomen widmen, und für die chronologischen Berichte zurückliegender Ereignisse, die das Selbstbewußtsein der Bewegung stärken, weil sie daran erinnern, welche Erfolge im Kampf gegen das System zu verbuchen sind. Vor allem die Nutzung des Internets ermöglicht heute nicht nur einen überregionalen, sondern sogar einen internationalen Austausch autonomer Gruppierungen, die um ein gemeinsames Selbstverständnis ringen. Über den kontinuierlichen inhaltlichen Austausch versuchen die Autonomen gezielt, die Nachteile des geringen Organisierungsgrades auszugleichen, sprich Desintegrationsdefizite zu kompensieren. Weil die Nachrichtendienste verschlüsselt und nur für Inhaber von Mailboxen lesbar sind, konstituieren sich die Autonomen auch im worldwide net als abgeschirmte Kommunikationsgemeinschaft. So können sich Gleichgesinnte unbehelligt austauschen und sich ihrer Gesinnungsgenossenschaft versichern. Das Internet dient bei den Autonomen nicht nur der Integration, sondern auch der Verbreiterung der Szene, weil es den Austausch mit und damit auch die Annäherung an andere extremistische und auch terroristische Gruppierungen ermöglicht. Ob dies langfristig das Profil der Autonomen schärft und den Zusammenhalt der Bewegung fördert, darf allerdings bezweifelt werden. Die Virtualisierung der szeneinternen Kommunikation könnte vielmehr eine schleichende Desintegration begünstigen. Denn der elektronische Austausch kann zumindest dann den alltäglichen Austausch innerhalb autonomer Lebensräume nicht ersetzen, wenn die virtuellen Gesprächspartner sich nicht einmal kennen und einander auch nicht aufgrund gemeinsamer Erlebnisse und Erfahrungen verbunden fühlen. Elektronische Kontakte bleiben sozial anämisch, stiften allenfalls eine intellektuell-theoretische, eigentümlich sterile Solidarität und können daher Vergemeinschaftungsbedürfnisse unter Entfremdung und Vereinzelung leidender Jugendlicher nur unzureichend befriedigen.

c) Zur Wirkung staatlicher Repression

Wegen ihrer politischen bzw. pseudopolitischen Ausrichtung sind die Autonomen und die Skinheads in besonderem Maße von staatlicher Repression betroffen, und ihre zahlreichen textlichen und musikalischen Publikationen machen sie gleichzeitig im Prinzip besonders angreifbar. Weil die Autonomen als systemfeindliche, anomische Protestkultur mit staatlicher Observation rechnen, arbeiten sie seit jeher auch konspirativ und schützen sich weitgehend durch Prävention. Zeitungen werden, wenn nötig, unter unbekannten Adressen im Ausland herausgegeben, und das Internet wird nicht zuletzt deshalb verstärkt genutzt, weil man sich staatlicher Kontrolle im worldwide net dank elektronischer Verschlüsselungsprogramme besonders gut entziehen kann. Es wundert daher nicht, daß staatliche Stellen keine größeren Fahndungserfolge zu vermelden haben. Strukturelle Anpassungen wurden den Autonomen zumindest bisher nicht durch erfolgreiche repressive Maßnahmen aufgezwungen. Die rechten Skinheads wurden dagegen von den repressiven Aktionen „Notenschlüssel I" und „Aktion Druckstock" mehr oder weniger überrascht und überrollt und gerieten vorübergehend in die Defensive. Mittlerweile haben sie jedoch auf die repressiven Maßnahmen reagiert. Deren Wirkungen erweisen sich insgesamt als ambivalent. Einige Bands haben sich aufgelöst, und einige Magazine haben sich im Ton gemäßigt oder wurden ganz eingestellt. Vorübergehend fanden auch deutlich weniger Konzerte statt. Etliche Bands vertonten nur mehr gemäßigte Texte und einige Herausgeber bekannten sich sogar zu einem Einstellungswandel. Daß Teile der Szene sich auf die eher unpolitischen Traditionen der Skinheads besonnen haben, die Oi!-Musik ein Comeback feiern konnte und zahlreiche neue unpolitische Oi!-Postillen entstanden, beweist jedoch, daß die Skinheads sich unter dem Druck staatlicher Repression mitnichten auflösen. Sie reagieren vielmehr flexibel, um ihre Auffanglebenswelten zu bewahren. Der staatliche Erfolg besteht allenfalls darin, die vermeintliche politische Gefährlichkeit einer ohnehin eher pseudo-politischen Szene teilweise entschärft zu haben. Der Preis dafür ist hoch. Denn die staatlichen Maßnahmen haben die politische Wachsamkeit der ultrarechten Szene geschärft und ihre Politisierung, die Verfestigung ideologischer Positionen und die Ausbildung konspirativer Strukturen eher begünstigt. Firmensitze erfolgreicher Bands werden ins Ausland verlegt, und auch CDs werden heute vielfach im Ausland gebrannt. Manche Bands gehen sogar vorübergehend in den Untergrund. Die Texte neonazistischer Bands sind noch aggressiver geworden, und es sind zahlreiche neue, z.T. besonders professionelle, rechtsextreme und neonazistische Fanzinen entstanden. Der Strafgewalt und der Bundesprüfstelle für jugendgefährdende Schriften versuchen sich die rechten Skins heute, durch herausgeberische Tricks zu entziehen. Fanzinen werden nur mehr als private Rundbriefe versandt, die Volksverhetzung überläßt man den Interviewpartnern und für rechtsextreme und neonazistische Bands wird nur noch durch ausschließlich für Insider verständliche Hinweise geworben. Gerade die mit der Verbreitung des Internets einhergehende Internationalisierung hat die staatlichen Sicherheitsapparate ohnehin entmachtet. Internetdomains werden wegen ihres strafbaren Inhalts ins Ausland verlegt und selbst in Deutschland verbotene Organisationen wie „Blood & Honour" können ihre deutschen Anhänger auch weiterhin mit ihren ideologischen Botschaften erreichen. Daß einige Skinheadgruppierungen versuchen, im Netz eine publizistische Gegenöffentlichkeit zu schaffen, ist ein Indiz dafür, daß besonders radikale Segmente der Szene in Folge der staatlichen Repression damit beginnen, anomische Proteststrukturen auszubilden. Gerade die radikalisierten rechten, konspirativ und sehr professionell agierenden Gruppen sind heute schwerer zugänglich und schwieriger zu observieren als zuvor.

d) Kolonialisierung jugendkultureller Medien durch Vermarktung und politische Vereinnahmung

Gerade jugendkulturelle Medien, die Musik und die Publikationen, bieten eine geeignete Angriffsfläche für systemische Imperative und damit für eine schleichende Kolonialisierung jugendlicher Auffanglebenswelten. Von einzelnen Jugendkulturen hervorgebrachte Musikstile werden vermarktet[1445] oder durch den Absatz kommerzieller Musikprodukte verdrängt. Über die Professionalisierung jugendkultureller Publikationen erschließen sich Verlage neue Märkte. Und die Vereinnahmung und Unterwanderung von jugendkulturellen Publikationsorganen, in deren Veröffentlichungen sich Jugendkulturen mit politischen oder zumindest politisierbaren Themen auseinandersetzen, bieten Parteien und Organisationen die Möglichkeit, deren Inhalte ideologisch zu beeinflussen, um vielleicht langfristig neue Mitglieder zu werben. Diese Ansätze zur systemischen Vereinnahmung jugendlicher Auffanglebenswelten schwächt deren kolonialisierungskompensatorisches Potential. Sie drohen desintegriert zu werden.

Die Hooligans sind von schleichender Kolonialisierung durch die Kommerzialisierung ihres Musikgeschmacks betroffen. Während sie früher noch vorwiegend Musik von Bands hörten, mit denen man sich identifizierte, weil die Aussagen der Texte dem eigenen Lebensgefühl entsprachen, konsumieren sie heute die auf dem allgemeinen Markt angebotenen Musikprodukte. Diese sind sicher nur darum erfolgreich, weil sie geschickt bestimmte Stimmungslagen aufgreifen. Sie drohen, das Lebensgefühl jedoch stets auch zu überformen und zu verfremden. Außerdem ist das Integrationspotential musikalischer Massenprodukte gering, weil die Begeisterung für bestimmte Bands von viel zu vielen Jugendlichen geteilt wird, mit denen die Hooligans wenig verbindet. Der Musikgeschmack taugt damit nicht mehr als Abgrenzungs- und Unterscheidungskriterium. Die Hooligans gehen zumindest insoweit im jugendlichen „mainstream“ auf.

Die Skinheads sind am stärksten von der Kolonialisierung betroffen. Die Musik etlicher erfolgreicher Kultbands wird vermarktet. Weil bei deren Konzerten zahllose Jugendliche erscheinen, die keine Skinheads sind oder mit der Szene allenfalls sympathisieren, kennen sich die Zuhörer nicht mehr persönlich. Die Musikveranstaltungen taugen daher nicht mehr als integrierende Vergemeinschaftungsrituale. Weil mittlerweile auch zahlreiche stark kommerzialisierte Vertriebsfirmen entstanden sind und Musik über das Internet erhältlich ist, können kleinere Label dem Konkurrenzdruck häufig nicht mehr standhalten und stellen den Betrieb ein. Diejenigen, die sich als Betreiber engagiert haben, verlieren eine wichtige Aufgabe, deren Wahrnehmung ihnen zuvor in der Szene soziale Anerkennung eingebracht hat und Möglichkeiten sinnvoller Freizeitgestaltung eröffnete. Sofern kleinere Bands keine Produzenten mehr finden, verarmt die Musikszene und damit die Gruppen-

---

[1445] Dazu oben § 6 III. 3. a).

kultur der Skinheads, die wichtige Enkulturationsfunktionen erfüllt. Die Musikkultur ist aber nicht nur durch Kommerzialisierung und Professionalisierung gefährdet, sondern wird auch zunehmend politisch unterwandert. Organisierte Neonazis bekennen sich offen dazu, den Rechtsrockmarkt zu benutzen, um über die Musik neben den Herzen auch den Verstand der Skinheads zu gewinnen, und führende Mitglieder wichtiger rechtsextremer Szenebands sind als Funktionsträger in neonazistischen Vereinigungen engagiert. Sie versuchen nicht mehr, ihr Szeneleben und ihre Mitgliedschaft in politischen Organisationen voneinander zu trennen, sondern machen aus ihren Konzerten politische Demonstrationen; sie bekennen sich offen zu ihrem Anliegen, in der Szene neue Mitglieder für ihre Parteien und Organisationen zu rekrutieren. Daß Konzertbesucher, animiert von ihren neonazistischen Idolen, heute in Scharen die Hand zum Hitlergruß heben, ist daher keine authentische Geste, sondern eine von Parteistrategen inszenierte Demonstration, zu der sich die nach Vergemeinschaftung lechzenden Skinheads nur zu gerne bewegen lassen. Wenn Songtexte im parteipolitischen Interesse ideologisiert werden, verlieren sie an Authentizität. Weil die Songtexte das Selbstverständnis der Skinheads entscheidend prägen und den Jugendlichen wichtige Orientierungshilfe geben, drohen die kollektive Identität der Skinheads und die persönlichen Probleme und Zukunftsängste ideologisch verfremdet zu werden. Auch zahlreiche Publikationen werden mittlerweile professionell – und eben nicht mehr im Eigenverlag – oder aber von Parteimitgliedern herausgegeben, die sie für ihre politischen Zwecke instrumentalisieren und ihre Klientel ideologisch beeinflussen wollen. Die professionalisierte Vermarktung hochwertiger rechtsextremistischer Fanzinen bringt den Vertreibern Gewinn. Für die Leser verlieren die Produkte dagegen an Authentizität. Weil sie am Kiosk für jedermann und nicht mehr nur szeneintern für Insider erhältlich sind, haben die Skinheads immer weniger das Gefühl, einem relativ abgeschotteten Kult anzugehören, der sich gerade über die Identifikation mit bestimmten Publikationen integriert. Die Szeneöffentlichkeit entbehrt zunehmend des Charakters einer abgeschirmten Kommunikationsgemeinschaft. Wenn von parteipolitisch engagierten Herausgebern vermehrt Beiträge von neonazistischen Parteien aufgenommen werden, Propagandamaterial abgedruckt wird und Veranstaltungen und Veröffentlichungen neonazistischer Organisationen beworben und besprochen werden, dann dienen die Szenepublikationen immer weniger der Selbstrepräsentation der Skinheads. Die Verfremdung oder gar Verhinderung der für die Integration jugendkultureller Gruppierungen so wichtigen Selbstrepräsentation in szeneeigenen Medien schwächt deren kolonialisierungskompensatorisches Potential. Sofern in den Magazinen immer weniger Raum für Veröffentlichungen von Skinheads bleibt, haben diese auch weniger Möglichkeiten, ihre ohnehin rudimentären Kommunikations- und Ausdrucksmöglichkeiten zu revitalisieren. Wenn Befindlichkeiten, Probleme und Ängste der Jugendlichen nicht mehr von ihnen selbst, sondern von Parteistrategen interpretiert werden, so begünstigt dies außerdem Verfremdungen im Selbstverhältnis. Die Publikationen leisten damit nur mehr einen höchst zweifelhaften Beitrag zur Selbstfindung desorientierter Jugendlicher. Den Skinheads gelingt es nur bedingt, sich den Professionalisierungs- und Kommerzialisierungstendenzen und Vereinnahmungsversuchen zu widersetzen, weil die Mitglieder einer kolonialisierungskompensatorischen Jugendkultur den Mechanismus der Kolonialisierung nicht durchschauen. Sie reagieren aber durchaus sensibel. Kommerzielle Erfolge von Skinbands, wie den „Böhsen Onkelz" sind verpönt, die kommerzielle Ausbeutung von Szenebands wird mit Argwohn betrachtet, und die Vertreiber, die es nur mehr auf den Profit abgesehen haben, werden als Verräter an der Szene und am Kult gebrandmarkt. Es wundert daher nicht, daß sich die kleineren, im Eigenverlag herausgegebenen Szenezeitungen einer ungebrochenen Beliebtheit erfreuen und als authentischere Artikulationen den Hochglanzmagazinen vorgezogen werden.

Daß Musik und Publikationen der Autonomen, anders als die der Hooligans und vor allem die der Skinheads, weder vermarktet noch politisch vereinnahmt werden, bestätigt, daß anomische Jugendkulturen besser als kolonialisierungskompensatorische gegen systemische Übergriffe gefeit sind. Wenn die Autonomen sich verstärkt des Internets bedienen, so tun sie das durchaus in dem Bewußtsein, sich damit auf „die Technik der Bonzen und Konzerne" einzulassen. Dies belegt, daß sie sich zumindest durch Wachsamkeit gegen eine schleichende Kolonialisierung zu wappnen suchen.

§ 8 Gewaltprävention – Kriminalpolitische Leitlinien

Die Entstehung gewalttätiger Jugendkulturen ist als Symptom der Erosion kommunikativer Strukturen interpretiert und damit auf gesellschaftliche Strukturveränderungen zurückgeführt worden. Dieser Erklärungsansatz ist kritisch emanzipatorisch, weil er in eine Theorie der Moderne eingebettet ist, die die Zerstörung traditionaler Lebensformen von der Verdinglichung posttraditionaler Lebenswelten zu unterscheiden sucht, um den emanzipatorischen Gehalt der gesellschaftlichen Modernisierung gegen kulturpessimistische, modernisierungsfeindliche Angriffe zu verteidigen.[1] Gerade wegen seines kritischen Anspruchs muß sich dieser ätiologische Ansatz daher auch daran messen lassen, welche Handlungsperspektiven er für Politik und Gesellschaft eröffnet, die sich darum bemühen, auf die zunehmende Gewalttätigkeit junger Menschen und die Entstehung gewalttätiger Jugendkulturen mit angemessenen Maßnahmen zu reagieren.[2] Im folgenden soll daher das heuristische Potential der gesellschaftlichen Strukturanalyse auch für die Formulierung kriminalpolitischer Leitlinien fruchtbar gemacht werden.[3] Strukturelle Ursachen verlangen nach Strukturveränderungen.[4] Maßnahmen, die Integrations-, Sozialisations- und Enkulturationsdefizite nur zu kompensieren versuchen, mögen zwar im Einzelfall erfolgreich sein. Weil sie lediglich die Symptome kurieren, werden sie jedoch kaum verhindern, daß auch weiterhin gewaltbereite Jugendliche heranwachsen, die auch in Zukunft bei gewalttätigen Jugendkulturen Zuflucht suchen werden. Insgesamt wird eine Vielzahl von Maßnahmen diskutiert und praktiziert. Hier soll darüber informiert und anhand einiger Beispiele illustriert werden, auf welchen Ebenen sie ansetzen, um einen Eindruck von ihrer Wirkreichweite zu vermitteln (I.). Vor diesem Hintergrund sollen Leitlinien für eine strukturtheoretisch informierte Gewaltprävention formuliert werden (II.). Abschließend soll näher entfaltet werden, daß letztlich nur die Revitalisierung demokratischer Strukturen und einer demokratischen Öffentlichkeit einer fortschreitenden Kolonialisierung der Lebenswelt Einhalt gebieten kann und eine langfristige Reintegrationsperspektive bietet (III.).

---

[1]1 So *Habermas* zum eigenen Anspruch seiner Theorie, Nachweise oben § 5 IV. vor 1. Zum kritischen Anspruch der Theorie des kommunikativen Handelns auch *Fay, U. A.:* Kriminologie im Rahmen kritischer Gesellschaftstheorie. Kriminologisches Journal 17 (1985), 3-18, 16.

[2] Der Auffassung, daß von einer kritischen Theorie auch „recommendations for social change" zu erwarten sind, *Groves, W.B./Sampson, R. J.:* Critical Theory and Criminology. Social Problems 33 (1986), 58-80, 73.

[3] *Fay, U.A. 1985 (*Fn. 1) wendet sich sogar gegen die Theorielosigkeit der Kriminalpolitik, die nach seiner Auffassung als Resultat des positivistischen Mißverständnisses in den Sozialwissenschaften einen fatalen Theorie-Praxis-Zirkel perpetuiert, und er plädiert dafür, die Abgespaltenheit der (kriminologischen) Theorie von der (kriminalpolitischen) Praxis zu überwinden.

[4] So auch *Groves, W.B./Sampson, R.J.* 1986 (wie Fn. 2), 74.

1. Interventionsebenen

Der Katalog von möglichen Maßnahmen zur Verhinderung und Bekämpfung jugendlicher Gewalt ist lang. Verschiedene Interventionsinstanzen verfolgen unterschiedliche Interventionsziele und ihre Adressaten sind sowohl junge Gewalttäter als auch Jugendliche, die durch Verhaltensauffälligkeiten disponiert erscheinen, in Zukunft gewalttätig zu werden. Interventionsinstanzen sind Politik, Polizei, Justiz und Strafvollzug, Schulträger, Jugendamt und Sozialarbeiter, natürlich die Eltern, aber auch Architekten und Raumplaner und schließlich die Medien. Die zentralen Interventionsziele sind Prävention und Repression, wobei man sich von ihr gerade bei jungen Tätern auch spezialpräventive Wirkung erhofft, daneben aber auch Erziehung zur Friedfertigkeit und zum Gewaltverzicht. Im Kampf gegen extremistische Gewalt sind schließlich politische Bildung und Aufklärung zu Zielen avanciert, die gesonderte Erwähnung verdienen.

Um kritische Leitlinien für eine strukturtheoretisch informierte Kriminalpolitik formulieren zu können, sollen im Folgenden ausgesuchte Maßnahmen, differenziert nach Interventionsebenen, vorgestellt werden. Maßnahmen, die auf individueller Ebene ansetzen, sind an den einzelnen tatsächlichen oder potentiellen Gewalttäter adressiert. Maßnahmen und Interventionskonzepte, die den Täter in seinen sozialen Bezügen im Blick haben, versuchen, das familiäre Bezugssystem in die Pflicht zu nehmen oder auch gewalttätige Cliquen zu erreichen, die sich im öffentlichen Raum, an ihren Treffpunkten, etwa in Lokalen, Jugendtreffs oder auch im Stadion kontaktieren lassen. Vielfach beziehen sie sich auch auf den Sozialraum Schule. Auf gesellschaftlicher Ebene setzen schließlich sozial- und arbeitsmarktpolitische, aber auch familienpolitische Maßnahmen an, die auf die Verbesserung der wirtschaftlichen und sozialen Lebensbedingungen junger Menschen zielen und auf kommunaler, auf Landes- oder Bundesebene ergriffen werden. Die nähere Befassung mit ausgewählten Interventionsvorschlägen, die auf unterschiedlichen Ebenen avisiert und praktiziert werden, soll für deren jeweilige Reichweite sensibilisieren. Im darauffolgenden Abschnitt kann dann auf dieser Grundlage ausgelotet werden, ob und inwieweit sie strukturverändernde Wirkungen entfalten können.

1. Individualmaßnahmen

a) Verhaltenstherapien

Junge Gewalttäter sind als Individuen vor allem Objekt[5] umfangreicher therapeutischer Bemühungen. Als Vermittlungsagenturen treten sowohl soziale Dienste als auch der Strafvollzug auf, der den Insassen von Jugendstrafanstalten die Möglichkeit eröffnet, Therapieangebote wahrzunehmen. Therapeutische Interventionsmodelle sind insbesondere in der psychologischen und psychotherapeutischen Ag-

[5] Dazu näher unten II.

gressionsforschung entwickelt worden. Sie zielen auf die Verhinderung aggressiven, gewalttätigen Sozialverhaltens. In Verhaltenstherapien sollen aggressive Kinder und Jugendliche und solche, die bereits als Gewalttäter in Erscheinung getreten sind, lernen, ihr Verhalten zu kontrollieren, und alternative Konflikt- und Frustrationsbewältigungsstrategien einüben. Hier sollen stellvertretend für andere die Ansätze von PETERMANN und von SASSO/MELLOY/KAVALE vorgestellt werden.

PETERMANN baut auf den Studien von DODGE auf, der belegen konnte, daß bei der Entstehung und Ausführung aggressiven Verhaltens verzerrte Wahrnehmungsprozesse eine zentrale Rolle spielen. Er schlägt daher ein kognitives und soziales Fertigkeitstraining vor. Weil die selektive Wahrnehmung und einseitige Bewertung von Personen und Handlungsabläufen bei gleichzeitig begrenzten Problemlöse-Fertigkeiten und eingeschränkten Handlungsgewohnheiten zu aggressiven Reaktionen führen, sollen die Fremd- und Selbstwahrnehmung geschult und neue Problemsichtweisen vermittelt werden, die vor allem dazu anleiten, sich in den anderen einzufühlen. Anschließend sollen in Rollenspielen neue Problemlösungen und Handlungsgewohnheiten eingeübt werden, damit der einzelne im Lebensalltag den interaktiven Anforderungen besser gewachsen ist. Im sozialen Fertigkeitstraining wird dann für schrittweise komplexer werdende Situationen neues Sozialverhalten eingeübt. Die verhaltenstherapeutischen Techniken schließen direkte Instruktionen und Verhaltenstips durch die Therapeuten, Modellernen, gezielte Verstärkung und milde Bestrafung ein.[6] PETERMANN und PETERMANN haben ausgehend von diesem verhaltenstherapeutischen Modell auch ein Gruppentraining entwickelt, das gezielt zur Rehabilitation straffälliger Heranwachsender beitragen soll und für mindestens zehn Treffen á 100 Minuten und eine Gruppe von maximal sechs Personen konzipiert ist. Die oben vorgestellten Therapieziele sollen mit Rollenspielen erreicht werden, die Themen aus dem Alltag der Straffälligen, wie Ausbildung und Beruf, aber auch Freizeit und Umgang mit Gleichaltrigen aufgreifen. Neben dem „Üben" von Einfühlungsvermögen soll Selbstsicherheit im Umgang mit Gleichaltrigen ebenso eingeübt werden wie die Fähigkeit, Lob und Anerkennung auszudrücken, Außenseiter zu akzeptieren und mit Kritik und Mißerfolg im Beruf umzugehen.[7]

Auch SASSO/MELLOY/KAVALE wollen „Alternativen zu aggressivem Verhalten" und den „Umgang mit Streß und Gefühlen" einüben, etwa die Fertigkeit, sich zu entschuldigen, Spott zu ignorieren oder sich aus Streitereien herauszuhalten. Um besser mit Streß umgehen zu können, sollen die Teilnehmer lernen, sich ruhig und nicht aggressiv zu behaupten und ein „Nein" zu akzeptieren, und sie sollen erfahren, wie man mit den eigenen Gefühlen und den Gefühlen anderer umgehen kann.

---

6 *Petermann, F.:* Entwicklung aggressiven Verhaltens: Diagnostik und psychotherapeutische Interventionen. In: Aggression und Gewalt. Phänomene, Ursachen und Interventionen, hrsg. v. H.W. Bierhoff u.a. Stuttgart 1998, 234-257, 242-246.

7 *Petermann, F./Petermann U.:* Training mit Jugendlichen. 5. überarb. Aufl. Weinheim 1996.

Nach Abschluß des Trainings finden Auffrischungssitzungen statt, die einen langfristigen Therapieerfolg sichern sollen.[8] Mit Verhaltenstherapien ließen sich bei delinquenten Jugendlichen schon seit den 80er Jahren beachtliche Erfolge erzielen. Weil auch Verhaltenstherapeuten erkennen, daß Aggression und Gewalt keine isoliert zu betrachtenden sozialen Phänomene sind, sondern Verhaltensweisen, die vom sozialen Umfeld beeinflußt, aufrechterhalten, geduldet oder gezielt verstärkt werden, wird zunehmend versucht, verhaltenstherapeutische Interventionsmethoden nicht nur auf das auffällige Individuum zuzuschneiden, sondern auch sein soziales, insbesondere familiäres Umfeld mit einzubeziehen.[9]

b) Polizeiliche Prävention

Auf das Individuum bezogen sind auch viele polizeiliche Maßnahmen der vorbeugenden Verbrechenskämpfung. Insbesondere die erkennungsdienstliche Erfassung von Hooligans und rechtsextremen Skinheads, aber auch der Einsatz von V-Leuten und verdeckten Ermittlern soll es erleichtern, diese wegen verübter Gewalttaten in der Zukunft leichter und schneller überführen zu können.[10] Derartige Maßnahmen dienen der Isolierung der regelmäßig in Gruppen auftretenden Gewalttäter. Von der Erhöhung des individuellen Strafverfolgungsrisikos verspricht man sich dabei auch präventive Wirkungen.

c) Strafverfolgung

Auf den gewalttätigen Jugendlichen zugeschnitten sind auch die von den Jugendgerichten angeordneten Erziehungsmaßregeln, die Zuchtmittel und Strafen. Sie sollen dem Täter das Unrecht seiner Tat zum Bewußtsein bringen, abschrecken und vor allem erzieherisch wirken. Mit der Anordnung von Auflagen, der Erteilung von Weisungen und der Verhängung von Jugendstrafen verbindet sich dabei stets die Hoffnung, daß der Täter in der Zukunft keine weiteren Straftaten mehr begehen wird.[11] Das Jugendgerichtsgesetz sieht die Verhängung einer Jugendstrafe (§ 17 JGG) nur als ultima ratio vor. Dieser Entscheidung des Gesetzgebers liegt die Überzeugung zugrunde, daß Jugendkriminalität, und damit auch jugendliche Gewalt-

---

[8] *Sasso, G.M./Melloy, K.J./Kavale, K.A.:* Generalization, maintenance, and behavioral covariation associated with social skills training through structured learning. Behavioral Disorder 16 (1990), 9-22.

[9] *Petermann, F. 1998* (Fn. 6), 234, 254. Dazu näher unten 2.

[10] Zu Maßnahmen zur Verbesserung der Strafverfolgung von Hooligans *Schwind, H-D./Baumann, J.* u.a. (Hrsg.): Ursachen, Prävention und Kontrolle von Gewalt. Analysen und Vorschläge der Unabhängigen Regierungskommission zur Verhinderung und Bekämpfung von Gewalt. Band I Endgutachten und Zwischengutachten der Sonderkommissionen. Berlin 1990, 149f.; zur Eindämmung rechtsextremer Gewalt, *Schwind, H.-D.:* Möglichkeiten (staatlicher) Prävention und Intervention. In: Aggression und Gewalt. Phänomene, Ursachen und Interventionen, hrsg. v. W. Bierhoff u.a. Stuttgart 1998, 258-279, 277.

[11] Zum Primat des Erziehungsgedankens im Jugendstrafrecht *Schaffstein, F./Beulke, W.:* Jugendstrafrecht. 12. Aufl. Stuttgart 1995, 1ff.

kriminalität, zumindest zum Teil entwicklungsbedingt ist und daß daher zumindest bei leichter und insofern normaler Delinquenz stigmatisierende Sanktionen vermieden werden sollten.[12] Evaluationsforschung und empirische Studien zur Relevanz verhängter *Jugendstrafen* für das zukünftige Verhalten belegen, daß die Wahrscheinlichkeit, Jugendliche allein durch die Verhängung von Strafen zu normkonformem Verhalten zu bewegen, sehr gering ist.[13] Allenfalls wenn begangene Straftaten rasch abgeurteilt werden, darf man sich von der Strafe auch eine erzieherische Wirkung versprechen. Gerade zur Eindämmung rechtsradikaler Gewalt ist die Aburteilung im beschleunigten Verfahren empfohlen worden, eine Möglichkeit die das Verbrechensbekämpfungsgesetz vom 28.10.1994 (BGBl. I 3186) geschaffen hat. Zwar haben repressive Ansätze im letzten Jahrzehnt in Deutschland zumindest in der öffentlichen Diskussion eine Renaissance erlebt,[14] empirische Studien belegen jedoch, daß zumindest die Verschärfung der Strafrahmen allein kaum präventive Wirkungen entfaltet.[15] HEITMEYERS Befragung von Tätern fremdenfeindlicher Gewalttaten hat schließlich ergeben, daß auch die Höhe der verhängten Strafe für das zukünftige Verhalten praktisch keine Relevanz hatte. Lediglich diejenigen, die eine Bewährungsstrafe nicht gefährden oder einen Gefängnisaufenthalt kein zweites Mal erleben wollten, versuchten, neuerliche Verurteilungen zu vermeiden. Ob ihnen dies auch gelingt, ist eine andere Frage. Weil die meisten Gewalttaten situativ bedingte Spontantaten sind, die oft rauschhafte Züge annehmen, wird häufig schon die äußere Realität nicht mehr adäquat wahrgenommen und erst recht nicht auf die Möglichkeit strafrechtlicher Ahndung reflektiert.[16] Hafterfahrung wirkt schließlich auch deshalb nicht notwendig präventiv, weil sie eine kriminelle Karrie-

[12] *Schwind, H.-D.:* Kriminologie. Eine praxisorientierte Einführung mit Beispielen, 11. neubearbeitete Aufl. Heidelberg 2001, § 3 Rn. 28.

[13] *Albrecht, H.-J.:* Präventive Notwendigkeit jugendkriminalrechtlicher Interventionen jenseits von Diversion und Täter-Opfer-Ausgleich. In: Grundfragen des Jugendkriminalrechts und seiner Neuregelung: Symposium an der kriminologischen Forschungsstelle der Universität zu Köln, hrsg. v. Bundesministerium der Justiz. 1. Auf. Bonn 1992, 2000, 254-267, 263.

[14] Als Vordenker einer „Theorie der Abschreckung" gilt der Amerikaner *Wilson, J.,* der im Jahre 1975 mit seinem Buch „Thinking about Crime", New York, Furore machte. Er prognostiziert, daß Strafen tatsächlich abschreckend wirken, wenn sie hart genug sind und die Wahrscheinlichkeit ihrer Vollstreckung nur groß genug ist. Er vertritt die Auffassung, daß die Verhängung harter Strafen die Sozialisationsdefizite kompensieren hilft, in denen er und andere Kontrolltheoretiker wie *Gottfredson* und *Hirschi* eine der zentralen Ursachen gerade von Gewaltkriminalität sehen. Außerordentlich kritisch, insbesondere zur methodischen Validität neokonservativer Untersuchungen, *Currie, E.:* Confronting Crime. An American Challenge. New York 1985.

[15] Dazu *Schwind, H.-D.* 1998 (Fn. 10), 258-279.

[16] *Heitmeyer, W.:* Fremdenfeindliche Gewalt junger Menschen. Biographische Hintergründe, soziale Situationskontexte und die Bedeutung strafrechtlicher Sanktionen, hrsg. v. Bundesministerium der Justiz. Bonn 1995, 155 ff., 159f.

re durchaus auch begünstigen kann.[17] Sie wirkt stigmatisierend, legt den Täter auf seine Rolle als Straftäter fest und bietet gleichzeitig vielfältige Möglichkeiten des Umgangs mit anderen Inhaftierten und damit der Erweiterung des eigenen „kriminellen Know-hows“. Einen positiven Effekt kann sie nur insoweit entfalten, als sie den Täter für einen nicht unerheblichen Zeitraum aus seinem familiären und nicht selten kriminogenen jugendkulturellen Umfeld herauslöst und ihm Zeit gibt, zur Besinnung zu kommen.

Vor diesem Hintergrund erscheint es sinnvoll, daß das Jugendgerichtsgesetz die Möglichkeit vorsieht, Weisungen zu erteilen (§ 10 JGG), Verwarnungen auszusprechen (§ 14 JGG) und erzieherische Auflagen anzuordnen (§ 25 JGG), also weniger belastende Sanktionen zu verhängen.[18] In der Praxis wird bei Taten unter einer gewissen Erheblichkeitsschwelle oder bei bloß geringer Gefährlichkeit des Täters mit der Beendigung des Verfahrens durch Verfolgungsverzicht oder Einstellung aufgrund von Opportunitätserwägungen auch verstärkt von den Möglichkeiten der Diversion Gebrauch gemacht[19] – einer Möglichkeiten, von der Gebrauch zu machen sich bei schweren Körperverletzungen allerdings verbietet. Die einzelnen Weisungen und Auflagen sind alle auf den Täter als Individuum zugeschnitten. Einige sollen die individuellen Lebensbedingungen der Jugendlichen verbessern, etwa die Weisung, bei einer Familie oder in einem Heim zu wohnen, oder ihnen helfen, ihren Lebensalltag besser zu bewältigen, so die Weisung, sich der Betreuung und Aufsicht einer bestimmten Person zu unterstellen. Die Weisung, eine Ausbildungs- oder Arbeitsstelle anzunehmen, erfolgt, um die jungen Straftäter in stabilisierende Arbeitsroutinen einzubinden. Die neben der Betreuungsweisung im ersten Gesetz zur Änderung des Jugendgerichtsgesetzes vom 30. August 1990 (BGBl. I 1853) eingeführte Möglichkeit, die Teilnahme an einem sozialen Trainingskurs anzuordnen, dient der Verbesserung der interaktiven Kompetenzen der Täter.[20] Die Trainingsprogramme orientieren sich im Regelfall an Verhaltenstherapien der oben vorgestellten Art. Die Weisung, den Verkehr mit bestimmten Personen oder den Besuch von Gast- oder Vergnügungsstätten zu unterlassen, soll den einzelnen Jugendlichen aus sozialen Kontexten heraushalten, die ihn, sei es unter dem Einfluß einer jugendlichen Bezugsgruppe, sei es unter Einfluß von Alkohol und enthemmenden Drogen, zur Begehung von neuen Straftaten verleiten könnten.

---

[17] Zum Forschungsstand über die kriminelle Entwicklung von Entlassenen, *Göppinger, H.:* Kriminologie, bearbeitet von M. Bock u.a. München 1997, 726ff., 732. Zum Forschungsstand der Präventionsforschung und dazu, daß nach den Forschungsergebnissen die stigamtisierenden und rückfallverstärkenden Auswirkungen von Freiheitsentzug nicht überbewertet werden dürfen, *Albrecht, H.-J.* 1992, 2000 (Fn. 13), 261.

[18] *Kaiser, G./Schöch, H.:* Kriminologie, Jugendstrafrecht, Strafvollzug. 3. völlig überarbeitete und verbesserte Aufl. München *1987, 156.*

[19] *Schwind, H.-D.* 2001 (Fn. 12), § 3 Rdnr. 29a.

[20] *Göppner, H.-J.:* Integrierte Qualitätssicherung sozialer Trainingskurse, Teil 1. DVJJ-Journal 11 (2000), 277-285; *Kessel, E.:* Integrierte Qualitätssicherung sozialer Trainingskurse, Teil 2. DVJJ-Journal 11 (2000), 373-378.

Die Anordnungen, mit dem Verletzten einen Ausgleich zu erreichen (Täter-Opfer-Ausgleich), sich bei ihm zu entschuldigen oder den durch die Tat verursachten Schaden wiedergutzumachen, konfrontieren den Täter mit dem dem Opfer der Straftat zugefügten Leid, zwingen ihn, sich mit den Folgen der Tat auseinanderzusetzen und sollen kathartische Wirkung entfalten.[21] Die Auflage, Arbeitsleistungen zu erbringen oder einen Geldbetrag zugunsten einer gemeinnützigen Einrichtung zu zahlen, sind alternative Formen der Sühne begangenen Unrechts, von denen man sich weiterreichende erzieherische Wirkungen verspricht als von der Verhängung einer freiheitsentziehenden Strafe.

d) Anti-Aggressionstraining

Weil die individualpräventive und erzieherische Wirkung der Vollstreckung einer freiheitsentziehenden Strafe gerade bei Jugendlichen mehr als zweifelhaft ist, gibt es im Jugendstrafvollzug ein breites Therapie- und Betreuungsangebot, das die Resozialisierung des Täter erleichtern und fördern soll. Hier soll stellvertretend das von WEIDNER entwickelte und in der Jugendvollzugsanstalt Hameln getestete Anti-Aggressions-Training (AAT) vorgestellt werden, das allerdings mittlerweile nicht mehr nur im Strafvollzug, sondern auch von der Jugendgerichts- und Bewährungshilfe, in der Heimerziehung, in Kontakt- und Beratungsstellen, in Schulen, Jugend- und Kulturzentren und in der mobilen Jugendarbeit angeboten wird. Das AAT ist eine Form der Verhaltenstherapie. Es unterscheidet sich jedoch wesentlich von den oben vorgestellten Modellen. Das AAT basiert auf einem lerntheoretisch-kognitiven Paradigma, bei dem Erkenntnisse der Aggressionstheorien im Vordergrund stehen. Von den meisten verhaltenstherapeutischen Ansätzen unterscheidet es sich durch seinen stark konfrontativen und provokativen Charakter.[22] Grundlegendes pädagogisches Handlungsprinzip ist die Achtung und Wertschätzung der Persönlichkeit gewaltbereiter und gewalttätiger junger Menschen bei gleichzeitiger Verurteilung ihrer gewalttätigen Handlungen. Thema des AAT ist dabei die Auseinandersetzung der gewalttätig Agierenden mit ihren Taten in Form einer sinnlich erlebbaren inszenierten Konfrontation mit dem Leid ihres/ihrer Opfer/s.[23] Ziel ist es, den Gewalttäter zu verändern, ihn zum Sprechen zu bringen und physische Gewalt in

---

21 Dazu, daß bei Jugendlichen Gewaltdelikte bei den Ausgleichsfällen dominieren, *Albrecht, H.-J./Kilchling, M.:* Rechtsextremistische Gewalt, Strafrechtliche Sozialkontrolle, Täter-Opfer-Ausgleich und Wiedergutmachungsansätze. Recht der Jugend und Bildungswesen (2002), 82-93, 90.

22 www.prof-jens-weidner.de. Dort: Gewalttäterbehandlung und Konfrontative Pädagogik. Das AAT ist von Morenos Psychodrama-Therapie und von Perls Methode der Gewalttherapie und von Farrelly provokativer Therapie inspiriert. Dazu *Weidner, J.:* Der heiße Stuhl in der sozialpädagogisch-psychologischen Praxis. In: Gewalt im Griff. Band I: Neue Formen des Anti-Aggressivitäts-Trainings, hrsg. v. J. Weidner u.a. 2. Aufl. Weinheim 2000, 10-14.

23 *Weidner, J.:* Vorwort. In: In: Gewalt im Griff. Band I: Neue Formen des Anti-Aggressivitäts-Trainings, hrsg. v. J. Weidner u.a. 2. Aufl. Weinheim 2000, 7.

sprachliche „Gewalt" umzuwandeln.[24] Das Curriculum der auf 6 Monate konzipierten Therapie, bei der wöchentlich zwei 1- bzw. 3-stündige Sitzungen stattfinden, an denen circa 6 gewalttätige Wiederholungstäter zwischen 17 und 25 Jahren teilnehmen,[25] bearbeitet sechs inhaltliche Themen. Ausgehend von der Annahme, daß aggressives Verhalten eine Reaktion auf bestimmte soziale Situationen ist, wird mit den Teilnehmern zunächst herausgearbeitet, in welchen Situationen sie Gewalt als „zwingend notwendig" erachten. Lernziel ist die Infragestellung dieser „zwingenden Notwendigkeiten." Anschließend sollen die Gewalttäter darüber nachdenken, warum sie den Einsatz von Gewalt positiv bewerten, etwa weil die gewalttätige Unterwerfung des Opfers das eigene Selbstwertgefühl erhöht. Diese „Kosten-Nutzen-Analyse" soll dabei in Frage gestellt werden. In einem dritten Schritt soll das Selbstbild der Täter, die sich gerne als „cool" und gnadenlos stilisieren, kritisch hinterfragt werden. Ziel ist es, die Annahme vieler Gewalttäter zu widerlegen, daß Härte unangreifbar mache. Sie sollen lernen, ihre „kränkbaren Persönlichkeitsanteile" zu respektieren. In der vierten Therapie-Einheit steht die Auseinandersetzung mit der real begangenen Tat an. Die vorgeschobenen Rechtfertigungen werden analysiert. Im Vordergrund steht die Sensibilisierung für das Leid des Opfers („Einmassierung des Realitätsprinzips"). Beim Täter sollen Schuld- und Schamgefühle geweckt werden. Im Rahmen dieser Therapie-Einheit muß der Täter auf dem sogenannten „heißen Stuhl" inmitten der anderen Teilnehmer Platz nehmen. Hier wird er schonungslos und in nahezu brutaler Offenheit von allen anderen Teilnehmern mit seiner Tat, seinen Widersprüchen und Schwächen konfrontiert. Gerade in dieser Phase der Therapie ist der Gesprächstil bewußt konfrontativ und provokativ. Die anderen Teilnehmer werden von den beiden Trainern entsprechend angeleitet. Die Legende des „coolen" fairen Kämpfers soll entlarvt werden. In der sich anschließenden Therapie-Einheit soll die Einfühlung in die Situation des Opfers und seine Leiden vertieft werden. Eine direkte Auseinandersetzung mit dem Opfer findet selten statt. Statt dessen werden Filminterviews des „Weißen Rings" oder von „Amnesty International" gezeigt. Dem Täter wird aufgegeben, einen fiktiven (nicht abgesandten) Entschuldigungsbrief des Täters an sein Opfer zu schreiben. Von dem Durchleben des Opferleids versprechen sich die Therapeuten kathartische Wirkung. Ziel ist es, das „Opfereinfühlungsvermögen" zu steigern. In der letzten Einheit finden sogenannte „Provokationstests" statt. Situationen von leichten Belästigungen bis zu Aggressivität auslösenden Provokationen werden durchgespielt, um zu erproben, ob es den Teilnehmern gelingt, gelassen zu bleiben und sich mit Worten, Humor und Ironie statt mit Fäusten zu wehren.[26] Die testpsycho-

---

[24] *Mock, St./Meyer, G.:* Sprechen statt schlagen. Eine journalistische Einstimmung. In: Gewalt im Griff. Band I: Neue Formen des Anti-Aggressivitäts-Trainings, hrsg. v. J. Weidner u.a. 2. Aufl. Weinheim 2000, 15-18.

[25] www.prof-jens-weidner.de. Dort: Gewalttäterbehandlung.

[26] *Burschky, L./Sames, K.-H./Wedner, J.:* Das Anti-Aggressivitäts-Training: Curriculare Eckpfeiler und Forschungsergebnisse. In: Gewalt im Griff. Band I: Neue Formen des Anti-Aggressivitäts-Trainings, hrsg. v. J. Weidner u.a. 2. Aufl. Weinheim 2000, 74-90.

logischen Erhebungen zur Effizienz des Anti-Gewalt-Trainings belegen nach Auffassung der hier engagierten Wissenschaftler und Praktiker, daß die Behandlung von veränderungsbereiten Gewalttätern im Vergleich zu nicht behandelten gewalttätigen Wiederholungstätern zu einer signifikanten bis höchst signifikanten Verringerung der Erregbarkeit und zur Erhöhung der Aggressionshemmung führt. Sie handeln quantitativ und qualitativ weniger aggressiv, auch wenn sie immer noch über dem durchschnittlichen Aggressionsniveau liegen.[27]

2. Der Täter in seinen sozialen Bezügen

Weil aggressives und gewalttätiges Verhalten kein individuelles, sondern ein soziales Phänomen ist, wird heute im Bereich der Prävention verstärkt versucht, nicht nur den Täter anzusprechen, sondern auch seine sozialen Bezugsgruppen einzubeziehen. Im Zentrum des Interesses steht die Familie aggressiver und gewalttätiger Kinder, weil empirische Erkenntnisse belegen, daß der Erziehungsstil der Eltern und die Qualität der innerfamiliären Lebensbedingungen die psycho-soziale Entwicklung von Kindern und Jugendlichen entscheidend prägen. Daneben werden junge Gewalttäter aber auch als Mitglieder ihrer jugendkulturellen Bezugsgruppe angesprochen, über die sie sich definieren und die ihr Freizeitverhalten wesentlich bestimmen. Schließlich reagiert auch die Schule auf aggressive, gewalttätige und insbesondere rechtsextrem eingestellte Jugendliche, deren Verhalten den Unterricht und den Schulalltag belastet. Pädagogische Anstrengungen zielen darauf, durch die Gestaltung des Schul- und Unterrichtsalltags die Voraussetzungen für ein friedliches Miteinander zu verbessern und die Schüler zu prosozialem Verhalten anzuleiten, damit ihnen zumindest innerhalb des Klassen- und Schulverbandes die produktive Gestaltung ihrer Sozialbeziehungen gelingt.

a) Familientherapeutische Interventionen

Psychologen haben komplexe „Behandlungspakete" entwickelt, die familienbezogene Interventionen integrieren. Diesen komplexeren Interventionsmodellen liegt die Einsicht zugrunde, daß Eltern aggressiver Kinder sich vielfach überfordert fühlen, häufig zu streng bestrafen, wenig über den Alltag ihrer Kinder wissen und vor allem inkonsequent erziehen. Nicht selten kommen noch soziale Probleme wie Arbeitslosigkeit, finanzielle Schwierigkeiten hinzu.[28] HAWKINS u.a. schlagen vor, in einem siebenwöchigen Programm die soziale Kompetenz von Eltern im Umgang mit ihren Kindern und insbesondere die familiäre Kommunikation zu verbessern. Das Verhalten des Kindes soll angemessen belohnt bzw. bestraft und das Elternverhalten konsequenter werden. Außerdem werden die Eltern aufgefordert, mehr

---

[27] *Burschky, L./Sames, K.-H./Wedner, J.* 2000 (Fn. 26), 90.

[28] So die Ergebnisse einer Längsschnittstudie, die sich über die Spanne einer Generation erstreckte. *Patterson, G.R./Narrett, C.M.:* The development of a reliable and valid treatment programm for aggressive young childern. International Journal of Mental Health 15 (1990), 19-26.

Zeit mit ihrem Kind zu verbringen.[29] SUTTON will Eltern im Rahmen der Behandlung massiver Verhaltensstörungen lernpsychologische Grundlagen vermitteln. Die Eltern sollen lernen, das Verhalten ihres Kindes zu registrieren, im Rahmen dessen aber auch angemessenes Verhalten zu protokollieren, positives Verhalten gezielt zu verstärken, statt harter Strafen Belohnungsentzug oder Wiedergutmachung zu praktizieren und eindeutige und klare Regeln aufzustellen. Die Eltern wurden in dem Modellversuch entweder zu Hause aufgesucht oder erhielten eine persönliche Beratung oder nahmen an Gruppensitzungen teil bzw. wurden telefonisch informiert. Bei ungünstigen Familienkonstellationen wie sozialen Benachteiligungen, psychischen Störungen eines Familienmitgliedes, einem hohen Maß an Streß und geringer sozialer Unterstützung zeitigte das Elterntraining allerdings nur geringere Erfolge.[30] PETERMANN und PETERMANN ergänzen ihr oben unter 1. skizziertes kognitives und soziales Fertigkeitstraining um Module der Elternberatung. Die Eltern erfüllen in dieser integrierten Therapie vielfältige Funktionen. Sie sind Informationsquelle bei der Indikationsstellung, sollen Feedback über den Behandlungsverlauf geben, werden aber auch selbst „trainiert", um ihr eigenes Interaktionsverhalten etwa im Rollenspiel zu verändern, und fungieren gleichzeitig als Ko-Therapeuten im häuslichen Alltag. Schließlich erfüllen sie eine wichtige Unterstützungsfunktion, indem sie das Kind motivieren, regelmäßig an den Therapiesitzungen teilzunehmen. Die Eltern werden zunächst vor allem in systematischer Verhaltensbeobachtung geschult, um Verhaltensfortschritte beim Kind ebenso zu erkennen wie die eigenen Unzulänglichkeiten im Umgang mit dem Kind. Insbesondere sollen ihnen irrationale Erziehungshaltungen bewußt gemacht werden. Danach wird damit begonnen, das oft kontraproduktive elterliche Verstärkungsverhalten zu modifizieren. Die Kombination von Verhaltenstraining und familienbezogener Intervention zeitigt positive Langzeitwirkungen.[31]

b) Ansätze zur Reduktion von Intergruppenkonflikten

In der sozialpsychologischen Forschung sind auch Ansätze zur Reduktion von Intergruppenkonflikten entwickelt worden, die etwa in der Schule zur Anwendung kommen könnten. Ihnen liegt die Annahme zugrunde, daß Kontakte zwischen Mitgliedern sich feindlich gegenüberstehender Gruppen dazu beitragen können, Ressentiments und in der Folge auch Gewalt und Aggression zwischen den Gruppen zu reduzieren oder gar zu beseitigen, weil soziale Kontakte dazu beitragen, vorhandene negative Stereotypen aufzubrechen und durch positive Einstellungen zu erset-

---

[29] *Hawkins, J.D./von Cleve, E./Catalano, R.F.:* Reducing early childhood aggression: results of a primary prevention programm. Journal of the American Academy of Child and Adolescence Psychiatry 30 (1991), 208-217.

[30] *Sutton, C.:* Training parents to manage difficult children: A comparison of methods. Behavioral Psychotherapy (20) 1992, 115-139, referiert bei *Petermann, F. 1998 (*Fn. 6), 248.

[31] Dazu *Petermann, F./Petermann U.,* referiert bei *Petermann, F. 1998 (*Fn. 6), 251f.

zen. Von strukturierten Kontaktinterventionen verspricht man sich daher positive Effekte auf die Einstellung der Beteiligten. Entscheidendes Ziel ist dabei die Generalisierung positiver individueller Kontakterfahrungen. Sie sollen auf die Einstellung gegenüber der gesamten Fremdgruppe übertragen werden. Dekategorisierungsmodelle versuchen, entweder die Einstellung gegenüber der „sozialen Kategorie" zu verändern oder eine differenzierte Wahrnehmung der Fremdgruppe zu vermitteln, die wegen ihrer Komplexität zu einer insgesamt weniger extremen Bewertung führt, oder sie versuchen überhaupt, die Bedeutung der Gruppenzugehörigkeit für die Beurteilung der beteiligten Personen zu minimieren bzw. letztlich ganz aufzuheben. Intergruppenmodelle stellen in Rechnung, daß die Gruppenmitglieder in intergruppalen Kontexten immer in ihrer Rolle als Mitglied auftreten, und sie betonen die identitätsstiftende Funktion der sozialen Rolle. In konsequenter Unterscheidung zwischen interpersonalen und intergruppalen Kontexten plädieren sie für Intergruppenkontakte, in denen die Bedeutung der Gruppenzugehörigkeiten und -grenzen aufrechterhalten bleibt. Das Ziel intergruppaler Kontakte ist daher, daß beide Gruppen der jeweils anderen in für sie relevanten Urteilsdimensionen positive Bewertungen zugestehen. Evaluationen haben ergeben, daß die Generalisierung von Einstellungsänderungen auf die gesamte Fremdgruppe nur dann erreicht werden kann, wenn Kontakte mit einem typischen Repräsentanten dieser Gruppe stattfinden. Rekategorisierungsmodelle vertreten schließlich die Auffassung, daß Kontakte zwischen Mitgliedern sozialer Gruppen dann zu einer positiven Veränderung der Einstellungen gegenüber der gesamten Fremdgruppe führen, wenn in diesen Kontakten die Mitgliedschaft in einer gemeinsamen Gruppe betont und somit eine gemeinsame Identität hervorgehoben wird.[32]

Die Schule bietet sich als Anwendungsfeld zur Prävention und zum Abbau von Intergruppenkonflikten an, weil in den insbesondere in Großstädten durchweg multi-ethnischen Klassengemeinschaften auch außerhalb der Schule erworbene Einstellungsmuster gegenüber Ausländern bzw. Deutschen ausagiert werden, soziale Konflikte ethnisiert werden und sich nationale Gemeinschaften innerhalb des Klassenverbandes voneinander abschotten. In den USA und Israel entwickelte Unterrichtsmethoden propagieren daher Gruppenarbeit ethnisch heterogener Gruppierungen. Einzelnen Teilnehmern soll etwa aufgegeben werden, bestimmte Teilaufgaben zu bearbeiten und anschließend der Gruppe die Ergebnisse zu vermitteln, um zu erreichen, daß die Gruppen auf die Beiträge jedes ihrer Mitglieder gleichermaßen angewiesen sind. Neben den individuellen Leistungsbewertungen werden zusätzliche Gruppenbewertungen und -belohnungen empfohlen, die einen attraktiven Anreiz für die Zusammenarbeit in der Gruppe bieten und jedes einzelne Gruppen-

---

32 Eine instruktive Zusammenfassung der verschiedenen Ansätze bieten *Klink, A./Hamberger, J./Hewstone, M./Avci, M.:* Kontakte zwischen sozialen Gruppen als Mittel zur Reduktion von Aggression und Gewalt: Sozialpsychologische Theorien und ihre Anwendung in der Schule. In: Aggression und Gewalt. Phänomene, Ursachen und Interventionen, hrsg. v. W. Bierhoff u.a. Stuttgart 1998, 280-300, 281-290.

mitglied individuell für den Erfolg der gesamten Gruppe verantwortlich machen. Die Kontaktbedingungen innerhalb der Gruppen sind gut, weil die Arbeit kooperativ ist und ein gemeinsames Ziel verfolgt wird und alle Gruppenmitglieder in der Kontaktsituation den gleichen Status besitzen. Nicht zuletzt auch, weil die Kooperation und vielfältige Interaktionen zwischen den Schülern Vertrauen schaffen können, kann die Gruppenarbeit im Unterricht zur Verbesserung der Einstellungen zu Mitgliedern feindlicher Gruppen beitragen.[33]

Dennoch ist der Erfolg integrativer Programme vielfältig gefährdet. Negativ auswirken können sich Zielkonflikte zwischen Eltern und Lehrern, Lehrern und Schülern, aber auch Konflikte innerhalb der Institution Schule. Maßgeblich sind jedoch vor allem die gesellschaftlichen Rahmenbedingungen. Die beschriebenen Interventionsansätze können letztlich nur dann erfolgreich sein, wenn zwei grundlegende Voraussetzungen erfüllt sind. Es muß Einigkeit über eine friedliche Koexistenz beider Gruppen bestehen, und es muß eine Verständigung über Zielvorstellungen des Zusammenlebens stattgefunden haben. Solange sich in Deutschland immer noch eine Mehrheit der Bevölkerung dagegen wehrt, Deutschland als Einwanderungsland zu sehen und die unterschiedliche juristische Behandlung von deutschstämmigen Aussiedlern, Arbeitsimmigranten und Asylsuchenden eine Differenzierung nach völkischen und rassischen Merkmalen nahelegt, also soziale Probleme auch gesamtgesellschaftlich ethnisiert werden und aggressive Fremdenfeindlichkeit und Angst vor Fremden von breiten Bevölkerungsschichten geteilt werden, fehlt die Basis für eine friedliche Koexistenz der Gruppen und erst recht für die Entwicklung gemeinsamer Zielvorstellungen des Zusammenlebens. Die schulischen Kontaktinterventionen und die Generalisierung positiver Kontakterfahrungen werden durch das feindliche gesamtgesellschaftliche Klima daher nachhaltig erschwert.[34]

c) Streetworkerkonzepte in Sozialarbeit und Polizeidienst

Die primär präventive Arbeit von Sozialarbeitern und Polizei orientiert sich an Streetworker-Konzepten, die in den Vereinigten Staaten entwickelt worden sind.[35] Streetworker sind Sozialarbeiter, die die Jugendlichen an ihren Treffpunkten aufsuchen und „sie dort abholen, wo sie stehen", nicht selten auf der Straße.[36] Sie kümmern sich nicht nur um einzelne Jugendliche, sondern wenden sich auch jugendlichen Gruppen und Cliquen zu. Die Grundlage des gruppenbezogenen Arbeitens bildet die Annahme von TRASHER, daß sich für entsprechende Jugendhilfemaßnahmen zwei Wege anbieten: „Der einzelne Jugendliche muß entweder vollkom-

---

33 Näher *Klink, A./Hamberger, J./Hewstone, M./Avci, M. 1998 (*Fn. 32), 290-293.

34 Dazu *Klink, A./Hamberger, J./Hewstone, M./Avci, M. 1998 (*Fn. 32), 298-300.

35 Eine Übersicht findet sich bei *Specht, W.:* Jugendliche Banden und Präventionsprogramme in den USA. Neue Praxis 14 (1984), 124-139.

36 *Krafeld, F.J.:* Die Praxis akzeptierender Jugendarbeit. Konzepte, Erfahrungen, Analysen aus der Arbeit mit rechten Jugendcliquen. Opladen 1996, 14.

men dem Einfluß seiner gang entzogen oder die gang selbst muß resozialisiert werden."[37] Da der erste Weg meist versperrt ist, bleibt nur der zweite. Der gangworker versucht, „durch sozialpädagogisch inszenierte Alternativen zum bisherigen Verhaltensrepertoire die bislang negativ stigmatisierte Gruppe ... etwa in einen sozial anerkannten Jugendclub zu transformieren."[38] Die Erfolgsaussichten dieser Modelle werden unterschiedlich bewertet.[39] Dennoch setzen viele städtische Jugendämter mittlerweile streetworker ein, die Jugendliche an ihren öffentlichen Treffpunkten kontaktieren.[40] Die Berliner Gewaltkommission schlägt die Bereitstellung von Containern, Bauwagen o.ä. Schlichtbauten als niedrigschwellige Treffpunkte oder Stützpunkte vor, die selbstorganisierte Jugendgruppen weitgehend in eigener Regie nutzen können. Dabei wird ausdrücklich ein Nebeneinander von Angeboten empfohlen, die sich an Cliquen, Gruppen oder auch bestimmte Szenen richten, und solchen, die in erster Linie einzelne Jugendliche ansprechen.[41] Viele Streetworker und Freizeiteinrichtungen sind dem Konzept einer akzeptierenden Jugendarbeit verpflichtet.[42] Mit Akzeptanz ist die Bereitschaft gemeint, den jungen Menschen als ganzen zu betrachten, ihn als Täter und als Opfer zu respektieren. Akzeptierende Jugendarbeit setzt gerade im Umgang mit rechtsextremen Jugendlichen nicht auf Belehrung, sondern propagiert eine ganzheitliche Sicht von Problemen, kultiviert die Fähigkeit zur Empathie und die Fähigkeit, zuzuhören.[43] Bei der akzeptierenden Jugendarbeit werden die authentischen Bedürfnisse der angesprochenen Jugendlichen in den Mittelpunkt gestellt, die jugendlichen Selbstinszenierungen als subjektive Lebenssteigerungsversuche angesehen und Provokation und Gewalt als Mittel erkannt, mit denen Jugendliche auf sich aufmerksam zu machen versuchen. Erzeugt werden soll eine Atmosphäre der Kooperation, in der die Jugendlichen für sich sinnvollere und befriedigendere Wege entdecken können, „aus ihrem Leben etwas zu machen".[44] Gerade bei der Arbeit mit rechten jugendkulturellen Gruppierungen gerät die akzeptierende Jugendarbeit jedoch mittlerweile

---

37 *Trasher,* zit. nach *Schwind, H.-D.* 2001 (Fn. 12), § 28 Rn. 38.

38 *Schwind, H.-D. 2001*(Fn. 12),§ 28 Rn. 38.

39 Dazu *Specht, W. 1984 (*Fn.35).

40 *Schwind, H.-D.* 2001 (Fn. 12), § 18 Rn. 61.

41 *Senatsverwaltung für Inneres (*Hrsg.): Endbericht der Unabhängigen Kommission zur Verhinderung und Bekämpfung von Gewalt in Berlin. Berlin 1994, 84 ff. Ähnlich *Schwind, H.-D. 1998* (Fn. 10), 271 unter Bezugnahme auf die Vorschläge der unabhängigen Regierungskommission zur Verhinderung und Bekämpfung von Gewalt.

42 Zu den Grundlagen akzeptierender Jugendarbeit, *Krafeld, F.J.:* Die Praxis akzeptierender Jugendarbeit. Konzepte, Erfahrungen, Analysen aus der Arbeit mit rechten Jugendcliquen. Opladen 1996, 13ff.

43 *Voß, St.:* Akzeptierende Jugendarbeit. Zur Debatte um Straßensozialarbeit mit rechten Jugendlichen. In: Handbuch Aufsuchende Jugend- und Sozialarbeit, hrsg. v. G. Becker u.a. Weinheim 1995, 171-182.

44 Dazu *Heim, G.:* Akzeptierende Jugendarbeit mit rechten Jugendcliquen. Bremen 1992.

verstärkt in die Kritik.[45] Es wird darauf verwiesen, daß das „Verstehenwollen" stets das Risiko birgt, zu einem affirmativen Verständnis zu werden, und es wird angemahnt, gerade rechtsextremen Jugendlichen unmißverständlich zu signalisieren, daß ihre Einstellungen und Überzeugungen inakzeptabel sind.[46] Verfechter der akzeptierenden Jugendarbeit räumen ein, daß ihre Arbeit zumindest kurz- und mittelfristig nicht zu einer Veränderung der politisch-ideologischen Einstellungsmuster geführt hat, betonen aber, daß die im Alltagsverhalten ständig latente Gewaltbereitschaft deutlich zurückgegangen ist. Sie setzen daher auf Verhaltensänderung nicht durch „Belehrung", sondern durch Herausarbeiten konkreter, kreativer Handlungsalternativen.[47] Sie beharren darauf, daß gerade in der Arbeit mit rechtsextremen Jugendlichen nicht zugelassen werden darf, daß gesellschaftliche Probleme zu Jugendproblemen, zu pädagogischen Aufgaben umdefiniert werden.[48] Und sie wollen die gesellschaftspolitische Aufgabe, auf die Ausbreitung rechtsextremistischer Orientierungen zu reagieren, von der auf Lebensbewältigung ausgerichteten Aufgabenstellung, Jugendlichen zu helfen, sich in der Realität zurechtzufinden, in der sie leben, streng unterscheiden.[49]

In München gibt es das Modellprojekt „Polizeiliche Jugendarbeit". Jugendbeamte in Zivil suchen die durch Bandenkriminalität gefährdeten Jugendlichen dort auf, wo sie sich meistens aufhalten, in Freizeitheimen, Spielhallen oder auf der Straße, und sie versuchen, ihr Interesse auf Freizeitprogramme zu lenken. Sie helfen aber auch, wenn es um die Vermittlung zwischen zwei verfeindeten Jugendbanden geht. Die zuständige Abteilung hält dabei auch behördenübergreifende Kontakte z.B. zur Staatsanwaltschaft, dem Stadtjugendamt, den Sozialdiensten, zum Rauschgiftdezernat, zum Bundesgrenzschutz und zur Münchner U-Bahn-Bewachungsgesellschaft. Ähnliche Aktivitäten wie in München wurden auch in Berlin entwickelt. Dort versucht eine „AG Vorbeugung", Kontakte zu Mitgliedern von Jugendbanden zu knüpfen.[50]

d) Spezielle Programme für Hooligans, Rechts- und Linksextremisten

Gruppenbezogene Maßnahmen werden insbesondere zur Verringerung von Fanausschreitungen empfohlen. An vielen Bundesligastandorten sind spezielle Fan-

---

[45] Zur heftigen, kontroversen Auseinandersetzung um die akzeptierende Jugendarbeit gerade mit rechten Cliquen und Szenen, *Krafeld, F.J.* 1996 (Fn. 42), 31-36.

[46] Dazu *Kuhlmann, A.:* Verstehen darf nicht zu Einverständnis werden! Zur Kritik an der akzeptierenden Jugendarbeit. In: Jugend, Rechtsextremismus und Gewalt. Analysen und Argumente, hrsg. v. Ch. Butterwegge u.a. Opladen 2000, 217-224.

[47] Zu den Etappen einer Arbeit mit rechtsorientierten und gewaltbereiten Jugendlichen in Neukölln, *Scherer, H./Wieczorek, M.:* Das „Bermuda-Dreieck" und der Weg dorthin. In: Streetwork im „Bermuda-Dreieck". Rechtsextremismus in Berlin: Gegenstrategien, hrsg. v. R. Busch. Berlin 1992, 69-85.

[48] *Krafeld, F.J.* 1996 (Fn. 42), 16.

[49] *Krafeld, F.J.* 1996 (Fn. 42), 33.

[50] *Schwind, H.-D. 2001* (Fn. 12), § 28 Rn. 39.

betreuungsprojekte entstanden.[51] 1989 wurden die Bundesarbeitsgemeinschaft der Fan-Projekte und 1993 die Koordinationsstelle Fan-Projekte bei der Deutschen Sportjugend in Frankfurt gegründet.[52] Angeboten wurden Gesprächs- und Freizeitgestaltungsmöglichkeiten in Form von Fußballturnieren, Hilfestellungen bei der Gestaltung von Fanzeitschriften, gemeinsame Fahrten zu Spielen oder Veranstaltungen mit Fußballspielern.[53] Es zeichnete sich jedoch bald ab, daß sich Hooligans kaum einbinden ließen und auch jüngere Jugendliche nur bedingt davon abgehalten werden konnten, sich den Hooligans anzuschließen. Mittlerweile wird daher versucht, die gewaltbereiten Fans zur Einhaltung ihres eigenen Ehrenkodices anzuhalten, in der Hoffnung, so zumindest langfristig einen Beitrag zur Gewaltminderung zu leisten.[54] Es besteht keine Einigkeit darüber, wie sich die Polizei anläßlich sportlicher Großveranstaltungen verhalten soll. Die Praxis setzt auf immer stärker ausufernde Überwachung und Kontrolle der durch die Städte ziehenden Hooligans, die immer frühzeitiger einsetzt.[55] Unter Verweis auf das Eskalationspotential polizeilicher Einsätze wird aber auch mehr Zurückhaltung und Besonnenheit gefordert und erwogen, ob nicht vielmehr die Selbstregulierungsmechanismen der Szene aktiviert werden sollten.[56] Ferner wird vorgeschlagen, Gesprächsrunden zu organisieren, an denen alle Betroffenen, Vereine, Fans, Fan-Projekte, Ordner, Bahnpersonal und Polizeibeamte beteiligt werden, um die Kommunikation innerhalb der Fußballszene zu verbessern.[57] Insbesondere die Vereine sollen sich wieder um eine verstärkte Einbindung ihrer „Fans" bemühen. Es wird vorgeschlagen, daß diese hauptamtliche Fanbetreuer ernennen, die Begegnungen zwischen Fans und Spielern, Trainern und Managern vermitteln.[58] Ob es den Vereinen tatsächlich gelingt, Hooligans erfolgreich einzubinden, darf angesichts der Entfremdung zwischen den Hooligans und „ihren" Vereinen bezweifelt werden.[59] Auch Maßnahmen zur Erre-

---

[51] Vgl. die Übersicht bei *Ek, R.:* Hooligans. Hintergründe, Fakten, Analysen. Worms 1996, 125f. Zu den unterschiedlichen Möglichkeiten, auf Gewalt anläßlich von Fußballspielen zu reagieren, *Albrecht, H.-J.:* Sport und Gewalt. Phänomene, Erklärungsansätze und Prävention, unveröffentlichte deutsche Fassung, 2, 18.

[52] *Ek, R.* 1996 (Fn. 51), 126.

[53] *Ek, R.* 1996 (Fn. 51), 127.

[54] *Ek, R.* 1996 (Fn. 51), 127f.

[55] Zu immer ausufernderen, insbesondere vorbeugenden Sicherheitsmaßnahmen vgl. etwa *Greiner, A.:* Eine neue Dimension der Hooligan-Gewalt: Lens und die erforderlichen Konsequenzen – Das „Anti-Hooligan"-Konzept des Bundesinnenministers geriet in den Bundestagswahlkampf. An der „vorbeugenden Sicherheitsarbeit am Herkunftsort" führt kein Weg vorbei. *Die Polizei 89* (1998), 248-250; *Ders.:* Nochmals nachgefragt: Lens und die Konsequenzen. *Die Polizei 90* (1999), 108-111 sowie *Ders.:* Fußballeuropameisterschaft 2000: Deutsches Polizeikonzept gegen Hooligans erfolgreich. *Die Polizei 91* (2000), 265.

[56] *Senatsverwaltung für Inneres (Hrsg.)* 1994 (Fn. 41), 139.

[57] *Senatsverwaltung für Inneres (Hrsg.)* 1994 (Fn. 41), 142.

[58] Dazu *Schwind, H-D./Baumann, J.* u.a. (Hrsg.) 1990, Band I (Fn. 10), 145.

[59] Dazu oben § 7 IX. 1. a).

gungsdämpfung im Stadion, wie Alkoholverbote, vorgeschaltete Rahmenprogramme und die Reduzierung der Zuschauerzahlen[60] dürften nur einen Teil der Hooligans erreichen, weil viele das Spiel überhaupt nicht mehr im Stadion verfolgen.[61] Diejenigen, die sich gegen primär ordnungspolitische Lösungen wenden, plädieren für sozialpädagogische und jugendpolitische Offensiven. Um Aktivitätsbedürfnisse zu kanalisieren, sollen adäquate Freiräume für jugendliches Gruppenverhalten geschaffen werden. Dazu gehören vor allem ein wohnnahes Angebot an Sport- und Freizeitstätten, in denen Kinder ihrem berechtigten Bedürfnis nach Bewegung, Abenteuer und Spannung nachgehen können.[62]

Linksextremistische, aber vor allem rechtsextremistische, ausländerfeindliche Jugendliche versucht man immer noch in erster Linie über die allgemeine Jugendarbeit zu erreichen. Auch in diesem Bereich wurden jedoch mittlerweile spezielle Programme aufgelegt, die gezielt auf die Betreuung von rechtsextrem und ausländerfeindlich eingestellten oder linksextrem motivierten Gewalttäter ausgerichtet sind. Initiiert und unterstützt vom Bundesministerium für Familie und Jugend ist etwa das Aktionsprogramm gegen Aggression und Gewalt Jugendlicher (AgAG), das in 30 Regionen der neuen Bundesländer aufgebaut worden ist. Aufgabe ist die Betreuung von extrem rechts und extrem links eingestellten Jugendlichen auf freiwilliger Basis, in Jugendclubs, aber auch durch Streetworker.[63] Das Programm ist allerdings bereits 1996 ausgelaufen. Einige Projekte werden durch Länder und Kommunen, die es sich finanziell leisten können, weitergeführt.[64]

e) Sozialraum Schule

Die Schule wird in Reaktion auf die von Jugendlichen verübten Gewalttaten von Öffentlichkeit und Politik geradezu in die Pflicht genommen. Immer wieder wird postuliert, sie dürfe sich nicht auf die Vermittlung von Wissen beschränken und müsse sich stärker sozialisatorischen und erzieherischen Aufgaben zuwenden. Gefordert werden inhaltliche, räumliche, sachliche und organisatorische Veränderungen.[65] An dieser Stelle ist auf die im engeren Sinne pädagogischen Ansätze einzugehen, und zwar auf diejenigen, die die Schüler nicht in erster Linie als Individuen, sondern als Mitglieder einer Klassen- und Schulgemeinschaft in den Blick nehmen. Denn sie berücksichtigen nicht nur, daß die Schule neben der Familie ein wichtiges soziales Bezugssystem junger Menschen ist, sondern auch, daß Gewalt und Ag-

---

[60] Dazu *Schwind, H.-D./Baumann, J.* u.a. (Hrsg.) 1990 Band I (Fn. 58), 148.

[61] Dazu oben § 7 I. 1. a).

[62] *Pilz, G.A.*: Gewalt im Umfeld von Fußballspielen – Ursachen und Möglichkeiten der Prävention. In: Aggression und Gewalt. Phänomene, Ursachen und Interventionen, hrsg. v. H.W. Bierhoff u.a. Stuttgart 1998, 128-144, 139. Ebenso *Schwind, H.-D./Baumann, J.* u.a. (Hrsg.) 1990 Band I (Fn. 10), 195.

[63] *Schwind, H.-D. 2001* (Fn. 12), § 28 Rn. 42.

[64] *Schwind, H.-D.* 2001 (Fn. 12), § 28 Rn. 42.

[65] *Senatsverwaltung für Inneres* (Hrsg.) 1994 (Fn. 41), 78.

gression Interaktionsmodi und damit soziale und nicht rein individuell zu begreifende Phänomene sind.

Die allgemeinen Empfehlungen bleiben eigentümlich abstrakt oder allgemein. Es wird angemahnt, daß im Klassenverband verstärkt die Lebenssituation der Schüler berücksichtigt und daß ihnen bei der Lösung lebenspraktischer Fragen geholfen werden soll. Der Konkurrenz- und Leistungsdruck soll verringert und ein Übermaß an Mißerfolgs- und Versagenserlebnissen vermieden werden. Soziales Verhalten soll ebenso gefördert werden wie die Bereitschaft, Verantwortung zu übernehmen.[66] Die Vermittlung von Fähigkeiten zur Konfliktlösung und die Sensibilisierung für die Lage von Minderheiten wird als Lernziel erkannt. Bei disziplinarischen Maßnahmen wird Zurückhaltung empfohlen. Gewaltprobleme sollen daher nicht unter dem Aspekt „Störung des Schulbetriebs", sondern als inhaltliche und pädagogische Herausforderung verstanden werden. Dem liegt die Überzeugung zugrunde, daß die seelisch-geistige Entwicklung von Kindern und Jugendlichen um so weniger von Aggression und Gewaltbereitschaft geprägt sein wird, je mehr die Schule ihren erzieherischen Auftrag erweitert, den Schüler nicht allein als kognitiv lernendes Wesen begreift, einen lebendigen Lebensraum schafft und den Übergang zur Freizeit mitgestaltet, unterrichtliche mit außerunterrichtlichen Situationen in engere Verbindung bringt, sich für das Umfeld öffnet und auch die Eltern einbezieht. Mit dem Konzept „Lebenswelt Schule/Lebendige Schule" wird daher das Ziel verfolgt, Wahrnehmungsweisen, Einstellungen und Handlungsstile der Menschen im Sozialfeld Schule sowie die Strukturen im pädagogischen Feld so zu entwickeln, daß am Ende von einer schülerzentrierten und ganzheitlichen Pädagogik gesprochen werden kann, die Bindung an Menschen und wertgeschätzte Gedanken und Güter gelingt und daß dadurch defizitäre Fühlweisen oder sogar gewaltsames Verhalten signifikant reduziert werden.[67]

Wo die Vorschläge konkreter werden, wird insbesondere der unterrichtspraktische Umgang mit dem Thema Gewalt empfohlen. Als wichtig wird erkannt, schwerwiegenden Verstößen gegen das friedliche Miteinander konsequent zu begegnen.[68] Innerschulisch und innerhalb des Klassenverbandes sollen Gewalttaten geächtet und gleichzeitig der Täter unterstützt und zur Wiedergutmachung angeleitet werden. Besondere Übungen zur friedlichen Konfliktbehandlung innerhalb und außerhalb des Klassenzimmers sollen die Kommunikationskompetenz und das Verstehen und Respektieren der Fühl- und Denkweisen anderer Menschen fördern. Konfliktregelungsmodelle wie „Mediation", der Einsatz von „Konfliktlotsen" und Rollenspiele sollen helfen, die Konfliktkultur einer Schule zu verbessern. Die Leh-

---

[66] *Senatsverwaltung für Inneres* (Hrsg.) 1994 (Fn. 41), 79; *Schwind, H.-D. 1998* (Fn. 10), 266f.

[67] *Senatsverwaltung für Inneres* (Hrsg.) 1994 (Fn. 41), 79.

[68] *Senatsverwaltung für Inneres* (Hrsg.) 1994 (Fn. 41), 102.

rer sollen entsprechend geschult und fortgebildet werden.[69] Aber auch unabhängig von konkreten Gewalttaten sollen die auch nach Einschätzung von Pädagogen eingeschränkten kommunikativen Kompetenzen von Kindern und Jugendlichen verbessert werden. Insoweit wird ganz basal die Wichtigkeit des Sprachunterrichts gerade in Klassen mit einem hohen Ausländeranteil betont. Um für Gewalt und ihre Folgen zu sensibilisieren, wird auch die Veranstaltung von Anti-Gewalttagen empfohlen, an denen Externe, etwa Polizeibeamte, teilnehmen sollen. Daneben soll aber vor allem dazu angeleitet werden, andere zu verstehen. Der Förderung „einfühlenden, nicht-wertenden Verstehens" sollen etwa der Abbau autoritärer Strukturen und dirigistischer Unterrichtsmethoden dienen. Denn in der Erforschung von Erziehungs- und Unterrichtszielen hat sich ergeben, daß verständnislose, „nicht revisible" und geringschätzige, amtsautoritär-unechte Äußerungen von Lehrer/innen gegenüber Schüler/innen eine gespannte Klassenatmosphäre, Widerstand und häufige Unterrichtsstörungen sowie konformistisches und vorurteilsgeleitetes Denken begünstigten. Lehrer sollen daher den Schülern ein Vorbild geben, indem sie verstärkt auf deren Gedanken, Gefühle und Motive eingehen. Für den Unterricht wird kooperatives Lernen und Gruppenarbeit, aber vor allem die Auswahl von Themen empfohlen, die Gruppenanliegen aufgreifen und einen Bezug zu den individuellen Befindlichkeiten und Fähigkeiten der Schüler haben.[70] Außerdem wird empfohlen, das gewaltpräventive Potential des Sportunterrichts auszuschöpfen, weil sich durch sportliche Betätigung Streß und Frustrationen abbauen und emotionale und soziale Störungen bearbeiten lassen. Sportdidaktiker betonen, daß der Schulsport dazu beitragen kann, daß Individuen soziale Verhaltensweisen wie Solidarität, Kooperationsbereitschaft und Fairneß erlernen und daß Sport zwischenmenschliche Kontakte fördert. Allerdings muß die Unterrichtsgestaltung gewährleisten, daß nicht Leistungsdenken und Erfolgsorientierung zur obersten Maxime des Handelns werden.[71] Aufbauend auf KOHLBERG und dessen Einsicht, daß die moralische Entwicklung ein in jeder Hinsicht sozialer Vorgang ist, wird auch im Interesse der Gewaltprävention die Schaffung moralischer, d.h. gerechter innerschulischer Interaktionsstrukturen gefordert. Weil eine gerechte Schule demokratisch organisiert sein sollte, wird die Einrichtung schulischer Gremien vorgeschlagen, in denen nicht nur allgemeine Ordnungsfragen, sondern auch reale, im Schulalltag auftretende Probleme unter dem Aspekt der Fairneß und Gerechtigkeit verhandelt werden. Lehrer und Schüler sollen gleichberechtigt vertreten sein. Durch die Beteiligung der Schüler/innen an den moralischen Überlegungen und Entscheidungsprozessen sollen sie zu reiferem moralischen Denken, Urteilen und

---

[69] *Senatsverwaltung für Inneres* (Hrsg.) 1994 (Fn. 41), 102.

[70] *Martin, L.R.:* Gewalt in Schule und Erziehung. Grundformen der Prävention und Intervention. Bad Heilbrunn 1999, 113-122 (Miteinander reden – Einander verstehen).

[71] *Martin, P.:* Frustration abbauen – Regeln achten – Fairneß üben in Sport und Spiel. In: Gewalt in Schule und Erziehung. Grundformen der Prävention und Intervention, hrsg. v. L.R. Martin. Bad Heilbrunn 1999, 115-113.

Handeln angeregt werden; sie sollen lernen, unterschiedliche Moralverständnisse und deren immanente Berechtigung zu verstehen und die für die gesamte Gemeinschaft und auch prinzipiell gerechteste Lösung zu finden, auch wenn sie zugunsten anderer eigene Freiheiten und Interessen einschränkt. Moralische Diskussionen sollen Motor der moralischen Entwicklung sein.[72] Auch der „Gemeinschaftserziehung“ wird bei der Gewaltprävention große Bedeutung beigemessen. Empfohlen wird ein gemeinschaftsfördernder Erziehungsstil. Erzieher und Lehrer sollen durch ihre Haltungen gegenüber den zu Erziehenden und durch ihr Interaktionsverhalten ein förderliches soziales Klima für die emotionale, soziale und geistige Entwicklung von Kindern und Jugendlichen schaffen. Die schulische Arbeit soll so gestaltet werden, daß intellektuelle Fortschritte mit der Entwicklung von Sozialkompetenz und sozialer Verantwortung einhergehen. Gerade wohlangeleitete und gekonnt durchgeführte Gruppenarbeit bietet gute Chancen für die Förderung von Gemeinschaftssinn, Kooperation, Überwindung von Rivalität sowie auch für effektive Lernarbeit. Eine nicht zu unterschätzende Vorbild- und Modellfunktion hat schließlich der Klassenleiter, der durch sein Engagement für die Klassengemeinschaft, durch die Achtung der Gruppe und jedes einzelnen Mitglieds und durch sein verantwortungsvolles, tolerantes und solidarisches Verhalten ein Beispiel gibt.[73] Zur Bewältigung von innerschulischen Konflikten und zur Schulung der Konfliktfähigkeit der einzelnen wird die Einführung von Verfahren der Streitschlichtung durch Schüler/innen empfohlen, in denen diese selbst Verantwortung bei der Beilegung von Streitigkeiten untereinander übernehmen. Wenn die Ausbildung und Supervision der jugendlichen Mediatoren gewährleistet ist, können sie dazu beitragen, daß in der Schülerschaft die Fähigkeit, mit Konflikten umzugehen, die Konfliktparteien zu verstehen, kreative Problemlösungen zu finden und zu überzeugen, wächst. Dies alles wirkt sich auch günstig auf die Prävention von Gewalt im Schulbereich aus.[74] Schließlich wird dringend die Zusammenarbeit mit Eltern, vor allem mit Eltern verhaltensauffälliger oder gewalttätiger Schüler empfohlen. Denn gerade der therapeutische Abbau aggressiver Neigungen erfordert die Veränderung der elterlichen Einstellungen zum Kind und die Korrektur ihres Erziehungsverhaltens. Um die Zusammenarbeit nicht durch wechselseitige Schuldzuweisungen zu erschweren, sollen Formen der Kooperation entwickelt werden, bei denen die Eltern und Lehrer/innen als „unvollkommene Partner“ in der Förderung der Kinder und Jugendlichen zusammenwirken.[75]

---

[72] Ausführlich auch zu dem Modellversuch von *Kohlberg,* der in Cambridge/Mass. die berühmte „Cluster School“ als Modell einer „Just Community School“ gründete und betreute, Martin, L.R. 1999 (Fn. 70), 140- 153.

[73] *Martin, L.R. 1999 (*Fn. 70), 160-171.

[74] *Martin, P.*: Konflikte bewältigen – Konfliktfähig werden. In: Gewalt in Schule und Erziehung. Grundformen der Prävention und Intervention, hrsg. v. L.R. Martin. Bad Heilbrunn 1999, 171-180.

[75] *Martin, L.R.* 1999 (Fn. 70), 187-191.

Die fremdenfeindlichen Gewalttaten junger Menschen haben schließlich spezifische erzieherische Maßnahmen gegen Fremdenfeindlichkeit, Rassismus und Gewalt erforderlich gemacht. Man hat erkannt, daß die Lehrer differenzierte Kenntnisse über rechtsextreme Jugendkulturen erwerben müssen, um rechtsextreme Haltungen bei Schülern überhaupt zu erkennen und angemessen auf ihr Verhalten reagieren zu können. Sie sollen sich selbst als aufrechte Demokraten positionieren, auf die mit Falschinformationen durchsetzten Argumentationen rechtsextrem orientierter Schüler informiert und sachkundig antworten und in Reaktion auf demokratiefeindliche und rassistische Äußerungen im Unterricht Diskussionen anregen, in denen jene Schüler gestärkt werden, die sich gegen Rechtsextremismus und Demokratiefeindlichkeit wenden. Um dem Rechtsextremismus wirksam zu begegnen, sollen im Schulalltag menschenrechtlich-demokratische Grundstandards vermittelt, und es soll eine Kultur der Anerkennung und des Respekts etabliert werden. Zu diesem Zwecke wird insbesondere Projektarbeit unter Beteiligung sachkundiger Partner wie etwa des „Zentrums Demokratische Kultur“ empfohlen.[76] Im Ethik- und Sozialkundeunterricht sollen Schüler dafür sensibilisiert werden, daß rechtsextreme Ideologien im Widerspruch zum normativen Gehalt der Menschenrechte stehen.[77] Für den Politikunterricht in der Sekundarstufe I werden Unterrichtseinheiten empfohlen, die das soziale Lernen in den Vordergrund stellen und die Schüler/innen zum gewaltfreien und gleichberechtigten Umgang mit ihren Mitmenschen anleiten. Ziel soll sein, die Fähigkeit zur sozialen Perspektivenübernahme zu aktivieren, weil diese inhumanes Verhalten erschwert. Als Ausgangspunkt für eine Unterrichtssequenz wird etwa ein aktueller Bericht über eine fremdenfeindliche Gewalttat junger, rechtsextremer Täter empfohlen. In einem ersten Schritt der Abstraktion sollen die Merkmale rechtsextremistischen Denkens und gewalttätigen Handelns herausgearbeitet und den Merkmalen demokratischen Verhaltens gegenübergestellt werden. In einem zweiten Schritt soll die „goldene Regel“ herausgearbeitet werden: „Gehe mit anderen so um, wie du willst, daß man mit dir umgeht!“.[78] Ausdrücklich wird davor gewarnt, die Auseinandersetzungen mit dem aktuellen Rechtsextremismus als „Fortsetzung“ der Ideenwelt des deutschen Nationalsozialismus zu behandeln. Viele Schüler würde dieser Ansatz nicht überzeugen, weil sie wissen, daß rassistische und ethno-nationalistische, häufig gewalttätige Aktivitäten derzeit in vielen Regionen der Welt auftreten. Außerdem wird darauf verwiesen, daß durch den Wechsel der Generationen der autobiographische Ansatz

---

[76] Dazu *Kirschnick, S.:* Rechtsextremismus an Schulen: Was tun? Anregungen und Argumente für Lehrer/innen. In: Jugend, Rechtsextremismus und Gewalt. Analysen und Argumente, hrsg. v. Ch. Butterwegge u.a. Opladen 2000, 131-148.

[77] *Lohmann, G.:* Rechtsextremismus und Menschenrechte. Exemplarische Argumentationen gegen Rechts. In: Jugend, Rechtsextremismus und Gewalt. Analysen und Argumente, hrsg. v. Ch. Butterwegge u.a. Opladen 2000, 173-183.

[78] *Breit, G.:* Unterrichtsziel: Gleichheit und Gewaltlosigkeit. Überlegungen zum Politikunterricht für die Sekundarstufe I. In: Jugend, Rechtsextremismus und Gewalt. Analysen und Argumente, hrsg. v. Ch. Butterwegge u.a. Opladen 2000, 185-202.

zur Aufklärung über den Nationalsozialismus, der sich vielfach bewährt hatte, kaum noch realisierbar ist. Schließlich berge die Behandlung des aktuellen Rechtsextremismus als Problem der Vergangenheitsbewältigung das Risiko, den Zusammenhang zwischen einem sozial nicht regulierten wirtschaftlichen Globalismus und ethno-nationalistischer Gewalt im allgemeinen und sozialdarwinistischen rechtsextremistischen Vorstellungen im besonderen zu vernachlässigen.[79] Daneben wird aber durchaus auch die Entlarvung und Widerlegung rechtsextremistischer Geschichtslegenden empfohlen.[80] Neben der direkten Auseinandersetzung mit rechtsextremistischen Inhalten wird auch verstärkte politische und interkulturelle Bildung propagiert. Politische Bildung soll zur Auseinandersetzung mit gesamtgesellschaftlichen Problemen anregen, zur politischen Partizipation befähigen, zur Demokratie erziehen und als Unterrichtsprinzip in allen Fächern zu ihrem Recht kommen. Didaktisch wird exemplarisches Lernen empfohlen, das sich an den Interessen der Lernenden orientiert und ihre individuellen Befindlichkeiten ebenso ernstnimmt wie die im Alltag erworbenen Erfahrungen. Methodisch werden kontroverser Unterricht, Realbegegnungen, Realitätssimulationen, produktives Lernen und beim Thema „Fremdenfeindlichkeit" insbesondere das Aufgreifen von Medienerfahrungen der Schüler empfohlen. Auf diese Weise soll auch der kritische und reflektierte Umgang mit Medien erlernt werden.[81] Zur Verbesserung der interkulturellen Beziehungen innerhalb der Schule wird die Einrichtung von Arbeitsgemeinschaften, Clubs, Theater-AGs und Musikbands empfohlen, in denen Kooperation und Zusammenleben erlernt werden können. Denn gerade bei außerunterrichtlichen Aktivitäten sind die Schüler genötigt, sich aufeinander einzulassen, sich auseinanderzusetzen und zu arrangieren. Empfohlen wird auch eine multi-kulturelle Profilierung der Schule und Kontakte mit Einrichtungen oder Vertretern der Einwanderer-Community, nicht zuletzt, weil sie die Scheu von Migranteneltern, sich innerschulisch einzubringen, überwinden helfen können. Die Lehrer sollen sich um die Beilegung interkultureller Konflikte im Klassenverband bemühen und nur scheinbar kulturbedingte Konflikte als solche enttarnen. Schließlich soll schulinternem strukturellen Rassismus entgegengetreten werden, weil er gesellschaftliche Vorurteile gegenüber Ausländern verfestigt. Die Segregation von Migranten in Auffangklassen und stereotype Übergangsempfehlungen, etwa an Sonderschulen, sollen durch

---

79 *Klönne, A.:* Schwierigkeiten politischer Jugendbildung beim Umgang mit dem Thema „Rechtsextremismus". In: Jugend, Rechtsextremismus und Gewalt. Analysen und Argumente, hrsg. v. CH. Butterwegge u.a. Opladen 2000, 259-267.

80 *Pfahl-Traughber, A.:* Revisionistische Behauptungen und historische Wahrheiten. Zur Widerlegung rechtsextremistischer Geschichtslegenden. In: Jugend, Rechtsextremismus und Gewalt. Analysen und Argumente, hrsg. v. Ch. Butterwegge u.a. Opladen 2000, 241-258.

81 *Stenke, D.:* Umgang mit Fremdenfeindlichkeit in der Schule. In: Schule, Gewalt und Rechtsextremismus, hrsg. v. W. Schubarth u.a. Opladen 1993, 232-248.

„Monitoring“ der Entscheidungspraxis vermieden werden.[82] Weil rechtsextreme Inhalte heute vor allem über das Internet verbreitet werden, wird es als dringend notwendig erachtet, daß Lehrer den Umgang mit dem Internet erlernen, um auch die Schüler zu einem kompetenten, reflektierten und kritischen Umgang mit diesem neuen Medium anleiten zu können. Konkret wird angeregt, die Struktur und Wirkungen von Texten anhand von rechtsextremer Propaganda aus dem World Wide Net zu besprechen.[83]

3. Strukturpolitische Maßnahmen

a) Arbeitsmarktpolitik

Weil Arbeit als ein Weg gesellschaftlicher Integration angesehen wird und man sich von der Einbindung Jugendlicher und Heranwachsender in den Berufsalltag auch gewaltpräventive Wirkung verspricht, soll durch arbeitsmarktpolitische Maßnahmen die gerade im Osten Deutschlands besonders hohe Jugendarbeitslosigkeit verringert werden. Ziel ist es, auch Jugendlichen, die besonderen Problemgruppen angehören und durch reguläre arbeitsmarktpolitische Aktivitäten nicht zu erreichen sind, einen Ausbildungsplatz oder eine Arbeitsstelle zu vermitteln. Gefordert wird die Sicherung von Arbeitsbeschaffungsmaßnahmen, der Ausbau von Maßnahmen der Jugendberufshilfe, die durch sozialpädagogische Betreuung flankiert sind, und Sonderprogramme für Jugendliche mit besonderen Schwierigkeiten auf dem Arbeitsmarkt, insbesondere für solche, die keinen Schulabschluß erworben haben. Gefordert ist weiter der Aufbau und die Unterhaltung von Jobbörsen, über die Gelegenheits- und Hilfsarbeiten vermittelt werden, die Einbeziehung von Jugendlichen in Arbeiten für das Gemeinwesen, die Förderung von Selbsthilfeprojekten und Ausbildungsinitiativen, deren verstärkte Berücksichtigung bei der Vergabe öffentlicher Aufträge, die Einbeziehung von „Ungelernten“ in bauliche Maßnahmen, etwa in die Wohnumfeldverbesserung, die Sanierung, die Platzgestaltung und Begrünung, die auch die Möglichkeiten der Qualifizierung „on the job“ eröffnen sollten,[84] und die überbetriebliche Ausbildung von Jugendlichen, falls es an Lehrstellen fehlt.[85] Flankierend sollten sozialpolitische Maßnahmen Entwicklungen abfangen, die die Integration von Jugendlichen in das Arbeitsleben zusätzlich er-

---

[82] *Auernheimer, G.:* Für eine interkulturell orientierte Schule. In: Jugend, Rechtsextremismus und Gewalt. Analysen und Argumente, hrsg. v. Ch. Butterwegge u.a. Opladen 2000, 163-183.

[83] *Schröder, B.*: Rechtsextremismus im Internet als politisches und pädagogisches Problem. In: Jugend, Rechtsextremismus und Gewalt. Analysen und Argumente, hrsg. v. Ch. Butterwegge u.a. Opladen 2000, 149-162.

[84] *Senatsverwaltung für Inneres* (Hrsg.) 1994 (Fn. 41), 77f.

[85] *Schwind, H.-D. 1998* (Fn. 10), 271.

schweren. So wird etwa die Bekämpfung der zunehmenden Obdachlosigkeit junger Menschen gefordert.[86]

b) Familienpolitik

In jüngster Zeit werden auch wieder verstärkt familienpolitische Maßnahmen diskutiert. Von ihnen verspricht man sich gewaltpräventive Wirkungen, soweit sie die familiären Lebensbedingungen und damit auch die Sozialisationsbedingungen von Kindern und Jugendlichen verbessern. Die Familienpolitik soll die Rahmenbedingungen optimieren, etwa durch die Schaffung familiengerechten bezahlbaren Wohnraums, durch den Ausbau der Wohnungsbauförderung für kinderreiche und einkommensschwache Familien, durch die Kontingentierung von Wohnraum, durch Erhöhung des Wohngeldes, aber auch durch eine Verbreiterung des Angebots an Halbtagsstellen, durch eine familienfreundliche Flexibilisierung der Arbeitszeit, durch Verbesserung der Möglichkeiten des Job-Sharings und durch Abbau der Schicht- und Wochenendarbeit für Arbeitnehmer, die Kinder betreuen.[87] Durch Ausbau und Erweiterung des Kinderbetreuungsangebots sollen Familien entlastet werden. Angemahnt wird eine bedarfsgerechte und rechtlich abgesicherte Bereitstellung von Krippen- und Kindertagesstättenplätzen, der Ausbau von Tagespflegestellen, die Anpassung der Öffnungszeiten öffentlicher Erziehungseinrichtungen, die Ausrichtung der Stundenpläne von Grundschülern an die Lebens- und Arbeitsbedingungen der Eltern und der Ausbau der betrieblichen Kinderbetreuung.[88] Gleichzeitig soll aber auch vermieden werden, daß Hausarbeit und Kindererziehung sozial diskriminiert werden. Bei der Vergabe des Erziehungsgeldes sollen sozial belastete Familien begünstigt werden, das Kindergeld soll erhöht und der Erziehungsurlaub verlängert werden.[89]

Weiterhin soll den Eltern entsprechend dem Auftrag des Kinder- und Jugendhilfegesetzes Hilfestellung bei der Bewältigung der Erziehungsaufgaben gegeben werden. Es wird angemahnt, daß genügend Erziehungs- und Betreuungshelfer zur Verfügung stehen müssen und daß das Beratungsangebot für Eltern erweitert werden muß. Es wird die Wichtigkeit sozialpädagogischer Familienhilfe, aber auch von Partnerschafts-, Trennungs- und Scheidungsberatung betont, weil gerade die Auflösung des Familienverbandes die Entwicklung von Kindern und Jugendlichen belastet. Weil empirisch nachgewiesen ist, daß Eltern, die in ihrer Kindheit und Jugend Gewalt erfahren haben, selbst zu gewalttätigen Erziehungsmaßnahmen greifen und damit wiederum die Gewaltbereitschaft ihrer Kinder fördern, wird das Angebot spezifischer Beratungs- und Schulungsprogramme angemahnt, um die Eltern über die entwicklungsschädigenden Wirkungen elterlicher Gewalt zumindest

---

[86] *Schwind, H.-D. 1998* (Fn. 10), 271.

[87] *Senatsverwaltung für Inneres* (Hrsg.) 1994 (Fn. 41), 79f., 251 ff.

[88] *Senatsverwaltung für Inneres* (Hrsg.) 1994 (Fn. 41), 79f., 253.

[89] *Schwind, H.-D./Baumann, J.* u.a. (Hrsg.) 1990 Band I (Fn.10), 162.

aufzuklären und zu gewaltfreier Erziehung anzuleiten.[90] Weiterhin sollen Unterkunftsmöglichkeiten geschaffen werden, die Kinder und Jugendliche in Krisensituationen aufnehmen. Als wichtig wird auch die Berücksichtigung der Kindesvernachlässigung bei der Ausformulierung sozialpädagogischer und therapeutischer Konzepte angesehen. Familien, die ihren Nachwuchs vernachlässigen, sollen sozialpädagogisch und therapeutisch betreut werden. Schließlich sollen Männer und Väter stärker angesprochen und in die Beratung einbezogen werden.

Insgesamt wird eine Demokratisierung des Hilfesystems empfohlen. Geeignete Hilfsmaßnahmen sollen im Konsens mit der Familie eingeleitet werden, und die Arbeitsweise sozialer Dienste soll durch Wahrung der Informations- und Beteiligungsrechte transparenter gemacht werden. Durch die Vereinfachung bürokratischer Verfahren durch Bündelung von Zuständigkeiten, die Erleichterung des Zugangs zu sozialen Diensten, durch bessere Erreichbarkeit, kinderfreundliche Ausstattung und bedarfsgerechte Öffnungszeitungen, durch die Förderung der Kooperation der beteiligten Berufsgruppen und Institutionen und den Ausbau präventiver Programme, statt reaktiver Hilfen, sollen soziale Dienste ihre Funktion besser erfüllen.[91] Als wichtig wird aber auch der Aufbau stadtteilbezogener, in Kiezen angesiedelter Gemeinwesenarbeit erkannt, die von Familien gänzlich unbürokratisch in Anspruch genommen werden kann. Zentrale Einrichtungen wie Nachbarschaftsheime und Stadtteilläden sollen als Orte der Hilfe zur Selbsthilfe fungieren und die Entstehung von Nachbarschaftsnetzwerken fördern. Um auch Personengruppen anzusprechen, die nicht von sich aus den Kontakt suchen, wird die Einstellung von Sozialpädagogen empfohlen. Derartige zentrale Begegnungsstätten sollten darüber hinaus mit familienunterstützenden Diensten eng zusammenarbeiten.[92]

c) Schulpolitik

Der Katalog der schulpolitischen Maßnahmen ist lang. Allerdings werden vor allem innerorganisatorische und pädagogische Innovationen und weniger grundlegende Strukturreformen gefordert.[93] Solche sind immerhin in Reaktion auf fremdenfeindliche Gewalttaten von Pädagogen angemahnt worden, die für eine demokratisch organisierte und interkulturell orientierte Schule eintreten, die Wichtigkeit interkultureller Bildung betonen, die Kinder und Jugendlichen zum interkulturellen Verstehen und zum Dialog befähigen wollen und dafür plädieren, ihr Engagement für Gleichberechtigung zu fördern und für die Anerkennung von Differenzen zu sensibilisieren. Als wichtig wird die Korrektur der stark monokultu-

---

[90] *Schwind, H.-D./Baumann, J.* u.a. (Hrsg.) 1990 Band I (Fn. 10), 159 ff.

[91] *Senatsverwaltung für Inneres* (Hrsg.) 1994 (Fn. 41), 79f., 255 ff.

[92] *Senatsverwaltung für Inneres* (Hrsg.) 1994 (Fn. 41), 254. Die nachbarschaftsorientierte Sozialarbeit und die Förderung selbstorganisierter, „künstlicher Nachbarschaften" wird auch von der Gewaltkommission als vielversprechend beurteilt. *Schwind, H.-D./Baumann, J.* u.a. (Hrsg.) 1990 Band I (Fn. 10), 162f.

[93] Oben I. 2. e)

rell ausgerichteten Lehrpläne, eine entsprechende Neuorientierung der Didaktik und eine thematisch der Interkulturalität verpflichtete Gestaltung der Schulbücher angesehen. Damit die Schule keine bloße Unterrichtsanstalt, sondern ein Lebensraum ist, in dem Differenzen, aber auch Gemeinsamkeiten erfahrbar werden, die dann aufgegriffen und bearbeitet werden sollen, wird die Einführung von Ganztagsschulen empfohlen. Weil das mehrgliedrige Schulsystems eine frühe und nur schwer korrigierbare Schullaufbahnentscheidung abverlangt, die Chancengleichheit für Minderheiten schmälert, im öffentlichen Bewußtsein soziale Zuordnungen, etwa das Image der Haupt- als „Ausländerschule" bestätigt und schließlich den Leistungsdruck schon in die Grundschule hineinträgt, was dem sozialen und damit auch interkulturellen Lernen abträglich sei, wird die Einführung der sechsjährigen Grundschule zur bildungspolitischen Mindestforderung erhoben. Das mehrgliedrige Schulsystem wird schließlich auch deshalb kritisiert, weil es der Heterogenität der Lernvoraussetzungen mit einer Strategie der äußeren Differenzierung begegnet, Homogenität der Lerngruppen als Voraussetzung erfolgreichen Unterrichts proklamiert und wenig Möglichkeiten bietet, den Umgang mit Heterogenität zu erlernen.[94]

d) Verbesserung der Partizipationsmöglichkeiten

Zur Prävention politisch motivierter Gewalt wird die Verbesserung der politischen Partizipationsangebote angeregt. Es wird als Problem erkannt, daß viele Menschen und insbesondere politisch motivierte Gewalttäter das Gefühl haben, auf politische Entscheidungen keinen Einfluß zu haben. Dies führt dazu, daß das Interesse an politischen Entscheidungsprozessen generell abnimmt. Die mangelnden Partizipationsmöglichkeiten lassen aber gerade Jugendliche auch zu gewalttätigen politischen Artikulationsformen greifen, weil sie den Eindruck haben, nur auf diese Weise die Aufmerksamkeit der Parlamente, Regierungen und Parteien auf sich und ihre Anliegen lenken zu können. Weil gesteigerte Artikulations- und Mitbestimmungsbedürfnisse in Bezug auf zentrale und lokale gesellschaftliche Problemlagen und Richtungsentscheidungen durch die Ausübung des Wahlrechts nicht zu befriedigen sind und gerade viele junge Menschen institutionalisierten, konventionellen Formen der politischen Beteiligung, insbesondere der Mitarbeit in Parteien, ablehnend gegenüberstehen, aber doch gerade die politische Partizipation die Identifikation mit dem Gemeinwesen fördert, wird eine Erweiterung der Partizipationsmöglichkeiten empfohlen. Diese bieten sich sowohl im Zusammenhang mit zentralen gesellschaftspolitischen Entscheidungen an, von denen sich die Menschen in besonderer Weise betroffen fühlen, als auch im Bereich administrativer Großvorhaben und schließlich in Bezug auf Jugendliche oder auch Ausländer, die mangels Wahlrecht von jeder Form der Einflußnahme ausgeschlossen sind. Neben formellen Mitbestimmungsmöglichkeiten, deren Einführung sich sowohl auf Bundes- als

---

[94] *Auernheimer, G.* 2000 (Fn. 82), 163-172.

auch auf Landes- und Kommunalebene anbietet, sollen die Betroffenen zumindest lokal auch durch Gesprächsangebote der politischen Entscheidungsträger in Entscheidungsprozesse eingebunden werden.[95] Daher wird empfohlen, auch auf Bundes- und Landesebene Bürgerbegehren einzuführen. Gerade im Bereich Umweltschutz wird die verstärkte Beteiligung von Bürgerinitiativen an der politischen Willensbildung angeregt.[96] Die Öffentlichkeitsbeteiligung in Verwaltungsverfahren, etwa Bauplanungs-, Immissionsschutz- und Atomanlagengenehmigungsverfahren soll verbessert, nämlich bürgerfreundlicher gestaltet werden.[97] Als neue Formen der kommunikativen Einbindung werden „Runde Tische" und „Stadtgespräche" empfohlen. Daneben bieten sich auf lokaler Ebene Diskussionsforen zu Bürgerproblemen an.[98] Schließlich wird vorgeschlagen, bestehende Partizipationsmöglichkeiten attraktiver zu gestalten. Gerade die „Parteienverdrossenheit" vieler junger Menschen sollte schließlich Anlaß geben, über die Öffnung der Strukturen der etablierten Parteien nachzudenken.[99]

e) Die Verantwortung der Medien

Weil Massenmedien die Wahrnehmung der Wirklichkeit beeinflussen, weil Anhaltspunkte dafür bestehen, daß dramatische und spektakuläre Gewaltdarstellungen Gewaltanwendung stimulieren und rechtfertigen und auch die Berichterstattung über Gewalttaten verstärkende Rückwirkungen auf die Täter haben kann, weil sie die Medienberichterstattung als Erfolg und Anerkennung mißinterpretieren und weil schließlich die degradierende Berichterstattung über gesellschaftliche Gruppen gewaltlegitimierende Wirkungen entfalten kann, wird eine Selbstbeschränkung und Selbstkontrolle der Medien gefordert.[100] Der Selbstkontrolle der Medien könnten etwa entsprechende Richtlinien des Presserates und die Entwicklung von Kriterien für Nachrichten und die Berichterstattung über Großereignisse dienen, die dazu beitragen, daß Sensationseffekte in der Darstellung nicht dominieren. Journalistisches Fehlverhalten müßte auch kritisiert werden.[101] Ob die Selbstkontrolle der Medien gelingt, wird durchaus bezweifelt. Manifeste wirtschaftliche Interessen und die Wettbewerbssituation sprechen allzu häufig für eine sensationistische Berichterstattung, die die Neugier von Zuschauern und Zuhörern befriedigt, die nach spektakulären Nachrichten auch über Gewaltverbrechen nachgerade zu gieren scheinen.

---

[95] *Senatsverwaltung für Inneres* (Hrsg.) 1994 (Fn. 41), 198. *Schwind, H.-D./Baumann, J.* u.a. (Hrsg.) 1990 Band I (Fn. 10), 121.

[96] *Schwind, H.-D./Baumann, J.* u.a. (Hrsg.) 1990 Band I (Fn. 10), 122.

[97] *Schwind, H.-D./Baumann, J.* u.a. (Hrsg.) 1990 Band I (Fn. 10), 121.

[98] *Senatsverwaltung für Inneres* (Hrsg.) 1994 (Fn. 41), 199.

[99] *Schwind, H.-D./Baumann, J.* u.a. (Hrsg.) 1990 Band I (Fn. 10), 123.

[100] *Schwind, H.-D./Baumann, J.* u.a. (Hrsg.) 1990 Band I (Fn. 10), 170.

[101] *Schwind, H.-D./Baumann, J.* u.a. (Hrsg.) 1990 Band I (Fn. 10), 172.

Als besonders wichtig wird die drastische Reduzierung von Gewaltdarstellungen angesehen, und zwar sowohl in den Nachrichten als auch in den Unterhaltungsprogrammen, im Fernsehen wie in Videofilmen. Über Gewalttaten, die im Bereich des Fußballs oder bei politischen Demonstrationen verübt werden, soll weniger sensationistisch und dramatisierend berichtet werden. Die Darstellung der Ereignisse soll eine differenzierte und angemessene Problemwahrnehmung ermöglichen und Nachrichten über Gewaltvorkommnisse sollen in entsprechende Kontexte gestellt und Berichte im Bewußtsein möglicher Außenwirkungen verfaßt werden.[102] In Unterhaltungsprogrammen soll Gewalt in jedem Fall wirklichkeitsgetreu dargestellt werden. Das durch Gewalt verursachte Leid dürfe nicht ausgeblendet werden, und es müsse dazu angeregt werden, auch über die Ursachen von Gewalt nachzudenken.[103] Als wichtig wird auch erkannt, die entwürdigende oder diskriminierende Darstellung von Gesellschaftsgruppen und Minderheiten in den Medien zu vermeiden, weil dadurch deren aggressive Mißachtung legitimiert wird, die sich wiederum in Gewalt entladen kann.

f) Städtebauliche Maßnahmen und Wohnungsbau

Neben den familienorientierten wohnungspolitischen Maßnahmen werden vielfältige Vorschläge für den Wohnungsbau und die Gestaltung von Gebäuden, Quartieren und Städten gemacht, weil sich gezeigt hat, daß Wohnviertel und Quartiere, die baulich verfallen und verwahrlosen, in denen die Fluktuation hoch ist, die monosozial und -funktional strukturiert sind, in denen es an sozialen Einrichtungen, Spiel-, Sport- und Grünanlagen fehlt und in denen öffentliche und halböffentliche Räume unbelebt und verwaist sind, besonders kriminalitätsbelastet und von Vandalismus betroffen sind.

Bauliche Maßnahmen an Wohnungen und Gebäuden sollten daher ebensowenig wie quartierbezogene Sanierungsprogramme dazu führen, daß durch die Verteuerung des Wohnraumes die „angestammten" Bewohner vertrieben und gewachsene Nachbarschaftsstrukturen zerstört werden, weil diese die informelle soziale Kontrolle gewährleisten, der sozialen Integration förderlich sind und damit auch gewaltpräventiv wirken. Gleichzeitig muß auch der bauliche Verfall aufgehalten werden, weil er zur Abwanderung besser situierter Bewohner und damit zu einem Verlust an sozialer Vielfalt und Kontinuität führt. Im Interesse der Gebietsbindung sollen zukünftige Bewohner auch in die Gestaltung und Planung von Neubauten einbezogen und bei der Sanierung von Altbauten durch Beratung und finanzielle Hilfen unterstützt werden. Die Identifikation mit dem eigenen Wohnraum wird zusätzlich durch die zumindest farblich originelle Gestaltung der einzelnen Gebäude gefördert und die Gebietsbindung wird durch Denkmalschutz und Stadtbildpflege erhöht. Bauliche Erhaltungsmaßnahmen, die Ausbesserung von Schäden und die

---

[102] *Senatsverwaltung für Inneres* (Hrsg.) 1994 (Fn. 41), 140f.

[103] *Schwind, H.-D./Baumann, J.* u.a. (Hrsg.) 1990 Band I (Fn. 10), 172.

Betreuung größerer Gebäude durch Hausmeister mindern die Fluktuation und unterbinden Vandalismus („broken windows theory"). Durch eine gezielte Vergabe öffentlichen Wohnraumes sollte die Konzentration von Problemmietern bzw. -gruppen vermieden werden. Die Reservierung von Flächen und Räumen, etwa Erdgeschossen für wohnverträgliches produzierendes Gewerbe und kleine Geschäfte, trägt ebenso zur Belebung öffentlicher Räume bei wie die strategische Ansiedlung von Einrichtungen wie Schwimmbädern oder Restaurants und die Anlage von kleinen Parks und Plätzen, die zum Aufenthalt einladen und unterschiedliche Nutzungen zulassen. Auf diese Weise läßt sich die informelle soziale Kontrolle innerhalb von Wohnvierteln und Quartieren verbessern. Bei der städtebaulichen Planung sollte daher die Entstehung reiner Wohn-, Verwaltungs-, Einkaufs- oder Gewerbegebiete vermieden werden. Die Schaffung von halböffentlichen Bereichen, etwa von Gemeinschaftseinrichtungen und begrünten Höfen, erleichtert die Kontaktaufnahme, fördert die Kommunikation unter den Bewohnern, dient der Integration und schafft ein Wohnklima, das die Begehung von Straftaten zumindest nicht begünstigt. Durch Pflegeverträge mit einzelnen Mietern oder öffentlichen Einrichtungen wie Schulen sollte verhindert werden, daß halböffentliche Räume im Umfeld der Gebäude verwahrlosen. Raumpotentiale innerhalb von Gebäuden und wohnungsnahe Freiräume sollen für Kinder und Jugendliche etwa durch Einrichtung von Kleinspielfeldern nutzbar gemacht werden. Zur Verbesserung der Integration sollten in Stadtquartieren soziale Einrichtungen wie Jungendclubs und Stadtteilläden mit Treffpunktcharakter erhalten und/oder geschaffen werden. Dem Abbau von Sicherheitsrisiken dient schließlich die Beleuchtung halböffentlicher und öffentlicher Räume und Eingangsbereiche, die übersichtliche Gestaltung von Grünanlagen und Stellplätzen, die Anlage von Haltestellen für den Personennahverkehr in belebten und nicht in unbewohnten Bereichen und die Vermeidung von Unter- und Überführungen. Empfohlen wird aber auch die Installierung von Überwachungskameras, die potentielle Täter abschrecken und das Sicherheitsgefühl der Bewohner erhöhen sollen.[104]

Auch zur Prävention von Gewalt im Stadion werden spezielle Maßnahmen im Bereich von Architektur und Raumgestaltung vorgeschlagen. Bauliche Maßnahmen dürften nicht zur Verschärfung situationsbedingter Konfliktstrukturen beitragen. Überschaubarkeit und informelle Kontrollmöglichkeiten sollten auch baulich begünstigt werden. Schließlich wird eine Gestaltung unter Fanbeteiligung vorgeschlagen, die eine Identifikation mit dem eigenen Stadion fördert und so ein Verantwortungsgefühl für dessen Zustand entstehen läßt.[105]

---

104 *Senatsverwaltung für Inneres* (Hrsg.) 1994 (Fn. 41), 348-357; auch *Schwind, H.-D./Baumann, J.* u.a. (Hrsg.) 1990 Band I (Fn. 10), 141f.

105 *Senatsverwaltung für Inneres* (Hrsg.) 1994 (Fn. 41), 136f.

II. Kritische, strukturtheoretisch informierte Leitlinien zur Prävention von Gewalttaten Jugendlicher

Gewalt läßt sich als Negation von Kommunikation, als universelle Ersatzsprache definieren. Junge Menschen bedienen sich ihrer vermehrt, weil ihre Ausdrucks- und Kommunikationsmöglichkeiten so beschränkt sind, daß sie zu produktiver Vergemeinschaftung nicht mehr fähig sind, ihre Persönlichkeit nur mehr mit Hilfe von Abwehrstrategien zu stabilisieren vermögen und mit der Weltaneignung überfordert sind. Gewaltpräventive Maßnahmen müssen daher auf die Regeneration kommunikativer Fähigkeiten angelegt sein. Sie müssen darauf zielen, die nachwachsende Generation zu befähigen, ihre Sozialkontakte und Beziehungen kommunikativ statt gewalttätig zu gestalten, ihre Ängste, Aggressionen und Frustrationen produktiv zu bearbeiten und ihrem Leben einen Sinn zu geben. Weil die gewaltproduktive Verarmung von Ausdrucks- und Kommunikationsmöglichkeiten eine Folge des Übergreifens ökonomischer und administrativer Imperative auf kommunikativ strukturierte Lebensbereiche ist, also strukturelle Ursachen hat, sind gesellschaftliche Strukturveränderungen erforderlich, die einer fortschreitenden Erosion kommunikativer Strukturen Einhalt gebieten. Gewalttätige Interaktionsformen werden nur dann abnehmen, wenn es gelingt, die Lebenswelt vor der verdinglichenden Eigendynamik des wirtschaftlichen und administrativen Handlungssystems zu schützen und die moderne Kultur mit einer auf sinnstiftende Traditionen angewiesenen, aber traditionalistisch verarmten Alltagspraxis rückzukoppeln. Nur unter dieser Bedingung können die soziale Integration, die Sozialisation junger Menschen und die kulturelle Reproduktion gewährleistet, der weitere Verbrauch lebensweltlicher Ressourcen aufgehalten und die pathologischen Folgen von Reproduktionsstörungen, insbesondere Entfremdung, Ich-Schwäche, Sinnverlust und Orientierungslosigkeit aufgefangen werden, die Jugendliche zu gewalttätigen Jugendkulturen Zuflucht nehmen lassen. Weil sich auf die Erosion kommunikativer Strukturen nicht nur die Entstehung gewalttätiger Jugendkulturen, sondern mannigfaltige sozialpathologische Erscheinungen zurückführen lassen, werden die notwendigen Strukturveränderungen nicht nur gewaltpräventive Wirkungen entfalten, sondern auch den Rückgang anderer Sozialpathologien begünstigen.

Dem Leidensdruck, den die Konfrontation mit mannigfaltigen pathologischen Symptomen und gerade mit gewalttätigen Jugendkulturen erzeugt, ist es zu verdanken, daß die Bedrohung der symbolischen Strukturen der Lebenswelt durchschaubar geworden ist.[106] Aus der Einsicht, daß nur unter der Voraussetzung ihrer Erhaltung ein zivilisiertes, gewaltfreies Zusammenleben möglich sein wird, die notwendigen strukturpolitischen Konsequenzen zu ziehen, fällt angesichts der Krise der Industriegesellschaft und des Wohlfahrtstaates schwer. Statt die wirtschaftliche und staatliche Ordnung umzugestalten, versuchen Politiker, sie reflexartig zu

106 *Habermas, J.:* Theorie des kommunikativen Handelns, Band II. Frankfurt/M. 1981, 589f., 593.

stabilisieren. Dies ist verfehlt, weil sich das sozialstaatliche Arrangement spätkapitalistischer Gesellschaften unter veränderten wirtschaftlichen und gesellschaftlichen Rahmenbedingungen nicht mehr bewährt und immer weiter an Legitimation verliert. Das öffentliche Entsetzen über Gewalttaten von Jugendlichen belegt, daß das herrschende System seine sozialpathologischen Wirkungen nicht mehr hinreichend abfedert. Ein wirtschaftlich stranguliertes System sozialer Dienste kann das Elend der Erosionsbetroffenen nicht mehr auffangen und verwalten. Weil ein aufgeblähter Wohlfahrtsstaat nicht mehr finanzierbar ist und der spätkapitalistischen Gesellschaft außerdem die Arbeit ausgeht, lassen sich auch verunsicherte Klienten und eine steigende Zahl an Arbeitslosen und von Arbeitslosigkeit Bedrohten nicht länger ruhigstellen. Ein Gleichgewicht zwischen einer normalisierten Beschäftigungsrolle und einer aufgewerteten Konsumentenrolle läßt sich ebensowenig länger herstellen wie ein Gleichgewicht zwischen einer neutralisierten Staatsbürgerrolle und einer aufgeblähten Klientenrolle.[107] Gerade in den Augen erosionsbetroffener Jugendlicher entbehrt das politische System zunehmend der Legitimation.[108] Vielen gibt selbst eine Berufstätigkeit keinen Halt mehr. Statt bei bürokratisch verwalteten sozialen Diensten suchen sie lieber bei gewalttätigen Jugendkulturen Zuflucht, die als Auffanglebenswelten komplexe soziale und persönliche Bedürfnisse befriedigen.[109] Die Legitimationskrise als Chance zu begreifen, heißt den breiten gesellschaftlichen Unmut in politische Auseinandersetzungen über notwendige Strukturreformen zu kanalisieren und die Formen politischer Teilhabe am Entscheidungsprozeß partizipatorisch aufzuladen.[110] Bisher verdankte das politische System seine Legitimation vor allem der Einlösung sozialstaatlicher Programmatiken und der Absicherung des kapitalistischen Wirtschaftssystems, das die Entschädigungsmasse zur Verfügung stellt, die an Konsumenten und Klienten verteilt wird.[111] In Zukunft kann es sich Loyalität und Legitimation nur dann sichern, wenn es sich einer Aufgabe verschreibt, deren Erfüllung insbesondere den Preis unvermeidlicher finanzieller Einbußen wert ist: Strukturreformen, die die Lebenswelt verteidigen und sicherstellen, daß Solidarität erfahrbar bleibt, daß zurechnungsfähige und handlungsfähige Personen heranwachsen können und eine Kontinuität der Überlieferung und eine für die Alltagspraxis und die Lebensbewältigung hinreichende Kohärenz des kulturellen Wissens gewährleistet ist.[112] Nur wenn die gesellschaftliche Modernisierung ihr humanisierendes Potential entfalten kann, Bedürfnisse nach Vergemeinschaftung, Persönlichkeitsentwicklung und -entfaltung

---

[107] So beschreibt *Habermas* die pazifierende Wirkung moderner Wohlfahrtsstaaten, dazu näher mit Nachweisen oben § 5 IV. 5.

[108] Etwa in den Augen vieler Autonomer. Dazu oben § 7 IV. 1. c) und X. 1. c).

[109] Dazu oben § 6 III.

[110] Dazu näher unten III., insbesondere 2. c).

[111] So *Habermas,* dazu oben mit Nachweisen § 5 IV. 5.

[112] Dies ergibt sich aus der Analyse von *Habermas,* dazu näher mit Nachweisen oben § 5 II. 2.

und Orientierung befriedigt werden können und sozialpathologische Entwicklungen eingedämmt werden, wird das politische Gemeinwesen nicht länger durch manifeste Erosionssymptome wie die Entstehung gewalttätiger Jugendkulturen destabilisiert werden. Weil die Übergriffe ökonomischer Imperative auf kommunikativ strukturierte Lebensbereiche gewaltproduktiv sind, sollte die Politik gerade im Interesse der Gewaltprävention den Primat der Wirtschaft in Frage stellen und sich darauf besinnen, daß der Staat vielmehr den Primat der Lebenswelt gegenüber den aus ihren institutionellen Ordnungen ausgegliederten Subsystemen zu behaupten hat – eine Aufgabe, die er nicht erfüllt, solange er sich vom ökonomischen System instrumentalisieren läßt, indem er die Funktion übernimmt, ökonomische Krisen administrativ zu bearbeiten und aufzufangen, damit die kapitalistische Eigendynamik von lebensweltlichen Restriktionen freigehalten wird.[113]

Es liegt demnach auf der Hand, daß auf die strukturellen Ursachen der Entstehung gewalttätiger Jugendkulturen in erster Linie mit strukturpolitischen Maßnahmen zu reagieren ist. Diese müssen den oben dargelegten Maßstäben entsprechen. Sie müssen dem Schutz und der Abschirmung der Lebenswelt sowie der Regeneration kommunikativer Strukturen und Fähigkeiten dienen. Insbesondere darf der Staat sozialstaatliches Recht nicht als Medium einsetzen. Rechtliche Regelungen müssen die Bürger „ermächtigen" und ihre Autonomie fördern und nicht beeinträchtigen,[114] weil sie andernfalls dieselbe kolonialisierende Wirkung entfalten wie die bereits bestehenden sozialstaatlichen Regelungen, die es zu reformieren gilt.[115] Gewaltpräventive Maßnahmen, die auf Strukturveränderungen zielen, müssen Priorität haben. Dennoch soll zunächst ausgelotet werden, ob und inwieweit auch Interventionsmaßnahmen, die den Täter in seinen sozialen Bezügen betreffen oder an ihn als Individuum adressiert sind, gewaltpräventive Wirkung entfalten können. Dies erscheint notwendig, weil Strukturmaßnahmen auf Langzeitwirkung angelegt sind und nur gewährleisten können, daß in Zukunft weniger instabile, entfremdete und orientierungslose und daher vielfach gewaltbereite Jugendliche heranwachsen. Die kritische Würdigung der Maßnahmen, die auf das Individuum oder sein soziales Bezugssystem zugeschnitten sind, hat aber vor allem die Funktion, die Berechtigung der Forderung nach Strukturveränderungen zu erweisen.

1. Individualmaßnahmen

Da die Entstehung gewalttätiger Jugendkulturen auf einen pathologischen Verlauf gesellschaftlicher Modernisierungsprozesse und damit auf strukturelle Ursachen zurückzuführen ist, kurieren Individualmaßnahmen, die verhaltensauffällige, gewalttätige Jugendliche zu gewaltfreiem Verhalten anzuleiten versuchen, grund-

---

113 Daß dies geschieht konstatiert *Habermas,* dazu mit Nachweisen oben § 5 IV. 5.

114 So *Habermas,* dazu oben mit Nachweisen § 5 V.

115 Zur von *Habermas* analysierten Wirkung sozialstaatlichen Rechts, oben mit Nachweisen § 5 IV. 6.

sätzlich nur die Symptome. Solche Maßnahmen mögen im Einzelfall erfolgreich sein. Weil sie die gesellschaftlichen Rahmenbedingungen nicht in Frage stellen und die konkreten Lebensumstände jugendlicher Gewalttäter nicht verändern, werden sie jedoch nicht verhindern, daß auch weiterhin gewaltbereite Jugendliche heranwachsen, die sich gewalttätigen Jugendkulturen anschließen werden.

a) Verhaltenstherapien

Die gewaltpräventive Wirkung von Verhaltenstherapien ist als ambivalent zu beurteilen. Sie mögen zur Kompensation von Kolonialisierungsfolgen, konkret von Sozialisationsdefiziten, beitragen, drohen jedoch als im Regelfall administrativ verordnete Behandlungen gleichzeitig ihrerseits kolonialisierende Wirkungen zu entfalten, soweit sie den Klienten zum Behandlungsobjekt machen und damit seine Selbsttätigkeit und Selbständigkeit nicht fördern, sondern beeinträchtigen.[116] Besonders problematisch ist, daß solche Verhaltenstherapien von der Befindlichkeit und der Lebenssituation der zu behandelnden Gewalttäter abstrahieren, wenn sie im sterilen therapeutischen Kontext die Fremd- und Selbstwahrnehmung schulen und neue Problemlösungen und Handlungsgewohnheiten einüben. Zwar ist die Annahme, daß nicht selten selektive Wahrnehmung und einseitige Bewertung von Personen und Handlungsabläufen zu aggressiven Reaktionen führen,[117] sicherlich richtig. Auch den Projektionen junger Täter, mit denen diese die Realität verfälschen, ist jedoch vor dem Hintergrund ihrer persönlichen Lebens- und Beziehungserfahrungen Plausibilität und symbolische Angemessenheit nicht ohne Weiteres abzusprechen. Die Schulung der Selbstwahrnehmung als bloßer Affektbeobachtung hat klinisch technologischen Charakter und vernachlässigt komplexere psychische Realitäten, latente Gefühle von persönlicher Bedeutungslosigkeit, Nichtigkeit und sozialer Unfähigkeit. Schließlich ist auch durchaus fraglich, ob sich in Rollenspielen eingeübte Problemlösungen und Handlungsgewohnheiten in der Realität bewähren werden. Ob sie den interaktiven Test im sozialen Bezugsfeld der Gewalttäter bestehen, hängt letztlich von der Reaktion ihrer Interaktionspartner ab. Spott zu ignorieren, sich zu entschuldigen oder anderen Anerkennung auszusprechen sind positiv zu bewertende Verhaltensweisen. Wenn das Verhalten des nach allgemeinen Maßstäben souverän Agierenden diesem jedoch in seiner sozialen Bezugsgruppe, etwa von anderen Cliquenmitgliedern als Schwäche ausgelegt wird, wird dieser sich nicht als kompetenter Aktor erleben. Der persönlichkeitsstabilisierende Effekt, den das Fertigkeitstraining verspricht, bleibt aus. Verhaltenstherapien werden daher nur dann erfolgreich sein, wenn sie komplexe kommunikative Fähigkeiten vermitteln, d.h. vor allem die Teilnehmer befähigen, die normative Angemessenheit ihres Verhaltens mit guten Gründen auch außerhalb der Therapiegruppe zu verteidigen *und* wenn es den Teilnehmern tatsächlich möglich ist, in ihrem Lebens-

---

116 So *Habermas,* dazu oben mit Nachweisen § 5 IV. 6.

117 Dazu oben mit Nachweisen I. 1. a)

alltag die Erfahrung zu machen, sich sozial zu bewähren. Daß Therapien die zweite Bedingung nicht gewährleisten können, haben die Verfechter personenbezogener Verhaltenstherapien selbstkritisch erkannt.[118]

Daß das Anti-Aggressionstraining als spezifische Form des Verhaltenstrainings die kommunikativen Fähigkeiten der Teilnehmer verbessern soll, erscheint auf den ersten Blick zweifelhaft. Sein konfrontativer Charakter gibt Anlaß zu der Befürchtung, daß die Gewalttäter eher eingeschüchtert werden, angesichts aggressiver Vorhaltungen erst recht verstummen und sich, konfrontiert mit dem von ihnen verursachten Leid, noch erbärmlicher fühlen als ohnehin. Positive Wirkungen kann es jedoch dann entfalten, wenn es den Therapeuten gelingt, den Täter im Gespräch mit anderen Tätern zur Reflexion anzuregen und zum Sprechen zu bringen. Nur wer versucht, die Notwendigkeit des Einsatzes von Gewalt zu begründen und sich auf die Einwände einzulassen, kann begreifen, daß man auf Gewalt verzichten kann und sollte. Nur wer die Rechtfertigungen seiner Taten begründen muß, kann einsehen, daß sie nicht tragen. Und nur wer über seine vermeintliche Härte und Unverletzlichkeit nachzudenken angeregt wird, kann lernen in ein komplexeres Selbstgespräch einzutreten. Die Befähigung zur Reflexion und zum Diskurs als der Fortsetzung kommunikativen Handelns mit anderen Mitteln[119] erhöht zumindest die Wahrscheinlichkeit, daß sich Gewalttäter innerhalb ihrer sozialen Bezugssysteme als souveräne Aktoren erleben. Soweit sie gelernt haben, ihr von den Gruppenerwartungen abweichendes Verhalten zu begründen, sind sie in der Lage, auf die Reaktionen ihrer „peers" sprachlich zu reagieren, d.h. Handlungsfähigkeit zu beweisen, und ihr Verhalten auch im Selbstgespräch meta-kommunikativ zu rechtfertigen. Meta-kommunikative Fähigkeiten können daher Ich-Schwäche kompensieren, was allerdings nicht bedeutet, daß Ich-Stärke ohne Weiteres befähigt, die Versagung von Anerkennung wichtiger Bezugspersonen zu ertragen. Ob die Solidarität mit dem potentiellen, meistens persönlich nicht bekannten Opfer in konkreten Handlungssituationen die Distanzierung durch die eigene Bezugsgruppe zu kompensieren vermag, muß bezweifelt werden. Die Auseinandersetzung mit dem Leiden von Opfern und die Versprachlichung von Schuld und Mitleid in einem Entschuldigungsbrief kann jedoch, auch wenn dieser nicht abgesandt wird, die Selbsterfahrung bereichern. Der Täter erlebt im Abgeschirmten, wo seine Gefühle nicht als Schwäche ausgelegt werden und ihn angreifbar machen, daß er zur Empathie fähig ist. Dies ist eine Chance, basale Entfremdungserfahrungen, das Gefühl, daß einen mit den „Anderen" nichts zu verbinden scheint, im Ansatz zu überwinden. Daß für den Gewalttäter Zwischenmenschlichkeit dann auch in der Begegnung mit realen Interaktionspartnern erfahrbar wird und er in positiven Erwartungen bestätigt und nicht enttäuscht wird, können die Therapeuten des Anti-Aggressionstrainings allerdings nicht gewährleisten. Auch der Erfolg des Anti-

---

[118] Dazu oben mit Nachweisen I. 1. a).

[119] So *Habermas,* dazu oben mit Nachweisen § 5 I.

Aggressionstrainings wird daher letztlich durch das soziale Bezugsfeld des Täters bestimmt.

b) Polizeiliche Prävention

Polizeiliche Maßnahmen bezwecken die Isolierung der Mitglieder gewalttätiger Jugendkulturen und die Desintegration jugendkultureller Gruppierungen und ignorieren die Bedürfnisse, die diese Gruppierungen befriedigen. Letztlich wirken sie paradox, weil sie mit der Erhöhung des Strafverfolgungsrisikos durch erkennungsdienstliche Erfassung die nicht selten unter Lebens- und Zukunftsängsten leidenden Gewalttäter zusätzlich mit der Angst vor Strafverfolgung „belasten". Einzelne mögen sich tatsächlich einschüchtern lassen und sich aus ihrer Clique zurückziehen.[120] Die erhöhte Angstbelastung läßt sich jedoch grundsätzlich am besten in einer Gruppe ertragen, die gegen den „Feind" zusammensteht, und wird daher vielfach die jungen Gewalttäter noch fester aneinander binden.

c) Strafrechtliche Repression

Strafrechtliche Repression ist im Prinzip unentbehrlich, ihre Präventivwirkung in Bezug auf gewalttätige Jungendliche ist jedoch zweifelhaft. Sie ist unentbehrlich, weil gerade das Strafrecht sicherstellt, daß das Netz der sozialintegrativen gesamtgesellschaftlichen Kommunikation nicht reißt.[121] Es leistet grundsätzlich, ganz im Sinne DUKRHEIMS, einen Beitrag zur Reproduktion der das gesellschaftliche Zusammenleben regelnden normativen Ordnung, weil durch die Verhängung einer Sanktion die Geltung der verletzten Norm wiederhergestellt und die Unverletzlichkeit basaler Gemeinschaftswerte wie Leben, körperliche Unversehrtheit und Eigentum bekräftigt wird. Zweifelhafter ist, ob die Gestaltung des Strafverfahrens und die Sanktionspraxis auch im Einzelfall gewaltpräventiv wirken. Dies würde voraussetzen, daß das Verfahren zur Regeneration der kommunikativen Fähigkeiten des Angeklagten beiträgt und sozialisatorische Wirkung entfaltet. Strafen sind zwar im Prinzip geeignet, dem Täter, auch dem jungen Täter, das Unrecht seiner Tat vor Augen zu führen und seine etwaigen Rechtfertigungen als inakzeptabel zurückzuweisen. Sie leisten jedoch keinen Beitrag zur Wertinternalisierung und generieren auch keine Motivationen für normenkonformes Handeln, an denen es jungen Gewalttätern, die im Regelfall spontan und affektgesteuert handeln, in erster Linie fehlt. Wertinternalisierung und die Stabilisierung von Motivationen für normenkonformes Verhalten können letztlich nur in aufwendigen kommunikativen Prozessen gelingen, nicht aber in einem nicht konsensorientierten, den Strukturen verständigungsorientierten Handelns nicht angemessenen, sondern auf Entscheidung, nämlich die Verhängung einer Strafe angelegten Strafverfahren.

---

[120] Dazu oben § 7 VII. 1. a) und b).

[121] So *Habermas*, dazu oben mit Nachweisen § 5 VI.

Es ist immerhin zu begrüßen, daß insbesondere im Jugendstrafrecht neben der Strafe alternative Sanktionen zur Verfügung stehen. Auch die im Jugendgerichtsgesetz vorgesehenen Sanktionsalternativen dienen jedoch näher besehen nur bedingt der Regeneration kommunikativer Fertigkeiten und der Sozialisation der Täter. Wenn dem jungen Gewalttäter aufgeben wird, soziale Dienste in Anspruch zu nehmen, sich etwa einem Betreuungshelfer oder einer Aufsichtsperson zu unterstellen, bleibt deren gewaltpräventive Wirkung ambivalent. Denn nur wenn dieser die Selbsttätigkeit und Eigenverantwortlichkeit seines Klienten zu fördern weiß, kann die Betreuung Sozialisationsdefizite kompensieren helfen, etwa dazu beitragen, die eingeschränkten interaktiven Kompetenzen des Gewalttäters zu erweitern. Wird der Jugendliche dagegen zum bloßen Aufsichtsobjekt, trägt die Betreuung eher zur Verfestigung erosionsbedingter Ich-Schwäche bei. Die Weisung, bei einer Familie zu leben, kann die Sozialisationsbedingungen verbessern. Der Wechsel des sozialen Bezugssystems mutet jungen Gewalttätern aber auch erhebliche soziale Anpassungs- und Neuorientierungsleistungen zu, die sie angesichts ihrer ohnehin eingeschränkten kommunikativen Fähigkeiten nicht selten überfordern werden. Noch dramatischer kann sich insoweit die Anordnung von Heimerziehung auswirken, die die Täter nicht nur entwurzelt, sondern ihnen die Eingliederung in eine administrativ verwaltete soziale Zwangsgemeinschaft abverlangt. Nachgerade hilflos muten Weisungen an, die dem Gewalttäter aufgeben, sich aus kriminogenen sozialen Kontexten herauszuhalten. Soziale Bezugsfelder sind für jedermann unentbehrlich. Weil soziale Beziehungen gewachsen sind, kann der Angewiesene die alten Beziehungen auch nicht ohne Weiteres durch neue ersetzen. Entsprechende Weisungen ignorieren daher letztlich fundamentale soziale und damit immer auch kommunikative Bedürfnisse und tragen daher zur Regeneration kommunikativer Fähigkeiten nicht bei. Auch die gewaltpräventiven Wirkungen sozialer, im Regelfall verhaltenstherapeutischer Trainingskurse sind skeptisch zu beurteilen.[122] Am positivsten ist die Einführung des Täter-Opfer-Ausgleichs zu bewerten, weil er den Täter zumindest kommunikativ herausfordert und die Konfrontation mit dem Opfer, seinem Leid und seinen Vorwürfen Anstoß zu bewegender Selbstkritik geben und dazu beitragen kann, zwischenmenschliche Fremdheit und Indifferenz zu überwinden.[123] Es besteht jedoch stets das Risiko, daß die Bereitschaft der Täter, sich um einen Ausgleich mit dem Opfer zu bemühen, rein strategisch motiviert ist und in der Erwartung erklärt wird, gravierendere Sanktionen abzuwenden. Sofern der Täter das Opfer auf diese Weise zu instrumentalisieren versucht, sind produktive Lernprozesse praktisch ausgeschlossen.

---

[122] Dazu oben a).

[123] Zur Wiedergutmachung als „Lern- und Kommunikationskonzept, das die Vermittlung von Einsicht und positiven Erfahrungen verspricht“, *Albrecht, H.-J./Kilchling, M.* (wie Fn. 21), 89, ebenda auch 92f.

2. Der Täter in seinen sozialen Bezügen

Kommunikative Fähigkeiten lassen sich nur in kommunikativen Prozessen regenerieren. Gleichzeitig gewährleistet verständigungsorientiertes Handeln die soziale Integration, Sozialisation und Enkulturation. Maßnahmen, die den Täter in seinen sozialen Bezügen betreffen und darauf zielen, den kommunikativen Austausch innerhalb seiner sozialen Bezugssysteme zu revitalisieren, sind daher besser als Individualmaßnahmen geeignet, Integrations-, Sozialisationsdefizite und Orientierungslosigkeit zu kompensieren und damit gewaltpräventive Wirkung zu entfalten. Der Verbesserung der Kommunikation innerhalb des sozialen Nahfeldes der Gewalttäter sind jedoch durch die strukturellen Rahmenbedingungen Grenzen gesetzt, die Strukturreformen als unverzichtbar erscheinen lassen.

a) Familientherapie

Die Erkenntnisse der Familienpsychologie belegen, daß die Eltern in einer rationalisierten Lebenswelt mit der Aufgabe der Erziehung vielfach überfordert sind. Inkonsequentes Erziehungsverhalten ist als Ausdruck erzieherischer Verunsicherung eine Folge der Enttraditionalisierung, des Verlustes erzieherischer Gewißheiten. Zu strenge, insbesondere gewalttätige Reaktionen auf kindliches Fehlverhalten sind ein Zeichen erzieherischer Ohnmacht und belegen, daß die Eltern den kommunikativen Anforderungen an die Erziehung nicht gewachsen sind.[124] Weil insbesondere die Wertinternalisierung und die Stabilisierung von Motivationen zu normenkonformem Handeln nur gelingen können, wenn erzieherische Maßnahmen konsistent und begründungsfähig sind, verwundert es nicht, daß immer mehr aggressive, gewaltbereite Kinder heranwachsen, die interaktiven Herausforderungen nicht gewachsen sind. Wer Willkür in normativen Fragen erlernt, ist nicht in der Lage, seine interpersonalen Beziehung seinerseits legitim zu ordnen. Wenn Eltern daher in Familientherapien zu konsequentem und angemessenem, begründungsfähigem erzieherischen Verhalten und zur Orientierung an klaren und eindeutigen Regeln angeleitet werden,[125] wird sich dies positiv auf die Sozialisation von Kindern und Jugendlichen auswirken.

Die Entwicklung gefestigter Persönlichkeiten, die Deckung des gestiegenen Bedarfs an Interpretationen und die Erfahrung sozialer Zugehörigkeit und Zusammengehörigkeit können jedoch letztlich nur in aufwendigen kommunikativen Prozessen gelingen. Die Verbesserung der Sanktionstechnik allein kann die Sozialisation der nachwachsenden Generation nicht gewährleisten. Dies haben auch Familientherapeuten erkannt. Sie fordern daher die Eltern auf, mehr Zeit mit ihren Kindern zu verbringen und betonen, daß die familiäre Kommunikation insge-

---

[124] Dazu ausführlicher oben § 6 II. 1. und 2.

[125] Dazu oben I. 2. a).

samt verbessert werden muß.[126] Ob dies gelingen kann, hängt jedoch wesentlich von den familiären Lebensbedingungen ab, auf deren Veränderung Verhaltenstherapeuten kaum Einfluß haben. Bei ungünstigen Familienkonstellationen, wenn Familien unter sozialer Benachteiligung und einem hohen Maß an Streß leiden, keine ausreichende soziale Unterstützung erfahren oder durch psychische Störungen eines Elternteils belastet sind, sind Eltern bereits mit der Einübung basaler erzieherischer Verhaltensmuster überfordert.[127] Erst recht werden sie komplexeren Erziehungsaufgaben nicht gewachsen sein. Überlastung und Überforderung der Eltern haben strukturelle, gesellschaftliche Ursachen: Sie sind auf die systemische Vereinnahmung der erwerbstätigen Eltern in ökonomischen Organisationen zurückzuführen und beweisen, daß die monetäre sozialstaatliche Absicherung und das Angebot sozialer Dienste soziale Notlagen nur unzureichend abfedern. Insbesondere in sozialen Belastungssituationen wird offenbar, daß nicht nur Kinder und Jugendliche, sondern auch die Eltern von den Auswirkungen der Übergriffe ökonomischer und administrativer Rationalität auf die Familie als kommunikativ strukturiertes soziales Bezugssystem betroffen sind und daher den komplexen Erziehungsaufgaben in der rationalisierten Lebenswelt nicht mehr gewachsen sind. Nur Strukturreformen, die den Lebensraum Familie vor systemischer Vereinnahmung schützen und gewährleisten, daß die kommunikativen und damit erzieherischen Fähigkeiten der Eltern nicht weiter beeinträchtigt werden, können daher langfristig die innerfamiliären Sozialisationsbedingungen nachhaltig verbessern und dazu beitragen, daß weniger gewaltbereite Kinder und Jugendliche heranwachsen.

b) Gruppenbezogene Sozialarbeit und Präventionsprogramme

Gruppenbezogene Sozialarbeit, der die Einsicht zugrunde liegt, daß gewalttätige Jugendliche auf ihre soziale Bezugsgruppe existentiell angewiesen sind und daher als Mitglieder ihrer Clique angesprochen werden müssen, ist grundsätzlich sehr geeignet, gewaltpräventiv zu wirken. Sozialpädagogen, die sich mit ihrer Freizeitarbeit bemühen, das bisherige gewaltzentrierte Verhaltensrepertoire gewalttätiger Jugendlicher durch sozial produktive Verhaltensmuster zu erweitern, eröffnen diesen Möglichkeiten positiver Selbsterfahrungen: Wenn es Sozialpädagogen gelingt, eine Gruppe zu produktiven Tätigkeiten, etwa die Mitglieder einer Skinheadclique zu einer musikalischen Produktion anzuregen,[128] können sich die Gruppenmitglieder ihrer wenn auch vielleicht eingeschränkten Handlungsfähigkeit versichern und im besten Fall ihre Ausdrucks- und Kommunikationsmöglichkeiten erweitern. Gleichzeitig erfahren sich Jugendliche, deren Gruppe sich bisher im wesentlichen über gemeinsame gewalttätige Aktionen integriert hat, als zur produktiven Vergemeinschaftung fähig. Soweit die gemeinsamen Freizeitaktivitäten als sinnvoll er-

---

[126] Dazu oben I. 2. a).

[127] Dazu oben I. 2. a).

[128] Zu einem erfolgreichen Projekt dieser Art, *Scherer, H./Wieczorik, M.* 1992 (Fn. 47), 69-85.

lebt werden, tragen die sozialpädagogisch induzierten Prozesse schließlich zum Abbau von Sinnverlusten bei. Die Bereitstellung von Räumlichkeiten für Jugendkulturen ist daher zu begrüßen. Allerdings kann nur eine konstruktive Betreuung, die Hilfe zur Selbsthilfe leistet, gewährleisten, daß Symptome der Erosion kommunikativer Strukturen wirklich alternativ kompensiert werden. Die street-worker-Arbeit ist vor allem deshalb positiv zu bewerten, weil sie, anders als andere sozialtherapeutische Programme, keine kolonialisierende Wirkung zu entfalten droht. Streetworker sind in öffentlichen Räumen präsent und gehen auch auf gewalttätige Jugendliche zu. Letztlich müssen diese jedoch selbst zum Kontakt bereit sein. Sie können sich an der Freizeitarbeit beteiligen, müssen es aber nicht. Weil von ihnen Eigeninitiative gefordert wird, werden sie nicht zum bloßen Objekt therapeutischer Behandlung. Streetworker-Arbeit fördert daher die Selbsttätigkeit der Jugendlichen und gibt ihnen Gelegenheit, sich ihrer interaktiven Fähigkeiten zu versichern und diese zu verbessern.

Das Konzept der „akzeptierenden Jugendarbeit“ ist auch in der Arbeit mit rechtsextremen Gewalttätern ausdrücklich zu unterstützen. Die den Jugendlichen entgegengebrachte Akzeptanz kann Entfremdung überwinden helfen. Streetworker, die sich auf das Lebensgefühl und die Probleme der Täter einzustellen versuchen, geben durch ihre Kommunikationsbereitschaft ein Beispiel und können zur Regeneration kommunikativer Fähigkeiten beitragen. Weil sie den Jugendlichen zuhören und ihre Perspektive einzunehmen versuchen, eröffnen sie Gewalttätern die Möglichkeit, am Modell zu lernen. So lassen sich basale Sozialisationsdefizite vielleicht zumindest im Ansatz kompensieren. Zunächst auf Belehrungen, insbesondere auf die schroffe Kritik an rechtsextremen Überzeugungen zu verzichten, erscheint sinnvoll und geboten, weil Kritik und Belehrung von instabilen Persönlichkeiten nicht selten als Distanzierung ihrer Person verstanden werden und das Vertrauensverhältnis und damit auch die Voraussetzungen nachhaltiger Einflußnahme zerstören. Im übrigen schließt die „akzeptierende Jugendarbeit“ nicht aus, daß die Jugendarbeiter deutlich machen, daß sie selbst rechtsextreme Überzeugungen nicht teilen. Dies ist sogar anzuraten, weil gewalttätige Jugendliche lernen müssen, daß inhaltliche Differenzen es nicht ausschließen, den Interaktionspartner als Person zu akzeptieren. Der Versuch, rechtsextremen Jugendlichen bei der Lebensbewältigung zu helfen und kreative Handlungsperspektiven zu eröffnen, ist vor allem deshalb angemessen, weil dies der Bekämpfung der *Ursachen* für die Übernahme rechtsextremistischer Orientierungen dient. Rechtsextremistische Jugendliche und Skinheads sind im Regelfall keine Systemoppositionelle und haben im Regelfall kein stimmiges ideologisch verfestigtes Weltbild. Sie greifen vielmehr Ideologiefragmente auf, weil sie mit der Weltaneignung und der Lebensbewältigung überfordert sind und nach Schuldigen suchen, auf die sie die eigenen Zukunftsängste und Versagenserfahrungen projizieren können.[129] Daß Verfechter

[129] Dazu oben § 7 X. 1. b) und XII. 1. b) und 2. d).

„akzeptierender Jugendarbeit“ sich auf die sozialpädagogische Aufgabe beschränken wollen, Jugendlichen zu helfen, „aus ihrem Leben etwas zu machen“ und sich in der Realität besser zurechtzufinden,[130] sich aber der Aufgabe, die Ausbreitung rechtsextremistischer Orientierung zu verhindern, verweigern, ist angemessen.[131] Denn weil die Affinität breiterer Bevölkerungsschichten und nicht nur rechter Gewalttäter für sozialdarwinistische, rechtsextreme Vorstellungen strukturelle Ursachen hat,[132] ist deren Bekämpfung in der Tat eine gesellschaftspolitische Aufgabe, die einzelne Sozialarbeiter nicht erfüllen können.

Allerdings sind nicht mehr alle erosionsbetroffenen Jugendlichen mit dieser in erster Linie freizeitorientierten Jugendarbeit zu erreichen. Dies belegen die auf Hooligans zugeschnittenen Fan-Projekte, die Fußballturniere, Fahrten zu Spielen und Veranstaltungen mit Profispielern anbieten und Hilfestellung bei der Gestaltung von Fanzeitschriften geben.[133] Wenn Hooligans sich insoweit kaum ansprechen und einbinden lassen, so läßt dies befürchten, daß die Folgen der Erosion kommunikativer Strukturen kaum mehr zu kompensieren sind. Sinnvolle Freizeitaktivitäten können Sinnverluste und Orientierungslosigkeit offenbar nicht mehr auffangen, und das Persönlichkeitssystem ist so instabil, daß es sich nur mehr über Gewaltrituale, nicht aber über die Mitwirkung an produktiven gemeinschaftlichen Aktivitäten zu stabilisieren vermag. Vor diesem Hintergrund erscheint es beinahe naiv, wenn Pädagogen hoffen, ein wohnnahes Angebot an Sport- und Freizeitstätten, in denen Kinder und Jugendliche Bedürfnisse nach Bewegung, Abenteuer und Spannung befriedigen können, könnte das Gewaltproblem wirkungsvoll entschärfen. Denn Hooligans leiden offenbar in einem Maße an emotionaler Indifferenz und aufgestauten Aggressionen, daß sie nur mehr nackte Gewalt und das Erleiden oder Zufügen körperlicher Schmerzen erregen, befriedigen und entlasten können. Daß daher auch der Versuch der polizeilichen Überwachung und der Kontrolle der durch die Städte ziehenden Hooligans[134] ein hilfloses ordnungspolitisches Unterfangen ist, das die psycho-soziale Funktion der Gewaltrituale einfach ignoriert, liegt auf der Hand.

c) Innerschulische und pädagogische Maßnahmen

Die Schule ist als zweite Sozialisationsinstanz neben der Familie zur Wahrnehmung sozialisatorischer Aufgaben berufen. Gleichzeitig ist sie ein wichtiges soziales Bezugssystem junger Menschen. Es liegt daher in der Tat nicht fern, von der Schule einen Beitrag zur Gewaltprävention, zur Kompensation von Erosionssymptomen, insbesondere von Integrations-, Sozialisations- und Enkulturationsdefizi-

130 Dazu oben I. 2. c).

131 Dazu oben I. 2. c).

132 Dazu näher unter d).

133 Dazu oben I. 2. d).

134 Dazu oben I. 2. d).

ten und zur Erweiterung eingeschränkter kommunikativer Kompetenzen zu erwarten.

Pädagogische Konzepte, die auf die Vermittlung kommunikativer und sozialer Kompetenzen zielen, sind daher in jedem Fall zu begrüßen. Im Bereich der Gewaltprävention können Übungen zur friedlichen Beilegung von Konflikten und insbesondere die Einführung von Verfahren der Streitschlichtung, die die Eigenverantwortlichkeit der Schüler stärken, positiv wirken.[135] Sie bieten den Schülern Gelegenheit zu lernen, Konflikte als interaktive Herausforderungen zu begreifen, die sich unter Rekurs auf allgemein anerkannte Regeln produktiv und nicht nur gewaltförmig bewältigen lassen. Schüler erleben sich dabei als kompetente Aktoren, eine Erfahrung, die geeignet ist, das Vertrauen in die eigenen interaktiven, kommunikativen Fähigkeiten zu stärken und Ich-Schwäche zu kompensieren. In Schülergremien, die im Schulalltag auftretende Probleme und Konflikte bearbeiten, um eine gerechte und faire Lösung zu finden,[136] können Schüler, die den Anforderungen einer prinzipiengeleiteten Moral an die moralisch-praktische Willensbildung nicht gewachsen sind und daher dazu neigen, Konflikte eher gewalttätig zu entscheiden als kommunikativ zu bearbeiten, ihre argumentativen Fähigkeiten erweitern und lernen, die normative Richtigkeit ihrer eigenen Position argumentativ einzulösen und die Berechtigung abweichender Positionen zu verstehen. Wenn im Unterricht Themen mit lebensweltlichen Bezügen aufgegriffen werden, die die Schüler im Alltag beschäftigen,[137] kann die Schule einen Beitrag zur Kompensation gewaltproduktiver Orientierungslosigkeit leisten. Lehrer, die auf dirigistische Unterrichtsmethoden verzichten und nicht autoritär und distanziert auftreten, sondern auf die Gedanken und Gefühle der Schüler eingehen und sich um „einfühlendes Verstehen“ bemühen,[138] können den Schülern helfen, Entfremdungserfahrungen zu überwinden. Der Sportunterricht kann schließlich die Kooperationsbereitschaft der Schüler fördern und etwa den Mitgliedern einer Spielmannschaft ein Gefühl von Zusammengehörigkeit vermitteln. Spielerisch erlernen sie, daß auch die gemeinschaftliche Verfolgung produktiver Handlungsziele Solidarität zu stiften vermag.[139]

Der Erfolg aller gewaltpräventiven pädagogischen Bemühungen wird jedoch durch die systemische Vereinnahmung der Schule geschmälert, wenn nicht gar zunichte gemacht. Denn weil die Schule in egalitären, posttraditionalen Gesellschaften die Funktion übernommen hat, Berufs- und Lebenschancen zuzuteilen und mittlerweile der Konkurrenz- und Leistungsdruck sogar die Grundschule erfaßt hat, ist die Schule immer weniger ein Ort, an dem die komplexen Anforderungen sozia-

---

[135] Dazu oben I. 2. e).

[136] Dazu oben I. 2 e).

[137] Dazu oben I. 2. e).

[138] Dazu oben I. 2. e).

[139] Dazu oben I. 2. e).

len Gemeinschaftslebens erlernt werden können und an dem Solidarität erfahrbar wird. Vielmehr ist der Schulalltag von den Erwartungen und Imperativen des Beschäftigungssystems bestimmt und die Schüler sind schon in jungen Jahren gezwungen, sich in objektivierender, erfolgsorientierter Erwartung gegenüberzutreten. Die Spezialisierung der Schule auf die Vermittlung von Kompetenzen, die für die Teilnahme am Erwerbsleben erforderlich sind, und die Verabsolutierung von „Werten“ wie Erfolg und Leistung machen alle innerschulischen Bemühungen, soziale Kompetenzen zu vermitteln und zur Gewaltprävention beizutragen, zu einem paradoxen Unterfangen. Denn die Erfolgsorientierung behindert die Internalisierung von Werten wie Gleichheit, Toleranz und Rücksichtnahme und ist der Vergemeinschaftung der Schülerschaft abträglich.[140] Die Einrichtung von demokratischen Entscheidungsgremien und Verfahren der Streitschlichtung bleibt eigentümlich hilflos, solange keinerlei Anstrengungen gemacht werden, auch die strukturellen Ursachen von Konflikten und unfairem Verhalten zu beseitigen. Gruppenarbeit, die Kooperation fördern, Rivalitäten überwinden und der Gemeinschafts–erziehung dienen soll, verschleiert nur den fortbestehenden Leistungs- und Erfolgs–druck, ohne die Schüler wirklich zu entlasten. Auch der Versuch, für die Lage von Minderheiten zu sensibilisieren, ist in einem Klima, in dem sich jeder selbst der Nächste ist, zum Scheitern verurteilt. Der Versuch, individuelle Leistungsbereitschaft *und* soziale Kompetenzen zu fördern, kommt daher einer Quadratur des Kreises gleich. Ohne schulpolitische Strukturreformen ist dieses Dilemma nicht zu lösen.[141] Allgemeine Empfehlungen, den Konkurrenz- und Leistungsdruck zu verringern, ein Übermaß an Mißerfolgs- und Versagenserlebnissen zu vermeiden, soziales Verhalten zu fördern und die Schüler an wertgeschätzte Gedanken und Güter zu binden,[142] sind nicht nur unspezifisch und allgemein, sondern vor allem hilflos. Sie werden unter den herrschenden strukturellen Bedingungen bloße Lippenbekenntnisse bleiben.

Gewaltpräventive pädagogische Initiativen werden zusätzlich erschwert, weil die Entwicklung der Schüler außerhalb der Schule durch ihre sozialen Bezugssysteme geprägt und bestimmt wird. Soweit das Erziehungsverhalten der Eltern aggressive Neigungen und Gewaltbereitschaft fördert, werden schulische Lernangebote im familiären Alltag konterkariert. Sofern Schüler in ihrer Freizeit unter dem Einfluß gewalttätiger Jugendkulturen stehen, wird es ihnen schwer fallen, sich innerhalb ihrer Clique aus gewalttätigen Aktionen herauszuhalten, ohne die eigene Akzeptanz und Anerkennung zu gefährden. Es ist daher richtig, wenn die Schule versucht, Eltern einzubeziehen und mit ihnen zusammenzuwirken und den Übergang zur

---

140 Dazu ausführlich oben § 6 II. 4. a).

141 Zu diesen unten 3. c).

142 Dazu oben I. 2. e).

Freizeit mitzugestalten.[143] Die Reichweite pädagogischer Einflußnahme auf außerschulische Kontexte darf allerdings nicht überschätzt werden.

d) Politische Bildung

Pädagogen versuchen verstärkt, der Zunahme *rechtsextremer* Gewalttaten mit politischen Bildungsangeboten zu begegnen. Gegen *linksextrem* motivierte Gewalt meint man, auf diese Weise offenbar weniger ausrichten zu können. Dies mag damit zusammenhängen, daß Verfechter der grundsätzlich staatstragenden politischen Bildung, die demokratische Grundüberzeugungen und menschenrechtliche Grundstandards vermittelt wollen,[144] die Auseinandersetzung mit der fundamentalen Systemkritik linksextremer Gewalttäter scheuen – vielleicht nicht zuletzt, weil deren rationaler Kern eigene Grundüberzeugungen und Gewißheiten durchaus in Frage zu stellen geeignet ist. Es erscheint in der Tat mehr als zweifelhaft, ob die Mitglieder anomischer Jugendkulturen, in deren Augen die gesellschaftlichen Institutionen und damit auch Schulen und Bildungseinrichtungen der Legitimation entbehren, mit wohlgemeinten, aber im Regelfall nur bedingt kritischen Aufklärungsangeboten noch zu erreichen sind. Auf sie werden allenfalls grundlegende Strukturreformen Eindruck machen, die etwa den Primat des von ihnen verhaßten kapitalistischen Systems in Frage stellen und Autonomie und Selbstbestimmung nachhaltig zu fördern geeignet sind.

Skeptisch beurteilt werden muß aber auch die gewaltpräventive Wirkung politischer Bildung auf rechtsextremistisch orientierte Gewalttäter, etwa Skinheads. Erfolgversprechend erscheinen allenfalls Bildungsangebote, die nicht allein auf politische Aufklärung hin angelegt sind, sondern komplexere soziale Lernziele verfolgen und etwa die Kooperation von deutschen und ausländischen Mitschülern fördern. Die Erfahrung produktiver Zusammenarbeit kann dazu beitragen, die Berechtigung von Vorurteilen und diskriminierenden Zuschreibungen in Frage zu stellen und zu überwinden[145] und die eigenen interaktiven Fähigkeiten zu verbessern. Wer sich selbst als kompetenter Interaktionspartner erlebt, wird sich weniger ohnmächtig fühlen und sich seltener als Versager erleben. Soziale Lernerfahrungen, die die Persönlichkeit stärken, sind am ehesten geeignet, rechtsextremistische Einstellungen abzubauen, weil gerade Ich-Schwäche instabile und gewaltbereite Persönlichkeiten für rechtsextremistische Ideologien empfänglich macht. Die meisten Skinheads sind keine ideologischen Überzeugungstäter und Systemoppositionelle, sondern eignen sich lediglich rechtsextremistische und neonazistische Ideologiefragmente an, um die eigenen Entfremdungserfahrungen „sinnvoll“ zu interpretieren, diffuse Zukunftsängste zu konkretisieren, Orientierung zu gewinnen

---

143 Dazu oben I. 2. e).

144 Dazu oben I. 2. e).

145 Zu pädagogischen Ansätzen zur Reduktion von Intergruppenkonflikten oben I. 2. b).

und Ich-Schwäche zu kompensieren.[146] Nur politische Bildungsangebote, die komplexe Integrations-, Sozialisations- und Enkulturationsdefizite kompensieren, können rechtsextremistische Überzeugungen „entbehrlich" machen. Intellektualistische politische Bildungsangebote, die die Ursachen der Entstehung rechtsextremer Jugendkulturen ignorieren, leisten dagegen keinen Beitrag zu deren Auflösung. Auch klare politische Stellungnahmen von Pädagogen und Betreuern, sachkundige Repliken auf Argumentationen, die mit Falschinformationen durchsetzt sind, und die Entlarvung von Geschichtslegenden[147] werden nur im Kontext entsprechend komplex ausgerichteter Unterrichtseinheiten nicht auf taube Ohren treffen.

Die gesellschaftlichen Rahmenbedingungen erschweren jedoch auch komplexe politische Bildungsarbeit, die die Schüler zum gewaltfreien, gleichberechtigten Umgang mit ihren Mitmenschen anleiten will und befähigen soll, die Perspektive des Anderen zu übernehmen.[148] Die Schüler davon zu überzeugen, daß vermeintliche kulturelle Konflikte sich genauer besehen als soziale oder ökonomische Konflikte erweisen, ist schwer, wenn auch gesamtgesellschaftlich und möglicherweise im Elternhaus[149] soziale Probleme ethnisiert werden. Rassismus unter den Mitgliedern eines Klassenverbandes abzubauen, kann schwerlich gelingen, wenn schon innerhalb der Schule, durch Verwaltungs- und Organisationsentscheidungen, rassistische Vorurteile bestätigt und gefestigt werden.[150] Solange gesamtgesellschaftlich verkannt wird, daß ein sozial nicht regulierter, global entfesselter Kapitalismus sozialdarwinistischen und damit auch rechtsextremistischen Vorstellungen den Nährboden bereitet[151] und unter Jugendlichen einen symbolischen Kampf ums soziale Überleben und ganz konkret um die Vorherrschaft in sozialen Räumen[152] entfesselt, wird auch die politisch-soziale Bildung kaum gewaltpräventive Wirkung entfalten. Als unumgänglich erweisen sich daher strukturpolitische Maßnahmen in der Wirtschafts- und Sozial-, aber auch in der Schulpolitik, die strukturellen Rassismus abbauen und verhindern, daß soziale Ungleichheit und Konkurrenzdenken die Voraussetzungen für ein verständigungsorientiertes soziales Miteinander und eine egalitäre Gestaltung interpersonaler Beziehungen zersetzen und damit der Dezivilisierung Vorschub leisten, die sich auch in Zukunft in Gewalt entladen wird.

3. Strukturpolitische Maßnahmen

Die kritische Auseinandersetzung mit Individualmaßnahmen und gruppenbezogenen, familientherapeutischen, sozialpädagogischen und im engeren Sinne päda-

---

[146] Dazu oben § 7 IX. 1. b) und 2. b), X. 1. b) und 2. a) und XII. 1. b) und 2. d).

[147] Zu entsprechenden pädagogischen Anregungen oben I. 2. e).

[148] Dazu oben I. 2. e).

[149] Dazu oben § 7 III.

[150] Dazu oben I. 2. e.).

[151] Darauf weist zutreffend *Klönne, A.* hin, näher oben I. 2. e), dort Fn. 77.

[152] Dazu oben § 7 I. 1. b)

gogischen Interventionen hat gezeigt, daß deren gewaltpräventive Wirkung durch die strukturellen gesellschaftlichen Rahmenbedingungen beschränkt oder gar zunichte gemacht wird. Nur Strukturreformen, die die Lebenswelt vor der verdinglichenden Eigendynamik des wirtschaftlichen und administrativen Handlungssystems schützen, können der fortschreitenden Erosion kommunikativer Strukturen Einhalt gebieten, zur Regeneration der Strukturen verständigungsorientierten Handelns beitragen und gewährleisten, daß in Zukunft weniger gewaltbereite Jugendliche heranwachsen, die bei gewalttätigen Jugendkulturen Zuflucht suchen. Um gewaltpräventive Wirkung zu entfalten, müssen strukturpolitische Maßnahmen nicht unbedingt auf junge Gewalttäter zugeschnitten sein. Sie wirken gewaltpräventiv, weil sie die gesellschaftlichen Rahmenbedingungen und damit auch die allgemeinen Lebens- und Sozialisationsbedingungen verbessern und daher verhindern können, daß überhaupt junge Gewalttäter heranwachsen.

a) Arbeitsmarktpolitik

Alle arbeitsmarktpolitischen Maßnahmen, die darauf zielen, Jugendliche und insbesondere junge Gewalttäter in Arbeit zu bringen, wirken nur bedingt gewaltpräventiv, weil sie die gewaltproduktiven Folgen der Erosion kommunikativer Strukturen nur abfedern und verschleiern, nicht aber kompensieren und erst recht nicht einer fortschreitenden Erosion Einhalt gebieten.[153] Die Einbindung in Arbeitsprozesse und gesicherte sozio-ökonomische Lebensverhältnisse ermöglicht die Entstehung von Lebensroutinen und vermittelt ein Gefühl von Sicherheit. Sie kann daher verhindern, daß Erosionsfolgen, insbesondere Sinnverluste, instabile Persönlichkeitsstrukturen und Entfremdung im Lebensalltag ihr volles destabilisierendes Potential entfalten und sich in gewalttätigem Verhalten manifestieren.[154] Die Ausübung einer beruflichen Tätigkeit allein gibt dem Leben jedoch keinen tieferen Sinn und dient nicht dem Abbau komplexer Zukunftsängste. Eine berufliche Tätigkeit leistet auch keinen substantiellen Beitrag zur sekundären Sozialisation, zum Erwerb generalisierter Handlungsfähigkeit. Sie setzt vielmehr interaktive Fähigkeiten *voraus* und wird diejenigen, denen es an generalisierter Handlungsfähigkeit *fehlt*, allenfalls überfordern. Schließlich ersetzt berufliche Kooperation nicht substantielle Solidarität. Es wundert daher nicht, daß viele erosionsbetroffene Jugendliche, insbesondere Hooligans, aber auch Skinheads bei gewalttätigen Jugendkulturen Zuflucht suchen, obwohl sie einer geordneten Berufstätigkeit nachgehen.[155]

Daß berufliche Beschäftigung Erosionssymptome nicht zu kompensieren vermag, läßt sich besser verstehen, wenn man sich vergegenwärtigt, daß wirtschaftliche Betriebe und Unternehmen systemische Organisationen sind, die sich von kommunikativ strukturierten lebensweltlichen Zusammenhängen unabhängig ge-

---

[153] Zu den diskutierten Maßnahmen oben I. 3. a).

[154] Dazu oben § 6 IV.

[155] Dazu oben § 7 III. 1. a) und b).

macht haben. Sie sind gegenüber der Persönlichkeit ihrer Mitglieder – von ihrer ökonomischen Verwertbarkeit abgesehen – indifferent, entziehen sich durch „ideologische Neutralität" der „Gewalt von Traditionen", die ihren Handlungsspielraum einschränken könnten, und machen sich schließlich von normativen Kontexten dadurch unabhängig, daß sie den normativen Hintergrund sittlich regulierter Handlungszusammenhänge neutralisieren.[156] Die Einbindung in Arbeitsprozesse konditioniert Organisationsmitglieder und abverlangt ihnen Anpassungsleistungen an innerorganisatorische Funktionsabläufe. Sie trägt jedoch weder zu ihrer sozialen Integration noch zu ihrer Sozialisation oder Enkulturation bei. Daran ändert auch die Tatsache nichts, daß innerhalb formal organisierter Handlungsbereiche die Interaktionen noch über den Verständigungsmechanismus koordiniert werden. Denn die Organisationsmitglieder, also auch die Arbeitnehmer, sind nicht genötigt, mit kommunikativen Mitteln Konsens zu erzielen, sondern können jederzeit auf formelle Regelungen rekurieren und ihre Handlungen unter Umgehung sprachlicher Konsensbildungsprozesse koordinieren.[157] Nur verständigungsorientiertes Handeln, das auf die Erzielung eines Konsenses angelegt ist und nicht lediglich unter Vorbehalt erfolgt, rekuriert auf intersubjektiv anerkannte normative Geltungsansprüche, aktualisiert kulturelles Wissen, trägt zur Identitätsbildung bei und leistet damit einen Beitrag zur Reproduktion und damit zur Erhaltung der strukturellen Komponenten der Lebenswelt.

Arbeitsmarktpolitische Maßnahmen, die für mehr Beschäftigung sorgen, schützen aber nicht nur nicht vor der Kolonialisierung der Lebenswelt. Soweit sie zu gewährleisten versuchen, daß die kapitalistische Wachstumsdynamik nicht erlahmt, und damit eine paradox gewordene Rationalisierung fortschreiben, können sie sogar zu einer fortschreitenden Kolonialisierung kommunikativ strukturierter Handlungsbereiche beitragen.[158] Eine Flexibilisierung der Arbeitszeit, die die Produktion und die Auslastung der Produktionsmittel optimieren soll, abverlangt Familien eine noch weiterreichende Anpassung an die Imperative des Beschäftigungssystems. Freiräume für innerfamiliäre Verständigungsprozesse schrumpfen und Zeit, die alle Familienmitglieder gemeinsam gestalten können, wird zunehmend knapp. Mit dem innerfamiliären Organisationsaufwand steigt auch die Belastung der Eltern. Deren Überforderung und Überlastung kann sich wiederum negativ auf die Erziehung der Kinder auswirken und deren Entwicklung zu gewaltbereiten Jugendlichen begünstigen. Die Lockerung des Kündigungsschutzes erhöht für den einzelnen Arbeitnehmer das Risiko, seinen Arbeitsplatz zu verlieren, und verstärkt damit auch die Angst vor dem sozialen Abstieg. Diese psycho-soziale Belastung kann komplexere Zukunftsängste auslösen, die sich unter Bedingungen sozio-ökonomischer Sicherheit besser ausblenden ließen. Die Folgen der Erosion kommunika-

[156] So *Habermas,* dazu oben mit Nachweisen § 5 III. 2.

[157] So *Habermas,* dazu oben mit Nachweisen § 5 III. 2.

[158] So die kritische Analyse von *Habermas,* dazu oben mit Nachweisen § 5 IV. vor 1.

tiver Strukturen, etwa Traditionsverluste und fundamentale Orientierungslosigkeit, werden das Lebensgefühl verstärkt zu prägen beginnen. Die Kindheit und Jugend vieler Skinheads war tatsächlich von der Angst der Eltern vor dem Verlust des sozialen Status überschattet, und gerade in Ostdeutschland haben viele Skinheads den wirtschaftlichen Abstieg ihrer Eltern miterleben müssen.[159] Auch arbeitslose aber vor allem vom sozialen Abstieg bedrohte Jugendliche suchen verstärkt bei gewalttätigen Jugendkulturen Zuflucht.[160] Arbeitsmarktpolitische Maßnahmen können daher lebensweltliche Strukturen nur dann schützen, wenn sie die Eigendynamik des Wirtschaftssystems einhegen und systemische Übergriffe auf kommunikativ strukturierte Lebenszusammenhänge verhindern.

b) Familienpolitik

Die Familie muß durch strukturpolitische Maßnahmen vor den Übergriffen systemischer Imperative geschützt werden, um eine fortschreitende gewaltproduktive Kolonialisierung innerfamiliärer Strukturen aufzuhalten[161] und damit die kommunikativen Voraussetzungen für eine gelingende Sozialisation der nachwachsenden Generation zu sichern und zu verbessern. Familienpolitischen Maßnahmen kommt daher besonders zentrale Bedeutung zu. Sofern es gelingt, die Sozialisationsbedingungen nachhaltig zu verbessern und bereits im Kindesalter Störungen des Sozialisationsvorganges vorzubeugen, werden auch weniger gewaltbereite Jugendliche heranwachsen. Denn Psychopathologien, aggressive Neigungen und Gewaltbereitschaft entwickeln sich langfristig. Viele Skinheads sind bereits durch aggressiv auffälliges und gewalttätiges Verhalten im Kindergarten und in der Schule aufgefallen, und viele Hooligans und Skinheads berichten, in der Kindheit vernachlässigt worden zu sein und unter willkürlicher elterlicher Gewalt gelitten zu haben. Gezielte Befragungen von Hooligans haben darüber hinaus ergeben, daß lebensgeschichtliche und familiäre Probleme nicht kommunikativ verarbeitet wurden, nur sehr wenige Skinheads beschreiben den Erziehungsstil der Eltern als kommunikativ und viele erklären, im Elternhaus keinen Ansprechpartner für ihre Probleme gehabt zu haben.[162] Die Prävention der kommunikativen Deprivation von Kindern ist daher geboten, um Gewaltprävention entbehrlich zu machen.

Familienorientierte Arbeitsmarktpolitik muß den Primat der Wirtschaft brechen. Die Flexibilisierung der Arbeitszeit muß sich an den Interessen der Familien und nicht des Produktionsprozesses orientieren und Freiräume für das familiäre Gemeinschaftsleben sichern und erweitern. Familienfreundlich wirken sich auch der

---

[159] Dazu oben § 7 III. 1. b).

[160] Zur Angst vieler Skinheads vor Marginalisierung oben § 7 III. 1. b). und zu gescheiterten Autonomen § 7 III. 1. c). Nach *Lösel, F./Bliesener, T./Fischer, T./Pabts, M.* sind auch die Hooligans stärker von Arbeitslosigkeit betroffen, als gemeinhin angenommen. Entsprechende Nachweise oben § 7 III. 1. a) Fn. 77.

[161] Dazu ausführlich oben § 6 II. 4.

[162] Dazu oben § 7 III. 1. a). und b).

Abbau der Schicht- und Wochenendarbeit und die Verbesserung der Möglichkeit des Job-Sharings und der Halbtagsarbeit aus, und dies nicht nur für Mütter, sondern auch für Väter. Um Erziehende, die gleichzeitig Erwerbstätige sind, vor Überlastung zu schützen und den nachteiligen Wirkungen von übermäßigem Streß auf das Erziehungsverhalten vorzubeugen, ist weiterhin der Ausbau vielfältiger Betreuungsangebote für Kinder und Jugendliche geboten, deren Öffnungszeiten auf die Arbeitszeit der Eltern abgestimmt sind.[163] Kinderbetreuungseinrichtungen, Ganztagsschulen oder nachmittägliche Betreuungsangebote, die Müttern die Möglichkeit eröffnen, ihren erlernten Beruf auszuüben und berechtigte Ansprüche auf Selbstverwirklichung einzulösen, bewahren diese zudem vor Frustrationen, die die Persönlichkeitsstruktur belasten und ihrerseits die Erziehungskompetenz nachhaltig beeinträchtigen und den Sozialisationsprozeß belasten können.[164]

Der Ausbau sozialer Dienste, die Eltern betreuen, beraten unterstützen und therapieren,[165] wird sich nur dann positiv auf die innerfamiliäre Kommunikation auswirken und die Erziehungskompetenz der Eltern verbessern, wenn die Hilfsangebote *nicht* sozialstaatlich-interventionistisch konzipiert sind. Sofern Betreuer und Hilfsprogramme als sozialstaatliche Leistungen nach dem für mediales Recht charakteristischen „Wenn-Dann-Schema" zugeteilt werden, werden die gutgemeinten Interventionen ihr Ziel verfehlen und zur weiteren Desintegration familiärer Lebenszusammenhänge beitragen. Denn rechtsförmige, vom handlungskoordinierenden Verständigungsmechanismus abgelöste Sozialinterventionen machen die Eltern zum Objekt sozialer Hilfssysteme, hemmen ihre Selbsttätigkeit und Selbständigkeit, anstatt sie zu fördern. Eltern gewinnen den Eindruck, daß ein Betreuer ihre Probleme verwaltet oder lösen wird, und lernen nicht, sie selbsttätig kommunikativ zu bearbeiten.[166] Weil im sozialstaatlichen Recht individuelle Rechtsansprüche für genau spezifizierte soziale, familiäre Notlagen formuliert sind, werden in bürokratisch verwalteten sozialen Diensten die komplexeren familiären Lebensverhältnisse, Abhängigkeiten und Bedürfnisse der Eltern und die sozialen Ursachen kindlicher Gewalt tendenziell vernachlässigt. Wenn Eltern in Familientherapien nur Reaktionsmuster und Sanktionstechniken für den Umgang mit gewalttätigen Kindern und Jugendlichen erlernen,[167] bleiben die tieferliegenden Ursachen für das pathologische Verhalten unbearbeitet. Diese könnten nur in aufwendigen kommunikativen Prozessen eruiert werden, in denen die Erfahrungen und Einschätzungen aller Beteiligten zur Sprache kämen. Nur unter Einbeziehung aller Betroffenen kann es gelingen, die „Selbstheilungskräfte" kommunikativ strukturierter Lebenszusammenhänge zu aktivieren und bereits kindliche Fehlentwicklungen zu korri-

---

[163] Zu diesbezüglichen Vorschlägen oben I. 3. b).

[164] Dazu oben § 6 II. 4. a).

[165] Dazu oben I. 3. b).

[166] Dazu bereits oben § 6 II. 4. b).

[167] Dazu oben I. 2. a).

gieren. Schließlich ist das sozialstaatliche Recht reaktiv und nur selten präventiv konzipiert.[168] Das System sozialer Dienste schaltet sich daher häufig zu spät ein, nämlich erst dann, wenn elterliche Überforderung sich bereits in Verhaltensstörungen und aggressiven Neigungen von Kindern oder Jugendlichen manifestiert.

Erforderlich ist daher eine Entbürokratisierung des Systems sozialer Dienste[169] und eine Konzeption der Hilfsangebote, die die Selbsttätigkeit der Betroffenen fördert und sich im wesentlichen auf die Hilfe zur Selbsthilfe beschränkt. Nur unter diesen Voraussetzungen werden soziale Dienste einen Beitrag zur Regeneration kommunikativer Fähigkeiten leisten und innerfamiliäre kommunikative Prozesse induzieren, die sich positiv auf die Sozialisation von Kindern und Jugendlichen auswirken, Solidarität unter den Familienangehörigen zu stiften vermögen und daher auch gewaltpräventive Wirkung entfalten können. Wichtig ist insbesondere, daß Hilfsmaßnahmen im Konsens mit der Familie eingeleitet[170] und nicht administrativ verordnet werden. Denn nur wenn die Eltern die Notwendigkeit von Hilfsmaßnahmen einsehen und akzeptieren, werden sie auch aktiv an der Bearbeitung familiärer Probleme mitwirken. Zu begrüßen ist auch die Schaffung von Einrichtungen, die die Entstehung von Nachbarschaftsnetzwerken fördern.[171] Eine stärkere soziale Vernetzung kann Problemfamilien aus der Isolation befreien. Allein schon die Gelegenheit, Hilflosigkeit, Versagensängste und Überforderung mit anderen zu kommunizieren, kann gestreßte und überforderte Eltern entlasten und ihnen helfen, im Umgang mit schwierigen, gewalttätigen Kindern konfliktuelle Eskalationen und eigene Fehlreaktionen zu vermeiden. Im besten Fall ergeben sich sogar Möglichkeiten der Kooperation bei der familiären Betreuung, die der kommunikativen Vernachlässigung von Kindern und deren sozialpathologischen Folgen vorbeugt.

c) Schulpolitik

Die Schule kann im Prinzip komplexe Sozialisationsfunktionen erfüllen und zur Enkulturation junger Menschen entscheidend beitragen. Sie ist außerdem ein Ort, an dem Solidarität und Gemeinschaft erfahrbar sein sollten und könnten. Schulpolitischen Maßnahmen kommt daher bei der Prävention der Gewalttaten junger Täter große Bedeutung zu. Es konnte jedoch bereits dargetan werden, daß pädagogischen Initiativen und innerschulischen Maßnahmen nachhaltigerer Erfolg versagt bleibt, weil die Schule systemisch vereinnahmt ist. Der Schulalltag ist von den Imperativen des Beschäftigungssystems bestimmt, die Schule hat die Funktion übernommen, Berufs- und Lebenschancen zuzuteilen, und daher belasten Erfolgs- und Leis-

---

[168] So *Habermas,* dazu oben mit Nachweisen § 5 IV. 6.

[169] Zu entsprechenden Vorschlägen oben I. 3. b).

[170] Zu entsprechenden Vorschlägen oben I. 3. b).

[171] Zu entsprechenden Vorschlägen oben I. 3. b).

tungsdruck die Schüler bereits in der Grundschule.[172] Insbesondere viele Skinheads mußten schon früh erfahren, den schulischen Leistungsanforderungen nicht gewachsen zu sein und zu versagen.[173] Die Schüler sehen sich zu strategischem, am eigenen Erfolg orientierten Handeln genötigt und werden unter dem Einfluß systemischer Imperative an verständigungsorientiertem Handeln gehindert. Daran können gutgemeinte Anti-Gewalttage und ähnliche Einzelaktionen nichts ändern.[174] Die innerschulische Kommunikation dient letztlich vorrangig der individuellen Erfolgsoptimierung und weniger der Tradition und Erneuerung kulturellen Wissens, der Integration der Schulgemeinschaft, der Herstellung von Solidarität und der Ausbildung personaler Identitäten. Damit die Schule komplexe sozialisatorische Funktionen erfüllen kann, sind daher tiefgreifende Strukturreformen erforderlich. Wenn es gelingt, den massiven Leistungsdruck zu reduzieren, werden auch die oben diskutierten pädagogischen Maßnahmen ihre sozialen Lernziele nicht verfehlen.[175] Schulpolitische Maßnahmen können daher ebenso wie familienpolitische Maßnahmen dazu beitragen, Gewaltprävention im engeren Sinne entbehrlich zu machen.

Es konnte dargelegt werden, daß ein Strukturzusammenhang zwischen innerschulischem Leistungsdruck und der Gewaltbereitschaft von Schülern besteht. Auch wenn die Forderung, den Leistungsdruck zu verringern, gegenwärtig keine Konjunktur hat und insbesondere Vertreter der Wirtschaft das Leistungsniveau der Schulabsolventen kritisieren und den Leistungsdruck gerne bis in die Vorschule verlängert sähen, sollten Pädagogen und Schulpolitiker diese Einsicht zum Anlaß nehmen, umstrittene schulpolitische Forderungen neu zu überdenken. Zu erwägen ist die Einführung der sechsjährigen Grundschule, um Schullaufbahnentscheidungen hinauszuschieben.[176] Die Zusammenfassung mehrerer Jahrgänge in einem Klassenverband könnte Lehrer in die Lage versetzen, unterschiedlich begabte Schüler flexibler zu fördern und damit auch die Sozialisationsvor- bzw. nachteile besser auszugleichen. Aggressives Verhalten auslösende Versagenserfahrungen könnten vermieden werden. Außerdem wären die Schüler nicht beständig mit der Angst der Nichtversetzung belastet. Zu überdenken ist auch das Benotungssystem. In den ersten vier Jahren der sechsjährigen Grundschule könnte auf eine Benotung gänzlich verzichtet werden. Auch eine Bewertung, die sich am individuellen Lernfortschritt und nicht am Vergleich mit den Mitschülern orientiert, könnte entlastend wirken und das Selbstbewußtsein der Schüler stärken. Zu diskutieren ist schließlich, ob in Zeugnissen nicht in den ersten Jahren auf eine Benotung im technischen Sinne verzichtet werden sollte. Als Alternative böte sich die sprachliche Würdi-

---

[172] Dazu oben II. 2. c).

[173] Dazu oben § 7 III. 1. b).

[174] Dazu oben I. 2. e).

[175] Dazu, daß die Erreichung sozialer Lernziele unter den gegenwärtigen strukturellen Bedingungen erschwert ist, oben II. 2. c).

[176] Dazu aus der Sicht der interkulturellen Pädagogik oben I. 2. e).

gung der Fähigkeiten und Fertigkeiten der Schüler an. Ältere Jahrgänge könnten entlastet werden, wenn nicht die Durchschnittsnote, sondern nur einzelne Fachnoten für berufliche Auswahlverfahren bestimmend wären. Der Zugang zu Universitäten und Fachhochschulen ließe sich schließlich über Aufnahmeprüfungen regeln, die sich auf studiengangsrelevante Fähigkeiten konzentrieren.

Es besteht jedoch nicht nur ein Zusammenhang zwischen der auf die ökonomische Vereinnahmung der Schule zurückzuführende Leistungsorientierung des Schulsystems und der Gewaltbereitschaft der Schüler. Diese ist vielmehr auch auf die kolonialisierende Wirkung der weitreichenden Verrechtlichung der Schule zurückzuführen. Unterrichtsvorgänge und schulische Maßnahmen haben, soweit sie für den Lebensweg des Schülers und die Wünsche der Eltern relevant sind, eine Form erhalten, in der sie gerichtlicher Nachprüfung zugänglich sind.[177] Die rechtliche Überformung der Schule als Handlungskontext, der auf Verständigung als Mechanismus der Handlungskoordinierung angewiesen ist, und die mit dieser Verrechtlichung einhergehende Formalisierung der Beziehungen, führen wie die ökonomische Vereinnahmung der Schule, zu einer Objektivierung des schulischen Zusammenlebens, in deren Folge Funktionsstörungen auftreten.[178] Denn das Medium des Rechts bzw. die rechtsförmige Formalisierung innerschulischer Interaktionsmuster kollidieren mit der Form pädagogischen Handelns als einer spezifischen Form des kommunikativen Handelns. Die schulische Sozialisation wird in ein Mosaik von anfechtbaren Verwaltungsakten zerlegt. Durch die Subsumtion der Erziehung unter das Medium Recht werden die am pädagogischen Prozeß Beteiligten als individualisierte Rechtssubjekte in einem Leistungs- und Konkurrenzsystem zusammengefaßt.[179] Die administrative und justizielle Bearbeitung von Schulproblemen, etwa innerschulischen Gewalttaten, mutet den Beteiligten Objektivierungen und Abstraktionen zu, die der Lösung der Probleme nicht förderlich sind und die Probleme in der Wahrnehmung der Betroffenen und der zu ihrer Bewältigung mitberufenen Pädagogen in gefährlicher Weise verkürzen und verfremden. Daß Gewalttaten, die den Schulalltag belasten, in den Kontext einer Lebensgeschichte eingebettet sind und nur vor dem Hintergrund der komplexeren Sozialisationserfahrungen der Täter angemessen beurteilt werden können, wird ausgeblendet, wenn in administrativen Verfahren darüber gestritten wird, ob die Anzahl und die Schwere der Gewalttaten einen Schulverweis zu rechtfertigen vermag. Die Verrechtlichung wirkt sich aber auch belastend auf das Verhältnis von Lehrern und Schülern aus. Der Zwang zu justiziell nicht angreifbarem Verhalten kann zu einer der Kommunikation abträglichen Versachlichung des Lehrer-Schülerverhältnisses führen, die insbesondere weniger gefestigte, instabile Schüler als Distanzierung erleben. Ein unpersönlicher Umgang wird insbesondere die psycho-soziale Ent-

---

[177] *Habermas, J.* 1981 Band II. (Fn. 106), 541.
[178] *Habermas, J.* 1981 Band II. (Fn. 106), 542.
[179] *Habermas, J.* 1981 Band II. (Fn. 106), 545.

wicklung weniger erfolgreicher Kinder und Jugendlicher belasten, die auf Empathie und die Erfahrung, daß sie unabhängig von ihren Leistungen akzeptiert und anerkannt werden, besonders angewiesen sind. Solange die durch Justiz und Verwaltung kontrollierte Schule als Anstalt der Daseinsvorsorge Schulbildung wie eine „soziale Leistung organisiert und verteilt",[180] werden die Selbsttätigkeit und Eigenverantwortlichkeit der Schüler nicht hinreichend gefördert und die Eltern aus der Verantwortung für die Entwicklung ihrer Kinder partiell entlassen. Das sozialisatorische und gemeinschaftsstiftende Potential innerschulischer und Schul- und Familienalltag vernetzender kommunikativer Prozesse, die gewaltpräventive Wirkung haben können, bleibt unausgeschöpft. Allein schon die Schülern und Eltern eröffnete Möglichkeit, gegen pädagogische Maßnahmen wie Nichtversetzung und Prüfungsergebnisse oder gegen grundrechtseinschränkende Akte der Schule und der Kultusverwaltung, etwa in Reaktion auf Gewalttaten verhängte Ordnungsstrafen, Rechtsschutz in Anspruch nehmen zu können, modifiziert deren innerschulische Bearbeitung tiefgreifend.[181] Selbst wenn die Auseinandersetzung mit innerschulischen Gewalttaten innerschulischen Entscheidungsgremien übertragen wird,[182] wird die kommunikative Aufarbeitung doch immer nur unter Vorbehalt erfolgen. Denn solange die Möglichkeit besteht, die Entscheidung Verwaltungsgremien und Gerichten zu übertragen, besteht keine zwingende Notwendigkeit in kommunikativen Prozessen einen Konsens über angemessene Reaktionen zu erzielen. Die Beteiligten können sich jederzeit aus strategischem Interesse am eigenen Vorteil zurückziehen, also sich kommunikativ verweigern. Unter dieser Voraussetzung werden die auf diskursive Willensbildung und konsensorientierte Verhandlung und Entscheidung angelegten Gremien zur Sozialisation und Enkulturation der Schüler und zur Integration der Schulgemeinschaft allenfalls bedingt beitragen. Weil das Lernpotential gewalttätiger Zwischenfälle nicht ausgeschöpft wird, ist selbst die gewaltpräventive Wirkung innovativer Konfliktregulierungsmodelle in Frage gestellt.

Schulpolitische Strukturreformen müssen daher die rechtsförmig-normative Überformung des kommunikativ strukturierten Handlungsbereichs Schule rückgängig machen. Der pädagogische Prozeß muß entjustizialisiert und vor allem entbürokratisiert werden, und Verfahren der Konfliktregelung, die den Strukturen verständigungsorientierten Handelns angemessen sind, müssen wirklich an die Stelle der durch mediales Recht institutionalisierten administrativen oder justiziellen Verfahren treten. Nur unter dieser Voraussetzung werden die am pädagogischen Prozeß Beteiligten für mündig gehalten, ihre Interessen zu vertreten und ihre

---

180 *Habermas, J.* 1981 Band II. (Fn. 106), 546.

181 *Habermas, J.* 1981 Band II. (Fn. 106), 545, weist darauf hin, daß sie tief in Lehr- und Lernvorgänge eingreift.

182 Dazu oben I. 2. e).

Angelegenheiten selber zu regeln.[183] Nur wenn den Schülern Autonomie und Selbsttätigkeit zugemutet wird, haben sie auch Gelegenheit, sich ihrer interaktiven Fähigkeiten zu versichern und diese zu erweitern, und können lernen, interaktive Herausforderungen produktiv zu bewältigen. Und nur wenn sie darauf verwiesen sind, im Konfliktfall einen Konsens zu finden, der den Interessen aller Beteiligten gerecht wird, wird Solidarität erfahrbar werden. „Die Forderung nach einer stärkeren Pädagogisierung des Unterrichts und nach einer Demokratisierung der Entscheidungsstrukturen",[184] wird allerdings auf Widerstände stoßen. Denn sie ist nicht ohne Weiteres mit der Neutralisierung der Staatbürgerrolle vereinbar[185] und noch weniger mit dem ökonomischen Systemimperativ, das Schulsystem vom Grundrecht auf Bildung zu entkoppeln und mit dem Beschäftigungssystem kurzzuschließen.[186] Der Streit um Grundorientierungen der Schulpolitik läßt sich daher gesellschaftstheoretisch als Kampf für oder gegen die Kolonialisierung der Lebenswelt begreifen.[187]

d) Wohnungs- und Städtebau

Wohnungs- und Städtebau können nach den aufgestellten Prämissen gewaltpräventiv wirken, soweit sie die Kommunikation unter den Bewohnern fördern. Maßnahmen, die Fluktuation verhindern, gewachsene Nachbarschaftsstrukturen schützen und die Gebietsbindung erhöhen, sind dazu ebenso geeignet wie eine Gestaltung öffentlicher Räume, die die Kontaktaufnahme erleichtert. Die Einrichtung von Spielplätzen, Arealen für sportliche Betätigung und Jugendclubs eröffnet Kindern und Jugendlichen Kommunikationsräume. Die Eröffnung von Stadtteilläden und Begegnungsstätten kommt insoweit insbesondere Familien zugute, gibt aber auch Angehörigen der nachwachsenden Generation Gelegenheit, mit älteren Menschen zu kommunizieren.[188] Wo immer dank der Raumgestaltung Menschen ins Gespräch kommen, leisten sie einen Beitrag zur Reproduktion normativer Ordnungen und kultureller Überlieferungen. Gerade die Einbindung der Kinder und Jugendlichen in ein Netz vielfältiger sozialer Beziehungen erfüllt eine wichtige sozialisatorische Funktion, weil sie lernen können, ihre individuellen Handlungspläne mit denen wechselnder Interaktionspartner abzustimmen. Wohnungs- und Städtebau können jedoch die Übergriffe ökonomischer und administrativer Imperative auf kommunikativ strukturierte Lebenszusammenhänge und damit die Erosion

---

[183] *Habermas, J.* 1981 Band II. (Fn. 106), 544, 546f., bezugnehmend auf *Frankenberg, G.:* Verrechtlichung schulischer Bildung. Elemente einer Kritik und Theorie des Schulrechts. Dissertation Münster *1978*, 248.

[184] *Habermas, J.* 1981 Band II. (Fn. 106), 544.

[185] Zu *Habermas* Analyse der Neutralisierung der Staatsbürgerrolle oben § 5 IV. 5 mit Nachweisen.

[186] *Habermas, J.* 1981 Band II. (Fn. 106), 544f.

[187] *Habermas, J.* 1981 Band II. (Fn. 106), 545.

[188] Zu diesbezüglichen Maßnahmen oben I. 3. f).

kommunikativer Strukturen nicht verhindern. Wenn die Verständigungskompetenzen Jugendlicher bereits so beschädigt sind, daß sie auf Gewalt als universelle Ersatzsprache zurückgreifen müssen, werden sie auch von einer der Kommunikation förderlichen Raumgestaltung nicht allzuviel profitieren und die räumlichen Möglichkeiten zu produktiver Vergemeinschaftung nicht zu nutzen wissen.

Ob „situational crime prevention", die bloße Verschönerung öffentlicher Räume und die prompte Beseitigung von Schäden nachhaltig zur Gewaltprävention, insbesondere zu einem Rückgang von Vandalismus führen, darf bezweifelt werden. Eine ansprechende Gestaltung von Fassaden und Treppenhäusern kann sicherlich das allgemeine Lebensgefühl verbessern und auch die Hemmschwelle für Vandalismus erhöhen. Sie dient aber kaum dem Abbau von Frustrationen und Aggressionen, die auf negative *soziale* Erfahrungen zurückgehen. Es ist daher eher zu erwarten, daß sich Gewalt nur an anderem Ort entlädt, dort nämlich wo die Hemmschwelle weniger hoch sein mag.[189] Nur wenn sich nicht nur die *äußeren*, sondern auch die *sozialen* Lebensbedingungen junger Gewalttäter verbessern, wird Gewalt nicht mehr nur aus bestimmten Räumen verdrängt werden. Skeptisch sind Sicherheitsmaßnahmen zu beurteilen, die über die Verbesserung der informellen Sozialkontrolle durch entsprechende Raumgestaltung hinausgehen.[190] Der Einsatz von technischen Überwachungsgeräten wird junge Spontantäter nur bedingt abschrecken. Gleichzeitig erhöhen solche Geräte nicht nur das Sicherheitsgefühl, sondern paradoxerweise auch die allgemeine Verbrechensangst. Überwachungskameras suggerieren das Risiko, Opfer einer Straftat werden zu können, und fördern Mißtrauen gegenüber Unbekannten, die nicht selten nur wegen ihres äußeren Erscheinungsbildes als potentielle Täter beäugt werden. Sicherheitstechnik trägt daher insgesamt zur Verschlechterung des sozialen Klimas bei und fördert Entfremdung und Desintegration.

e) Medien

Die Gewaltdarstellung in den Medien zu reduzieren und die Ursachen und die Folgen von Gewaltdarstellungen besser auszuleuchten, schadet sicherlich nicht. Derartige Veränderungen der Programmgestaltung tragen jedoch nicht zur Bekämpfung der Ursachen von Gewalt bei und werden auch die Entstehung gewalttätiger Jugendkulturen nicht verhindern.

Erosionsbetroffene Jugendliche, deren Ausdrucks- und Kommunikationsmöglichkeiten so beschränkt sind, daß sie Ängste, Frustrationen und aufgestaute Aggressionen nur mehr gewaltförmig bearbeiten können, mögen sich durch Berichte und Gewaltdarstellungen inspirieren lassen und bei den von ihnen verübten Gewalttaten mediale Vorbilder imitieren. Daß sie ohne den Konsum medialer Gewalt

---

[189] Zur kontroversen Diskussion von „situational crime prevention", zum Zusammenhang von „Wohnarchitektur und Kriminalitätsbelastung", *Schwind, H.-D. 2001* (Fn. 12), § 16 Rdnrn. 19ff.; zur „broken-window-Theorie", § 15 Rdnrn. 33ff.

[190] Zu solchen oben I. 3. f).

selbst nicht gewalttätig geworden wären, ist dagegen zweifelhaft. Denn die Ursachen der Gewaltbereitschaft von Jugendlichen liegen tiefer. Sie leiden unter Entfremdungserfahrungen, Ich-Schwäche und Orientierungslosigkeit, weil ihre Entwicklung von kommunikativer Deprivation gekennzeichnet war.[191] Kommunikative Vernachlässigung begünstigt Fernsehkonsum, was nicht bedeutet, daß man diesen Konsum als Ursache der Vernachlässigung und ihrer Folgen ansehen könnte. Daß Gewaltdarstellungen Aggressionen hervorrufen und steigern, ist im übrigen wissenschaftlich nicht erwiesen.[192]

Auch die Tatsache, daß Mitglieder gewalttätiger Jugendkulturen das Medieninteresse an ihren Gewalttaten genießen[193] und Jugendliche sich bevorzugt Jugendkulturen anschließen, die in den Medien besonders beachtet werden,[194] darf nicht zu der Annahme verleiten, die Entstehung gewalttätiger Jugendkulturen sei auf die mediale Berichterstattung zurückzuführen. Diese trägt vielmehr durch die Vermarktung jugendkultureller Gewalt zu deren schleichender Kolonialisierung bei. Denn wenn die Selbstwahrnehmung der Gruppenmitglieder und das Selbstverständnis der Gruppe zunehmend fremdbestimmt sind, werden die einzelnen und die Gruppe sich selbst entfremdet. Bei einer auf medienwirksame Aspekte verengten kommunikativen Verarbeitung gemeinschaftlicher Aktionen wird das sozialintegrative und identitätsstiftende Potential gruppeninterner kommunikativer Prozesse nicht mehr voll ausgeschöpft, und auch die Reproduktion der Gruppenkultur droht auf medial interessante Inhalte beschränkt zu werden.[195] Langfristig droht der Zerfall jugendkultureller Lebenszusammenhänge, weil kolonialisierte Jugendkulturen die Folgen der gesamtgesellschaftlichen Kolonialisierung nicht mehr zu kompensieren vermögen.

Vor allem trägt die Reduktion von Gewaltdarstellungen nicht zur Regeneration kommunikativer Strukturen innerhalb der medialen Öffentlichkeit bei. Nur wenn dies gelänge, könnte jedoch einer fortschreitenden Kolonialisierung der Lebenswelt Einhalt geboten werden. Denn nur eine nicht von ökonomischen und administrativen Imperativen bestimmte Medienöffentlichkeit vermag einen Beitrag zur sozialen Integration, zur Sozialisation und zur Enkulturation zu leisten und könnte daher gewalttätige Jugendkulturen, die Integrations-, Sozialisations- und Enkulturationsdefizite kompensieren, für ihre Mitglieder entbehrlich machen.[196]

---

[191] Dazu oben § 7 III. 1. a) und b).

[192] Umfangreiche Nachweise zum Stand der Diskussion bei *Eisenberg, U.:* Kriminologie. 5. neubearbeitete Aufl. München 2000, § 50 Rdnrn. 13ff.

[193] Dazu oben § 7 VI. 1. b), 2. b)

[194] Dazu oben § 7 VIII. 1. a).

[195] Dies wurde bereits oben dargetan. § 6 III. 3. a).

[196] Dazu unten III. 2. a).

III. Mehr Demokratie wagen – eine Reintegrationsperspektive

Wer die Legitimationskrise des spätkapitalistischen Wohlfahrtsstaates auch im Interesse der Gewaltprävention nutzen will, der muß den gesellschaftlichen Unmut in politische Auseinandersetzung kanalisieren und die Formen der politischen Teilhabe am Entscheidungsprozeß partizipatorisch aufladen[197] – der muß mehr Demokratie wagen. Denn nach HABERMAS läßt sich die Lebenswelt gegen systemische Übergriffe, gegen die fortschreitende Kolonialisierung letztlich nur durch einen demokratischen Damm schützen. Nur eine „radikale Demokratisierung" kann ein neues Gleichgewicht zwischen sozial und systemisch integrierten Handlungssphären herstellen (1.). Dies ist notwendig, damit die sozialintegrativen gesellschaftlichen Kräfte im Verhältnis zu monetärer und administrativer Macht gestärkt werden und die Belange der Lebenswelt wirkungsvoll zur Geltung bringen können.[198] Wenn dies gelingt, und die Lebenswelt sich gegen systemische Vereinnahmung zu schützen vermag, kann eine weitere Erosion kommunikativer Strukturen aufgehalten werden. Mit den Voraussetzungen der Reproduktion lebensweltlicher Strukturen werden gleichzeitig die soziale Integration, die Sozialisation und die Enkulturation der nachwachsenden Generation gesichert. Eine sich in zunehmender Gewaltbereitschaft junger Täter manifestierende Dezivilisierung der Gesellschaft könnte so aufgehalten werden (2.).

1. Wiederbelebung der demokratischen Öffentlichkeit

Nach HABERMAS verlangt „radikale Demokratisierung" nicht in erster Linie nach institutionellen Reformen. Erforderlich ist vielmehr die Wiederbelebung einer lebendigen, von systemischer Beeinflussung und Medienmacht freien demokratischen Öffentlichkeit. Diese trägt zur Legitimation demokratischer Entscheidungen bei, ist aber vor allem der kommunikativ strukturierte Raum, in dem die Lebenswelt ihre vitalen Interessen behaupten kann. Von ihr kann und muß daher auch die Initiative für gewaltpräventive Strukturreformen ausgehen.

a) Zur politischen Öffentlichkeit

Die öffentliche Sphäre ist grundsätzlich unorganisiert und konstituiert sich in freien Zusammenschlüssen gesellschaftlicher Kräfte, unabhängig von Wirtschaft und Staat. Zu Wort kommen im Prinzip Vertreter der Kirchen ebenso wie kulturelle Organisationen, Akademiker, unabhängige Medien, Freizeit-, Debattier- und Sportclubs, Bürgerinitiativen, Protestgruppen und soziale Bewegungen,[199] also etwa auch die Autonomen.[200] HABERMAS räumt ein, daß diese kollektiven Aktoren der

---

[197] So oben II. vor 1.

[198] *Habermas, J.:* Further Reflections on the Public Sphere. In: Habermas and the public sphere, hrsg. V.C. Calhoun. Cambridge 1992, 421-461, 444.

[199] *Habermas, J.* 1992 (Fn. 198), 453.

[200] Zu den Autonomen als Teil der neuen sozialen Bewegungen oben § 3 III.

politischen Öffentlichkeit normalerweise geringe Chancen haben, Inhalte und Stellungnahmen in die öffentlichen Kommunikationskreisläufe einzuspeisen, weil sie außerhalb des politischen Systems und der staatlich vereinnahmten Parteien und außerhalb gesellschaftlicher Organisationen und Verbände operieren. Die Signale, die sie aussenden, und die Impulse, die sie geben, sind im Allgemeinen zu schwach, um im politischen System kurzfristig Lernprozesse anzustoßen und Entscheidungsprozesse umzusteuern.[201] Dies ist insbesondere darauf zurückzuführen, daß die politische Öffentlichkeit massenmedial beherrscht und vermachtet ist.[202] Um ihre Macht zu erhalten, lassen sich die Medien bei der Auswahl und der Präsentation von Nachrichten vor allem von wirtschaftlichen Interessen leiten. Den Absatz ihrer Programmangebote fördert die „Personalisierung von Sachfragen, die Vermischung von Information und Unterhaltung, eine episodische Aufbereitung und die Fragmentierung von Zusammenhängen".[203] Dies führt jedoch zur „Entpolitisierung der öffentlichen Kommunikation"[204] und verringert den Einfluß der „freien" Aktoren. Gerade in der sensationalistischen Gewaltberichterstattung läßt sich dies beobachten. Sie befriedigt perverser Weise vor allem Unterhaltungsbedürfnisse und nährt die Solidarität entpolitisierter Betroffenheitsgemeinschaften, die ihr medial gestütztes Entsetzen nicht in politische Aktion zu transformieren vermögen.

b) Zur Rolle und Funktion der politischen Öffentlichkeit in Krisenzeiten

Nach HABERMAS kann sich jedoch in Krisenzeiten das Kräfteverhältnis zwischen der Zivilgesellschaft, die ihre Anliegen in öffentlichen politischen Diskursen zur Geltung bringt, und dem politischen System zugunsten der Zivilgesellschaft verändern.[205] Die Legitimationskrise des spätkapitalistischen Wohlfahrtsstaates[206] und die Belastung der Zivilgesellschaft mit den sozialpathologischen Folgen der Kolonialisierung, namentlich der Entstehung gewalttätiger Jugendkulturen, kann daher zur Chance für das politische Gemeinwesen werden. Denn die unter normalen Umständen vernachlässigten zivilgesellschaftlichen Akteure können unter krisenhaften Bedingungen eine überraschende Initiativrolle übernehmen. „Trotz geringer organisatorischer Komplexität, schwacher Handlungsfähigkeit und struktureller Benachteiligung erhalten sie dann nämlich, für die kritischen Augenblicke einer beschleunigten Geschichte, die Chance, die Richtung der konventionell eingespielten Kommunikationskreisläufe in der Öffentlichkeit und im politischen System *umzukehren* und damit den Problemlösungsmodus des ganzen Systems zu verän-

---

[201] *Habermas, J.:* Faktizität und Geltung. Beiträge zur Diskurstheorie des Rechts und des demokratischen Rechtsstaates. Frankfurt/M. 1992, 451.

[202] *Habermas, J.* 1992 (Fn. 201), 454.

[203] *Habermas, J.* 1992 (Fn. 201), 456.

[204] *Habermas, J.* 1992 (Fn. 201), 456.

[205] *Habermas, J.* 1992 (Fn. 201), 458.

[206] Dazu oben II. vor 1.

dern."[207] Dies hängt damit zusammen, daß die Kommunikationsstrukturen der Öffentlichkeit mit den privaten Lebensbereichen in der Weise verknüpft sind, „daß die zivilgesellschaftliche Peripherie gegenüber den Zentren der Politik den Vorzug größerer Sensibilität für die Wahrnehmung und Identifizierung neuer Problemlagen besitzt."[208] Dies läßt sich mit großen Themen der letzten Jahrzehnte belegen, die nicht zuerst von Exponenten des Staatsapparates, der großen Organisationen oder gesellschaftlichen Funktionssysteme aufgebracht, sondern von Intellektuellen, Betroffenen, radical professionals, selbsternannten „Anwälten" usw. lanciert worden sind. Von der äußeren Peripherie bahnen sie sich den Weg ins Zentrum der politischen Öffentlichkeit und werden gegebenenfalls zum „Kristallisationskern von sozialen Bewegungen und neuen Subkulturen".[209] Die anhaltende öffentliche Diskussion um die Gewalttaten junger Menschen dürfte das aktuellste Beispiel eines sozialen Themas sein, das von den „marginalisierten" zivilgesellschaftlichen Kräften in die politische Öffentlichkeit getragen worden ist. Es ist zu erwarten, daß sich die unter den Auswirkungen einer fortschreitenden Dezivilisierung leidende Gesellschaft nicht mehr lange von der Politik beschwichtigen lassen wird. Versprechungen, der Entstehung und dem Anwachsen gewalttätiger Jugendkulturen wirkungsvoll zu begegnen, sind zu häufig verhallt. Und gut gemeinte Maßnahmen, die lediglich die Symptome zu kurieren versuchen, werden mittelfristig kaum als nachhaltig und durchschlagend erlebt werden. Die Zivilgesellschaft kann daher zur treibenden Kraft werden, die dem politischen System neuartige Problemlösungsmodi im Umgang mit der Gewalt junger Menschen und die dringend notwendigen grundlegenden Strukturreformen abverlangt.

2. Zur gewaltpräventiven Wirkung der Reintegration junger Gewalttäter

Neben der Mobilisierung der politischen Öffentlichkeit gegen Gewalt muß es jedoch auch gelingen, die jugendlichen Gewalttäter selbst in öffentliche Diskurse zu integrieren. In der Diskussion über die angemessenen Reaktionen auf politisch motivierte, insbesondere linksextreme Gewalt, wird die Einräumung weiterreichender Mitsprache- und Partizipationsrechte auch durchaus diskutiert.[210] Die Erkenntnisse über die Einstellungen „unpolitischer" Hooligans und „pseudopolitischer" Skinheads zum politischen System geben jedoch Anlaß zu fragen, ob nicht die substantielle Reintegration *aller* erosionsbetroffenen Jugendlichen in politisch-gesellschaftliche Auseinandersetzungen im Interesse der Gewaltprävention unent-

---

207 *Habermas, J.* 1992 (Fn. 201), 460.

208 *Habermas, J.* 1992 (Fn. 201), 460.

209 *Habermas, J.* 1992 (Fn. 201), 460f. Dort finden sich auch Beispiele zu den großen Themen, etwa zu den Risiken der friedlichen Nutzung der Kernenergie und zu den ökologischen Gefährdungen eines überstrapazierten Naturhaushaltes.

210 Dazu oben I. 3. d).

behrlich ist.[211] Es sei hier in Erinnerung gerufen, daß die politischen Äußerungen vieler Hooligans von einer diffusen Ablehnung der politischen Verhältnisse und massiver Skepsis gegenüber dem Staat bestimmt sind.[212] Die meisten Skinheads sind der Auffassung, daß die etablierten Parteien die Interessen der Jugendlichen nicht angemessen vertreten und sich ihrer Belange nicht annehmen und daß sich niemand dafür interessiert, was sie zu sagen haben. Viele resignieren und neigen zum Wahlboykott oder dazu, einer der extremistischen, in den Parlamenten nicht vertretenen Parteien ihre Stimme zu geben. Andere werden selbst aktiv, im Regelfall gewalttätig. Optimistisch darf stimmen, daß die meisten dennoch die Demokratie als Staatsform nicht ablehnen, sondern auf Nachfrage befürworten.[213] Es scheint daher angemessen, daß die Gewaltkommission, wenn auch nur als Reaktion auf politisch motivierte Gewalt, erklärt, die Bevölkerung müsse „die Überzeugung gewinnen können, daß sie auch reale Einflußmöglichkeiten auf politische Entscheidungsprozesse hat." Die Bürger müßten „begründet annehmen können, auch ohne spektakuläre Aktionen beachtet und repräsentiert zu werden."[214] Damit ist in der Tat eine Reintegrationsperspektive eröffnet, die geeignet ist, gewaltpräventiv zu wirken. Denn die sich in Gewalttaten manifestierende erosionsbedingte Desintegration und Entfremdung[215] ist gerade auch auf die Erfahrung Jugendlicher zurückzuführen, in öffentlichen Diskursen nicht gehört, nicht beachtet und nicht ernstgenommen zu werden. Sie fühlen sich daher mit der Gesellschaft, in der sie leben, durch nichts mehr verbunden, entziehen im schlimmsten Fall, wie die anomischen Autonomen, deren politischen und sozialen Institutionen die Legitimation und verorten sich gänzlich außerhalb des Gemeinwesens.[216] Die Integrationsbemühungen dürfen sich jedoch nicht in gut gemeintem Paternalismus erschöpfen. HABERMAS selbst hat in der Auseinandersetzung mit dem Gewaltbericht der Gewaltkommission der Bundesregierung aus dem Jahre 1990 davor gewarnt, daß „der um die Intaktheit seines Gewaltmonopols besorgte Staat auch noch das demokratische Mißtrauen seiner eigenen Bürger organisiert."[217] Er dürfe sich nicht zum „Tutor" für jenen Meinungs- und Willensbildungsprozeß aufschwingen, von dessen Legi-

---

211 Die unabhängige Kommission zur Verhinderung und Bekämpfung von Gewalt in Berlin hat auch zur Bekämpfung der Gewalt im Sport unter „Maßnahmen im Bereich der Verbesserung der Lebensbedingungen von Jugendlichen" angeregt, Jugendlichen verstärkte Mitspracherechte und Partizipationsmöglichkeiten einzuräumen. *Senatsverwaltung für Inneres* (Hrsg.) 1994 (Fn. 41), 138f.

212 Dazu oben § 7 IV. 1. a).

213 Zu den politischen Einstellungen der Skinheads, oben § 7 IV. 1. b).

214 *Schwind, H.-D./Baumann, J. 1990,* Band I (Fn. 10), 181.

215 Dazu oben § 6 I. 2.

216 Dazu oben § 7 IV. 1. c); IX. 1. c) und X. 1. c).

217 *Habermas, J.:* Gewaltmonopol, Rechtsbewußtsein und demokratischer Prozeß. Erste Eindrücke bei der Lektüre des „Endgutachtens" der Gewaltkommission. In: Verdeckte Gewalt, hrsg. v. P.-A. Albrecht u.a. Frankfurt/M. 1990, 180-188, 187f.

timationen er abhängig bleiben sollte, statt ihn unter Kontrolle zu bringen.[218] Gerade die Reintegration der systemfeindlichen Autonomen läßt sich nicht durch paternalistische Partizipationsangebote bewerkstelligen. Wenn sie sich überhaupt wieder in der allgemeinen Öffentlichkeit und nicht nur in ihrer politischen Gegenöffentlichkeit artikulieren und engagieren werden, dann sicherlich nur, wenn sie beobachten können, daß die politische Öffentlichkeit radikale Strukturreformen initiieren konnte. Es müssen daher die Voraussetzungen dafür verbessert werden, daß junge Menschen politisches Engagement als lohnend ansehen und den Eindruck gewinnen, substantiellen Einfluß auf politische, das Gemeinwesen gestaltende Prozesse nehmen zu können. Vermieden werden müssen Steuerungsversuche und institutionelle Arrangements, die die Vitalität, Authentizität und Radikalität der Artikulationen und Initiativen junger Menschen einschränken.

a) Selbstverpflichtung der Medien

Die Medien können einen entscheidenden Beitrag zur Reintegration junger Menschen in öffentliche Diskurse und damit zur Reintegration sozialer Gemeinschaften leisten. In hochkomplexen Gesellschaften entstehen politische Öffentlichkeiten nicht mehr so sehr an konkreten Schauplätzen, an denen die kommunizierenden Akteure als Publikum anwesend sind. Öffentlichkeiten konstituieren sich in medialen Räumen, in denen verstreute Leser, Zuhörer oder Zuschauer virtuell vernetzt sind.[219] Weil die Medien die zirkulierenden Informationen sammeln und selektieren und über die Präsentation der „Sendungen" entscheiden, kontrollieren sie heute den Zugang zu Themen und Beiträgen, lassen Autoren zu oder schließen sie aus. Die virtuelle Öffentlichkeit ist massenmedial beherrscht.[220] Die Medien tragen daher Mitverantwortung dafür, daß junge Menschen heute darunter leiden, nicht gehört und mit ihren Anliegen und Problemen nicht ernst genommen zu werden. Im Prinzip kann jedoch gewährleistet werden, daß auch diese jungen, marginalisierten Aktoren, die außerhalb des politischen Systems und außerhalb gesellschaftlicher Organisationen und Verbände stehen, eine Chance haben, zu Wort zu kommen, und nicht aus dem „eingeschränkten und wenig flexiblen Meinungsspektrum der großen elektronischen Medien herausfallen."[221] Solange sich die Medien jedoch dem Einfluß von Parteien und Verbänden, Privatfirmen und großen Wirtschaftsverbänden nicht entziehen, wird die Reintegration junger Menschen in mediale öffentliche Diskurse nicht gelingen.

Die Medienmacht muß daher durch professionelle Standards eingehegt werden. Daß die „Vierte Gewalt" in Deutschland rechtlich konstitutionalisiert ist, eröffnet im Prinzip die Möglichkeit, die Fernsehanstalten dem Einfluß von Parteien und

---

218 *Habermas, J. 1990 (*Fn. 217), 187f.

219 *Habermas, J. 1990 (*Fn. 217), 437.

220 *Habermas, J.* 1992 (Fn. 201), 454.

221 *Habermas, J.* 1992 (Fn. 201), 455.

Verbänden weitreichend zu entziehen und sie insoweit zu „entmachten". In Rundfunkräten und -gremien müßten auch weniger organisierte öffentliche Akteure, etwa auch die nachwachsende Generation Gelegenheit haben, Meinungsbildung und Programmgestaltung mitzubestimmen und mitzugestalten. Den zu erwartenden erbitterten Widerstand der die öffentlich-rechtlichen Fernsehanstalten beherrschenden Parteien, Verbände und Organisationen gälte es zu brechen. Daneben müßten aber auch berufsrechtliche Ehrenkodizes entsprechend umgeschrieben werden. Die journalistische Selbstverpflichtung, sich die Unabhängigkeit von politischen und organisierten öffentlichen Aktoren zu bewahren und sich der Anliegen und Anregungen des Publikums unparteiisch anzunehmen,[222] müßten entsprechend spezifiziert werden. Es konnte dargelegt werden, daß die Selbstverpflichtung, mediale Gewaltdarstellungen zu reduzieren, nicht zur Regeneration kommunikativer Strukturen innerhalb der medialen Öffentlichkeit beiträgt.[223] Die Selbstverpflichtung, bei der Programmgestaltung junge Menschen aktiv einzubeziehen und nicht nur zu Unterhaltungs- und Werbezwecken zu instrumentalisieren und auf diese Weise ihren existentiellen Anliegen zu entfremden, könnte dagegen einen substantiellen Beitrag zur Reintegration junger Menschen leisten.

b) Parteien

Jugendpolitisches Engagement etablierter Parteien, die versuchen, junge Menschen anzusprechen und einzubinden, ist grundsätzlich geeignet, gewaltpräventiv zu wirken, weil es Entfremdung und Desintegration entgegenwirken kann. Es ist jedoch in besonderem Maße gefährdet, paternalistische Formen anzunehmen, etwa wenn Parteien die „Parteienverdrossenheit" junger Menschen durch die Schaffung von Jugendorganisationen zu überwinden trachten, die auf die vermeintlichen Bedürfnisse junger Menschen zugeschnitten sind.[224] Innerparteiliche Strukturreformen müssen selbstkritisch angelegt sein. „Die politischen Parteien müßten sich an der Meinungs- und Willensbildung des Publikums aus dessen *eigener* Perspektive beteiligen, statt aus der Perspektive der Erhaltung ihrer politischen Macht auf das Publikum einzuwirken, um Massenloyalität aus der Öffentlichkeit bloß zu extrahieren."[225] Denn insbesondere junge Menschen, die existentielle Zukunftsängste bewegen, wollen sich nicht zum Zwecke der Legitimationsbeschaffung instrumentalisieren lassen. Sie wollen ihre Anliegen auf die parteipolitische Agenda setzen und diese nicht im Bemühen um die Sicherung breiterer gesellschaftlicher Akzeptanz entradikalisiert sehen. Nur wenn die Parteien den Mut haben, auch die inhaltlichen Impulse der nachwachsenden Generation aufzugreifen und in politischen und parlamentarischen Auseinandersetzungen zur Geltung zu bringen, werden junge Men-

[222] *Habermas, J.* 1992 (Fn. 201), 457.
[223] Dazu oben II. 3. e).
[224] *Schwind, H.-D./Baumann, J.* u.a. (Hrsg.) 1990 Band I (Fn. 10), 123.
[225] *Habermas, J.* 1992 (Fn. 201), 458.

schen wieder einen Sinn darin sehen, sich auch etablierten Parteien anzuschließen und sich parteipolitisch zu engagieren.

c) Formelle Partizipation

Die Verbesserung der Möglichkeiten der politischen Partizipation empfiehlt sich nicht nur als Mittel zur Prävention politisch motivierter Gewalt, sondern auch zur Prävention der Gewalt junger Menschen ganz allgemein.[226] Mehr Partizipation hilft, die Neutralisierung der Staatsbürgerrolle zu überwinden, und trägt damit zur Strukturreform spätkapitalistischer Wohlfahrtsstaaten bei, in denen die Staatsbürgerrolle sich weitgehend auf die Ausübung des Wahlrechts beschränkt und politische Teilhabe partizipatorisch entleert ist.[227] Formen der Bürgerbeteiligung dienen der stärkeren Verankerung demokratischer Institutionen in der Gesellschaft und beleben öffentliche Diskurse. Nur wenn sich mit der Ausübung der Staatsbürgerrolle die berechtigte Erwartung verbindet, die Bedingungen des Gemeinschaftslebens tatsächlich mitzugestalten, werden auch junge Menschen wieder bereit sein, sich politisch zu engagieren, und motiviert sein, füreinander und für ihr eigenes Leben Verantwortung zu übernehmen. Die Einbindung in kommunikative Prozesse der politischen Willensbildung gibt Gelegenheit, sich der eigenen kommunikativen und interaktiven Kompetenzen zu versichern und diese zu erweitern, trägt über die Auseinandersetzung mit Sachfragen zur Kritik und Erneuerung kulturellen Wissens und damit zur Enkulturation bei und ist schließlich geeignet, Solidarität unter den Beteiligten zu stiften und Entfremdung zu überwinden. Die Verbesserung der Partizipationsmöglichkeiten kann daher der gewaltproduktiven Erosion kommunikativer Strukturen vorbeugen und entgegenwirken.

Es ist anzunehmen, daß sich Jugendliche, auch junge Gewalttäter, die der offiziellen Politik nur skeptisch gegenüberstehen und in der Ausübung des Wahlrechts keinen Sinn mehr sehen, eher einbinden lassen als etwa die anomischen linksextremistischen Autonomen. Jugendliche, die „nur" unter der Entfremdung und Dissoziation des Gemeinwesens leiden, sich aber nach Vergemeinschaftungserfahrungen sehnen und sich noch nicht gänzlich von der Gemeinschaft distanzieren, in der sie leben, werden eher motiviert sein, sich auf lokaler Ebene an politischen Entscheidungsprozessen zu beteiligen, etwa in der Jugendpolitik, wenn es um die Gestaltung von Freizeiträumen geht. Bei der Teilnahme an öffentlichen Diskursen kann Solidarität erfahrbar werden, insbesondere wenn die jungen Aktoren wahrnehmen können, daß andere Menschen ihre Anliegen aufgreifen und aktiv unterstützen. Die Autonomen werden dagegen als Systemoppositionelle allen Versuchen der politischen Einbindung zunächst skeptisch gegenüberstehen. Mit ihrem revolutionären Anspruch ist die Kooperation mit der „Macht" nicht vereinbar. Sie werden argwöhnen, eingehegt, pazifiert und zur Legitimationsbeschaffung mißbraucht zu

---

[226] Zu den diskutierten Vorschlägen oben I. 3. d).

[227] So *Habermas,* dazu oben mit Nachweisen § 5 IV. 5.

werden. Allenfalls wenn sich abzuzeichnen beginnt, daß die Problemlösungsmodi des politischen Systems sich grundlegend wandeln, der Primat der Wirtschaft tatsächlich gebrochen wird und die Lebenswelt wirkungsvoll gegen systemische Übergriffe verteidigt wird, werden sie ihr prinzipielles Mißtrauen möglicherweise überwinden. Letztlich verdächtigen sie politische Partizipationsangebote des Paternalismus, den es tatsächlich dringend zu vermeiden gilt.

Solange „Runde Tische" und Stadtgespräche[228] nur inszeniert werden und den Bürgern nur suggerieren, sie würden an der Bewältigung gesellschaftlicher Probleme beteiligt, diese aber letztlich nur zum Zwecke der Legitimationsbeschaffung instrumentalisieren, werden sie das Mißtrauen gegenüber der Politik eher steigern als abbauen. Diejenigen, die sich einbringen, und erst recht diejenigen, die noch skeptisch abwarten, müssen den Eindruck gewinnen, daß Beiträge zur politischen Meinungsbildung und Problemlösung tatsächlich berücksichtigt werden. Nur unter dieser Voraussetzung werden neue Partizipationsmodelle integrationsstiftende Kraft entfalten. Auch die Bürgerbeteiligung an Verwaltungsverfahren[229] wird nur dann keine kolonialisierende Wirkung entfalten, wenn sie den Strukturen verständigungsorientierten Handelns angemessen ist. An der Konsensorientierung fehlt es etwa, wenn die beteiligten zivilgesellschaftlichen Aktoren zum Objekt gemacht werden, wenn ihre Meinung nur abgefragt und protokolliert, aber nicht kommunikativ verarbeitet wird. Auch die Einführung von Bürgerbegehren ist grundsätzlich geeignet, junge Menschen besser einzubinden. Gerade weil die Initiative bei der Zivilgesellschaft und nicht beim politischen System liegt, können die Bürger lebensweltliche Probleme auf die politische Agenda setzen. Bürgerbegehren drohen jedoch stets von Interessenverbänden dominiert und zum Zwecke der Verfolgung partikularistischer Interessen instrumentalisiert zu werden. Soweit auch hier die freien und unorganisierten Aktoren der politischen Öffentlichkeit marginalisiert werden, werden sich Bürgerbegehren entsprechend kontraproduktiv auswirken.

Letztlich werden alle Formen der formellen und informellen Partizipation nur dann zur Reintegration junger Menschen in das politische Gemeinwesen beitragen, wenn die Vertreter des politischen Systems begreifen, daß sich Legitimation nur sichern läßt, wenn alle zivilgesellschaftlichen Akteure und eben auch Protestkulturen und kollektive Meinungsbekundungen junger Menschen wahr- und ernstgenommen werden. Sich über die Gewalt junger Menschen moralisch zu entrüsten, ihr den Kampf anzusagen und ihre Ursachen zu verschleiern, trägt nichts zur Gewaltprävention bei. Gewalt als Mittel der Konfliktbewältigung zu diskreditieren ist richtig. Jugendkulturelle Gewalt wird aber nur verhindert werden, wenn sich Politiker darum bemühen, die Ursachen der Ängste, Aggressionen und Frustrationen zu bearbeiten, die sich gewalttätig manifestieren, und wenn sie sich mit dem rationalen Kern gewaltförmiger politischer Artikulationen substantiell auseinandersetzen.

---

[228] Dazu oben I. 3. d).

[229] Dazu oben I. 3. d).

Zusammenfassung

Viele junge Menschen schließen sich gewalttätigen Jugendkulturen wie den Hooligans, den Skinheads oder den Autonomen an und integrieren sich über kollektive Gewaltrituale. Das beunruhigt die Öffentlichkeit und erscheint als Anzeichen schleichender Dezivilisierung. Diese Arbeit hat – insoweit versteht sie sich als Beitrag zur *theoretischen* Kriminologie – ein sozialtheoretisches Erklärungsmodell entwickelt, mit dem die Entstehung gewalttätiger Jugendkulturen als Symptom der Erosion kommunikativer Strukturen und damit als Folge eines paradoxen Verlaufs gesellschaftlicher Modernisierungsprozesse in spätkapitalistischen bzw. realsozialistischen Gesellschaften interpretiert werden kann. Anschließend sind heuristisches Potential, Plausibilität und Angemessenheit des theoretischen Erklärungsmodells durch Interpretation umfangreicher *empirisch-phänomenologischer* Erkenntnisse zu Hooligans, Skinheads und Autonomen im Wege einer Sekundäranalyse verifiziert worden. Schließlich hat die Einsicht in die strukturellen Ursachen der Entstehung gewalttätiger Jugendkulturen erlaubt, herkömmliche Präventionsansätze kritisch zu evaluieren und Leitlinien für eine strukturtheoretisch informierte *Kriminalpolitik* zu entwickeln.

1. Kapitel

Die gegenwärtige öffentliche und wissenschaftliche Diskussion hebt sich als Jugend*gewalt*diskussion eindeutig von Vorläuferdiskussionen seit der Wilhelminischen Zeit ab. Um dem Rechnung zu tragen und hervorzuheben, daß den Mitgliedern höchst unterschiedlicher Jugendkulturen gerade gewalttätige Aktionsformen gemeinsam sind, werden (§ 1) *Hooligans* als *gewaltzentrierte Fußballfans*, (§ 2) *Skinheads* als *äußerlich homogene, politisch heterogene, ideologisch überwiegend diffuse, gewaltzentrierte Jugendkultur* und (§ 3) *Autonome* als *ideologisch-thematisch vagabundierende gewaltzentrierte Radikale anarchistischer Prägung* definiert. Die typologische Abgrenzung der Hooligans von anderen Fußballfans, die Einführung der notwendigen Unterscheidung zwischen unpolitischen O!-Skins, linken bzw. antirassistischen Red- und Sharp-Skins und rechten Fascho- oder Naziskins und die Einordnung der Autonomen in das linksextreme Spektrum dienen einer ersten Präzisierung des Untersuchungsgegenstandes und klären gleichzeitig darüber auf, daß die drei vorgestellten Jugend- bzw. Protestkulturen weit weniger homogen sind, als es dem externen Beobachter auf den ersten Blick erscheinen mag. Ein Überblick über die Entstehung der Jugendkulturen in der Bundesrepublik Deutschland und in der DDR führt in den aktuellen Forschungsstand zu Skinheads und Hooligans ein und stellt die Autonomen, die wissenschaftlich bisher beinahe gänzlich unerforscht sind, auf der Grundlage der Verfassungsschutzberichte des Bundesministers des Innern einerseits und der Veröffentlichungen von Szenemitgliedern andererseits ausführlich vor. Es zeigt sich, daß alle drei Jugendkulturen in

Westdeutschland Ende der siebziger, Anfang der achtziger Jahre entstanden sind und daß sie zeitgleich auch in der DDR auftraten. Die Vertreter der westdeutschen Jugendkulturen orientierten sich an ausländischen Vorbildern, die Hooligans der DDR und die Ost-Skins der späten Achtziger an ihren westdeutschen Vorbildern. Die weitere Entwicklung aller drei Jugendkulturen ist vor allem von den öffentlichen und staatlichen Reaktionen beeinflußt. Insbesondere ist die inhaltliche Ausrichtung der originär politischen Autonomen von innen- und außenpolitischen Entwicklungen und Diskussionen bestimmt. Die Entstehung der Hooligans ist in Westdeutschland auch eine Reaktion auf die im Vergleich zu anderen europäischen Staaten verspätete Professionalisierung des Fußballs und – ebenso wie in der DDR – auf repressive staatliche Maßnahmen gegen jugendkulturelle Artikulationen und Ausschreitungen. Auch die Entwicklung der Skinheads in West- und Ostdeutschland, insbesondere die (Pseudo-)Politisierung vieler Gruppierungen, ist von stigmatisierenden Zuschreibungen und staatlichen Interventionen und von parteipolitischen Vereinnahmungsversuchen beeinflußt. Gemeinsam sind allen drei Jugendkulturen ihre gewalttätigen Aktionsformen, aber auch ihr prekäres und nicht selten feindliches Verhältnis zu anderen Jugendkulturen bzw. Protestbewegungen. Die Einführung zeigt, daß sich alle drei Jugendkulturen historisch verorten lassen und mithin ihre Entstehung auch nur im Rahmen einer gesellschaftlichen Strukturanalyse erklärt werden kann. Statt sie vorschnell als ein zyklisch wiederkehrendes soziales Phänomen zu begreifen, scheint es daher angemessen zu sein, nach den spezifischen strukturellen Ursachen ihrer Entstehung zu fragen. Dann verliert die nicht abschließend zu klärende Frage an Bedeutung, ob statistisch ein Anstieg der Jugendgewaltkriminalität nachgewiesen werden kann.

2. Kapitel

(§ 4) *Gewalt* wird hier als ein soziales Verhalten definiert, das durch den *Einsatz körperlicher Kraft* und durch seine *destruktive körperliche Wirkung* gekennzeichnet ist. Sie fungiert als „Universalsprache", als universelle Ersatzsprache, die Ausdruck des Scheiterns von Kommunikation ist. Gewalt stellt sich damit als *Negation von Kommunikation* dar. Gerade aufgrund ihrer Körperlichkeit wird sie allgemein verstanden. Die Auseinandersetzung mit den in anderen Erkenntnisdisziplinen geführten Begriffsdiskussionen sensibilisiert dabei für den Zusammenhang zwischen Erkenntnisinteresse und Begriffsbildung und zeigt, daß nur ein enger, die Körperlichkeit von Gewalt betonender Gewaltbegriff sich als Leitbegriff eines ätiologischen Beitrags zur aktuellen Jugend*gewalt*diskussion bewährt. Der hier entwickelte Gewaltbegriff ist insofern beeinflußt von jüngeren Entwicklungen der soziologischen Begriffsdiskussion, die die Körperlichkeit von Gewalt in den Blick nimmt und sich bei der begrifflichen um die phänomenologische Erfassung des Gegenstandes bemüht. Er emanzipiert sich damit von der philosophisch-staatstheoretischen und auch von der strafrechtlichen Begriffsdiskussion. Beide vernachlässigen die Körperlichkeit von Gewalt, erstere, weil sie über Gewalt vor allem als Mittel zu Erreichung bestimmter Zwecke reflektiert, letztere, weil sich die Körperlichkeit in einer freiheitstheoretisch bestimmten Denktradition nicht zur Geltung bringen läßt. Von psychologischen Aggressionsbegriffen hebt sich der hier formulierte Gewaltbegriff vor allem dadurch ab, daß mit ihm Gewalt als soziales Verhalten und damit nicht individualistisch, sondern interaktiv begriffen wird. Die Betonung der Destruktivität normativiert den Gegenstand und zielt auf die Entlarvung der vermeintlichen positivistischen Neutralität herkömmlicher Aggressionsdefinitionen. Abweichend von dem von der Friedens- und Konfliktforschung eingeführten Begriff der strukturellen Gewalt werden Formen psychischer, objektloser sowie nicht intendierter Gewalt hier nicht in den Gewaltbegriff einbezogen, weil sonst zwangsläufig die spezifische Qualität intendierter physischer Gewalt vernachlässigt würde. Von kriminologischen Gewaltbegriffen unterscheidet sich der hier eingeführte Gewaltbegriff schließlich vor allem dadurch, daß er nicht nur inkriminierte Verhaltensweisen einschließt und damit neben der negativen rechtlichen eine eigenständige negative soziale Bewertung gewalttätigen Verhaltens zur Geltung bringen kann. Mit der kommunikationstheoretischen Fundierung wird dem Gewaltbegriff zudem ganz bewußt ein analytisches Profil gegeben, dank dessen er die Diskussion der Ursachen gewalttätigen Verhaltens zu inspirieren und zu leiten vermag. Dieses analytische Potential fehlt kriminologischen Gewaltdefinitionen, die sich um eine rein typologische Präzisierung bemühen, ebenso wie solchen, die sich rein pragmatisch an dem Begriff der Gewaltkriminalität orientieren, nach dem strafbares gewalttätiges Verhalten in offiziellen Statistiken erfaßt wird.

(§ 5) Im Folgenden wird die „*Theorie des kommunikativen Handelns*" von HABERMAS vorgestellt, die in der kriminologischen Diskussion bisher nur mit angreifbaren Argumenten von den Abolitionisten vereinnahmt, von den Ätiologen dagegen vernachlässigt worden ist. Als „Theorie der Moderne" ist sie darauf angelegt, die in rationalisierten Gesellschaften auftretenden Sozialpathologien auf gesellschaftliche Strukturveränderungen zurückzuführen, und damit geeignet, auch die Entstehung gewalttätiger Jugendkulturen zu erklären. Die Darstellung konzentriert sich nach der Einführung des Schlüsselbegriffs „kommunikatives Handeln" auf den materialen Gehalt der Theorie, der in der philosophischen und soziologischen Grundlagendiskussion des Werkes nur unzureichende Beachtung gefunden hat und dementsprechend in Sekundärquellen bisher nur unzureichend zugänglich gemacht worden ist. Im Zentrum der Analyse steht die These von der „Kolonialisierung der Lebenswelt." Darunter versteht HABERMAS die systemische Vereinnahmung kommunikativ strukturierter Handlungsbereiche, konkret deren zunehmende Kommerzialisierung, Bürokratisierung und Verrechtlichung. Infolge der Umstellung herkömmlich über kommunikatives Handeln integrierter Lebensbereiche auf systemische Integrationsmechanismen kommt es zu Störungen der Reproduktion lebensweltlicher Ressourcen mit der Folge, daß Enkulturation, soziale Integration und Sozialisation der nachwachsenden Generation nicht mehr gewährleistet sind und die Ausdrucks- und Kommunikationsmöglichkeiten verarmen. Solange sozialstaatliche oder realsozialistische Arrangements die Folgen der Kolonialisierung abfedern, sind Sinn- und Traditionsverluste, Orientierungslosigkeit und Psychopathologien, Entfremdung und eine zunehmende Verunsicherung der kollektiven Identität zu beobachten. Wo immer die Menschen aber die Folgen der Kolonialisierung zu durchschauen beginnen, ist mit offenem Widerstand der Lebenswelt, mit Motivations- und Legitimationsentzug und Anomie zu rechnen. Dieser wird sich sogar verstärken, weil sich die Übergriffe globaler wirtschaftlicher Imperative auf kommunikativ strukturierte Lebensbereiche immer unzureichender durch staatliche Interventionen abfedern und damit gleichzeitig verschleiern lassen. Weil sowohl kolonialisierungsbedingte Pathologien als auch Formen anomischen Widerstandes auf Störungen kommunikativer Reproduktionsprozesse zurückzuführen sind, werden sie hier als Symptome der Erosion kommunikativer Strukturen zusammengefaßt.

(§ 6) Gewalttätige Jugendkulturen lassen sich als *Symptom der Erosion kommunikativer Strukturen* begreifen und damit analytisch präzise auf gesellschaftliche Strukturveränderungen, nämlich auf den krisenhaften Verlauf gesellschaftlicher Modernisierungsprozesse in spätkapitalistischen bzw. realsozialistischen Gesellschaften zurückführen. Weil sich posttraditionale, rationalisierte Gesellschaften über kommunikatives Handeln integrieren, stellt sich gewalttätiges Verhalten heute als Folge der auf die Kolonialisierung der Lebenswelt zurückzuführenden Verarmung der Ausdrucks- und Kommunikationsmöglichkeiten dar. Da Gewalt in interaktiven Prozessen vielfach kommunikatives Handeln substituiert, erweist sie sich als „universelle Ersatzsprache“. Weil Gewalt jedoch gleichzeitig die Voraussetzungen verständigungsorientierten Handelns zerstört, stellt sie sich, genauer besehen, als Negation von Kommunikation dar. Ausgehend von den Struktureigentümlichkeiten und von der psycho-sozialen Funktion von Gewalt läßt sich dartun, daß Gewalt ein eklatantes Symptom defizitärer Sozialisation, defizitärer sozialer Integration und defizitärer kultureller Reproduktion ist und mithin als Folge der Erosion kommunikativer Strukturen interpretiert werden muß.

Junge Menschen werden gewalttätig, weil sie in besonderem Maße von diesen Erosionsfolgen betroffen sind. Eltern sind bereits als primäre Sozialisationsinstanz den Zumutungen der gesellschaftlichen Modernisierung, insbesondere den mit der Verflüssigung normativer Ordnungen verschärften kommunikativen Anforderungen an die Erziehung vielfach nicht gewachsen. Die allgemeine Verarmung der Ausdrucks- und Kommunikationsmöglichkeiten wirkt sich daher auf den Sozialisationsprozeß besonders dramatisch aus. Die Eltern scheitern aber auch deshalb in der Erziehung und greifen zu Gewalt als erzieherischem Mittel, weil sich ihr Sozialisationsauftrag mit der Aufgabe, die nachwachsende Generation auf die Beschäftigung in systemischen Organisationen vorzubereiten, schwerlich vermitteln läßt. Familien sind zudem ganz unmittelbar von der Kolonialisierung, nämlich von der

Monetarisierung, der Verrechtlichung und der Bürokratisierung der Eltern-Kind-Beziehungen und zusätzlich von kultureller Verarmung betroffen.

Erosionsbetroffene Jugendliche schließen sich *Jugendkulturen* an, weil sie in einer kolonialisierten Lebenswelt nach „Auffanglebenswelten" suchen. Diese versorgen ihre Mitglieder mit Deutungen und Interpretationen, sie definieren sich über einen wenn auch noch so rudimentären Kanon an Werten und Normen, an dem die einzelnen ihr Verhalten orientieren können, und stiften Interaktionskontexte, in denen es den Jugendlichen gelingt, ihre Identität zu behaupten. Die Anziehungskraft von Jugendkulturen läßt sich dabei auf ihre kolonialisierungskompensatorischen Funktionen zurückführen. Indem sie einen Beitrag zur Enkulturation, zur Integration und zur Stabilisierung der Persönlichkeit leisten, kompensieren sie die Folgen der Erosion kommunikativer Strukturen, nämlich Integrationsdefizite, Ich-Schwäche und Orientierungslosigkeit. Daß *gewalttätige* Jugendkulturen entstehen, ist Indiz dafür, daß die Verständigungskompetenz der Jugendlichen so begrenzt ist, daß die Integration der Gruppe und insbesondere ihre Abgrenzung nach außen, aber auch die Verteidigung von Deutungsschemata und die Stabilisierung verunsicherter Persönlichkeiten über kommunikatives Handeln nicht mehr gelingt und nur mehr durch gewalttätige Interaktionen gewährleistet wird. Die Entstehung gewalttätiger Jugendkulturen stellt sich damit als besonders sinnfälliges Symptom der Erosion kommunikativer Strukturen dar. In manchen Jugendkulturen organisiert sich sogar offener Widerstand gegen die bestehenden gesellschaftlichen Verhältnisse. Das gibt Anlaß, zwischen rein kolonialisierungskompensatorischen und anomischen Jugendkulturen zu differenzieren. Letztere treten in Erscheinung, wenn sich die Folgen der Erosion kommunikativer Strukturen, insbesondere die Verunsicherung der kollektiven Identität des Gemeinwesens und Erfahrungen von Entfremdung nicht mehr kompensieren lassen, sondern bereits in Anomie umgeschlagen sind.

Die nähere Analyse jugendkultureller Lebenswelten zeigt, daß zumindest die kolonialisierungskompensatorischen Jugendkulturen *regressive* Strukturelemente aufweisen. Als solche sind insbesondere die Gewaltzentriertheit, die ritualisierten Aktionsformen, das Bekenntnis zu traditionalen, der Kritik entzogenen Werten und Normen und die hierarchische Gliederung, aber auch die Vermittlung eines primär gruppengestützten und damit wenig individuellen Selbstverständnisses zu nennen, dem eine entindividualisierte Selbstrepräsentation entspricht. Jugendkulturen wirken wegen dieser regressiven Strukturelemente anziehend, weil erosionsbetroffene Jugendliche infolge der Verarmung ihrer Ausdrucks- und Kommunikationsmöglichkeiten den Zumutungen der gesellschaftlichen Rationalisierung immer weniger gewachsen sind und sich diesen daher, zumindest in ihren jugendkulturellen Enklaven, zu entziehen versuchen. Weil jedoch auch jugendkulturelle Lebenszusammenhänge nicht gegen die Übergriffe systemischer Imperative gefeit sind, drohen sie ihrerseits, desintegriert zu werden, mit der Folge, daß sie ihre kompensatorischen Funktionen nur mehr unzureichend erfüllen. Als Symptom der Kolonialisierung sind ihre Kommerzialisierung, insbesondere die Vermarktung jugendkultureller

Stile und jugendkultureller Gewalttaten und die politische Vereinnahmung jugendkultureller Gruppierungen sowie ihrer Medien durch systemisch strukturierte Parteien zu nennen.

Das Erosionskonzept bewährt sich als *substantiell integrativer Mehrfaktorenansatz*, weil sich mit ihm pathologische Persönlichkeitsentwicklungen ebenso wie Störungen des innerfamiliären Sozialisationsprozesses und gesamtgesellschaftliche Desintegrationserscheinungen auf gesellschaftliche Strukturveränderungen zurückführen lassen. Dank seiner handlungstheoretischen Grundlegungen läßt sich zudem erklären, wie Strukturveränderungen im sozialen Nahfeld wirksam werden und Interaktionsprozesse beeinflussen. Weil das Erklärungsmodell in eine gesellschaftliche Entwicklungstheorie eingebettet ist, läßt sich abschließend aufzeigen, daß mit der Erosion kommunikativer Strukturen eine *spezifische* Ursache für die Entstehung der gewalttätigen Jugendkulturen identifiziert ist, die heute die Öffentlichkeit weitgehend enttraditionalisierter Gesellschaften beunruhigen. Vorläufer der heutigen Jugendkulturen, namentlich die als „verwahrlost" charakterisierte proletarische Großstadtjugend der Wilhelminischen und der Weimarer Zeit, stellen sich demgegenüber als Enttraditionalisierungsphänomene dar. Erst die Entstehung der „randalierenden" Jugend der fünfziger und der „revoltierenden" Jugend der sechziger Jahre lassen sich als Symptome erster Kolonialisierungsschübe interpretieren. Erstere ist eine Reaktion auf die konsumistische Umdefinition persönlicher Lebensbereiche in der weitgehend entpolitisierten Nachkriegsgesellschaft, Letztere eine Reaktion auf die weitgehende Neutralisierung der Staatsbürgerrolle in sozialstaatlich pazifierten Klassengesellschaften. Heute treten gewalttätige Jugendkulturen nicht zuletzt deshalb verstärkt in Erscheinung, weil der moderne Wohlfahrtsstaat sich in einer tiefgreifenden Krise befindet, insbesondere den Menschen in Ostdeutschland kein den guten alten bundesrepublikanischen Verhältnissen entsprechendes Gefühl von Sicherheit zu vermitteln mag. Deshalb kann das sozialstaatliche Arrangement spätkapitalistischer Industriestaaten seine eigenen kolonialisierenden Wirkungen immer unzureichender abfedern und verschleiern.

3. Kapitel

(§ 7) Das entwickelte Erklärungsmodell läßt sich bei der Interpretation umfangreicher phänomenologischer Erkenntnisse zu Hooligans, Skinheads und Autonomen verifizieren und explizieren. Untersucht werden die gewalttätigen Aktionsformen, ihre gruppeninterne Bewertung und Funktion, die Rechtfertigungen von Gewalt, die sozioökonomischen Lebensbedingungen und Sozialisationserfahrungen, die Einstellungen, das Lebensgefühl und die Zukunftsperspektiven, das Gemeinschaftsleben, das Gemeinschaftserlebnis und die Selbsterfahrung in der Gruppe, die Alters- und Geschlechtsstruktur, Rekrutierungsprozesse und Gruppenstruktur, das Selbstverständnis der Gruppen, handlungsleitende Motive, Ziele, Werte, Normen und Überzeugungen, das Verhältnis zu anderen Jugendkulturen, Protestbewegungen und politischen Parteien, Feinde und Opfer der Jugendkulturen, der Bekleidungsstil, Symbole und Sprachspiele, die Musik und Publikationen. Bezogen auf die zentralen theoretischen Annahmen lassen sich folgende Ergebnisse festhalten:

Die gewalttätigen Aktionsformen, ihre gruppeninterne Bewertung und Funktion bestätigen, daß sich Hooligans, Skinheads und Autonome in interaktiven Prozessen tatsächlich der *Gewalt als universeller Ersatzsprache* bedienen und damit den Wirkungsmechanismus sprachlicher Verständigung negieren. Damit erweisen sich die Ausdrucks- und Kommunikationsmöglichkeiten der Jugendlichen als durch die Erosion kommunikativer Strukturen beschränkt. Das Gemeinschaftsleben der Hooligans und der Skinheads ist primär von gewalttätigen Ritualen geprägt. Kommunikation erfüllt nur eine mehr als untergeordnete gemeinschaftsstiftende Funktion. Die Autonomen bemühen sich zwar um kommunikative Vergemeinschaftung und versuchen, das integrative Potential sprachlicher Verständigung auszuschöpfen. Daß sie Kommunikationsschwierigkeiten untereinander beklagen und sich der kommunikativen Vermittlung ihrer politischen Ziele im Außenverhältnis verweigern, zeigt jedoch, wie beschränkt auch ihre kommunikativen Fähigkeiten tatsächlich sind.

Erosionsbetroffen sind vor allem *Kinder* und *Jugendliche*, weil innerfamiliäre Lebensverhältnisse in besonderem Maße von der Kolonialisierung betroffen sind und der schulische Werdegang weitreichend von systemischen Imperativen bestimmt und beeinträchtigt ist. Zeitmangel der Eltern und Vernachlässigung, über die Skinheads und Hooligans berichten, sind symptomatisch für die vom Markt erzwungene Anpassung des Familienalltags an das Beschäftigungssystem. Ein unkommunikativer Erziehungsstil und elterliche Züchtigungen indizieren eine erosionsbedingte Verarmung der kommunikativen Kompetenzen der Eltern. Das Leiden unter schulischen Leistungsanforderungen und elterlichen Erfolgserwartungen spricht für die systemische Vereinnahmung des Sozialraums Schule. Auch mit dem Hinweis auf die innerfamiliären Solidaritäts- und Kommunikationsdefizite beklagen Hooligans und Skinheads typische Folgen der Kolonialisierung innerfamiliärer Strukturen. Weil sich die Kolonialisierung innerfamiliärer Lebenszusammenhänge im Prinzip schichtunspezifisch auswirkt, läßt sich mit dem hier entwickelte Erklärungsmodell besonders gut erklären, warum sich in gewalttätigen Jugendkulturen Jugendliche aus *allen* gesellschaftlichen Schichten einfinden. Da die Entstehung gewalttätiger Jugendkulturen auf die Deformation kommunikativer Strukturen und nicht auf sozioökonomische Benachteiligung zurückgeführt wird, wird weiterhin verständlich, warum sich Jugendliche aus intakten Elternhäusern ebenso einfinden wie solche, die ins Erwerbsleben eingebunden sind. Daß dennoch beruflich gescheiterte Jugendliche und solche aus „Problemfamilien" in gewalttätigen Jugendkulturen überrepräsentiert zu sein scheinen, läßt sich damit erklären, daß erstere nicht in stabilisierende Lebensroutinen eingebunden sind, die geeignet sind, Erosionsfolgen abzufedern, und daß Letztere von der Erosion kommunikativer Strukturen, insbesondere von sozialstaatlicher Verrechtlichung in besonderem Maße betroffen sind. Weil Jugendliche aus gebildeteren Elternhäusern dank ihrer intellektuellen Kompetenzen den Mechanismus der Kolonialisierung zumindest im Ansatz durchschauen, schließen sie sich erwartungsgemäß häufiger den anomischen Autonomen an. Statt sich in kolonialisierungskompensatorische Jugendkulturen zurückzuziehen, reagieren sie mit offenem Widerstand.

Die Entstehung gewalttätiger Jugendkulturen ist ein Symptom *gesellschaftlicher Desintegration*. Die brutale Gewalt, mit der Skinheads, Hooligans und Autonome ihre Feinde attackieren, ist sinnfälliger Ausdruck erosionsbedingter Entfremdung zwischen Tätern und Opfern. In welchem Maße die Jugendlichen das Gemeinwesen als dissoziiert erleben, offenbaren die gruppenintern aufgebrachten Rechtfertigungen ebenso wie die Einstellungen der einzelnen zum Staat, insbesondere zur Polizei. Ein besonders sinnfälliger Ausdruck gesellschaftlicher Dissoziation ist das Denken in Freund-Feind-Schemata, weil die sozialen Beziehungen gegenüber dem Feind nicht mehr oder allenfalls rudimentär durch eine Art „Kriegsrecht", geordnet sind. Die Rechtfertigungen, insbesondere der rechten Skinheads, haben geradezu archaischen Charakter. Sie stellen ihre Gewalttaten als aus der Not geborene Selbsthilfe im Kampf um das gesellschaftliche Überleben dar und fühlen sich von Ausländern und Andersartigen bedroht. Sie versuchen also, ihre Feinde, die sie durch Vertreibung exterritorialisieren oder durch Vernichtung entfernen wollen, außerhalb des Gemeinwesens zu lozieren. Auf diese Weise gelingt es ihnen, diffuse Entfremdungserfahrungen zu kanalisieren und so die Fiktion eines insgesamt legitim geordneten Gemeinwesens zu bewahren. Gerade dies weist die Skinheads als primär kolonialisierungskompensatorische Jugendkultur aus und stimmt damit zusammen, daß sie sich nicht als Systemoppositionelle positionieren, sondern das politische System grundsätzlich bejahen und sich nur aus Resignation von seinen Repräsentanten, den Vertretern bürgerlicher Parteien, distanzieren. Auch die Polizei ist demensprechend kein erklärter Feind und wird nur attackiert, wenn sie die jugendkulturellen Vergemeinschaftungsrituale stört. Die Hooligans haben zwar keine klar konturierten Feindbilder ausgebildet. Sie inszenieren jedoch an ihren Hooligan-Wochenenden Kämpfe mit klaren Fronten. Weil wenigstens bei Teilnahme an den ritualisierten Auseinandersetzungen kein Zweifel besteht, wohin man gehört und wer zusammengehört, sind die Hooligans für Jugendliche attraktiv, die im Lebensalltag unter diffusen Gefühlen der Entfremdung leiden. Daß polizeiliche Interventionen als Störung wahrgenommen werden und der Ordnungsanspruch der Polizei nicht eingelöst wird, ist ein Beweis für die Unfähigkeit, die eigenen Gewaltexzesse aus der Perspektive des Gemeinwesens wahrzunehmen, und insofern ein Symptom gesellschaftlicher Desintegration. Für die Autonomen ist das Netz der gesellschaftlichen Integration zerrissen. Sie verorten sich als anomische Jugendkultur außerhalb der politisch-gesellschaftlichen Ordnung, die für sie jeder Legitimation entbehrt und die sie daher mit ihrer politisch gerichteten Gewalt gezielt bekämpfen. Für sie werden alle diejenigen zu Feinden, die diese Ordnung repräsentieren oder gar unterstützen, allen voran die Polizei.

Die jugendkulturellen Gemeinschaften kompensieren *Integrationsdefizite, Entfremdungserfahrungen* und *mangelnde Solidarität* und werden daher für Jugendliche zu unentbehrlichen Auffanglebenswelten. Für Hooligans wird elementare Kollektivität und Solidarität in ihren inszenierten Auseinandersetzungen erfahrbar. Skinheads bekennen, in der Gruppe Kameradschaft und Zusammenhalt zu finden, die sie in anderen Lebenskontexten vermissen. Autonome erklären, daß in ihren „Ghettos", in ihrer soziokulturellen Enklave, die „sozio-kulturelle Fragmentierung" aufgehoben ist. Als Symptom der Erosion kommunikativer Strukturen muß die Entstehung aller drei Jugendkulturen deshalb interpretiert werden, weil diese sich in erster Linie über die gemeinsam verübten, ritualisierten Gewalttaten integrieren. Hooligans veranstalten ritualisierte Schlachten in der „dritten Halbzeit". Skinheads suchen und provozieren gewalttätige Konfrontationen mit Ausländern und Linken. Autonome finden sich bei „massenmilitanten" Aktionen oder zur Verübung „klandestiner" Anschläge zusammen. Hooligans und Skinheads stabilisieren ihre soziale Bezugsgruppe primär über gewalttätiges und nicht über kommunikatives Handeln. Hooligans treffen sich kaum unabhängig vom Fußball. Auch die ritualisierten, ereignisarmen und von gemeinsamem Alkoholkonsum geprägten Treffen der Skinheads beweisen, daß ihnen jenseits ihrer Gewaltrituale die kreative, kommunikative Gestaltung der gemeinsam verbrachten Zeit nicht gelingt. Lediglich die anomischen Autonomen bemühen sich um kommunikative Vergemeinschaftung und versuchen, das Integrationspotential von Diskussionen und szeneinternen Auseinandersetzungen auszuschöpfen. Auch sie klagen jedoch zunehmend über Kommunikationsschwierigkeiten untereinander und berichten, daß sich zwischen den verschiedenen Fraktionen Sprachlosigkeit ausbreitet. Dies zeigt, daß alle drei Jugendkulturen zu produktiver Vergemeinschaftung allenfalls noch beschränkt fähig sind. Weil sich die Mitglieder aller drei Jugendkulturen vor allem im Kampf zusammengehörig, aufeinander angewiesen und solidarisch fühlen, erfüllt die Ausbildung von Feindbildern eine wichtige integrationsstiftende Funktion. Diese erlauben es, Muster sozialer Zugehörigkeit nach dem Ausschlußprinzip zu kreieren, und sie entlasten den Verständigungsmechanismus, weil im Kampf gegen die Feinde eine positive Selbstbestimmung entbehrlich scheint. Alle drei Jugendkulturen konstituieren sich denn auch als Kampfgemeinschaften und stiften auf diese Weise eine kollektive Identität. Den Skinheads hilft die aggressive Abgrenzung von rivalisierenden Jugendkulturen, soziale Zugehörigkeiten zu strukturieren. Den Autonomen, die sich als Feinde des Systems außerhalb der Gesellschaft verorten, gelingt dies durch Selbstausgrenzung. Die Integrationskraft der Kampfgemeinschaften differiert, weil es ihnen unterschiedlich gut gelingt, ihr Selbstverständnis inhalts- und facettenreich auszugestalten. Das Selbstverständnis der Hooligans ist zu inhaltsarm und das der Autonomen, die letztlich nur eine diffuse Anti-Haltung zu Staat, Kapitalismus und Faschismus und unspezifisch utopische Fernziele verbindet, zu unbestimmt und abstrakt, um eine substantielle kollektive Identität zu stiften. Die hohe Integrationskraft des Skinheadkults ist demgegenüber darauf zurückzuführen, daß das Selbstverständnis der Skinheads besonders facetten- und inhaltsreich ausgestaltet ist. Alle Skinheads verstehen sich, wenn auch nur symbolisch, als Vertreter der Arbeiterklasse. Die Oi!-Skins definieren sich darüber hinaus als Bewahrer der Skinheadtradition, die rechten Skins als Ausländerhasser und stolze Deutsche. Daß die Integrationskraft der drei Jugendkulturen differiert, läßt sich auch auf die unterschiedliche Gruppenstruktur zurückführen. Die Hooligans sind heute konzentrisch organisiert. Während die Mitglieder eines harten Kerns sich enger, auch freundschaftlich verbunden fühlen, sind Mitläufer und „Modehools" nur unzureichend angebunden. Die Autonomen verstehen sich als „Bewegung" und propagieren Strukturlosigkeit als zwingende Voraussetzung von Selbstbestimmung und Selbstentfaltung. Aktionsgruppen konstituieren sich daher nur dort, wo politische oder gesellschaftliche Ereignisse den Protest der Systemkritiker herausfordern. Weil die gemeinsamen Sozialräume in Folge staatlicher Interventionen weggebrochen und die informellen Netzwerke selbst in „Ghettos" wie Kreuzberg bedroht sind, macht die Szene insgesamt einen eher dissoziierten Eindruck. Auch die Skinheads sind grundsätzlich organisierungsfeindlich. Sie erweisen sich jedoch dank ihrer streng hierarchischen Gruppenstruktur als integrationskräftigste Jugendkultur. Das nicht zu verkennende Integrationspotential aller drei Jugendkulturen verdankt sich der Orientierung an einem rudimentären Kanon von Werten und Normen bzw. Zielen, der das Gruppenleben als normativ geordnet erscheinen läßt. Wichtige integrationsstiftende Funktion erfüllen auch ein einheitlicher Bekleidungsstil, die Verwendung spezifischer Symbole und jugendkulturspezifische Sprachspiele. Ein einheitlicher Bekleidungsstil visualisiert soziale Zugehörigkeiten. Diese werden unter Umgehung sprachlicher Verständigungsprozesse strukturiert. Die Verwendung traditionsreicher, martialischer oder historischer Symbole gestaltet die kollektive Identität von Hooligans und Skinheads zusätzlich inhaltsreich aus. Die Ausprägung standardisierter sprachlicher Wendungen und Slogans erleichtert schließlich die Herstellung von Solidarität unter den Gruppenangehörigen, weil ihre Verwendung das Dissensrisiko verringert. Über ihre Musik und ihre Publikationen konstituieren sich alle drei Jugendkulturen als abgeschirmte Kommunikationsgemeinschaften. Musik und Publikationen tragen durch die Ausgestaltung des gruppenspezifischen Selbstverständnisses zur Integration der Jugendkulturen bei und stiften auch überregionalen Zusammenhalt.

Gewalttätige Jugendkulturen sind Zufluchtsorte für Jugendliche, deren *Sozialisation defizitär* verlaufen ist, deren interaktive Kompetenzen beschränkt sind, die keine stabile Persönlichkeitsstruktur entwickelt haben und daher unter Ich-Schwäche leiden. Skinheads und Hooligans, die nicht selten von elterlichen Züchtigungen berichten, haben bereits im Elternhaus gewaltförmige, nicht aber kommunikative Konfliktlösungsstrategien erlernt. Das Lebensgefühl der Jugendlichen und die Motivationen, aus denen heraus sie sich gewalttätigen Jugendkulturen anschließen, sind symptomatisch für wenig gefestigte Persönlichkeiten und indizieren Ich-Schwäche. Skinheads bekennen, das Gefühl zu haben, nichts darzustellen, und projizieren ihre Unsicherheit auf Ausländer und Andersartige, von denen sie sich provoziert und in Frage gestellt fühlen. Hooligans überwinden bei ihren gewalttätigen Kämpfen das Gefühl, nichts darzustellen. Wer sich den Autonomen anschließt, hofft, in der jugendkulturellen Gemeinschaft die eigene Ohnmacht zu überwinden und vom Objekt zum Subjekt zu werden. Die Teilnahme an gewalttätigen Aktionen eröffnet Möglichkeiten der positiven Selbsterfahrung, der Selbstvergewisserung und Selbstbestätigung und leistet einen Beitrag zur Rollenkonzeptualisierung. Sich Opfer zu suchen und zum Täter zu werden ist dabei eine besonders martialische Form der Kompensation von Ich-Schwäche. Die Kämpfe der Hooligans sind eine Form körperlicher Selbstbehauptung. Das archaische Erlebnis der eigenen Männlichkeit und Stärke wird zur Quelle des Selbstwertgefühls. Hooligans werden zu Tätern, um zu siegen und um das Gefühl zu haben, „die Besseren zu sein“. Sie kompensieren so Minderwertigkeits- und Ohnmachtsgefühle und persönliche Schwächen und blenden die tatsächlich eingeschränkten kommunikativen Kompetenzen zumindest gruppenintern aus der Selbstwahrnehmung aus. Skinheads befriedigen bei ihren martialischen Auftritten Geltungsbedürfnisse und genießen es, als einschüchternde Macht wahrgenommen zu werden. Die Identifikation mit dem Stigma des Gewalttäters stiftet eine negative Identität, die dem Lebensgefühl dieser Jugendlichen entspricht. Als Täter vernichten sie letztlich ihr ohnmächtiges Alter-Ego und befriedigen als Richter über Leben und Tod pathologische Allmachtsphantasien, die ihre Minderwertigkeitsgefühle kompensieren. Den Autonomen erlaubt die Teilnahme an den gewalttätigen Aktionen gegen das „System“ und die „Faschisten“, sich als revolutionäre Kämpfer zu stilisieren. Die Gewalttaten leisten für sie einen Beitrag zur Selbstkonstitution des rebellischen Subjekts. Von besonderer Bedeutung sind dabei auch die jugendkulturellen Rechtfertigungen von Gewalttaten. Sie erlauben es den Jugendlichen auszublenden, daß es ihnen tatsächlich an generalisierter Handlungsfähigkeit fehlt und daß sie ihre Persönlichkeit letztlich nur über gewaltförmige Abwehrstrategien stabilisieren. Skinheads berufen sich auf Selbsthilfe- und Notwehrrechte und überhöhen ihre Gewalttaten diffus-ideologisch als Verteidigung deutscher Bevölkerungsinteressen. Hooligans kaschieren ihre gewalttätigen Konfrontationen als sportliche Wettkämpfe. Die anomischen Autonomen rechtfertigen ihre Gewalt als legitimes Mittel des revolutionären Kampfes gegen ein in ihren Augen delegitimiertes System. Neben den gewalttätigen Aktionen erfüllen auch das Tragen bestimmter Kleidung und die Verwendung von Symbolen identitätsstiftende und stabilisierende Funktion. Den Hooligans gibt ihr korrektes, angepaßtes Äußeres ein Gefühl von Sicherheit und das Tragen von Waffen ein Gefühl von Stärke und Mut. Den Skinheads vermittelt die martialisch-brutale Gestaltung des äußerlichen Erscheinungsbildes das Gefühl von Kraft, Männlichkeit und Stärke. Der angstbetonte Respekt, den man einflößt, entschädigt für versagte soziale Anerkennung und ersetzt deren persönlichkeitsstabilisierende Funktion. Der Rückgriff der rechten Skinheads auf NS-Symbole dient der Selbstbehauptung durch Provokation und ist als Form der Wiederbelebung unglaubwürdig gewordener und diskreditierter Traditionen ein Schutzmechanismus gegen die destabilisierende Wirkung gesellschaftlicher Enttraditionalisierungsschübe. Auch den Autonomen gibt ihre einheitliche schwarze Kleidung ein Gefühl von Macht und Stärke. Während der einzelne, auf sich gestellt, dem „Moloch“ hilflos ausgeliefert ist, stabilisieren ihn als Teil des „schwarzen Blocks“ das kollektive Pathos der Unversöhnlichkeit und die Aura der Bedrohlichkeit. Die Mitgliedschaft in einer Jugendkultur hat auch deshalb persönlichkeitsstabilisierende Funktion, weil das Selbstverständnis der Gruppe defizitäre, rudimentäre Selbstentwürfe wirkungsvoll substitutiert und die Verfolgung gemeinsamer Handlungsziele dem Leben eine klare und scheinbar sinnvolle Ausrichtung gibt sowie von der Bürde individueller Entfaltung und innovativer Lebensgestaltung entlastet. Das reduktionistische, inhaltsarme Selbstverständnis der Hooligans als solidarischer Kampfgemeinschaft erlaubt es den einzelnen, zumindest am Wochenende in die klar konturierte Rolle des Kämpfers zu schlüpfen. Ihrer Schlichtheit und metaphorischen Aura verdankt diese Kämpferrolle ihr identitätsstiftendes und -stabilisierendes Potential. Weil den Autonomen eine positive Selbstbestimmung schwer fällt, vermittelt die Mitgliedschaft dem einzelnen nur das Gefühl, für den revolutionären Umsturz „aktiv zu sein.“ Die Last einer spezifischeren positiven Selbstbestimmung bleibt ihm aufgebürdet. Demgegenüber erleichtert es das inhaltsreichere Selbstverständnis der Skinheads ihren Mitgliedern zu wissen, wofür sie stehen. Über das Bekenntnis zur Arbeiterklasse, mit dem geschickt bestimmte Traditionen, Werte und Normen vereinnahmt werden, gewinnt der Skinheadkult eine über ihn selbst hinausweisende Aura, an der auch der einzelne partizipiert. Gestützt auf das rassistisch-völkische Selbstverständnis der rechten Skinheads übernehmen die Mitglieder rechter Cliquen zudem eine mythologisch-überhöhte Aufgabe von „nationaler Bedeutung“. Die destabilisierende Wirkung der Bedeutungslosigkeit der eigenen Existenz wird auf diese Weise in der Selbstwahrnehmung neutralisiert.

Gewalttätige Jugendkulturen kompensieren schließlich Orientierungslosigkeit und Ohnmachtsgefühle und fangen so die *Folgen der Störungen kultureller Reproduktionsprozesse* auf. Dies bestätigen schon die Beitrittsmotivationen. Den Skinheads schließen sich viele Jugendliche an, die unter ungewissen Zukunftsperspektiven leiden. Hooligans beschreiben ihren Berufsalltag als sinnentleert, leiden unter Erlebnisarmut und ebenfalls unter Zukunftsängsten. Autonome bekennen, sich in den bestehenden Verhältnissen, in einem normalen bürgerlichen Leben, nicht einrichten zu können und nach einer sinnstiftenden Aufgabe zu suchen. Mitglieder aller drei Jugendkulturen betonen, in der Gruppe, bei den gemeinschaftlichen gewalttätigen Aktionen das Gefühl der eigenen Macht, Bedrohlichkeit und Stärke zu genießen. Sie überwinden also Ohnmachtsgefühle, die auf komplexe Orientierungslosigkeit zurückzuführen sind und sich damit als Folge von Störungen der kulturellen Reproduktion darstellen. Hooligans bekennen denn auch, bei der Teilnahme am gewaltzentrierten Gemeinschaftsleben, an den wochenendlichen Planspielen, einem als sinnlos erlebten Berufs- und Lebensalltag zu entfliehen. Weil die Hooligans keine komplexen Deutungssysteme hervorgebracht haben, die die Weltaneignung erleichtern könnten, suchen und finden Jugendliche bei den „Hooliganspielen" jedoch lediglich Spannung, Abenteuer und Risiko und damit letztlich nur Ersatzbefriedigung ihres Wunsches nach einem sinnerfüllten Leben. Die aus dem Mangel an substantiellen Lebensperspektiven resultierenden Aggressionen und Frustrationen werden dabei nur scheinbar kompensiert, nicht jedoch produktiv bearbeitet. Auch die Fanzinen der Hooligans beschränken sich dementsprechend darauf, den gewalttätigen Aktivitäten über den situativen Kontext hinaus ein Minimum an Bedeutung zu verleihen; substantielle Orientierungshilfen geben sie dagegen nicht. Bei den Skinheads finden Jugendliche umfassendere Orientierung, weil Skinhead zu sein „a way of life" ist. Ihre gewalttätigen Aktionen erleben die Skinheads als sinnstiftend, weil der „Straßenkampf" der rechten Skins gegen Linke und Ausländer, der Oi!-Skins gegen die Verräter am Kult und der linken SHARP-Skins gegen Rassismus gruppenintern als heroischer Auftrag stilisiert und zumindest bei den rechten Skins ideologisch überhöht wird. Vor allem die Publikationen und die Musik der rechten Skinszene versorgen die Jugendlichen mit nationalistischen, z.T. neonazistischen, ausländerfeindlichen und rassistischen Deutungsmustern, die ihnen die Weltaneignung erleichtern und erosionsbedingte Enkulturationsdefizite kompensieren. Daß sie tatsächlich damit überfordert sind, sich in weitgehend enttraditionalisierten Gesellschaften zurechtzufinden, läßt sich daher zumindest in der jugendkulturellen Enklave erfolgreich ausblenden. Da weder rechte noch linke Skins sich als Systemoppositionelle positionieren und, von radikalisierten Segmenten abgesehen, keine umstürzlerischen Ziele verfolgen, stellen sie sich, wie auch die Hooligans, als rein kolonialisierungskompensatorische Jugendkulturen dar. Die Autonomen geben ihren Mitgliedern substantielle inhaltlich-politische Orientierung. Mit ihren gewalttätigen Aktionen kämpfen sie für Selbstbestimmung und Autonomie, gegen Staat und Kapitalismus, gegen Atomkraft, Imperialismus, Umstrukturierung städtischer Lebensräume und in jüngster Zeit vor allem gegen Faschismus auf der Straße, aber auch als Signatur des politischen Systems. Gerade die Handlungsziele weisen die Autonomen als anomische Jugendkultur aus, in der sich der Widerstand gegen eine in ihren Augen delegitimierte politisch-gesellschaftliche Ordnung organisiert. Weil die Fernziele und die Utopien der Autonomen eigentümlich unbestimmt bleiben, wird die Teilnahme an den „militanten Aktionen" zum essentiellen Revolutionsersatz. Wer sich einbringt, kann vorübergehend ausblenden, daß die erstrebten gesellschaftlichen Umwälzungen noch auf sich warten lassen. Die Medien der Autonomen schaffen eine abgeschirmte Gegenöffentlichkeit. Über Fanzinen, Internet und Radiosender werden die autonomen Kämpfer mit politischen Legitimationen und ideologischen Deutungsmustern versorgt. Gleichzeitig geben die Medien mit Demonstrations- und Aktionsaufrufen konkrete Handlungsziele vor und vermitteln auch praktisches Wissen, das den Kämpfern hilft, ihre Aktionen in einer feindlichen Realität erfolgreich durchzuführen.

(§ 8) Abschließend wird das heuristische Potential des Erosionsmodells für die Formulierung *kriminalpolitischer Leitlinien* fruchtbar gemacht. Weil die Entstehung gewalttätiger Jugendkulturen auf gesellschaftliche Strukturveränderungen zurückzuführen ist, werden langfristig auch nur Strukturreformen gewaltpräventiv wirken. Diese müssen darauf zielen, der Erosion kommunikativer Strukturen Einhalt zu gebieten und die Lebenswelt vor der verdinglichenden Eigendynamik wirtschaftlicher und administrativer Handlungssysteme zu schützen. Gewaltpräventive Maßnahmen müssen dem Schutz und der Abschirmung der Lebenswelt sowie der Regeneration kommunikativer Strukturen und Fähigkeiten dienen. Allen staatlichen Interventionen wird dabei nur dann Erfolg beschieden sein, wenn sie die Autonomie der Adressaten fördern, statt sie, wie die bisherigen sozialstaatlichen Regelungen, durch Kolonialisierung zu beeinträchtigen. Maßnahmen, die Integrations-, Sozialisations- und Enkulturationsdefizite nur kompensieren, kurieren lediglich die Symptome und werden daher nicht verhindern, daß auch weiterhin gewaltbereite Jugendliche heranwachsen und sich gewalttätigen Jugendkulturen anschließen.

Die in der aktuellen Gewaltdiskussion angesprochenen und praktizierten Maßnahmen setzen auf drei verschiedenen Ebenen an. *Individualmaßnahmen* richten sich an den einzelnen tatsächlichen oder potentiellen Gewalttäter. So zielen Verhaltenstherapien und „Anti-Aggressionstraining" auf die Verhinderung aggressiven, gewalttätigen Sozialverhaltens. Polizeiliche Prävention soll das Strafverfolgungsrisiko erhöhen und potentielle Gewalttäter abschrecken. Die von den Jugendgerichten angeordneten Erziehungsmaßnahmen, Zuchtmittel und Strafen sollen dem Täter das Unrecht seiner Tat zum Bewußtsein bringen, sollen abschrecken und vor allem erzieherisch wirken. Maßnahmen, die den *Täter in seinen sozialen Bezügen* im Blick haben, versuchen, das familiäre Bezugssystem in die Pflicht zu nehmen oder auch gewalttätige Cliquen zu erreichen. Mit familientherapeutischen Interventionen hofft man, die Sozialisationsbedingungen zu verbessern. Therapeutische Modelle zur Reduktion von Intergruppenkonflikten und Streetworkerkonzepte in Sozialarbeit und Polizeidienst zielen darauf, den Jugendlichen Alternativen zu ihrem bisherigen, gewaltbetonten Verhaltensrepertoire zu eröffnen. Pädagogische Vorschläge und Handlungsanleitungen für die Gestaltung des Schulalltags sollen schließlich das Schulklima verbessern, den Leistungsdruck vermindern und soziales Lernen fördern. Im Bereich der Arbeitsmarkt- und Familienpolitik werden auch S*trukturreformen* diskutiert. Maßnahmen gegen Jugendarbeitslosigkeit sollen der Gewaltprävention durch Einbindung der Jugendlichen und Heranwachsenden in den Berufsalltag dienen, und familienpolitische Maßnahmen sollen die Sozialisationsbedingungen der nachwachsenden Generation verbessern. Die Verbesserung der politischen Partizipationsangebote zielt auf die Prävention politisch motivierter Gewalt, die Verringerung von Gewaltdarstellungen in den Medien, auf die Prävention der Gewaltbereitschaft von Jugendlichen allgemein. Von städtebaulichen Maßnahmen und Wohnungsbau verspricht man sich eine Verbesserung des Wohnklimas und der informellen sozialen Kontrolle und die Integration der Bewohnerschaft durch Gebietsbindung und Verringerung der Fluktuation.

Die kritische Auseinandersetzung mit der Reichweite von Individualmaßnahmen und solchen, die den Täter in seinen sozialen Bezügen betreffen, bestätigt die Notwendigkeit von Strukturreformen. Nachhaltige spezialpräventive Wirkungen darf man sich lediglich von den Maßnahmen versprechen, die die kommunikativen Kompetenzen gewalttätiger Jugendlicher fördern und sie befähigen, die Angemessenheit gewaltfreien Verhaltens auch innerhalb ihrer sozialen Bezugsfelder zu untermauern. Demnach kann die Wirkung von Anti-Aggressionstraining vorsichtig optimistisch und die von Streetworkerarbeit durchaus positiv bewertet werden. Demgegenüber wird man sich von polizeilicher Prävention durch Erhöhung des Strafverfolgungsrisikos nur wenig versprechen dürfen. Auch die alternativen Sanktionen des Jugendstrafrechts tragen nur beschränkt zur Regeneration kommunikativer Fähigkeiten bei, weil sie die Gewalttäter nicht selten zu Aufsichts- und Betreuungsobjekten machen, ihre Selbsttätigkeit damit eher blockieren als fördern und ihre komplexen sozialen und kommunikativen Bedürfnisse ignorieren. Weil die positiven Auswirkungen von familientherapeutischen Interventionen durch die strukturellen gesellschaftlichen Rahmenbedingungen beschränkt sind, müssen sie durch Strukturreformen flankiert werden, die die strukturellen Ursachen der Entstehung gewalttätiger Jugendkulturen angemessen berücksichtigen, d.h. der Erhaltung und Regeneration kommunikativer Strukturen dienen. Begrüßenswert sind daher familienpolitische Strukturreformen, die eine fortschreitende gewaltproduktive Kolonialisierung innerfamiliärer Strukturen aufhalten und die kommunikativen Voraussetzungen für eine gelingende Sozialisation der nachwachsenden Generation sichern und verbessern. Insbesondere eine familienorientierte Arbeitsmarktpolitik muß Freiräume für das familiäre Gemeinschaftsleben sichern und erweitern und damit die kommunikativen Interessen der Familien gegenüber den Interessen der Wirtschaft an einer Optimierung des Produktionsprozesses durchsetzen. Unterstützung verdienen auch Forderungen nach einer grundlegenden Entbürokratisierung des Systems sozialer Dienste. Nur eine Konzeption der Hilfsangebote, die die Selbsttätigkeit der Erziehenden fördert, kann zur Regeneration kommunikativer Fähigkeiten beitragen und innerfamiliäre kommunikative Prozesse induzieren, die sich positiv auf die Sozialisation auswirken, Solidarität unter den Familienangehörigen stiften und daher auch gewaltpräventive Wirkung entfalten können. Im Bereich der Schulpolitik fehlt es noch weitgehend an der Einsicht in die Notwendigkeit von Strukurreformen. Die diskutierten innerschulischen Initiativen, Projekte und pädagogischen Maßnahmen zur Gewaltprävention werden nur erfolgreich sein, wenn es gelingt, die Schule den Imperativen des Beschäftigungssystems zu entziehen und die rechtsförmig-normative Überformung des kommunikativ strukturierten Handlungsbereichs Schule im Rahmen des Möglichen einzuschränken. Solange die Schule die Funktion hat, Berufs- und Lebenschancen zuzuteilen, solange Erfolgs- und Leistungsdruck die Schüler bereits in der Grundschule belasten und sie gezwungen sind, sich in erfolgsorientierter Erwartung gegenüberzutreten, bleiben innerschulische Bemühungen, soziale Kompetenzen zu vermitteln und zur Gewaltprävention beizutragen, ein paradoxes Unterfangen. Ferner können Schüler nur dann lernen, interaktive Herausforderungen produktiv statt gewaltförmig zu bewältigen, wenn der pädagogische Prozeß entjustizialisiert wird und Verfahren der Konfliktregelung eingeführt werden, die den Strukturen verständigungsorientierten Handelns angemessen sind. Von mangelnder Einsicht in die Ursachen der Entstehung gewalttätiger Jugendkulturen zeugen auch arbeitsmarktpolitische Reformvorschläge, die allein auf die gewaltpräventive Wirkung beruflicher Beschäftigung setzen. Denn die Einbindung in den Arbeitsprozeß verhindert nicht die Kolonialisierung der Lebenswelt, sondern kaschiert allenfalls deren Symptome. Arbeitsmarktpolitische Maßnahmen werden nur insoweit substantielle gewaltpräventive Wirkung entfalten, als sie die Eigendynamik des Wirtschaftssystems einhegen und systemische Übergriffe auf kommunikativ strukturierte Lebenszusammenhänge verhindern. Schließlich schützen auch wohnungsbaupolitische Maßnahmen nicht vor den kolonialisierenden Übergriffen systemischer Imperative. Soweit sie Kommunikationsräume schaffen und die Entstehung von Nachbarschaftsnetzwerken erleichtern, können sie jedoch zur Gewaltprävention beitragen, weil sie dann Gelegenheit bieten, kommunikative Fähigkeiten zu regenerieren und Gemeinschaft zu stiften.

Letztlich kann nur eine „radikale Demokratisierung" der Gesellschaft die Lebenswelt vor fortschreitender Kolonialisierung schützen, zu ihrer Reintegration beitragen und der Entstehung gewalttätiger Jugendkulturen vorbeugen. „Radikale Demokratisierung" zielt dabei auf die Wiederbelebung einer lebendigen demokratischen Öffentlichkeit, die sich von systemischer Beeinflussung und Medienmacht kritisch abschirmt. Sie ist der Raum, in dem die Lebenswelt ihre vitalen Interessen behaupten kann. Die zivilgesellschaftliche Öffentlichkeit kann zur treibenden Reformkraft werden, weil sie aufgrund ihrer Kommunikationsstrukturen mit den privaten, von Erosionsfolgen wie der Entstehung gewalttätiger Jugendkulturen betroffenen Lebensbereichen in einer Weise verknüpft ist, die sie für die Identifizierung neuer Problemlagen sensibel macht. Die Zivilgesellschaft, die unter den Auswirkungen einer fortschreitenden, systemisch induzierten Dezivilisierung leidet, wird sich daher mit politischen Versprechungen und Maßnahmen, die lediglich die Symptome kurieren, nicht mehr lange beschwichtigen lassen und die dringend notwendigen, gewaltpräventiven Strukturreformen einfordern. Es muß vor allem gelingen, jugendliche Gewalttäter in öffentliche Diskurse zu integrieren. Denn die sich in Gewalttaten manifestierende erosionsbedingte Desintegration und Entfremdung ist gerade auch auf die Erfahrung Jugendlicher zurückzuführen, in öffentlichen Diskursen nicht gehört, beachtet und ernstgenommen zu werden. Daher ziehen sie sich in ihre Auffanglebenswelten zurück oder gehen, wie die anomischen Autonomen, in den systemoppositionellen Widerstand. Die Medien können einen entscheidenden Beitrag zur Reintegration junger Menschen leisten, indem sie ihnen

Gelegenheit geben, die Programmgestaltung und den Prozeß der Meinungsbildung mitzugestalten, statt sie zu Unterhaltungs- und Werbezwecken zu instrumentalisieren. Dies kann jedoch nur gelingen, wenn die Medien dem Einfluß von Parteien und Verbänden durch strukturelle Reformen entzogen und damit „entmachtet“ werden. Auch die Einbindung von Jugendlichen in politische Parteien kann gewaltpräventiv wirken, wenn sie mit ihren existentiellen Interessen ernstgenommen werden und erfahren, daß ihre sozialkritischen Impulse aufgegriffen und in den politischen und parlamentarischen Auseinandersetzungen zur Geltung gebracht werden. Schließlich empfiehlt sich die Verbesserung der Möglichkeiten der politischen Partizipation. Mehr Partizipation hilft, die Neutralisierung der Staatsbürgerrolle zu überwinden, und trägt damit zur Strukturreform spätkapitalistischer Gesellschaften bei. Junge Menschen werden allerdings nur dann bereit sein, sich zu engagieren, wenn sie die Erfahrung machen, die Bedingungen des Gemeinschaftslebens tatsächlich mitzugestalten. Solange Partizipationsangebote nur zum Zwecke der Legitimationsbeschaffung inszeniert werden, wird die Politikverdrossenheit, zu der sich viele junge Gewalttäter bekennen, eher gesteigert als abgebaut. Die Mitglieder anomischer Jugendkulturen, wie die Autonomen, werden sich sogar erst dann einzubringen bereit sein, wenn sich abzuzeichnen beginnt, daß die Problemlösungsmodi des politischen Systems sich grundsätzlich wandeln und die Lebenswelt wirkungsvoll gegen eine fortschreitende systemische Vereinnahmung verteidigt wird.

Literaturverzeichnis

Albrecht, H.-J.: Sport und Gewalt. Phänomene, Erklärungsansätze und Prävention. Veröffentlicht auf Spanisch: Violencia y deporte. Fenomenología, explicatión y prevención. Revista Penal 7 (2001), 25-39

Albrecht, H.-J.: Wird die Jugend immer gewalttätiger? In: Das Jugendkriminalrecht als Erfüllungsgehilfe gesellschaftlicher Erwartungen? 3. Kölner Symposium, hrsg. v. Bundesministerium der Justiz. 1. Aufl. Bonn 1995, 2000, 160-170

Albrecht, H.-J.: Jugend und Gewalt, Monatsschrift für Kriminologie und Strafrechtsreform 81 (1998), 381-398

Albrecht, H.-J.: Präventive Notwendigkeit jugendkriminalrechtlicher Interventionen jenseits von Diversion und Täter-Opfer-Ausgleich. In: Grundfragen des Jugendkriminalrechts und seiner Neuregelung. Symposium an der Kriminologischen Forschungsstelle der Universität zu Köln, hrsg. v. Bundesministerium der Justiz. 1. Aufl. Bonn 1992, 2000, 254-267

Albrecht, H.-J.: Jugendkriminalität im Spiegel neuerer kriminologischer Literatur, Zeitschrift für Pädagogik 29 (1983) 117-137

Albrecht, H.-J./Kilchling, M.: Rechtsextremistische Gewalt, Strafrechtliche Sozialkontrolle, Täter-Opfer-Ausgleich und Wiedergutmachungsansätze. Recht der Jugend und Bildungswesen (2002), 82-93

Albrecht, G./Howe, C.-W./Wolterhoff-Neetix, C.: Neue Ergebnisse zum Dunkelfeld der Jugenddelinquenz: Selbstberichtete Delinquenz von Jugendlichen in zwei westdeutschen Großstädten. In: Kriminologische Forschung in den 80er Jahren. Projektberichte aus der Bundesrepublik Deutschland, hrsg. v. G. Kaiser u.a. Freiburg 1988, 661-696

Albrecht, P.-A./Lamnek, S.: Jugendkriminalität im Zerrbild der Statistik. München 1978

Arendt, H.: Macht und Gewalt. 13. Aufl. München 1998

Auernheimer, G.: Für eine interkulturell orientierte Schule. In: Jugend, Rechtsextremismus und Gewalt. Analysen und Argumente, hrsg. v. *Ch. Butterwegge* u.a. Opladen 2000, 163-183.

Bahrdt, H.P.: Macht, Herrschaft, Autorität, politisches Handeln, Politik. In: Schlüsselbegriffe der Soziologie: Eine Einführung mit Lehrbeispielen, hrsg. v. H.P. Bahrdt. 6. Aufl. München 1994, 161-180

Bandura, A.: Aggression. Eine sozial-lerntheoretische Analyse. Stuttgart 1979

Bandura, A.: Social Learning Theory. London 1977

Bandura, A.: Aggression. A Social Learning Analysis. London 1973

Baratta, A./Silbernagel, M.: Neue Legitimationsstrategien des Strafrechts und ihre Kritik als Realitätskritik. Kriminologisches Journal 20 (1988), 32-49

Berger, J.: Die Versprachlichung des Sakralen und die Entsprachlichung der Ökonomie. Zeitschrift für Soziologie 11 (1982), 353-365

Bergius, R./Caspar, F.: Stichwort Aggression. In: Dorsch psychologisches Wörterbuch, hrsg. v. H. Häcker u.a. 13. überarbeitete und erweiterte Aufl. Bern 1998, 14-15

Bock, M.: Addition, Theorie, Typus. Möglichkeiten und Grenzen kriminologischer Integrationsbemühungen. Monatsschrift für Kriminologie und Strafrechtsreform (77) 1994, 238-251

Bohnsack, R./Loos, P./Schäffer, B./Städtler, K./Wild, B.: Die Suche nach Gemeinsamkeit und die Gewalt in der Gruppe. Hooligans, Musikgruppen und andere Jugendcliquen. Opladen 1995

Bondy, C./Braden, J./Cohen, R./ Eyferth, K.: Jugendliche stören die Ordnung. Bericht und Stellungnahme zu den Halbstarkenkrawallen. München 1957

Böttger, A.: Die Gewalt der Hooligans – eine Folge moderner gesellschaftlicher Entwicklungsprozesse? Ergebnisse einer qualitativen Studie zu Biographien gewalttätiger Jugendlicher. Kriminologisches Forschungsinstitut Niedersachsen, Hannover 1998

Böttger, A.: Gewalt und Biographie. Eine qualitative Analyse rekonstruierter Lebensgeschichten von 100 Jugendlichen. Baden-Baden 1998

Braithwaite, J.: Conditions of successful reintegration ceremonies. Dealing with juvenile Offenders. Britisch Journal of Criminology 34 (1994), 139-171

Bredel, H.: Skinheads – Gefahr von rechts? Berlin 2002

Bredthauer, R.: Probleme der Analyse, Prognose und Reduzierung von Gewalt im Zusammenhang mit Sportereignissen, insbesondere Fußballspielen. In: Konzertierte Aktion. Kooperation zur Verhinderung von Gewalt bei Fußballspielen. Schriftenreihe der Polizei-Führungsakademie, Band III, hrsg. v. Polizei-Führungsakademie. Mainz 1991, 84-103

Breit, G.: Unterrichtsziel: Gleichheit und Gewaltlosigkeit. Überlegungen zum Politikunterricht für die Sekundarstufe I. In: Jugend, Rechtsextremismus und Gewalt. Analysen und Argumente, hrsg. v. *CH. Butterwegge* u.a. Opladen 2000, 185-202

Breuer, St.: Die Depotenzierung der kritischen Theorie. Leviathan 10 (1982), 132-146

Breymann, K.: Gewalttaten rechtsorientierter Skinheads in Ostdeutschland. In: Rechtsradikale Gewalt im vereinigten Deutschland. Jugend im gesellschaftlichen Umbruch, hrsg. v. H.-U. Otto u.a. Opladen 1993, 294-300

Breyvogel, W.: Einleitung. In: Autonomie und Widerstand. Zur Theorie und Geschichte des Jugendprotestes, hrsg. v. W. Breyvogel u.a. Essen 1983, 7-11

Breyvogel, W.: Die Jugendrevolte als städtische Revolte. Zur Bedeutung der Stadt als Erfahrungsraum. In: Autonomie und Widerstand. Zur Theorie und Geschichte des Jugendprotestes, hrsg. v. W. Breyvogel u.a. Essen 1983, 98-105

Brock, L.: Gewalt in internationalen Beziehungen. In: Gewalt. Kulturelle Formen in Geschichte und Gegenwart, hrsg. v. P. Hugger u.a. Zürich 1995, 167-187

Brück, W.: Skinheads vor und nach der Wende in der DDR. In: Minderheiten – Störpotential oder Chance für eine friedliche Gesellschaft? hrsg. v. W. Gessenharter u.a. Baden-Baden 1991, 163-173

Brückner, G.: Die Jugendkriminalität. Erscheinungsformen. Ursachen. Behandlung. 2. verbesserte und erweiterte Aufl. Hamburg 1961

Brugger, W. (Hrsg.): Philosophisches Wörterbuch. 15. Aufl. Freiburg 1978

Stock, M.: Jugendliche Subkulturen in Ostdeutschland. In: Aufwachsen hüben und drüben. Deutsch-Deutsche Kindheit und Jugend vor und nach der Vereinigung, hrsg. v. P. Büchner u.a. Opladen 1991, 257-266

Buford, B.: Geil auf Gewalt – unter Hooligans. München 1992

Buikhuisen, W.: Kriminalitätstheorien, soziologische. In: Kleines Kriminologisches Wörterbuch, hrsg. v. G. Kaiser u.a. 3. Aufl. Heidelberg 1993, 267-271

Bundesamt für Verfassungsschutz: Militante Linksextremisten rekrutieren Nachwuchs. Schauplatz Schule und Jugendtreff, Internetpublikation, Mai 1999

Bundeskriminalamt, Polizeiliche Kriminalstatistik, Wiesbaden 1990, 1991, 1992

Bundesminister des Innern, Verfassungsschutz. Rechts- und linksradikale Bestrebungen, Spionageabwehr, sicherheitsgefährdende Bestrebungen von Ausländern. 1973-1983. Bonn

Bundesminister des Innern, Verfassungsschutzbericht. Linksextremistische Bestrebungen, rechtsextremistische Bestrebungen, sicherheitsgefährdende und extremistische von Ausländern, Spionageabwehr. 1984-2001. Bonn/Berlin

Bundesministerien des Innern und *der Justiz,* Erster periodischer Sicherheitsbericht, Berlin 2001

Burschky, L./Sames, K.-H./Wedner, J.: Das Anti-Aggressivitäts-Training: Curriculare Eckpfeiler und Forschungsergebnisse. In: Gewalt im Griff, hrsg. v. J. Weidner u.a. 2. Aufl. Weinheim 2000, 74-90

Bussmann, K.-D.: Diskussion. Evolution und Kriminalität. Kriminalität als notwendiger Teil gesellschaftlicher Entwicklung. Monatsschrift für Kriminologie und Strafrechtsreform 83 (2000), 233-246

Butterwegge, Ch. u.a. (Hrsg.): Jugend, Rechtsextremismus und Gewalt. Analysen und Argumente. Opladen 2000

Callies, R.-P.: Der Begriff der Gewalt im Systemzusammenhang der Straftatbestände, Tübingen 1974

Callies, R.-P.: Der strafrechtliche Nötigungstatbestand und das Verfassungsrecht. Gebot der Tatbestandsbestimmtheit. Neue Juristische Wochenschrift 38 (1985), 1506-1513

Claessen, D.: Lektion VII. Macht und Herrschaft. In: Einführung in Hauptbegriffe der Soziologie, hrsg. v. H. Korte u.a. 4. verbesserte und aktualisierte Auflage Opladen 1998, 115-125

Collatz, K.-G.: Zur Information über Theorien der Aggressivität. In: Aggressivität und Gewalt in unserer Gesellschaft, hrsg. v. F. Sack u.a. München 1973, 127-137

Cremer, G.: Die Subkultur der Rocker. Erscheinungsform und Selbstdarstellung, Pfaffenweiler 1992

Currie, E.: Confronting Crime. An American Challenge. New York 1985

De Haan, W.: The Politics of Redress, Crime, Punishment and Penal Abolition. London 1990

Deflem, M.: Jürgen Habermas. Pflegevater oder Sorgenkind der abolitionistischen Perspektive, Kriminologisches Journal 24 (1992), 82-97

Deutscher Bundestag (Hrsg.): Fragen an die deutsche Geschichte. Ideen, Kräfte, Entscheidungen. Von 1800 bis zur Gegenwart. 12. Aufl. Bonn 1986

Diedrich, I./Meyer, A./Rössner, D.: Der Kampf um den Limes der Gesellschaft. Eine Kritik der Kontrolltheorie und des Desintegrationsansatzes. Kriminologisches Journal 31 (1999), 82-106

Dollard, J./Doob, L.W. u.a.: Frustration and Aggression, Weinheim 1971 (1939)

Duerr, H.P.: Der Mythos vom Zivilisationsprozeß, Band I.- III., Frankfurt/M. 1988, 1993

Eckert, R./Reis, Ch./Wetzstein, Th.A.: „Ich will halt anders sein wie die anderen." Abgrenzung, Gewalt und Kreativität bei Gruppen Jugendlicher. Opladen 2000

Eisenberg, U.: Kriminologie. 5. Aufl. München 2000

Eisenberg, U.: Kriminologie. Köln 1979

Ek, R.: Hooligans. Hintergründe, Fakten, Analysen. Worms 1996

Elias, N.: Über den Prozeß der Zivilisation. Frankfurt/M. 1997

Farin, K.: generation kick.de. Jugendkulturen heute. München 2001

*Farin, K. (*Hrsg.): Die Skins. Mythos und Realität. 2. Auf. Berlin 1998

Farin, K./Hauswald, H.: Die dritte Halbzeit. Fußballfans und Hooligans. Berlin 1993

Farin, K./Seidel-Pielen, E.: Krieg in den Städten. Jugendgangs in Deutschland. 3. Aufl. Berlin 1991

Farin, K./Seidel-Pielen, E.: „Ohne Gewalt läuft nichts!" Jugend und Gewalt in Deutschland. Köln 1993

Farin, K./Seidel-Pielen, E.: Skinheads. München 1993

Fay, U. A.: Kriminologie im Rahmen kritischer Gesellschaftstheorie, Kriminologisches Journal 17 (1985), 3-18

Forschner, M.: Gewalt und Politische Gesellschaft. In: Aggression und Gewalt. Antropologisch-sozalwissenschaftliche Beiträge, hrsg. v. A. Schöpf. Würzburg 1985, 13-36

Förster,P./Friedrich, W. u.a.: Jugend Ost: Zwischen Hoffnung und Gewalt. Opladen 1993

Freud, S.: Das Unbehagen in der Kultur. In: Abriß der Psychoanalyse – Das Unbehagen in der Kultur. Franfurt/M. 1972, 63-129

Fromm, R.: Rechtsextremismus im Internet: Die neue Gefahr. München 2001

Funk, W.: Gewaltbilligung, Gewaltbereitschaft und gewalttätige Handlungen Nürnberger Schüler. In: Nürnberger Schüler Studie 1994. Gewalt an Schulen, hrsg. v. W. Funk, Regensburg 1995, 40-46

Galtung, J.: Der besondere Beitrag der Friedensforschung zum Studium der Gewalt: Typologien. In: Gewalt. Grundlagenprobleme in der Diskussion der Gewaltphänomene, hrsg. v. K. Röttgers u.a. Basel 1978, 9-32

G*altung, J.:* Gewalt, Frieden und Friedensforschung, gekürzte Fassung. Abgedruckt in: Friebel, H.: Aggressivität und Gewalt. Arbeitsmaterialien und Diskussionen zur konstruktiven Aggressionserziehung und kritischen Gewaltkontrolle. Wuppertal 1976, 116-142

Galtung, J.: Peace: Research – Education – Action, Essays in Peace Research 1, Copenhagen 1975

Gehrmann, Th.: Fußballrandale. Hooligans in Deutschland. 2. Aufl. Essen 1990

Gerhardt, V.: Stichworte Gewalt und Macht. In: Metzler-Philosophie-Lexikon: Begriffe und Definitionen, hrsg. v. P. Prechtl u.a. 2. überarbeitet und aktualisiert Aufl. Stuttgart 1999, 211-212 und 340-343

Geronimo: Feuer und Flamme – Zur Geschichte und Gegenwart der Autonomen. 4. Aufl. Berlin 1995

Glueck, S./ Glueck, E.: Unraveling Juvenile Delinquency. Cambridge/Mass. 1950

Göppinger, H.: Kriminologie. München 1980

Göppinger, H.: Der Täter in seinen sozialen Bezügen. Ergebnisse aus der Tübinger Jungtäter-Vergleichsuntersuchung. Heidelberg 1983

Göppinger, H.: Kriminologie, bearb. v. M. Bock und A. Böhm, 5. vollständig neubearbeitete und erweiterte Aufl. München 1997

Göppner, H.-J.: Integrierte Qualitätssicherung sozialer Trainingskurse, Teil 1. DVJJ-Journal 11 (2000), 277-285

Gottfredson, M./Hirschi, T.: A General Theory of Crime. Stanford 1990

Gregor, A./Voigtländer, E.: Die Verwahrlosung, ihre klinisch-psychologische Bewertung und ihre Bekämpfung: für Pädagogen, Ärzte, Richter. Berlin 1918

Greiner, A.: Fußballeuropameisterschaft 2000: Deutsches Polizeikonzept gegen Hooligans erfolgreich. *Die Polizei 91 (*2000), 265

Greiner, A.: Nochmals nachgefragt: Lens und die Konsequenzen. *Die Polizei 90 (*1999), 108-111

Greiner, A.: Nachgefragt: Lens und die erforderlichen Konsequenzen bzw. Initiativen des Freistaates Sachseen gegen den Mißbrauch des Versammlungsrechts. *Die Polizei 89 (*1998), 338

Greiner, A.: Eine neue Dimension der Hooligan-Gewalt: Lens und die erforderlichen Konsequenzen – Das „Anti-Hooligan"-Konzept des Bundesinnenministers geriet in den Bundestagswahlkampf/ An der „vorbeugenden Sicherheitsarbeit am Herkunftsort" für kein Weg vorbei – *Die Polizei 89 (*1998), 248-250

Groves , B.W./Sampson, R.J.: Critical Theory and Criminology. Social Problems 33 (1986), 59-80

Gruhle, H.W.: Die Ursachen der jugendlichen Verwahrlosung und Kriminalität. Berlin 1912

Habermas, J.: Faktizität und Geltung, 2. Aufl. Frankfurt/M. 1992

Habermas, J.: Further Reflections on the Public Sphere. In: Habermas and the public sphere, hrsg. V. C. Calhoun. Cambridge 1992, 421-461

Habermas, J.: Gewaltmonopol, Rechtsbewußtsein und demokratischer Prozeß. Erste Eindrücke bei der Lektüre des „Endgutachtens" der Gewaltkommission. In: Verdeckte Gewalt, hrsg. v. P.-A. Albrecht u.a. Frankfurt/M. 1990, 180-188

Habermas, J.: Theorie des kommunikativen Handelns, Handlungsrationalität und gesellschaftliche Rationalisierung, Band I. 4. durchgesehene Aufl. Frankfurt/M. 1987

Habermas, J.: Theorie des kommunikativen Handelns. Kritik der funktionalistischen Vernunft, Band II. 4. durchgesehene Aufl. Frankfurt/M. 1987

Habermas, J.: Entgegnung. In: Kommunikatives Handeln. Beiträge zu Jürgen Habermas' Theorie des kommunikativen Handelns, hrsg. v. A. Honneth u.a. Frankfurt/M. 1986, 327-405

Habermas, J.: Der philosophische Diskurs der Moderne. Zwölf Vorlesungen, Frankfurt/M. 1985

Habermas, J.: Diskursethik – Notitzen zu einem Begründungsprogramm. In: Moralbewußtsein und kommunikatives Handeln, hrsg. von J. Habermas. Frankfurt/M. 1983, 53-125

Habermas, J.: Stichworte zur geistigen Situation der Zeit, Band I. Frankfurt/M. 1979

Hafeneger, B.: Jugend-Gewalt. Zwischen Erziehung, Kontrolle und Repression. Ein historischer Abriss. Opladen 1994

Harnischmacher, R./Apel, I.: Der Hooligan und sein Weltbild im Fußballvandalismus. Archiv für Kriminologie 182 (1988), 129-142

Hawkins, J.D./von Cleve, E./Catalano, R.F.: Reducing early childhood aggression: results of a primary prevention programm. Journal of the American Academy of Child and Adolescence Psychiatry 30 (1991), 208-217

Heck, Ch.: Szenenkundige Beamte für Fußballfans. Spannungsfelder zwischen Prävention und Repression. Der Kriminalist 31 (1999), 383-392

Heim, G.: Akzeptierende Jugendarbeit mit rechten Jugendcliquen. Bremen 1992

Heinz, W.: Kriminalität von Deutschen nach Alter und Geschlecht. Konstanz 1999 (Internet-Publikation)

Heinz, W.: Jugendkriminalität zwischen Verharmlosung und Dramatisierung, oder: (Jugend-) Kriminalpolitik auf lückenhafter und unzulänglicher Tatsachengrundlage. DVJJ-Journal 157 (1997), 270-293

Heitmeyer, W./Collmann, B. u.a. (Hrsg.): Gewalt. Schattenseiten der Individualisierung bei Jugendlichen aus unterschiedlichen Milieus. 2. Aufl. München 1996

Heitmeyer, W./Müller, J.: Fremdenfeindliche Gewalt junger Menschen. Biographische Hintergründe, soziale Situationskontexte und die Bedeutung strafrechtlicher Sanktionen, hrsg. v. Bundesministerium der Justiz. Bonn 1995

Heitmeyer, W./Peter, J.-I.: Jugendliche Fußballfans. Soziale und politische Orientierungen, Gesellungsformen, Gewalt. 2. Aufl. Weinheim 1992

Hess, H./scheerer, S.: Was ist Kriminalität? Skizze einer konstruktivistischen Kriminalitätstheorie. Kriminologisches Journal 29 (1997), 83-155

Hillmann, K.-H.: Stichwort Gewalt. In: Wörterbuch der Soziologie. 4. überarbeitete und ergänzte Aufl. Stuttgart 1994, 293-295

Hirsch, J.: Jugendprotest und die Theorie neuer sozialer Bewegungen. In: Autonomie und Widerstand. Zur Theorie und Geschichte des Jugendprotestes, hrsg. v. W. Breyvogel u.a. Essen 1983, 84-97

Hirschi, T.: Causes of Delinquency, Berkley 1969

His, R.: Das Strafrecht des deutschen Mittelalters, Band II: Die einzelnen Verbrechen. Weimar 1935

Hofmann, J.: Anmerkungen zur begriffsgeschichtlichen Entwicklung des Gewaltbegriffs. In: Aggression und Gewalt, hrsg. v. A. Schöpf. Würzburg 1985, 259-272

Holtappel, H.G.: Schülerprobleme und abweichendes Verhalten aus der Schülerverhalten aus der Schülerperspektive. Zeitschrift für Sozialisationsforschung und Erziehungssoziologie 5 (1985). 291-323

Holtappel, H.G.: Schulprobleme und abweichendes Verhalten aus der Schülerperspektive. Bochum 1987

Honneth, A.: Jürgen Habermas, Theorie des kommunikativen Handelns. In: Hauptwerke der Sozilologie, hrsg. v. D. Kaesler u.a. Stuttgart 2000, 186-192

Horchem, H. J.: Die Grenzen „Autonomer Gewalt." Eine Bilanz nach der Wiedervereinigung. In: Terror und Extremismus in Deutschland, hrsg. v. C. Löw Berlin 1994, 113-128

Horn, K.: Die gesellschaftliche Produktion von Gewalt. Leviathan, 1 (3) (1973), 310-378

Horn, K.: Gewalt und Aggression. In: Gewalt, hrsg. v. K. Röttgers u.a. Basel 1978, 33-49

Horn, K.: Gibt es einen Aggressionstrieb? In: Gewalt – Aggression – Krieg. Studien zu einer psychoanalytisch orientierten Sozialpsychologie des Friedens, hrsg. v. K. Horn. Baden-Baden 1988, 33-48

Horn, K.: Unzulänglichkeit der Aggressionsforschung. In: Gewalt – Aggression – Krieg. Studien zu einer psychoanalytisch orientierten Sozialpsychologie des Friedens, hrsg. v. K. Horn. Baden-Baden 1988, 71-104

Hug, W. u.a. (Hrsg.): Geschichtliche Weltkunde, Band III. 2. Aufl. Frankfurt/M. 1979

Hulsmann, L.H.C.: Critical criminology and the concept of crime. In: Criminological Perspectives, hrsg. v. J. Muncie u.a. London 1996, 299-303

Informations- und Dokumentationsstelle gegen Gewalt, Rechtsextremismus und Ausländerfeindlichkeit in Nordrhein-Westfalen (Hrsg.): Materialen zum Rechtsextremismus Band III. 2. Aufl. Düsseldorf 2001

Jakobs, G.: Nötigung durch Gewalt. In: Gedächtnisschrift für Hilde Kaufmann, hrsg. v. H.-J. Hirsch u.a. Berlin 1986, 791-811

Jaschke, G.-H.: Rechtsextremismus und Fremdenfeindlichkeit. Begriffe. Positionen. Praxisfelder. 2. Aufl. Wiesbaden 2001

Joas, H.: Die unglückliche Ehe von Hermeneutik und Funktionalismus. In: Kommunikatives Handeln. Beträge zu Jürgen Habermas' Theorie des kommunikativen Handelns, hrsg. v. A. Honneth u.a. Frankfurt/M. 1986, 144-176

Johann, P.A.: Die Moderne als Projekt und Spannungsfeld. In: Kommunikatives Handeln. Beträge zu Jürgen Habermas' Theorie des kommunikativen Handelns, hrsg. v. A. Honneth u.a. Frankfurt/M. 1986, 278-326

John, M./Schulze-Marmeling, D.: Haut's die Juden! Antisemitismus im Europäischen Fussball. In: Fussball und Rassismus, mit Beiträgen von Dietmar Beiersdorfer u.a. Göttingen 1993, 133-160

John, M.: Kriege im Stadion. Bemerkungen zu Fußball und Nationalismus. In: Der gezähmte Fußball. Zur Geschichte eines subversiven Sports, hrsg. v. D. Schulze-Marmeling, 4. Aufl. Göttingen 1995, 257-268

Kaiser, G.: Kriminologie. Ein Lehrbuch. 3. völlig neubearbeitete und erweitert Aufl. Heidelberg 1996

Kaiser, G.: „Lebensstil". Entwicklung und kriminologische Bedeutung eines Konzepts. In: Kriminalität, Persönlichkeit, Lebensgeschichte und Verhalten. Festschrift für Göppinger, hrsg. von H.-J. Kerner u.a. Berlin 1990, 27-40

Kaiser, G.: Kriminologie. Eine Einführung in die Grundlagen. Karlsruhe 1971

Kaiser, G.: Randalierende Jugend. Eine soziologische und kriminologische Studie über die sogenannten „Halbstarken". Heidelberg 1959

Kaiser, G./Schöch, H.: Kriminologie, Jugendstrafrecht, Strafvollzug. 3. völlig überarbeitet und verbesserte Aufl. München *1987*

Kaul-Hecker, U.: Stichwort Gewalt. In: Psychologie-Lexikon, hrsg. v. U. Tewes u.a. München 1992, 141-144

Kessel, E.: Integrierte Qualitätssicherung sozialer Trainingskurse, Teil 2. DVJJ-Journal 11 (2000), 373-378

Kessler, A.: Vorwort. In: Aggression und Gewalt. Anthropologisch-sozialwissenschaftliche Beiträge, hrsg. v. A. Schöpf. Würzburg 1985, 7-11.

Kirsch, A.: Gewalt bei sportlichen Großveranstaltungen. Frankfurt/M. 2000

Kirschnick, S.: Rechtsextremismus an Schulen: Was tun? Anregungen und Argumente für Lehrer/innen. In: Jugend, Rechtsextremismus und Gewalt. Analysen und Argumente, hrsg. v. *CH. Butterwegge* u.a. Opladen 2000, 131-148

Klenner, H.: Stichwort Macht/Herrschaft/Gewalt. In: Europäische Enzyklopädie zu Philosophie und Wissenschaften, hrsg. v. H.J. Sandkühler in Zusammenarbeit mit dem Instituto Italiano per gli Studi Filosofice, Napoli u.a., Band III L-Q. Hamburg 1990, 114-121

Klink, A./Hamberger, J./Hewstone, M./Avci, M.: Kontakte zwischen sozialen Gruppen als Mittel zur Reduktion von Aggression und Gewalt: Sozialpsychologische Theorien und ihre Anwendung in der Schule. In: Aggression und Gewalt. Phänomene, Ursachen und Interventionen, hrsg. v. W. Bierhoff u.a. 1998 Stuttgart, 280-300

Klönne, A.: Schwierigkeiten politischer Jugendbildung beim Umgang mit dem Thema „Rechtsextremismus". In: Jugend, Rechtsextremismus und Gewalt. Analysen und Argumente, hrsg. v. *CH. Butterwegge* u.a. Opladen 2000, 259-267

Knodel, K.D.: Der Begriff der Gewalt im Strafrecht. München 1962

Koehler, J./Heyer, S.: Einleitung. Soziologisches Sprechen und empirisches Erfassen – Explaining Violence. In: Anthropologie der Gewalt. Chancen und Grenzen der sozialwissenschaftlichen Forschung, hrsg. v. J. Koehler u.a. Berlin 1998, 9-26

Kongreßlesebuch-Gruppe: Der Stand der Bewegung. 18 Gespräche über linksradikale Politik. Lesebuch zum Autonomie-Kongreß 1995. Berlin 1995 (nicht im freien Buchhandel erhältlich)

Korfes, G.: Zur Entwicklung des Rechtsextremismus in der DDR. Kriminologisches Journal 24 (1992), 50-64

Krafeld, F.J.: Die Praxis akzeptierender Jugendarbeit. Konzepte, Erfahrungen, Analysen aus der Arbeit mit rechten Jugendcliquen. Opladen 1996

Krauss, M.: Fussball und Gewalt. Über „Normalos", „Kutten" und „Hools." In: Der gezähmte Fußball. Zur Geschichte eines subversiven Sports, hrsg. v. D. Schulze-Marmeling. 4. Aufl. Göttingen 1995, 243-256

Kreissl, R.: Der Labeling Approach. Metamorphosen eines theoretischen Ansatzes. Kriminolgoisches Journal 17 (1985), 137-144

Kreuzer, A: Anstieg der Jugendkriminalität – ein Mythos? Kriminalistik 34 (1980), 67-73

Krey, V.: Forum: Probleme der Nötigung mit Gewalt – dargelegt am Beispiel des Fluglotsenstreiks. Juristische Schulung *14 (1974), 418-424*

Krüger, H.-H.: Sprachlose Rebellen? Zur Subkultur der „Halbstarken" in den Fünfziger Jahren. In: Autonomie und Widerstand. Zur Theorie und Geschichte des Jugendprotestes, hrsg. v. W. Breyvogel. Essen 1983, 78-82

Kuhlmann, A.: Verstehen darf nicht zu Einverständnis werden! Zur Kritik an der akzeptierenden Jugendarbeit. In: Jugend, Rechtsextremismus und Gewalt. Analysen und Argumente, hrsg. v. Ch. Butterwegge u.a. Opladen 2000, 217-224

Kühnel, W.: II. Zur Forschungssituation. 2. Gewaltverständnisse. In: Gewalt. Schattenseiten der Individualisierung bei Jugendlichen aus unterschiedlichen Milieus, hrsg. v. W. Heitmeyer u.a. 2. Aufl. München 1996, 17-19

Kürzinger, J.: Stichwort Gewaltkriminalität. In: Kleines kriminologisches Wörterbuch, hrsg. v. G. Kaiser u.a. 3. völlig neu bearbeitete Aufl. Heidelberg 1993, 145-151

Lamnek, S.: Stichwort Gewalt. In: Soziologielexikon, hrsg. v. G. Reinhold u.a. 3. überarbeitete und erweiterte Aufl. München 1997, 230-237

Landesamt für Verfassungsschutz Berlin: Durchblicke. Skinheads, Berlin 1998

Landeskriminalamt Nordrhein-Westfalen, Jahresberichte Fußball, Düsseldorf 1996-2001 (Internet-Publikation)

Lecorte, Th.: Wir tanzen bis zum Ende. Die Geschichte eines Autonomen. Hamburg 1992

Lehmann, A.: Randale rund um den Fußballball. Fußball-Hooligans – Beschreibung, Ursachensuche, Auswirkungen. Kriminalistik 54 (2000), 299-303

Leipziger Kommentar zum Strafgesetzbuch, Band V., hrsg. v. H.-H. Jescheck u.a. 10. Aufl. Berlin 1989

Lichtblau, K.: Stichwort Macht (II. Machttheorien vom deutschen Idealismus bis zur Gegenwart). In: Historisches Wörterbuch der Philosophie, Band V.: L - Mn, hrsg. v. J. Ritter. Darmstadt 1980, 604-617

Liell, Ch.: Der Doppelcharakter von Gewalt: Diskursive Konstruktion und soziale Praxis. In: Ordnungen der Gewalt. Beiträge zu einer politischen Soziologie des Krieges, hrsg. v. S. Neckel u.a. Opladen 1999, 33-54

Lösel, F./Bliesener, T./Fischer, T./Pabts, M.: Hooliganismus in Deutschland: Ursachen, Entwicklung, Prävention und Intervention. Abschlußbericht eines Forschungsprojektes für das Bundesministerium des Innern, hrsg. v. Bundesministerium des Innern. Schweinfurt 2001

Lohmann, G.: Rechtsextremismus und Menschenrechte. Exemplarische Argumentationen gegen Rechts. In: Jugend, Rechtsextremismus und Gewalt. Analysen und Argumente, hrsg. v. *Ch. Butterwegge* u.a. Opladen 2000, 173-183

Lorenz, K.: Das sogenannte Böse. Wien 1963

Lorenz, K.: Über tierisches und menschliches Verhalten. Aus dem Werdegang der Verhaltenslehre, Gesammelte Abhandlungen, Band II. München 1969

Luhmann, N.: Rechtssoziologie, Band I. 1. Aufl. Reinek 1972

Luhmann, N.: Symbiotische Mechanismen. In: Gewaltverhältnisse und die Ohnmacht der Kritik, hrsg. v. K. Horn u.a. Frankfurt/M. 1974, 107-131

Mansel, J./Hurrelmann, K.: Aggressives und delinquentes Verhalten Jugendlicher im Zeitvergleich. Befunde zur Dunkelfeldforschung aus den Jahren 1988, 1990 und 1996. Kölner Zeitschrift für Soziologie und Sozialpsychologie 50 (1998), 78-109

Martin, L.R.: Gewalt in Schule und Erziehung. Grundformen der Prävention und Intervention. Bad Heilbrunn 1999, 113-122

Martin, P.: Frustration abbauen – Regeln achten – Fairneß üben in Sport und Spiel. In: Gewalt in Schule und Erziehung. Grundformen der Prävention und Intervention, hrsg. v. L.R. Martin. Bad Heilbrunn 1999, 105-113

Martin, P.: Konflikte bewältigen – Konfliktfähig werden. In: Gewalt in Schule und Erziehung. Grundformen der Prävention und Intervention, hrsg. v. L.R. Martin. Bad Heilbrunn 1999, 171-180

Matthesius, B.: Anti-Sozial-Front. Vom Fußballfan zum Hooligan, Opladen. 1992

Maurach, R./Schroeder, F.-Ch./Maiwald, M.: Strafrecht. Besonderer Teil. Teilband I Straftaten gegen Persönlichkeits- und Vermögenswerte. Ein Lehrbuch. 8. neubearbeitete Aufl. Heidelberg 1995, 9. Aufl. 2003

McCarthy, Th.: Komplexität und Demokratie – die Versuchungen der Systemtheorie. In: Kommunikatives Handeln. Beiträge zu Jürgen Habermas' Theorie des kommunikativen Handelns, hrsg. v. Axel Honneth u.a. Frankfurt/M. 1986, 177-215

Mecklenburger, J. (Hrsg.)*:* AntifaReader. Antifaschistisches Handbuch und Ratgeber. Berlin 1996

Mees, U.: Konzeption und Erfassung menschlicher Aggression. In: Beobachtung, Interaktionsanalyse und Modifikation aggressiven Kindverhaltens, hrsg. v. U. Mees. u.a. Oldenburg 1988, 9-42

Menhorn, Ch.: Skinheads: Portrait einer Jugendkultur. Baden-Baden 2001

Mitscherlich, A.: Die Idee des Friedens und die menschliche Aggressivität. Frankfurt/M. 1969

Mock, St./Meyer, G.: Sprechen statt schlagen. Eine journalistische Einstimmung. In: Gewalt im Griff. Band 1: Neue Formen des Anti-Aggressivitäts-Trainings, hrsg. v. J. Weidner u.a. 2. Aufl. Weinheim 2000, 15-18

Mommsen, Th.: Römisches Strafrecht. Berlin 1955

Moreau, P./Lang, J. P.: Linksextremismus. Eine unterschätze Gefahr. Bonn 1996

Nardin, T.: Conflicting Conceptions of Political Violence. Political Science Annual, 4 (1973), 75-126

Narr, D.: Gewalt und Legitimität. Leviathan. 1 (1) (1973), 7-42

Nedelmann, B.: Gewaltsoziologie am Scheideweg. Die Auseinandersetzungen in der gegenwärtigen und Wege der künftigen Gewaltforschung. In: Soziologie der Gewalt, hrsg. v. T. von Trotha. Opladen 1997, 59-85

Neidhardt, F.: Gewalt – Soziale Bedeutung und sozialwissenschaftliche Bestimmungen des Begriffs. In: Was ist Gewalt? – Auseinandersetzungen mit einem Begriff – Band I., Strafrechtliche und Sozialwissenschaftliche Darlegungen, hrsg. v. V. Krey u.a. Wiesbaden 1986, 109-147

Niggenmeyer, B./Gallus, H. u.a.: Kriminologie – Leitfaden für Kriminalbeamte, hrsg. v. Bundeskriminalamt Wiesbaden, Wiesbaden 1967/1-3

N*olting, H.-P.:* Kein „Erklärungseintopf." Ein Überblick aus psychologischer Sicht. In: Aggression und Gewalt, hrsg. v. H.-G. Wehling. Stuttgart 1993, 9-23

Novak, M.: Hooligans und Skinheads. Wien 1994

Ohder, C.: Gewalt durch Gruppen Jugendlicher. Eine empirische Untersuchung am Beispiel Berlins. Berlin 1992

Parin, P./Ziehe, Th.: Kulturkrise und Revolte. Ethnologische und kulturtheoretische Beiträge zur Jugendrevolte. In: In: Autonomie und Widerstand. Zur Theorie und Geschichte des Jugendprotestes, hrsg. v. W. Breyvogel u.a. Essen 1983, 106-117

Patterson, G.R./Narrett, C.M.: The development of a reliable and valid treatment programm for aggressive young childern. International Journal of Mental Health 15 (1990), 19-26

Paul, H.: Stichwort Gewalt. *I*n: Deutsches Wörterbuch. 9. vollständig neu bearb. Aufl. Tübingen 1992, 349

Petermann, F./Petermann U.: Training mit Jugendlichen. 5. überarb. Aufl. Weinheim 1996

Petermann, F.: Entwicklung aggressiven Verhaltens: Diagnostik und psychotherapeutische Interventionen. In: Aggression und Gewalt. Phänomene, Ursachen und Interventionen, hrsg. v. H.W. Bierhoff u.a. Stuttgart 1998, 234-257

Peukert, D.: Die wilden Cliquen der zwanziger Jahre. In: Autonomie und Widerstand, hrsg. v. W. Breyvogel. Essen 1983, 66-77

Pfahl-Traughber, A.: Revisionistische Behauptungen und historische Wahrheiten. Zur Widerlegung rechtsextremistischer Geschichtslegenden. In: Jugend, Rechtsextremismus und Gewalt. Analysen und Argumente, hrsg. v. *Ch. Butterwegge* u.a. Opladen 2000, 241-258

Pfeifer, Ch./Delzer, I. u.a.: Ausgrenzung, Gewalt und Kriminalität im Leben junger Menschen, DVJJ, Hannover 1998

Pfeifer, Ch.: Kriminalität junger Menschen im vereinigten Deutschland. Eine Analyse auf Basis der Polizeilichen Kriminalstatistik 1984-1994. Kriminologisches Forschungsinstitut Niedersachsen e.V. Hannover 1995

Pfeifer, Ch.: The structure and development of juvenile vilolence in Germany. Kriminologisches Forschungsinstitut Niedersachsen e.V. Hannover 1999

Pilz, A.G.: Gewalt im Umfeld von Fußballspielen – Ursachen und Möglichkeiten der Prävention. In: Aggression und Gewalt. Phänomene, Ursachen und Interventionen, hrsg. v. H.W. Bierhoff u.a. Stuttgart 1998, 128-144

Pilz, G.: Hooligans. Die neuen Abenteurer und Avantgarde eines neuen Identitätstyps. In: Jugend und Gewalt – Materialien zur aktuellen Diskussion – Redaktion Benno Hafeneger. Wiesbaden 1992, 95-101

Popitz, H.: Phänomene der Macht. 2. erweit. Aufl. Tübingen 1992

Quensel, St.: Wie wird man kriminell? Kritische Justiz 3 (1970), 375-382

Rammstedt, O.: Gewalt und Hierarchie. In: Gewaltverhältnisse und die Ohnmacht der Kritik, hrsg. v. K. Horn u.a. Frankfurt/M. 1974, 132-156

Rohmann, G.: Spaßkultur im Widerspruch. Skinheads in Berlin. Bad Tölz 1999

Röttgers, K. Stichwort Gewalt. In: Historisches Wörterbuch der Philosophie, Band III.: G - H, hrsg. v. J. Ritter. Darmstadt 1974, 562-569

Runge, W./Rehm, O.: Über die Verwahrlosung der Jugendlichen. Berlin 1926

Sack, F.: Probleme der Kriminalsoziologie. In: Handbuch der empirischen Sozialforschung, Band XII., hrsg. v. R. König. 2. Aufl. Stuttgart 1978, 192-492

Sack, F.: Zur Definition der Gewalt – am Beispiel Jugend. In: Aggressivität und Gewalt in unserer Gesellschaft, hrsg. v F. Sack u.a. München 1973, 39-61

Sasso, G.M./Melloy, K.J./KAvale, K.A.: Generalization, maintenance, and behavioral covariation associated with social skillss training through structured learning. Behavioral Disorder 16 (1990), 9-22

Schaffstein, F./Beulke, W.: Jugendstrafrecht. 12. Aufl. Stuttgart 1995

Scheerer, S.: Die abolitionistische Perpektive. Kriminologisches Journal 16 (1984), 90-111

Scheerer, S.: Vom Praktischwerden. Kriminologisches Journal 21 (1989), 30-42

Scherer, H./WIeczorek, M.: Das „Bermuda-Dreieck" und der Weg dorthin. In: Streetwork im Bermuda-Dreieck" Rechtsextremismus in Berlin: Gegenstrategien, hrsg. v. R. Busch. Berlin 1992, 69-85

Schmidt, H.: Stichwort Macht. In: Philosophisches Wörterbuch, hrsg. v. H. Schmidt, neu bearbeitet von G. Schischkoff. 22. Aufl. Stuttgart 1991

Schnäderlbach, H.: Transformation der Kritischen Theorie. In: Philosophische Rundschau (29) 1982, 161-178

Schneider, H.J.: Kriminologie der Gewalt. Leipzig 1994

Schneider, H.J.: Kriminologie. Standpunkte und Problem. 2. überarb. Aufl. Berlin 1977

Schneider, H.J.: Die gegenwärtige Lage der deutschsprachigen Kriminologie. Juristenzeitung 28 (1973), 569-583

Schröder, B.: Rechtsextremismus im Internet als politisches und pädagogisches Problem. In: Jugend, Rechtsextremismus und Gewalt. Analysen und Argumente, hrsg. v. *Ch. Butterwegge* u.a. Opladen 2000, 149-162

Schröder, B.: Skinheads, Faschos, Hooligans. Reinbek 1992

Schroeder, Ch.: Schreien als Gewalt und Schuldspruchberichtigung durch Beschluß – BGH, NJW 1982, 189. Juristische Schulung 22 (1982), 491-496

Schubarth, W. u.a.: Im Gewaltausmaß vereint? Eine vergleichende Schülerbefragung in Sachsen und Hessen, in: Forschung über Gewalt an Schulen. Erscheinungsformen, Ursachen, Konzepte und Prävention, hrsg. v. H.G. Holtappel u.a. Weinheim 1997, 101-136

Schultze, Th./Gross, A.: Die Autonomen. Ursprünge, Entwicklung und Profil der Autonomen Bewegung. Hamburg 1997

Schulze-Marmeling, D.: „Ich spiele, um Geld zu verdienen". Vermarktung und Typenwandel. In: Der gezähmte Fußball. Zur Geschichte eines subversiven Sports, hrsg. v. D. Schulze-Marmeling. 4. Aufl. Göttingen 1995, 157-179

Schulze-Marmeling, D.: Aufbruch zu neuen Märkten. Die heutige Fußballweltordnung. In: Der gezähmte Fußball. Zur Geschichte eines subversiven Sports, hrsg. v. D. Schulze-Marmeling. 4. Aufl. Göttingen 1995, 187-196

Schulze-Marmeling, D.: Schalke bricht die Regeln. Die Einführung des Profitums in Deutschland. In: Der gezähmte Fußball. Zur Geschichte eines subversiven Sports, hrsg. v. D. Schulze-Marmeling. 4. Aufl. Göttingen 1995, 52-59

Schulze-Marmeling, D.: Vip's und Finanzhaie. Wem gehören die Stadien? In: Der gezähmte Fußball. Zur Geschichte eines subversiven Sports, hrsg. v. D. Schulze-Marmeling. 4. Aufl. Göttingen 1995, 219-242

Schumann, K.F./Prein, G./Seus, L.: Lebenslauf und Delinquenz in der Jugendphase. Ergebnisse der Bremer Längsschnittstudie über AbgängerInnen als Haupt- und Sonderschulen. DVJJ-Journal 165 (1999), 300-311

Schwartländer, J.: Stichwort Macht. In: Handbuch Philosophischer Grundbegriffe, Studienausgabe Band III, Gesetz – Materie, hrsg. v. H. Krings u.a. München 1973, 869-877

Schwind, H.-D./Baumann, J. u.a. (Hrsg.): Ursachen, Prävention und Kontrolle von Gewalt. Analysen und Vorschläge der Unabhängigen Regierungskommission zur Verhinderung und Bekämpfung von Gewalt, Band I und II. Berlin 1990

Schwind, H.-D.: Kriminologie. Eine praxisorientierte Einführung mit Beispielen. 11. Aufl. Heidelberg 2001

Schwind, H.-D.: Kriminologie. Eine praxisorientierte Einführung mit Beispielen. 9. völlig neu bearbeitete und erweiterte Aufl. Heidelberg 1998

Schwind, H.-D.: Möglichkeiten (staatlicher) Prävention und Intervention. In: Aggression und Gewalt. Phänomene, Ursachen und Interventionen, hrsg. v. W. Bierhoff u.a. Stuttgart 1998, 258-279

Selg, H.: Stichwort Aggression. In: Handwörterbuch der Psychologie, hrsg. v. R. Asanger u.a. 5. Aufl. Weinheim 1994, 1-4

Selg, H.: Menschliche Aggressivität, unter Mitarbeit von U. Mees. Göttingen 1974

*Senatsverwaltung für Inneres (*Hrsg.): Endbericht der Unabhängigen Kommission zur Verhinderung und Bekämpfung von Gewalt in Berlin. Berlin 1994

Simon, T.: Raufhändel und Randale. Eine Sozialgeschichte aggressiver Jugendkulturen und pädagogischer Bemühungen von 1880 bis 1995. Wiesbaden 1995

Simon, T.: Rocker in der Bundesrepublik. Eine Subkultur zwischen Jugendprotest und Traditionsbildung. Weinheim 1989

Smaus, G.: Gesellschaftsmodelle in der abolitionistischen Bewegung. Kriminologisches Journal 18 (1986), 1-18

Sofsky, W.: Traktat über die Gewalt. Frankfurt/M. 1996

Specht, W.: Jugendliche Banden und Präventionsprogramme in den USA. Neue Praxis 14 (1984), 124-139

Städtler, Th.: Stichworte Aggression und Aggressionstrieb. In: Lexikon für Psychologie, Wörterbuch. Handbuch. Studienbuch, Stuttgart 1998, 16-21

Stenke, D.: Umgang mit Fremdenfeindlichkeit in der Schule. In: Schule, Gewalt und Rechtsextremismus, hrsg. v. W. Schubarth u.a. Opladen 1993, 232-248

Stock, M.: Jugendliche Subkulturen in Ostdeutschland. In: Aufwachsen hüben und drüben. Deutsch-deutsche Kindheit und Jugend vor und nach der Vereinigung, hrsg. v. P. Büchner u.a. Opladen 1991, 257-266.

Sutterer, P./Karger, Th.: Self-Reported Juvenile Delinquency in Mannheim, Germany. In: Delinquent Behaviour Among Young People in the Western Word. First Results of the International Self-Report Delinquency Study, hrsg. v. J. Junger-Tas u.a. Amsterdam 1994, 156-185

Sykes, M.G./Matza, D.: Techniques of neutralization. In: Criminological Perspectives. A Reader, hrsg. v. J. Muncie u.a. London 1996, 206-213.

Tabaczek, M. (Hrsg.): Deuschland nach 1945. Die Teilung Deutschlands und die Entwicklung der Bundesrepublik Deutschland im internationalen Kräftefeld. Paderborn 1988

Taylor, Ch.: Sprache und Gesellschaft. In: Kommunikatives Handeln. Beträge zu Jürgen Habermas' Theorie des kommunikativen Handelns, hrsg. v. A. Honneth u.a. Frankfurt/M. 1986, 35-52

Tenbrock, R.-H. u.a. (Hrsg.): Die Weimarer Republik 1918 bis 1933. Paderborn 1984

Többen, H.: Die Jugendverwahrlosung und ihre Bekämpfung. 2. Aufl. Münster 1927

Trotha, T. von: Zur Soziologie der Gewalt. In: Soziologie der Gewalt, hrsg. v. T. von Trotha. Opladen 1997, 9-56

Trotha, T. von: Ordnungsformen der Gewalt oder Aussichten auf das Ende des staatlichen Gewaltmonopols. In: Politische Institutionen im Wandel, Kölner Zeitschrift für Soziologie und Sozialpsychologie, Sonderheft 35, hrsg. v. B. Nedelmann. Opladen 1995, 129-166

Ulfig, A.: Stichwort Macht. In: Lexikon der Philosophischen Begriffe, hrsg. v. A. Ulfig. Wiesbaden 1997, 254

Vogel, U.: Stichworte Gewalt und Macht. In: Wörterbuch der Soziologie, Band I., hrsg. v. G. Endruweit u.a. Stuttgart 1989, 252-253

Vollrath, E.: Jürgen Habermas' fundamentalistischer Fehlschluß. Der Staat, (22) 1983, 406-414

Von Liszt, F: Die gesellschaftlichen Faktoren der Kriminalität. Strafrechtliche Aufsätze und Vorträge, Band II. Berlin 1905

Voß, St.: Akzeptierende Jugendarbeit. Zur Debatte um Straßensozialarbeit mit rechten Jugendlichen. In: Handbuch Aufsuchende Jugend- und Sozialarbeit, hrsg. v. G. Becker u.a. Weinheim 1995, 171-182

Wagner, B.: Rechtsextremismus und Jugend. In: Rechtsextremismus in der Bundesrepublik Deutschland. Eine Bilanz, hrsg. v. W. Schubarth u.a. Opladen 2001, 155-165

Wagner, B.: Jugend-Gewalt-Szenen. Zu kriminologischen und historischen Aspekten in Ostdeutschland. Die achtziger und neunziger Jahre. Berlin 1995

Wasmuht, U.: Aktuelle Herausforderungen an die Friedens- und Konfliktforschung. In: Gewalt und Konfliktbearbeitung, hrsg. v. W. Vogt. Baden-Baden 1997, 55-66

Weber, M.: Wirtschaft und Gesellschaft, 1. Halbband. 5. revidierte Aufl. Tübingen 1976

Weber-Klüver, K.: Neger Raus gegen Zeugen Yeboahs. Fußball und Rassismus in Deutschland. In: Fußball und Rassismus, mit Beiträgen von D. Beiersdorfer u.a. Göttingen 1993, 37-40

Weidner, J.: Vorwort. In: Gewalt im Griff. Band 1: Neue Formen des Anti-Aggressivitäts-Trainings, hrsg. v. J. Weidner u.a. 2. Aufl. Weinheim 2000, 1-9

Weidner, J.: Der heiße Stuhl in der sozialpädagogisch-psychologischen Praxis. In: Gewalt im Griff. Band I: Neue Formen des Anti-Aggressivitäts-Trainings, hrsg. v. J. Weidner u.a. 2. Aufl. Weinheim 2000, 10-14

Weis, K./Alt, Ch./Gingeleit, F.: Probleme der Fanausschreitungen und ihrer Eindämmung. In: Ursachen, Prävention und Kontrolle von Gewalt. Analysen und Vorschläge der Unabhängigen Regierungskommission zur Verhinderung und Bekämpfung von Gewalt Band III. Sondergutachten, hrsg. v. H.-D. Schwind u.a. Berlin 1990

Weis, K.: Fußballrowdies – Die enttäuschende Suche nach Ursachen, Interventionsmöglichkeiten und Präventionsmaßnahmen. In: Mehrfach Auffällige – Mehrfach Betroffene. Erlebnisweisen und Reaktionsformen, hrsg. v. DVJJ. Bonn 1990, 215- 225

Weis, K.: Sport und Gewalt. In: Jugend und Gewalt. Devianz und Kriminalität in Ost und West, hrsg. v. S. Lamnek. Opladen 1995, 207-224

Weis. K. u.a.: Zuschauerausschreitungen und das Bild vom Fußballfan. In: Sport und Gewalt. Bericht der Projektgruppe „Sport und Gewalt" des Bundesinstituts für Sportwissenschaft, hrsg. v. G. Pilz u.a. Schorndorf 1982, 61-96

Weißenbach, W.: Rocker, Stiefkinder unserer Gesellschaft. Erfahrungen eines Großstadtpfarrers. Hamburg 1971

Wessels, J./Hettinger, M.: Strafrecht. Besonderer Teil – 1. 22. Aufl. Heidelberg 1999

West, D.J., Applied Criminology in England. In: Angewandte Kriminologie – International. XXXVI. Internationale Kriminologische Forschungswoche Bonn, hrsg. v. H. Göppinger. Bonn 1988, 21-29

Wilda, W.E.: Geschichte des deutschen Strafrechts, Band I. Das Strafrecht der Germanen. Halle 1842

Willems, H.: Fremdenfeindliche Gewalt. Einstellungen, Täter, Konflikteskalation. Opladen 1993

Wilson, J.: Thinking about Crime. New York 1975

www.prof-jens-weidner.de Gewalttäterbehandlung

www.prof-jens-weidner.de Konfrontative Pädagogik

Zöpf, H.: >Gewalt in der Schule< aus der Sicht der Lehrer. In: Gewalt in unserer Gesellschaft. Gutachten für das Bayrische Staatsministerium des Inneren, hrsg. v. K. Rolinski u.a. Berlin 1990, 153-166

Zoric, S.: Stichwort Ritual. In: Metzler Philosophie Lexikon, hrsg. v. P. Prechtel u.a. 2. Aufl. Stuttgart 1999, 517-518